恋愛四季報

な

に

INDEX

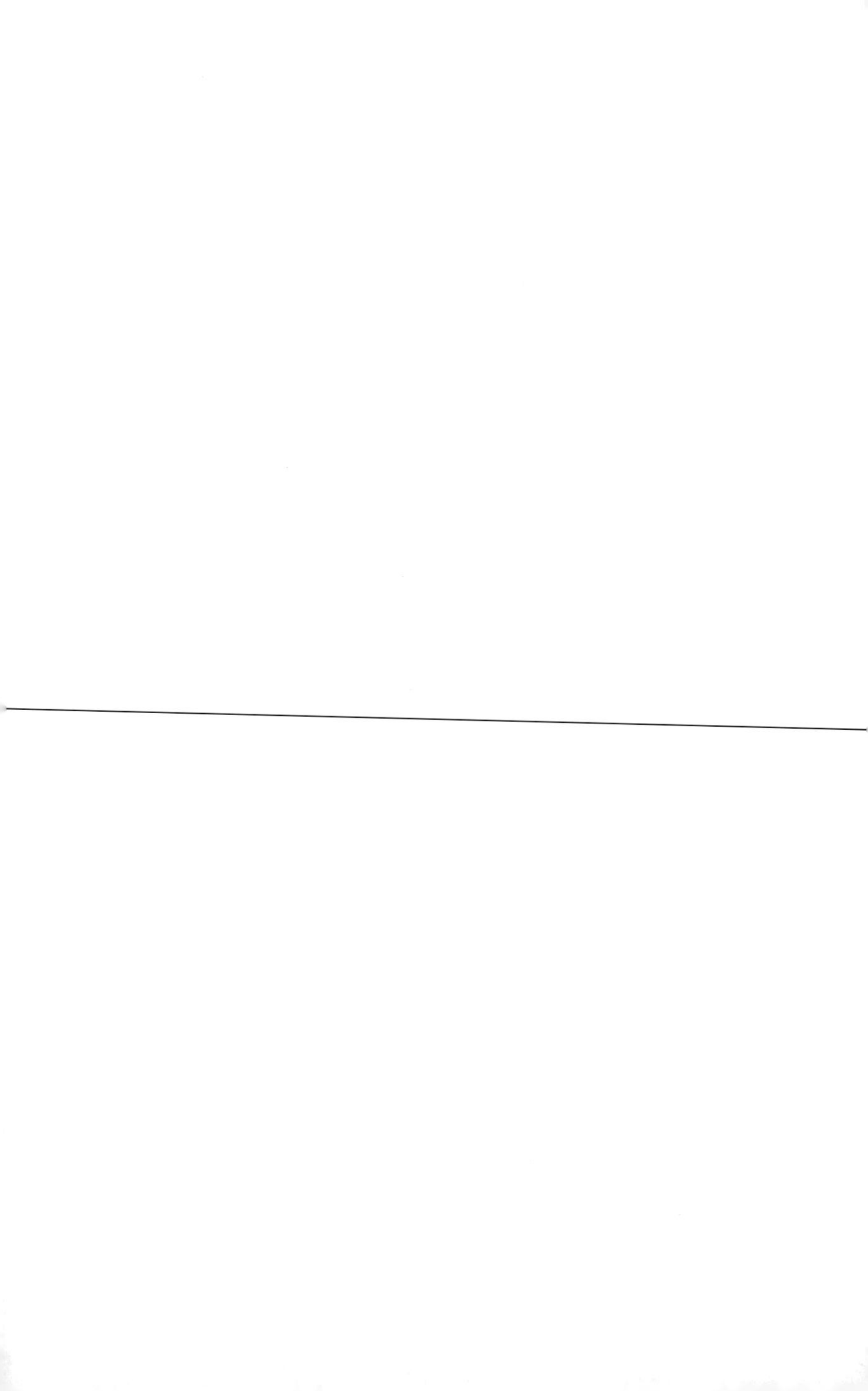

SPECIAL INTERVIEW 1
スペシャルインタビュー1

堀江貴文氏

世のハイスペック男子たちが気になって仕方ない、先輩経営者の恋愛観。
そこで今回、特別企画として堀江貴文さんに突撃取材を決行！
結局、結婚はするべき？
美女を落とすためには？
会社員でも芸能人と恋愛できるの？
など、気になる疑問をインタビューしてきました！

意気込んだはいいものの、何をお話しようか悩む伊藤……。そういえば堀江さん、過去にTwitterで恋愛四季報について言及されていたような……！

これだ!!

【男子がハイクラスな美女を落とすには？】

――本日はよろしくお願いします！　まず恋愛四季報について、最初にご覧になった時はどんな印象でしたか？

僕は今まで企業に入ったことも、今後入ることもないから関係ないけど、就職している人にとっては興味がある事象なんじゃない？

特にこれから就活する人はこういうくだらないところに……。

――く、くだらないですか!?

まあ、実際くだらなくもないんだろうけど。

みんな『この企業はモテるかどうか』みたいな事を気にして就職先を探してるって事なんじゃないの。

――会社員といえば、最近石原さとみさんと某企業の男性との結婚が話題になりましたが。

別に騒ぐほどのことじゃないでしょ！

ちなみに僕は女優と結婚なんて絶対に嫌だけどね。

――それはなぜでしょうか？

女優ってまわりにチヤホヤされているからわがままだし、基本的に自分の事だけ考えているからね。別にこれは性格が悪いってことでもないし、本人が悪いわけじゃないんだけど。

そんな人と結婚するなんて大変だよ。

――そもそも普通の男子が女優と結婚する方法はあるんですか？

恋愛四季報で言う『神ランク』の企業に入って、出会いの場に顔を出して、あとは熱意を伝えればいけるでしょ。大前提として、まずは出会うことが大事。それから「結婚したい」って言えばできるんじゃない？

――「結婚したい」だけで、できるものですか!?

「結婚したい」って伝えること自体がプラスなんだよ。だって普通は結婚なんてしたくないんだもん（笑）。僕も結婚に良い事なんてないと思ってるけど、結婚生活そのものを求める男性って少ないから「結婚したい」って言うだけで誠実に見えるんだよね。

――確かに、男性から言われたら本気度高く感じます……。

あと芸能人との結婚は悪条件をどれだけ容認できるかだね。自由度もかなり制約されるし。

今回結婚した会社員の方は、単に「それでもいいから女優と結婚したい！」ってオールインしただけでしょ。人生を懸けて女優と付き合いたいなら、それでいいんじゃない？

――オールインしたい会社員にとっては、夢があるお話ですね！

ただ、それに意味があるんですか？って話でしょ。トロフィーワイフって言葉があるけど、芸能人と結婚するってまさにそれなんだよ。経験として「童貞捨てる！」ってくらいのつもりならいいけどね。あとは男がドMとか。

【モテるにはまず「フッ軽男子」になりなさい】

――ところで堀江さんの著書『ホリエモンの恋愛講座〝本物のお金持ち〟と結婚するルール』（大和出版）を読みました！フットワークが軽い女子はモテるとお話されてましたね。

実はあれって男女共通で、男性もフットワーク軽いほうがモテるよね！この前も麻布十番で飲んでて、そのあと知り合いに六本木に呼ばれて。迷ったんだけど、行ってみたらかわいい子がいて「来てよかった〜」と思ったもん（笑）。

――堀江さんもそんなことを思うんですね！（笑）他に、男性がモテる方法はありますか？

とにかく出会いの場に顔を出していればいいんじゃない？

——出会いの場では、どう振る舞うと好感度が高いですか？

それはもちろん時と場合によるでしょ！ 例えばしっぽり飲んでる時に、カラオケでうるさく騒いできたり、そういう雰囲気じゃない時にしつこく口説いてきたらどう？

——それは嫌いになります……。

その場のノリや主催者のタイプを見て、どう振る舞うか見極めることが大切だよ。どういう立ち位置で自分が必要とされているのか考えることだよね。

……と、

ここまでさまざまな恋愛術を伺ってきましたが、突然、堀江さんが一言。

「てかさぁ、モテるかモテないかより、大好きな子と付き合えたらそれでいいじゃん」

——不特定多数に好かれると、勝手に嫌われるリスクもありますよね。

そうなんだよ！ 好きでもない奴から好かれても気持ち悪いし、別に多くの人にモテることがいいわけじゃない。それより一番好きな子から振り向いてもらえる方がいいでしょ。

——大好きな人に振り向いてもらうことが、実は一番難易度が高い気がします。

恋愛でも何でも、地道な活動をしつこくやり続けるってことが大切なんだよ。

ありがとうございました！

毎日欠かさず素振りをして、打席に立ち続けるという事が大切なんですね。

これって恋愛だけではなく、仕事や遊び、全てに共通するメソッドなのでは？

男子諸君！ 結局、「地道がいちばん近道」ですよ！

神 RANK企業

恋愛市場において、女性人気が最も高い企業がこちら。外資金融系や大手コンサルティングファーム、マスコミ関連企業がランクイン。年収、華やかさ、合コン満足度、性格ともに高い平均点をたたき出した。

平均年収	♥♥♥♥♥
華やかさ	♥♥♥♥♥
性格ポイント	♥♥♥♥♥
合コン満足度	♥♥♥♥♥♥

恋愛偏差値 **72**

平均年収（万円） **3,000**

RANK **神**

ゴールドマンサックス

金融界の灘中、灘高、東大！！！　トップエリート軍団である。年収は入社1～2年で１０００万、20代のうちに２０００万以上、成績が良いと億に到達するなど笑えるほど高いが、その分日々の数字のプレッシャーが半端ない。

ビジネス面でも非常にアグレッシブであり、カリスマ性あるトップの下に優秀なブレーンがつき、その下に大量の働き蜂を抱える合理的軍隊スタイル。リーマンショック以降コンプラ面は非常に厳しい会社であるにもかかわらず、本当に金の匂いがした時の社内整備の速さはピカイチらしい。新しいビジネスを立て、同業他社とがっぷり四つで戦わなくても良い場所で稼いでいるとか。さすが……。そのため、同業社が「GSが○○でこんな儲かってるぞ、うちらどうなっとんねん！！！」と詰められることも。他社とは違い、MDの上にパートナーというポジションがあり平気で10億、20億はざらにもらっている噂。まじか？？プライベートでもアグレッシブで芸能人やアナウンサーともそりゃコネクションはあるが、目立つレベルの人はほんのひと握りで真面目な人も相当数いる。てかほぼ真面目。付き合っている女性もバイリンガルやハイキャリア。ボンドガールと呼ばれる女性の証券セールスには秀才美女がゴロゴロ。嫁になる人は「美人であること」に加えて、何か才能があるパターンが多く、芸能系女子と結婚している社員も普通にいる。

ちなみに某キャリア系モデルと結婚したGS社員は、年収億超えだった。そして２０２０年！　ついにあの大物女優、石原さとみをGSマンがゲット！！！　ふむ。恋愛界の現実をそっと教えてくれる。

平均年収	♥♥♥♥♥
華やかさ	♥♥♥♥♥
性格ポイント	♥♥♥♥♥
合コン満足度	♥♥♥♥♥

恋愛偏差値 **72**

平均年収（万円） **2,300**

RANK **神**

マッキンゼー&カンパニー

外コン界のグローバルパリピ。ほぼ全員英語堪能であり、コンサルティング会社の雄という自覚もあるため圧倒的なプライドを持つ。

社内の会話では自然と英語が登場する（例：「金曜にFollow upしましょう」、日本人相手のメールでも「○○-san」などが頻繁に登場）。

プライベートでも一部英語を使用し、語尾に「～ですと」とコンサル口調で語り、疎まれる場合も多い。

大変な多忙であるため女性遊びに積極的な層は実は2割程度しか存在しないが一部は有名パリピ。

年収はBA（business analysis）５５０～８００万円、ASO（Associate）１４００～１６００万円とアソシエイトになると年収は格段に跳ね上がる。

マネージャー以上で遊んでいる人は相当稀なので基本的に遊んでいる層はBAとASOとなる。

タクシーは使いたい放題なので無駄にリッチに見えることがあるが経費なので経済的事情が特段恵まれているわけではない。

隠れた福利厚生として20％の退職積立金があり、退職時に数百万円もらうことができる。

数年間で辞める人がほとんどではあるがその後、外資系事業会社、ベンチャーなどで成功していく人が多く転落する人はかなり稀である。

基本的にどのようなキャリアを選ぼうと将来性があると考えて良い。

ファームの特徴としてSomething New（新しい発想）に重きを置く社風であり緻密な推進より斬新な視点が歓迎される。Obligation to descent（反論する義務）も頻繁に社内では叫ばれ、クライアントの意見に反しようと自分が思ったことを言うという傾向もあるため、BCGと比較すると「良くも悪くもアウトプットが読めない」と言われる。

本人らは自分の意見により議論が起こることもよいことと考え、プライドを持っている。

RANK 神

メリルリンチ日本証券

平均年収	♥♥♥♥♥
華やかさ	♥♥♥♥
性格ポイント	♥♥♥♥♥
合コン満足度	♥♥♥♥

恋愛偏差値 72

平均年収（万円） 3,000

メリルリンチ日本証券とは、米バンクオブアメリカ・メリルリンチの日本法人で、商業銀行上がりの証券会社。ＪＰモルガン同様に銀行としてのインフラを存分に生かしながらも、得意商品を絞りそこに全力集中っ！　で稼いでいるイメージ。儲かると社員に臨時ボーナスを払ったり、株を渡したりと意外と還元しているとか。会社としてなかなかのパーティ文化のようで、海外のトレーダーが日本に来るとクラブのＶＩＰで全力で接待するとかしないとか……！？！？ウェイウェイ！！

社員はアグレッシブながらも面白い、〝いい奴〟といった人たちが非常に多い印象。合コンに１人はいて欲しい人たち。ミス慶應のヴァイスプレジデントや、美女アソシエイトがゴロゴロいるので、美貌だけで城攻めしようと企む婚活女子には、ちとハードル高め。

RANK 神

ボストンコンサルティング

平均年収	♥♥♥♥♥
華やかさ	♥♥♥♥
性格ポイント	♥♥♥♥♥
合コン満足度	♥♥♥♥♥

恋愛偏差値 71

平均年収（万円） 2,000

ボストンコンサルティング、通称ボスコン。マッキンゼーと並ぶ世界最強のコンサルティングファームである。

どちらかというと全員共通の価値観、フレームワーク使用を奨励し金太郎飴的な教育を行うマッキンゼーよりも舎弟制度的な育成体制であり個性豊かなファーム。

ドメスティックな色が強く、グローバル感はマッキンゼーよりも格段に下がる。

近年ではコンサルタントの人数が大幅に拡大しており、日本でも１０００人以上が在籍していると言われる大企業である。日々クライアントのために奔走しており、深夜からのＭＴＧや緊急対応は当たり前。

基本的には激務なので、「いつでも一緒にいた〜い♡」みたいなお花畑女子には向かない。社員によると「ボスコン」の通称を知らないくらいスレてない子がいいらしい。

項目	評価
平均年収	♥♥♥♥♥
華やかさ	♥♥♥♥
性格ポイント	♥♥♥♥♥
合コン満足度	♥♥♥♥♥

恋愛偏差値 71

平均年収（万円） 3,500

RANK 神

モルガン・スタンレー

出ましたモルガンスタンレー、通称モルスタ！！！

GSと並び、投資銀行上がりの証券会社ツートップ。

しかしそのキャラクターはかなりGSとは違っている模様。投資銀行上がりのアグレッシブさはそれはそれであるものの、どちらかというとコンサバ、堅実な性質も併せ持つスタイル。特にコンプラ周りも非常に厳しく、完全に新しいビジネスを一から立ち上げるのはなかなか難しく、社員も苦労しているという噂。とはいえ、毎年正しいことを正しいやり方で行い、アグレッシブに数字を上げていく様子は見事。

投資銀行部門などは三菱との合弁で日本最強の部隊となっている！！（※ただし三菱がモルスタを語って口説いてくるゾ！）

プライベートは地味でもないが、派手でもないwwwww　よくあるランボに乗ってる人たちなんかもほとんど聞いたことがないというのが、社員の雰囲気を表しているのではないだろうか。外銀マンで旦那にするならモルスタがいい……。

項目	評価
平均年収	♥♥♥♥♥
華やかさ	♥♥♥♥
性格ポイント	♥♥♥♥♥
合コン満足度	♥♥♥♥♥

恋愛偏差値 71

平均年収（万円） 1,400

RANK 神

三菱商事

天下の「商事様」である！！

総合商社では1番人気の三菱商事。時給換算がピカイチなのとイメージで女子からの熱視線が絶えない。

営業は早慶のアメフト部、野球部など体育会出身の人が多く、財務管理は東大京大卒のエリートが多い。

基本的には、みんなコミュ力が高くてイケイケだがお酒を飲まなければ概ね真面目である。

西船橋、本八幡などに独身寮を持ち「寮祭」と称したパーティが度々開かれる。

都内の可愛い女子たちが団体で招待され、飲んで踊っての、ドンチャン騒ぎ☆

この寮、泊まりでの合宿が存在し、茨城県にある寂れた宿に二泊三日で泊まって酒を浴びるのだが、実態は、女子込みのチャラパーリィー☆　というタレコミあり。

連絡やデートもマメで、付き合うまでは必死だが付き合ってからは「釣った魚に餌をやらない」状態に陥ることが多い。

RANK 神

ベイン&カンパニー

平均年収 ♥♥♥♥♥
華やかさ ♥♥♥♥
性格ポイント ♥♥♥♥♥
合コン満足度 ♥♥♥♥♥

恋愛偏差値 71

平均年収(万円) 1,920

ベイン&カンパニーとは外資系のコンサルティングファームである。いや~さすがの高収入。東大、京大など高学歴社員が多くを占める人気の外資コンサル。日本オフィスは50名程度と小さな所帯である。噂によるとワークライフバランスもよく、BCG・マッキンゼーよりも平均勤続年数は長い傾向にある。いる社員の属性は比較的真面目であり、キャラ重視採用よりも頭採用の色が強い。

ただし安定の激務で「定時が25時なのか?」レベルで深夜まで業務に追われている。

休日はすれてない子とのんびり過ごして癒されたいという声がチラホラ。プロジェクト終了後は休暇をとり海外でのんびりがおなじみのパターンなので、語学ができる子が好まれる。

RANK 神

シティ証券

平均年収 ♥♥♥♥♥
華やかさ ♥♥♥♥
性格ポイント ♥♥♥♥♥
合コン満足度 ♥♥♥♥♥

恋愛偏差値 71

平均年収(万円) 1,300

シティグループ証券は、シティの日本における持株会社であるシティグループ・ジャパン・ホールディングスの子会社で、ホールセール専業の証券会社。

東大卒の宝庫で給与も高くエリートなはずが、女子界では知名度が低いのが不思議である。

狙うなら確実にセルサイドアナリストでイケメンも豊富。みんな何故か高身長で細マッチョ。身体を鍛えている人が多いのは何故なのか。

事業会社の幹部として転職するパターンも多々あり、つぶしが効くので一生安泰です。

平均年収	♥♥♥♥♥
華やかさ	♥♥♥♥
性格ポイント	♥♥♥♥♥
合コン満足度	♥♥♥♥♥

恋愛偏差値 70

平均年収（万円） 1,200

RANK 神

A.T.カーニー

A.T.カーニーは、米・シカゴを本拠とする、コンサルティングファームである。社名は創業者のアンドリュー・トーマス・カーニーから来ている。

現在、世界40カ国に61のオフィスを構える巨大なファーム。

社員はよくも悪くも外資っぽいフランクな人が多く、飲み方も比較的お上品。

エリートなのに女子界ではなぜか知名度が高くないので、女子会で「あたしの彼、外コンなの〜！」と言いたいだけのミーハーには不向き。

激務で評判なので、頻繁な連絡を求めたり毎週末のデートをおねだりするのはご法度。某イケメンバチェラーもOBです。

平均年収	♥♥♥♥♥
華やかさ	♥♥♥♥♥
性格ポイント	♥♥♥♥
合コン満足度	♥♥♥♥♥

恋愛偏差値 70

平均年収（万円） 1,480

RANK 神

GCA

GCAサヴィアンは、M&Aを中心としたアドバイザリーがメインの企業。「For the Client best Interest」という企業理念を掲げるだけあり、クライアントファーストの超絶激務。

ワークライフバランスを捨てる覚悟のある企業戦士のみが働いているが、そのわりに社内イベントなんかは盛んで、アットホームな雰囲気はある。

「あたしに構ってよ！！」みたいなメンヘラ女子には不向きである。他をあたろう。

RANK 神

プリファード・ネットワークス

項目	評価
平均年収	♥♥♥♥
華やかさ	♥♥♥♥♥
性格ポイント	♥♥♥♥♥
合コン満足度	♥♥♥♥

恋愛偏差値 70

平均年収（万円） 900

プリファード・ネットワークスはＩｏＴ分野のスタートアップ企業で日本最大のユニコーン企業である！！！　通称ＰＦＮ。

天才中の天才が多数在籍している。これはマジで。そして当然年収もかなり高い。

社員の中のＴＯＰ層は、名だたるプログラミングコンテストで優秀な成績を残している人ばかりなので「エンジニアと添い遂げたい！　プログラミング狂いな彼を陰で支えたい！！」なんてご奉仕精神に溢れる女子は一度見学に行ってみては？？？

RANK 神

吉本興業

項目	評価
平均年収	♥♥♥♥
華やかさ	♥♥♥♥♥
性格ポイント	♥♥♥♥♥
合コン満足度	♥♥♥♥♥

恋愛偏差値 70

平均年収（万円） 800

圧倒的なコミュ力でこのランクに急浮上したダークホース。

日々、芸人やタレントと過ごしているだけあって話術がハンパじゃなく、合コンの満足度はかなり高い。

その日の女子の雰囲気によって最強の布陣を組みながら笑わせにくる。

ファッション性も抜群で、ハイセンスな社員が多いのはさすが業界人。

しかし猛烈に多忙&不定休なので、なかなか捕まらないのが難点。

また女性タレントやモデルなんかとも打ち上げなどで飲むことが多いので許容できるかがポイントになる。

非正規の割合が多いので正社員かどうかヒアリングは必須。

２０２０年の新型コロナ対策として、芸能事務所では初めて芸人の自宅から動画配信する「#吉本自宅劇場」を開始。

まったく！　初動早いんだから！　好きである！！

RANK 神

日本テレビホールディングス

平均年収	♥♥♥♥♥
華やかさ	♥♥♥
性格ポイント	♥♥♥♥♥
合コン満足度	♥♥♥♥♥

恋愛偏差値 **69**

平均年収（万円） **1,400**

日本テレビとは、日本の放送局である。通称日テレ。勤務地は汐留周辺なので、合コンが開催される場所は新橋、六本木、銀座が多い。

さすがに高給取りなので、みんなだいたい港区や品川付近に住んでいる。

有名企業というだけあり女子人気が高い。仕事柄か合コンの開始が遅く平日も気にせず開催。朝までコースもザラで女性を落とすことに情熱を注いでいる人もちらほらいる。

時々、子会社のアックスオン社員を連れて豪遊している姿に遭遇する。

RANK 神

Google

平均年収	♥♥♥♥♥
華やかさ	♥♥♥♥
性格ポイント	♥♥♥♥
合コン満足度	♥♥♥♥♥

恋愛偏差値 **69**

平均年収（万円） **1,200**

〝ＧＡＦＡ〟の頭文字として業界を牽引する天下のGoogle様である！　Ｗｅｂ業界のカースト頂点に君臨する世界最大の検索エンジン。

さすがに超優秀な社員が揃っているが、恋愛市場の評判はというと、「稼いでるくせにワリカンされた」、「リゴレットにいつもいる」などのタレコミが。

エンジニアメインで〝天才枠〟が多く揃っているので、才能一発勝負な面もある。

単純に美人な女性では事足りず、語学ができる、芸術的な才能があるなど＋αがあると喜ばれる。

遊ぶのはヘルシーな海外系美女でも、結婚するのは意外と素朴な女性なことが多いので、本命を狙うなら普通なスタイルに勝算あり。

RANK 神

バークレイズ

平均年収	♥♥♥♥♥
華やかさ	♥♥♥♥
性格ポイント	♥♥♥♥
合コン満足度	♥♥♥♥♥

恋愛偏差値 69

平均年収（万円） 2,500

バークレイズとは、英・ロンドンに本拠を置く金融グループである。

リテール、ホールセール、投資銀行部門のほか、ウェルスマネジメント、モートゲージなどのサービスを提供する。

六本木付近にオフィスがあり、若手社員はおおよそ家賃10～15万円程度のところに住んでいるが、3年目以降は20万＋αの高層タワマンに一人で住んでいることが多い。

もちろん合コン後はおしゃれで高級な自宅にお持ち帰りが鉄板。

パークアクシス青山一丁目や白金タワー、赤坂「Top of the hill」などに多く生息。

年収が高いため女子に人気。同じ業界での合コンだと22時スタートも多く途中で呼び出されて帰ってしまうパターンもあるとか……。さすが人気企業。

RANK 神

三菱総合研究所

平均年収	♥♥♥♥♥
華やかさ	♥♥♥♥
性格ポイント	♥♥♥♥
合コン満足度	♥♥♥♥♥

恋愛偏差値 69

平均年収（万円） 1,200

シンクタンクと言えばここ♡　東大卒が多く、高学歴の宝庫である。そして数年に一度の割合で本物の天才が入社する。

化け物には「きゃ～♡　かっこいいですぅ～♡」みたいな、きゃぴノリが全く通用しないどころか鼻であしらわれるので、挑むならばそれなりに脳ミソを鍛えてからがおススメ。

化け物枠は10年以内に独立する傾向にあるので、35歳すぎてイキってる社員は深追いしなくてもＯＫ。

SS RANK企業

一般的な女性人気が高いSSランク。特に安定志向の女性からのラブコールを受ける。大手マスコミ関連企業の奮闘が際立つほか、総合商社や大手メーカー、航空会社など就職人気度の高い企業も続々とランクイン。社員数も多いため、出会いのハードルは下がる。

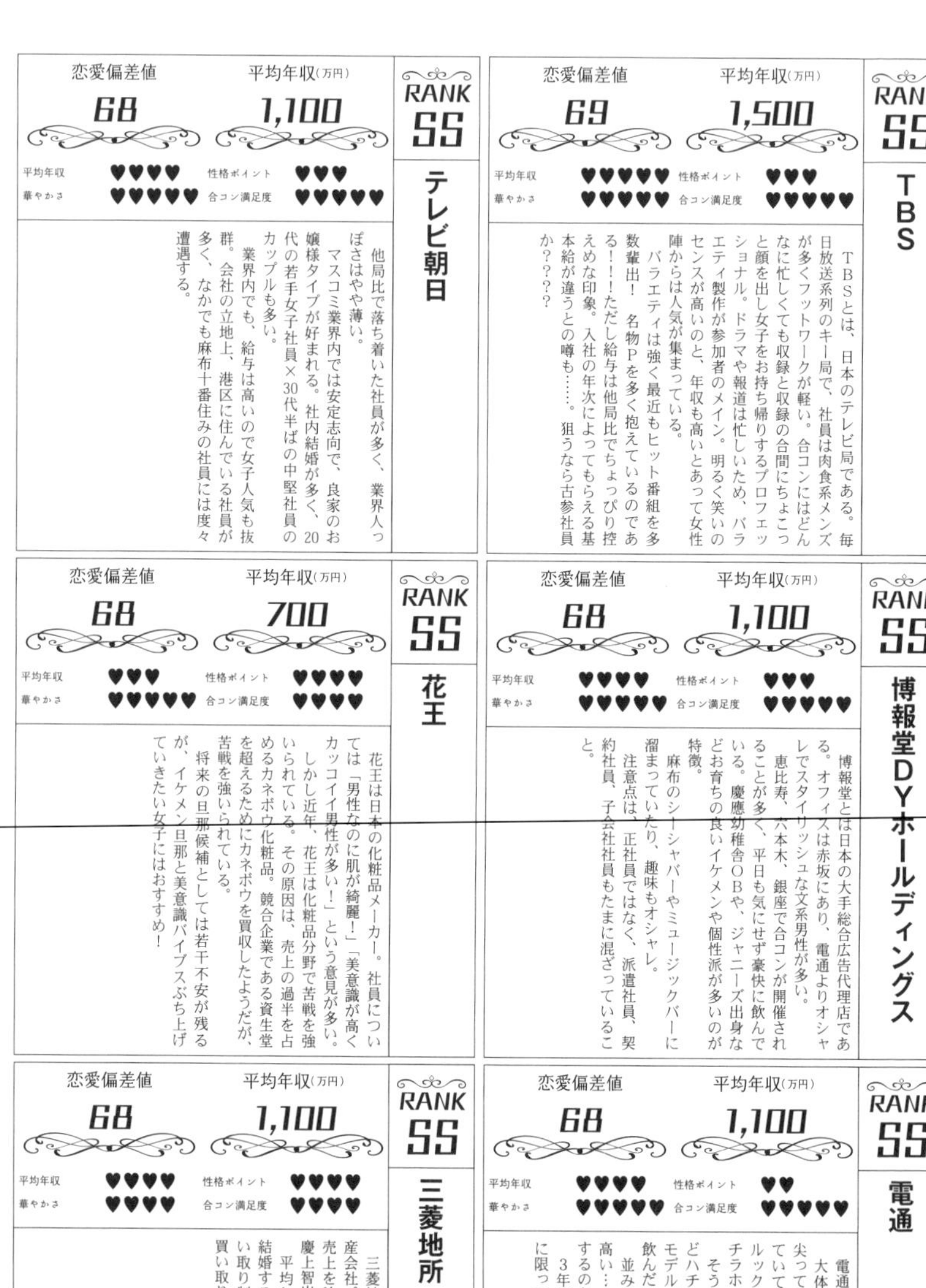

RANK SS　ＴＢＳ

恋愛偏差値 69　平均年収(万円) 1,500

平均年収 ♥♥♥♥♥　性格ポイント ♥♥♥
華やかさ ♥♥♥♥♥　合コン満足度 ♥♥♥♥♥

ＴＢＳとは、日本のテレビ局である。毎日放送系列のキー局で、社員は肉食系メンズが多くフットワークが軽い。合コンにはどんなに忙しくても収録と収録の合間にちょこっと顔を出し女子をお持ち帰りするプロフェッショナル。ドラマや報道は忙しいため、バラエティ製作が参加者のメイン。明るく笑いのセンスが高いのと、年収も高いとあって女性陣からは人気が集まっている。

バラエティは強く最近もヒット番組を多数輩出！　名物Ｐを多く抱えているのである！！ただし給与は他局比でちょっぴり控えめな印象。入社の年次によってもらえる基本給が違うとの噂も……。狙うなら古参社員か？？？

RANK SS　テレビ朝日

恋愛偏差値 68　平均年収(万円) 1,100

平均年収 ♥♥♥♥　性格ポイント ♥♥♥
華やかさ ♥♥♥♥♥　合コン満足度 ♥♥♥♥♥

他局比で落ち着いた社員が多く、業界人っぽさはやや薄い。

マスコミ業界内では安定志向で、良家のお嬢様タイプが好まれる。社内結婚が多く、20代の若手女子社員×30代半ばの中堅社員のカップルも多い。

業界内でも、給与は高いので女子人気も抜群。会社の立地上、港区に住んでいる社員が多く、なかでも麻布十番住みの社員には度々遭遇する。

RANK SS　博報堂ＤＹホールディングス

恋愛偏差値 68　平均年収(万円) 1,100

平均年収 ♥♥♥♥　性格ポイント ♥♥♥
華やかさ ♥♥♥♥♥　合コン満足度 ♥♥♥♥♥

博報堂とは日本の大手総合広告代理店である。オフィスは赤坂にあり、電通よりオシャレでスタイリッシュな文系男性が多い。

恵比寿、六本木、銀座で合コンが開催されることが多く、平日も気にせず豪快に飲んでいる。慶應幼稚舎ＯＢや、ジャニーズ出身などお育ちの良いイケメンや個性派が多いのが特徴。

麻布のシーシャバーやミュージックバーに溜まっていたり、趣味もオシャレ。

注意点は、正社員ではなく、派遣社員、契約社員、子会社社員もたまに混ざっていること。

RANK SS　花王

恋愛偏差値 68　平均年収(万円) 700

平均年収 ♥♥♥　性格ポイント ♥♥♥♥
華やかさ ♥♥♥♥♥　合コン満足度 ♥♥♥♥

花王は日本の化粧品メーカー。社員については「男性なのに肌が綺麗！」「美意識が高くカッコイイ男性が多い！」という意見が多い。

しかし近年、花王は化粧品分野で苦戦を強いられている。その原因は、売上の過半を占めるカネボウ化粧品。競合企業である資生堂を超えるためにカネボウを買収したようだが、苦戦を強いられている。

将来の旦那候補としては若干不安が残るが、イケメン旦那と美意識バイブスぶち上げていきたい女子にはおすすめ！

RANK SS　電通

恋愛偏差値 68　平均年収(万円) 1,100

平均年収 ♥♥♥♥　性格ポイント ♥♥
華やかさ ♥♥♥♥♥　合コン満足度 ♥♥♥♥♥

電通は日本最大手の広告代理店である。大体スーツがネイビーで革靴が薄茶色で尖っており、髪の毛めっちゃワックスで固めていて自信がみなぎっている。給与が高く、ルックスが芸能人レベルの容姿の営業マンもチラホラ。

そうした社員は当然本当にびっくりするほどハチャメチャにモテる。局担当だと女優やモデル、アイドルと打ち上げでしょっちゅう飲んだり、顔を合わせている。

並みの女子が狙うにはなかなかハードルが高い……。社内恋愛もかなり多いので、入社するのもひとつの手。

3年縛りの契約社員も多く、そうした社員に限って社名を使って遊んでいたりする(笑)。

RANK SS　三菱地所

恋愛偏差値 68　平均年収(万円) 1,100

平均年収 ♥♥♥♥　性格ポイント ♥♥♥♥
華やかさ ♥♥♥♥　合コン満足度 ♥♥♥♥

三菱地所とは、１９３７年創業の老舗不動産会社。財閥系三菱グループの中でも大きな売上を誇り、働く社員も有名国公立大学や早慶上智出身の帰国子女などが多く非常に優秀。

平均年収は40代で１１００万円を超える。結婚する場合は、かなり安泰である。休日買い取り制度というものがあり、残業代と休日買い取り含めて手取り40万ほどになるようだ。

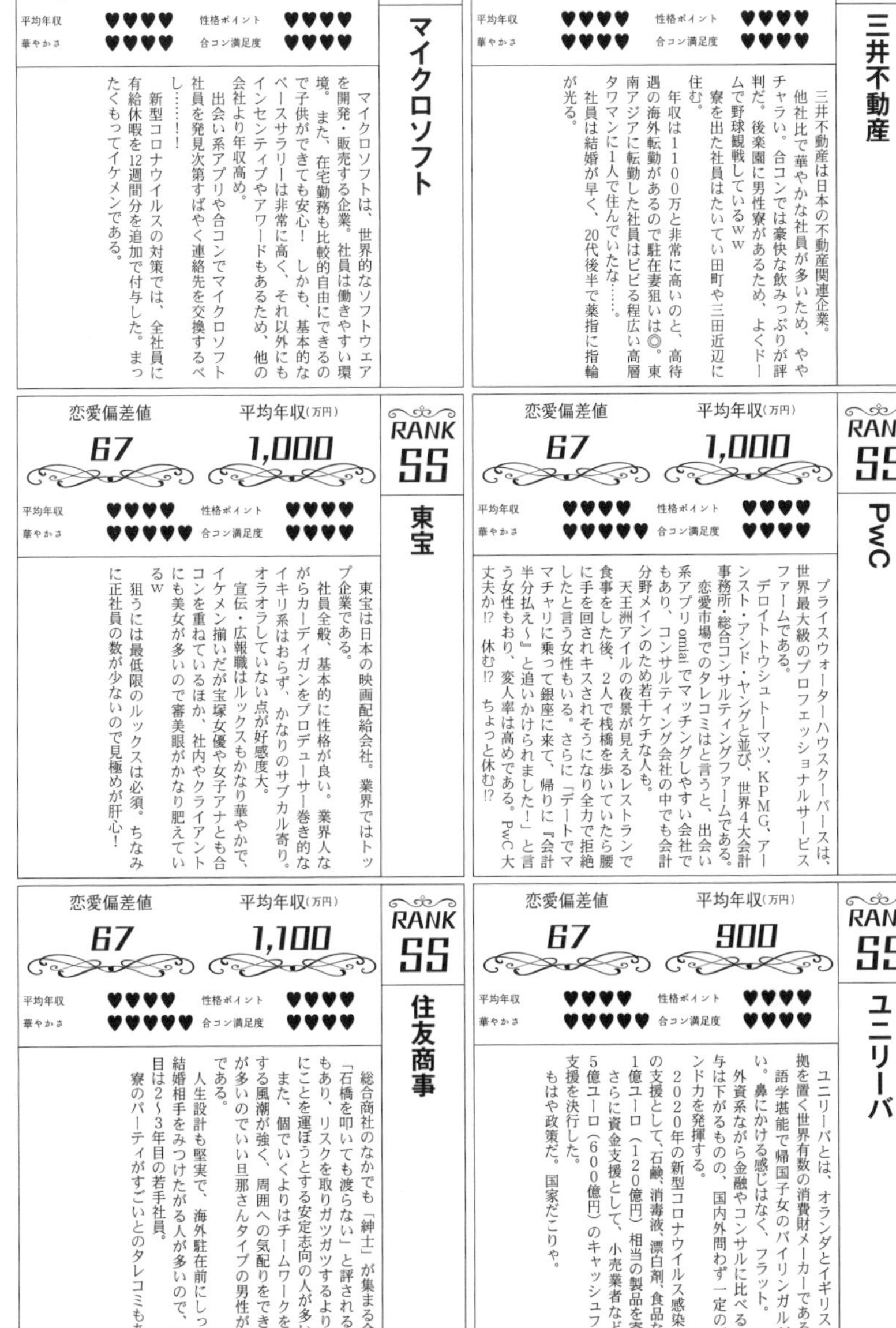

三井不動産

RANK SS

恋愛偏差値 68　平均年収（万円） 1,100

平均年収	♥♥♥♥	性格ポイント	♥♥♥♥
華やかさ	♥♥♥♥	合コン満足度	♥♥♥♥

三井不動産は日本の不動産関連企業。

他社比で華やかな社員が多いため、ややチャラい。合コンでは豪快な飲みっぷりが評判だ。後楽園に男性寮があるため、よくドームで野球観戦しているww

寮を出た社員はたいてい田町や三田近辺に住む。

年収は1100万と非常に高いのと、高待遇の海外転勤があるので駐在妻狙いは◎。東南アジアに転勤した社員はビビる程広い高層タワマンに1人で住んでいたな……。

社員は結婚が早く、20代後半で薬指に指輪が光る。

マイクロソフト

RANK SS

恋愛偏差値 68　平均年収（万円） 900

平均年収	♥♥♥♥	性格ポイント	♥♥♥♥
華やかさ	♥♥♥♥	合コン満足度	♥♥♥♥

マイクロソフトは、世界的なソフトウエアを開発・販売する企業。社員は働きやすい環境。また、在宅勤務も比較的自由にできるので子供ができても安心！　しかも、基本的なベースサラリーは非常に高く、それ以外にもインセンティブやアワードもあるため、他の会社より年収高め。

出会い系アプリや合コンでマイクロソフト社員を発見次第すばやく連絡先を交換するべし……！！

新型コロナウイルスの対策では、全社員に有給休暇を12週間分を追加で付与した。まったくもってイケメンである。

PwC

RANK SS

恋愛偏差値 67　平均年収（万円） 1,000

平均年収	♥♥♥♥	性格ポイント	♥♥♥♥
華やかさ	♥♥♥♥♥	合コン満足度	♥♥♥♥

プライスウォーターハウスクーパースは、世界最大級のプロフェッショナルサービスファームである。

デロイトトウシュトーマツ、KPMG、アーンスト・アンド・ヤングと並び、世界4大会計事務所・総合コンサルティングファームである。

恋愛市場でのタレコミはと言うと、出会い系アプリomiaiでマッチングしやすい会社でもあり、コンサルティング会社の中でも会計分野メインのため若干ケチな人も。

天王洲アイルの夜景が見えるレストランで食事をした後、2人で桟橋を歩いていたら腰に手を回されキスされそうになり全力で拒絶したと言う女性もいる。さらに「デートでママチャリに乗って銀座に来て、帰りに『会計半分払え～』と追いかけられました！」と言う女性もおり、変人率は高めである。PwC大丈夫か!?　休む!?　ちょっと休む!?

東宝

RANK SS

恋愛偏差値 67　平均年収（万円） 1,000

平均年収	♥♥♥♥	性格ポイント	♥♥♥♥
華やかさ	♥♥♥♥♥	合コン満足度	♥♥♥♥

東宝は日本の映画配給会社。業界ではトップ企業である。

社員全般、基本的に性格が良い。業界人ながらカーディガンをプロデューサー巻き的なイキリ系はおらず、かなりのサブカル寄り。オラオラしていない点が好感度大。

宣伝・広報職はルックスもかなり華やかで、イケメン揃いだが宝塚女優や女子アナとも合コンを重ねているほか、社内やクライアントにも美女が多いので審美眼がかなり肥えているw

狙うには最低限のルックスは必須。ちなみに正社員の数が少ないので見極めが肝心！

ユニリーバ

RANK SS

恋愛偏差値 67　平均年収（万円） 900

平均年収	♥♥♥♥	性格ポイント	♥♥♥♥
華やかさ	♥♥♥♥♥	合コン満足度	♥♥♥♥

ユニリーバとは、オランダとイギリスに本拠を置く世界有数の消費財メーカーである。

語学堪能で帰国子女のバイリンガルが多い。鼻にかける感じはなく、フラット。

外資系ながら金融やコンサルに比べると給与は下がるものの、国内外問わず一定のブランド力を発揮する。

2020年の新型コロナウイルス感染拡大の支援として、石鹸、消毒液、漂白剤、食品など、1億ユーロ（120億円）相当の製品を寄付。

さらに資金支援として、小売業者などに、5億ユーロ（600億円）のキャッシュフロー支援を決行した。

もはや政策だ。国家だこりゃ。

住友商事

RANK SS

恋愛偏差値 67　平均年収（万円） 1,100

平均年収	♥♥♥♥	性格ポイント	♥♥♥♥
華やかさ	♥♥♥♥♥	合コン満足度	♥♥♥♥

総合商社のなかでも「紳士」が集まる会社。「石橋を叩いても渡らない」と評される社風もあり、リスクを取りガツガツするより堅実にことを運ぼうとする安定志向の人が多い。

また、個でいくよりはチームワークを重視する風潮が強く、周囲への気配りをできる人が多いのでいい旦那さんタイプの男性が多めである。

人生設計も堅実で、海外駐在前にしっかり結婚相手をみつけたがる人が多いので、狙い目は2～3年目の若手社員。

寮のパーティがすごいとのタレコミもある。

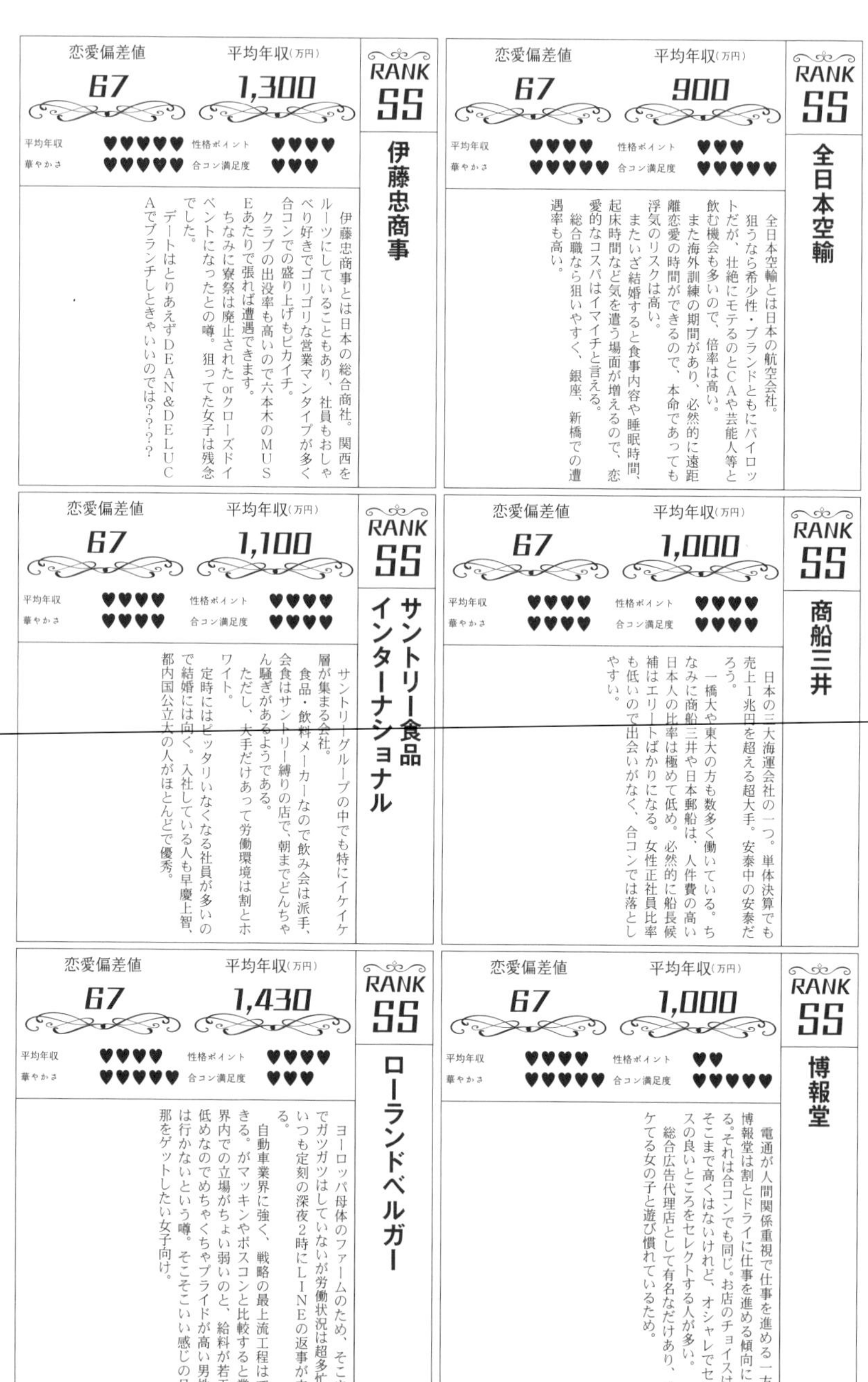

全日本空輸

RANK SS

恋愛偏差値	平均年収（万円）
67	900

項目	評価	項目	評価
平均年収	♥♥♥♥	性格ポイント	♥♥♥
華やかさ	♥♥♥♥♥	合コン満足度	♥♥♥♥♥

全日本空輸とは日本の航空会社。

狙うなら希少性・ブランドともにパイロットだが、壮絶にモテるのとCAや芸能人等と飲む機会も多いので、倍率は高い。

また海外訓練の期間があり、必然的に遠距離恋愛の時間ができるので、本命であっても浮気のリスクは高い。

またいざ結婚すると食事内容や睡眠時間、起床時間など気を遣う場面が増えるので、恋愛的なコスパはイマイチと言える。

総合職なら狙いやすく、銀座、新橋での遭遇率も高い。

伊藤忠商事

RANK SS

恋愛偏差値	平均年収（万円）
67	1,300

項目	評価	項目	評価
平均年収	♥♥♥♥♥	性格ポイント	♥♥♥♥
華やかさ	♥♥♥♥♥	合コン満足度	♥♥♥

伊藤忠商事とは日本の総合商社。関西をルーツにしていることもあり、社員もおしゃべり好きでゴリゴリな営業マンタイプが多く合コンでの盛り上げもピカイチ。

クラブの出没率も高いので六本木のMUSEあたりで張れば遭遇できます。

ちなみに寮祭は廃止されたorクローズドイベントになったとの噂。狙ってた女子は残念でした。

デートはとりあえずDEAN&DELUCAでブランチしときゃいいのでは？？？

商船三井

RANK SS

恋愛偏差値	平均年収（万円）
67	1,000

項目	評価	項目	評価
平均年収	♥♥♥♥	性格ポイント	♥♥♥♥
華やかさ	♥♥♥♥	合コン満足度	♥♥♥♥

日本の三大海運会社の一つ。単体決算でも売上1兆円を超える超大手。安泰中の安泰だろう。

一橋大や東大の方も数多く働いている。ちなみに商船三井や日本郵船は、人件費の高い日本人の比率は極めて低め。必然的に船長候補はエリートばかりになる。女性正社員比率も低いので出会いがなく、合コンでは落としやすい。

サントリー食品インターナショナル

RANK SS

恋愛偏差値	平均年収（万円）
67	1,100

項目	評価	項目	評価
平均年収	♥♥♥♥	性格ポイント	♥♥♥♥
華やかさ	♥♥♥♥	合コン満足度	♥♥♥♥

サントリーグループの中でも特にイケイケ層が集まる会社。

食品・飲料メーカーなので飲み会は派手、会食はサントリー縛りの店で、朝までどんちゃん騒ぎがあるようである。

ただし、大手だけあって労働環境は割とホワイト。

定時にはピッタリいなくなる社員が多いので結婚には向く。入社している人も早慶上智、都内国公立大の人がほとんどで優秀。

博報堂

RANK SS

恋愛偏差値	平均年収（万円）
67	1,000

項目	評価	項目	評価
平均年収	♥♥♥♥	性格ポイント	♥♥
華やかさ	♥♥♥♥♥	合コン満足度	♥♥♥♥♥

電通が人間関係重視で仕事を進める一方、博報堂は割とドライに仕事を進める傾向にある。それは合コンでも同じ。お店のチョイスは、そこまで高くはないけれど、オシャレでセンスの良いところをセレクトする人が多い。

総合広告代理店として有名なだけあり、イケてる女の子と遊び慣れているため。

ローランドベルガー

RANK SS

恋愛偏差値	平均年収（万円）
67	1,430

項目	評価	項目	評価
平均年収	♥♥♥♥	性格ポイント	♥♥♥♥
華やかさ	♥♥♥♥♥	合コン満足度	♥♥♥

ヨーロッパ母体のファームのため、そこまでガツガツはしていないが労働状況は超多忙。いつも定刻の深夜2時にLINEの返事が来る。

自動車業界に強く、戦略の最上流工程はできる。がマッキンやボスコンと比較すると業界内での立場がちょい弱いのと、給料が若干低めなのでめちゃくちゃプライドが高い男性は行かないという噂。そこそこいい感じの旦那をゲットしたい女子向け。

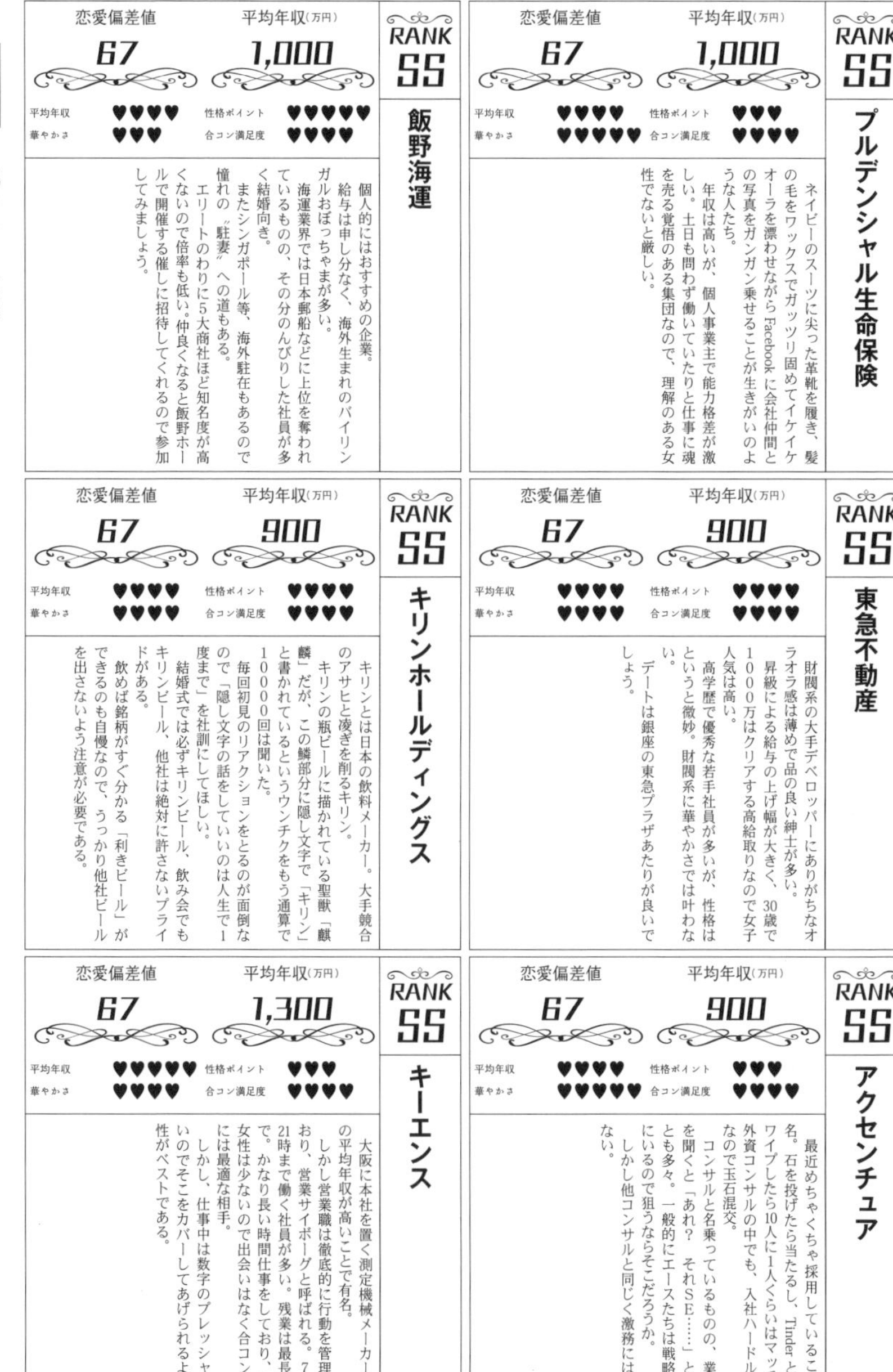

RANK SS プルデンシャル生命保険

恋愛偏差値	平均年収(万円)
67	1,000

平均年収	♥♥♥♥	性格ポイント	♥♥♥
華やかさ	♥♥♥♥♥	合コン満足度	♥♥♥♥

ネイビーのスーツに尖った革靴を履き、髪の毛をワックスでガッツリ固めてイケイケオーラを漂わせながらFacebookに会社仲間との写真をガンガン乗せることが生きがいのような人たち。

年収は高いが、個人事業主で能力格差が激しい。土日も問わず働いていたりと仕事に魂を売る覚悟のある集団なので、理解のある女性でないと厳しい。

RANK SS 飯野海運

恋愛偏差値	平均年収(万円)
67	1,000

平均年収	♥♥♥♥	性格ポイント	♥♥♥♥♥
華やかさ	♥♥♥	合コン満足度	♥♥♥♥

個人的にはおすすめの企業。

給与は申し分なく、海外生まれのバイリンガルおぼっちゃまが多い。

海運業界では日本郵船などに上位を奪われているものの、その分のんびりした社員が多く結婚向き。

またシンガポール等、海外駐在もあるので憧れの〝駐妻〟への道もある。

エリートのわりに5大商社ほど知名度が高くないので倍率も低い。仲良くなると飯野ホールで開催する催しに招待してくれるので参加してみましょう。

RANK SS 東急不動産

恋愛偏差値	平均年収(万円)
67	900

平均年収	♥♥♥♥	性格ポイント	♥♥♥♥
華やかさ	♥♥♥♥	合コン満足度	♥♥♥♥

財閥系の大手デベロッパーにありがちなオラオラ感は薄めで品の良い紳士が多い。

昇級による給与の上げ幅が大きく、30歳で1000万はクリアする高給取りなので女子人気は高い。

高学歴で優秀な若手社員が多いが、性格はというと微妙。財閥系に華やかさでは叶わない。

デートは銀座の東急プラザあたりが良いでしょう。

RANK SS キリンホールディングス

恋愛偏差値	平均年収(万円)
67	900

平均年収	♥♥♥♥	性格ポイント	♥♥♥♥
華やかさ	♥♥♥♥	合コン満足度	♥♥♥♥

キリンとは日本の飲料メーカー。大手競合のアサヒと凌ぎを削るキリン。

キリンの瓶ビールに描かれている聖獣「麒麟」だが、この鱗部分に隠し文字で「キリン」と書かれているというウンチクをもう通算で1000回は聞いた。

毎回初見のリアクションをとるのが面倒なので「隠し文字の話をしていいのは人生で1度まで」を社訓にしてほしい。

結婚式では必ずキリンビール、飲み会でもキリンビール、他社は絶対に許さないプライドがある。

飲めば銘柄がすぐ分かる「利きビール」ができるのも自慢なので、うっかり他社ビールを出さないよう注意が必要である。

RANK SS アクセンチュア

恋愛偏差値	平均年収(万円)
67	900

平均年収	♥♥♥♥	性格ポイント	♥♥♥
華やかさ	♥♥♥♥♥	合コン満足度	♥♥♥♥

最近めちゃくちゃ採用していることで有名。石を投げたら当たるし、Tinderとかでスワイプしたら10人に1人くらいはマッチする。

外資コンサルの中でも、入社ハードルは低めなので玉石混交。

コンサルと名乗っているものの、業務内容を聞くと「あれ？ それSE……」ということも多々。一般的にエースたちは戦略系部門にいるので狙うならそこだろうか。

しかし他コンサルと同じく激務には変わりない。

RANK SS キーエンス

恋愛偏差値	平均年収(万円)
67	1,300

平均年収	♥♥♥♥♥	性格ポイント	♥♥♥
華やかさ	♥♥♥♥	合コン満足度	♥♥♥♥

大阪に本社を置く測定機械メーカー。社員の平均年収が高いことで有名。

しかし営業職は徹底的に行動を管理されており、営業サイボーグと呼ばれる。7時から21時まで働く社員が多い。残業は最長22時まで。かなり長い時間仕事をしており、社内に女性は少ないので出会いはなく合コンを組むには最適な相手。

しかし、仕事中は数字のプレッシャーが強いのでそこをカバーしてあげられるような女性がベストである。

トヨタ自動車

RANK SS

恋愛偏差値	平均年収（万円）
67	780

項目	評価	項目	評価
平均年収	♥♥♥♥	性格ポイント	♥♥♥♥
華やかさ	♥♥♥♥	合コン満足度	♥♥♥

トヨタとは日本の自動車メーカーで、日本を代表するグローバル企業。日の丸背負ってる感がハンパない。

本社のある愛知県では確固たる地位を築きあげている。

一方東京では、水道橋の飲み屋で、はしゃいでいる若手リーマンは大和ハウスかトヨタなことが多い（立地が微妙）。

合コン市場でも人気が高いが、社内の女性社員が美人なことで有名。外から牙城を崩すのはやや困難……!?

２０２０年４月には、新型コロナ支援として医療用フェイスシールド（防護マスク）の生産をメーカーとしていち早く開始。

試作型や３Dプリンターなどで製作し、医療機関へ提供。国内トップメーカーの意地を見せた（スタンディングオベーション）。

武田薬品工業

RANK SS

恋愛偏差値	平均年収（万円）
67	1000

項目	評価	項目	評価
平均年収	♥♥♥♥	性格ポイント	♥♥♥
華やかさ	♥♥♥	合コン満足度	♥♥♥♥

武田薬品工業とは、日本の製薬企業。

給料が良く、安定感は抜群。外資系の製薬会社より若干緩さがある。

大学院や博士課程まで出た有名国公立大の理系男子の宝庫。賢さはお墨付き!!

ただし給与は良いMRだが全国転勤があるため、もし結婚する場合、仕事を辞めてついていかないといけない状況になる可能性を十分考慮しお付き合いすることをおすすめする。

２０２０年の新型コロナ支援として、米大手製薬企業と提携し、ウイルス治療のための医薬品「血漿（けっしょう）分画製剤」の開発を急加速!!

ノーブランドでの販売を目指し、実用化を急ぐ。「混乱期でも前向きな精神を」と発表した武田に世界からアツい視線が注がれる。

朝日新聞社

RANK SS

恋愛偏差値	平均年収（万円）
66	1,200

項目	評価	項目	評価
平均年収	♥♥♥♥♥	性格ポイント	♥♥♥♥
華やかさ	♥♥♥	合コン満足度	♥♥♥

極めて多忙なため積極的に合コンを開いておらず社内や業務で出会った女性と交際するパターンが多いので、希少性は高い。花形の社会部や政治部は有事の際は即出動、社用携帯が鳴れば深夜でも早朝でも関係なく勤務なので、気が抜けない。

ただし社会部にたどり着くまでには10年近くかかるのと、プロパー大好き企業なので中途社員は出世街道に乗れない。

広告営業は爽やかでモデルのような社員も多く、某キー局の有名女子アナを射止めたのも広告営業部員だった。

丸紅

RANK SS

恋愛偏差値	平均年収（万円）
66	1,200

項目	評価	項目	評価
平均年収	♥♥♥♥♥	性格ポイント	♥♥♥♥
華やかさ	♥♥♥♥	合コン満足度	♥♥♥♥

通称「チャラ紅」。ただ五大商社の中では比較的温和な社風で、この人商社マンなの？という物腰低めな感じの人が結構多く、チャラ紅っぽい人は案外少数なのでは。

この会社の注意点はとにかく社内に美女が多いところ。

一般職は顔採用ともささやかれており、毎年ミスコンファイナリストが2〜3人入社してくるとか。

しかし、社内の美女はプライドが高く無理だ！と考えている社員も多いので、性格の良さを打ち出せば対抗馬になれます。

会社は現在日本橋に仮移転中ですが、来年竹橋という東西線しか通らない駅の近くに戻ります。

キヤノン

RANK SS

恋愛偏差値	平均年収（万円）
66	800

項目	評価	項目	評価
平均年収	♥♥♥	性格ポイント	♥♥♥♥♥
華やかさ	♥♥♥♥	合コン満足度	♥♥♥♥

キヤノン株式会社は、カメラ、ビデオなどの映像機器、プリンタ、複写機等の事務機器、デジタルマルチメディア機器などを製造する電気機器メーカー。

技術職・営業職で、カラーは違えど、全員根が真面目である。飲み会や合コンでお酒を無理強いすることなどは一切ない。

容姿端麗ではなくとも朗らかな女性社員が多いため、社内恋愛・社内結婚が多いので新規の女子が参入するには早めに刈り取る必要がある。

良く言えば安定感が抜群。悪く言えば冒険心がない。

フジテレビ

RANK SS

恋愛偏差値	平均年収（万円）
66	1,200

項目	評価	項目	評価
平均年収	♥♥♥♥♥	性格ポイント	♥♥
華やかさ	♥♥♥♥	合コン満足度	♥♥♥♥

THE業界人。男性社員も顔採用なのか？というくらい華やかで顔の整った社員が多い。

特に広報や営業職はアナウンサーレベルのイケメンも。ゴリラ系ではなく全員スマートな見た目なので〝会社の求める男性像〟が非常に分かりやすい。

LDHで例えると完全に岩ちゃんで、メンディ的なゴリラはいない。

仕事の合間をぬってマメに合コンに顔を出しているが、毎日のように女優やタレントと仕事をしているので並みの女性にはなびかない。

とにかく顔が可愛いor華やかな女子が好きで、そこそこ有名な女優ともサラッと交際していたりするから怖い。

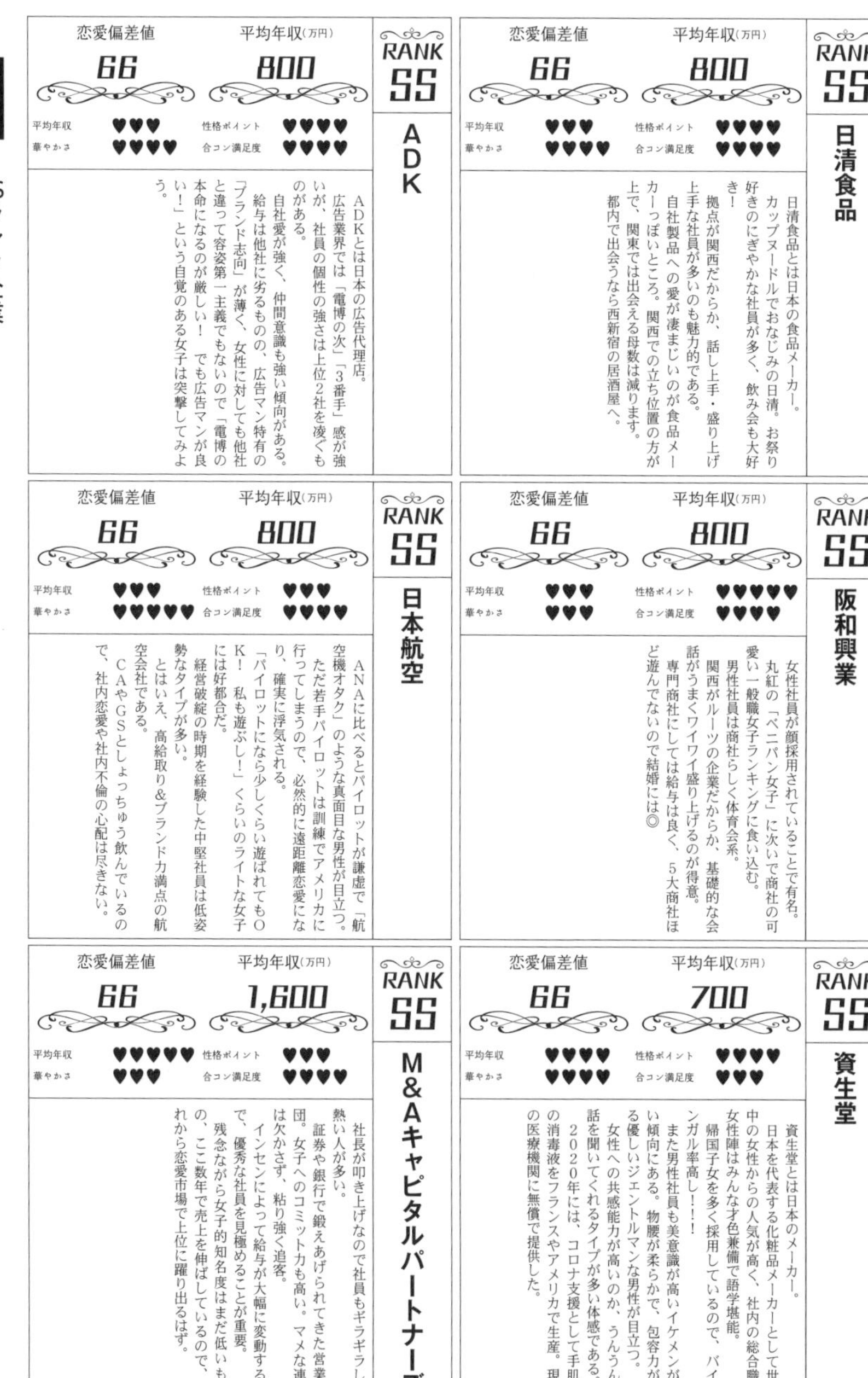

RANK SS　日清食品

恋愛偏差値	平均年収（万円）
66	800

項目	評価	項目	評価
平均年収	♥♥♥	性格ポイント	♥♥♥♥
華やかさ	♥♥♥♥	合コン満足度	♥♥♥♥

日清食品とは日本の食品メーカー。

カップヌードルでおなじみの日清。お祭り好きのにぎやかな社員が多く、飲み会も大好き！

拠点が関西だからか、話し上手・盛り上げ上手な社員が多いのも魅力的である。

自社製品への愛が凄まじいのが食品メーカーっぽいところ。関西での立ち位置の方が上で、関東では出会える母数は減ります。都内で出会うなら西新宿の居酒屋へ。

RANK SS　ADK

恋愛偏差値	平均年収（万円）
66	800

項目	評価	項目	評価
平均年収	♥♥♥	性格ポイント	♥♥♥♥
華やかさ	♥♥♥♥	合コン満足度	♥♥♥♥

ADKとは日本の広告代理店。

広告業界では「電博の次」「3番手」感が強いが、社員の個性の強さは上位2社を凌ぐものがある。

自社愛が強く、仲間意識も強い傾向がある。

給与は他社に劣るものの、広告マン特有の「ブランド志向」が薄く、女性に対しても他社と違って容姿第一主義でもないので「電博の本命になるのが厳しい！　でも広告マンが良い！」という自覚のある女子は突撃してみよう。

RANK SS　阪和興業

恋愛偏差値	平均年収（万円）
66	800

項目	評価	項目	評価
平均年収	♥♥♥	性格ポイント	♥♥♥♥♥
華やかさ	♥♥♥	合コン満足度	♥♥♥♥

女性社員が顔採用されていることで有名。丸紅の「ベニパン女子」に次いで商社の可愛い一般職女子ランキングに食い込む。

男性社員は商社らしく体育会系。

関西がルーツの企業だからか、基礎的な会話がうまくワイワイ盛り上げるのが得意。

専門商社にしては給与は良く、5大商社ほど遊んでないので結婚には◎

RANK SS　日本航空

恋愛偏差値	平均年収（万円）
66	800

項目	評価	項目	評価
平均年収	♥♥♥	性格ポイント	♥♥♥
華やかさ	♥♥♥♥♥	合コン満足度	♥♥♥♥

ANAに比べるとパイロットが謙虚で「航空機オタク」のような真面目な男性が目立つ。

ただ若手パイロットは訓練でアメリカに行ってしまうので、必然的に遠距離恋愛になり、確実に浮気される。

「パイロットになら少しくらい遊ばれてもOK！　私も遊ぶし！」くらいのライトな女子には好都合だ。

経営破綻の時期を経験した中堅社員は低姿勢なタイプが多い。

とはいえ、高給取り&ブランド力満点の航空会社である。

CAやGSとしょっちゅう飲んでいるので、社内恋愛や社内不倫の心配は尽きない。

RANK SS　資生堂

恋愛偏差値	平均年収（万円）
66	700

項目	評価	項目	評価
平均年収	♥♥♥♥	性格ポイント	♥♥♥♥
華やかさ	♥♥♥♥	合コン満足度	♥♥♥

資生堂とは日本のメーカー。

日本を代表する化粧品メーカーとして世界中の女性からの人気が高く、社内の総合職の女性陣はみんな才色兼備で語学堪能。

帰国子女を多く採用しているので、バイリンガル率高し！！！

また男性社員も美意識が高いイケメンが多い傾向にある。物腰が柔らかで、包容力がある優しいジェントルマンな男性が目立つ。

女性への共感能力が高いのか、うんうんと話を聞いてくれるタイプが多い体感である。

2020年には、コロナ支援として手肌用の消毒液をフランスやアメリカで生産。現地の医療機関に無償で提供した。

RANK SS　M&Aキャピタルパートナーズ

恋愛偏差値	平均年収（万円）
66	1,600

項目	評価	項目	評価
平均年収	♥♥♥♥♥	性格ポイント	♥♥♥
華やかさ	♥♥♥	合コン満足度	♥♥♥♥

社長が叩き上げなので社員もギラギラした熱い人が多い。

証券や銀行で鍛えあげられてきた営業集団。女子へのコミット力も高い。マメな連絡は欠かさず、粘り強く追客。

インセンによって給与が大幅に変動するので、優秀な社員を見極めることが重要。

残念ながら女子的知名度はまだ低いものの、ここ数年で売上を伸ばしているので、これから恋愛市場で上位に躍り出るはず。

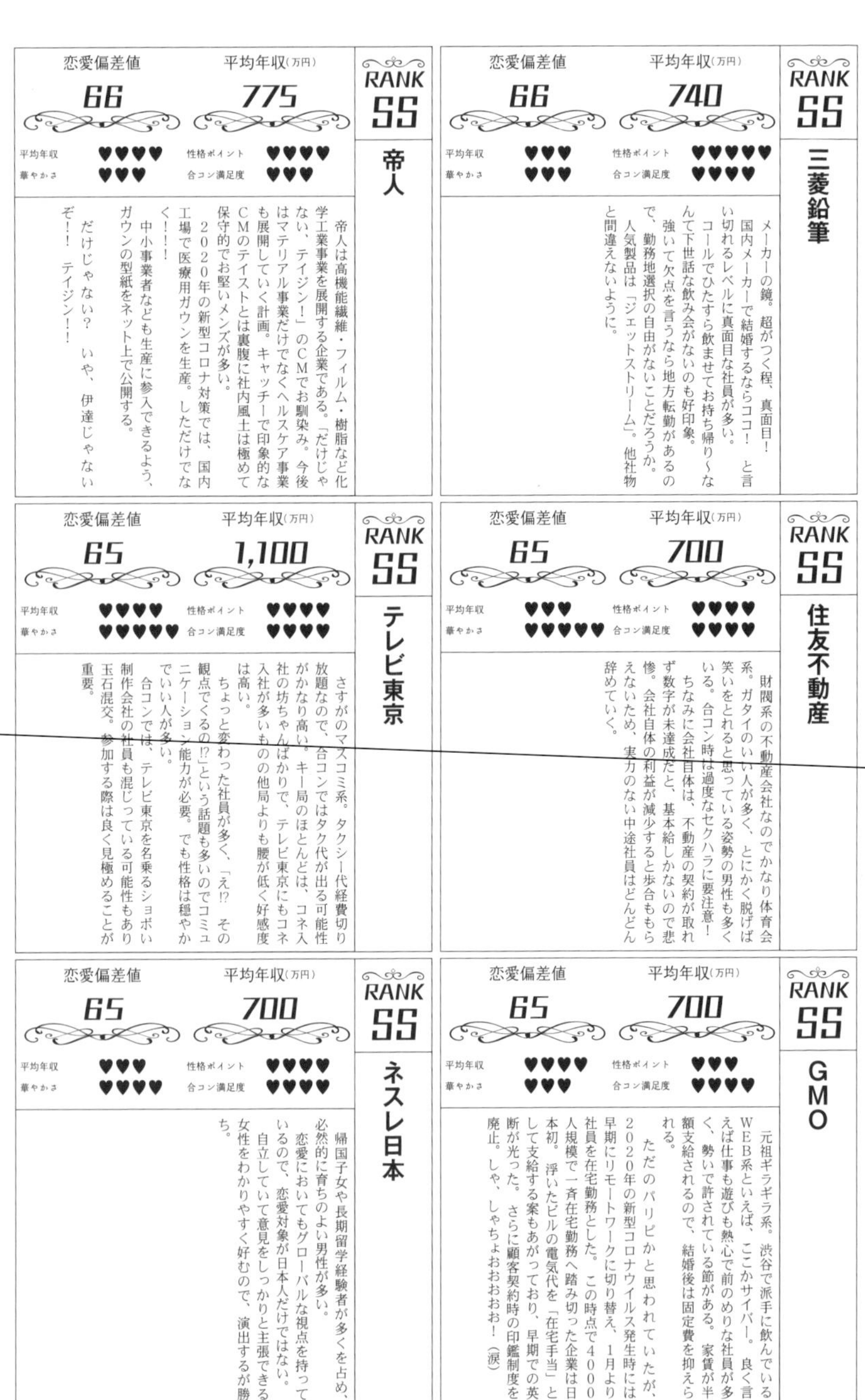

RANK SS　三菱鉛筆

恋愛偏差値 66　平均年収（万円） 740

平均年収 ♥♥♥　性格ポイント ♥♥♥♥♥
華やかさ ♥♥♥　合コン満足度 ♥♥♥♥

メーカーの鏡。超がつく程、真面目！　国内メーカーで結婚するならココ！　と言い切れるレベルに真面目な社員が多い。コールでひたすら飲ませてお持ち帰り～なんて下世話な飲み会がないのも好印象。

強いて欠点を言うなら地方転勤があるので、勤務地選択の自由がないことだろうか。

人気製品は「ジェットストリーム」。他社物と間違えないように。

RANK SS　帝人

恋愛偏差値 66　平均年収（万円） 775

平均年収 ♥♥♥♥　性格ポイント ♥♥♥♥
華やかさ ♥♥♥　合コン満足度 ♥♥♥

帝人は高機能繊維・フィルム・樹脂など化学工業事業を展開する企業である。「だけじゃない、テイジン！」のCMでお馴染み。今後はマテリアル事業だけでなくヘルスケア事業も展開していく計画。キャッチーで印象的なCMのテイストとは裏腹に社内風土は極めて保守的でお堅いメンズが多い。

２０２０年の新型コロナ対策では、国内工場で医療用ガウンを生産。しただけでなく！！！

中小事業者なども生産に参入できるよう、ガウンの型紙をネット上で公開する。

だけじゃない？　いや、伊達じゃないぞ！！　テイジン！！

RANK SS　住友不動産

恋愛偏差値 65　平均年収（万円） 700

平均年収 ♥♥♥　性格ポイント ♥♥♥♥
華やかさ ♥♥♥♥♥　合コン満足度 ♥♥♥♥

財閥系の不動産会社なのでかなり体育会系。ガタイのいい人が多く、とにかく脱げば笑いをとれると思っている姿勢の男性も多くいる。合コン時は過度なセクハラに要注意！

ちなみに会社自体は、不動産の契約が取れず数字が未達成だと、基本給しかないので悲惨。会社自体の利益が減少すると歩合ももらえないため、実力のない中途社員はどんどん辞めていく。

RANK SS　テレビ東京

恋愛偏差値 65　平均年収（万円） 1,100

平均年収 ♥♥♥♥　性格ポイント ♥♥♥♥
華やかさ ♥♥♥♥♥　合コン満足度 ♥♥♥♥

さすがのマスコミ系。タクシー代経費切り放題なので、合コンではタク代が出る可能性がかなり高い。キー局のほとんどは、コネ入社の坊ちゃんばかりで、テレビ東京にもコネ入社が多いものの他局よりも腰が低く好感度は高い。

ちょっと変わった社員が多く、「え!?　その観点でくるの!?」という話題も多いのでコミュニケーション能力が必要。でも性格は穏やかでいい人が多い。

合コンでは、テレビ東京を名乗るショボい制作会社の社員も混じっている可能性もあり玉石混交。参加する際は良く見極めることが重要。

RANK SS　GMO

恋愛偏差値 65　平均年収（万円） 700

平均年収 ♥♥♥♥　性格ポイント ♥♥♥
華やかさ ♥♥♥　合コン満足度 ♥♥♥♥

元祖ギラギラ系。渋谷で派手に飲んでいるWEB系といえば、ここかサイバー。良く言えば仕事も遊びも熱心で前のめりな社員が多く、勢いで許されている節がある。家賃が半額支給されるので、結婚後は固定費を抑えられる。

ただのパリピかと思われていたが、２０２０年の新型コロナウイルス発生時には早期にリモートワークに切り替え、1月より社員を在宅勤務とした。この時点で４０００人規模で一斉在宅勤務へ踏み切った企業は日本初。浮いたビルの電気代を「在宅手当」として支給する案もあがっており、早期での英断が光った。さらに顧客契約時の印鑑制度を廃止。しゃ、しゃちょおおおお！（涙）

RANK SS　ネスレ日本

恋愛偏差値 65　平均年収（万円） 700

平均年収 ♥♥♥　性格ポイント ♥♥♥♥
華やかさ ♥♥♥♥　合コン満足度 ♥♥♥♥

帰国子女や長期留学経験者が多くを占め、必然的に育ちのよい男性が多い。

恋愛においてもグローバルな視点を持っているので、恋愛対象が日本人だけではない。

自立していて意見をしっかりと主張できる女性をわかりやすく好むので、演出するが勝ち。

SSランク企業

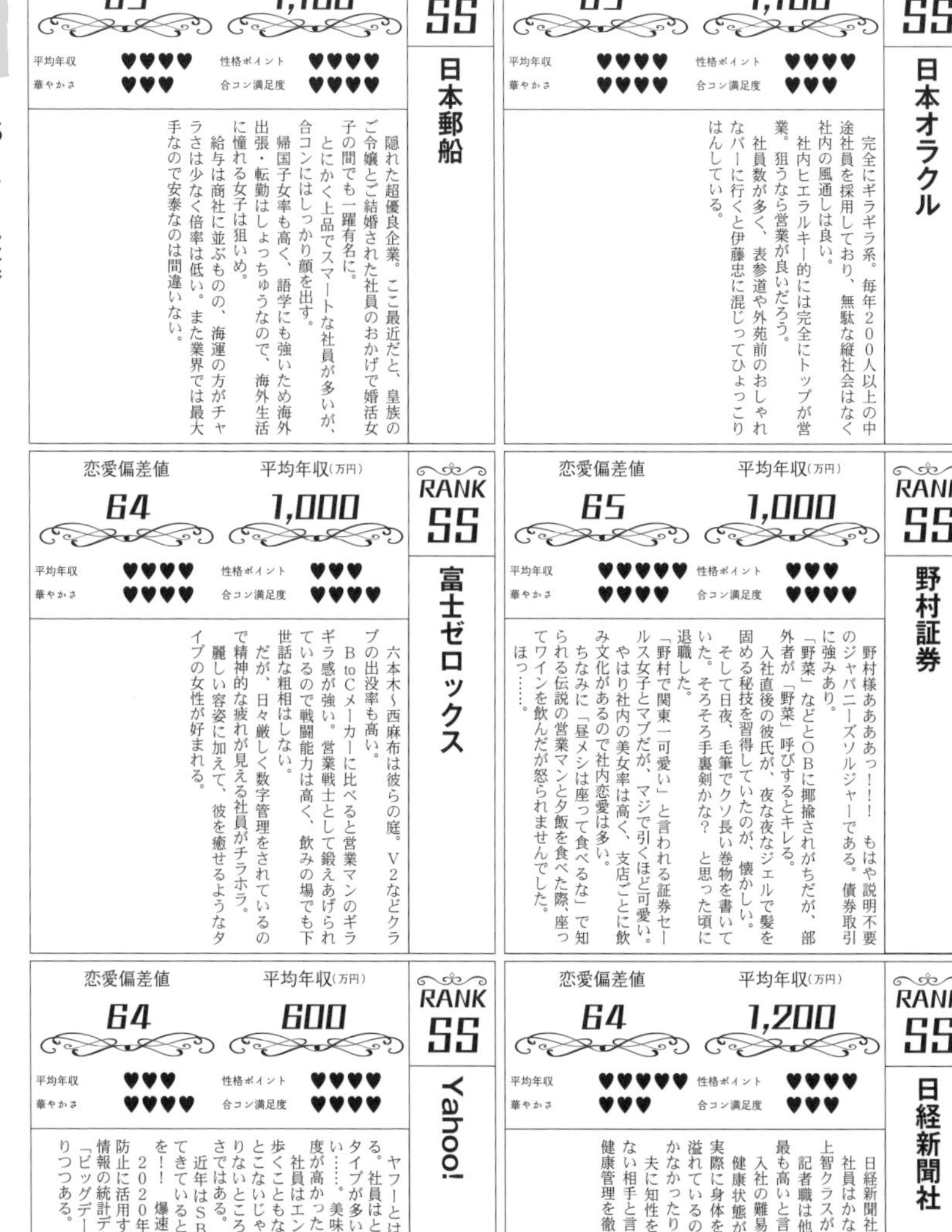

日本オラクル

RANK SS

恋愛偏差値	平均年収(万円)
65	1,100

項目	評価	項目	評価
平均年収	♥♥♥♥	性格ポイント	♥♥♥♥
華やかさ	♥♥♥♥	合コン満足度	♥♥♥

完全にギラギラ系。毎年200人以上の中途社員を採用しており、無駄な縦社会はなく社内の風通しは良い。

社内ヒエラルキー的には完全にトップが営業。狙うなら営業が良いだろう。

社員数が多く、表参道や外苑前のおしゃれなバーに行くと伊藤忠に混じってひょっこりはんしている。

日本郵船

RANK SS

恋愛偏差値	平均年収(万円)
65	1,100

項目	評価	項目	評価
平均年収	♥♥♥♥	性格ポイント	♥♥♥♥
華やかさ	♥♥♥	合コン満足度	♥♥♥♥

隠れた超優良企業。ここ最近だと、皇族のご令嬢とご結婚された社員のおかげで婚活女子の間でも一躍有名に。

とにかく上品でスマートな社員が多いが、合コンにはしっかり顔を出す。

帰国子女率も高く、語学にも強いため海外出張・転勤はしょっちゅうなので、海外生活に憧れる女子は狙いめ。

給与は商社に並ぶものの、海運の方がチャラさは少なく倍率は低い。また業界では最大手なので安泰なのは間違いない。

野村証券

RANK SS

恋愛偏差値	平均年収(万円)
65	1,000

項目	評価	項目	評価
平均年収	♥♥♥♥♥	性格ポイント	♥♥♥
華やかさ	♥♥♥♥	合コン満足度	♥♥♥♥

野村様あああっ！！　もはや説明不要のジャパニーズソルジャーである。債券取引に強みあり。

「野菜」などとOBに揶揄されがちだが、部外者が「野菜」呼びするとキレる。

入社直後の彼氏が、夜な夜なジェルで髪を固める秘技を習得していたのが、懐かしい。

そして日夜、毛筆でクソ長い巻物を書いていた。そろそろ手裏剣かな？　と思った頃に退職した。

「野村で関東一可愛い」と言われる証券セールス女子とマブだが、マジで引くほど可愛い。

やはり社内の美女率は高く、支店ごとに飲み文化があるので社内恋愛は多い。

ちなみに「昼メシは座って食べるな」で知られる伝説の営業マンと夕飯を食べた際、座ってワインを飲んだが怒られませんでした。ほっ……。

富士ゼロックス

RANK SS

恋愛偏差値	平均年収(万円)
64	1,000

項目	評価	項目	評価
平均年収	♥♥♥♥	性格ポイント	♥♥♥
華やかさ	♥♥♥♥	合コン満足度	♥♥♥♥

六本木〜西麻布は彼らの庭。V2などクラブの出没率も高い。

BtoCメーカーに比べると営業マンのギラギラ感が強い。営業戦士として鍛えあげられているので戦闘能力は高く、飲みの場でも下世話な粗相はしない。

だが、日々厳しく数字管理をされているので精神的な疲れが見える社員がチラホラ。

麗しい容姿に加えて、彼を癒せるようなタイプの女性が好まれる。

日経新聞社

RANK SS

恋愛偏差値	平均年収(万円)
64	1,200

項目	評価	項目	評価
平均年収	♥♥♥♥♥	性格ポイント	♥♥♥♥
華やかさ	♥♥♥	合コン満足度	♥♥♥

日経新聞社とは、日本の新聞社である。社員はかなりの高学歴で東大、京大、早稲田、上智クラスが多い。

記者職は他紙比較で、多忙度・給与ともに最も高いと言える。

入社の難易度も高い。

健康状態が心配なレベルで働いているし、実際に身体を壊す記者が多い……。使命感に溢れているので実際にガタが来るまで気がつかなかったりということもザラ。

夫に知性を求めるタイプの女性にはたまらない相手と言えるが、忙しさを許容できるか、健康管理を徹底できるかが鍵になる。

Yahoo!

RANK SS

恋愛偏差値	平均年収(万円)
64	600

項目	評価	項目	評価
平均年収	♥♥♥	性格ポイント	♥♥♥♥
華やかさ	♥♥♥♥	合コン満足度	♥♥♥♥

ヤフーとは日本最大の検索エンジンである。社員はとても穏やかで、人間ができてるタイプが多い。学歴も高く人間力はかなり高い……。美味しい社食が食べられたり、自由度が高かったりQOLの高さが理由だろうか。

社員はエンジニアがメインでド派手に飲み歩くこともなく概ね真面目である。えっ悪いとこないじゃん。そう。ちょっと毒っ気が足りないところが、強いて言うならば物足りなさではある。

近年はSBグループのカラーも強くなってきているとか。ヤフー社員を！！　主張を！！　爆速で！！！

2020年の新型コロナ対策として、感染防止に活用するための位置情報や検索・購買情報の統計データを厚労省へ提供。「ビッグデータで命を救う」未来が現実になりつつある。

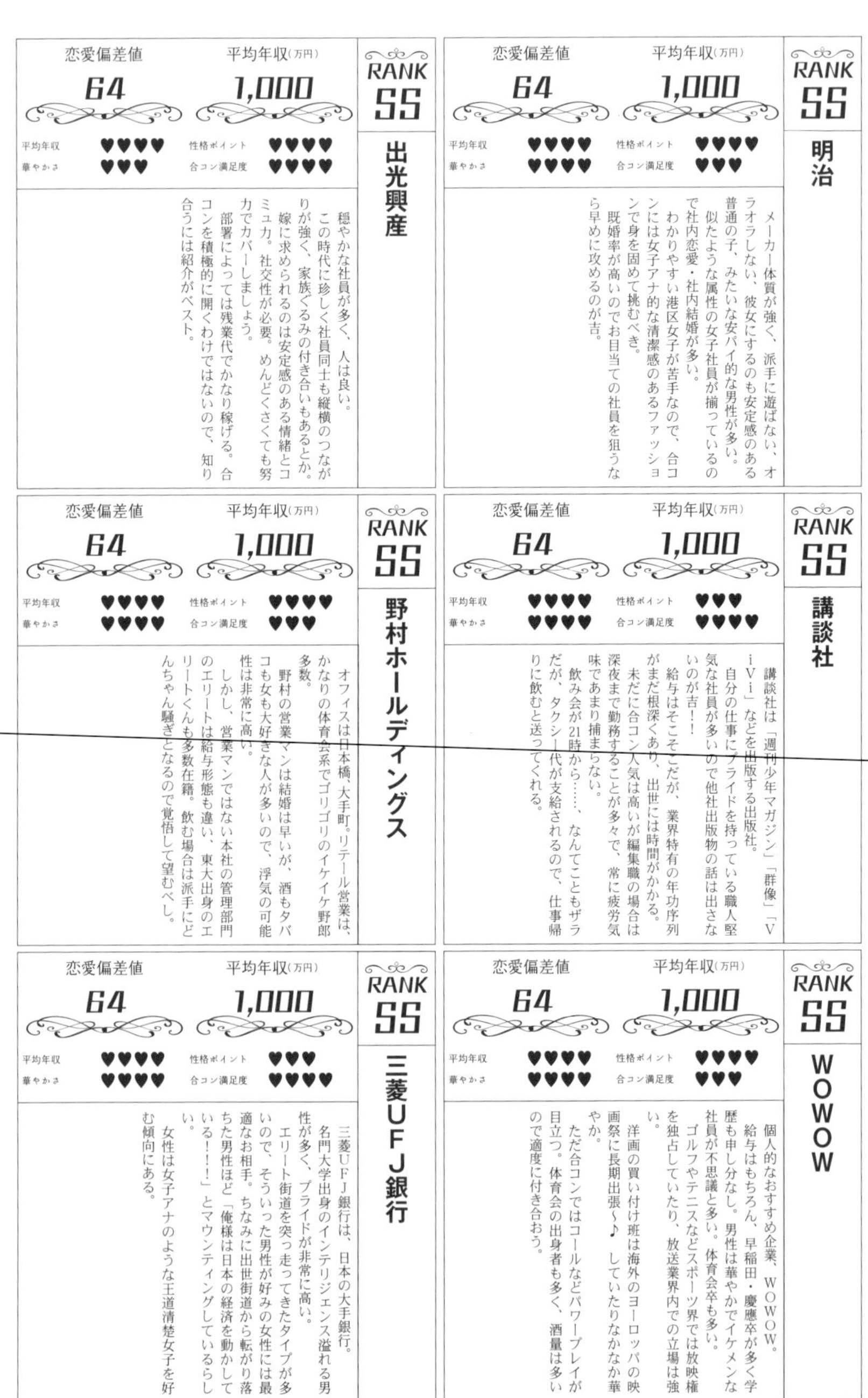

明治

RANK SS

恋愛偏差値 64　平均年収（万円） 1,000

平均年収 ♥♥♥♥　性格ポイント ♥♥♥♥
華やかさ ♥♥♥♥　合コン満足度 ♥♥♥

メーカー体質が強く、派手に遊ばない、オラオラしない、彼女にするのも安定感のある普通の子、みたいな安パイ的な男性が多い。

似たような属性の女子社員が揃っているので社内恋愛・社内結婚が多い。

わかりやすい港区女子が苦手なので、合コンには女子アナ的な清潔感のあるファッションで身を固めて挑むべき。

既婚率が高いのでお目当ての社員を狙うなら早めに攻めるのが吉。

出光興産

RANK SS

恋愛偏差値 64　平均年収（万円） 1,000

平均年収 ♥♥♥♥　性格ポイント ♥♥♥♥
華やかさ ♥♥♥　合コン満足度 ♥♥♥♥

穏やかな社員が多く、人は良い。

この時代に珍しく社員同士も縦横のつながりが強く、家族ぐるみの付き合いもあるとか。嫁に求められるのは安定感のある情緒とコミュ力。社交性が必要。めんどくさくても努力でカバーしましょう。

部署によっては残業代でかなり稼げる。合コンを積極的に開くわけではないので、知り合うには紹介がベスト。

講談社

RANK SS

恋愛偏差値 64　平均年収（万円） 1,000

平均年収 ♥♥♥♥　性格ポイント ♥♥♥
華やかさ ♥♥♥♥　合コン満足度 ♥♥♥♥

講談社は「週刊少年マガジン」「群像」「ViVi」などを出版する出版社。

自分の仕事にプライドを持っている職人堅気な社員が多いので他社出版物の話は出さないのが吉！

給与はそこそこだが、業界特有の年功序列がまだ根深くあり、出世には時間がかかる。

未だに合コン人気は高いが編集職の場合は深夜まで勤務することが多々で、常に疲労気味であまり捕まらない。

飲み会が21時から……、なんてこともザラだが、タクシー代が支給されるので、仕事帰りに飲むと送ってくれる。

野村ホールディングス

RANK SS

恋愛偏差値 64　平均年収（万円） 1,000

平均年収 ♥♥♥♥　性格ポイント ♥♥♥♥
華やかさ ♥♥♥♥　合コン満足度 ♥♥♥

オフィスは日本橋、大手町。リテール営業は、かなりの体育会系でゴリゴリのイケイケ野郎多数。

野村の営業マンは結婚は早いが、酒もタバコも女も大好きな人が多いので、浮気の可能性は非常に高い。

しかし、営業マンではない本社の管理部門のエリートは給与形態も違い、東大出身のエリートくんも多数在籍。飲む場合は派手にどんちゃん騒ぎとなるので覚悟して望むべし。

WOWOW

RANK SS

恋愛偏差値 64　平均年収（万円） 1,000

平均年収 ♥♥♥♥　性格ポイント ♥♥♥♥
華やかさ ♥♥♥♥　合コン満足度 ♥♥♥

個人的なおすすめ企業、WOWOW。

給与はもちろん、早稲田・慶應卒が多く学歴も申し分なし。男性は華やかでイケメンな社員が不思議と多い。体育会卒も多い。

ゴルフやテニスなどスポーツ界では放映権を独占していたり、放送業界内での立場は強い。

洋画の買い付け班は海外のヨーロッパの映画祭に長期出張〜♪　していたりなかなか華やか。

ただ合コンではコールなどパワープレイが目立つ。体育会の出身者も多く、酒量は多いので適度に付き合おう。

三菱ＵＦＪ銀行

RANK SS

恋愛偏差値 64　平均年収（万円） 1,000

平均年収 ♥♥♥♥　性格ポイント ♥♥♥
華やかさ ♥♥♥♥　合コン満足度 ♥♥♥♥

三菱ＵＦＪ銀行は、日本の大手銀行。名門大学出身のインテリジェンス溢れる男性が多く、プライドが非常に高い。

エリート街道を突っ走ってきたタイプが多いので、そういった男性が好みの女性には最適なお相手。ちなみに出世街道から転がり落ちた男性ほど「俺様は日本の経済を動かしている！！」とマウンティングしているらしい。

女性は女子アナのような王道清楚女子を好む傾向にある。

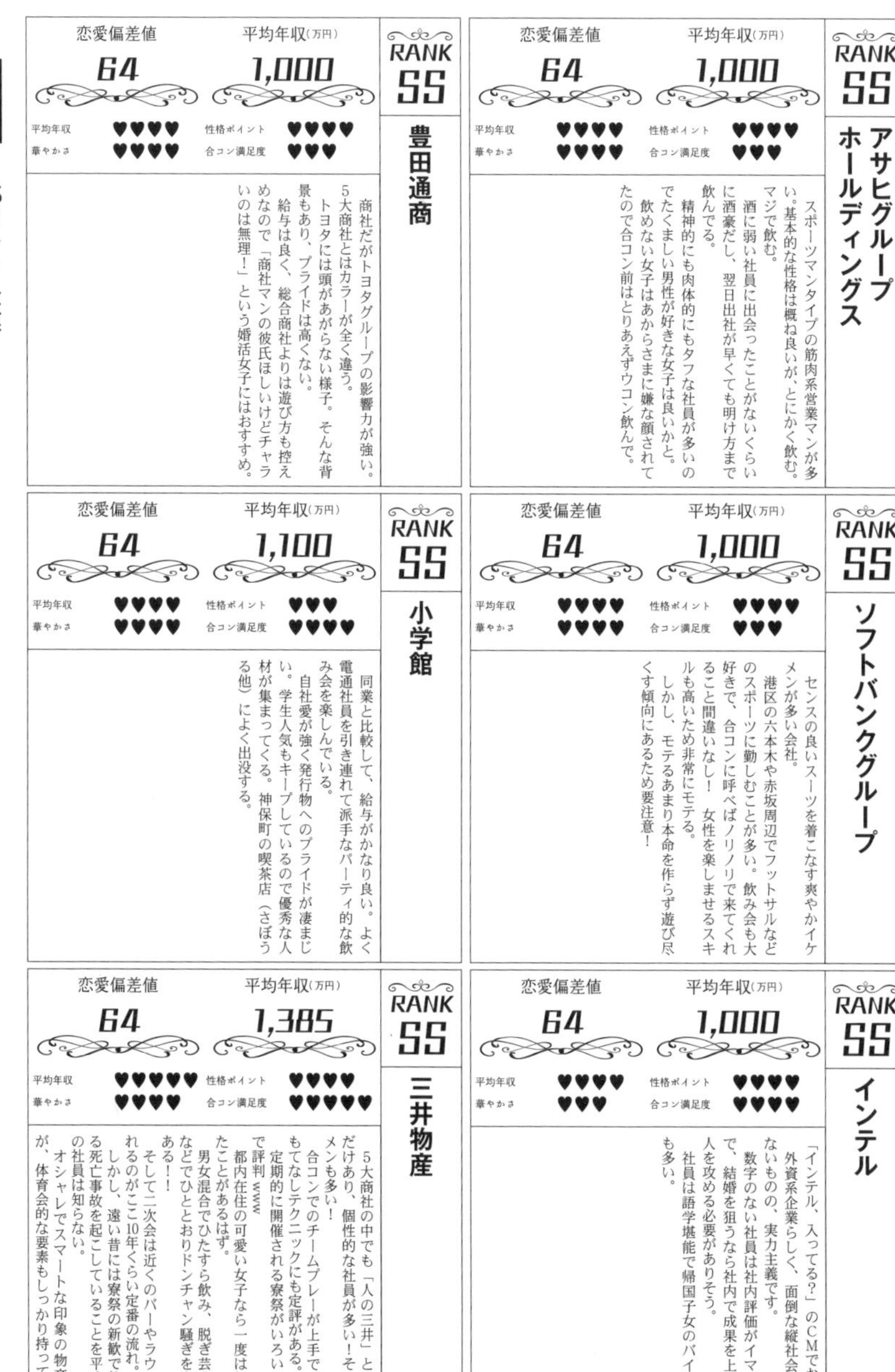

アサヒグループホールディングス

RANK SS

恋愛偏差値	平均年収（万円）
64	1,000

平均年収	♥♥♥♥	性格ポイント	♥♥♥♥
華やかさ	♥♥♥♥	合コン満足度	♥♥♥

スポーツマンタイプの筋肉系営業マンが多い。基本的な性格は概ね良いが、とにかく飲む。マジで飲む。

酒に弱い社員に出会ったことがないくらいに酒豪だし、翌日出社が早くても明け方まで飲んでる。

精神的にも肉体的にもタフな社員が多いのでたくましい男性が好きな女子は良いかと。

飲めない女子はあからさまに嫌な顔されてたので合コン前はとりあえずウコン飲んで。

豊田通商

RANK SS

恋愛偏差値	平均年収（万円）
64	1,000

平均年収	♥♥♥♥	性格ポイント	♥♥♥♥
華やかさ	♥♥♥♥	合コン満足度	♥♥♥

商社だがトヨタグループの影響力が強い。5大商社とはカラーが全く違う。

トヨタには頭があがらない様子。そんな背景もあり、プライドは高くない。

給与は良く、総合商社よりは遊び方も控えめなので「商社マンの彼氏ほしいけどチャラいのは無理！」という婚活女子にはおすすめ。

ソフトバンクグループ

RANK SS

恋愛偏差値	平均年収（万円）
64	1,000

平均年収	♥♥♥♥	性格ポイント	♥♥♥♥
華やかさ	♥♥♥♥	合コン満足度	♥♥♥

センスの良いスーツを着こなす爽やかイケメンが多い会社。

港区の六本木や赤坂周辺でフットサルなどのスポーツに勤しむことが多い。飲み会も大好きで、合コンに呼べばノリノリで来てくれること間違いなし！ 女性を楽しませるスキルも高いため非常にモテる。

しかし、モテるあまり本命を作らず遊び尽くす傾向にあるため要注意！

小学館

RANK SS

恋愛偏差値	平均年収（万円）
64	1,100

平均年収	♥♥♥♥	性格ポイント	♥♥♥
華やかさ	♥♥♥♥	合コン満足度	♥♥♥♥

同業と比較して、給与がかなり良い。よく電通社員を引き連れて派手なパーティ的な飲み会を楽しんでいる。

自社愛が強く発行物へのプライドが凄まじい。学生人気もキープしているので優秀な人材が集まってくる。神保町の喫茶店（さぼうる他）によく出没する。

インテル

RANK SS

恋愛偏差値	平均年収（万円）
64	1,000

平均年収	♥♥♥♥	性格ポイント	♥♥♥♥
華やかさ	♥♥♥	合コン満足度	♥♥♥♥

「インテル、入ってる?」のCMでおなじみ。外資系企業らしく、面倒な縦社会は見られないものの、実力主義です。

数字のない社員は社内評価がイマイチなので、結婚を狙うなら社内で成果を上げている人を攻める必要がありそう。

社員は語学堪能で帰国子女のバイリンガルも多い。

三井物産

RANK SS

恋愛偏差値	平均年収（万円）
64	1,385

平均年収	♥♥♥♥♥	性格ポイント	♥♥♥♥
華やかさ	♥♥♥♥	合コン満足度	♥♥♥♥♥

5大商社の中でも「人の三井」と言われるだけあり、個性的な社員が多い！そしてイケメンも多い！

合コンでのチームプレーが上手で、女性のもてなしテクニックにも定評がある。

定期的に開催される寮祭がいろいろな意味で評判www

都内在住の可愛い女子なら一度は招待されたことがあるはず。

男女混合でひたすら飲み、脱ぎ芸やゲームなどでひととおりドンチャン騒ぎをするのである！

そして二次会は近くのバーやラウンジへ流れるのがここ10年くらい定番の流れ。

しかし、遠い昔には寮祭の新歓で飲酒による死亡事故を起こしていることを平成生まれの社員は知らない。

オシャレでスマートな印象の物産社員だが、体育会的な要素もしっかり持っている！

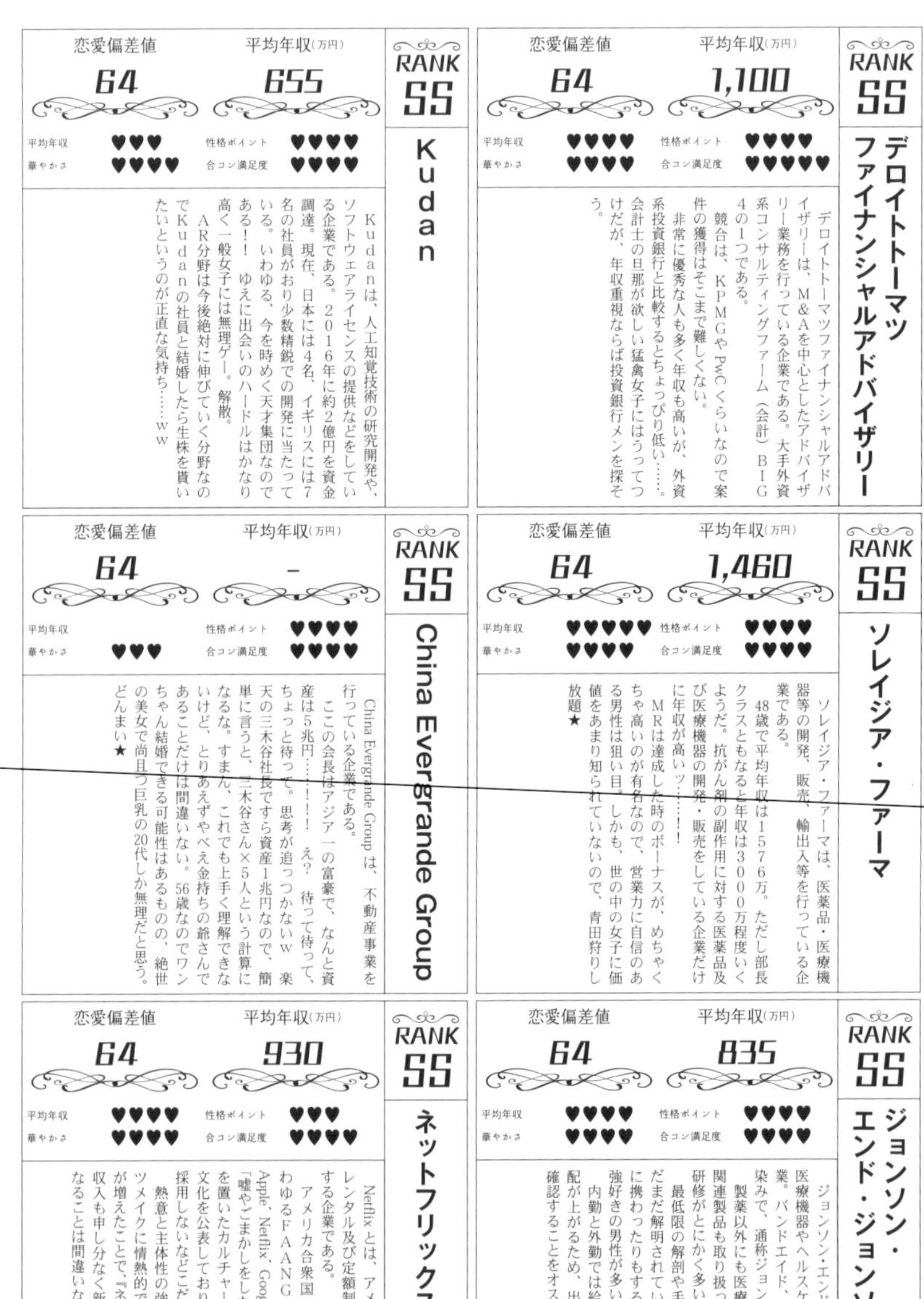

RANK SS　デロイトトーマツファイナンシャルアドバイザリー

恋愛偏差値 64　平均年収（万円） 1,100

平均年収 ♥♥♥♥　性格ポイント ♥♥♥♥
華やかさ ♥♥♥♥　合コン満足度 ♥♥♥♥♥

デロイトトーマツファイナンシャルアドバイザリーは、M&Aを中心としたアドバイザリー業務を行っている企業である。大手外資系コンサルティングファーム（会計）BIG4の1つである。

競合は、KPMGやPwCくらいなので案件の獲得はそこまで難しくない。

非常に優秀な人も多く年収も高いが、外資系投資銀行と比較するとちょっぴり低い……。会計士の旦那が欲しい猛禽女子にはうってつけだが、年収重視ならば投資銀行メンを探そう。

RANK SS　Kudan

恋愛偏差値 64　平均年収（万円） 655

平均年収 ♥♥♥　性格ポイント ♥♥♥♥
華やかさ ♥♥♥♥　合コン満足度 ♥♥♥♥

Kudanは、人工知覚技術の研究開発や、ソフトウエアライセンスの提供などをしている企業である。2016年に約2億円を資金調達。現在、日本には4名、イギリスには7名の社員がおり少数精鋭での開発に当たっている。いわゆる、今を時めく天才集団なのである！　ゆえに出会いのハードルはかなり高く一般女子には無理ゲー。解散。

AR分野は今後絶対に伸びていく分野なのでKudanの社員と結婚したら生株を貰いたいというのが正直な気持ち……ww

RANK SS　ソレイジア・ファーマ

恋愛偏差値 64　平均年収（万円） 1,460

平均年収 ♥♥♥♥♥　性格ポイント ♥♥♥♥
華やかさ ♥♥♥♥　合コン満足度 ♥♥♥♥

ソレイジア・ファーマは、医薬品・医療機器等の開発、販売、輸出入等を行っている企業である。

48歳で平均年収は1576万。ただし部長クラスともなると年収は3000万程度いくようだ。抗がん剤の副作用に対する医薬品及び医療機器の開発・販売をしている企業だけに年収が高いッ……！

MRは達成した時のボーナスが、めちゃくちゃ高いのが有名なので、営業力に自信のある男性は狙い目。しかも、世の中の女子に価値をあまり知られていないので、青田狩りし放題★

RANK SS　China Evergrande Group

恋愛偏差値 64　平均年収（万円） –

平均年収　性格ポイント ♥♥♥♥
華やかさ ♥♥♥　合コン満足度 ♥♥♥♥

China Evergrande Group は、不動産事業を行っている企業である。
ここの会長はアジア一の富豪で、なんと資産は5兆円……！！　え？　待って待って、ちょっと待って。思考が追っつかないw　楽天の三木谷社長ですら資産1兆円なので、簡単に言うと、三木谷さん×5人という計算になるな。すまん、これでも上手く理解できないけど、とりあえずやべえ金持ちの爺さんであることだけは間違いない。56歳なのでワンちゃん結婚できる可能性はあるものの、絶世の美女で尚且つ巨乳の20代しか無理だと思う。どんまい★

RANK SS　ジョンソン・エンド・ジョンソン

恋愛偏差値 64　平均年収（万円） 835

平均年収 ♥♥♥♥　性格ポイント ♥♥♥♥
華やかさ ♥♥♥♥　合コン満足度 ♥♥♥♥

ジョンソン・エンド・ジョンソンとは、製薬・医療機器やヘルスケア関連製品を取り扱う企業。バンドエイド、キズパワーパッドでお馴染みで、通称ジョンジョン。

製薬以外にも医療機器その他のヘルスケア関連製品も取り扱っているので、社内外での研修がとにかく多いらしい。

最低限の解剖や手術の知識だけでなく、まだまだ解明されていない臓器の治療に間接的に携わったりもするそうなので知識豊富で勉強好きの男性が多い印象。

内勤と外勤では給料面で圧倒的に外勤に軍配が上がるため、出会った際にはさりげなく確認することをオススメしたい。

RANK SS　ネットフリックス

恋愛偏差値 64　平均年収（万円） 930

平均年収 ♥♥♥♥　性格ポイント ♥♥♥
華やかさ ♥♥♥♥　合コン満足度 ♥♥♥♥

Netflixとは、アメリカのオンラインDVDレンタル及び定額制動画配信サービスを運営する企業である。

アメリカ合衆国の主要なIT企業で、いわゆるFAANG（Facebook、Amazon.com、Apple、Netflix、Google の5社）の1つである。「嘘やごまかしをしない」など、人間性に重きを置いたカルチャーデッキという独自の企業文化を公表しており、それに沿わない社員は採用しないなどこだわりを見せる。

熱意と主体性の強い社員が多く、コンテンツメイクに情熱的である。コロナで在宅時間が増えたことで、『ネフリ』の知名度も急浮上。収入も申し分なく新世代の新しいモテ企業になることは間違いない！！！

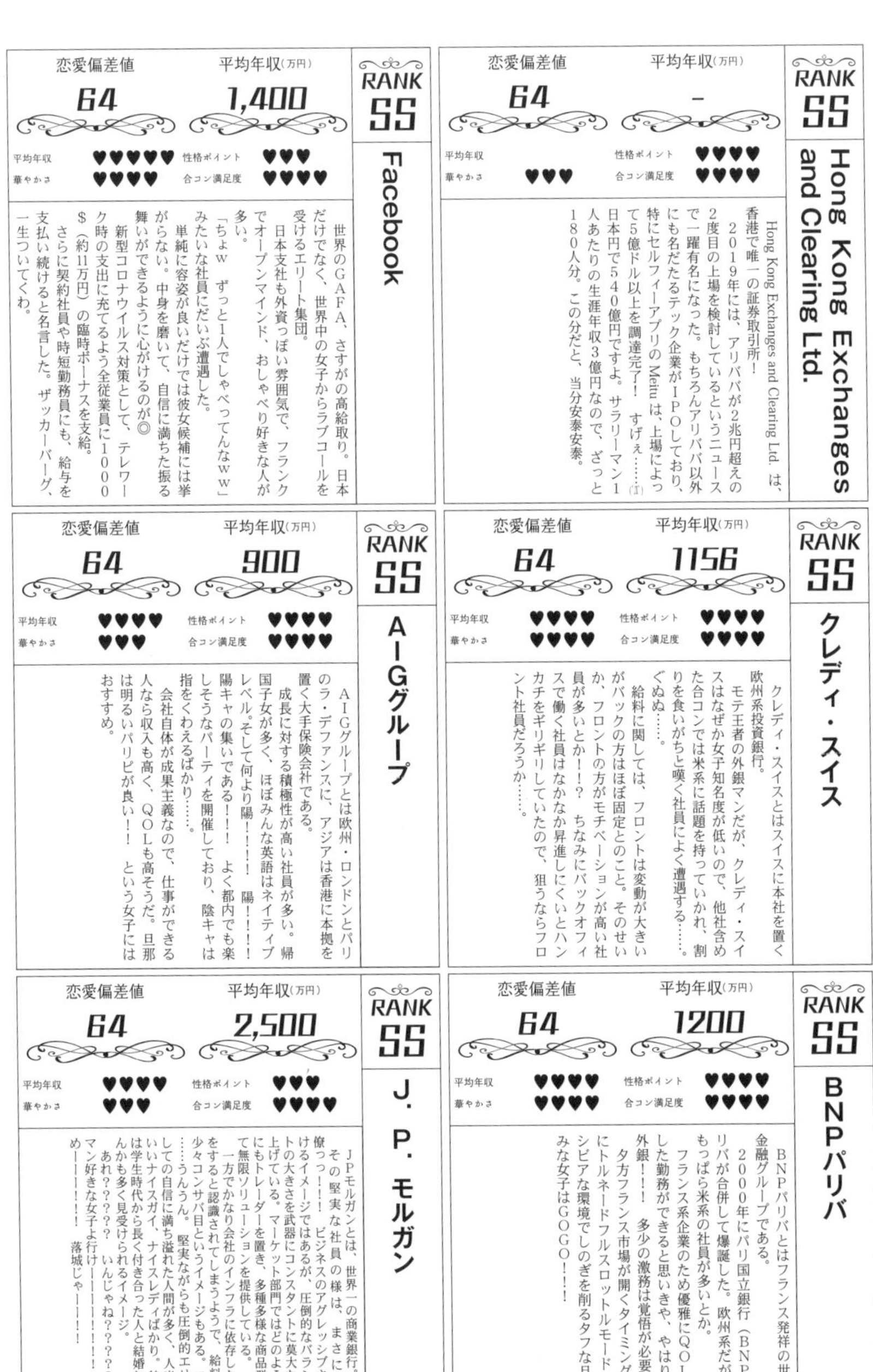

RANK SS　Hong Kong Exchanges and Clearing Ltd.

恋愛偏差値 64　平均年収(万円) －

平均年収 　性格ポイント ♥♥♥♥
華やかさ ♥♥♥　合コン満足度 ♥♥♥♥

Hong Kong Exchanges and Clearing Ltd. は、香港で唯一の証券取引所！

２０１９年には、アリババが2兆円超えの2度目の上場を検討しているというニュースで一躍有名になった。もちろんアリババ以外にも名だたるテック企業がＩＰＯしており、特にセルフィーアプリのMeitu は、上場によって5億ドル以上を調達完了！　すげぇ……(T)日本円で５４０億円ですよ。サラリーマン１人あたりの生涯年収3億円なので、ざっと１８０人分。この分だと、当分安泰安泰。

RANK SS　Facebook

恋愛偏差値 64　平均年収(万円) 1,400

平均年収 ♥♥♥♥♥　性格ポイント ♥♥♥
華やかさ ♥♥♥♥　合コン満足度 ♥♥♥♥

世界のＧＡＦＡ、さすがの高給取り。日本だけでなく、世界中の女子からラブコールを受けるエリート集団。

日本支社も外資っぽい雰囲気で、フランクでオープンマインド、おしゃべり好きな人が多い。

「ちょｗ　ずっと1人でしゃべってんなｗｗ」みたいな社員にだいぶ遭遇した。

単純に容姿が良いだけでは彼女候補には挙がらない。中身を磨いて、自信に満ちた振る舞いができるように心がけるのが◎

新型コロナウイルス対策として、テレワーク時の支出に充てるよう全従業員に１０００＄（約11万円）の臨時ボーナスを支給。

さらに契約社員や時短勤務員にも、給与を支払い続けると名言した。ザッカーバーグ、一生ついてくわ。

RANK SS　クレディ・スイス

恋愛偏差値 64　平均年収(万円) 1156

平均年収 ♥♥♥♥　性格ポイント ♥♥♥♥
華やかさ ♥♥♥♥　合コン満足度 ♥♥♥♥

クレディ・スイスとはスイスに本社を置く欧州系投資銀行。

モテ王者の外銀マンだが、クレディ・スイスはなぜか女子知名度が低いので、他社含めた合コンでは米系に話題を持っていかれ、割りを食いがちと嘆く社員によく遭遇する……。ぐぬぬ……。

給料に関しては、フロントは変動が大きいがバックの方はほぼ固定とのこと。そのせいか、フロントの方がモチベーションが高い社員が多いとか！？　ちなみにバックオフィスで働く社員はなかなか昇進しにくいとハンカチをギリギリしていたので、狙うならフロント社員だろうか……。

RANK SS　ＡＩＧグループ

恋愛偏差値 64　平均年収(万円) 900

平均年収 ♥♥♥♥　性格ポイント ♥♥♥♥
華やかさ ♥♥♥　合コン満足度 ♥♥♥♥

ＡＩＧグループとは欧州・ロンドンとパリのラ・デファンスに、アジアは香港に本拠を置く大手保険会社である。

成長に対する積極性が高い社員が多い。帰国子女が多く、ほぼみんな英語はネイティブレベル。そして何より陽！！！！　陽！！！！陽キャの集いである！！　よく都内でも楽しそうなパーティを開催しており、陰キャは指をくわえるばかり……。

会社自体が成果主義なので、仕事ができる人なら収入も高く、ＱＯＬも高そうだ。旦那は明るいパリピが良い！！　という女子にはおすすめ。

RANK SS　ＢＮＰパリバ

恋愛偏差値 64　平均年収(万円) 1200

平均年収 ♥♥♥♥　性格ポイント ♥♥♥♥
華やかさ ♥♥♥♥　合コン満足度 ♥♥♥♥

ＢＮＰパリバとはフランス発祥の世界的な金融グループである。

２０００年にパリ国立銀行（ＢＮＰ）とパリバが合併して爆誕した。欧州系だが最近はもっぱら米系の社員が多いとか。

フランス系企業のため優雅にＱＯＬを優先した勤務ができると思いきや、やはり天下の外銀！！！　多少の激務は覚悟が必要。

夕方フランス市場が開くタイミングで一気にトルネードフルスロットルモードに……。シビアな環境でしのぎを削るタフな旦那が好みな女子はＧＯＧＯ！！！

RANK SS　J. P. モルガン

恋愛偏差値 64　平均年収(万円) 2,500

平均年収 ♥♥♥♥　性格ポイント ♥♥♥
華やかさ ♥♥♥　合コン満足度 ♥♥♥♥

ＪＰモルガンとは、世界一の商業銀行。

その堅実な社員の様は、まさに高給官僚っ！！！　ビジネスのアグレッシブさには欠けるイメージではあるが、圧倒的なバランスシートの大きさを武器にコンスタントに莫大な数字を上げている。マーケット部門ではどのような領域にもトレーダーを置き、多種多様な商品群を通して無限ソリューションを提供している。

一方でかなり会社のインフラに依存した稼ぎ方をすると認識されてしまうようで、給料面では少々コンサバ目というイメージもある。コンサバ……うんうん。堅実ながらも圧倒的エリートとしての自信に満ち溢れた人間が多く、人当たりのいいナイスガイ、ナイスレディばかり。特に男性は学生時代から長く付き合った人と結婚したりなんかも多く見受けられるイメージ。

あれ？？？？？　いんじゃね？？？？？　外銀マン好きな女子よ行け－－－－！！！！！　攻め込め－－－！！！　落城じゃ－－－！！

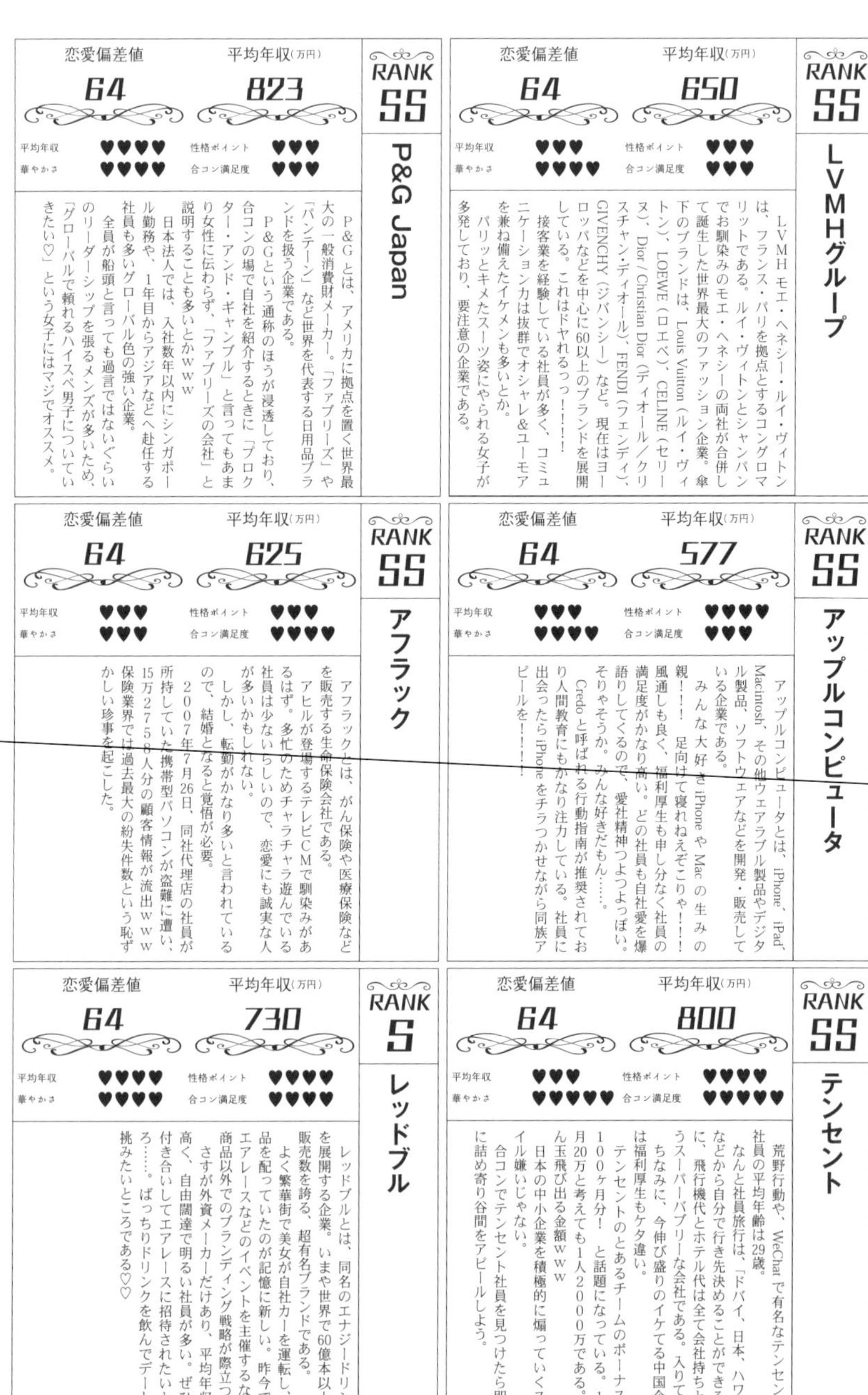

RANK SS

LVMHグループ

恋愛偏差値	平均年収(万円)
64	650

平均年収	♥♥♥	性格ポイント	♥♥♥
華やかさ	♥♥♥♥	合コン満足度	♥♥♥

ＬＶＭＨ モエ・ヘネシー・ルイ・ヴィトンは、フランス・パリを拠点とするコングロマリットである。ルイ・ヴィトンとシャンパンでお馴染みのモエ・ヘネシーの両社が合併して誕生した世界最大のファッション企業。傘下のブランドは、Louis Vuitton（ルイ・ヴィトン）、LOEWE（ロエベ）、CELINE（セリーヌ）、Dior / Christian Dior（ディオール／クリスチャン・ディオール）、FENDI（フェンディ）、GIVENCHY（ジバンシー）など。現在はヨーロッパなどを中心に60以上のブランドを展開している。これはドヤれるっっ！！！！

接客業を経験している社員が多く、コミュニケーション力は抜群でオシャレ＆ユーモアを兼ね備えたイケメンも多いとか。

パリッとキメたスーツ姿にやられる女子が多発しており、要注意の企業である。

RANK SS

P&G Japan

恋愛偏差値	平均年収(万円)
64	823

平均年収	♥♥♥♥	性格ポイント	♥♥♥
華やかさ	♥♥♥♥	合コン満足度	♥♥♥

Ｐ＆Ｇとは、アメリカに拠点を置く世界最大の一般消費財メーカー。「ファブリーズ」や「パンテーン」など世界を代表する日用品ブランドを扱う企業である。

Ｐ＆Ｇという通称のほうが浸透しており、合コンの場で自社を紹介するときに「プロクター・アンド・ギャンブル」と言ってもあまり女性に伝わらず、「ファブリーズの会社」と説明することも多いとかｗｗｗ

日本法人では、入社数年以内にシンガポール勤務や、１年目からアジアなどへ赴任する社員も多いグローバル色の強い企業。

全員が船頭と言っても過言ではないぐらいのリーダーシップを張るメンズが多いため、「グローバルで頼れるハイスペ男子についていきたい♡」という女子にはマジでオススメ。

RANK SS

アップルコンピュータ

恋愛偏差値	平均年収(万円)
64	577

平均年収	♥♥♥	性格ポイント	♥♥♥♥
華やかさ	♥♥♥♥	合コン満足度	♥♥♥

アップルコンピュータとは、iPhone、iPad、Macintosh、その他ウェアラブル製品やデジタル製品、ソフトウェアなどを開発・販売している企業である。

みんな大好きiPhoneやMacの生みの親！！！　足向けて寝れねえぞこりゃ！！！　風通しも良く、福利厚生も申し分なく社員の満足度がかなり高い。どの社員も自社愛を爆語りしてくるので、愛社精神つよつよっぽい。そりゃそうか。みんな好きだもん……。

Credoと呼ばれる行動指南が推奨されており人間教育にもかなり注力している。社員に出会ったらiPhoneをチラつかせながら同族アピールを！！！

RANK SS

アフラック

恋愛偏差値	平均年収(万円)
64	625

平均年収	♥♥♥	性格ポイント	♥♥♥
華やかさ	♥♥♥	合コン満足度	♥♥♥♥

アフラックとは、がん保険や医療保険などを販売する生命保険会社である。

アヒルが登場するテレビＣＭで馴染みがあるはず。多忙のためチャラチャラ遊んでいる社員は少ないらしいので、恋愛にも誠実な人が多いかもしれない。

しかし、転勤がかなり多いと言われているので、結婚となると覚悟が必要。

２００７年７月26日、同社代理店の社員が所持していた携帯型パソコンが盗難に遭い、15万２７５８人分の顧客情報が流出ｗｗｗ　保険業界では過去最大の紛失件数という恥ずかしい珍事を起こした。

RANK SS

テンセント

恋愛偏差値	平均年収(万円)
64	800

平均年収	♥♥♥	性格ポイント	♥♥♥♥
華やかさ	♥♥♥♥♥	合コン満足度	♥♥♥♥♥

荒野行動や、WeChatで有名なテンセント。社員の平均年齢は29歳。

なんと社員旅行は、「ドバイ、日本、ハワイ」などから自分で行き先決めることができる上に、飛行機代とホテル代は全て会社持ちというスーパーパブリーな会社である。入りてえ。

ちなみに、今伸び盛りのイケてる中国企業は福利厚生もケタ違い。

テンセントのとあるチームのボーナスは１００ヶ月分！　と話題になっている。１ヶ月20万と考えても１人２０００万である。目ん玉飛び出る金額ｗｗｗ

日本の中小企業を積極的に煽っていくスタイル嫌いじゃない。

合コンでテンセント社員を見つけたら即座に詰め寄り谷間をアピールしよう。

RANK S

レッドブル

恋愛偏差値	平均年収(万円)
64	730

平均年収	♥♥♥♥	性格ポイント	♥♥♥♥
華やかさ	♥♥♥♥	合コン満足度	♥♥♥♥

レッドブルとは、同名のエナジードリンクを展開する企業。いまや世界で60億本以上の販売数を誇る、超有名ブランドである。

よく繁華街で美女が自社カーを運転し、商品を配っていたのが記憶に新しい。昨今ではエアレースなどのイベントを主催するなど、商品以外でのブランディング戦略が際立つ。

さすが外資メーカーだけあり、平均年収も高く、自由闊達で明るい社員が多い。ぜひお付き合いしてエアレースに招待されたいところ……。ばっちりドリンクを飲んでデートに挑みたいところである♡

リクルート

RANK SS

恋愛偏差値	平均年収（万円）
63	900

平均年収	♥♥♥♥	性格ポイント	♥♥♥
華やかさ	♥♥♥♥♥	合コン満足度	♥♥♥

言わずとしれたR様にあらせられる！！血気盛んな起業家精神の塊。「将来は自分で起業したい！！」という野心家が集まり社内は熱気ムンムン状態である。そして実際に「リクルートマフィア」と呼ばれるＯＢ達が、独立後に各業界へ羽ばたき、凌ぎを削っている。

ベンチャー精神のあるリーダータイプの男性が好みの女性には非常におすすめである！！ 大学時代に伸び盛りのベンチャーインターンに参加すると割と簡単に出会える。

社員は「ライフスタイル」が一番華やかでビューティ系にはイケメンが多い。

ただし社員には数年縛りの契約社員も多く、「リクルート」を語って丸の内や銀座で派手に飲み歩いているので要注意。

別れ話の時「で？ お前はどうしたい？」と詰めてくる可能性があるが、笑って去ろう。

野村不動産

RANK SS

恋愛偏差値	平均年収（万円）
63	1,000

平均年収	♥♥♥♥	性格ポイント	♥♥♥
華やかさ	♥♥♥♥	合コン満足度	♥♥♥

「プラウド」シリーズのマンションと言えばピンと来る女子が多いはず。

社員は髪がジェルでピッチリ固められた財閥系デベっぽさ全開。野村流の体育会系な飲み会もしょっちゅう開催されているが、高給なので金払いは良い♡

そのため合コン満足度は高め。

裁量労働制なので、残業代がつかないというウィークポイントあり！

コーポレイトディレクション

RANK SS

恋愛偏差値	平均年収（万円）
63	1,200

平均年収	♥♥♥♥♥	性格ポイント	♥♥♥♥
華やかさ	♥♥♥♥	合コン満足度	♥♥♥♥

常に業績不振のニュースが飛び交うが、長期に渡り生存しているファーム。

巡り合ったら大変珍しいと思って良いクラスのレアポケモン。希少性は◎だが、結婚して生涯をともにするのはやや不安が残る。

合コンで出くわしたら、おバカなふりしてファームの業績についてよく聞いてみよう。

アーンスト・アンド・ヤング

RANK SS

恋愛偏差値	平均年収（万円）
63	990

平均年収	♥♥♥♥	性格ポイント	♥♥♥♥♥
華やかさ	♥♥♥♥	合コン満足度	♥♥♥

アーンスト・アンド・ヤングは、ロンドンを本拠地とし世界各国で会計、税務、アドバイザリー・サービスなどのプロフェッショナル・サービス事業を展開する。

某有名出会い系アプリで出会った男性がこの会社だったが西麻布に住み、朝はタクシーで通勤とのこと。

タクシーは経費で乗り放題と豪語していたが、しかし猛烈に激務だったので、年収８００万前後のスーパー社畜感が……。

ＡＬＢＥＲＴ

RANK SS

恋愛偏差値	平均年収（万円）
63	637

平均年収	♥♥♥	性格ポイント	♥♥♥♥
華やかさ	♥♥♥♥	合コン満足度	♥♥♥

ＡＬＢＥＲＴは、データソリューション事業を行う企業。ビッグデータ分析やＡＩアルゴリズム開発とシステム導入なんかがメインである。

株価が爆誕したこともあり、２０１８年はＡＬＢＥＲＴ本社のある新宿に足を向けて眠れなかった投資家も多いはず。

間違いなく今後の注目企業なので、合コンで出会ったらとりあえずＬＩＮＥだけ交換しておこう！

株持ってる社員ならば尚の事良し！！

ＦＦＲＩ

RANK SS

恋愛偏差値	平均年収（万円）
63	515

平均年収	♥♥♥	性格ポイント	♥♥♥♥
華やかさ	♥♥♥	合コン満足度	♥♥♥

ＦＦＲＩは、世界トップレベルのサイバーセキュリティ企業である。高い技術力を持つエンジニアにとっては、非常に成長できる環境が容易されており、優秀な人が多く働いている。

優秀な人が多いために、他の会社からヘッドハンティングされて辞めていく社員もチラホラ。しかし会社自体は、めちゃくちゃホワイトofホワイト。労働基準法を遵守しており、労働者の味方といえる。

頭脳明晰なエンジニアと付き合いたい女子はアポをとって乗り込むべしッ！

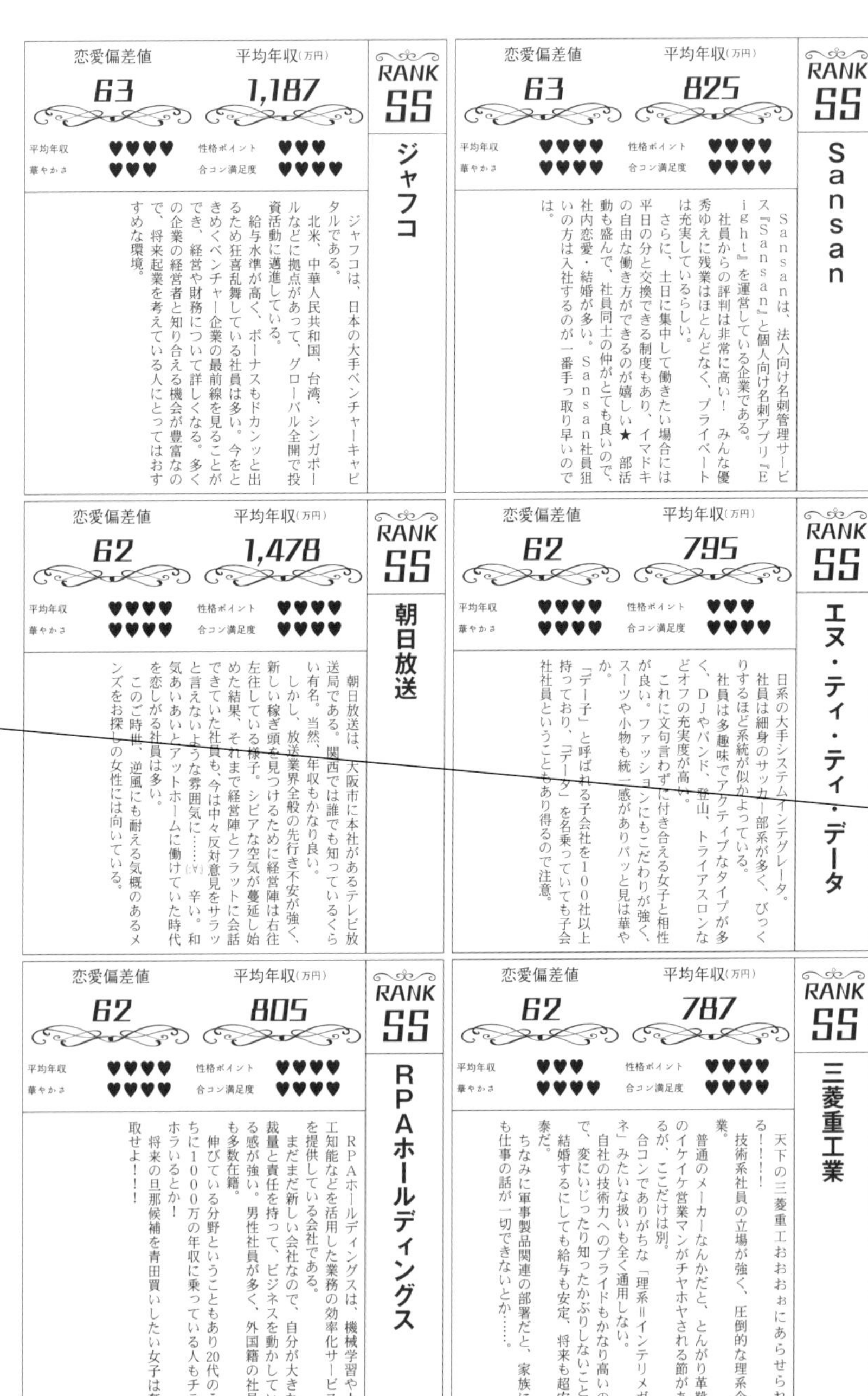

RANK SS Sansan

恋愛偏差値 63　平均年収（万円） 825

平均年収	♥♥♥♥	性格ポイント	♥♥♥♥
華やかさ	♥♥♥♥	合コン満足度	♥♥♥♥

Ｓａｎｓａｎは、法人向け名刺管理サービス『Ｓａｎｓａｎ』と個人向け名刺アプリ『Ｅｉｇｈｔ』を運営している企業である。

社員からの評判は非常に高い！　みんな優秀ゆえに残業はほとんどなく、プライベートは充実しているらしい。

さらに、土日に集中して働きたい場合には平日の分と交換できる制度もあり、イマドキの自由な働き方ができるのが嬉しい★　部活動も盛んで、社員同士の仲がとても良いので、社内恋愛・結婚が多い。Ｓａｎｓａｎ社員狙いの方は入社するのが一番手っ取り早いのでは。

RANK SS ジャフコ

恋愛偏差値 63　平均年収（万円） 1,187

平均年収	♥♥♥♥	性格ポイント	♥♥♥
華やかさ	♥♥♥	合コン満足度	♥♥♥♥

ジャフコは、日本の大手ベンチャーキャピタルである。

北米、中華人民共和国、台湾、シンガポールなどに拠点があって、グローバル全開で投資活動に邁進している。

給与水準が高く、ボーナスもドカンッと出るため狂喜乱舞している社員は多い。今をときめくベンチャー企業の最前線を見ることができ、経営や財務について詳しくなる。多くの企業の経営者と知り合える機会が豊富なので、将来起業を考えている人にとってはおすすめな環境。

RANK SS エヌ・ティ・ティ・データ

恋愛偏差値 62　平均年収（万円） 795

平均年収	♥♥♥♥	性格ポイント	♥♥♥
華やかさ	♥♥♥♥	合コン満足度	♥♥♥♥

日系の大手システムインテグレータ。

社員は細身のサッカー部系が多く、びっくりするほど系統が似かよっている。

社員は多趣味でアクティブなタイプが多く、ＤＪやバンド、登山、トライアスロンなどオフの充実度が高い。

これに文句言わずに付き合える女子と相性が良い。ファッションにもこだわりが強く、スーツや小物も統一感がありパッと見は華やか。

「デー子」と呼ばれる子会社を１００社以上持っており、「データ」を名乗っていても子会社社員ということもあり得るので注意。

RANK SS 朝日放送

恋愛偏差値 62　平均年収（万円） 1,478

平均年収	♥♥♥♥	性格ポイント	♥♥♥♥
華やかさ	♥♥♥♥	合コン満足度	♥♥♥♥

朝日放送は、大阪市に本社があるテレビ放送局である。関西では誰でも知っているくらい有名。当然、年収もかなり良い。

しかし、放送業界全般の先行き不安が強く、新しい稼ぎ頭を見つけるために経営陣は右往左往している様子。シビアな空気が蔓延し始めた結果、それまで経営陣とフラットに会話できていた社員も、今は中々反対意見をサラッと言えないような雰囲気に……(;∀;)　辛い。和気あいあいとアットホームに働けていた時代を恋しがる社員は多い。

このご時世、逆風にも耐える気概のあるメンズをお探しの女性には向いている。

RANK SS 三菱重工業

恋愛偏差値 62　平均年収（万円） 787

平均年収	♥♥♥	性格ポイント	♥♥♥♥
華やかさ	♥♥♥♥	合コン満足度	♥♥♥♥

天下の三菱重工おおぉにあらせられる!!!

技術系社員の立場が強く、圧倒的な理系企業。

普通のメーカーなんかだと、とんがり革靴のイケイケ営業マンがチヤホヤされる節があるが、ここだけは別。

合コンでありがちな「理系＝インテリメガネ」みたいな扱いも全く通用しない。

自社の技術力へのプライドもかなり高いので、変にいじったり知ったかぶりしないこと。

結婚するにしても給与も安定、将来も超安泰だ。

ちなみに軍事製品関連の部署だと、家族にも仕事の話が一切できないとか……。

RANK SS ＲＰＡホールディングス

恋愛偏差値 62　平均年収（万円） 805

平均年収	♥♥♥♥	性格ポイント	♥♥♥♥
華やかさ	♥♥♥♥	合コン満足度	♥♥♥♥

ＲＰＡホールディングスは、機械学習や人工知能などを活用した業務の効率化サービスを提供している会社である。

まだまだ新しい会社なので、自分が大きな裁量と責任を持って、ビジネスを動かしている感が強い。男性社員が多く、外国籍の社員も多数在籍。

伸びている分野ということもあり20代のうちに１０００万の年収に乗っている人もチラホラいるとか！

将来の旦那候補を青田買いしたい女子は奪取せよ!!!

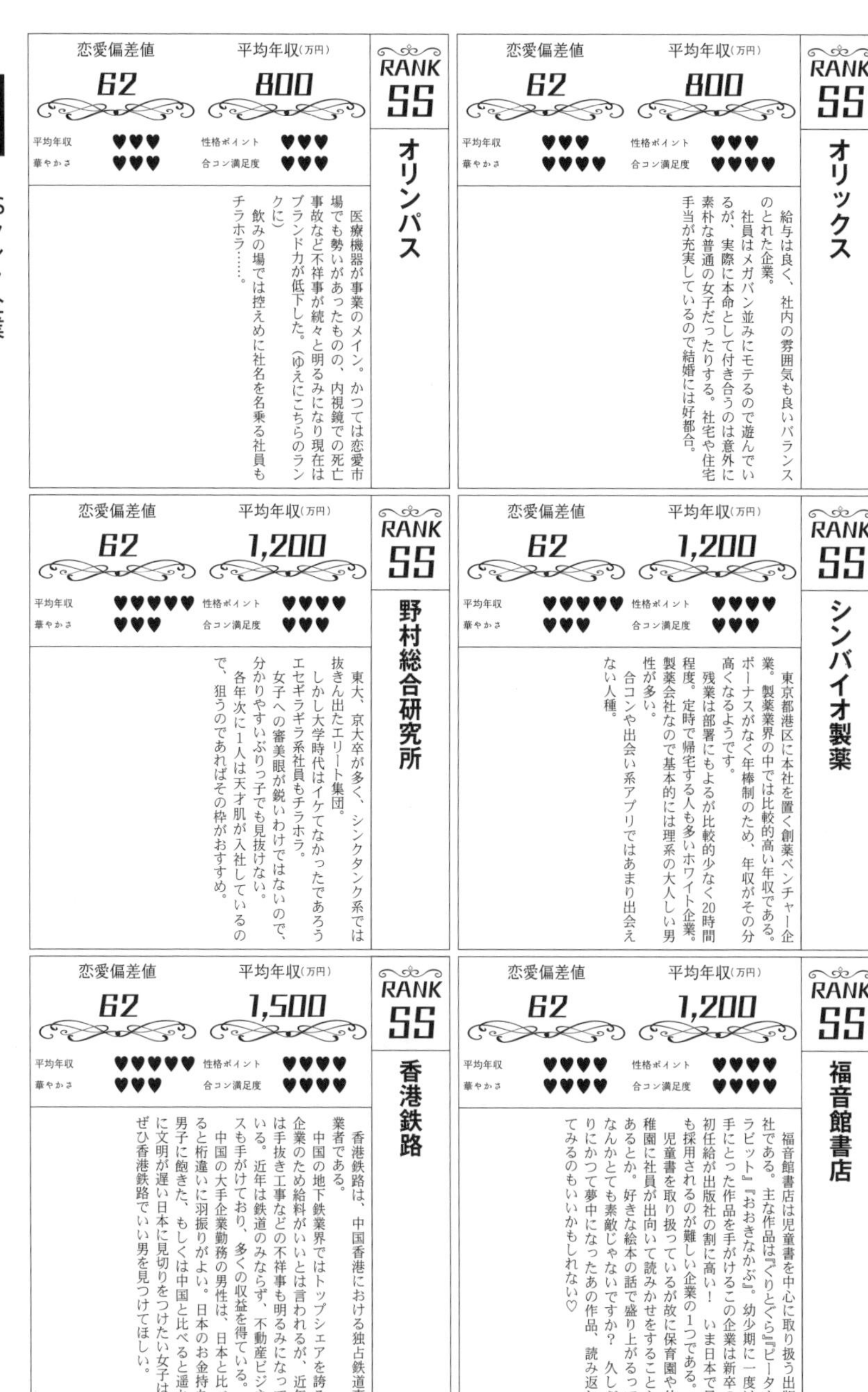

RANK SS オリックス

恋愛偏差値	平均年収（万円）
62	800

平均年収	♥♥♥	性格ポイント	♥♥♥
華やかさ	♥♥♥♥	合コン満足度	♥♥♥♥

給与は良く、社内の雰囲気も良いバランスのとれた企業。

社員はメガバン並みにモテるので遊んでいるが、実際に本命として付き合うのは意外に素朴な普通の女子だったりする。社宅や住宅手当が充実しているので結婚には好都合。

RANK SS オリンパス

恋愛偏差値	平均年収（万円）
62	800

平均年収	♥♥♥	性格ポイント	♥♥♥
華やかさ	♥♥♥	合コン満足度	♥♥♥

医療機器が事業のメイン。かつては恋愛市場でも勢いがあったものの、内視鏡での死亡事故など不祥事が続々と明るみになり現在はブランド力が低下した。（ゆえにこちらのランクに）

飲みの場では控えめに社名を名乗る社員もチラホラ……。

RANK SS シンバイオ製薬

恋愛偏差値	平均年収（万円）
62	1,200

平均年収	♥♥♥♥♥	性格ポイント	♥♥♥♥
華やかさ	♥♥♥	合コン満足度	♥♥♥

東京都港区に本社を置く創薬ベンチャー企業。製薬業界の中では比較的高い年収である。ボーナスがなく年棒制のため、年収がその分高くなるようです。

残業は部署にもよるが比較的少なく20時間程度。定時で帰宅する人も多いホワイト企業。製薬会社なので基本的には理系の大人しい男性が多い。

合コンや出会い系アプリではあまり出会えない人種。

RANK SS 野村総合研究所

恋愛偏差値	平均年収（万円）
62	1,200

平均年収	♥♥♥♥♥	性格ポイント	♥♥♥♥
華やかさ	♥♥♥	合コン満足度	♥♥♥

東大、京大卒が多く、シンクタンク系では抜きん出たエリート集団。

しかし大学時代はイケてなかったであろうエセギラギラ系社員もチラホラ。

女子への審美眼が鋭いわけではないので、分かりやすいぶりっ子でも見抜けない。

各年次に1人は天才肌が入社しているので、狙うのであればその枠がおすすめ。

RANK SS 福音館書店

恋愛偏差値	平均年収（万円）
62	1,200

平均年収	♥♥♥♥	性格ポイント	♥♥♥♥
華やかさ	♥♥♥♥	合コン満足度	♥♥♥♥

福音館書店は児童書を中心に取り扱う出版社である。主な作品は『ぐりとぐら』『ピーターラビット』『おおきなかぶ』。幼少期に一度は手にとった作品を手がけるこの企業は新卒の初任給が出版社の割に高い！　いま日本で最も採用されるのが難しい企業の1つである。

児童書を取り扱っているが故に保育園や幼稚園に社員が出向いて読みかせをすることもあるとか。好きな絵本の話で盛り上がるってなんかとても素敵じゃないですか？　久しぶりにかつて夢中になったあの作品、読み返してみるのもいいかもしれない♡

RANK SS 香港鉄路

恋愛偏差値	平均年収（万円）
62	1,500

平均年収	♥♥♥♥♥	性格ポイント	♥♥♥♥
華やかさ	♥♥♥	合コン満足度	♥♥♥♥

香港鉄路は、中国香港における独占鉄道事業者である。

中国の地下鉄業界ではトップシェアを誇る企業のため給料がいいとは言われるが、近年は手抜き工事などの不祥事も明るみになっている。近年は鉄道のみならず、不動産ビジネスも手がけており、多くの収益を得ている。

中国の大手企業勤務の男性は、日本と比べると桁違いに羽振りがよい。日本のお金持ち男子に飽きた、もしくは中国と比べると遥かに文明が遅い日本に見切りをつけたい女子は、ぜひ香港鉄路でいい男を見つけてほしい。

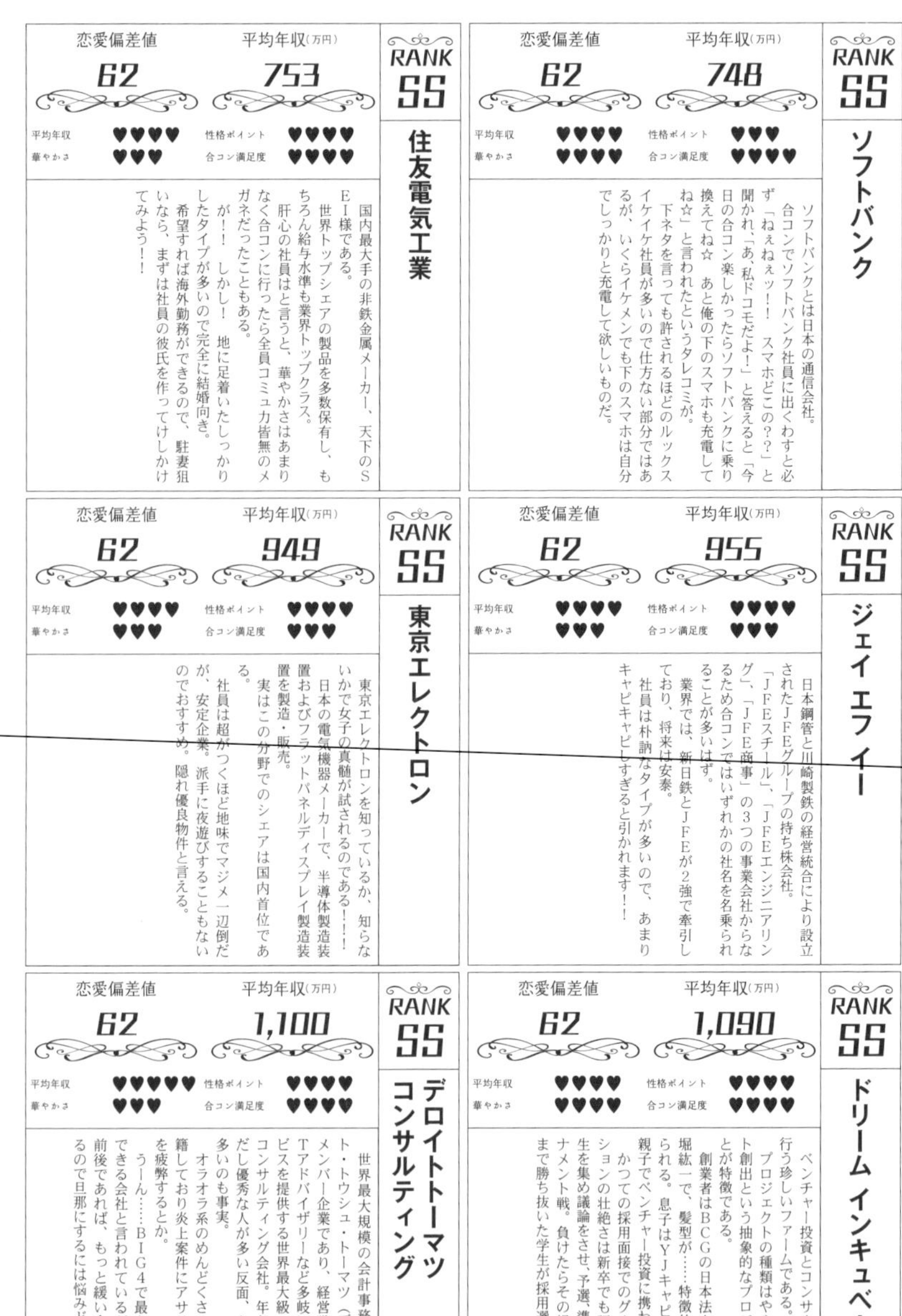

RANK SS ソフトバンク

恋愛偏差値	平均年収(万円)
62	748

項目	評価	項目	評価
平均年収	♥♥♥♥	性格ポイント	♥♥♥
華やかさ	♥♥♥♥	合コン満足度	♥♥♥♥

ソフトバンクとは日本の通信会社。

合コンでソフトバンク社員に出くわすと必ず「ねぇねぇッ!! スマホどこの??」と聞かれ、「あ、私ドコモだよ!」と答えると「今日の合コン楽しかったらソフトバンクに乗り換えてね☆ あと俺の下のスマホも充電してね☆」と言われたというタレコミが。

下ネタを言っても許されるほどのルックスイケイケ社員が多いので仕方ない部分ではあるが、いくらイケメンでも下のスマホは自分でしっかりと充電して欲しいものだ。

RANK SS 住友電気工業

恋愛偏差値	平均年収(万円)
62	753

項目	評価	項目	評価
平均年収	♥♥♥♥	性格ポイント	♥♥♥♥
華やかさ	♥♥♥	合コン満足度	♥♥♥♥

国内最大手の非鉄金属メーカー、天下のSEI様である。

世界トップシェアの製品を多数保有し、もちろん給与水準も業界トップクラス。

肝心の社員はと言うと、華やかさはあまりなく合コンに行ったら全員コミュ力皆無のメガネだったこともある。

が!! しかし! 地に足着いたしっかりしたタイプが多いので完全に結婚向き。

希望すれば海外勤務ができるので、駐妻狙いなら、まずは社員の彼氏を作ってけしかけてみよう!!

RANK SS ジェイ エフ イー

恋愛偏差値	平均年収(万円)
62	955

項目	評価	項目	評価
平均年収	♥♥♥♥	性格ポイント	♥♥♥♥
華やかさ	♥♥♥	合コン満足度	♥♥♥

日本鋼管と川崎製鉄の経営統合により設立されたJFEグループの持ち株会社。

「JFEスチール」、「JFEエンジニアリング」、「JFE商事」の3つの事業会社からなるため合コンではいずれかの社名を名乗られることが多いはず。

業界では、新日鉄とJFEが2強で牽引しており、将来は安泰。

社員は朴訥なタイプが多いので、あまりキャピキャピしすぎると引かれます!!

RANK SS 東京エレクトロン

恋愛偏差値	平均年収(万円)
62	949

項目	評価	項目	評価
平均年収	♥♥♥♥	性格ポイント	♥♥♥♥
華やかさ	♥♥♥	合コン満足度	♥♥♥

東京エレクトロンを知っているか、知らないかで女子の真髄が試されるのである!!!

日本の電気機器メーカーで、半導体製造装置およびフラットパネルディスプレイ製造装置を製造・販売。

実はこの分野でのシェアは国内首位である。

社員は超がつくほど地味でマジメ一辺倒だが、安定企業。派手に夜遊びすることもないのでおすすめ。隠れ優良物件と言える。

RANK SS ドリーム インキュベータ

恋愛偏差値	平均年収(万円)
62	1,090

項目	評価	項目	評価
平均年収	♥♥♥♥	性格ポイント	♥♥♥♥
華やかさ	♥♥♥♥	合コン満足度	♥♥♥♥

ベンチャー投資とコンサルティングを両方行う珍しいファームである。

プロジェクトの種類はやや特殊でコンセプト創出という抽象的なプロジェクトが多いことが特徴である。

創業者はBCGの日本法人代表を経験した堀紘一で、髪型が……特徴的であることで知られる。息子はYJキャピタルの堀新一郎、親子でベンチャー投資に携わっている。

かつての採用面接でのグループディスカッションの壮絶さは新卒でも評判。数十名の学生を集め議論をさせ、予選、準決勝、決勝とトーナメント戦。負けたらその場で帰宅、決勝戦まで勝ち抜いた学生が採用選考に進む。

RANK SS デロイトトーマツ コンサルティング

恋愛偏差値	平均年収(万円)
62	1,100

項目	評価	項目	評価
平均年収	♥♥♥♥♥	性格ポイント	♥♥♥♥
華やかさ	♥♥♥	合コン満足度	♥♥♥♥

世界最大規模の会計事務所であるデロイト・トウシュ・トーマツ(デロイト)の主要メンバー企業であり、経営戦略、M&AやITアドバイザリーなど多岐にわたる専門サービスを提供する世界最大級のグローバル経営コンサルティング会社。年収も悪くない。ただし優秀な人が多い反面、クセが強めな人が多いのも事実。

オラオラ系のめんどくさい上司がかなり在籍しており炎上案件にアサインされると精神を疲弊するとか。

うーん……BIG4で最も上流案件遂行ができる会社と言われているが年収1000万前後であれば、もっと緩い会社でも到達できるので旦那にするには悩みどころ。

ウイリス・タワーズワトソン

RANK SS

恋愛偏差値	平均年収（万円）
62	1,100

平均年収 ♥♥♥♥　性格ポイント ♥♥♥♥
華やかさ ♥♥♥　合コン満足度 ♥♥♥

人事や財務、リスクマネジメント領域専門のファーム。

同じ外資でもオラオラの戦略系よりも穏やかで、勤務形態もゆるやかなので恋愛はしやすい。

「外コンだぞ！　どやあああ」みたいなこともあまりない。

人事系を扱っているくせに離職率が高いのが気になる。ミイラとりがミイラにならないように頑張ってほしい。

KPMG

RANK SS

恋愛偏差値	平均年収（万円）
62	990

平均年収 ♥♥♥♥　性格ポイント ♥♥♥♥♥
華やかさ ♥♥♥♥♥　合コン満足度 ♥♥♥♥

『合コンで内定先ＫＰＭＧですってドヤったら女性陣から「え、どこ?」って反応されて、ノム証や電通、ＴＢＳがもてはやされる中見向きもされなかった』という男性側のタレコミに全世界が号泣。頑張れｗｗｗ
ＫＰＭＧとはどんな会社かと言うと、主に監査、税務、アドバイザリーの3つの分野のプロフェッショナルファームによって構成されているお堅めのコンサル会社である。中途はＢＩＧ４出身者が多くイキっているパターンが多々。気持ちはわかる。

ＫＰＭＧＦＡＳ

RANK SS

恋愛偏差値	平均年収（万円）
62	820

平均年収 ♥♥♥♥　性格ポイント ♥♥♥
華やかさ ♥♥♥　合コン満足度 ♥♥♥

ＫＰＭＧＦＡＳは、社名の通り会計系アドバイザリーファームである。

激務との噂が絶えないが、社員によるとワークライフバランスは概ね良好らしい。

ＢＩＧ４と比較しても遜色なく、規模は大きくないもののブランド力があるため、良質な案件が来る。マネージャー以上になると年収は１０００万円を超える程度。ただし、会計士はちょっと偏屈な人も多いので要注意！

「この人だいじょぶかよｗｗｗ」と思ったらすぐリリースして。

サンバイオ

RANK SS

恋愛偏差値	平均年収（万円）
62	922

平均年収 ♥♥♥♥　性格ポイント ♥♥♥♥♥
華やかさ ♥♥♥♥　合コン満足度 ♥♥♥♥

サンバイオは、脳梗塞や外傷性脳損傷など中枢神経系疾患を対象にした、再生細胞薬の開発・製造・販売を手掛けている会社である。最近は幹細胞から新たな治療薬を開発。外傷性脳損傷（ＴＢＩ）による運動機能障害に対しての有効性が認められた。それを受けて株価は2ヶ月ぶりに４０００円台になりストップ高を記録！！

下世話な投資家たちのウハウハ顔が浮かぶが、最も嬉しいのは薬を待つ患者たちだろう。今後も研究開発に邁進してほしい限りの優良企業である。

日本精機

RANK SS

恋愛偏差値	平均年収（万円）
62	583

平均年収 ♥♥♥♥　性格ポイント ♥♥♥♥
華やかさ ♥♥♥♥　合コン満足度 ♥♥♥

日本精機は、計器・センサーメーカーである。身近にある自動車やオートバイ、農業機械の計器や各種センサーなどを製造している。福利厚生がめちゃくちゃ充実していることで有名！　有給休暇も思う存分自由に取得でき、家族や恋人と楽しいひと時を過ごすことができます。さらに、水曜日と金曜日は必ず定時帰宅！！

おまけに、社員寮は1割負担と社員には至れり尽くせりの企業と言える。残業代もしっかりと支払われるため、サービス残業で疲弊……なんていう苦労はナシ。旦那にするにはもってこい？？

ミクシィ

RANK SS

恋愛偏差値	平均年収（万円）
62	650

平均年収 ♥♥♥　性格ポイント ♥♥♥
華やかさ ♥♥♥　合コン満足度 ♥♥♥

ミクシィとはＳＮＳ運営をする企業。学生時代にお世話になったアラサーが多いはず。が、しかし！　合コンでその話題はタブー！！　現在はスマホゲームの「モンスターストライク」でヒットを飛ばすなど主戦場を移してきている。

合コンでは「過去の栄光」的な扱いで、mixiを下手につつかないように注意。そのくだりはかなり飽きている。ちょっぴり変わった社員は多いが、いい人が多い。

２０２０年4月に、会長の笠原氏が10億円を寄付し、これを原資として「みてね基金」を設立。第1期の公募は「新型コロナウィルスに影響を受ける家庭を支援する団体」とし、コロナの影響を受けた子どもやその家族に対して支援活動が対象となる。あっぱれ……。

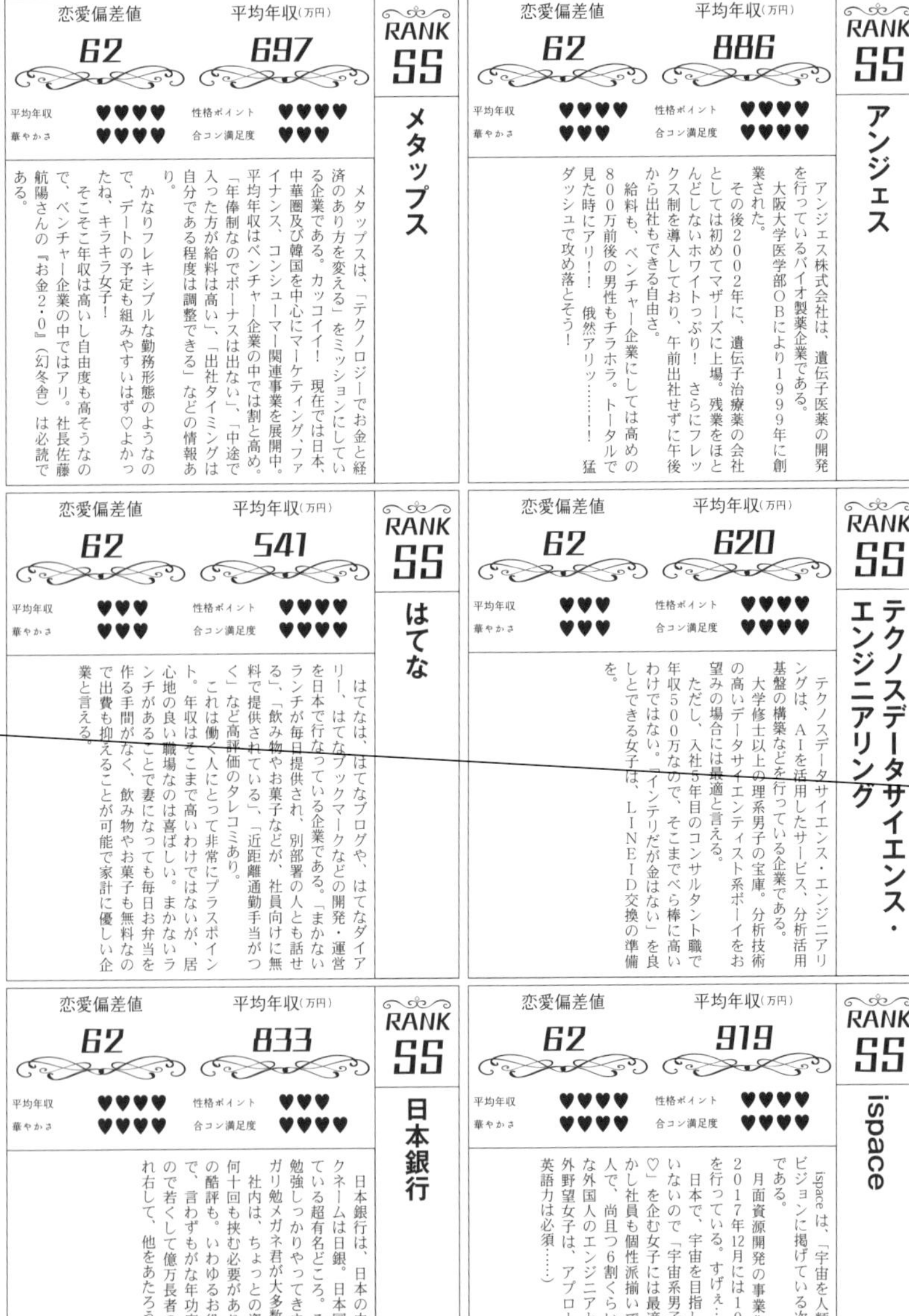

アンジェス

RANK SS

恋愛偏差値 62　平均年収（万円） 886

平均年収 ♥♥♥♥　性格ポイント ♥♥♥♥
華やかさ ♥♥♥　合コン満足度 ♥♥♥♥

アンジェス株式会社は、遺伝子医薬の開発を行っているバイオ製薬企業である。

大阪大学医学部ＯＢにより１９９９年に創業された。

その後２００２年に、遺伝子治療薬の会社としては初めてマザーズに上場。残業をほとんどしないホワイトっぷり！　さらにフレックス制を導入しており、午前出社せずに午後から出社もできる自由さ。

給料も、ベンチャー企業にしては高めの８００万前後の男性もチラホラ。トータルで見た時にアリ！　俄然アリッ……！　猛ダッシュで攻め落とそう！

メタップス

RANK SS

恋愛偏差値 62　平均年収（万円） 697

平均年収 ♥♥♥♥　性格ポイント ♥♥♥♥
華やかさ ♥♥♥♥　合コン満足度 ♥♥♥

メタップスは、「テクノロジーでお金と経済のあり方を変える」をミッションにしている企業である。カッコイイ！　現在では日本、中華圏及び韓国を中心にマーケティング、ファイナンス、コンシューマー関連事業を展開中。平均年収はベンチャー企業の中では割と高め。「年俸制なのでボーナスは出ない」、「中途で入った方が給料は高い」、「出社タイミングは自分である程度は調整できる」などの情報あり。

かなりフレキシブルな勤務形態のようなので、デートの予定も組みやすいはず♡よかったね、キラキラ女子！

そこそこ年収は高いし自由度も高そうなので、ベンチャー企業の中ではアリ。社長佐藤航陽さんの『お金2・0』（幻冬舎）は必読である。

テクノスデータサイエンス・エンジニアリング

RANK SS

恋愛偏差値 62　平均年収（万円） 620

平均年収 ♥♥♥　性格ポイント ♥♥♥♥
華やかさ ♥♥♥　合コン満足度 ♥♥♥♥

テクノスデータサイエンス・エンジニアリングは、ＡＩを活用したサービス、分析活用基盤の構築などを行っている企業である。

大学修士以上の理系男子の宝庫。分析技術の高いデータサイエンティスト系ボーイをお望みの場合には最適と言える。

ただし、入社5年目のコンサルタント職で年収５００万なので、そこまでべら棒に高いわけではない。「インテリだが金はない」を良しとできる女子は、ＬＩＮＥ ＩＤ交換の準備を。

はてな

RANK SS

恋愛偏差値 62　平均年収（万円） 541

平均年収 ♥♥♥　性格ポイント ♥♥♥♥
華やかさ ♥♥♥　合コン満足度 ♥♥♥♥

はてなは、はてなブログや、はてなダイアリー、はてなブックマークなどの開発・運営を日本で行なっている企業である。「まかないランチが毎日提供され、別部署の人とも話せる」、「飲み物やお菓子などが、社員向けに無料で提供されている」、「近距離通勤手当がつく」など高評価のタレコミあり。

これは働く人にとって非常にプラスポイント。年収はそこまで高いわけではないが、居心地の良い職場なのは喜ばしい。まかないランチがあることで妻になっても毎日お弁当を作る手間がなく、飲み物やお菓子も無料なので出費も抑えることが可能で家計に優しい企業と言える。

ispace

RANK SS

恋愛偏差値 62　平均年収（万円） 919

平均年収 ♥♥♥♥　性格ポイント ♥♥♥♥
華やかさ ♥♥♥♥　合コン満足度 ♥♥♥♥

ispaceは、「宇宙を人類の生活圏に！」をビジョンに掲げている次世代の民間宇宙企業である。

月面資源開発の事業化に力を注いでおり、２０１７年12月には１００億円超の資金調達を行っている。すげぇ……！！

日本で、宇宙を目指している人はほとんどいないので「宇宙系男子と付き合ってみたい♡」を企む女子には最適な会社ではある。しかし社員も個性派揃いで、40人中半分が外国人で、尚且つ6割くらいがエンジニア。優秀な外国人のエンジニアと付き合ってみたい海外野望女子は、アプローチしてみてね！（※英語力は必須……）

日本銀行

RANK SS

恋愛偏差値 62　平均年収（万円） 833

平均年収 ♥♥♥♥　性格ポイント ♥♥♥
華やかさ ♥♥♥♥　合コン満足度 ♥♥♥♥

日本銀行は、日本の中央銀行である。ニックネームは日銀。日本国民ならば誰しも知っている超有名どころ。そのため、優秀で、お勉強しっかりやってきましたタイプの真面目ガリ勉メガネ君が大多数を占めている。

社内は、ちょっとの資料でも、上の確認を何十回も挟む必要があり非効率極まりないとの酷評も。いわゆるお役所的な仕事スタイルで、言わずもがな年功序列パーリナイ★なので若くして億万長者の妻になりたい人は回れ右して、他をあたろう。

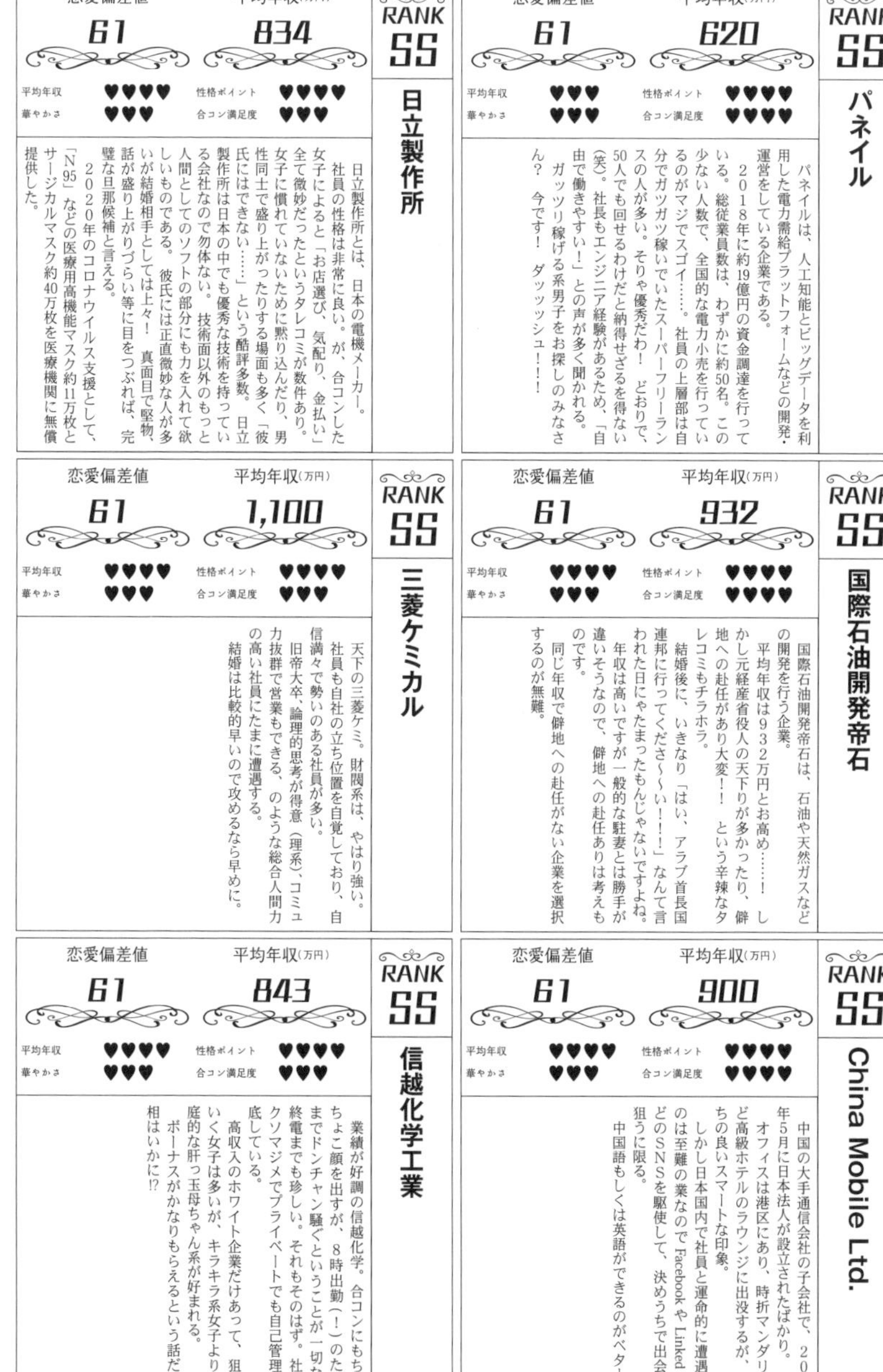

パネイル

RANK SS

恋愛偏差値 61 / 平均年収（万円） 620

平均年収 ♥♥♥　性格ポイント ♥♥♥♥
華やかさ ♥♥♥　合コン満足度 ♥♥♥♥

パネイルは、人工知能とビッグデータを利用した電力需給プラットフォームなどの開発・運営をしている企業である。

２０１８年に約19億円の資金調達を行っている。総従業員数は、わずかに約50名。この少ない人数で、全国的な電力小売を行っているのがマジでスゴイ……。社員の上層部は自分でガツガツ稼いでいたスーパーフリーランスの人が多い。そりゃ優秀だわ！ どおりで、50人でも回せるわけだと納得せざるを得ない（笑）。社長もエンジニア経験があるため、「自由で働きやすい！」との声が多く聞かれる。

ガッツリ稼げる系男子をお探しのみなさん？ 今です！ ダッッシュ！！

日立製作所

RANK SS

恋愛偏差値 61 / 平均年収（万円） 834

平均年収 ♥♥♥♥　性格ポイント ♥♥♥♥
華やかさ ♥♥♥　合コン満足度 ♥♥♥

日立製作所とは、日本の電機メーカー。

社員の性格は非常に良い。が、合コンした女子によると「お店選び、気配り、金払い」全て微妙だったというタレコミが数件あり。女子に慣れていないために黙り込んだり、男性同士で盛り上がったりする場面も多く「彼氏にはできない……」という酷評多数。日立製作所は日本の中でも優秀な技術を持っている会社なので勿体ない。技術面以外のもっと人間としてのソフトの部分にも力を入れて欲しいものである。彼氏には正直微妙な人が多いが結婚相手としては上々！ 真面目で堅物、話が盛り上がりづらい等に目をつぶれば、完璧な旦那候補と言える。

２０２０年のコロナウイルス支援として、「N95」などの医療用高機能マスク約11万枚とサージカルマスク約40万枚を医療機関に無償提供した。

国際石油開発帝石

RANK SS

恋愛偏差値 61 / 平均年収（万円） 932

平均年収 ♥♥♥♥　性格ポイント ♥♥♥♥
華やかさ ♥♥♥　合コン満足度 ♥♥♥♥

国際石油開発帝石は、石油や天然ガスなどの開発を行う企業。

平均年収は９３２万円とお高め……！ しかし元経産省役人の天下りが多かったり、僻地への赴任があり大変！！ という辛辣なタレコミもチラホラ。

結婚後に、いきなり「はい、アラブ首長国連邦に行ってくださ〜い！！」なんて言われた日にゃたまったもんじゃないですよね。

年収は高いですが一般的な駐妻とは勝手が違いそうなので、僻地への赴任ありは考えものです。

同じ年収で僻地への赴任がない企業を選択するのが無難。

三菱ケミカル

RANK SS

恋愛偏差値 61 / 平均年収（万円） 1,100

平均年収 ♥♥♥♥　性格ポイント ♥♥♥♥
華やかさ ♥♥♥　合コン満足度 ♥♥♥

天下の三菱ケミ。財閥系は、やはり強い。

社員も自社の立ち位置を自覚しており、自信満々で勢いのある社員が多い。

旧帝大卒、論理的思考が得意（理系）、コミュ力抜群で営業もできる、のような総合人間力の高い社員にたまに遭遇する。

結婚は比較的早いので攻めるなら早めに。

China Mobile Ltd.

RANK SS

恋愛偏差値 61 / 平均年収（万円） 900

平均年収 ♥♥♥♥　性格ポイント ♥♥♥♥
華やかさ ♥♥♥　合コン満足度 ♥♥♥♥

中国の大手通信会社の子会社で、２０１８年５月に日本法人が設立されたばかり。

オフィスは港区にあり、時折マンダリンなど高級ホテルのラウンジに出没するが、お育ちの良いスマートな印象。

しかし日本国内で社員と運命的に遭遇するのは至難の業なのでFacebookやLinked inなどのSNSを駆使して、決めうちで出会いを狙うに限る。

中国語もしくは英語ができるのがベター。

信越化学工業

RANK SS

恋愛偏差値 61 / 平均年収（万円） 843

平均年収 ♥♥♥♥　性格ポイント ♥♥♥♥
華やかさ ♥♥♥　合コン満足度 ♥♥♥

業績が好調の信越化学。合コンにもちょこちょこ顔を出すが、8時出勤（！）のため朝までドンチャン騒ぐということが一切ない。終電までも珍しい。それもそのはず。社員がクソマジメでプライベートでも自己管理を徹底している。

高収入のホワイト企業だけあって、狙いにいく女子は多いが、キラキラ系女子よりも家庭的な肝っ玉母ちゃん系が好まれる。

ボーナスがかなりもらえるという話だが真相はいかに!?

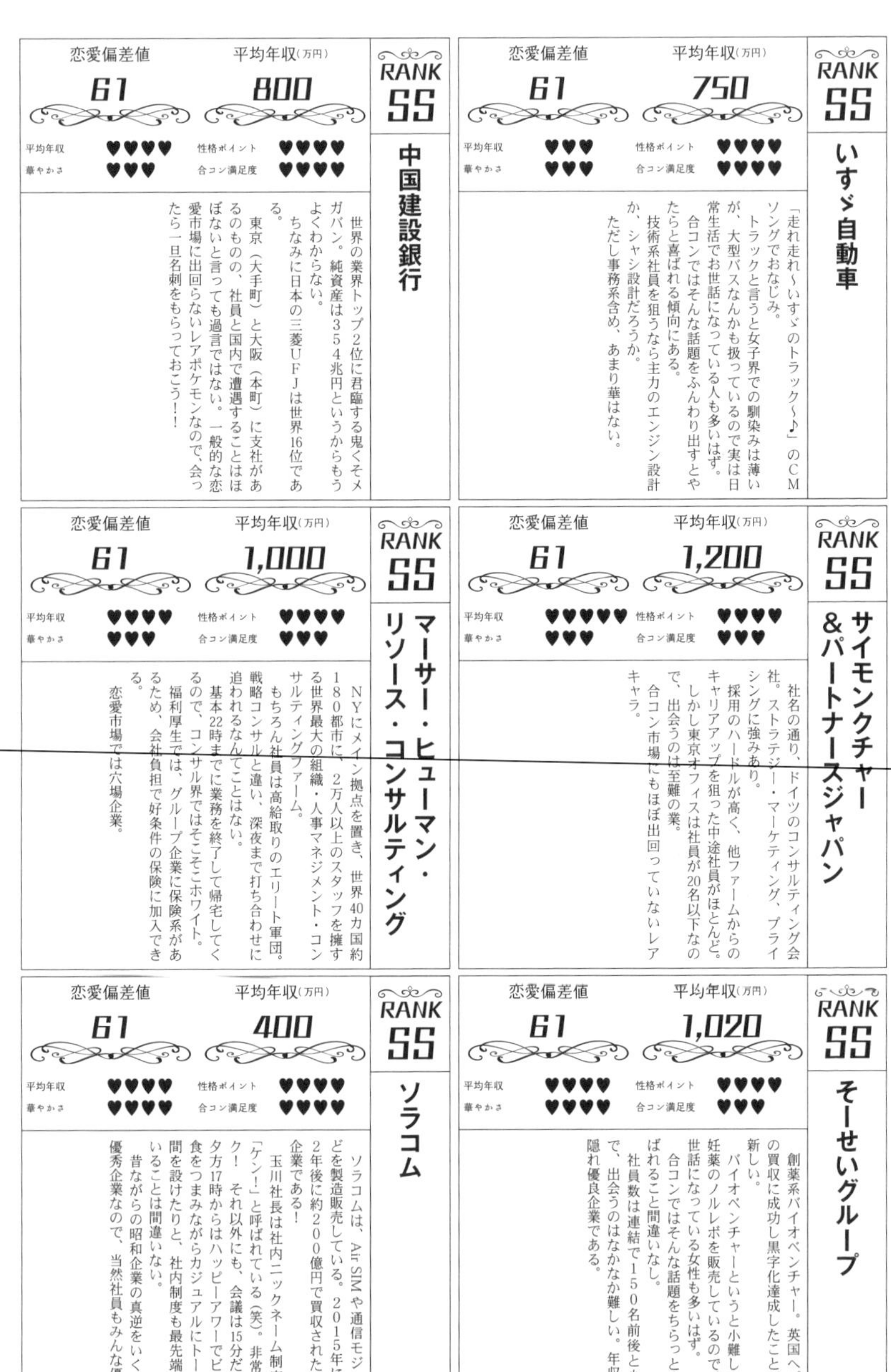

いすゞ自動車

RANK SS

恋愛偏差値	平均年収（万円）
61	750

項目	評価	項目	評価
平均年収	♥♥♥	性格ポイント	♥♥♥♥
華やかさ	♥♥♥	合コン満足度	♥♥♥♥

「走れ走れ～いすゞのトラック～♪」のＣＭソングでおなじみ。

トラックと言うと女子界での馴染みは薄いが、大型バスなんかも扱っているので実は日常生活でお世話になっている人も多いはず。

合コンではそんな話題をふんわり出すとやたらと喜ばれる傾向にある。

技術系社員を狙うなら主力のエンジン設計か、シャシ設計だろうか。

ただし事務系含め、あまり華はない。

中国建設銀行

RANK SS

恋愛偏差値	平均年収（万円）
61	800

項目	評価	項目	評価
平均年収	♥♥♥♥	性格ポイント	♥♥♥♥
華やかさ	♥♥♥	合コン満足度	♥♥♥♥

世界の業界トップ2位に君臨する鬼くそメガバン。純資産は３５４兆円というからもうよくわからない。

ちなみに日本の三菱ＵＦＪは世界16位である。

東京（大手町）と大阪（本町）に支社があるものの、社員と国内で遭遇することはほぼないと言っても過言ではない。一般的な恋愛市場に出回らないレアポケモンなので、会ったら一旦名刺をもらっておこう！

サイモンクチャー＆パートナーズジャパン

RANK SS

恋愛偏差値	平均年収（万円）
61	1,200

項目	評価	項目	評価
平均年収	♥♥♥♥♥	性格ポイント	♥♥♥♥
華やかさ	♥♥♥	合コン満足度	♥♥♥

社名の通り、ドイツのコンサルティング会社。ストラテジー・マーケティング、プライシングに強みあり。

採用のハードルが高く、他ファームからのキャリアアップを狙った中途社員がほとんど。

しかし東京オフィスは社員が20名以下なので、出会うのは至難の業。

合コン市場にもほぼ出回っていないレアキャラ。

マーサー・ヒューマン・リソース・コンサルティング

RANK SS

恋愛偏差値	平均年収（万円）
61	1,000

項目	評価	項目	評価
平均年収	♥♥♥♥	性格ポイント	♥♥♥♥
華やかさ	♥♥♥	合コン満足度	♥♥♥

ＮＹにメイン拠点を置き、世界40カ国約１８０都市に、2万人以上のスタッフを擁する世界最大の組織・人事マネジメント・コンサルティングファーム。

もちろん社員は高給取りのエリート軍団。戦略コンサルと違い、深夜まで打ち合わせに追われるなんてことはない。

基本22時までに業務を終了して帰宅してくるので、コンサル界ではそこそこホワイト。

福利厚生では、グループ企業に保険系があるため、会社負担で好条件の保険に加入できる。

恋愛市場では穴場企業。

そーせいグループ

RANK SS

恋愛偏差値	平均年収（万円）
61	1,020

項目	評価	項目	評価
平均年収	♥♥♥♥	性格ポイント	♥♥♥♥
華やかさ	♥♥♥♥	合コン満足度	♥♥♥

創薬系バイオベンチャー。英国ヘプタレスの買収に成功し黒字化達成したことが記憶に新しい。

バイオベンチャーというと小難しいが、避妊薬のノルレボを販売しているので、実はお世話になっている女性も多いはず。

合コンではそんな話題をちらっと出せば喜ばれること間違いなし。

社員数は連結で１５０名前後と少ないので、出会うのはなかなか難しい。年収は高く、隠れ優良企業である。

ソラコム

RANK SS

恋愛偏差値	平均年収（万円）
61	400

項目	評価	項目	評価
平均年収	♥♥♥♥	性格ポイント	♥♥♥♥
華やかさ	♥♥♥♥	合コン満足度	♥♥♥♥

ソラコムは、Air SIMや通信モジュールなどを製造販売している。２０１５年に創業し、2年後に約２００億円で買収された凄まじい企業である！

玉川社長は社内ニックネーム制度により「ケン！」と呼ばれている（笑）。非常にユニーク！ それ以外にも、会議は15分だけ、金曜夕方17時からはハッピーアワーでビールや軽食をつまみながらカジュアルにトークする時間を設けたりと、社内制度も最先端を行っていることは間違いない。

昔ながらの昭和企業の真逆をいくイケイケ優秀企業なので、当然社員もみんな優秀。

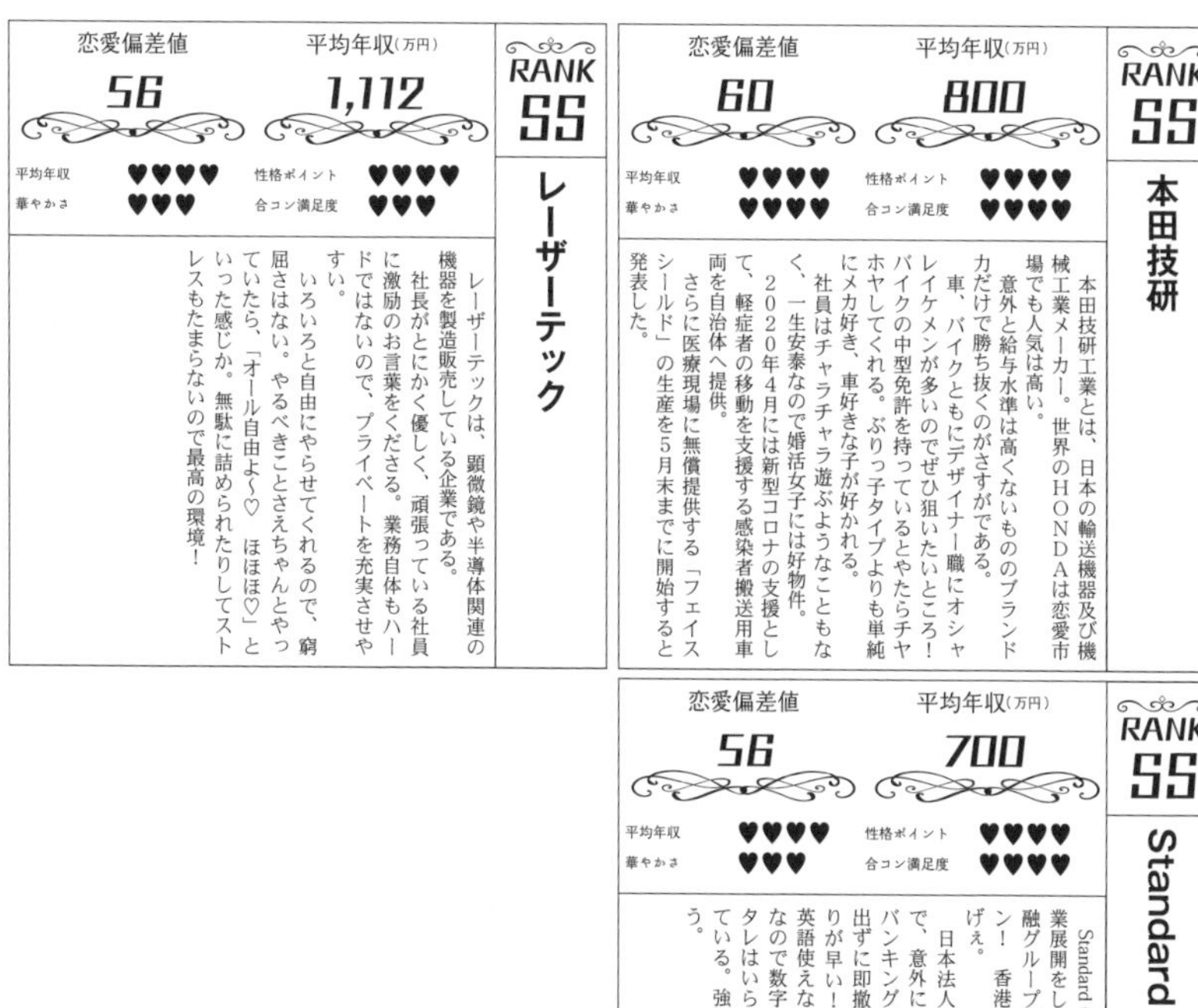

RANK SS　本田技研

恋愛偏差値	平均年収(万円)
60	800

平均年収	♥♥♥♥	性格ポイント	♥♥♥♥
華やかさ	♥♥♥♥	合コン満足度	♥♥♥♥

本田技研工業とは、日本の輸送機器及び機械工業メーカー。世界のＨＯＮＤＡは恋愛市場でも人気は高い。

意外と給与水準は高くないもののブランド力だけで勝ち抜くのがさすがである。

車、バイクともにデザイナー職にオシャレイケメンが多いのでぜひ狙いたいところ！　バイクの中型免許を持っているとやたらチヤホヤしてくれる。ぶりっ子タイプよりも単純にメカ好き、車好きな子が好かれる。

社員はチャラチャラ遊ぶようなこともなく、一生安泰なので婚活女子には好物件。

２０２０年４月には新型コロナの支援として、軽症者の移動を支援する感染者搬送用車両を自治体へ提供。

さらに医療現場に無償提供する「フェイスシールド」の生産を５月末までに開始すると発表した。

RANK SS　レーザーテック

恋愛偏差値	平均年収(万円)
56	1,112

平均年収	♥♥♥♥	性格ポイント	♥♥♥♥
華やかさ	♥♥♥	合コン満足度	♥♥♥

レーザーテックは、顕微鏡や半導体関連の機器を製造販売している企業である。

社長がとにかく優しく、頑張っている社員に激励のお言葉をくださる。業務自体もハードではないので、プライベートを充実させやすい。

いろいろと自由にやらせてくれるので、窮屈さはない。やるべきことさえちゃんとやっていたら、「オール自由よ～♡　ほほほ♡」といった感じか。無駄に詰められたりしてストレスもたまらないので最高の環境！

RANK SS　Standard Chartered PLC

恋愛偏差値	平均年収(万円)
56	700

平均年収	♥♥♥♥	性格ポイント	♥♥♥♥
華やかさ	♥♥♥	合コン満足度	♥♥♥♥

Standard Chartered PLCは、世界70ヵ国に事業展開をしている世界的に超ＢＩＧな銀行金融グループである。ちなみに本拠地はロンドン！　香港３大発券銀行の一つでもある。すげぇ。

日本法人が設立されたのは２０１６年なので、意外に最近。富裕層向けのプライベートバンキングに進出したものの、あまり結果が出ずに即撤退している。さすが外資！　見切りが早い！ｗｗ　社内では基本英語なので、英語使えない人は厳しい。とにかく実力主義なので数字をあげてなんぼの世界。軟弱なヘタレはいらねーぜ★　という空気で満ち溢れている。強靭な男の遺伝子が欲しいなら急ごう。

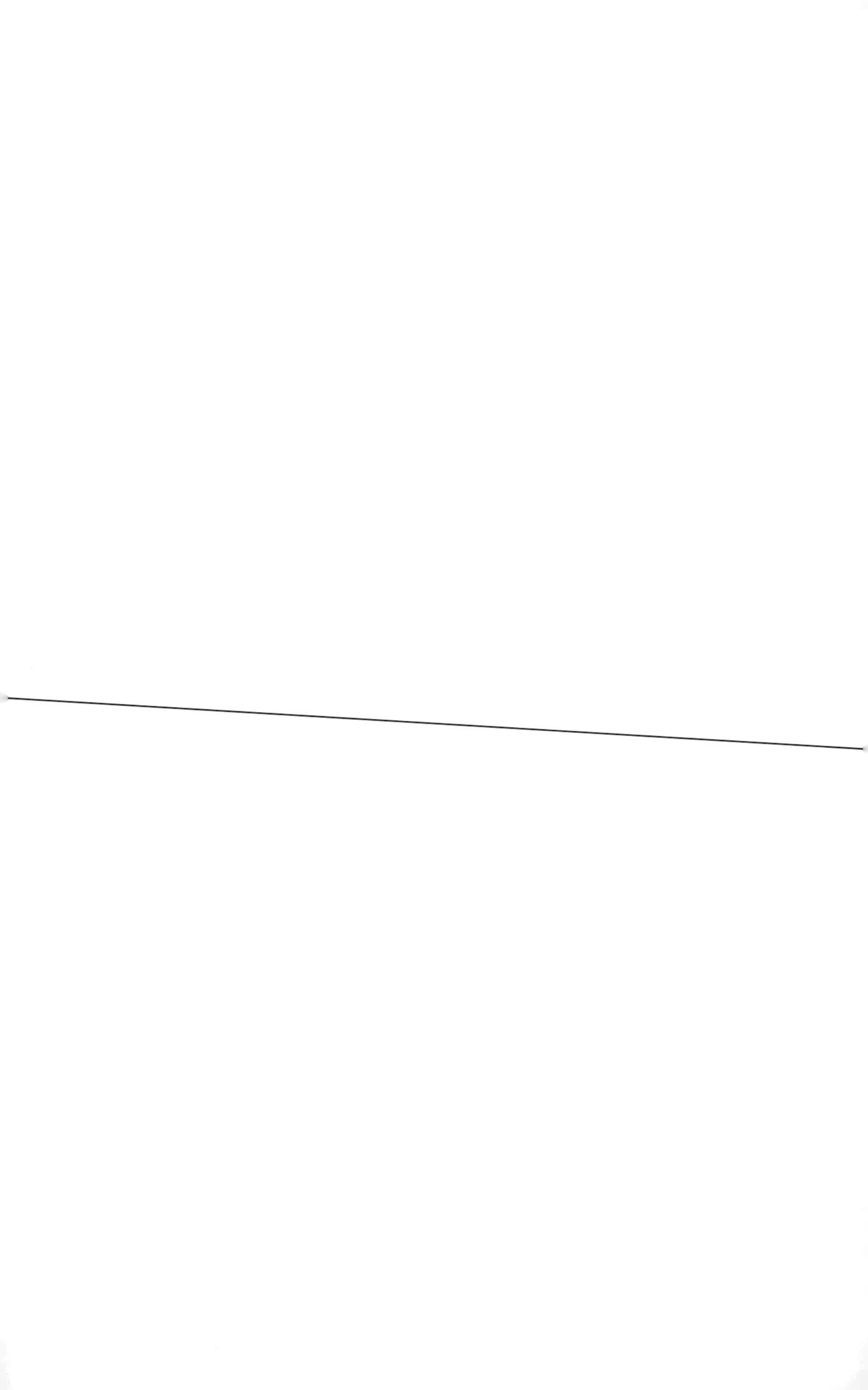

【コラム】

ハイブランド祭りの実態
20代女子のマウンティング戦争とは?

どうもこんにちは！　隠遁人妻 26 歳です (*^-^*)

今回は、近頃流行っているインスタマウンティング合戦に焦点を当てていきたいと思います。

インスタは自分の生活の一番綺麗な部分を切り取っているＳＮＳです。

しかし、見た目の綺麗さとは裏腹に実際はドロドロした女同士のマウンティングが起こっているという状況があります。では、早速見ていきましょう……。

「男と2人で一緒にいる私」をフォロワーに匂わせる女

インスタには、ストーリーで間接的に「男と2人で一緒にいる私」を匂わせる女がいます。

『今日は、大阪に旅行♡♡　ちょっと運転お疲れみたい……（笑）』
『最初来るの嫌がってたけど、ちゃんと楽しんでて安心♡　この後は港でご飯(*^^*)』

のように、必ずしも彼氏・男性と一緒に来ているとは言いませんが、暗に匂わせてきます。

自分が大々的に「モテるのよ♡」とアピールしてしまうと、反感を買うリスクがあるのでこのような婉曲表現をしていますが、本心は「やっぱり男と一緒にいるのを自慢したいぃ!!」

という人間の欲を垣間見ることができます。

おお、恐ろしや。

毎日の美容努力と成果をこれ見よがしにアピールする女

女性にとって見た目の美しさや、体重は恰好のマウンティング材料です。

『今日、仕事で残業だったけど……ちゃんとジム行ってます♡　2kg痩せたぁ～まだデブだけど……がんばる><』
『今日もお休みなので、岩盤ヨガしに来てます♡　デトックス最高ぉ～～！　脂肪めっちゃ落ちてる気がするｗｗ　気がするだけｗｗ（全然デブだから痩せなきゃ～40kg代キープ♡）』

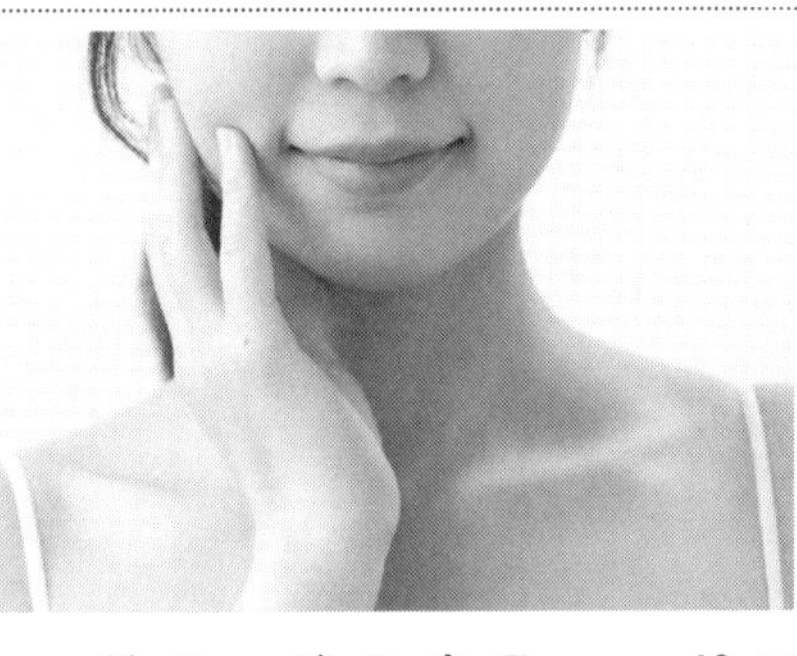

というように、**痩せる努力を毎日してます×全然痩せているのに太いアピール**で、周囲の女性にこれ見よがしにコンプレックス煽り攻撃をしかけるのです。

だいたい40kg代の女より50kg代の女の方が断然多いのですから、嫌味以外には聞こえません（笑）。

これに対抗心をメラメラと燃やした女は、自分も負けじと**痩せる**

努力を毎日してます×全然痩せているのに太いアピール投稿を繰り返し、インスタタイムラインは火の海となります……。

高いものを買えるくらいの金銭的余裕を匂わす女

高価なハイブランドの鞄や、靴、化粧品などをこれ見よがしに投稿する女がいます。

『こんなに高いものも私ならなんなく買えちゃうのよ♡　セレブ～～!!』という圧倒的な金銭的余裕をアピールせずにはいられないほど、心が貧しいということに他なりません。

基本的にインスタには自分が欲しくても手に入らないような日常が映し出されるのです。

なので……、

『今季の新作デパコスめっちゃ可愛い～～ライン買いしちゃった><お金やばぁ～い』

『ちょっと高かったけど、お仕事頑張ったから自分へのご褒美♡』

という投稿は、まさに金銭的余裕のなさ故の悪あがきと、高い理想に追いつけない自分自身への当てつけという側面が少なからずあります。

もちろんそれだけではないですが、割合としては高いです。

スタバでお茶×新作ネイルマウンティング女

スタバは、カフェの中でもひときわインスタマウンティング女たちに人気があります。

あの優雅な洗練されている空間。ちょっと価格が高くてもオシャレな新作ラテが彼女たちの心を刺激するのでしょう。

それとセットで写されるのが、新作のジェルネイルアートです。

むしろスタバよりもネイルが見せたいんじゃないの？　とツッコまずにはいられない状況があります（笑）。

『会社がお休みの日はスタバでゆっくり読書～♡　#新作ネイル　#クリスマス仕様#　シンプルネイルが好き』

『新作のほうじ茶ラテめっちゃ美味しい♡　デブ（笑）。でもやめられない～～><　#ネイルしたよ　#最近流行りの宝石ネイル♡　#テンションあがる⤴』

スタバでお茶しがてら何気なくネイルが映り込んじゃった風にす

るなボケ！　とツッコみたくなりますし、ちゃっかりハッシュタグでネイルのことにも触れて、隠れ自慢をするあたりも非常にイライラしますが、それが彼女たちの日常なのです。

　スタバ×新作ネイルで気張らないけどオシャレな自分を演出し「いいね」や「コメント」を貰って、普段の生活で満たされることのない承認欲求を満たすしかないのかもしれません。

高級ホテルでの恋人ディナーやママ友ランチを自慢する女

高級ホテルでの恋人や家族でのディナーやママ友ランチは、自分がセレブであることのアピールに最適です。

　人よりも富を持っているという自負と、それだけ能力があり人から羨まれるような素晴らしいライフスタイルが実現できているということをアピールしたいのでしょう。

『今日は、六本木のリッツで○○ちゃんとママ友会〜♡　久々に来たから緊張するぅ><　#美味しいお肉　#素敵な景色　#子育て大変だけどつかの間の癒し　#普通の主婦』

『もう今年で結婚3年目だけど、結婚記念日は忘れずに祝ってます……♡　普段から連れてきてね(^^)　#いつもありがとう　#イタリアン最高　#ホスピタリティやばいｗ　#何気ない日常』

　たまになら良いですが、毎回毎回高級ホテルでのディナーやランチを投稿するとさすがにうざいですよね。

　しかもハッシュタグで**「#普通の主婦」**や**「#何気ない日常」**とか入っているのが更に、庶民の劣等感を逆なでしてします。

（※全然庶民じゃねーだろｗｗ　って話）

自分より有名な人との写真でスゴイアピールしてくる女

有名キャバ嬢や有名クラブのママのインスタグラムを見ていると頻繁に、大物芸能人と一緒の写真が投稿されています。

これはまさに**虎の威を借りる狐状態**です。

実際、テレビに日々出演している大物芸能人の方が、巷のキャバ嬢やクラブママよりは知名度も人気も上ですので、虎の威を借りたくなる気持ちはわからなくもないです。

しかし、この投稿は、暗に「自分は虎の威を借りたいと思っていますレベルは下です」と自ら宣言しているのと変わりありませんので、

「あぁ～この人また有名人と一緒の写真でマウンティングしてるなぁ痛いなぁ～」と思われかねないのです。

それを承知でやっている分には構いませんが、もし意図せずそうしているとしたらかなりヤバい女であることは間違いないでしょう。

『今日は○○さんとご一緒！　やっぱりすごかった‼　またご一緒したいなぁ♡』

『さすがグルメな○○さん！　美味しいお店いっぱい知っててビックリしたぁ(^^)　#ご馳走様でした』

という投稿には、**『○○さんと一緒にいる私もすごいでしょ?』**といういやしい気持ちも見え隠れしており、下手に出ているもののその気持ちは見透かされていることを理解した方が良いでしょう。

頻繁な海外旅行マウンティングがあからさまな女

パパ活女子や、モデルの傍らバイトで売れっ子キャバ嬢をしている女子にありがちな海外旅行マウンティング投稿。

『お正月はハワイで過ごします～♡　あったかくて最高ぉ～幸せ！　#この後買い物　#毎回買い過ぎｗｗ　#年始は奮発』

『モルディブの海めっちゃ綺麗‼　お魚いっぱい泳いでる～先週はバリ島だったけどモルディブも負けてない！　#来週はロス　#ニート　#楽園暮らし』

上記のような投稿をすることで、**『海外旅行もちょくちょく行けちゃう私セレブでしょ?』**とマウンティングしているのです。

普通の20代女子はこんなに頻繁に海外旅行へ行くことが厳しいので、太いパパの資金力にモノを言わせているパパ活女子勢があえて男の影をごっそり消して投稿しているパターンも数多くあるようです。

また最近は、●りょうさんや進●のノ●さんで有名になった某グループに在籍するモデル兼売れっ子キャバ嬢が水着姿でバンバン海外旅行投稿をしているのを見つけました。

これも、ある意味プロモーションと言えばプロモーションなのかもしれませんが、自分の美しさと優雅な生活スタイルの押し売りのような気がしてなりません。

本人が満足してやっている分には構わないのですが、それを見ている人の心持ちとしては複雑ですよね……。

「羨ましいなぁ……私も優雅に海外旅行行きたい……」と思っている女性も多いことでしょう。世知辛いですね。

自分のファッションセンスと小物選びに自信のある女

インスタに、**「今日のお洋服です♡　ドヤァア」**を毎日投稿している女性がいます。

#ootd や #fashionphotography、#instafashion などのタグを付けているが目印です。

このタグをつけることにより、世界中のファッション好きから「いいね！」されることを待ち望んでいる証です。

『今日はこれから友達とご飯♡　#コーデ気合い入れてなさがヤバい　#ほどんどユニクロ　#鞄はＺＡＲＡ　#寒いからタイツは１２０デニール　#女子力弱めｗ　#なめ過ぎ #ootd #fashionphotography　#instafashion』

『朝はピクルスとオーガニックのハーブティーを飲んだよ！　これから大学の友達と吉祥寺にエスニック料理食べにいきまーす(^^)　服はシンプルが好き♡　#ジャケットＺＡＲＡ　#靴はファビオ #鞄は CELINE　#サングラス Ray-Ban』

無駄にハッシュタグ長いし、ハッシュタグ自体で文章化されていて無駄に読みづらいのでかなりイライラします。

彼女たちは、自分のオシャレコーデを通して**『私ってオシャレでしょ？　センスあるでしょ？　ハイブランドとプチプラを上手に組**

み合わせて絶妙な抜け感作っているんだよ♡」というアピールをしたくて仕方ないのです……。

インスタに毎日のコーデを投稿するために、服やアクセサリーにたくさんのお金を使っており、貯金はほぼありません。見栄っ張りなので仕方ないですが、30代になった時に詰みそうです。

ZOZOタウンの運営するファッションアプリWEARなどでもコーデを投稿して、毎月服の購入代金を浮かせている女性も多いようなので、そこを目指すと良いかもしれませんね。

でも初期投資は必要なので、なかなかファッションコーデマウンティング1本でやっていくのは修羅の道と言えそうです。

私の愛犬チワワ可愛いでしょ？のペット溺愛女

歌舞伎町や六本木のギラギラとした有名キャバ嬢たちに多い投稿です。

ペットも自己実現の一部として活用しているのです。

特にトイプードルとチワワ溺愛症候群の女性が多く、**季節ごとにお洋服を着せて一緒に写真を撮影したり、泥パックまで一緒にやって記念撮影している人**もいます（犬の気持ち的にどうなのでしょうかwwww　迷惑かも……）。

ちゃんとお世話して、大事に飼っている分には問題ないですが、なかにはファッションの一部としか見ておらず世話がめんどくさくなると放置して、糞尿垂れ流し状態の虐待をしている人もいます。

それがインスタに投稿されて今年の秋に大炎上しました。インスタ映えのペットとは言え、1つの尊い命であることを忘れないで欲しいですね……。

私素敵なタワーマンション住んでます♡他人の経済力で相撲をとる女

金持ち彼氏と一緒に港区の高級タワマンに住み、それをこれ見よがしにアピールしている女性がいます。

自分の力だけでは絶対に得ることのできない大豪邸を自慢したく

て仕方がないのです。

タワーマンションの50階から見える、素晴らしい夜景と豪華なリビングルームやお風呂場、寝室をさりげなく、でも加工はばっちりしてタイムラインに送り出していきます。

『今日は彼のマンションに遊びに来てます♡　夜景めっちゃキレイ><　#夜景に大興奮#ベッドフカフカ　#ここで暮らしたい♡　#もうすぐ同棲　#待ちきれない』

『最近引っ越したのでお家をご紹介！(^^)　今は49階に住んでます♡　最上階にはラウンジがあって20階には専用ジムとプール付き　#快適～　#もう外出れない　#ニート生活満喫』

庶民のコンプレックスを逆なでするこ と必須の投稿です。

住めているうちは良いですが、自分のお金で買っているわけではないので、いずれポイ捨てされたらまた貧乏暮らしに戻ることになる人もいます。

豪華な家自慢投稿もほどほどにしないと、失った時に立ち直れなくなる恐れがあります。

ちゃんと身の程にあった家を選びましょう（笑）。

まとめ

つい「あぁもう、わーったよ」と言いたくなるようなインスタ女子たち。

遭遇したら、いちいち目くじらを立てずに優しい目で見守ってあげる心の余裕が必須です。

笑いたくなる気持ちはそっと胸に隠して、接しましょう。

そしてインスタ女子にイライラし始めたら自分のメンタルの余裕がなくなってきた証。

ゆっくりアロマでも炊きましょう。

S RANK 企業

女性からの人気、出会いやすさともに安定的な企業がランクイン。ここからサイバーエージェント、楽天、DeNAといったIT関連企業がようやく登場。またファナックやヒューリックなど一般的な知名度の低い企業も、年収と華やかさにより浮上した。

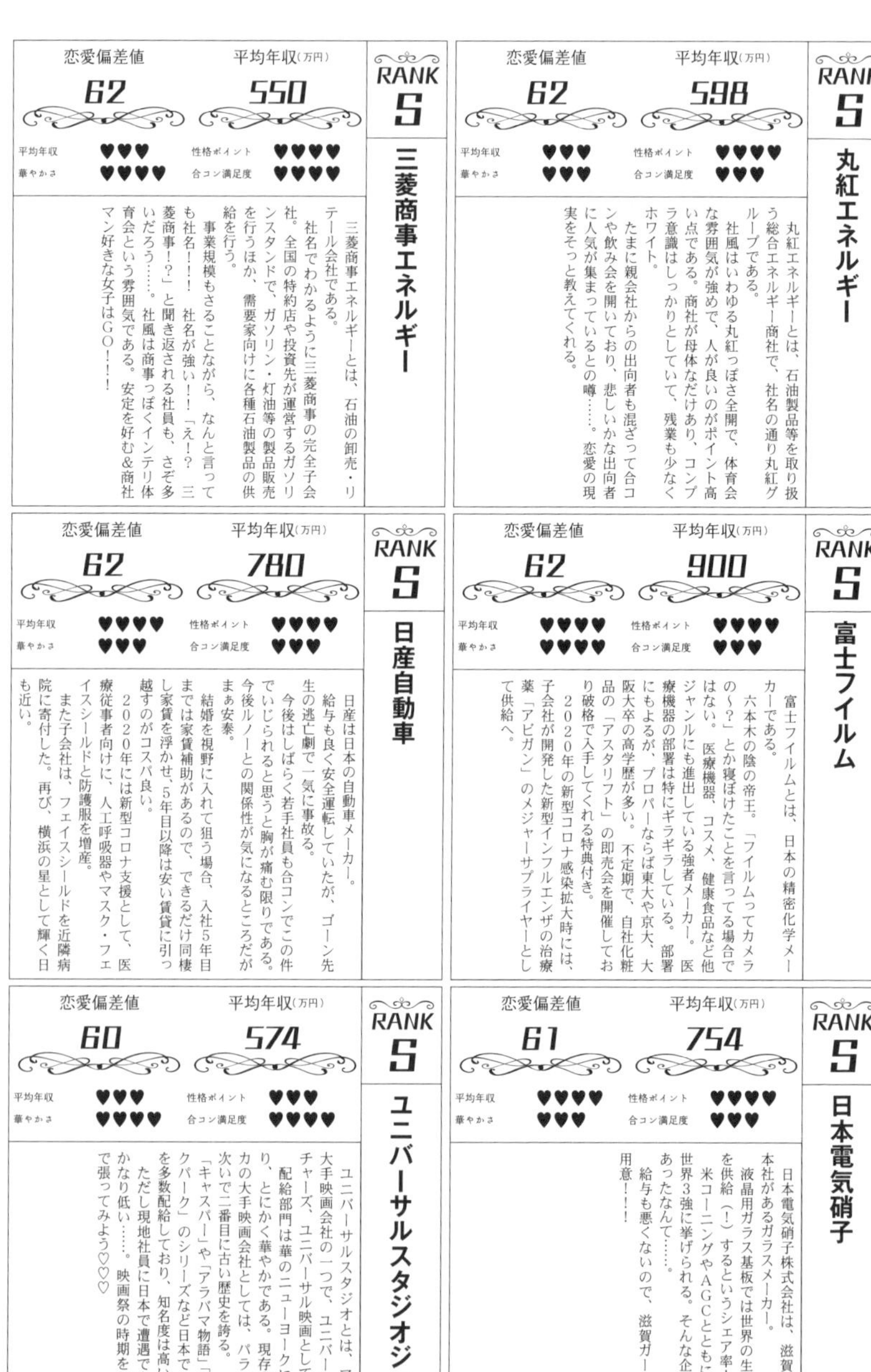

RANK S　丸紅エネルギー

恋愛偏差値	平均年収(万円)
62	598

項目	評価	項目	評価
平均年収	♥♥♥	性格ポイント	♥♥♥♥
華やかさ	♥♥♥	合コン満足度	♥♥♥

丸紅エネルギーとは、石油製品等を取り扱う総合エネルギー商社で、社名の通り丸紅グループである。

社風はいわゆる丸紅っぽさ全開で、体育会な雰囲気が強めで、人が良いのがポイント高い点である。商社が母体なだけあり、コンプラ意識はしっかりとしていて、残業も少なくホワイト。

たまに親会社からの出向者も混ざって合コンや飲み会を開いており、悲しいかな出向者に人気が集まっているとの噂……。恋愛の現実をそっと教えてくれる。

RANK S　三菱商事エネルギー

恋愛偏差値	平均年収(万円)
62	550

項目	評価	項目	評価
平均年収	♥♥♥	性格ポイント	♥♥♥♥
華やかさ	♥♥♥♥	合コン満足度	♥♥♥♥

三菱商事エネルギーとは、石油の卸売・リテール会社である。

社名でわかるように三菱商事の完全子会社。全国の特約店や投資先が運営するガソリンスタンドで、ガソリン・灯油等の製品販売を行うほか、需要家向けに各種石油製品の供給を行う。

事業規模もさることながら、なんと言っても社名!!　社名が強い!!「え!?　三菱商事!?」と聞き返される社員も、さぞ多いだろう……。社風は商事っぽくインテリ体育会という雰囲気である。安定を好む&商社マン好きな女子はGO!!!

RANK S　富士フイルム

恋愛偏差値	平均年収(万円)
62	900

項目	評価	項目	評価
平均年収	♥♥♥♥	性格ポイント	♥♥♥♥
華やかさ	♥♥♥♥	合コン満足度	♥♥♥

富士フイルムとは、日本の精密化学メーカーである。

六本木の陰の帝王。「フイルムってカメラの〜?」とか寝ぼけたことを言ってる場合ではない。医療機器、コスメ、健康食品など他ジャンルにも進出している強者メーカー。医療機器の部署は特にギラギラしている。部署にもよるが、プロパーならば東大や京大、大阪大卒の高学歴が多い。不定期で、自社化粧品の「アスタリフト」の即売会を開催しており破格で入手してくれる特典付き。

２０２０年の新型コロナ感染拡大時には、子会社が開発した新型インフルエンザの治療薬「アビガン」のメジャーサプライヤーとして供給へ。

RANK S　日産自動車

恋愛偏差値	平均年収(万円)
62	780

項目	評価	項目	評価
平均年収	♥♥♥♥	性格ポイント	♥♥♥♥
華やかさ	♥♥♥	合コン満足度	♥♥♥

日産は日本の自動車メーカー。

給与も良く安全運転していたが、ゴーン先生の逃亡劇で一気に事故る。

今後はしばらく若手社員も合コンでこの件でいじられると思うと胸が痛む限りである。今後ルノーとの関係性が気になるところだがまぁ安泰。

結婚を視野に入れて狙う場合、入社5年目までは家賃補助があるので、できるだけ同棲し家賃を浮かせ、5年目以降は安い賃貸に引っ越すのがコスパ良い。

２０２０年には新型コロナ支援として、医療従事者向けに、人工呼吸器やマスク・フェイスシールドと防護服を増産。

また子会社は、フェイスシールドを近隣病院に寄付した。再び、横浜の星として輝く日も近い。

RANK S　日本電気硝子

恋愛偏差値	平均年収(万円)
61	754

項目	評価	項目	評価
平均年収	♥♥♥♥	性格ポイント	♥♥♥♥
華やかさ	♥♥♥	合コン満足度	♥♥♥

日本電気硝子株式会社は、滋賀県大津市に本社があるガラスメーカー。

液晶用ガラス基板では世界の生産量の20%を供給(!)するというシェア率!

米コーニングやAGCとともに業界では、世界3強に挙げられる。そんな企業が大津にあったなんて……。

給与も悪くないので、滋賀ガールズは突撃用意!!

RANK S　ユニバーサルスタジオジャパン

恋愛偏差値	平均年収(万円)
60	574

項目	評価	項目	評価
平均年収	♥♥♥	性格ポイント	♥♥♥
華やかさ	♥♥♥♥	合コン満足度	♥♥♥♥

ユニバーサルスタジオとは、アメリカの大手映画会社の一つで、ユニバーサル・ピクチャーズ、ユニバーサル映画として知られる。

配給部門は華のニューヨークに拠点があり、とにかく華やかである。現存するアメリカの大手映画会社としては、パラマウントに次いで二番目に古い歴史を誇る。

「キャスパー」や「アラバマ物語」「ジュラシックパーク」のシリーズなど日本でも名作映画を多数配給しており、知名度は高い。

ただし現地社員に日本で遭遇できる確率はかなり低い……。映画祭の時期を狙って会場で張ってみよう♡♡

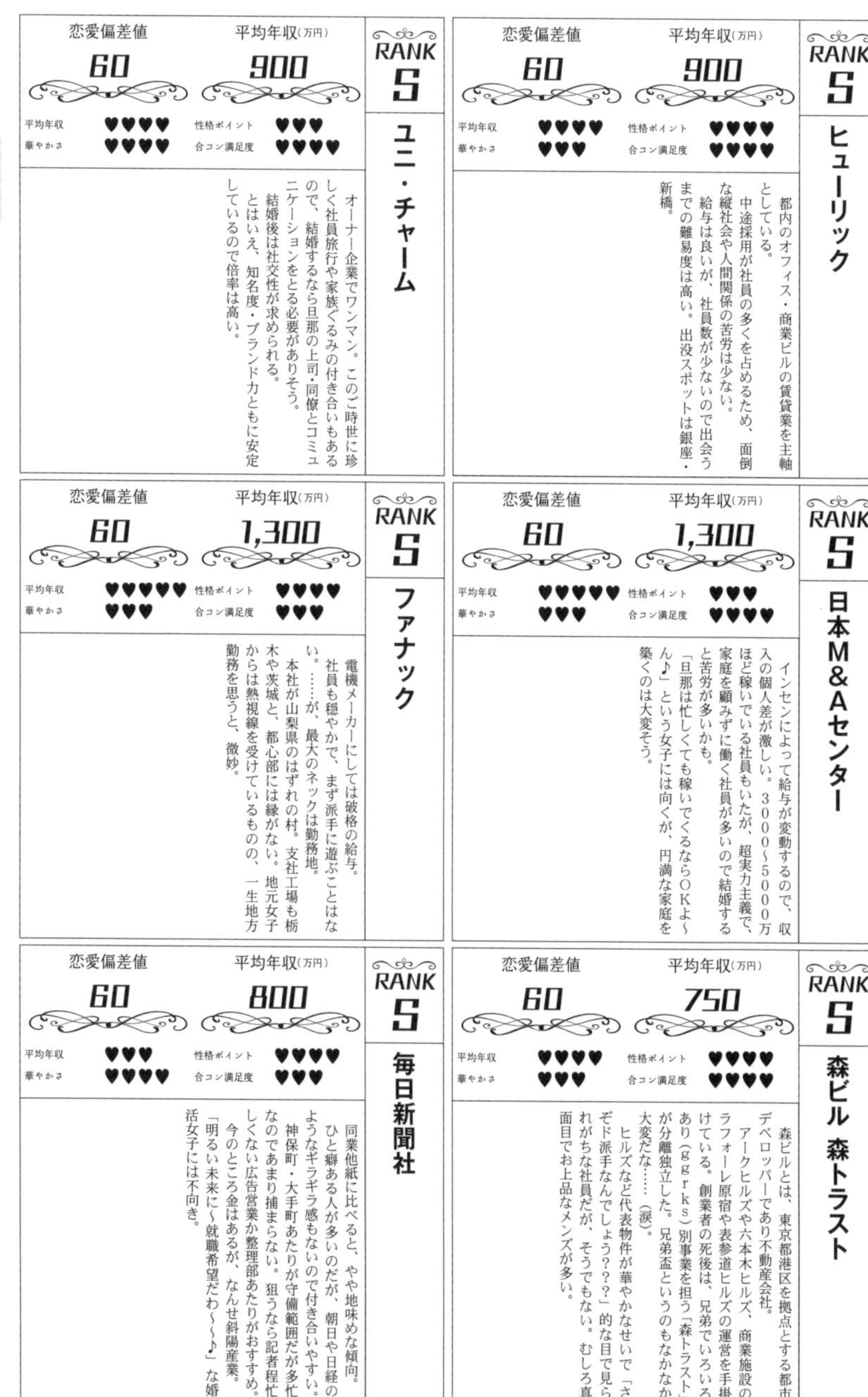

ヒューリック

RANK S

恋愛偏差値	平均年収（万円）
60	900

項目	評価	項目	評価
平均年収	♥♥♥♥	性格ポイント	♥♥♥♥
華やかさ	♥♥♥	合コン満足度	♥♥♥♥

都内のオフィス・商業ビルの賃貸業を主軸としている。

中途採用が社員の多くを占めるため、面倒な縦社会や人間関係の苦労は少ない。

給与は良いが、社員数が少ないので出会うまでの難易度は高い。出没スポットは銀座・新橋。

ユニ・チャーム

RANK S

恋愛偏差値	平均年収（万円）
60	900

項目	評価	項目	評価
平均年収	♥♥♥♥	性格ポイント	♥♥♥
華やかさ	♥♥♥♥	合コン満足度	♥♥♥♥

オーナー企業でワンマン。このご時世に珍しく社員旅行や家族ぐるみの付き合いもあるので、結婚するなら旦那の上司・同僚とコミュニケーションをとる必要がありそう。

結婚後は社交性が求められる。

とはいえ、知名度・ブランド力ともに安定しているので倍率は高い。

日本M&Aセンター

RANK S

恋愛偏差値	平均年収（万円）
60	1,300

項目	評価	項目	評価
平均年収	♥♥♥♥♥	性格ポイント	♥♥♥
華やかさ	♥♥♥	合コン満足度	♥♥♥♥

インセンによって給与が変動するので、収入の個人差が激しい。３０００～５０００万ほど稼いでいる社員もいたが、超実力主義で、家庭を顧みずに働く社員が多いので結婚すると苦労が多いかも。

「旦那は忙しくても稼いでくるならＯＫよ～ん♪」という女子には向くが、円満な家庭を築くのは大変そう。

ファナック

RANK S

恋愛偏差値	平均年収（万円）
60	1,300

項目	評価	項目	評価
平均年収	♥♥♥♥♥	性格ポイント	♥♥♥♥
華やかさ	♥♥♥	合コン満足度	♥♥♥

電機メーカーにしては破格の給与。社員も穏やかで、まず派手に遊ぶことはない。……が、最大のネックは勤務地。

本社が山梨県のはずれの村。支社工場も栃木や茨城と、都心部には縁がない。地元女子からは熱視線を受けているものの、一生地方勤務を思うと、微妙。

森ビル 森トラスト

RANK S

恋愛偏差値	平均年収（万円）
60	750

項目	評価	項目	評価
平均年収	♥♥♥♥	性格ポイント	♥♥♥♥
華やかさ	♥♥♥	合コン満足度	♥♥♥♥

森ビルとは、東京都港区を拠点とする都市デベロッパーであり不動産会社。

アークヒルズや六本木ヒルズ、商業施設のラフォーレ原宿や表参道ヒルズの運営を手掛けている。創業者の死後は、兄弟でいろいろあり（ｇｇｒｋｓ）別事業を担う「森トラスト」が分離独立した。兄弟盃というのもなかなか大変だな……（涙）。

ヒルズなど代表物件が華やかなせいで「さぞド派手なんでしょう？？」的な目で見られがちな社員だが、そうでもない。むしろ真面目でお上品なメンズが多い。

毎日新聞社

RANK S

恋愛偏差値	平均年収（万円）
60	800

項目	評価	項目	評価
平均年収	♥♥♥	性格ポイント	♥♥♥♥
華やかさ	♥♥♥♥	合コン満足度	♥♥♥

同業他紙に比べると、やや地味めな傾向。ひと癖ある人が多いのだが、朝日や日経のようなギラギラ感もないので付き合いやすい。

神保町・大手町あたりが守備範囲だが多忙なのであまり捕まらない。狙うなら記者程忙しくない広告営業か整理部あたりがおすすめ。

今のところ金はあるが、なんせ斜陽産業。「明るい未来に～就職希望だわ～～♪」な婚活女子には不向き。

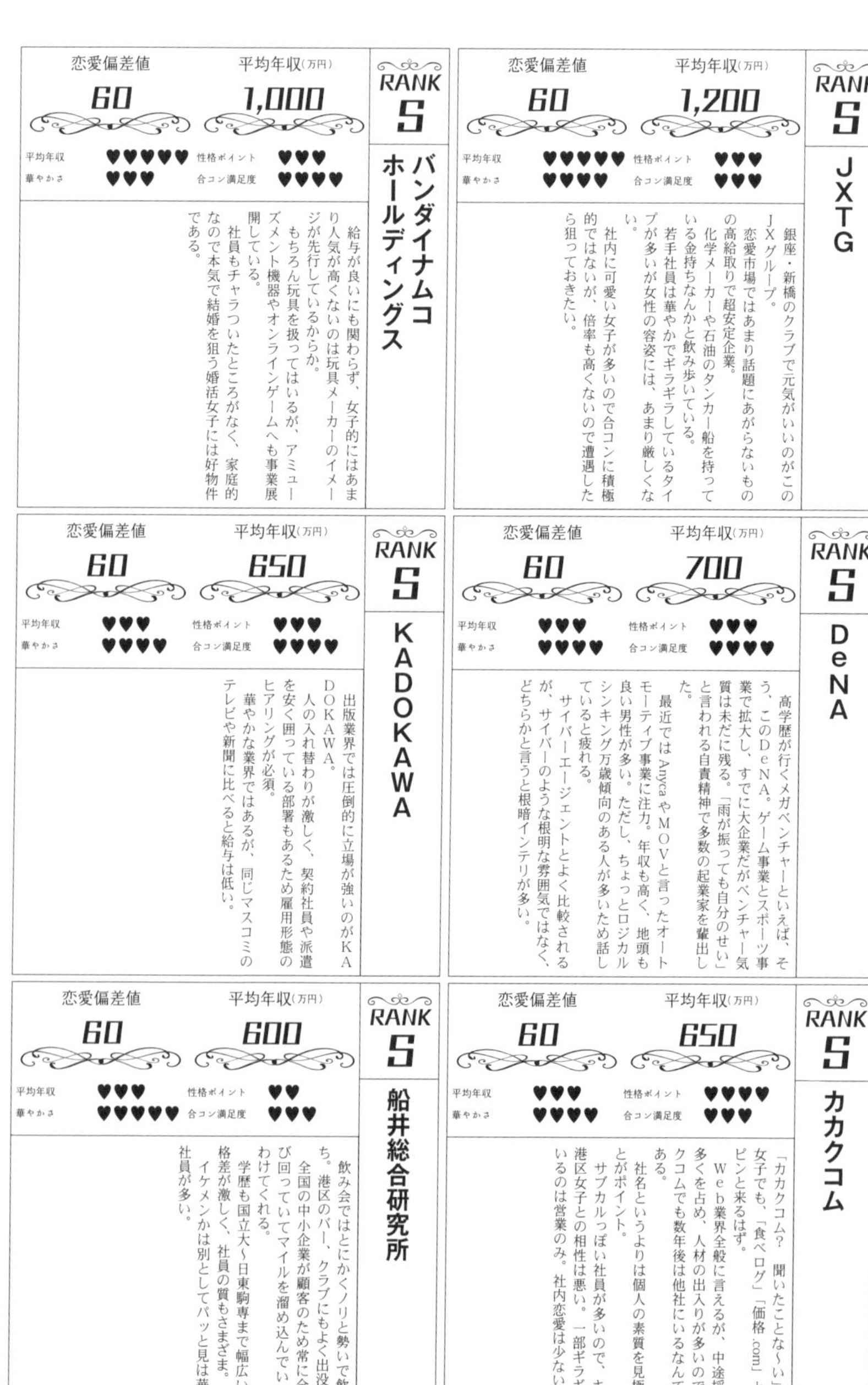

RANK S　JXTG

恋愛偏差値	平均年収（万円）
60	1,200

項目	評価	項目	評価
平均年収	♥♥♥♥♥	性格ポイント	♥♥♥
華やかさ	♥♥♥♥	合コン満足度	♥♥♥

銀座・新橋のクラブで元気がいいのがこのJXグループ。

恋愛市場ではあまり話題にあがらないものの高給取りで超安定企業。

化学メーカーや石油のタンカー船を持っている金持ちなんかと飲み歩いている。

若手社員は華やかでギラギラしているタイプが多いが女性の容姿には、あまり厳しくない。

社内に可愛い女子が多いので合コンに積極的ではないが、倍率も高くないので遭遇したら狙っておきたい。

RANK S　バンダイナムコホールディングス

恋愛偏差値	平均年収（万円）
60	1,000

項目	評価	項目	評価
平均年収	♥♥♥♥♥	性格ポイント	♥♥♥
華やかさ	♥♥♥	合コン満足度	♥♥♥♥

給与が良いにも関わらず、女子的にはあまり人気が高くないのは玩具メーカーのイメージが先行しているからか。

もちろん玩具を扱ってはいるが、アミューズメント機器やオンラインゲームへも事業展開している。

社員もチャラついたところがなく、家庭的なので本気で結婚を狙う婚活女子には好物件である。

RANK S　DeNA

恋愛偏差値	平均年収（万円）
60	700

項目	評価	項目	評価
平均年収	♥♥♥	性格ポイント	♥♥♥
華やかさ	♥♥♥♥	合コン満足度	♥♥♥♥

高学歴が行くメガベンチャーといえば、そう、このDeNA。ゲーム事業とスポーツ事業で拡大し、すでに大企業だがベンチャー気質は未だに残る。「雨が振っても自分のせい」と言われる自責精神で多数の起業家を輩出した。

最近ではAnycaやMOVと言ったオートモーティブ事業に注力。年収も高く、地頭も良い男性が多い。ただし、ちょっとロジカルシンキング万歳傾向のある人が多いため話していると疲れる。

サイバーエージェントとよく比較されるが、サイバーのような根明な雰囲気ではなく、どちらかと言うと根暗インテリが多い。

RANK S　KADOKAWA

恋愛偏差値	平均年収（万円）
60	650

項目	評価	項目	評価
平均年収	♥♥♥	性格ポイント	♥♥♥
華やかさ	♥♥♥♥	合コン満足度	♥♥♥♥

出版業界では圧倒的に立場が強いのがKADOKAWA。

人の入れ替わりが激しく、契約社員や派遣を安く囲っている部署もあるため雇用形態のヒアリングが必須。

華やかな業界ではあるが、同じマスコミのテレビや新聞に比べると給与は低い。

RANK S　カカクコム

恋愛偏差値	平均年収（万円）
60	650

項目	評価	項目	評価
平均年収	♥♥♥	性格ポイント	♥♥♥♥
華やかさ	♥♥♥♥	合コン満足度	♥♥♥

「カカクコム？　聞いたことな〜い」という女子でも、「食べログ」「価格.com」と聞けばピンと来るはず。

Web業界全般に言えるが、中途採用者が多くを占め、人材の出入りが多いので今カカクコムでも数年後は他社にいるなんてこともある。

社名というよりは個人の素質を見極めることがポイント。

サブカルっぽい社員が多いので、キラキラ港区女子との相性は悪い。一部ギラギラしているのは営業のみ。社内恋愛は少ない。

RANK S　船井総合研究所

恋愛偏差値	平均年収（万円）
60	600

項目	評価	項目	評価
平均年収	♥♥♥	性格ポイント	♥♥
華やかさ	♥♥♥♥♥	合コン満足度	♥♥♥

飲み会ではとにかくノリと勢いで飲ませがち。港区のバー、クラブにもよく出没する。

全国の中小企業が顧客のため常に全国を飛び回っていてマイルを溜め込んでいるので、わけてくれる。

学歴も国立大〜日東駒専まで幅広い。給与格差が激しく、社員の質もさまざま。

イケメンかは別としてパッと見は華やかな社員が多い。

イマジカ・ロボットホールディングス

RANK S

恋愛偏差値	平均年収（万円）
60	900

平均年収	♥♥♥♥	性格ポイント	♥♥♥
華やかさ	♥♥♥♥	合コン満足度	♥♥♥

社員のサブカル色が強め。

ファッションや趣味志向にもこだわりが強く「単なる美人」や「単なる可愛い子」には流れない。

ＩＴ系のイケイケ経営者を小バカにしている節があるので、その属性だと思われたら終わりです。

どんなにイケイケなＥＤＭが好きでもサカナクション好きって言っておきましょう。

ミルボン

RANK S

恋愛偏差値	平均年収（万円）
60	600

平均年収	♥♥♥	性格ポイント	♥♥
華やかさ	♥♥♥♥♥	合コン満足度	♥♥♥♥

美容院やサロン相手のＢ to Ｂ企業だが「aujua」「ジェミールフラン」「エルジューダ」など商品名には馴染みがあるはず。

このミルボン、サロンなど顧客を招待してハワイへの長期社員旅行を開催したりと、かなり羽振りが良い。

ヘアケア商材に特化しているため、男性社員は美へのこだわりが強く、ケラチンがどうの髪のウンチクにうるさい部分もある。

「今度シャンプーあげるよ～」と言いがちである。

集英社

RANK S

恋愛偏差値	平均年収（万円）
60	890

平均年収	♥♥♥♥	性格ポイント	♥♥♥
華やかさ	♥♥♥♥	合コン満足度	♥♥♥♥

紙媒体の先行きの不透明さに不安を抱える社員が多いなか、合コン市場では未だ人気は高い。

編集者は担当媒体によって傾向が異なり、コミックスはオタク体質、文芸はこだわりが強く暗い、コミュ力なら雑誌が1番高い。

広告営業は華やかでシュッとしたイケメンが多い。キー局や大手の広告代理店と飲み歩いている。

撮影で日々モデルを見慣れているので、女性のルックスについてはシビア（笑）。

外見に自信がある強者女子は中身を磨いてアピールするのが◎。

「non-no」「seventeen」「MAQUIA」など女性人気の高い雑誌を多数扱っているので合コン前にはしっかり頭に入れてから望もう。

SONY

RANK S

恋愛偏差値	平均年収（万円）
60	1,000

平均年収	♥♥♥♥	性格ポイント	♥♥♥♥
華やかさ	♥♥♥♥	合コン満足度	♥♥♥

言わずと知れた日本の電機メーカー。一昔前の勢いはなく、若手社員においては「エリート」という自覚はさほどないので謙虚。華やかな時代を経験した上の世代は飲みの場でも偉そうだが、現代の若者が「ソニーブランド」をさほど感じていないことに気づいていない。狙うならば食いっぱぐれないエンジニア・研究者にしましょう。京大・阪大院卒の優秀な人材がぬくぬくと飼われています。２０１２年頃は家電不調で業績が思わしくなかったが近年はPlayStation4のゲームが予想以上にヒットしたため売上は好調。また、某大手家電量販店勤めなのにも関わらず合コンで「俺はソニー関連の企業ですｗ」と誇張する輩もいるとのタレコミあり！　本丸のソニーが大変な時期なのに完全部外者がソニーの社名を自身の見栄に使うとは言語道断！　絶対に許すまじ！！　あゝ許すまじ！！！！　２０２０年の新型コロナ問題では不足が懸念される人工呼吸器の生産協力を発表！！　ＧＯ、ＧＯ！

任天堂

RANK S

恋愛偏差値	平均年収（万円）
60	1,000

平均年収	♥♥♥♥	性格ポイント	♥♥♥
華やかさ	♥♥♥♥	合コン満足度	♥♥♥

京都の九条というわけのわからないレベルの僻地に本社があるため、飲み会やデートの導線が悪い。マイカーは必須。

海外進出を積極的に進めておりグローバル視点を持った人、語学堪能な社員も多い（ただし古参社員は語学に不安あり）。

基本給は普通だがボーナスの割合が大きいので、ヒット製品が生まれることを願うしかない。

こだわりの強いオタク体質な社員が多いものの、悪い人はいない。

結婚したら京都のド田舎に住むことになる（はず）なので、許容できるかがポイントである。

みずほ銀行

RANK S

恋愛偏差値	平均年収（万円）
60	1,000

平均年収	♥♥♥♥	性格ポイント	♥♥♥
華やかさ	♥♥♥♥	合コン満足度	♥♥♥

学歴は高い人が多く、性格も温和なので良きパパ候補となる。しかし、実は影で浮気しているなんてパターンもあるため、付き合う際はよく見極めることが大切！

合コンでは、細かい部分まで計算して割り勘をお願いしてくる時もあるようで、少しげんなりするが、銀行マンという職業柄仕方のない部分であると諦めよう。むしろ節約大好き家計に協力的なパパとなる！　とポジティブに受け止めるとよし。

RANK S 川崎汽船

恋愛偏差値	平均年収(万円)
60	1,000

項目	評価	項目	評価
平均年収	♥♥♥♥	性格ポイント	♥♥♥♥
華やかさ	♥♥♥	合コン満足度	♥♥♥

知名度は低いが、中堅の海運会社で給与は良い。

なぜか社員も爽やかなイケメン風が多い。風通しが良く、社員同士の仲も良い。恋愛市場でももっと上位に来ても良さそうだが、日本郵船等、他海運の華やかさに押されがち。

制服好きな女子は、航海士を狙ってみては。

RANK S 双日

恋愛偏差値	平均年収(万円)
60	1,000

項目	評価	項目	評価
平均年収	♥♥♥♥	性格ポイント	♥♥♥♥
華やかさ	♥♥♥	合コン満足度	♥♥♥

双日は、5大商社外の会社なので若干ランクと年収は落ちる。典型的な体育会系気質の会社。ガッツがあり、情熱あふれる人が比較的多め。

飲み会は自分が所属する部署によって若干の違いはあれど、週に2、3回は実施されているようだ。

体育会系のガッツリゴリラ野郎がタイプの女性にはピッタリ。

RANK S 千代田化工建設

恋愛偏差値	平均年収(万円)
60	1,000

項目	評価	項目	評価
平均年収	♥♥♥♥	性格ポイント	♥♥♥♥
華やかさ	♥♥♥	合コン満足度	♥♥♥

社員は朴訥で真面目な人が多い。年収は申し分なく、特に海外の現場に赴任すると20代後半で1000万は超える。

サクッと結婚して海外赴任に付いて行くのが正攻法と思いきや、家族の帯同不可というタレコミあり。

商社などの〝駐妻〟狙いの女子にとっては物足りないだろう。

RANK S 阪急阪神ホールディングス

恋愛偏差値	平均年収(万円)
60	900

項目	評価	項目	評価
平均年収	♥♥♥♥	性格ポイント	♥♥♥♥
華やかさ	♥♥♥♥	合コン満足度	♥♥♥

関西では圧倒的な権力を誇る阪急グループ。

社員は電鉄、不動産、エンタメ事業に配属されるが、若手で華やか&イケメン率が高いのは不動産。

給与、福利厚生、社内環境のバランスがとれているのがさすが大手のホワイト企業。

将来、関西に骨を埋める気概のある女子にはおすすめ。関東では知名度、ブランド力ともにイマイチ。

RANK S 日揮

恋愛偏差値	平均年収(万円)
60	1,000

項目	評価	項目	評価
平均年収	♥♥♥♥	性格ポイント	♥♥♥♥
華やかさ	♥♥♥	合コン満足度	♥♥♥

高学歴、高給取りながら奢ったところが一切なく、良い人が多い。

海外赴任になると20代でも手当がつくので1000万超えは余裕。だが、海外のうちどこに配属されるのかがかなりの運ゲーでアメリカなら当たりだが、チリやカタールなど日本人にはあまり馴染みのない国の駐在もある。

収入だけで、結婚を目論むと苦労が多い。

ちなみに読み方は「にちき」ではなく「にっき」なので注意。

RANK S 住友化学

恋愛偏差値	平均年収(万円)
60	1,000

項目	評価	項目	評価
平均年収	♥♥♥♥	性格ポイント	♥♥♥
華やかさ	♥♥♥	合コン満足度	♥♥♥♥

三井化学、旭化成、積水化学と肩を並べ国内の化学業界を牽引するメーカー。

狙うならエース社員の揃う石油化学部門か、エネルギー部門。財閥系らしく、化学メーカーの中では社員は華やかで金払いも良い。

ただし社内恋愛が多いので、倍率は高い。

RANK S　LIXILグループ

恋愛偏差値	平均年収（万円）
60	1,000

平均年収	♥♥♥♥	性格ポイント	♥♥♥♥
華やかさ	♥♥♥	合コン満足度	♥♥♥

「社名は聞いたことあるけど、何をしている企業なのか知らない」という女子が多数。

トイレや台所などの水回り製品、窓や玄関などを扱うほか流通やビル事業なども手がける。

ぼんやりしがちな企業イメージと同様に社員も際立った華やかさはない。

……が！！

DEERSというアメフトチームは体格の良いイケメンが揃う。ゴリラ男子が好きな女子からは「タマラン」という声がチラホラ。

RANK S　味の素

恋愛偏差値	平均年収（万円）
60	900

平均年収	♥♥♥♥	性格ポイント	♥♥♥♥
華やかさ	♥♥♥♥	合コン満足度	♥♥♥

食品メーカーでは給与は高水準でホワイト企業。

爽やかなスポーツマンタイプの男性社員が多く、筋トレに励む社員が多いなど健康意識が無駄に高い。

合コンでは、無理に飲ませたり騒いだりがないので評価は上々。紳士が多い。

ただし女性社員もアナウンサー系の可愛らしい層が揃っているため社内恋愛・社内結婚が多い。狙うなら早めに照準を合わせて決め打ちするべきである。

RANK S　東京海上ホールディングス

恋愛偏差値	平均年収（万円）
60	900

平均年収	♥♥♥♥	性格ポイント	♥♥♥
華やかさ	♥♥♥♥	合コン満足度	♥♥♥

中高はサッカー部でイケイケだった爽やか男子が集まる会社である。合コンに来てくれる率はかなり高くフットワークは軽めである。

赤文字系の華やかモテ女子が好みなので、合コンではそっち系の服を着ていくことをおすすめする。

出会える場所は、オフィスも近いＰＣＭでナンパ待ちするのが良いとの噂である。

RANK S　協和発酵キリン

恋愛偏差値	平均年収（万円）
60	1041

平均年収	♥♥♥♥	性格ポイント	♥♥♥
華やかさ	♥♥♥♥	合コン満足度	♥♥♥♥

社名の通り、キリングループの子会社である。医療用医薬品事業やバイオケミカル事業がメイン。

花形のＭＲならば勤務の自由度が高く、現場への直行直帰も多いが、緊急対応も度々あるので結婚後は大変かも？

また、北海道～九州まで支店や研究所があるので転勤族は覚悟すべき。

RANK S　ドイツ銀行

恋愛偏差値	平均年収（万円）
60	3,500

平均年収	♥♥♥♥♥	性格ポイント	♥♥♥♥
華やかさ	♥♥♥♥	合コン満足度	♥♥♥♥♥

給与は高く、性格もコンサルや証券ほどギラギラしておらず、優秀なのに性格も良い。

溜池山王近辺でよく飲んでるが、母数が少ないので街で出会うのは難しい。金融や証券会社勤務の男性に紹介を頼もう。

ちなみにドイツ人も多く働いているが、日本人男性のような繊細な気遣いはほぼない。

エレベーターで必ず先に降りる（ドアを開けない）など「男としてはどうなん？」的な事象が多々起きるが、文化の違いとして許容できるかがポイント。

ちなみに統合や合併の話がちょくちょく出ており、旦那にするには不安な昨今。

RANK S　第一生命ホールディングス

恋愛偏差値	平均年収（万円）
60	900

平均年収	♥♥♥♥	性格ポイント	♥♥♥♥
華やかさ	♥♥♥♥	合コン満足度	♥♥♥

同業他社に比べると給与水準は低め。生保の場合、やはり給与は外資には勝てない。

「人の第一」と呼ばれるように実直で真面目な社員が多い。

体育会な男性も多いが飲み会では品があり、派手すぎない女性像が求められるので合コンにはキラキラ感は60％くらいで望みたいところ。

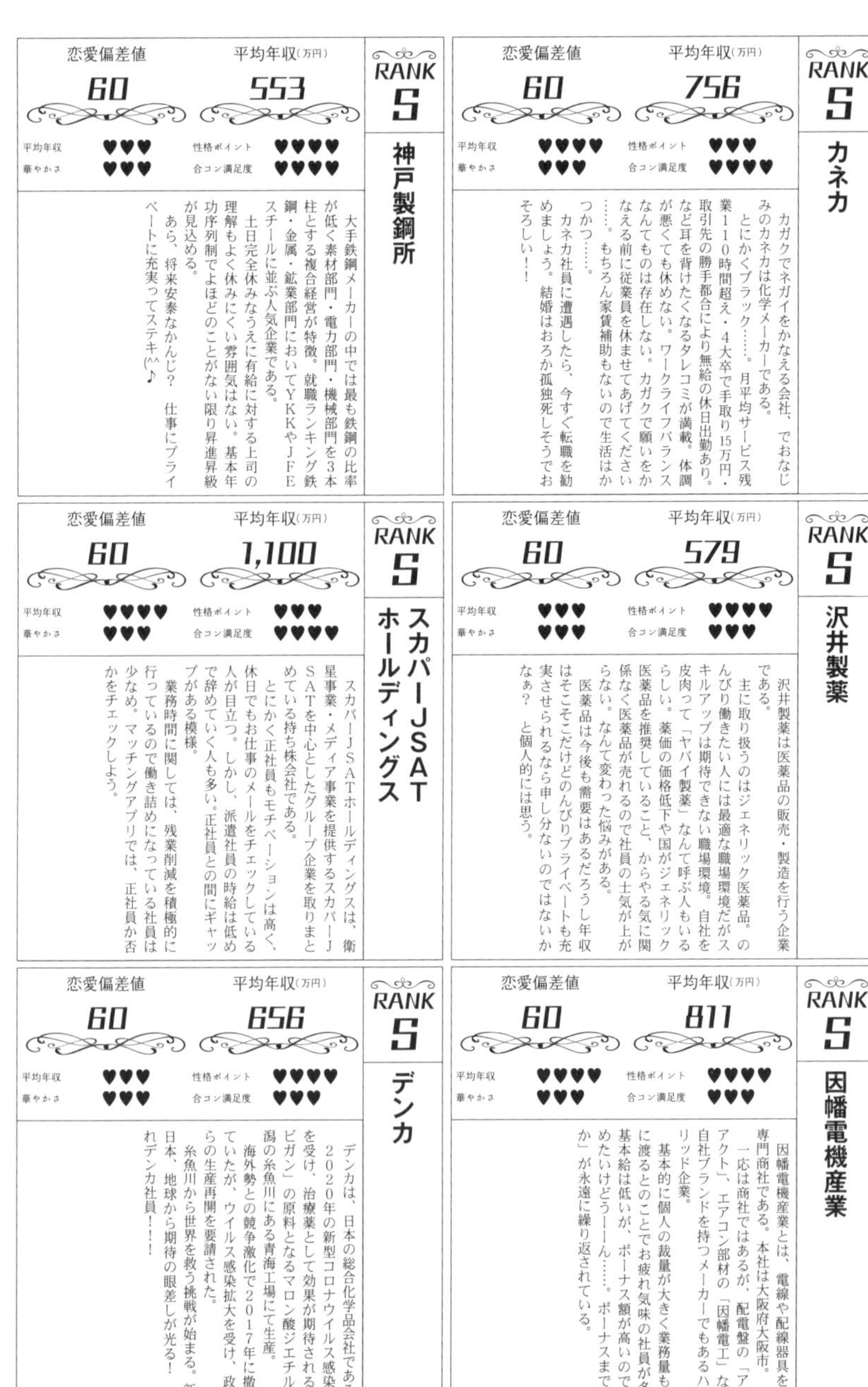

RANK S　カネカ

恋愛偏差値	平均年収(万円)
60	756

項目	評価	項目	評価
平均年収	♥♥♥♥	性格ポイント	♥♥♥
華やかさ	♥♥♥	合コン満足度	♥♥♥♥

カガクでネガイをかなえる会社、でおなじみのカネカは化学メーカーである。

とにかくブラック……。月平均サービス残業110時間超え・4大卒で手取り15万円・取引先の勝手都合により無給の休日出勤あり。など耳を背けたくなるタレコミが満載。体調が悪くても休めない。ワークライフバランスなんてものは存在しない。カガクで願いをかなえる前に従業員を休ませてあげてください……。もちろん家賃補助もないので生活はかつかつ……。

カネカ社員に遭遇したら、今すぐ転職を勧めましょう。結婚はおろか孤独死しそうでおそろしい！！

RANK S　神戸製鋼所

恋愛偏差値	平均年収(万円)
60	553

項目	評価	項目	評価
平均年収	♥♥♥	性格ポイント	♥♥♥♥
華やかさ	♥♥♥	合コン満足度	♥♥♥♥

大手鉄鋼メーカーの中では最も鉄鋼の比率が低く素材部門・電力部門・機械部門を3本柱とする複合経営が特徴。就職ランキング鉄鋼・金属・鉱業部門においてYKKやJFEスチールに並ぶ人気企業である。

土日完全休みなうえに有給に対する上司の理解もよく休みにくい雰囲気はない。基本年功序列制でよほどのことがない限り昇進昇級が見込める。

あら、将来安泰なかんじ？　仕事にプライベートに充実ってステキ(^^)♪

RANK S　沢井製薬

恋愛偏差値	平均年収(万円)
60	579

項目	評価	項目	評価
平均年収	♥♥♥	性格ポイント	♥♥♥♥
華やかさ	♥♥♥	合コン満足度	♥♥♥

沢井製薬は医薬品の販売・製造を行う企業である。

主に取り扱うのはジェネリック医薬品。のんびり働きたい人には最適な職場環境だがスキルアップは期待できない職場環境。自社を皮肉って「ヤバイ製薬」なんて呼ぶ人もいるらしい。薬価の価格低下や国がジェネリック医薬品を推奨していること、からやる気に関係なく医薬品が売れるので社員の士気が上がらない。なんて変わった悩みがある。

医薬品は今後も需要はあるだろうし年収はそこそこだけどのんびりプライベートも充実させられるなら申し分ないのではないかなぁ？　と個人的には思う。

RANK S　スカパーJSATホールディングス

恋愛偏差値	平均年収(万円)
60	1,100

項目	評価	項目	評価
平均年収	♥♥♥♥	性格ポイント	♥♥♥
華やかさ	♥♥♥	合コン満足度	♥♥♥♥

スカパーJSATホールディングスは、衛星事業・メディア事業を提供するスカパーJSATを中心としたグループ企業を取りまとめている持ち株会社である。

とにかく正社員もモチベーションは高く、休日でもお仕事のメールをチェックしている人が目立つ。しかし、派遣社員の時給は低めで辞めていく人も多い。正社員との間にギャップがある模様。

業務時間に関しては、残業削減を積極的に行っているので働き詰めになっている社員は少なめ。マッチングアプリでは、正社員か否かをチェックしよう。

RANK S　因幡電機産業

恋愛偏差値	平均年収(万円)
60	811

項目	評価	項目	評価
平均年収	♥♥♥♥	性格ポイント	♥♥♥♥
華やかさ	♥♥♥	合コン満足度	♥♥♥

因幡電機産業とは、電線や配線器具を扱う専門商社である。本社は大阪府大阪市。

一応は商社ではあるが、配電盤の「アバニアクト」、エアコン部材の「因幡電工」などの自社ブランドを持つメーカーでもあるハイブリッド企業。

基本的に個人の裁量が大きく業務量も多岐に渡るとのことでお疲れ気味の社員が多い。基本給は低いが、ボーナス額が高いので「辞めたいけどう～ん……。ボーナスまで待つか」が永遠に繰り返されている。

RANK S　デンカ

恋愛偏差値	平均年収(万円)
60	656

項目	評価	項目	評価
平均年収	♥♥♥	性格ポイント	♥♥♥♥
華やかさ	♥♥♥	合コン満足度	♥♥♥

デンカは、日本の総合化学品会社である。

2020年の新型コロナウイルス感染拡大を受け、治療薬として効果が期待される「アビガン」の原料となるマロン酸ジエチルを新潟の糸魚川にある青海工場にて生産。

海外勢との競争激化で2017年に撤退していたが、ウイルス感染拡大を受け、政府からの生産再開を要請された。

糸魚川から世界を救う挑戦が始まる。新潟、日本、地球から期待の眼差しが光る！　頑張れデンカ社員！！

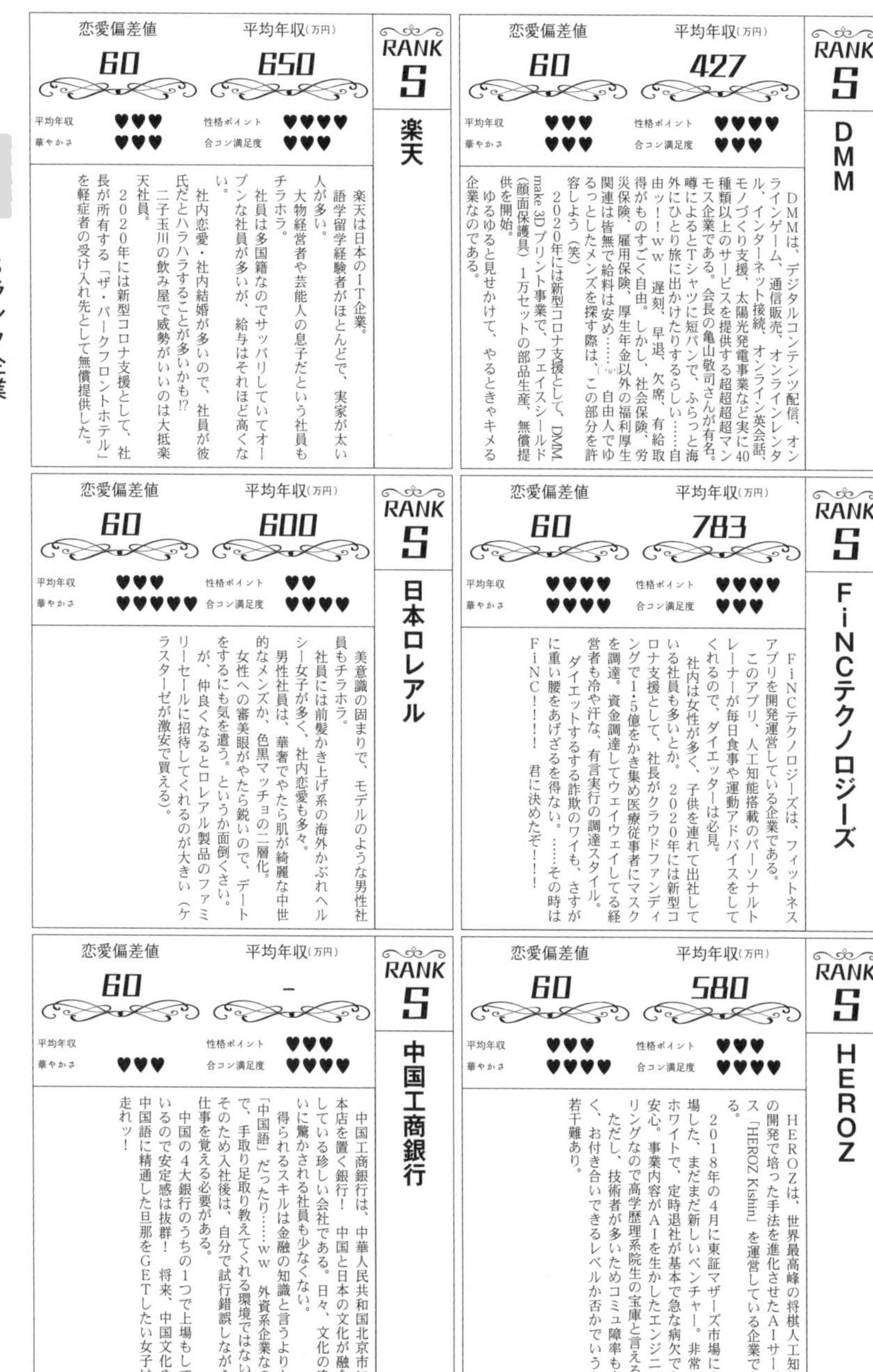

RANK S　DMM

恋愛偏差値	平均年収（万円）
60	427

平均年収	♥♥♥	性格ポイント	♥♥♥♥
華やかさ	♥♥♥	合コン満足度	♥♥♥

DMMは、デジタルコンテンツ配信、オンラインゲーム、通信販売、オンラインレンタル、インターネット接続、オンライン英会話、モノづくり支援、太陽光発電事業など実に40種類以上のサービスを提供する超超超超マンモス企業である。会長の亀山敬司さんが有名。噂によるとTシャツに短パンで、ふらっと海外にひとり旅に出かけたりするらしい……自由ッ！！ｗｗ　遅刻、早退、欠席、有給取得がものすごく自由。しかし、社会保険、労災保険、雇用保険、厚生年金以外の福利厚生関連は皆無で給料は安め……(・ω・)　自由人でゆるっとしたメンズを探す際は、この部分を許容しよう（笑）

２０２０年には新型コロナ支援として、DMM.make 3Dプリント事業で、フェイスシールド（顔面保護具）1万セットの部品生産、無償提供を開始。

ゆるゆると見せかけて、やるときゃキメる企業なのである。

RANK S　楽天

恋愛偏差値	平均年収（万円）
60	650

平均年収	♥♥♥	性格ポイント	♥♥♥♥
華やかさ	♥♥♥	合コン満足度	♥♥♥

楽天は日本のＩＴ企業。

語学留学経験者がほとんどで、実家が太い人が多い。

大物経営者や芸能人の息子だという社員もチラホラ。

社員は多国籍なのでサッパリしていてオープンな社員が多いが、給与はそれほど高くない。

社内恋愛・社内結婚が多いので、社員が彼氏だとハラハラすることが多いかも!?

二子玉川の飲み屋で威勢がいいのは大抵楽天社員。

２０２０年には新型コロナ支援として、社長が所有する「ザ・パークフロントホテル」を軽症者の受け入れ先として無償提供した。

RANK S　FiNCテクノロジーズ

恋愛偏差値	平均年収（万円）
60	783

平均年収	♥♥♥♥	性格ポイント	♥♥♥♥
華やかさ	♥♥♥♥	合コン満足度	♥♥♥

ＦｉＮＣテクノロジーズは、フィットネスアプリを開発運営している企業である。

このアプリ、人工知能搭載のパーソナルトレーナーが毎日食事や運動アドバイスをしてくれるので、ダイエッターは必見。

社内は女性が多く、子供を連れて出社している社員も多いとか。２０２０年には新型コロナ支援として、社長がクラウドファンディングで1・5億をかき集め医療従事者にマスクを調達。資金調達してウェイウェイしてる経営者も冷や汗な、有言実行の調達スタイル。

ダイエットするする詐欺のワイも、さすがに重い腰をあげざるを得ない。……その時はＦｉＮＣ！！！！　君に決めたぞ！！！

RANK S　日本ロレアル

恋愛偏差値	平均年収（万円）
60	600

平均年収	♥♥♥	性格ポイント	♥♥
華やかさ	♥♥♥♥♥	合コン満足度	♥♥♥♥

美意識の固まりで、モデルのような男性社員もチラホラ。

社員には前髪かき上げ系の海外かぶれヘルシー女子が多く、社内恋愛も多々。

男性社員は、華奢でやたら肌が綺麗な中世的なメンズか、色黒マッチョの二層化。

女性への審美眼がやたら鋭いので、デートをするにも気を遣う。というか面倒くさい。

が、仲良くなるとロレアル製品のファミリーセールに招待してくれるのが大きい（ケラスターゼが激安で買える）。

RANK S　HEROZ

恋愛偏差値	平均年収（万円）
60	580

平均年収	♥♥♥	性格ポイント	♥♥♥
華やかさ	♥♥♥♥	合コン満足度	♥♥♥♥

ＨＥＲＯＺは、世界最高峰の将棋人工知能の開発で培った手法を進化させたＡＩサービス「HEROZ Kishin」を運営している企業である。

２０１８年の４月に東証マザーズ市場に上場した、まだまだ新しいベンチャー。非常にホワイトで、定時退社が基本で急な病欠でも安心。事業内容がＡＩを生かしたエンジニアリングなので高学歴理系院生の宝庫と言える。

ただし、技術者が多いためコミュ障率も高く、お付き合いできるレベルか否かでいうと若干難あり。

RANK S　中国工商銀行

恋愛偏差値	平均年収（万円）
60	－

平均年収		性格ポイント	♥♥♥
華やかさ	♥♥♥	合コン満足度	♥♥♥♥

中国工商銀行は、中華人民共和国北京市に本店を置く銀行！　中国と日本の文化が融合している珍しい会社である。日々、文化の違いに驚かされる社員も少なくない。

得られるスキルは金融の知識と言うよりも「中国語」だったり……ｗｗ　外資系企業なので、手取り足取り教えてくれる環境ではない。そのため入社後は、自分で試行錯誤しながら仕事を覚える必要がある。

中国の４大銀行のうちの１つで上場もしているので安定感は抜群！　将来、中国文化や中国語に精通した旦那をＧＥＴしたい女子は走れッ！

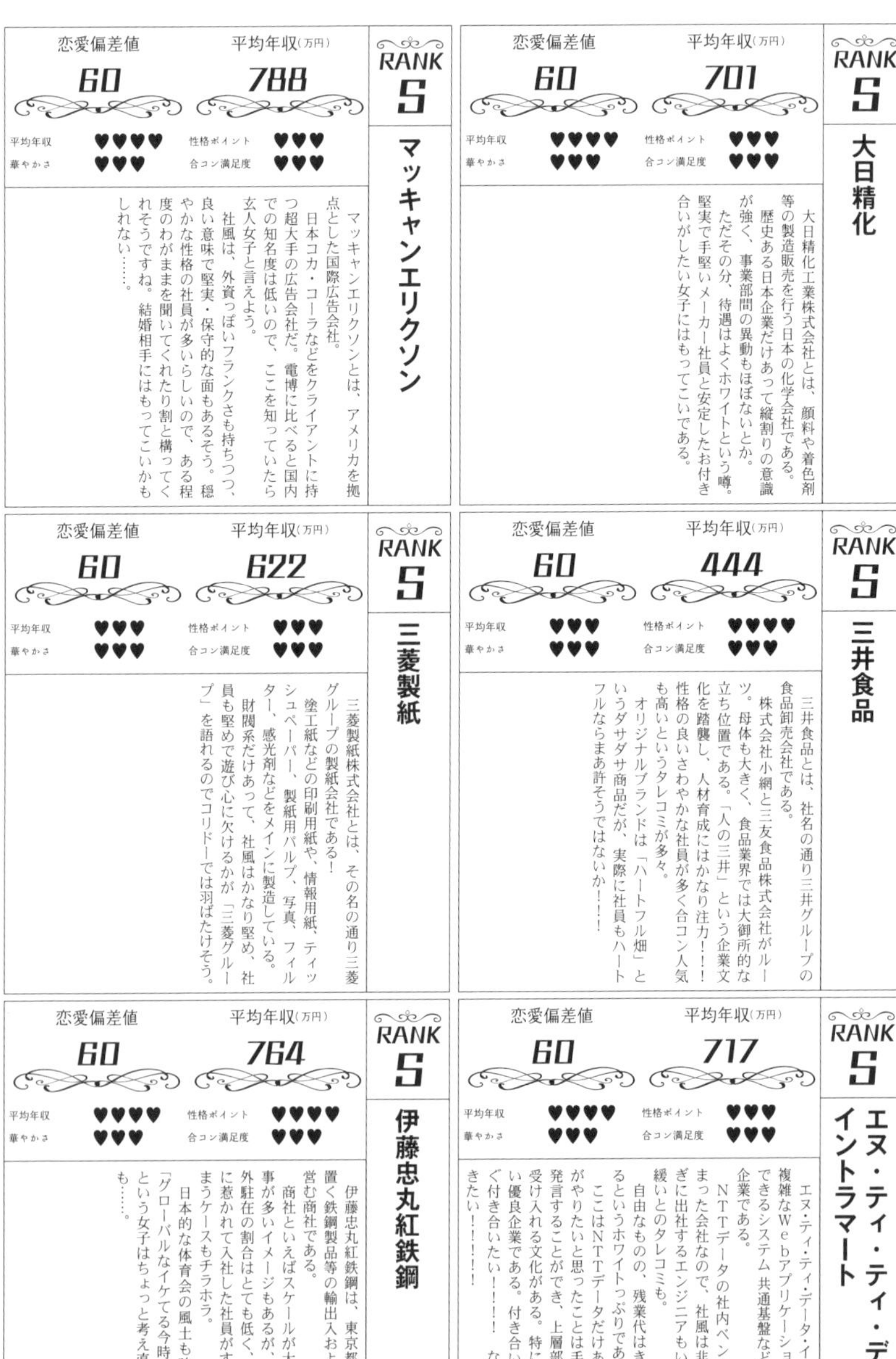

RANK S　大日精化

恋愛偏差値	平均年収（万円）
60	701

項目	評価	項目	評価
平均年収	♥♥♥♥	性格ポイント	♥♥♥
華やかさ	♥♥♥	合コン満足度	♥♥♥

大日精化工業株式会社とは、顔料や着色剤等の製造販売を行う日本の化学会社である。

歴史ある日本企業だけあって縦割りの意識が強く、事業部間の異動もほぼないとか。

ただその分、待遇はよくホワイトという噂。

堅実で手堅いメーカー社員と安定したお付き合いがしたい女子にはもってこいである。

RANK S　マッキャンエリクソン

恋愛偏差値	平均年収（万円）
60	788

項目	評価	項目	評価
平均年収	♥♥♥♥	性格ポイント	♥♥♥
華やかさ	♥♥♥	合コン満足度	♥♥♥

マッキャンエリクソンとは、アメリカを拠点とした国際広告会社。

日本コカ・コーラなどをクライアントに持つ超大手の広告会社だ。電博に比べると国内での知名度は低いので、ここを知っていたら玄人女子と言えよう。

社風は、外資っぽいフランクさも持ちつつ、良い意味で堅実・保守的な面もあるそう。穏やかな性格の社員が多いらしいので、ある程度のわがままを聞いてくれたり割と構ってくれそうですね。結婚相手にはもってこいかもしれない……。

RANK S　三井食品

恋愛偏差値	平均年収（万円）
60	444

項目	評価	項目	評価
平均年収	♥♥♥	性格ポイント	♥♥♥♥
華やかさ	♥♥♥	合コン満足度	♥♥♥

三井食品とは、社名の通り三井グループの食品卸売会社である。

株式会社小網と三友食品株式会社がルーツ。母体も大きく、食品業界では大御所的な立ち位置である。「人の三井」という企業文化を踏襲し、人材育成にはかなり注力！！　性格の良いさわやかな社員が多く合コン人気も高いというタレコミが多々。

オリジナルブランドは「ハートフル畑」というダサダサ商品だが、実際に社員もハートフルならまあ許そうではないか！！

RANK S　三菱製紙

恋愛偏差値	平均年収（万円）
60	622

項目	評価	項目	評価
平均年収	♥♥♥	性格ポイント	♥♥♥
華やかさ	♥♥♥	合コン満足度	♥♥♥

三菱製紙株式会社とは、その名の通り三菱グループの製紙会社である！

塗工紙などの印刷用紙や、情報用紙、ティッシュペーパー、製紙用パルプ、写真、フィルター、感光剤などをメインに製造している。

財閥系だけあって、社風はかなり堅め、社員も堅めで遊び心に欠けるかが「三菱グループ」を語れるのでコリドーでは羽ばたけそう。

RANK S　エヌ・ティ・ティ・データ・イントラマート

恋愛偏差値	平均年収（万円）
60	717

項目	評価	項目	評価
平均年収	♥♥♥♥	性格ポイント	♥♥♥
華やかさ	♥♥♥	合コン満足度	♥♥♥

エヌ・ティ・ティ・データ・イントラマートは、複雑なＷｅｂアプリケーションを簡単に構築できるシステム 共通基盤などを製造している企業である。

ＮＴＴデータの社内ベンチャーとして始まった会社なので、社風は非常に自由。昼過ぎに出社するエンジニアもいたり、遅刻にも緩いとのタレコミも。

自由なものの、残業代はきっちり支払われるというホワイトっぷりである！

ここはＮＴＴデータだけあって完璧。自分がやりたいと思ったことは手を挙げて自由に発言することができ、上層部もそれを柔軟に受け入れる文化がある。特にマイナス面がない優良企業である。付き合いたい！！　今すぐ付き合いたい！！！　なんなら自分も働きたい！！！！

RANK S　伊藤忠丸紅鉄鋼

恋愛偏差値	平均年収（万円）
60	764

項目	評価	項目	評価
平均年収	♥♥♥♥	性格ポイント	♥♥♥♥
華やかさ	♥♥♥	合コン満足度	♥♥♥

伊藤忠丸紅鉄鋼は、東京都中央区に本社を置く鉄鋼製品等の輸出入および販売・加工を営む商社である。

商社といえばスケールが大きく海外での仕事が多いイメージもあるが、実際のところ海外駐在の割合はとても低く、グローバルな点に惹かれて入社した社員がすぐに退社してしまうケースもチラホラ。

日本的な体育会の風土も強く残っており、「グローバルなイケてる今時彼氏が欲しい！」という女子はちょっと考え直した方がいいかも……。

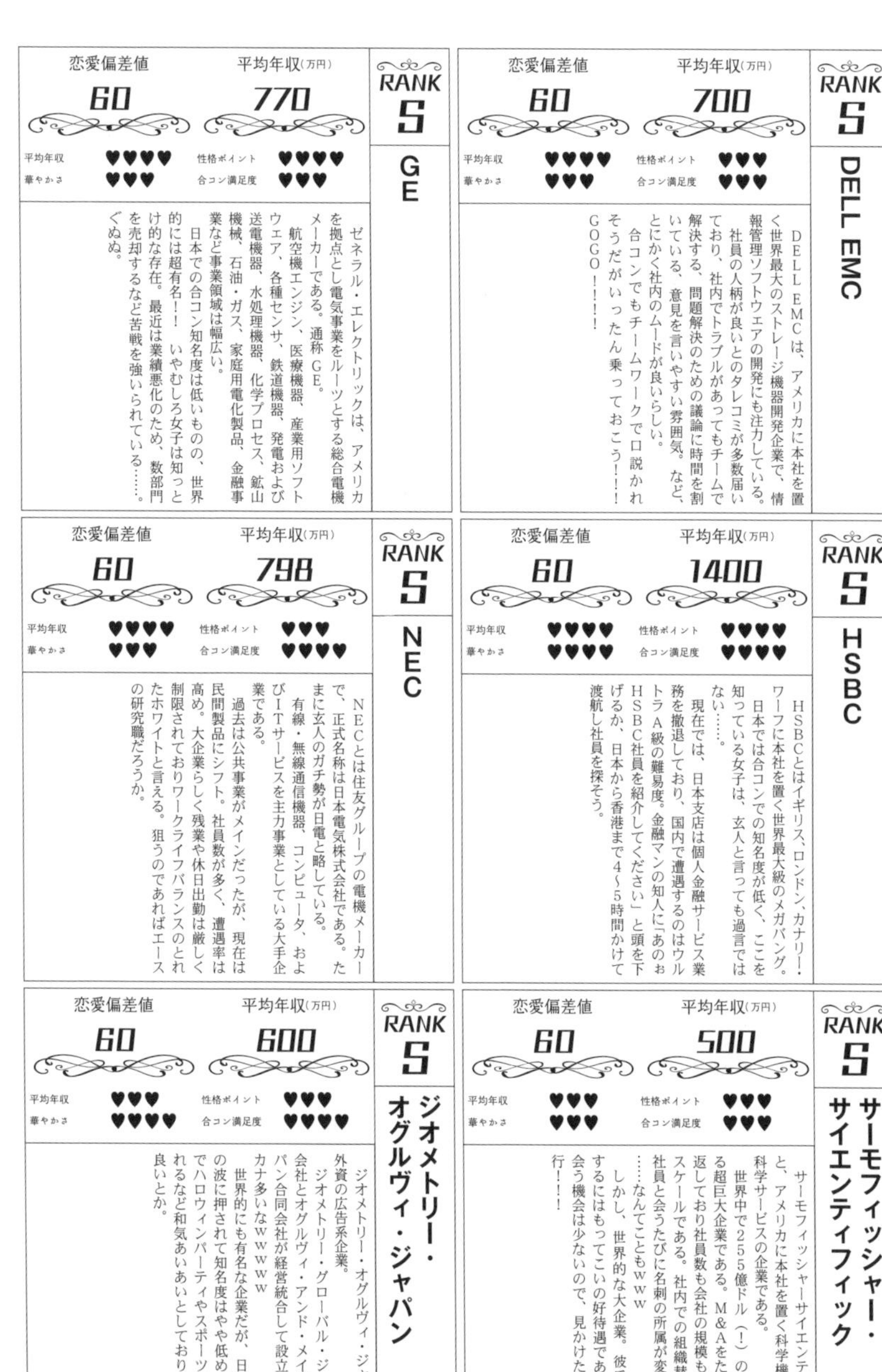

RANK S　DELL EMC

恋愛偏差値	平均年収(万円)
60	700

項目	評価	項目	評価
平均年収	♥♥♥♥	性格ポイント	♥♥♥
華やかさ	♥♥♥	合コン満足度	♥♥♥

DELL EMCは、アメリカに本社を置く世界最大のストレージ機器開発企業で、情報管理ソフトウエアの開発にも注力している。

社員の人柄が良いとのタレコミが多数届いており、社内でトラブルがあってもチームで解決する、問題解決のための議論に時間を割いている、意見を言いやすい雰囲気。など、とにかく社内のムードが良いらしい。

合コンでもチームワークで口説かれそうだがいったん乗っておこう！！！GOGO！！！

RANK S　GE

恋愛偏差値	平均年収(万円)
60	770

項目	評価	項目	評価
平均年収	♥♥♥♥	性格ポイント	♥♥♥♥
華やかさ	♥♥♥	合コン満足度	♥♥♥

ゼネラル・エレクトリックは、アメリカを拠点とし電気事業をルーツとする総合電機メーカーである。通称GE。

航空機エンジン、医療機器、産業用ソフトウエア、各種センサ、鉄道機器、発電および送電機器、水処理機器、化学プロセス、鉱山機械、石油・ガス、家庭用電化製品、金融事業など事業領域は幅広い。

日本での合コン知名度は低いものの、世界的には超有名！！　いやむしろ女子は知っとけ的な存在。最近は業績悪化のため、数部門を売却するなど苦戦を強いられている……。ぐぬぬ。

RANK S　HSBC

恋愛偏差値	平均年収(万円)
60	1400

項目	評価	項目	評価
平均年収	♥♥♥♥	性格ポイント	♥♥♥♥
華やかさ	♥♥♥♥	合コン満足度	♥♥♥♥

HSBCとはイギリス、ロンドン、カナリー・ワーフに本社を置く世界最大級のメガバンク。

日本では合コンでの知名度が低く、ここを知っている女子は、玄人と言っても過言ではない……。

現在では、日本支店は個人金融サービス業務を撤退しており、国内で遭遇するのはウルトラA級の難易度。金融マンの知人に「あのぉHSBC社員を紹介してください」と頭を下げるか、日本から香港まで4～5時間かけて渡航し社員を探そう。

RANK S　NEC

恋愛偏差値	平均年収(万円)
60	798

項目	評価	項目	評価
平均年収	♥♥♥♥	性格ポイント	♥♥♥
華やかさ	♥♥♥	合コン満足度	♥♥♥♥

NECとは住友グループの電機メーカーで、正式名称は日本電気株式会社である。たまに玄人のガチ勢が日電と略している。

有線・無線通信機器、コンピュータ、およびITサービスを主力事業としている大手企業である。

過去は公共事業がメインだったが、現在は民間製品にシフト。社員数が多く、遭遇率は高め。大企業らしく残業や休日出勤は厳しく制限されておりワークライフバランスのとれたホワイトと言える。狙うのであればエースの研究職だろうか。

RANK S　サーモフィッシャー・サイエンティフィック

恋愛偏差値	平均年収(万円)
60	500

項目	評価	項目	評価
平均年収	♥♥♥	性格ポイント	♥♥♥
華やかさ	♥♥♥	合コン満足度	♥♥♥

サーモフィッシャーサイエンティフィックと、アメリカに本社を置く科学機器・試薬・科学サービスの企業である。

世界中で255億ドル（！）の収益をあげる超巨大企業である。M&Aをたびたび繰り返しており社員数も会社の規模もアメリカンスケールである。社内での組織替えも多く、社員と会うたびに名刺の所属が変わっている……なんてこともwww

しかし、世界的な大企業。彼氏や旦那にするにはもってこいの好待遇である。日本で会う機会は少ないので、見かけたらレッツ尾行！！！

RANK S　ジオメトリー・オグルヴィ・ジャパン

恋愛偏差値	平均年収(万円)
60	600

項目	評価	項目	評価
平均年収	♥♥♥	性格ポイント	♥♥♥
華やかさ	♥♥♥♥	合コン満足度	♥♥♥♥

ジオメトリー・オグルヴィ・ジャパンとは、外資の広告系企業。

ジオメトリー・グローバル・ジャパン合同会社とオグルヴィ・アンド・メイザー・ジャパン合同会社が経営統合して設立した。カタカナ多いなwwwww

世界的にも有名な企業だが、日本では電博の波に押されて知名度はやや低め。社員同士でハロウィンパーティやスポーツ大会が行われるなど和気あいあいとしており、風通しは良いとか。

RANK S シスコシステムズ

恋愛偏差値	平均年収(万円)
60	1200

項目	評価	項目	評価
平均年収	♥♥♥♥	性格ポイント	♥♥♥♥
華やかさ	♥♥♥♥	合コン満足度	♥♥♥

シスコシステムズとはアメリカの大手IT企業。

最近では、渡辺直美がCMしていることで知名度がやや上昇気味。なんと平均年収はIT系では高めの940万円！ 億超えの社員も普通にいるらしいｗｗｗ

さすがは外資系。薄給気味な日本のIT企業も追いついてほしいところである。これは、良い旦那が見つけられそうなので合コンで合ったらスマホを奪い、LINE交換を！！！

RANK S スリーエムジャパン

恋愛偏差値	平均年収(万円)
60	865

項目	評価	項目	評価
平均年収	♥♥♥♥	性格ポイント	♥♥♥
華やかさ	♥♥♥♥	合コン満足度	♥♥♥♥

スリーエムジャパンとはアメリカが本社の世界的化学・電気素材メーカーで、付箋紙のポストイットで有名の企業である。

受験や仕事でだれもがお世話になったのではないだろうか……！！！

さすがは外資メーカー。平均年収は900万となかなかのものである。やはり実力主義の会社で、日本企業によくいる「働かない窓際おじさん」は皆無で古参もギラギラしている。おいｗｗｗ 日本のおっさんｗｗｗ 安酒飲んでる場合じゃねえｗｗｗ

RANK S ダウ・ケミカル

恋愛偏差値	平均年収(万円)
60	550

項目	評価	項目	評価
平均年収	♥♥♥	性格ポイント	♥♥♥
華やかさ	♥♥♥	合コン満足度	♥♥♥

ダウ・ケミカルとはアメリカの大手化学メーカーである。1897年に漂白剤と臭化カリウムの製造メーカーとして誕生し、その後巨額の買収を経て現在の規模へ。

外資というだけあって語学力はマスト。採用サイトも英語で書かれているｗｗｗ プロパーよりは中途社員が多く、他メーカーや製薬から入社してくる社員も多い。一社に長く勤める日系より、そのあたりも外資っぽいので旦那候補を見つけるにせよ、転職前提が当たり前なのかも。

平均年収は高めなので、旦那候補としてはもちろんありｗｗｗ

RANK S ツイッター

恋愛偏差値	平均年収(万円)
60	1000

項目	評価	項目	評価
平均年収	♥♥♥♥	性格ポイント	♥♥♥♥
華やかさ	♥♥♥	合コン満足度	♥♥♥♥

ツイッターとは、同名のSNSを運営するアメリカの企業である。

もちろん知名度は言わずもがな！！ みんな大好きツイッターである！！ 今やSNSの域を超え情報収集源としてインフラのような役割を果たしており、生活に欠かせないプラットフォームである（ツイ廃）（安定のツイ廃）（生涯ツイ廃宣言）。

企業はというと、風通しが良く待遇への満足度がかなり高いとか……！！

合コンで出会ったらツイッターのアルゴリズムや追加機能について激論したいところである（やはりツイ廃）。

RANK S デュポン

恋愛偏差値	平均年収(万円)
60	1000

項目	評価	項目	評価
平均年収	♥♥♥♥	性格ポイント	♥♥♥
華やかさ	♥♥♥♥	合コン満足度	♥♥♥

ストッキングを発明した、アメリカ本社の化学メーカー。

平均年収は922万円。業界的にも安定してるし、ワークライフバランスもしっかり取れているそうなので社員の精神面も◎ ここまで安定してたら、女性にも間違いなく優しいはず。旦那候補としてはなかなかありｗｗｗ

RANK S テンピュール・シーリー・ジャパン

恋愛偏差値	平均年収(万円)
60	455

項目	評価	項目	評価
平均年収	♥♥♥	性格ポイント	♥♥♥
華やかさ	♥♥♥♥	合コン満足度	♥♥♥

テンピュール・シーリーとは、米国最大手の寝具メーカーである。

整形外科医と連携をし、身体の凸凹や体圧にあわせて反発力が変化する「ポスチャーテックコイル」、圧点を最小限に抑え寝返りを低減する「プレッシャーリリーフ・インレー」など独自技術の商品化に成功した。

でもお高いんでしょう？？ というわゆる高級商品が多いので、社員のかれぴをゲットして社割をふんだんに使い倒し健康生活を手に入れたい（邪悪）。

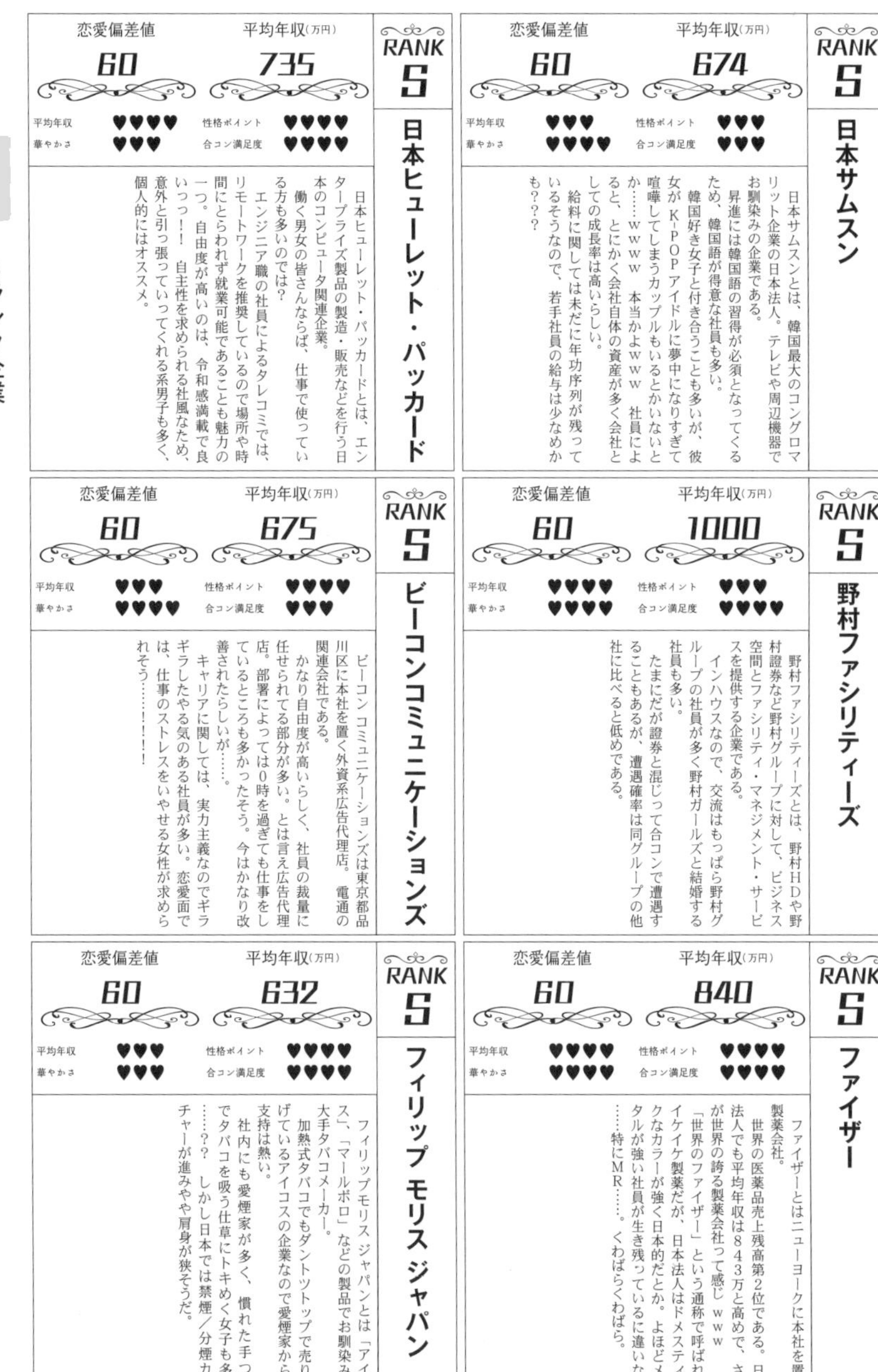

日本サムスン

RANK S

恋愛偏差値	平均年収（万円）
60	674

平均年収	♥♥♥	性格ポイント	♥♥♥
華やかさ	♥♥♥♥	合コン満足度	♥♥♥

日本サムスンとは、韓国最大のコングロマリット企業の日本法人。テレビや周辺機器でお馴染みの企業である。

昇進には韓国語の習得が必須となってくるため、韓国語が得意な社員も多い。

韓国好き女子と付き合うことも多いが、彼女がK-POPアイドルに夢中になりすぎて喧嘩してしまうカップルもいるとかいないとか……ｗｗｗ　本当かよｗｗｗ　社員によると、とにかく会社自体の資産が多く会社としての成長率は高いらしい。

給料に関しては未だに年功序列が残っているそうなので、若手社員の給与は少なめかも？？？

日本ヒューレット・パッカード

RANK S

恋愛偏差値	平均年収（万円）
60	735

平均年収	♥♥♥♥	性格ポイント	♥♥♥♥
華やかさ	♥♥♥	合コン満足度	♥♥♥♥

日本ヒューレット・パッカードとは、エンタープライズ製品の製造・販売などを行う日本のコンピュータ関連企業。

働く男女の皆さんならば、仕事で使っている方も多いのでは？

エンジニア職の社員によるタレコミでは、リモートワークを推奨しているので場所や時間にとらわれず就業可能であることも魅力の一つ。自由度が高いのは、令和感満載で良いっっ！！　自主性を求められる社風なため、意外と引っ張っていってくれる系男子も多く、個人的にはオススメ。

野村ファシリティーズ

RANK S

恋愛偏差値	平均年収（万円）
60	1000

平均年収	♥♥♥♥	性格ポイント	♥♥♥
華やかさ	♥♥♥♥	合コン満足度	♥♥♥♥

野村ファシリティーズとは、野村HDや野村證券など野村グループに対して、ビジネス空間とファシリティ・マネジメント・サービスを提供する企業である。

インハウスなので、交流はもっぱら野村グループの社員が多く野村ガールズと結婚する社員も多い。

たまにだが證券と混じって合コンで遭遇することもあるが、遭遇確率は同グループの他社に比べると低めである。

ビーコンコミュニケーションズ

RANK S

恋愛偏差値	平均年収（万円）
60	675

平均年収	♥♥♥	性格ポイント	♥♥♥♥
華やかさ	♥♥♥♥	合コン満足度	♥♥♥

ビーコン コミュニケーションズは東京都品川区に本社を置く外資系広告代理店。電通の関連会社である。

かなり自由度が高いらしく、社員の裁量に任せられてる部分が多い。とは言え広告代理店。部署によっては0時を過ぎても仕事をしているところも多かったそう。今はかなり改善されたらしいが……。

キャリアに関しては、実力主義なのでギラギラしたやる気のある社員が多い。恋愛面では、仕事のストレスをいやせる女性が求められそう……！！！

ファイザー

RANK S

恋愛偏差値	平均年収（万円）
60	840

平均年収	♥♥♥♥	性格ポイント	♥♥♥♥
華やかさ	♥♥♥♥	合コン満足度	♥♥♥♥

ファイザーとはニューヨークに本社を置く製薬会社。

世界の医薬品売上残高第2位である。日本法人でも平均年収は843万と高めで、さすが世界の誇る製薬会社って感じｗｗｗ

「世界のファイザー」という通称で呼ばれるイケイケ製薬だが、日本法人はドメスティックなカラーが強く日本的だとか。よほどメンタルが強い社員が生き残っているに違いない……特にMR……。くわばらくわばら。

フィリップ モリス ジャパン

RANK S

恋愛偏差値	平均年収（万円）
60	632

平均年収	♥♥♥	性格ポイント	♥♥♥♥
華やかさ	♥♥♥	合コン満足度	♥♥♥♥

フィリップモリス ジャパンとは「アイコス」、「マールボロ」などの製品でお馴染みの大手タバコメーカー。

加熱式タバコでもダントツトップで売り上げているアイコスの企業なので愛煙家からの支持は熱い。

社内にも愛煙家が多く、慣れた手つきでタバコを吸う仕草にトキめく女子も多い……？？　しかし日本では禁煙／分煙カルチャーが進みやや肩身が狭そうだ。

RANK S ブラックロック・ジャパン

恋愛偏差値	平均年収（万円）
60	1500

平均年収	♥♥♥	性格ポイント	♥♥♥
華やかさ	♥♥♥♥	合コン満足度	♥♥♥♥

ブラックロック・ジャパンとはアメリカを本拠とする世界最大の資産運用会社。

アセマネというとハードで激務なイメージがあるが、残業は少なめ、有給休暇が取りやすい、などと社員の満足度がとにかく高い。

同じ金融でも外銀等に比べるとプライベートとの両立はできそうだ……！！ 営業や運用は高額なボーナスをもらうこともざら。しかし社員数が少ないのでばったり遭遇することは難しそう。

RANK S ブリティッシュ・アメリカン・タバコ

恋愛偏差値	平均年収（万円）
60	600

平均年収	♥♥♥	性格ポイント	♥♥♥
華やかさ	♥♥♥	合コン満足度	♥♥♥

ブリティッシュ・アメリカン・タパコとは「KOOL」や「加熱式タバコglo」でお馴染みの大手タバコメーカー。KOOLといえば、Keep、Only、One、Loveが名前の由来という都市伝説が流れたのは高校時代だっただろうか……。懐かしい……（アラサー世代あるある）。

外資系なだけあり、英語力抜群の社員が多く海外志向が強い傾向。休みに関してもある程度融通のきく部署が多いので、英語ペラペラな彼とイケてる海外旅行に行けちゃうかも……？？？

付き合えばインスタ映え間違いなしの旅行好き女子必見の企業である。

RANK S ブルームバーグ

恋愛偏差値	平均年収（万円）
60	650

平均年収	♥♥♥	性格ポイント	♥♥♥
華やかさ	♥♥♥♥	合コン満足度	♥♥♥♥

ブルームバーグとは、経済、金融情報の配信、通信社、放送事業を手がける大手総合情報サービス会社。本社はアメリカ・ニューヨークである。

もう名前からしてイケてる。ブルームバーグだって。なんなん、イケすぎでしょ。外銀マンが絶大な信頼を寄せるわけだ。「外資」「IT」などまさに婚活女子と港区女子の好物が集まってやがる。

ちなみに、社員の幸福度は1位のNetflixに次ぐ第2位らしい。ガラス張りのオフィスで自由に働きながら、女子にもチヤホヤされるわけだからそりゃ幸福度2位だわ。日本で出会うのは難しそうなので、NYで探しましょう。

RANK S マースジャパンリミテッド

恋愛偏差値	平均年収（万円）
60	700

平均年収	♥♥♥♥	性格ポイント	♥♥♥
華やかさ	♥♥♥♥	合コン満足度	♥♥♥

アメリカのお菓子やペットフードの輸入を行っている会社。スニッカーズはここが輸入しているらしい。

マースは大企業なので、自社を沈まない船だと思い込んでいる社員が多い。ここの社員とは、将来を見据えない方が良いかもｗｗｗ

RANK S クラウドエヌ

恋愛偏差値	平均年収（万円）
60	460

平均年収	♥♥♥	性格ポイント	♥♥♥♥
華やかさ	♥♥♥♥	合コン満足度	♥♥♥

全国に相席業態の「オリエンタルラウンジ」を展開する会社。店舗数は多いものの、社員数が少ないためかなり希少価値は高め。社員寮や社宅、残業代も全支給されているらしく、飲食業界の中ではホワイトっぽい印象。

相席を生業にしているだけあり、合コンや飲み会での女性へのホスピタリティーは天下一品っ！！ 自己紹介の段取りからオーダー管理まで「さすが相席マスターや……！！」と息を飲むほどである。

ただ知名度がそこまで高くないため、合コンで女子からも「え？ オリ……オリエンタルランド？」と某ネズミーラ●ドと勘違いされがちで可哀想。落ち込む彼らの姿にキュンとするのだが、実はそれも全て作戦通りなのかもしれない……ある意味〝強敵〟だ（震え）。

RANK S ロゼッタ

恋愛偏差値	平均年収（万円）
59	556

平均年収	♥♥♥	性格ポイント	♥♥♥♥
華やかさ	♥♥♥♥	合コン満足度	♥♥♥

ロゼッタは、自動翻訳の開発および販売を行う会社である。

正直一般的にはあまり知名度のない会社であるが、女性が多く働きやすさはまあまあ良い。

ただし、ロゼッタの２０１８年の業績報告資料を見る限り、会社計画対比で売上高90・0％、経常利益37・5％と未達となっているのが気になる。ＭＴ事業及びクラウドソーシング事業の売上未達が響いており、翻訳業界のパラダイムシフトに追いつけていない感が否めない。

結婚相手には成長産業にいて欲しいと願う女子が多いので、ここはＶ字回復に期待。

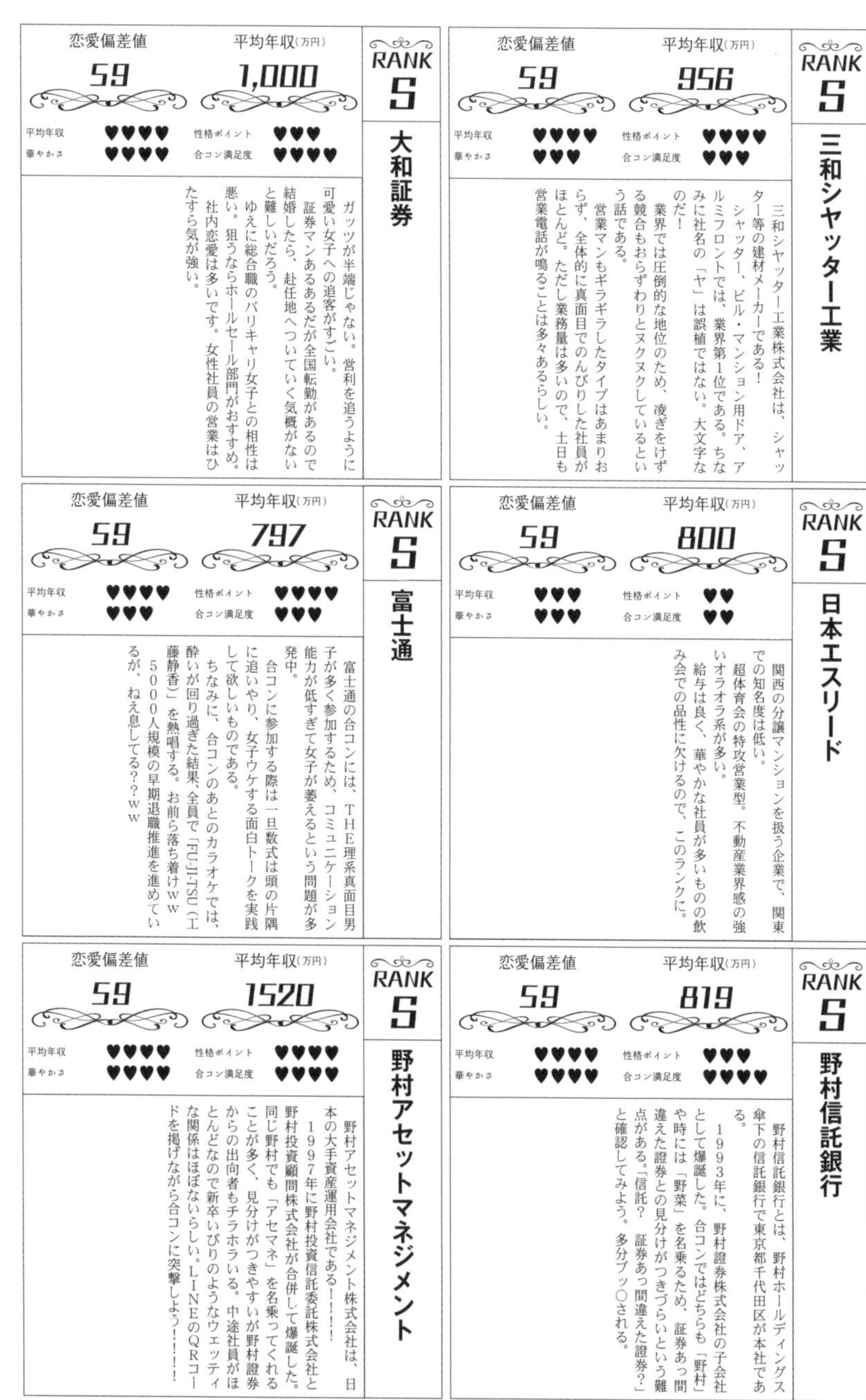

RANK S 三和シヤッター工業

恋愛偏差値	平均年収(万円)
59	956

項目	評価	項目	評価
平均年収	♥♥♥♥	性格ポイント	♥♥♥♥
華やかさ	♥♥♥	合コン満足度	♥♥♥

三和シヤッター工業株式会社は、シャッター等の建材メーカーである！

シャッター、ビル・マンション用ドア、アルミフロントでは、業界第1位である。ちなみに社名の「ヤ」は誤植ではない。大文字なのだ！

業界では圧倒的な地位のため、凌ぎをけずる競合もおらずわりとヌクヌクしているという話である。

営業マンもギラギラしたタイプはあまりおらず、全体的に真面目でのんびりした社員がほとんど。ただし業務量は多いので、土日も営業電話が鳴ることは多々あるらしい。

RANK S 大和証券

恋愛偏差値	平均年収(万円)
59	1,000

項目	評価	項目	評価
平均年収	♥♥♥♥	性格ポイント	♥♥♥
華やかさ	♥♥♥♥	合コン満足度	♥♥♥♥

ガッツが半端じゃない。営利を追うように可愛い女子への追客がすごい。

証券マンあるあるだが全国転勤があるので結婚したら、赴任地へついていく気概がないと難しいだろう。

ゆえに総合職のバリキャリ女子との相性は悪い。狙うならホールセール部門がおすすめ。

社内恋愛は多いです。女性社員の営業はひたすら気が強い。

RANK S 日本エスリード

恋愛偏差値	平均年収(万円)
59	800

項目	評価	項目	評価
平均年収	♥♥♥	性格ポイント	♥♥
華やかさ	♥♥♥	合コン満足度	♥♥

関西の分譲マンションを扱う企業で、関東での知名度は低い。

超体育会の特攻営業型。不動産業界感の強いオラオラ系が多い。

給与は良く、華やかな社員が多いものの飲み会での品性に欠けるので、このランクに。

RANK S 富士通

恋愛偏差値	平均年収(万円)
59	797

項目	評価	項目	評価
平均年収	♥♥♥♥	性格ポイント	♥♥♥♥
華やかさ	♥♥♥	合コン満足度	♥♥♥

富士通の合コンには、ＴＨＥ理系真面目男子が多く参加するため、コミュニケーション能力が低すぎて女子が萎えるという問題が多発中。

合コンに参加する際は一旦数式は頭の片隅に追いやり、女子ウケする面白トークを実践して欲しいものである。

ちなみに、合コンのあとのカラオケでは、酔いが回り過ぎた結果、全員で「FU-JI-TSU（工藤静香）」を熱唱する。お前ら落ち着けｗｗ

５０００人規模の早期退職推進を進めているが、ねえ息してる??ｗｗ

RANK S 野村信託銀行

恋愛偏差値	平均年収(万円)
59	819

項目	評価	項目	評価
平均年収	♥♥♥♥	性格ポイント	♥♥♥
華やかさ	♥♥♥♥	合コン満足度	♥♥♥♥

野村信託銀行とは、野村ホールディングス傘下の信託銀行で東京都千代田区が本社である。

１９９３年に、野村證券株式会社の子会社として爆誕した。合コンではどちらも「野村」や時には「野菜」を名乗るため、証券あっ間違えた證券との見分けがつきづらいという難点がある。「信託？　証券あっ間違えた證券？」と確認してみよう。多分ブッ〇される。

RANK S 野村アセットマネジメント

恋愛偏差値	平均年収(万円)
59	1520

項目	評価	項目	評価
平均年収	♥♥♥♥	性格ポイント	♥♥♥♥
華やかさ	♥♥♥♥	合コン満足度	♥♥♥♥

野村アセットマネジメント株式会社は、日本の大手資産運用会社である！！！

１９９７年に野村投資信託委託株式会社と野村投資顧問株式会社が合併して爆誕した。同じ野村でも「アセマネ」を名乗ってくれることが多く、見分けがつきやすいが野村證券からの出向者もチラホラいる。中途社員がほとんどなので新卒いびりのようなウエッティな関係はほぼないらしい。ＬＩＮＥのＱＲコードを掲げながら合コンに突撃しよう！！！

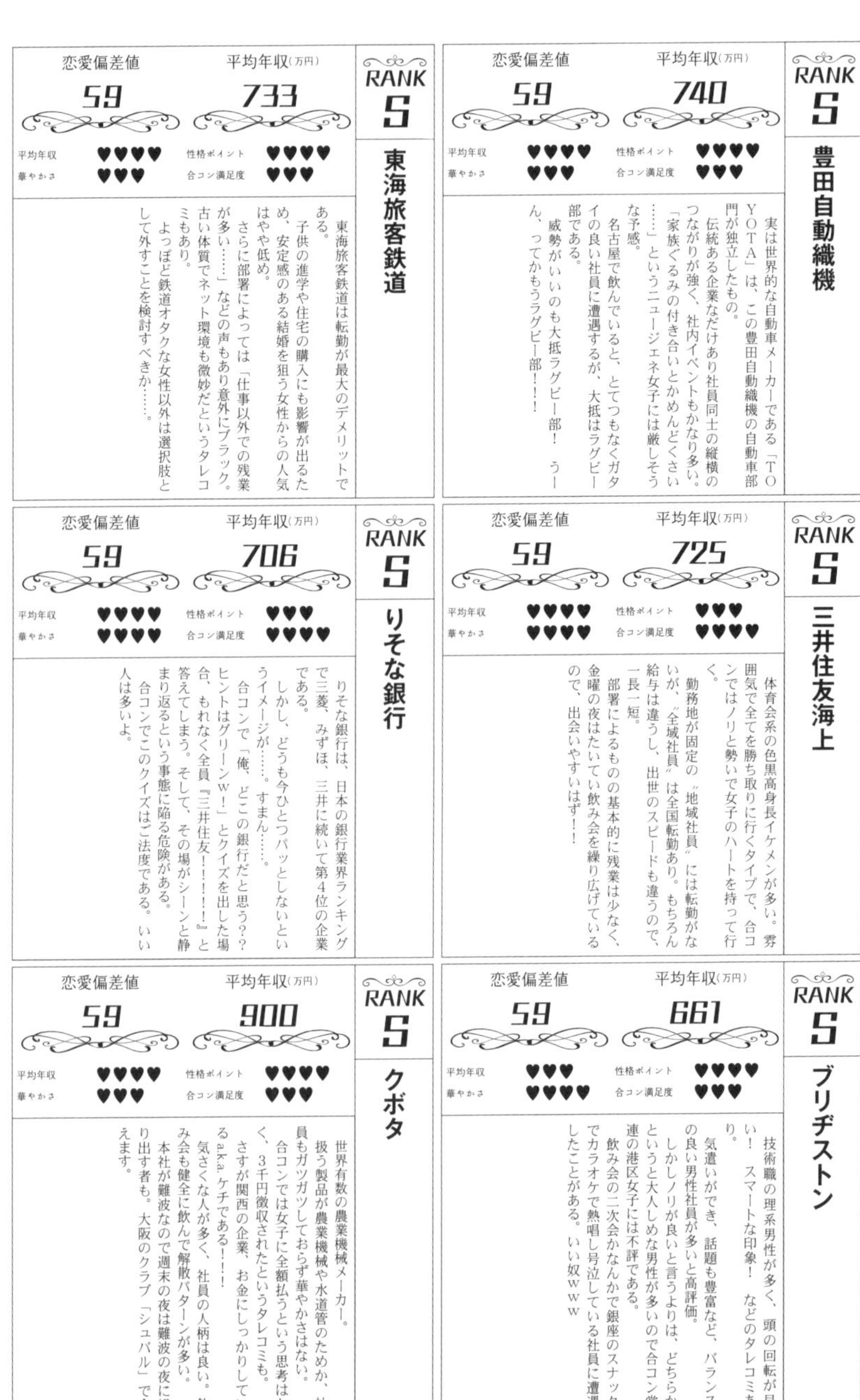

RANK S　豊田自動織機

恋愛偏差値	平均年収(万円)
59	740

項目	評価	項目	評価
平均年収	♥♥♥♥	性格ポイント	♥♥♥♥
華やかさ	♥♥♥	合コン満足度	♥♥♥

実は世界的な自動車メーカーである「TOYOTA」は、この豊田自動織機の自動車部門が独立したもの。

伝統ある企業なだけあり社員同士の縦横のつながりが強く、社内イベントもかなり多い。「家族ぐるみの付き合いとかめんどくさい……」というニュージェネ女子には厳しそうな予感。

名古屋で飲んでいると、とてつもなくガタイの良い社員に遭遇するが、大抵はラグビー部である。

威勢がいいのも大抵ラグビー部！　うーん、ってかもうラグビー部！！！

RANK S　東海旅客鉄道

恋愛偏差値	平均年収(万円)
59	733

項目	評価	項目	評価
平均年収	♥♥♥♥	性格ポイント	♥♥♥♥
華やかさ	♥♥♥	合コン満足度	♥♥♥

東海旅客鉄道は転勤が最大のデメリットである。

子供の進学や住宅の購入にも影響が出るため、安定感のある結婚を狙う女性からの人気はやや低め。

さらに部署によっては「仕事以外での残業が多い……」などの声もあり意外にブラック。古い体質でネット環境も微妙だというタレコミもあり。

よっぽど鉄道オタクな女性以外は選択肢として外すことを検討すべきか……。

RANK S　三井住友海上

恋愛偏差値	平均年収(万円)
59	725

項目	評価	項目	評価
平均年収	♥♥♥♥	性格ポイント	♥♥♥
華やかさ	♥♥♥♥	合コン満足度	♥♥♥♥

体育会系の色黒高身長イケメンが多い。雰囲気で全てを勝ち取りに行くタイプで、合コンではノリと勢いで女子のハートを持って行く。

勤務地が固定の〝地域社員〟には転勤がないが、〝全域社員〟は全国転勤あり。もちろん給与は違うし、出世のスピードも違うので、一長一短。

部署によるものの基本的に残業は少なく、金曜の夜はたいてい飲み会を繰り広げているので、出会いやすいはず！！

RANK S　りそな銀行

恋愛偏差値	平均年収(万円)
59	706

項目	評価	項目	評価
平均年収	♥♥♥♥	性格ポイント	♥♥♥
華やかさ	♥♥♥♥	合コン満足度	♥♥♥♥

りそな銀行は、日本の銀行業界ランキングで三菱、みずほ、三井に続いて第4位の企業である。

しかし、どうも今ひとつパッとしないというイメージが……。すまん……。

合コンで「俺、どこの銀行だと思う??ヒントはグリーンw！」とクイズを出した場合、もれなく全員『三井住友！！！！』と答えてしまう。そして、その場がシーンと静まり返るという事態に陥る危険がある。

合コンでこのクイズはご法度である。いい人は多いよ。

RANK S　ブリヂストン

恋愛偏差値	平均年収(万円)
59	661

項目	評価	項目	評価
平均年収	♥♥♥	性格ポイント	♥♥♥♥
華やかさ	♥♥♥♥	合コン満足度	♥♥♥

技術職の理系男性が多く、頭の回転が早い！　スマートな印象！　などのタレコミあり。

気遣いができ、話題も豊富など、バランスの良い男性社員が多いと高評価。

しかしノリが良いと言うよりは、どちらかというと大人しめな男性が多いので合コン常連の港区女子には不評である。

飲み会の二次会かなんかで銀座のスナックでカラオケで熱唱し号泣している社員に遭遇したことがある。いい奴ｗｗｗ

RANK S　クボタ

恋愛偏差値	平均年収(万円)
59	900

項目	評価	項目	評価
平均年収	♥♥♥♥	性格ポイント	♥♥♥♥
華やかさ	♥♥♥	合コン満足度	♥♥♥

世界有数の農業機械メーカー。

扱う製品が農業機械や水道管のためか、社員もガツガツしておらず華やかさはない。

合コンでは女子に全額払うという思考はなく、3千円徴収されたというタレコミも。

さすが関西の企業、お金にしっかりしているa.k.a.ケチである！！！

気さくな人が多く、社員の人柄は良い。飲み会も健全に飲んで解散パターンが多い。

本社が難波なので週末の夜は難波の夜に繰り出す者も。大阪のクラブ「シュバル」で会えます。

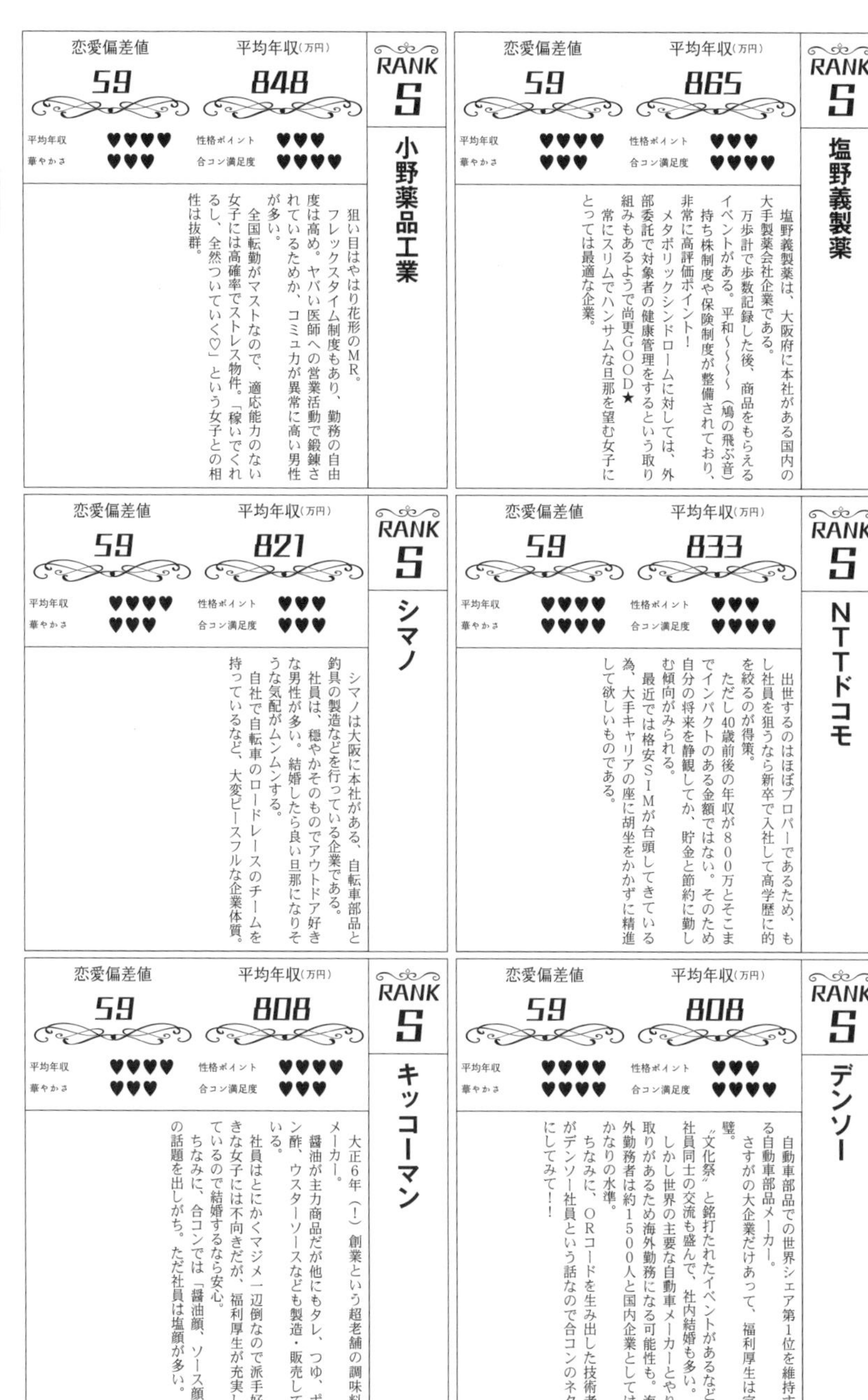

塩野義製薬

RANK S

恋愛偏差値	平均年収（万円）
59	865

平均年収	♥♥♥♥	性格ポイント	♥♥♥
華やかさ	♥♥♥	合コン満足度	♥♥♥♥

塩野義製薬は、大阪府に本社がある国内の大手製薬会社企業である。
万歩計で歩数記録した後、商品をもらえるイベントがある。平和〜〜〜（鳩の飛ぶ音）
持ち株制度や保険制度が整備されており、非常に高評価ポイント！
メタボリックシンドロームに対しては、外部委託で対象者の健康管理をするという取り組みもあるようで尚更ＧＯＯＤ★
常にスリムでハンサムな旦那を望む女子にとっては最適な企業。

小野薬品工業

RANK S

恋愛偏差値	平均年収（万円）
59	848

平均年収	♥♥♥♥	性格ポイント	♥♥♥
華やかさ	♥♥♥	合コン満足度	♥♥♥♥

狙い目はやはり花形のＭＲ。

フレックスタイム制度もあり、勤務の自由度は高め。ヤバい医師への営業活動で鍛錬されているためか、コミュ力が異常に高い男性が多い。

全国転勤がマストなので、適応能力のない女子には高確率でストレス物件。「稼いでくれるし、全然ついていく♡」という女子との相性は抜群。

ＮＴＴドコモ

RANK S

恋愛偏差値	平均年収（万円）
59	833

平均年収	♥♥♥♥	性格ポイント	♥♥♥
華やかさ	♥♥♥♥	合コン満足度	♥♥♥♥

出世するのはほぼプロパーであるため、もし社員を狙うなら新卒で入社して高学歴に的を絞るのが得策。

ただし40歳前後の年収が８００万とそこまでインパクトのある金額ではない。そのため自分の将来を静観してか、貯金と節約に勤しむ傾向がみられる。

最近では格安ＳＩＭが台頭してきている為、大手キャリアの座に胡坐をかかずに精進して欲しいものである。

シマノ

RANK S

恋愛偏差値	平均年収（万円）
59	821

平均年収	♥♥♥♥	性格ポイント	♥♥♥
華やかさ	♥♥♥	合コン満足度	♥♥♥

シマノは大阪に本社がある、自転車部品と釣具の製造などを行っている企業である。

社員は、穏やかそのものでアウトドア好きな男性が多い。結婚したら良い旦那になりそうな気配がムンムンする。

自社で自転車のロードレースのチームを持っているなど、大変ピースフルな企業体質。

デンソー

RANK S

恋愛偏差値	平均年収（万円）
59	808

平均年収	♥♥♥♥	性格ポイント	♥♥♥
華やかさ	♥♥♥♥	合コン満足度	♥♥♥♥

自動車部品での世界シェア第1位を維持する自動車部品メーカー。

さすがの大企業だけあって、福利厚生は完璧。

〝文化祭〟と銘打たれたイベントがあるなど、社員同士の交流も盛んで、社内結婚も多い。

しかし世界の主要な自動車メーカーとやり取りがあるため海外勤務になる可能性も。海外勤務者は約１５００人と国内企業としてはかなりの水準。

ちなみに、ＯＲコードを生み出した技術者がデンソー社員という話なので合コンのネタにしてみて！！

キッコーマン

RANK S

恋愛偏差値	平均年収（万円）
59	808

平均年収	♥♥♥♥	性格ポイント	♥♥♥♥
華やかさ	♥♥♥	合コン満足度	♥♥♥

大正6年（！）創業という超老舗の調味料メーカー。

醤油が主力商品だが他にもタレ、つゆ、ポン酢、ウスターソースなども製造・販売している。

社員はとにかくマジメ一辺倒なので派手好きな女子には不向きだが、福利厚生が充実しているので結婚するなら安心。

ちなみに、合コンでは「醤油顔、ソース顔」の話題を出しがち。ただ社員は塩顔が多い。

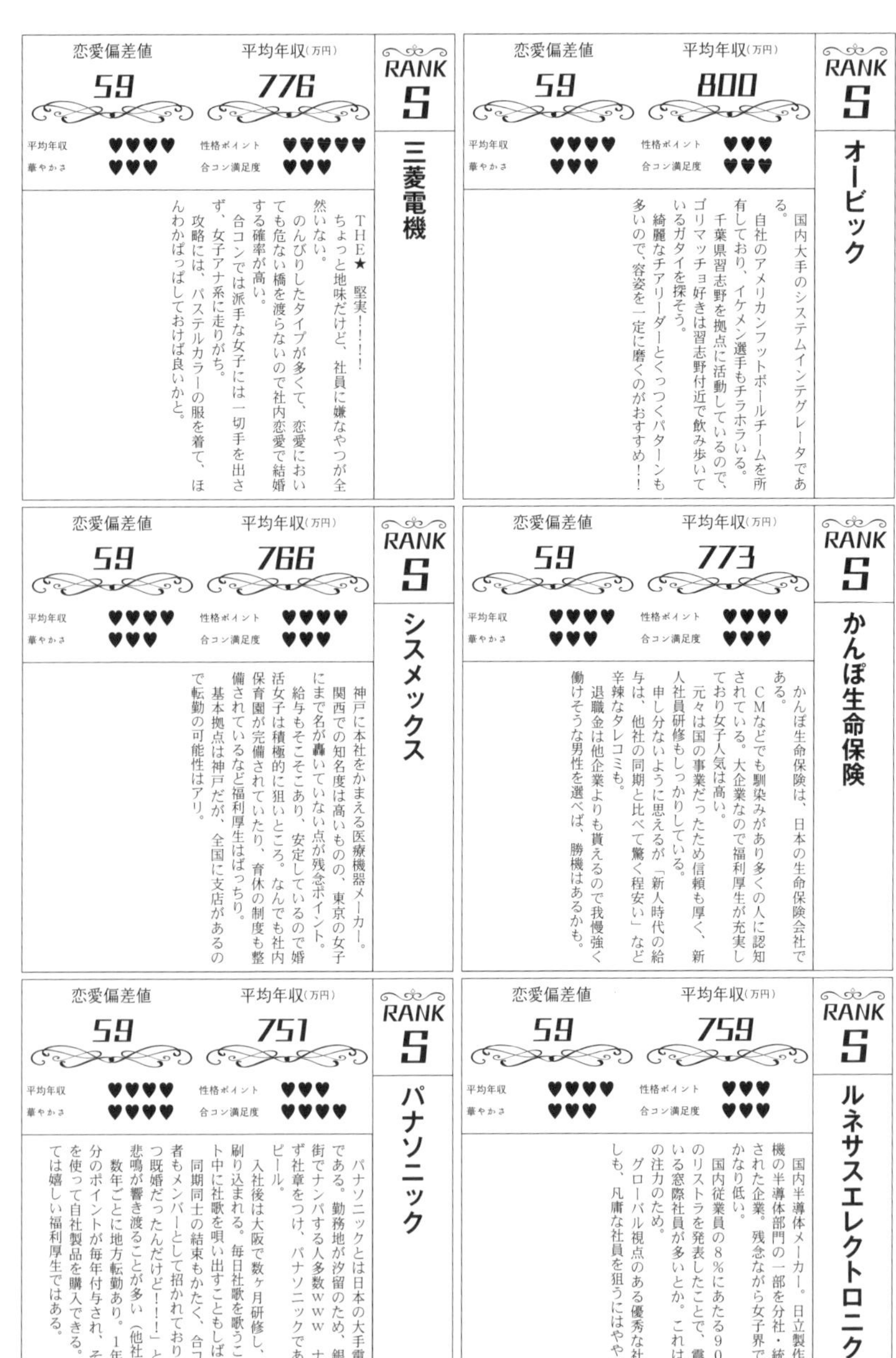

RANK S　オービック

恋愛偏差値 59　平均年収（万円） 800

平均年収 ♥♥♥♥　性格ポイント ♥♥♥
華やかさ ♥♥♥　合コン満足度 ♥♥♥

国内大手のシステムインテグレータである。

自社のアメリカンフットボールチームを所有しており、イケメン選手もチラホラいる。

千葉県習志野を拠点に活動しているので、ゴリマッチョ好きは習志野付近で飲み歩いているガタイを探そう。

綺麗なチアリーダーとくっつくパターンも多いので、容姿を一定に磨くのがおすすめ！

RANK S　三菱電機

恋愛偏差値 59　平均年収（万円） 776

平均年収 ♥♥♥♥　性格ポイント ♥♥♥♥♥
華やかさ ♥♥♥　合コン満足度 ♥♥♥

THE★　堅実！！！

ちょっと地味だけど、社員に嫌なやつが全然いない。

のんびりしたタイプが多くて、恋愛においても危ない橋を渡らないので社内恋愛で結婚する確率が高い。

合コンでは派手な女子には一切手を出さず、女子アナ系に走りがち。

攻略には、パステルカラーの服を着て、ほんわかぱっぱしておけば良いかと。

RANK S　かんぽ生命保険

恋愛偏差値 59　平均年収（万円） 773

平均年収 ♥♥♥♥　性格ポイント ♥♥♥♥
華やかさ ♥♥♥　合コン満足度 ♥♥♥

かんぽ生命保険は、日本の生命保険会社である。

CMなどでも馴染みがあり多くの人に認知されている。大企業なので福利厚生が充実しており女子人気は高い。

元々は国の事業だったため信頼も厚く、新人社員研修もしっかりしている。

申し分ないように思えるが「新人時代の給与は、他社の同期と比べて驚く程安い」など辛辣なタレコミも。

退職金は他企業よりも貰えるので我慢強く働けそうな男性を選べば、勝機はあるかも。

RANK S　シスメックス

恋愛偏差値 59　平均年収（万円） 766

平均年収 ♥♥♥♥　性格ポイント ♥♥♥♥
華やかさ ♥♥♥　合コン満足度 ♥♥♥

神戸に本社をかまえる医療機器メーカー。

関西での知名度は高いものの、東京の女子にまで名が轟いていない点が残念ポイント。

給与もそこそこあり、安定しているので婚活女子は積極的に狙いところ。なんでも社内保育園が完備されていたり、育休の制度も整備されているなど福利厚生はばっちり。

基本拠点は神戸だが、全国に支店があるので転勤の可能性はアリ。

RANK S　ルネサスエレクトロニクス

恋愛偏差値 59　平均年収（万円） 759

平均年収 ♥♥♥♥　性格ポイント ♥♥♥
華やかさ ♥♥♥　合コン満足度 ♥♥♥

国内半導体メーカー。日立製作所と三菱電機の半導体部門の一部を分社・統合して設立された企業。残念ながら女子界での認知度はかなり低い。

国内従業員の8％にあたる900人規模のリストラを発表したことで、震え上がっている窓際社員が多いとか。これは海外事業への注力のため。

グローバル視点のある優秀な社員ならまだしも、凡庸な社員を狙うにはややリスク高。

RANK S　パナソニック

恋愛偏差値 59　平均年収（万円） 751

平均年収 ♥♥♥♥　性格ポイント ♥♥♥
華やかさ ♥♥♥♥　合コン満足度 ♥♥♥♥

パナソニックとは日本の大手電機メーカーである。勤務地が汐留のため、銀座コリドー街でナンパする人多数ｗｗｗ　ナンパ時は必ず社章をつけ、パナソニックであることをアピール。

入社後は大阪で数ヶ月研修し、愛社精神を刷り込まれる。毎日社歌を歌うことから、デート中に社歌を唄い出すこともしばしば。

同期同士の結束もかたく、合コンでは既婚者もメンバーとして招かれており、「実はあいつ既婚だったんだけど！！」という女子の悲鳴が響き渡ることが多い（他社比）。

数年ごとに地方転勤あり。1年間に12万円分のポイントが毎年付与され、そのポイントを使って自社製品を購入できる。主婦にとっては嬉しい福利厚生ではある。

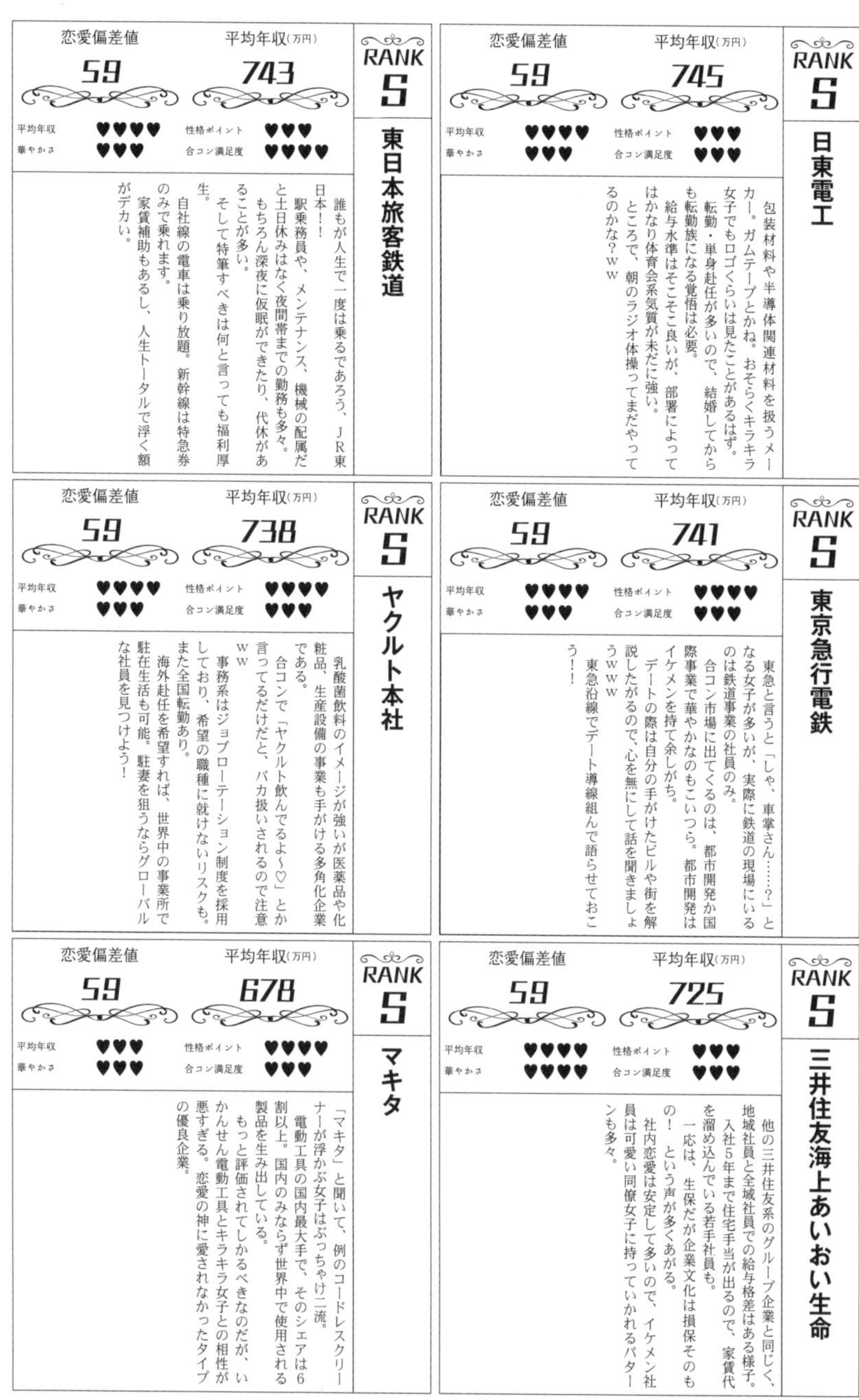

日東電工

RANK S

恋愛偏差値 59　平均年収（万円）745

平均年収 ♥♥♥♥　性格ポイント ♥♥♥
華やかさ ♥♥♥　合コン満足度 ♥♥♥

包装材料や半導体関連材料を扱うメーカー。ガムテープとかね。おそらくキラキラ女子でもロゴくらいは見たことがあるはず。

転勤・単身赴任が多いので、結婚してからも転勤族になる覚悟は必要。

給与水準はそこそこ良いが、部署によってはかなり体育会系気質が未だに強い。

ところで、朝のラジオ体操ってまだやってるのかな?ｗｗ

東日本旅客鉄道

RANK S

恋愛偏差値 59　平均年収（万円）743

平均年収 ♥♥♥♥　性格ポイント ♥♥♥
華やかさ ♥♥♥　合コン満足度 ♥♥♥♥

誰もが人生で一度は乗るであろう、ＪＲ東日本!!

駅乗務員や、メンテナンス、機械の配属だと土日休みはなく夜間帯までの勤務も多々。

もちろん深夜に仮眠ができたり、代休があることが多い。

そして特筆すべきは何と言っても福利厚生。

自社線の電車は乗り放題。新幹線は特急券のみで乗れます。

家賃補助もあるし、人生トータルで浮く額がデカい。

東京急行電鉄

RANK S

恋愛偏差値 59　平均年収（万円）741

平均年収 ♥♥♥♥　性格ポイント ♥♥♥♥
華やかさ ♥♥♥　合コン満足度 ♥♥♥

東急と言うと「しゃ、車掌さん……?」となる女子が多いが、実際に鉄道の現場にいるのは鉄道事業の社員のみ。
合コン市場に出てくるのは、都市開発か国際事業で華やかなのもこいつら。都市開発はイケメンを持て余しがち。
デートの際は自分の手がけたビルや街を解説したがるので、心を無にして話を聞きましょうｗｗｗ
東急沿線でデート導線組んで語らせておこう!!

ヤクルト本社

RANK S

恋愛偏差値 59　平均年収（万円）738

平均年収 ♥♥♥♥　性格ポイント ♥♥♥♥
華やかさ ♥♥♥　合コン満足度 ♥♥♥

乳酸菌飲料のイメージが強いが医薬品や化粧品、生産設備の事業も手がける多角化企業である。
合コンで「ヤクルト飲んでるよ～♡」とか言ってるだけだと、バカ扱いされるので注意ｗｗ
事務系はジョブローテーション制度を採用しており、希望の職種に就けないリスクもまた全国転勤あり。
海外赴任を希望すれば、世界中の事業所で駐在生活も可能。駐妻を狙うならグローバルな社員を見つけよう!

三井住友海上あいおい生命

RANK S

恋愛偏差値 59　平均年収（万円）725

平均年収 ♥♥♥♥　性格ポイント ♥♥♥
華やかさ ♥♥♥♥　合コン満足度 ♥♥♥

他の三井住友系のグループ企業と同じく、地域社員と全域社員での給与格差はある様子。

入社5年まで住宅手当が出るので、家賃代を溜め込んでいる若手社員も。

一応は、生保だが企業文化は損保そのもの!という声が多くあがる。

社内恋愛は安定して多いので、イケメン社員は可愛い同僚女子に持っていかれるパターンも多々。

マキタ

RANK S

恋愛偏差値 59　平均年収（万円）678

平均年収 ♥♥♥　性格ポイント ♥♥♥♥
華やかさ ♥♥♥　合コン満足度 ♥♥♥

「マキタ」と聞いて、例のコードレスクリーナーが浮かぶ女子はぶっちゃけ二流。

電動工具の国内最大手で、そのシェアは6割以上。国内のみならず世界中で使用される製品を生み出している。

もっと評価されてしかるべきなのだが、いかんせん電動工具とキラキラ女子との相性が悪すぎる。恋愛の神に愛されなかったタイプの優良企業。

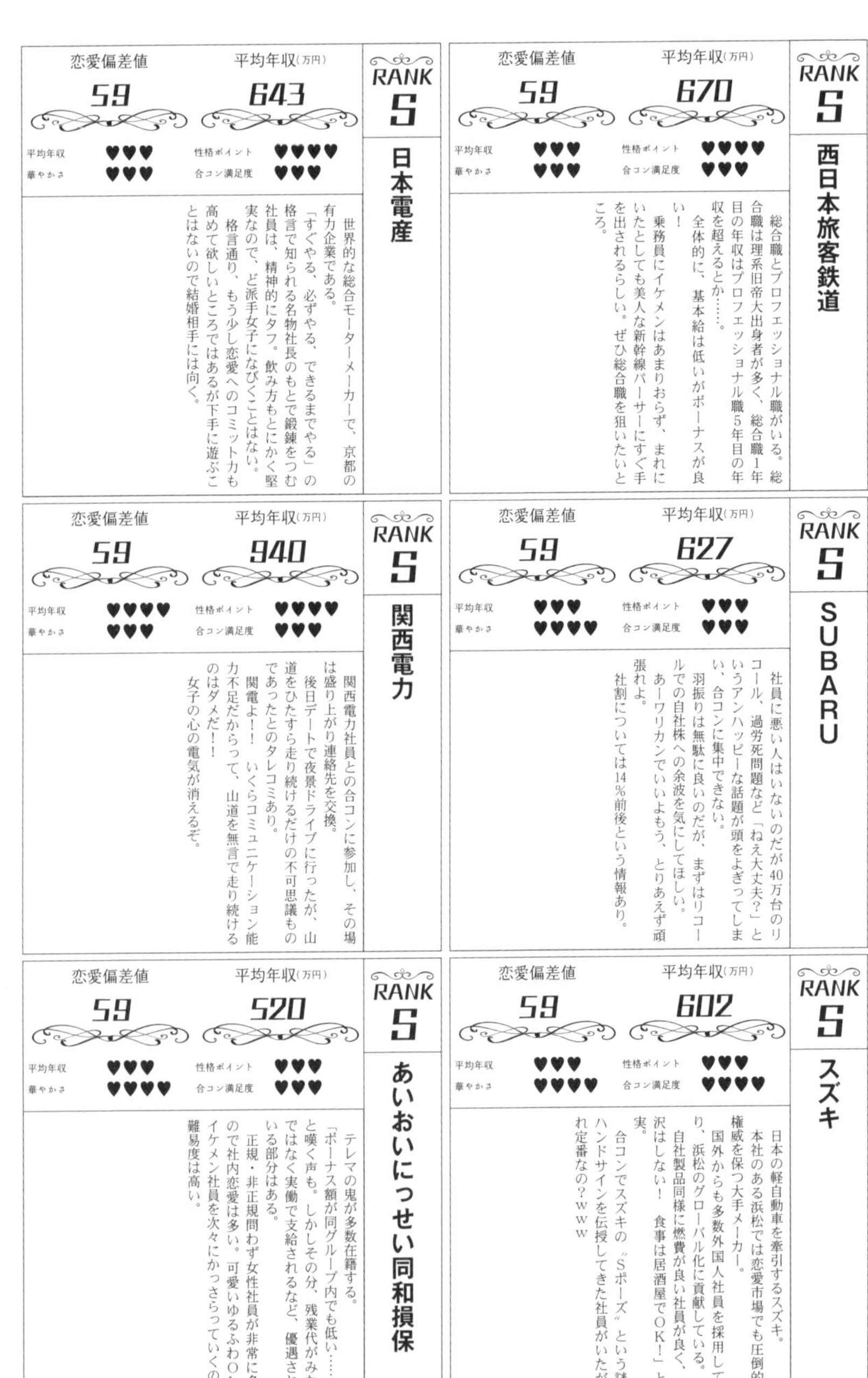

西日本旅客鉄道

RANK S

恋愛偏差値	平均年収(万円)
59	670

平均年収	♥♥♥	性格ポイント	♥♥♥♥
華やかさ	♥♥♥	合コン満足度	♥♥♥

総合職とプロフェッショナル職がいる。総合職は理系旧帝大出身者が多く、総合職1年目の年収はプロフェッショナル職5年目の年収を超えるとか……。

全体的に、基本給は低いがボーナスが良い！

乗務員にイケメンはあまりおらず、まれにいたとしても美人な新幹線パーサーにすぐ手を出されるらしい。ぜひ総合職を狙いたいところ。

日本電産

RANK S

恋愛偏差値	平均年収(万円)
59	643

平均年収	♥♥♥	性格ポイント	♥♥♥♥
華やかさ	♥♥♥	合コン満足度	♥♥♥

世界的な総合モーターメーカーで、京都の有力企業である。

「すぐやる、必ずやる、できるまでやる」の格言で知られる名物社長のもとで鍛錬をつむ社員は、精神的にタフ。飲み方もとにかく堅実なので、ど派手女子になびくことはない。

格言通り、もう少し恋愛へのコミット力も高めて欲しいところではあるが下手に遊ぶことはないので結婚相手には向く。

SUBARU

RANK S

恋愛偏差値	平均年収(万円)
59	627

平均年収	♥♥♥	性格ポイント	♥♥♥
華やかさ	♥♥♥♥	合コン満足度	♥♥♥

社員に悪い人はいないのだが40万台のリコール、過労死問題など「ねえ大丈夫？」というアンハッピーな話題が頭をよぎってしまい、合コンに集中できない。

羽振りは無駄に良いのだが、まずはリコールでの自社株への余波を気にしてほしい。

あーワリカンでいいよもう、とりあえず頑張れよ。

社割については14％前後という情報あり。

関西電力

RANK S

恋愛偏差値	平均年収(万円)
59	940

平均年収	♥♥♥♥	性格ポイント	♥♥♥♥
華やかさ	♥♥♥	合コン満足度	♥♥♥

関西電力社員との合コンに参加し、その場は盛り上がり連絡先を交換。

後日デートで夜景ドライブに行ったが、山道をひたすら走り続けるだけの不可思議ものであったとのタレコミあり。

関電よ！　いくらコミュニケーション能力不足だからって、山道を無言で走り続けるのはダメだ！！

女子の心の電気が消えるぞ。

スズキ

RANK S

恋愛偏差値	平均年収(万円)
59	602

平均年収	♥♥♥	性格ポイント	♥♥♥
華やかさ	♥♥♥♥	合コン満足度	♥♥♥♥

日本の軽自動車を牽引するスズキ。

本社のある浜松では恋愛市場でも圧倒的な権威を保つ大手メーカー。

国外からも多数外国人社員を採用しており、浜松のグローバル化に貢献している。

自社製品同様に燃費が良い社員が良く、「贅沢はしない！　食事は居酒屋でOK！」と堅実。

合コンでスズキの〝Sポーズ〟という謎のハンドサインを伝授してきた社員がいたがあれ定番なの？ｗｗｗ

あいおいにっせい同和損保

RANK S

恋愛偏差値	平均年収(万円)
59	520

平均年収	♥♥♥	性格ポイント	♥♥♥
華やかさ	♥♥♥♥	合コン満足度	♥♥♥

テレマの鬼が多数在籍する。

「ボーナス額が同グループ内でも低い……！」と嘆く声も。しかしその分、残業代がみなしではなく実働で支給されるなど、優遇されている部分はある。

正規・非正規問わず女性社員が非常に多いので社内恋愛は多い。可愛いゆるふわOLがイケメン社員を次々にかっさらっていくので、難易度は高い。

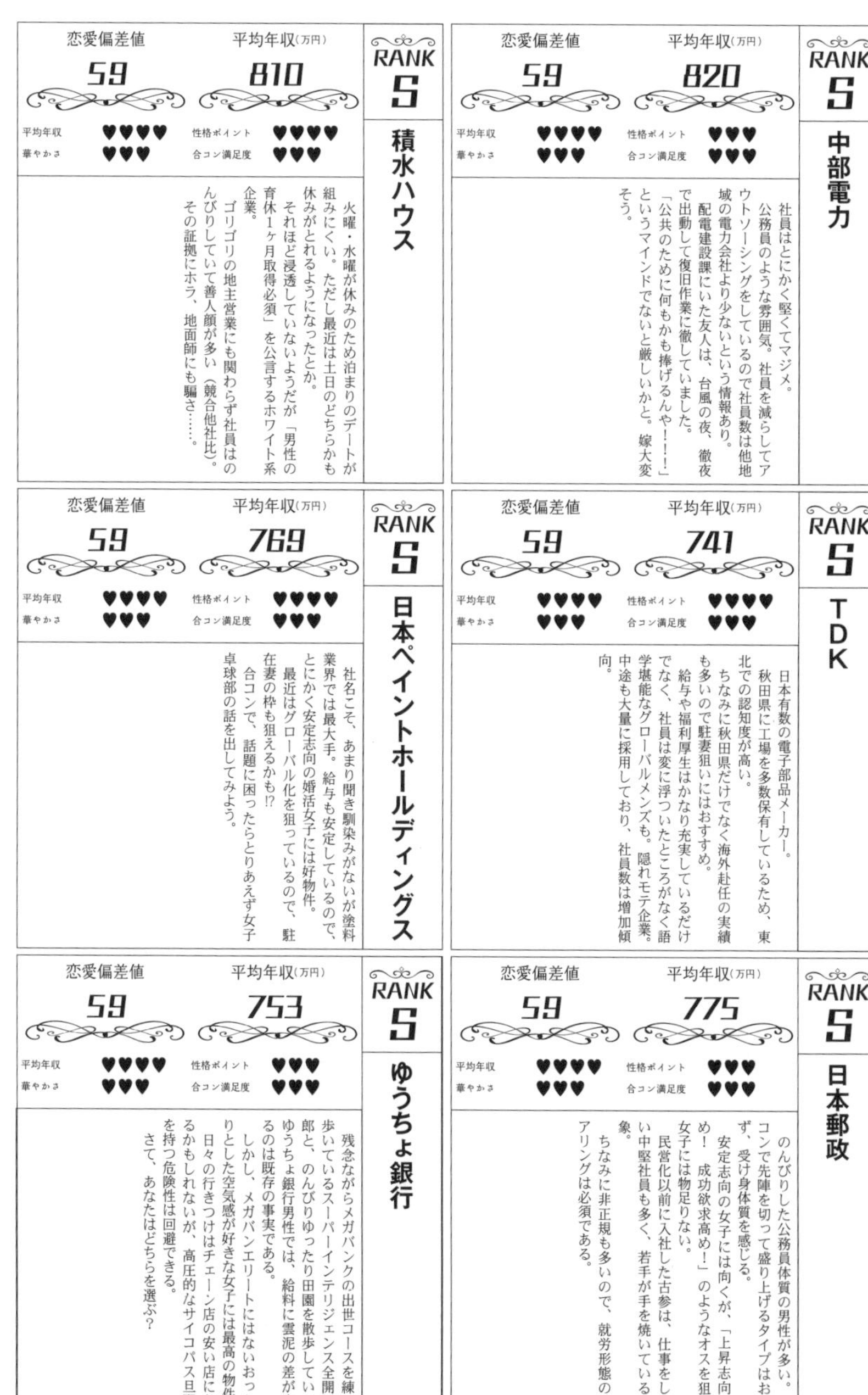

積水ハウス

RANK S

恋愛偏差値	平均年収(万円)
59	810

平均年収	♥♥♥♥	性格ポイント	♥♥♥♥
華やかさ	♥♥♥	合コン満足度	♥♥♥

火曜・水曜が休みのため泊まりのデートが組みにくい。ただし最近は土日のどちらかも休みがとれるようになったとか。

それほど浸透していないようだが「男性の育休1ヶ月取得必須」を公言するホワイト系企業。

ゴリゴリの地主営業にも関わらず社員はのんびりしていて善人顔が多い（競合他社比）。

その証拠にホラ、地面師にも騙さ……。

中部電力

RANK S

恋愛偏差値	平均年収(万円)
59	820

平均年収	♥♥♥♥	性格ポイント	♥♥♥
華やかさ	♥♥♥	合コン満足度	♥♥♥

社員はとにかく堅くてマジメ。

公務員のような雰囲気。社員を減らしてアウトソーシングをしているので社員数は他地域の電力会社より少ないという情報あり。

配電建設課にいた友人は、台風の夜、徹夜で出動して復旧作業に徹していました。

「公共のために何もかも捧げるんや！！！」というマインドでないと厳しいかと。嫁大変そう。

日本ペイントホールディングス

RANK S

恋愛偏差値	平均年収(万円)
59	769

平均年収	♥♥♥♥	性格ポイント	♥♥♥♥
華やかさ	♥♥♥	合コン満足度	♥♥♥

社名こそ、あまり聞き馴染みがないが塗料業界では最大手。給与も安定しているので、とにかく安定志向の婚活女子には好物件。

最近はグローバル化を狙っているので、駐在妻の枠も狙えるかも⁉

合コンで、話題に困ったらとりあえず女子卓球部の話を出してみよう。

TDK

RANK S

恋愛偏差値	平均年収(万円)
59	741

平均年収	♥♥♥♥	性格ポイント	♥♥♥♥
華やかさ	♥♥♥	合コン満足度	♥♥♥

日本有数の電子部品メーカー。

秋田県に工場を多数保有しているため、東北での認知度が高い。

ちなみに秋田県だけでなく海外赴任の実績も多いので駐妻狙いにはおすすめ。

給与や福利厚生はかなり充実しているだけでなく、社員は変に浮ついたところがなく語学堪能なグローバルメンズも。隠れモテ企業。中途も大量に採用しており、社員数は増加傾向。

ゆうちょ銀行

RANK S

恋愛偏差値	平均年収(万円)
59	753

平均年収	♥♥♥♥	性格ポイント	♥♥♥
華やかさ	♥♥♥	合コン満足度	♥♥♥

残念ながらメガバンクの出世コースを練り歩いているスーパーインテリジェンス全開野郎と、のんびりゆったり田園を散歩しているゆうちょ銀行男性では、給料に雲泥の差が出るのは既存の事実である。

しかし、メガバンエリートにはないおっとりとした空気感が好きな女子には最高の物件。

日々の行きつけはチェーン店の安い店になるかもしれないが、高圧的なサイコパス旦那を持つ危険性は回避できる。

さて、あなたはどちらを選ぶ？

日本郵政

RANK S

恋愛偏差値	平均年収(万円)
59	775

平均年収	♥♥♥♥	性格ポイント	♥♥♥
華やかさ	♥♥♥	合コン満足度	♥♥♥

のんびりした公務員体質の男性が多い。合コンで先陣を切って盛り上げるタイプはおらず、受け身体質を感じる。

安定志向の女子には向くが、「上昇志向高め！　成功欲求高め！」のようなオスを狙う女子には物足りない。

民営化以前に入社した古参は、仕事をしない中堅社員も多く、若手が手を焼いている印象。

ちなみに非正規も多いので、就労形態のヒアリングは必須である。

RANK S　SMC

恋愛偏差値 59　平均年収(万円) 743

平均年収 ♥♥♥♥　華やかさ ♥♥♥　性格ポイント ♥♥♥　合コン満足度 ♥♥♥

秋葉原にある国内大手の空気圧制御機器メーカー。

B向けの製品を取り扱っているためか、女子界での知名度はほぼゼロ。

しかし、工場の自動化設備の空圧制御機器で世界首位を獲得するなど穴場の優良企業。

出会いを求めている男性社員は多いものの、合コン市場にあまり出回らないレアキャラ。

RANK S　オリエンタルランド

恋愛偏差値 59　平均年収(万円) 738

平均年収 ♥♥♥♥　華やかさ ♥♥♥　性格ポイント ♥♥♥　合コン満足度 ♥♥♥♥

某有名週刊誌の「合コンコンプラ違反ランキング」ではオリエンタルランドが1位となっている。

どうやら、待ち列の回避法やディズニーランドの裏情報、優待券などの横流しをネタにしてるそうだ。

まじかよ!!!　ミッキー●ウスも悲しんでるよ!

誰しもが憧れる夢の国なので、ぜひコンプラは守って頂きたい限りである。

(※でも付き合ったら優待券めっちゃ欲しい♡)

RANK S　HOYA

恋愛偏差値 59　平均年収(万円) 720

平均年収 ♥♥♥♥　華やかさ ♥♥♥　性格ポイント ♥♥♥♥　合コン満足度 ♥♥♥

光学機器やガラスを扱うメーカー。医療機器なんかも手がけており、知る人ぞ知る隠れ優良物件。

合コンでは「どうせ俺らのこと知らないよね……」という超低姿勢で来るので、社名に食いつくだけで非常に喜ばれる。

ベースの給与は普通だが、ボーナスが数ヶ月分ポンと出る。

新宿〜中野の中央線沿線で飲んでいることが多く、合コン導線もその辺り。

RANK S　ダイキン工業

恋愛偏差値 59　平均年収(万円) 720

平均年収 ♥♥♥♥　華やかさ ♥♥♥　性格ポイント ♥♥♥　合コン満足度 ♥♥♥

年功序列の文化が根強く、年配の社員程お金を持っている。

若い社員はそんなオヤジ社員に従う毎日なので、飲み会の席では愚痴がこぼれることも。

女性社員も多いが気が強めなので、社内恋愛はあまり多くない様子。

そのためメンズたちはこぞって社外に交流を求める!!!　婚活女子よ!　GO、GO!

RANK S　小松製作所

恋愛偏差値 59　平均年収(万円) 716

平均年収 ♥♥♥♥　華やかさ ♥♥♥　性格ポイント ♥♥♥♥　合コン満足度 ♥♥♥

油圧ショベルやブルドーザなどを制作する建設機械メーカー。

理系出身者が8割を占めるので、少々地味目な印象あり。

東工大出身者も多く、頭が良いのでプライドが高く少々扱いづらい。

更には社内コンプラが厳しいためか、社員は保守的な人が多く恋人としては物足りない。

安心感は得られるので公務員のような安定した人と結婚したい人向け。田舎のおばあちゃんが喜びそう。

RANK S　セブン&アイ

恋愛偏差値 59　平均年収(万円) 713

平均年収 ♥♥♥♥　華やかさ ♥♥♥　性格ポイント ♥♥♥　合コン満足度 ♥♥♥

セブンの社員は、体育会系のフレッシュチャラちんこが多い。

時々可愛いセブンアルバイトの女子大生に手を出してバイト内クラッシャー扱いされている人もいる。

しかし、20代は店舗を一度経験する人が多く、日々店の売上とバイト管理などに追われている人がほとんど。

学歴もすごくいいというわけではないので、合コンでもマウントが取れず欲求不満に陥る輩も出てきている。

RANK S 三井住友海上プライマリー

恋愛偏差値	平均年収（万円）
59	700

平均年収	♥♥♥♥	性格ポイント	♥♥♥
華やかさ	♥♥♥♥	合コン満足度	♥♥♥

もともと三井住友海上とシティグループの合弁会社として誕生した保険会社。

親会社の度々の事業売却により、社名を変えながら現在に至る。

「しあわせ、ずっと」「やさしさ、つづく」「おもい、ふくらむ」

商品名が柔軟剤みたいで、おばあちゃんにウケそうｗｗｗ

社員も、のんびりしているタイプが多くて親会社の社員に比べるとガツガツ感は薄め。

RANK S 東レ

恋愛偏差値	平均年収（万円）
59	664

平均年収	♥♥♥	性格ポイント	♥♥♥
華やかさ	♥♥♥	合コン満足度	♥♥♥

東レとの合コンで待ち合わせ時に「今日は1人4000円で！ｗｗ」と言われた女子あり。

しかも2人分のキャンセル料も全員で負担という悲劇。

ここは潔く全奢りをして欲しいが、東レ社員は良く言えば堅実。悪く言うとケチなのでそれは夢のまた夢の夢のまた夢である。

大人しくＪＴ社員と合コンを企画しよう！

RANK S 東京瓦斯

恋愛偏差値	平均年収（万円）
59	660

平均年収	♥♥♥	性格ポイント	♥♥♥♥
華やかさ	♥♥♥	合コン満足度	♥♥♥

「瓦斯」と書いて「ガス」と読む！！

ホワイト企業で人が辞めない＝入れば一生安泰だが、全体的にのんびりしているのでギラギラした野心家男性はほぼいない。

硬式野球部が有名。

ドラフト指名される選手もいるので狙いたい女子は、まず野球部周辺のコミュニティに入るのがおすすめ。ただし既婚だったり、ガチファンみたいな女子がついていることが多い。

RANK S アイシン精機

恋愛偏差値	平均年収（万円）
59	648

平均年収	♥♥♥	性格ポイント	♥♥♥
華やかさ	♥♥♥	合コン満足度	♥♥♥

愛知県民にはおなじみの、自動車部品メーカー。「愛知」でピンと来た女子は、さすがっ！

天下のトヨタグループとして大手自動車メーカーに部品を供給している。

運動会があったり、部活動が盛んだったり社内イベントが盛んなのは好印象。

豊田市での地位は高めだが、いったん東京に出ると女子からの知名度が一気に下がるのが哀しい。

RANK S ユニー・ファミリーマート

恋愛偏差値	平均年収（万円）
59	640

平均年収	♥♥♥	性格ポイント	♥♥♥♥
華やかさ	♥♥♥	合コン満足度	♥♥♥

その名の通りコンビニエンスストア業界第3位のファミリーマートなどを運営している企業である。

「典型的な大企業で縦割りの会社」、「管理職以外の役職不明50代社員が多い……」というタレコミが数件あり。

いわゆる窓際族である。店舗に関わる人も大企業病を患っている人ばかりでモチベーションの低い社員が目立つ。

大企業なのでそれなりに安定はしているものの、人生の充実といった観点からは遠いのでは。

それでも良いという女性はレッツ、アプローチ！

RANK S MS&ADインターリスク総研

恋愛偏差値	平均年収（万円）
59	620

平均年収	♥♥♥	性格ポイント	♥♥♥
華やかさ	♥♥♥	合コン満足度	♥♥♥

三メガ損保の一角であるＭＳ＆ＡＤインシュアランスグループの会社。自然災害や福祉・医療関連のリスク対策コンサルティング事業を行う。

派手さはなく、個性派揃いで変わった人が多い。社内の飲み会も少なく、合コンでの盛り上げは期待できない。

平均給与は600万前後で、グループ会社の恩恵を受け福利厚生が充実。

彼氏にするには刺激が少ないが、真面目な人が多いので浮気の心配はなし。

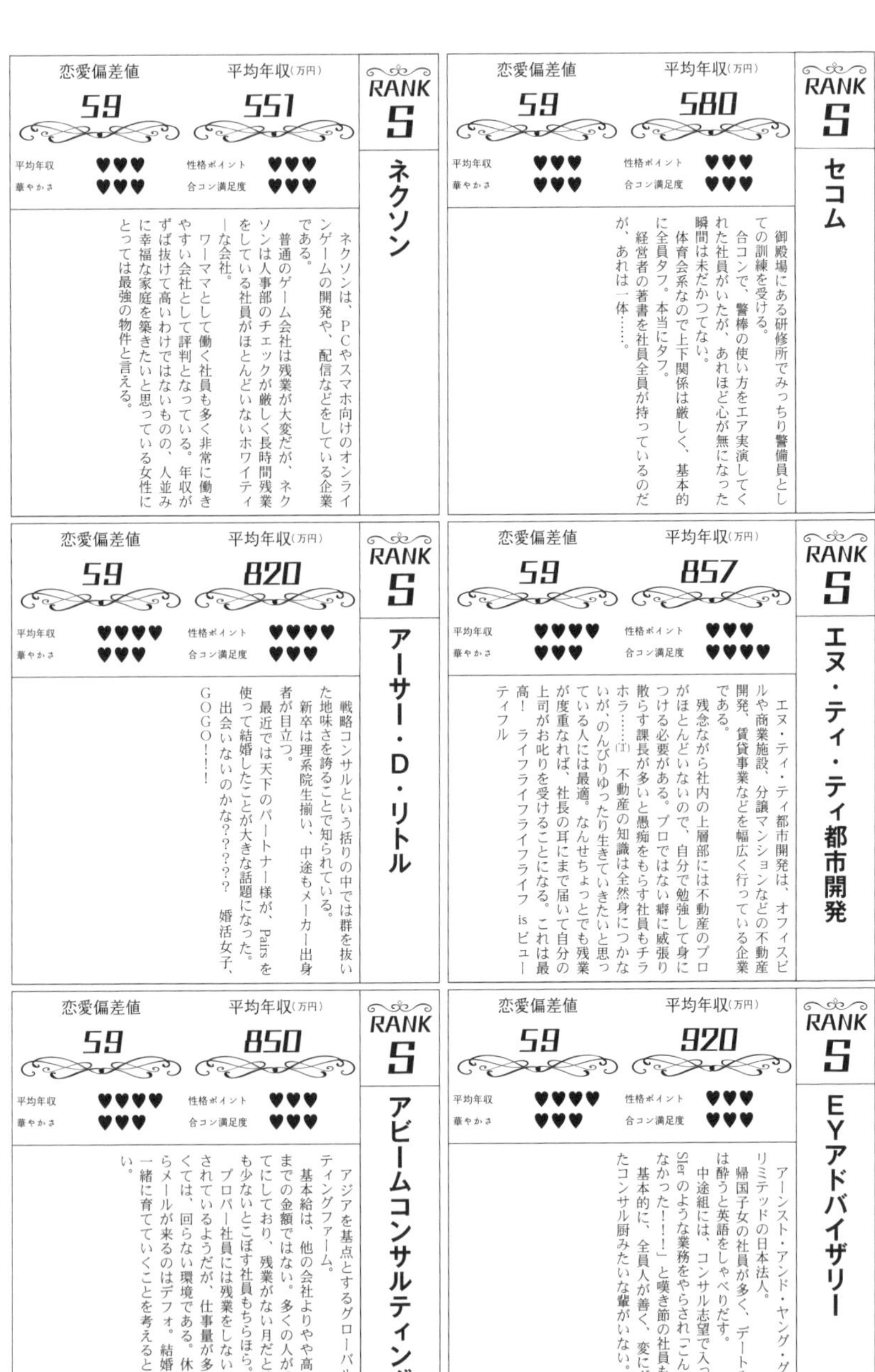

RANK S　セコム

恋愛偏差値 59　平均年収（万円）580

平均年収 ♥♥♥　華やかさ ♥♥♥　性格ポイント ♥♥♥　合コン満足度 ♥♥♥

御殿場にある研修所でみっちり警備員としての訓練を受ける。

合コンで、警棒の使い方をエア実演してくれた社員がいたが、あれほど心が無になった瞬間は未だかつてない。

体育会系なので上下関係は厳しく、基本的に全員タフ。本当にタフ。

経営者の著書を社員全員が持っているのだが、あれは一体……。

RANK S　ネクソン

恋愛偏差値 59　平均年収（万円）551

平均年収 ♥♥♥　華やかさ ♥♥♥　性格ポイント ♥♥♥　合コン満足度 ♥♥♥

ネクソンは、ＰＣやスマホ向けのオンラインゲームの開発や、配信などをしている企業である。

普通のゲーム会社は残業が大変だが、ネクソンは人事部のチェックが厳しく長時間残業をしている社員がほとんどいないホワイティーな会社。

ワーママとして働く社員も多く非常に働きやすい会社として評判となっている。年収がずば抜けて高いわけではないものの、人並みに幸福な家庭を築きたいと思っている女性にとっては最強の物件と言える。

RANK S　エヌ・ティ・ティ都市開発

恋愛偏差値 59　平均年収（万円）857

平均年収 ♥♥♥♥　華やかさ ♥♥♥　性格ポイント ♥♥♥　合コン満足度 ♥♥♥♥

エヌ・ティ・ティ都市開発は、オフィスビルや商業施設、分譲マンションなどの不動産開発、賃貸事業などを幅広く行っている企業である。

残念ながら社内の上層部には不動産のプロがほとんどいないので、自分で勉強して身につける必要がある。プロではない癖に威張り散らす課長が多いと愚痴をもらす社員もチラホラ……(汗) 不動産の知識は全然身につかないが、のんびりゆったり生きていきたいと思っている人には最適。なんせちょっとでも残業が度重なれば、社長の耳にまで届いて自分の上司がお叱りを受けることになる。これは最高！　ライフライフライフライフ is ビューティフル

RANK S　アーサー・D・リトル

恋愛偏差値 59　平均年収（万円）820

平均年収 ♥♥♥♥　華やかさ ♥♥♥　性格ポイント ♥♥♥♥　合コン満足度 ♥♥♥

戦略コンサルという括りの中では群を抜いた地味さを誇ることで知られている。

新卒は理系院生揃い、中途もメーカー出身者が目立つ。

最近では天下のパートナー様が、Pairsを使って結婚したことが大きな話題になった。

出会いないのかな？？？？　婚活女子、ＧＯＧＯ！！！

RANK S　EYアドバイザリー

恋愛偏差値 59　平均年収（万円）920

平均年収 ♥♥♥♥　華やかさ ♥♥♥　性格ポイント ♥♥♥　合コン満足度 ♥♥♥

アーンスト・アンド・ヤング・グローバル・リミテッドの日本法人。

帰国子女の社員が多く、デートや合コンでは酔うと英語をしゃべりだす。

中途組には、コンサル志望で入ったものの、SIerのような業務をやらされ「こんなはずじゃなかった！！」と嘆き節の社員もチラホラ。

基本的に、全員人が善く、変にギラギラしたコンサル厨みたいな輩がいない。

RANK S　アビームコンサルティング

恋愛偏差値 59　平均年収（万円）850

平均年収 ♥♥♥♥　華やかさ ♥♥♥　性格ポイント ♥♥♥　合コン満足度 ♥♥♥

アジアを基点とするグローバルコンサルティングファーム。

基本給は、他の会社よりやや高めだがそこまでの金額ではない。多くの人が残業代をあてにしており、残業がない月だと給料はとても少ないとこぼす社員もちらほら。

プロパー社員には残業をしないことが教育されているようだが、仕事量が多く残業しなくては、回らない環境である。休日も上司からメールが来るのはデフォ。結婚して子供を一緒に育てていくことを考えると若干気が重い。

RANK S 経営共創基盤

恋愛偏差値 59　平均年収(万円) 900

平均年収 ♥♥♥♥　性格ポイント ♥♥♥
華やかさ ♥♥♥　合コン満足度 ♥♥♥

元産業再生機構のCOOが創業したコンサルファームで、通称IGPI。ハンズオン型経営支援に特徴がある。社員証の裏側に、社員の行動規範が記されており、中には「心は自由であるか?」「逃げていないか?」といった胸アツワードが……。

ハイスペコンサル狙いのキラキラ婚活女子からも逃げずに向き合うように!!!

RANK S クニエ

恋愛偏差値 59　平均年収(万円) 800

平均年収 ♥♥♥♥　性格ポイント ♥♥♥
華やかさ ♥♥♥　合コン満足度 ♥♥♥

NTTデータの子会社(通称:デー子♡)2009年設立の新しい会社で、全体的に社員が若くキラキラ感がある。

アクセンチュアなどIT系ファームからの転職者も多く、比較的自由度の高い雰囲気。

認知度が低いためか、社名を語るのを面倒くさがり「コンサルだよ、コンサル!」と連呼してくる。

自社愛を持ちたまへ!!!

RANK S 三菱UFJリサーチ&コンサルティング

恋愛偏差値 59　平均年収(万円) 770

平均年収 ♥♥♥♥　性格ポイント ♥♥♥
華やかさ ♥♥♥　合コン満足度 ♥♥♥

三菱UFJリサーチ&コンサルティングは、UFJ総合研究所と三菱系ビジネスコンサルティング会社が一緒になり誕生した日本のシンクタンク。経営層や管理職は親会社からの転籍者が多く優秀な人材は多い。

親会社時代の役職がそのままの人もおり喋りづらいとのタレコミあり。ストレスフルな環境である可能性が高いので、将来の旦那候補がもし三菱UFJリサーチ&コンサルティングの場合には、ケア体制を万全に⁉

RANK S フロンティア・マネジメント

恋愛偏差値 59　平均年収(万円) 829

平均年収 ♥♥♥♥　性格ポイント ♥♥♥♥
華やかさ ♥♥♥　合コン満足度 ♥♥♥

小売業や製造業を中心にコンサルティングを行っている。

毎年安定的に60%超えのリピート受注となっているため業績は良い模様。そのため日々の業務は忙しく、バリバリ働いている男性が多いのが特徴。

ただし、大型案件終了後は、長期のまとまった休みをとって海外旅行に出かける人も。日々のお金を稼ぎつつ、家族との時間も取れるのでちょっと高評価。

RANK S エーオンヒューイットジャパン

恋愛偏差値 59　平均年収(万円) 800

平均年収 ♥♥♥♥　性格ポイント ♥♥♥
華やかさ ♥♥♥　合コン満足度 ♥♥♥

組織・人事コンサルファームのエーオンヒューイットの日本法人として誕生。

社員は全体的にたいてい良い人だが、変わった人も多くて議論好き。

食事や飲み会になると、熱い意見をぶつけたがる場面に遭遇したことも。

仕事への熱量が高い人が多いので、きちんと「微笑みながら話を聞ける姿勢」を持てる女子が相性いいかと……。

RANK S フューチャーアーキテクト

恋愛偏差値 59　平均年収(万円) 782

平均年収 ♥♥♥♥　性格ポイント ♥♥♥
華やかさ ♥♥♥　合コン満足度 ♥♥♥

「経営とITを科学する」のコピーでおなじみのこの企業。

ベイカレに転身した社員が、営業情報を持ち出し騒動になるという珍事件が記憶に新しい。

どんなにいじりたくても、合コンでこの話題は絶対にしちゃダメだぞ。絶対に……。

社員は優秀なんだけど、ちょっぴり体育会系で、精神論で乗り越えようとする。アツい飲み会も結構好き。

オフィスがやたら近未来的でおしゃれです。

RANK S アメリカン・アプレーザル・ジャパン

恋愛偏差値	平均年収(万円)
59	780

平均年収	♥♥♥♥	性格ポイント	♥♥♥
華やかさ	♥♥♥	合コン満足度	♥♥♥

アメリカン・アプレーザル・アソシエイツ・インクの日本法人。拠点は、アジア、欧州、北米、および南米である。

扱う分野は、バリュエーション、トランザクション・コンサルティング、不動産アドバイザリー、固定資産マネジメントの4領域。

日本法人には、東大卒ほか旧帝大卒のエリートがチラホラいるが、社員の母数が少ないため出会うのは至難の業。

2015年にダフ・アンド・フェルプス・コーポレーションに買収された。

RANK S プラウドフットジャパン

恋愛偏差値	平均年収(万円)
59	820

平均年収	♥♥♥♥	性格ポイント	♥♥♥
華やかさ	♥♥♥	合コン満足度	♥♥♥

イギリスのアレキサンダー・プラウドフットの子会社。

「realize your full potential!!!!」をモットーに厳しい成果主義と戦う社員は、メンタルタフネスで満ちている。

外資ながら上下関係はそこそこ厳しく、体育会系な社風がある。

恋愛市場でも社訓のごとくアツいエネルギーを発散してほしいところなのだが、激務によりややお疲れ気味。

RANK S ケンブリッジテクノロジーパートナーズ

恋愛偏差値	平均年収(万円)
59	820

平均年収	♥♥♥♥	性格ポイント	♥♥♥
華やかさ	♥♥♥	合コン満足度	♥♥♥

ケンブリッジテクノロジーグループの日本法人として、1997年に設立された企業。

現在は日本ユニシスの傘下に。

新卒の年収が450万~480万程度と他社比ではちょっぴり見劣りするが、みな楽しそうに働いているので幸せそう。

社員はやたらと〝人間できてる系〟の人が多い気がするが、これもケンブリッジ流の「カルチャー」なのか。

社風恐るべし!!

RANK S ランドーアソシエイツ

恋愛偏差値	平均年収(万円)
59	690

平均年収	♥♥♥	性格ポイント	♥♥♥♥
華やかさ	♥♥♥	合コン満足度	♥♥♥

アメリカ、サンフランシスコ生まれの、製品・企業ブランディングを手がける企業。

社員は、クリエイティブよりのおしゃれマンタイプで、一般的な外資戦略系とは全く趣が異なる。

美大っぽい雰囲気のサブカルみが強く、人当たりが良い。

キッコーマン、明治など誰もが馴染みのある日本企業の案件が多い。

RANK S 電通国際情報サービス

恋愛偏差値	平均年収(万円)
59	810

平均年収	♥♥♥♥	性格ポイント	♥♥♥
華やかさ	♥♥♥♥	合コン満足度	♥♥♥

電通グループのシステムインテグレーター。

AIR DOや住友ゴム工業株式会社など、大手企業への導入実績あり。社内恋愛は多くないものの、社員同士のコミュニケーションは盛んで、上下関係もそれほど厳しくない。

社風としては個人主義的な要素が強く、できる人はどんどん仕事を与えられて上に行く。的を絞るならば、主体的に仕事を進めていそうなイキイキした社員に! 勤務地は東京、大阪、愛知、広島である。

RANK S 日本IBM

恋愛偏差値	平均年収(万円)
59	769

平均年収	♥♥♥♥	性格ポイント	♥♥♥
華やかさ	♥♥♥	合コン満足度	♥♥♥

平均年収は769万円です。そこまで「おぉぉ!! 大物だぁ本マグロだぁあぁ!!」とはなりませんが、そこそこいいじゃん! といった金額ですね。

営業の場合は基本給にプラスしてインセンティブがつくのでもっと上がるとのこと。

しかし客先で働く常駐型のシステムエンジニアの場合は、最短1年、長い現場だと5年以上に。しかも常駐型の仕事は、お客さんによって仕事が左右されることも多く、精神的にも肉体的にもハード。

結婚相手としてはまずまずといったところです。

RANK S 博報堂ブランドコンサルティング

恋愛偏差値 59　平均年収(万円) 730

平均年収 ♥♥♥♥　性格ポイント ♥♥♥
華やかさ ♥♥♥　合コン満足度 ♥♥♥

その名の通り博報堂系列のコンサルティング会社である。

企業のブランディング、マーケティングのコンサルティングなどを行っている。タレコミによると博報堂っぽいイケイケ感は薄く、転職者の多くは他のコンサルティング会社から来た方ばかりでとても自由な雰囲気。

広告代理店男子のキラキラ自信１００％ドヤァに疲れた！　でも社名のブランドは好き！というクソミーハー女子にはおすすめの物件と言える。

RANK S SAS Institute Japan

恋愛偏差値 59　平均年収(万円) 808

平均年収 ♥♥♥♥　性格ポイント ♥♥♥♥
華やかさ ♥♥♥　合コン満足度 ♥♥♥

六本木ヒルズにオフィスがあるイケイケ企業♡

コンサルという職種を名乗ってはいるが、外資系のソフトウエアベンダーだ。

外資と言っても、英語ぺらぺらの帰国子女がドヤっているわけではなく、内資に近い雰囲気。

オフィスの福利厚生がハンパなく、休憩室やマッサージチェア、ドリンクなどが充実しているので労働環境は１００点という声も。

RANK S グロービズ

恋愛偏差値 59　平均年収(万円) 750

平均年収 ♥♥♥　性格ポイント ♥♥♥
華やかさ ♥♥♥　合コン満足度 ♥♥♥

日本の独立系ベンチャーキャピタルである。平均年収は７５０万。産休、育休、時短勤務がしやすい会社で、多くの女性社員が職場復帰しているとのこと。社内には朗らかな男性が多く、和気あいあいとした雰囲気。

「俺がヤッたるでぇ！！」みたいな熱血タイプは少ないが、将来安定感ある旦那になれそうな男性が多い。出会い系アプリや合コンにはなかなかいないようなので、人づてに紹介を頼むのがおすすめ！

RANK S 日立コンサルティング

恋愛偏差値 59　平均年収(万円) 790

平均年収 ♥♥♥♥　性格ポイント ♥♥♥
華やかさ ♥♥♥　合コン満足度 ♥♥♥

日立コンサルティングは、日立製作所の子会社であるためSIプロジェクトが多数。ちょっとばかし日系企業色の強い会社なので安定しており、大人しめの社員が多い。静かな理系男子を求める女性には最適物件。早めに住もう。

「年功序列も残っており、中堅クラスが上に上がらないと給与も途中で鈍感」、「他のコンサルティングファームに比べれば、まだまだ給与水準は低い」、「日立グループなので福利厚生は割と充実している」などのタレコミあり。

RANK S レコフ

恋愛偏差値 59　平均年収(万円) 732

平均年収 ♥♥♥　性格ポイント ♥♥♥
華やかさ ♥♥♥　合コン満足度 ♥♥♥

業界内の他社と比べると労働時間は短いほうで、自由な社風なのでプライベートと仕事の時間を調整しやすい。

社長が女性なこともあってか、紳士で女性を立ててくれる男性社員が多いとのタレコミあり。

社内の女性比率は低いので、狙い目か。20代後半で年収約７００万、若くして役職が付けば年収は１０００万を超える。

麹町にオフィスがあり、家賃補助が月７万程度出るので、立地重視で会社の近くに住んでいる人が多い。

RANK S ウルシステムズ

恋愛偏差値 59　平均年収(万円) 785

平均年収 ♥♥♥♥　性格ポイント ♥♥♥
華やかさ ♥♥♥　合コン満足度 ♥♥♥

商事の去ったトリトンなんて、具のないカレー。肉のないすき焼き……。

ちょ、ちょっと待ったーーー！！！　いるではないか！　ウルシステムが！

どストレートすぎる社名の通り（？）ＩＴソリューションを提供する企業。

ＳＥ出身の社員がほとんどで、新卒も入社後しばらくはエンジニアとして勤務する。

コンサルタントして大成するファーストステップが、エースエンジニアであることなので、「こんなはずじゃ……」という若手もチラホラ。性格は非常に良いし、結婚向き。

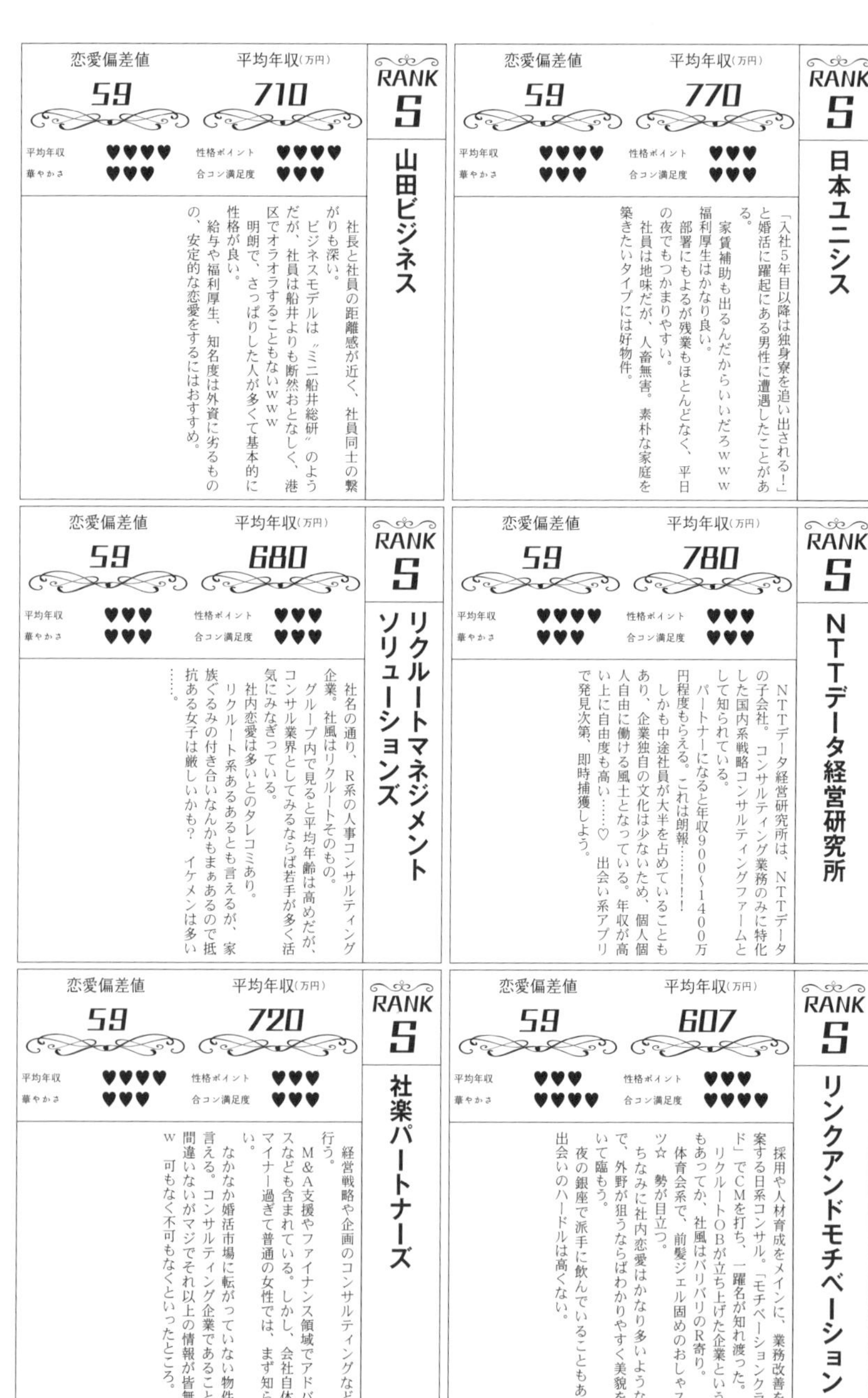

RANK S 日本ユニシス

恋愛偏差値 59 / 平均年収(万円) 770

- 平均年収 ♥♥♥♥
- 華やかさ ♥♥♥
- 性格ポイント ♥♥♥
- 合コン満足度 ♥♥♥

「入社5年目以降は独身寮を追い出される！」と婚活に躍起にある男性に遭遇したことがある。

家賃補助も出るんだからいいだろｗｗｗ 福利厚生はかなり良い。

部署にもよるが残業もほとんどなく、平日の夜でもつかまりやすい。

社員は地味だが、人畜無害。素朴な家庭を築きたいタイプには好物件。

RANK S 山田ビジネス

恋愛偏差値 59 / 平均年収(万円) 710

- 平均年収 ♥♥♥♥
- 華やかさ ♥♥♥
- 性格ポイント ♥♥♥♥
- 合コン満足度 ♥♥♥

社長と社員の距離感が近く、社員同士の繋がりも深い。

ビジネスモデルは〝ミニ船井総研〟のようだが、社員は船井よりも断然おとなしく、港区でオラオラすることもないｗｗｗ

明朗で、さっぱりした人が多くて基本的に性格が良い。

給与や福利厚生、知名度は外資に劣るものの、安定的な恋愛をするにはおすすめ。

RANK S NTTデータ経営研究所

恋愛偏差値 59 / 平均年収(万円) 780

- 平均年収 ♥♥♥♥
- 華やかさ ♥♥♥
- 性格ポイント ♥♥♥
- 合コン満足度 ♥♥♥

ＮＴＴデータ経営研究所は、ＮＴＴデータの子会社。コンサルティング業務のみに特化した国内系戦略コンサルティングファームとして知られている。

パートナーになると年収900〜1400万円程度もらえる。これは朗報……！！

しかも中途社員が大半を占めていることもあり、企業独自の文化は少ないため、個人個人自由に働ける風土となっている。年収が高い上に自由度も高い……♡ 出会い系アプリで発見次第、即時捕獲しよう。

RANK S リクルートマネジメントソリューションズ

恋愛偏差値 59 / 平均年収(万円) 680

- 平均年収 ♥♥♥
- 華やかさ ♥♥♥
- 性格ポイント ♥♥♥
- 合コン満足度 ♥♥♥

社名の通り、R系の人事コンサルティング企業。社風はリクルートそのもの。

グループ内で見ると平均年齢は高めだが、コンサル業界としてみるならば若手が多く活気にみなぎっている。

社内恋愛は多いとのタレコミあり。

リクルート系あるあるとも言えるが、家族ぐるみの付き合いなんかもまぁあるので抵抗ある女子は厳しいかも？ イケメンは多い……。

RANK S リンクアンドモチベーション

恋愛偏差値 59 / 平均年収(万円) 607

- 平均年収 ♥♥♥
- 華やかさ ♥♥♥♥
- 性格ポイント ♥♥♥
- 合コン満足度 ♥♥♥♥

採用や人材育成をメインに、業務改善を提案する日系コンサル。「モチベーションクラウド」でCMを打ち、一躍名が知れ渡った。

リクルートOBが立ち上げた企業という事もあってか、社風はバリバリのR寄り。

体育会系で、前髪ジェル固めのおしゃスーツ☆ 勢が目立つ。

ちなみに社内恋愛はかなり多いようなので、外野が狙うならばわかりやすく美貌を磨いて臨もう。

夜の銀座で派手に飲んでいることもあり、出会いのハードルは高くない。

RANK S 社楽パートナーズ

恋愛偏差値 59 / 平均年収(万円) 720

- 平均年収 ♥♥♥♥
- 華やかさ ♥♥♥
- 性格ポイント ♥♥♥
- 合コン満足度 ♥♥♥

経営戦略や企画のコンサルティングなどを行う。

M&A支援やファイナンス領域でアドバイスなども含まれている。しかし、会社自体がマイナー過ぎて普通の女性では、まず知らない。

なかなか婚活市場に転がっていない物件と言える。コンサルティング企業であることは間違いないがマジでそれ以上の情報が皆無ｗｗ 可もなく不可もなくといったところ。

日本経営システム研究所

RANK S

恋愛偏差値 59　平均年収(万円) 710

平均年収 ♥♥♥♥　性格ポイント ♥♥♥
華やかさ ♥♥♥　合コン満足度 ♥♥♥

コンサルファームには珍しく、中途を採用しておらず新卒をイチから育てている。よってピチピチキラキラの20代も多く、生気がみなぎっている。

外資コンサルに見られるようなアップorアウトの社風ではないので、社員はのんびりしている節がある。

給与は外資にかなり劣るが、人の良さは定評あり。

タナベ経営

RANK S

恋愛偏差値 59　平均年収(万円) 690

平均年収 ♥♥♥　性格ポイント ♥♥♥♥
華やかさ ♥♥♥　合コン満足度 ♥♥♥

研修系のコンサルを得意とし、営業研修・オペレーション改善などがメイン商品の育成型。

社員も、研修気質だけあってちょっとお堅めな人が多い印象。

女子界隈での自社認知度はコンプレックスなようで、合コンでタナベを知っている女子がいるとやたらと食いつき喜んでいる。可愛いなオイ。

ただ若手社員が飲み会なんかで持論やうんちくを展開しがち。コンサル全般に言えることだが……。

APIコンサルタンツ

RANK S

恋愛偏差値 59　平均年収(万円) 720

平均年収 ♥♥♥♥　性格ポイント ♥♥♥
華やかさ ♥♥♥　合コン満足度 ♥♥♥

港区にある日系のコンサルティングファーム。

若い社員は少ない＝お金を持っているイケオジ率は高い。ほとんど既婚なのであえて狙う必要はないというか、狙っちゃダメ♡

基本はクライアント企業に常駐しているので、オフィスにいない。

株式会社マーバルパートナーズ

RANK S

恋愛偏差値 59　平均年収(万円) 680

平均年収 ♥♥♥　性格ポイント ♥♥♥
華やかさ ♥♥♥　合コン満足度 ♥♥♥

株式会社マーバルパートナーズは、2016年にPwCと経営統合している企業である。

戦略アドバイザリー、M&Aアドバイザリー、ファイナンスアドバイザリーなどのサービスを提供している。アソシエイトまでは他の外資系コンサルティングファームと大差ない給料だが、それ以降の伸び率は非常に悪い。

良くも悪くも組織化されておらず自由な社風が売りだが、年収の伸びが個人の努力に関わらず鈍化するのは眉唾物である。

アドバンスト・ビジネス・ダイレクションズ

RANK S

恋愛偏差値 59　平均年収(万円) 720

平均年収 ♥♥♥　性格ポイント ♥♥♥
華やかさ ♥♥♥　合コン満足度 ♥♥♥

アドバンスト・ビジネス・ダイレクションズは、経営計画策定支援やM&A支援、事業再生支援などを行っているコンサルティング会社である。

この会社は、元コンサルティング会社にいた人たちが、「自分たちの理想とするコンサルティング会社をつくりたい！」という目的から創業した。

ちなみに社員数は10名程度と少なめ。事業再生やバリエーション業務を中心にしているので、そこに興味がある人にはおすすめ！マネージャークラスで年収1000万以上なので給料も悪くない。小回りのきく企業で自由に飛び回りたい人向けと言える。

電通ネットイヤーアビーム

RANK S

恋愛偏差値 59　平均年収(万円) 610

平均年収 ♥♥♥　性格ポイント ♥♥♥
華やかさ ♥♥♥　合コン満足度 ♥♥♥

電通ネットイヤーアビームは、その名の通り電通が設立した経営戦略コンサルティング会社である。他の外資系コンサルティング会社と比較すると年収は心もとない。

もちろん役職とともに上がっていくとは言え、コンサルティング業界にいる彼氏・旦那が欲しい女子にとっては若干物足りなさを覚える。しかし裁量労働制を導入しており、バリューさえ出していれば特に文句を言われない環境ではある。

RANK S　ベリングポイント

恋愛偏差値	平均年収（万円）
59	600

平均年収	♥♥♥	性格ポイント	♥♥♥♥
華やかさ	♥♥♥	合コン満足度	♥♥♥

17カ国に約3500名の従業員を要するグローバルコンサルティングファーム。

日本での活動はアビームと提携して行っている。「コンサルらしくないERPの仕事ばかり」なんていう嘆き節が飲み会で聞こえてくることもしばしば。

女子界での知名度が低いことから、合コンなどでは控えめな印象。

社名の由来は航海用語で「Bearing（舵取り）」と「Point（目標）」から来ているらしいが、恋愛の舵取りもしっかりしてほしいところ。

RANK S　日経BPコンサルティング

恋愛偏差値	平均年収（万円）
59	580

平均年収	♥♥♥	性格ポイント	♥♥♥
華やかさ	♥♥♥	合コン満足度	♥♥♥

日経BPコンサルティングは、日本経済新聞社系列の出版社である日経BP社。そのグループ会社として2002年にできた企業である。主に、企業の広報やマーケティングで起きるいろいろな課題を解決しているコンサルティング会社。

福利厚生は充実しており、ノー残業デーがあったり、有休を確実に取れると好評。また、万が一転職する場合でも「日経」というブランドを履歴書に書けるので安心感も。

出版社系のコンサルティング会社男子を求めている女子はぜひ一度検討してみる価値あり。

RANK S　青山綜合会計事務所

恋愛偏差値	平均年収（万円）
59	620

平均年収	♥♥♥	性格ポイント	♥♥♥
華やかさ	♥♥♥	合コン満足度	♥♥♥

日系の会計事務所。

海外進出支援やインバウンドのコーポレートセクレタリーサービスなどを展開している。

日系ながらシンガポールにオフィスがあり、リッチな海外駐在生活を送る社員も。

東京・福岡オフィスもあるのだが、駐妻を狙うなら断然シンガ勢を決め打ちしたい。

公認会計士や税理士の資格を保有する社員ならば、一生安泰である。

RANK S　タタ コンサルタンシー サービシズ ジャパン

恋愛偏差値	平均年収（万円）
59	620

平均年収	♥♥♥	性格ポイント	♥♥♥
華やかさ	♥♥♥	合コン満足度	♥♥♥

東京タワーを臨む芝公園にオフィスを構えるこのタタ コンサルタンシー サービシズ！

「タ、タタ？　タタタ？」

合コンで社名を噛むのは厳禁である！

いじるのなんて御法度である！

なんでもちょっぴり変わった社名は、インドの企業に買収されたことによりついたもの。

もとは三菱商事の子会社でもあったが、突然半分外資になったことから、ついていけていない社員もチラホラいるとか……。

RANK S　PMIコンサルティング

恋愛偏差値	平均年収（万円）
59	550

平均年収	♥♥♥	性格ポイント	♥♥♥
華やかさ	♥♥♥	合コン満足度	♥♥♥

アークヒルズのコンサルと言えば!?せーっの、「マッキンゼーーー♪」

待て待て。忘れてはいけない。

赤坂アークヒルズに軒を連ねる、隠れヒルズ族コンサルのPMIを！

基本中途採用の社員で構成されている集団で、アクセンや他日系コンサルからの転職組が多い。

個人主義的で飄々としているタイプが多い。あまり合コン市場に出てこない。

RANK S　ヒューイット・アソシエイツ

恋愛偏差値	平均年収（万円）
59	540

平均年収	♥♥♥	性格ポイント	♥♥♥
華やかさ	♥♥♥	合コン満足度	♥♥♥

アメリカ・エーオンが人事コンサルティング会社のヒューイット・アソシエイツを買収。傘下のコンサルティング会社エーオンコンサルティングとヒューイットを統合して誕生した。

日本法人は赤坂ツインタワーの16階に軒を連ねる。

たま～に赤坂の小料理屋に出没するものの、社名がレアなので遭遇できる確率は低い。

コンサル界隈のツテで紹介を頼むか、Linked in、facebook なんかで検索してアタックしてみよう。

RANK S

シンプレクス

恋愛偏差値 59
平均年収（万円） 510

平均年収 ♥♥♥
華やかさ ♥♥♥
性格ポイント ♥♥♥
合コン満足度 ♥♥♥

金融システムのコンサルティング、システム開発を行う企業。

社員の年齢層は若く、ベンチャー気質が強い。一人あたりの裁量が大きく激務ながらも、しっかりと酒も飲むタフさあり。

合コンでも威勢はいいが、ノリノリで「コンサル」を名乗られると若干違和感。

RANK S

日本エス・エイチ・エル

恋愛偏差値 59
平均年収（万円） 540

平均年収 ♥♥♥
華やかさ ♥♥♥
性格ポイント ♥♥♥
合コン満足度 ♥♥♥

日本の人事コンサルティングファーム。イギリスが拠点の、アセスメント・サービス・プロバイダーであるSHLグループの日本法人である。

マイナビから流れてきた役員が多く、ギラギラした営業マン的な要素が強い。

若手はやる気に満ちあふれているが、仕事最優先で恋愛へのコミット力が低いのが気になる点。

RANK S

みずずコンサルティング

恋愛偏差値 59
平均年収（万円） 510

平均年収 ♥♥♥
華やかさ ♥♥♥
性格ポイント ♥♥♥
合コン満足度 ♥♥♥

建設コンサルタント事業や地質コンサルタント事業などを行っている会社である。主に、測量・設計の知識や経験を生かしているのが特徴。

あまり馴染みのない分野だけに、この会社を知っている女子は少ない。いる人は、インフラ系に興味関心の強い理系男子が中心。家族的な雰囲気がありチームの団結力が強い。

さらに役所相手ということもあり少々お堅めな人もちらほら。真面目で誠実さには定評があるので、そういった男性を探している女子にはうってつけ！

RANK S

マクロミル

恋愛偏差値 59
平均年収（万円） 530

平均年収 ♥♥♥
華やかさ ♥♥♥
性格ポイント ♥♥♥
合コン満足度 ♥♥♥

マーケティングリサーチの企業である。年収はちょっと心もとない金額。

社員の平均年齢が若く風通しが良い、明るくフレンドリーな環境とのタレコミも入っているものの、この年収では結婚後の生活が少々心配である。

さらに業務量が多く、プライベートが削られる社員もちらほら。彼氏にしたら「え～今日も残業なのぉ？　ショック……（そんなお金もらってないのに）」みたいな展開になるのであまりおすすめできない。

RANK S

富士通総研

恋愛偏差値 59
平均年収（万円） 517

平均年収 ♥♥♥
華やかさ ♥♥♥
性格ポイント ♥♥♥♥
合コン満足度 ♥♥♥

富士通グループのシンクタンクである。年収はそこまで高くないが有休がすぐ取れ、残業は全然ない！

「むしろもっと仕事量があっても良い（笑）」などのタレコミも多数。さらに最近は働き方改革で自宅でリモート勤務も可能に……！

福利厚生も大変充実しており、なかなかに上々である。月の残業40時間をオーバーすると人事部の指摘が入るのでワークライフバランスは完璧とも言える。ゆるくのんびり家族団欒のほっこりライフをエンジョイしたい家庭派女子にはもってこい。

RANK S

クレイアコンサルティング

恋愛偏差値 59
平均年収（万円） 489

平均年収 ♥♥♥
華やかさ ♥♥♥
性格ポイント ♥♥♥
合コン満足度 ♥♥♥

人事系のコンサルティングファーム。社員はほぼ中途入社で構成されていることもあり、経験豊富な中堅コンサルタントがほとんど。

かなり落ち着いているので、華やかな恋愛市場には出てこない。

新卒も採用しているとのタレコミがあるが、コリドーやタワマンパーティで遊ぶ余裕はない。

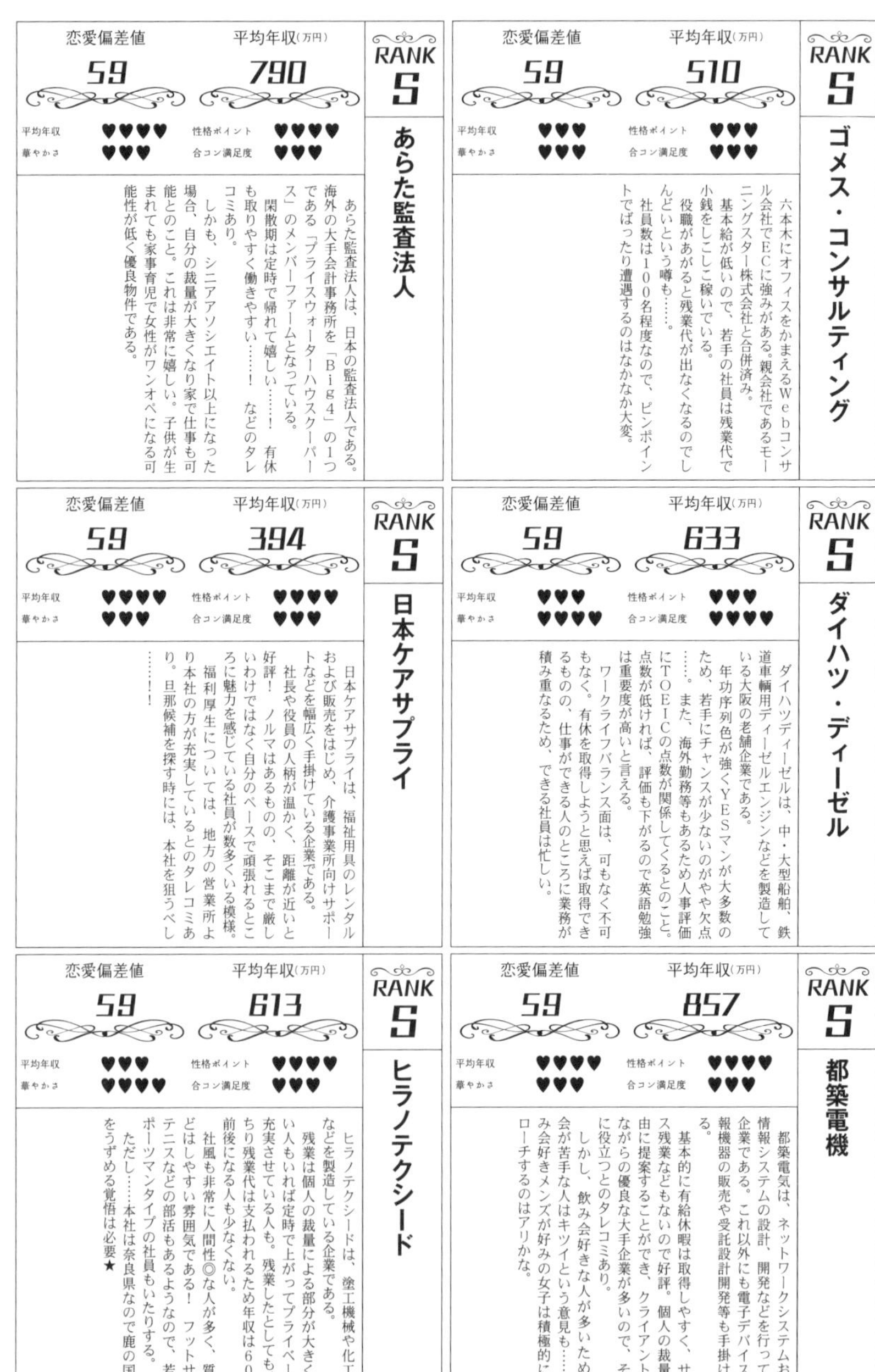

RANK S　ゴメス・コンサルティング

恋愛偏差値	平均年収(万円)
59	510

項目	評価	項目	評価
平均年収	♥♥♥	性格ポイント	♥♥♥
華やかさ	♥♥♥	合コン満足度	♥♥♥

六本木にオフィスをかまえるＷｅｂコンサル会社でＥＣに強みがある。親会社であるモーニングスター株式会社と合併済み。

　基本給が低いので、若手の社員は残業代で小銭をしこしこ稼いでいる。

　役職があがると残業代が出なくなるのでしんどいという噂も……。

　社員数は１００名程度なので、ピンポイントでばったり遭遇するのはなかなか大変。

RANK S　あらた監査法人

恋愛偏差値	平均年収(万円)
59	790

項目	評価	項目	評価
平均年収	♥♥♥♥	性格ポイント	♥♥♥♥
華やかさ	♥♥♥	合コン満足度	♥♥♥

あらた監査法人は、日本の監査法人である。海外の大手会計事務所を「Ｂｉｇ４」の１つである「プライスウォーターハウスクーパース」のメンバーファームとなっている。

　閑散期は定時で帰れて嬉しい……！　有休も取りやすく働きやすい……！　などのタレコミあり。

　しかも、シニアアソシエイト以上になった場合、自分の裁量が大きくなり家で仕事も可能とのこと。これは非常に嬉しい。子供が生まれても家事育児で女性がワンオペになる可能性が低く優良物件である。

RANK S　ダイハツ・ディーゼル

恋愛偏差値	平均年収(万円)
59	633

項目	評価	項目	評価
平均年収	♥♥♥	性格ポイント	♥♥♥
華やかさ	♥♥♥♥	合コン満足度	♥♥♥♥

ダイハツディーゼルは、中・大型船舶、鉄道車輌用ディーゼルエンジンなどを製造している大阪の老舗企業である。

　年功序列色が強くＹＥＳマンが大多数のため、若手にチャンスが少ないのがやや欠点……。また、海外勤務等もあるため人事評価にＴＯＥＩＣの点数が関係してくるとのこと。点数が低ければ、評価も下がるので英語勉強は重要度が高いと言える。

　ワークライフバランス面は、可もなく不可もなく。有休を取得しようと思えば取得できるものの、仕事ができる人のところに業務が積み重なるため、できる社員は忙しい。

RANK S　日本ケアサプライ

恋愛偏差値	平均年収(万円)
59	394

項目	評価	項目	評価
平均年収	♥♥♥♥	性格ポイント	♥♥♥♥
華やかさ	♥♥♥	合コン満足度	♥♥♥

日本ケアサプライは、福祉用具のレンタルおよび販売をはじめ、介護事業所向けサポートなどを幅広く手掛けている企業である。

　社長や役員の人柄が温かく、距離が近いと好評！　ノルマはあるものの、そこまで厳しいわけではなく自分のペースで頑張れるところに魅力を感じている社員が数多くいる模様。

　福利厚生については、地方の営業所より本社の方が充実しているとのタレコミあり。旦那候補を探す時には、本社を狙うべし……！

RANK S　都築電機

恋愛偏差値	平均年収(万円)
59	857

項目	評価	項目	評価
平均年収	♥♥♥♥	性格ポイント	♥♥♥♥
華やかさ	♥♥♥	合コン満足度	♥♥♥

都築電気は、ネットワークシステムおよび情報システムの設計、開発などを行っている企業である。これ以外にも電子デバイス、情報機器の販売や受託設計開発等も手掛けている。

　基本的に有給休暇は取得しやすく、サービス残業などもないので好評。個人の裁量で自由に提案することができ、クライアントも昔ながらの優良な大手企業が多いので、その後に役立つとのタレコミあり。

　しかし、飲み会好きな人が多いため飲み会が苦手な人はキツイという意見も……。飲み会好きメンズが好みの女子は積極的にアプローチするのはアリかな。

RANK S　ヒラノテクシード

恋愛偏差値	平均年収(万円)
59	613

項目	評価	項目	評価
平均年収	♥♥♥	性格ポイント	♥♥♥♥
華やかさ	♥♥♥♥	合コン満足度	♥♥♥

ヒラノテクシードは、塗工機械や化工機械などを製造している企業である。

　残業は個人の裁量による部分が大きく、多い人もいれば定時で上がってプライベートを充実させている人も。残業したとしても、きっちり残業代は支払われるため年収は６００万前後になる人も少なくない。

　社風も非常に人間性◎な人が多く、質問などはしやすい雰囲気である！　フットサルやテニスなどの部活もあるようなので、若いスポーツマンタイプの社員もいたりする。

　ただし……本社は奈良県なので鹿の国に骨をうずめる覚悟は必要★

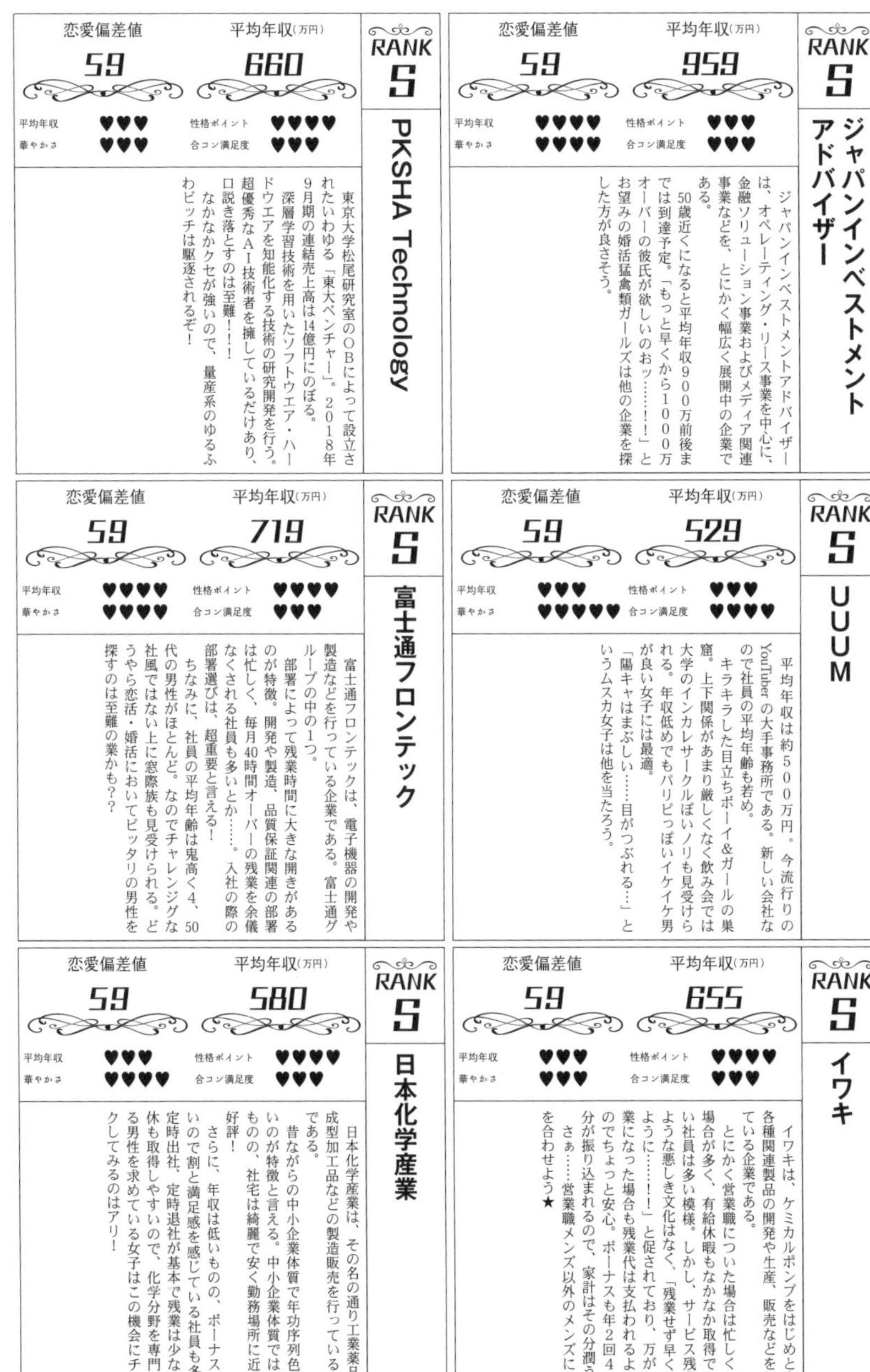

RANK S ジャパンインベストメントアドバイザー

恋愛偏差値	平均年収(万円)
59	959

平均年収	♥♥♥♥	性格ポイント	♥♥♥
華やかさ	♥♥♥♥	合コン満足度	♥♥♥

ジャパンインベストメントアドバイザーは、オペレーティング・リース事業を中心に、金融ソリューション事業およびメディア関連事業などを、とにかく幅広く展開中の企業である。

50歳近くになると平均年収900万前後までは到達予定。「もっと早くから1000万オーバーの彼氏が欲しいのおッ……！」とお望みの婚活猛禽類ガールズは他の企業を探した方が良さそう。

RANK S PKSHA Technology

恋愛偏差値	平均年収(万円)
59	660

平均年収	♥♥♥	性格ポイント	♥♥♥♥
華やかさ	♥♥♥	合コン満足度	♥♥♥

東京大学松尾研究室のOBによって設立されたいわゆる「東大ベンチャー」。2018年9月期の連結売上高は14億円にのぼる。

深層学習技術を用いたソフトウエア・ハードウエアを知能化する技術の研究開発を行う。超優秀なAI技術者を擁しているだけあり、口説き落とすのは至難！！！

なかなかクセが強いので、量産系のゆるふわビッチは駆逐されるぞ！

RANK S UUUM

恋愛偏差値	平均年収(万円)
59	529

平均年収	♥♥♥	性格ポイント	♥♥♥
華やかさ	♥♥♥♥♥	合コン満足度	♥♥♥♥

平均年収は約500万円。今流行りのYouTuberの大手事務所である。新しい会社なので社員の平均年齢も若め。

キラキラした目立ちボーイ&ガールの巣窟。上下関係があまり厳しくなく飲み会では大学のインカレサークルぽいノリも見受けられる。年収低めでもパリピっぽいイケイケ男が良い女子には最適。

「陽キャはまぶしい……目がつぶれる…」というムスカ女子は他を当たろう。

RANK S 富士通フロンテック

恋愛偏差値	平均年収(万円)
59	719

平均年収	♥♥♥♥	性格ポイント	♥♥♥♥
華やかさ	♥♥♥♥	合コン満足度	♥♥♥

富士通フロンテックは、電子機器の開発や製造などを行っている企業である。富士通グループの中の1つ。

部署によって残業時間に大きな開きがあるのが特徴。開発や製造、品質保証関連の部署は忙しく、毎月40時間オーバーの残業を余儀なくされる社員も多いとか……。入社の際の部署選びは、超重要と言える！

ちなみに、社員の平均年齢は鬼高く4、50代の男性がほとんど。なのでチャレンジグな社風ではない上に窓際族も見受けられる。どうやら恋活・婚活においてピッタリの男性を探すのは至難の業かも？

RANK S イワキ

恋愛偏差値	平均年収(万円)
59	655

平均年収	♥♥♥	性格ポイント	♥♥♥♥
華やかさ	♥♥♥	合コン満足度	♥♥♥

イワキは、ケミカルポンプをはじめとする各種関連製品の開発や生産、販売などを行っている企業である。

とにかく営業職についた場合は忙しくなる場合が多く、有給休暇もなかなか取得できない社員は多い模様。しかし、サービス残業のような悪しき文化はなく、「残業せず早く帰るように……！」と促されており、万が一残業になった場合も残業代は支払われるようなのでちょっと安心。ボーナスも年2回4ヶ月分が振り込まれるので、家計はその分潤う！

さぁ……営業職メンズ以外のメンズに照準を合わせよう★

RANK S 日本化学産業

恋愛偏差値	平均年収(万円)
59	580

平均年収	♥♥♥	性格ポイント	♥♥♥♥
華やかさ	♥♥♥♥	合コン満足度	♥♥♥

日本化学産業は、その名の通り工業薬品や、成型加工品などの製造販売を行っている企業である。

昔ながらの中小企業体質で年功序列色が強いのが特徴と言える。中小企業体質ではあるものの、社宅は綺麗で安く勤務場所に近いと好評！

さらに、年収は低いものの、ボーナスが多いので割と満足感を感じている社員も多数。定時出社、定時退社が基本で残業は少なく有休も取得しやすいので、化学分野を専門とする男性を求めている女子はこの機会にチェックしてみるのはアリ！

RANK S　ニチリン

恋愛偏差値 59　平均年収（万円） 661

項目	評価	項目	評価
平均年収	♥♥♥	性格ポイント	♥♥♥♥
華やかさ	♥♥♥	合コン満足度	♥♥♥

ニチリンは、自動車用のホースを、製造及び販売している企業である。本社は兵庫県。伝統的な日本企業で、言わずもがな年功序列！！

自動車部品大好きなオタク男子には持って来いの企業だが、自動車のホース製造を行っている企業は日本でも数は少なく、転職の際に悩むことになるかも？

また、自動車部品の製造メーカーだけあって、社内の男女比率は9：1と非常に偏っている。社内での婚活はまず無理なので、マッチングアプリ登録や街コン参加などが必須となる。

RANK S　北海道コカ・コーラボトリング

恋愛偏差値 59　平均年収（万円） 578

項目	評価	項目	評価
平均年収	♥♥♥	性格ポイント	♥♥♥♥
華やかさ	♥♥♥	合コン満足度	♥♥♥♥

北海道コカ・コーラボトリングは、北海道を販売拠点として清涼飲料水の製造・販売などを行っている企業である。コカ・コーラのボトラー。ちなみに、大日本印刷グループのうちの1つ。

会社の評判は非常に良く「先輩がとにかく優しい！　給料が良い！　ボーナスもちゃんと出る！　サービス残業がない！」と、この通りである。しかも、やりがいを感じている社員が多く実にイキイキ働いているようだ。お客様とコミュニケーションをとるのが楽しい！　日々努力！！　なんて声も届いており正にポジティブシンキングの館状態。メンヘラ女子が付き合ったらポジティブ女子に生まれ変わる可能性120％

RANK S　神鋼環境ソリューション

恋愛偏差値 59　平均年収（万円） 698

項目	評価	項目	評価
平均年収	♥♥♥♥	性格ポイント	♥♥♥♥
華やかさ	♥♥♥	合コン満足度	♥♥♥

神鋼環境ソリューションは、大手環境プラントメーカー企業である。水処理関連事業、廃棄物処理関連事業など多岐にわたっている。

製造業の中では年収も高めで、福利厚生も充実していると評判。しかし、年功序列の為、40歳前後まで給料はさほど変わらない。そこから出世コースに進めば徐々に上がっていくという具合である。

また海外勤務などもあるため、駐在妻希望者には少しの希望が……？？

しかし40歳前後まで給料据え置きは少々眉唾物。

RANK S　エヌ・デーソフトウェア

恋愛偏差値 59　平均年収（万円） 536

項目	評価	項目	評価
平均年収	♥♥♥	性格ポイント	♥♥♥♥
華やかさ	♥♥♥	合コン満足度	♥♥♥

エヌ・デーソフトウェアは、山形県に本社をおく、介護・福祉・医療に関わるシステムメーカーである。

営業社員は売上に応じてインセンティブが貰える仕組み。しかし、みなし残業は毎月20時間までとなっており、いくら残業しても成果がでないと給料は増えないッ……！！という不満の声が殺到中。ちなみに営業社員以外はサビ残がなく、残業したら残業した分だけ給料がUPする。うーーーん、インセンティブを選ぶか、残業代を選ぶか……難しい選択である。現状はこんな感じ♪

山形に隠居しても良い女子のみんなはLINE IDを教えてもらおう★

RANK S　アルプス物流

恋愛偏差値 59　平均年収（万円） 607

項目	評価	項目	評価
平均年収	♥♥♥	性格ポイント	♥♥♥♥
華やかさ	♥♥♥	合コン満足度	♥♥♥♥

アルプス物流は、神奈川に本社をおく電子部品に特化した総合物流企業である。

役員は親会社からの天下りでほぼ埋まってしまうため、生え抜き社員が役員まで出世することは稀である。

社風は体育会系でソフトボール大会や運動会が頻繁に開催されている。

また、海外支店が多いので海外で働くチャンスに溢れている。希望を出せば、比較的すぐに海外赴任が可能。「駐在妻になりたいなぁ～♡」と思っている婚活ギャルズは急げ！

RANK S　東急レクリエーション

恋愛偏差値 59　平均年収（万円） 460

項目	評価	項目	評価
平均年収	♥♥♥	性格ポイント	♥♥♥
華やかさ	♥♥♥	合コン満足度	♥♥♥♥

東急レクリエーションは、映画館、ボウリング場・ホテルなどを運営している企業である。

とにかく暇！！　暇すぎて残業は、ゼロ！！！　仕事ができる社員が多くて暇になっているわけではなく、業務自体が難しくない上に繁忙期以外は仕事も緩いが故の【暇】である。

やりがいはないが、ワークライフバランス的には最強なので、仕事以外で生きがいを見出す男がタイプの女子にはピッタリ★

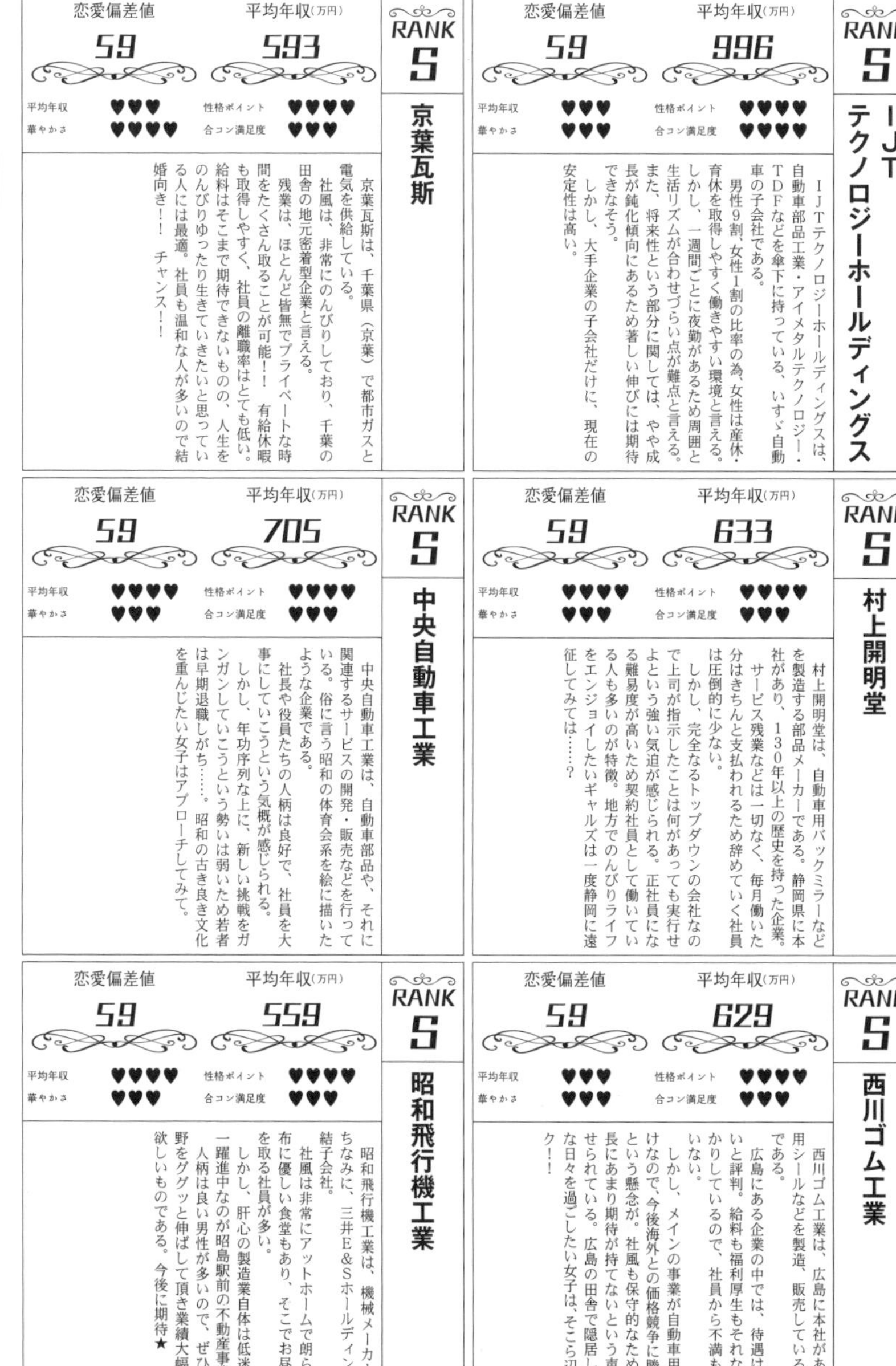

IJTテクノロジーホールディングス

RANK S

恋愛偏差値 59　平均年収（万円） 996

平均年収 ♥♥♥　性格ポイント ♥♥♥♥
華やかさ ♥♥♥　合コン満足度 ♥♥♥♥

IJTテクノロジーホールディングスは、自動車部品工業・アイメタルテクノロジー・TDFなどを傘下に持っている、いすゞ自動車の子会社である。

男性9割、女性1割の比率の為、女性は産休・育休を取得しやすく働きやすい環境と言える。

しかし、一週間ごとに夜勤があるため周囲と生活リズムが合わせづらい点が難点と言える。

また、将来性という部分に関しては、やや成長が鈍化傾向にあるため著しい伸びには期待できなそう。

しかし、大手企業の子会社だけに、現在の安定性は高い。

京葉瓦斯

RANK S

恋愛偏差値 59　平均年収（万円） 593

平均年収 ♥♥♥　性格ポイント ♥♥♥♥
華やかさ ♥♥♥♥　合コン満足度 ♥♥♥

京葉瓦斯は、千葉県（京葉）で都市ガスと電気を供給している。

社風は、非常にのんびりしており、千葉の田舎の地元密着型企業と言える。

残業は、ほとんど皆無でプライベートな時間をたくさん取ることが可能！　有給休暇も取得しやすく、社員の離職率はとても低い。給料はそこまで期待できないものの、人生をのんびりゆったり生きていきたいと思っている人には最適。社員も温和な人が多いので結婚向き！！　チャンス！！

村上開明堂

RANK S

恋愛偏差値 59　平均年収（万円） 633

平均年収 ♥♥♥♥　性格ポイント ♥♥♥♥
華やかさ ♥♥♥　合コン満足度 ♥♥♥

村上開明堂は、自動車用バックミラーなどを製造する部品メーカーである。静岡県に本社があり、130年以上の歴史を持った企業。

サービス残業などは一切なく、毎月働いた分はきちんと支払われるため辞めていく社員は圧倒的に少ない。

しかし、完全なるトップダウンの会社なので上司が指示したことは何があっても実行せよという強い気迫が感じられる。正社員になる難易度が高いため契約社員として働いている人も多いのが特徴。地方でのんびりライフをエンジョイしたいギャルズは一度静岡に遠征してみては……？

中央自動車工業

RANK S

恋愛偏差値 59　平均年収（万円） 705

平均年収 ♥♥♥♥　性格ポイント ♥♥♥♥
華やかさ ♥♥♥　合コン満足度 ♥♥♥

中央自動車工業は、自動車部品や、それに関連するサービスの開発・販売などを行っている。俗に言う昭和の体育会系を絵に描いたような企業である。

社長や役員たちの人柄は良好で、社員を大事にしていこうという気概が感じられる。

しかし、年功序列な上に、新しい挑戦をガンガンしていこうという勢いは弱いため若者は早期退職しがち……。昭和の古き良き文化を重んじたい女子はアプローチしてみて。

西川ゴム工業

RANK S

恋愛偏差値 59　平均年収（万円） 629

平均年収 ♥♥♥　性格ポイント ♥♥♥♥
華やかさ ♥♥♥　合コン満足度 ♥♥♥

西川ゴム工業は、広島に本社がある自動車用シールなどを製造、販売しているメーカーである。

広島にある企業の中では、待遇はかなり良いと評判。給料も福利厚生もそれなりにしっかりしているので、社員から不満も上がっていない。

しかし、メインの事業が自動車用シールだけなので、今後海外との価格競争に勝てるか？という懸念が。社風も保守的なため今後の成長にあまり期待が持てないという声が多数寄せられている。広島の田舎で隠居しつつ安寧な日々を過ごしたい女子は、そこら辺要チェック！

昭和飛行機工業

RANK S

恋愛偏差値 59　平均年収（万円） 559

平均年収 ♥♥♥♥　性格ポイント ♥♥♥♥
華やかさ ♥♥♥　合コン満足度 ♥♥♥

昭和飛行機工業は、機械メーカーである。ちなみに、三井E&Sホールディングスの連結子会社。

社風は非常にアットホームで朗らか。お財布に優しい食堂もあり、そこでお昼にランチを取る社員が多い。

しかし、肝心の製造業自体は低迷気味。唯一躍進中なのが昭島駅前の不動産事業である。

人柄は良い男性が多いので、ぜひ不動産分野をググッと伸ばして頂き業績大幅UPして欲しいものである。今後に期待★

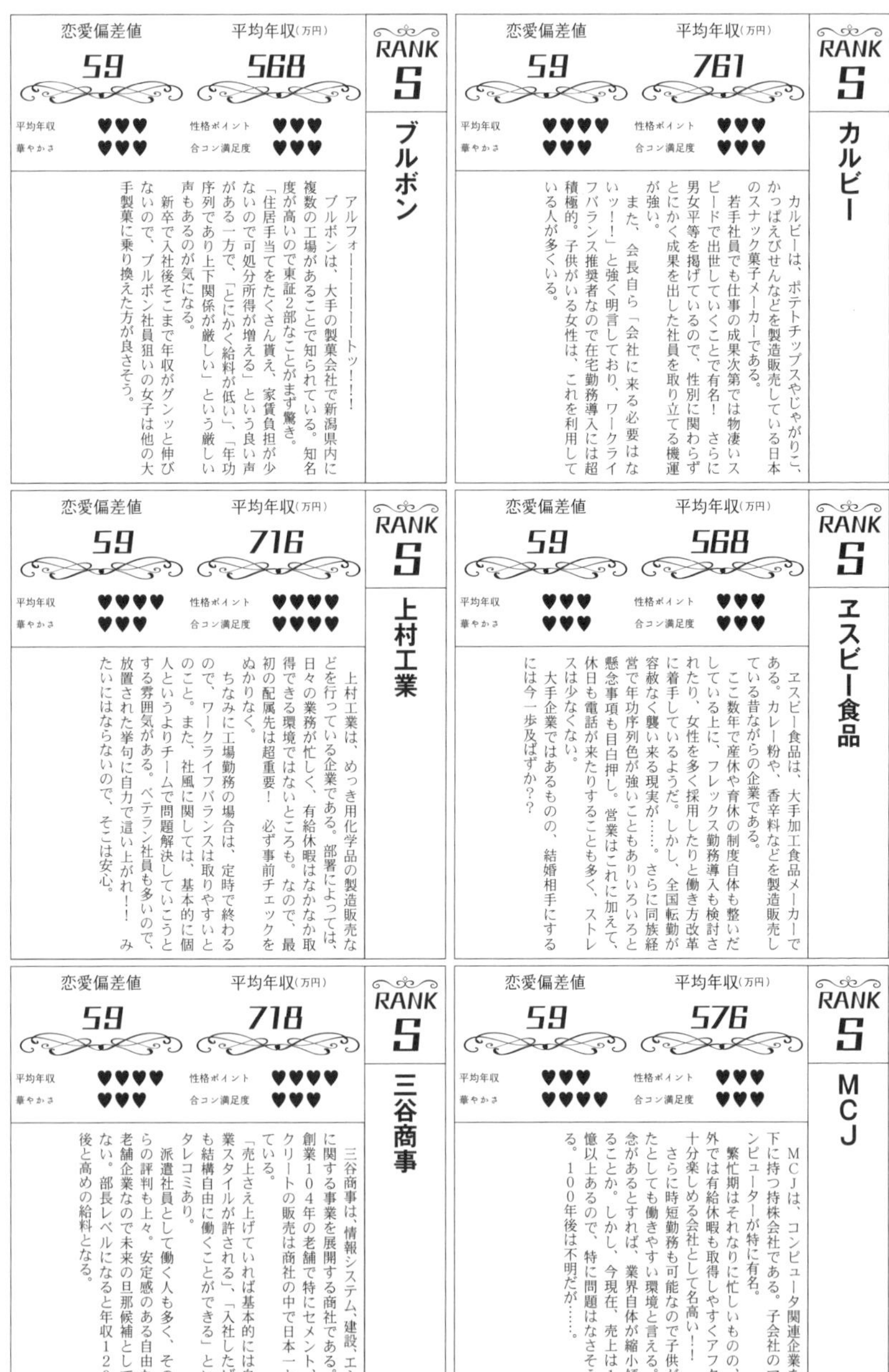

カルビー

RANK S

恋愛偏差値	平均年収（万円）
59	761

項目	評価	項目	評価
平均年収	♥♥♥♥	性格ポイント	♥♥♥
華やかさ	♥♥♥	合コン満足度	♥♥♥

カルビーは、ポテトチップスやじゃがりこ、かっぱえびせんなどを製造販売している日本のスナック菓子メーカーである。

若手社員でも仕事の成果次第では物凄いスピードで出世していくことで有名！　さらに男女平等を掲げているので、性別に関わらずとにかく成果を出した社員を取り立てる機運が強い。

また、会長自ら「会社に来る必要はないッ！」と強く明言しており、ワークライフバランス推奨者なので在宅勤務導入には超積極的。子供がいる女性は、これを利用している人が多くいる。

ブルボン

RANK S

恋愛偏差値	平均年収（万円）
59	568

項目	評価	項目	評価
平均年収	♥♥♥	性格ポイント	♥♥♥
華やかさ	♥♥♥	合コン満足度	♥♥♥

アルフォーーーーートッ！！

ブルボンは、大手の製菓会社で新潟県内に複数の工場があることで知られている。知名度が高いので東証2部なことがまず驚き。

「住居手当てをたくさん貰え、家賃負担が少ないので可処分所得が増える」という良い声がある一方で、「とにかく給料が低い」、「年功序列であり上下関係が厳しい」という厳しい声もあるのが気になる。

新卒で入社後そこまで年収がグンッと伸びないので、ブルボン社員狙いの女子は他の大手製菓に乗り換えた方が良さそう。

ヱスビー食品

RANK S

恋愛偏差値	平均年収（万円）
59	568

項目	評価	項目	評価
平均年収	♥♥♥	性格ポイント	♥♥♥
華やかさ	♥♥♥	合コン満足度	♥♥♥

ヱスビー食品は、大手加工食品メーカーである。カレー粉や、香辛料などを製造販売している昔ながらの企業である。

ここ数年で産休や育休の制度自体も整いだしている上に、フレックス勤務導入も検討されたり、女性を多く採用したりと働き方改革に着手しているようだ。しかし、全国転勤が容赦なく襲い来る現実が……。さらに同族経営で年功序列色が強いこともありいろいろと懸念事項も目白押し。営業はこれに加えて、休日も電話が来たりすることも多く、ストレスは少なくない。

大手企業ではあるものの、結婚相手にするには今一歩及ばずか？？

上村工業

RANK S

恋愛偏差値	平均年収（万円）
59	716

項目	評価	項目	評価
平均年収	♥♥♥♥	性格ポイント	♥♥♥♥
華やかさ	♥♥♥	合コン満足度	♥♥♥♥

上村工業は、めっき用化学品の製造販売などを行っている企業である。部署によっては、日々の業務が忙しく、有給休暇はなかなか取得できる環境ではないところも。なので、最初の配属先は超重要！　必ず事前チェックをぬかりなく。

ちなみに工場勤務の場合は、定時で終わるので、ワークライフバランスは取りやすいとのこと。また、社風に関しては、基本的に個人というよりチームで問題解決していこうとする雰囲気がある。ベテラン社員も多いので、放置された挙句に自力で這い上がれ！！　みたいにはならないので、そこは安心。

ＭＣＪ

RANK S

恋愛偏差値	平均年収（万円）
59	576

項目	評価	項目	評価
平均年収	♥♥♥	性格ポイント	♥♥♥
華やかさ	♥♥♥♥	合コン満足度	♥♥♥

ＭＣＪは、コンピュータ関連企業を複数傘下に持つ持株会社である。子会社のマウスコンピューターが特に有名。

繁忙期はそれなりに忙しいものの、それ以外では有給休暇も取得しやすくアフター6を十分楽しめる会社として名高い！！

さらに時短勤務も可能なので子供が生まれたとしても働きやすい環境と言える。1点懸念があるとすれば、業界自体が縮小傾向にあることか。しかし、今現在、売上は１０００億以上あるので、特に問題はなさそうではある。１００年後は不明だが……。

三谷商事

RANK S

恋愛偏差値	平均年収（万円）
59	718

項目	評価	項目	評価
平均年収	♥♥♥♥	性格ポイント	♥♥♥♥
華やかさ	♥♥♥	合コン満足度	♥♥♥

三谷商事は、情報システム、建設、エネルギーに関する事業を展開する商社である。なんと創業１０４年の老舗で特にセメント、生コンクリートの販売は商社の中で日本一と言われている。

「売上さえ上げていれば基本的には自由な営業スタイルが許される」、「入社したばかりでも結構自由に働くことができる」という良いタレコミあり。

派遣社員として働く人も多く、その方々からの評判も上々。安定感のある自由な風土の老舗企業なので未来の旦那候補として申し分ない。部長レベルになると年収１２００万前後と高めの給料となる。

D.A.コンソーシアムホールディングス

RANK S

恋愛偏差値	平均年収(万円)
59	896

平均年収	♥♥♥	性格ポイント	♥♥♥♥
華やかさ	♥♥♥	合コン満足度	♥♥♥♥

D.A.コンソーシアムホールディングスは、博報堂DYホールディングスの子会社であるインターネット広告代理店のデジタル・アドバタイジング・コンソーシアム株式会社、株式会社アイレップなどを傘下に置いている。

基本的にサバサバしている人が多く、面倒な縦社会もないため人間関係は良好らしい。

一方で「広告代理店なのでワークライフバランスは悪く、業務量が多いので残業ばかり」などの厳しい声も。

年収はそこそこ高いので、ここだけ目をつむることができれば概ね良し。

マネーフォワード

RANK S

恋愛偏差値	平均年収(万円)
59	612

平均年収	♥♥♥	性格ポイント	♥♥♥
華やかさ	♥♥♥♥	合コン満足度	♥♥♥♥

イケイケベンチャーの代名詞、マネーフォワード様である！！

指示待ちではなく自分で考えて動く！　というタイプが多く、バイタリティあり。

所謂ベンチャーなので主体性のある社員が多く、やる気や活気に満ち溢れている会社というイメージ。

年収も32歳で６１２万なので可もなく不可もなくといったところ。高年収のハイスペサイコパス男に疲れている女子はここら辺で手を打っても良いかと！ｗｗ

ユーザベース

RANK S

恋愛偏差値	平均年収(万円)
59	630

平均年収	♥♥♥	性格ポイント	♥♥♥
華やかさ	♥♥♥♥	合コン満足度	♥♥♥♥

ユーザベースは、オンライン経済メディアのNewsPicksや企業産業分析情報サービスのSPEEDAなどを提供する企業である。

勤務時間の制約や出社義務がなく、服装も自由とあって社会の先端を走るIT企業ならではの働き方ができる。その反面、人の入れ替わりが激しかったり、制度が未整備だったりと少し心配な部分も。

大企業ではないので合コンウケは期待できないが、ベンチャー精神豊かな男性を欲している女子にはおすすめ。冴えたメンズが多い。中途組がほとんどである。

アドベンチャー

RANK S

恋愛偏差値	平均年収(万円)
59	411

平均年収	♥♥♥	性格ポイント	♥♥♥
華やかさ	♥♥♥♥	合コン満足度	♥♥♥

アドベンチャーは、格安航空券の予約サービスなどを提供している企業である。

中村社長のパワフルさが目立つ。情熱的でアグレッシブ！　パワフルで時々無神経だが、概ね社員想いで面倒見が良いとの口コミあり。

ベンチャー精神が根付いている会社なので「自分はコレがやりたいです！！」と手を挙げればどんどん任せてもらえる。社員も、そういった起業家精神にあふれる人が多いので、アグレッシブマッチョタイプをご所望の女性には、またとない物件★

自律制御システム研究所

RANK S

恋愛偏差値	平均年収(万円)
59	519

平均年収	♥♥♥	性格ポイント	♥♥♥♥
華やかさ	♥♥♥	合コン満足度	♥♥♥

自律制御システム研究所は、高性能なドローンを日本国内で自社開発し、それの販売までを行う企業である。日本でドローンの研究を行い、物流や点検などに活用できるドローン開発に力を入れている。「ドローンという最先端技術に関わりたいと思い入社したが、実際は受託開発がメインでモチベーションが低下気味」という声も。

しかし、今後ドローンは絶対に伸びる分野なので期待はできる。上場規模も１００億と大きく赤字縮小傾向で、売上も増加中なので今後も目の離せない企業であることは間違いない！！

ユナイテッド

RANK S

恋愛偏差値	平均年収(万円)
59	538

平均年収	♥♥♥	性格ポイント	♥♥♥
華やかさ	♥♥♥♥	合コン満足度	♥♥♥♥

ユナイテッドは、アドテク事業、スマートフォンアプリ事業、IT企業育成を手がける博報堂DYホールディングスグループの企業である。

平均年収は５３８万で、社員の平均年齢は31歳と若め。「社員は近隣に住めば補助が貰える」「体育会系で陽気なお祭り好きな人が集まっている」という口コミあり。飲み会好きが多いので、合コンや出会い系アプリなどではかなりの確率で遭遇できる。

ベンチャー界隈の知り合いをたどれば1人くらいは行き着くので、ユナイテッド社員と出会いたい場合はチャレンジしてみて欲しい。

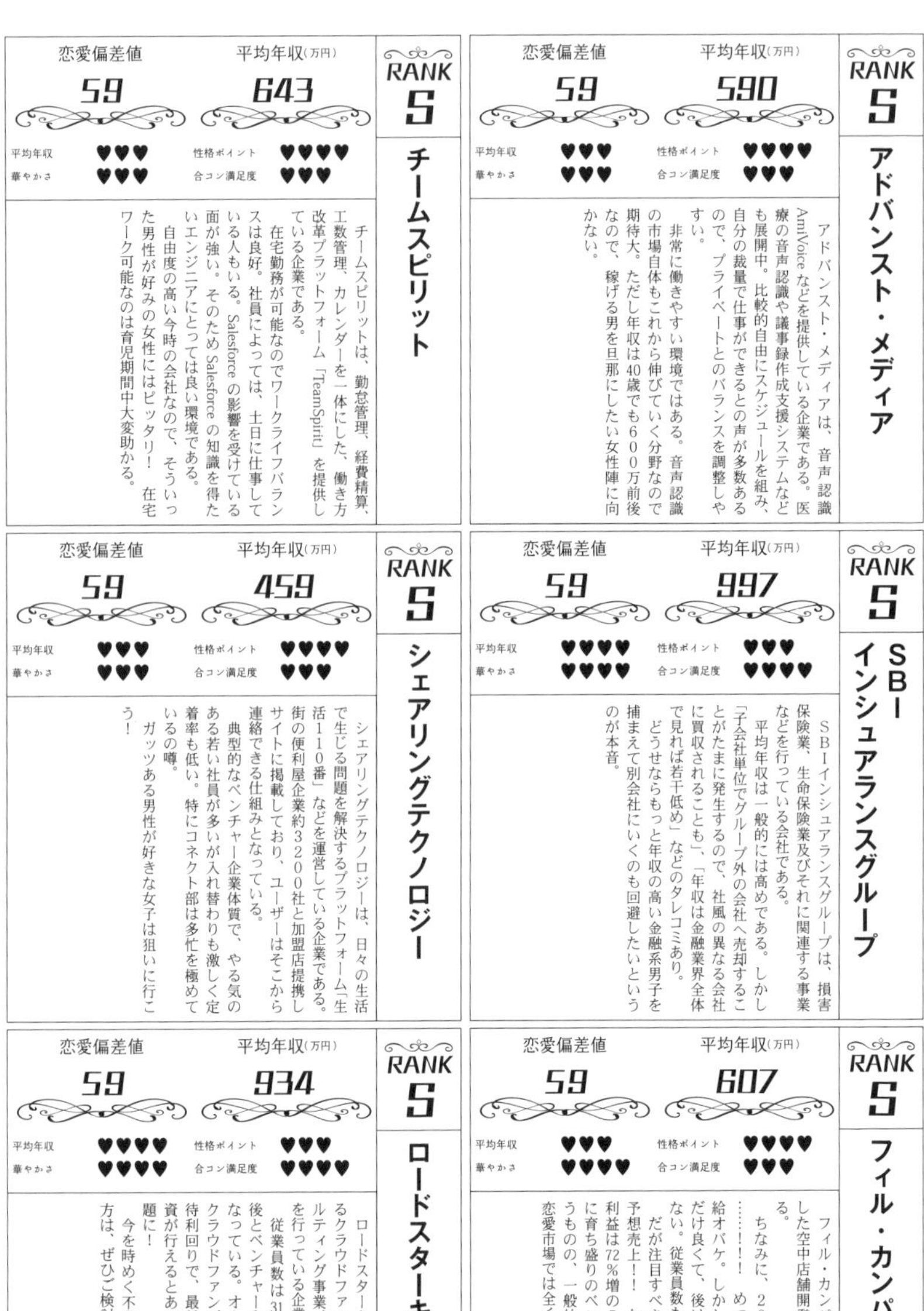

RANK S アドバンスト・メディア

恋愛偏差値 59　平均年収（万円） 590

平均年収 ♥♥♥　性格ポイント ♥♥♥♥
華やかさ ♥♥♥　合コン満足度 ♥♥♥

アドバンスト・メディアは、音声認識AmiVoiceなどを提供している企業である。医療の音声認識や議事録作成支援システムなども展開中。比較的自由にスケジュールを組み、自分の裁量で仕事ができるとの声が多数あるので、プライベートとのバランスを調整しやすい。

非常に働きやすい環境ではある。音声認識の市場自体もこれから伸びていく分野なので期待大。ただし年収は40歳でも６００万前後なので、稼げる男を旦那にしたい女性陣に向かない。

RANK S チームスピリット

恋愛偏差値 59　平均年収（万円） 643

平均年収 ♥♥♥　性格ポイント ♥♥♥♥
華やかさ ♥♥♥　合コン満足度 ♥♥♥

チームスピリットは、勤怠管理、経費精算、工数管理、カレンダーを一体にした、働き方改革プラットフォーム「TeamSpirit」を提供している企業である。

在宅勤務が可能なのでワークライフバランスは良好。社員によっては、土日に仕事している人もいる。Salesforceの影響を受けている面が強い。そのためSalesforceの知識を得たいエンジニアにとっては良い環境である。

自由度の高い今時の会社なので、そういった男性が好みの女性にはピッタリ！　在宅ワーク可能なのは育児期間中大変助かる。

RANK S SBIインシュアランスグループ

恋愛偏差値 59　平均年収（万円） 997

平均年収 ♥♥♥♥　性格ポイント ♥♥♥
華やかさ ♥♥♥♥　合コン満足度 ♥♥♥♥

SBIインシュアランスグループは、損害保険業、生命保険業及びそれに関連する事業などを行っている会社である。

平均年収は一般的には高めである。しかし「子会社単位でグループ外の会社へ売却することがたまに発生するので、社風の異なる会社に買収されることも」、「年収は金融業界全体で見れば若干低め」などのタレコミあり。

どうせならもっと年収の高い金融系男子を捕まえて別会社にいくのも回避したいというのが本音。

RANK S シェアリングテクノロジー

恋愛偏差値 59　平均年収（万円） 459

平均年収 ♥♥♥　性格ポイント ♥♥♥♥
華やかさ ♥♥♥　合コン満足度 ♥♥♥

シェアリングテクノロジーは、日々の生活で生じる問題を解決するプラットフォーム「生活１１０番」などを運営している企業である。街の便利屋企業約３２００社と加盟店提携しサイトに掲載しており、ユーザーはそこから連絡できる仕組みとなっている。

典型的なベンチャー企業体質で、やる気のある若い社員が多いが入れ替わりも激しく定着率も低い。特にコネクト部は多忙を極めているの噂。

ガッツある男性が好きな女子は狙いに行こう！

RANK S フィル・カンパニー

恋愛偏差値 59　平均年収（万円） 607

平均年収 ♥♥♥　性格ポイント ♥♥♥♥
華やかさ ♥♥♥♥　合コン満足度 ♥♥♥

フィル・カンパニーは、主に駐車場を活用した空中店舗開発事業を行っている企業である。

ちなみに、２０１８年度の初任給は40万円……！！　めっちゃ高いッ！　正に初任給オバケ。しかし平均年収は６００万。最初だけ良くて、後は尻つぼみなので期待はできない。従業員数も30名前後と少なめ。

だが注目すべきは２０１８年11月期の会社予想売上！　なんと59％増の47億円。営業利益は72％増の5億１０００万円見込み。正に育ち盛りのベンチャー企業である。とは言うものの、一般社員の給料に反映されなきゃ恋愛市場では全くお話にならない。

RANK S ロードスターキャピタル

恋愛偏差値 59　平均年収（万円） 934

平均年収 ♥♥♥♥　性格ポイント ♥♥♥
華やかさ ♥♥♥♥　合コン満足度 ♥♥♥♥

ロードスターキャピタルは、不動産に関わるクラウドファンディング事業や仲介コンサルティング事業、不動産投資・賃貸事業などを行っている企業である。

従業員数は31名、平均年収は８８０万前後とベンチャー企業にしてはお高めの水準となっている。オーナーズブック（不動産投資クラウドファンディング）では平均5％の期待利回りで、最低出資額1万円から不動産投資が行えるとあって人気のサービスとして話題に！

今を時めく不動産ベンチャー彼氏が欲しい方は、ぜひご検討を。

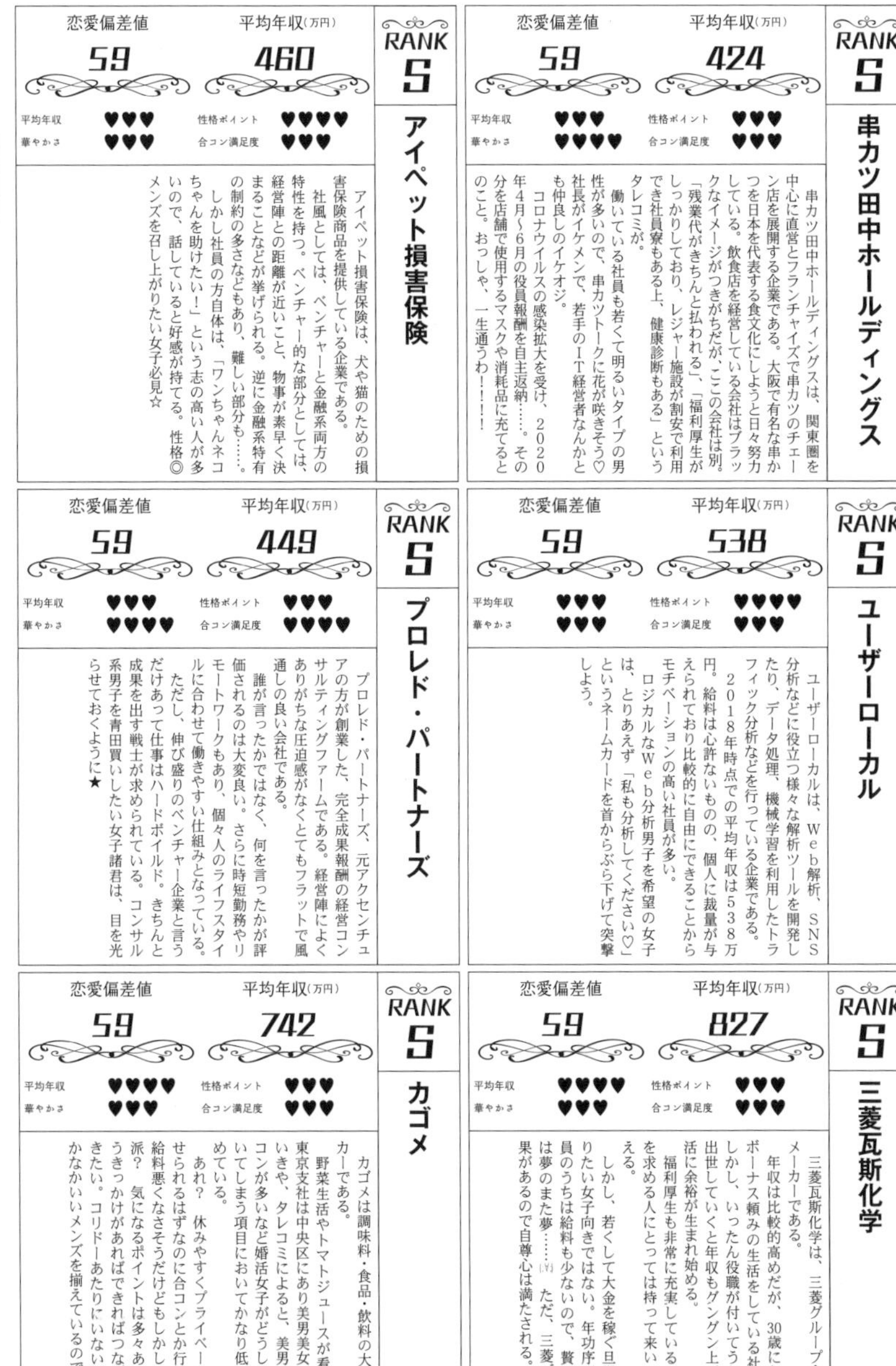

RANK S

串カツ田中ホールディングス

恋愛偏差値 59　平均年収(万円) 424

平均年収 ♥♥♥　性格ポイント ♥♥♥
華やかさ ♥♥♥♥　合コン満足度 ♥♥♥

串カツ田中ホールディングスは、関東圏を中心に直営とフランチャイズで串カツのチェーン店を展開する企業である。大阪で有名な串かつを日本を代表する食文化にしようと日々努力している。飲食店を経営している会社はブラックなイメージがつきがちだが、ここの会社は別。「残業代がきちんと払われる」、「福利厚生がしっかりしており、レジャー施設が割安で利用でき社員寮もある上、健康診断もある」というタレコミが。

働いている社員も若くて明るいタイプの男性が多いので、串カツトークに花が咲きそう♡社長がイケメンで、若手のＩＴ経営者なんかとも仲良しのイケオジ。

コロナウイルスの感染拡大を受け、２０２０年4月～6月の役員報酬を自主返納……。その分を店舗で使用するマスクや消耗品に充てるとのこと。おっしゃ、一生通うわ!!!

RANK S

アイペット損害保険

恋愛偏差値 59　平均年収(万円) 460

平均年収 ♥♥♥　性格ポイント ♥♥♥♥
華やかさ ♥♥♥　合コン満足度 ♥♥♥

アイペット損害保険は、犬や猫のための損害保険商品を提供している企業である。

社風としては、ベンチャーと金融系両方の特性を持つ。ベンチャー的な部分としては、経営陣との距離が近いこと、物事が素早く決まることなどが挙げられる。逆に金融系特有の制約の多さなどもあり、難しい部分も……。

しかし社員の方自体は、「ワンちゃんネコちゃんを助けたい!」という志の高い人が多いので、話していると好感が持てる。性格◎メンズを召し上がりたい女子必見☆

RANK S

ユーザーローカル

恋愛偏差値 59　平均年収(万円) 538

平均年収 ♥♥♥　性格ポイント ♥♥♥♥
華やかさ ♥♥♥　合コン満足度 ♥♥♥

ユーザーローカルは、Ｗｅｂ解析、ＳＮＳ分析などに役立つ様々な解析ツールを開発したり、データ処理、機械学習を利用したトラフィック分析などを行っている企業である。

２０１８年時点での平均年収は５３８万円。給料は心許ないものの、個人に裁量が与えられており比較的に自由にできることからモチベーションの高い社員が多い。

ロジカルなＷｅｂ分析男子を希望の女子は、とりあえず「私も分析してください♡」というネームカードを首からぶら下げて突撃しよう。

RANK S

プロレド・パートナーズ

恋愛偏差値 59　平均年収(万円) 449

平均年収 ♥♥♥　性格ポイント ♥♥♥
華やかさ ♥♥♥♥　合コン満足度 ♥♥♥♥

プロレド・パートナーズ、元アクセンチュアの方が創業した、完全成果報酬の経営コンサルティングファームである。経営陣によくありがちな圧迫感がなくとてもフラットで風通しの良い会社である。

誰が言ったかではなく、何を言ったかが評価されるのは大変良い。さらに時短勤務やリモートワークもあり、個々人のライフスタイルに合わせて働きやすい仕組みとなっている。

ただし、伸び盛りのベンチャー企業と言うだけあって仕事はハードボイルド。きちんと成果を出す戦士が求められている。コンサル系男子を青田買いしたい女子諸君は、目を光らせておくように★

RANK S

三菱瓦斯化学

恋愛偏差値 59　平均年収(万円) 827

平均年収 ♥♥♥♥　性格ポイント ♥♥♥
華やかさ ♥♥♥　合コン満足度 ♥♥♥

三菱瓦斯化学は、三菱グループ傘下の化学メーカーである。

年収は比較的高めだが、30歳になるまではボーナス頼みの生活をしている社員も多い。しかし、いったん役職が付いてうなぎ登りに出世していくと年収もグングン上がるので生活に余裕が生まれ始める。

福利厚生も非常に充実しているので、安定を求める人にとっては持って来いの会社と言える。

しかし、若くして大金を稼ぐ旦那の妻になりたい女子向きではない。年功序列で若手社員のうちは給料も少ないので、贅沢なデートは夢のまた夢……(;∀;)　ただ、三菱ブランド効果があるので自尊心は満たされる。

RANK S

カゴメ

恋愛偏差値 59　平均年収(万円) 742

平均年収 ♥♥♥♥　性格ポイント ♥♥♥
華やかさ ♥♥♥　合コン満足度 ♥♥♥

カゴメは調味料・食品・飲料の大手総合メーカーである。

野菜生活やトマトジュースが看板商品だ。東京支社は中央区にあり美男美女が多いと思いきや、タレコミによると、美男が多い・合コンが多いなど婚活女子がどうしても目についてしまう項目においてかなり低い割合を占めている。

あれ？　休みやすくプライベートも充実させられるはずなのに合コンとか行かないの？　給料悪くなさそうだけどもしかしてインドア派？　気になるポイントは多々あるが、出会うきっかけがあればできればつなぎ留めておきたい。コリドーあたりにいないかな？　なかなかいいメンズを揃えているのでは♡？

RANK S　オンコリスバイオファーマ

恋愛偏差値 59　平均年収（万円） 750

平均年収 ♥♥♥♥　性格ポイント ♥♥♥♥
華やかさ ♥♥♥　合コン満足度 ♥♥♥

岡山大学生まれのオンコリスバイオファーマは、新規抗がん剤テロメライシンなどを開発している企業である。社長が元大手製薬企業出身。

イエスマンなタイプが多いらしく、社員は温厚温和そのもの。ボーナス額が個人の売り上げに依存するので、とにかく優秀な人を狙おう。

RANK S　ナノキャリア

恋愛偏差値 59　平均年収（万円） 695

平均年収 ♥♥♥　性格ポイント ♥♥♥♥
華やかさ ♥♥♥　合コン満足度 ♥♥♥

がん領域に強みを持ち、医薬品の開発などを手掛ける創薬ベンチャー。

２０１９年３月期決算の売上高が前年同期比１４２・０％増の３・35億円と業績も好調。平均年収は６９８万円。同業他社には劣るが、一般企業と比べると貰っている方ではないだろうか。

有休は取得しやすいため、彼氏にすればプライベートが充実しそう。

RANK S　ビープラッツ

恋愛偏差値 59　平均年収（万円） 432

平均年収 ♥♥♥　性格ポイント ♥♥♥
華やかさ ♥♥♥　合コン満足度 ♥♥♥

ビープラッツは、クラウド・ＳａａＳの流通サービス事業などを行っている企業である。ベンチャー企業あるある「役員の気まぐれ」に振り回される社員が圧倒的に多いとか……。

役員のお気に入りが評価されて出世してくので、その他大勢のモチベーションはだだ下がり待ったなし！！

リソースは限られているが業務量が多く、物凄い量の仕事が夕方ごろに差し込まれることも……。定時帰宅させる気は限りなくゼロ。教育体制も皆無なので自分で処理せねばならず、社員の疲弊は火を見るよりも明らか。

RANK S　ビリングシステム

恋愛偏差値 59　平均年収（万円） 472

平均年収 ♥♥♥　性格ポイント ♥♥♥♥
華やかさ ♥♥♥　合コン満足度 ♥♥♥

ビリングシステムは、スマホ決済、電子マネーやＱＲコードなど、様々な決済に関する業務を行っている企業である。

社員数50名程度で、非常にこじんまりとしている。業務内容はルーティンワークが多くコツコツ仕事したい人には向いている。

しかし、どこかでトラブルが発生すると、芋づる式にシステム障害が発生することもあり、そうなると火消し対応に追われて通常業務が手につかないこともチラホラ。また、教育体制は一切ないので独学で学び取っていける人でないと厳しい。

RANK S　スタジオアタオ

恋愛偏差値 59　平均年収（万円） 612

平均年収 ♥♥♥　性格ポイント ♥♥♥
華やかさ ♥♥♥　合コン満足度 ♥♥♥

スタジオアタオは、オリジナルバッグや財布等の企画・販売を行う企業。

展開するブランドは「ＡＴＡＯ」以外に「IANNE」「Roberta di Camerino」などで、ＥＣ分野に強みあり。

19年２月の決算資料によると、純利益は前期比48・２％増の５億３２００万円。

経常も前期比18・０％増の８億８０００万円で、８期連続で過去最高益を更新。

業績は良いが、肝心の男性社員は「人生を賭するストロングバイ」の素質があるかというと……うーん？　ちょっと地味かも。

RANK S　ソネット・メディア・ネットワークス

恋愛偏差値 59　平均年収（万円） 595

平均年収 ♥♥♥　性格ポイント ♥♥♥
華やかさ ♥♥♥　合コン満足度 ♥♥♥

ソネット・メディア・ネットワークスは、インターネット広告会社である。ソニーの孫会社にあたるソニーネットワークコミュニケーションズ株式会社の子会社。

ベンチャー企業らしい気概はあまりなく、無難にそこそこ働いていこうという文化なのが特徴。ただし、ソニーの孫会社なので、スキル高めのエンジニアは多く在籍している。

緩くて大人しめのハイスキルエンジニアな彼氏を求める婚活女子にはおすすめの会社。

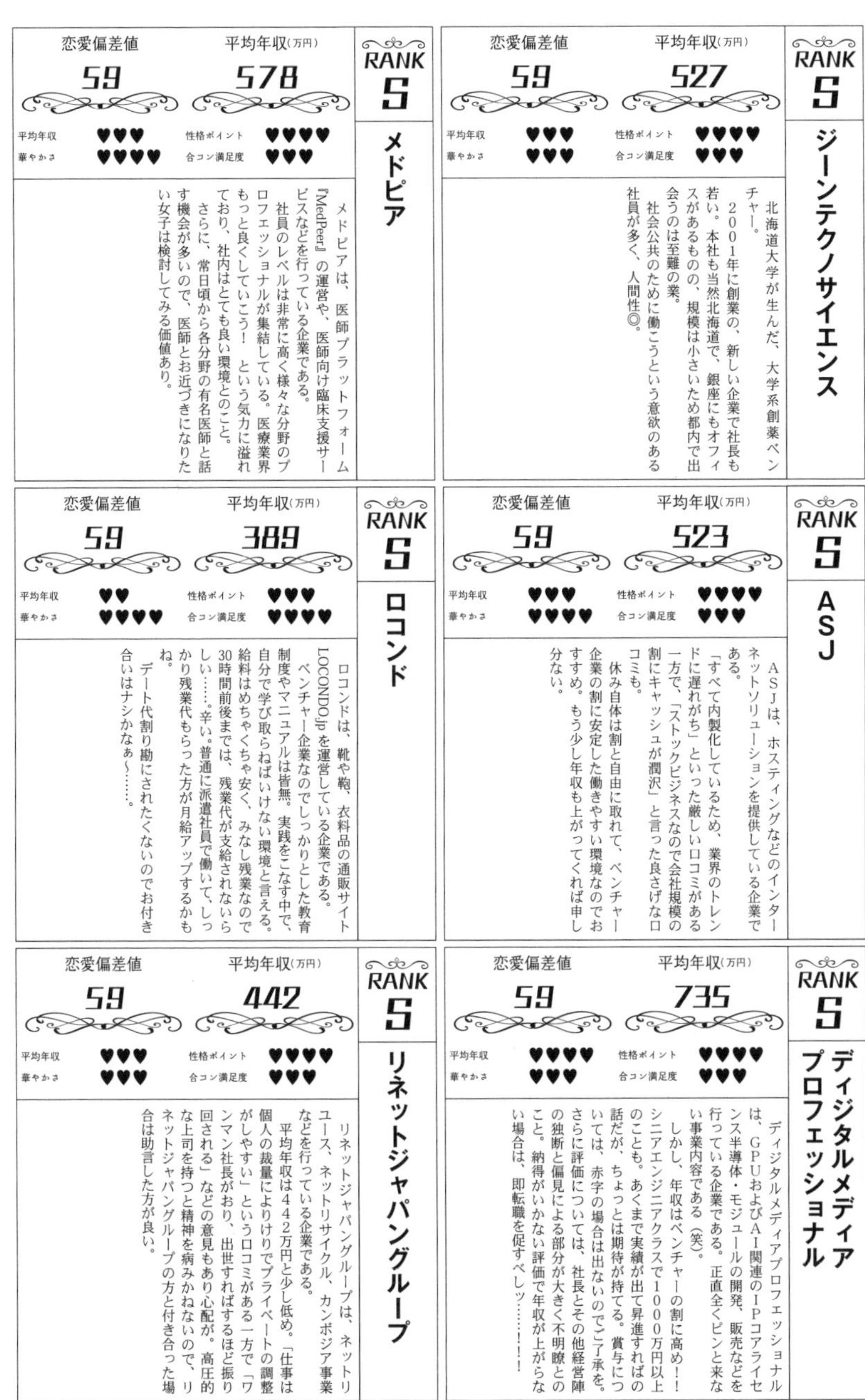

RANK S ジーンテクノサイエンス

恋愛偏差値 59　平均年収（万円） 527

平均年収 ♥♥♥　華やかさ ♥♥♥　性格ポイント ♥♥♥♥　合コン満足度 ♥♥♥

北海道大学が生んだ、大学系創薬ベンチャー。

２００１年に創業の、新しい企業で社長も若い。本社も当然北海道で、銀座にもオフィスがあるものの、規模は小さいため都内で出会うのは至難の業。

社会公共のために働こうという意欲のある社員が多く、人間性◎。

RANK S メドピア

恋愛偏差値 59　平均年収（万円） 578

平均年収 ♥♥♥　華やかさ ♥♥♥♥　性格ポイント ♥♥♥♥　合コン満足度 ♥♥♥

メドピアは、医師プラットフォーム『MedPeer』の運営や、医師向け臨床支援サービスなどを行っている企業である。

社員のレベルは非常に高く様々な分野のプロフェッショナルが集結している。医療業界もっと良くしていこう！という気力に溢れており、社内はとても良い環境とのこと。

さらに、常日頃から各分野の有名医師と話す機会が多いので、医師とお近づきになりたい女子は検討してみる価値あり。

RANK S ＡＳＪ

恋愛偏差値 59　平均年収（万円） 523

平均年収 ♥♥♥　華やかさ ♥♥♥♥　性格ポイント ♥♥♥♥　合コン満足度 ♥♥♥

ＡＳＪは、ホスティングなどのインターネットソリューションを提供している企業である。

「すべて内製化しているため、業界のトレンドに遅れがち」といった厳しい口コミがある一方で、「ストックビジネスなので会社規模の割にキャッシュが潤沢」と言った良さげな口コミも。

休み自体は割と自由に取れて、ベンチャー企業の割に安定した働きやすい環境なのでおすすめ。もう少し年収も上がってくれれば申し分ない。

RANK S ロコンド

恋愛偏差値 59　平均年収（万円） 389

平均年収 ♥♥　華やかさ ♥♥♥♥　性格ポイント ♥♥♥　合コン満足度 ♥♥♥♥

ロコンドは、靴や鞄、衣料品の通販サイトLOCONDO.jpを運営している企業である。

ベンチャー企業なのでしっかりとした教育制度やマニュアルは皆無。実践をこなす中で、自分で学び取らねばいけない環境と言える。

給料はめちゃくちゃ安く、みなし残業なので30時間前後までは、残業代が支給されないらしい……。辛い。普通に派遣社員で働いて、しっかり残業代もらった方が月給アップするかもね。

デート代割り勘にされたくないのでお付き合いはナシかなぁ～……。

RANK S ディジタルメディアプロフェッショナル

恋愛偏差値 59　平均年収（万円） 735

平均年収 ♥♥♥♥　華やかさ ♥♥♥　性格ポイント ♥♥♥♥　合コン満足度 ♥♥♥

ディジタルメディアプロフェッショナルは、ＧＰＵおよびＡＩ関連のＩＰコアライセンス半導体・モジュールの開発、販売などを行っている企業である。正直全くピンと来ない事業内容である（笑）。

しかし、年収はベンチャーの割に高め！シニアエンジニアクラスで１０００万円以上のことも。あくまで実績が出て昇進すればの話だが、ちょっとは期待が持てる。賞与については、赤字の場合は出ないのでご了承を。

さらに評価については、社長とその他経営陣の独断と偏見による部分が大きく不明瞭とのこと。納得がいかない評価で年収が上がらない場合は、即転職を促すべしッ……！！

RANK S リネットジャパングループ

恋愛偏差値 59　平均年収（万円） 442

平均年収 ♥♥♥　華やかさ ♥♥♥　性格ポイント ♥♥♥♥　合コン満足度 ♥♥♥

リネットジャパングループは、ネットリユース、ネットリサイクル、カンボジア事業などを行っている企業である。

平均年収は４４２万円と少し低め。「仕事は個人の裁量によりけりでプライベートの調整がしやすい」という口コミがある一方で「ワンマン社長がおり、出世すればするほど振り回される」などの意見もあり心配が。高圧的な上司を持つと精神を病みかねないので、リネットジャパングループの方と付き合った場合は助言した方が良い。

RANK S Delta-Fly Pharma

恋愛偏差値 59　平均年収（万円） 555

平均年収 ♥♥♥　性格ポイント ♥♥♥♥
華やかさ ♥♥♥　合コン満足度 ♥♥♥

2018年にマザーズ上場を果たした創薬メーカー。

主に抗がん剤の開発を行う。社名「Delta-Fly」は前にしか進まず退かないといわれる昆虫「Dragonfly（とんぼ）」に由来している。

不退転の意思を強く持ち、未来の抗がん剤の新薬の開発に勤しむ。

社長以下、役員が大鵬薬品工業出身である。

本社が徳島なので都内で出会うのは難易度高し。

RANK S カヤック

恋愛偏差値 59　平均年収（万円） 507

平均年収 ♥♥♥　性格ポイント ♥♥♥♥
華やかさ ♥♥♥　合コン満足度 ♥♥♥

カヤックは、神奈川県に本社があるWeb制作会社である。通称「面白法人カヤック」でこの呼び名は有名。平均年収は530万前後。

社名の通りガッツの溢れる面白系の社員は多い。

ただしベンチャー体質はそこそあり「終電帰りが定常化している」との情報も。

仕事に生きるベンチャー企業戦士をお好みの女子にはピッタリだが、定時後のデートを楽しみたいような恋愛脳女子には向かない。

RANK S 窪田製薬ホールディングス

恋愛偏差値 59　平均年収（万円） 602

平均年収 ♥♥♥♥　性格ポイント ♥♥♥♥
華やかさ ♥♥♥　合コン満足度 ♥♥♥

イケイケの創薬ベンチャー。

眼科医出身の社長が創業し、眼病向け新薬を開発する。NASAと共同開発契約を結び、宇宙飛行士向けの眼科診断機器の開発に乗り出すことを発表した。

本社は霞ヶ関にあり、出会える確率はかなり低いが、たまにエビスバーに出没する。

RANK S ファインシンター

恋愛偏差値 59　平均年収（万円） 642

平均年収 ♥♥♥　性格ポイント ♥♥♥♥
華やかさ ♥♥♥　合コン満足度 ♥♥♥

ファインシンターは、愛知県に本社を置く自動車用粉末冶金部品を製造、販売するメーカーである。自動車の他に産業油圧機器、鉄道車両用部品も製造する。

トヨタ系の企業であり、経営者もトヨタ出身。天下のトヨタ様には頭が上がらない様子である。

残業はなし、職場の人間関係も悪くなく、労働条件は良さそう。社内行事が盛んでウォーキング大会やディナーフルコースを食す会、ふぐ懐石を食す会など多彩である。

RANK S スターフライヤー

恋愛偏差値 59　平均年収（万円） 612

平均年収 ♥♥♥　性格ポイント ♥♥♥♥
華やかさ ♥♥♥　合コン満足度 ♥♥♥

スターフライヤーは、福岡県北九州市小倉南区の北九州空港に本拠を置く、日本の航空会社。

ANAからの出向者や他大手航空会社のOBOGが幹部陣のため、さまざまなエアラインのカラーが混ざっている。若くイケメンなパイロットが多い（他社比）。

婚活女子なら狙いたいところだろうが、日々の健康管理や食事、飲酒の制限などケアはやや面倒である……。稼げても1000万ちょいなのでコスパはいまいち。

九州出身の社員が多いのは、やはり郷土愛か。

RANK S キクカワエンタープライズ

恋愛偏差値 59　平均年収（万円） 522

平均年収 ♥♥♥　性格ポイント ♥♥♥♥
華やかさ ♥♥♥　合コン満足度 ♥♥♥

キクカワエンタープライズ株式会社は、製材・木工機械、プリント基板加工機、各種NC制御加工機等の工作機械の製造・販売するメーカー。

住宅補助や食事補助（なんとお弁当が支給される！！ｗｗ）など、福利厚生が良く社員のQOLが高いので、結果穏やかな男性が多い。

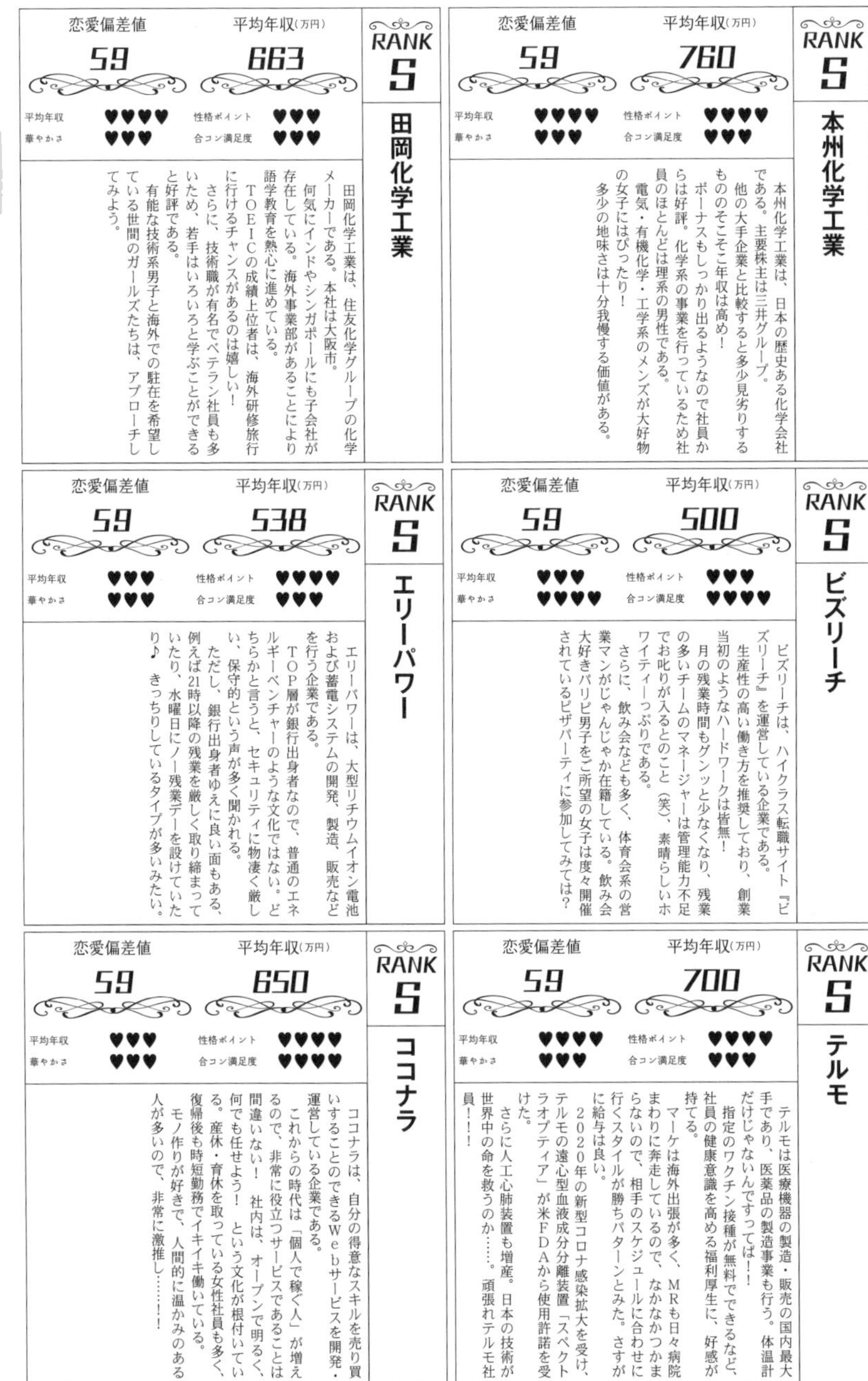

RANK S 本州化学工業

恋愛偏差値	平均年収（万円）
59	760

項目	評価	項目	評価
平均年収	♥♥♥♥	性格ポイント	♥♥♥♥
華やかさ	♥♥♥	合コン満足度	♥♥♥

本州化学工業は、日本の歴史ある化学会社である。主要株主は三井グループ。

他の大手企業と比較すると多少見劣りするもののそこそこ年収は高め！ ボーナスもしっかり出るようなので社員からは好評。化学系の事業を行っているため社員のほとんどは理系の男性である。

電気・有機化学・工学系のメンズが大好物の女子にはぴったり！ 多少の地味さは十分我慢する価値がある。

RANK S 田岡化学工業

恋愛偏差値	平均年収（万円）
59	663

項目	評価	項目	評価
平均年収	♥♥♥♥	性格ポイント	♥♥♥
華やかさ	♥♥♥	合コン満足度	♥♥♥

田岡化学工業は、住友化学グループの化学メーカーである。本社は大阪市。

何気にインドやシンガポールにも子会社が存在している。海外事業部があることにより語学教育を熱心に進めている。

ＴＯＥＩＣの成績上位者は、海外研修旅行に行けるチャンスがあるのは嬉しい！

さらに、技術職が有名でベテラン社員も多いため、若手はいろいろと学ぶことができると好評である。

有能な技術系男子と海外での駐在を希望している世間のガールズたちは、アプローチしてみよう。

RANK S ビズリーチ

恋愛偏差値	平均年収（万円）
59	500

項目	評価	項目	評価
平均年収	♥♥♥	性格ポイント	♥♥♥
華やかさ	♥♥♥♥	合コン満足度	♥♥♥♥

ビズリーチは、ハイクラス転職サイト『ビズリーチ』を運営している企業である。

生産性の高い働き方を推奨しており、創業当初のようなハードワークは皆無！

月の残業時間もグンッと少なくなり、残業の多いチームのマネージャーは管理能力不足でお叱りが入るとのこと（笑）、素晴らしいホワイティーっぷりである。

さらに、飲み会なども多く、体育会系の営業マンがじゃんじゃか在籍している。飲み会大好きパリピ男子をご所望の女子は度々開催されているピザパーティに参加してみては？

RANK S エリーパワー

恋愛偏差値	平均年収（万円）
59	538

項目	評価	項目	評価
平均年収	♥♥♥	性格ポイント	♥♥♥♥
華やかさ	♥♥♥	合コン満足度	♥♥♥

エリーパワーは、大型リチウムイオン電池および蓄電システムの開発、製造、販売などを行う企業である。

ＴＯＰ層が銀行出身者なので、普通のエネルギーベンチャーのような文化ではない。どちらかと言うと、セキュリティに物凄く厳しい、保守的という声が多く聞かれる。

ただし、銀行出身者ゆえに良い面もある、例えば21時以降の残業を厳しく取り締まっていたり、水曜日にノー残業デーを設けていたり♪ きっちりしているタイプが多いみたい。

RANK S テルモ

恋愛偏差値	平均年収（万円）
59	700

項目	評価	項目	評価
平均年収	♥♥♥♥	性格ポイント	♥♥♥♥
華やかさ	♥♥♥	合コン満足度	♥♥♥

テルモは医療機器の製造・販売の国内最大手であり、医薬品の製造事業も行う。体温計だけじゃないんですってば！！

指定のワクチン接種が無料でできるなど、社員の健康意識を高める福利厚生に、好感が持てる。

マーケは海外出張が多く、ＭＲも日々病院まわりに奔走しているので、なかなかつかまらないので、相手のスケジュールに合わせに行くスタイルが勝ちパターンとみた。さすがに給与は良い。

２０２０年の新型コロナ感染拡大を受け、テルモの遠心型血液成分分離装置「スペクトラオプティア」が米ＦＤＡから使用許諾を受けた。

さらに人工心肺装置も増産。日本の技術が世界中の命を救うのか……。頑張れテルモ社員！！

RANK S ココナラ

恋愛偏差値	平均年収（万円）
59	650

項目	評価	項目	評価
平均年収	♥♥♥	性格ポイント	♥♥♥♥
華やかさ	♥♥♥	合コン満足度	♥♥♥♥

ココナラは、自分の得意なスキルを売り買いすることのできるＷｅｂサービスを開発・運営している企業である。

これからの時代は「個人で稼ぐ人」が増えるので、非常に役立つサービスであることは間違いない！ 社内は、オープンで明るく、何でも任せよう！ という文化が根付いている。産休・育休を取っている女性社員も多く、復帰後も時短勤務でイキイキ働いている。

モノ作りが好きで、人間的に温かみのある人が多いので、非常に激推し……！

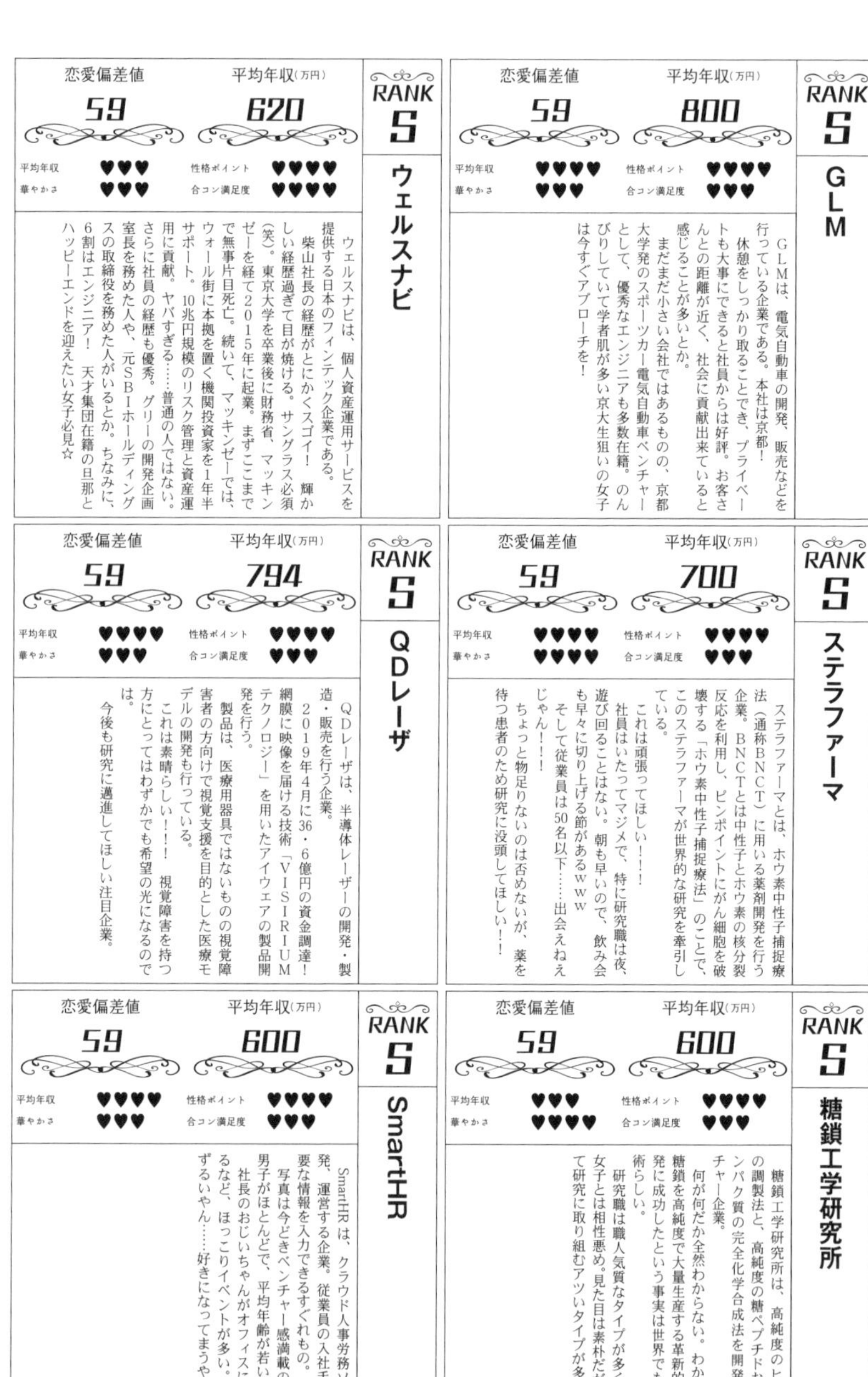

RANK S　GLM

恋愛偏差値	平均年収(万円)
59	800

平均年収	♥♥♥♥	性格ポイント	♥♥♥♥
華やかさ	♥♥♥	合コン満足度	♥♥♥

GLMは、電気自動車の開発、販売などを行っている企業である。本社は京都！

休憩をしっかり取ることでき、プライベートも大事にできると社員からは好評。お客さんとの距離が近く、社会に貢献出来ていると感じることが多いとか。

まだまだ小さい会社ではあるものの、京都大学発のスポーツカー電気自動車ベンチャーとして、優秀なエンジニアも多数在籍。のんびりしていて学者肌が多い京大生狙いの女子は今すぐアプローチを！

RANK S　ウェルスナビ

恋愛偏差値	平均年収(万円)
59	620

平均年収	♥♥♥	性格ポイント	♥♥♥♥
華やかさ	♥♥♥	合コン満足度	♥♥♥♥

ウェルスナビは、個人資産運用サービスを提供する日本のフィンテック企業である。

柴山社長の経歴がとにかくスゴイ！　輝かしい経歴過ぎて目が焼ける。サングラス必須(笑)。東京大学を卒業後に財務省、マッキンゼーを経て2015年に起業。まずここまで無事片目死亡。続いて、マッキンゼーでは、ウォール街に本拠を置く機関投資家を1年半サポート。10兆円規模のリスク管理と資産運用に貢献。ヤバすぎる……普通の人ではない。さらに社員の経歴も優秀。グリーの開発企画室長を務めた人や、元SBIホールディングスの取締役を務めた人がいるとか。ちなみに、6割はエンジニア！　天才集団在籍の旦那とハッピーエンドを迎えたい女子必見☆

RANK S　ステラファーマ

恋愛偏差値	平均年収(万円)
59	700

平均年収	♥♥♥♥	性格ポイント	♥♥♥♥
華やかさ	♥♥♥♥	合コン満足度	♥♥♥

ステラファーマとは、ホウ素中性子捕捉療法（通称BNCT）に用いる薬剤開発を行う企業。BNCTとは中性子とホウ素の核分裂反応を利用し、ピンポイントにがん細胞を破壊する「ホウ素中性子捕捉療法」のことで、このステラファーマが世界的な研究を牽引している。

これは頑張ってほしい！！！

社員はいたってマジメで、特に研究職は夜、遊び回ることはない。朝も早いので、飲み会も早々に切り上げる節があるwww

そして従業員は50名以下……出会えねぇじゃん！！！

ちょっと物足りないのは否めないが、薬を待つ患者のため研究に没頭してほしい！！

RANK S　QDレーザ

恋愛偏差値	平均年収(万円)
59	794

平均年収	♥♥♥♥	性格ポイント	♥♥♥♥
華やかさ	♥♥♥	合コン満足度	♥♥♥

QDレーザは、半導体レーザーの開発・製造・販売を行う企業。

2019年4月に36・6億円の資金調達！　網膜に映像を届ける技術「VISIRIUMテクノロジー」を用いたアイウエアの製品開発を行う。

製品は、医療用器具ではないものの視覚障害者の方向けで視覚支援を目的とした医療モデルの開発も行っている。

これは素晴らしい！！　視覚障害を持つ方にとってはわずかでも希望の光になるのでは。

今後も研究に邁進してほしい注目企業。

RANK S　糖鎖工学研究所

恋愛偏差値	平均年収(万円)
59	600

平均年収	♥♥♥	性格ポイント	♥♥♥♥
華やかさ	♥♥♥♥	合コン満足度	♥♥♥

糖鎖工学研究所は、高純度のヒト型糖鎖の調製法と、高純度の糖ペプチドおよび糖タンパク質の完全化学合成法を開発するベンチャー企業。

何が何だか全然わからない。わからないが、糖鎖を高純度で大量生産する革新的な技術開発に成功したという事実は世界でも唯一の技術らしい。

研究職は職人気質なタイプが多く、派手な女子とは相性悪め。見た目は素朴だが志を持って研究に取り組むアツいタイプが多い。

RANK S　SmartHR

恋愛偏差値	平均年収(万円)
59	600

平均年収	♥♥♥♥	性格ポイント	♥♥♥♥
華やかさ	♥♥♥	合コン満足度	♥♥♥

SmartHRは、クラウド人事労務ソフトを開発、運営する企業。従業員の入社手続きに必要な情報を入力できるすぐれもの。

写真は今どきベンチャー感満載のキラキラ男子がほとんどで、平均年齢が若い。

社長のおじいちゃんがオフィスに遊びに来るなど、ほっこりイベントが多い。そんなんずるいやん……好きになってまうやん……。

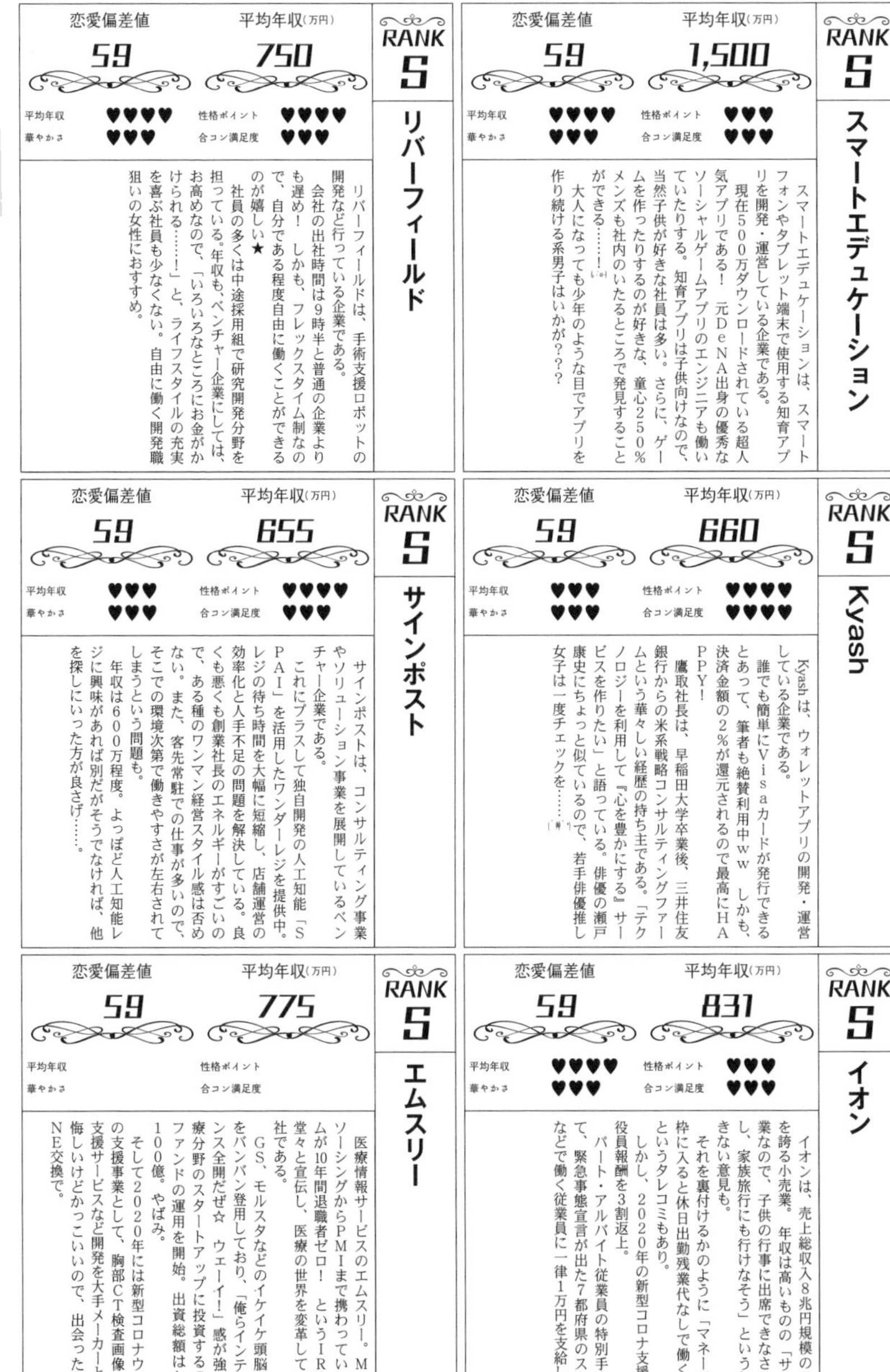

スマートエデュケーション

RANK S

恋愛偏差値	平均年収（万円）
59	1,500

項目	評価	項目	評価
平均年収	♥♥♥♥	性格ポイント	♥♥♥
華やかさ	♥♥♥	合コン満足度	♥♥♥

スマートエデュケーションは、スマートフォンやタブレット端末で使用する知育アプリを開発・運営している企業である。

現在５００万ダウンロードされている超人気アプリである！ 元ＤｅＮＡ出身の優秀なソーシャルゲームアプリのエンジニアも働いていたりする。知育アプリは子供向けなので、当然子供が好きな社員は多い。さらに、ゲームを作ったりするのが好きな、童心２５０％メンズも社内のいたるところで発見することができる……！(;ﾟдﾟ)

大人になっても少年のような目でアプリを作り続ける系男子はいかが？？？

リバーフィールド

RANK S

恋愛偏差値	平均年収（万円）
59	750

項目	評価	項目	評価
平均年収	♥♥♥♥	性格ポイント	♥♥♥♥
華やかさ	♥♥♥	合コン満足度	♥♥♥

リバーフィールドは、手術支援ロボットの開発など行っている企業である。

会社の出社時間は9時半と普通の企業よりも遅め！ しかも、フレックスタイム制なので、自分である程度自由に働くことができるのが嬉しい★

社員の多くは中途採用組で研究開発分野を担っている。年収も、ベンチャー企業にしては、お高めなので、「いろいろなところにお金がかけられる……！」と、ライフスタイルの充実を喜ぶ社員も少なくない。自由に働く開発職狙いの女性におすすめ。

Kyash

RANK S

恋愛偏差値	平均年収（万円）
59	660

項目	評価	項目	評価
平均年収	♥♥♥	性格ポイント	♥♥♥♥
華やかさ	♥♥♥	合コン満足度	♥♥♥♥

Kyashは、ウォレットアプリの開発・運営している企業である。

誰でも簡単にＶｉｓａカードが発行できるとあって、筆者も絶賛利用中ｗｗ しかも、決済金額の2％が還元されるので最高にＨＡＰＰＹ！

鷹取社長は、早稲田大学卒業後、三井住友銀行からの米系戦略コンサルティングファームという華々しい経歴の持ち主である。「テクノロジーを利用して『心を豊かにする』サービスを作りたい」と語っている。俳優の瀬戸康史にちょっと似ているので、若手俳優推し女子は一度チェックを……(*´艸`)

サインポスト

RANK S

恋愛偏差値	平均年収（万円）
59	655

項目	評価	項目	評価
平均年収	♥♥♥	性格ポイント	♥♥♥♥
華やかさ	♥♥♥	合コン満足度	♥♥♥

サインポストは、コンサルティング事業やソリューション事業を展開しているベンチャー企業である。

これにプラスして独自開発の人工知能「ＳＰＡＩ」を活用したワンダーレジを提供中。レジの待ち時間を大幅に短縮し、店舗運営の効率化と人手不足の問題を解決している。良くも悪くも創業社長のエネルギーがすごいので、ある種のワンマン経営スタイル感は否めない。また、客先常駐での仕事が多いので、そこでの環境次第で働きやすさが左右されてしまうという問題も。

年収は６００万程度。よっぽど人工知能レジに興味があれば別だがそうでなければ、他を探しにいった方が良さげ……。

イオン

RANK S

恋愛偏差値	平均年収（万円）
59	831

項目	評価	項目	評価
平均年収	♥♥♥♥	性格ポイント	♥♥♥
華やかさ	♥♥♥	合コン満足度	♥♥♥

イオンは、売上総収入8兆円規模の日本一を誇る小売業。年収は高いものの「サービス業なので、子供の行事に出席できなさそうだし、家族旅行にも行けなそう」という無視できない意見も。

それを裏付けるかのように「マネージャー枠に入ると休日出勤残業代なしで働く人も」というタレコミもあり。

しかし、２０２０年の新型コロナ支援では、役員報酬を3割返上。

パート・アルバイト従業員の特別手当として、緊急事態宣言が出た7都府県のスーパーなどで働く従業員に一律1万円を支給した。

エムスリー

RANK S

恋愛偏差値	平均年収（万円）
59	775

項目	評価	項目	評価
平均年収		性格ポイント	
華やかさ		合コン満足度	

医療情報サービスのエムスリー。Ｍ&Ａのソーシングからの ＰＭＩまで携わっているチームが10年間退職者ゼロ！ というＩＲ資料を堂々と宣伝し、医療の世界を変革している会社である。

ＧＳ、モルスタなどのイケイケ頭脳派人材をバンバン登用しており、「俺らインテリジェンス全開だぜ☆ ウェーイ！」感が強い。医療分野のスタートアップに投資するＣＶＣファンドの運用を開始。出資総額はなんと１００億。やばみ。

そして２０２０年には新型コロナウイルスの支援事業として、胸部CT検査画像の診断支援サービスなど開発を大手メーカーと協業。悔しいけどかっこいいので、出会ったらＬＩＮＥ交換で。

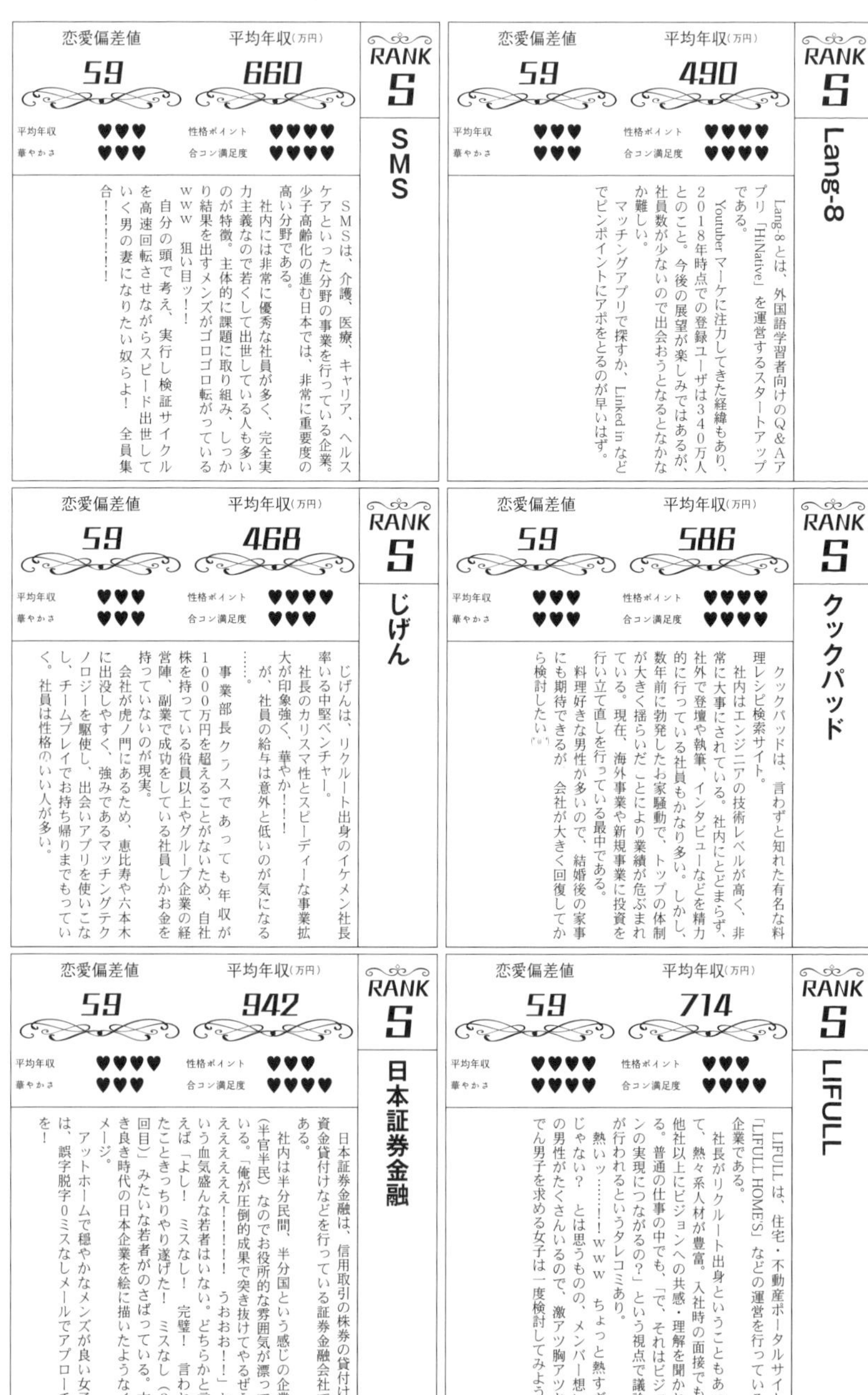

RANK S　Lang-8

恋愛偏差値 59　平均年収(万円) 490

平均年収 ♥♥♥　性格ポイント ♥♥♥♥
華やかさ ♥♥♥　合コン満足度 ♥♥♥♥

Lang-8とは、外国語学習者向けのQ&Aアプリ「HiNative」を運営するスタートアップである。

Youtuberマーケに注力してきた経緯もあり、2018年時点での登録ユーザは340万人とのこと。今後の展望が楽しみではあるが、社員数が少ないので出会おうとなるとなかなか難しい。

マッチングアプリで探すか、Linked inなどでピンポイントにアポをとるのが早いはず。

RANK S　SMS

恋愛偏差値 59　平均年収(万円) 660

平均年収 ♥♥♥　性格ポイント ♥♥♥♥
華やかさ ♥♥♥　合コン満足度 ♥♥♥♥

SMSは、介護、医療、キャリア、ヘルスケアといった分野の事業を行っている企業。少子高齢化の進む日本では、非常に重要度の高い分野である。

社内には非常に優秀な社員が多く、完全実力主義なので若くして出世している人も多いのが特徴。主体的に課題に取り組み、しっかり結果を出すメンズがゴロゴロ転がっているwww　狙い目ッ！！

自分の頭で考え、実行し検証サイクルを高速回転させながらスピード出世していく男の妻になりたい奴らよ！　全員集合！！！！！

RANK S　クックパッド

恋愛偏差値 59　平均年収(万円) 586

平均年収 ♥♥♥　性格ポイント ♥♥♥♥
華やかさ ♥♥♥　合コン満足度 ♥♥♥♥

クックパッドは、言わずと知れた有名な料理レシピ検索サイト。

社内はエンジニアの技術レベルが高く、非常に大事にされている。社内にとどまらず、社外で登壇や執筆、インタビューなどを精力的に行っている社員もかなり多い。しかし、数年前に勃発したお家騒動で、トップの体制が大きく揺らいだことにより業績が危ぶまれている。現在、海外事業や新規事業に投資を行い立て直しを行っている最中である。

料理好きな男性が多いので、結婚後の家事にも期待できるが、会社が大きく回復してから検討したい(´ω`)

RANK S　じげん

恋愛偏差値 59　平均年収(万円) 468

平均年収 ♥♥♥　性格ポイント ♥♥♥♥
華やかさ ♥♥♥　合コン満足度 ♥♥♥

じげんは、リクルート出身のイケメン社長率いる中堅ベンチャー。

社長のカリスマ性とスピーディーな事業拡大が印象強く、華やか！！！

が、社員の給与は意外と低いのが気になる……。

事業部長クラスであっても年収が1000万円を超えることがないため、自社株を持っている役員以上やグループ企業の経営陣、副業で成功をしている社員しかお金を持っていないのが現実。

会社が虎ノ門にあるため、恵比寿や六本木に出没しやすく、強みであるマッチングテクノロジーを駆使し、出会いアプリを使いこなし、チームプレイでお持ち帰りまでもっていく。社員は性格のいい人が多い。

RANK S　LIFULL

恋愛偏差値 59　平均年収(万円) 714

平均年収 ♥♥♥♥　性格ポイント ♥♥♥
華やかさ ♥♥♥♥　合コン満足度 ♥♥♥♥

LIFULLは、住宅・不動産ポータルサイト「LIFULL HOME'S」などの運営を行っている企業である。

社長がリクルート出身ということもあって、熱々系人材が豊富。入社時の面接でも、他社以上にビジョンへの共感・理解を聞かれる。普通の仕事の中でも、「で、それはビジョンの実現につながるの？」という視点で議論が行われるというタレコミあり。

熱いッ……！！www　ちょっと熱すぎじゃない？　とは思うものの、メンバー想いの男性がたくさんいるので、激アツ胸アツおでん男子を求める女子は一度検討してみよう。

RANK S　日本証券金融

恋愛偏差値 59　平均年収(万円) 942

平均年収 ♥♥♥♥　性格ポイント ♥♥♥
華やかさ ♥♥♥　合コン満足度 ♥♥♥♥

日本証券金融は、信用取引の株券の貸付け、資金貸付けなどを行っている証券金融会社である。

社内は半分民間、半分国という感じの企業（半官半民）なのでお役所的な雰囲気が漂っている。「俺が圧倒的成果で突き抜けてやるぜぇえええええ！！！！　うおお！！」という血気盛んな若者はいない。どちらかと言えば「よし！　ミスなし！　完璧！　言われたことをきっちりやり遂げた！　ミスなし（2回目）」みたいな若者がのさばっている。古き良き時代の日本企業を絵に描いたようなイメージ。

アットホームで穏やかなメンズが良い女子は、誤字脱字0ミスなしメールでアプローチを！

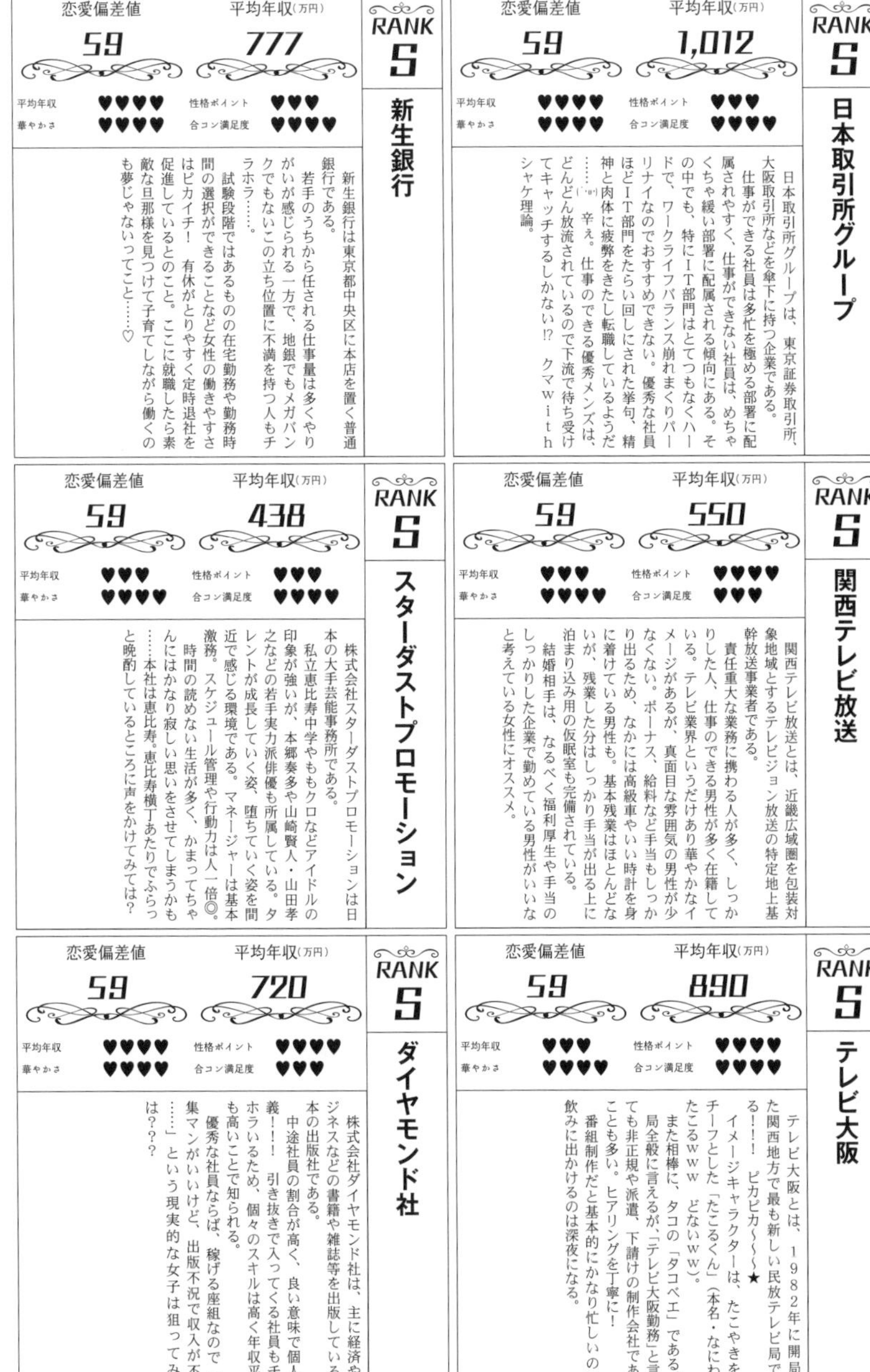

RANK S　日本取引所グループ

恋愛偏差値	平均年収（万円）
59	1,012

平均年収	♥♥♥♥	性格ポイント	♥♥♥
華やかさ	♥♥♥♥	合コン満足度	♥♥♥♥

日本取引所グループは、東京証券取引所、大阪取引所などを傘下に持つ企業である。

　仕事ができる社員は多忙を極める部署に配属されやすく、仕事ができない社員は、めちゃくちゃ緩い部署に配属される傾向にある。その中でも、特にIT部門はとてつもなくハードで、ワークライフバランス崩れまくりパーリナイなのでおすすめできない。優秀な社員ほどIT部門をたらい回しにされた挙句、精神と肉体に疲弊をきたし転職しているようだ……(´･ω･`)辛え。仕事のできる優秀メンズは、どんどん放流されているので下流で待ち受けてキャッチするしかない!? クマwithシャケ理論。

RANK S　新生銀行

恋愛偏差値	平均年収（万円）
59	777

平均年収	♥♥♥♥	性格ポイント	♥♥♥
華やかさ	♥♥♥♥	合コン満足度	♥♥♥♥

新生銀行は東京都中央区に本店を置く普通銀行である。

　若手のうちから任される仕事量は多くやりがいが感じられる一方で、地銀でもメガバンクでもないこの立ち位置に不満を持つ人もチラホラ……。

　試験段階ではあるものの在宅勤務や勤務時間の選択ができることなど女性の働きやすさはピカイチ！　有休がとりやすく定時退社を促進しているとのこと。ここに就職したら素敵な旦那様を見つけて子育てしながら働くのも夢じゃないってこと……♡

RANK S　関西テレビ放送

恋愛偏差値	平均年収（万円）
59	550

平均年収	♥♥♥	性格ポイント	♥♥♥♥
華やかさ	♥♥♥♥	合コン満足度	♥♥♥

関西テレビ放送とは、近畿広域圏を包装対象地域とするテレビジョン放送の特定地上基幹放送事業者である。

　責任重大な業務に携わる人が多く、しっかりした人、仕事のできる男性が多く在籍している。テレビ業界というだけあり華やかなイメージがあるが、真面目な雰囲気の男性が少なくない。ボーナス、給料など手当もしっかり出るため、なかには高級車やいい時計を身に着けている男性も。基本残業はほとんどないが、残業した分はしっかり手当が出る上に泊まり込み用の仮眠室も完備されている。

　結婚相手は、なるべく福利厚生や手当のしっかりした企業で勤めている男性がいいなと考えている女性にオススメ。

RANK S　スターダストプロモーション

恋愛偏差値	平均年収（万円）
59	438

平均年収	♥♥♥	性格ポイント	♥♥♥
華やかさ	♥♥♥♥	合コン満足度	♥♥♥♥

株式会社スターダストプロモーションは日本の大手芸能事務所である。

　私立恵比寿中学やももクロなどアイドルの印象が強いが、本郷奏多や山崎賢人・山田孝之などの若手実力派俳優も所属している。タレントが成長していく姿、堕ちていく姿を間近で感じる環境である。マネージャーは基本激務。スケジュール管理や行動力は人一倍◎。

　時間の読めない生活が多く、かまってちゃんにはかなり寂しい思いをさせてしまうかも……本社は恵比寿。恵比寿横丁あたりでふらっと晩酌しているところに声をかけてみては？

RANK S　テレビ大阪

恋愛偏差値	平均年収（万円）
59	890

平均年収	♥♥♥	性格ポイント	♥♥♥♥
華やかさ	♥♥♥♥	合コン満足度	♥♥♥♥

テレビ大阪とは、1982年に開局した関西地方で最も新しい民放テレビ局である！！　ピカピカ〜〜〜★

　イメージキャラクターは、たこやきをモチーフとした「たこるくん」（本名・なにわ流たこるwww　どないww）。

　また相棒に、タコの「タコペエ」である。

　局全般に言えるが、「テレビ大阪勤務」と言っても非正規や派遣、下請けの制作会社であることも多い。ヒアリングを丁寧に！

　番組制作だと基本的にかなり忙しいので、飲みに出かけるのは深夜になる。

RANK S　ダイヤモンド社

恋愛偏差値	平均年収（万円）
59	720

平均年収	♥♥♥♥	性格ポイント	♥♥♥♥
華やかさ	♥♥♥♥	合コン満足度	♥♥♥

株式会社ダイヤモンド社は、主に経済やビジネスなどの書籍や雑誌等を出版している日本の出版社である。

　中途社員の割合が高く、良い意味で個人主義！！　引き抜きで入ってくる社員もチラホラいるため、個々のスキルは高く年収平均も高いことで知られる。

　優秀な社員ならば、稼げる座組なので「編集マンがいいけど、出版不況で収入が不安……」という現実的な女子は狙ってみては？？？

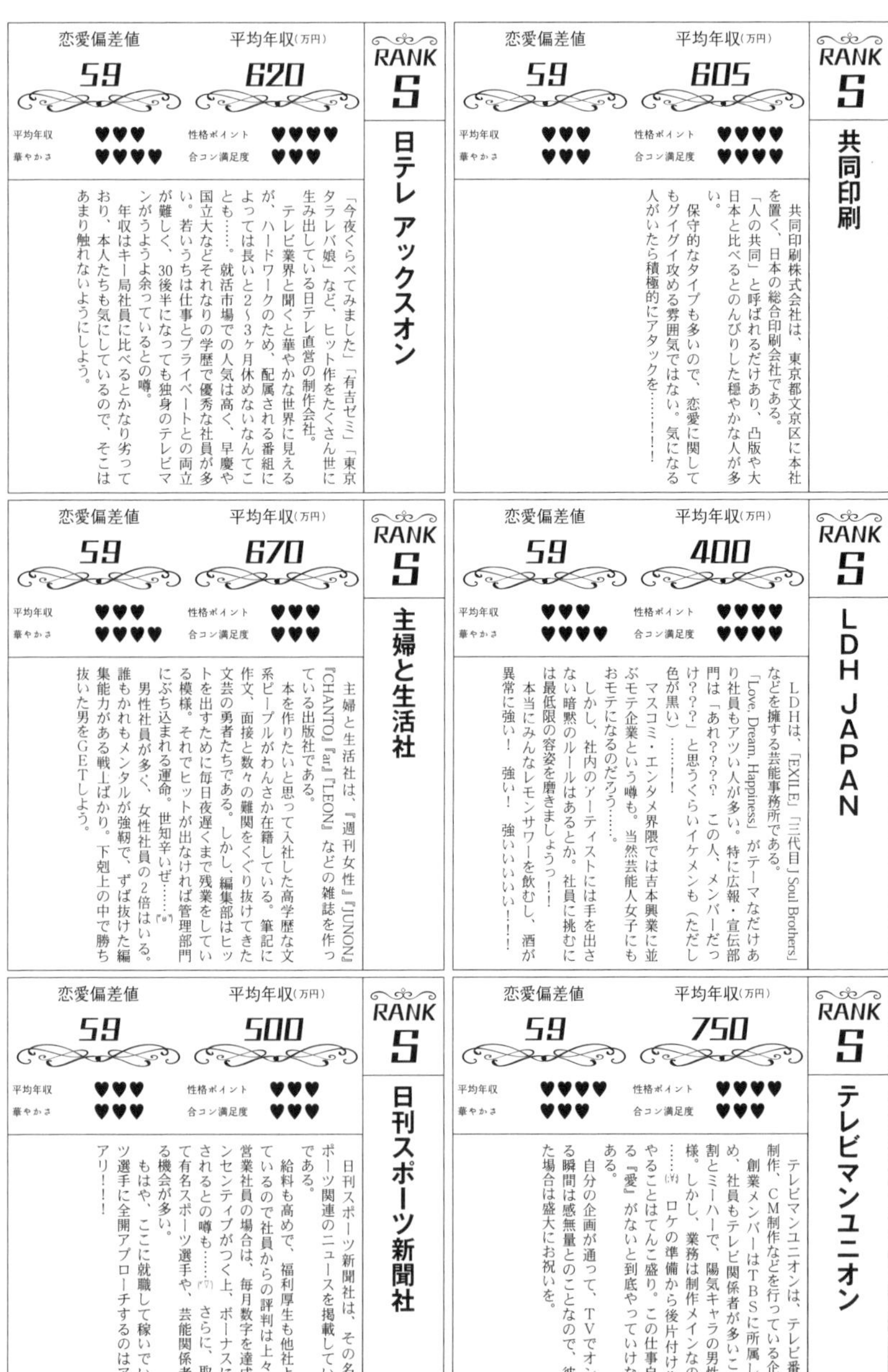

RANK S　共同印刷

恋愛偏差値	平均年収(万円)
59	605

項目	評価	項目	評価
平均年収	♥♥♥	性格ポイント	♥♥♥♥
華やかさ	♥♥♥	合コン満足度	♥♥♥♥

共同印刷株式会社は、東京都文京区に本社を置く、日本の総合印刷会社である。

「人の共同」と呼ばれるだけあり、凸版や大日本と比べるとのんびりした穏やかな人が多い。

保守的なタイプも多いので、恋愛に関してもグイグイ攻める雰囲気ではない。気になる人がいたら積極的にアタックを……！！

RANK S　日テレ アックスオン

恋愛偏差値	平均年収(万円)
59	620

項目	評価	項目	評価
平均年収	♥♥♥	性格ポイント	♥♥♥♥
華やかさ	♥♥♥♥	合コン満足度	♥♥♥

「今夜くらべてみました」「有吉ゼミ」「東京タラレバ娘」など、ヒット作をたくさん世に生み出している日テレ直営の制作会社。

テレビ業界と聞くと華やかな世界に見えるが、ハードワークのため、配属される番組によっては長いと2〜3ヶ月休めないなんてことも……。就活市場での人気は高く、早慶や国立大などそれなりの学歴で優秀な社員が多い。若いうちは仕事とプライベートとの両立が難しく、30後半になっても独身のテレビマンがうようよ余っているとの噂。

年収はキー局社員に比べるとかなり劣っており、本人たちも気にしているので、そこはあまり触れないようにしよう。

RANK S　LDH JAPAN

恋愛偏差値	平均年収(万円)
59	400

項目	評価	項目	評価
平均年収	♥♥♥	性格ポイント	♥♥♥♥
華やかさ	♥♥♥♥	合コン満足度	♥♥♥♥

LDHは、「EXILE」「三代目J Soul Brothers」などを擁する芸能事務所である。

「Love, Dream, Happiness」がテーマなだけあり社員もアツい人が多い。特に広報・宣伝部門は「あれ？？？　この人、メンバーだっけ？？」と思うくらいイケメンも（ただし色が黒い）……！！

マスコミ・エンタメ界隈では吉本興業に並ぶモテ企業という噂も。当然芸能人女子にもおモテになるのだろう……。

しかし、社内のアーティストには手を出さない暗黙のルールはあるとか。社員に挑むには最低限の容姿を磨きましょうっ！！

本当にみんなレモンサワーを飲むし、酒が異常に強い！　強い！　強いいいいい！！！

RANK S　主婦と生活社

恋愛偏差値	平均年収(万円)
59	670

項目	評価	項目	評価
平均年収	♥♥♥	性格ポイント	♥♥♥
華やかさ	♥♥♥♥	合コン満足度	♥♥♥

主婦と生活社は、『週刊女性』『JUNON』『CHANTO』『ar』『LEON』などの雑誌を作っている出版社である。

本を作りたいと思って入社した高学歴な文系ピープルがわんさか在籍している。筆記に作文、面接と数々の難関をくぐり抜けてきた文芸の勇者たちである。しかし、編集部はヒットを出すために毎日夜遅くまで残業をしている模様。それでヒットが出なければ管理部門にぶち込まれる運命。世知辛いぜ……(゜ω゜)

男性社員が多く、女性社員の2倍はいる。誰もかれもメンタルが強靭で、ずば抜けた編集能力がある戦士ばかり。下剋上の中で勝ち抜いた男をGETしよう。

RANK S　テレビマンユニオン

恋愛偏差値	平均年収(万円)
59	750

項目	評価	項目	評価
平均年収	♥♥♥♥	性格ポイント	♥♥♥♥
華やかさ	♥♥♥	合コン満足度	♥♥♥

テレビマンユニオンは、テレビ番組の企画・制作、CM制作などを行っている企業である。

創業メンバーはTBSに所属していたため、社員もテレビ関係者が多いことで有名。割とミーハーで、陽気キャラの男性が多い模様。しかし、業務は制作メインなのでハード……(;A;)　ロケの準備から後片付け作業まで、やることはてんこ盛り。この仕事自体に対する『愛』がないと到底やっていけない世界である。

自分の企画が通って、TVでオンエアを見る瞬間は感無量とのことなので、彼女になった場合は盛大にお祝いを。

RANK S　日刊スポーツ新聞社

恋愛偏差値	平均年収(万円)
59	500

項目	評価	項目	評価
平均年収	♥♥♥	性格ポイント	♥♥♥
華やかさ	♥♥♥	合コン満足度	♥♥♥

日刊スポーツ新聞社は、その名の通りスポーツ関連のニュースを掲載している新聞社である。

給料も高めで、福利厚生も他社より充実しているので社員からの評判は上々！　また、営業社員の場合は、毎月数字を達成するとインセンティブがつく上、ボーナスにも上乗せされるとの噂も……(゜▽゜)　さらに、取材を通して有名スポーツ選手や、芸能関係者と出会える機会が多い。

もはや、ここに就職して稼いでいるスポーツ選手に全開アプローチするのはアリよりのアリ！！！

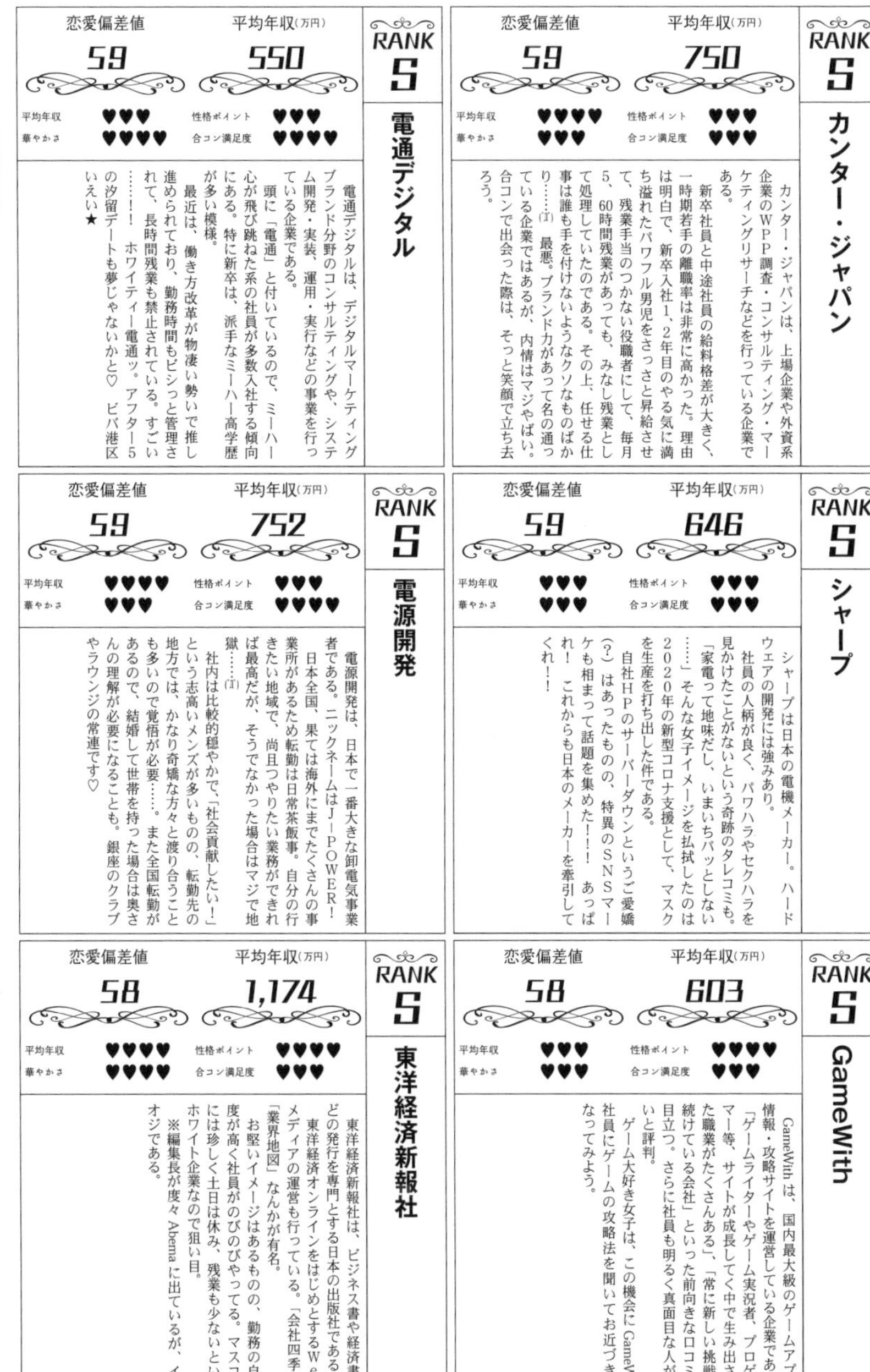

RANK S カンター・ジャパン

恋愛偏差値	平均年収(万円)
59	750

平均年収	♥♥♥♥	性格ポイント	♥♥♥
華やかさ	♥♥♥	合コン満足度	♥♥♥

カンター・ジャパンは、上場企業や外資系企業のＷＰＰ調査・コンサルティング・マーケティングリサーチなどを行っている企業である。

新卒社員と中途社員の給料格差が大きく、一時期若手の離職率は非常に高かった。理由は明白で、新卒入社1、2年目のやる気に満ち溢れたパワフル男児をさっさと昇給させて、残業手当のつかない役職者にして、毎月5、60時間残業があっても、みなし残業として処理していたのである。その上、任せる仕事は誰も手を付けないようなクソなものばかり……(T) 最悪。ブランド力があって名の通っている企業ではあるが、内情はマジやばい。合コンで出会った際は、そっと笑顔で立ち去ろう。

RANK S 電通デジタル

恋愛偏差値	平均年収(万円)
59	550

平均年収	♥♥♥	性格ポイント	♥♥♥
華やかさ	♥♥♥♥	合コン満足度	♥♥♥♥

電通デジタルは、デジタルマーケティングブランド分野のコンサルティングや、システム開発・実装、運用・実行などの事業を行っている企業である。

頭に「電通」と付いているので、ミーハー心が飛び跳ねた系の社員が多数入社する傾向にある。特に新卒は、派手なミーハー高学歴が多い模様。

最近は、働き方改革が物凄い勢いで推し進められており、勤務時間もビシっと管理されて、長時間残業も禁止されている。すごい……！ ホワイティー電通ッ。アフター5の汐留デートも夢じゃないかと♡ ビバ港区いえい★

RANK S シャープ

恋愛偏差値	平均年収(万円)
59	646

平均年収	♥♥♥	性格ポイント	♥♥♥
華やかさ	♥♥♥	合コン満足度	♥♥♥

シャープは日本の電機メーカー。ハードウェアの開発には強みあり。

社員の人柄が良く、パワハラやセクハラを見かけたことがないという奇跡のタレコミも。「家電って地味だし、いまいちパッとしない……」そんな女子イメージを払拭したのは２０２０年の新型コロナ支援として、マスクを生産を打ち出した件である。

自社ＨＰのサーバーダウンというご愛嬌(?)はあったものの、特異のＳＮＳマーケも相まって話題を集めた！！ あっぱれ！ これからも日本のメーカーを牽引してくれ！！

RANK S 電源開発

恋愛偏差値	平均年収(万円)
59	752

平均年収	♥♥♥♥	性格ポイント	♥♥♥
華やかさ	♥♥♥	合コン満足度	♥♥♥♥

電源開発は、日本で一番大きな卸電気事業者である。ニックネームはＪ－ＰＯＷＥＲ！

日本全国、果ては海外にまでたくさんの事業所があるため転勤は日常茶飯事。自分の行きたい地域で、尚且つやりたい業務ができれば最高だが、そうでなかった場合はマジで地獄……(T)

社内は比較的穏やかで、「社会貢献したい！」という志高いメンズが多いものの、転勤先の地方では、かなり奇矯な方々と渡り合うことも多いので覚悟が必要……。また全国転勤があるので、結婚して世帯を持った場合は奥さんの理解が必要になることも。銀座のクラブやラウンジの常連です♡

RANK S GameWith

恋愛偏差値	平均年収(万円)
58	603

平均年収	♥♥♥	性格ポイント	♥♥♥♥
華やかさ	♥♥♥	合コン満足度	♥♥♥

GameWithは、国内最大級のゲームアプリ情報・攻略サイトを運営している企業である。

「ゲームライターやゲーム実況者、プロゲーマー等、サイトが成長してく中で生み出された職業がたくさんある」、「常に新しい挑戦を続けている会社」といった前向きな口コミが目立つ。さらに社員も明るく真面目な人が多いと評判。

ゲーム大好き女子は、この機会にGameWith社員にゲームの攻略法を聞いてお近づきになってみよう。

RANK S 東洋経済新報社

恋愛偏差値	平均年収(万円)
58	1,174

平均年収	♥♥♥♥	性格ポイント	♥♥♥♥
華やかさ	♥♥♥♥	合コン満足度	♥♥♥

東洋経済新報社は、ビジネス書や経済書などの発行を専門とする日本の出版社である。

東洋経済オンラインをはじめとするＷｅｂメディアの運営も行っている。「会社四季報」「業界地図」なんかが有名。

お堅いイメージはあるものの、勤務の自由度が高く社員がのびのびやってる。マスコミには珍しく土日は休み、残業も少ないというホワイト企業なので狙い目。

※編集長が度々Abemaに出ているが、イケオジである。

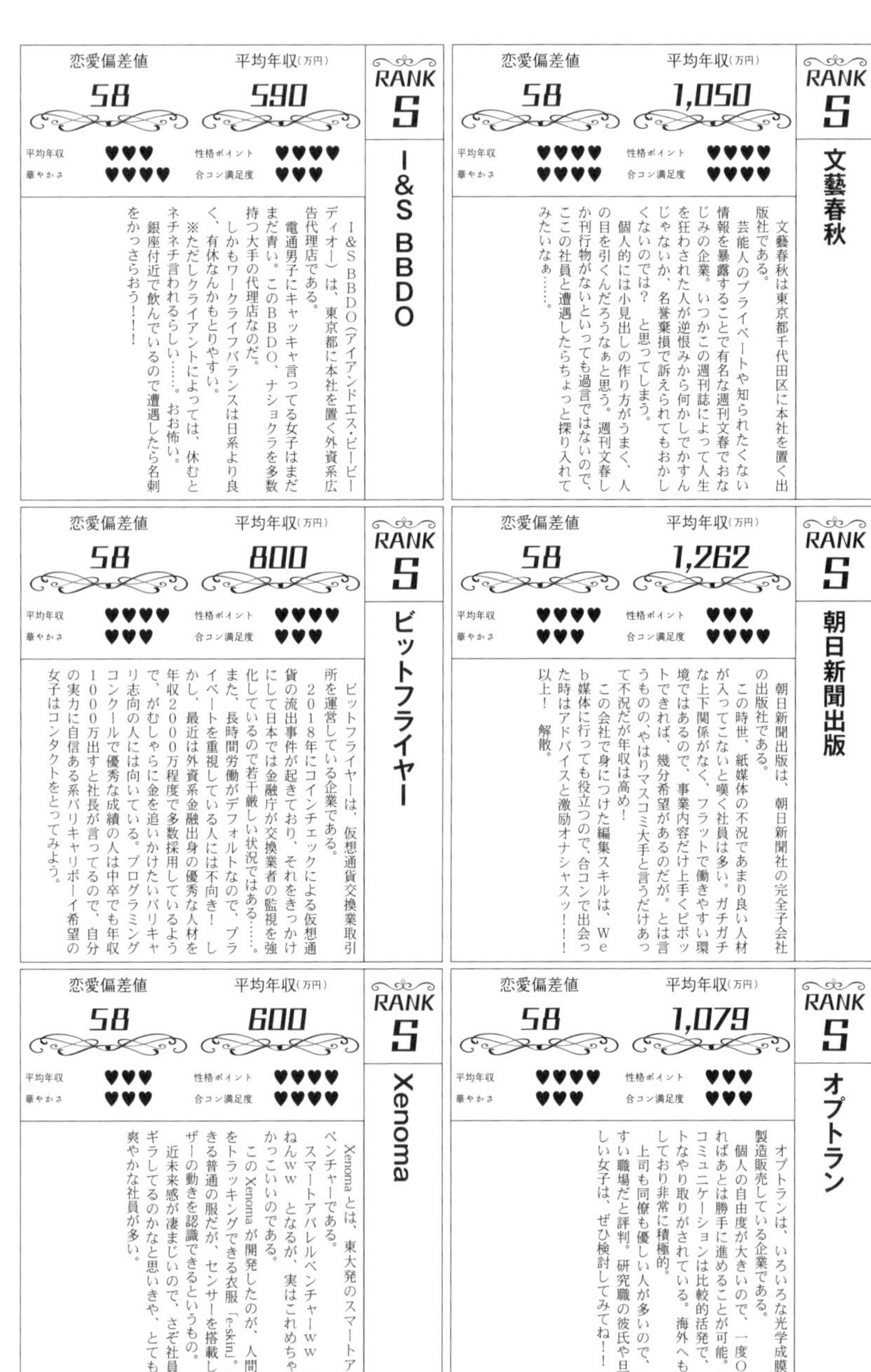

RANK S 文藝春秋

恋愛偏差値	平均年収（万円）
58	1,050

平均年収	♥♥♥♥	性格ポイント	♥♥♥♥
華やかさ	♥♥♥♥	合コン満足度	♥♥♥♥

文藝春秋は東京都千代田区に本社を置く出版社である。

芸能人のプライベートや知られたくない情報を暴露することで有名な週刊文春でおなじみの企業。いつかこの週刊誌によって人生を狂わされた人が逆恨みから何かしでかすんじゃないか、名誉棄損で訴えられてもおかしくないのでは？　と思ってしまう。

個人的には小見出しの作り方がうまく、人の目を引くんだろうなぁと思う。週刊文春しか刊行物がないといっても過言ではないので、ここの社員と遭遇したらちょっと探り入れてみたいなぁ……。

RANK S I&S BBDO

恋愛偏差値	平均年収（万円）
58	590

平均年収	♥♥♥	性格ポイント	♥♥♥♥
華やかさ	♥♥♥♥	合コン満足度	♥♥♥

I&S BBDO（アイアンドエス・ビービーディオー）は、東京都に本社を置く外資系広告代理店である。

電通男子にキャッキャ言ってる女子はまだまだ青い。このBBDO、ナショクラを多数持つ大手の代理店なのだ。

しかもワークライフバランスは日系より良く、有休なんかもとりやすい。

※ただしクライアントによっては、休むとネチネチ言われるらしい……。おお怖い。

銀座付近で飲んでいるので遭遇したら名刺をかっさらおう！！！

RANK S 朝日新聞出版

恋愛偏差値	平均年収（万円）
58	1,262

平均年収	♥♥♥♥	性格ポイント	♥♥♥
華やかさ	♥♥♥	合コン満足度	♥♥♥♥

朝日新聞出版は、朝日新聞社の完全子会社の出版社である。

この時世、紙媒体の不況であまり良い人材が入ってこないと嘆く社員は多い。ガチガチな上下関係がなく、フラットで働きやすい環境ではあるので、事業内容だけ上手くピボットできれば、幾分希望があるのだが。とは言うものの、やはりマスコミ大手と言うだけあって不況だが年収は高め！

この会社で身につけた編集スキルは、Ｗｅｂ媒体に行っても役立つので、合コンで出会った時はアドバイスと激励オナシャスッ！！

以上！　解散。

RANK S ビットフライヤー

恋愛偏差値	平均年収（万円）
58	800

平均年収	♥♥♥♥	性格ポイント	♥♥♥♥
華やかさ	♥♥♥	合コン満足度	♥♥♥

ビットフライヤーは、仮想通貨交換業取引所を運営している企業である。

２０１８年にコインチェックによる仮想通貨の流出事件が起きており、それをきっかけにして日本では金融庁が交換業者の監視を強化しているので若干厳しい状況ではある……。

また、長時間労働がデフォルトなので、プライベートを重視している人には不向き！　しかし、最近は外資系金融出身の優秀な人材を年収２０００万程度で多数採用しているようで、がむしゃらに金を追いかけたいバリキャリ志向の人には向いている。プログラミングコンクールで優秀な成績の人は中卒でも年収１０００万出すと社長が言ってるので、自分の実力に自信ある系バリキャリボーイ希望の女子はコンタクトをとってみよう。

RANK S オプトラン

恋愛偏差値	平均年収（万円）
58	1,079

平均年収	♥♥♥♥	性格ポイント	♥♥♥
華やかさ	♥♥♥	合コン満足度	♥♥♥

オプトランは、いろいろな光学成膜装置を製造販売している企業である。

個人の自由度が大きいので、一度ＯＫが出ればあとは勝手に進めることが可能。社内のコミュニケーションは比較的活発で、フラットなやり取りがされている。海外へも乗り出しており非常に積極的。

上司も同僚も優しい人が多いので、働きやすい職場だと評判。研究職の彼氏や旦那が欲しい女子は、ぜひ検討してみてね！！

RANK S Xenoma

恋愛偏差値	平均年収（万円）
58	600

平均年収	♥♥♥	性格ポイント	♥♥♥♥
華やかさ	♥♥♥	合コン満足度	♥♥♥♥

Xenomaとは、東大発のスマートアパレルベンチャーである。

スマートアパレルベンチャーｗｗ　なんやねんｗｗ　となるが、実はこれめちゃくちゃかっこいいのである。

このXenomaが開発したのが、人間の動きをトラッキングできる衣服「e-skin」。洗濯できる普通の服だが、センサーを搭載してユーザーの動きを認識できるというもの。

近未来感が凄まじいので、さぞ社員もギラギラしてるのかなと思いきや、とても素朴で爽やかな社員が多い。

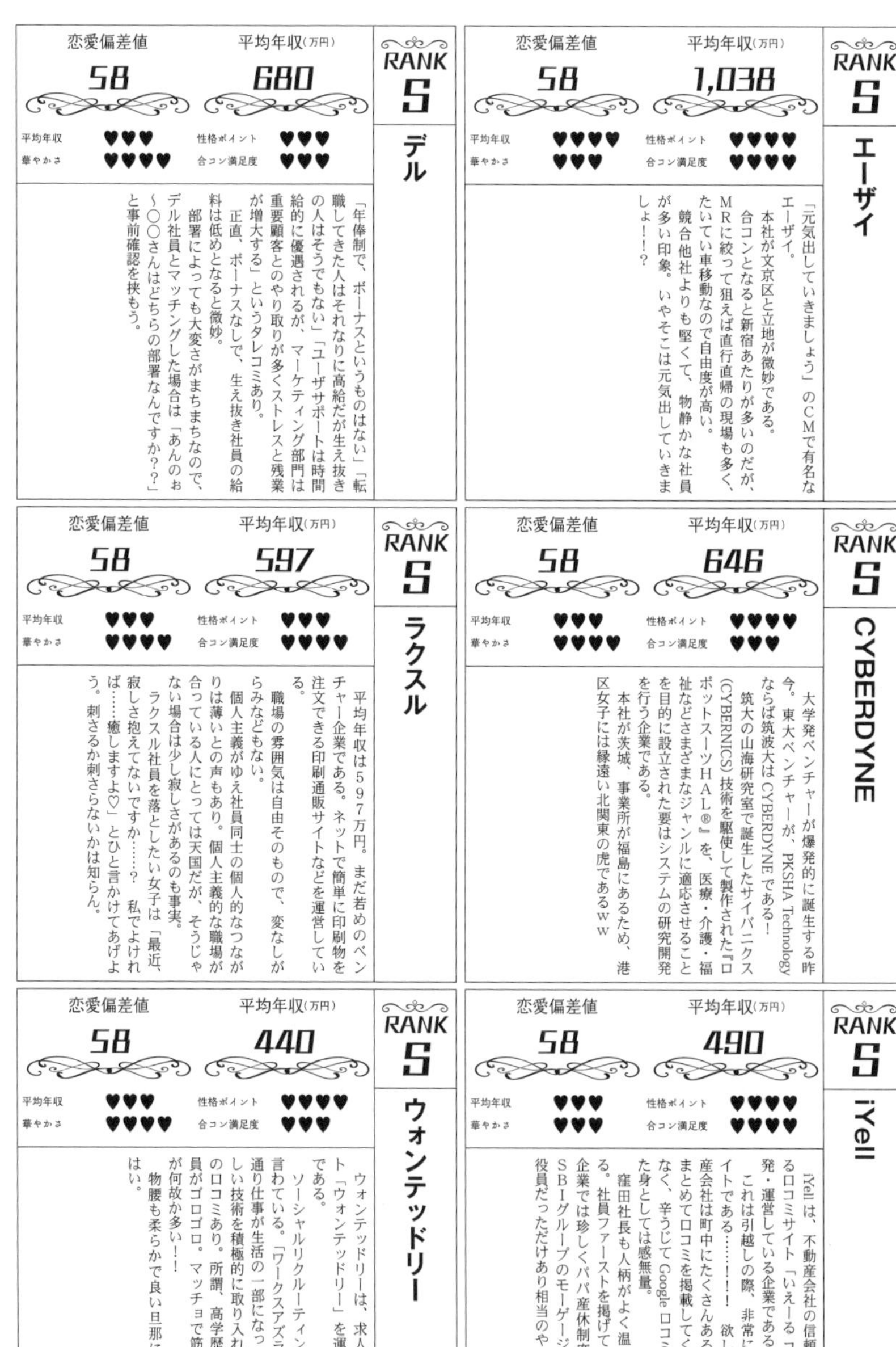

RANK S

エーザイ

恋愛偏差値 58　平均年収（万円） 1,038

平均年収 ♥♥♥♥　性格ポイント ♥♥♥♥
華やかさ ♥♥♥　合コン満足度 ♥♥♥♥

「元気出していきましょう」のCMで有名なエーザイ。

本社が文京区と立地が微妙である。

合コンとなると新宿あたりが多いのだが、MRに絞って狙えば直行直帰の現場も多く、たいてい車移動なので自由度が高い。

競合他社よりも堅くて、物静かな社員が多い印象。いやそこは元気出していきましょ！！？

RANK S

デル

恋愛偏差値 58　平均年収（万円） 680

平均年収 ♥♥♥　性格ポイント ♥♥♥
華やかさ ♥♥♥♥　合コン満足度 ♥♥♥

「年俸制で、ボーナスというものはない」「転職してきた人はそれなりに高給だが生え抜きの人はそうでもない」「ユーザサポートは時間給的に優遇されるが、マーケティング部門は重要顧客とのやり取りが多くストレスと残業が増大する」というタレコミあり。

正直、ボーナスなしで、生え抜き社員の給料は低めとなると微妙。

部署によっても大変さがまちまちなので、デル社員とマッチングした場合は「あんのぉ〜○○さんはどちらの部署なんですか？」と事前確認を挟もう。

RANK S

CYBERDYNE

恋愛偏差値 58　平均年収（万円） 646

平均年収 ♥♥♥　性格ポイント ♥♥♥♥
華やかさ ♥♥♥♥　合コン満足度 ♥♥♥

大学発ベンチャーが爆発的に誕生する昨今。東大ベンチャーが、PKSHA Technologyならば筑波大はCYBERDYNEである！

筑波大の山海研究室で誕生したサイバニクス(CYBERNICS)技術を駆使して製作された『ロボットスーツHAL®』を、医療・介護・福祉などさまざまなジャンルに適応させることを目的に設立された要はシステムの研究開発を行う企業である。

本社が茨城、事業所が福島にあるため、港区女子には縁遠い北関東の虎であるｗｗ

RANK S

ラクスル

恋愛偏差値 58　平均年収（万円） 597

平均年収 ♥♥♥　性格ポイント ♥♥♥
華やかさ ♥♥♥♥　合コン満足度 ♥♥♥♥

平均年収は597万円。まだ若めのベンチャー企業である。ネットで簡単に印刷物を注文できる印刷通販サイトなどを運営している。

職場の雰囲気は自由そのもので、変なしがらみなどもない。

個人主義がゆえ社員同士の個人的なつながりは薄いとの声もあり。個人主義的な職場が合っている人にとっては天国だが、そうじゃない場合は少し寂しさがあるのも事実。

ラクスル社員を落としたい女子は「最近、寂しさ抱えてないですか……？　私でよければ……癒しますよ♡」とひと言かけてあげよう。刺さるか刺さらないかは知らん。

RANK S

iYell

恋愛偏差値 58　平均年収（万円） 490

平均年収 ♥♥♥　性格ポイント ♥♥♥♥
華やかさ ♥♥♥　合コン満足度 ♥♥♥♥

iYellは、不動産会社の信頼度が一目でわかる口コミサイト「いえーるコンシェル」を開発・運営している企業である。

これは引越しの際、非常に役立ちそうなサイトである……！！！　欲しかった(ﾟωﾟ)　不動産会社は町中にたくさんあるものの、それをまとめて口コミを掲載してくれるサービスはなく、辛うじてGoogle口コミを頼りにしていた身としては感無量。

窪田社長も人柄がよく温かいと評判である。社員ファーストを掲げており、ベンチャー企業では珍しくパパ産休制度を設けている。SBIグループのモーゲージバンクで最年少役員だっただけあり相当のやり手である！

RANK S

ウォンテッドリー

恋愛偏差値 58　平均年収（万円） 440

平均年収 ♥♥♥　性格ポイント ♥♥♥♥
華やかさ ♥♥♥♥　合コン満足度 ♥♥♥

ウォンテッドリーは、求人情報ウェブサイト「ウォンテッドリー」を運営している会社である。

ソーシャルリクルーティングサービスとも言われている。「ワークスアズライフという言葉通り仕事が生活の一部になっている会社」「新しい技術を積極的に取り入れている会社」との口コミあり。所謂、高学歴で意識の高い社員がゴロゴロ。マッチョで筋トレ好きな男性が何故か多い！！

物腰も柔らかで良い旦那になりそうです。

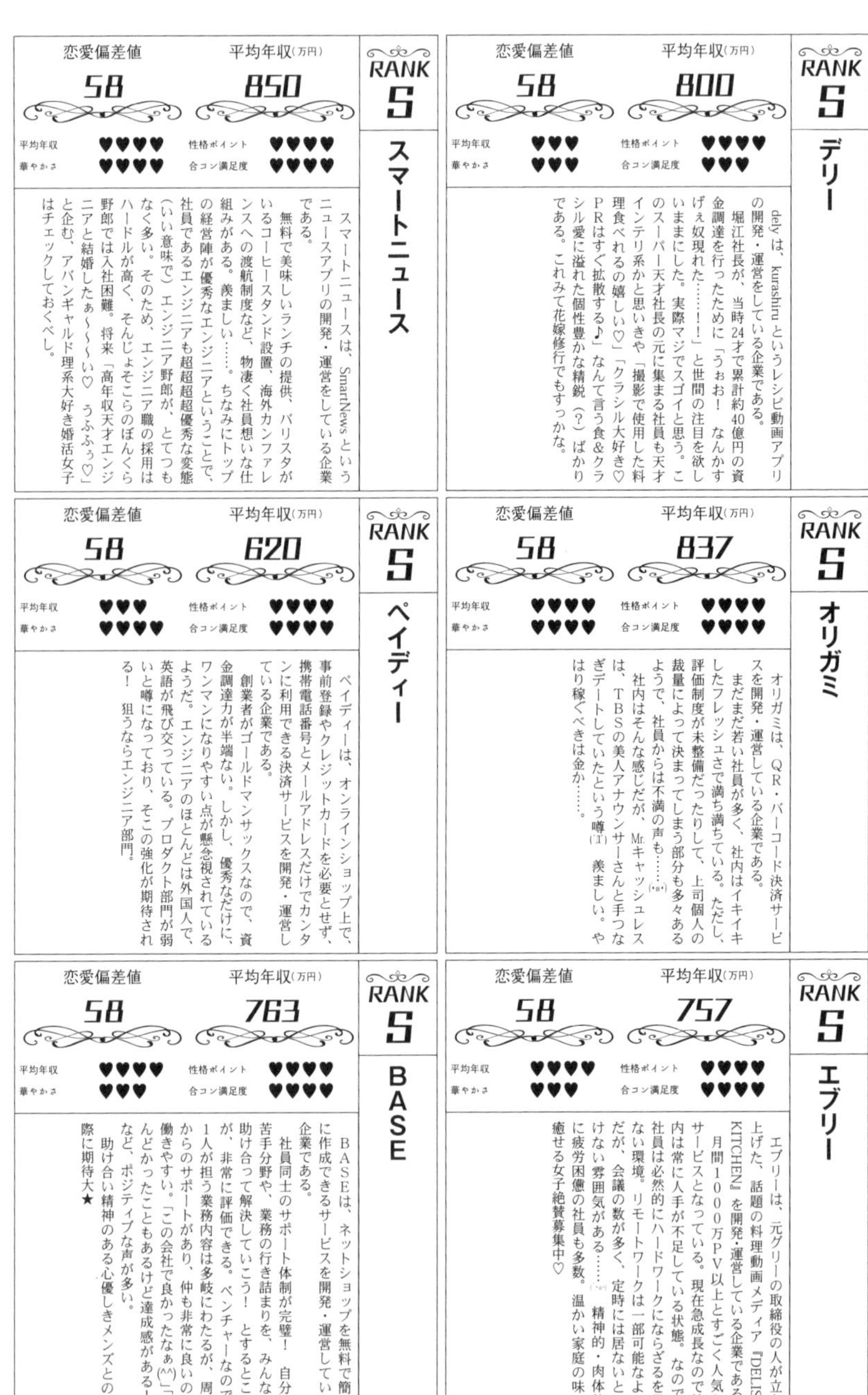

RANK S デリー

恋愛偏差値	平均年収（万円）
58	800

項目	評価	項目	評価
平均年収	♥♥♥	性格ポイント	♥♥♥♥
華やかさ	♥♥♥	合コン満足度	♥♥♥

dely は、kurashiru というレシピ動画アプリの開発・運営をしている企業である。

堀江社長が、当時24才で累計約40億円の資金調達を行ったために「うぉお！ なんかすげぇ奴現れた……！」と世間の注目を欲しいままにした。実際マジでスゴイと思う。このスーパー天才社長の元に集まる社員も天才インテリ系かと思いきや「撮影で使用した料理食べれるの嬉しい♡」「クラシル大好き♡PRはすぐ拡散する♪」なんて言う食&クラシル愛に溢れた個性豊かな精鋭（?）ばかりである。これみて花嫁修行でもすっかな。

RANK S スマートニュース

恋愛偏差値	平均年収（万円）
58	850

項目	評価	項目	評価
平均年収	♥♥♥♥	性格ポイント	♥♥♥♥
華やかさ	♥♥♥♥	合コン満足度	♥♥♥♥

スマートニュースは、SmartNewsというニュースアプリの開発・運営をしている企業である。

無料で美味しいランチの提供、バリスタがいるコーヒースタンド設置、海外カンファレンスへの渡航制度など、物凄く社員想いな仕組みがある。羨ましい……。ちなみにトップの経営陣が優秀なエンジニアということで、社員であるエンジニアも超超超超優秀な変態（いい意味で）エンジニア野郎が、とてつもなく多い。そのため、エンジニア職の採用はハードルが高く、そんじょそこらのぼんくら野郎では入社困難。将来「高年収天才エンジニアと結婚したぁ〜〜い♡ うふふぅ♡」と企む、アバンギャルド理系大好き婚活女子はチェックしておくべし。

RANK S オリガミ

恋愛偏差値	平均年収（万円）
58	837

項目	評価	項目	評価
平均年収	♥♥♥♥	性格ポイント	♥♥♥♥
華やかさ	♥♥♥♥	合コン満足度	♥♥♥♥

オリガミは、QR・バーコード決済サービスを開発・運営している企業である。

まだまだ若い社員が多く、社内はイキイキしたフレッシュさで満ち満ちている。ただし、評価制度が未整備だったりして、上司個人の裁量によって決まってしまう部分も多々あるようで、社員からは不満の声も……

社内はそんな感じだが、Mr.キャッシュレスは、TBSの美人アナウンサーさんと手つなぎデートしていたという噂(T_T) 羨ましい。やはり稼ぐべきは金か……。

RANK S ペイディー

恋愛偏差値	平均年収（万円）
58	620

項目	評価	項目	評価
平均年収	♥♥♥	性格ポイント	♥♥♥♥
華やかさ	♥♥♥♥	合コン満足度	♥♥♥♥

ペイディーは、オンラインショップ上で、事前登録やクレジットカードを必要とせず、携帯電話番号とメールアドレスだけでカンタンに利用できる決済サービスを開発・運営している企業である。

創業者がゴールドマンサックスなので、資金調達力が半端ない。しかし、優秀なだけに、ワンマンになりやすい点が懸念視されているようだ。エンジニアのほとんどは外国人で、英語が飛び交っている。プロダクト部門が弱いと噂になっており、そこの強化が期待される！ 狙うならエンジニア部門。

RANK S エブリー

恋愛偏差値	平均年収（万円）
58	757

項目	評価	項目	評価
平均年収	♥♥♥♥	性格ポイント	♥♥♥♥
華やかさ	♥♥♥	合コン満足度	♥♥♥♥

エブリーは、元グリーの取締役の人が立ち上げた、話題の料理動画メディア『DELISH KITCHEN』を開発・運営している企業である。

月間1000万PV以上とすごく人気なサービスとなっている。現在急成長なので社内は常に人手が不足している状態。なので、社員は必然的にハードワークにならざるを得ない環境。リモートワークは一部可能なようだが、会議の数が多く、定時には居ないといけない雰囲気がある…… 精神的・肉体的に疲労困憊の社員も多数。温かい家庭の味で癒せる女子絶賛募集中♡

RANK S BASE

恋愛偏差値	平均年収（万円）
58	763

項目	評価	項目	評価
平均年収	♥♥♥♥	性格ポイント	♥♥♥♥
華やかさ	♥♥♥	合コン満足度	♥♥♥♥

BASEは、ネットショップを無料で簡単に作成できるサービスを開発・運営している企業である。

社員同士のサポート体制が完璧！ 自分の苦手分野や、業務の行き詰まりを、みんなで助け合って解決していこう！ とするところが、非常に評価できる。ベンチャーなので、1人が担う業務内容は多岐にわたるが、周りからのサポートがあり、仲も非常に良いので働きやすい。「この会社で良かったなぁ(^^)」「しんどかったこともあるけど達成感がある！」など、ポジティブな声が多い。

助け合い精神のある心優しきメンズとの交際に期待大★

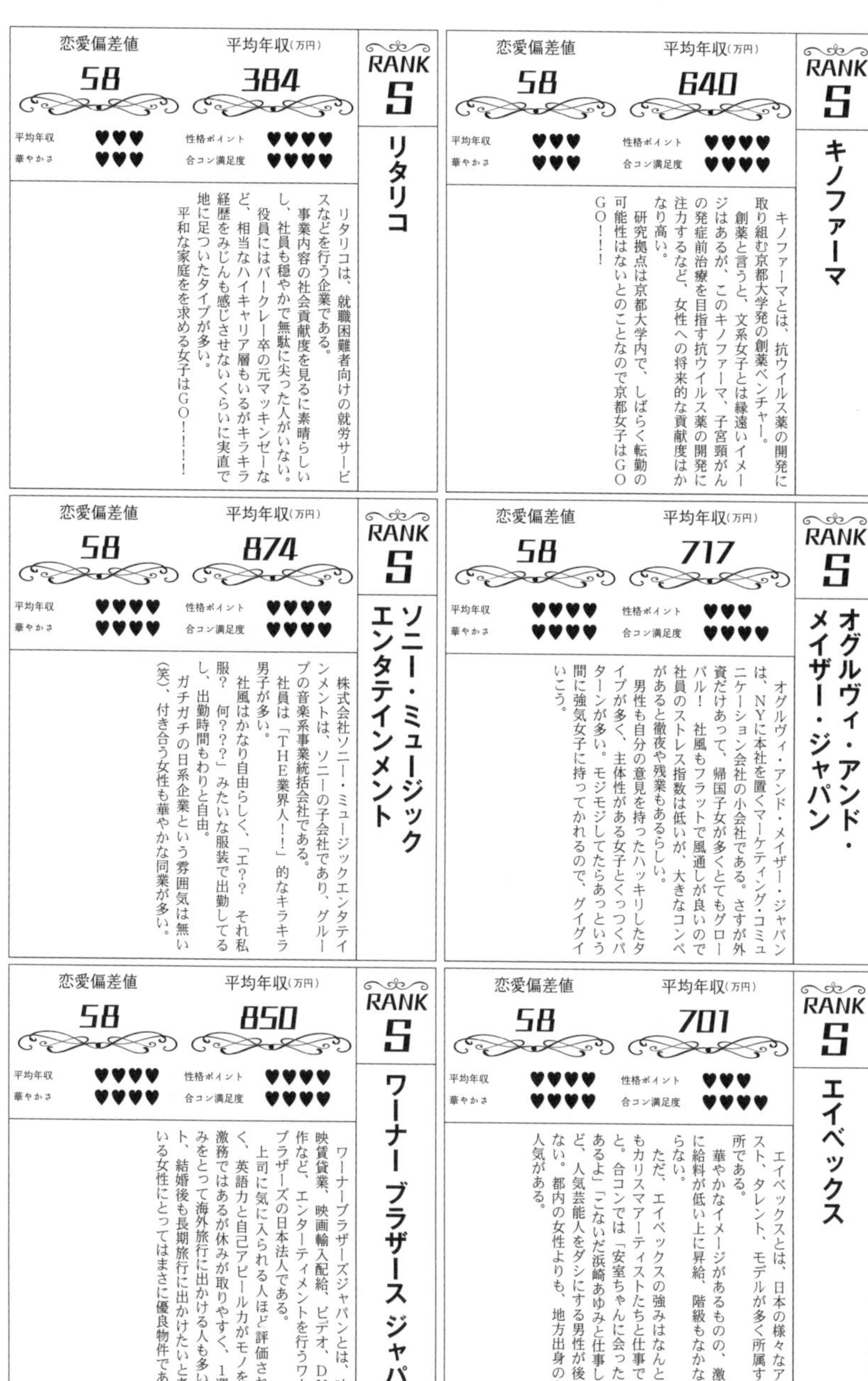

RANK S キノファーマ

恋愛偏差値 58　平均年収（万円） 640

平均年収 ♥♥♥　性格ポイント ♥♥♥♥
華やかさ ♥♥♥　合コン満足度 ♥♥♥♥

キノファーマとは、抗ウイルス薬の開発に取り組む京都大学発の創薬ベンチャー。

創薬と言うと、文系女子とは縁遠いイメージはあるが、このキノファーマ、子宮頸がんの発症前治療を目指す抗ウイルス薬の開発に注力するなど、女性への将来的な貢献度はかなり高い。

研究拠点は京都大学内で、しばらく転勤の可能性はないとのことなので京都女子はGO GO！！！

RANK S リタリコ

恋愛偏差値 58　平均年収（万円） 384

平均年収 ♥♥♥　性格ポイント ♥♥♥♥
華やかさ ♥♥♥　合コン満足度 ♥♥♥♥

リタリコは、就職困難者向けの就労サービスなどを行う企業である。

事業内容の社会貢献度を見るに素晴らしいし、社員も穏やかで無駄に尖った人がいない。

役員にはバークレー卒の元マッキンゼーなど、相当なハイキャリア層もいるがキラキラ経歴をみじんも感じさせないくらいに実直で地に足ついたタイプが多い。

平和な家庭をを求める女子はGO！！！

RANK S オグルヴィ・アンド・メイザー・ジャパン

恋愛偏差値 58　平均年収（万円） 717

平均年収 ♥♥♥♥　性格ポイント ♥♥♥
華やかさ ♥♥♥♥　合コン満足度 ♥♥♥♥

オグルヴィ・アンド・メイザー・ジャパンは、NYに本社を置くマーケティング・コミュニケーション会社の小会社である。さすが外資だけあって、帰国子女が多くとてもグローバル！ 社風もフラットで風通しが良いので社員のストレス指数は低いが、大きなコンペがあると徹夜や残業もあるらしい。

男性も自分の意見を持ったハッキリしたタイプが多く、主体性がある女子とくっつくパターンが多い。モジモジしてたらあっという間に強気女子に持ってかれるので、グイグイいこう。

RANK S ソニー・ミュージックエンタテインメント

恋愛偏差値 58　平均年収（万円） 874

平均年収 ♥♥♥♥　性格ポイント ♥♥♥♥
華やかさ ♥♥♥♥　合コン満足度 ♥♥♥♥

株式会社ソニー・ミュージックエンタテインメントは、ソニーの子会社であり、グループの音楽系事業統括会社である。

社員は「THE業界人！！」的なキラキラ男子が多い。

社風はかなり自由らしく、「エ？？ それ私服？ 何？？？」みたいな服装で出勤してるし、出勤時間もわりと自由。

ガチガチの日系企業という雰囲気は無い（笑）、付き合う女性も華やかな同業が多い。

RANK S エイベックス

恋愛偏差値 58　平均年収（万円） 701

平均年収 ♥♥♥♥　性格ポイント ♥♥♥
華やかさ ♥♥♥♥　合コン満足度 ♥♥♥♥

エイベックスとは、日本の様々なアーティスト、タレント、モデルが多く所属する事務所である。

華やかなイメージがあるものの、激務な割に給料が低い上に昇給、階級もなかなか上がらない。

ただ、エイベックスの強みはなんといってもカリスマアーティストたちと仕事できること。合コンでは「安室ちゃんに会ったことがあるよ」「こないだ浜崎あゆみと仕事した」など、人気芸能人をダシにする男性が後を絶たない。都内の女性よりも、地方出身の女性に人気がある。

RANK S ワーナー ブラザース ジャパン

恋愛偏差値 58　平均年収（万円） 850

平均年収 ♥♥♥♥　性格ポイント ♥♥♥♥
華やかさ ♥♥♥♥　合コン満足度 ♥♥♥♥

ワーナーブラザーズジャパンとは、映画上映賃貸業、映画輸入配給、ビデオ、DVD制作など、エンターティメントを行うワーナーブラザーズの日本法人である。

上司に気に入られる人ほど評価されやすく、英語力と自己アピール力がモノを言う。激務ではあるが休みが取りやすく、1週間休みをとって海外旅行に出かける人も多い。デート、結婚後も長期旅行に出かけたいと考えている女性にとってはまさに優良物件である。

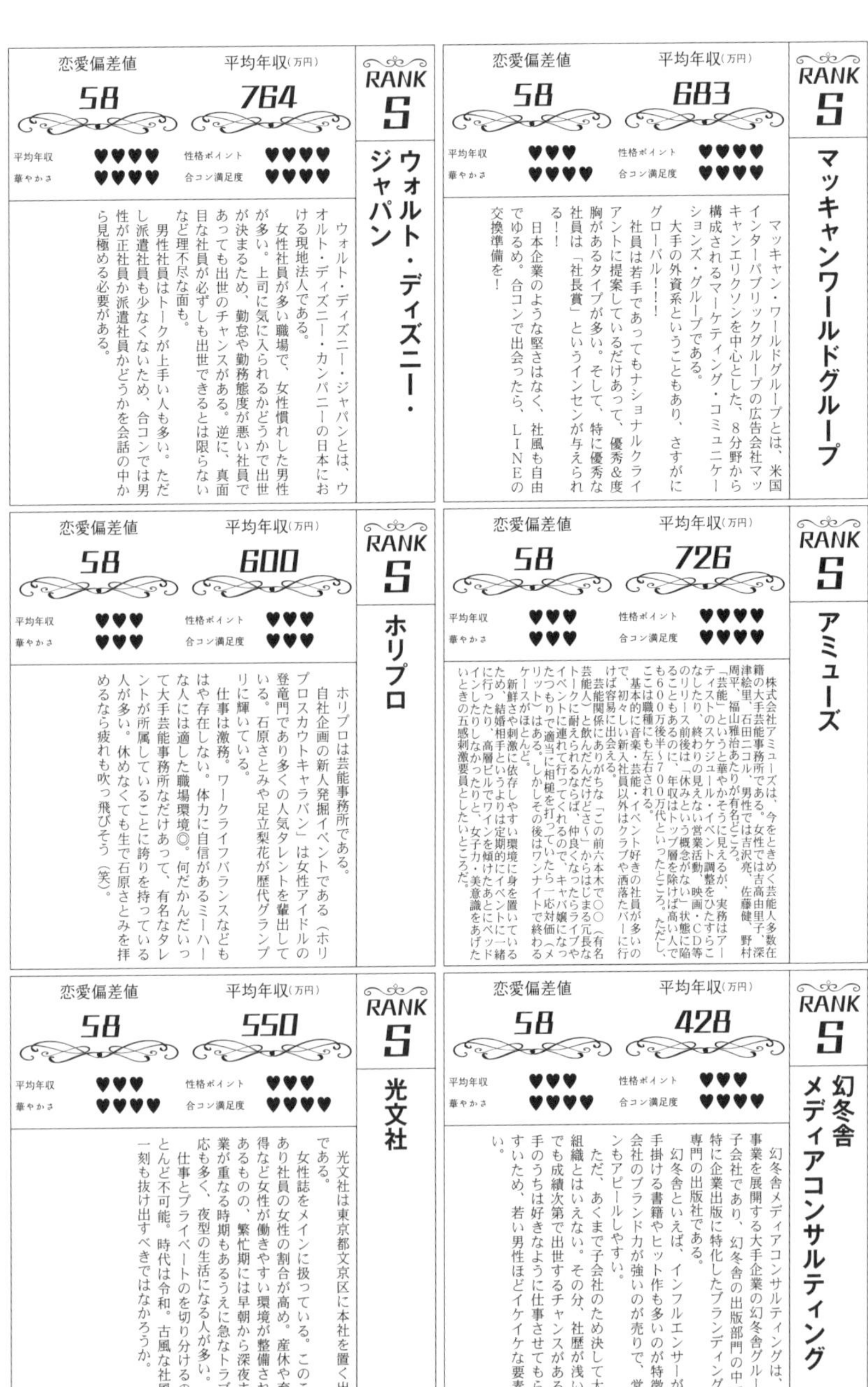

RANK S マッキャンワールドグループ

恋愛偏差値	平均年収（万円）
58	683

平均年収	♥♥♥	性格ポイント	♥♥♥♥
華やかさ	♥♥♥♥	合コン満足度	♥♥♥♥

マッキャン・ワールドグループとは、米国インターパブリックグループの広告会社マッキャンエリクソンを中心とした、8分野から構成されるマーケティング・コミュニケーションズ・グループである。

大手の外資系ということもあり、さすがにグローバル！！！

社員は若手であってもナショナルクライアントに提案しているだけあって、優秀＆度胸があるタイプが多い。そして、特に優秀な社員は「社長賞」というインセンが与えられる！！

日本企業のような堅さはなく、社風も自由でゆるめ。合コンで出会ったら、ＬＩＮＥの交換準備を！

RANK S ウォルト・ディズニー・ジャパン

恋愛偏差値	平均年収（万円）
58	764

平均年収	♥♥♥♥	性格ポイント	♥♥♥♥
華やかさ	♥♥♥♥	合コン満足度	♥♥♥♥

ウォルト・ディズニー・ジャパンとは、ウォルト・ディズニー・カンパニーの日本における現地法人である。

女性社員が多い職場で、女性慣れした男性が多い。上司に気に入られるかどうかで出世が決まるため、勤怠や勤務態度が悪い社員であっても出世のチャンスがある。逆に、真面目な社員が必ずしも出世できるとは限らないなど理不尽な面も。

男性社員はトークが上手い人も多い。ただし派遣社員も少なくないため、合コンでは男性が正社員か派遣社員かどうかを会話の中から見極める必要がある。

RANK S アミューズ

恋愛偏差値	平均年収（万円）
58	726

平均年収	♥♥♥	性格ポイント	♥♥♥♥
華やかさ	♥♥♥	合コン満足度	♥♥♥♥

株式会社アミューズは、今をときめく芸能人多数在籍の大手芸能事務所である。女性では吉高由里子、深津絵里、石田ニコル、男性では吉沢亮、佐藤健、野村周平、福山雅治あたりが有名どころ。

「芸能」というと華やかそうに見えるが、実務はアーティストのスケジュール・イベント調整をひたすらこなしたり、終わりの見えない営業活動、映画・CD等のリリース前後は「休みという概念がない」状態に陥ることもあるのに、年収はトップ層を除けば高い人でも６００万後半〜７００万代といったところ。ただし、ここは職種にも左右される。

基本的に音楽・芸能・イベント好きの社員が多いので、初々しい新入社員以外はクラブや洒落たバーに行けば容易に出会える。

芸能関係にありがちな「この前六本木で○○（有名芸能人）と飲んだんだけどさ〜」からはじまる冗長なトークに耐えられるならば、仲良くなったらライブやイベントに連れて行ってくれるので、キャバ嬢になったつもりで適当に相槌を打っていたら一応対価（メリット）はある。しかしその後はワンナイトで終わるケースがほとんど。

新鮮さや刺激に依存しやすい環境に身を置いているため、結婚相手というよりは定期的にイベントに一緒に行ったり、高層ビルでワインを傾けたあとにベッドインしたりしなかったりと、女子力・美意識をあげたいときの五感刺激要員としたいところだ。

RANK S ホリプロ

恋愛偏差値	平均年収（万円）
58	600

平均年収	♥♥♥	性格ポイント	♥♥♥
華やかさ	♥♥♥	合コン満足度	♥♥♥

ホリプロは芸能事務所である。

自社企画の新人発掘イベントである（ホリプロスカウトキャラバン」は女性アイドルの登竜門であり多くの人気タレントを輩出している。石原さとみや足立梨花が歴代グランプリに輝いている。

仕事は激務。ワークライフバランスなどはや存在しない。体力に自信があるミーハーな人には適した職場環境◎。何だかんだいって大手芸能事務所なだけあって、有名なタレントが所属していることに誇りを持っている人が多い。休めなくても生で石原さとみを拝めるなら疲れも吹っ飛びそう（笑）。

RANK S 幻冬舎メディアコンサルティング

恋愛偏差値	平均年収（万円）
58	428

平均年収	♥♥♥	性格ポイント	♥♥♥
華やかさ	♥♥♥♥	合コン満足度	♥♥♥♥

幻冬舎メディアコンサルティングは、出版事業を展開する大手企業の幻冬舎グループの子会社であり、幻冬舎の出版部門の中でも、特に企業出版に特化したブランディング出版専門の出版社である。

幻冬舎といえば、インフルエンサーが多く手掛ける書籍やヒット作も多いのが特徴。親会社のブランド力が強いのが売りで、営業マンもアピールしやすい。

ただ、あくまで子会社のため決して大きい組織とはいえない。その分、社歴が浅い職員でも成績次第で出世するチャンスがある。若手のうちは好きなように仕事させてもらいやすいため、若い男性ほどイケイケな要素が強い。

RANK S 光文社

恋愛偏差値	平均年収（万円）
58	550

平均年収	♥♥♥	性格ポイント	♥♥♥
華やかさ	♥♥♥♥	合コン満足度	♥♥♥♥

光文社は東京都文京区に本社を置く出版社である。

女性誌をメインに扱っている。このこともあり社員の女性の割合が高め。産休や育休取得など女性が働きやすい環境が整備されつつあるものの、繁忙期には早朝から深夜まで残業が重なる時期もあるうえに急なトラブル対応も多く、夜型の生活になる人が多い。

仕事とプライベートのを切り分けるのはほとんど不可能。時代は令和。古風な社風から一刻も抜け出すべきではなかろうか。

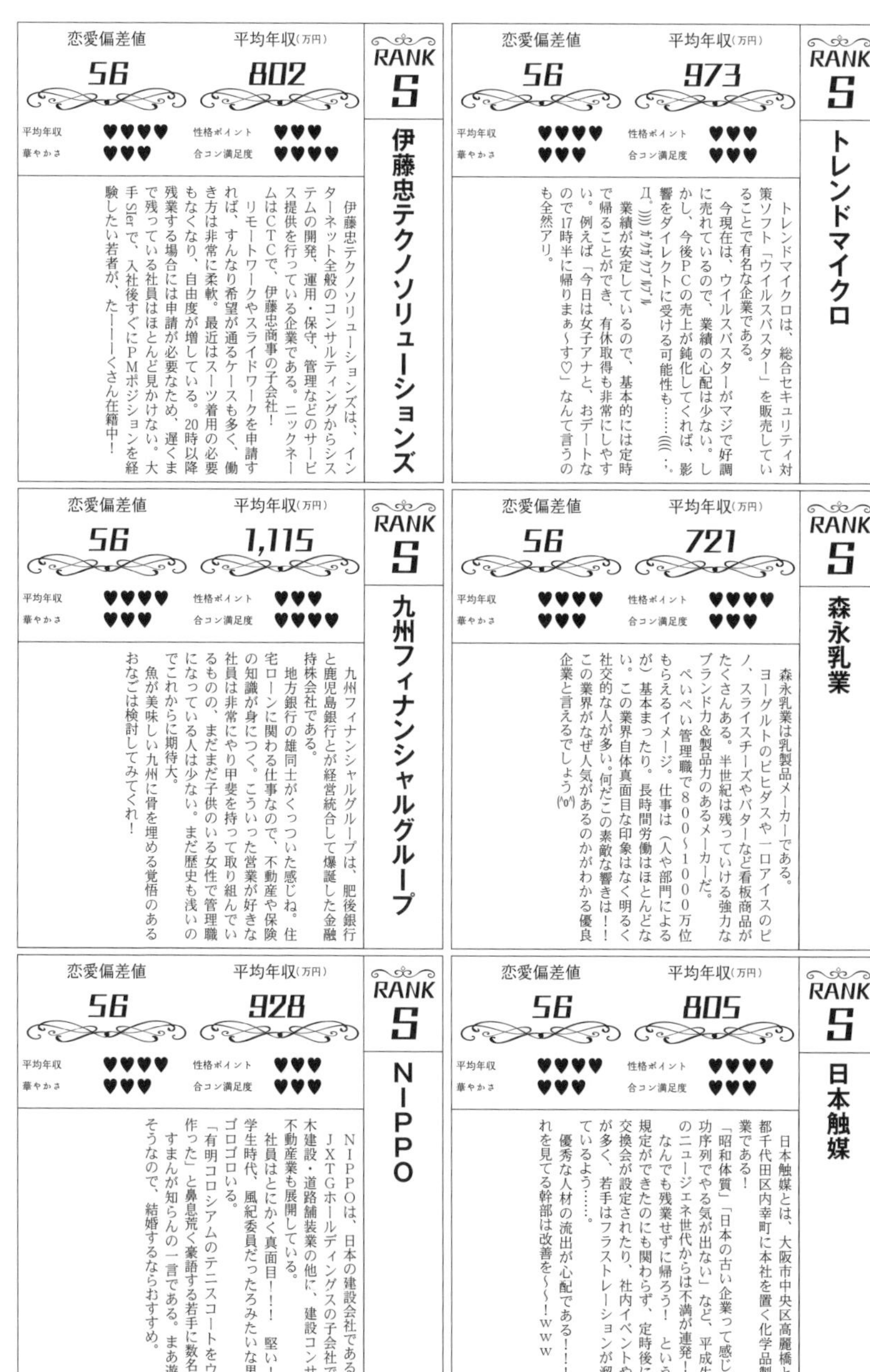

トレンドマイクロ

RANK S

恋愛偏差値	平均年収(万円)
56	973

項目	評価	項目	評価
平均年収	♥♥♥♥	性格ポイント	♥♥♥
華やかさ	♥♥♥	合コン満足度	♥♥♥

トレンドマイクロは、総合セキュリティ対策ソフト「ウイルスバスター」を販売していることで有名な企業である。

今現在は、ウイルスバスターがマジで好調に売れているので、業績の心配は少ない。しかし、今後PCの売上が鈍化してくれれば、影響をダイレクトに受ける可能性も……(((;゜Д゜)))ｶﾞｸｶﾞｸﾌﾞﾙﾌﾞﾙ

業績が安定しているので、基本的には定時で帰ることができ、有休取得も非常にしやすい。例えば「今日は女子アナと、おデートなので17時半に帰りまぁ〜す♡」なんて言うのも全然アリ。

伊藤忠テクノソリューションズ

RANK S

恋愛偏差値	平均年収(万円)
56	802

項目	評価	項目	評価
平均年収	♥♥♥♥	性格ポイント	♥♥♥
華やかさ	♥♥♥	合コン満足度	♥♥♥♥

伊藤忠テクノソリューションズは、インターネット全般のコンサルティングからシステムの開発、運用・保守、管理などのサービス提供を行っている企業である。ニックネームはCTCで、伊藤忠商事の子会社！

リモートワークやスライドワークを申請すれば、すんなり希望が通るケースも多く、働き方は非常に柔軟。最近はスーツ着用の必要もなくなり、自由度が増している。20時以降残業する場合には申請が必要なため、遅くまで残っている社員はほとんど見かけない。大手SIerで、入社後すぐにPMポジションを経験したい若者が、たーーーくさん在籍中！

森永乳業

RANK S

恋愛偏差値	平均年収(万円)
56	721

項目	評価	項目	評価
平均年収	♥♥♥♥	性格ポイント	♥♥♥♥
華やかさ	♥♥♥	合コン満足度	♥♥♥

森永乳業は乳製品メーカーである。

ヨーグルトのビヒダスや一口アイスのピノ、スライスチーズやバターなど看板商品がたくさんある。半世紀は残っていける強力なブランド力&製品力のあるメーカーだ。

ぺいぺい管理職で800〜1000万位もらえるイメージ。仕事は（人や部門によるが）基本まったり。長時間労働はほとんどない。この業界自体真面目な印象はなく明るく社交的な人が多い。何だこの素敵な響きは！！この業界がなぜ人気があるのかがわかる優良企業と言えるでしょう(^o^)

九州フィナンシャルグループ

RANK S

恋愛偏差値	平均年収(万円)
56	1,115

項目	評価	項目	評価
平均年収	♥♥♥♥	性格ポイント	♥♥♥
華やかさ	♥♥♥	合コン満足度	♥♥♥♥

九州フィナンシャルグループは、肥後銀行と鹿児島銀行とが経営統合して爆誕した金融持株会社である。

地方銀行の雄同士がくっついた感じね。住宅ローンに関わる仕事なので、不動産や保険の知識が身につく。こういった営業が好きな社員は非常にやり甲斐を持って取り組んでいるものの、まだまだ子供のいる女性で管理職になっている人は少ない。まだ歴史も浅いのでこれからに期待大。

魚が美味しい九州に骨を埋める覚悟のあるおなごは検討してみてくれ！

日本触媒

RANK S

恋愛偏差値	平均年収(万円)
56	805

項目	評価	項目	評価
平均年収	♥♥♥♥	性格ポイント	♥♥♥♥
華やかさ	♥♥♥	合コン満足度	♥♥♥

日本触媒とは、大阪市中央区高麗橋と東京都千代田区内幸町に本社を置く化学品製造企業である！

「昭和体質」「日本の古い企業って感じ」「年功序列でやる気が出ない」など、平成生まれのニュージェネ世代からは不満が連発！！！

なんでも残業せずに帰ろう！　という社内規定ができたのにも関わらず、定時後に意見交換会が設定されたり、社内イベントや行事が多く、若手はフラストレーションが溜まっているよう……。

優秀な人材の流出が心配である！！！　これを見てる幹部は改善を〜〜！ｗｗｗ

NIPPO

RANK S

恋愛偏差値	平均年収(万円)
56	928

項目	評価	項目	評価
平均年収	♥♥♥♥	性格ポイント	♥♥♥
華やかさ	♥♥♥	合コン満足度	♥♥♥

ＮＩＰＰＯは、日本の建設会社である。ＪＸＴＧホールディングスの子会社で、土木建設・道路舗装業の他に、建設コンサルや不動産業も展開している。

社員はとにかく真面目！！　堅い！！！学生時代、風紀委員だったろみたいな男子がゴロゴロいる。

「有明コロシアムのテニスコートをウチが作った」と鼻息荒く豪語する若手に数名遭遇。

すまんが知らんの一言である。まあ遊ばなそうなので、結婚するならおすすめ。

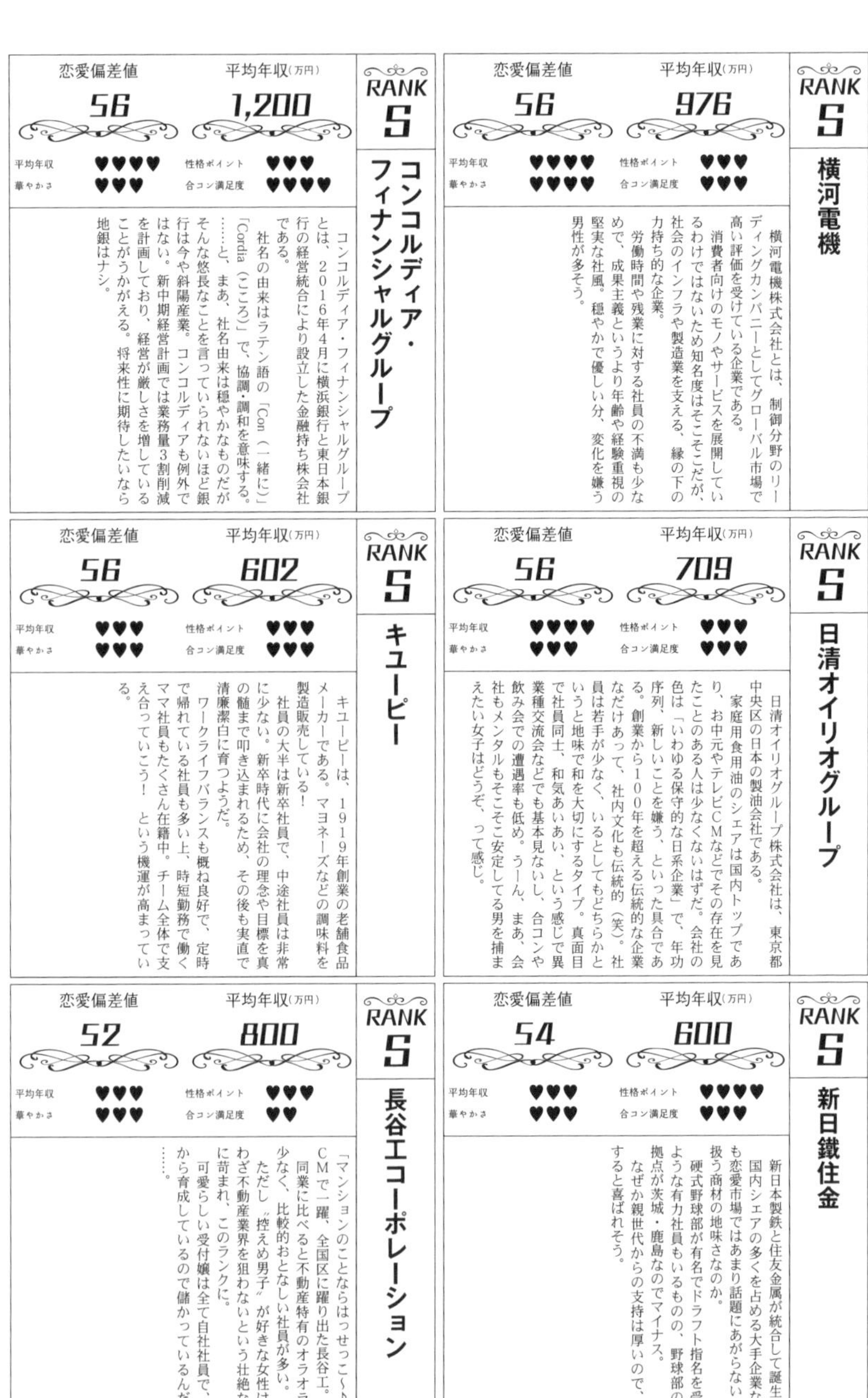

横河電機

RANK S

恋愛偏差値	平均年収（万円）
56	976

平均年収	♥♥♥♥	性格ポイント	♥♥♥
華やかさ	♥♥♥♥	合コン満足度	♥♥♥

横河電機株式会社とは、制御分野のリーディングカンパニーとしてグローバル市場で高い評価を受けている企業である。

消費者向けのモノやサービスを展開しているわけではないため知名度はそこそこだが、社会のインフラや製造業を支える、縁の下の力持ち的な企業。

労働時間や残業に対する社員の不満も少なめで、成果主義というより年齢や経験重視の堅実な社風。穏やかで優しい分、変化を嫌う男性が多そう。

コンコルディア・フィナンシャルグループ

RANK S

恋愛偏差値	平均年収（万円）
56	1,200

平均年収	♥♥♥♥	性格ポイント	♥♥♥
華やかさ	♥♥♥	合コン満足度	♥♥♥♥

コンコルディア・フィナンシャルグループとは、２０１６年４月に横浜銀行と東日本銀行の経営統合により設立した金融持ち株会社である。

社名の由来はラテン語の「Con（一緒に）」「Cordia（こころ）」で、協調・調和を意味する。……と、まあ、社名由来は穏やかなものだが、そんな悠長なことを言っていられないほど銀行は今や斜陽産業。コンコルディアも例外ではない。新中期経営計画では業務量３割削減を計画しており、経営が厳しさを増していることがうかがえる。将来性に期待したいなら地銀はナシ。

日清オイリオグループ

RANK S

恋愛偏差値	平均年収（万円）
56	709

平均年収	♥♥♥♥	性格ポイント	♥♥♥
華やかさ	♥♥♥	合コン満足度	♥♥♥

日清オイリオグループ株式会社は、東京都中央区の日本の製油会社である。

家庭用食用油のシェアは国内トップであり、お中元やテレビCMなどでその存在を見たことのある人は少なくないはずだ。会社の色は「いわゆる保守的な日系企業」で、年功序列、新しいことを嫌う、といった具合である。創業から１００年を超える伝統的な企業なだけあって、社内文化も伝統的（笑）。社員は若手が少なく、いるとしてもどちらかというと地味で和を大切にするタイプ。真面目で社員同士、和気あいあい、という感じで異業種交流会などでも基本見ないし、合コンや飲み会での遭遇率も低め。う〜ん、まあ、会社もメンタルもそこそこ安定してる男を捕まえたい女子はどうぞ、って感じ。

キユーピー

RANK S

恋愛偏差値	平均年収（万円）
56	602

平均年収	♥♥♥	性格ポイント	♥♥♥
華やかさ	♥♥♥	合コン満足度	♥♥♥

キユーピーは、１９１９年創業の老舗食品メーカーである。マヨネーズなどの調味料を製造販売している！

社員の大半は新卒社員で、中途社員は非常に少ない。新卒時代に会社の理念や目標を真の髄まで叩き込まれるため、その後も実直で清廉潔白に育つようだ。

ワークライフバランスも概ね良好で、定時で帰れている社員も多い上、時短勤務で働くママ社員もたくさん在籍中。チーム全体で支え合っていこう！　という機運が高まっている。

新日鐵住金

RANK S

恋愛偏差値	平均年収（万円）
54	600

平均年収	♥♥♥	性格ポイント	♥♥♥♥
華やかさ	♥♥♥	合コン満足度	♥♥♥

新日本製鉄と住友金属が統合して誕生。

国内シェアの多くを占める大手企業ながらも恋愛市場ではあまり話題にあがらないのは、扱う商材の地味さなのか。

硬式野球部が有名でドラフト指名を受けるような有力社員もいるものの、野球部の活動拠点が茨城・鹿島なのでマイナス。

なぜか親世代からの支持は厚いので、結婚すると喜ばれそう。

長谷工コーポレーション

RANK S

恋愛偏差値	平均年収（万円）
52	800

平均年収	♥♥♥	性格ポイント	♥♥♥
華やかさ	♥♥♥	合コン満足度	♥♥

「マンションのことならはっせっこ〜♪」のCMで一躍、全国区に躍り出た長谷工。

同業に比べると不動産特有のオラオラ系は少なく、比較的おとなしい社員が多い。

ただし〝控えめ男子〟が好きな女性はわざわざ不動産業界を狙わないという壮絶な矛盾に苛まれ、このランクに。

可愛らしい受付嬢は全て自社社員で、いちから育成しているので儲かっているんだろう……。

【コラム】

外資金融の収入 ハウマッチ!? 実態を暴露します！

超実力主義で、高収入？仕事はやっぱり激務なの？
「外資系金融」と聞き、一体何をイメージするでしょうか。
実際のところ「どんな人が」「どんな風に働いて」
「どれくらい稼いでいるのか」はあまり表に出ていない気が……。
そこで今回。
外資系金融機関で働くイケメン社員に突撃インタビュー！
気になる給与事情や恋愛・結婚観まで余すところなく聞いていきますよ♡
今回、協力していただいたのは某大手外資系金融機関に勤めるＳさん。
のっけから爽やかな笑顔に、完全ノックアウト気味の編集部員！！！
ですが、ここからはクールにお話を聞いていきましょう。

外資系エリート社員の驚きの月収とは!?

――ではまず、自己紹介をお願いします!

はい、Sと申します。金融関係勤務の現在29歳です。

――すご～く良い体格をされてらっしゃるんですが、何かスポーツをされてるんですか?

そうですかね(笑)。学生時代に野球部に所属していて、今でもチームでプレーしてるんですよ。

――体育会のご出身なんですね! 就活で何か生かされた点はありますか?

そうですね。縦横の繋がりだったり、あとは面接での印象が良いのは多少あるかと。

――現在、金融関係にご勤務とのことですが、やりがいは感じていますか?

はい! 個人で扱う金額が多いので、常に責任は感じていますね。まずはお客様第一で、自分とお客様の幸せだけを考えてます。

――ちなみに給与の高いことで知られる御社ですが、月収はおいくら万円ですか?

さらっと突っ込んできましたね(笑)、う～ん。「トヨタ車1台分くらい」ということで勘弁してください。

ででん。

トヨタ車の最安価格は、軽トラで684000円。

いやあなた。

軽トラってこたぁないでしょうよ。

ちなみにトヨタ車の最高価格は高級ライン、MIRAI。

なんとそのお値段、**7236000円**。

じゃあ月収は68万～720万円の間ってことですね!

広いわ。

イケメンにうまく逃げられたな、これは。

もっとアレだ、多角的に攻めてみよう。

――では、一晩の遊びで使った最高額は?

独身時代に、約50万くらいでしょうか。

――50万!? ちなみにそれは、いわゆる女の子がいるようなお店ですか?

それはクラブ(踊る方)ですね! たまたま飲んだ後に店を出たら後輩たちにばったり会ってしまって。「遊び連れてってくださいよ!」って言われたんで、近くのクラブに入ってVIPをとったんですよ。10人くらいだったかなぁ。それでシャンパン飲んだり、なんだりして……。

――1人で50万も出したんですか?

そうですね。でも体育会だと基本、年長者が出すものなので特に抵抗はないです。あとは、お金を使っても「なんとなかなる」って思うんですよ。経営者の方や同じ外資系の会社員に、多いマインドの方が多くて「使ったから、その分しっかり稼ごう」みたいな（笑）。普通は逆だと思うんですが。

しかし会社員だとちょっと震える金額ですね。

結論。クラブで50万円を使っても余裕な月収。

ということでご容赦ください。

ちなみにトヨタ車なら私はランクル派です。

ハイスペはどこで遊んでいるの？

――先ほどクラブの話がありましたが、独身時代は何にお金を使ってました？

当時は稼いだ分そのまま出てましたね（笑）。支出の内訳は、ほぼ飲み代。キャバクラ、クラブ、ラウンジとか……。社内で行くこともあるし、お客様や、友達とも。

――ちなみに今、支出としては何が一番大きいでしょうか？

今はもう完っっ全に我が子ですね！ この前も、子供用のお布団を買ったり、洋服を買ったり……。独身時代とお金の使い方はかなり変わりました（笑）。自分でもびっくりするくらい。

最近生まれたばかりだというお嬢さんにデレデレのSさん。すっかりパパ生活を満喫しているそう。

（既婚者だった……ぐぬぬ）

恋愛観はどうなってるの!?

――ぶっちゃけ、お金もあってカッコ良いとどうしてもモテますよね？

いやいや全然です。自分からはあんまりいけないですね……。

――（くそ、意外に引くほど謙虚だな）ちなみに今まで「オレモテてるかも」って感じた瞬間を1つだけ絞りだしてください。

すごい強引だな、この人（笑）。うーん、例えば友人の結婚式に行くと「新婦の友人にS君とご飯食べたいって言ってる子がいるんだ

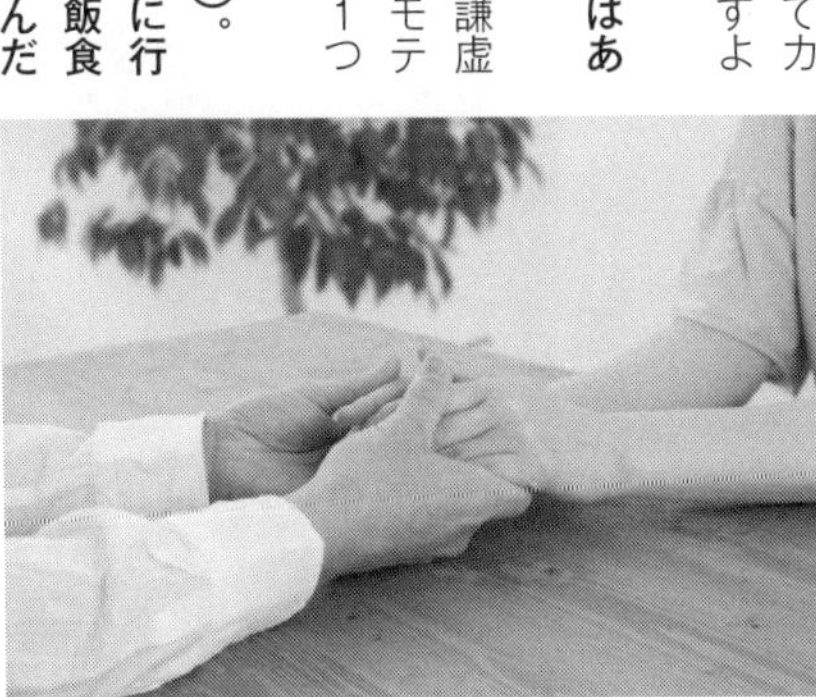

けど」って後日の食事会を設定してもらうことが多かったですね。10回くらいはあったかな。

――ほら！　やっぱモテてるじゃないですか！　異性との初対面も苦手じゃない？

まぁ、そうですね。基本的に男女問わず友人が多くて。親の転勤で全国あちこちにいたので、人見知りではないというか、人とコミュニケーションをとるのは苦手じゃないです。

ズバリ奥様との結婚の決め手は？

――では好きなタイプはどんな子ですか？

サバサバしてる子がいいですね。あとは優しくて、気が遣える子かな。

嫁もそうだけど、飲みに行ってるときに一切連絡してこないです。いい意味で放っといてくれてるというか。飲みに行くのも仕事みたいなとこもあるので。

――逆にこういう子は勘弁して下さいよ～って子はいます？

メンヘラっぽい子はちょっと厳しいかも……。あと、やたらお金の管理に厳しい人ですかね（笑）。

「それ、俺できるから！　仕事だから！」みたいな。同僚でもしっかりお小遣い制で管理されたいみたいな人はいますけどね。

――ちなみにハイスペ男性はどんな女の子と結婚するんですかね？

うーん、周りを見ていて思うのは、みんな意外とキャバクラで働いてたり、クラブでガンガン踊ってるような子は好きじゃなくて（笑）。華やかな場所で出会った子よりも最終的には〝普通の女の子〟と結ばれる人が多いかな。

――では、どうやって出会うのが良いですか？

自然な出会いが一番だから、やっぱり紹介とかになるんじゃないでしょうか。

知り合いづてに、食事会を企画してもらったり。

――出会ってからはどうアプローチすればいいですかね？

ある程度は相手のタイミングを測るのは大切だと思いますね。「今は彼ちょっと忙しそうだな」とか、「しばらく連絡は控えてみよう」みたいな気遣い。

本当に仕事でバタバタしていると休みも合わせづらかったり、精神的に余裕がなかったりするから。

――ハイスペを狙いたい婚活女子へ一言お願いします！

日々の行いをしっかりしてれば、陰ながら見てる人は必ずいます！

――では、稼ぎたいビジネス男子へ一言お願いします！

どんどんリスクをとったほうがいいと思います!!　じゃないともったいないですよ、人生。

まとめ

ついつい恋愛の話ばっかり聞いちゃいましたが、仕事の話になると、目つきがキッと鋭くなるSさん。

爽やかオーラでうっかり気づかなかったが、きっと仕事熱心な真面目な方に違いない。
座右の銘を聞いたところ……
著名な小説家、武者小路実篤のお言葉
「男子一生の仕事が楽に出来上がるものと思ってゐるのか馬鹿」だそう。
稼ぐにも、遊ぶにも
まずは仕事を仕上げてから。
ということでしょうか。

こうして自分を叱咤激励しながら、実力社会で日々戦っているんです。
どんな下世話な質問にも嫌な顔ひとつせず、丁寧にお答えいただいたSさん。
「仕事も遊びも豪快に」を体現するエリートイケメンでした！
ありがとうございました♡
今後のご活躍も編集部一同でお祈りしております。

SPECIAL INTERVIEW 2
スペシャルインタビュー2

『オリエンタルラウンジ』
西山喜洋 社長

相席ラウンジ『オリエンタルラウンジ』。
どうやらハイスペックな男性たちのたまり場になっているとか……。
これだけ多くの飲食店があるなか、
なぜハイスペ男子がこぞって利用するのか？
その答えを探るべく、今回オリエンタルラウンジの西山社長に取材を決行！
オリエンタルラウンジ渋谷駅前店にお邪魔しました。
ハイスペックたちが好む恋愛のかたちが垣間見えるインタビューになりました。

――本日はよろしくお願いいたします！（緊張）

オリエンタルラウンジを経営している西山です。よろしくお願いします。

――早速ですが、オリエンタルラウンジとはどんなお店なんでしょうか？

別々に来店された男女が相席して一緒に飲食を楽しめるお店です。

客層的には男性は20代半ば～30代後半、女性は20前半～30代前半が多いですね。

――ハイスペ男性がよく利用されているとお伺いしましたが……！

そうですね。いわゆるハイスペ男子と呼ばれるような大手企業の社員はもちろん、上場企業の役員の方や芸能人、youtuber なんかもよくいらっしゃいます。

――上場企業の役員も！　彼らに評価されている理由を、どう分析されていますか？

「出会いを超える楽しいを」をコンセプトにしているんですが、「出会い」を前面に出さずに、「楽しい」を重要視しているからじゃないかな。「大人が通っても恥ずかしくない店づくり」はかなり意識しています。

例えば上場企業の役員って、社会的地位があるのはもちろん、ご家庭がある方も多いので、出会い系のような店に行くのは後ろめたいんですよね。

――そう言われれば、良い意味で『いわゆる相席店』っぽくないんですね。

内装は高級感があって、店内の雰囲気もラグジュアリーな印象です。

そうですね。出会いだけを謳った安っぽい雰囲気にしていないので、男性だけで来ても格好がつきますし、接待や会食の後なんかにも気軽に寄れる雰囲気が、ハイスペ男子の来やすさに繋がってるんじゃないかな。

――男性だけの飲み会だと、ガールズバーやキャバクラに流れることが割とあると思うんですけど、それに代わるイメージでしょうか？

一昔前のキャバ嬢って髪のセットが盛り盛りで、ネイルもゴテゴテだったじゃないですか。でも今のイケてるキャバクラってノーセットだったりする。要は清楚系や素人っぽい女子が流行っているんですよね。

――いわゆるプロっぽい作りこんだ女子はもう求められていない？

うん、これは時代による男性の価値観の変化が大きいんじゃないかな。

僕が大学生の頃なんかは、ブランド物をつけていないと恥ずかしいみたいな風潮あったけど、今はユニクロを自分らしく着こなしている方がかっこいい。時代がナチュラルさやリアルさを求めているんですよね。

そんな背景もあり、キャバクラの代わりにオリエンタルラウンジを使ってくれる人が増えたんだと思います。

――それはお店の構想段階から踏んでたんですか？「これからはナチュラル系が来る！」と。

いや、そこまでは特に意識していませんでした。個人的にキャバクラが苦手だったのはありますが（笑）

――では「オリエンタルラウンジ」を着想したキッカケはどこにあったんですか？

二つあって、まず素人の女の子とすぐに飲めるような店があるといいなと思ったから。

合コンって、同性同士で飲んだ後に「今からやりたい！」と思っても、すぐにセッティングできませんよね。そんな時に気軽に行ける店がほしかった。

二つ目は、昔から女性が無料で遊べる合コンバーのようなお店はあったんですが、安っぽい怪しい店が多かったんです。

でもそのシステム自体は素晴らしかった。

これを健全に大人でも楽しめるように改良したらヒットするんじゃないか、と思ったのがキッカケです。

料金システムは下記です。

オリエンタルラウンジのシステム

	男性	女性
チャージ	500円 公式アプリ『SOLOTTE!』ダウンロードで無料	無料
飲み放題10分	200円	
相席10分（平日）	500～600円	
相席10分（金土日祝前）	600～700円	

※エリアによって料金が異なります。詳しくは公式HPにて。

――無料で遊べるなら、確かに女性は集まりやすいですよね。（店内を見渡して）そういえば、店内にいる女性は可愛らしい方が多いですね！

女性のレベルの高さを褒めていただけることが多いですが、それは婚活を目的としたお店ではないことが理由だと思ってます。

――えっ、婚活を謳わない方が、美女が集まってくるんですか？（笑）

可愛い女子大生だったり、モテる女性って、自分から出会いを求めに行かなくても自然に男性が寄ってくるから、あえて婚活をする必要がないんですよ。同様に、ハイスペックな男性は婚活に前のめりな女性が嫌いだったりします。

――なるほど。婚活はしないほうが逆にモテる、と（メモ）（笑）。

オリエンタルラウンジも真面目な婚活の場ではなく、カジュアルな合コン感覚で楽しめるから、普段からモテる方も自然に集ってきて、男女レベルが高くなっていったイメージですね。あとは、ほとんど店の広告を打っていなくて……。

――そうですよね！　普段あまり広告を見かけないなと思っていました。

それってつまり、リアルな口コミで来られるお客さんが多いってことなんですよ。一度来店した女性が「楽しかった」と言うと、その口コミでまた友達が来る。その繰り返しで店内の女性のレベルもどんどん上がっていくという感じです。そうするとハイスペックな男性も集まる……というのが、流行の所以じゃないかな。

――説得力がありますね。行きやすそうなので、私も飲みに行ってみます（笑）

ぜひ、お待ちしています！

――ちなみに恋愛四季報についての感想もお伺いしたいです！

オリエンタルラウンジにも恋愛四季報にも掲載されてる有名企業のサラリーマンの方も多くご来店されていて、やっぱりハイスペリーマンがモテる時代なんだなぁ～って思いますね。僕のような経営者よりもやっぱり有名企業の会社員の方の方がモテちゃいます。ちょっと悲しいですが……（笑）。

――なんと！（笑）なぜ経営者よりハイスペリーマンの方がモテるのでしょう？

経営者ってピンキリすぎて凄い人かどうかわかりづらいんですよ（笑）。年収億超えてると見た目質素な人が多いし（笑）。その点、会社名でわかりやすくモテるハイスペリーマンは強

いですよね！

相席ラウンジながら「出会いの場だけど、出会いの店ではない」という言葉が印象的でした。

形式ばった出会いを意識せず、気軽な飲み会感覚で遊びに行けるのが人気の理由なんですね。

恋人はもちろん、異性の友達や、合コンメンバーや飲み仲間……。

あなたの人生を豊かにする新しい出会いが、待っているかも。

A RANK 企業

比較的、就職人気の高い大手メーカーも登場するが、合コンでの振る舞いや飲み方のタレコミにより、こちらのランクに落ち着いている企業がチラホラ。「一晩楽しく飲むならちょっと派手すぎ」「結婚相手にはなかなか刺激が強い……」という婚活女子からのシビアな意見を反映した結果となった。

RANK A 大日本印刷

恋愛偏差値	平均年収(万円)
59	700

平均年収	♥♥♥	性格ポイント	♥♥♥
華やかさ	♥♥♥♥	合コン満足度	♥♥♥

業界国内シェアNo.1。給与も申し分ないが、恋愛市場であまり話題に上がらないのはやはりBtoBの運命か、親近感のなさが要因か。

「でも紙の雑誌でしょ……オワコンじゃ……?」

心配なかれ。建材やエネルギー分野にも進出し奮闘中。

営業マンは爽やかで性格も良い。変なブランド志向もなく安定していて、派手に飲み歩いたりといった心配もあまりない。

RANK A Jトラスト

恋愛偏差値	平均年収(万円)
59	771

平均年収	♥♥♥♥	性格ポイント	♥♥♥
華やかさ	♥♥♥	合コン満足度	♥♥♥

Jトラストは、アジア圏を中心とした銀行業、保証事業、ファイナンス事業などを行っている企業である。

社内はまさに戦国時代さながらの下克上。一度出世しても、数字が落ちれば即足軽に逆戻りな厳しい世界である。やるか、やられるか。生きる、死ぬかの過酷なバトルロワイヤル。上にいけるのは出世のためなら何でもできるようなスーパーサイコ野郎である。

能力高めで結果出せますメンズがたくさんいるので、そういう人が好きな女子はバトルロワイヤルに賛成しよう。

RANK A サイバーエージェント

恋愛偏差値	平均年収(万円)
58	700

平均年収	♥♥♥	性格ポイント	♥♥♥
華やかさ	♥♥♥♥♥	合コン満足度	♥♥♥

圧倒的パリピの巣窟で全体的にチャラい。まぶしい。目がつぶれるといった声も。男も女もとにかく派手で夜職っぽいオーラがある!!!

社内恋愛が非常に多く社内カップルや社内婚夫婦で溢れている。

サイバーエージェント社員と結婚したいなら入社して付き合うのが早い。社員以外でも派遣やバイトとして潜り込むのもあり。

あとは同業の代理店(電通や博報堂)とかと合コンも開催しているので、そこら辺の企業に入社している友達に斡旋してもらうと良い。

電通やヤフーが参加する巨大ダンスサークルがあり、そこで恋人候補を見つける男女もチラホラいるとか。

総会や社員旅行、研修旅行など社内イベントが盛んで、特に総会は「そのへんのクラブより盛りあがっから」と豪語する輩が多数。やかましいわ。

成績優秀な社員はその総会で表彰されるのだが、それがかなりのステータスらしく、表彰を逃し号泣する社員も出現するとのこと。

RANK A KDDI

恋愛偏差値	平均年収(万円)
58	900

平均年収	♥♥♥♥	性格ポイント	♥♥♥
華やかさ	♥♥♥♥	合コン満足度	♥♥♥

ソフトバンクとは対照的に、大人しくて人間的魅力に溢れた温和な男性が多いのが特徴。実直なタイプが多いので結婚相手にするには最高。

合コンではコンサバ系のオトナ女子が好まれる傾向があり、少し背伸びしたファッションがおすすめ。メイクも派手なギャルメイクよりも、シックな色味の薄付きメイクが良い。ただケチなので合コンではワリカンというタレコミありwww

2020年にはコロナ支援として、スマートフォンの位置情報などのデータを全国の都道府県などに無償提供した。データで世界を救う日も近い!?

RANK A 読売新聞社

恋愛偏差値	平均年収(万円)
58	1,100

平均年収	♥♥♥♥	性格ポイント	♥♥♥
華やかさ	♥♥♥	合コン満足度	♥♥♥

体育会系で縦社会。旧体制的な新聞業界でも特に「古き良き伝統」が生きている社風。

悪く言えば古くてダサい社員がほぼ。

精神的・体力的にタフな社員が多く、業界内では華やかな社員が多いほう。

しかし合コンに積極的に参加する時間はないので狙うならどうにか業務で繋がるのが最短ルート。

(ちなみにジャイアンツファンではない社員もいます)

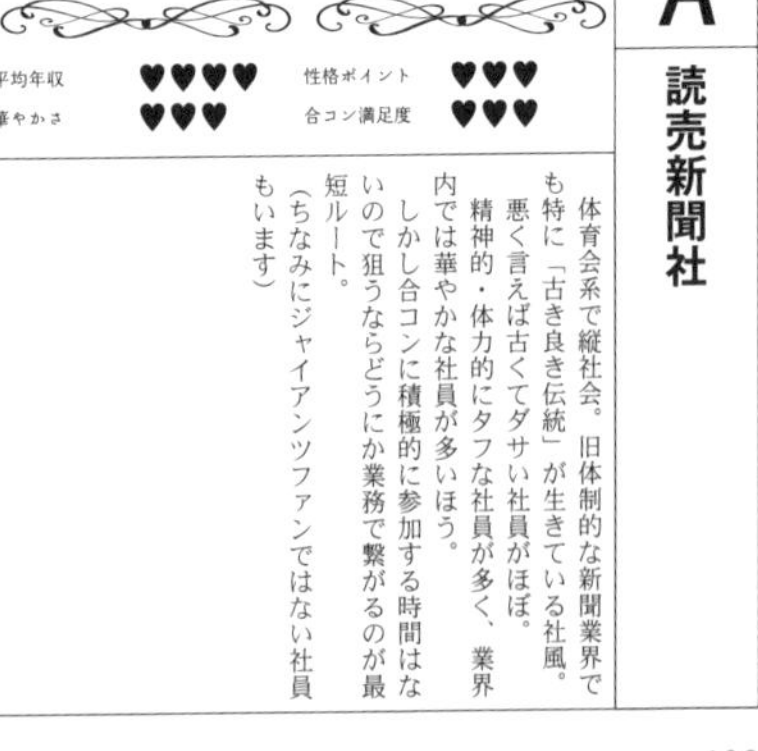

RANK A GREE

恋愛偏差値	平均年収(万円)
58	700

平均年収	♥♥♥	性格ポイント	♥♥♥♥
華やかさ	♥♥	合コン満足度	♥♥♥

風通しが良く、旧体制的な企業のような面倒な縦社会や体育会な風潮はほとんどない。……がモバイルゲームにかつての勢いはなく、将来に不安を抱えながら勤務する社員も多い。

社名に流されず「GREEで何をしているのか?」をヒアリングする必要がある。現在社員でも数年内に転職する可能性はある。

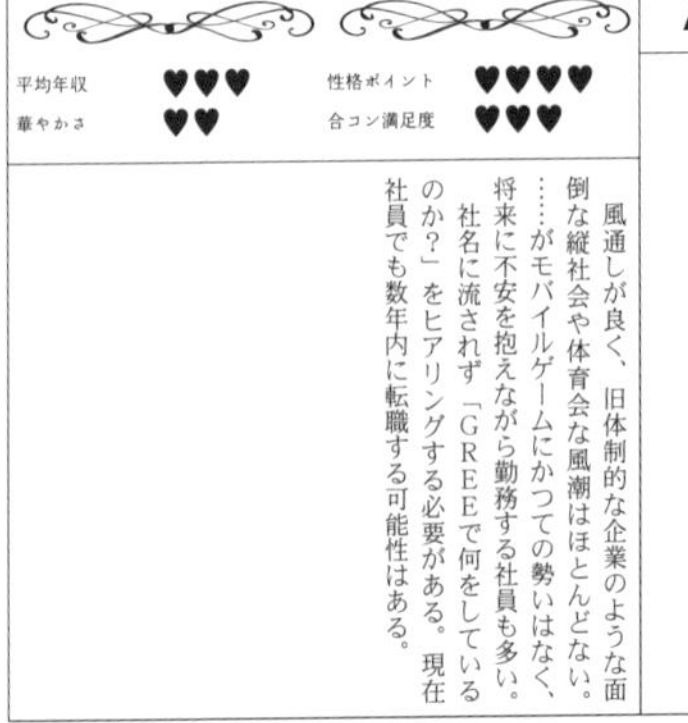

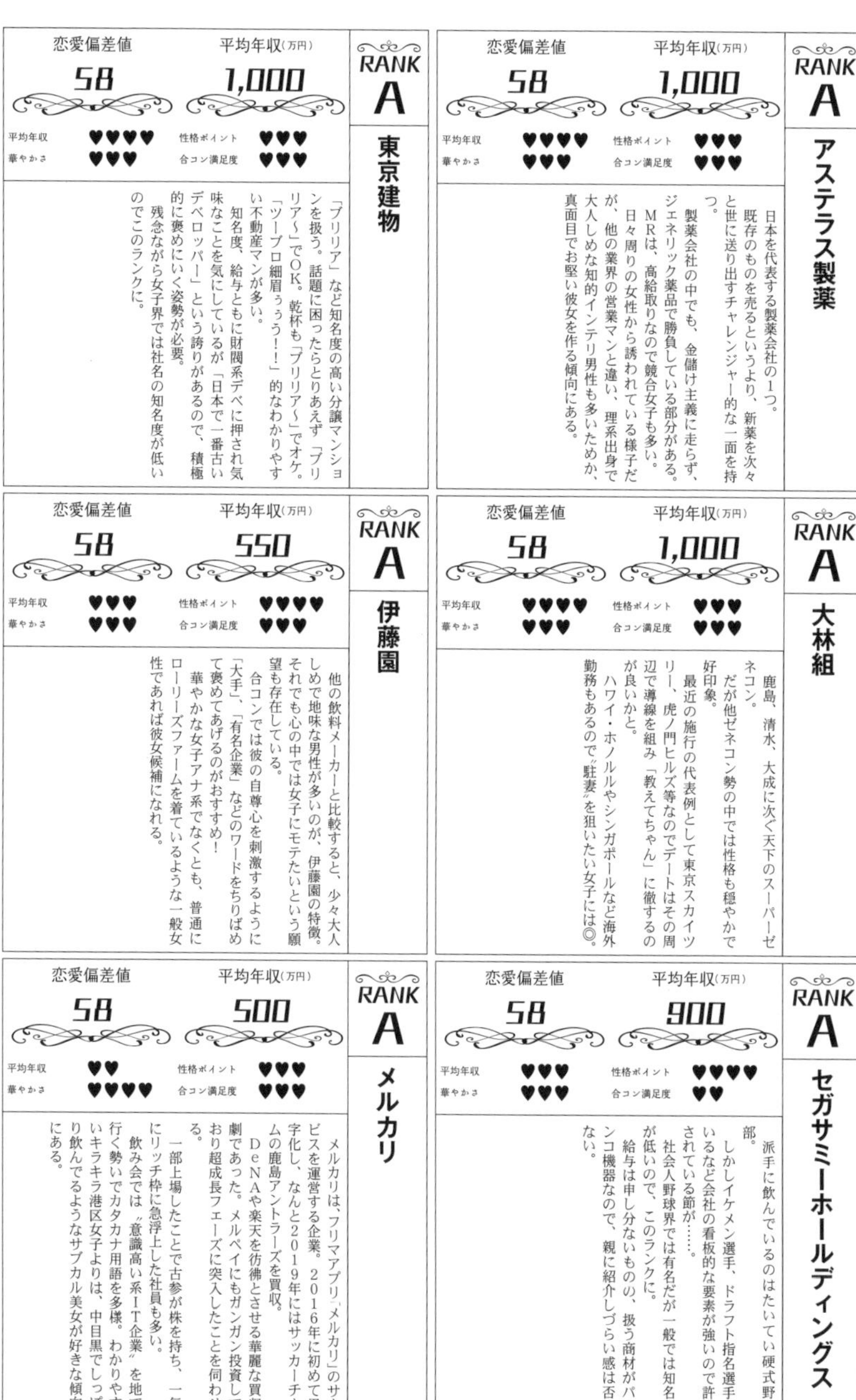

RANK A　アステラス製薬

恋愛偏差値	平均年収(万円)
58	1,000

平均年収	♥♥♥♥	性格ポイント	♥♥♥
華やかさ	♥♥♥	合コン満足度	♥♥♥

日本を代表する製薬会社の1つ。

既存のものを売るというより、新薬を次々と世に送り出すチャレンジャー的な一面を持つ。

製薬会社の中でも、金儲け主義に走らず、ジェネリック薬品で勝負している部分がある。

ＭＲは、高給取りなので競合女子も多い。

日々周りの女性から誘われている様子だが、他の業界の営業マンと違い、理系出身で大人しめな知的インテリ男性も多いためか、真面目でお堅い彼女を作る傾向にある。

RANK A　東京建物

恋愛偏差値	平均年収(万円)
58	1,000

平均年収	♥♥♥♥	性格ポイント	♥♥♥
華やかさ	♥♥♥	合コン満足度	♥♥♥

「ブリリア」など知名度の高い分譲マンションを扱う。話題に困ったらとりあえず「ブリリア〜」でOK。乾杯も「ブリリア〜」でオケ。「ツーブロ細眉ぅぅう！！」的なわかりやすい不動産マンが多い。

知名度、給与ともに財閥系デベに押され気味なことを気にしているが「日本で一番古いデベロッパー」という誇りがあるので、積極的に褒めにいく姿勢が必要。

残念ながら女子界では社名の知名度が低いのでこのランクに。

RANK A　大林組

恋愛偏差値	平均年収(万円)
58	1,000

平均年収	♥♥♥♥	性格ポイント	♥♥♥
華やかさ	♥♥♥	合コン満足度	♥♥♥

鹿島、清水、大成に次ぐ天下のスーパーゼネコン。

だが他ゼネコン勢の中では性格も穏やかで好印象。

最近の施行の代表例として東京スカイツリー、虎ノ門ヒルズ等なのでデートはその周辺で導線を組み「教えてちゃん」に徹するのが良いかと。

ハワイ・ホノルルやシンガポールなど海外勤務もあるので〝駐妻〟を狙いたい女子には◎。

RANK A　伊藤園

恋愛偏差値	平均年収(万円)
58	550

平均年収	♥♥♥	性格ポイント	♥♥♥♥
華やかさ	♥♥♥	合コン満足度	♥♥♥

他の飲料メーカーと比較すると、少々大人しめで地味な男性が多いのが、伊藤園の特徴。それでも心の中では女子にモテたいという願望も存在している。

合コンでは彼の自尊心を刺激するように「大手」、「有名企業」などのワードをちりばめて褒めてあげるのがおすすめ！

華やかな女子アナ系でなくとも、普通にローリーズファームを着ているような一般女性であれば彼女候補になれる。

RANK A　セガサミーホールディングス

恋愛偏差値	平均年収(万円)
58	900

平均年収	♥♥♥	性格ポイント	♥♥♥♥
華やかさ	♥♥♥	合コン満足度	♥♥

派手に飲んでいるのはたいてい硬式野球部。

しかしイケメン選手、ドラフト指名選手がいるなど会社の看板的な要素が強いので許容されている節が……。

社会人野球界では有名だが一般では知名度が低いので、このランクに。

給与は申し分ないものの、扱う商材がパチンコ機器なので、親に紹介しづらい感は否めない。

RANK A　メルカリ

恋愛偏差値	平均年収(万円)
58	500

平均年収	♥♥	性格ポイント	♥♥♥
華やかさ	♥♥♥♥	合コン満足度	♥♥♥

メルカリは、フリマアプリ「メルカリ」のサービスを運営する企業。２０１６年に初めて黒字化し、なんと２０１９年にはサッカーチームの鹿島アントラーズを買収。

ＤｅＮＡや楽天を彷彿とさせる華麗な買収劇であった。メルペイにもガンガン投資しており超成長フェーズに突入したことを伺わせる。

一部上場したことで古参が株を持ち、一気にリッチ枠に急浮上した社員も多い。

飲み会では〝意識高い系ＩＴ企業〟を地で行く勢いでカタカナ用語を多様。わかりやすいキラキラ港区女子よりは、中目黒でしっぽり飲んでるようなサブカル美女が好きな傾向にある。

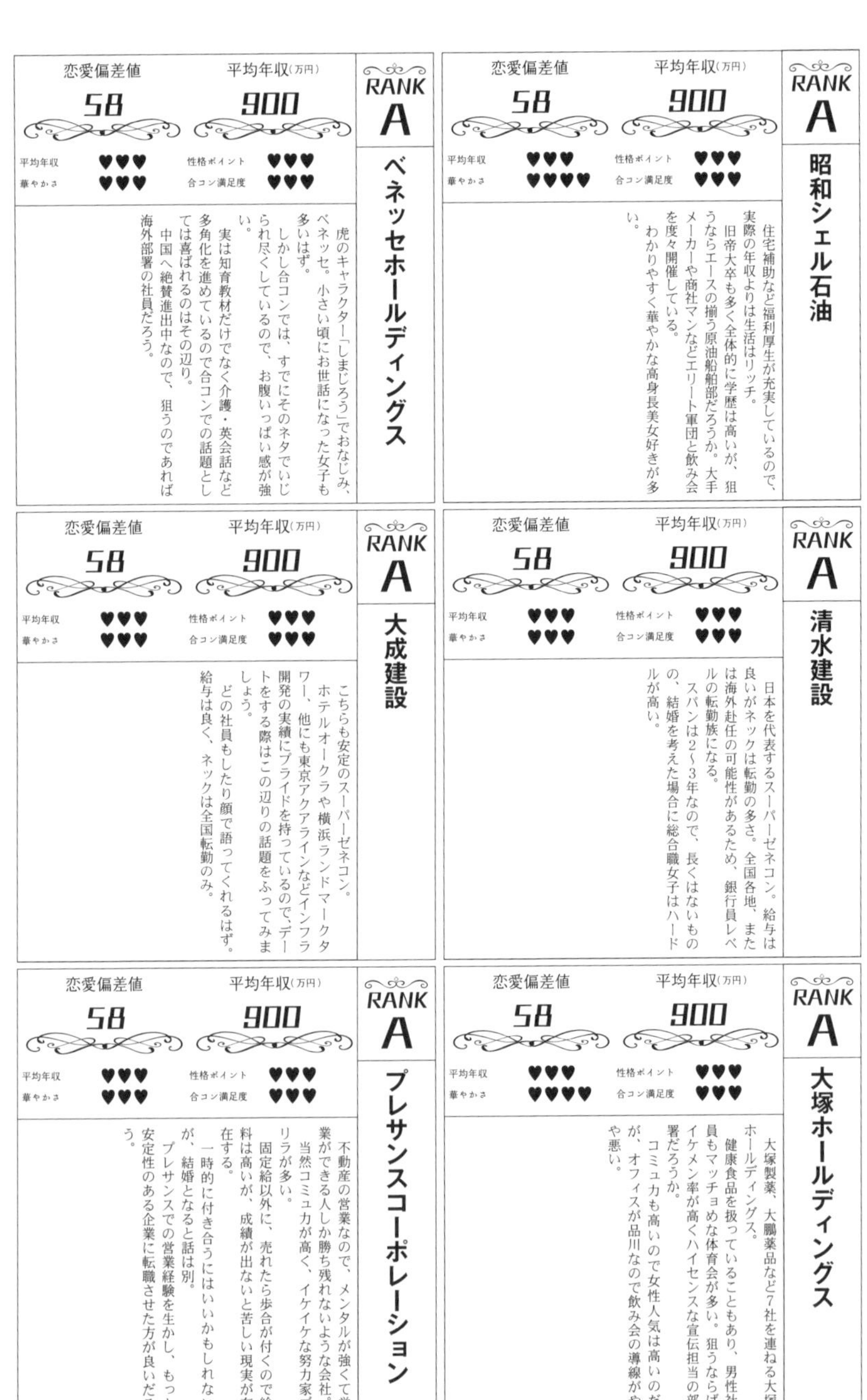

RANK A 昭和シェル石油

恋愛偏差値 58　平均年収(万円) 900

項目	評価
平均年収	♥♥♥
華やかさ	♥♥♥♥
性格ポイント	♥♥♥
合コン満足度	♥♥♥

住宅補助など福利厚生が充実しているので、実際の年収よりは生活はリッチ。

旧帝大卒も多く全体的に学歴は高いが、狙うならエースの揃う原油船舶部だろうか。大手メーカーや商社マンなどエリート軍団と飲み会を度々開催している。

わかりやすく華やかな高身長美女好きが多い。

RANK A ベネッセホールディングス

恋愛偏差値 58　平均年収(万円) 900

項目	評価
平均年収	♥♥♥
華やかさ	♥♥♥
性格ポイント	♥♥♥
合コン満足度	♥♥♥

虎のキャラクター「しまじろう」でおなじみ、ベネッセ。小さい頃にお世話になった女子も多いはず。

しかし合コンでは、すでにそのネタでいじられ尽くしているので、お腹いっぱい感が強い。

実は知育教材だけでなく介護・英会話など多角化を進めているので合コンでの話題としては喜ばれるのはその辺り。

中国へ絶賛進出中なので、狙うのであれば海外部署の社員だろう。

RANK A 清水建設

恋愛偏差値 58　平均年収(万円) 900

項目	評価
平均年収	♥♥♥
華やかさ	♥♥♥
性格ポイント	♥♥♥
合コン満足度	♥♥♥

日本を代表するスーパーゼネコン。給与は良いがネックは転勤の多さ。全国各地、または海外赴任の可能性があるため、銀行員レベルの転勤族になる。

スパンは2～3年なので、長くはないものの、結婚を考えた場合に総合職女子はハードルが高い。

RANK A 大成建設

恋愛偏差値 58　平均年収(万円) 900

項目	評価
平均年収	♥♥♥
華やかさ	♥♥♥
性格ポイント	♥♥♥
合コン満足度	♥♥♥

こちらも安定のスーパーゼネコン。ホテルオークラや横浜ランドマークタワー、他にも東京アクアラインなどインフラ開発の実績にプライドを持っているので、デートをする際はこの辺りの話題をふってみましょう。

どの社員もしたり顔で語ってくれるはず。

給与は良く、ネックは全国転勤のみ。

RANK A 大塚ホールディングス

恋愛偏差値 58　平均年収(万円) 900

項目	評価
平均年収	♥♥♥
華やかさ	♥♥♥♥
性格ポイント	♥♥♥
合コン満足度	♥♥♥

大塚製薬、大鵬薬品など7社を連ねる大塚ホールディングス。

健康食品を扱っていることもあり、男性社員もマッチョめな体育会が多い。狙うならばイケメン率が高くハイセンスな宣伝担当の部署だろうか。

コミュ力も高いので女性人気は高いのだが、オフィスが品川なので飲み会の導線がやや悪い。

RANK A プレサンスコーポレーション

恋愛偏差値 58　平均年収(万円) 900

項目	評価
平均年収	♥♥♥
華やかさ	♥♥♥
性格ポイント	♥♥♥
合コン満足度	♥♥♥

不動産の営業なので、メンタルが強くて営業ができる人しか勝ち残れないような会社。

当然コミュ力が高く、イケイケな努力家ゴリラが多い。

固定給以外に、売れたら歩合が付くので給料は高いが、成績が出ないと苦しい現実が存在する。

一時的に付き合うにはいいかもしれないが、結婚となると話は別。

プレサンスでの営業経験を生かし、もっと安定性のある企業に転職させた方が良いだろう。

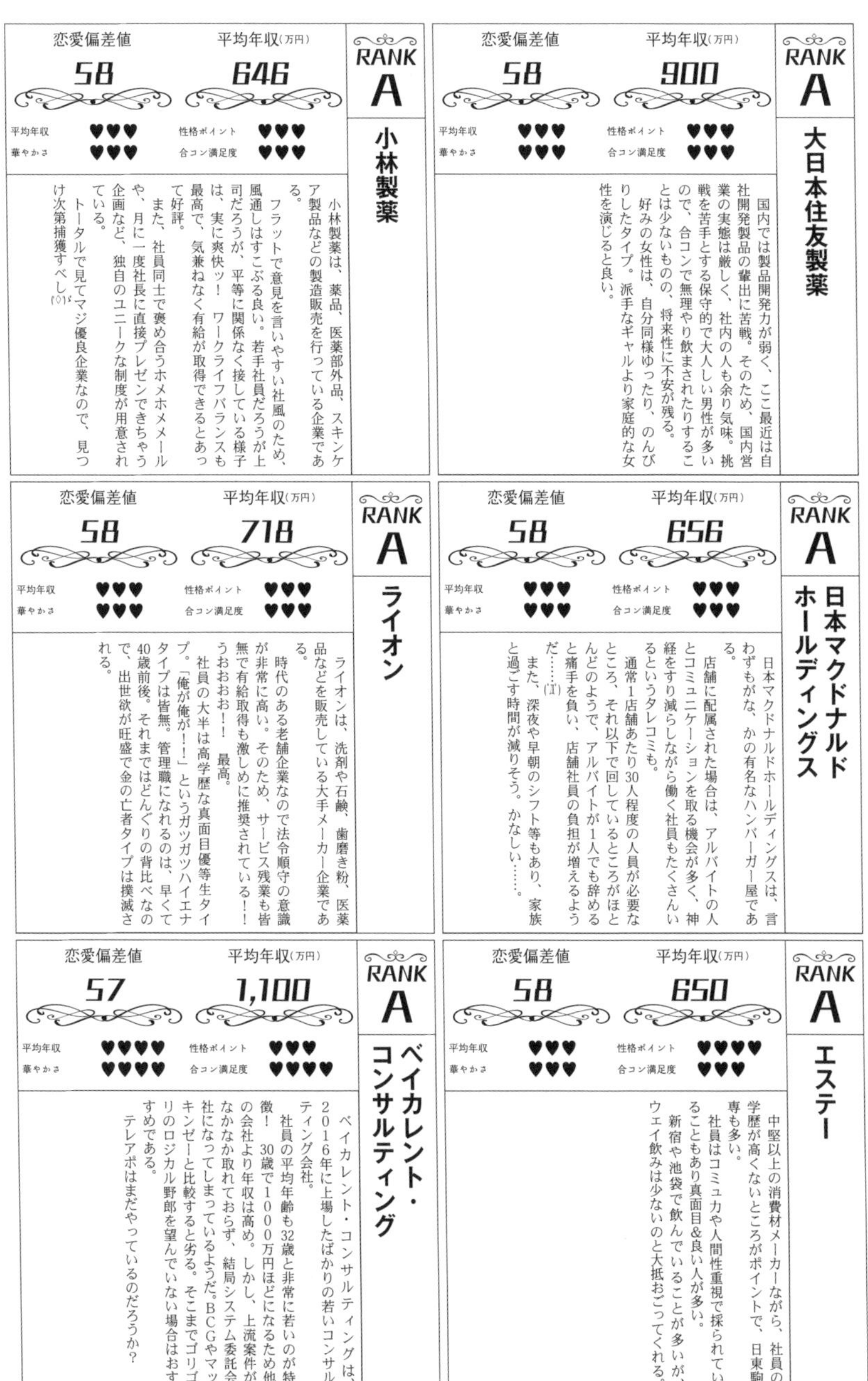

小林製薬

RANK A

恋愛偏差値	平均年収(万円)
58	646

平均年収	♥♥♥	性格ポイント	♥♥♥
華やかさ	♥♥♥	合コン満足度	♥♥♥

小林製薬は、薬品、医薬部外品、スキンケア製品などの製造販売を行っている企業である。

フラットで意見を言いやすい社風のため、風通しはすこぶる良い。若手社員だろうが上司だろうが、平等に関係なく接している様子は、実に爽快ッ！　ワークライフバランスも最高で、気兼ねなく有給が取得できるとあって好評。

また、社員同士で褒め合うホメホメメールや、月に一度社長に直接プレゼンできちゃう企画など、独自のユニークな制度が用意されている。

トータルで見てマジ優良企業なので、見つけ次第捕獲すべし(◇)ﾉﾞ

大日本住友製薬

RANK A

恋愛偏差値	平均年収(万円)
58	900

平均年収	♥♥♥	性格ポイント	♥♥♥
華やかさ	♥♥♥	合コン満足度	♥♥♥

国内では製品開発力が弱く、ここ最近は自社開発製品の輩出に苦戦。そのため、国内営業の実態は厳しく、社内の人も余り気味。挑戦を苦手とする保守的で大人しい男性が多いので、合コンで無理やり飲まされたりすることは少ないものの、将来性に不安が残る。

好みの女性は、自分同様ゆったり、のんびりしたタイプ。派手なギャルより家庭的な女性を演じると良い。

ライオン

RANK A

恋愛偏差値	平均年収(万円)
58	718

平均年収	♥♥♥	性格ポイント	♥♥♥
華やかさ	♥♥♥	合コン満足度	♥♥♥

ライオンは、洗剤や石鹸、歯磨き粉、医薬品などを販売している大手メーカー企業である。

時代のある老舗企業なので法令順守の意識が非常に高い。そのため、サービス残業も皆無で有給取得も激しめに推奨されている！　うおおお！！　最高。

社員の大半は高学歴な真面目優等生タイプ。「俺が俺が！！」というガツガツハイエナタイプは皆無。管理職になれるのは、早くて40歳前後。それまではどんぐりの背比べなので、出世欲が旺盛で金の亡者タイプは撲滅される。

日本マクドナルドホールディングス

RANK A

恋愛偏差値	平均年収(万円)
58	656

平均年収	♥♥♥	性格ポイント	♥♥♥
華やかさ	♥♥♥	合コン満足度	♥♥♥

日本マクドナルドホールディングスは、言わずもがな、かの有名なハンバーガー屋である。

店舗に配属された場合は、アルバイトの人とコミュニケーションを取る機会が多く、神経をすり減らしながら働く社員もたくさんいるというタレコミも。

通常1店舗あたり30人程度の人員が必要なところ、それ以下で回しているところがほとんどのようで、アルバイトが1人でも辞めると痛手を負い、店舗社員の負担が増えるようだ……(´Д`)

また、深夜や早朝のシフト等もあり、家族と過ごす時間が減りそう。かなしい……。

ベイカレント・コンサルティング

RANK A

恋愛偏差値	平均年収(万円)
57	1,100

平均年収	♥♥♥♥	性格ポイント	♥♥♥
華やかさ	♥♥♥♥	合コン満足度	♥♥♥♥

ベイカレント・コンサルティングは、2016年に上場したばかりの若いコンサルティング会社。

社員の平均年齢も32歳と非常に若いのが特徴！　30歳で1000万円ほどになるため他の会社より年収は高め。しかし、上流案件がなかなか取れておらず、結局システム委託会社になってしまっているようだ。BCGやマッキンゼーと比較すると劣る。そこまでゴリゴリのロジカル野郎を望んでいない場合はおすすめである。

テレアポはまだやっているのだろうか？

エステー

RANK A

恋愛偏差値	平均年収(万円)
58	650

平均年収	♥♥♥	性格ポイント	♥♥♥♥
華やかさ	♥♥♥	合コン満足度	♥♥♥

中堅以上の消費材メーカーながら、社員の学歴が高くないところがポイントで、日東駒専も多い。

社員はコミュ力や人間性重視で採られていることもあり真面目&良い人が多い。

新宿や池袋で飲んでいることが多いが、ウェイ飲みは少ないのと大抵おごってくれる。

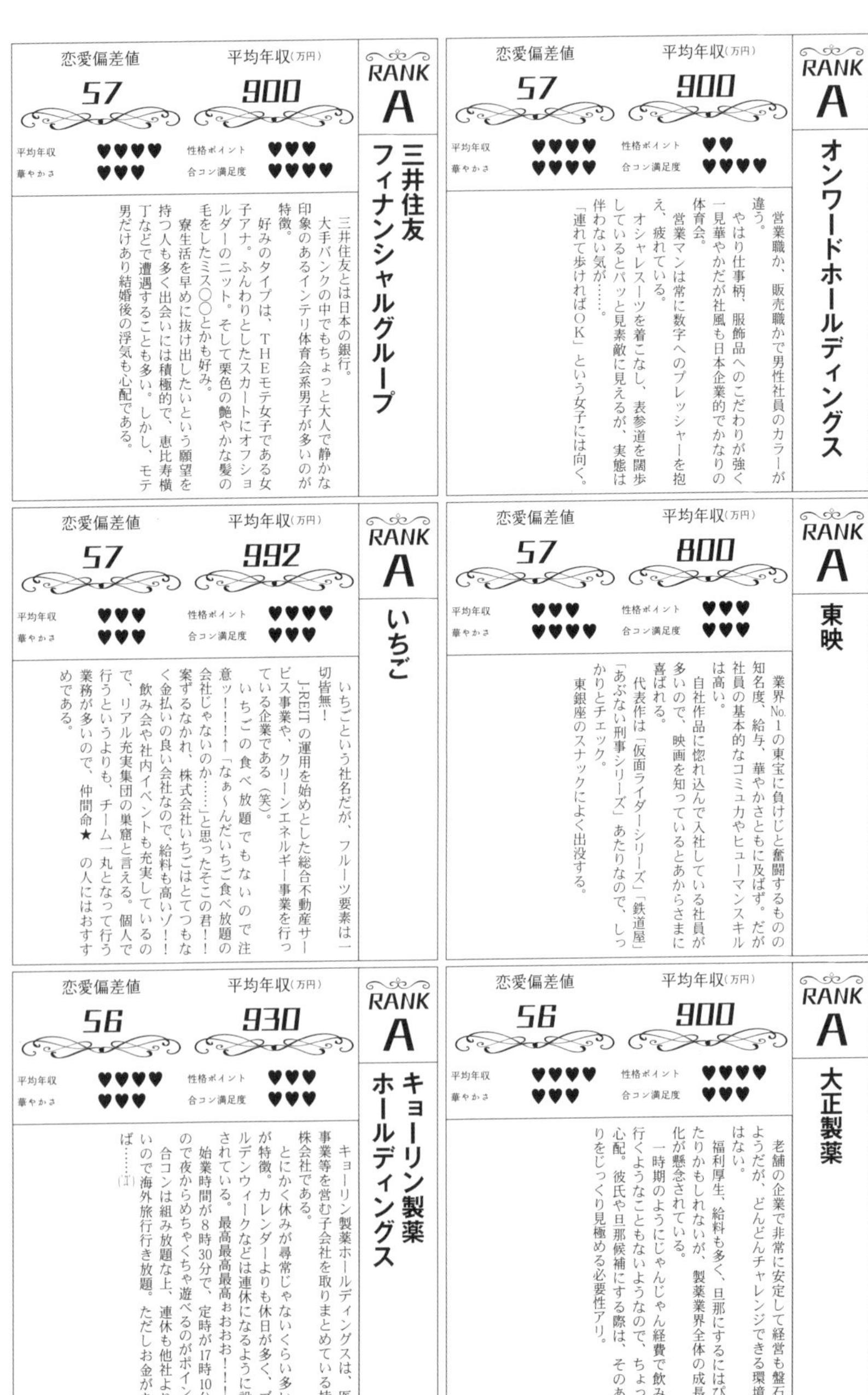

RANK A　オンワードホールディングス

恋愛偏差値 57　平均年収(万円) 900

平均年収 ♥♥♥♥　性格ポイント ♥♥
華やかさ ♥♥♥♥　合コン満足度 ♥♥♥♥

営業職か、販売職かで男性社員のカラーが違う。

やはり仕事柄、服飾品へのこだわりが強く一見華やかだが社風も日本企業的でかなりの体育会。

営業マンは常に数字へのプレッシャーを抱え、疲れている。

オシャレスーツを着こなし、表参道を闊歩しているとパッと見素敵に見えるが、実態は伴わない気が……。

「連れて歩ければOK」という女子には向く。

RANK A　三井住友フィナンシャルグループ

恋愛偏差値 57　平均年収(万円) 900

平均年収 ♥♥♥♥　性格ポイント ♥♥♥
華やかさ ♥♥♥　合コン満足度 ♥♥♥♥

三井住友とは日本の銀行。

大手バンクの中でもちょっと大人で静かな印象のあるインテリ体育会系男子が多いのが特徴。

好みのタイプは、THEモテ女子である女子アナ。ふんわりとしたスカートにオフショルダーのニット。そして栗色の艶やかな髪の毛をしたミス○○とかも好み。

寮生活を早めに抜け出したいという願望を持つ人も多く出会いには積極的で、恵比寿横丁などで遭遇することも多い。しかし、モテ男だけあり結婚後の浮気も心配である。

RANK A　東映

恋愛偏差値 57　平均年収(万円) 800

平均年収 ♥♥♥　性格ポイント ♥♥♥
華やかさ ♥♥♥♥　合コン満足度 ♥♥♥

業界No.1の東宝に負けじと奮闘するものの知名度、給与、華やかさともに及ばず。だが社員の基本的なコミュ力やヒューマンスキルは高い。

自社作品に惚れ込んで入社している社員が多いので、映画を知っているとあからさまに喜ばれる。

代表作は「仮面ライダーシリーズ」「鉄道屋」「あぶない刑事シリーズ」あたりなので、しっかりとチェック。

東銀座のスナックによく出没する。

RANK A　いちご

恋愛偏差値 57　平均年収(万円) 992

平均年収 ♥♥♥　性格ポイント ♥♥♥♥
華やかさ ♥♥♥　合コン満足度 ♥♥♥

いちごという社名だが、フルーツ要素は一切皆無!

J-REITの運用を始めとした総合不動産サービス事業や、クリーンエネルギー事業を行っている企業である(笑)。

いちごの食べ放題でもないので注意ッ!!↑「なぁ～んだいちご食べ放題の会社じゃないのか……」と思ったそこの君!案ずるなかれ、株式会社いちごはとてつもなく金払いの良い会社なので、給料も高いゾ!!

飲み会や社内イベントも充実しているので、リアル充実集団の巣窟と言える。個人で行うというよりも、チーム一丸となって行う業務が多いので、仲間命★の人にはおすすめである。

RANK A　大正製薬

恋愛偏差値 56　平均年収(万円) 900

平均年収 ♥♥♥♥　性格ポイント ♥♥♥♥
華やかさ ♥♥♥　合コン満足度 ♥♥♥

老舗の企業で非常に安定して経営も盤石なようだが、どんどんチャレンジできる環境ではない。

福利厚生、給料も多く、旦那にするにはぴったりかもしれないが、製薬業界全体の成長鈍化が懸念されている。

一時期のようにじゃんじゃん経費で飲みに行くようなこともないようなので、ちょっと心配。彼氏や旦那候補にする際は、そのあたりをじっくり見極める必要性アリ。

RANK A　キョーリン製薬ホールディングス

恋愛偏差値 56　平均年収(万円) 930

平均年収 ♥♥♥♥　性格ポイント ♥♥♥
華やかさ ♥♥♥　合コン満足度 ♥♥♥

キョーリン製薬ホールディングスは、医薬事業等を営む子会社を取りまとめている持ち株会社である。

とにかく休みが尋常じゃないくらい多いのが特徴。カレンダーよりも休日が多く、ゴールデンウィークなどは連休になるように設定されている。最高最高最高ぉおおお!!!

始業時間が8時30分で、定時が17時10分なので夜からめちゃくちゃ遊べるのがポイント。

合コンは組み放題な上、連休も他社より多いので海外旅行行き放題。ただしお金があれば……(エ)

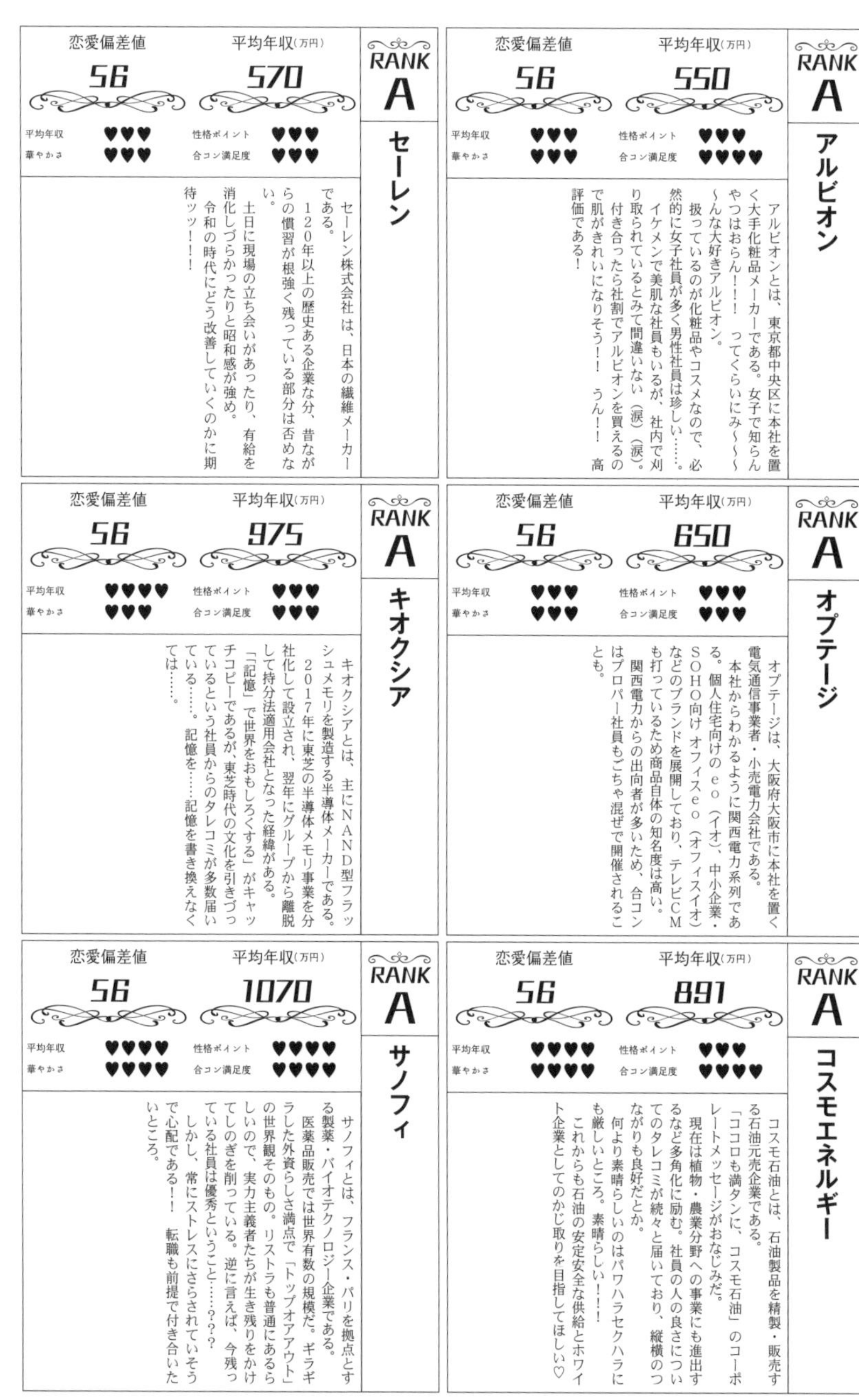

RANK A　アルビオン

恋愛偏差値 56　平均年収（万円）550

平均年収 ♥♥♥　華やかさ ♥♥♥　性格ポイント ♥♥♥　合コン満足度 ♥♥♥♥

アルビオンとは、東京都中央区に本社を置く大手化粧品メーカーである。女子で知らんやつはおらん！！　ってくらいにみ〜〜〜んな大好きアルビオン。

扱っているのが化粧品やコスメなので、必然的に女子社員が多く男性社員は珍しい……。イケメンで美肌な社員もいるが、社内で刈り取られているとみて間違いない（涙）（涙）。

付き合ったら社割でアルビオンを買えるので肌がきれいになりそう！　うん！　高評価である！

RANK A　セーレン

恋愛偏差値 56　平均年収（万円）570

平均年収 ♥♥♥　華やかさ ♥♥♥　性格ポイント ♥♥♥　合コン満足度 ♥♥♥

セーレン株式会社は、日本の繊維メーカーである。

１２０年以上の歴史ある企業な分、昔ながらの慣習が根強く残っている部分は否めない。

土日に現場の立ち会いがあったり、有給を消化しづらかったりと昭和感が強め。

令和の時代にどう改善していくのかに期待ッツ！！

RANK A　オプテージ

恋愛偏差値 56　平均年収（万円）650

平均年収 ♥♥♥　華やかさ ♥♥♥　性格ポイント ♥♥♥　合コン満足度 ♥♥♥

オプテージは、大阪府大阪市に本社を置く電気通信事業者・小売電力会社である。

本社からわかるように関西電力系列である。個人住宅向けのｅｏ（イオ）、中小企業・ＳＯＨＯ向けオフィスｅｏ（オフィスイオ）などのブランドを展開しており、テレビＣＭも打っているため商品自体の知名度は高い。

関西電力からの出向者が多いため、合コンはプロパー社員もごちゃ混ぜで開催されることも。

RANK A　キオクシア

恋愛偏差値 56　平均年収（万円）975

平均年収 ♥♥♥♥　華やかさ ♥♥♥　性格ポイント ♥♥♥　合コン満足度 ♥♥♥

キオクシアとは、主にＮＡＮＤ型フラッシュメモリを製造する半導体メーカーである。

２０１７年に東芝の半導体メモリ事業を分社化して設立され、翌年にグループから離脱して持分法適用会社となった経緯がある。

「記憶」で世界をおもしろくする」がキャッチコピーであるが、東芝時代の文化を引きづっているという社員からのタレコミが多数届いている……。記憶を……記憶を書き換えなくては……。

RANK A　コスモエネルギー

恋愛偏差値 56　平均年収（万円）891

平均年収 ♥♥♥♥　華やかさ ♥♥♥♥　性格ポイント ♥♥♥　合コン満足度 ♥♥♥♥

コスモ石油とは、石油製品を精製・販売する石油元売企業である。

「ココロも満タンに、コスモ石油」のコーポレートメッセージがおなじみだ。

現在は植物・農業分野への事業にも進出するなど多角化に励む。社員の人の良さについてのタレコミが続々と届いており、縦横のつながりも良好だとか。

何より素晴らしいのはパワハラセクハラにも厳しいところ。素晴らしい！！！

これからも石油の安定安全な供給とホワイト企業としてのかじ取りを目指してほしい♡

RANK A　サノフィ

恋愛偏差値 56　平均年収（万円）1070

平均年収 ♥♥♥♥　華やかさ ♥♥♥♥　性格ポイント ♥♥♥♥　合コン満足度 ♥♥♥♥

サノフィとは、フランス・パリを拠点とする製薬・バイオテクノロジー企業である。

医薬品販売では世界有数の規模だ。ギラギラした外資らしさ満点で「トップオアアウト」の世界観そのもの。リストラも普通にあるらしいので、実力主義者たちが生き残りをかけてしのぎを削っている。逆に言えば、今残っている社員は優秀ということ…？？

しかし、常にストレスにさらされていそうで心配である！　転職も前提で付き合いたいところ。

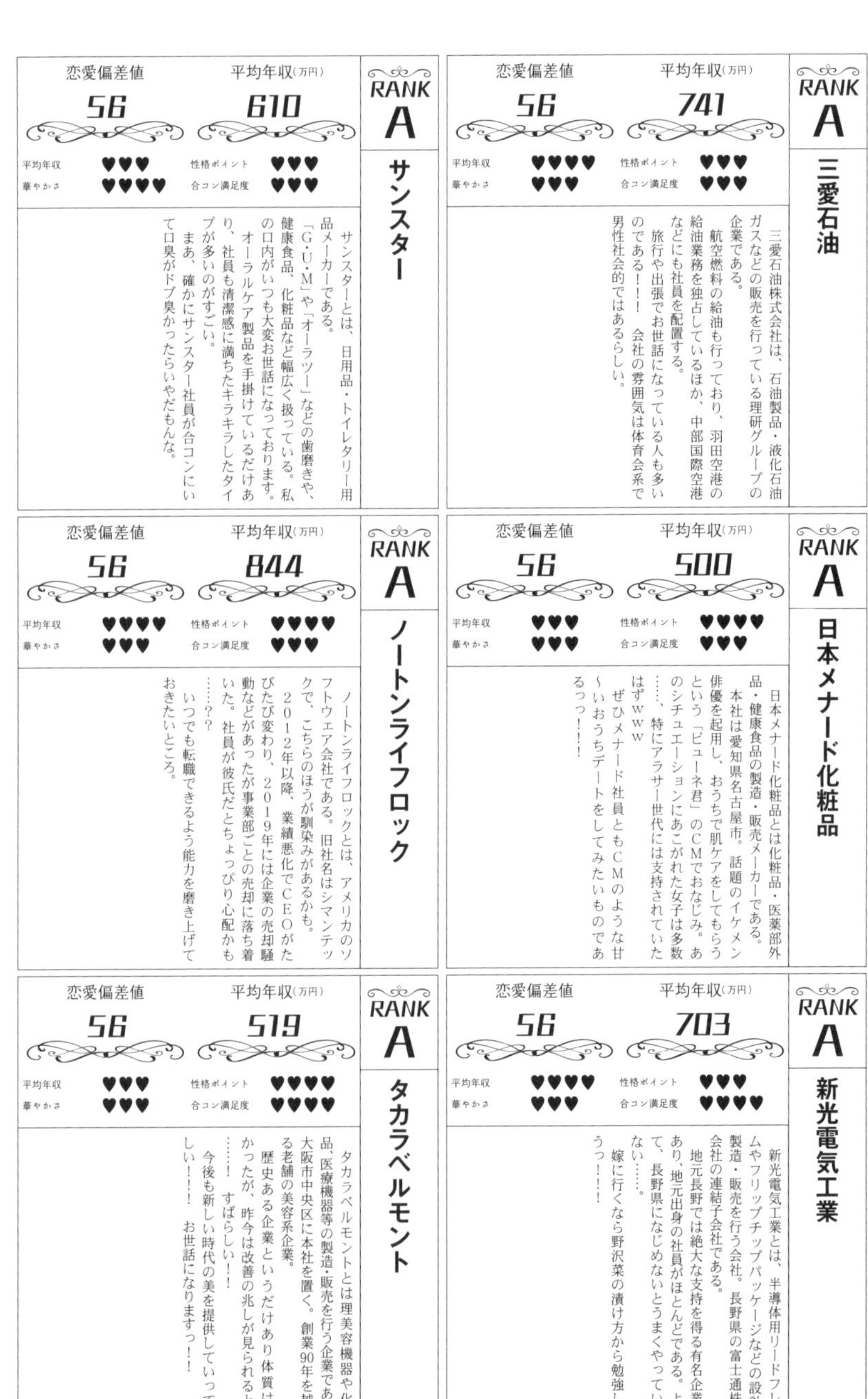

三愛石油

RANK A

恋愛偏差値	平均年収（万円）
56	741

項目	評価	項目	評価
平均年収	♥♥♥♥	性格ポイント	♥♥♥
華やかさ	♥♥♥	合コン満足度	♥♥♥

三愛石油株式会社は、石油製品・液化石油ガスなどの販売を行っている理研グループの企業である。

航空燃料の給油も行っており、羽田空港の給油業務を独占しているほか、中部国際空港などにも社員を配置する。

旅行や出張でお世話になっている人も多いのである！！　会社の雰囲気は体育会系で男性社会的ではあるらしい。

サンスター

RANK A

恋愛偏差値	平均年収（万円）
56	610

項目	評価	項目	評価
平均年収	♥♥♥	性格ポイント	♥♥♥
華やかさ	♥♥♥♥	合コン満足度	♥♥♥

サンスターとは、日用品・トイレタリー用品メーカーである。

「G・U・M」や「オーラツー」などの歯磨きや、健康食品、化粧品など幅広く扱っている。私の口内がいつも大変お世話になっております。オーラルケア製品を手掛けているだけあり、社員も清潔感に満ちたキラキラしたタイプが多いのがすごい。

まあ、確かにサンスター社員が合コンにいて口臭がドブ臭かったらいやだもんな。

日本メナード化粧品

RANK A

恋愛偏差値	平均年収（万円）
56	500

項目	評価	項目	評価
平均年収	♥♥♥	性格ポイント	♥♥♥♥
華やかさ	♥♥♥	合コン満足度	♥♥♥

日本メナード化粧品とは化粧品・医薬部外品・健康食品の製造・販売メーカーである。

本社は愛知県名古屋市。話題のイケメン俳優を起用し、おうちで肌ケアをしてもらうという「ビューネ君」のＣＭでおなじみ。あのシチュエーションにあこがれた女子は多数……、特にアラサー世代には支持されていたはずｗｗｗ

ぜひメナード社員ともＣＭのような甘～いおうちデートをしてみたいものであるっ！！

ノートンライフロック

RANK A

恋愛偏差値	平均年収（万円）
56	844

項目	評価	項目	評価
平均年収	♥♥♥♥	性格ポイント	♥♥♥♥
華やかさ	♥♥♥	合コン満足度	♥♥♥

ノートンライフロックとは、アメリカのソフトウエア会社である。旧社名はシマンテックで、こちらのほうが馴染みがあるかも。

２０１２年以降、業績悪化でＣＥＯがたびたび変わり、２０１９年には企業の売却騒動などがあったが事業部ごとの売却に落ち着いた。社員が彼氏だとちょっぴり心配かも……？

いつでも転職できるよう能力を磨き上げておきたいところ。

新光電気工業

RANK A

恋愛偏差値	平均年収（万円）
56	703

項目	評価	項目	評価
平均年収	♥♥♥♥	性格ポイント	♥♥♥
華やかさ	♥♥♥	合コン満足度	♥♥♥♥

新光電気工業とは、半導体用リードフレームやフリップチップパッケージなどの設計・製造・販売を行う会社。長野県の富士通株式会社の連結子会社である。

地元長野では絶大な支持を得る有名企業であり、地元出身の社員がほとんどである。よって、長野県になじめないとうまくやっていけない……。

嫁に行くなら野沢菜の漬け方から勉強しようっ！！

タカラベルモント

RANK A

恋愛偏差値	平均年収（万円）
56	519

項目	評価	項目	評価
平均年収	♥♥♥	性格ポイント	♥♥♥♥
華やかさ	♥♥♥	合コン満足度	♥♥♥♥

タカラベルモントとは理美容機器や化粧品、医療機器等の製造・販売を行う企業である。大阪市中央区に本社を置く。創業90年を越える老舗の美容系企業。

歴史ある企業というだけあり体質は古かったが、昨今は改善の兆しが見られるとか……！　すばらしい！！

今後も新しい時代の美を提供していってほしい！！　お世話になりますっ！！

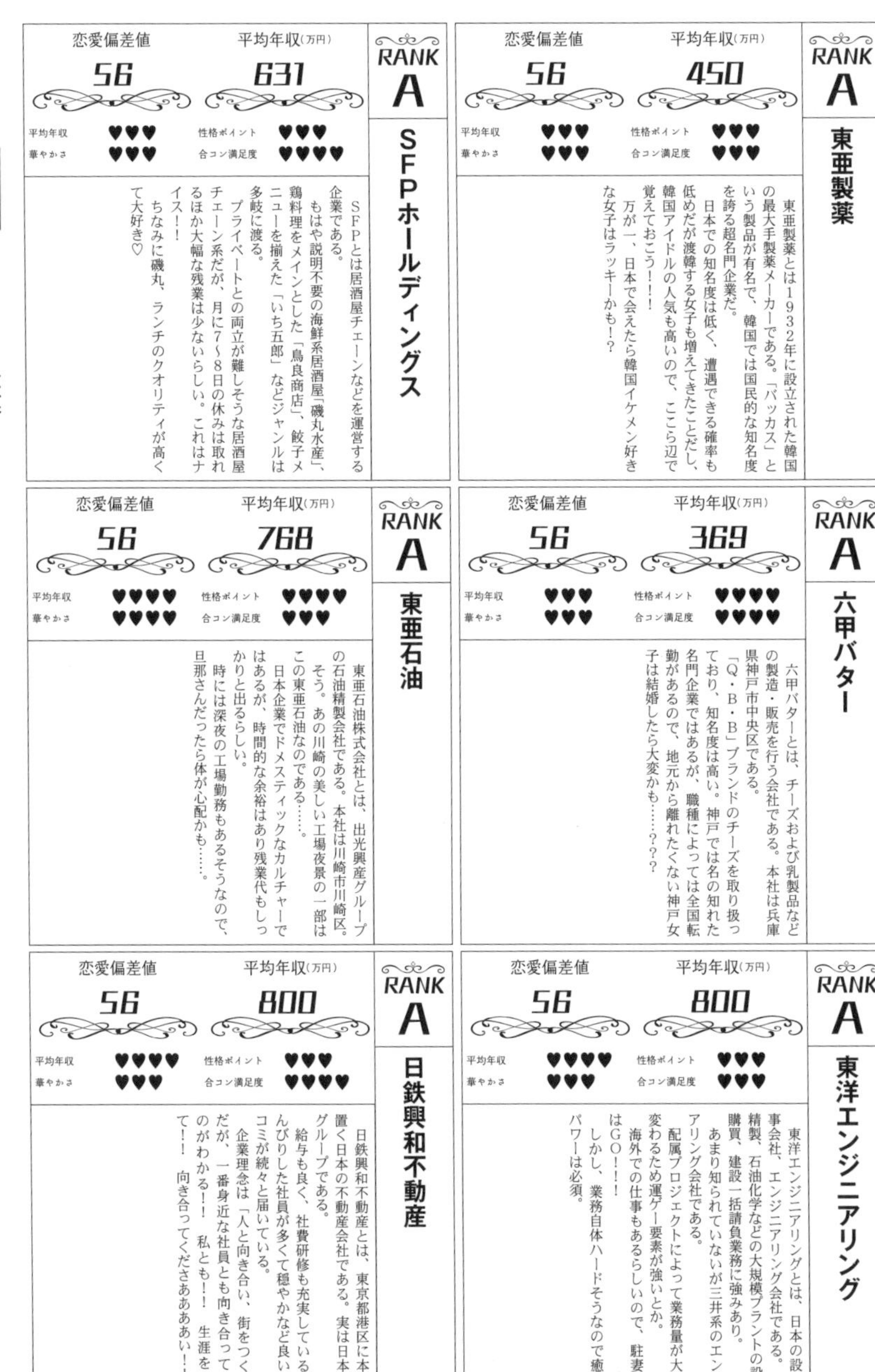

RANK A 東亜製薬

恋愛偏差値	平均年収(万円)
56	450

平均年収	♥♥♥	性格ポイント	♥♥♥
華やかさ	♥♥♥	合コン満足度	♥♥♥

東亜製薬とは1932年に設立された韓国の最大手製薬メーカーである。「バッカス」という製品が有名で、韓国では国民的な知名度を誇る超名門企業だ。

日本での知名度は低く、遭遇できる確率も低めだが渡韓する女子も増えてきたことだし、韓国アイドルの人気も高いので、ここら辺で覚えておこう！！

万が一、日本で会えたら韓国イケメン好きな女子はラッキーかも！？

RANK A SFPホールディングス

恋愛偏差値	平均年収(万円)
56	631

平均年収	♥♥♥	性格ポイント	♥♥♥
華やかさ	♥♥♥	合コン満足度	♥♥♥♥

SFPとは居酒屋チェーンなどを運営する企業である。

もはや説明不要の海鮮系居酒屋「磯丸水産」、鶏料理をメインとした「鳥良商店」、餃子メニューを揃えた「いち五郎」などジャンルは多岐に渡る。

プライベートとの両立が難しそうな居酒屋チェーン系だが、月に7～8日の休みは取れるほか大幅な残業は少ないらしい。これはナイス！！

ちなみに磯丸、ランチのクオリティが高くて大好き♡

RANK A 六甲バター

恋愛偏差値	平均年収(万円)
56	369

平均年収	♥♥♥	性格ポイント	♥♥♥♥
華やかさ	♥♥♥	合コン満足度	♥♥♥♥

六甲バターとは、チーズおよび乳製品などの製造・販売を行う会社である。本社は兵庫県神戸市中央区である。

「Q・B・B」ブランドのチーズを取り扱っており、知名度は高い。神戸では名の知れた名門企業ではあるが、職種によっては全国転勤があるので、地元から離れたくない神戸女子は結婚したら大変かも……？？

RANK A 東亜石油

恋愛偏差値	平均年収(万円)
56	768

平均年収	♥♥♥♥	性格ポイント	♥♥♥♥
華やかさ	♥♥♥♥	合コン満足度	♥♥♥

東亜石油株式会社とは、出光興産グループの石油精製会社である。本社は川崎市川崎区。

そう。あの川崎の美しい工場夜景の一部はこの東亜石油なのである……。

日本企業でドメスティックなカルチャーではあるが、時間的な余裕はあり残業代もしっかりと出るらしい。

時には深夜の工場勤務もあるそうなので、旦那さんだったら体が心配かも……。

RANK A 東洋エンジニアリング

恋愛偏差値	平均年収(万円)
56	800

平均年収	♥♥♥♥	性格ポイント	♥♥♥
華やかさ	♥♥♥	合コン満足度	♥♥♥

東洋エンジニアリングとは、日本の設備工事会社、エンジニアリング会社である。石油精製、石油化学などの大規模プラントの設計、購買、建設一括請負業務に強みあり。

あまり知られていないが三井系のエンジニアリング会社である。

配属プロジェクトによって業務量が大きく変わるため運ゲー要素が強いとか。

海外での仕事もあるらしいので、駐妻狙いはGO！！！

しかし、業務自体ハードそうなので癒せるパワーは必須。

RANK A 日鉄興和不動産

恋愛偏差値	平均年収(万円)
56	800

平均年収	♥♥♥♥	性格ポイント	♥♥♥
華やかさ	♥♥♥	合コン満足度	♥♥♥♥

日鉄興和不動産とは、東京都港区に本社を置く日本の不動産会社である。実は日本製鉄グループである。

給与も良く、社費研修も充実している、のんびりした社員が多くて穏やかなど良いタレコミが続々と届いている。

企業理念は「人と向き合い、街をつくる。」だが、一番身近な社員とも向き合っているのがわかる！！　私とも！！　生涯をかけて！！　向き合ってくださあああい！！！

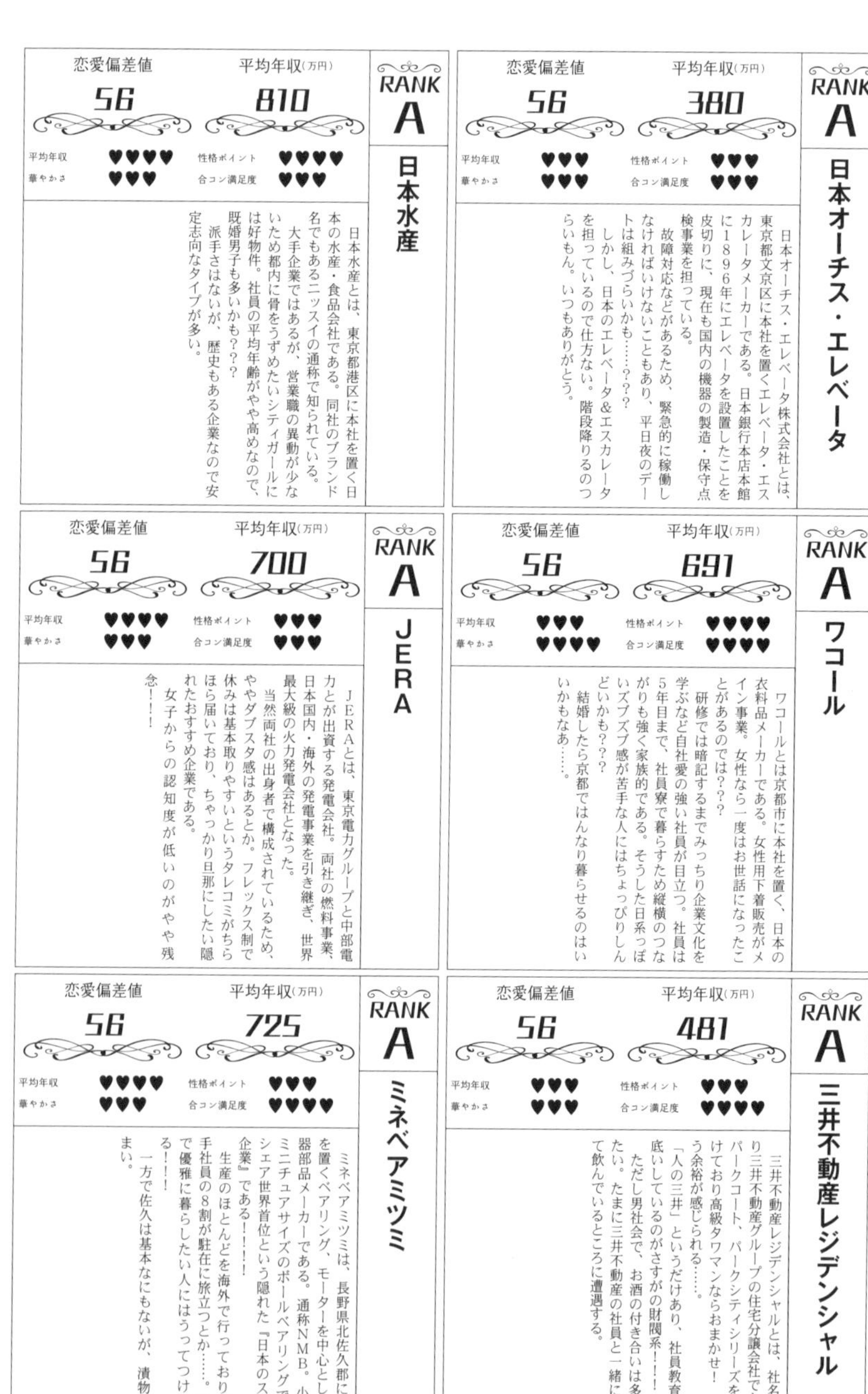

RANK A　日本オーチス・エレベータ

恋愛偏差値	平均年収(万円)
56	380

平均年収	♥♥♥	性格ポイント	♥♥♥
華やかさ	♥♥♥	合コン満足度	♥♥♥

日本オーチス・エレベータ株式会社とは、東京都文京区に本社を置くエレベータ・エスカレータメーカーである。日本銀行本店本館に1896年にエレベータを設置したことを皮切りに、現在も国内の機器の製造・保守点検事業を担っている。

故障対応などがあるため、緊急的に稼働しなければいけないこともあり、平日夜のデートは組みづらいかも……？？

しかし、日本のエレベータ＆エスカレータを担っているので仕方ない。階段降りるのつらいもん。いつもありがとう。

RANK A　日本水産

恋愛偏差値	平均年収(万円)
56	810

平均年収	♥♥♥♥	性格ポイント	♥♥♥♥
華やかさ	♥♥♥	合コン満足度	♥♥♥

日本水産とは、東京都港区に本社を置く日本の水産・食品会社である。同社のブランド名でもあるニッスイの通称で知られている。

大手企業ではあるが、営業職の異動が少ないため都内に骨をうずめたいシティガールには好物件。社員の平均年齢がやや高めなので、既婚男子も多いかも？？

派手さはないが、歴史もある企業なので安定志向なタイプが多い。

RANK A　ワコール

恋愛偏差値	平均年収(万円)
56	691

平均年収	♥♥♥	性格ポイント	♥♥♥♥
華やかさ	♥♥♥♥	合コン満足度	♥♥♥♥

ワコールとは京都市に本社を置く、日本の衣料品メーカーである。女性用下着販売がメイン事業。女性なら一度はお世話になったことがあるのでは？？

研修では暗記するまでみっちり企業文化を学ぶなど自社愛の強い社員が目立つ。社員は5年目まで、社員寮で暮らすため縦横のつながりも強く家族的である。そうした日系っぽいズブズブ感が苦手な人にはちょっぴりしんどいかも？？

結婚したら京都ではんなり暮らせるのはいいかもなあ……。

RANK A　JERA

恋愛偏差値	平均年収(万円)
56	700

平均年収	♥♥♥♥	性格ポイント	♥♥♥
華やかさ	♥♥♥	合コン満足度	♥♥♥

JERAとは、東京電力グループと中部電力とが出資する発電会社。両社の燃料事業、日本国内・海外の発電事業を引き継ぎ、世界最大級の火力発電会社となった。

当然両社の出身者で構成されているため、ややダブスタ感はあるとか。フレックス制で休みは基本取りやすいというタレコミがちらほら届いており、ちゃっかり旦那にしたい隠れたおすすめ企業である。

女子からの認知度が低いのがやや残念！！！

RANK A　三井不動産レジデンシャル

恋愛偏差値	平均年収(万円)
56	481

平均年収	♥♥♥	性格ポイント	♥♥♥
華やかさ	♥♥♥	合コン満足度	♥♥♥♥

三井不動産レジデンシャルとは、社名の通り三井不動産グループの住宅分譲会社である。パークコート、パークシティシリーズを手掛けており高級タワマンならおまかせ！　という余裕が感じられる……。

「人の三井」というだけあり、社員教育も徹底いしているのがさすがの財閥系！！！

ただし男社会で、お酒の付き合いは多いみたい。たまに三井不動産の社員と一緒になって飲んでいるところに遭遇する。

RANK A　ミネベアミツミ

恋愛偏差値	平均年収(万円)
56	725

平均年収	♥♥♥♥	性格ポイント	♥♥♥
華やかさ	♥♥♥	合コン満足度	♥♥♥♥

ミネベアミツミは、長野県北佐久郡に本社を置くベアリング、モーターを中心とした電器部品メーカーである。通称NMB。小径・ミニチュアサイズのボールベアリングでは、シェア世界首位という隠れた『日本のスゴイ企業』である！！！

生産のほとんどを海外で行っており、若手社員の8割が駐在に旅立つとか……。海外で優雅に暮らしたい人にはうってつけである！！！

一方で佐久は基本なにもないが、漬物はうまい。

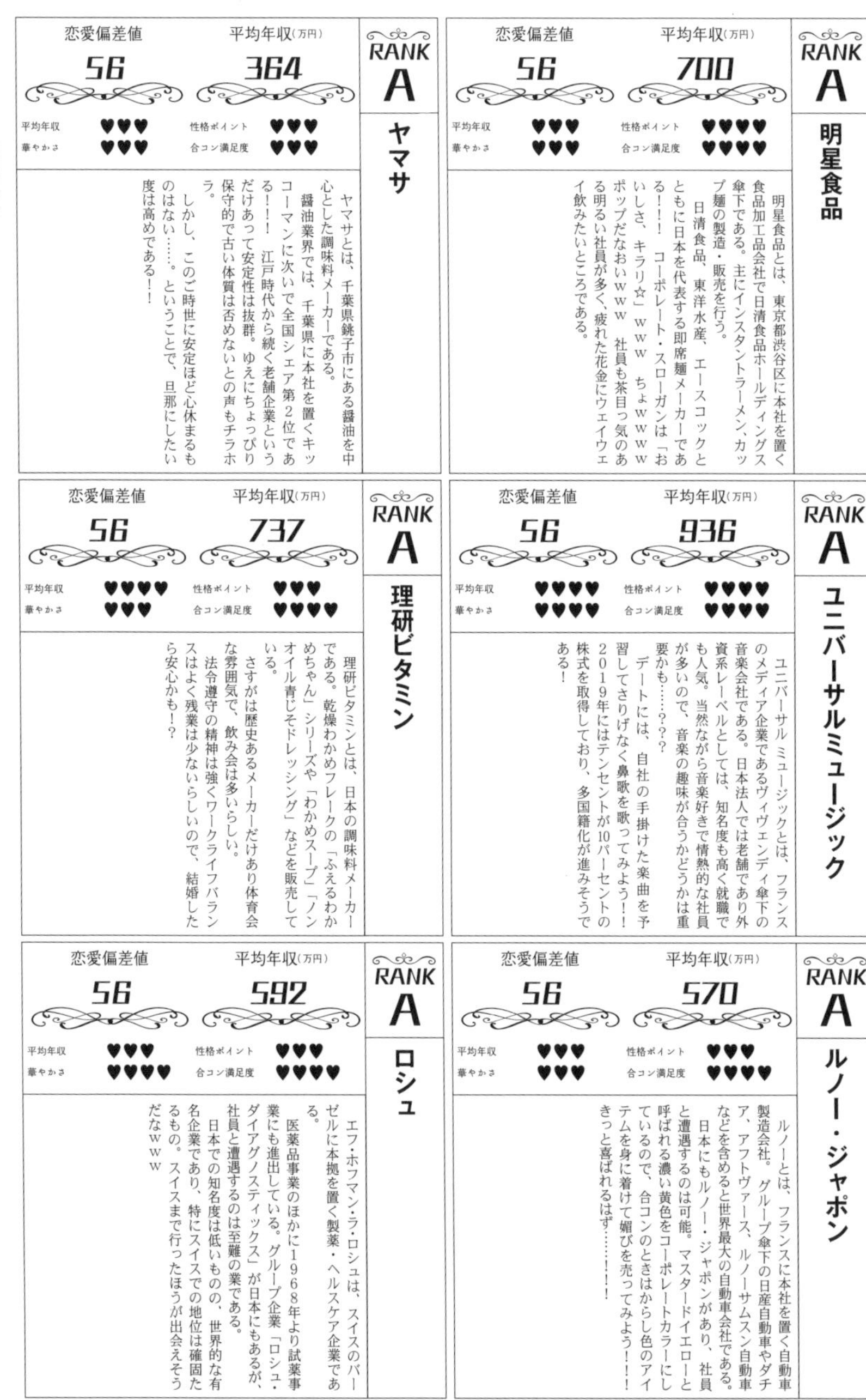

RANK A　明星食品

恋愛偏差値	平均年収（万円）
56	700

平均年収	♥♥♥	性格ポイント	♥♥♥♥
華やかさ	♥♥♥	合コン満足度	♥♥♥♥

明星食品とは、東京都渋谷区に本社を置く食品加工品会社で日清食品ホールディングス傘下である。主にインスタントラーメン、カップ麺の製造・販売を行う。

日清食品、東洋水産、エースコックとともに日本を代表する即席麺メーカーである！！　コーポレート・スローガンは「おいしさ、キラリ☆」ｗｗｗ　ちょｗｗｗポップだなおいｗｗｗ　社員も茶目っ気のある明るい社員が多く、疲れた花金にウェイウェイ飲みたいところである。

RANK A　ヤマサ

恋愛偏差値	平均年収（万円）
56	364

平均年収	♥♥♥	性格ポイント	♥♥♥
華やかさ	♥♥♥	合コン満足度	♥♥♥

ヤマサとは、千葉県銚子市にある醤油を中心とした調味料メーカーである。

醤油業界では、千葉県に本社を置くキッコーマンに次いで全国シェア第2位である！！　江戸時代から続く老舗企業というだけあって安定性は抜群。ゆえにちょっぴり保守的で古い体質は否めないとの声もチラホラ。

しかし、このご時世に安定ほど心休まるものはない……。ということで、旦那にしたい度は高めである！

RANK A　ユニバーサルミュージック

恋愛偏差値	平均年収（万円）
56	936

平均年収	♥♥♥♥	性格ポイント	♥♥♥♥
華やかさ	♥♥♥♥	合コン満足度	♥♥♥♥

ユニバーサルミュージックとは、フランスのメディア企業であるヴィヴェンディ傘下の音楽会社である。日本法人では老舗であり外資系レーベルとしては、知名度も高く就職でも人気。当然ながら音楽好きで情熱的な社員が多いので、音楽の趣味が合うかどうかは重要かも……？？

デートには、自社の手掛けた楽曲を予習してさりげなく鼻歌を歌ってみよう！

２０１９年にはテンセントが10パーセントの株式を取得しており、多国籍化が進みそうである！

RANK A　理研ビタミン

恋愛偏差値	平均年収（万円）
56	737

平均年収	♥♥♥♥	性格ポイント	♥♥♥
華やかさ	♥♥♥	合コン満足度	♥♥♥♥

理研ビタミンとは、日本の調味料メーカーである。乾燥わかめフレークの「ふえるわかめちゃん」シリーズや「わかめスープ」「ノンオイル青じそドレッシング」などを販売している。

さすがは歴史あるメーカーだけあり体育会な雰囲気で、飲み会は多いらしい。

法令遵守の精神は強くワークライフバランスはよく残業は少ないらしいので、結婚したら安心かも！？

RANK A　ルノー・ジャポン

恋愛偏差値	平均年収（万円）
56	570

平均年収	♥♥♥	性格ポイント	♥♥♥
華やかさ	♥♥♥	合コン満足度	♥♥♥♥

ルノーとは、フランスに本社を置く自動車製造会社。グループ傘下の日産自動車やダチア、アフトヴァース、ルノーサムスン自動車などを含めると世界最大の自動車会社である。

日本にもルノー・ジャポンがあり、社員と遭遇するのは可能。マスタードイエローと呼ばれる濃い黄色をコーポレートカラーにしているので、合コンのときはからし色のアイテムを身に着けて媚びを売ってみよう！！　きっと喜ばれるはず……！！

RANK A　ロシュ

恋愛偏差値	平均年収（万円）
56	592

平均年収	♥♥♥	性格ポイント	♥♥♥
華やかさ	♥♥♥♥	合コン満足度	♥♥♥♥

エフ・ホフマン・ラ・ロシュは、スイスのバーゼルに本拠を置く製薬・ヘルスケア企業である。

医薬品事業のほかに１９６８年より試薬事業にも進出している。グループ企業「ロシュ・ダイアグノスティックス」が日本にもあるが、社員と遭遇するのは至難の業である。

日本での知名度は低いものの、世界的な有名企業であり、特にスイスでの地位は確固たるもの。スイスまで行ったほうが出会えそうだなｗｗｗ

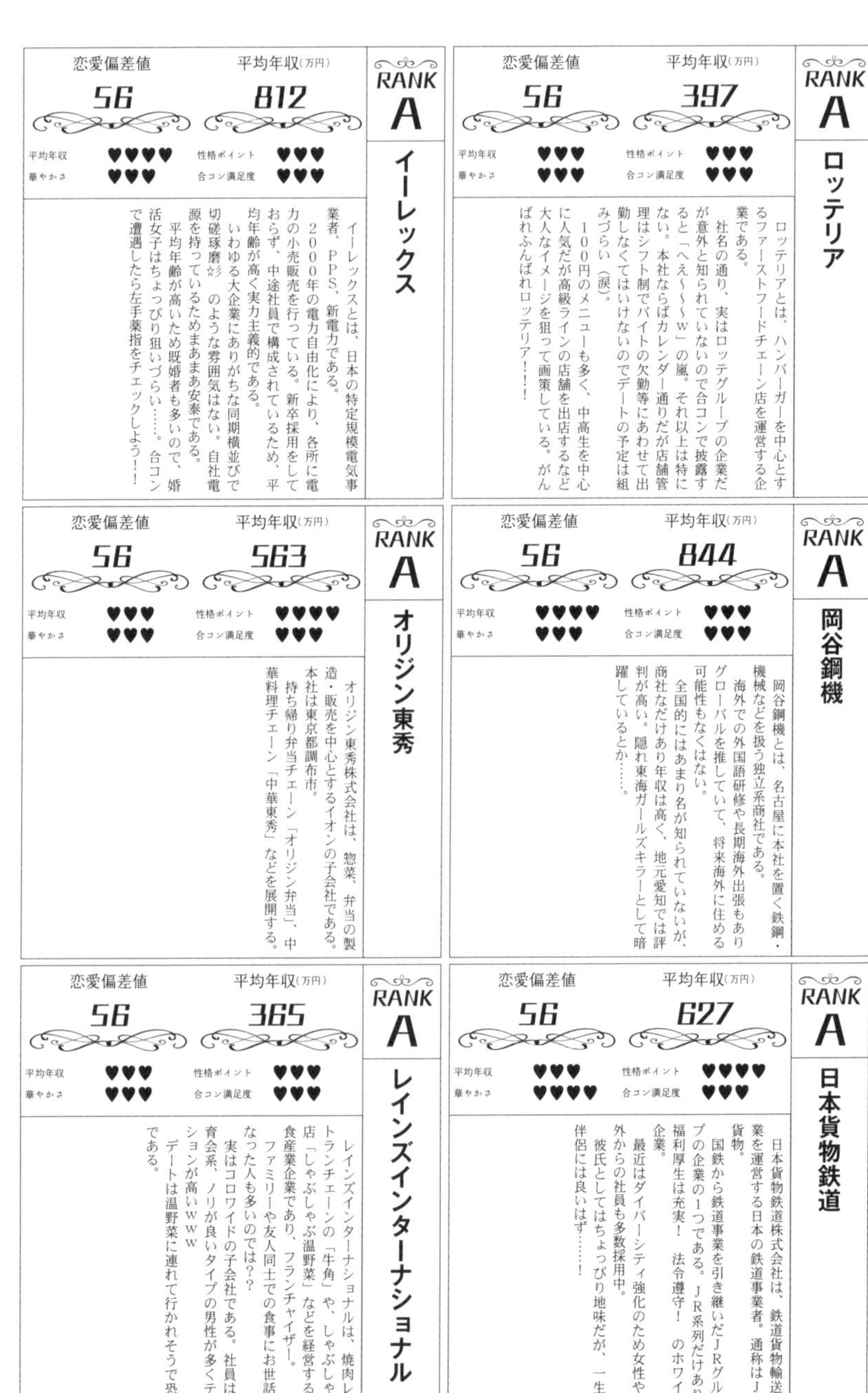

RANK A ロッテリア

恋愛偏差値	平均年収（万円）
56	397

平均年収	♥♥♥	性格ポイント	♥♥♥
華やかさ	♥♥♥	合コン満足度	♥♥♥

ロッテリアとは、ハンバーガーを中心とするファーストフードチェーン店を運営する企業である。

社名の通り、実はロッテグループの企業だが意外と知られていないので合コンで披露すると「へえ〜〜ｗ」の嵐。それ以上は特にない。本社ならばカレンダー通りだが店舗管理はシフト制でバイトの欠勤等にあわせて出勤しなくてはいけないのでデートの予定は組みづらい（涙）。

１００円のメニューも多く、中高生を中心に人気だが高級ラインの店舗を出店するなど大人なイメージを狙って画策している。がんばれふんばれロッテリア！！！

RANK A イーレックス

恋愛偏差値	平均年収（万円）
56	812

平均年収	♥♥♥♥	性格ポイント	♥♥♥
華やかさ	♥♥♥	合コン満足度	♥♥♥

イーレックスとは、日本の特定規模電気事業者、ＰＰＳ、新電力である。

２０００年の電力自由化により、各所に電力の小売販売を行っている。新卒採用をしておらず、中途社員で構成されているため、平均年齢が高く実力主義的である。

いわゆる大企業にありがちな同期横並びで切磋琢磨彡☆ のような雰囲気はない。自社電源を持っているためまあまあ安泰である。

平均年齢が高いため既婚者も多いので、婚活女子はちょっぴり狙いづらい……。合コンで遭遇したら左手薬指をチェックしよう！！

RANK A 岡谷鋼機

恋愛偏差値	平均年収（万円）
56	844

平均年収	♥♥♥♥	性格ポイント	♥♥♥
華やかさ	♥♥♥	合コン満足度	♥♥♥

岡谷鋼機とは、名古屋に本社を置く鉄鋼・機械などを扱う独立系商社である。

海外での外国語研修や長期海外出張もありグローバルを推していて、将来海外に住める可能性もなくはない。

全国的にはあまり名が知られていないが、商社なだけあり年収は高く、地元愛知では評判が高い。隠れ東海ガールズキラーとして暗躍しているとか……。

RANK A オリジン東秀

恋愛偏差値	平均年収（万円）
56	563

平均年収	♥♥♥	性格ポイント	♥♥♥♥
華やかさ	♥♥♥	合コン満足度	♥♥♥

オリジン東秀株式会社は、惣菜、弁当の製造・販売を中心とするイオンの子会社である。本社は東京都調布市。

持ち帰り弁当チェーン「オリジン弁当」、中華料理チェーン「中華東秀」などを展開する。

RANK A 日本貨物鉄道

恋愛偏差値	平均年収（万円）
56	627

平均年収	♥♥♥	性格ポイント	♥♥♥♥
華やかさ	♥♥♥♥	合コン満足度	♥♥♥

日本貨物鉄道株式会社は、鉄道貨物輸送事業を運営する日本の鉄道事業者。通称はＪＲ貨物。

国鉄から鉄道事業を引き継いだＪＲグループの企業の１つである。ＪＲ系列だけあり、福利厚生は充実！　法令遵守！　のホワイト企業。

最近はダイバーシティ強化のため女性や海外からの社員も多数採用中。

彼氏としてはちょっぴり地味だが、一生の伴侶には良いはず……！

RANK A レインズインターナショナル

恋愛偏差値	平均年収（万円）
56	365

平均年収	♥♥♥	性格ポイント	♥♥♥
華やかさ	♥♥♥	合コン満足度	♥♥♥

レインズインターナショナルは、焼肉レストランチェーンの「牛角」や、しゃぶしゃぶ店「しゃぶしゃぶ温野菜」などを経営する外食産業企業であり、フランチャイザー。

ファミリーや友人同士での食事にお世話になった人も多いのでは？？

実はコロワイドの子会社である。社員は体育会系、ノリが良いタイプの男性が多くテンションが高いｗｗｗ

デートは温野菜に連れて行かれそうで恐怖である。

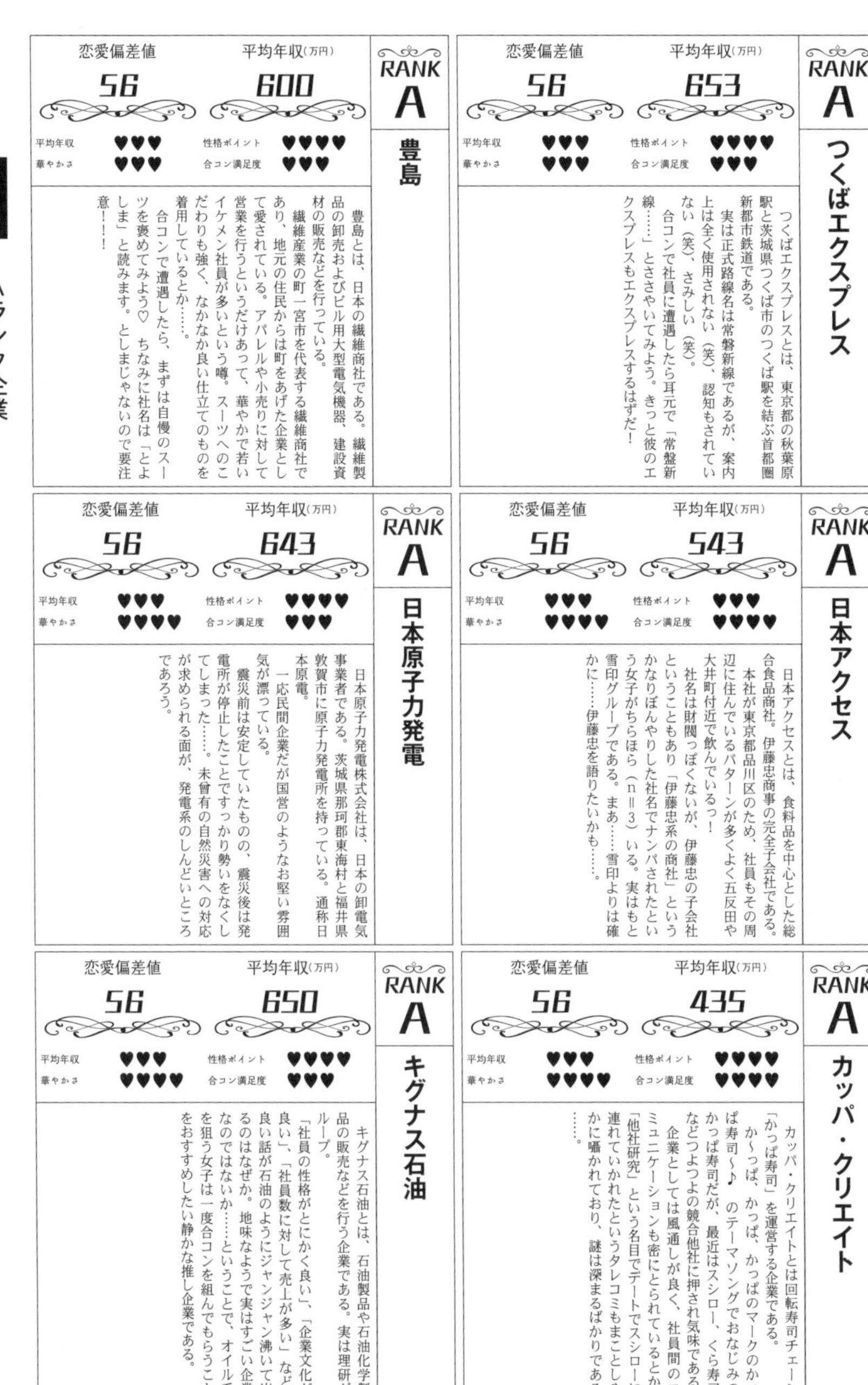

RANK A　つくばエクスプレス

恋愛偏差値	平均年収（万円）
56	653

項目	評価	項目	評価
平均年収	♥♥♥	性格ポイント	♥♥♥♥
華やかさ	♥♥♥	合コン満足度	♥♥♥

つくばエクスプレスとは、東京都の秋葉原駅と茨城県つくば市のつくば駅を結ぶ首都圏新都市鉄道である。

実は正式路線名は常磐新線であるが、案内上は全く使用されない（笑）、認知もされていない（笑）、さみしい（笑）。

合コンで社員に遭遇したら耳元で「常盤新線……」とささやいてみよう。きっと彼のエクスプレスもエクスプレスするはずだ！

RANK A　豊島

恋愛偏差値	平均年収（万円）
56	600

項目	評価	項目	評価
平均年収	♥♥♥	性格ポイント	♥♥♥♥
華やかさ	♥♥♥	合コン満足度	♥♥♥

豊島とは、日本の繊維商社である。繊維製品の卸売およびビル用大型電気機器、建設資材の販売などを行っている。

繊維産業の町一宮市を代表する繊維商社であり、地元の住民からは町をあげた企業として愛されている。アパレルや小売りに対して営業を行うというだけあって、華やかで若いイケメン社員が多いという噂。スーツへのこだわりも強く、なかなか良い仕立てのものを着用しているとか……。

合コンで遭遇したら、まずは自慢のスーツを褒めてみよう♡　ちなみに社名は「とよしま」と読みます。としまじゃないので要注意！！！

RANK A　日本アクセス

恋愛偏差値	平均年収（万円）
56	543

項目	評価	項目	評価
平均年収	♥♥♥	性格ポイント	♥♥♥
華やかさ	♥♥♥♥	合コン満足度	♥♥♥♥

日本アクセスとは、食料品を中心とした総合食品商社。伊藤忠商事の完全子会社である。

本社が東京都品川区のため、社員もその周辺に住んでいるパターンが多くよく五反田や大井町付近で飲んでいるっ！

社名は財閥っぽくないが、伊藤忠の子会社ということもあり「伊藤忠系の商社」というかなりぼんやりした社名でナンパされたという女子がちらほら（n＝3）いる。実はもと雪印グループである。まあ……雪印よりは確かに……伊藤忠を語りたいかも……。

RANK A　日本原子力発電

恋愛偏差値	平均年収（万円）
56	643

項目	評価	項目	評価
平均年収	♥♥♥	性格ポイント	♥♥♥♥
華やかさ	♥♥♥♥	合コン満足度	♥♥♥

日本原子力発電株式会社は、日本の卸電気事業者である。茨城県那珂郡東海村と福井県敦賀市に原子力発電所を持っている。通称日本原電。

一応民間企業だが国営のようなお堅い雰囲気が漂っている。

震災前は安定していたものの、震災後は発電所が停止したことですっかり勢いをなくしてしまった……。未曾有の自然災害への対応が求められる面が、発電系のしんどいところであろう。

RANK A　カッパ・クリエイト

恋愛偏差値	平均年収（万円）
56	435

項目	評価	項目	評価
平均年収	♥♥♥	性格ポイント	♥♥♥♥
華やかさ	♥♥♥♥	合コン満足度	♥♥♥♥

カッパ・クリエイトとは回転寿司チェーン「かっぱ寿司」を運営する企業である。

か〜っぱ、かっぱ、かっぱのマークのかっぱ寿司〜♪　のテーマソングでおなじみのかっぱ寿司だが、最近はスシロー、くら寿司などつよつよの競合他社に押され気味である。

企業としては風通しが良く、社員間のコミュニケーションも密にとられているとか。「他社研究」という名目でデートでスシローに連れていかれたというタレコミもまことしやかに囁かれており、謎は深まるばかりである……。

RANK A　キグナス石油

恋愛偏差値	平均年収（万円）
56	650

項目	評価	項目	評価
平均年収	♥♥♥	性格ポイント	♥♥♥♥
華やかさ	♥♥♥♥	合コン満足度	♥♥♥

キグナス石油とは、石油製品や石油化学製品の販売などを行う企業である。実は理研グループ。

「社員の性格がとにかく良い」、「企業文化が良い」、「社員数に対して売上が多い」など、良い話が石油のようにジャンジャン沸いて出るのはなぜか。地味なようで実はすごい企業なのではないか……ということで、オイル系を狙う女子は一度合コンを組んでもらうことをおすすめしたい静かな推し企業である。

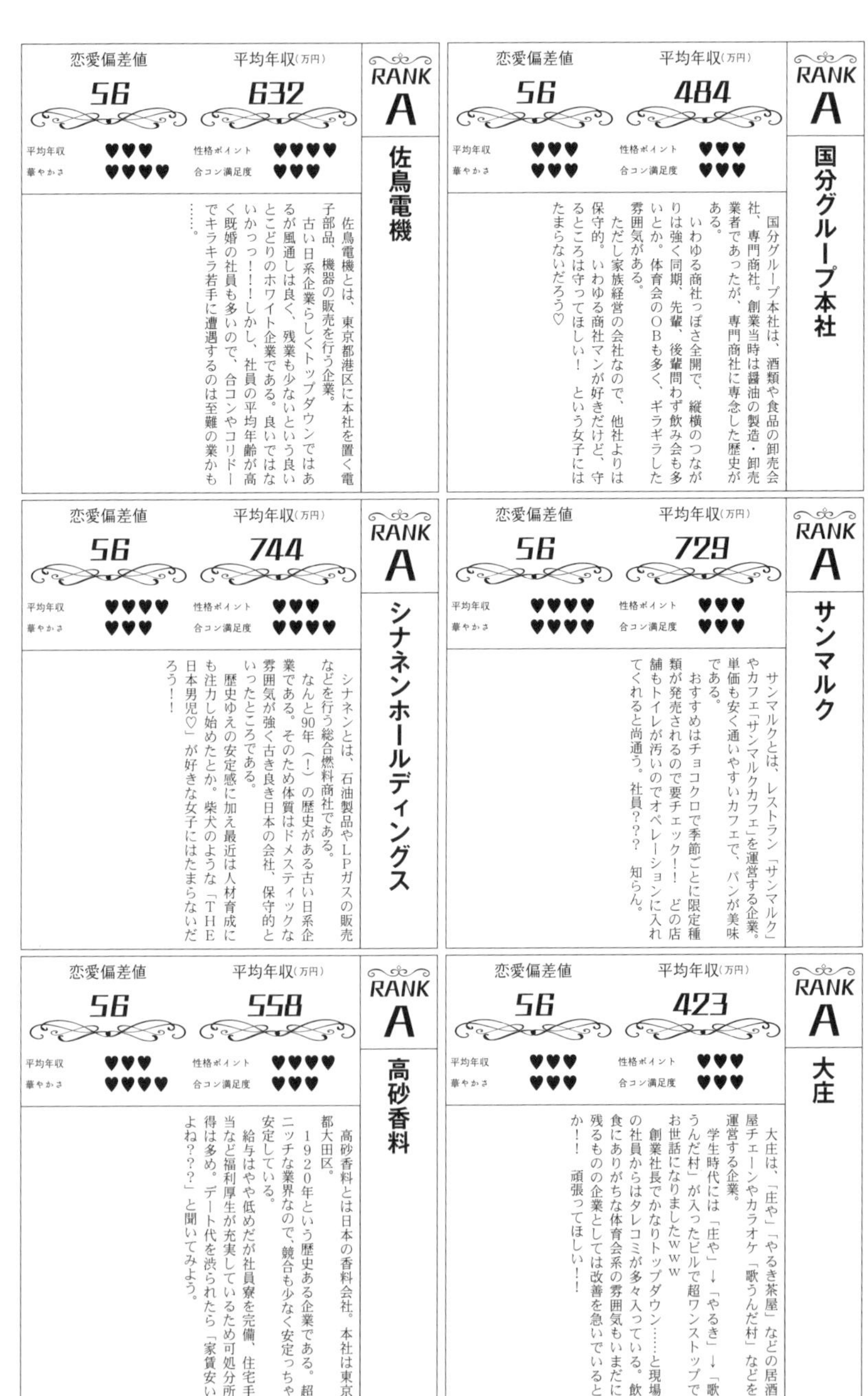

RANK A 国分グループ本社

恋愛偏差値	平均年収（万円）
56	484

平均年収	♥♥♥	性格ポイント	♥♥♥
華やかさ	♥♥♥	合コン満足度	♥♥♥

国分グループ本社は、酒類や食品の卸売会社、専門商社。創業当時は醤油の製造・卸売業者であったが、専門商社に専念した歴史がある。

いわゆる商社っぽさ全開で、縦横のつながりは強く同期、先輩、後輩問わず飲み会も多いとか。体育会のＯＢも多く、ギラギラした雰囲気がある。

ただし家族経営の会社なので、他社よりは保守的。いわゆる商社マンが好きだけど、守るところは守ってほしい！ という女子にはたまらないだろう♡

RANK A 佐鳥電機

恋愛偏差値	平均年収（万円）
56	632

平均年収	♥♥♥	性格ポイント	♥♥♥♥
華やかさ	♥♥♥♥	合コン満足度	♥♥♥

佐鳥電機とは、東京都港区に本社を置く電子部品、機器の販売を行う企業。

古い日系企業らしくトップダウンではあるが風通しは良く、残業も少ないという良いとこどりのホワイト企業である。良いではないかっっ！！しかし、社員の平均年齢が高く既婚の社員も多いので、合コンやコリドーでキラキラ若手に遭遇するのは至難の業かも……。

RANK A サンマルク

恋愛偏差値	平均年収（万円）
56	729

平均年収	♥♥♥♥	性格ポイント	♥♥♥
華やかさ	♥♥♥♥	合コン満足度	♥♥♥

サンマルクとは、レストラン「サンマルク」やカフェ「サンマルクカフェ」を運営する企業。単価も安く通いやすいカフェで、パンが美味である。

おすすめはチョコクロで季節ごとに限定種類が発売されるので要チェック！ どの店舗もトイレが汚いのでオペレーションに入れてくれると尚通う。社員？？ 知らん。

RANK A シナネンホールディングス

恋愛偏差値	平均年収（万円）
56	744

平均年収	♥♥♥♥	性格ポイント	♥♥♥
華やかさ	♥♥♥	合コン満足度	♥♥♥♥

シナネンとは、石油製品やＬＰガスの販売などを行う総合燃料商社である。

なんと90年（！）の歴史がある古い日系企業である。そのため体質はドメスティックな雰囲気が強く古き良き日本の会社、保守的といったところである。

歴史ゆえの安定感に加え最近は人材育成にも注力し始めたとか。柴犬のような「ＴＨＥ日本男児♡」が好きな女子にはたまらないだろう！

RANK A 大庄

恋愛偏差値	平均年収（万円）
56	423

平均年収	♥♥♥	性格ポイント	♥♥♥
華やかさ	♥♥♥	合コン満足度	♥♥♥

大庄は、「庄や」「やるき茶屋」などの居酒屋チェーンやカラオケ「歌うんだ村」などを運営する企業。

学生時代には「庄や」→「やるき」→「歌うんだ村」が入ったビルで超ワンストップでお世話になりましたｗｗｗ

創業社長でかなりトップダウン……と現場の社員からはタレコミが多々入っている。飲食にありがちな体育会系の雰囲気もいまだに残るものの企業としては改善を急いでいるとか！ 頑張ってほしい！！

RANK A 高砂香料

恋愛偏差値	平均年収（万円）
56	558

平均年収	♥♥♥	性格ポイント	♥♥♥♥
華やかさ	♥♥♥♥	合コン満足度	♥♥♥

高砂香料とは日本の香料会社。本社は東京都大田区。

１９２０年という歴史ある企業である。超ニッチな業界なので、競合も少なく安定っちゃ安定している。

給与はやや低めだが社員寮を完備、住宅手当など福利厚生が充実しているため可処分所得は多め。デート代を渋られたら「家賃安いよね？？」と聞いてみよう。

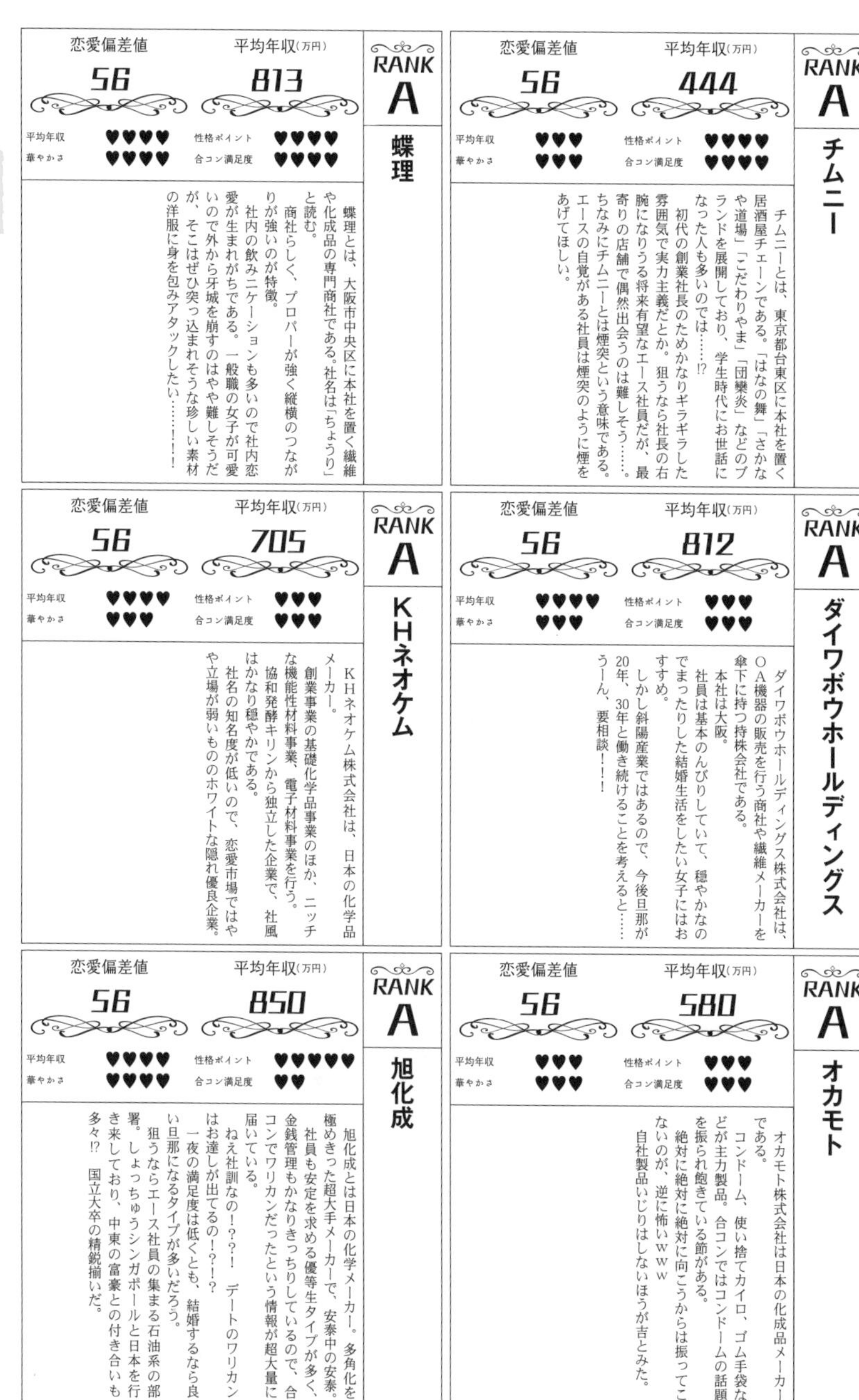

RANK A チムニー

恋愛偏差値	平均年収(万円)
56	444

項目	評価	項目	評価
平均年収	♥♥♥	性格ポイント	♥♥♥♥
華やかさ	♥♥♥	合コン満足度	♥♥♥♥

チムニーとは、東京都台東区に本社を置く居酒屋チェーンである。「はなの舞」「さかなや道場」「こだわりやま」「団欒炎」などのブランドを展開しており、学生時代にお世話になった人も多いのでは……!?

初代の創業社長のためかなりギラギラした雰囲気で実力主義だとか。狙うなら社長の右腕になりうる将来有望なエース社員だが、最寄りの店舗で偶然出会うのは難しそう……。ちなみにチムニーとは煙突という意味である。エースの自覚がある社員は煙突のように煙をあげてほしい。

RANK A 蝶理

恋愛偏差値	平均年収(万円)
56	813

項目	評価	項目	評価
平均年収	♥♥♥♥	性格ポイント	♥♥♥♥
華やかさ	♥♥♥♥	合コン満足度	♥♥♥♥

蝶理とは、大阪市中央区に本社を置く繊維や化成品の専門商社である。社名は「ちょうり」と読む。

商社らしく、プロパーが強く縦横のつながりが強いのが特徴。

社内の飲みニケーションも多いので社内恋愛が生まれがちである。一般職の女子が可愛いので外から牙城を崩すのはやや難しそうだが、そこはぜひ突っ込まれそうな珍しい素材の洋服に身を包みアタックしたい……!!

RANK A ダイワボウホールディングス

恋愛偏差値	平均年収(万円)
56	812

項目	評価	項目	評価
平均年収	♥♥♥♥	性格ポイント	♥♥♥
華やかさ	♥♥♥	合コン満足度	♥♥♥

ダイワボウホールディングス株式会社は、OA機器の販売を行う商社や繊維メーカーを傘下に持つ持株会社である。

本社は大阪。

社員は基本のんびりしていて、穏やかなでまったりした結婚生活をしたい女子にはおすすめ。

しかし斜陽産業ではあるので、今後旦那が20年、30年と働き続けることを考えると……うーん、要相談!!

RANK A KHネオケム

恋愛偏差値	平均年収(万円)
56	705

項目	評価	項目	評価
平均年収	♥♥♥♥	性格ポイント	♥♥♥
華やかさ	♥♥♥	合コン満足度	♥♥♥

KHネオケム株式会社は、日本の化学品メーカー。

創業事業の基礎化学品事業のほか、ニッチな機能性材料事業、電子材料事業を行う。

協和発酵キリンから独立した企業で、社風はかなり穏やかである。

社名の知名度が低いので、恋愛市場ではやや立場が弱いもののホワイトな隠れ優良企業。

RANK A オカモト

恋愛偏差値	平均年収(万円)
56	580

項目	評価	項目	評価
平均年収	♥♥♥	性格ポイント	♥♥♥
華やかさ	♥♥♥	合コン満足度	♥♥♥

オカモト株式会社は日本の化成品メーカーである。

コンドーム、使い捨てカイロ、ゴム手袋などが主力製品。合コンではコンドームの話題を振られ飽きている節がある。

絶対に絶対に向こうからは振ってこないのが、逆に怖いｗｗｗ

自社製品いじりはしないほうが吉とみた。

RANK A 旭化成

恋愛偏差値	平均年収(万円)
56	850

項目	評価	項目	評価
平均年収	♥♥♥♥	性格ポイント	♥♥♥♥♥
華やかさ	♥♥♥♥	合コン満足度	♥♥

旭化成とは日本の化学メーカー。多角化を極めきった超大手メーカーで、安泰中の安泰。

社員も安定を求める優等生タイプが多く、金銭管理もかなりきっちりしているので、合コンでワリカンだったという情報が超大量に届いている。

ねえ社訓なの!??! デートのワリカンはお達しが出てるの!?!?

一夜の満足度は低くとも、結婚するなら良い旦那になるタイプが多いだろう。

狙うならエース社員の集まる石油系の部署。しょっちゅうシンガポールと日本を行き来しており、中東の富豪との付き合いも多々!? 国立大卒の精鋭揃いだ。

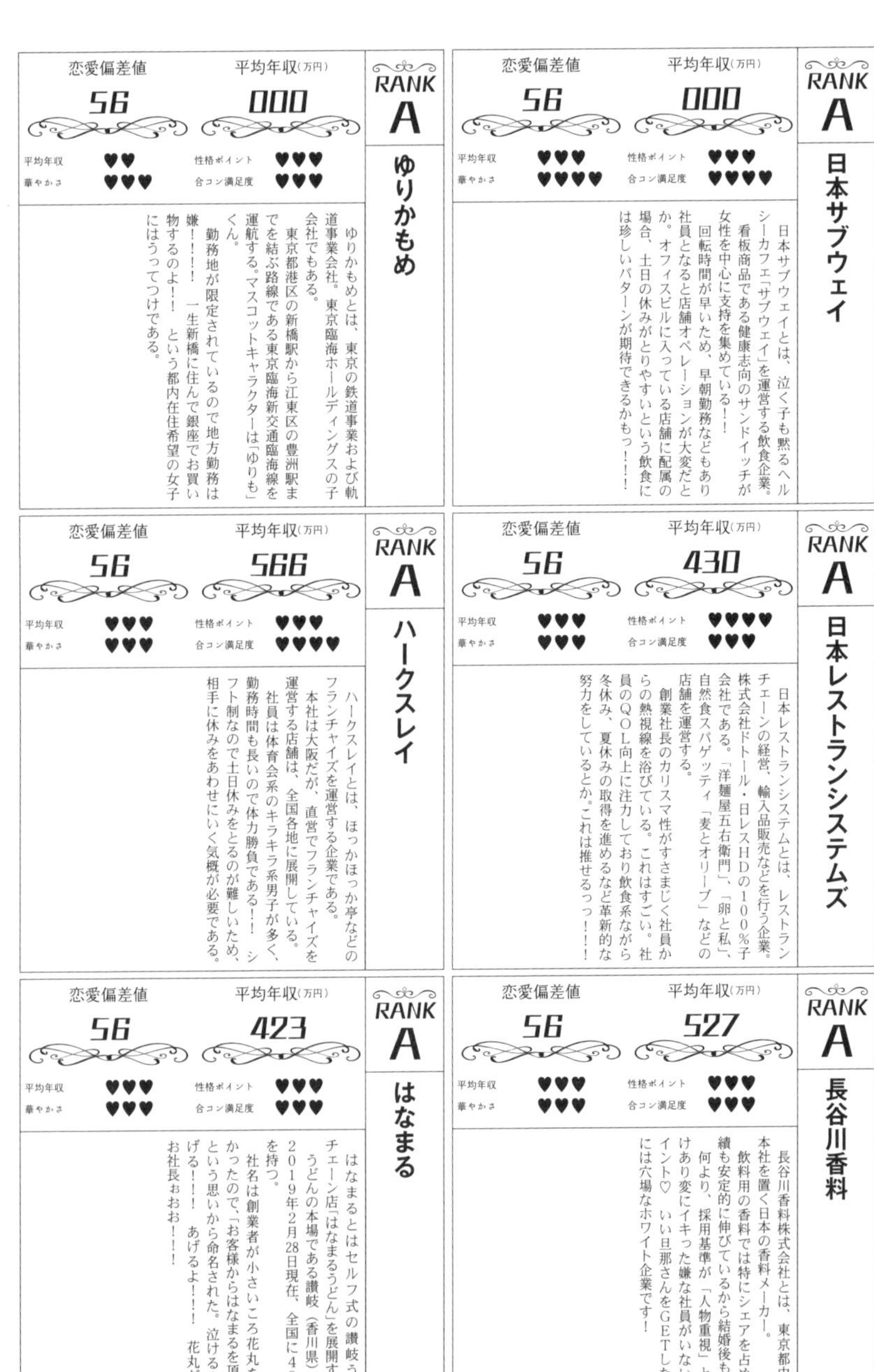

RANK A 日本サブウェイ

恋愛偏差値 56　平均年収（万円） 000

平均年収 ♥♥♥　性格ポイント ♥♥♥
華やかさ ♥♥♥♥　合コン満足度 ♥♥♥♥

日本サブウェイとは、泣く子も黙るヘルシーカフェ「サブウェイ」を運営する飲食企業。

看板商品である健康志向のサンドイッチが女性を中心に支持を集めている！！

回転時間が早いため、早朝勤務などもあり社員となると店舗オペレーションが大変だとか。オフィスビルに入っている店舗に配属の場合、土日の休みがとりやすいという飲食には珍しいパターンが期待できるかもっ！！

RANK A ゆりかもめ

恋愛偏差値 56　平均年収（万円） 000

平均年収 ♥♥　性格ポイント ♥♥♥
華やかさ ♥♥♥　合コン満足度 ♥♥♥

ゆりかもめとは、東京の鉄道事業および軌道事業会社。東京臨海ホールディングスの子会社でもある。

東京都港区の新橋駅から江東区の豊洲駅までを結ぶ路線である東京臨海新交通臨海線を運航する。マスコットキャラクターは「ゆりもくん」。

勤務地が限定されているので地方勤務は嫌！！！　一生新橋に住んで銀座でお買い物するのよ！！　という都内在住希望の女子にはうってつけである。

RANK A 日本レストランシステムズ

恋愛偏差値 56　平均年収（万円） 430

平均年収 ♥♥♥　性格ポイント ♥♥♥♥
華やかさ ♥♥♥　合コン満足度 ♥♥♥

日本レストランシステムとは、レストランチェーンの経営、輸入品販売などを行う企業。株式会社ドトール・日レスHDの100％子会社である。「洋麺屋五右衛門」、「卵と私」、自然食スパゲッティ「麦とオリーブ」などの店舗を運営する。

創業社長のカリスマ性がすさまじく社員からの熱視線を浴びている。これはすごい。社員のQOL向上に注力しており飲食系ながら冬休み、夏休みの取得を進めるなど革新的な努力をしているとか。これは推せるっ！！

RANK A ハークスレイ

恋愛偏差値 56　平均年収（万円） 566

平均年収 ♥♥♥　性格ポイント ♥♥♥
華やかさ ♥♥♥　合コン満足度 ♥♥♥♥

ハークスレイとは、ほっかほっか亭などのフランチャイズを運営する企業である。

本社は大阪だが、直営でフランチャイズを運営する店舗は、全国各地に展開している。

社員は体育会系のキラキラ系男子が多く、勤務時間も長いので体力勝負である！！　シフト制なので土日休みをとるのが難しいため、相手に休みをあわせにいく気概が必要である。

RANK A 長谷川香料

恋愛偏差値 56　平均年収（万円） 527

平均年収 ♥♥♥　性格ポイント ♥♥♥
華やかさ ♥♥♥　合コン満足度 ♥♥♥

長谷川香料株式会社とは、東京都中央区に本社を置く日本の香料メーカー。
飲料用の香料では特にシェアを占める。業績も安定的に伸びているから結婚後も安心♡
何より、採用基準が「人物重視」というだけあり変にイキった嫌な社員がいないのがポイント♡　いい旦那さんをGETしたい女子には穴場なホワイト企業です！

RANK A はなまる

恋愛偏差値 56　平均年収（万円） 423

平均年収 ♥♥♥　性格ポイント ♥♥♥
華やかさ ♥♥♥　合コン満足度 ♥♥♥

はなまるとはセルフ式の讃岐うどんのチェーン店「はなまるうどん」を展開する企業。うどんの本場である讃岐（香川県）に創業。2019年2月28日現在、全国に495店舗を持つ。

社名は創業者が小さいころ花丸を貰えなかったので、「お客様からはなまるを頂きたい」という思いから命名された。泣ける……。あげる！！　あげるよ！！　花丸だよおお社長ぉおお！！！

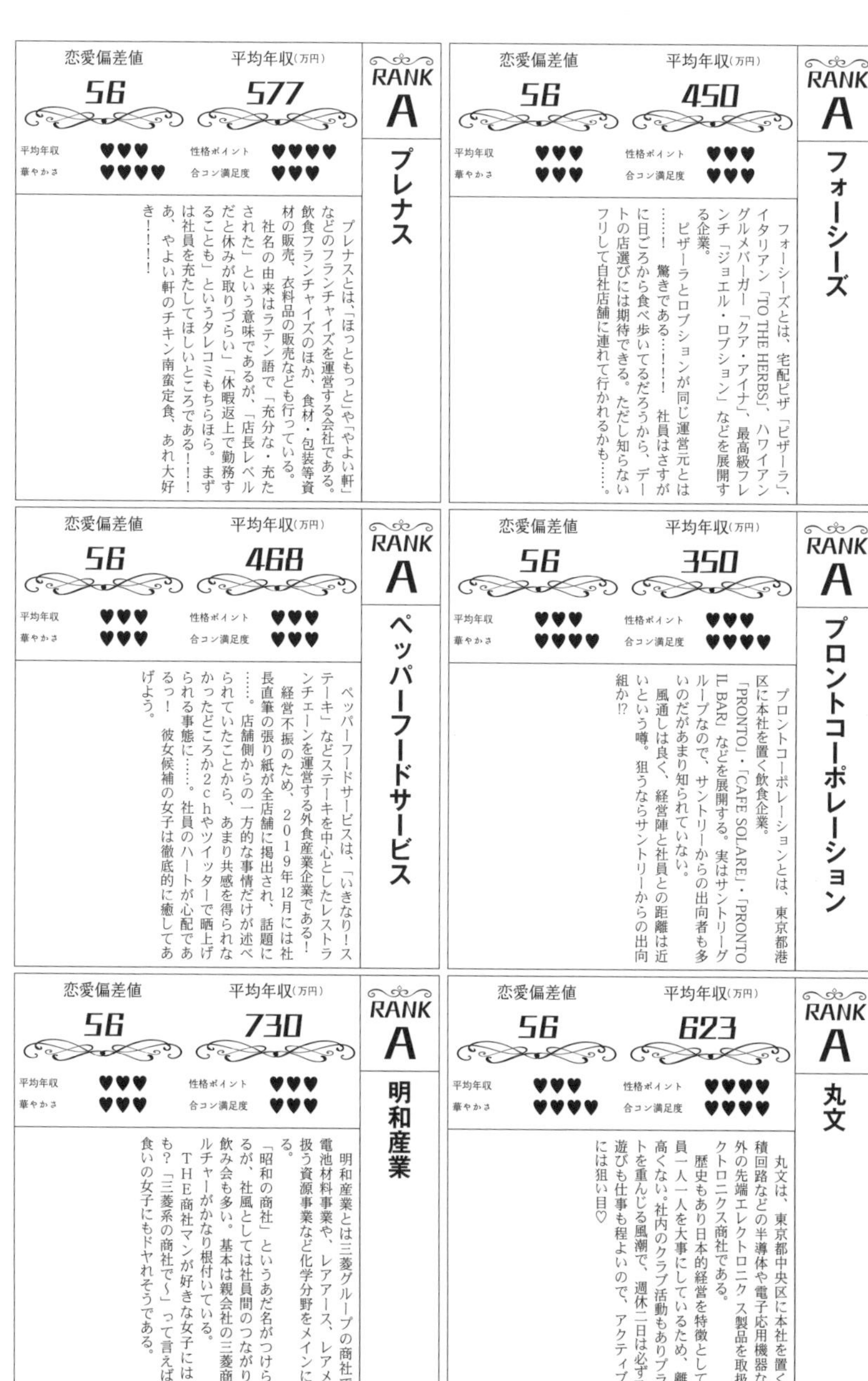

フォーシーズ

RANK A

恋愛偏差値	平均年収（万円）
56	450

項目	評価	項目	評価
平均年収	♥♥♥	性格ポイント	♥♥♥
華やかさ	♥♥♥	合コン満足度	♥♥♥

フォーシーズとは、宅配ピザ「ピザーラ」、イタリアン「TO THE HERBS」、ハワイアングルメバーガー「クア・アイナ」、最高級フレンチ「ジョエル・ロブション」などを展開する企業。

ピザーラとロブションが同じ運営元とは……！　驚きである……！！　社員はさすがに日ごろから食べ歩いてるだろうから、デートの店選びには期待できる。ただし知らないフリして自社店舗に連れて行かれるかも……。

プレナス

RANK A

恋愛偏差値	平均年収（万円）
56	577

項目	評価	項目	評価
平均年収	♥♥♥	性格ポイント	♥♥♥♥
華やかさ	♥♥♥♥	合コン満足度	♥♥♥

プレナスとは、「ほっともっと」や「やよい軒」などのフランチャイズを運営する会社である。飲食フランチャイズのほか、食材・包装等資材の販売、衣料品の販売なども行っている。

社名の由来はラテン語で「充分な・充たされた」という意味であるが、「店長レベルだと休みが取りづらい」「休暇返上で勤務することも」というタレコミもちらほら。まずは社員を充たしてほしいところである！！　あ、やよい軒のチキン南蛮定食、あれ大好き！！！！

プロントコーポレーション

RANK A

恋愛偏差値	平均年収（万円）
56	350

項目	評価	項目	評価
平均年収	♥♥♥	性格ポイント	♥♥♥
華やかさ	♥♥♥♥	合コン満足度	♥♥♥♥

プロントコーポレーションとは、東京都港区に本社を置く飲食企業。

「PRONTO」・「CAFE SOLARE」・「PRONTO IL BAR」などを展開する。実はサントリーグループなので、サントリーからの出向者も多いのだがあまり知られていない。

風通しは良く、経営陣と社員との距離は近いという噂。狙うならサントリーからの出向組か⁉

ペッパーフードサービス

RANK A

恋愛偏差値	平均年収（万円）
56	468

項目	評価	項目	評価
平均年収	♥♥♥	性格ポイント	♥♥♥
華やかさ	♥♥♥	合コン満足度	♥♥♥

ペッパーフードサービスは、「いきなり！ステーキ」などステーキを中心としたレストランチェーンを運営する外食産業企業である！

経営不振のため、２０１９年12月には社長直筆の張り紙が全店舗に掲出され、話題に……。店舗側からの一方的な事情だけが述べられていたことから、あまり共感を得られなかったどころか2ｃｈやツイッターで晒上げられる事態に……。社員のハートが心配であるっ！　彼女候補の女子は徹底的に癒してあげよう。

丸文

RANK A

恋愛偏差値	平均年収（万円）
56	623

項目	評価	項目	評価
平均年収	♥♥♥	性格ポイント	♥♥♥♥
華やかさ	♥♥♥♥	合コン満足度	♥♥♥♥

丸文は、東京都中央区に本社を置くＩＣ集積回路などの半導体や電子応用機器など国内外の先端エレクトロニクス製品を取扱うエレクトロニクス商社である。

歴史もあり日本的経営を特徴としていて社員一人一人を大事にしているため、離職率も高くない。社内のクラブ活動もありプライベートを重んじる風潮で、週休二日は必ず取れる。遊びも仕事も程よいので、アクティブ系女子には狙い目♡

明和産業

RANK A

恋愛偏差値	平均年収（万円）
56	730

項目	評価	項目	評価
平均年収	♥♥♥	性格ポイント	♥♥♥
華やかさ	♥♥♥	合コン満足度	♥♥♥

明和産業とは三菱グループの商社である。電池材料事業や、レアアース、レアメタルを扱う資源事業など化学分野をメインに展開する。

「昭和の商社」というあだ名がつけられているが、社風としては社員間のつながりが強く飲み会も多い。基本は親会社の三菱商事のカルチャーがかなり根付いている。

ＴＨＥ商社マンが好きな女子にはいいかも？「三菱系の商社で〜」って言えば、商社食いの女子にもドヤれそうである。

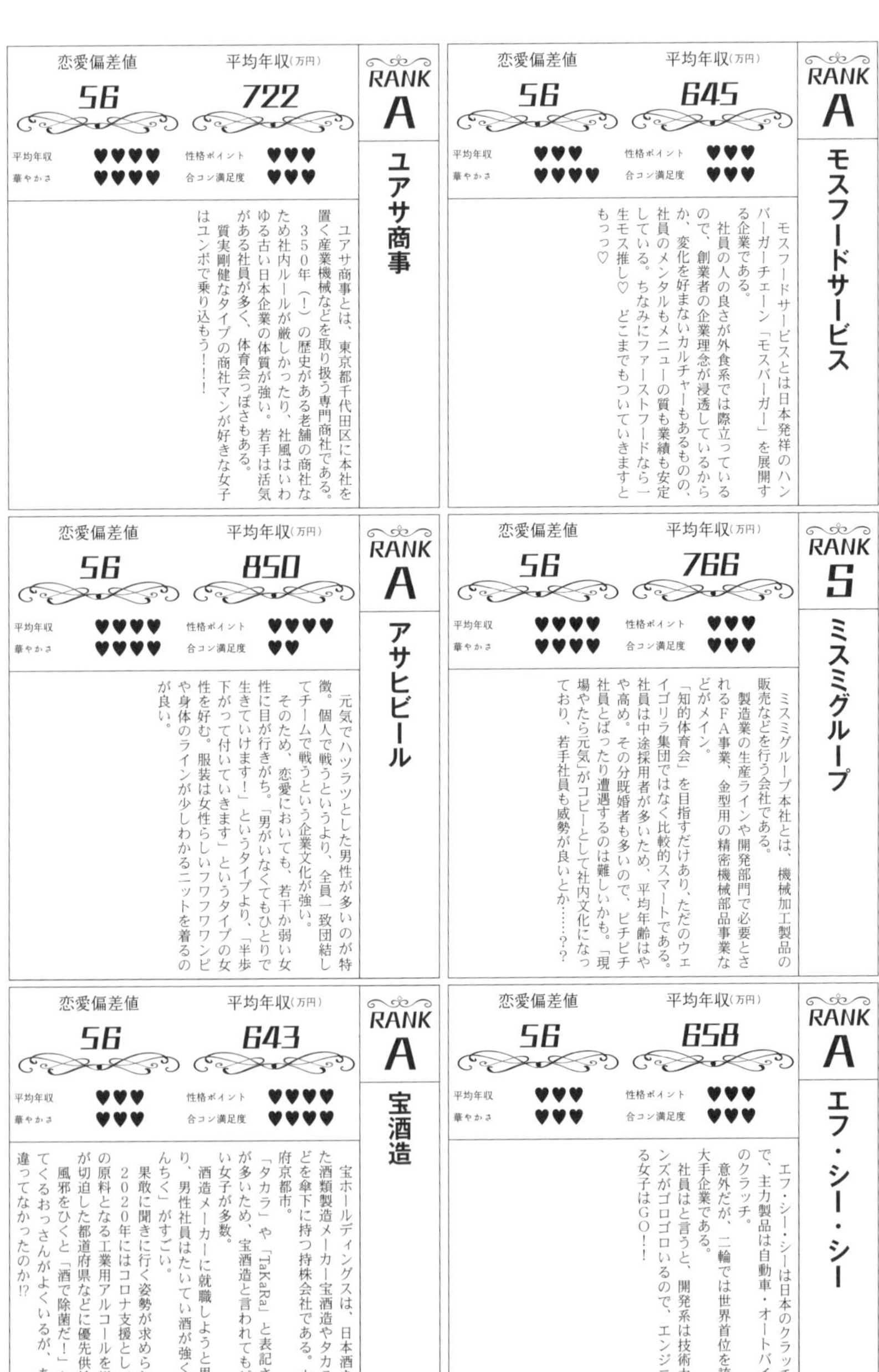

モスフードサービス

RANK A

恋愛偏差値	平均年収（万円）
56	645

平均年収	♥♥♥	性格ポイント	♥♥♥
華やかさ	♥♥♥♥	合コン満足度	♥♥♥

モスフードサービスとは日本発祥のハンバーガーチェーン「モスバーガー」を展開する企業である。

社員の人の良さが外食系では際立っているので、創業者の企業理念が浸透しているからか、変化を好まないカルチャーもあるものの、社員のメンタルもメニューの質も業績も安定している。ちなみにファーストフードなら一生モス推し♡ どこまでもついていきますともっっ♡

ユアサ商事

RANK A

恋愛偏差値	平均年収（万円）
56	722

平均年収	♥♥♥♥	性格ポイント	♥♥♥
華やかさ	♥♥♥♥	合コン満足度	♥♥♥

ユアサ商事とは、東京都千代田区に本社を置く産業機械などを取り扱う専門商社である。

350年（！）の歴史がある老舗の商社なため社内ルールが厳しかったり、社風はいわゆる古い日本企業の体質が強い。若手は活気がある社員が多く、体育会っぽさもある。

質実剛健なタイプの商社マンが好きな女子はユンボで乗り込もう！！！

ミスミグループ

RANK S

恋愛偏差値	平均年収（万円）
56	766

平均年収	♥♥♥♥	性格ポイント	♥♥♥
華やかさ	♥♥♥♥	合コン満足度	♥♥♥

ミスミグループ本社とは、機械加工製品の販売などを行う会社である。

製造業の生産ラインや開発部門で必要とされるFA事業、金型用の精密機械部品事業などがメイン。

「知的体育会」を目指すだけあり、ただのウェイゴリラ集団ではなく比較的スマートである。社員は中途採用者が多いため、平均年齢はやや高め。その分既婚者も多いので、ピチピチ社員とばったり遭遇するのは難しいかも。「現場やたら元気」がコピーとして社内文化になっており、若手社員も威勢が良いとか……？？

アサヒビール

RANK A

恋愛偏差値	平均年収（万円）
56	850

平均年収	♥♥♥♥	性格ポイント	♥♥♥♥
華やかさ	♥♥♥♥	合コン満足度	♥♥

元気でハツラツとした男性が多いのが特徴。個人で戦うというより、全員一致団結してチームで戦うという企業文化が強い。

そのため、恋愛においても、若干か弱い女性に目が行きがち。「男がいなくてもひとりで生きていけます！」というタイプより、「半歩下がって付いていきます」というタイプの女性を好む。服装は女性らしいフワフワワンピや身体のラインが少しわかるニットを着るのが良い。

エフ・シー・シー

RANK A

恋愛偏差値	平均年収（万円）
56	658

平均年収	♥♥♥	性格ポイント	♥♥♥
華やかさ	♥♥♥	合コン満足度	♥♥♥

エフ・シー・シーは日本のクラッチメーカーで、主力製品は自動車・オートバイ・汎用機のクラッチ。

意外だが、二輪では世界首位を誇る隠れた大手企業である。

社員はと言うと、開発系は技術力が高いメンズがゴロゴロいるので、エンジニアを愛する女子はGO！！

宝酒造

RANK A

恋愛偏差値	平均年収（万円）
56	643

平均年収	♥♥♥	性格ポイント	♥♥♥♥
華やかさ	♥♥♥	合コン満足度	♥♥♥♥

宝ホールディングスは、日本酒を中心とした酒類製造メーカー宝酒造やタカラバイオなどを傘下に持つ持株会社である。本社は京都府京都市。

「タカラ」や「TaKaRa」と表記されることが多いため、宝酒造と言われてもピンと来ない女子が多数。

酒造メーカーに就職しようと思うだけあり、男性社員はたいてい酒が強く、「焼酎うんちく」がすごい。

果敢に聞きに行く姿勢が求められる（笑）

2020年にはコロナ支援として、消毒液の原料となる工業用アルコールを増産。需要が切迫した都道府県などに優先供給する。

風邪をひくと「酒で除菌だ！」などど煽ってくるおっさんがよくいるが、あながち間違ってなかったのか⁉

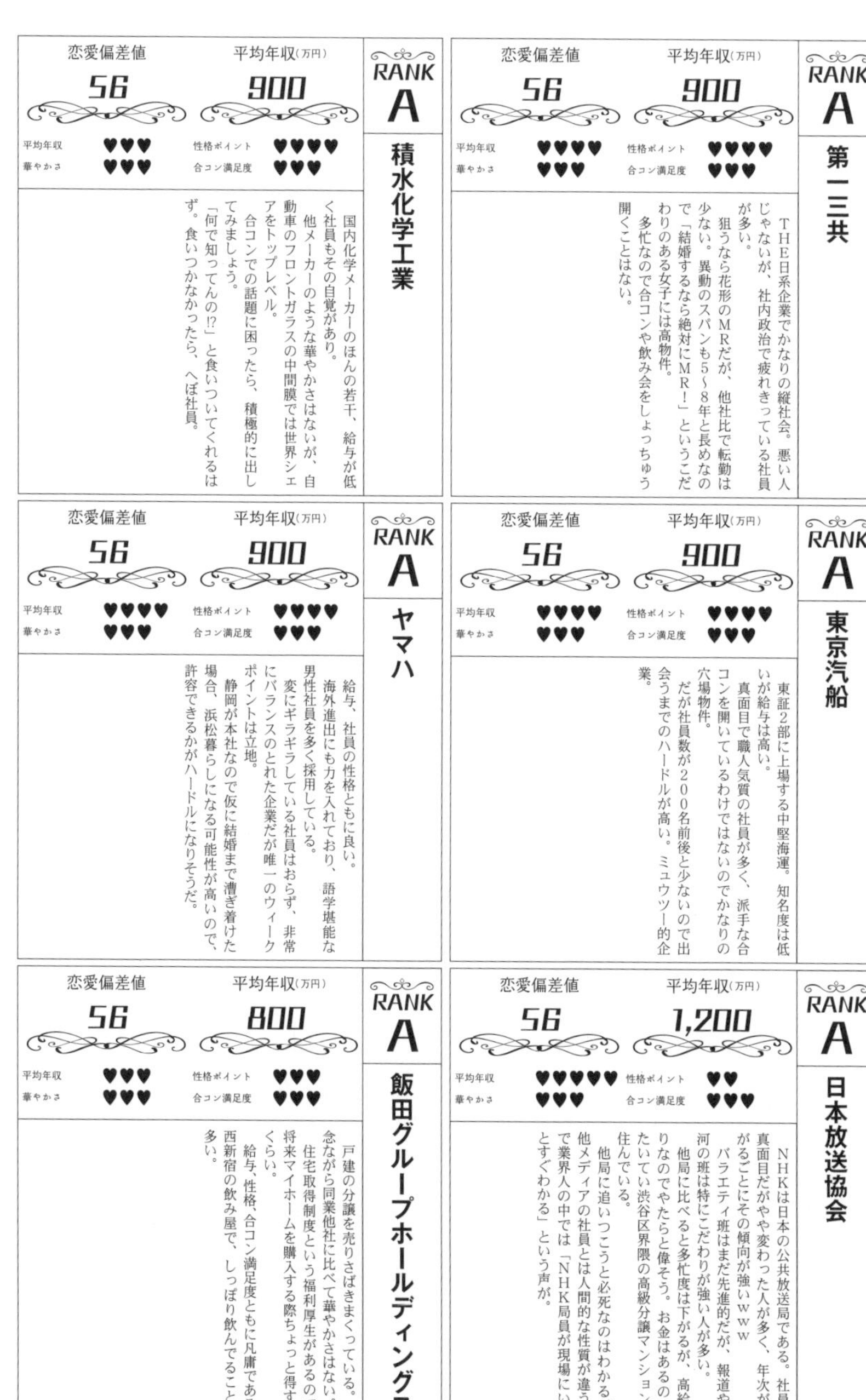

RANK A 第一三共

恋愛偏差値	平均年収（万円）
56	900

平均年収	♥♥♥♥	性格ポイント	♥♥♥♥
華やかさ	♥♥♥	合コン満足度	♥♥♥

THE日系企業でかなりの縦社会。悪い人じゃないが、社内政治で疲れきっている社員が多い。

狙うなら花形のMRだが、他社比で転勤は少ない。異動のスパンも5～8年と長めなので「結婚するなら絶対にMR！」というこだわりのある女子には高物件。

多忙なので合コンや飲み会をしょっちゅう開くことはない。

RANK A 積水化学工業

恋愛偏差値	平均年収（万円）
56	900

平均年収	♥♥♥	性格ポイント	♥♥♥♥
華やかさ	♥♥♥	合コン満足度	♥♥♥

国内化学メーカーのほんの若干、給与が低く社員もその自覚があり。

他メーカーのような華やかさはないが、自動車のフロントガラスの中間膜では世界シェアをトップレベル。

合コンでの話題に困ったら、積極的に出してみましょう。

「何で知ってんの!?」と食いついてくれるはず。食いつかなかったら、へぼ社員。

RANK A 東京汽船

恋愛偏差値	平均年収（万円）
56	900

平均年収	♥♥♥♥	性格ポイント	♥♥♥♥
華やかさ	♥♥♥	合コン満足度	♥♥♥

東証2部に上場する中堅海運。知名度は低いが給与は高い。

真面目で職人気質の社員が多く、派手な合コンを開いているわけではないのでかなりの穴場物件。

だが社員数が200名前後と少ないので出会うまでのハードルが高い。ミュウツー的企業。

RANK A ヤマハ

恋愛偏差値	平均年収（万円）
56	900

平均年収	♥♥♥♥	性格ポイント	♥♥♥♥
華やかさ	♥♥♥	合コン満足度	♥♥♥

給与、社員の性格ともに良い。

海外進出にも力を入れており、語学堪能な男性社員を多く採用している。

変にギラギラしている社員はおらず、非常にバランスのとれた企業だが唯一のウィークポイントは立地。

静岡が本社なので仮に結婚まで漕ぎ着けた場合、浜松暮らしになる可能性が高いので、許容できるかがハードルになりそうだ。

RANK A 日本放送協会

恋愛偏差値	平均年収（万円）
56	1,200

平均年収	♥♥♥♥♥	性格ポイント	♥♥
華やかさ	♥♥♥	合コン満足度	♥♥♥

NHKは日本の公共放送局である。社員は真面目だがやや変わった人が多く、年次が上がるごとにその傾向が強いｗｗｗ
バラエティ班はまだ先進的だが、報道や大河の班は特にこだわりが強い人が多い。
他局に比べると多忙度は下がるが、高給取りなのでやたらと偉そう。お金はあるので、たいてい渋谷区界隈の高級分譲マンションに住んでいる。
他局に追いつこうと必死なのはわかるが、他メディアの社員とは人間的な性質が違うので業界人の中では「NHK局員が現場にいるとすぐわかる」という声が。

RANK A 飯田グループホールディングス

恋愛偏差値	平均年収（万円）
56	800

平均年収	♥♥♥	性格ポイント	♥♥♥
華やかさ	♥♥♥	合コン満足度	♥♥♥

戸建の分譲を売りさばきまくっている。残念ながら同業他社に比べて華やかさはない。

住宅取得制度という福利厚生があるので、将来マイホームを購入する際ちょっと得するくらい。

給与、性格、合コン満足度ともに凡庸である。

西新宿の飲み屋で、しっぽり飲んでることが多い。

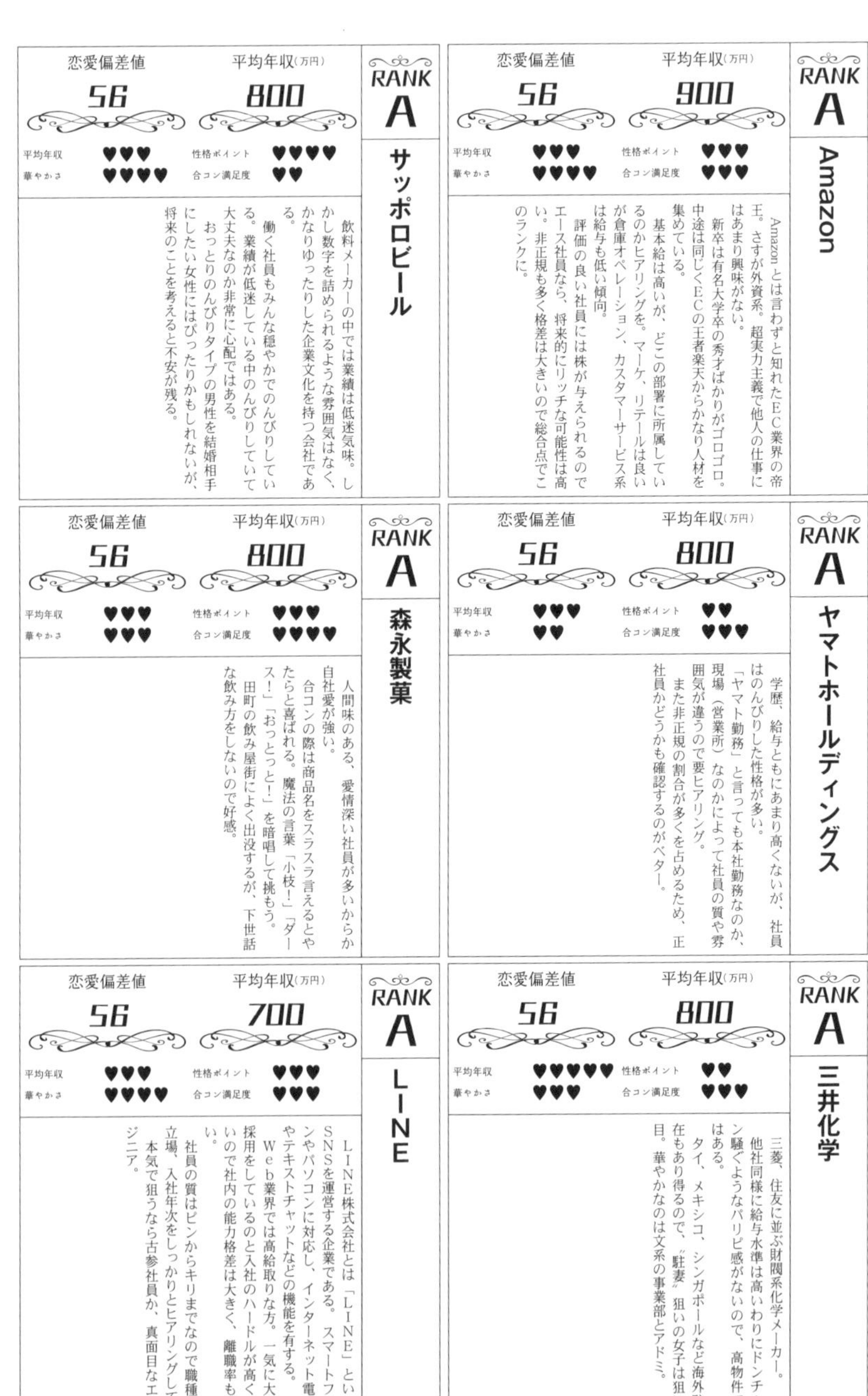

RANK A　Amazon

恋愛偏差値	平均年収（万円）
56	900

項目	評価	項目	評価
平均年収	♥♥♥	性格ポイント	♥♥♥
華やかさ	♥♥♥♥	合コン満足度	♥♥♥

Amazonとは言わずと知れたEC業界の帝王。さすが外資系。超実力主義で他人の仕事にはあまり興味がない。

新卒は有名大学卒の秀才ばかりがゴロゴロ。中途は同じくECの王者楽天からかなり人材を集めている。

基本給は高いが、どこの部署に所属しているのかヒアリングを。マーケ、リテールは良いが倉庫オペレーション、カスタマーサービス系は給与も低い傾向。

評価の良い社員には株が与えられるのでエース社員なら、将来的にリッチな可能性は高い。非正規も多く格差は大きいので総合点でこのランクに。

RANK A　サッポロビール

恋愛偏差値	平均年収（万円）
56	800

項目	評価	項目	評価
平均年収	♥♥♥	性格ポイント	♥♥♥♥
華やかさ	♥♥♥♥	合コン満足度	♥♥

飲料メーカーの中では業績は低迷気味。しかし数字を詰められるような雰囲気はなく、かなりゆったりした企業文化を持つ会社である。

働く社員もみんな穏やかでのんびりしている。業績が低迷している中のんびりしていて大丈夫なのか非常に心配ではある。

おっとりのんびりタイプの男性を結婚相手にしたい女性にはぴったりかもしれないが、将来のことを考えると不安が残る。

RANK A　ヤマトホールディングス

恋愛偏差値	平均年収（万円）
56	800

項目	評価	項目	評価
平均年収	♥♥♥	性格ポイント	♥♥
華やかさ	♥♥	合コン満足度	♥♥♥

学歴、給与ともにあまり高くないが、社員はのんびりした性格が多い。

「ヤマト勤務」と言っても本社勤務なのか、現場（営業所）なのかによって社員の質や雰囲気が違うので要ヒアリング。

また非正規の割合が多くを占めるため、正社員かどうかも確認するのがベター。

RANK A　森永製菓

恋愛偏差値	平均年収（万円）
56	800

項目	評価	項目	評価
平均年収	♥♥♥	性格ポイント	♥♥♥
華やかさ	♥♥♥	合コン満足度	♥♥♥♥

人間味のある、愛情深い社員が多いからか自社愛が強い。

合コンの際は商品名をスラスラ言えるとやたらと喜ばれる。魔法の言葉「小枝！」「ダース！」「おっとっと！」を暗唱して挑もう。

田町の飲み屋街によく出没するが、下世話な飲み方をしないので好感。

RANK A　三井化学

恋愛偏差値	平均年収（万円）
56	800

項目	評価	項目	評価
平均年収	♥♥♥♥♥	性格ポイント	♥♥
華やかさ	♥♥♥	合コン満足度	♥♥♥

三菱、住友に並ぶ財閥系化学メーカー。

他社同様に給与水準は高いわりにドンチャン騒ぐようなパリピ感がないので、高物件ではある。

タイ、メキシコ、シンガポールなど海外駐在もあり得るので、〝駐妻〟狙いの女子は狙い目。華やかなのは文系の事業部とアドミ。

RANK A　LINE

恋愛偏差値	平均年収（万円）
56	700

項目	評価	項目	評価
平均年収	♥♥♥	性格ポイント	♥♥♥
華やかさ	♥♥♥♥	合コン満足度	♥♥♥

LINE株式会社とは「LINE」というSNSを運営する企業である。スマートフォンやパソコンに対応し、インターネット電話やテキストチャットなどの機能を有する。

Web業界では高給取りな方。一気に大量採用をしているのと入社のハードルが高くないので社内の能力格差は大きく、離職率も高い。

社員の質はピンからキリまでなので職種や立場、入社年次をしっかりとヒアリングして。

本気で狙うなら古参社員か、真面目なエンジニア。

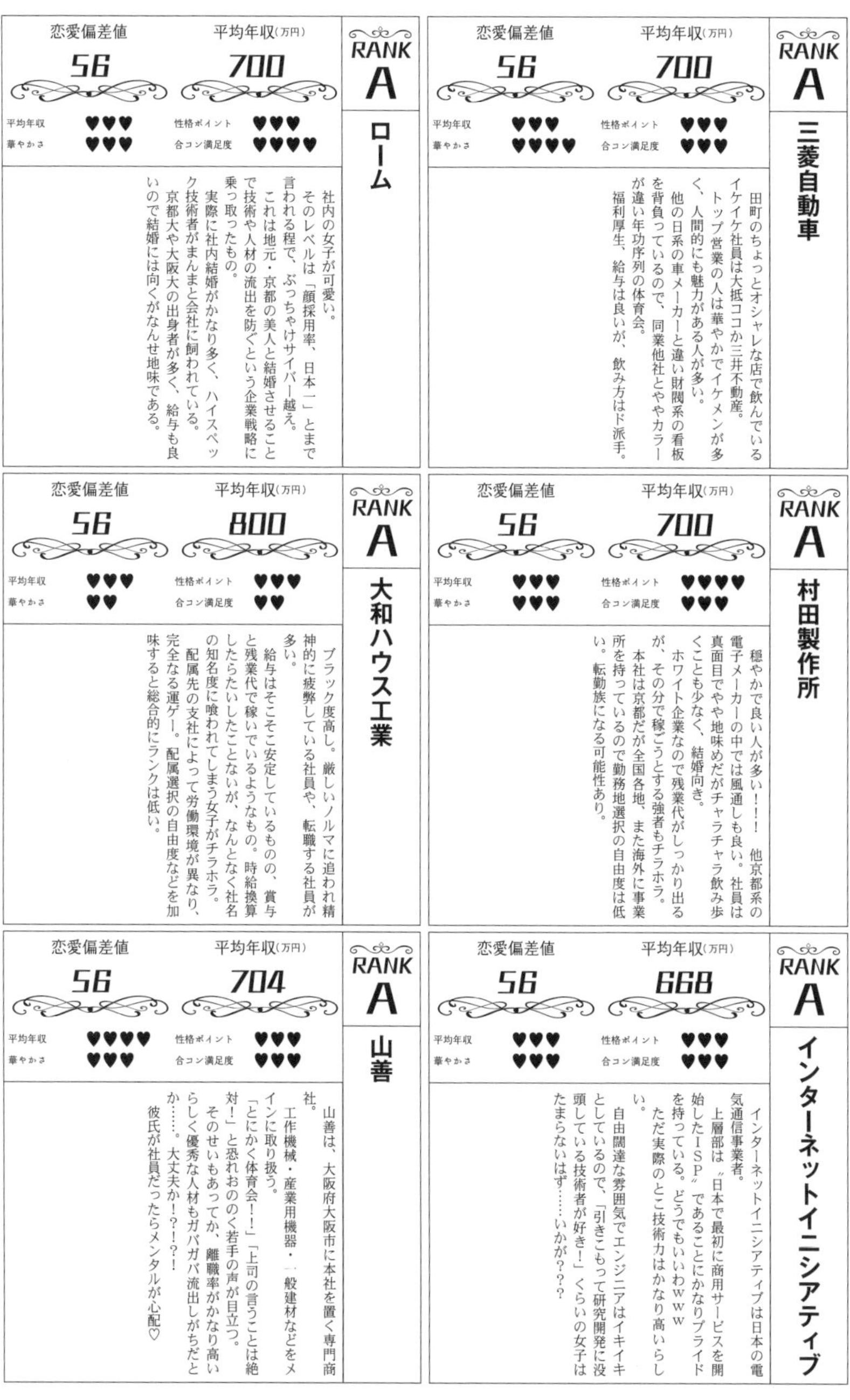

RANK A 三菱自動車

恋愛偏差値	平均年収（万円）
56	700

項目	評価	項目	評価
平均年収	♥♥♥	性格ポイント	♥♥♥
華やかさ	♥♥♥♥	合コン満足度	♥♥♥

田町のちょっとオシャレな店で飲んでいるイケイケ社員は大抵ココか三井不動産。

トップ営業の人は華やかでイケメンが多く、人間的にも魅力がある人が多い。

他の日系の車メーカーと違い財閥系の看板を背負っているので、同業他社とややカラーが違い年功序列の体育会。

福利厚生、給与は良いが、飲み方はド派手。

RANK A ローム

恋愛偏差値	平均年収（万円）
56	700

項目	評価	項目	評価
平均年収	♥♥♥	性格ポイント	♥♥♥
華やかさ	♥♥♥	合コン満足度	♥♥♥♥

社内の女子が可愛い。

そのレベルは「顔採用率、日本一」とまで言われる程で、ぶっちゃけサイバー越え。

これは地元・京都の美人と結婚させることで技術や人材の流出を防ぐという企業戦略に乗っ取ったもの。

実際に社内結婚がかなり多く、ハイスペック技術者がまんまと会社に飼われている。

京都大や大阪大の出身者が多く、給与も良いので結婚には向くがなんせ地味である。

RANK A 村田製作所

恋愛偏差値	平均年収（万円）
56	700

項目	評価	項目	評価
平均年収	♥♥♥	性格ポイント	♥♥♥♥
華やかさ	♥♥♥	合コン満足度	♥♥♥

穏やかで良い人が多い！！　他京都系の電子メーカーの中では風通しも良い。社員は真面目でやや地味めだがチャラチャラ飲み歩くことも少なく、結婚向き。

ホワイト企業なので残業代がしっかり出るが、その分で稼ごうとする強者もチラホラ。

本社は京都だが全国各地、また海外に事業所を持っているので勤務地選択の自由度は低い。転勤族になる可能性あり。

RANK A 大和ハウス工業

恋愛偏差値	平均年収（万円）
56	800

項目	評価	項目	評価
平均年収	♥♥♥	性格ポイント	♥♥♥
華やかさ	♥♥	合コン満足度	♥♥

ブラック度高し。厳しいノルマに追われ精神的に疲弊している社員や、転職する社員が多い。

給与はそこそこ安定しているものの、賞与と残業代で稼いでいるようなもの。時給換算したらたいしたことないが、なんとなく社名の知名度に喰われてしまう女子がチラホラ。

配属先の支社によって労働環境が異なり、完全なる運ゲー。配属選択の自由度などを加味すると総合的にランクは低い。

RANK A インターネットイニシアティブ

恋愛偏差値	平均年収（万円）
56	668

項目	評価	項目	評価
平均年収	♥♥♥	性格ポイント	♥♥♥
華やかさ	♥♥♥	合コン満足度	♥♥♥

インターネットイニシアティブは日本の電気通信事業者。

上層部は〝日本で最初に商用サービスを開始したＩＳＰ〟であることにかなりプライドを持っている。どうでもいいｗｗｗ

ただ実際のとこ技術力はかなり高いらしい。

自由闊達な雰囲気でエンジニアはイキイキとしているので、「引きこもって研究開発に没頭している技術者が好き！」くらいの女子はたまらないはず……いかが？？？

RANK A 山善

恋愛偏差値	平均年収（万円）
56	704

項目	評価	項目	評価
平均年収	♥♥♥♥	性格ポイント	♥♥♥
華やかさ	♥♥♥	合コン満足度	♥♥♥

山善は、大阪府大阪市に本社を置く専門商社。

工作機械・産業用機器・一般建材などをメインに取り扱う。

「とにかく体育会！」「上司の言うことは絶対！」と恐れおののく若手の声が目立つ。

そのせいもあってか、離職率がかなり高いらしく優秀な人材もガバガバ流出しがちだとか……。大丈夫か！？！？！

彼氏が社員だったらメンタルが心配♡

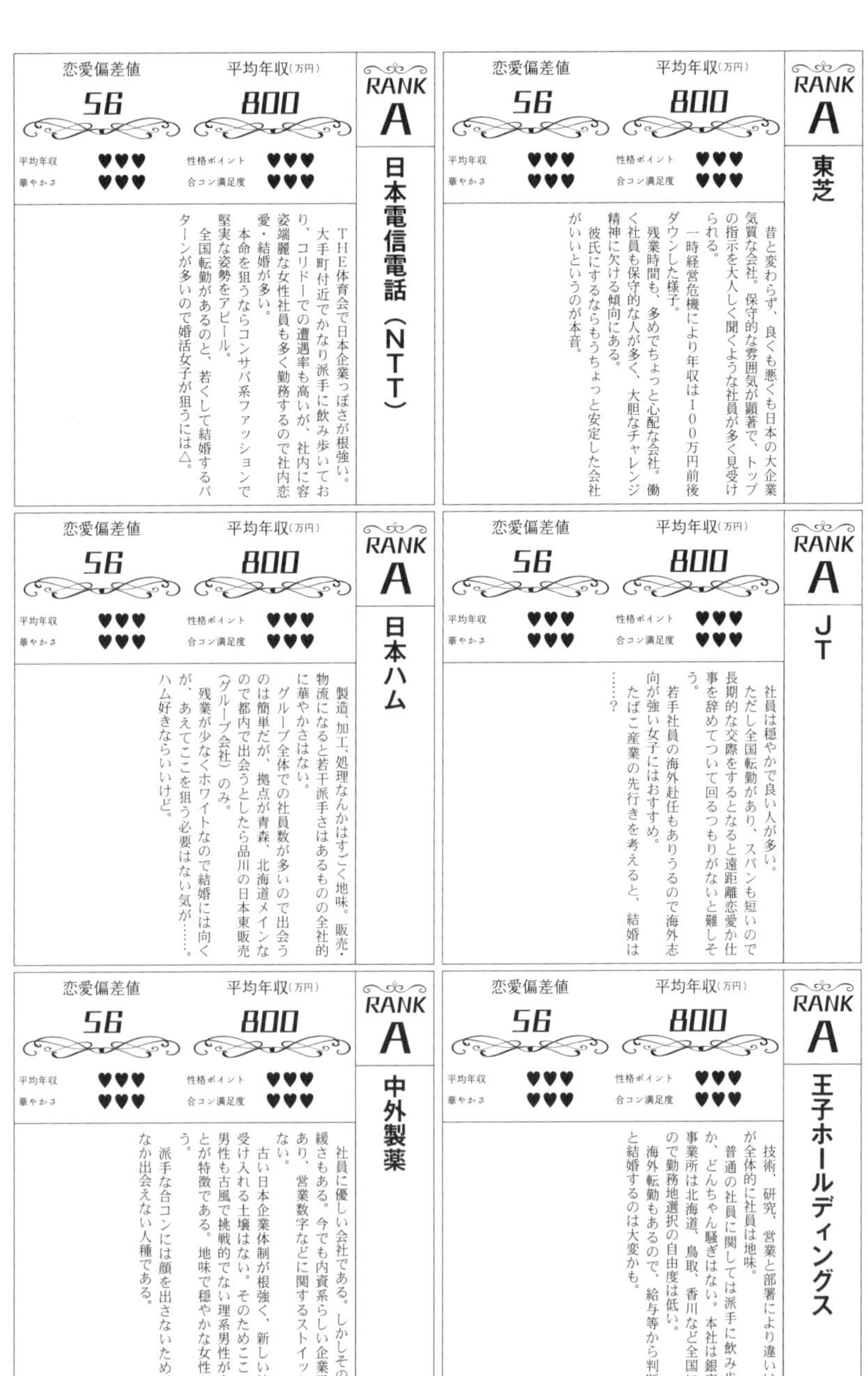

東芝

RANK A

恋愛偏差値	平均年収（万円）
56	800

平均年収	♥♥♥	性格ポイント	♥♥♥
華やかさ	♥♥♥	合コン満足度	♥♥♥

昔と変わらず、良くも悪くも日本の大企業気質な会社。保守的な雰囲気が顕著で、トップの指示を大人しく聞くような社員が多く見受けられる。

一時経営危機により年収は100万円前後ダウンした様子。

残業時間も、多めでちょっと心配な会社。働く社員も保守的な人が多く、大胆なチャレンジ精神に欠ける傾向にある。

彼氏にするならもうちょっと安定した会社がいいというのが本音。

日本電信電話（NTT）

RANK A

恋愛偏差値	平均年収（万円）
56	800

平均年収	♥♥♥	性格ポイント	♥♥♥
華やかさ	♥♥♥	合コン満足度	♥♥♥

THE体育会で日本企業っぽさが根強い。

大手町付近でかなり派手に飲み歩いており、コリドーでの遭遇率も高いが、社内に容姿端麗な女性社員も多く勤務するので社内恋愛・結婚が多い。

本命を狙うならコンサバ系ファッションで堅実な姿勢をアピール。

全国転勤があるのと、若くして結婚するパターンが多いので婚活女子が狙うには△。

JT

RANK A

恋愛偏差値	平均年収（万円）
56	800

平均年収	♥♥♥	性格ポイント	♥♥♥
華やかさ	♥♥♥	合コン満足度	♥♥♥

社員は穏やかで良い人が多い。

ただし全国転勤があり、スパンも短いので長期的な交際をするとなると遠距離恋愛か仕事を辞めてついて回るつもりがないと難しそう。

若手社員の海外赴任もありうるので海外志向が強い女子にはおすすめ。

たばこ産業の先行きを考えると、結婚は……？

日本ハム

RANK A

恋愛偏差値	平均年収（万円）
56	800

平均年収	♥♥♥	性格ポイント	♥♥♥
華やかさ	♥♥♥	合コン満足度	♥♥♥

製造、加工、処理なんかはすごく地味。販売・物流になると若干派手さはあるものの全社的に華やかさはない。

グループ全体での社員数が多いので出会うのは簡単だが、拠点が青森、北海道メインなので都内で出会うとしたら品川の日本東販売（グループ会社）のみ。

残業が少なくホワイトなので結婚には向くが、あえてここを狙う必要はない気が……。ハム好きならいいけど。

王子ホールディングス

RANK A

恋愛偏差値	平均年収（万円）
56	800

平均年収	♥♥♥	性格ポイント	♥♥♥
華やかさ	♥♥♥	合コン満足度	♥♥♥

技術、研究、営業と部署により違いはあるが全体的に社員は地味。

普通の社員に関しては派手に飲み歩くとか、どんちゃん騒ぎはない。本社は銀座だが事業所は北海道、鳥取、香川など全国にあるので勤務地選択の自由度は低い。

海外転勤もあるので、給与等から判断すると結婚するのは大変かも。

中外製薬

RANK A

恋愛偏差値	平均年収（万円）
56	800

平均年収	♥♥♥	性格ポイント	♥♥♥
華やかさ	♥♥♥	合コン満足度	♥♥♥

社員に優しい会社である。しかしその反面、緩さもある。今でも内資系らしい企業風土があり、営業数字などに関するストイックさはない。

古い日本企業体制が根強く、新しい技術を受け入れる土壌はない。そのためここで働く男性も古風で挑戦的でない理系男性が多いことが特徴である。地味で穏やかな女性とは合う。

派手な合コンには顔を出さないため、なかなか出会えない人種である。

RANK A 三精テクノロジーズ

恋愛偏差値 56 / 平均年収（万円） 702

平均年収 ♥♥♥♥ / 性格ポイント ♥♥♥
華やかさ ♥♥♥ / 合コン満足度 ♥♥♥

三精テクノロジーズは、舞台や遊戯、エレベーターなどの設計及び製造を行っている企業である。毎月の給料は、他の企業と大差がないものの、年間のボーナスが桁外れ……！ なんと入社3年目で150万越え。さらに課長クラスともなれば年間300万は下らない。しかし、ベースの給料は40歳になっても30万前後と心許ない。ボーナス以外では残業代で稼ぐしか術が無く、爆発的に稼げる男になれるかと言われると難しい。

RANK A ファーストリテイリング

恋愛偏差値 56 / 平均年収（万円） 700

平均年収 ♥♥♥ / 性格ポイント ♥♥♥
華やかさ ♥♥♥ / 合コン満足度 ♥♥♥

体育会系気質な会社。入社数年で実力のある人は店舗経営を任される。年商にしても数億の規模で、やりがいは強いもののハードではある。ボーナスも店長クラスになると弾むが、一般社員レベルだとそこまで多くない……。UNIQLO の店長をやっていた方曰く、アルバイトの管理や数字を上げることに疲弊するとのこと。結婚したら大変そう。滅私奉公好きなホスピタリティ女子はありかも。

RANK A 富士通コンポーネント

恋愛偏差値 56 / 平均年収（万円） 622

平均年収 ♥♥♥♥ / 性格ポイント ♥♥♥
華やかさ ♥♥♥ / 合コン満足度 ♥♥♥

富士通コンポーネントは、電子部品の製造および販売などを行っている企業である。

親会社である富士通の福利厚生がそのまま適用されているので、ものすごく豪華な福利厚生フルコースを味わうことが可能！

休日も非常に多く快適な職場環境と言える。社内は非常にアットホームで飲み会もそこそこ多い。

その影響で社内恋愛が至る所で見受けられる。歓迎会が開かれ、そこでお目当ての女子にアプローチする男性社員もいるのだとか。

富士通コンポーネントの社員と付き合いたい場合は、自分も入社するのが早そう。

RANK A 寺岡製作所

恋愛偏差値 56 / 平均年収（万円） 621

平均年収 ♥♥♥ / 性格ポイント ♥♥♥
華やかさ ♥♥♥ / 合コン満足度 ♥♥♥

寺岡製作所は、包装用テープや電気産業用テープを製造している企業である。

基本的には、ゆるめなのでプライベートを重視したい人向け！ 残業もさほどなく、有休も取得しやすい上に定時で帰ることも全然可能。

しかし、仕事が単調過ぎてやりがいをあまり感じていない社員が多いようだ。

出世の方法も年功序列なので、頑張らずともその年齢に達したら給料が上がっていくため、若いうちからガツガツ頑張る系メンズを求めている女子向きではない。

のんびり、ゆったり人生を送りたい農牧系女子には最適！

RANK A コナミホールディングス

恋愛偏差値 56 / 平均年収（万円） 797

平均年収 ♥♥♥♥ / 性格ポイント ♥♥♥
華やかさ ♥♥♥ / 合コン満足度 ♥♥♥

コナミホールディングスは、スポーツクラブの運営などを手掛けていることで有名な企業である。

これ以外にも、家庭用のゲームソフトの開発販売なども行っている。ゲームの開発をしたくて、熱い想いを胸に秘めて入社している社員が多いものの、リリース前は何十連勤もしたり、残業の嵐で身体にガタが来る例もあり退職を余儀なくされるケースも見受けられる……

若手社員に積極的にチャレンジする機会を与えているが、問題が発生した時に上司にフラットに相談できる雰囲気ではないため、自己解決能力の高い勇者だけが生き残る現状が。

RANK A AIA Group Ltd.

恋愛偏差値 56 / 平均年収（万円） –

平均年収 / 性格ポイント ♥♥♥
華やかさ ♥♥♥ / 合コン満足度 ♥♥♥

ＡＩＡグループとは、アジア圏・オセアニアで営業している生命保険と金融サービス会社である。本社は香港。

個人と企業向けの生保や、傷害疾病保険などを販売している。

２０１０年に世界最大の保険グループであったＡＩＧ（米国）から独立したことで誕生した。古株社員はＡＩＧからの社員も多く語学堪能で優秀。

日本だとなかなか出会う機会が少ないのがザンネンである！！！

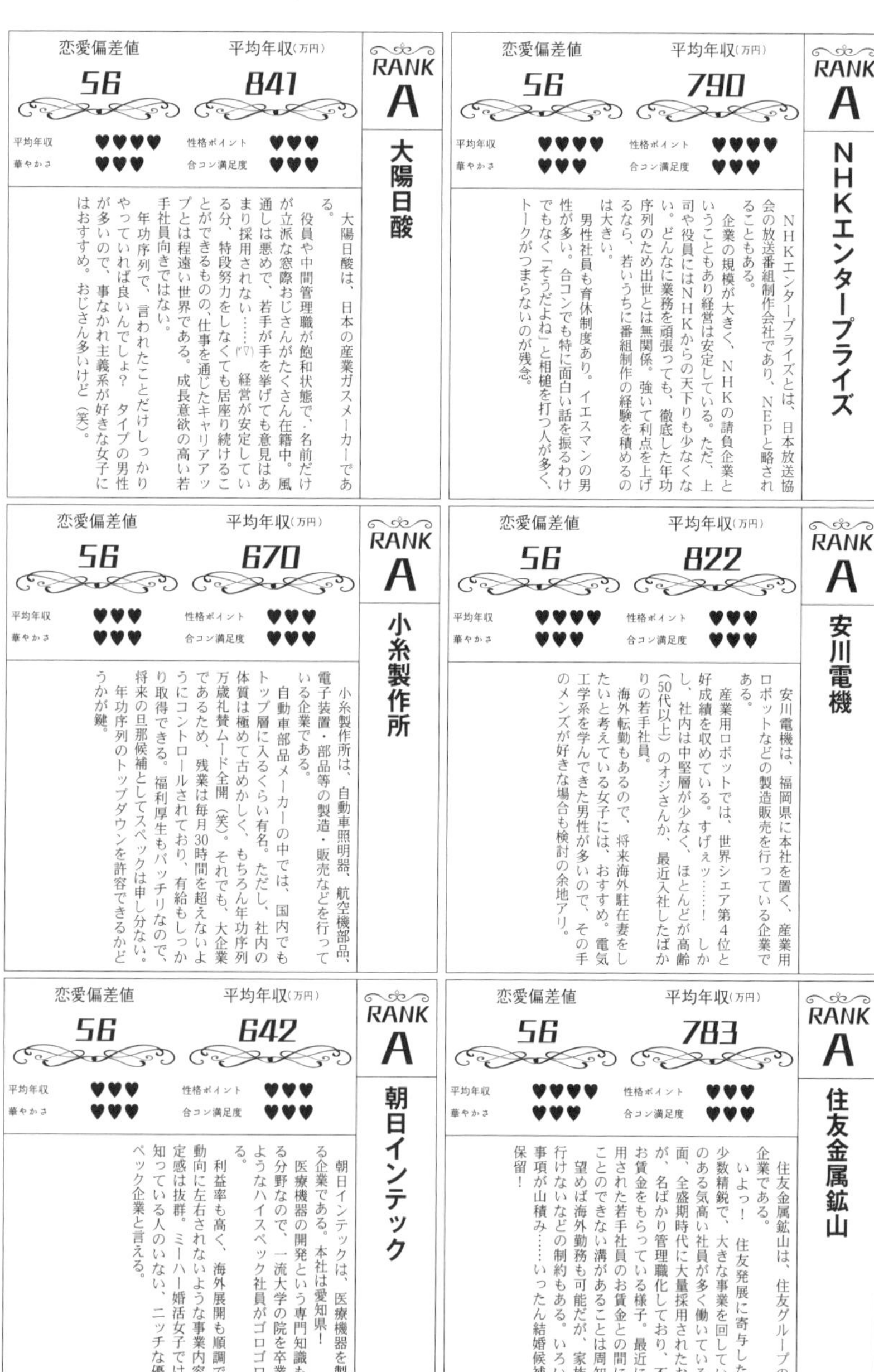

RANK A　NHKエンタープライズ

恋愛偏差値 56　平均年収(万円) 790

平均年収 ♥♥♥♥　性格ポイント ♥♥♥♥
華やかさ ♥♥♥　合コン満足度 ♥♥♥

NHKエンタープライズとは、日本放送協会の放送番組制作会社であり、NEPと略されることもある。

企業の規模が大きく、NHKの請負企業ということもあり経営は安定している。ただ、上司や役員にはNHKからの天下りも少なくない。どんなに業務を頑張っても、徹底した年功序列のため出世とは無関係。強いて利点を上げるなら、若いうちに番組制作の経験を積めるのは大きい。

男性社員も育休制度あり。イエスマンの男性が多い。合コンでも特に面白い話を振るわけでもなく「そうだよね」と相槌を打つ人が多く、トークがつまらないのが残念。

RANK A　大陽日酸

恋愛偏差値 56　平均年収(万円) 841

平均年収 ♥♥♥♥　性格ポイント ♥♥♥
華やかさ ♥♥♥　合コン満足度 ♥♥♥

大陽日酸は、日本の産業ガスメーカーである。

役員や中間管理職が飽和状態で、名前だけが立派な窓際おじさんがたくさん在籍中。風通しは悪めで、若手が手を挙げても意見はあまり採用されない……(ﾟ∇ﾟ) 経営が安定している分、特段努力をしなくても居座り続けることができるものの、仕事を通じたキャリアアップとは程遠い世界である。成長意欲の高い若手社員向きではない。

年功序列で、言われたことだけしっかりやっていれば良いんでしょ？　タイプの男性が多いので、事なかれ主義系が好きな女子にはおすすめ。おじさん多いけど(笑)。

RANK A　安川電機

恋愛偏差値 56　平均年収(万円) 822

平均年収 ♥♥♥♥　性格ポイント ♥♥♥
華やかさ ♥♥♥　合コン満足度 ♥♥♥

安川電機は、福岡県に本社を置く、産業用ロボットなどの製造販売を行っている企業である。

産業用ロボットでは、世界シェア第4位と好成績を収めている。すげぇッ……！　しかし、社内は中堅層が少なく、ほとんどが高齢(50代以上)のオジさんか、最近入社したばかりの若手社員。

海外転勤もあるので、将来海外駐在妻をしたいと考えている女子には、おすすめ。電気工学系を学んできた男性が多いので、その手のメンズが好きな場合も検討の余地アリ。

RANK A　小糸製作所

恋愛偏差値 56　平均年収(万円) 670

平均年収 ♥♥♥　性格ポイント ♥♥♥
華やかさ ♥♥♥　合コン満足度 ♥♥♥

小糸製作所は、自動車照明器、航空機部品、電子装置・部品等の製造・販売などを行っている企業である。

自動車部品メーカーの中では、国内でもトップ層に入るくらい有名。ただし、社内の体質は極めて古めかしく、もちろん年功序列万歳礼賛ムード全開(笑)。それでも、大企業であるため、残業は毎月30時間を超えないようにコントロールされており、有給もしっかり取得できる。福利厚生もバッチリなので、将来の旦那候補としてスペックは申し分ない。

年功序列のトップダウンを許容できるかどうかが鍵。

RANK A　住友金属鉱山

恋愛偏差値 56　平均年収(万円) 783

平均年収 ♥♥♥♥　性格ポイント ♥♥♥
華やかさ ♥♥♥　合コン満足度 ♥♥♥

住友金属鉱山は、住友グループの非鉄金属企業である。

いよっ！　住友発展に寄与した功労者！　少数精鋭で、大きな事業を回していると自負のある気高い社員が多く働いている。その反面、全盛期時代に大量採用されたおじさん組が、名ばかり管理職化しており、不当に高いお賃金をもらっている様子。最近になって採用された若手社員のお賃金との間に、埋まることのできない溝があることは周知の事実。

望めば海外勤務も可能だが、家族は一緒に行けないなどの制約もある。いろいろと懸念事項が山積み……いったん結婚候補としては保留！

RANK A　朝日インテック

恋愛偏差値 56　平均年収(万円) 642

平均年収 ♥♥♥　性格ポイント ♥♥♥
華やかさ ♥♥♥　合コン満足度 ♥♥♥

朝日インテックは、医療機器を製造している企業である。本社は愛知県！

医療機器の開発という専門知識も必要とする分野なので、一流大学の院を卒業しているようなハイスペック社員がゴロゴロ働いている。

利益率も高く、海外展開も順調で、景気の動向に左右されないような事業内容なので安定感は抜群。ミーハー婚活女子ではなかなか知っている人のいない、ニッチな優良ハイスペック企業と言える。

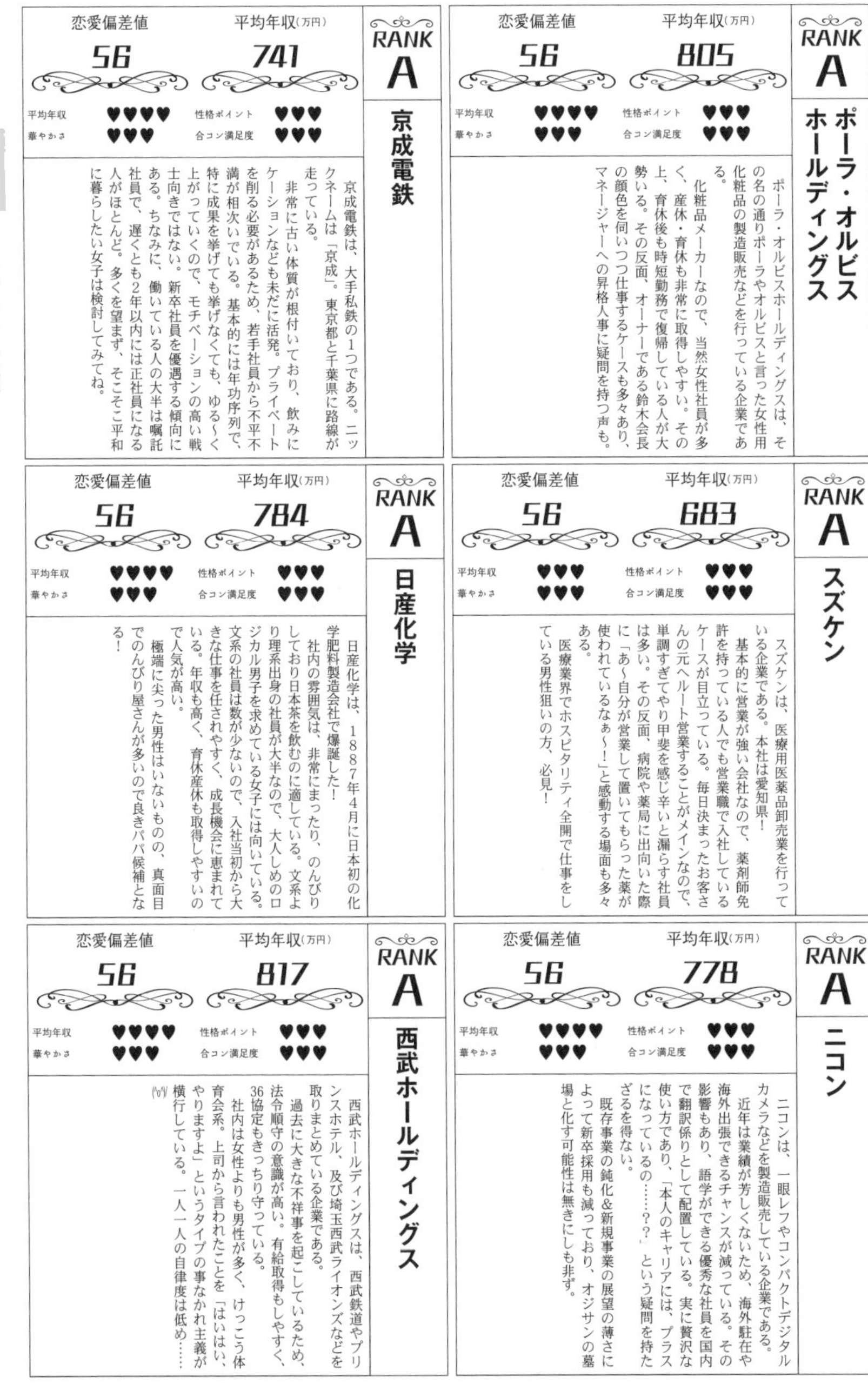

ポーラ・オルビスホールディングス

RANK A

恋愛偏差値	平均年収(万円)
56	805

項目	評価	項目	評価
平均年収	♥♥♥♥	性格ポイント	♥♥♥
華やかさ	♥♥♥	合コン満足度	♥♥♥

ポーラ・オルビスホールディングスは、その名の通りポーラやオルビスと言った女性用化粧品の製造販売などを行っている企業である。

化粧品メーカーなので、当然女性社員が多く、産休・育休も非常に取得しやすい。その上、育休後も時短勤務で復帰している人が大勢いる。その反面、オーナーである鈴木会長の顔色を伺いつつ仕事するケースも多々あり、マネージャーへの昇格人事に疑問を持つ声も。

京成電鉄

RANK A

恋愛偏差値	平均年収(万円)
56	741

項目	評価	項目	評価
平均年収	♥♥♥♥	性格ポイント	♥♥♥
華やかさ	♥♥♥	合コン満足度	♥♥♥

京成電鉄は、大手私鉄の1つである。ニックネームは「京成」。東京都と千葉県に路線が走っている。

非常に古い体質が根付いており、飲みにケーションなども未だに活発。プライベートを削る必要があるため、若手社員から不平不満が相次いでいる。基本的には年功序列で、特に成果を挙げても挙げなくても、ゆる～く上がっていくので、モチベーションの高い戦士向きではない。新卒社員を優遇する傾向にある。ちなみに、働いている人の大半は嘱託社員で、遅くとも2年以内には正社員になる人がほとんど。多くを望まず、そこそこ平和に暮らしたい女子は検討してみてね。

スズケン

RANK A

恋愛偏差値	平均年収(万円)
56	683

項目	評価	項目	評価
平均年収	♥♥♥	性格ポイント	♥♥♥
華やかさ	♥♥♥	合コン満足度	♥♥♥

スズケンは、医療用医薬品卸売業を行っている企業である。本社は愛知県！

基本的に営業が強い会社なので、薬剤師免許を持っている人でも営業職で入社しているケースが目立っている。毎日決まったお客さんの元へルート営業することがメインなので、単調すぎてやり甲斐を感じ辛いと漏らす社員は多い。その反面、病院や薬局に出向いた際に「あ～自分が営業して置いてもらった薬が使われているなぁ～！」と感動する場面も多々ある。

医療業界でホスピタリティ全開で仕事をしている男性狙いの方、必見！

日産化学

RANK A

恋愛偏差値	平均年収(万円)
56	784

項目	評価	項目	評価
平均年収	♥♥♥♥	性格ポイント	♥♥♥
華やかさ	♥♥♥	合コン満足度	♥♥♥

日産化学は、１８８７年４月に日本初の化学肥料製造会社で爆誕した！

社内の雰囲気は、非常にまったり、のんびりしており日本茶を飲むのに適している。文系より理系出身の社員が大半なので、大人しめのロジカル男子を求めている女子には向いている。文系の社員は数が少ないので、入社当初から大きな仕事を任されやすく、成長機会に恵まれている。年収も高く、育休産休も取得しやすいので人気が高い。

極端に尖った男性はいないものの、真面目でのんびり屋さんが多いので良きパパ候補となる！

ニコン

RANK A

恋愛偏差値	平均年収(万円)
56	778

項目	評価	項目	評価
平均年収	♥♥♥♥	性格ポイント	♥♥♥
華やかさ	♥♥♥	合コン満足度	♥♥♥

ニコンは、一眼レフやコンパクトデジタルカメラなどを製造販売している企業である。

近年は業績が芳しくないため、海外駐在や海外出張できるチャンスが減っている。その影響もあり、語学ができる優秀な社員を国内で翻訳係りとして配置している。実に贅沢な使い方であり、「本人のキャリアには、プラスになっているの……？？」という疑問を持たざるを得ない。

既存事業の鈍化＆新規事業の展望の薄さによって新卒採用も減っており、オジサンの墓場と化す可能性は無きにしも非ず。

西武ホールディングス

RANK A

恋愛偏差値	平均年収(万円)
56	817

項目	評価	項目	評価
平均年収	♥♥♥♥	性格ポイント	♥♥♥
華やかさ	♥♥♥	合コン満足度	♥♥♥

西武ホールディングスは、西武鉄道やプリンスホテル、及び埼玉西武ライオンズなどを取りまとめている企業である。

過去に大きな不祥事を起こしているため、法令順守の意識が高い。有給取得もしやすく、36協定もきっちり守っている。

社内は女性よりも男性が多く、けっこう体育会系。上司から言われたことを「はいはい、やりますよ」というタイプの事なかれ主義が横行している。一人一人の自律度は低め……(ﾟoﾟ)

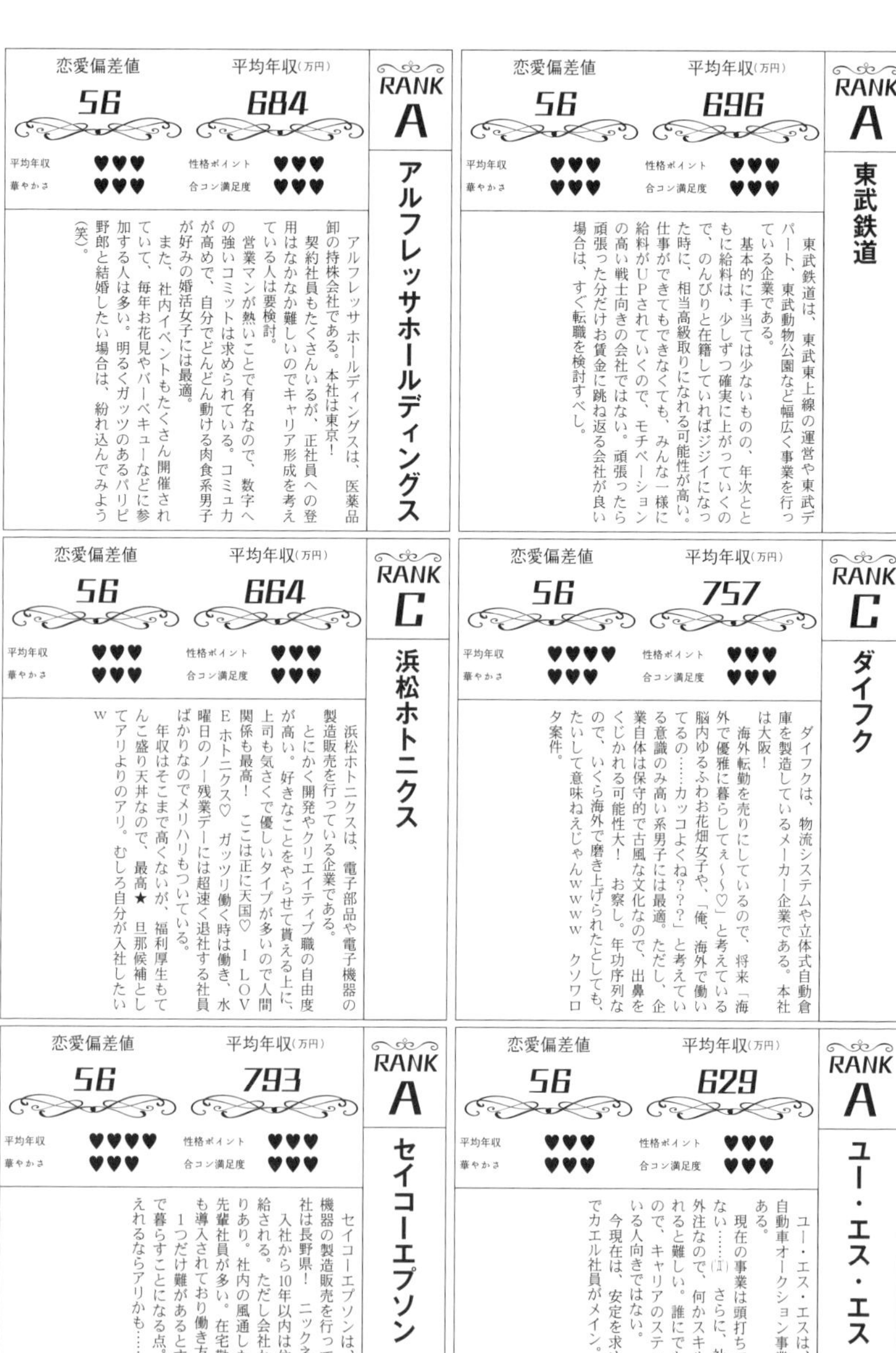

RANK A 東武鉄道

恋愛偏差値	平均年収（万円）
56	696

平均年収	♥♥♥	性格ポイント	♥♥♥
華やかさ	♥♥♥	合コン満足度	♥♥♥

東武鉄道は、東武東上線の運営や東武デパート、東武動物公園など幅広く事業を行っている企業である。

基本的に手当ては少ないものの、年次とともに給料は、少しずつ確実に上がっていくので、のんびりと在籍していればジジイになった時に、相当高級取りになれる可能性が高い。仕事ができてもできなくても、みんな一様に給料がUPされていくので、モチベーションの高い戦士向きの会社ではない。頑張ったら頑張った分だけお賃金に跳ね返る会社が良い場合は、すぐ転職を検討すべし。

RANK A アルフレッサホールディングス

恋愛偏差値	平均年収（万円）
56	684

平均年収	♥♥♥	性格ポイント	♥♥♥
華やかさ	♥♥♥	合コン満足度	♥♥♥

アルフレッサ ホールディングスは、医薬品卸の持株会社である。本社は東京！

契約社員もたくさんいるが、正社員への登用はなかなか難しいのでキャリア形成を考えている人は要検討。

営業マンが熱いことで有名なので、数字への強いコミットは求められている。コミュ力が高めで、自分でどんどん動ける肉食系男子が好みの婚活女子には最適。

また、社内イベントもたくさん開催されていて、毎年お花見やバーベキューなどに参加する人は多い。明るくガッツのあるパリピ野郎と結婚したい場合は、紛れ込んでみよう（笑）。

RANK C ダイフク

恋愛偏差値	平均年収（万円）
56	757

平均年収	♥♥♥♥	性格ポイント	♥♥♥
華やかさ	♥♥♥	合コン満足度	♥♥♥

ダイフクは、物流システムや立体式自動倉庫を製造しているメーカー企業である。本社は大阪！

海外転勤を売りにしているので、将来「海外で優雅に暮らしてぇ～～♡」と考えている脳内ゆるふわ花畑女子や、「俺、海外で働いてるの……カッコよくね？？」と考えている意識のみ高い系男子には最適。ただし、企業自体は保守的で古風な文化なので、出鼻をくじかれる可能性大！ お察し。年功序列なので、いくら海外で磨き上げられたとしても、たいして意味ねえじゃんｗｗｗｗ　クソワロタ案件。

RANK C 浜松ホトニクス

恋愛偏差値	平均年収（万円）
56	664

平均年収	♥♥♥	性格ポイント	♥♥♥
華やかさ	♥♥♥	合コン満足度	♥♥♥

浜松ホトニクスは、電子部品や電子機器の製造販売を行っている企業である。

とにかく開発やクリエイティブ職の自由度が高い。好きなことをやらせて貰える上に、上司も気さくで優しいタイプが多いので人間関係も最高！ ここは正に天国♡　ＩＬＯＶＥホトニクス♡　ガッツリ働く時は働き、水曜日のノー残業デーには超速く退社する社員ばかりなのでメリハリもついている。

年収はそこまで高くないが、福利厚生もてんこ盛り天丼なので、最高★　旦那候補としてアリよりのアリ。むしろ自分が入社したいｗ

RANK A ユー・エス・エス

恋愛偏差値	平均年収（万円）
56	629

平均年収	♥♥♥	性格ポイント	♥♥♥
華やかさ	♥♥♥	合コン満足度	♥♥♥

ユー・エス・エスは、愛知県に本社がある自動車オークション事業を行っている企業である。

現在の事業は頭打ちで、新規事業も芳しくない……(╥)　さらに、社内のシステムは全て外注なので、何かスキルが得られるかと言われると難しい。誰にでもできることばかりなので、キャリアのステップアップを目指している人向きではない。

今現在は、安定を求めてダラダラと働く茹でカエル社員がメイン。

RANK A セイコーエプソン

恋愛偏差値	平均年収（万円）
56	793

平均年収	♥♥♥♥	性格ポイント	♥♥♥
華やかさ	♥♥♥	合コン満足度	♥♥♥

セイコーエプソンは、情報関連機器、精密機器の製造販売を行っている企業である。本社は長野県！　ニックネームはエプソン。

入社から10年以内は住宅手当てがかなり支給される。ただし会社から10km圏内という縛りあり。社内の風通しも良く、面倒見の良い先輩社員が多い。在宅勤務や、フレックス制も導入されており働き方も柔軟。

1つだけ難があるとすれば、長野県の田舎で暮らすことになる点。冬の厳しい寒さに耐えれるならアリかも……(^o^)/

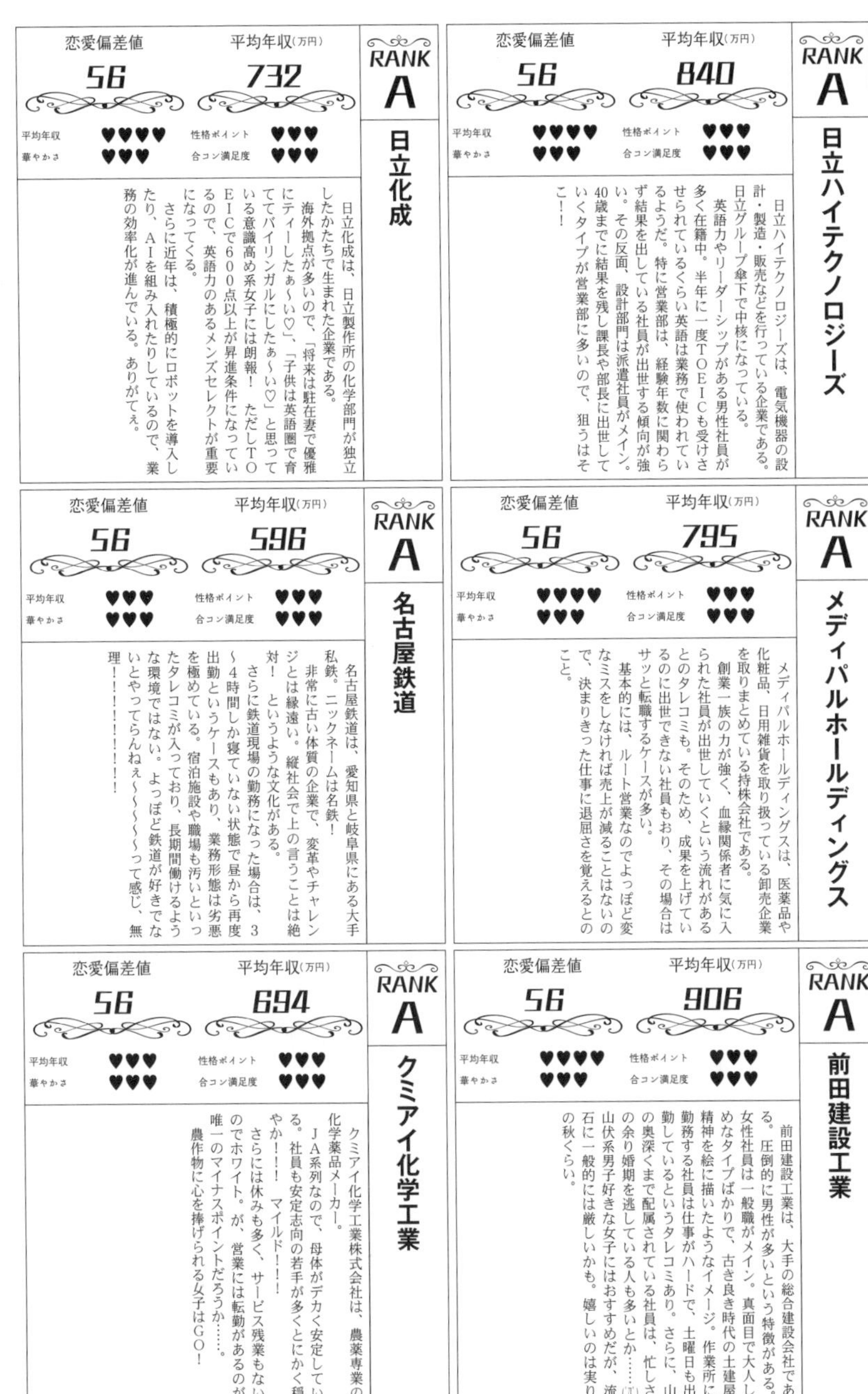

RANK A 日立ハイテクノロジーズ

恋愛偏差値	平均年収（万円）
56	840

項目	評価	項目	評価
平均年収	♥♥♥♥	性格ポイント	♥♥♥
華やかさ	♥♥♥	合コン満足度	♥♥♥

日立ハイテクノロジーズは、電気機器の設計・製造・販売などを行っている企業である。日立グループ傘下で中核になっている。

英語力やリーダーシップがある男性社員が多く在籍中。半年に一度ＴＯＥＩＣも受けさせられているくらい英語は業務で使われているようだ。特に営業部は、経験年数に関わらず結果を出している社員が出世する傾向が強い。その反面、設計部門は派遣社員がメイン。40歳までに結果を残し課長や部長に出世していくタイプが営業部に多いので、狙うはそこ！

RANK A 日立化成

恋愛偏差値	平均年収（万円）
56	732

項目	評価	項目	評価
平均年収	♥♥♥♥	性格ポイント	♥♥♥
華やかさ	♥♥♥	合コン満足度	♥♥♥

日立化成は、日立製作所の化学部門が独立したかたちで生まれた企業である。

海外拠点が多いので、「将来は駐在妻で優雅にティーしたぁ～い♡」、「子供は英語圏で育ててバイリンガルにしたぁ～い♡」と思っている意識高め系女子には朗報！　ただしＴＯＥＩＣで６００点以上が昇進条件になっているので、英語力のあるメンズセレクトが重要になってくる。

さらに近年は、積極的にロボットを導入したり、ＡＩを組み入れたりしているので、業務の効率化が進んでいる。ありがてぇ。

RANK A メディパルホールディングス

恋愛偏差値	平均年収（万円）
56	795

項目	評価	項目	評価
平均年収	♥♥♥♥	性格ポイント	♥♥♥
華やかさ	♥♥♥	合コン満足度	♥♥♥

メディパルホールディングスは、医薬品や化粧品、日用雑貨を取り扱っている卸売企業を取りまとめている持株会社である。

創業一族の力が強く、血縁関係者に気に入られた社員が出世していくという流れがあるとのタレコミも。そのため、成果を上げているのに出世できない社員もおり、その場合はサッと転職するケースが多い。

基本的には、ルート営業なのでよっぽど変なミスをしなければ売上が減ることはないので、決まりきった仕事に退屈さを覚えるとのこと。

RANK A 名古屋鉄道

恋愛偏差値	平均年収（万円）
56	596

項目	評価	項目	評価
平均年収	♥♥♥	性格ポイント	♥♥♥
華やかさ	♥♥♥	合コン満足度	♥♥♥

名古屋鉄道は、愛知県と岐阜県にある大手私鉄。ニックネームは名鉄！

非常に古い体質の企業で、変革やチャレンジとは縁遠い。縦社会で上の言うことは絶対！　というような文化がある。

さらに鉄道現場の勤務になった場合は、３～４時間しか寝ていない状態で昼から再度出勤というケースもあり、業務形態は劣悪を極めている。宿泊施設や職場も汚いといったタレコミが入っており、長期間働けるような環境ではない。よっぽど鉄道が好きでないとやってらんねぇ～～～って感じ、無理！！！！！！

RANK A 前田建設工業

恋愛偏差値	平均年収（万円）
56	906

項目	評価	項目	評価
平均年収	♥♥♥♥	性格ポイント	♥♥♥
華やかさ	♥♥♥	合コン満足度	♥♥♥

前田建設工業は、大手の総合建設会社である。圧倒的に男性が多いという特徴がある。女性社員は一般職がメイン。真面目で大人しめなタイプばかりで、古き良き時代の土建屋精神を絵に描いたようなイメージ。作業所に勤務する社員は仕事がハードで、土曜日も出勤しているというタレコミあり。さらに、山の奥深くまで配属されている社員は、忙しさの余り婚期を逃している人も多いとか……（汗）山伏系男子好きな女子にはおすすめだが、流石に一般的には厳しいかも。嬉しいのは実りの秋くらい。

RANK A クミアイ化学工業

恋愛偏差値	平均年収（万円）
56	694

項目	評価	項目	評価
平均年収	♥♥♥	性格ポイント	♥♥♥
華やかさ	♥♥♥	合コン満足度	♥♥♥

クミアイ化学工業株式会社は、農薬専業の化学薬品メーカー。

ＪＡ系列なので、母体がデカく安定している。社員も安定志向の若手が多くとにかく穏やか！！　マイルド！！！

さらには休みも多く、サービス残業もないのでホワイト。が、営業には転勤があるのが唯一のマイナスポイントだろうか……。

農作物に心を捧げられる女子はＧＯ！

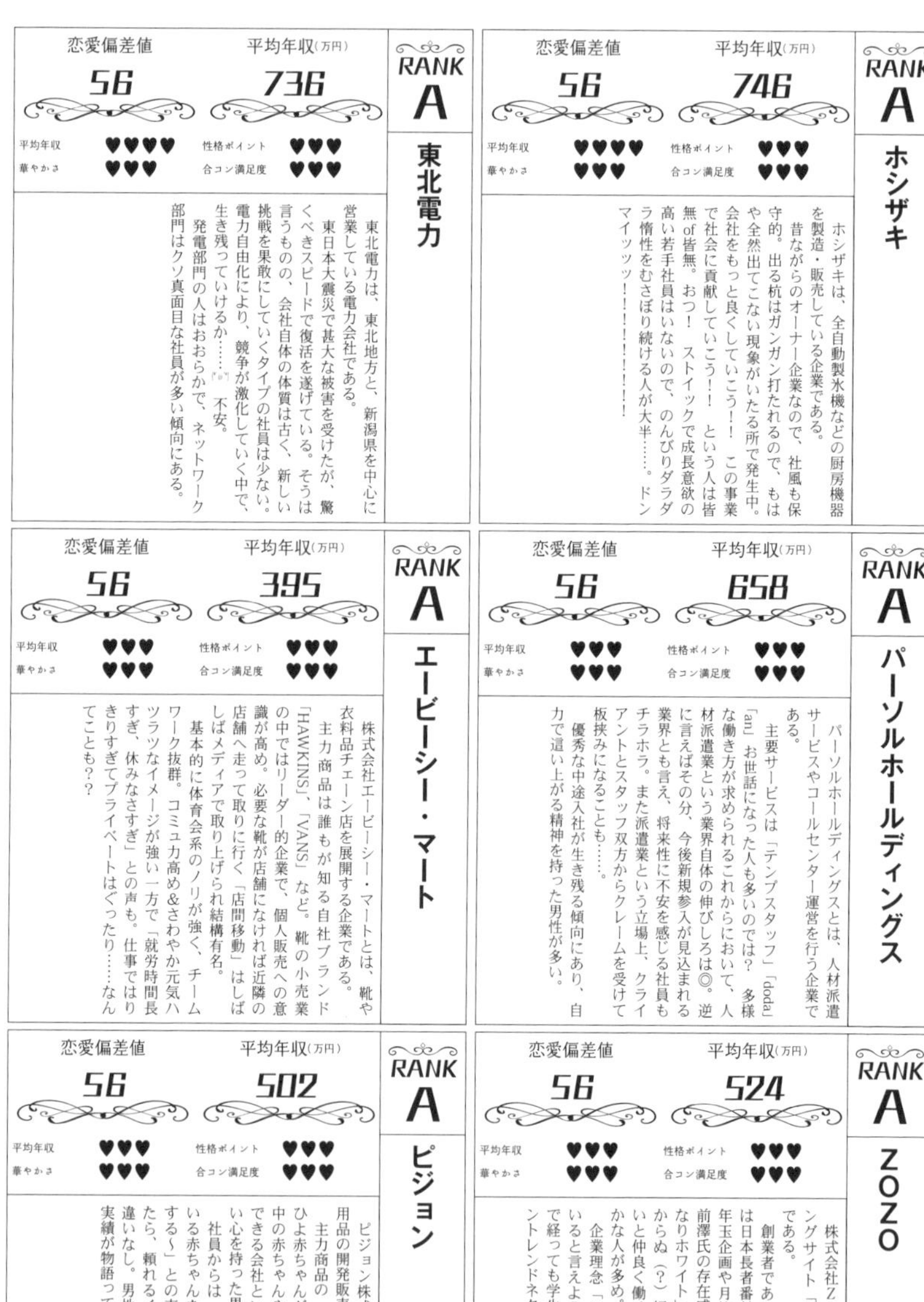

RANK A ホシザキ

恋愛偏差値 56　平均年収（万円） 746

平均年収 ♥♥♥♥　性格ポイント ♥♥♥
華やかさ ♥♥♥　合コン満足度 ♥♥♥

ホシザキは、全自動製氷機などの厨房機器を製造・販売している企業である。

昔ながらのオーナー企業なので、社風も保守的。出る杭はガンガン打たれるので、もはや全然出てこない現象がいたる所で発生中。会社をもっと良くしていこう！！ という人は皆無of皆無。おつ！ ストイックで成長意欲の高い若手社員はいないので、のんびりダラダラ惰性をむさぼり続ける人が大半……。ドンマイッツッ！！！！！！！

RANK A 東北電力

恋愛偏差値 56　平均年収（万円） 736

平均年収 ♥♥♥♥　性格ポイント ♥♥♥
華やかさ ♥♥♥　合コン満足度 ♥♥♥

東北電力は、東北地方と、新潟県を中心に営業している電力会社である。

東日本大震災で甚大な被害を受けたが、驚くべきスピードで復活を遂げている。そうは言うものの、会社自体の体質は古く、新しい挑戦を果敢にしていくタイプの社員は少ない。電力自由化により、競争が激化していく中で、生き残っていけるか……(´д｀) 不安。

発電部門の人はおおらかで、ネットワーク部門はクソ真面目な社員が多い傾向にある。

RANK A パーソルホールディングス

恋愛偏差値 56　平均年収（万円） 658

平均年収 ♥♥♥　性格ポイント ♥♥♥
華やかさ ♥♥♥　合コン満足度 ♥♥♥

パーソルホールディングスとは、人材派遣サービスやコールセンター運営を行う企業である。

主要サービスは「テンプスタッフ」「doda」「an」お世話になった人も多いのでは？ 多様な働き方が求められるこれからにおいて、人材派遣業という業界自体の伸びしろは◎。逆に言えばその分、今後新規参入が見込まれる業界とも言え、将来性に不安を感じる社員もチラホラ。また派遣業という立場上、クライアントとスタッフ双方からクレームを受けて板挟みになることも……。

優秀な中途入社が生き残る傾向にあり、自力で這い上がる精神を持った男性が多い。

RANK A エービーシー・マート

恋愛偏差値 56　平均年収（万円） 395

平均年収 ♥♥♥　性格ポイント ♥♥♥
華やかさ ♥♥♥　合コン満足度 ♥♥♥

株式会社エービーシー・マートとは、靴や衣料品チェーン店を展開する企業である。

主力商品は誰もが知る自社ブランド「HAWKINS」「VANS」など。靴の小売業の中ではリーダー的企業で、個人販売への意識が高め。必要な靴が店舗になければ近隣の店舗へ走って取りに行く「店間移動」はしばしばメディアで取り上げられ結構有名。

基本的に体育会系のノリが強く、チームワーク抜群。コミュ力高め&さわやか元気ハツラツなイメージが強い一方で「就労時間長すぎ、休みなさすぎ」との声も。仕事ではりきりすぎてプライベートはぐったり……なんてことも？？

RANK A ZOZO

恋愛偏差値 56　平均年収（万円） 524

平均年収 ♥♥♥　性格ポイント ♥♥♥
華やかさ ♥♥♥　合コン満足度 ♥♥♥

株式会社ＺＯＺＯとは、アパレルショッピングサイト「ZOZOTOWN」を運営する企業である。

創業者であり代表取締役社長の前澤友作氏は日本長者番付23位に名を連ねる。Twitterお年玉企画や月旅行計画など話題に事欠かない前澤氏の存在感はさすがだが、組織体制も「かなりホワイト」「柔軟性がある」と大企業らしからぬ（?）好評ぶり。若い人が和気あいあいと仲良く働ける社風のため、従業員も穏やかな人が多め。

企業理念「いい人をつくる」が実践されていると言えよう。ただ良くも悪くも「いつまで経っても学生サークルのノリ」。ファッショントレンドネタ大好き。

RANK A ピジョン

恋愛偏差値 56　平均年収（万円） 502

平均年収 ♥♥♥　性格ポイント ♥♥♥
華やかさ ♥♥♥　合コン満足度 ♥♥♥

ピジョン株式会社とは、ベビー用品や介護用品の開発販売を手がける企業である。

主力商品の『母乳実感』（哺乳瓶）は、たまひよ赤ちゃんグッズ大賞を連続受賞！ 世界中の赤ちゃんやママを幸せにすることに貢献できる会社ということもあり、とにかく温かい心を持った男性が多い！

社員からは「街を歩けば自社製品を使っている赤ちゃんを見ることができて、ホッコリする〜」との声も。もし結婚して子供ができたら、頼れるイクメンになってくれること間違いなし。男性の育児休業取得率１００％の実績が物語ってます♡

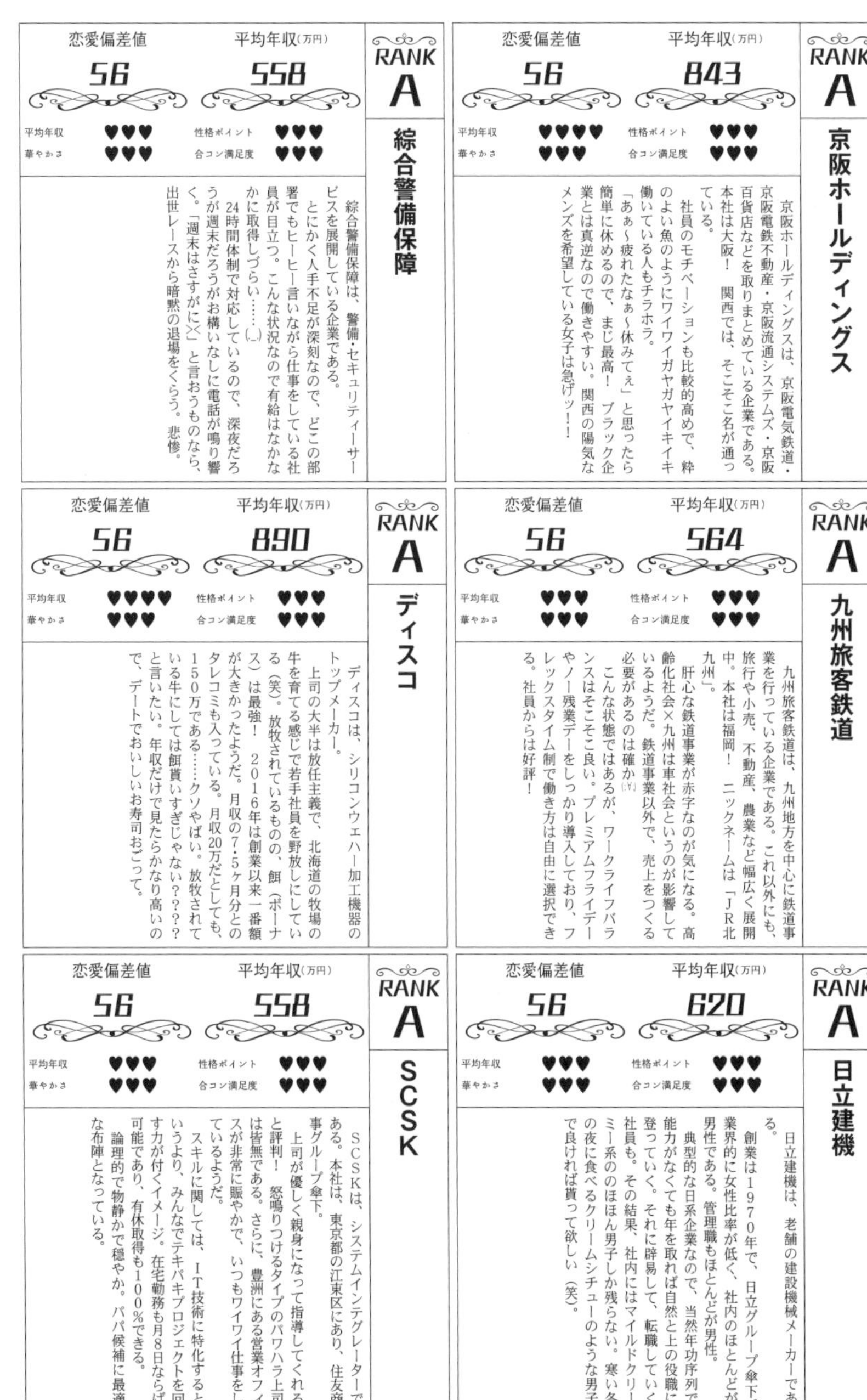

RANK A 京阪ホールディングス

恋愛偏差値	平均年収(万円)
56	843

平均年収	♥♥♥♥	性格ポイント	♥♥♥
華やかさ	♥♥♥	合コン満足度	♥♥♥

京阪ホールディングスは、京阪電気鉄道・京阪電鉄不動産・京阪流通システムズ・京阪百貨店などを取りまとめている企業である。本社は大阪！　関西では、そこそこ名が通っている。

社員のモチベーションも比較的高めで、粋のよい魚のようにワイワイガヤガヤイキイキ働いている人もチラホラ。「あぁ～疲れたなぁ～休みてぇ」と思ったら簡単に休めるので、まじ最高！　ブラック企業とは真逆なので働きやすい。関西の陽気なメンズを希望している女子は急げッ！！

RANK A 綜合警備保障

恋愛偏差値	平均年収(万円)
56	558

平均年収	♥♥♥	性格ポイント	♥♥♥
華やかさ	♥♥♥	合コン満足度	♥♥♥

綜合警備保障は、警備・セキュリティーサービスを展開している企業である。

とにかく人手不足が深刻なので、どこの部署でもヒーヒー言いながら仕事をしている社員が目立つ。こんな状況なので有給はなかなかに取得しづらい……(._.)

24時間体制で対応しているので、深夜だろうが週末だろうがお構いなしに電話が鳴り響く。「週末はさすがに(><)」と言おうものなら、出世レースから暗黙の退場をくらう。悲惨。

RANK A 九州旅客鉄道

恋愛偏差値	平均年収(万円)
56	564

平均年収	♥♥♥	性格ポイント	♥♥♥
華やかさ	♥♥♥	合コン満足度	♥♥♥

九州旅客鉄道は、九州地方を中心に鉄道事業を行っている企業である。これ以外にも、旅行や小売、不動産、農業など幅広く展開中。本社は福岡！　ニックネームは「ＪＲ北九州」。

肝心な鉄道事業が赤字なのが気になる。高齢化社会×九州は車社会というのが影響しているようだ。鉄道事業以外で、売上をつくる必要があるのは確か(;´Д｀)

こんな状態ではあるが、ワークライフバランスはそこそこ良い。プレミアムフライデーやノー残業デーをしっかり導入しており、フレックスタイム制で働き方は自由に選択できる。社員からは好評！

RANK A ディスコ

恋愛偏差値	平均年収(万円)
56	890

平均年収	♥♥♥♥	性格ポイント	♥♥♥
華やかさ	♥♥♥	合コン満足度	♥♥♥

ディスコは、シリコンウェハー加工機器のトップメーカー。

上司の大半は放任主義で、北海道の牧場の牛を育てる感じで若手社員を野放しにしている(笑)。放牧されているものの、餌（ボーナス）は最強！　２０１６年は創業以来一番額が大きかったようだ。月収の7・5ヶ月分とのタレコミも入っている。月収20万だとしても、１５０万である……クソやばい。放牧されている牛にしては餌貰いすぎじゃない？？？と言いたい。年収だけで見たらかなり高いので、デートでおいしいお寿司おごって。

RANK A 日立建機

恋愛偏差値	平均年収(万円)
56	620

平均年収	♥♥♥	性格ポイント	♥♥♥
華やかさ	♥♥♥	合コン満足度	♥♥♥

日立建機は、老舗の建設機械メーカーである。

創業は１９７０年で、日立グループ傘下。業界的に女性比率が低く、社内のほとんどが男性である。管理職もほとんどが男性。

典型的な日系企業なので、当然年功序列で能力がなくても年を取れば自然と上の役職に登っていく。それに辟易して、転職していく社員も。その結果、社内にはマイルドクリーミー系のほほん男子しか残らない。寒い冬の夜に食べるクリームシチューのような男子で良ければ貰って欲しい(笑)。

RANK A SCSK

恋愛偏差値	平均年収(万円)
56	558

平均年収	♥♥♥	性格ポイント	♥♥♥
華やかさ	♥♥♥	合コン満足度	♥♥♥

ＳＣＳＫは、システムインテグレーターである。本社は、東京都の江東区にあり、住友商事グループ傘下。

上司が優しく親身になって指導してくれると評判！　怒鳴りつけるタイプのパワハラ上司は皆無である。さらに、豊洲にある営業オフィスが非常に賑やかで、いつもワイワイ仕事をしているようだ。

スキルに関しては、ＩＴ技術に特化するというより、みんなでテキパキプロジェクトを回す力が付くイメージ。在宅勤務も月8日ならば可能であり、有休取得も１００％できる。

論理的で物静かで穏やか。パパ候補に最適な布陣となっている。

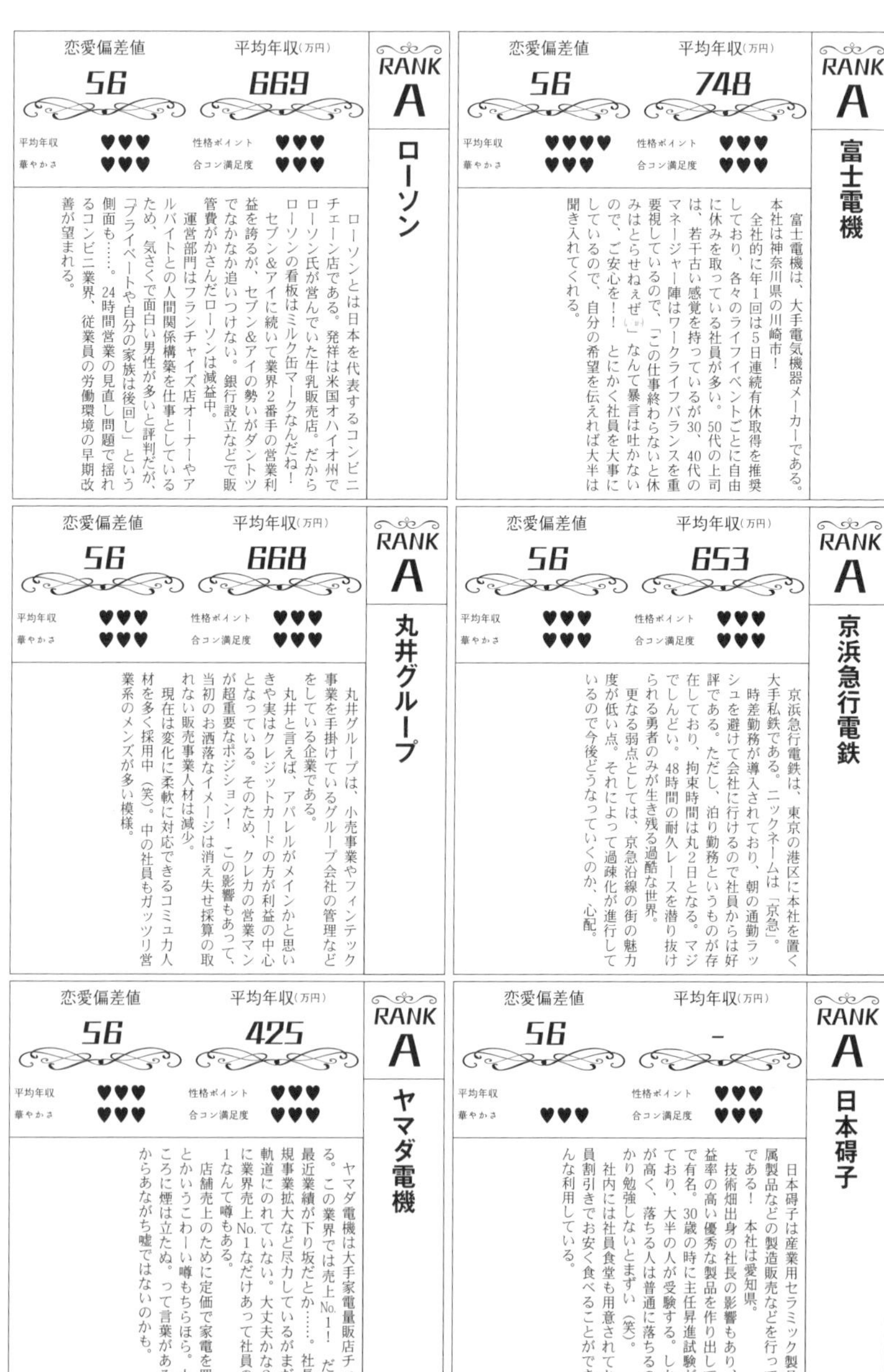

RANK A 富士電機

恋愛偏差値	平均年収(万円)
56	748

項目	評価	項目	評価
平均年収	♥♥♥♥	性格ポイント	♥♥♥
華やかさ	♥♥♥	合コン満足度	♥♥♥

富士電機は、大手電気機器メーカーである。本社は神奈川県の川崎市！

全社的に年1回は5日連続有休取得を推奨しており、各々のライフイベントごとに自由に休みを取っている社員が多い。50代の上司は、若干古い感覚を持っているが30、40代のマネージャー陣はワークライフバランスを重要視しているので、「この仕事終わらないと休みはとらせねぇぜ(笑)」なんて暴言は吐かないので、ご安心を！ とにかく社員を大事にしているので、自分の希望を伝えれば大半は聞き入れてくれる。

RANK A ローソン

恋愛偏差値	平均年収(万円)
56	669

項目	評価	項目	評価
平均年収	♥♥♥	性格ポイント	♥♥♥
華やかさ	♥♥♥	合コン満足度	♥♥♥

ローソンとは日本を代表するコンビニチェーン店である。発祥は米国オハイオ州でローソン氏が営んでいた牛乳販売店。だからローソンの看板はミルク缶マークなんだね！

セブン&アイに続いて業界2番手の営業利益を誇るが、セブン&アイの勢いがダントツでなかなか追いつけない。銀行設立などで販管費がかさんだローソンは減益中。

運営部門はフランチャイズ店オーナーやアルバイトとの人間関係構築を仕事としているため、気さくで面白い男性が多いと評判だが、「プライベートや自分の家族は後回し」という側面も……。24時間営業の見直し問題で揺れるコンビニ業界、従業員の労働環境の早期改善が望まれる。

RANK A 京浜急行電鉄

恋愛偏差値	平均年収(万円)
56	653

項目	評価	項目	評価
平均年収	♥♥♥	性格ポイント	♥♥♥
華やかさ	♥♥♥	合コン満足度	♥♥♥

京浜急行電鉄は、東京の港区に本社を置く大手私鉄である。ニックネームは「京急」。

時差勤務が導入されており、朝の通勤ラッシュを避けて会社に行けるので社員からは好評である。ただし、泊り勤務というものが存在しており、拘束時間は丸2日となる。マジでしんどい。48時間の耐久レースを潜り抜けられる勇者のみが生き残る過酷な世界。

更なる弱点としては、京急沿線の街の魅力度が低い点。それによって過疎化が進行しているので今後どうなっていくのか、心配。

RANK A 丸井グループ

恋愛偏差値	平均年収(万円)
56	668

項目	評価	項目	評価
平均年収	♥♥♥	性格ポイント	♥♥♥
華やかさ	♥♥♥	合コン満足度	♥♥♥

丸井グループは、小売事業やフィンテック事業を手掛けているグループ会社の管理などをしている企業である。

丸井と言えば、アパレルがメインかと思いきや実はクレジットカードの方が利益の中心となっている。そのため、クレカの営業マンが超重要なポジション！ この影響もあって、当初のお洒落なイメージは消え失せ採算の取れない販売事業人材は減少。

現在は変化に柔軟に対応できるコミュ力人材を多く採用中(笑)。中の社員もガッツリ営業系のメンズが多い模様。

RANK A 日本碍子

恋愛偏差値	平均年収(万円)
56	–

項目	評価	項目	評価
平均年収		性格ポイント	♥♥♥
華やかさ	♥♥♥	合コン満足度	♥♥♥

日本碍子は産業用セラミック製品、特殊金属製品などの製造販売などを行っている企業である！ 本社は愛知県。

技術畑出身の社長の影響もあり、かなり利益率の高い優秀な製品を作り出していることで有名。30歳の時に主任昇進試験が用意されており、大半の人が受験する。しかし難易度が高く、落ちる人は普通に落ちるので、しっかり勉強しないとまずい(笑)。

社内には社員食堂も用意されており、正社員割引きでお安く食べることができるのでみんな利用している。

RANK A ヤマダ電機

恋愛偏差値	平均年収(万円)
56	425

項目	評価	項目	評価
平均年収	♥♥♥	性格ポイント	♥♥♥
華やかさ	♥♥♥	合コン満足度	♥♥♥

ヤマダ電機は大手家電量販店チェーンである。この業界では売上No.1！ だがしかし、最近業績が下り坂だとか……。社長交代や新規事業拡大など尽力しているがまだまだ成長軌道にのれていない。大丈夫かな？ ちなみに業界売上No.1なだけあって社員の酷使もNo.1なんて噂もある。

店舗売上のために定価で家電を買わされるとかいうこわーい噂もちらほら。火のないところに煙は立たぬ。って言葉があるくらいだからあながち嘘ではないのかも。

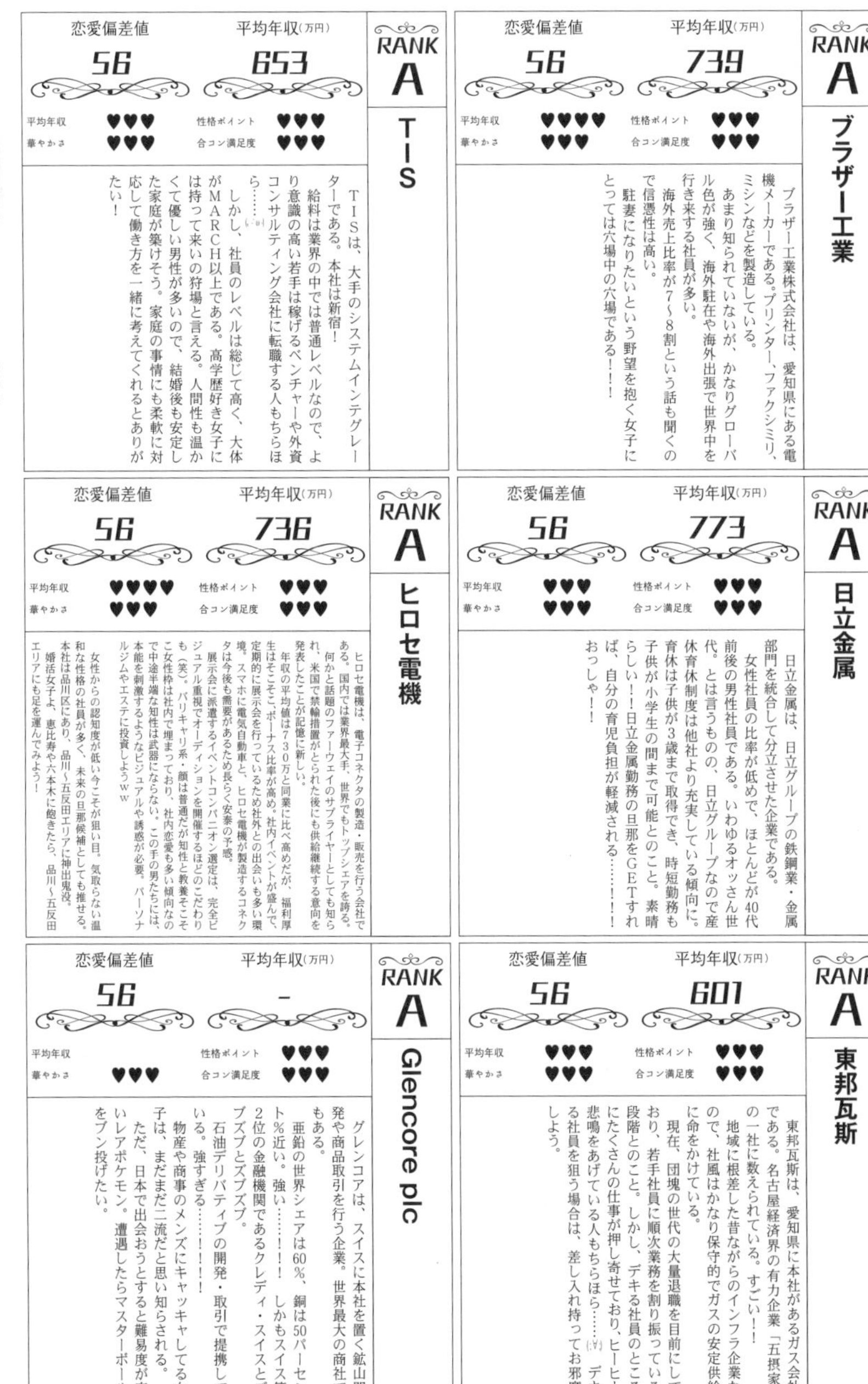

RANK A

ブラザー工業

恋愛偏差値 56　平均年収（万円）739

平均年収 ♥♥♥♥　性格ポイント ♥♥♥
華やかさ ♥♥♥　合コン満足度 ♥♥♥

ブラザー工業株式会社は、愛知県にある電機メーカーである。プリンター、ファクシミリ、ミシンなどを製造している。

あまり知られていないが、かなりグローバル色が強く、海外駐在や海外出張で世界中を行き来する社員が多い。

海外売上比率が7〜8割という話も聞くので信憑性は高い。

駐妻になりたいという野望を抱く女子にとっては穴場中の穴場である！！！

RANK A

TIS

恋愛偏差値 56　平均年収（万円）653

平均年収 ♥♥♥　性格ポイント ♥♥♥
華やかさ ♥♥♥　合コン満足度 ♥♥♥

TISは、大手のシステムインテグレーターである。本社は新宿！

給料は業界の中では普通レベルなので、より意識の高い若手は稼げるベンチャーや外資コンサルティング会社に転職する人もちらほら……(´・ω・`)

しかし、社員のレベルは総じて高く、大体がMARCH以上である。高学歴好き女子には持って来いの狩場と言える。人間性も温かくて優しい男性が多いので、結婚後も安定した家庭が築けそう。家庭の事情にも柔軟に対応して働き方を一緒に考えてくれるとありがたい！

RANK A

日立金属

恋愛偏差値 56　平均年収（万円）773

平均年収 ♥♥♥　性格ポイント ♥♥♥
華やかさ ♥♥♥　合コン満足度 ♥♥♥

日立金属は、日立グループの鉄鋼業・金属部門を統合して分立させた企業である。

女性社員の比率が低めで、ほとんどが40代前後の男性社員である。いわゆるオッさん世代。とは言うものの、日立グループなので産休育休制度は他社より充実している傾向に。

育休は子供が3歳まで取得でき、時短勤務も子供が小学生の間まで可能とのこと。素晴らしい！日立金属勤務の旦那をGETすれば、自分の育児負担が軽減される……！！おっしゃ！！

RANK A

ヒロセ電機

恋愛偏差値 56　平均年収（万円）736

平均年収 ♥♥♥♥　性格ポイント ♥♥♥
華やかさ ♥♥♥　合コン満足度 ♥♥♥

ヒロセ電機は、電子コネクタの製造・販売を行う会社である。国内では業界最大手、世界でもトップシェアを誇る。

何かと話題のファーウェイのサプライヤーとしても知られ、米国で禁輸措置がとられた後にも供給継続する意向を発表したことが記憶に新しい。

年収の平均値は730万と同業に比べ高めだが、福利厚生はそこそこ、ボーナス比率が高め。社内イベントが盛んで、定期的に展示会を行っているため社外との出会いも多い環境。スマホに電気自動車と、ヒロセ電機が製造するコネクタは今後も需要があるため長らく安泰の予感。

展示会に派遣するイベントコンパニオン選定は、完全ビジュアル重視でオーディションを開催するほどのこだわりも（笑）。バリキャリ系・顔は普通だが知性と教養そこそこ女性枠は社内で埋まっており、社内恋愛も多い傾向なので中途半端な知性は武器にならない。この手の男たちには、本能を刺激するようなビジュアルや誘惑が必要。パーソナルジムやエステに投資しようｗｗ

女性からの認知度が低い今こそが狙い目。気取らない温和な性格の社員が多く、未来の旦那候補としても推せる。本社は品川区にあり、品川〜五反田エリアに神出鬼没。

婚活女子よ、恵比寿や六本木に飽きたら、品川〜五反田エリアにも足を運んでみよう！

RANK A

東邦瓦斯

恋愛偏差値 56　平均年収（万円）601

平均年収 ♥♥♥　性格ポイント ♥♥♥
華やかさ ♥♥♥　合コン満足度 ♥♥♥

東邦瓦斯は、愛知県に本社があるガス会社である。名古屋経済界の有力企業「五摂家」の一社に数えられている。すごい！！

地域に根差した昔ながらのインフラ企業なので、社風はかなり保守的でガスの安定供給に命をかけている。

現在、団塊の世代の大量退職を目前にしており、若手社員に順次業務を割り振っている段階とのこと。しかし、デキる社員のところにたくさんの仕事が押し寄せており、ヒーヒー悲鳴をあげている人もちらほら……(;∀;)　デキる社員を狙う場合は、差し入れ持ってお邪魔しよう。

RANK A

Glencore plc

恋愛偏差値 56　平均年収（万円）－

平均年収　性格ポイント ♥♥♥
華やかさ ♥♥♥　合コン満足度 ♥♥♥

グレンコアは、スイスに本社を置く鉱山開発や商品取引を行う企業。世界最大の商社でもある。

亜鉛の世界シェアは60％、銅は50パーセント％近い。強い……！！　しかもスイス第2位の金融機関であるクレディ・スイスとズブズブとズブズブ。

石油デリバティブの開発・取引で提携している。強すぎる……！！！

物産や商事のメンズにキャッキャしてる女子は、まだまだ二流だと思い知らされる。

ただ、日本で出会おうとすると難易度が高いレアポケモン。遭遇したらマスターボールをブン投げたい。

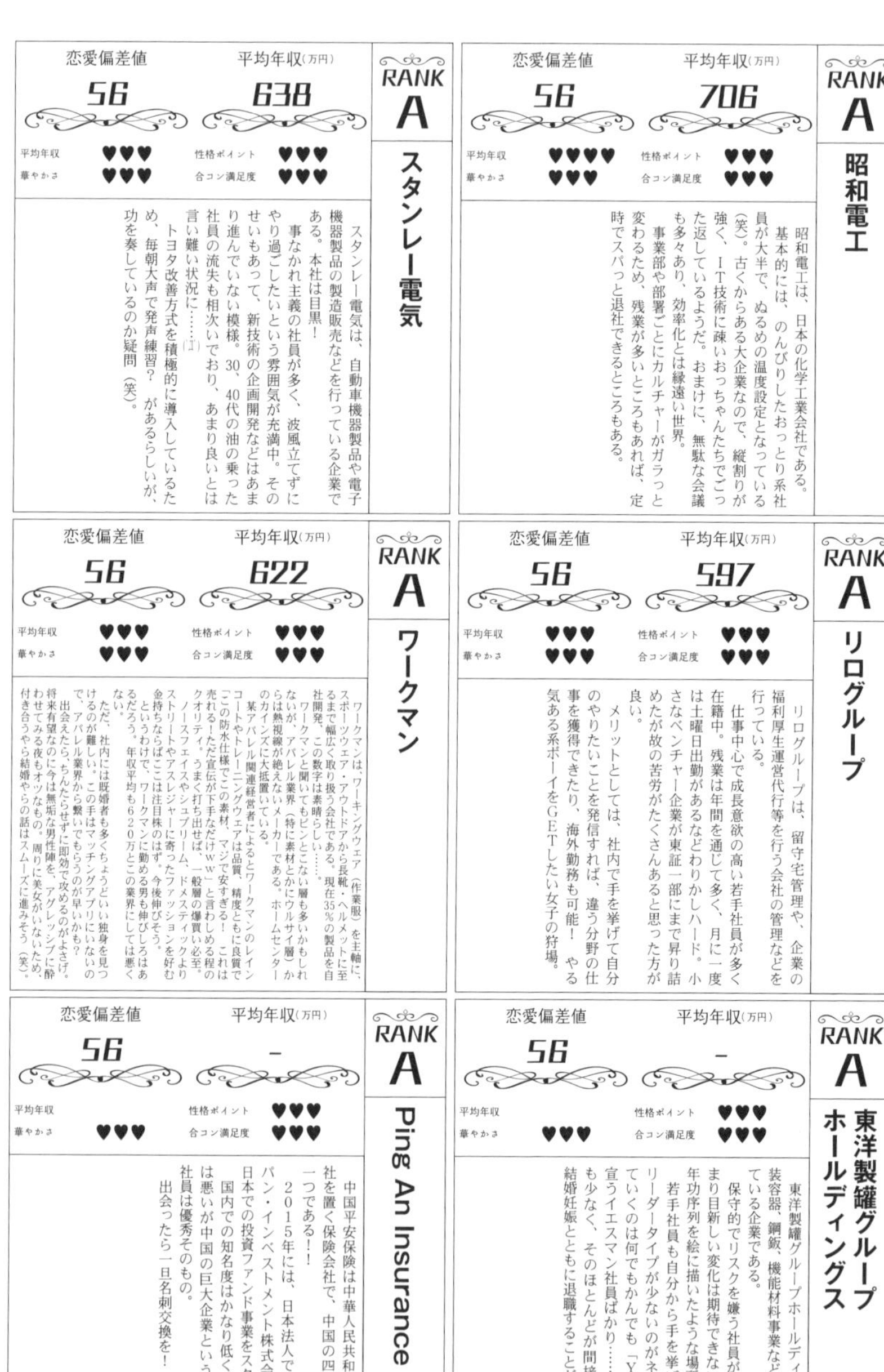

RANK A 昭和電工

恋愛偏差値	平均年収(万円)
56	706

項目	評価	項目	評価
平均年収	♥♥♥♥	性格ポイント	♥♥♥
華やかさ	♥♥♥	合コン満足度	♥♥♥

昭和電工は、日本の化学工業会社である。

基本的には、のんびりしたおっとり系社員が大半で、ぬるめの温度設定となっている(笑)。古くからある大企業なので、縦割りが強く、IT技術に疎いおっちゃんたちでごった返しているようだ。おまけに、無駄な会議も多々あり、効率化とは縁遠い世界。

事業部や部署ごとにカルチャーがガラっと変わるため、残業が多いところもあれば、定時でスパっと退社できるところもある。

RANK A スタンレー電気

恋愛偏差値	平均年収(万円)
56	638

項目	評価	項目	評価
平均年収	♥♥♥	性格ポイント	♥♥♥
華やかさ	♥♥♥	合コン満足度	♥♥♥

スタンレー電気は、自動車機器製品や電子機器製品の製造販売などを行っている企業である。本社は目黒!

事なかれ主義の社員が多く、波風立てずにやり過ごしたいという雰囲気が充満中。そのせいもあって、新技術の企画開発などはあまり進んでいない模様。30、40代の油の乗った社員の流失も相次いでおり、あまり良いとは言い難い状況に……(汗)

トヨタ改善方式を積極的に導入しているため、毎朝大声で発声練習? があるらしいが、功を奏しているのか疑問(笑)。

RANK A リログループ

恋愛偏差値	平均年収(万円)
56	597

項目	評価	項目	評価
平均年収	♥♥♥	性格ポイント	♥♥♥
華やかさ	♥♥♥	合コン満足度	♥♥♥

リログループは、留守宅管理や、企業の福利厚生運営代行等を行う会社の管理などを行っている。

仕事中心で成長意欲の高い若手社員が多く在籍中。残業は年間を通じて多く、月に一度は土曜日出勤があるなどわりかしハード。小さなベンチャー企業が東証一部にまで昇り詰めたが故の苦労がたくさんあると思った方が良い。

メリットとしては、社内で手を挙げて自分のやりたいことを発信すれば、違う分野の仕事を獲得できたり、海外勤務も可能! やる気ある系ボーイをGETしたい女子の狩場。

RANK A ワークマン

恋愛偏差値	平均年収(万円)
56	622

項目	評価	項目	評価
平均年収	♥♥♥	性格ポイント	♥♥♥
華やかさ	♥♥♥	合コン満足度	♥♥♥

ワークマンは、ワーキングウェア(作業服)を主軸に、スポーツウエア・アウトドアから長靴・ヘルメットに至るまで幅広く取り扱う会社である。現在35%の製品を自社開発、この数字は素晴らしい……。

ワークマンと聞いてもピンとこない層も多いかもしれないが、アパレル業界(特に素材とかにウルサイ層)からは熱視線が絶えないメーカーである。ホームセンターのカインズに大抵置いている。

某アパレル関連経営者によるとワークマンのレインコートやトレーニングウェアは品質、精度ともに良質で「この防水仕様でこの素材、マジで安すぎる! これは売れる!ただ宣伝が下手なだけｗｗ」と言わしめる程のクオリティ。うまく打ち出せば、一般層の爆買い必至。ノースフェイスやシュプリーム、ドメスティックよりストリートやアスレジャーに寄ったファッションを好む金持ちならばここは注目株のはず。今後伸びそう。

というわけで、ワークマンに勤める男も伸びしろはあるだろう。年収平均も620万とこの業界にしては悪くない。

ただ、社内には既婚者も多くちょうどいい独身を見つけるのが難しい。この手はマッチングアプリにいないので、アパレル業界から繋いでもらうのが早いかも?

出会えたら、ちんたらせずに即効で攻めるのがよさげ。将来有望なのに今は無垢な男性陣を、アグレッシブに酔わせてみる夜もオツなもの。周りに美女がいないため、付き合うやら結婚やらの話はスムーズに進みそう(笑)。

RANK A 東洋製罐グループホールディングス

恋愛偏差値	平均年収(万円)
56	–

項目	評価	項目	評価
平均年収		性格ポイント	♥♥♥
華やかさ	♥♥♥	合コン満足度	♥♥♥

東洋製罐グループホールディングスは、包装容器、鋼鈑、機能材料事業などを幅広く行っている企業である。

保守的でリスクを嫌う社員が多いため、あまり目新しい変化は期待できない。終身雇用、年功序列を絵に描いたような場所である。

若手社員も自分から手を挙げて発信するリーダータイプが少ないのがネック。出世していくのは何でもかんでも「YES!」と宣うイエスマン社員ばかり……(汗) 女性社員も少なく、そのほとんどが間接部門で働き、結婚妊娠とともに退職することが多いとか。

RANK A Ping An Insurance Group

恋愛偏差値	平均年収(万円)
56	–

項目	評価	項目	評価
平均年収		性格ポイント	♥♥♥
華やかさ	♥♥♥	合コン満足度	♥♥♥

中国平安保険は中華人民共和国広東省に本社を置く保険会社で、中国の四大保険会社の一つである!

2015年には、日本法人である平安ジャパン・インベストメント株式会社を設立し、日本での投資ファンド事業をスタートした。

国内での知名度はかなり低く、合コン受けは悪いが中国の巨大企業ということもあり、社員は優秀そのもの。

出会ったら一旦名刺交換を!

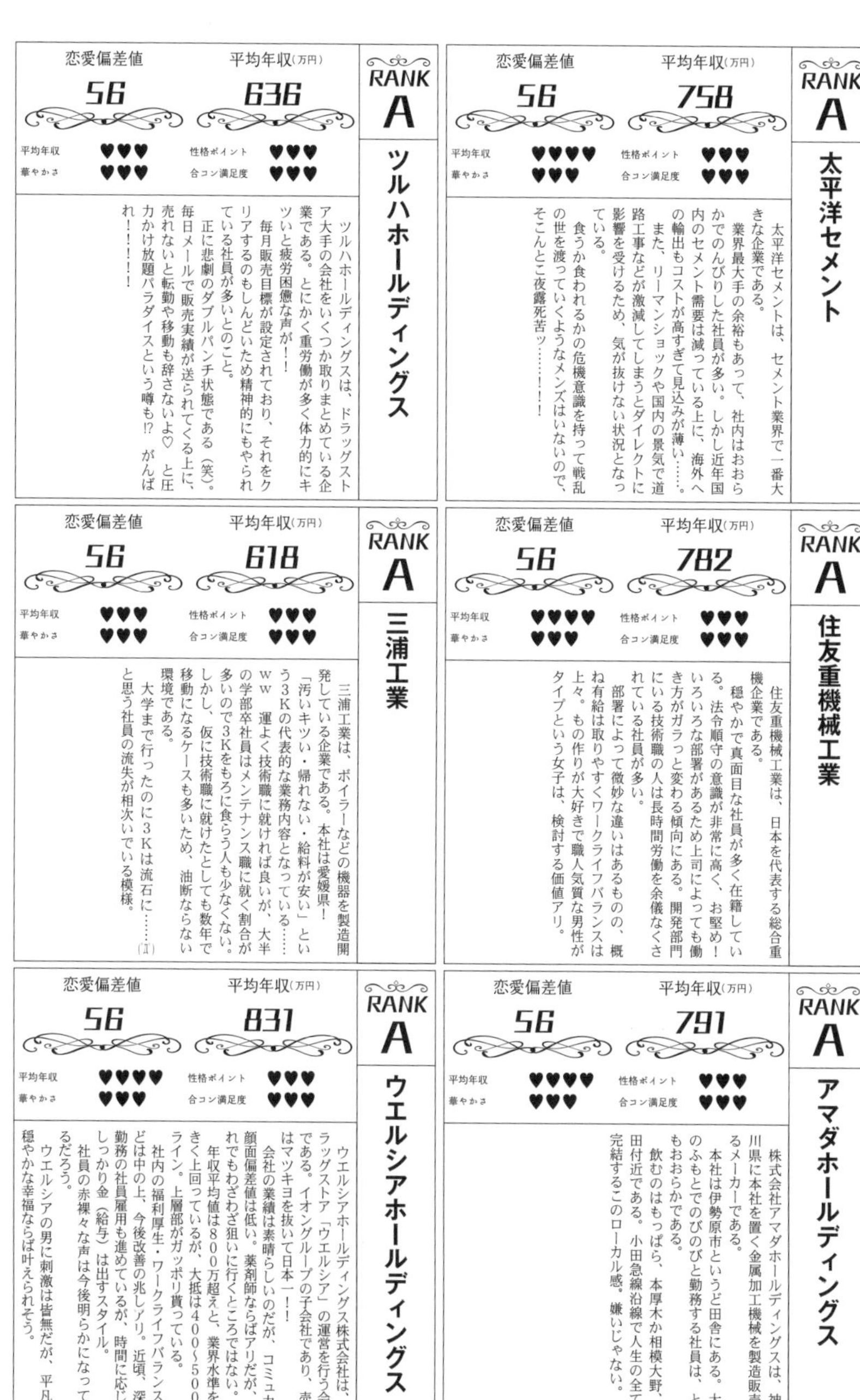

太平洋セメント

RANK A

恋愛偏差値	平均年収（万円）
56	758

項目	評価	項目	評価
平均年収	♥♥♥♥	性格ポイント	♥♥♥
華やかさ	♥♥♥	合コン満足度	♥♥♥

太平洋セメントは、セメント業界で一番大きな企業である。

業界最大手の余裕もあって、社内はおおらかでのんびりした社員が多い。しかし近年国内のセメント需要は減っている上に、海外への輸出もコストが高すぎて見込みが薄い……。

また、リーマンショックや国内の景気で道路工事などが激減してしまうとダイレクトに影響を受けるため、気が抜けない状況となっている。

食うか食われるかの危機意識を持って戦乱の世を渡っていくようなメンズはいないので、そこんとこ夜露死苦ッ……！！

ツルハホールディングス

RANK A

恋愛偏差値	平均年収（万円）
56	636

項目	評価	項目	評価
平均年収	♥♥♥	性格ポイント	♥♥♥
華やかさ	♥♥♥	合コン満足度	♥♥♥

ツルハホールディングスは、ドラッグストア大手の会社をいくつか取りまとめている企業である。とにかく重労働が多く体力的にキツいと疲労困憊な声が！！

毎月販売目標が設定されており、それをクリアするのもしんどいため精神的にもやられている社員が多いとのこと。

正に悲劇のダブルパンチ状態である（笑）。

毎日メールで販売実績が送られてくる上に、売れないと転勤や移動も辞さないよ♡　と圧力かけ放題パラダイスという噂も!?　がんばれ！！！！

住友重機械工業

RANK A

恋愛偏差値	平均年収（万円）
56	782

項目	評価	項目	評価
平均年収	♥♥♥♥	性格ポイント	♥♥♥
華やかさ	♥♥♥	合コン満足度	♥♥♥

住友重機械工業は、日本を代表する総合重機企業である。

穏やかで真面目な社員が多く在籍している。法令順守の意識が非常に高く、お堅め！　いろいろな部署があるため上司によっても働き方がガラっと変わる傾向にある。開発部門にいる技術職の人は長時間労働を余儀なくされている社員が多い。

部署によって微妙な違いはあるものの、概ね有給は取りやすくワークライフバランスは上々。もの作りが大好きで職人気質な男性がタイプという女子は、検討する価値アリ。

三浦工業

RANK A

恋愛偏差値	平均年収（万円）
56	618

項目	評価	項目	評価
平均年収	♥♥♥	性格ポイント	♥♥♥
華やかさ	♥♥♥	合コン満足度	♥♥♥

三浦工業は、ボイラーなどの機器を製造開発している企業である。本社は愛媛県！

「汚いキツい・帰れない・給料が安い」という3Kの代表的な業務内容となっている……ｗｗ　運よく技術職に就ければ良いが、大半の学部卒社員はメンテナンス職に就く割合が多いので3Kをもろに食らう人も少なくない。

しかし、仮に技術職に就けたとしても数年で移動になるケースも多いため、油断ならない環境である。

大学まで行ったのに3Kは流石に……と思う社員の流失が相次いでいる模様。

アマダホールディングス

RANK A

恋愛偏差値	平均年収（万円）
56	791

項目	評価	項目	評価
平均年収	♥♥♥♥	性格ポイント	♥♥♥
華やかさ	♥♥♥	合コン満足度	♥♥♥

株式会社アマダホールディングスは、神奈川県に本社を置く金属加工機械を製造販売するメーカーである。

本社は伊勢原市というど田舎にある。大山のふもとでのびのびと勤務する社員は、とてもおおらかである。

飲むのはもっぱら、本厚木か相模大野、町田付近である。小田急線沿線で人生の全てが完結するこのローカル感。嫌いじゃない。

ウエルシアホールディングス

RANK A

恋愛偏差値	平均年収（万円）
56	831

項目	評価	項目	評価
平均年収	♥♥♥♥	性格ポイント	♥♥♥
華やかさ	♥♥♥	合コン満足度	♥♥♥

ウエルシアホールディングス株式会社は、ドラッグストア「ウエルシア」の運営を行う会社である。イオングループの子会社であり、売上はマツキヨを抜いて日本一！！

会社の業績は素晴らしいのだが、コミュ力・顔面偏差値は低い。薬剤師ならばアリだが、それでもわざわざ狙いに行くところではない。

年収平均値は800万超えと、業界水準を大きく上回っているが、大抵は400～500万ライン。上層部がガッポリ貰っている。

社内の福利厚生・ワークライフバランスなどは中の上、今後改善の兆しアリ。近頃、深夜勤務の社員雇用も進めているが、時間に応じてしっかり金（給与）は出すスタイル。

社員の赤裸々な声は今後明らかになってくるだろう。

ウエルシアの男に刺激は皆無だが、平凡で穏やかな幸福ならば叶えられそう。

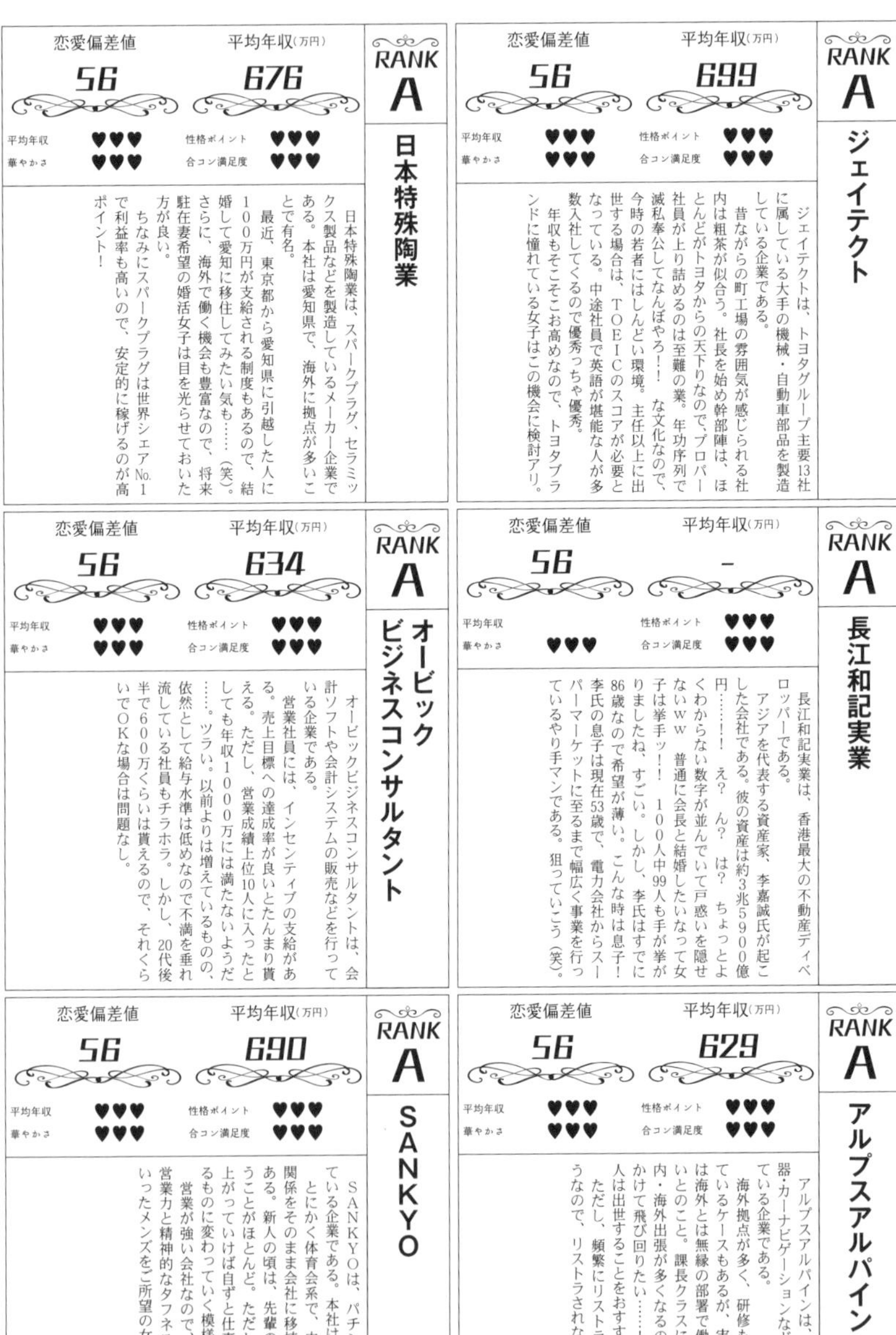

RANK A ジェイテクト

恋愛偏差値	平均年収(万円)
56	699

平均年収	♥♥♥	性格ポイント	♥♥♥
華やかさ	♥♥♥	合コン満足度	♥♥♥

ジェイテクトは、トヨタグループ主要13社に属している大手の機械・自動車部品を製造している企業である。

昔ながらの町工場の雰囲気が感じられる社内は粗茶が似合う。社長を始め幹部陣は、ほとんどがトヨタからの天下りなので、プロパー社員が上り詰めるのは至難の業。年功序列で滅私奉公してなんぼやろ！！ な文化なので、今時の若者にはしんどい環境。主任以上に出世する場合は、ＴＯＥＩＣのスコアが必要となっている。中途社員で英語が堪能な人が多数入社してくるので優秀っちゃ優秀。

年収もそこそこお高めなので、トヨタブランドに憧れている女子はこの機会に検討アリ。

RANK A 日本特殊陶業

恋愛偏差値	平均年収(万円)
56	676

平均年収	♥♥♥	性格ポイント	♥♥♥
華やかさ	♥♥♥	合コン満足度	♥♥♥

日本特殊陶業は、スパークプラグ、セラミックス製品などを製造しているメーカー企業である。本社は愛知県で、海外に拠点が多いことで有名。

最近、東京都から愛知県に引越した人に１００万円が支給される制度もあるので、結婚して愛知に移住してみたい気も……（笑）。さらに、海外で働く機会も豊富なので、将来駐在妻希望の婚活女子は目を光らせておいた方が良い。

ちなみにスパークプラグは世界シェアNo.1で利益率も高いので、安定的に稼げるのが高ポイント！

RANK A 長江和記実業

恋愛偏差値	平均年収(万円)
56	－

平均年収		性格ポイント	♥♥♥
華やかさ	♥♥♥	合コン満足度	♥♥♥

長江和記実業は、香港最大の不動産ディベロッパーである。

アジアを代表する資産家、李嘉誠氏が起こした会社である。彼の資産は約3兆5９００億円……！！ え？ ん？ は？ ちょっとよくわからない数字が並んでいて戸惑いを隠せないｗｗ 普通に会長と結婚したいなって女子は挙手ッ！！ １００人中99人も手が挙がりましたね、すごい。しかし、李氏はすでに86歳なので希望が薄い。こんな時は息子！ 李氏の息子は現在53歳で、電力会社からスーパーマーケットに至るまで幅広く事業を行っているやり手マンである。狙っていこう（笑）。

RANK A オービックビジネスコンサルタント

恋愛偏差値	平均年収(万円)
56	634

平均年収	♥♥♥	性格ポイント	♥♥♥
華やかさ	♥♥♥	合コン満足度	♥♥♥

オービックビジネスコンサルタントは、会計ソフトや会計システムの販売などを行っている企業である。

営業社員には、インセンティブの支給がある。売上目標への達成率が良いとたんまり貰える。ただし、営業成績上位10人に入ったとしても年収１０００万には満たないようだ……。ツラい。以前よりは増えているものの、依然として給与水準は低めなので不満を垂れ流している社員もチラホラ。しかし、20代後半で６００万くらいは貰えるので、それくらいでＯＫな場合は問題なし。

RANK A アルプスアルパイン

恋愛偏差値	平均年収(万円)
56	629

平均年収	♥♥♥	性格ポイント	♥♥♥
華やかさ	♥♥♥	合コン満足度	♥♥♥

アルプスアルパインは、電子部品や音響機器・カーナビゲーションなどの製造販売を行っている企業である。

海外拠点が多く、研修も一部海外で行われているケースもあるが、実際ほとんどの社員は海外とは無縁の部署で働いていることが多いとのこと。課長クラスにまで出世すれば国内・海外出張が多くなるので「大海原を股にかけて飛び回りたい……！」というタイプの人は出世することをおすすめする。

ただし、頻繁にリストラも実施しているようなので、リストラされないようにご用心。

RANK A SANKYO

恋愛偏差値	平均年収(万円)
56	690

平均年収	♥♥♥	性格ポイント	♥♥♥
華やかさ	♥♥♥	合コン満足度	♥♥♥

ＳＡＮＫＹＯは、パチンコ機の製造を行っている企業である。本社は渋谷！

とにかく体育会系で、中学の部活動の上下関係をそのまま会社に移植したような文化である。新人の頃は、先輩の雑用などを請け負うことがほとんど。ただし、出世して役職が上がっていけば自ずと仕事内容も思考力のいるものに変わっていく模様。

営業が強い会社なので、めげずに続ければ営業力と精神的なタフネスが手に入る。そういったメンズをご所望の女子必見！

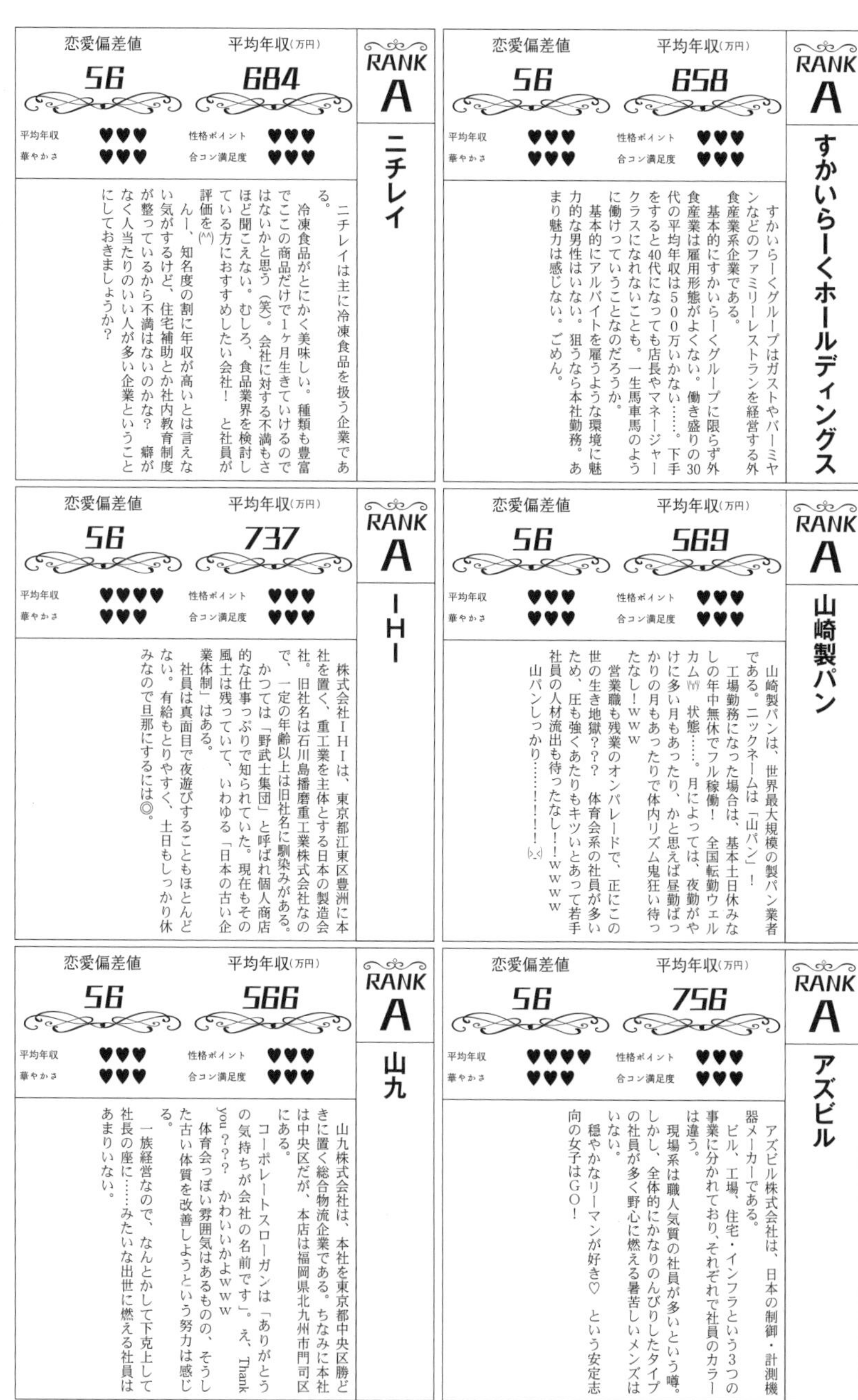

RANK A　すかいらーくホールディングス

恋愛偏差値	平均年収（万円）
56	658

平均年収	♥♥♥	性格ポイント	♥♥♥
華やかさ	♥♥♥	合コン満足度	♥♥♥

すかいらーくグループはガストやバーミヤンなどのファミリーレストランを経営する外食産業系企業である。

基本的にすかいらーくグループに限らず外食産業は雇用形態がよくない。働き盛りの30代の平均年収は500万いかない……。下手をすると40代になっても店長やマネージャークラスになれないことも。一生馬車馬のように働けっていうことなのだろうか。

基本的にアルバイトを雇うような環境に魅力的な男性はいない。狙うなら本社勤務。あまり魅力は感じない。ごめん。

RANK A　ニチレイ

恋愛偏差値	平均年収（万円）
56	684

平均年収	♥♥♥	性格ポイント	♥♥♥
華やかさ	♥♥♥	合コン満足度	♥♥♥

ニチレイは主に冷凍食品を扱う企業である。

冷凍食品がとにかく美味しい。種類も豊富でここの商品だけで1ヶ月生きていけるのではないかと思う（笑）。会社に対する不満もさほど聞こえない。むしろ、食品業界を検討している方におすすめしたい会社！　と社員が評価を(^^)

んー、知名度の割に年収が高いとは言えない気がするけど、住宅補助とか社内教育制度が整っているから不満はないのかな？　癖がなく人当たりのいい人が多い企業ということにしておきましょうか？

RANK A　山崎製パン

恋愛偏差値	平均年収（万円）
56	569

平均年収	♥♥♥	性格ポイント	♥♥♥
華やかさ	♥♥♥	合コン満足度	♥♥♥

山崎製パンは、世界最大規模の製パン業者である。ニックネームは「山パン」！

工場勤務になった場合は、基本土日休みなしの年中無休でフル稼働！　全国転勤ウェルカム\(^o^)/状態……。月によっては、夜勤がやけに多い月もあったり、かと思えば昼勤ばかりの月もあったりで体内リズム鬼狂い待ったなし！ｗｗｗ

営業職も残業のオンパレードで、正にこの世の生き地獄？？　体育会系の社員が多いため、圧も強くあたりもキツいとあって若手社員の人材流出も待ったなし！！ｗｗｗ

山パンしっかり……！！！(>_<)

RANK A　ＩＨＩ

恋愛偏差値	平均年収（万円）
56	737

平均年収	♥♥♥♥	性格ポイント	♥♥♥
華やかさ	♥♥♥	合コン満足度	♥♥♥

株式会社ＩＨＩは、東京都江東区豊洲に本社を置く、重工業を主体とする日本の製造会社。旧社名は石川島播磨重工業株式会社なので、一定の年齢以上は旧社名に馴染みがある。

かつては「野武士集団」と呼ばれ個人商店的な仕事っぷりで知られていた。現在もその風土は残っていて、いわゆる「日本の古い企業体制」はある。

社員は真面目で夜遊びすることもほとんどない。有給もとりやすく、土日もしっかり休みなので旦那にするには◎。

RANK A　アズビル

恋愛偏差値	平均年収（万円）
56	756

平均年収	♥♥♥♥	性格ポイント	♥♥♥
華やかさ	♥♥♥	合コン満足度	♥♥♥

アズビル株式会社は、日本の制御・計測機器メーカーである。

ビル、工場、住宅・インフラという3つの事業に分かれており、それぞれで社員のカラーは違う。

現場系は職人気質の社員が多いという噂。しかし、全体的にかなりのんびりしたタイプの社員が多く野心に燃える暑苦しいメンズはいない。

穏やかなリーマンが好き♡　という安定志向の女子はＧＯ！

RANK A　山九

恋愛偏差値	平均年収（万円）
56	566

平均年収	♥♥♥	性格ポイント	♥♥♥
華やかさ	♥♥♥	合コン満足度	♥♥♥

山九株式会社は、本社を東京都中央区勝どきに置く総合物流企業である。ちなみに本社は中央区だが、本店は福岡県北九州市門司区にある。

コーポレートスローガンは「ありがとうの気持ちが会社の名前です」。え、Thank you？？？　かわいいかよｗｗｗ

体育会っぽい雰囲気はあるものの、そうした古い体質を改善しようという努力は感じる。

一族経営なので、なんとかして下克上して社長の座に……みたいな出世に燃える社員はあまりいない。

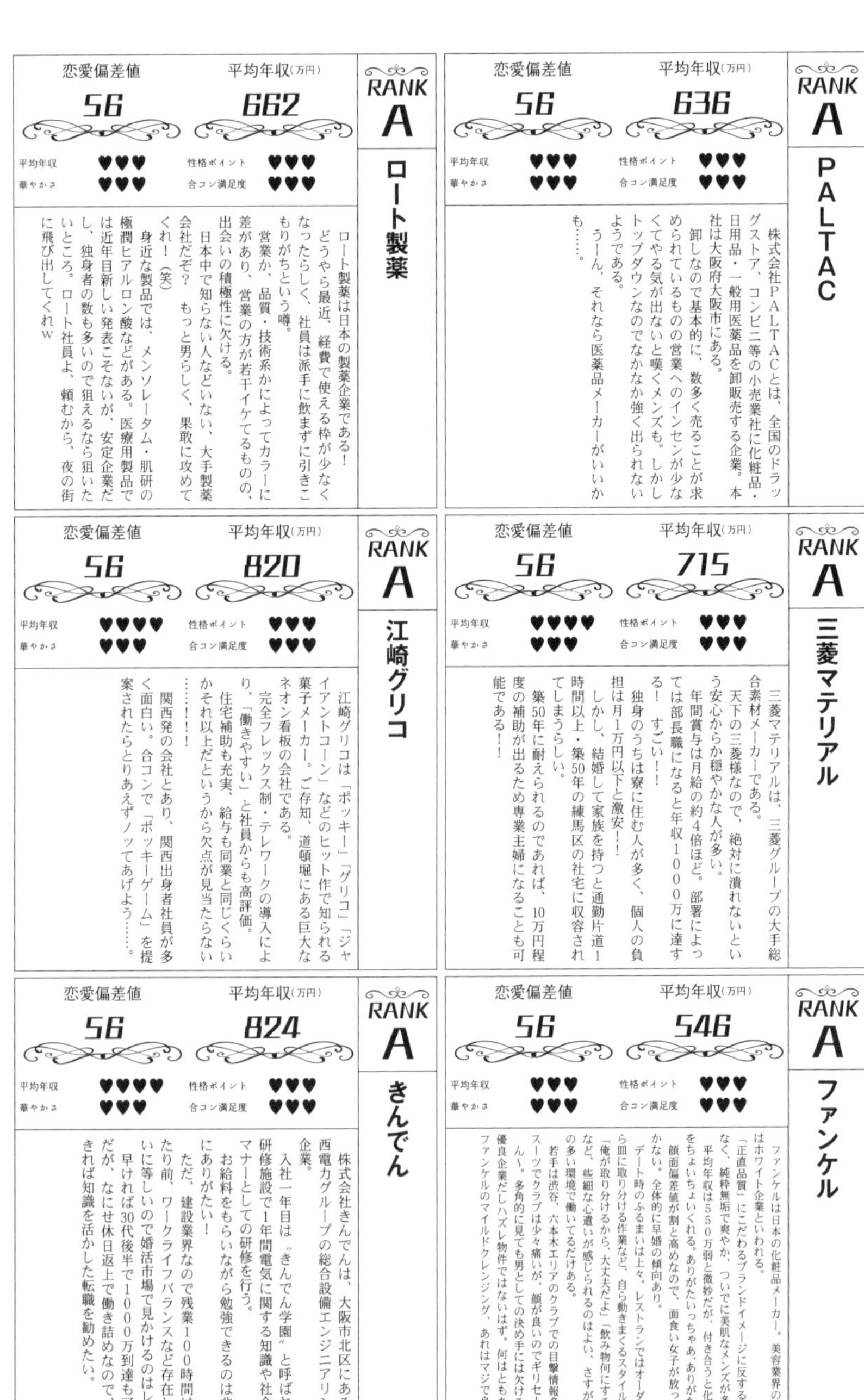

RANK A PALTAC

恋愛偏差値 56　平均年収（万円） 636

平均年収 ♥♥♥　性格ポイント ♥♥♥
華やかさ ♥♥♥　合コン満足度 ♥♥♥

株式会社ＰＡＬＴＡＣとは、全国のドラッグストア、コンビニ等の小売業社に化粧品・日用品・一般用医薬品を卸販売する企業。本社は大阪府大阪市にある。

卸しなので基本的に、数多く売ることが求められているものの営業へのインセンが少なくてやる気が出ないと嘆くメンズも。しかしトップダウンなのでなかなか強く出られないようである。

うーん、それなら医薬品メーカーがいいかも……。

RANK A ロート製薬

恋愛偏差値 56　平均年収（万円） 662

平均年収 ♥♥♥　性格ポイント ♥♥♥
華やかさ ♥♥♥　合コン満足度 ♥♥♥

ロート製薬は日本の製薬企業である！

どうやら最近、経費で使える枠が少なくなったらしく、社員は派手に飲まずに引きこもりがちという噂。

営業か、品質・技術系かによってカラーに差があり、営業の方が若干イケてるものの、出会いの積極性に欠ける。

日本中で知らない人などいない、大手製薬会社だぞ？　もっと男らしく、果敢に攻めてくれ！（笑）

身近な製品では、メンソレータム・肌研の極潤ヒアルロン酸などがある。医療用製品では近年目新しい発表こそないが、安定企業だし、独身者の数も多いので狙えるなら狙いたいところ。ロート社員よ、頼むから、夜の街に飛び出してくれｗ

RANK A 三菱マテリアル

恋愛偏差値 56　平均年収（万円） 715

平均年収 ♥♥♥♥　性格ポイント ♥♥♥
華やかさ ♥♥♥　合コン満足度 ♥♥♥

三菱マテリアルは、三菱グループの大手総合素材メーカーである。

天下の三菱様なので、絶対に潰れないという安心からか穏やかな人が多い。

年間賞与は月給の約4倍ほど。部署によっては部長職になると年収１０００万に達する！　すごい！！

独身のうちは寮に住む人が多く、個人の負担は月1万円以下と激安！！

しかし、結婚して家族を持つと通勤片道1時間以上・築50年の練馬区の社宅に収容されてしまうらしい。

築50年に耐えられるのであれば、10万円程度の補助が出るため専業主婦になることも可能である！！

RANK A 江崎グリコ

恋愛偏差値 56　平均年収（万円） 820

平均年収 ♥♥♥♥　性格ポイント ♥♥♥
華やかさ ♥♥♥　合コン満足度 ♥♥♥

江崎グリコは「ポッキー」「グリコ」「ジャイアントコーン」などのヒット作で知られる菓子メーカー。ご存知、道頓堀にある巨大なネオン看板の会社である。

完全フレックス制・テレワークの導入により、「働きやすい」と社員からも高評価。

住宅補助も充実、給与も同業と同じくらいかそれ以上だというから欠点が見当たらない……！！

関西発の会社とあり、関西出身者社員が多く面白い。合コンで「ポッキーゲーム」を提案されたらとりあえずノッてあげよう……。

RANK A ファンケル

恋愛偏差値 56　平均年収（万円） 546

平均年収 ♥♥♥　性格ポイント ♥♥♥
華やかさ ♥♥♥　合コン満足度 ♥♥♥

ファンケルは日本の化粧品メーカー。美容業界の中ではホワイト企業といわれる。

「正直品質」にこだわるブランドイメージに反することなく、純粋無垢で爽やか、ついでに美肌なメンズが多い。

平均年収は５５０万弱と微妙だが、付き合うと化粧品をちょいちょいくれる。ありがたいっちゃあ、ありがたい。

顔面偏差値が割と高めなので、面食い女子が放っておかない。全体的に早婚の傾向あり。

デート時のふるまいは上々。レストランではオーダーから皿に取り分ける作業など、自ら動きまくるスタイル。「俺が取り分けるから、大丈夫だよ」「飲み物何にする？」など、些細な心遣いが感じられるのはよい、さすが女性の多い環境で働いてるだけある。

若手は渋谷、六本木エリアのクラブでの目撃情報多々。スーツでクラブは少々痛いが、顔が良いのでギリセーフ。ん～。多角的に見ても男としての決め手には欠けるが、優良企業だしハズレ物件ではないはず。何はともあれ、ファンケルのマイルドクレンジング、あれはマジで良品。

RANK A きんでん

恋愛偏差値 56　平均年収（万円） 824

平均年収 ♥♥♥♥　性格ポイント ♥♥♥
華やかさ ♥♥♥　合コン満足度 ♥♥♥

株式会社きんでんは、大阪市北区にある関西電力グループの総合設備エンジニアリング企業。

入社一年目は〝きんでん学園〟と呼ばれる研修施設で1年間電気に関する知識や社会人マナーとしての研修を行う。

お給料をもらいながら勉強できるのは非常にありがたい！

ただ、建設業界なので残業１００時間は当たり前、ワークライフバランスなど存在しないに等しいので婚活市場で見かけるのはレア。

早ければ30代後半で１０００万到達も可能だが、なにせ休日返上で働き詰めなので、できれば知識を活かした転職を勧めたい。

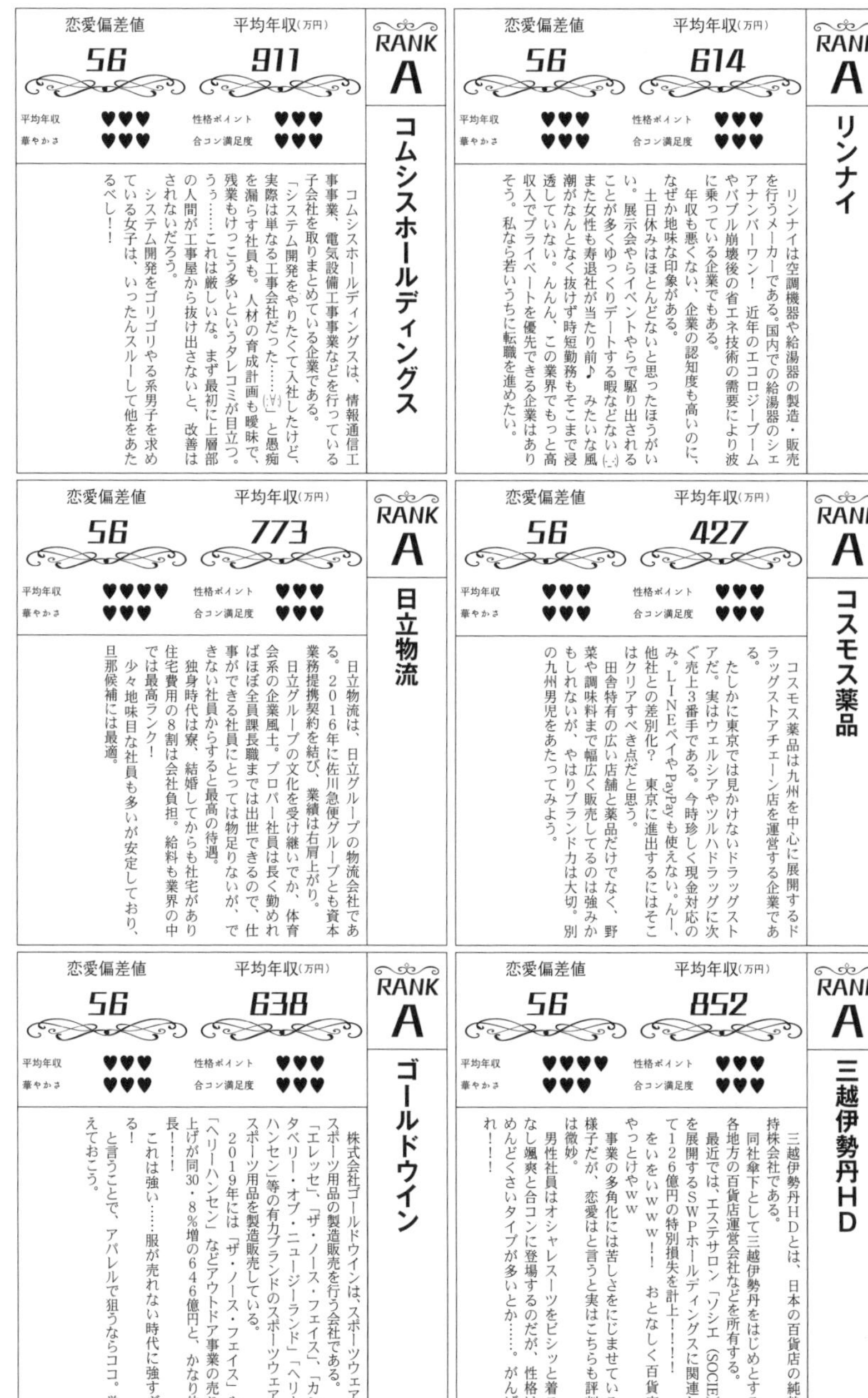

リンナイ

RANK A

恋愛偏差値	平均年収（万円）
56	614

平均年収	♥♥♥	性格ポイント	♥♥♥
華やかさ	♥♥♥	合コン満足度	♥♥♥

リンナイは空調機器や給湯器の製造・販売を行うメーカーである。国内での給湯器のシェアナンバーワン！　近年のエコロジーブームやバブル崩壊後の省エネ技術の需要により波に乗っている企業でもある。

年収も悪くない、企業の認知度も高いのに、なぜか地味な印象がある。

土日休みはほとんどないと思ったほうがいい。展示会やらイベントやらで駆り出されることが多くゆっくりデートする暇などない(-_-;)また女性も寿退社が当たり前♪　みたいな風潮がなんとなく抜けず時短勤務もそこまで浸透していない。んんん、この業界でもっと高収入でプライベートを優先できる企業はありそう。私なら若いうちに転職を進めたい。

コムシスホールディングス

RANK A

恋愛偏差値	平均年収（万円）
56	911

平均年収	♥♥♥	性格ポイント	♥♥♥
華やかさ	♥♥♥	合コン満足度	♥♥♥

コムシスホールディングスは、情報通信工事事業、電気設備工事事業などを行っている子会社を取りまとめている企業である。

「システム開発をやりたくて入社したけど、実際は単なる工事会社だった……(;∀;)」と愚痴を漏らす社員も。人材の育成計画も曖昧で、残業もけっこう多いというタレコミが目立つ。うぅ……これは厳しいな。まず最初に上層部の人間が工事屋から抜け出さないと、改善はされないだろう。

システム開発をゴリゴリやる系男子を求めている女子は、いったんスルーして他をあたるべし！

コスモス薬品

RANK A

恋愛偏差値	平均年収（万円）
56	427

平均年収	♥♥♥	性格ポイント	♥♥♥
華やかさ	♥♥♥	合コン満足度	♥♥♥

コスモス薬品は九州を中心に展開するドラッグストアチェーン店を運営する企業である。

たしかに東京では見かけないドラッグストアだ。実はウェルシアやツルハドラッグに次ぐ売上3番手である。今時珍しく現金対応のみ。LINEペイやPayPayも使えない。んー、他社との差別化？　東京に進出するにはそこはクリアすべき点だと思う。

田舎特有の広い店舗と薬品だけでなく、野菜や調味料まで幅広く販売してるのは強みかもしれないが、やはりブランド力は大切。別の九州男児をあたってみよう。

日立物流

RANK A

恋愛偏差値	平均年収（万円）
56	773

平均年収	♥♥♥♥	性格ポイント	♥♥♥
華やかさ	♥♥♥	合コン満足度	♥♥♥

日立物流は、日立グループの物流会社である。2016年に佐川急便グループとも資本業務提携契約を結び、業績は右肩上がり。

日立グループの文化を受け継いでか、体育会系の企業風土。プロパー社員は長く勤めればほぼ全員課長職までは出世できるので、仕事ができる社員にとっては物足りないが、できない社員からすると最高の待遇。

独身時代は寮、結婚してからも社宅があり住宅費用の8割は会社負担。給料も業界の中では最高ランク！

少々地味目な社員も多いが安定しており、旦那候補には最適。

三越伊勢丹HD

RANK A

恋愛偏差値	平均年収（万円）
56	852

平均年収	♥♥♥♥	性格ポイント	♥♥♥
華やかさ	♥♥♥	合コン満足度	♥♥♥

三越伊勢丹HDとは、日本の百貨店の純粋持株会社である。

同社傘下として三越伊勢丹をはじめとする各地方の百貨店運営会社などを所有する。

最近では、エステサロン「ソシエ（SOCIE）」を展開するSWPホールディングスに関連して126億円の特別損失を計上！！！をいをいｗｗｗ！！　おとなしく百貨店やっとけやｗｗ

事業の多角化には苦しさをにじませている様子だが、恋愛はと言うと実はこちらも評判は微妙。

男性社員はオシャレスーツをビシッと着こなし颯爽と合コンに登場するのだが、性格はめんどくさいタイプが多いとか……。がんばれ！！！

ゴールドウイン

RANK A

恋愛偏差値	平均年収（万円）
56	638

平均年収	♥♥♥	性格ポイント	♥♥♥
華やかさ	♥♥♥	合コン満足度	♥♥♥

株式会社ゴールドウインは、スポーツウエア、スポーツ用品の製造販売を行う会社である。

「エレッセ」、「ザ・ノース・フェイス」、「カンタベリー・オブ・ニュージーランド」「ヘリーハンセン」等の有力ブランドのスポーツウエア、スポーツ用品を製造販売している。

2019年には「ザ・ノース・フェイス」や「ヘリーハンセン」などアウトドア事業の売り上げが同30・8％増の646億円と、かなり伸長！！！

これは強い……服が売れない時代に強すぎる！

と言うことで、アパレルで狙うならココ。覚えておこう。

RANK A　キヤノンマーケティングジャパン

恋愛偏差値	平均年収(万円)
56	841

平均年収	♥♥♥♥	性格ポイント	♥♥♥
華やかさ	♥♥♥	合コン満足度	♥♥♥

キヤノンマーケティングジャパン株式会社は、キヤノン関連製品の直販や卸売、修理などのサポートなどを行う企業。

本社と同じく品川のキヤノンSタワーにオフィスを構える。本社と同じく東証一部に上場するいわゆる「親子上場」企業である。

母体と同じく安定してるので、社員はのんびりしてるタイプが多い。まあ敢えて狙うならキヤノンでいいかな。

RANK A　SUMCO

恋愛偏差値	平均年収(万円)
56	594

平均年収	♥♥♥	性格ポイント	♥♥♥
華やかさ	♥♥♥	合コン満足度	♥♥♥

SUMCOは、三菱・住友系の大手半導体用シリコンウエーハメーカー。

半導体用ウエーハ生産の世界シェアはトップの王者・信越化学工業に迫る勢い！！

女子界での知名度は低いものの、世界に名を馳せる優良企業である。ただし住友系と三菱系が合併した企業なので、社内では派閥意識もあり若干ピリつくこともあるとか……⁉ 財閥系のためか社員は基本お堅めなので、安定感あるエンジニア好きには◎。

RANK A　マツモトキヨシホールディングス

恋愛偏差値	平均年収(万円)
56	734

平均年収	♥♥♥♥	性格ポイント	♥♥♥
華やかさ	♥♥♥	合コン満足度	♥♥♥

マツモトキヨシHDは、ドラッグストア運営のマツモトキヨシなどを中心とする事業持株会社。

激安価格！　マツキヨ！　というイメージから一転、近頃は都心にきれいめな店舗を構え、価格帯も激安ではなくなってきた。年収の平均値は730万前後だが、この数字には薬剤師枠も含まれる。薬剤師なら店長クラスで500万～、課長クラスで1000万超えも可能だが、総合職では良いとこ500～600万止まりだろう。「旦那はマツキヨ社員」というワードには少々萎えるが、会社は今後も安定している可能性は高いので、ネームバリューを気にしないならアリ。

ただし、狙うなら絶対薬剤師。国家資格なのでマツキヨを辞めても潰しがきく。

マッチングアプリを使うこともなければ、出会いの場に積極的に足を運ぶわけでもない草食系男子の集まり。一定ランク以上の容姿があれば、処方箋とともに連絡先を渡すだけで落とせそうｗｗ

RANK A　ベネフィット・ワン

恋愛偏差値	平均年収(万円)
56	562

平均年収	♥♥♥	性格ポイント	♥♥♥
華やかさ	♥♥♥	合コン満足度	♥♥♥

株式会社ベネフィット・ワンとは、福利厚生アウトソーシング事業を手がける企業である。

日本に企業が存在し続ける限り衰退することはないと思われ、2018年には「健康経営銘柄2018」に、2019年は「健康経営優良法人2019（ホワイト500）」に選定されるなど、経営のホワイトっぷりもしっかりアピール。

新しいことにどんどんチャレンジする社員が多い反面、一部社員からは「見切り発車でやる人ばかり評価され、地味な作業でカバーしてる人が全然報われない」と不満の声も。縁の下の力持ち的存在や他人のフォローにまわるタイプはバカを見るようなところがある。つらい。

RANK A　日本空港ビルデング

恋愛偏差値	平均年収(万円)
56	643

平均年収	♥♥♥	性格ポイント	♥♥♥
華やかさ	♥♥♥	合コン満足度	♥♥♥

日本空港ビルデングとは、あの！　羽田空港を運営する企業である。社名は「ビルディング」じゃなく「ビルデング」であるため要注意(口にしてみると実際そんな変わらない)。

インバウンド需要の恩恵を受けて業績は右肩上がり、さらに東京オリンピックに向けて1000億円の成長投資を行うなど、とにかく業績拡大要素しか見当たらない優良企業。当然、仕事へのやりがいや誇りを抱いている社員が多い。

RANK A　神戸物産

恋愛偏差値	平均年収(万円)
56	463

平均年収	♥♥♥	性格ポイント	♥♥♥
華やかさ	♥♥♥	合コン満足度	♥♥♥

神戸物産とは、業務スーパーをはじめとした小売店や、ビュッフェレストラン、惣菜店などを運営・指導する企業である。

「良いものをより安く」を大義とし、人々の生活を支えていくことを目指す。

中途入社でも活躍の場があると評判だが、社員および退職者の多くが口にする不満が「祝日が休みじゃない＝年間休日が少ない……」ということ。GW、年末年始も休みが取れないのはつらい。ちなみに最近の大ヒット商品はタピオカミルクティー。業務スーパーの扱う商品だけにコスパが良く、1杯あたり100円以下で飲めるのは嬉しい。株価もしばらく好調が続きそうだが、休みが増えることはこの先もなさそう。

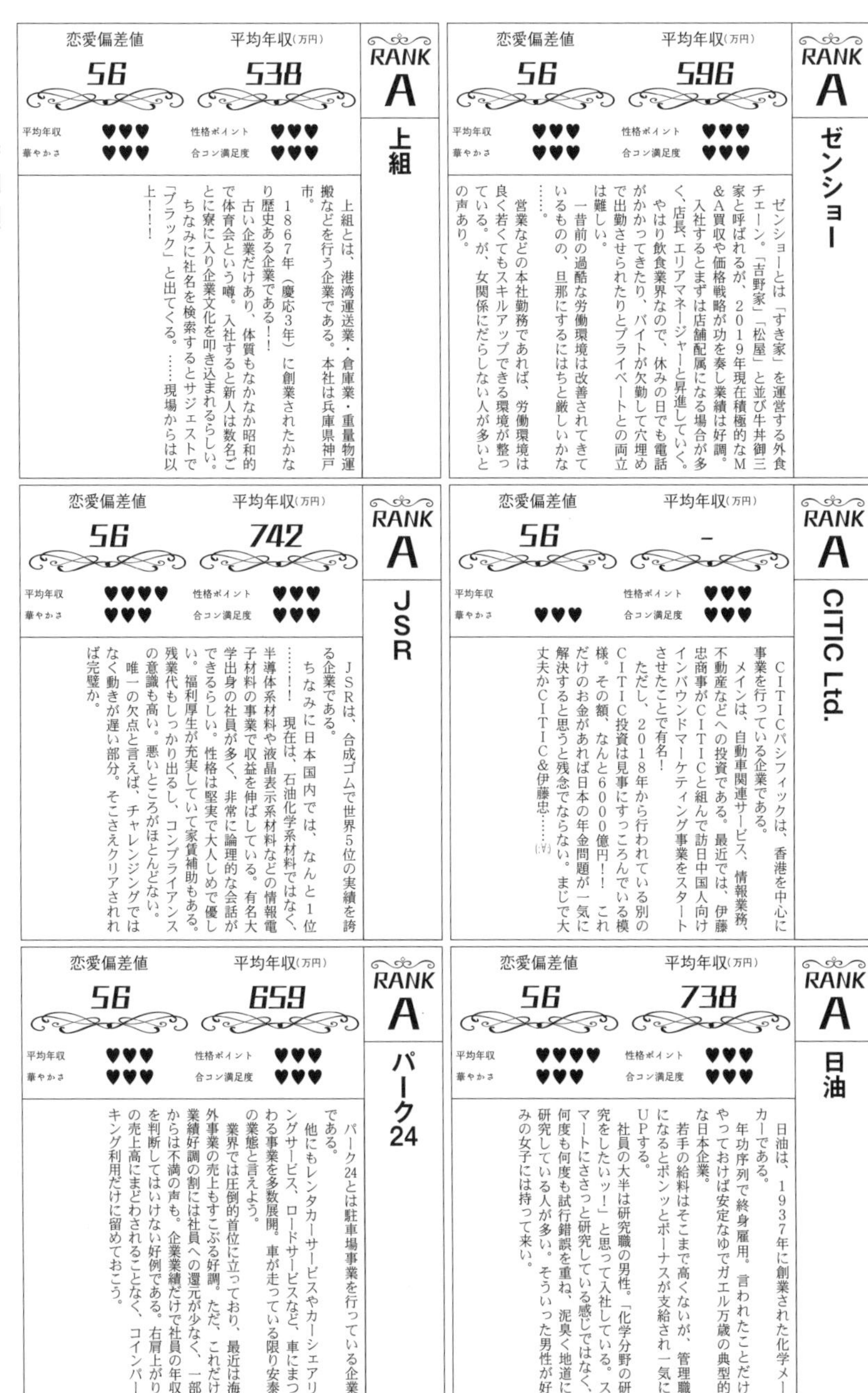

RANK A ゼンショー

恋愛偏差値	平均年収（万円）
56	596

平均年収	♥♥♥	性格ポイント	♥♥♥
華やかさ	♥♥♥	合コン満足度	♥♥♥

ゼンショーとは「すき家」を運営する外食チェーン。「吉野家」「松屋」と並び牛丼御三家と呼ばれるが、2019年現在積極的なM&A買収や価格戦略が功を奏し業績は好調。入社するとまずは店舗配属になる場合が多く、店長、エリアマネージャーと昇進していく。やはり飲食業界なので、休みの日でも電話がかかってきたり、バイトが欠勤して穴埋めで出勤させられたりとプライベートとの両立は難しい。

一昔前の過酷な労働環境は改善されてきているものの、旦那にするにはちと厳しいかな……。

営業などの本社勤務であれば、労働環境は良く若くてもスキルアップできる環境が整っている。が、女関係にだらしない人が多いとの声あり。

RANK A 上組

恋愛偏差値	平均年収（万円）
56	538

平均年収	♥♥♥	性格ポイント	♥♥♥
華やかさ	♥♥♥	合コン満足度	♥♥♥

上組とは、港湾運送業・倉庫業・重量物運搬などを行う企業である。本社は兵庫県神戸市。

1867年（慶応3年）に創業されたかなり歴史ある企業である！！

古い企業だけあり、体質もなかなか昭和的で体育会という噂。入社すると新人は数名ごとに寮に入り企業文化を叩き込まれるらしい。

ちなみに社名を検索するとサジェストで「ブラック」と出てくる。……現場からは以上！！

RANK A CITIC Ltd.

恋愛偏差値	平均年収（万円）
56	－

平均年収		性格ポイント	♥♥♥
華やかさ	♥♥♥	合コン満足度	♥♥♥

CITICパシフィックは、香港を中心に事業を行っている企業である。

メインは、自動車関連サービス、情報業務、不動産などへの投資である。最近では、伊藤忠商事がCITICと組んで訪日中国人向けインバウンドマーケティング事業をスタートさせたことで有名！

ただし、2018年から行われている別のCITIC投資は見事にすっころんでいる模様。その額、なんと6000億円！　これだけのお金があれば日本の年金問題が一気に解決すると思うと残念でならない。まじで大丈夫かCITIC&伊藤忠……(;∀;)

RANK A JSR

恋愛偏差値	平均年収（万円）
56	742

平均年収	♥♥♥♥	性格ポイント	♥♥♥
華やかさ	♥♥♥	合コン満足度	♥♥♥

JSRは、合成ゴムで世界5位の実績を誇る企業である。

ちなみに日本国内では、なんと1位……！！　現在は、石油化学系材料ではなく、半導体系材料や液晶表示系材料などの情報電子材料の事業で収益を伸ばしている。有名大学出身の社員が多く、非常に論理的な会話ができるらしい。性格は堅実で大人しめで優しい。福利厚生が充実していて家賃補助もある。残業代もしっかり出るし、コンプライアンスの意識も高い。悪いところがほとんどない。

唯一の欠点と言えば、チャレンジングではなく動きが遅い部分。そこさえクリアされれば完璧か。

RANK A 日油

恋愛偏差値	平均年収（万円）
56	738

平均年収	♥♥♥♥	性格ポイント	♥♥♥
華やかさ	♥♥♥	合コン満足度	♥♥♥

日油は、1937年に創業された化学メーカーである。

年功序列で終身雇用。言われたことだけやっておけば安定なゆでガエル万歳の典型的な日本企業。

若手の給料はそこまで高くないが、管理職になるとボンッとボーナスが支給され一気にUPする。

社員の大半は研究職の男性。「化学分野の研究をしたいッ！」と思って入社している。スマートにささっと研究している感じではなく、何度も何度も試行錯誤を重ね、泥臭く地道に研究している人が多い。そういった男性が好みの女子には持って来い。

RANK A パーク24

恋愛偏差値	平均年収（万円）
56	659

平均年収	♥♥♥	性格ポイント	♥♥♥
華やかさ	♥♥♥	合コン満足度	♥♥♥

パーク24とは駐車場事業を行っている企業である。

他にもレンタカーサービスやカーシェアリングサービス、ロードサービスなど、車にまつわる事業を多数展開。車が走っている限り安泰の業態と言えよう。

業界では圧倒的首位に立っており、最近は海外事業の売上もすこぶる好調。ただ、これだけ業績好調の割には社員への還元が少なく、一部からは不満の声も。企業業績だけで社員の年収を判断してはいけない好例である。右肩上がりの売上高にまどわされることなく、コインパーキング利用だけに留めておこう。

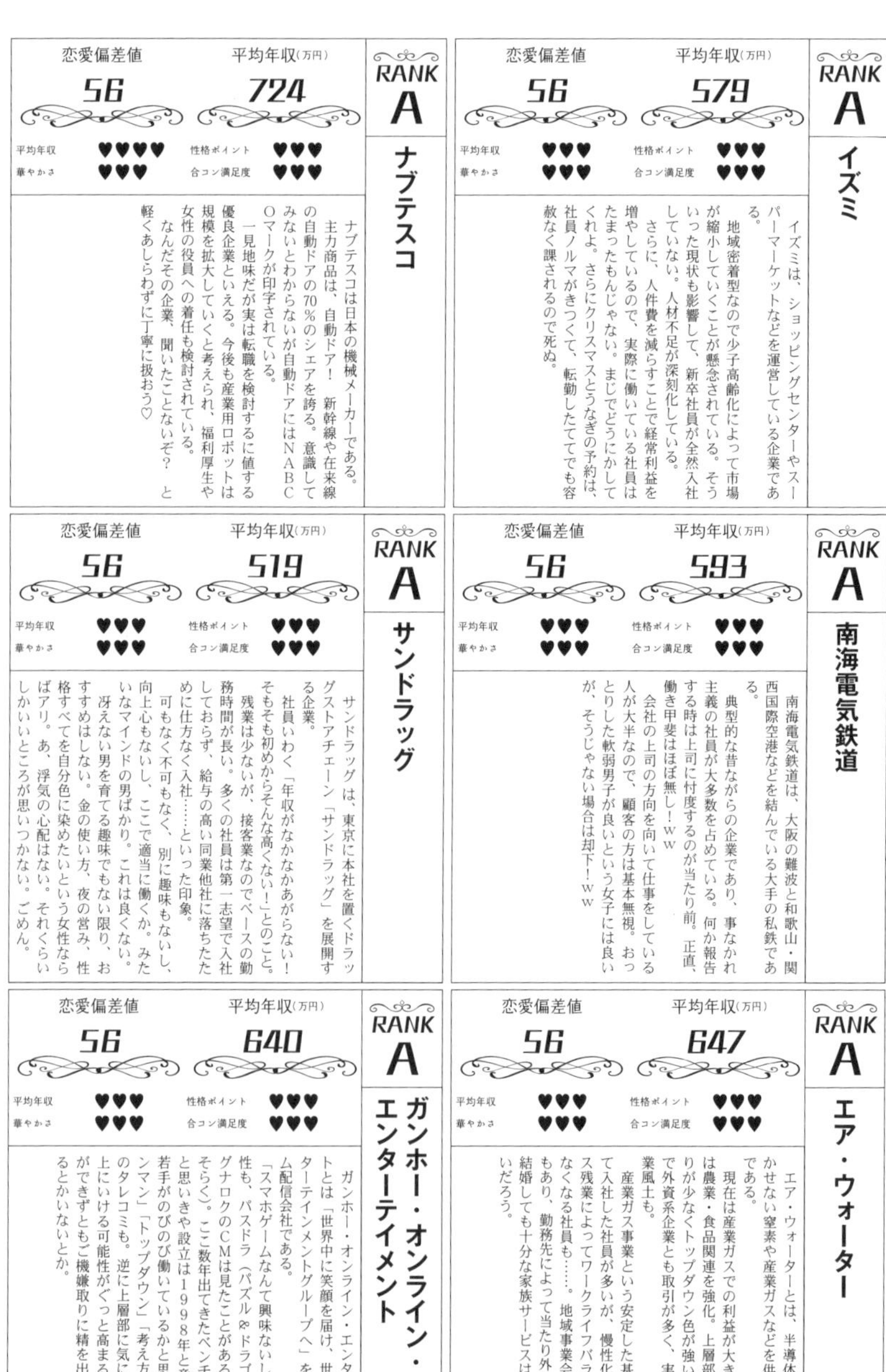

イズミ

RANK A

恋愛偏差値 56　平均年収（万円）579

項目	評価	項目	評価
平均年収	♥♥♥	性格ポイント	♥♥♥
華やかさ	♥♥♥	合コン満足度	♥♥♥

イズミは、ショッピングセンターやスーパーマーケットなどを運営している企業である。

地域密着型なので少子高齢化によって市場が縮小していくことが懸念されている。そういった現状も影響して、新卒社員が全然入社していない。人材不足が深刻化している。

さらに、人件費を減らすことで経常利益を増やしているので、実際に働いている社員はたまったもんじゃない。まじでどうにかしてくれよ。さらにクリスマスとうなぎの予約は、社員ノルマがきつくて、転勤したてでも容赦なく課されるので死ぬ。

ナブテスコ

RANK A

恋愛偏差値 56　平均年収（万円）724

項目	評価	項目	評価
平均年収	♥♥♥♥	性格ポイント	♥♥♥
華やかさ	♥♥♥	合コン満足度	♥♥♥

ナブテスコは日本の機械メーカーである。

主力商品は、自動ドア！　新幹線や在来線の自動ドアの70％のシェアを誇る。意識してみないとわからないが自動ドアにはＮＡＢＣＯマークが印字されている。

一見地味だが実は転職を検討するに値する優良企業といえる。今後も産業用ロボットは規模を拡大していくと考えられ、福利厚生や女性の役員への着任も検討されている。

なんだその企業、聞いたことないぞ？　と軽くあしらわずに丁寧に扱おう♡

南海電気鉄道

RANK A

恋愛偏差値 56　平均年収（万円）593

項目	評価	項目	評価
平均年収	♥♥♥	性格ポイント	♥♥♥
華やかさ	♥♥♥	合コン満足度	♥♥♥

南海電気鉄道は、大阪の難波と和歌山・関西国際空港などを結んでいる大手の私鉄である。

典型的な昔ながらの企業であり、事なかれ主義の社員が大多数を占めている。何か報告する時は上司に忖度するのが当たり前。正直、働き甲斐はほぼ無し！ｗｗ

会社の上司の方向を向いて仕事をしている人が大半なので、顧客の方は基本無視。おっとりした軟弱男子が良いという女子には良いが、そうじゃない場合は却下！ｗｗ

サンドラッグ

RANK A

恋愛偏差値 56　平均年収（万円）519

項目	評価	項目	評価
平均年収	♥♥♥	性格ポイント	♥♥♥
華やかさ	♥♥♥	合コン満足度	♥♥♥

サンドラッグは、東京に本社を置くドラッグストアチェーン「サンドラッグ」を展開する企業。

社員いわく「年収がなかなかあがらない！そもそも初めからそんな高くない！」とのこと。

残業は少ないが、接客業なのでベースの勤務時間が長い。多くの社員は第一志望で入社しておらず、給与の高い同業他社に落ちたために仕方なく入社……といった印象。

可もなく不可もなく、別に趣味もないし、向上心もないし、ここで適当に働くか。みたいなマインドの男ばかり。これは良くない。

冴えない男を育てる趣味でもない限り、おすすめはしない。金の使い方、夜の営み、性格すべてを自分色に染めたいという女性ならばアリ。あ、浮気の心配はない。それくらいしかいいところが思いつかない。ごめん。

エア・ウォーター

RANK A

恋愛偏差値 56　平均年収（万円）647

項目	評価	項目	評価
平均年収	♥♥♥	性格ポイント	♥♥♥
華やかさ	♥♥♥	合コン満足度	♥♥♥

エア・ウォーターとは、半導体づくりに欠かせない窒素や産業ガスなどを供給する企業である。

現在は産業ガスでの利益が大きいが、今後は農業・食品関連を強化。上層部の入れ替わりが少なくトップダウン色が強い。その一方で外資系企業とも取引が多く、実力主義の企業風土も。

産業ガス事業という安定した基盤に惹かれて入社した社員が多いが、慢性化したサービス残業によってワークライフバランスを保てなくなる社員も……。地域事業会社への転勤もあり、勤務先によって当たり外れが大きい。結婚しても十分な家族サービスは期待できないだろう。

ガンホー・オンライン・エンターテイメント

RANK A

恋愛偏差値 56　平均年収（万円）640

項目	評価	項目	評価
平均年収	♥♥♥	性格ポイント	♥♥♥
華やかさ	♥♥♥	合コン満足度	♥♥♥

ガンホー・オンライン・エンターテイメントとは「世界中に笑顔を届け、世界一のエンターテインメントグループへ」を掲げるゲーム配信会社である。

「スマホゲームなんて興味ないし」という女性も、パズドラ（パズル＆ドラゴンズ）やラグナロクのCMは見たことがあるだろう（おそらく）。ここ数年出てきたベンチャー企業かと思いきや設立は1998年と意外と古い。若手がのびのび働いているかと思いきや「ワンマン」「トップダウン」「考え方が昭和」とのタレコミも。逆に上層部に気に入られれば上にいける可能性がぐっと高まるため、仕事ができずともご機嫌取りに精を出す社員もいるとかいないとか。

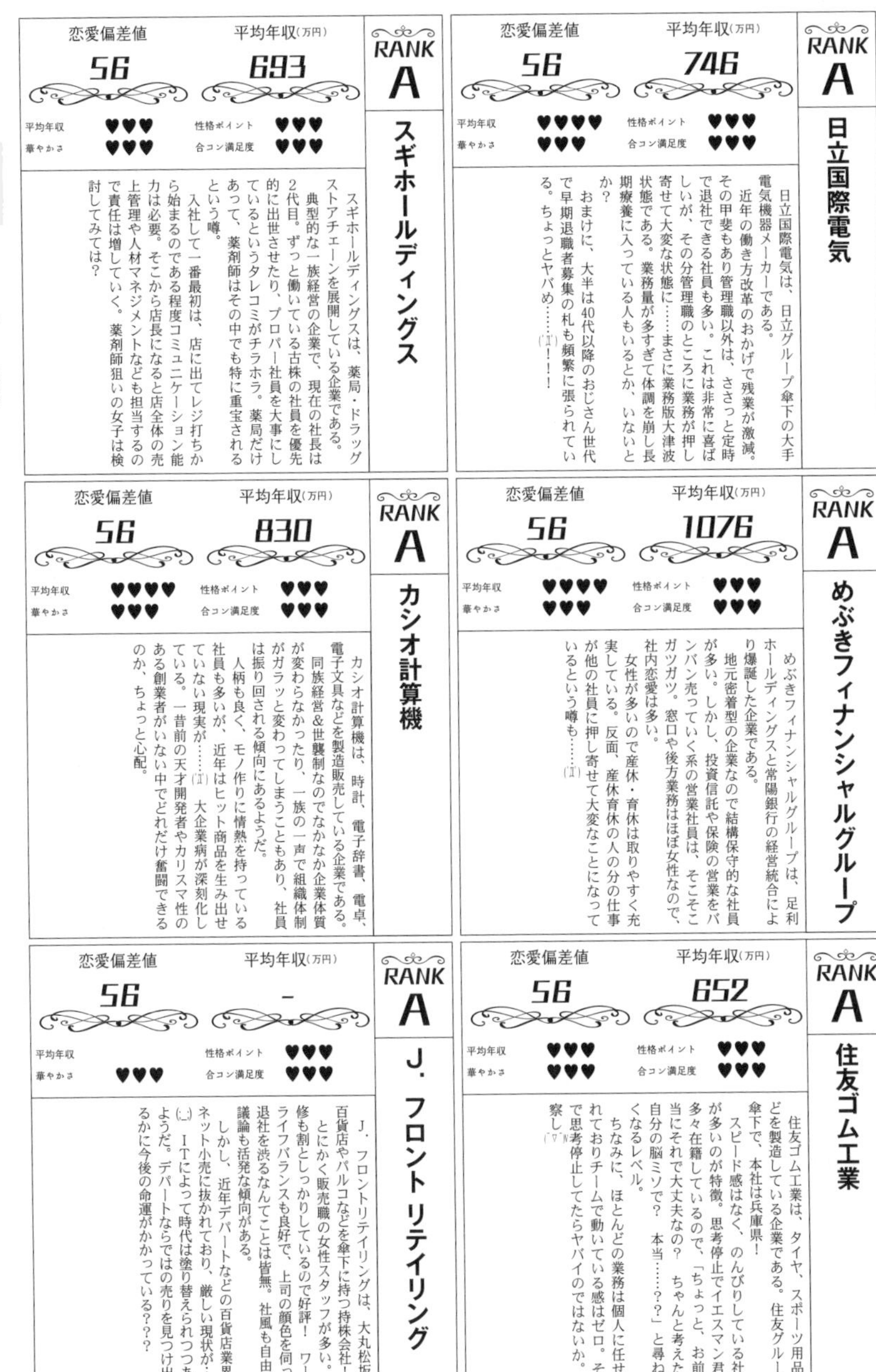

RANK A 日立国際電気

恋愛偏差値	平均年収(万円)
56	746

項目	評価	項目	評価
平均年収	♥♥♥♥	性格ポイント	♥♥♥
華やかさ	♥♥♥	合コン満足度	♥♥♥

日立国際電気は、日立グループ傘下の大手電気機器メーカーである。

近年の働き方改革のおかげで残業が激減。その甲斐もあり管理職以外は、ささっと定時で退社できる社員も多い。これは非常に喜ばしいが、その分管理職のところに業務が押し寄せて大変な状態に……まさに業務版大津波状態である。業務量が多すぎて体調を崩し長期療養に入っている人もいるとか、いないとか？

おまけに、大半は40代以降のおじさん世代で早期退職者募集の札も頻繁に張られている。ちょっとヤバめ……(´Д`)！！！

RANK A スギホールディングス

恋愛偏差値	平均年収(万円)
56	693

項目	評価	項目	評価
平均年収	♥♥♥	性格ポイント	♥♥♥
華やかさ	♥♥♥	合コン満足度	♥♥♥

スギホールディングスは、薬局・ドラッグストアチェーンを展開している企業である。

典型的な一族経営の企業で、現在の社長は2代目。ずっと働いている古株の社員を優先的に出世させたり、プロパー社員を大事にしているというタレコミがチラホラ。薬局だけあって、薬剤師はその中でも特に重宝されるという噂。

入社して一番最初は、店に出てレジ打ちから始まるのである程度コミュニケーション能力は必要。そこから店長になると店全体の売上管理や人材マネジメントなども担当するので責任は増していく。薬剤師狙いの女子は検討してみては？

RANK A めぶきフィナンシャルグループ

恋愛偏差値	平均年収(万円)
56	1076

項目	評価	項目	評価
平均年収	♥♥♥♥	性格ポイント	♥♥♥
華やかさ	♥♥♥	合コン満足度	♥♥♥

めぶきフィナンシャルグループは、足利ホールディングスと常陽銀行の経営統合により爆誕した企業である。

地元密着型の企業なので結構保守的な社員が多い。しかし、投資信託や保険の営業をバンバン売っていく系の営業社員は、そこそこガツガツ。窓口や後方業務はほぼ女性なので、社内恋愛は多い。

女性が多いので産休・育休は取りやすく充実している。反面、産休育休の人の分の仕事が他の社員に押し寄せて大変なことになっているという噂も……(´Д`)

RANK A カシオ計算機

恋愛偏差値	平均年収(万円)
56	830

項目	評価	項目	評価
平均年収	♥♥♥♥	性格ポイント	♥♥♥
華やかさ	♥♥♥	合コン満足度	♥♥♥

カシオ計算機は、時計、電子辞書、電卓、電子文具などを製造販売している企業である。

同族経営＆世襲制なのでなかなか企業体質が変わらなかったり、一族の一声で組織体制がガラッと変わってしまうこともあり、社員は振り回される傾向にあるようだ。

人柄も良く、モノ作りに情熱を持っている社員も多いが、近年はヒット商品を生み出せていない現実が……(´Д`) 大企業病が深刻化している。一昔前の天才開発者やカリスマ性のある創業者がいない中でどれだけ奮闘できるのか、ちょっと心配。

RANK A 住友ゴム工業

恋愛偏差値	平均年収(万円)
56	652

項目	評価	項目	評価
平均年収	♥♥♥	性格ポイント	♥♥♥
華やかさ	♥♥♥	合コン満足度	♥♥♥

住友ゴム工業は、タイヤ、スポーツ用品などを製造している企業である。住友グループ傘下で、本社は兵庫県！

スピード感はなく、のんびりしている社員が多いのが特徴。思考停止でイエスマン君が多々在籍しているので、「ちょっと、お前本当にそれで大丈夫なの？　ちゃんと考えた？自分の脳ミソで？　本当……？？」と尋ねたくなるレベル。

ちなみに、ほとんどの業務は個人に任せられておりチームで動いている感はゼロ。それで思考停止してたらヤバイのではないか。お察し(￣▽￣)

RANK A J.フロント リテイリング

恋愛偏差値	平均年収(万円)
56	–

項目	評価	項目	評価
平均年収		性格ポイント	♥♥♥
華やかさ	♥♥♥	合コン満足度	♥♥♥

J．フロントリテイリングは、大丸松坂屋百貨店やパルコなどを傘下に持つ持株会社！

とにかく販売職の女性スタッフが多い。研修も割としっかりしているので好評！　ワークライフバランスも良好で、上司の顔色を伺って退社を渋るなんてことは皆無。社風も自由で、議論も活発な傾向がある。

しかし、近年デパートなどの百貨店業界はネット小売に抜かれており、厳しい現状が……(;_;)　ITによって時代は塗り替えられつつあるようだ。デパートならではの売りを見つけ出せるかに今後の命運がかかっている？？？

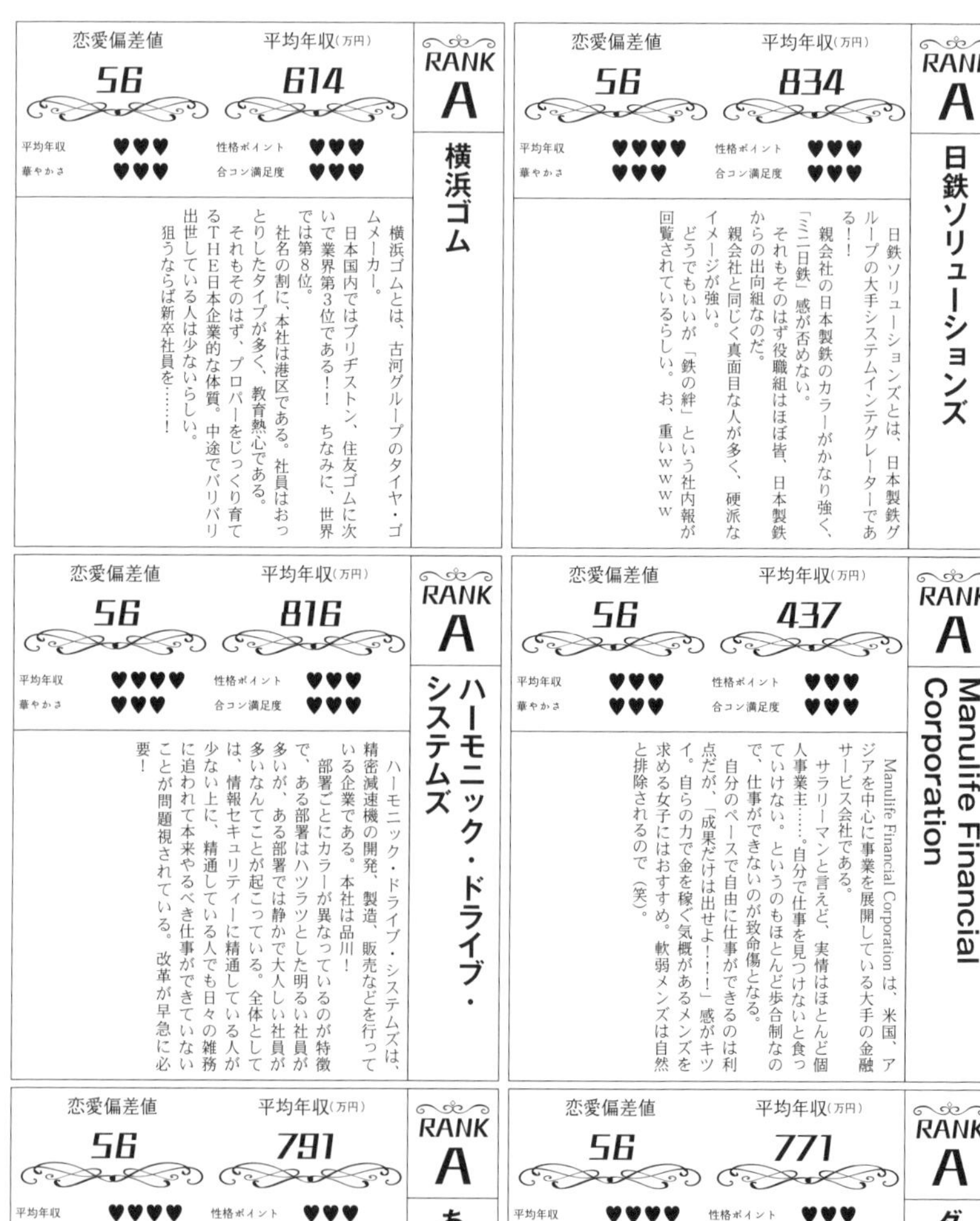

RANK A　日鉄ソリューションズ

恋愛偏差値 56　平均年収（万円）834

平均年収	♥♥♥♥
華やかさ	♥♥♥
性格ポイント	♥♥♥
合コン満足度	♥♥♥

日鉄ソリューションズとは、日本製鉄グループの大手システムインテグレーターである！！

親会社の日本製鉄のカラーがかなり強く、「ミニ日鉄」感が否めない。

それもそのはず役職組はほぼ皆、日本製鉄からの出向組なのだ。

親会社と同じく真面目な人が多く、硬派なイメージが強い。

どうでもいいが「鉄の絆」という社内報が回覧されているらしい。お、重いｗｗｗｗ

RANK A　横浜ゴム

恋愛偏差値 56　平均年収（万円）614

平均年収	♥♥♥
華やかさ	♥♥♥
性格ポイント	♥♥♥
合コン満足度	♥♥♥

横浜ゴムとは、古河グループのタイヤ・ゴムメーカー。

日本国内ではブリヂストン、住友ゴムに次いで業界第3位である！　ちなみに、世界では第8位。

社名の割に、本社は港区である。社員はおっとりしたタイプが多く、教育熱心である。

それもそのはず、プロパーをじっくり育てるTHE日本企業的な体質。中途でバリバリ出世している人は少ないらしい。

狙うならば新卒社員を……！

RANK A　Manulife Financial Corporation

恋愛偏差値 56　平均年収（万円）437

平均年収	♥♥♥
華やかさ	♥♥♥
性格ポイント	♥♥♥
合コン満足度	♥♥♥

Manulife Financial Corporationは、米国、アジアを中心に事業を展開している大手の金融サービス会社である。

サラリーマンと言えど、実情はほとんど個人事業主……。自分で仕事を見つけないと食っていけない。というのもほとんど歩合制なので、仕事ができないのが致命傷となる。

自分のペースで自由に仕事ができるのは利点だが、「成果だけは出せよ！！！」感がキツイ。自らの力で金を稼ぐ気概があるメンズを求める女子にはおすすめ。軟弱メンズは自然と排除されるので（笑）。

RANK A　ハーモニック・ドライブ・システムズ

恋愛偏差値 56　平均年収（万円）816

平均年収	♥♥♥♥
華やかさ	♥♥♥
性格ポイント	♥♥♥
合コン満足度	♥♥♥

ハーモニック・ドライブ・システムズは、精密減速機の開発、製造、販売などを行っている企業である。本社は品川！

部署ごとにカラーが異なっているのが特徴で、ある部署はハツラツとした明るい社員が多いが、ある部署では静かで大人しい社員が多いなんてことが起こっている。全体としては、情報セキュリティーに精通している人が少ない上に、精通している人でも日々の雑務に追われて本来やるべき仕事ができていないことが問題視されている。改革が早急に必要！

RANK A　ダイセル

恋愛偏差値 56　平均年収（万円）771

平均年収	♥♥♥♥
華やかさ	♥♥♥
性格ポイント	♥♥♥
合コン満足度	♥♥♥

ダイセルは、大手化学品メーカーである。本社は大阪！

学歴至上主義が色濃く残っている昔ながらの企業。良い大学を出ている社員は40歳以降は何かしらの役職者になっているが、高卒や中途で入社した社員はイマイチ出世していかない。これが給料の額に影響して、不平不満の原因になっている。

また会社に依存傾向な社員が大半なので、放り出されたら生きていけないタイプが多い……(汗)　保守的で、新しいものを受け入れる余裕もないのでモラハラ夫になる可能性が低くない。要注意！

RANK A　あおぞら銀行

恋愛偏差値 56　平均年収（万円）791

平均年収	♥♥♥♥
華やかさ	♥♥♥
性格ポイント	♥♥♥
合コン満足度	♥♥♥

あおぞら銀行とは、1957年設立の銀行である。

2018年8月にようやく「GMOあおぞらネット銀行株式会社」がインターネット銀行事業を始めるなど、やや遅れている感が否めないが、トップが「〝あおぞら〟らしい金融サービスの提供に取り組む」と述べている点は好感が持てる。社員も概ね平穏で友好的。「先輩社員の人柄の良さ」を理由に入社を決意した社員も多く、人間関係で多大なストレスはなさそう。

ただ、業界内での給与水準はそれほど高くなく、人によってはここで働くモチベーションを失いかねない。「上昇志向のない男性のほうが落ち着けて良い」という女性におすすめ案件と言える。

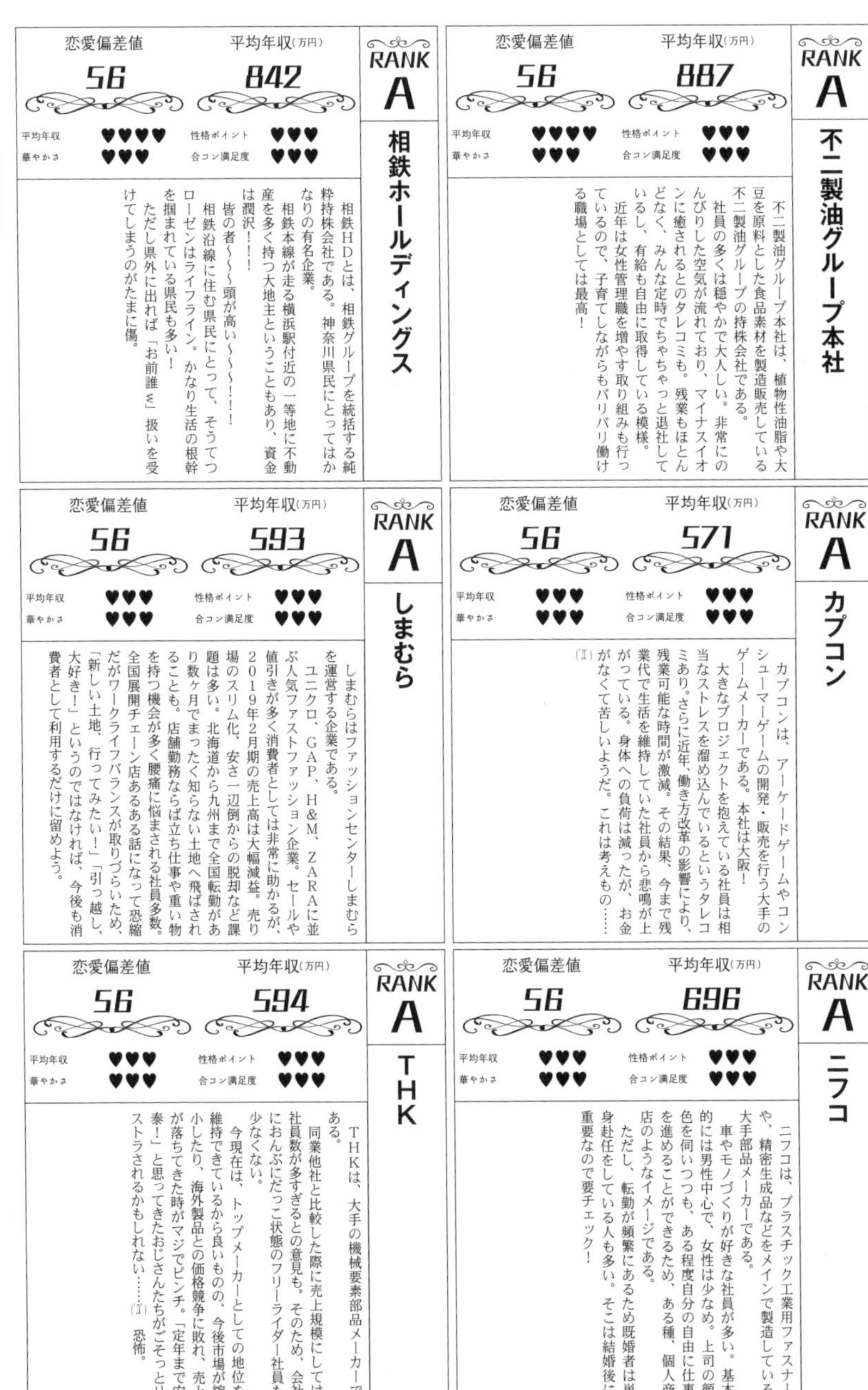

不二製油グループ本社

RANK A

恋愛偏差値 56 / 平均年収(万円) 887

平均年収	♥♥♥♥
華やかさ	♥♥♥
性格ポイント	♥♥♥
合コン満足度	♥♥♥

不二製油グループ本社は、植物性油脂や大豆を原料とした食品素材を製造販売している不二製油グループの持株会社である。

社員の多くは穏やかで大人しい。非常にのんびりした空気が流れており、マイナスイオンに癒されるとのタレコミも。残業もほとんどなく、みんな定時でちゃちゃっと退社しているし、有給も自由に取得している模様。

近年は女性管理職を増やす取り組みも行っているので、子育てしながらもバリバリ働ける職場としては最高！

相鉄ホールディングス

RANK A

恋愛偏差値 56 / 平均年収(万円) 842

平均年収	♥♥♥♥
華やかさ	♥♥♥
性格ポイント	♥♥♥
合コン満足度	♥♥♥

相鉄HDとは、相鉄グループを統括する純粋持株会社である。神奈川県民にとってはかなりの有名企業。

相鉄本線が走る横浜駅付近の一等地に不動産を多く持つ大地主ということもあり、資金は潤沢！！！

皆の者〜〜頭が高い〜〜〜！！！

相鉄沿線に住む県民にとって、そうてつローゼンはライフライン。かなり生活の根幹を掴まれている県民も多い！

ただし県外に出れば「お前誰w」扱いを受けてしまうのがたまに傷。

カプコン

RANK A

恋愛偏差値 56 / 平均年収(万円) 571

平均年収	♥♥♥
華やかさ	♥♥♥
性格ポイント	♥♥♥
合コン満足度	♥♥♥

カプコンは、アーケードゲームやコンシューマーゲームの開発・販売を行う大手のゲームメーカーである。本社は大阪！

大きなプロジェクトを抱えている社員は相当なストレスを溜め込んでいるというタレコミあり。さらに近年、働き方改革の影響により、残業可能な時間が激減。その結果、今まで残業代で生活を維持していた社員から悲鳴が上がっている。身体への負荷は減ったが、お金がなくて苦しいようだ。これは考えもの……('エ')

しまむら

RANK A

恋愛偏差値 56 / 平均年収(万円) 593

平均年収	♥♥♥
華やかさ	♥♥♥
性格ポイント	♥♥♥
合コン満足度	♥♥♥

しまむらはファッションセンターしまむらを運営する企業である。

ユニクロ、GAP、H&M、ZARAに並ぶ人気ファストファッション企業。セールや値引きが多く消費者としては非常に助かるが、2019年2月期の売上高は大幅減益。売り場のスリム化、安さ一辺倒からの脱却など課題は多い。北海道から九州まで全国転勤があり数ケ月でまったく知らない土地へ飛ばされることも。店舗勤務ならば立ち仕事や重い物を持つ機会が多く腰痛に悩まされる社員多数。全国展開チェーン店あるある話になって恐縮だがワークライフバランスが取りづらいため、「新しい土地、行ってみたい！」「引っ越し、大好き！」というのではなければ、今後も消費者として利用するだけに留めよう。

ニフコ

RANK A

恋愛偏差値 56 / 平均年収(万円) 696

平均年収	♥♥♥
華やかさ	♥♥♥
性格ポイント	♥♥♥
合コン満足度	♥♥♥

ニフコは、プラスチック工業用ファスナーや、精密生成品などをメインで製造している大手部品メーカーである。

車やモノづくりが好きな社員が多い。基本的には男性中心で、女性は少なめ。上司の顔色を伺いつつも、ある程度自分の自由に仕事を進めることができるため、ある種、個人商店のようなイメージである。

ただし、転勤が頻繁にあるため既婚者は単身赴任をしている人も多い。そこは結婚後に重要なので要チェック！

THK

RANK A

恋愛偏差値 56 / 平均年収(万円) 594

平均年収	♥♥♥
華やかさ	♥♥♥
性格ポイント	♥♥♥
合コン満足度	♥♥♥

THKは、大手の機械要素部品メーカーである。

同業他社と比較した際に売上規模にしては社員数が多すぎるとの意見も。そのため、会社におんぶにだっこ状態のフリーライダー社員も少なくない。

今現在は、トップメーカーとしての地位を維持できているから良いものの、今後市場が縮小したり、海外製品との価格競争に敗れ、売上が落ちてきた時がマジでピンチ。「定年まで安泰！」と思ってきたおじさんたちがごそっとリストラされるかもしれない……('エ')恐怖。

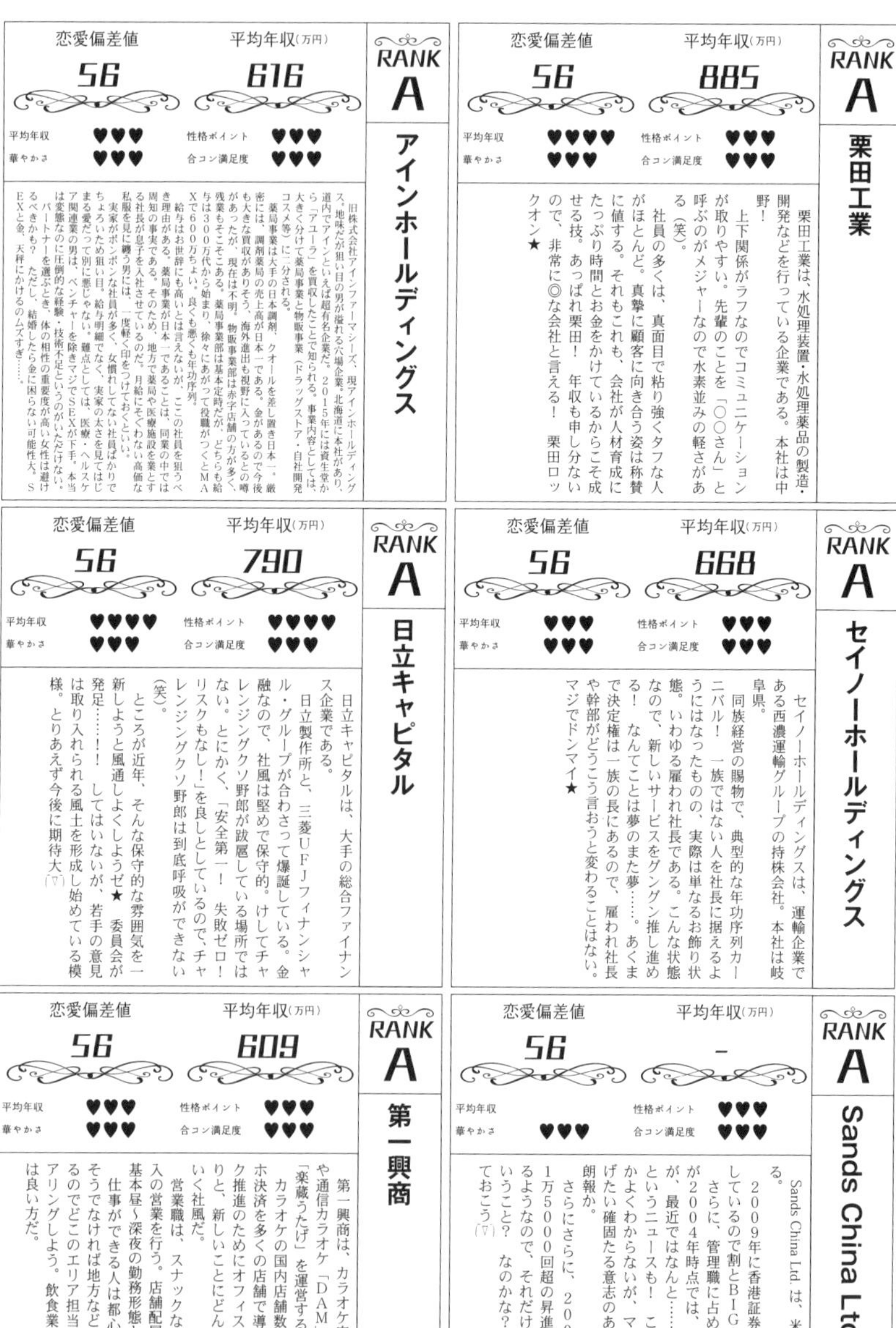

RANK A 栗田工業

恋愛偏差値	平均年収（万円）
56	885

項目	評価	項目	評価
平均年収	♥♥♥♥	性格ポイント	♥♥♥
華やかさ	♥♥♥	合コン満足度	♥♥♥

栗田工業は、水処理装置・水処理薬品の製造・開発などを行っている企業である。本社は中野！

上下関係がラフなのでコミュニケーションが取りやすい。先輩のことを「○○さん」と呼ぶのがメジャーなので水素並みの軽さがある（笑）。

社員の多くは、真面目で粘り強くタフな人がほとんど。真摯に顧客に向き合う姿は称賛に値する。それもこれも、会社が人材育成にたっぷり時間とお金をかけているからこそ成せる技。あっぱれ栗田！　年収も申し分ないので、非常に◎な会社と言える！　栗田ロックオン★

RANK A アインホールディングス

恋愛偏差値	平均年収（万円）
56	616

項目	評価	項目	評価
平均年収	♥♥♥	性格ポイント	♥♥♥
華やかさ	♥♥♥	合コン満足度	♥♥♥

旧株式会社アインファーマシーズ、現アインホールディングス。地味だが狙い目の男が溢れる穴場企業。北海道に本社があり、道内でアインといえば超有名企業だ。2015年には資生堂から「アユーラ」を買収したことで知られる。事業内容としては、大きく分けて薬局事業と物販事業（ドラッグストア・自社開発コスメ等）に二分される。

薬局事業は大手の日本調剤、クオールを差し置き日本一。厳密には、調剤薬局の売上高が日本一である。金があるので今後も大きな買収がありそう。海外進出も視野に入っているとの噂があったが、現在は不明。物販事業部は赤字店舗の方が多く、残業もそこそこある。薬局事業部は基本定時だが、どちらも給与は300万代から始まり、徐々にあがって役職がつくとMAXで600万ちょい。良くも悪くも年功序列。

給与はお世辞にも高いとは言えないが、ここの社員を狙うべき理由がある。薬局事業が日本一であることは、同業の中では周知の事実である。そのため、地方で薬局や医療施設を業とする社長が息子を入社させているのだ。月給にそぐわない高価な私服を見に纏う男には、一度軽く印をつけておくといい。

実家がボンボンな社員が多く、女慣れしてない社員ばかりでちょろいため狙い目。給与明細でなく、実家の太さを見てはじまる愛だって別に悪じゃない。難点としては、医療・ヘルスケア関連業の男は、ベンチャーを除きマジでSEXが下手。本当は変態なのに圧倒的な経験・技術不足というのがいただけない。

パートナーを選ぶとき、体の相性の重要度が高い女性は避けるべきかも？　ただし、結婚したら金に困らない可能性大。SEXと金、天秤にかけるのムズすぎ……。

RANK A セイノーホールディングス

恋愛偏差値	平均年収（万円）
56	668

項目	評価	項目	評価
平均年収	♥♥♥	性格ポイント	♥♥♥
華やかさ	♥♥♥	合コン満足度	♥♥♥

セイノーホールディングスは、運輸企業である西濃運輸グループの持株会社。本社は岐阜県。

同族経営の賜物で、典型的な年功序列カーニバル！　一族ではない人を社長に据えるようにはなったものの、実際は単なるお飾り状態。いわゆる雇われ社長である。こんな状態なので、新しいサービスをグングン推し進める！　なんてことは夢のまた夢……。あくまで決定権は一族の長にあるので、雇われ社長や幹部がどうこう言おうと変わることはない。マジでドンマイ★

RANK A 日立キャピタル

恋愛偏差値	平均年収（万円）
56	790

項目	評価	項目	評価
平均年収	♥♥♥♥	性格ポイント	♥♥♥♥
華やかさ	♥♥♥	合コン満足度	♥♥♥

日立キャピタルは、大手の総合ファイナンス企業である。

日立製作所と、三菱UFJフィナンシャル・グループが合わさって爆誕している。金融なので、社風は堅めで保守的。けしてチャレンジングクソ野郎が跋扈している場所ではない。とにかく、「安全第一！　失敗ゼロ！　リスクもなし！」を良しとしているので、チャレンジングクソ野郎は到底呼吸ができない（笑）。

ところが近年、そんな保守的な雰囲気を一新しようと風通しよくしようゼ★　委員会が発足……！　してはいないが、若手の意見は取り入れられる風土を形成し始めている模様。とりあえず今後に期待大(▽)

RANK A Sands China Ltd.

恋愛偏差値	平均年収（万円）
56	－

項目	評価	項目	評価
平均年収		性格ポイント	♥♥♥
華やかさ	♥♥♥	合コン満足度	♥♥♥

Sands China Ltd. は、米国系カジノ企業である。

2009年に香港証券取引所に上場を果たしているので割とBIG！

さらに、管理職に占めるマカオ居民の割合が2004年時点では、たったの20%だったが、最近ではなんと……90%にまで上昇したというニュースも！　これはすごいのかどうかよくわからないが、マカオの男性と添い遂げたい確固たる意志のある女性にとってのみ朗報か。

さらにさらに、2004年以降、合計で1万5000回超の昇進機会も与えられているようなので、それだけ優秀な社員が多いということ？　なのかな？　そういうことにしておこう(▽)

RANK A 第一興商

恋愛偏差値	平均年収（万円）
56	609

項目	評価	項目	評価
平均年収	♥♥♥	性格ポイント	♥♥♥
華やかさ	♥♥♥	合コン満足度	♥♥♥

第一興商は、カラオケ店舗「ビッグエコー」や通信カラオケ「DAM」、ダイニング居酒屋「楽蔵うたげ」を運営する会社である。

カラオケの国内店舗数は業界トップ。スマホ決済を多くの店舗で導入したり、テレワーク推進のためにオフィスボックスを導入したりと、新しいことにどんどんチャレンジしていく社風だ。

営業職は、スナックなどへカラオケ機器導入の営業を行う。店舗配属も深夜営業なので、基本昼～深夜の勤務形態となる。

仕事ができる人は都心エリアに配属され、そうでなければ地方などの小型店に配属されるのでどこのエリア担当なのかはしっかりヒアリングしよう。飲食業の中では、給料水準は良い方だ。

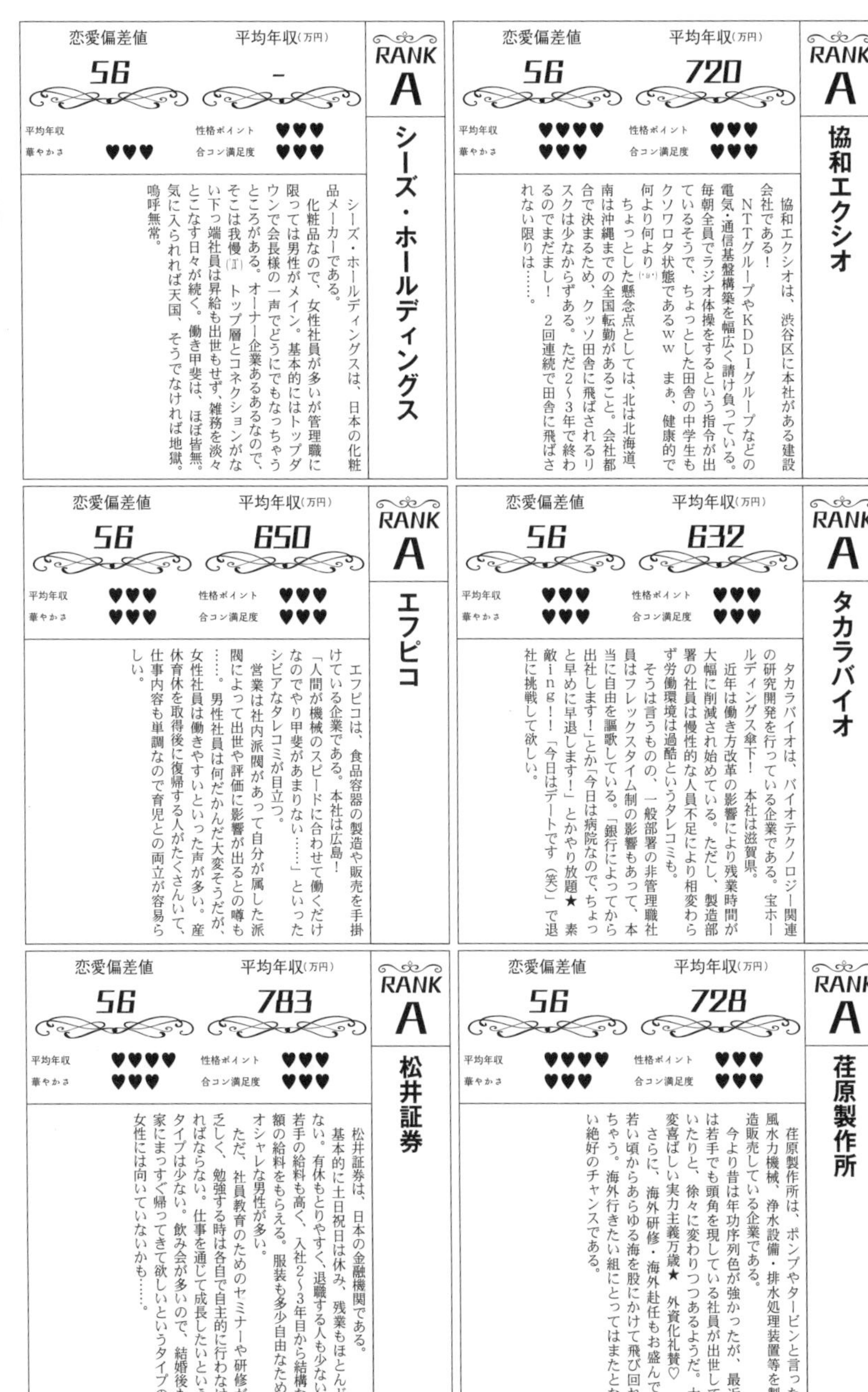

協和エクシオ

RANK A

恋愛偏差値 56　平均年収（万円）720

平均年収 ♥♥♥♥　華やかさ ♥♥♥　性格ポイント ♥♥♥　合コン満足度 ♥♥♥

協和エクシオは、渋谷区に本社がある建設会社である！

NTTグループやKDDIグループなどの電気・通信基盤構築を幅広く請け負っている。毎朝全員でラジオ体操をするという指令が出ているそうで、ちょっとした田舎の中学生もクソワロタ状態であるｗｗ　まぁ、健康的で何より何より(・ω・)

ちょっとした懸念点としては、北は北海道、南は沖縄までの全国転勤があること。会社都合で決まるため、クッソ田舎に飛ばされるリスクは少なからずある。ただ2～3年で終わるのでまだまし！　2回連続で田舎に飛ばされない限りは……。

シーズ・ホールディングス

RANK A

恋愛偏差値 56　平均年収（万円）－

平均年収　華やかさ ♥♥♥　性格ポイント ♥♥♥　合コン満足度 ♥♥♥

シーズ・ホールディングスは、日本の化粧品メーカーである。

化粧品なので、女性社員が多いが管理職に限っては男性がメイン。基本的にはトップダウンで会長様の一声でどうにでもなっちゃうところがある。オーナー企業あるあるなので、そこは我慢(T_T)　トップ層とコネクションがない下っ端社員は昇給も出世もせず、雑務を淡々とこなす日々が続く。働き甲斐は、ほぼ皆無。気に入られれば天国、そうでなければ地獄。嗚呼無常。

タカラバイオ

RANK A

恋愛偏差値 56　平均年収（万円）632

平均年収 ♥♥♥　華やかさ ♥♥♥　性格ポイント ♥♥♥　合コン満足度 ♥♥♥

タカラバイオは、バイオテクノロジー関連の研究開発を行っている企業である。宝ホールディングス傘下！　本社は滋賀県。

近年は働き方改革の影響により残業時間が大幅に削減され始めている。ただし、製造部署の社員は慢性的な人員不足により相変わらず労働環境は過酷というタレコミも。

そうは言うものの、一般部署の非管理職社員はフレックスタイム制の影響もあって、本当に自由を謳歌している。「銀行によってから出社します！」とか「今日は病院なので、ちょっと早めに早退します！」とかやり放題★　素敵ing！「今日はデートです（笑）」で退社に挑戦して欲しい。

エフピコ

RANK A

恋愛偏差値 56　平均年収（万円）650

平均年収 ♥♥♥　華やかさ ♥♥♥　性格ポイント ♥♥♥　合コン満足度 ♥♥♥

エフピコは、食品容器の製造や販売を手掛けている企業である。本社は広島！

「人間が機械のスピードに合わせて働くだけなのでやり甲斐があまりない……」といったシビアなタレコミが目立つ。

営業は社内派閥があって自分が属した派閥によって出世や評価に影響が出るとの噂も……。男性社員は何だかんだ大変そうだが、女性社員は働きやすいといった声が多い。産休育休を取得後に復帰する人がたくさんいて、仕事内容も単調なので育児との両立が容易らしい。

荏原製作所

RANK A

恋愛偏差値 56　平均年収（万円）728

平均年収 ♥♥♥♥　華やかさ ♥♥♥　性格ポイント ♥♥♥　合コン満足度 ♥♥♥

荏原製作所は、ポンプやタービンと言った風水力機械、浄水設備・排水処理装置等を製造販売している企業である。

今より昔は年功序列色が強かったが、最近は若手でも頭角を現している社員が出世していたりと、徐々に変わりつつあるようだ。大変喜ばしい実力主義万歳★　外資化礼賛♡

さらに、海外研修・海外赴任もお盛んで、若い頃からあらゆる海を股にかけて飛び回れちゃう。海外行きたい組にとってはまたとない絶好のチャンスである。

松井証券

RANK A

恋愛偏差値 56　平均年収（万円）783

平均年収 ♥♥♥♥　華やかさ ♥♥♥　性格ポイント ♥♥♥　合コン満足度 ♥♥♥

松井証券は、日本の金融機関である。

基本的に土日祝日は休み、残業もほとんどない。有休もとりやすく、退職する人も少ない。若手の給料も高く、入社2～3年目から結構な額の給料をもらえる。服装も多少自由なため、オシャレな男性が多い。

ただ、社員教育のためのセミナーや研修が乏しく、勉強する時は各自で自主的に行わなければならない。仕事を通じて成長したいというタイプは少ない。飲み会が多いので、結婚後も家にまっすぐ帰ってきて欲しいというタイプの女性には向いていないかも……。

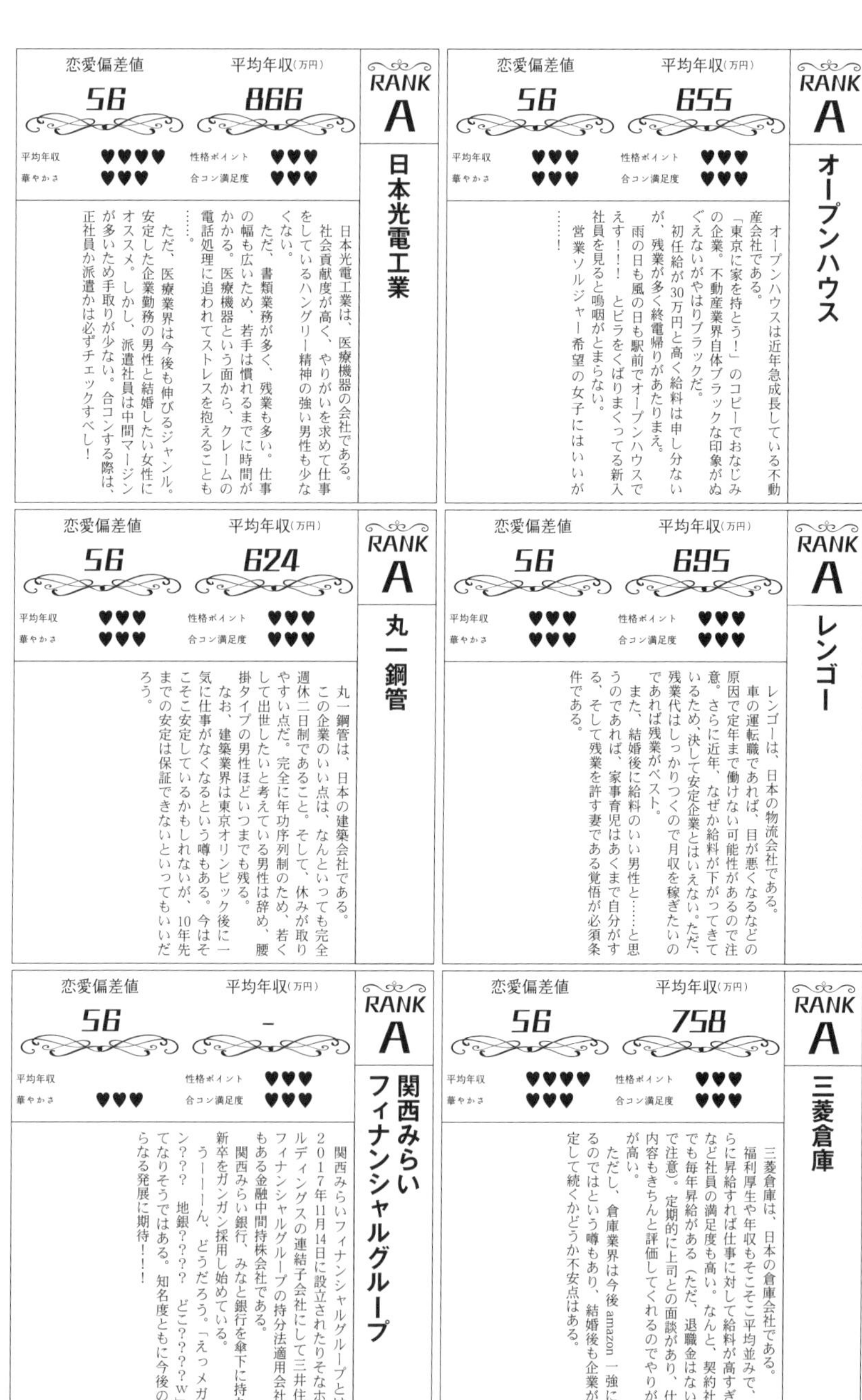

RANK A　オープンハウス

恋愛偏差値	平均年収(万円)
56	655

項目	評価	項目	評価
平均年収	♥♥♥	性格ポイント	♥♥♥
華やかさ	♥♥♥	合コン満足度	♥♥♥

オープンハウスは近年急成長している不動産会社である。

「東京に家を持とう！」のコピーでおなじみの企業。不動産業界自体ブラックな印象がぬぐえないがやはりブラックだ。

初任給が30万円と高く給料は申し分ないが、残業が多く終電帰りがあたりまえ。

雨の日も風の日も駅前でオープンハウスです！！　とビラをくばりまくってる新入社員を見ると嗚咽がとまらない。

営業ソルジャー希望の女子にはいいが……！

RANK A　日本光電工業

恋愛偏差値	平均年収(万円)
56	866

項目	評価	項目	評価
平均年収	♥♥♥♥	性格ポイント	♥♥♥
華やかさ	♥♥♥	合コン満足度	♥♥♥

日本光電工業は、医療機器の会社である。

社会貢献度が高く、やりがいを求めて仕事をしているハングリー精神の強い男性も少なくない。

ただ、書類業務が多く、残業も多い。仕事の幅も広いため、若手は慣れるまでに時間がかかる。医療機器という面から、クレームの電話処理に追われてストレスを抱えることも……。

ただ、医療業界は今後も伸びるジャンル。安定した企業勤務の男性と結婚したい女性にオススメ。しかし、派遣社員は中間マージンが多いため手取りが少ない。合コンする際は、正社員か派遣かは必ずチェックすべし！

RANK A　レンゴー

恋愛偏差値	平均年収(万円)
56	695

項目	評価	項目	評価
平均年収	♥♥♥	性格ポイント	♥♥♥
華やかさ	♥♥♥	合コン満足度	♥♥♥

レンゴーは、日本の物流会社である。

車の運転職であれば、目が悪くなるなどの原因で定年まで働けない可能性があるので注意。さらに近年、なぜか給料が下がってきているため、決して安定企業とはいえない。ただ、残業代はしっかりつくので月収を稼ぎたいのであれば残業がベスト。

また、結婚後に給料のいい男性と……と思うのであれば、家事育児はあくまで自分がする、そして残業を許す妻である覚悟が必須条件である。

RANK A　丸一鋼管

恋愛偏差値	平均年収(万円)
56	624

項目	評価	項目	評価
平均年収	♥♥♥	性格ポイント	♥♥♥
華やかさ	♥♥♥	合コン満足度	♥♥♥

丸一鋼管は、日本の建築会社である。

この企業のいい点は、なんといっても完全週休二日制であること。そして、休みが取りやすい点だ。完全に年功序列制のため、若くして出世したいと考えている男性は辞め、腰掛タイプの男性ほどいつまでも残る。

なお、建築業界は東京オリンピック後に一気に仕事がなくなるという噂もある。今はそこそこ安定しているかもしれないが、10年先までの安定は保証できないといってもいいだろう。

RANK A　三菱倉庫

恋愛偏差値	平均年収(万円)
56	758

項目	評価	項目	評価
平均年収	♥♥♥♥	性格ポイント	♥♥♥
華やかさ	♥♥♥	合コン満足度	♥♥♥

三菱倉庫は、日本の倉庫会社である。

福利厚生や年収もそこそこ平均並みで、さらに昇給すれば仕事に対して給料が高すぎるなど社員の満足度も高い。なんと、契約社員でも毎年昇給がある（ただ、退職金はないので注意）。定期的に上司との面談があり、仕事内容もきちんと評価してくれるのでやりがいが高い。

ただし、倉庫業界は今後 amazon 一強になるのではという噂もあり、結婚後も企業が安定して続くかどうか不安点はある。

RANK A　関西みらいフィナンシャルグループ

恋愛偏差値	平均年収(万円)
56	–

項目	評価	項目	評価
平均年収		性格ポイント	♥♥♥
華やかさ	♥♥♥	合コン満足度	♥♥♥

関西みらいフィナンシャルグループとは、２０１７年11月14日に設立されたりそなホールディングスの連結子会社にして三井住友フィナンシャルグループの持分法適用会社でもある金融中間持株会社である。

関西みらい銀行、みなと銀行を傘下に持ち、新卒をガンガン採用し始めている。

うー！！ん、どうだろう。「えっメガバン？？？　地銀？？？　どこ？？？ｗ」ってなりそうではある。知名度ともに今後のさらなる発展に期待！！！

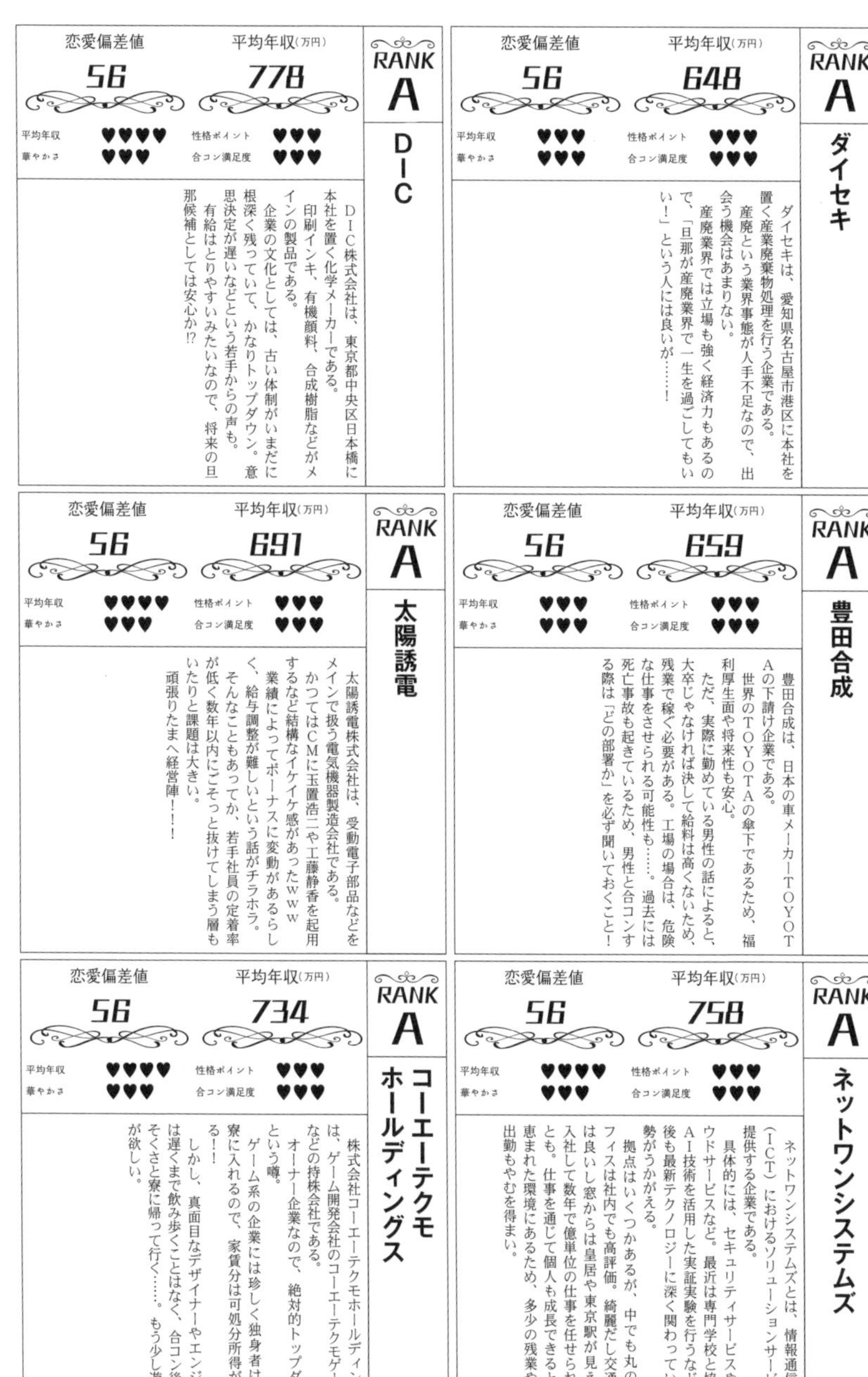

ダイセキ

RANK A

恋愛偏差値	平均年収（万円）
56	648

平均年収	♥♥♥	性格ポイント	♥♥♥
華やかさ	♥♥♥	合コン満足度	♥♥♥

ダイセキは、愛知県名古屋市港区に本社を置く産業廃棄物処理を行う企業である。

産廃という業界事態が人手不足なので、出会う機会はあまりない。

産廃業界では立場も強く経済力もあるので、「旦那が産廃業界で一生を過ごしてもいい！」という人には良いが……！

ＤＩＣ

RANK A

恋愛偏差値	平均年収（万円）
56	778

平均年収	♥♥♥♥	性格ポイント	♥♥♥
華やかさ	♥♥♥	合コン満足度	♥♥♥

ＤＩＣ株式会社は、東京都中央区日本橋に本社を置く化学メーカーである。

印刷インキ、有機顔料、合成樹脂などがメインの製品である。

企業の文化としては、古い体制がいまだに根深く残っていて、かなりトップダウン。意思決定が遅いなどという若手からの声も。

有給はとりやすいみたいなので、将来の旦那候補としては安心か!?

豊田合成

RANK A

恋愛偏差値	平均年収（万円）
56	659

平均年収	♥♥♥	性格ポイント	♥♥♥
華やかさ	♥♥♥	合コン満足度	♥♥♥

豊田合成は、日本の車メーカーＴＯＹＯＴＡの下請け企業である。

世界のＴＯＹＯＴＡの傘下であるため、福利厚生面や将来性も安心。

ただ、実際に勤めている男性の話によると、大卒じゃなければ決して給料は高くないため、残業で稼ぐ必要がある。工場の場合は、危険な仕事をさせられる可能性も……。過去には死亡事故も起きているため、男性と合コンする際は「どの部署か」を必ず聞いておくこと！

太陽誘電

RANK A

恋愛偏差値	平均年収（万円）
56	691

平均年収	♥♥♥♥	性格ポイント	♥♥♥
華やかさ	♥♥♥	合コン満足度	♥♥♥

太陽誘電株式会社は、受動電子部品などをメインで扱う電気機器製造会社である。

かつてはＣＭに玉置浩二や工藤静香を起用するなど結構なイケイケ感があったｗｗｗ

業績によってボーナスに変動があるらしく、給与調整が難しいという話がチラホラ。

そんなこともあってか、若手社員の定着率が低く数年以内にごそっと抜けてしまう層もいたりと課題は大きい。

頑張りたまへ経営陣！！！

ネットワンシステムズ

RANK A

恋愛偏差値	平均年収（万円）
56	758

平均年収	♥♥♥♥	性格ポイント	♥♥♥
華やかさ	♥♥♥	合コン満足度	♥♥♥

ネットワンシステムズとは、情報通信技術（ＩＣＴ）におけるソリューションサービスを提供する企業である。

具体的には、セキュリティサービスやクラウドサービスなど。最近は専門学校と協働でＡＩ技術を活用した実証実験を行うなど、今後も最新テクノロジーに深く関わっていく姿勢がうかがえる。

拠点はいくつかあるが、中でも丸の内オフィスは社内でも高評価。綺麗だし交通の便は良いし窓からは皇居や東京駅が見える！

入社して数年で億単位の仕事を任せられることも。仕事を通じて個人も成長できるという恵まれた環境にあるため、多少の残業や休日出勤もやむを得まい。

コーエーテクモホールディングス

RANK A

恋愛偏差値	平均年収（万円）
56	734

平均年収	♥♥♥♥	性格ポイント	♥♥♥
華やかさ	♥♥♥	合コン満足度	♥♥♥

株式会社コーエーテクモホールディングスは、ゲーム開発会社のコーエーテクモゲームスなどの持株会社である。

オーナー企業なので、絶対的トップダウンという噂。

ゲーム系の企業には珍しく独身者は社員寮に入れるので、家賃分は可処分所得が増える！

しかし、真面目なデザイナーやエンジニアは遅くまで飲み歩くことはなく、合コン後もそそくさと寮に帰って行く……。もう少し遊び心が欲しい。

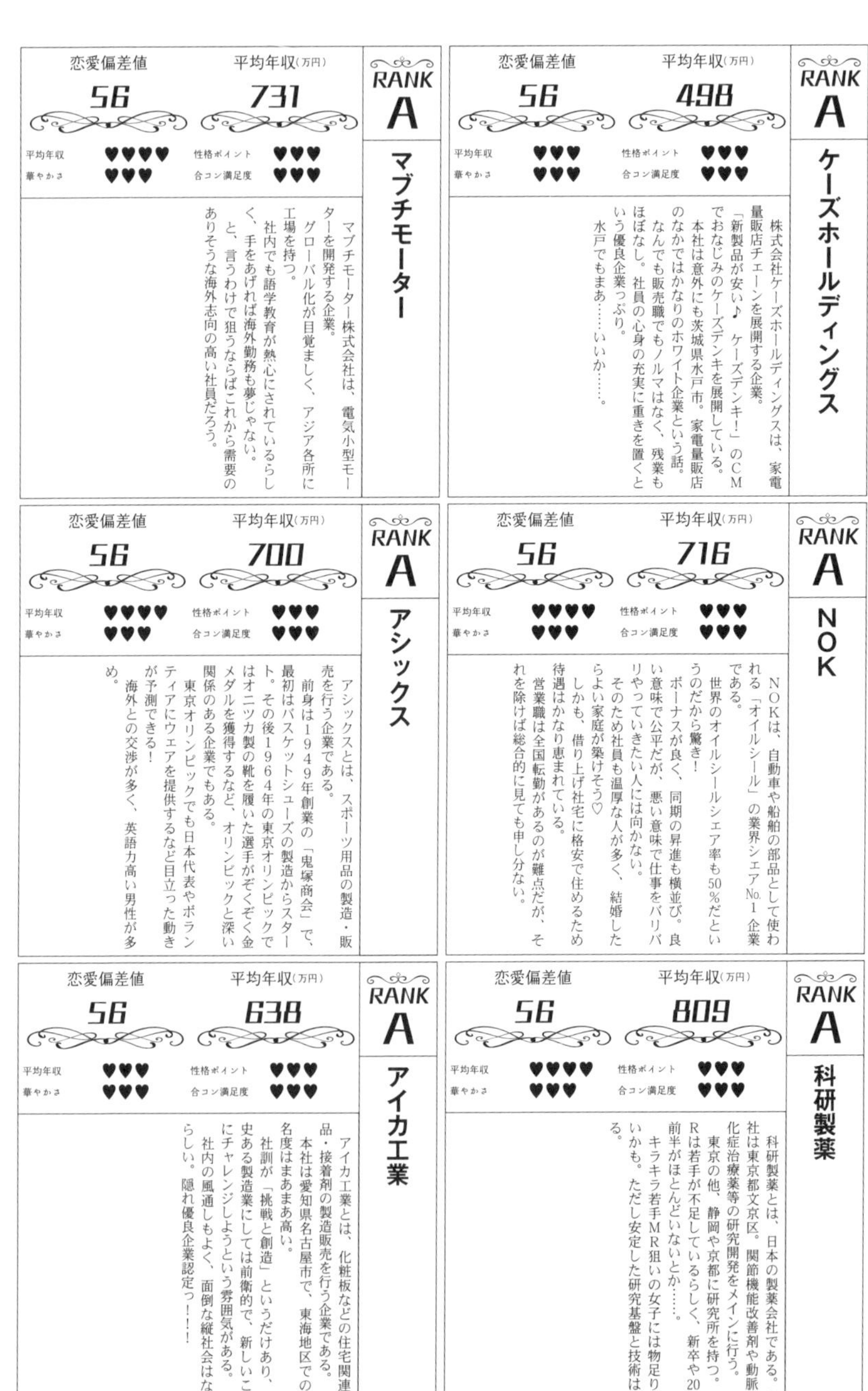

ケーズホールディングス

RANK A

恋愛偏差値 56

平均年収(万円) 498

平均年収 ♥♥♥
華やかさ ♥♥♥
性格ポイント ♥♥♥
合コン満足度 ♥♥♥

株式会社ケーズホールディングスは、家電量販店チェーンを展開する企業。

「新製品が安い♪　ケーズデンキ！」のCMでおなじみのケーズデンキを展開している。

本社は意外にも茨城県水戸市。家電量販店のなかではかなりのホワイト企業という話。

なんでも販売職でもノルマはなく、残業もほぼなし。社員の心身の充実に重きを置くという優良企業っぷり。

水戸でもまあ……いいか……。

マブチモーター

RANK A

恋愛偏差値 56

平均年収(万円) 731

平均年収 ♥♥♥♥
華やかさ ♥♥♥
性格ポイント ♥♥♥
合コン満足度 ♥♥♥

マブチモーター株式会社は、電気小型モーターを開発する企業。

グローバル化が目覚ましく、アジア各所に工場を持つ。

社内でも語学教育が熱心にされているらしく、手をあげれば海外勤務も夢じゃない。

と、言うわけで狙うならばこれから需要のありそうな海外志向の高い社員だろう。

NOK

RANK A

恋愛偏差値 56

平均年収(万円) 716

平均年収 ♥♥♥♥
華やかさ ♥♥♥
性格ポイント ♥♥♥
合コン満足度 ♥♥♥

NOKは、自動車や船舶の部品として使われる「オイルシール」の業界シェアNo.1企業である。

世界のオイルシールシェア率も50％だというのだから驚き！

ボーナスが良く、同期の昇進も横並び。良い意味で公平だが、悪い意味で仕事をバリバリやっていきたい人には向かない。

そのため社員も温厚な人が多く、結婚したらよい家庭が築けそう♡

しかも、借り上げ社宅に格安で住めるため待遇はかなり恵まれている。

営業職は全国転勤があるのが難点だが、それを除けば総合的に見ても申し分ない。

アシックス

RANK A

恋愛偏差値 56

平均年収(万円) 700

平均年収 ♥♥♥♥
華やかさ ♥♥♥
性格ポイント ♥♥♥
合コン満足度 ♥♥♥

アシックスとは、スポーツ用品の製造・販売を行う企業である。

前身は1949年創業の「鬼塚商会」で、最初はバスケットシューズの製造からスタート。その後1964年の東京オリンピックではオニツカ製の靴を履いた選手がぞくぞく金メダルを獲得するなど、オリンピックと深い関係のある企業でもある。

東京オリンピックでも日本代表やボランティアにウエアを提供するなど目立った動きが予測できる！

海外との交渉が多く、英語力高い男性が多め。

科研製薬

RANK A

恋愛偏差値 56

平均年収(万円) 809

平均年収 ♥♥♥♥
華やかさ ♥♥♥
性格ポイント ♥♥♥
合コン満足度 ♥♥♥

科研製薬とは、日本の製薬会社である。本社は東京都文京区。関節機能改善剤や動脈硬化症治療薬等の研究開発をメインに行う。

東京の他、静岡や京都に研究所を持つ。MRは若手が不足しているらしく、新卒や20代前半がほとんどいないとか……。

キラキラ若手MR狙いの女子には物足りないかも。ただし安定した研究基盤と技術はある。

アイカ工業

RANK A

恋愛偏差値 56

平均年収(万円) 638

平均年収 ♥♥♥
華やかさ ♥♥♥
性格ポイント ♥♥♥
合コン満足度 ♥♥♥

アイカ工業とは、化粧板などの住宅関連品・接着剤の製造販売を行う企業である。

本社は愛知県名古屋市で、東海地区での知名度はまあまあ高い。

社訓が「挑戦と創造」というだけあり、歴史ある製造業にしては前衛的で、新しいことにチャレンジしようという雰囲気がある。

社内の風通しもよく、面倒な縦社会はないらしい。隠れ優良企業認定っ！！！

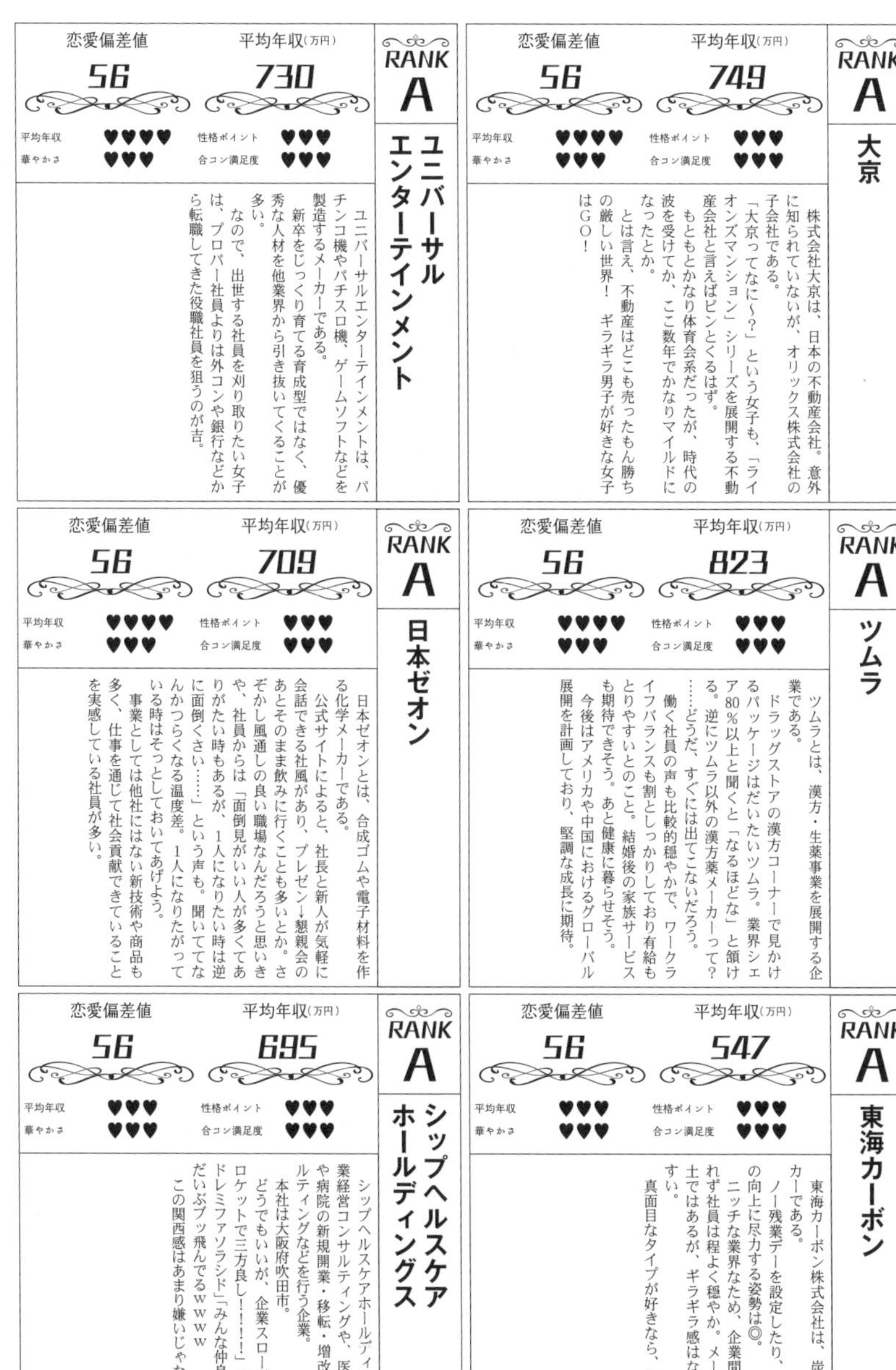

RANK A　大京

恋愛偏差値 56　平均年収(万円) 749

平均年収 ♥♥♥♥　性格ポイント ♥♥♥
華やかさ ♥♥♥　合コン満足度 ♥♥♥

株式会社大京は、日本の不動産会社。意外に知られていないが、オリックス株式会社の子会社である。

「大京ってなに～?」という女子も、「ライオンズマンション」シリーズを展開する不動産会社と言えばピンとくるはず。

もともとかなり体育会系だったが、時代の波を受けてか、ここ数年でかなりマイルドになったとか。

とは言え、不動産はどこも売ったもん勝ちの厳しい世界！　ギラギラ男子が好きな女子はGO！

RANK A　ユニバーサルエンターテインメント

恋愛偏差値 56　平均年収(万円) 730

平均年収 ♥♥♥♥　性格ポイント ♥♥♥
華やかさ ♥♥♥　合コン満足度 ♥♥♥

ユニバーサルエンターテインメントは、パチンコ機やパチスロ機、ゲームソフトなどを製造するメーカーである。

新卒をじっくり育てる育成型ではなく、優秀な人材を他業界から引き抜いてくることが多い。

なので、出世する社員を刈り取りたい女子は、プロパー社員よりは外コンや銀行などから転職してきた役職社員を狙うのが吉。

RANK A　ツムラ

恋愛偏差値 56　平均年収(万円) 823

平均年収 ♥♥♥♥　性格ポイント ♥♥♥
華やかさ ♥♥♥　合コン満足度 ♥♥♥

ツムラとは、漢方・生薬事業を展開する企業である。

ドラッグストアの漢方コーナーで見かけるパッケージはだいたいツムラ。業界シェア80%以上と聞くと「なるほどな」と頷ける。逆にツムラ以外の漢方薬メーカーって？……どうだ、すぐには出てこないだろう。

働く社員の声も比較的穏やかで、ワークライフバランスも割としっかりしており有給もとりやすいとのこと。結婚後の家族サービスも期待できそう。あと健康に暮らせそう。

今後はアメリカや中国におけるグローバル展開を計画しており、堅調な成長に期待。

RANK A　日本ゼオン

恋愛偏差値 56　平均年収(万円) 709

平均年収 ♥♥♥♥　性格ポイント ♥♥♥
華やかさ ♥♥♥　合コン満足度 ♥♥♥

日本ゼオンとは、合成ゴムや電子材料を作る化学メーカーである。

公式サイトによると、社長と新人が気軽に会話できる社風があり、プレゼン→懇親会のあとそのまま飲みに行くことも多いとか。さぞかし風通しの良い職場なんだろうと思いきや、社員からは「面倒見がいい人が多くてありがたい時もあるが、1人になりたい時は逆に面倒くさい……」という声も。聞いててなんかつらくなる温度差。1人になりたがっている時はそっとしておいてあげよう。

事業としては他社にはない新技術や商品も多く、仕事を通じて社会貢献できていることを実感している社員が多い。

RANK A　東海カーボン

恋愛偏差値 56　平均年収(万円) 547

平均年収 ♥♥♥　性格ポイント ♥♥♥
華やかさ ♥♥♥　合コン満足度 ♥♥♥

東海カーボン株式会社は、炭素製品のメーカーである。

ノー残業デーを設定したり、社員のQOLの向上に尽力する姿勢は◎。

ニッチな業界なため、企業間の競争も見られず社員は程よく穏やか。メーカー特有の風土ではあるが、ギラギラ感はなく付き合いやすい。

真面目なタイプが好きなら、GO！！！

RANK A　シップヘルスケアホールディングス

恋愛偏差値 56　平均年収(万円) 695

平均年収 ♥♥♥　性格ポイント ♥♥♥
華やかさ ♥♥♥　合コン満足度 ♥♥♥

シップヘルスケアホールディングスは、医療経営コンサルティングや、医療機器の販売や病院の新規開業・移転・増改築支援コンサルティングなどを行う企業。
本社は大阪府吹田市。
どうでもいいが、企業スローガンが、「三段ロケットで三方良し！！！」「自立自主！！ドレミファソラシド」「みんな仲良く！！」など、だいぶブッ飛んでるwww
この関西感はあまり嫌いじゃない。

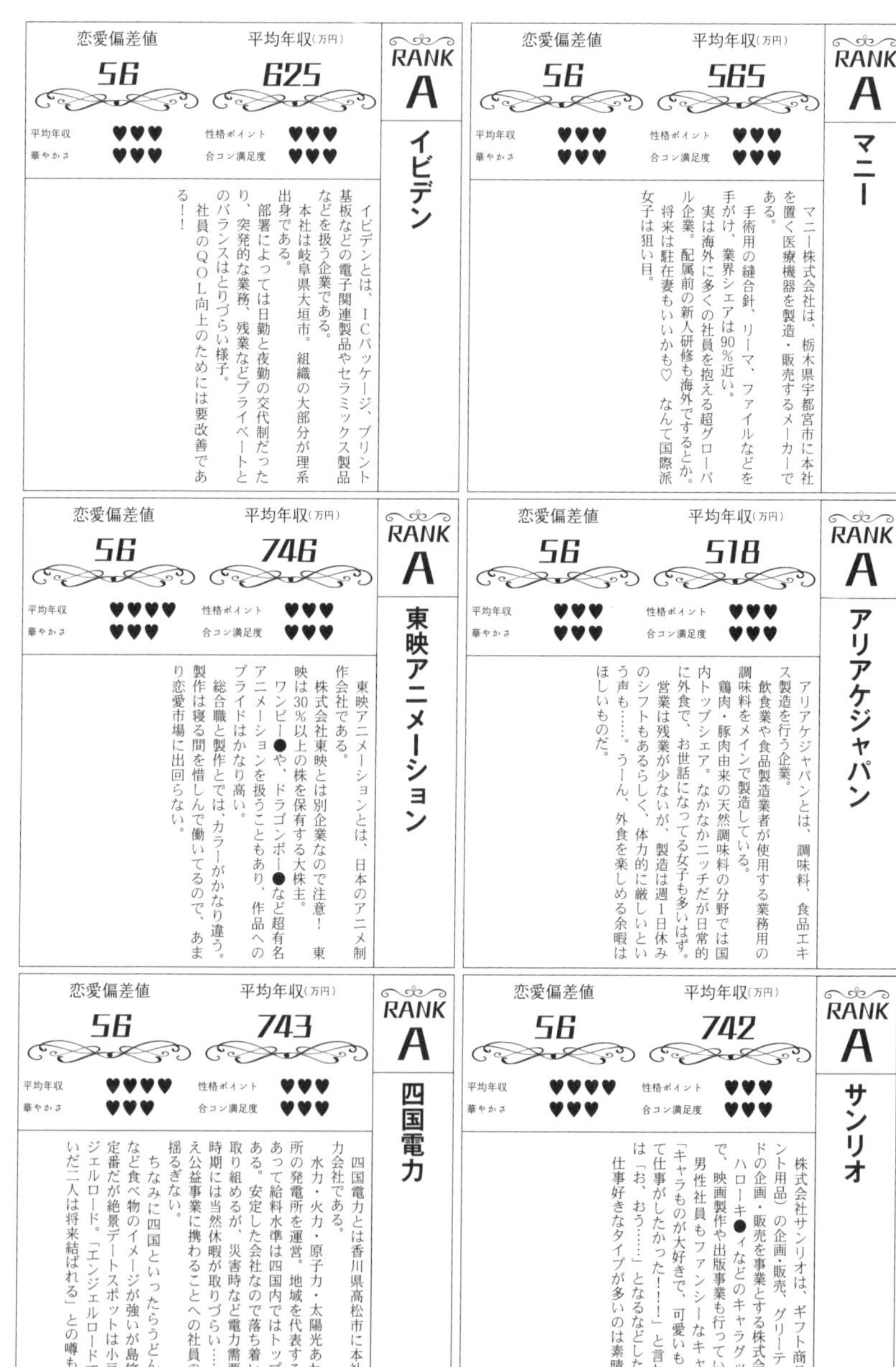

RANK A　マニー

恋愛偏差値	平均年収(万円)
56	565

項目	評価	項目	評価
平均年収	♥♥♥	性格ポイント	♥♥♥
華やかさ	♥♥♥	合コン満足度	♥♥♥

マニー株式会社は、栃木県宇都宮市に本社を置く医療機器を製造・販売するメーカーである。

手術用の縫合針、リーマ、ファイルなどを手がけ、業界シェアは90%近い。

実は海外に多くの社員を抱える超グローバル企業。配属前の新人研修も海外でするとか。

将来は駐在妻もいいかも♡　なんて国際派女子は狙い目。

RANK A　イビデン

恋愛偏差値	平均年収(万円)
56	625

項目	評価	項目	評価
平均年収	♥♥♥	性格ポイント	♥♥♥
華やかさ	♥♥♥	合コン満足度	♥♥♥

イビデンとは、ＩＣパッケージ、プリント基板などの電子関連製品やセラミックス製品などを扱う企業である。

本社は岐阜県大垣市。組織の大部分が理系出身である。

部署によっては日勤と夜勤の交代制だったり、突発的な業務、残業などプライベートとのバランスはとりづらい様子。

社員のＱＯＬ向上のためには要改善である！

RANK A　アリアケジャパン

恋愛偏差値	平均年収(万円)
56	518

項目	評価	項目	評価
平均年収	♥♥♥	性格ポイント	♥♥♥
華やかさ	♥♥♥	合コン満足度	♥♥♥

アリアケジャパンとは、調味料、食品エキス製造を行う企業。

飲食業や食品製造業者が使用する業務用の調味料をメインで製造している。

鶏肉・豚肉由来の天然調味料の分野では国内トップシェア。なかなかニッチだが日常的に外食で、お世話になってる女子も多いはず。

営業は残業が少ないが、製造は週1日休みのシフトもあるらしく、体力的に厳しいという声も……。うーん、外食を楽しめる余暇はほしいものだ。

RANK A　東映アニメーション

恋愛偏差値	平均年収(万円)
56	746

項目	評価	項目	評価
平均年収	♥♥♥♥	性格ポイント	♥♥♥
華やかさ	♥♥♥	合コン満足度	♥♥♥

東映アニメーションとは、日本のアニメ制作会社である。

株式会社東映とは別企業なので注意！　東映は30%以上の株を保有する大株主。

ワンピー●や、ドラゴンボー●など超有名アニメーションを扱うこともあり、作品へのプライドはかなり高い。

総合職と製作とでは、カラーがかなり違う。製作は寝る間を惜しんで働いてるので、あまり恋愛市場に出回らない。

RANK A　サンリオ

恋愛偏差値	平均年収(万円)
56	742

項目	評価	項目	評価
平均年収	♥♥♥♥	性格ポイント	♥♥♥
華やかさ	♥♥♥	合コン満足度	♥♥♥

株式会社サンリオは、ギフト商品（プレゼント用品）の企画・販売、グリーティングカードの企画・販売を事業とする株式会社。

ハローキ●ィなどのキャラグッズが有名で、映画製作や出版事業も行っている。

男性社員もファンシーなキャラが多く「キャラものが大好きで、可愛いものに囲まれて仕事がしたかった！！」と言われたときは「お、おう……」となるなどした。

仕事好きなタイプが多いのは素晴らしい。

RANK A　四国電力

恋愛偏差値	平均年収(万円)
56	743

項目	評価	項目	評価
平均年収	♥♥♥♥	性格ポイント	♥♥♥
華やかさ	♥♥♥	合コン満足度	♥♥♥

四国電力とは香川県高松市に本社を置く電力会社である。

水力・火力・原子力・太陽光あわせて64箇所の発電所を運営。地域を代表する会社だけあって給料水準は四国内ではトップクラスである。安定した会社なので落ち着いて仕事に取り組めるが、災害時など電力需要が増える時期には当然休暇が取りづらい……。とは言え公益事業に携わることへの社員の使命感は揺るぎない。

ちなみに四国といったらうどんやみかんなど食べ物のイメージが強いが島旅も癒し！　定番だが絶景デートスポットは小豆島のエンジェルロード。「エンジェルロードで手をつないだ二人は将来結ばれる」との噂も♡

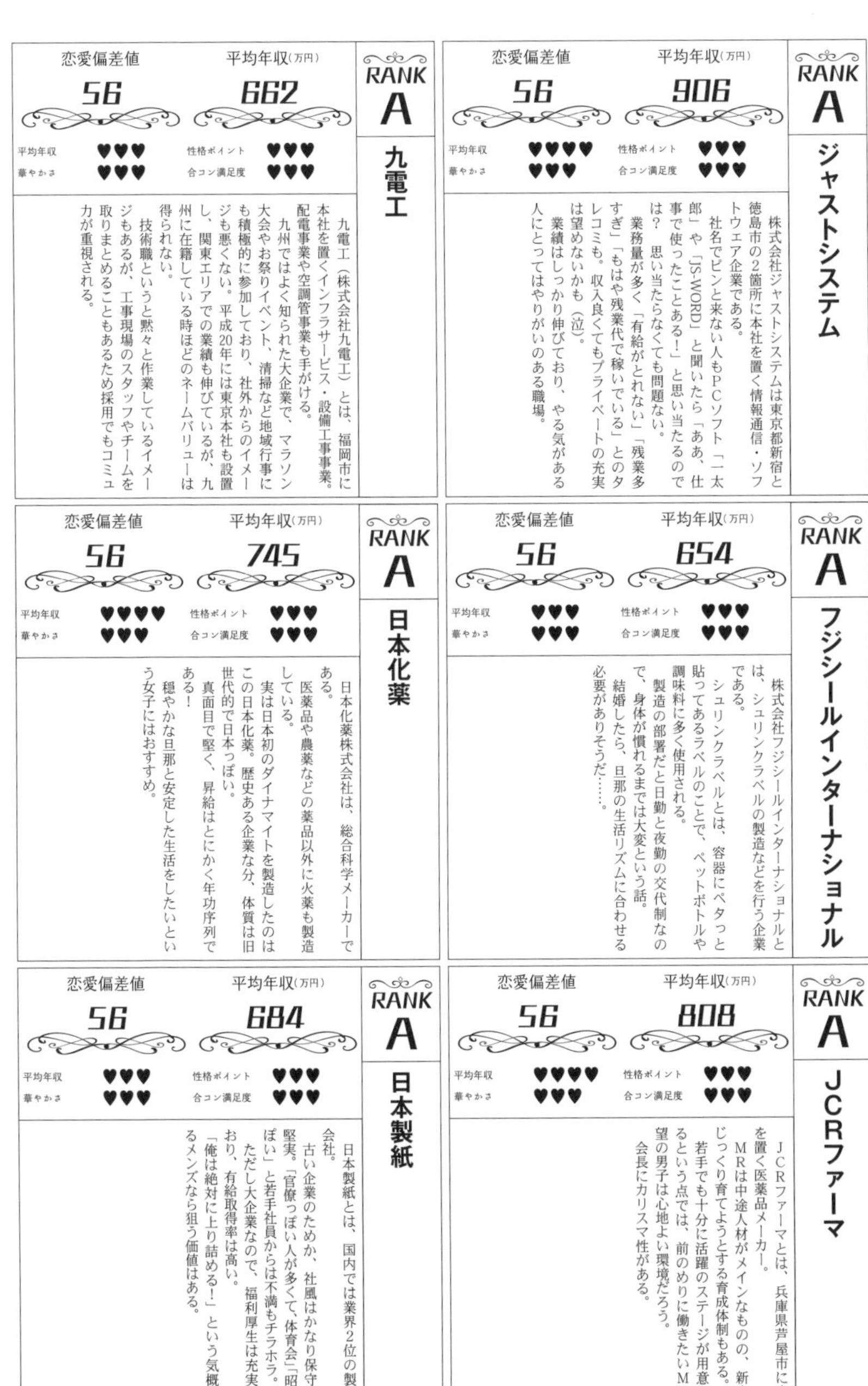

RANK A　ジャストシステム

恋愛偏差値	平均年収（万円）
56	906

平均年収	♥♥♥♥	性格ポイント	♥♥♥
華やかさ	♥♥♥	合コン満足度	♥♥♥

株式会社ジャストシステムは東京都新宿と徳島市の2箇所に本社を置く情報通信・ソフトウェア企業である。

社名でピンと来ない人もPCソフト「一太郎」や「JS-WORD」と聞いたら「ああ、仕事で使ったことある！」と思い当たるのでは？　思い当たらなくても問題ない。

業務量が多く「有給がとれない」「残業多すぎ」「もはや残業代で稼いでいる」とのタレコミも。収入良くてもプライベートの充実は望めないかも（泣）。

業績はしっかり伸びており、やる気がある人にとってはやりがいのある職場。

RANK A　九電工

恋愛偏差値	平均年収（万円）
56	662

平均年収	♥♥♥	性格ポイント	♥♥♥
華やかさ	♥♥♥	合コン満足度	♥♥♥

九電工（株式会社九電工）とは、福岡市に本社を置くインフラサービス・設備工事事業。配電事業や空調管事業も手がける。

九州ではよく知られた大企業で、マラソン大会やお祭りイベント、清掃など地域行事にも積極的に参加しており、社外からのイメージも悪くない。平成20年には東京本社も設置し、関東エリアでの業績も伸びているが、九州に在籍している時ほどのネームバリューは得られない。

技術職というと黙々と作業しているイメージもあるが、工事現場のスタッフやチームを取りまとめることもあるため採用でもコミュ力が重視される。

RANK A　フジシールインターナショナル

恋愛偏差値	平均年収（万円）
56	654

平均年収	♥♥♥	性格ポイント	♥♥♥
華やかさ	♥♥♥	合コン満足度	♥♥♥

株式会社フジシールインターナショナルとは、シュリンクラベルの製造などを行う企業である。

シュリンクラベルとは、容器にペタっと貼ってあるラベルのことで、ペットボトルや調味料に多く使用される。

製造の部署だと日勤と夜勤の交代制なので、身体が慣れるまでは大変という話。

結婚したら、旦那の生活リズムに合わせる必要がありそうだ……。

RANK A　日本化薬

恋愛偏差値	平均年収（万円）
56	745

平均年収	♥♥♥♥	性格ポイント	♥♥♥
華やかさ	♥♥♥	合コン満足度	♥♥♥

日本化薬株式会社は、総合科学メーカーである。

医薬品や農薬などの薬品以外に火薬も製造している。

実は日本初のダイナマイトを製造したのはこの日本化薬。歴史ある企業な分、体質は旧世代的で日本っぽい。

真面目で堅く、昇給はとにかく年功序列である！

穏やかな旦那と安定した生活をしたいという女子にはおすすめ。

RANK A　ＪＣＲファーマ

恋愛偏差値	平均年収（万円）
56	808

平均年収	♥♥♥♥	性格ポイント	♥♥♥
華やかさ	♥♥♥	合コン満足度	♥♥♥

ＪＣＲファーマとは、兵庫県芦屋市に本社を置く医薬品メーカー。

ＭＲは中途人材がメインなものの、新卒をじっくり育てようとする育成体制もある。

若手でも十分に活躍のステージが用意されるという点では、前のめりに働きたいＭＲ希望の男子は心地よい環境だろう。

会長にカリスマ性がある。

RANK A　日本製紙

恋愛偏差値	平均年収（万円）
56	684

平均年収	♥♥♥	性格ポイント	♥♥♥
華やかさ	♥♥♥	合コン満足度	♥♥♥

日本製紙とは、国内では業界2位の製紙業会社。

古い企業のためか、社風はかなり保守的で堅実。「官僚っぽい人が多くて、体育会」「昭和っぽい」と若手社員からは不満もチラホラ。

ただし大企業なので、福利厚生は充実しており、有給取得率は高い。

「俺は絶対に上り詰める！」という気概のあるメンズなら狙う価値はある。

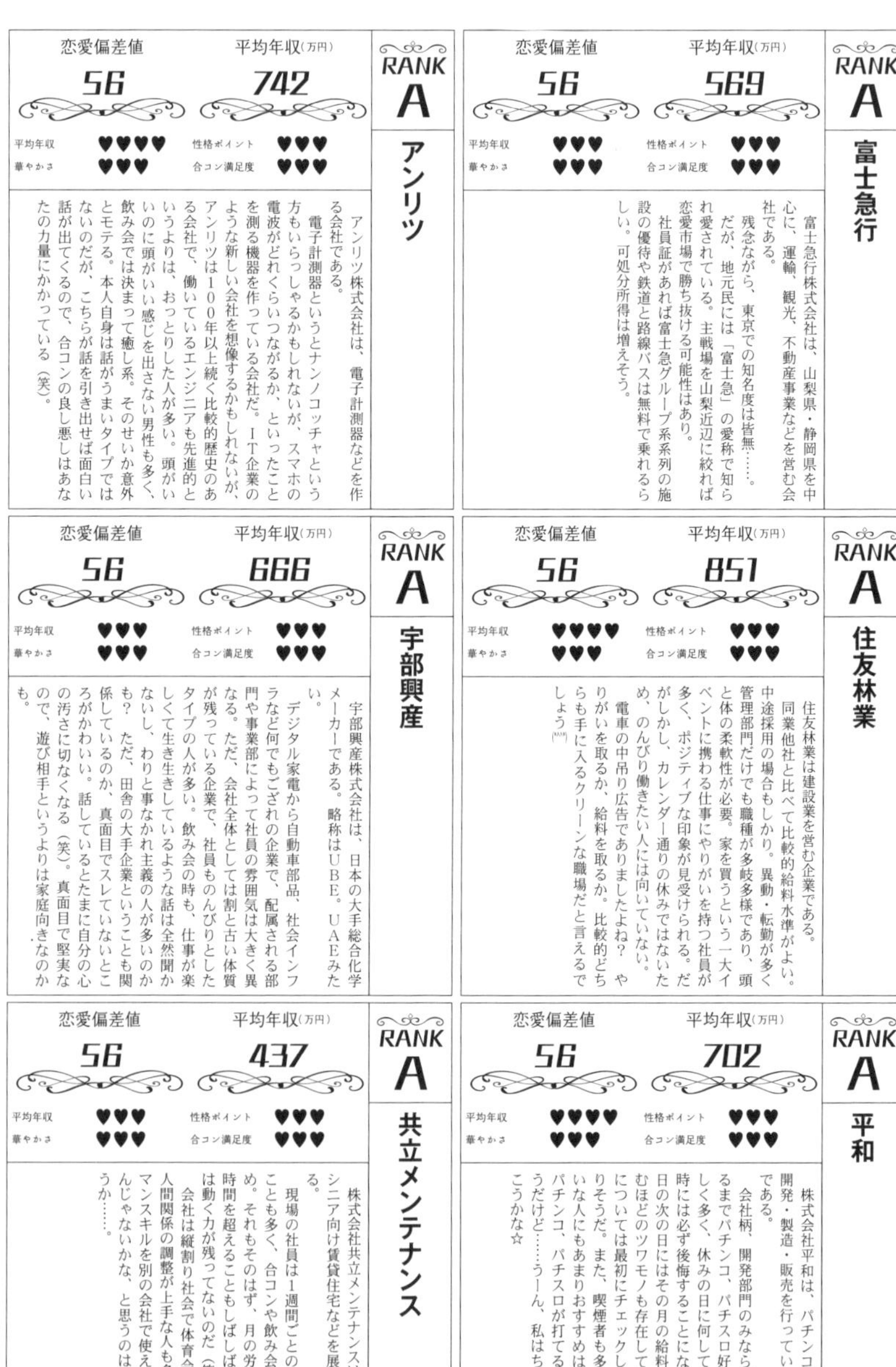

RANK A 富士急行

恋愛偏差値 **56**　平均年収（万円） **569**

平均年収	♥♥♥	性格ポイント	♥♥♥
華やかさ	♥♥♥	合コン満足度	♥♥♥

富士急行株式会社は、山梨県・静岡県を中心に、運輸、観光、不動産事業などを営む会社である。

残念ながら、東京での知名度は皆無……。だが、地元民には「富士急」の愛称で知られ愛されている。主戦場を山梨近辺に絞れば恋愛市場で勝ち抜ける可能性はあり。

社員証があれば富士急グループ系系列の施設の優待や鉄道と路線バスは無料で乗れるらしい。可処分所得は増えそう。

RANK A アンリツ

恋愛偏差値 **56**　平均年収（万円） **742**

平均年収	♥♥♥♥	性格ポイント	♥♥♥
華やかさ	♥♥♥	合コン満足度	♥♥♥

アンリツ株式会社は、電子計測器などを作る会社である。

電子計測器というとナンノコッチャという方もいらっしゃるかもしれないが、スマホの電波がどれくらいつながるか、といったことを測る機器を作っている会社だ。IT企業のような新しい会社を想像するかもしれないが、アンリツは100年以上続く比較的歴史のある会社で、働いているエンジニアも先進的というよりは、おっとりした人が多い。頭がいいのに頭がいい感じを出さない男性も多く、飲み会では決まって癒し系。そのせいか意外とモテる。本人自身は話がうまいタイプではないのだが、こちらが話を引き出せば面白い話が出てくるので、合コンの良し悪しはあなたの力量にかかっている（笑）。

RANK A 住友林業

恋愛偏差値 **56**　平均年収（万円） **851**

平均年収	♥♥♥♥	性格ポイント	♥♥♥
華やかさ	♥♥♥	合コン満足度	♥♥♥

住友林業は建設業を営む企業である。

同業他社と比べて比較的給料水準がよい。中途採用の場合もしかり。異動・転勤が多く管理部門だけでも職種が多岐多様であり、頭と体の柔軟性が必要。家を買うという一大イベントに携わる仕事にやりがいを持つ社員が多く、ポジティブな印象が見受けられる。だがしかし、カレンダー通りの休みではないため、のんびり働きたい人には向いていない。

電車の中吊り広告でありましたよね？　やりがいを取るか、給料を取るか。比較的どちらも手に入るクリーンな職場だと言えるでしょう(*^^*)

RANK A 宇部興産

恋愛偏差値 **56**　平均年収（万円） **666**

平均年収	♥♥♥	性格ポイント	♥♥♥
華やかさ	♥♥♥	合コン満足度	♥♥♥

宇部興産株式会社は、日本の大手総合化学メーカーである。略称はＵＢＥ。ＵＡＥみたい。

デジタル家電から自動車部品、社会インフラなど何でもござれの企業で、配属される部門や事業部によって社員の雰囲気は大きく異なる。ただ、会社全体としては割と古い体質が残っている企業で、社員ものんびりとしたタイプの人が多い。飲み会の時も、仕事が楽しくて生き生きしているような話は全然聞かないし、わりと事なかれ主義の人が多いのかも？　ただ、田舎の大手企業ということも関係しているのか、真面目でスレていないところがかわいい。話しているとたまに自分の心の汚さに切なくなる（笑）。真面目で堅実なので、遊び相手というよりは家庭向きなのかも。

RANK A 平和

恋愛偏差値 **56**　平均年収（万円） **702**

平均年収	♥♥♥♥	性格ポイント	♥♥♥
華やかさ	♥♥♥	合コン満足度	♥♥♥

株式会社平和は、パチンコ・パチスロ機の開発・製造・販売を行っているメーカー企業である。

会社柄、開発部門のみならず管理部門に至るまでパチンコ、パチスロ好きな男性が恐ろしく多く、休みの日に何しているのか聞いた時には必ず後悔することになる。中には給料日の次の日にはその月の給料の半分を使い込むほどのツワモノも存在しており、金銭感覚については最初にチェックしておく必要がありそうだ。また、喫煙者も多く、タバコが嫌いな人にもあまりおすすめはしない。一緒にパチンコ、パチスロが打てる女子なら良さそうだけど……うーん、私はちょっと遠慮しとこうかな☆

RANK A 共立メンテナンス

恋愛偏差値 **56**　平均年収（万円） **437**

平均年収	♥♥♥	性格ポイント	♥♥♥
華やかさ	♥♥♥	合コン満足度	♥♥♥

株式会社共立メンテナンスは、ホテルや寮、シニア向け賃貸住宅などを展開する企業である。

現場の社員は1週間ごとのシフト制であることも多く、合コンや飲み会での遭遇率は低め。それもそのはず、月の労働時間が２５０時間を超えることもしばしばあり、休みの日は動く力が残ってないのだ（笑）。

会社は縦割り社会で体育会系の色が濃く、人間関係の調整が上手な人も多い。そのヒューマンスキルを別の会社で使えばもっと稼げるんじゃないかな、と思うのは私だけなんだろうか……。

エイチ・アイ・エス

RANK A

恋愛偏差値 56 / 平均年収(万円) 432

平均年収 ♥♥♥ 性格ポイント ♥♥♥
華やかさ ♥♥♥ 合コン満足度 ♥♥♥

ブラックなイメージのあるHIS。それもそのはず、毎朝企業理念の唱和をさせられ、更には内定研修合宿でマラソンやラジオ体操をやらされるという、とにかく体育会系の組織なのだ。そのため、馴染めない人はすぐに辞めていく。

朝から夜まで働きづめのため合コンの出没率は低め。しかし女性が多い職場だからか、「え……この人が?」というような人が社内の可愛い子を射止めて結婚していくケースも多い。

とにかく旅行好きな社員が多く、彼女や奥さんになるなら絶対条件は旅行好きであること。

スシローグローバルホールディングス

RANK A

恋愛偏差値 56 / 平均年収(万円) –

平均年収 性格ポイント ♥♥♥
華やかさ ♥♥♥ 合コン満足度 ♥♥♥

株式会社スシローグローバルホールディングスは、泣く子も黙る「あきんどスシロー」のチェーン店「吟味・スシロー」を展開する回転寿司業界の大手企業だ。飲食業界柄、忙しさは担当する店舗によってさまざまな上、25時以降は退勤を押さない、といった暗黙のブラックルールが存在するとかしないとか……。早く上がれると思っていても、当日になって勤務時間が変更になることが多く、プライベートの時間はあまり確保できない人が多いようだ。四六時中すしに囲まれているため、さすがにプライベートではすしを食わないだろうと思っていたが、休みの日でも構わずすしを食いたがるのには首を傾げる。すしに人生の定量はないということなのだろうか。また、本人は気づいていないかもしれないが仕事帰りの髪の毛はほんのり魚臭い(言わないでおいてあげましょうね)。

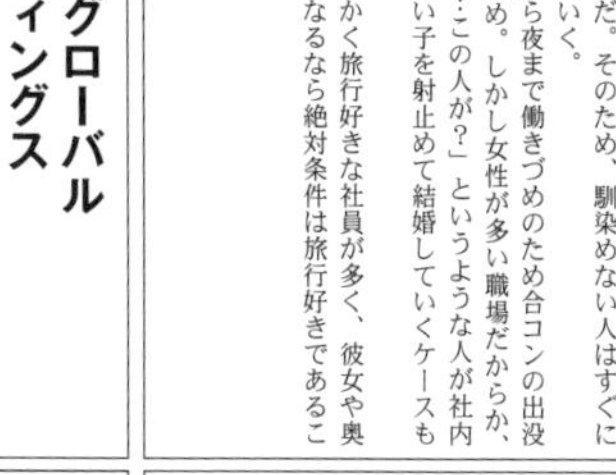

ヤオコー

RANK A

恋愛偏差値 56 / 平均年収(万円) 594

平均年収 ♥♥♥ 性格ポイント ♥♥♥
華やかさ ♥♥♥ 合コン満足度 ♥♥♥

ヤオコーは埼玉県を中心に関東に店舗をもつスーパーマーケットチェーンである。

休めない。稼げない。とのことでプライベートはほぼない。営業時間の9時~22時まで社員は店舗にいなければならない。繁忙期はなおさら。1日3時間の残業は当たり前で、休日であってもパートやらアルバイトやらから電話が来るので落ち着かない。

残業代はしっかり出るが、これが補填されてようやくそこそこな暮らしが実現するレベルの給料。確かに。遊ぶ暇なさそうだな。なかなか出会う機会は少なそう。

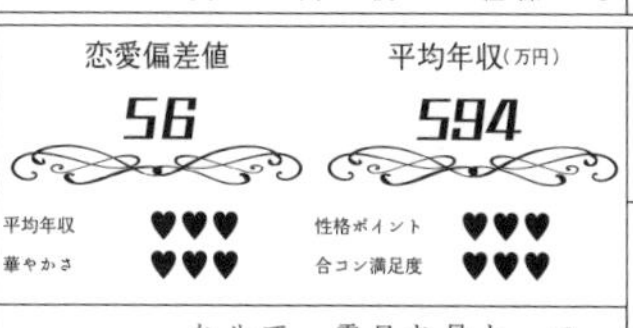

ビックカメラ

RANK A

恋愛偏差値 56 / 平均年収(万円) 464

平均年収 ♥♥♥ 性格ポイント ♥♥♥
華やかさ ♥♥♥ 合コン満足度 ♥♥♥

ビックカメラとは、家電量販店を経営する業界第2位の企業である(ちなみに首位はヤマダ電機)。子会社にはコジマやソフマップがある。

ネット回線やアプリのインセンティブ獲得に追われる日々を送り「押し売りまがいの仕事なんかもう嫌だ……!」と脱落していく社員も。販売員としてのコミュニケーションスキル等は磨かれるがそのまま販売員止まりの人も多く、キャリアアップの観点から見ると、んー、不安☆

評価されること、感謝されること、ひいては接客業が好きだと言うタフな男性は生き生きと働いている。

福山通運

RANK A

恋愛偏差値 56 / 平均年収(万円) 445

平均年収 ♥♥♥ 性格ポイント ♥♥♥
華やかさ ♥♥♥ 合コン満足度 ♥♥♥

福山通運とは、広島県に本社を置く運送業者である。

宅配業界シェアは大手3社(ヤマト、佐川、ゆうパック)による寡占化が進んでいる。とは言えR&I(格付投資情報センター)によれば、福山通運の運営方針は至って堅実。物流という社会インフラを担っているため、倒産や業績低迷の可能性はきわめて低いと言える。今のところは。

歩合制のため、配達担当地域によって収入の上がり下がりが激しいところが懸念点……。先月から一気に10万円ダウンって何だそりゃつらいな! 慢性的な人手不足につき、しっかり休日がとれるかどうかは配属された支店次第。

山口フィナンシャルグループ

RANK A

恋愛偏差値 56 / 平均年収(万円) 1,019

平均年収 ♥♥♥♥ 性格ポイント ♥♥♥
華やかさ ♥♥♥ 合コン満足度 ♥♥♥

山口フィナンシャルグループとは、山口県下関市に本社がある金融持株会社である。傘下に山口銀行、北九州銀行、もみじ銀行を持つ。

金融や銀行は今後衰退していく業界であることは自他ともに認めるところであり、「給料は低いけど、山口県で暮らす分にはまあまあ問題ない」と割り切っている社員も。全国規模で業界水準と比較した場合は決して良い条件とは言えない。

地域貢献型イベントで休日がつぶれることもザラ。体調不良で休む場合にも有給があてられてしまうケースが多々あるため、体調管理はサポートしてあげよう。

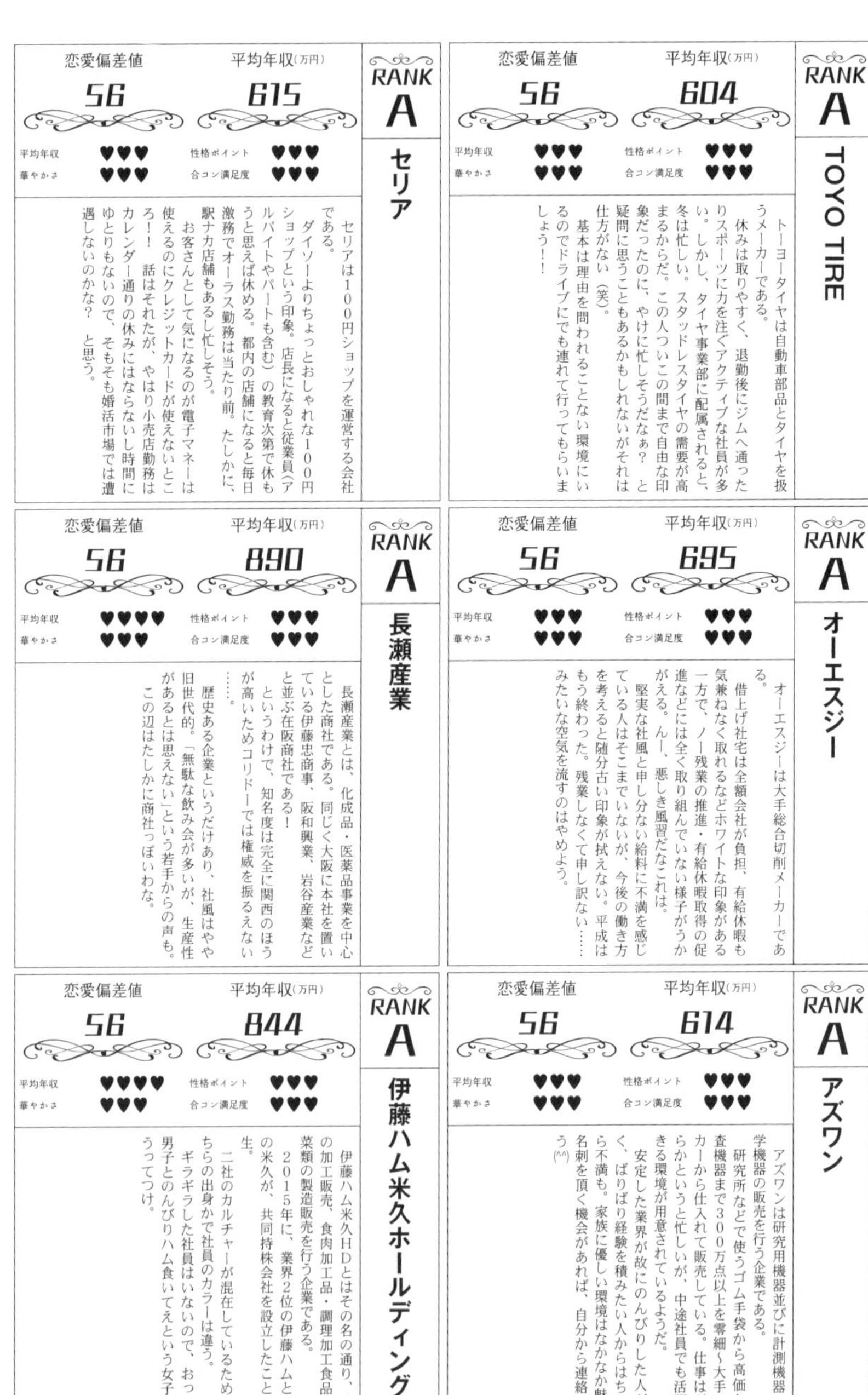

RANK A　TOYO TIRE

恋愛偏差値 56　平均年収（万円） 604

平均年収 ♥♥♥　性格ポイント ♥♥♥
華やかさ ♥♥♥　合コン満足度 ♥♥♥

トーヨータイヤは自動車部品とタイヤを扱うメーカーである。

休みは取りやすく、退勤後にジムへ通ったりスポーツに力を注ぐアクティブな社員が多い。しかし、タイヤ事業部に配属されると、冬は忙しい。スタッドレスタイヤの需要が高まるからだ。この人ついこの間まで自由な印象だったのに、やけに忙しそうだなぁ？　と疑問に思うこともあるかもしれないがそれは仕方がない（笑）。

基本は理由を問われることない環境にいるのでドライブにでも連れて行ってもらいましょう！

RANK A　セリア

恋愛偏差値 56　平均年収（万円） 615

平均年収 ♥♥♥　性格ポイント ♥♥♥
華やかさ ♥♥♥　合コン満足度 ♥♥♥

セリアは100円ショップを運営する会社である。

ダイソーよりちょっとおしゃれな100円ショップという印象。店長になると従業員（アルバイトやパートも含む）の教育次第で休もうと思えば休める。都内の店舗になると毎日激務でオーラス勤務は当たり前。たしかに、駅ナカ店舗もあるし忙しそう。

お客さんとして気になるのが電子マネーは使えるのにクレジットカードが使えないところ！！　話はそれたが、やはり小売店勤務はカレンダー通りの休みにはならないし時間にゆとりもないので、そもそも婚活市場では遭遇しないのかな？　と思う。

RANK A　オーエスジー

恋愛偏差値 56　平均年収（万円） 695

平均年収 ♥♥♥　性格ポイント ♥♥♥
華やかさ ♥♥♥　合コン満足度 ♥♥♥

オーエスジーは大手総合切削メーカーである。

借上げ社宅は全額会社が負担、有給休暇も気兼ねなく取れるなどホワイトな印象がある一方で、ノー残業の推進・有給休暇取得の促進などには全く取り組んでいない様子がうかがえる。んー、悪しき風習だなこれは。

堅実な社風と申し分ない給料に不満を感じている人はそこまでいないが、今後の働き方を考えると随分古い印象が拭えない。平成はもう終わった。残業しなくて申し訳ない……みたいな空気を流すのはやめよう。

RANK A　長瀬産業

恋愛偏差値 56　平均年収（万円） 890

平均年収 ♥♥♥♥　性格ポイント ♥♥♥
華やかさ ♥♥♥　合コン満足度 ♥♥♥

長瀬産業とは、化成品・医薬品事業を中心とした商社である。同じく大阪に本社を置いている伊藤忠商事、阪和興業、岩谷産業などと並ぶ在阪商社である！

というわけで、知名度は完全に関西のほうが高いためコリドーでは権威を振るえない……。

歴史ある企業というだけあり、社風はやや旧世代的。「無駄な飲み会が多いが、生産性があるとは思えない」という若手からの声も。

この辺はたしかに商社っぽいわな。

RANK A　アズワン

恋愛偏差値 56　平均年収（万円） 614

平均年収 ♥♥♥　性格ポイント ♥♥♥
華やかさ ♥♥♥　合コン満足度 ♥♥♥

アズワンは研究用機器並びに計測機器・科学機器の販売を行う企業である。

研究所などで使うゴム手袋から高価な検査機器まで300万点以上を零細～大手メーカーから仕入れて販売している。仕事はどちらかというと忙しいが、中途社員でも活躍できる環境が用意されているようだ。

安定した業界が故にのんびりした人が多く、ばりばり経験を積みたい人からはちらほら不満も。家族に優しい環境はなかなか魅力。名刺を頂く機会があれば、自分から連絡しよう(^^)

RANK A　伊藤ハム米久ホールディングス

恋愛偏差値 56　平均年収（万円） 844

平均年収 ♥♥♥♥　性格ポイント ♥♥♥
華やかさ ♥♥♥　合コン満足度 ♥♥♥

伊藤ハム米久HDとはその名の通り、食肉の加工販売、食肉加工品・調理加工食品・惣菜類の製造販売を行う企業である。

2015年に、業界2位の伊藤ハムと7位の米久が、共同持株会社を設立したことで誕生。

二社のカルチャーが混在しているため、どちらの出身かで社員のカラーは違う。

ギラギラした社員はいないので、おっとり男子とのんびりハム食いてえという女子にはうってつけ。

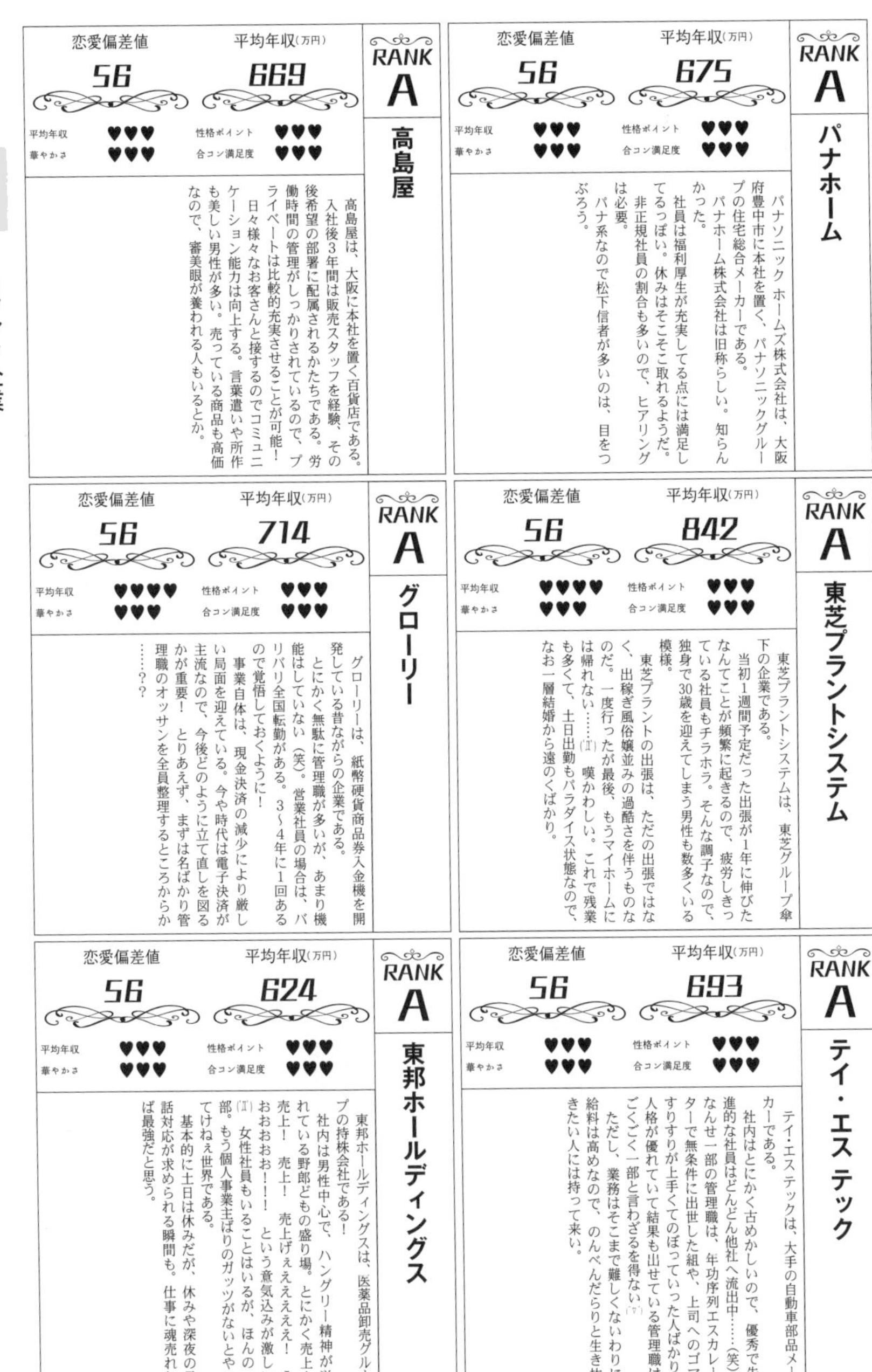

パナホーム

RANK A

恋愛偏差値	平均年収(万円)
56	675

平均年収	♥♥♥	性格ポイント	♥♥♥
華やかさ	♥♥♥	合コン満足度	♥♥♥

パナソニック ホームズ株式会社は、大阪府豊中市に本社を置く、パナソニックグループの住宅総合メーカーである。

パナホーム株式会社は旧称らしい。知らんかった。

社員は福利厚生が充実してる点には満足してるっぽい。休みはそこそこ取れるようだ。

非正規社員の割合も多いので、ヒアリングは必要。

パナ系なので松下信者が多いのは、目をつぶろう。

高島屋

RANK A

恋愛偏差値	平均年収(万円)
56	669

平均年収	♥♥♥	性格ポイント	♥♥♥
華やかさ	♥♥♥	合コン満足度	♥♥♥

高島屋は、大阪に本社を置く百貨店である。

入社後3年間は販売スタッフを経験、その後希望の部署に配属されるかたちである。労働時間の管理がしっかりされているので、プライベートは比較的充実させることが可能！

日々様々なお客さんと接するのでコミュニケーション能力は向上する。言葉遣いや所作も美しい男性が多い。売っている商品も高価なので、審美眼が養われる人もいるとか。

東芝プラントシステム

RANK A

恋愛偏差値	平均年収(万円)
56	842

平均年収	♥♥♥♥	性格ポイント	♥♥♥
華やかさ	♥♥♥	合コン満足度	♥♥♥

東芝プラントシステムは、東芝グループ傘下の企業である。

当初1週間予定だった出張が1年に伸びたなんてことが頻繁に起きるので、疲労しきっている社員もチラホラ。そんな調子なので、独身で30歳を迎えてしまう男性も数多くいる模様。

東芝プラントの出張は、ただの出張ではなく、出稼ぎ風俗嬢並みの過酷さを伴うものなのだ。一度行ったが最後、もうマイホームには帰れない……(T_T) 嘆かわしい。これで残業も多くて、土日出勤もパラダイス状態なので、なお一層結婚から遠のくばかり。

グローリー

RANK A

恋愛偏差値	平均年収(万円)
56	714

平均年収	♥♥♥♥	性格ポイント	♥♥♥
華やかさ	♥♥♥	合コン満足度	♥♥♥

グローリーは、紙幣硬貨商品券入金機を開発している昔ながらの企業である。

とにかく無駄に管理職が多いが、あまり機能はしていない(笑)。営業社員の場合は、バリバリ全国転勤がある。3〜4年に1回あるので覚悟しておくように！

事業自体は、現金決済の減少により厳しい局面を迎えている。今や時代は電子決済が主流なので、今後どのように立て直しを図るかが重要！ とりあえず、まずは名ばかり管理職のオッサンを全員整理するところから……？？

テイ・エステック

RANK A

恋愛偏差値	平均年収(万円)
56	693

平均年収	♥♥♥	性格ポイント	♥♥♥
華やかさ	♥♥♥	合コン満足度	♥♥♥

テイ・エステックは、大手の自動車部品メーカーである。

社内はとにかく古めかしいので、優秀で先進的な社員はどんどん他社へ流出中……(笑)。なんせ一部の管理職は、年功序列エスカレーターで無条件に出世した組や、上司へのゴマすりが上手くてのぼっていった人ばかり。人格が優れていて結果も出せている管理職はごくごく一部と言わざるを得ない(¯▽¯)

ただし、業務はそこまで難しくないわりに給料は高めなので、のんべんだらりと生き抜きたい人には持って来い。

東邦ホールディングス

RANK A

恋愛偏差値	平均年収(万円)
56	624

平均年収	♥♥♥	性格ポイント	♥♥♥
華やかさ	♥♥♥	合コン満足度	♥♥♥

東邦ホールディングスは、医薬品卸売グループの持株会社である！

社内は男性中心で、ハングリー精神が溢れている野郎どもの盛り場。とにかく売上！ 売上！ 売上！ 売上げぇえええええ！ うおおおお！！！ という意気込みが激しい(T_T) 女性社員もいることはいるが、ほんの一部。もう個人事業主ばりのガッツがないとやってけねぇ世界である。

基本的に土日は休みだが、休みや深夜の電話対応が求められる瞬間も。仕事に魂売れれば最強だと思う。

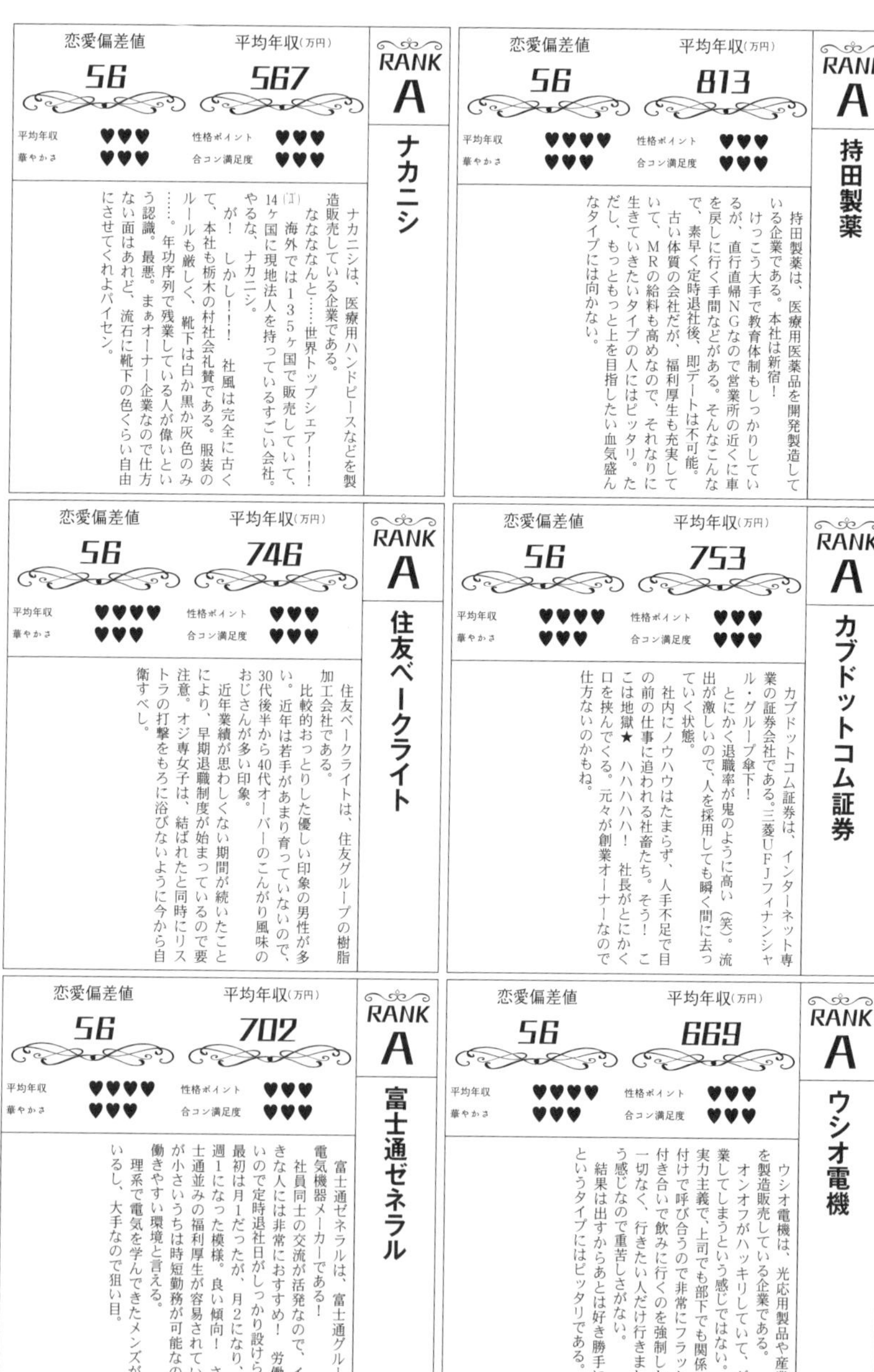

持田製薬

RANK A

恋愛偏差値 56　平均年収(万円) 813

平均年収 ♥♥♥♥　性格ポイント ♥♥♥
華やかさ ♥♥♥　合コン満足度 ♥♥♥

持田製薬は、医療用医薬品を開発製造している企業である。本社は新宿！

けっこう大手で教育体制もしっかりしているが、直行直帰NGなので営業所の近くに車を戻しに行く手間などがある。そんなこんなで、素早く定時退社後、即デートは不可能。

古い体質の会社だが、福利厚生も充実していて、MRの給料も高めなので、それなりに生きていきたいタイプの人にはピッタリ。ただし、もっともっと上を目指したい血気盛んなタイプには向かない。

ナカニシ

RANK A

恋愛偏差値 56　平均年収(万円) 567

平均年収 ♥♥♥　性格ポイント ♥♥♥
華やかさ ♥♥♥　合コン満足度 ♥♥♥

ナカニシは、医療用ハンドピースなどを製造販売している企業である。

ななななんと……世界トップシェア！！！

海外では135ヶ国で販売していて、14ヶ国に現地法人を持っているすごい会社。やるな、ナカニシ。

が！　しかし！！　社風は完全に古くて、本社も栃木の村社会礼賛である。服装のルールも厳しく、靴下は白か黒か灰色のみ……。年功序列で残業している人が偉いという認識。最悪。まぁオーナー企業なので仕方ない面はあれど、流石に靴下の色くらい自由にさせてくれよパイセン。

カブドットコム証券

RANK A

恋愛偏差値 56　平均年収(万円) 753

平均年収 ♥♥♥♥　性格ポイント ♥♥♥
華やかさ ♥♥♥　合コン満足度 ♥♥♥

カブドットコム証券は、インターネット専業の証券会社である。三菱UFJフィナンシャル・グループ傘下！

とにかく退職率が鬼のように高い（笑）。流出が激しいので、人を採用しても瞬く間に去っていく状態。

社内にノウハウはたまらず、人手不足で目の前の仕事に追われる社畜たち。そう！　ここは地獄★　ハハハハ！　社長がとにかく口を挟んでくる。元々が創業オーナーなので仕方ないのかもね。

住友ベークライト

RANK A

恋愛偏差値 56　平均年収(万円) 746

平均年収 ♥♥♥♥　性格ポイント ♥♥♥
華やかさ ♥♥♥　合コン満足度 ♥♥♥

住友ベークライトは、住友グループの樹脂加工会社である。

比較的おっとりした優しい印象の男性が多い。近年は若手があまり育っていないので、30代後半から40代オーバーのこんがり風味のおじさんが多い印象。

近年業績が思わしくない期間が続いたことにより、早期退職制度が始まっているので要注意。オジ専女子は、結ばれたと同時にリストラの打撃をもろに浴びないように今から自衛すべし。

ウシオ電機

RANK A

恋愛偏差値 56　平均年収(万円) 669

平均年収 ♥♥♥♥　性格ポイント ♥♥♥
華やかさ ♥♥♥　合コン満足度 ♥♥♥

ウシオ電機は、光応用製品や産業機械などを製造販売している企業である。

オンオフがハッキリしていて、ダラダラ残業してしまうという感じではない。成果主義・実力主義で、上司でも部下でも関係なく「さん」付けで呼び合うので非常にフラット。会社の付き合いで飲みに行くのを強制したりなども一切なく、行きたい人だけ行きましょうという感じなので重苦しさがない。

結果は出すからあとは好き勝手にさせて！　というタイプにはピッタリである。

富士通ゼネラル

RANK A

恋愛偏差値 56　平均年収(万円) 702

平均年収 ♥♥♥♥　性格ポイント ♥♥♥
華やかさ ♥♥♥　合コン満足度 ♥♥♥

富士通ゼネラルは、富士通グループ傘下の電気機器メーカーである！

社員同士の交流が活発なので、イベント好きな人には非常におすすめ！　労働組合も強いので定時退社日がしっかり設けられている。最初は月1だったが、月2になり、今現在は週1になった模様。良い傾向！　さらに、富士通並みの福利厚生が容易されていて、子供が小さいうちは時短勤務が可能なので女性も働きやすい環境と言える。

理系で電気を学んできたメンズがわんさかいるし、大手なので狙い目。

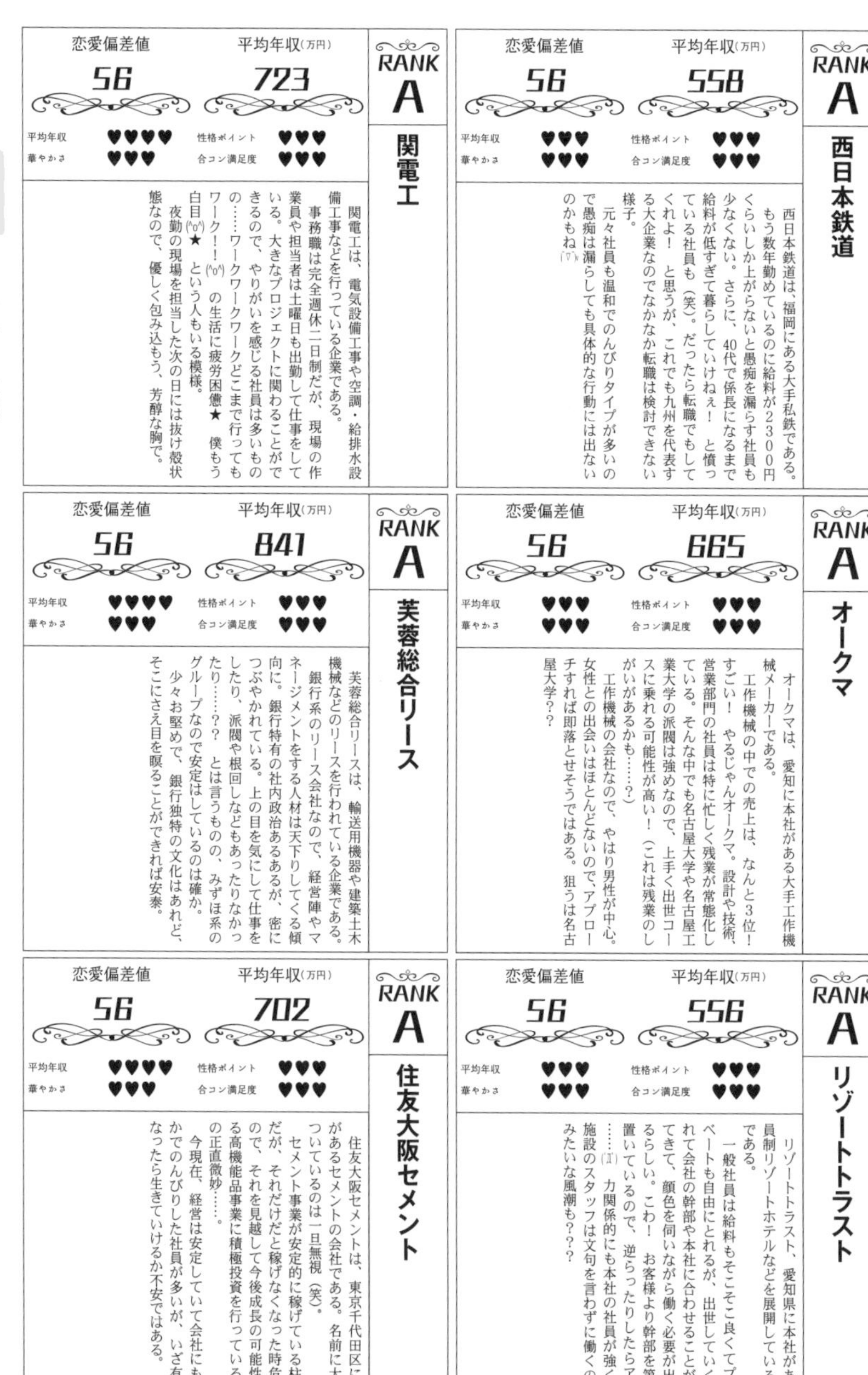

RANK A 西日本鉄道

恋愛偏差値 56　平均年収(万円) 558

平均年収 ♥♥♥　性格ポイント ♥♥♥
華やかさ ♥♥♥　合コン満足度 ♥♥♥

西日本鉄道は、福岡にある大手私鉄である。

もう数年勤めているのに給料が2300円くらいしか上がらないと愚痴を漏らす社員も少なくない。さらに、40代で係長になるまで給料が低すぎて暮らしていけねぇ！　と憤っている社員も（笑）。だったら転職でもしてくれよ！　と思うが、これでも九州を代表する大企業なのでなかなか転職は検討できない様子。

元々社員も温和でのんびりタイプが多いので愚痴は漏らしても具体的な行動には出ないのかもね(￣▽￣)ﾉ

RANK A 関電工

恋愛偏差値 56　平均年収(万円) 723

平均年収 ♥♥♥♥　性格ポイント ♥♥♥
華やかさ ♥♥♥　合コン満足度 ♥♥♥

関電工は、電気設備工事や空調・給排水設備工事などを行っている企業である。

事務職は完全週休二日制だが、現場の作業員や担当者は土曜日も出勤して仕事をしている。大きなプロジェクトに関わることができるので、やりがいを感じる社員は多いものの……ワークワークワークどこまで行ってもワーク！！(^o^)の生活に疲労困憊★　僕もう白目(^o^)★　という人もいる模様。

夜勤の現場を担当した次の日には抜け殻状態なので、優しく包み込もう、芳醇な胸で。

RANK A オークマ

恋愛偏差値 56　平均年収(万円) 665

平均年収 ♥♥♥　性格ポイント ♥♥♥
華やかさ ♥♥♥　合コン満足度 ♥♥♥

オークマは、愛知に本社がある大手工作機械メーカーである。

工作機械の中での売上は、なんと3位！　すごい！　やるじゃんオークマ。設計や技術、営業部門の社員は特に忙しく残業が常態化している。そんな中でも名古屋大学や名古屋工業大学の派閥は強めなので、上手く出世コースに乗れる可能性が高い！（これは残業のしがいがあるかも……？）

工作機械の会社なので、やはり男性が中心。女性との出会いはほとんどないので、アプローチすれば即落とせそうではある。狙うは名古屋大学？？

RANK A 芙蓉総合リース

恋愛偏差値 56　平均年収(万円) 841

平均年収 ♥♥♥♥　性格ポイント ♥♥♥
華やかさ ♥♥♥　合コン満足度 ♥♥♥

芙蓉総合リースは、輸送用機器や建築土木機械などのリースを行われている企業である。

銀行系のリース会社なので、経営陣やマネージメントをする人材は天下りしてくる傾向に。銀行特有の社内政治あるあるが、密につぶやかれている。上の目を気にして仕事をしたり、派閥や根回しなどもあったりなかったり……？？　とは言うものの、みずほ系のグループなので安定はしているのは確か。

少々お堅めで、銀行独特の文化はあれど、そこにさえ目を瞑ることができれば安泰。

RANK A リゾートトラスト

恋愛偏差値 56　平均年収(万円) 556

平均年収 ♥♥♥　性格ポイント ♥♥♥
華やかさ ♥♥♥　合コン満足度 ♥♥♥

リゾートトラスト、愛知県に本社がある会員制リゾートホテルなどを展開している企業である。

一般社員は給料もそこそこ良くてプライベートも自由にとれるが、出世していくにつれて会社の幹部や本社に合わせることが増えてきて、顔色を伺いながら働く必要が出てくるらしい。こわ！　お客様より幹部を第一に置いているので、逆らったりしたらアウト……(´Д`)　力関係的にも本社の社員が強く、各施設のスタッフは文句を言わずに働くのみ！　みたいな風潮も？？？

RANK A 住友大阪セメント

恋愛偏差値 56　平均年収(万円) 702

平均年収 ♥♥♥♥　性格ポイント ♥♥♥
華やかさ ♥♥♥　合コン満足度 ♥♥♥

住友大阪セメントは、東京千代田区に本社があるセメントの会社である。名前に大阪とついているのは一旦無視（笑）。

セメント事業が安定的に稼げている柱なのだが、それだけだと稼げなくなった時危ないので、それを見越して今後成長の可能性がある高機能品事業に積極投資を行っているものの正直微妙……。

今現在、経営は安定していて会社にも穏やかでのんびりした社員が多いが、いざ有事となったら生きていけるか不安ではある。

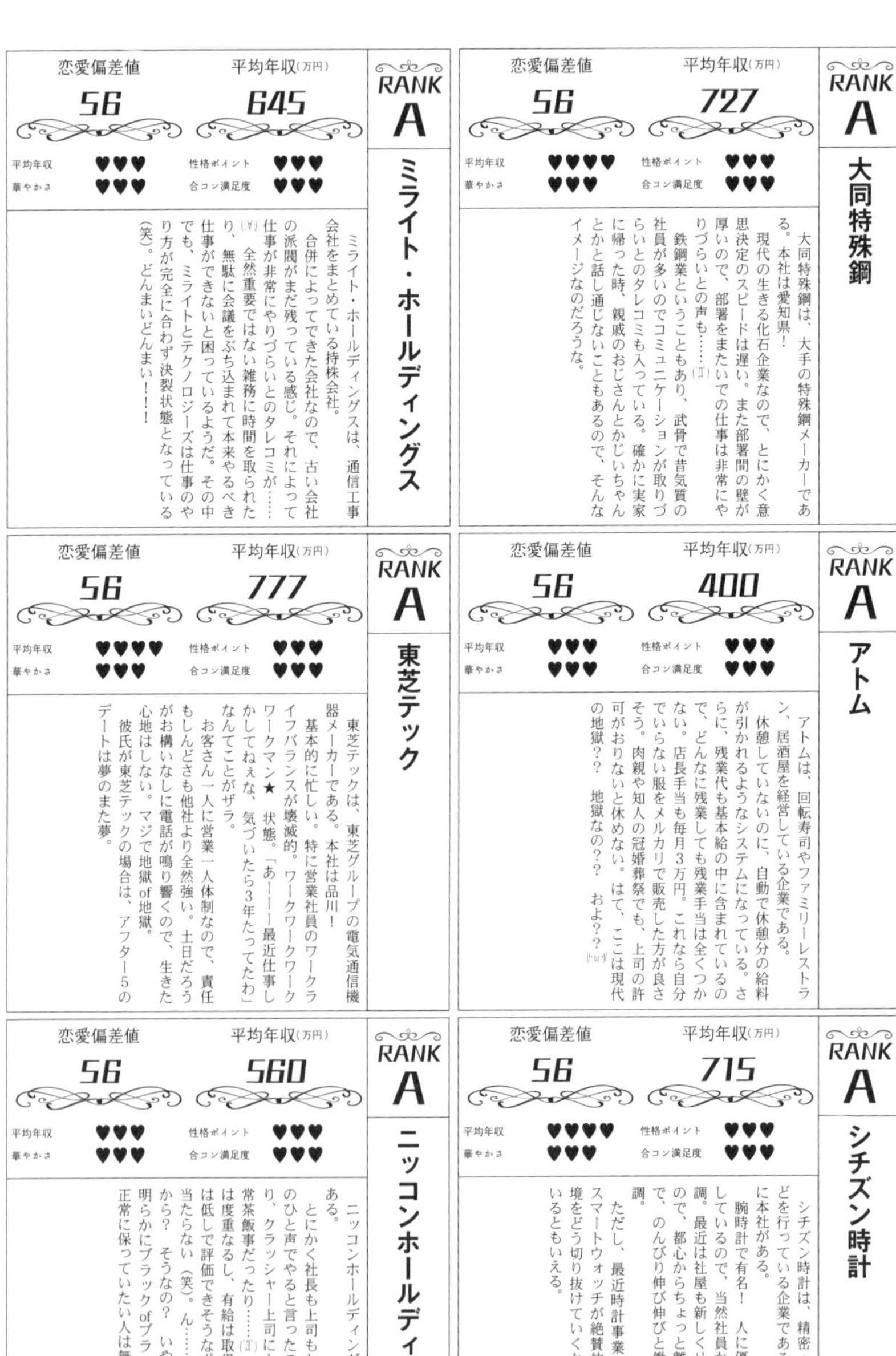

RANK A 大同特殊鋼

恋愛偏差値 56　平均年収（万円） 727

平均年収 ♥♥♥♥　性格ポイント ♥♥♥
華やかさ ♥♥♥　合コン満足度 ♥♥♥

大同特殊鋼は、大手の特殊鋼メーカーである。本社は愛知県！
　現代の生きる化石企業なので、とにかく意思決定のスピードは遅い。また部署間の壁が厚いので、部署をまたいでの仕事は非常にやりづらいとの声も……(T_T)
　鉄鋼業ということもあり、武骨で昔気質の社員が多いのでコミュニケーションが取りづらいとのタレコミも入っている。確かに実家に帰った時、親戚のおじさんとかじいちゃんとかと話し通じないこともあるので、そんなイメージなのだろうな。

RANK A ミライト・ホールディングス

恋愛偏差値 56　平均年収（万円） 645

平均年収 ♥♥♥　性格ポイント ♥♥♥
華やかさ ♥♥♥　合コン満足度 ♥♥♥

ミライト・ホールディングスは、通信工事会社をまとめている持株会社。
　合併によってできた会社なので、古い会社の派閥がまだ残っている感じ。それによって仕事が非常にやりづらいとのタレコミが……(´∀`)
　全然重要ではない雑務に時間を取られたり、無駄に会議をぶち込まれて本来やるべき仕事ができないと困っているようだ。その中でも、ミライトとテクノロジーズは仕事のやり方が完全に合わず決裂状態となっている（笑）。どんまいどんまい！！！

RANK A アトム

恋愛偏差値 56　平均年収（万円） 400

平均年収 ♥♥♥　性格ポイント ♥♥♥
華やかさ ♥♥♥　合コン満足度 ♥♥♥

アトムは、回転寿司やファミリーレストラン、居酒屋を経営している企業である。

　休憩していないのに、自動で休憩分の給料が引かれるようなシステムになっている。さらに、残業代も基本給の中に含まれているので、どんなに残業しても残業手当は全くつかない。店長手当も毎月3万円。これなら自分でいらない服をメルカリで販売した方が良さそう。肉親や知人の冠婚葬祭でも、上司の許可がおりないと休めない。はて、ここは現代の地獄？？　地獄なの？？　およ？？(･ω･)

RANK A 東芝テック

恋愛偏差値 56　平均年収（万円） 777

平均年収 ♥♥♥♥　性格ポイント ♥♥♥
華やかさ ♥♥♥　合コン満足度 ♥♥♥

東芝テックは、東芝グループの電気通信機器メーカーである。本社は品川！

　基本的に忙しい。特に営業社員のワークライフバランスが壊滅的。ワークワークワークワークマン★状態。「あーーー最近仕事しかしてねぇな、気づいたら3年たってたわ」なんてことがザラ。

　お客さん一人に営業一人体制なので、責任もしんどさも他社より全然強い。土日だろうがお構いなしに電話が鳴り響くので、生きた心地はしない。マジで地獄of地獄。

　彼氏が東芝テックの場合は、アフター5のデートは夢のまた夢。

RANK A シチズン時計

恋愛偏差値 56　平均年収（万円） 715

平均年収 ♥♥♥♥　性格ポイント ♥♥♥
華やかさ ♥♥♥　合コン満足度 ♥♥♥

シチズン時計は、精密・電子機器の製造などを行っている企業である。西東京市の田無に本社がある。

　腕時計で有名！　人に優しくをモットーにしているので、当然社員からもの評判も絶好調。最近は社屋も新しくリノベーションしたので、都心からちょっと離れた静かな田舎町で、のんびり伸び伸びと働けるとさらに絶好調。

　ただし、最近時計事業は縮小傾向にあり、スマートウォッチが絶賛伸び盛り。そんな苦境をどう切り抜けていくかに命運がかかっているともいえる。

RANK A ニッコンホールディングス

恋愛偏差値 56　平均年収（万円） 560

平均年収 ♥♥♥　性格ポイント ♥♥♥
華やかさ ♥♥♥　合コン満足度 ♥♥♥

ニッコンホールディングスは、運送企業である。

　とにかく社長も上司もヤバめとの噂。社長のひと声でやると言ったことが中止になったり、クラッシャー上司によって無茶振りは日常茶飯事だったり……(T_T)　おまけに土日出勤は度重なるし、有給は取得しづらいし、年収は低しで評価できそうなポイントが一個も見当たらない（笑）。ん……？　これは目が悪いから？　そうなの？　いや、違う。断じて違う。明らかにブラックofブラックなので、精神を正常に保っていたい人は無心を決め込もう。

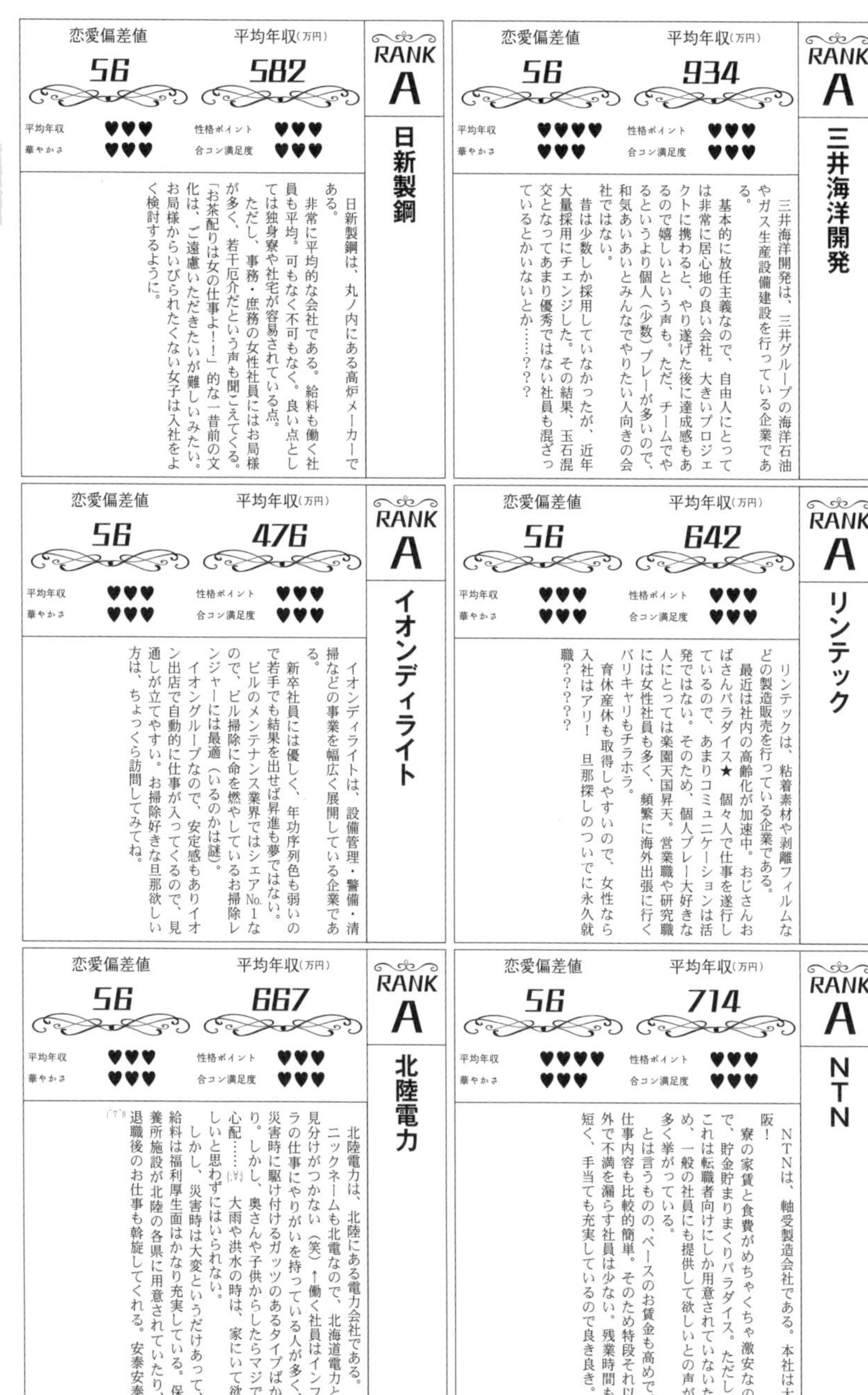

RANK A　三井海洋開発

恋愛偏差値 56　平均年収（万円） 934

平均年収 ♥♥♥♥　性格ポイント ♥♥♥
華やかさ ♥♥♥　合コン満足度 ♥♥♥

三井海洋開発は、三井グループの海洋石油やガス生産設備建設を行っている企業である。

基本的に放任主義なので、自由人にとっては非常に居心地の良い会社。大きいプロジェクトに携わると、やり遂げた後に達成感もあるので嬉しいという声も。ただ、チームでやるというより個人（少数）プレーが多いので、和気あいあいとみんなでやりたい人向きの会社ではない。

昔は少数しか採用していなかったが、近年大量採用にチェンジした。その結果、玉石混交となってあまり優秀ではない社員も混ざっているとかいないとか……？？

RANK A　日新製鋼

恋愛偏差値 56　平均年収（万円） 582

平均年収 ♥♥♥　性格ポイント ♥♥♥
華やかさ ♥♥♥　合コン満足度 ♥♥♥

日新製鋼は、丸ノ内にある高炉メーカーである。

非常に平均的な会社である。給料も働く社員も平均。可もなく不可もなく。良い点としては独身寮や社宅が容易されている点。

ただし、事務・庶務の女性社員にはお局様が多く、若干厄介だという声も聞こえてくる。「お茶配りは女の仕事よ！」的な一昔前の文化は、ご遠慮いただきたいが難しいみたい。お局様からいびられたくない女子は入社をよく検討するように。

RANK A　リンテック

恋愛偏差値 56　平均年収（万円） 642

平均年収 ♥♥♥　性格ポイント ♥♥♥
華やかさ ♥♥♥　合コン満足度 ♥♥♥

リンテックは、粘着素材や剥離フィルムなどの製造販売を行っている企業である。

最近は社内の高齢化が加速中。おじさんおばさんパラダイス★　個々人で仕事を遂行しているので、あまりコミュニケーションは活発ではない。そのため、個人プレー大好きな人にとっては楽園天国昇天。営業職や研究職には女性社員も多く、頻繁に海外出張に行くバリキャリもチラホラ。

育休産休も取得しやすいので、女性なら入社はアリ！　旦那探しのついでに永久就職？？？？

RANK A　イオンディライト

恋愛偏差値 56　平均年収（万円） 476

平均年収 ♥♥♥　性格ポイント ♥♥♥
華やかさ ♥♥♥　合コン満足度 ♥♥♥

イオンディライトは、設備管理・警備・清掃などの事業を幅広く展開している企業である。

新卒社員には優しく、年功序列色も弱いので若手でも結果を出せば昇進も夢ではない。ビルのメンテナンス業界ではシェアNo.1なので、ビル掃除に命を燃やしているお掃除レンジャーには最適（いるのかは謎）。

イオングループなので、安定感もありイオン出店で自動的に仕事が入ってくるので、見通しが立てやすい。お掃除好きな旦那欲しい方は、ちょっくら訪問してみてね。

RANK A　NTN

恋愛偏差値 56　平均年収（万円） 714

平均年収 ♥♥♥♥　性格ポイント ♥♥♥
華やかさ ♥♥♥　合コン満足度 ♥♥♥

NTNは、軸受製造会社である。本社は大阪！

寮の家賃と食費がめちゃくちゃ激安なので、貯金貯まりまくりパラダイス。ただし、これは転職者向けにしか用意されていないため、一般の社員にも提供して欲しいとの声が多く挙がっている。

とは言うものの、ベースのお賃金も高めで、仕事内容も比較的簡単。そのため特段それ以外で不満を漏らす社員は少ない。残業時間も短く、手当ても充実しているので良き良き。

RANK A　北陸電力

恋愛偏差値 56　平均年収（万円） 667

平均年収 ♥♥♥　性格ポイント ♥♥♥
華やかさ ♥♥♥　合コン満足度 ♥♥♥

北陸電力は、北陸にある電力会社である。ニックネームも北電なので、北海道電力と見分けがつかない（笑）↑働く社員はインフラの仕事にやりがいを持っている人が多く、災害時に駆け付けるガッツのあるタイプばかり。しかし、奥さんや子供からしたらマジで心配……(;∀;)　大雨や洪水の時は、家にいて欲しいと思わずにはいられない。

しかし、災害時は大変というだけあって、給料は福利厚生面はかなり充実している。保養所施設が北陸の各県に用意されていたり、退職後のお仕事も斡旋してくれる。安泰安泰(^▽^)

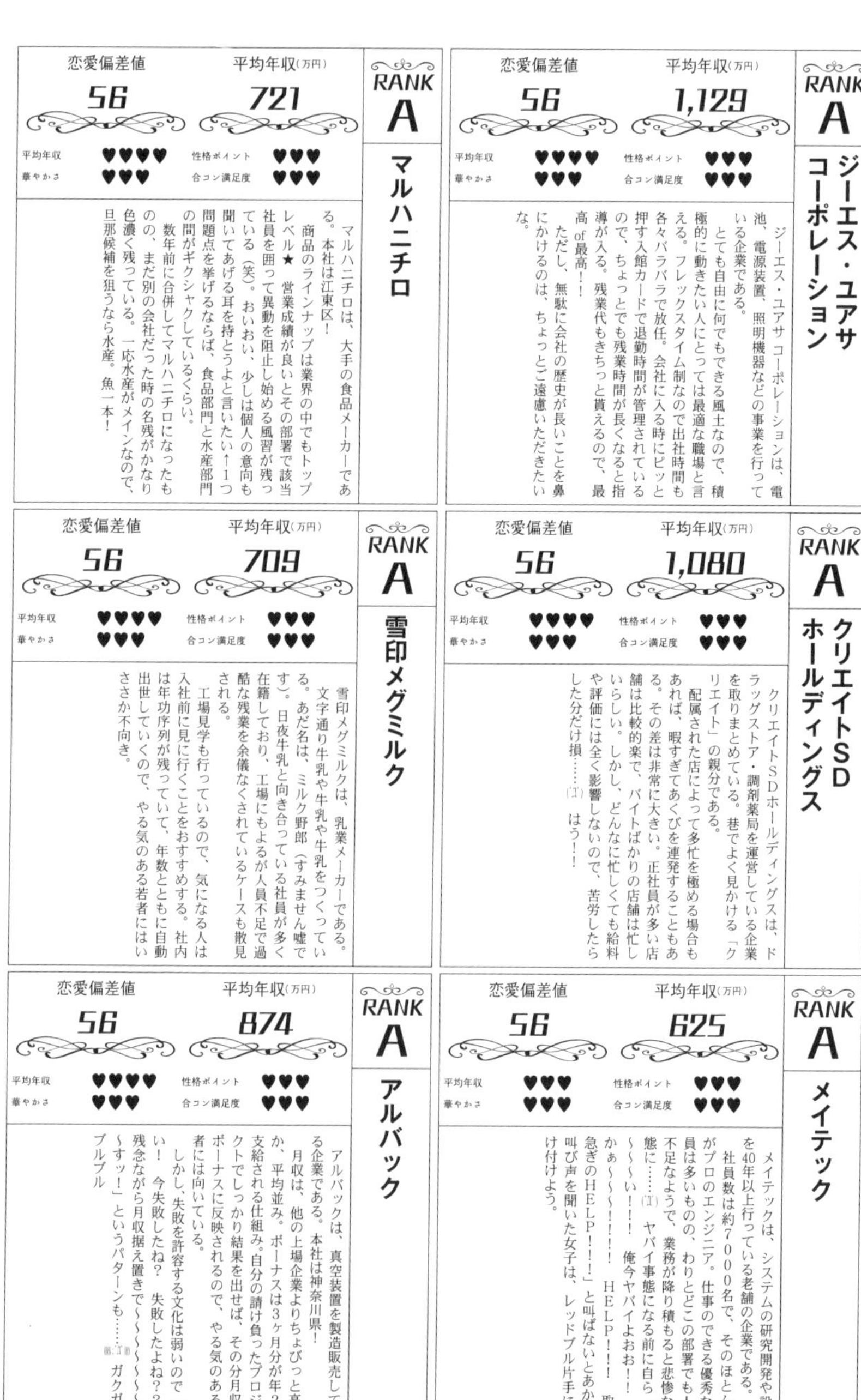

ジーエス・ユアサ コーポレーション

RANK A

恋愛偏差値 56 ／ 平均年収（万円） 1,129

平均年収 ♥♥♥♥ ／ 性格ポイント ♥♥♥
華やかさ ♥♥♥ ／ 合コン満足度 ♥♥♥

ジーエス・ユアサ コーポレーションは、電池、電源装置、照明機器などの事業を行っている企業である。

とても自由に何でもできる風土なので、積極的に動きたい人にとっては最適な職場と言える。フレックスタイム制なので出社時間も各々バラバラで放任。会社に入る時にピッと押す入館カードで退勤時間が管理されているので、ちょっとでも残業時間が長くなると指導が入る。残業代もきちっと貰えるので、最高 of 最高！！

ただし、無駄に会社の歴史が長いことを鼻にかけるのは、ちょっとご遠慮いただきたいな。

マルハニチロ

RANK A

恋愛偏差値 56 ／ 平均年収（万円） 721

平均年収 ♥♥♥♥ ／ 性格ポイント ♥♥♥
華やかさ ♥♥♥ ／ 合コン満足度 ♥♥♥

マルハニチロは、大手の食品メーカーである。本社は江東区！

商品のラインナップは業界の中でもトップレベル★ 営業成績が良いとその部署で該当社員を囲って異動を阻止し始める風習が残っている（笑）。おいおい、少しは個人の意向も聞いてあげる耳を持とうよと言いたい↑1つ問題点を挙げるならば、食品部門と水産部門の間がギクシャクしているくらい。

数年前に合併してマルハニチロになったものの、まだ別の会社だった時の名残がかなり色濃く残っている。一応水産がメインなので、旦那候補を狙うなら水産。魚一本！

クリエイトSDホールディングス

RANK A

恋愛偏差値 56 ／ 平均年収（万円） 1,080

平均年収 ♥♥♥♥ ／ 性格ポイント ♥♥♥
華やかさ ♥♥♥ ／ 合コン満足度 ♥♥♥

クリエイトSDホールディングスは、ドラッグストア・調剤薬局を運営している企業を取りまとめている。巷でよく見かける「クリエイト」の親分である。

配属された店によって多忙を極める場合もあれば、暇すぎてあくびを連発することもある。その差は非常に大きい。正社員が多い店舗は比較的楽で、バイトばかりの店舗は忙しいらしい。しかし、どんなに忙しくても給料や評価には全く影響しないので、苦労したらした分だけ損…… はう！！

雪印メグミルク

RANK A

恋愛偏差値 56 ／ 平均年収（万円） 709

平均年収 ♥♥♥♥ ／ 性格ポイント ♥♥♥
華やかさ ♥♥♥ ／ 合コン満足度 ♥♥♥

雪印メグミルクは、乳業メーカーである。

文字通り牛乳や牛乳や牛乳をつくっている。あだ名は、ミルク野郎（すみません嘘です）。日夜牛乳と向き合っている社員が多く在籍しており、工場にもよるが人員不足で過酷な残業を余儀なくされているケースも散見される。

工場見学も行っているので、気になる人は入社前に見に行くことをおすすめする。社内は年功序列が残っていて、年数とともに自動出世していくので、やる気のある若者にはいささか不向き。

メイテック

RANK A

恋愛偏差値 56 ／ 平均年収（万円） 625

平均年収 ♥♥♥ ／ 性格ポイント ♥♥♥
華やかさ ♥♥♥ ／ 合コン満足度 ♥♥♥

メイテックは、システムの研究開発や設計を40年以上行っている老舗の企業である。

社員数は約7000名で、そのほとんどがプロのエンジニア。仕事のできる優秀な社員は多いものの、わりとどこの部署でも人手不足なようで、業務が降り積もると悲惨な事態に…… ヤバイ事態になる前に自ら「お〜〜〜い！！ 俺今ヤバイよおお！！ 誰かぁ〜〜〜！！！！ HELP！！！ 取り急ぎのHELP！！！」と叫ばないとあかん。叫び声を聞いた女子は、レッドブル片手に駆け付けよう。

アルバック

RANK A

恋愛偏差値 56 ／ 平均年収（万円） 874

平均年収 ♥♥♥♥ ／ 性格ポイント ♥♥♥
華やかさ ♥♥♥ ／ 合コン満足度 ♥♥♥

アルバックは、真空装置を製造販売している企業である。本社は神奈川県！

月収は、他の上場企業よりちょびっと高めか、平均並み。ボーナスは3ヶ月分が年2回支給される仕組み。自分の請け負ったプロジェクトでしっかり結果を出せば、その分月収やボーナスに反映されるので、やる気のある若者には向いている。

しかし、失敗を許容する文化は弱いので「はい！ 今失敗したね？ 失敗したよね？？？残念ながら月収据え置きで〜〜〜〜〜〜〜〜すッ！」というパターンも…… ガクガクブルブル

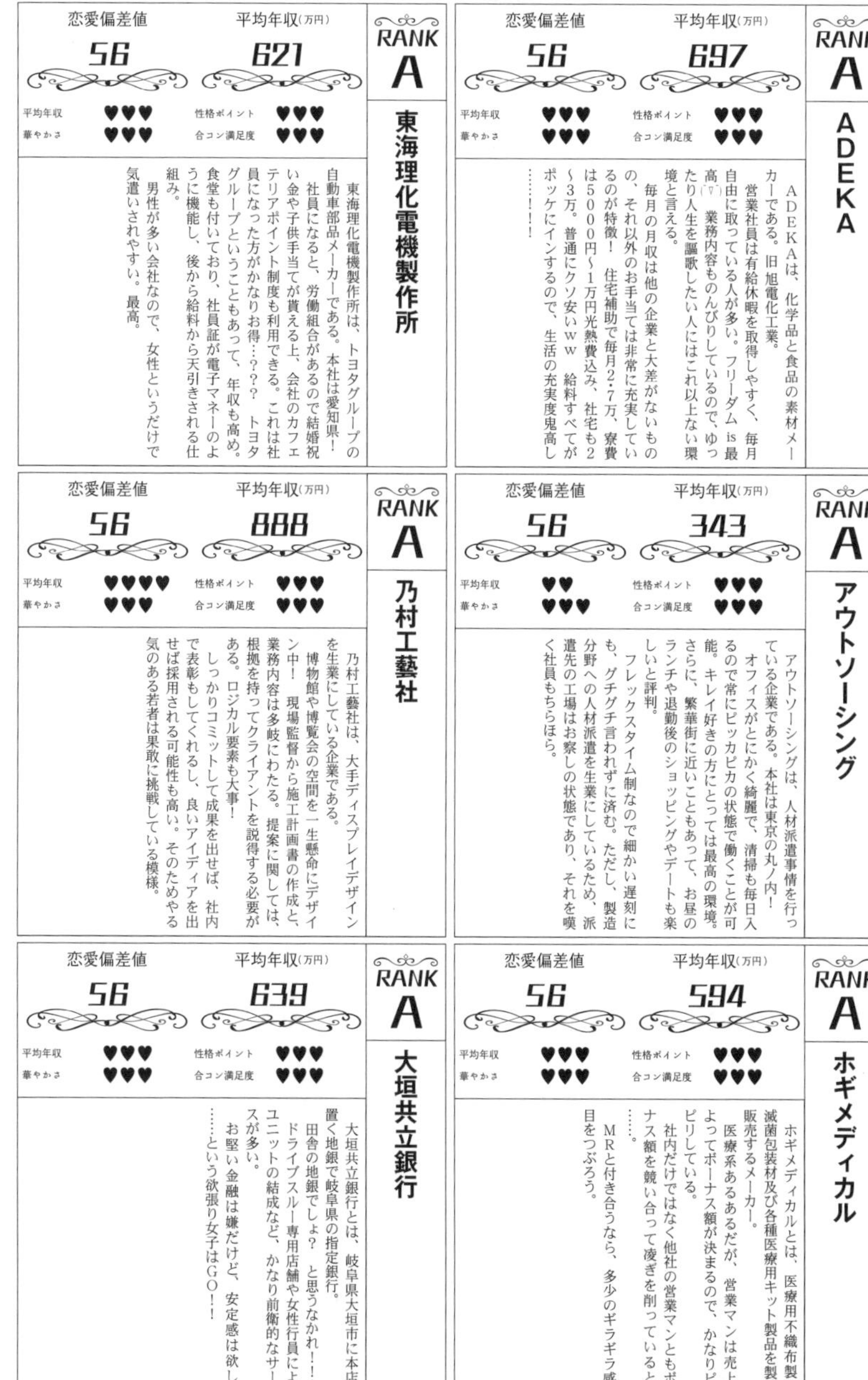

RANK A　ADEKA

恋愛偏差値	平均年収（万円）
56	697

平均年収	♥♥♥	性格ポイント	♥♥♥
華やかさ	♥♥♥	合コン満足度	♥♥♥

ADEKAは、化学品と食品の素材メーカーである。旧旭電化工業。

営業社員は有給休暇を取得しやすく、毎月自由に取っている人が多い。フリーダムis最高(▽)業務内容ものんびりしているので、ゆったり人生を謳歌したい人にはこれ以上ない環境と言える。

毎月の月収は他の企業と大差がないものの、それ以外のお手当ては非常に充実しているのが特徴！　住宅補助で毎月2・7万、寮費は5000円〜1万円光熱費込み、社宅も2〜3万。普通にクソ安いｗｗ　給料すべてがポッケにインするので、生活の充実度鬼高し……！！

RANK A　東海理化電機製作所

恋愛偏差値	平均年収（万円）
56	621

平均年収	♥♥♥	性格ポイント	♥♥♥
華やかさ	♥♥♥	合コン満足度	♥♥♥

東海理化電機製作所は、トヨタグループの自動車部品メーカーである。本社は愛知県！

社員になると、労働組合があるので結婚祝い金や子供手当てが貰える上、会社のカフェテリアポイント制度も利用できる。これは社員になった方がかなりお得…？？　トヨタグループということもあって、年収も高め。食堂も付いており、社員証が電子マネーのように機能し、後から給料から天引きされる仕組み。

男性が多い会社なので、女性というだけで気遣いされやすい。最高。

RANK A　アウトソーシング

恋愛偏差値	平均年収（万円）
56	343

平均年収	♥♥	性格ポイント	♥♥♥
華やかさ	♥♥♥	合コン満足度	♥♥♥

アウトソーシングは、人材派遣事情を行っている企業である。本社は東京の丸ノ内！

オフィスがとにかく綺麗で、清掃も毎日入るので常にピッカピカの状態で働くことが可能。キレイ好きの方にとっては最高の環境。さらに、繁華街に近いこともあって、お昼のランチや退勤後のショッピングやデートも楽しいと評判。

フレックスタイム制なので細かい遅刻にも、グチグチ言われずに済む。ただし、製造分野への人材派遣を生業にしているため、派遣先の工場はお察しの状態であり、それを嘆く社員もちらほら。

RANK A　乃村工藝社

恋愛偏差値	平均年収（万円）
56	888

平均年収	♥♥♥♥	性格ポイント	♥♥♥
華やかさ	♥♥♥	合コン満足度	♥♥♥

乃村工藝社は、大手ディスプレイデザインを生業にしている企業である。

博物館や博覧会の空間を一生懸命にデザイン中！　現場監督から施工計画書の作成と、業務内容は多岐にわたる。提案に関しては、根拠を持ってクライアントを説得する必要がある。ロジカル要素も大事！

しっかりコミットして成果を出せば、社内で表彰もしてくれるし、良いアイディアを出せば採用される可能性も高い。そのためやる気のある若者は果敢に挑戦している模様。

RANK A　ホギメディカル

恋愛偏差値	平均年収（万円）
56	594

平均年収	♥♥♥	性格ポイント	♥♥♥
華やかさ	♥♥♥	合コン満足度	♥♥♥

ホギメディカルとは、医療用不織布製品、滅菌包装材及び各種医療用キット製品を製造・販売するメーカー。

医療系あるあるだが、営業マンは売上によってボーナス額が決まるので、かなりピリピリしている。

社内だけではなく他社の営業マンともボーナス額を競い合って凌ぎを削っているとか……。

MRと付き合うなら、多少のギラギラ感は目をつぶろう。

RANK A　大垣共立銀行

恋愛偏差値	平均年収（万円）
56	639

平均年収	♥♥♥	性格ポイント	♥♥♥
華やかさ	♥♥♥	合コン満足度	♥♥♥

大垣共立銀行とは、岐阜県大垣市に本店を置く地銀で岐阜県の指定銀行。

田舎の地銀でしょ？　と思うなかれ！！！　ドライブスルー専用店舗や女性行員によるユニットの結成など、かなり前衛的なサービスが多い。

お堅い金融は嫌だけど、安定感は欲しい……という欲張り女子はＧＯ！！

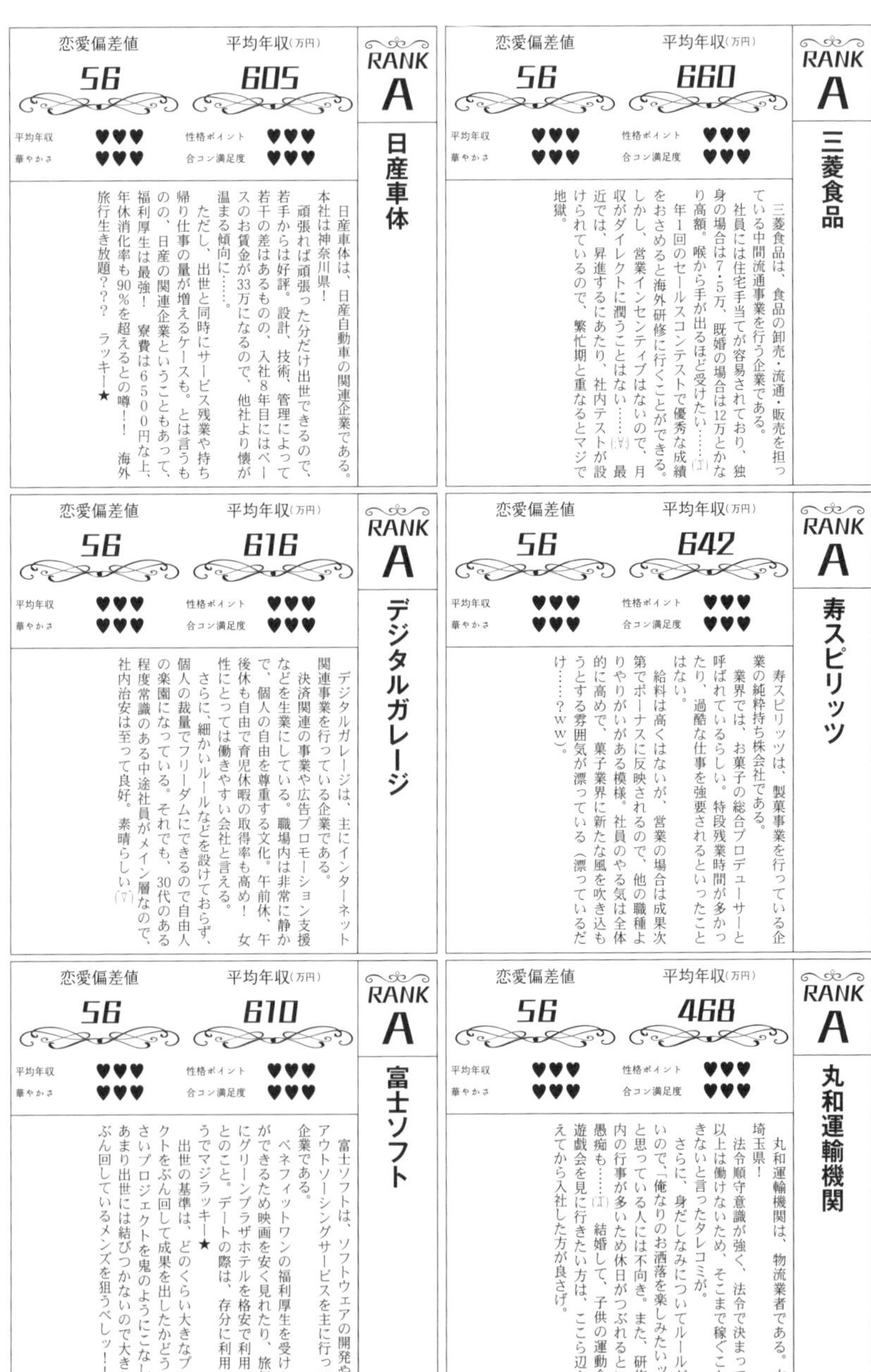

RANK A 三菱食品

恋愛偏差値 56　平均年収（万円） 660

平均年収 ♥♥♥　性格ポイント ♥♥♥
華やかさ ♥♥♥　合コン満足度 ♥♥♥

三菱食品は、食品の卸売・流通・販売を担っている中間流通事業を行う企業である。

社員には住宅手当てが容易されており、独身の場合は7・5万、既婚の場合は12万とかなり高額。喉から手が出るほど受けたい……(´ｴ`)

年1回のセールスコンテストで優秀な成績をおさめると海外研修に行くことができる。しかし、営業インセンティブはないので、月収がダイレクトに潤うことはない……(;∀;) 最近では、昇進するにあたり、社内テストが設けられているので、繁忙期と重なるとマジで地獄。

RANK A 日産車体

恋愛偏差値 56　平均年収（万円） 605

平均年収 ♥♥♥　性格ポイント ♥♥♥
華やかさ ♥♥♥　合コン満足度 ♥♥♥

日産車体は、日産自動車の関連企業である。本社は神奈川県！

頑張れば頑張った分だけ出世できるので、若手からは好評。設計、技術、管理によって若干の差はあるものの、入社8年目にはベースのお賃金が33万になるので、他社より懐が温まる傾向に……。

ただし、出世と同時にサービス残業や持ち帰り仕事の量が増えるケースも。とは言うものの、日産の関連企業ということもあって、福利厚生は最強！ 寮費は6500円な上、年休消化率も90％を超えるとの噂！！ 海外旅行生き放題？？？ ラッキー★

RANK A 寿スピリッツ

恋愛偏差値 56　平均年収（万円） 642

平均年収 ♥♥♥　性格ポイント ♥♥♥
華やかさ ♥♥♥　合コン満足度 ♥♥♥

寿スピリッツは、製菓事業を行っている企業の純粋持ち株会社である。

業界では、お菓子の総合プロデューサーと呼ばれているらしい。特段残業時間が多かったり、過酷な仕事を強要されるといったことはない。

給料は高くはないが、営業の場合は成果次第でボーナスに反映されるので、他の職種よりやりがいがある模様。社員のやる気は全体的に高めで、菓子業界に新たな風を吹き込もうとする雰囲気が漂っている（漂っているだけ……？ｗｗ）。

RANK A デジタルガレージ

恋愛偏差値 56　平均年収（万円） 616

平均年収 ♥♥♥　性格ポイント ♥♥♥
華やかさ ♥♥♥　合コン満足度 ♥♥♥

デジタルガレージは、主にインターネット関連事業を行っている企業である。

決済関連の事業や広告プロモーション支援などを生業にしている。職場内は非常に静かで、個人の自由を尊重する文化。午前休、午後休も自由で育児休暇の取得率も高め！ 女性にとっては働きやすい会社と言える。

さらに、細かいルールなどを設けておらず、個人の裁量でフリーダムにできるので自由人の楽園になっている。それでも、30代のある程度常識のある中途社員がメイン層なので、社内治安は至って良好。素晴らしい(´▽`)

RANK A 丸和運輸機関

恋愛偏差値 56　平均年収（万円） 468

平均年収 ♥♥♥　性格ポイント ♥♥♥
華やかさ ♥♥♥　合コン満足度 ♥♥♥

丸和運輸機関は、物流業者である。本社は埼玉県！

法令順守意識が強く、法令で決まっている以上は働けないため、そこまで稼ぐことができないと言ったタレコミが。

さらに、身だしなみについてルールが厳しいので、「俺なりのお洒落を楽しみたいッ！！」と思っている人には不向き。また、研修や社内の行事が多いため休日がつぶれるといった愚痴も……(´ｴ`) 結婚して、子供の運動会やお遊戯会を見に行きたい方は、ここら辺よく考えてから入社した方が良さげ。

RANK A 富士ソフト

恋愛偏差値 56　平均年収（万円） 610

平均年収 ♥♥♥　性格ポイント ♥♥♥
華やかさ ♥♥♥　合コン満足度 ♥♥♥

富士ソフトは、ソフトウエアの開発や販売、アウトソーシングサービスを主に行っている企業である。

ベネフィットワンの福利厚生を受けることができるため映画を安く見れたり、旅行の際にグリーンプラザホテルを格安で利用できるとのこと。デートの際は、存分に利用できそうでマジラッキー★

出世の基準は、どのくらい大きなプロジェクトをぶん回して成果を出したかどうか。小さいプロジェクトを鬼のようにこなしても、あまり出世には結びつかないので大きなのをぶん回しているメンズを狙うべしッ！！！

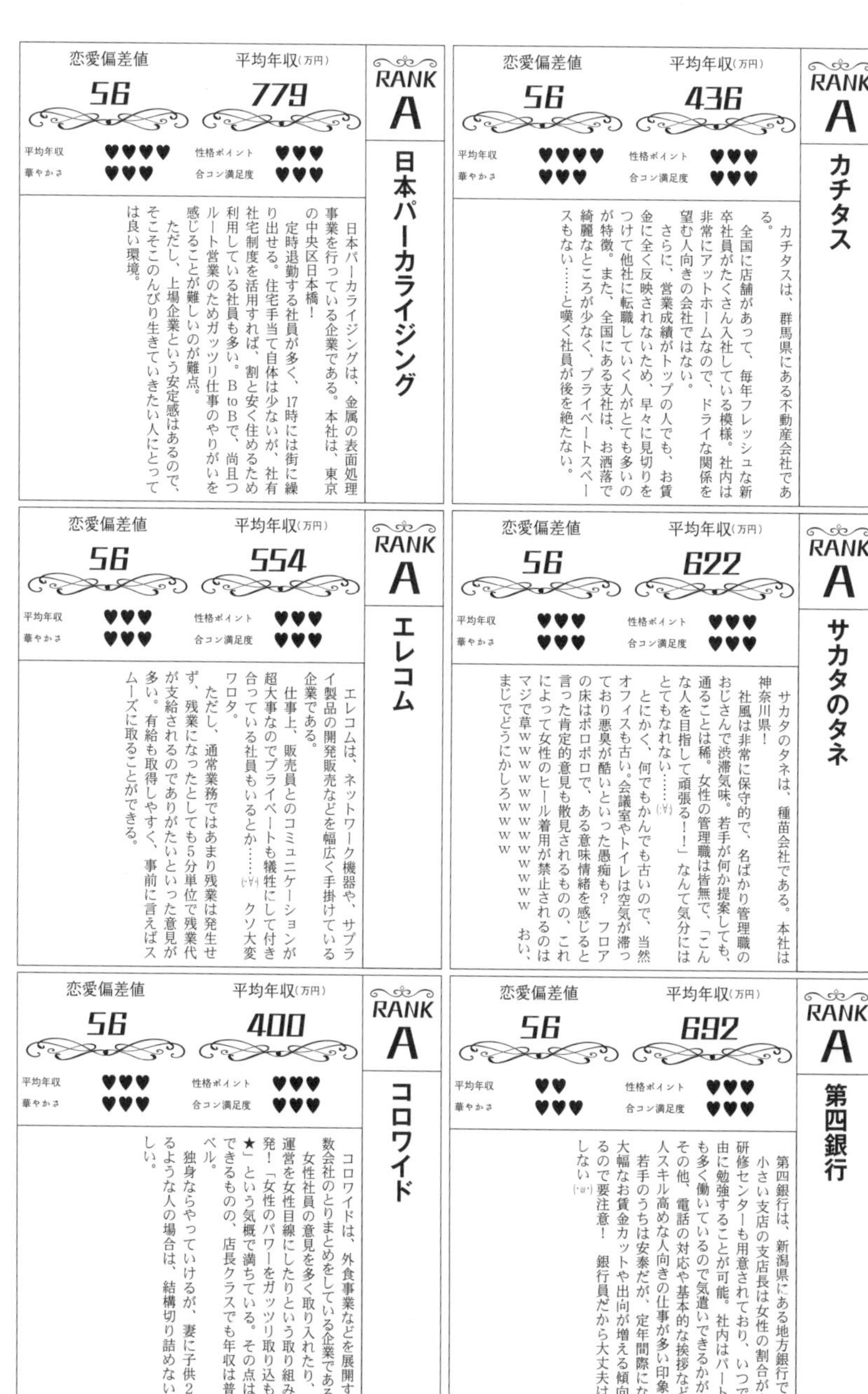

RANK A カチタス

恋愛偏差値	平均年収（万円）
56	436

平均年収	♥♥♥♥	性格ポイント	♥♥♥
華やかさ	♥♥♥	合コン満足度	♥♥♥

カチタスは、群馬県にある不動産会社である。

全国に店舗があって、毎年フレッシュな新卒社員がたくさん入社している模様。社内は非常にアットホームなので、ドライな関係を望む人向きの会社ではない。

さらに、営業成績がトップの人でも、お賃金に全く反映されないため、早々に見切りをつけて他社に転職していく人がとても多いのが特徴。また、全国にある支社は、お洒落で綺麗なところが少なく、プライベートスペースもない……と嘆く社員が後を絶たない。

RANK A 日本パーカライジング

恋愛偏差値	平均年収（万円）
56	779

平均年収	♥♥♥♥	性格ポイント	♥♥♥
華やかさ	♥♥♥	合コン満足度	♥♥♥

日本パーカライジングは、金属の表面処理事業を行っている企業である。本社は、東京の中央区日本橋！

定時退勤する社員が多く、17時には街に繰り出せる。住宅手当て自体は少ないが、社有社宅制度を活用すれば、割と安く住めるため利用している社員も多い。BtoBで、尚且つルート営業のためガッツリ仕事のやりがいを感じることが難しいのが難点。

ただし、上場企業という安定感はあるので、そこそこのんびり生きていきたい人にとっては良い環境。

RANK A サカタのタネ

恋愛偏差値	平均年収（万円）
56	622

平均年収	♥♥♥	性格ポイント	♥♥♥
華やかさ	♥♥♥	合コン満足度	♥♥♥

サカタのタネは、種苗会社である。本社は神奈川県！

社風は非常に保守的で、名ばかり管理職のおじさんで渋滞気味。若手が何か提案しても、通ることは稀。女性の管理職は皆無で、「こんな人を目指して頑張る！！」なんて気分にはとてもなれない……(;∀;)

とにかく、何でもかんでも古いので、当然オフィスも古い。会議室やトイレは空気が滞っており悪臭が酷いといった愚痴も？　フロアの床はボロボロで、ある意味情緒を感じると言った肯定的意見も散見されるものの、これによって女性のヒール着用が禁止されるのはマジで草wwwwwwwwwwwwww　おい、まじでどうにかしろwwww

RANK A エレコム

恋愛偏差値	平均年収（万円）
56	554

平均年収	♥♥♥	性格ポイント	♥♥♥
華やかさ	♥♥♥	合コン満足度	♥♥♥

エレコムは、ネットワーク機器や、サプライ製品の開発販売などを幅広く手掛けている企業である。

仕事上、販売員とのコミュニケーションが超大事なのでプライベートも犠牲にして付き合っている社員もいるとか……(・∀・)　クソ大変ワロタ。

ただし、通常業務ではあまり残業は発生せず、残業になったとしても5分単位で残業代が支給されるのでありがたいといった意見が多い。有給も取得しやすく、事前に言えばスムーズに取ることができる。

RANK A 第四銀行

恋愛偏差値	平均年収（万円）
56	692

平均年収	♥♥	性格ポイント	♥♥♥
華やかさ	♥♥♥	合コン満足度	♥♥♥

第四銀行は、新潟県にある地方銀行である。

小さい支店の支店長は女性の割合が高め。研修センターも用意されており、いつでも自由に勉強することが可能。社内はパートの方も多く働いているので気遣いできるかが重要。その他、電話の対応や基本的な挨拶など、対人スキル高めな人向きの仕事が多い印象。

若手のうちは安泰だが、定年間際になると大幅なお賃金カットや出向が増える傾向にあるので要注意！　銀行員だから大丈夫は通用しない(・ω・)

RANK A コロワイド

恋愛偏差値	平均年収（万円）
56	400

平均年収	♥♥♥	性格ポイント	♥♥♥
華やかさ	♥♥♥	合コン満足度	♥♥♥

コロワイドは、外食事業などを展開する複数会社のとりまとめをしている企業である。

女性社員の意見を多く取り入れたり、店舗運営を女性目線にしたりという取り組みが活発！「女性のパワーをガッツリ取り込もうぜ★」という気概で満ちている。その点は評価できるものの、店長クラスでも年収は普通レベル。

独身ならやっていけるが、妻に子供2人いるような人の場合は、結構切り詰めないと厳しい。

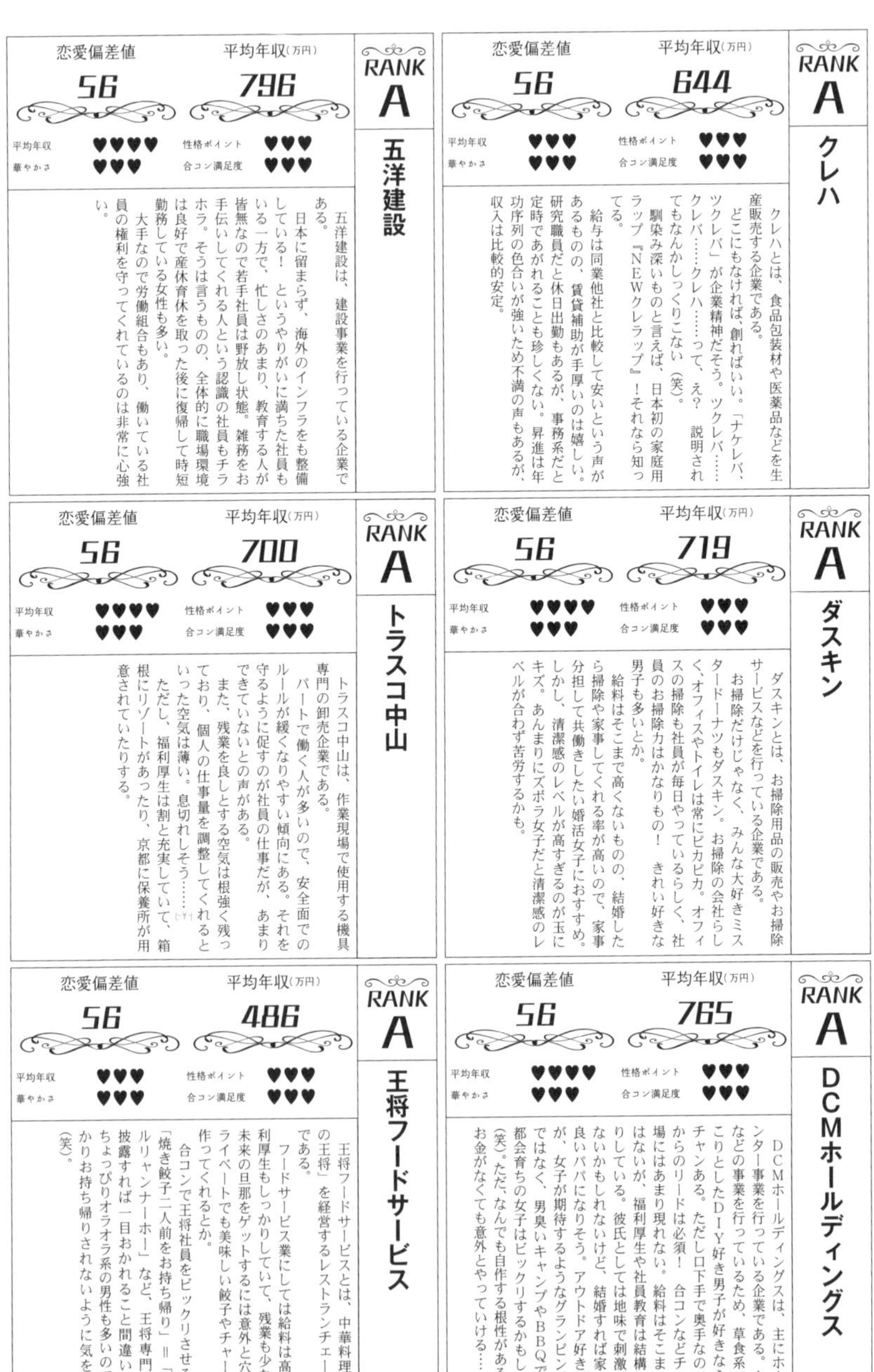

RANK A クレハ

恋愛偏差値 56　平均年収（万円） 644

平均年収 ♥♥♥　性格ポイント ♥♥♥
華やかさ ♥♥♥　合コン満足度 ♥♥♥

クレハとは、食品包装材や医薬品などを生産販売する企業である。

どこにもなければ、創ればいい。「ナケレバ、ツクレバ」が企業精神だそう。ツクレバ……クレバ……クレハ……って、え？　説明されてもなんかしっくりこない（笑）。

馴染み深いものと言えば、日本初の家庭用ラップ『NEWクレラップ』！それなら知ってる。

給与は同業他社と比較して安いという声があるものの、賃貸補助が手厚いのは嬉しい。研究職員だと休日出勤もあるが、事務系だと定時であがれることも珍しくない。昇進は年功序列の色合いが強いため不満の声もあるが、収入は比較的安定。

RANK A 五洋建設

恋愛偏差値 56　平均年収（万円） 796

平均年収 ♥♥♥♥　性格ポイント ♥♥♥
華やかさ ♥♥♥　合コン満足度 ♥♥♥

五洋建設は、建設事業を行っている企業である。

日本に留まらず、海外のインフラをも整備している！　というやりがいに満ちた社員もいる一方で、忙しさのあまり、教育する人が皆無なので若手社員は野放し状態。雑務をお手伝いしてくれる人という認識の社員もチラホラ。そうは言うものの、全体的に職場環境は良好で産休育休を取った後に復帰して時短勤務している女性も多い。

大手なので労働組合もあり、働いている社員の権利を守ってくれているのは非常に心強い。

RANK A ダスキン

恋愛偏差値 56　平均年収（万円） 719

平均年収 ♥♥♥♥　性格ポイント ♥♥♥
華やかさ ♥♥♥　合コン満足度 ♥♥♥

ダスキンとは、お掃除用品の販売やお掃除サービスなどを行っている企業である。

お掃除だけじゃなく、みんな大好きミスタードーナツもダスキン。お掃除の会社らしく、オフィスやトイレは常にピカピカ。オフィスの掃除も社員が毎日やっているらしく、社員のお掃除力はかなりもの！　きれい好きな男子も多いとか。

給料はそこまで高くないものの、結婚したら掃除や家事してくれる率が高いので、家事分担して共働きしたい婚活女子におすすめ。しかし、清潔感のレベルが高すぎるのが玉にキズ。あんまりにズボラ女子だと清潔感のレベルが合わず苦労するかも。

RANK A トラスコ中山

恋愛偏差値 56　平均年収（万円） 700

平均年収 ♥♥♥♥　性格ポイント ♥♥♥
華やかさ ♥♥♥　合コン満足度 ♥♥♥

トラスコ中山は、作業現場で使用する機具専門の卸売企業である。

パートで働く人が多いので、安全面でのルールが緩くなりやすい傾向にある。それを守るように促すのが社員の仕事だが、あまりできていないとの声がある。

また、残業を良しとする空気は根強く残っており、個人の仕事量を調整してくれるといった空気は薄い。息切れしそう……

ただし、福利厚生は割と充実していて、箱根にリゾートがあったり、京都に保養所が用意されていたりする。

RANK A DCMホールディングス

恋愛偏差値 56　平均年収（万円） 765

平均年収 ♥♥♥♥　性格ポイント ♥♥♥
華やかさ ♥♥♥　合コン満足度 ♥♥♥

DCMホールディングスは、主にホームセンター事業を行っている企業である。カーマなどの事業を行っているため、草食系でほっこりとしたDIY好き男子が好きならワンチャンある。ただし口下手で奥手なので女子からのリードは必須！　合コンなどチャラい場にはあまり現れない。給料はそこまで高くはないが、福利厚生や社員教育は結構しっかりしている。彼氏としては地味で刺激が足りないかもしれないけど、結婚すれば家庭的で良いパパになりそう。アウトドア好きが多いが、女子が期待するようなグランピングなどではなく、男臭いキャンプやBBQである。都会育ちの女子はビックリするかもしれない（笑）。ただ、なんでも自作する根性があるので、お金がなくても意外とやっていける……!?

RANK A 王将フードサービス

恋愛偏差値 56　平均年収（万円） 486

平均年収 ♥♥♥　性格ポイント ♥♥♥
華やかさ ♥♥♥　合コン満足度 ♥♥♥

王将フードサービスとは、中華料理「餃子の王将」を経営するレストランチェーン企業である。

フードサービス業にしては給料は高めで福利厚生もしっかりしていて、残業も少なめと、未来の旦那をゲットするには意外と穴場。プライベートでも美味しい餃子やチャーハンを作ってくれるとか。

合コンで王将社員をビックリさせるなら、「焼き餃子二人前をお持ち帰り」＝「コーテルリャンナーホー」など、王将専門用語を披露すれば一目おかれること間違いなし☆　ちょっぴりオラオラ系の男性も多いので、うっかりお持ち帰りされないように気をつけて（笑）。

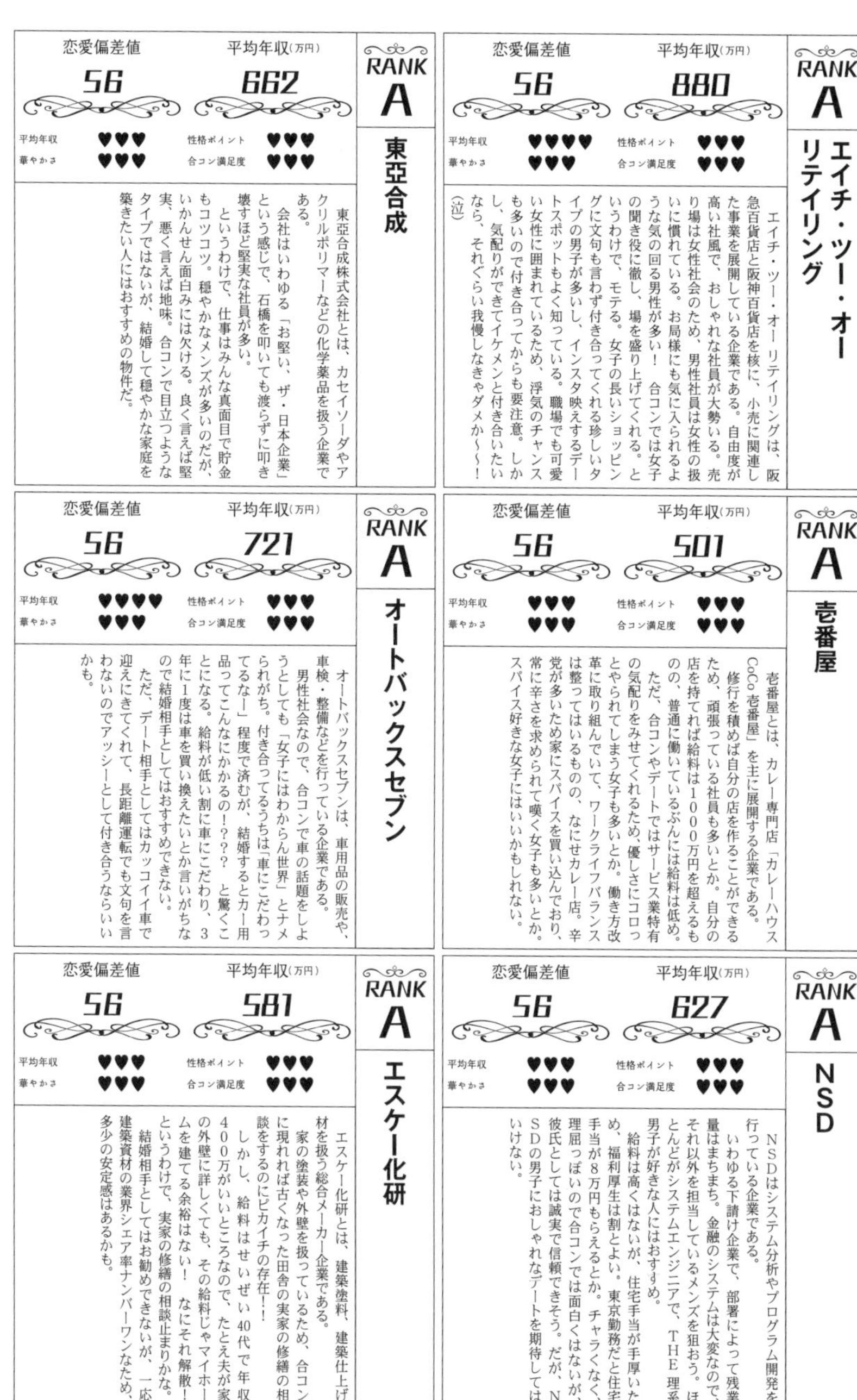

RANK A エイチ・ツー・オー リテイリング

恋愛偏差値	平均年収(万円)
56	880

平均年収	♥♥♥♥	性格ポイント	♥♥♥
華やかさ	♥♥♥	合コン満足度	♥♥♥

エイチ・ツー・オー リテイリングは、阪急百貨店と阪神百貨店を核に、小売に関連した事業を展開している企業である。自由度が高い社風で、おしゃれな社員が大勢いる。売り場は女性社会のため、男性社員は女性の扱いに慣れている。お局様にも気に入られるような気の回る男性が多い！ 合コンでは女子の聞き役に徹し、場を盛り上げてくれる。というわけで、モテる。女子の長いショッピングに文句も言わず付き合ってくれる珍しいタイプの男子が多いし、インスタ映えするデートスポットもよく知っている。職場でも可愛い女性に囲まれているため、浮気のチャンスも多いので付き合ってからも要注意。しかし、気配りができてイケメンと付き合いたいなら、それぐらい我慢しなきゃダメか～～！（泣）

RANK A 東亞合成

恋愛偏差値	平均年収(万円)
56	662

平均年収	♥♥♥	性格ポイント	♥♥♥
華やかさ	♥♥♥	合コン満足度	♥♥♥

東亞合成株式会社とは、カセイソーダやアクリルポリマーなどの化学薬品を扱う企業である。

会社はいわゆる「お堅い、ザ・日本企業」という感じで、石橋を叩いても渡らずに叩き壊すほど堅実な社員が多い。

というわけで、仕事はみんな真面目で貯金もコツコツ。穏やかなメンズが多いのだが、いかんせん面白みには欠ける。良く言えば堅実、悪く言えば地味。合コンで目立つようなタイプではないが、結婚して穏やかな家庭を築きたい人にはおすすめの物件だ。

RANK A 壱番屋

恋愛偏差値	平均年収(万円)
56	501

平均年収	♥♥♥	性格ポイント	♥♥♥
華やかさ	♥♥♥	合コン満足度	♥♥♥

壱番屋とは、カレー専門店「カレーハウスCoCo壱番屋」を主に展開する企業である。

修行を積めば自分の店を作ることができるため、頑張っている社員も多いとか。自分の店を持てれば給料は1000万円を超えるものの、普通に働いているぶんには給料は低め。

ただ、合コンやデートではサービス業特有の気配りをみせてくれるため、優しさにコロっとやられてしまう女子も多いとか。働き方改革に取り組んでいて、ワークライフバランスは整ってはいるものの、なにせカレー店。辛党が多いため家にスパイスを買い込んでおり、常に辛さを求められて嘆く女子も多いとか。スパイス好きな女子にはいいかもしれない。

RANK A オートバックスセブン

恋愛偏差値	平均年収(万円)
56	721

平均年収	♥♥♥♥	性格ポイント	♥♥♥
華やかさ	♥♥♥	合コン満足度	♥♥♥

オートバックスセブンは、車用品の販売や、車検・整備などを行っている企業である。

男性社会なので、合コンで車の話題をしようとしても「女子にはわからん世界」とナメられがち。付き合ってるうちは「車にこだわってるなー」程度で済むが、結婚するとカー用品ってこんなにかかるの!?? と驚くことになる。給料が低い割に車にこだわり、3年に1度は車を買い換えたいとか言いがちなので結婚相手としてはおすすめできない。

ただ、デート相手としてはカッコイイ車で迎えにきてくれて、長距離運転でも文句を言わないのでアッシーとして付き合うならいいかも。

RANK A NSD

恋愛偏差値	平均年収(万円)
56	627

平均年収	♥♥♥	性格ポイント	♥♥♥
華やかさ	♥♥♥	合コン満足度	♥♥♥

NSDはシステム分析やプログラム開発を行っている企業である。

いわゆる下請け企業で、部署によって残業量はまちまち。金融のシステムは大変なので、それ以外を担当しているメンズを狙おう。ほとんどがシステムエンジニアで、THE理系男子が好きな人にはおすすめ。

給料は高くはないが、住宅手当が手厚いため、福利厚生は割とよい。東京勤務だと住宅手当が8万円もらえるとか。チャラくなく、理屈っぽいので合コンでは面白くはないが、彼氏としては誠実で信頼できそう。だが、NSDの男子におしゃれなデートを期待してはいけない。

RANK A エスケー化研

恋愛偏差値	平均年収(万円)
56	581

平均年収	♥♥♥	性格ポイント	♥♥♥
華やかさ	♥♥♥	合コン満足度	♥♥♥

エスケー化研とは、建築塗料、建築仕上げ材を扱う総合メーカー企業である。

家の塗装や外壁を扱っているため、合コンに現れれば古くなった田舎の実家の修繕の相談をするのにピカイチの存在!!

しかし、給料はせいぜい40代で年収400万がいいところなので、たとえ夫が家の外壁に詳しくても、その給料じゃマイホームを建てる余裕はない！ なにそれ解散！ というわけで、実家の修繕の相談止まりかな。

結婚相手としてはお勧めできないが、一応建築資材の業界シェア率ナンバーワンなため、多少の安定感はあるかも。

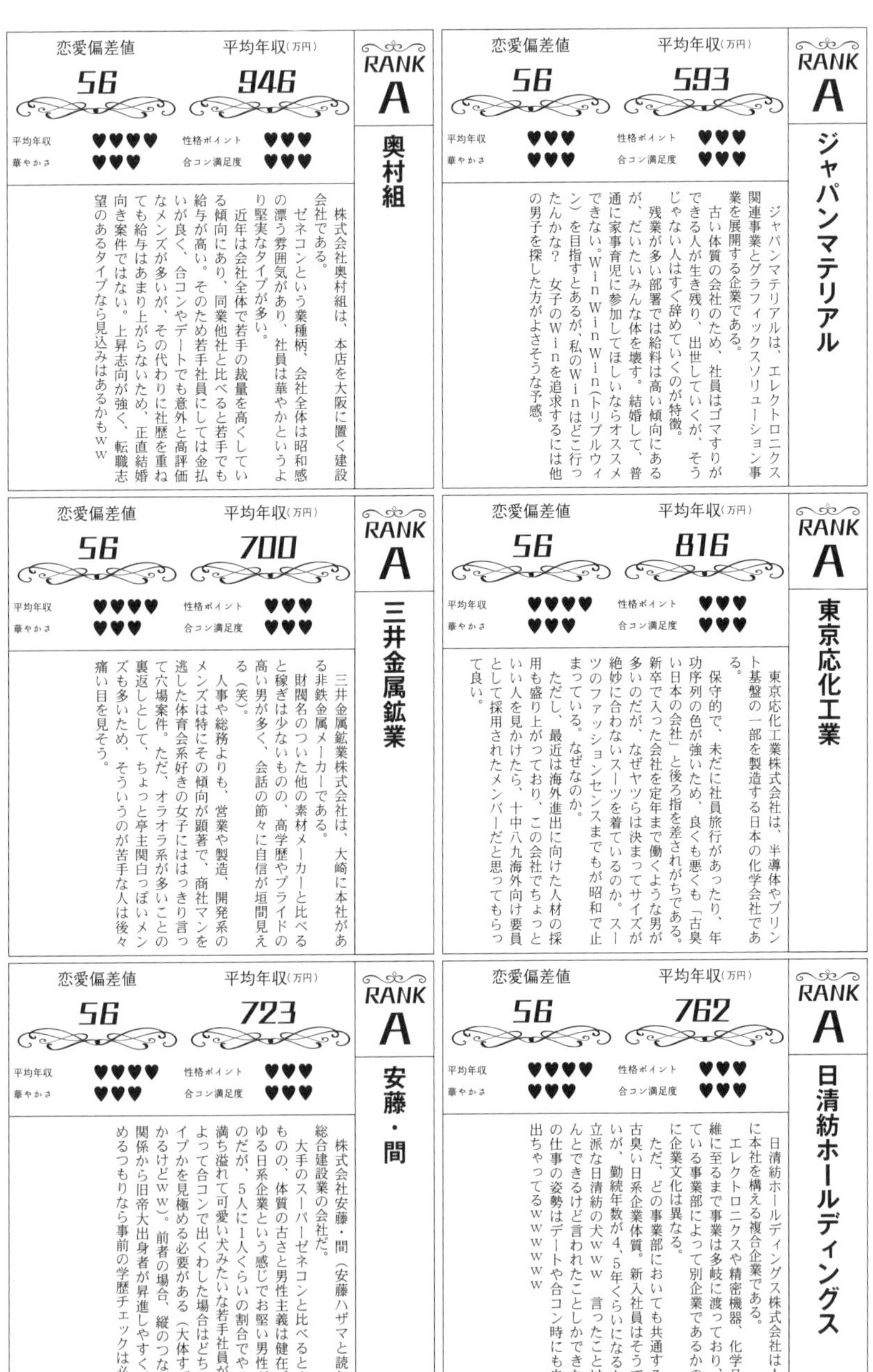

RANK A　ジャパンマテリアル

恋愛偏差値　56　平均年収(万円)　593

平均年収　♥♥♥　性格ポイント　♥♥♥
華やかさ　♥♥♥　合コン満足度　♥♥♥

ジャパンマテリアルは、エレクトロニクス関連事業とグラフィックスソリューション事業を展開する企業である。

古い体質の会社のため、社員はゴマすりができる人が生き残り、出世していくが、そうじゃない人はすぐ辞めていくのが特徴。

残業が多い部署では給料は高い傾向にあるが、だいたいみんな体を壊す。結婚して、普通に家事育児に参加してほしいならオススメできない。ＷｉｎＷｉｎＷｉｎ(トリプルウィン)を目指すとあるが、私のＷｉｎはどこ行ったんかな？　女子のＷｉｎを追求するには他の男子を探した方がよさそうな予感。

RANK A　奥村組

恋愛偏差値　56　平均年収(万円)　946

平均年収　♥♥♥♥　性格ポイント　♥♥♥
華やかさ　♥♥♥　合コン満足度　♥♥♥

株式会社奥村組は、本店を大阪に置く建設会社である。

ゼネコンという業種柄、会社全体は昭和感の漂う雰囲気があり、社員は華やかというより堅実なタイプが多い。

近年は会社全体で若手の裁量を高くしている傾向にあり、同業他社と比べると若手でも給与が高い。そのため若手社員にしては金払いが良く、合コンやデートでも意外と高評価なメンズが多いが、その代わりに社歴を重ねても給与はあまり上がらないため、正直結婚向き案件ではない。上昇志向が強く、転職志望のあるタイプなら見込みはあるかもｗｗ

RANK A　東京応化工業

恋愛偏差値　56　平均年収(万円)　816

平均年収　♥♥♥♥　性格ポイント　♥♥♥
華やかさ　♥♥♥　合コン満足度　♥♥♥

東京応化工業株式会社は、半導体やプリント基盤の一部を製造する日本の化学会社である。

保守的で、未だに社員旅行があったり、年功序列の色が強いため、良くも悪くも「古臭い日本の会社」と後ろ指を差されがちである。新卒で入った会社を定年まで働くような男が多いのだが、なぜヤツらは決まってサイズが絶妙に合わないスーツを着ているのか。スーツのファッションセンスまでもが昭和で止まっている。なぜなのか。

ただし、最近は海外進出に向けた人材の採用も盛り上がっており、この会社でちょっといい人を見かけたら、十中八九海外向け要員として採用されたメンバーだと思ってもらって良い。

RANK A　三井金属鉱業

恋愛偏差値　56　平均年収(万円)　700

平均年収　♥♥♥♥　性格ポイント　♥♥♥
華やかさ　♥♥♥　合コン満足度　♥♥♥

三井金属鉱業株式会社は、大崎に本社がある非鉄金属メーカーである。

財閥名のついた他の素材メーカーと比べると稼ぎは少ないものの、高学歴やプライドの高い男が多く、会話の節々に自信が垣間見える（笑）。

人事や総務よりも、営業や製造、開発系のメンズは特にその傾向が顕著で、商社マンを逃した体育会系好きの女子にははっきり言って穴場案件。ただ、オラオラ系が多いことの裏返しとして、ちょっと亭主関白っぽいメンズも多いため、そういうのが苦手な人は後々痛い目を見そう。

RANK A　日清紡ホールディングス

恋愛偏差値　56　平均年収(万円)　762

平均年収　♥♥♥♥　性格ポイント　♥♥♥
華やかさ　♥♥♥　合コン満足度　♥♥♥

日清紡ホールディングス株式会社は人形町に本社を構える複合企業である。

エレクトロニクスや精密機器、化学品、繊維に至るまで事業は多岐に渡っており、属している事業部によって別企業であるかのように企業文化は異なる。

ただ、どの事業部においても共通するのは古臭い日系企業体質。新入社員はそうでもないが、勤続年数が4、5年くらいになるともう立派な日清紡の犬ｗｗｗ　言ったことはちゃんとできるけど言われたことしかできないその仕事の姿勢はデートや合コン時にも自然と出ちゃってるｗｗｗｗｗｗ

RANK A　安藤・間

恋愛偏差値　56　平均年収(万円)　723

平均年収　♥♥♥♥　性格ポイント　♥♥♥
華やかさ　♥♥♥　合コン満足度　♥♥♥

株式会社安藤・間（安藤ハザマと読む）は総合建設業の会社だ。

大手のスーパーゼネコンと比べると小さいものの、体質の古さと男性主義は健在。いわゆる日系企業という感じでお堅い男性が多いのだが、5人に1人くらいの割合でやる気に満ち溢れて可愛い犬みたいな若手社員がいる。よって合コンで出くわした場合はどちらのタイプかを見極める必要がある（大体すぐにわかるけどｗｗ）。前者の場合、縦のつながりの関係から旧帝大出身者が昇進しやすく、仕留めるつもりなら事前の学歴チェックは必須。

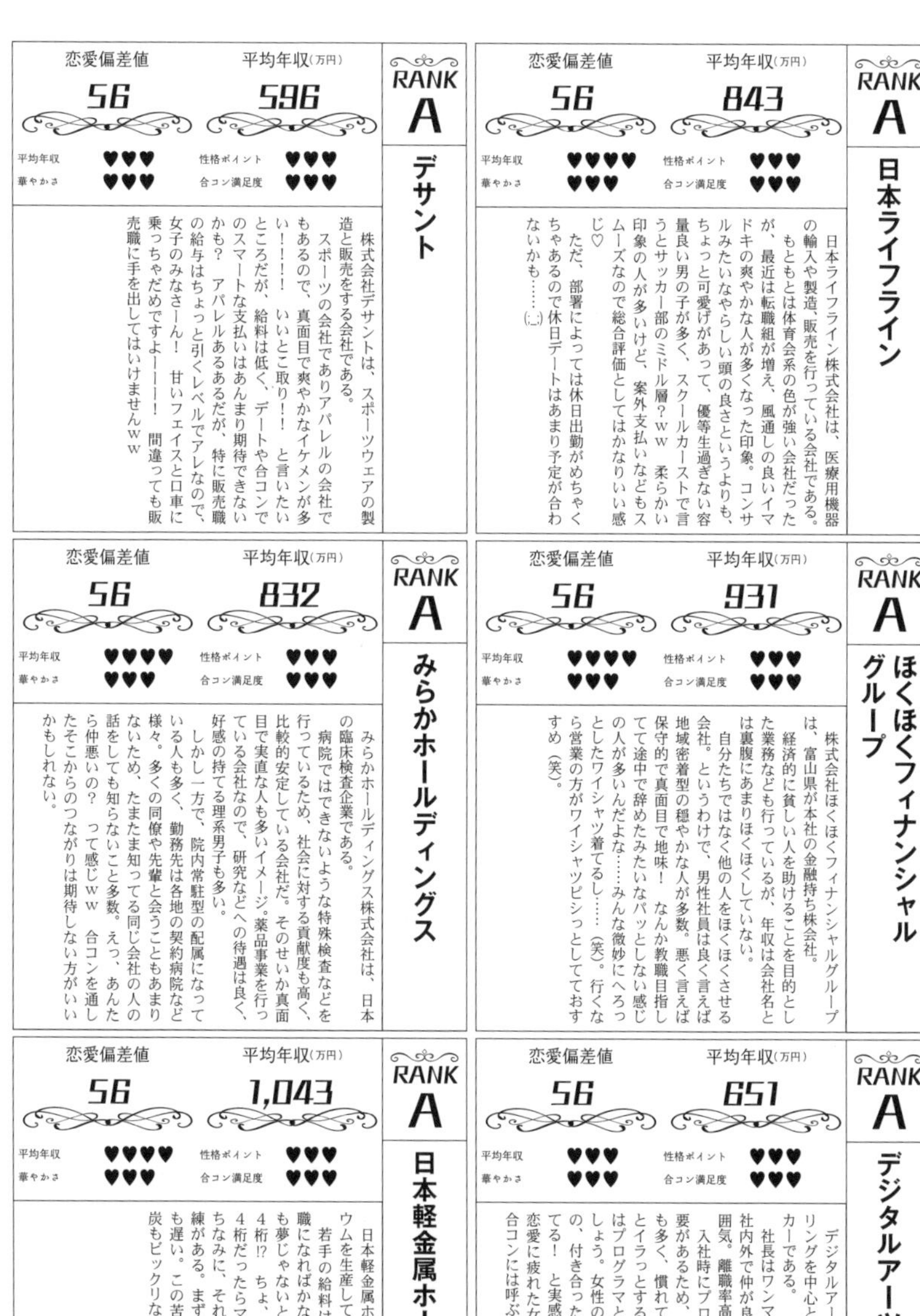

日本ライフライン

RANK A

恋愛偏差値	平均年収(万円)
56	843

平均年収	♥♥♥♥	性格ポイント	♥♥♥
華やかさ	♥♥♥	合コン満足度	♥♥♥

日本ライフライン株式会社は、医療用機器の輸入や製造、販売を行っている会社である。

もともとは体育会系の色が強い会社だったが、最近は転職組が増え、風通しの良いイマドキの爽やかな人が多くなった印象。コンサルみたいなやらしい頭の良さというよりも、ちょっと可愛げがあって、優等生過ぎない容量良い男の子が多く、スクールカーストで言うとサッカー部のミドル層？ｗｗ 柔らかい印象の人が多いけど、案外支払いなどもスムーズなので総合評価としてはかなりいい感じ♡

ただ、部署によっては休日出勤がめちゃくちゃあるので休日デートはあまり予定が合わないかも……(;_;)

デサント

RANK A

恋愛偏差値	平均年収(万円)
56	596

平均年収	♥♥♥	性格ポイント	♥♥♥
華やかさ	♥♥♥	合コン満足度	♥♥♥

株式会社デサントは、スポーツウェアの製造と販売をする会社である。

スポーツの会社でありアパレルの会社でもあるので、真面目で爽やかなイケメンが多い！！！ いいとこ取り！！ と言いたいところだが、給料は低く、デートや合コンでのスマートな支払いはあんまり期待できないかも？ アパレルあるあるだが、特に販売職の給与はちょっと引くレベルでアレなので、女子のみなさーん！ 甘いフェイスと口車に乗っちゃだめですよー！！！ 間違っても販売職に手を出してはいけませんｗｗ

ほくほくフィナンシャルグループ

RANK A

恋愛偏差値	平均年収(万円)
56	931

平均年収	♥♥♥♥	性格ポイント	♥♥♥
華やかさ	♥♥♥	合コン満足度	♥♥♥

株式会社ほくほくフィナンシャルグループは、富山県が本社の金融持ち株会社。

経済的に貧しい人を助けることを目的とした業務なども行っているが、年収は会社名とは裏腹にあまりほくほくしていない。

自分たちではなく他の人をほくほくさせる会社。というわけで、男性社員は良く言えば地域密着型の穏やかな人が多数。悪く言えば保守的で真面目で地味！ なんか教職目指してて途中で辞めたみたいなパッとしない感じの人が多いんだよな……みんな微妙にへろっとしたワイシャツ着てるし……(笑)。行くなら営業の方がワイシャツピシっとしてておすすめ(笑)。

みらかホールディングス

RANK A

恋愛偏差値	平均年収(万円)
56	832

平均年収	♥♥♥♥	性格ポイント	♥♥♥
華やかさ	♥♥♥	合コン満足度	♥♥♥

みらかホールディングス株式会社は、日本の臨床検査企業である。

病院ではできないような特殊検査などを行っているため、社会に対する貢献度も高く、比較的安定している会社だ。そのせいか真面目で実直な人も多いイメージ。薬品事業を行っている会社なので、研究などへの待遇は良く、好感の持てる理系男子も多い。

しかし一方で、院内常駐型の配属になっている人も多く、勤務先は各地の契約病院など様々。多くの同僚や先輩と会うこともあまりないため、たまたま知ってる同じ会社の人の話をしても知らないこと多数。えっ、あんたら仲悪いの？ って感じｗｗ 合コンを通したそこからのつながりは期待しない方がいいかもしれない。

デジタルアーツ

RANK A

恋愛偏差値	平均年収(万円)
56	651

平均年収	♥♥♥	性格ポイント	♥♥♥
華やかさ	♥♥♥	合コン満足度	♥♥♥

デジタルアーツ株式会社はＷｅｂフィルタリングを中心とした情報セキュリティーメーカーである。

社長はワンマンだが、社内は転職者も多く、社内外で仲が良いので和気あいあいとした雰囲気。離職率高いけどｗｗ

入社時にプログラムのテストを合格する必要があるため、マニアレベルのプログラマーも多く、慣れていない女子にとってはちょっとイラっとする物言いをする男も多い。彼らはプログラマという生き物だと思って接しましょう。女性の扱いはスマートではないものの、付き合った時には不器用でも愛してくれてる！ と実感できる付き合いができるので、恋愛に疲れた女の子にも実はおすすめです。合コンには呼ぶなｗｗ

日本軽金属ホールディングス

RANK A

恋愛偏差値	平均年収(万円)
56	1,043

平均年収	♥♥♥♥	性格ポイント	♥♥♥
華やかさ	♥♥♥	合コン満足度	♥♥♥

日本軽金属ホールディングスは、アルミニウムを生産しているメーカーである。

若手の給料は雀の涙程度。しかし、課長職になればかなりの金額が期待できる、4桁も夢じゃないとのタレコミあり。ええ？？？4桁!? ちょ、待てよ。8桁の間違いだろ。4桁だったらマックスでも9000円だろ。ちなみに、それに到達するまでには数々の試練がある。まず、朝がとても早い。そして夜も遅い。この苦労をしても4桁は、流石に石炭もビックリなブラックっぷり(´ω`)

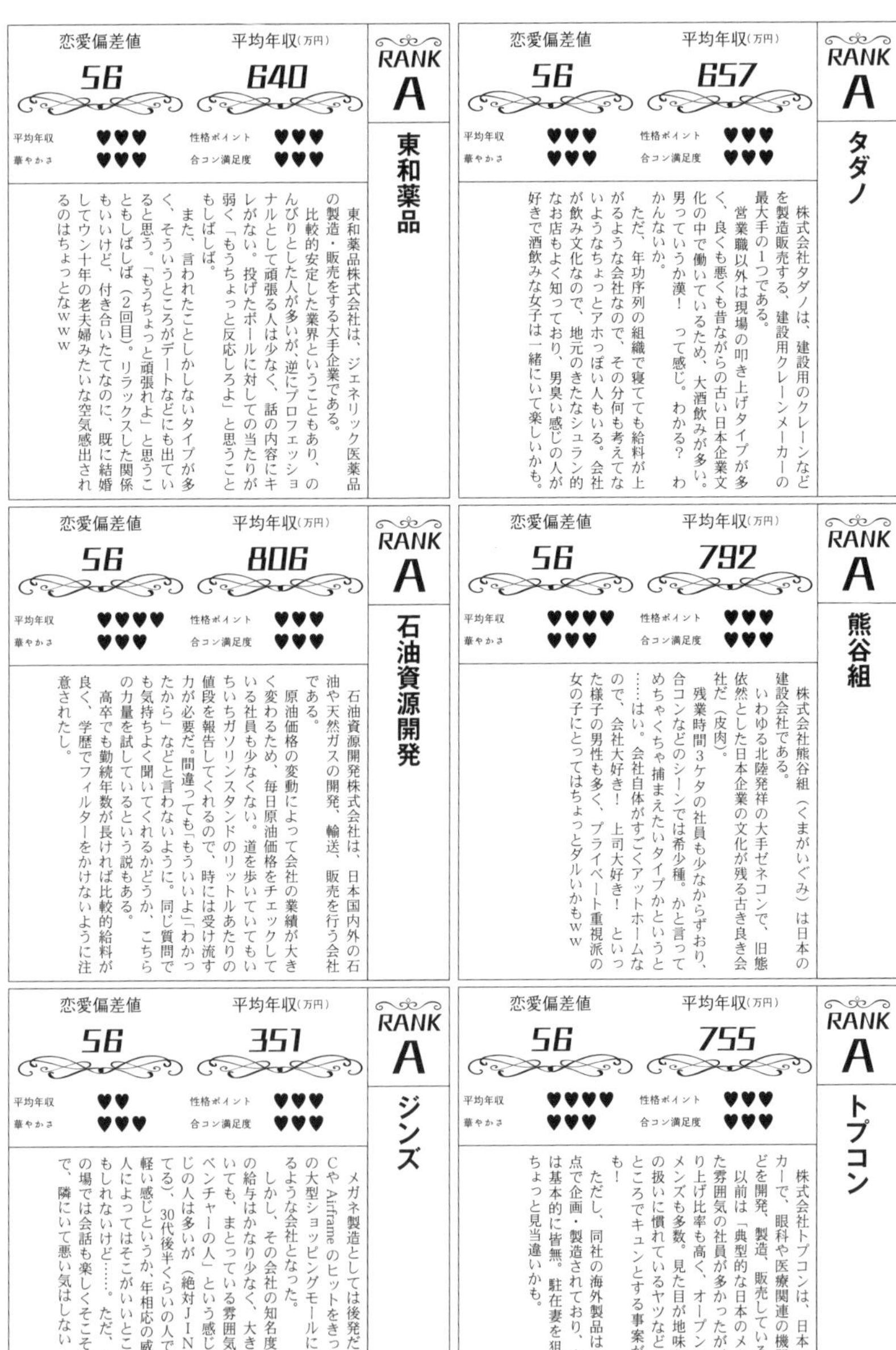

RANK A タダノ

恋愛偏差値 56　平均年収（万円） 657

平均年収 ♥♥♥　性格ポイント ♥♥♥
華やかさ ♥♥♥　合コン満足度 ♥♥♥

株式会社タダノは、建設用のクレーンなどを製造販売する、建設用クレーンメーカーの最大手の1つである。

営業職以外は現場の叩き上げタイプが多く、良くも悪くも昔ながらの古い日本企業文化の中で働いているため、大酒飲みが多い。男っていうか漢！　って感じ。わかる？　わかんないか。

ただ、年功序列の組織で寝てても給料が上がるような会社なので、その分何も考えてないようなちょっとアホっぽい人もいる。会社が飲み文化なので、地元のきたなシュラン的なお店もよく知っており、男臭い感じの人が好きで酒飲みな女子は一緒にいて楽しいかも。

RANK A 東和薬品

恋愛偏差値 56　平均年収（万円） 640

平均年収 ♥♥♥　性格ポイント ♥♥♥
華やかさ ♥♥♥　合コン満足度 ♥♥♥

東和薬品株式会社は、ジェネリック医薬品の製造・販売をする大手企業である。

比較的安定した業界ということもあり、のんびりとした人が多いが、逆にプロフェッショナルとして頑張る人は少なく、話の内容にキレがない。投げたボールに対しての当たりが弱く「もうちょっと反応しろよ」と思うこともしばしば。

また、言われたことしかしないタイプが多く、そういうところがデートなどにも出ていると思う。「もうちょっと頑張れよ」と思うこともしばしば（2回目）。リラックスした関係もいいけど、付き合いたてなのに、既に結婚してウン十年の老夫婦みたいな空気感出されるのはちょっとなｗｗｗ

RANK A 熊谷組

恋愛偏差値 56　平均年収（万円） 792

平均年収 ♥♥♥♥　性格ポイント ♥♥♥
華やかさ ♥♥♥　合コン満足度 ♥♥♥

株式会社熊谷組（くまがいぐみ）は日本の建設会社である。

いわゆる北陸発祥の大手ゼネコンで、旧態依然とした日本企業の文化が残る古き良き会社だ（皮肉）。

残業時間3ケタの社員も少なからずおり、合コンなどのシーンでは希少種。かと言ってめちゃくちゃ捕まえたいタイプかというと……はい。会社自体がすごくアットホームなので、会社大好き！　上司大好き！　といった様子の男性も多く、プライベート重視派の女の子にとってはちょっとダルいかもｗｗ

RANK A 石油資源開発

恋愛偏差値 56　平均年収（万円） 806

平均年収 ♥♥♥♥　性格ポイント ♥♥♥
華やかさ ♥♥♥　合コン満足度 ♥♥♥

石油資源開発株式会社は、日本国内外の石油や天然ガスの開発、輸送、販売を行う会社である。

原油価格の変動によって会社の業績が大きく変わるため、毎日原油価格をチェックしている社員も少なくない。道を歩いていてもいちいちガソリンスタンドのリットルあたりの値段を報告してくれるので、時には受け流す力が必要だ。間違っても「もういいよ」「わかったから」などと言わないように。同じ質問でも気持ちよく聞いてくれるかどうか、こちらの力量を試しているという説もある。

高卒でも勤続年数が長ければ比較的給料が良く、学歴でフィルターをかけないように注意されたし。

RANK A トプコン

恋愛偏差値 56　平均年収（万円） 755

平均年収 ♥♥♥♥　性格ポイント ♥♥♥
華やかさ ♥♥♥　合コン満足度 ♥♥♥

株式会社トプコンは、日本の光学機器メーカーで、眼科や医療関連の機器や測量機器などを開発、製造、販売している会社だ。

以前は「典型的な日本のメーカー」といった雰囲気の社員が多かったが、最近は海外売り上げ比率も高く、オープンで帰国子女系のメンズも多数。見た目が地味なのに意外と女の扱いに慣れているヤツなどもおり、思わぬところでキュンとする事案が発生することも！

ただし、同社の海外製品はあくまで海外拠点で企画・製造されており、海外への駐在等は基本的に皆無。駐在妻を狙っているなら、ちょっと見当違いかも。

RANK A ジンズ

恋愛偏差値 56　平均年収（万円） 351

平均年収 ♥♥　性格ポイント ♥♥♥
華やかさ ♥♥♥　合コン満足度 ♥♥♥

メガネ製造としては後発だが、ＪＩＮＳＰＣやAirframeのヒットをきっかけに、今やどの大型ショッピングモールに行っても見かけるような会社となった。

しかし、その会社の知名度とは裏腹に社員の給与はかなり少なく、大きい会社に勤めていても、まとっている雰囲気は「フランクなベンチャーの人」という感じ。おしゃれな感じの人は多いが（絶対ＪＩＮＳのメガネかけてる）、30代後半くらいの人でも何かやっぱり軽い感じというか、年相応の威厳はない（笑）。人によってはそこがいいところでもあるのかもしれないけど……。ただ、合コンや飲み会の場では会話も楽しくそこそこ盛り上がるので、隣にいて悪い気はしない（笑）。

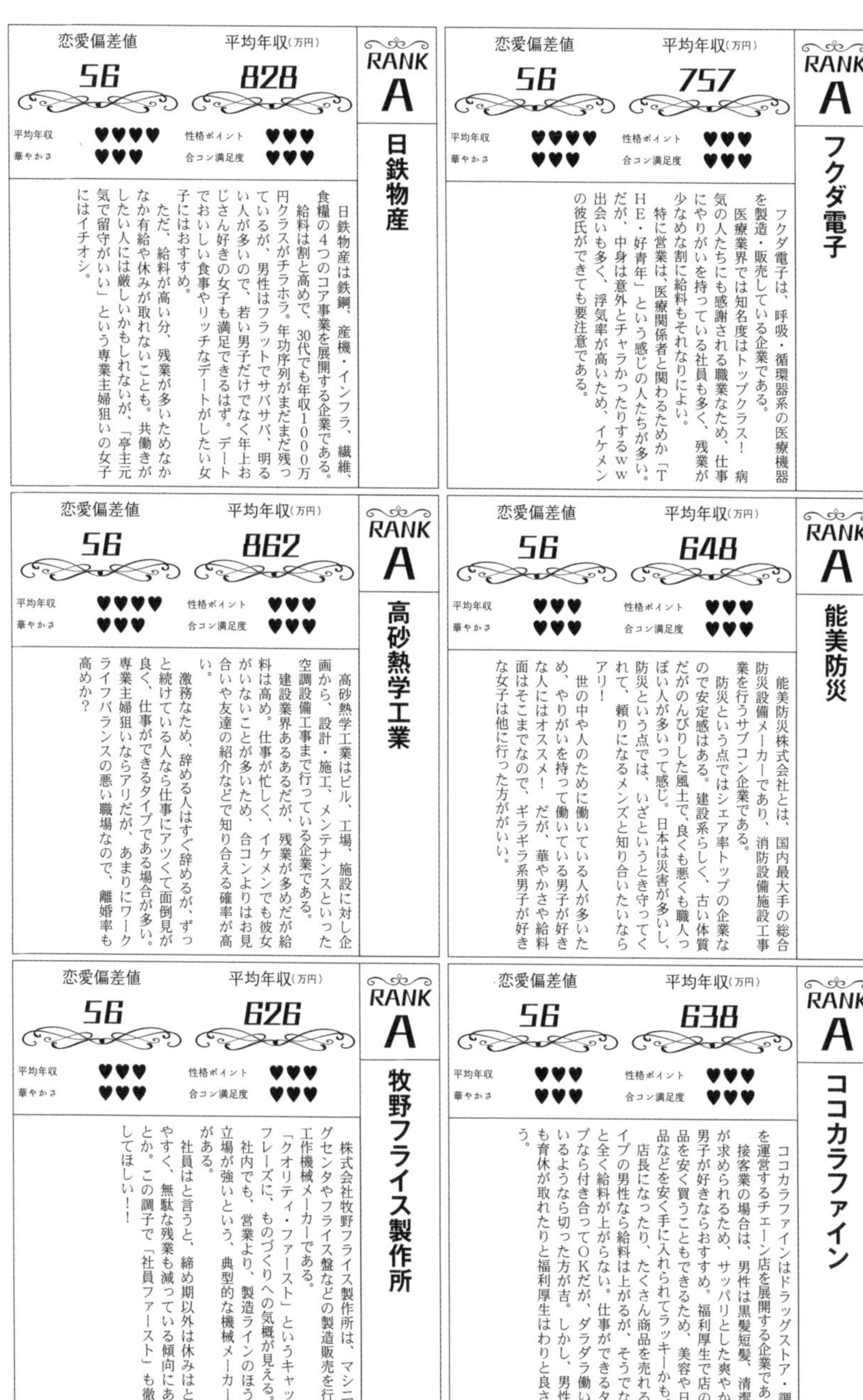

フクダ電子

RANK A

恋愛偏差値	平均年収(万円)
56	757

平均年収	♥♥♥♥	性格ポイント	♥♥♥
華やかさ	♥♥♥	合コン満足度	♥♥♥

フクダ電子は、呼吸・循環器系の医療機器を製造・販売している企業である。

医療業界では知名度はトップクラス！ 病気の人たちにも感謝される職業なため、仕事にやりがいを持っている社員も多く、残業が少なめな割に給料もそれなりによい。

特に営業は、医療関係者と関わるためか「THE・好青年」という感じの人たちが多い。だが、中身は意外とチャラかったりするｗｗ出会いも多く、浮気率が高いため、イケメンの彼氏ができても要注意である。

日鉄物産

RANK A

恋愛偏差値	平均年収(万円)
56	828

平均年収	♥♥♥♥	性格ポイント	♥♥♥
華やかさ	♥♥♥	合コン満足度	♥♥♥

日鉄物産は鉄鋼、産機・インフラ、繊維、食糧の4つのコア事業を展開する企業である。

給料は割と高めで、30代でも年収1000万円クラスがチラホラ。年功序列がまだまだ残っているが、男性はフラットでサバサバ、明るい人が多いので、若い男子だけでなく年上おじさん好きの女子も満足できるはず。デートでおいしい食事やリッチなデートがしたい女子にはおすすめ。

ただ、給料が高い分、残業が多いためなかなか有給や休みが取れないことも。共働きがしたい人には厳しいかもしれないが、「亭主元気で留守がいい」という専業主婦狙いの女子にはイチオシ。

能美防災

RANK A

恋愛偏差値	平均年収(万円)
56	648

平均年収	♥♥♥	性格ポイント	♥♥♥
華やかさ	♥♥♥	合コン満足度	♥♥♥

能美防災株式会社とは、国内最大手の総合防災設備メーカーであり、消防設備施設工事業を行うサブコン企業である。

防災という点ではシェア率トップの企業なので安定感はある。建設系らしく、古い体質だがのんびりした風土で、良くも悪くも職人っぽい人が多いって感じ。日本は災害が多いし、防災という点では、いざというとき守ってくれて、頼りになるメンズと知り合いたいならアリ！

世の中や人のために働いている人が多いため、やりがいを持って働いている男子が好きな人にはオススメ！ だが、華やかさや給料面はそこまでなので、ギラギラ系男子が好きな女子は他に行った方ががいい。

高砂熱学工業

RANK A

恋愛偏差値	平均年収(万円)
56	862

平均年収	♥♥♥♥	性格ポイント	♥♥♥
華やかさ	♥♥♥	合コン満足度	♥♥♥

高砂熱学工業はビル、工場、施設に対し企画から、設計・施工、メンテナンスといった空調設備工事まで行っている企業である。

建設業界あるあるだが、残業が多めだが給料は高め。仕事が忙しく、イケメンでも彼女がいないことが多いため、合コンよりはお見合いや友達の紹介などで知り合える確率が高い。

激務なため、辞める人はすぐ辞めるが、ずっと続けている人なら仕事にアツくて面倒見が良く、仕事ができるタイプである場合が多い。専業主婦狙いならアリだが、あまりにワークライフバランスの悪い職場なので、離婚率も高めか？

ココカラファイン

RANK A

恋愛偏差値	平均年収(万円)
56	638

平均年収	♥♥♥	性格ポイント	♥♥♥
華やかさ	♥♥♥	合コン満足度	♥♥♥

ココカラファインはドラッグストア・調剤を運営するチェーン店を展開する企業である。

接客業の場合は、男性は黒髪短髪、清潔感が求められるため、サッパリとした爽やか系男子が好きならおすすめ。福利厚生で店の商品を安く買うこともできるため、美容や日用品などを安く手に入れられてラッキーかも。

店長になったり、たくさん商品を売れるタイプの男性なら給料は上がるが、そうでないと全く給料が上がらない。仕事ができるタイプなら付き合ってOKだが、ダラダラ働いているようなら切った方が吉。しかし、男性でも育休が取れたりと福利厚生はわりと良さそう。

牧野フライス製作所

RANK A

恋愛偏差値	平均年収(万円)
56	626

平均年収	♥♥♥	性格ポイント	♥♥♥
華やかさ	♥♥♥	合コン満足度	♥♥♥

株式会社牧野フライス製作所は、マシニングセンタやフライス盤などの製造販売を行う工作機械メーカーである。

「クオリティ・ファースト」というキャッチフレーズに、ものづくりへの気概が見える。社内でも、営業より、製造ラインのほうが立場が強いという、典型的な機械メーカー感がある。

社員はと言うと、締め期以外は休みはとりやすく、無駄な残業も減っている傾向にあるとか。この調子で「社員ファースト」も徹底してほしい！！

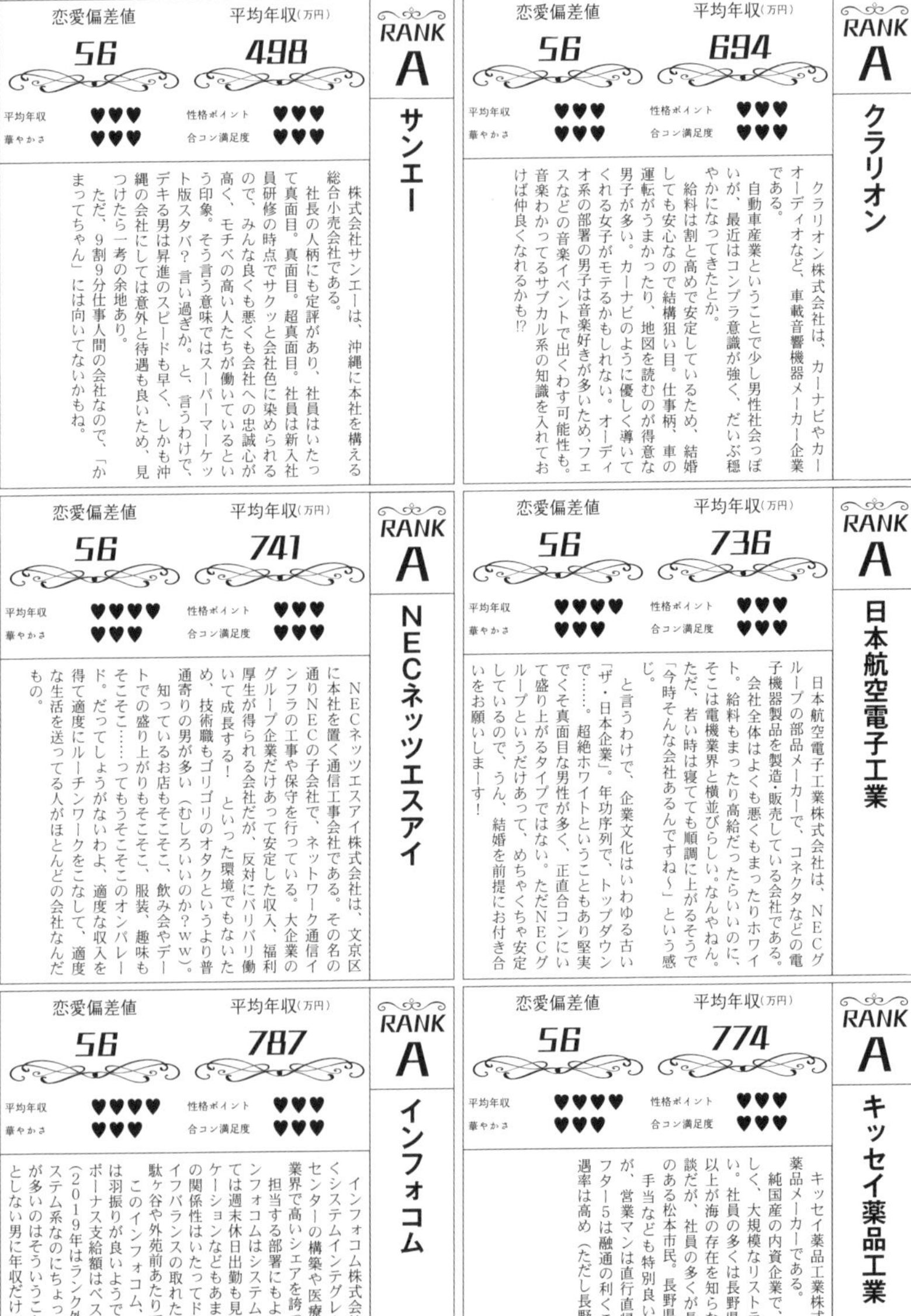

RANK A クラリオン

恋愛偏差値 56　平均年収（万円） 694

- 平均年収 ♥♥♥
- 華やかさ ♥♥♥
- 性格ポイント ♥♥♥
- 合コン満足度 ♥♥♥

クラリオン株式会社は、カーナビやカーオーディオなど、車載音響機器メーカー企業である。

自動車産業ということで少し男性社会っぽいが、最近はコンプラ意識が強く、だいぶ穏やかになってきたとか。

給料は割と高めで安定しているため、結婚しても安心なので結構狙い目。仕事柄、車の運転がうまかったり、地図を読むのが得意な男子が多い。カーナビのように優しく導いてくれる女子がモテるかもしれない。オーディオ系の部署の男子は音楽好きが多いため、フェスなどの音楽イベントで出くわす可能性も。音楽わかってるサブカル系の知識を入れておけば仲良くなれるかも⁉

RANK A サンエー

恋愛偏差値 56　平均年収（万円） 498

- 平均年収 ♥♥♥
- 華やかさ ♥♥♥
- 性格ポイント ♥♥♥
- 合コン満足度 ♥♥♥

株式会社サンエーは、沖縄に本社を構える総合小売会社である。

社長の人柄にも定評があり、社員はいたって真面目。真面目。超真面目。社員は新入社員研修の時点でサクッと会社色に染められるので、みんな良くも悪くも会社への忠誠心が高く、モチベの高い人たちが働いているという印象。そう言う意味ではスーパーマーケット版スタバ？ 言い過ぎか。と、言うわけで、デキる男は昇進のスピードも早く、しかも沖縄の会社にしては意外と待遇も良いため、見つけたら一考の余地あり。

ただ、9割9分仕事人間の会社なので、「かまってちゃん」には向いてないかもね。

RANK A 日本航空電子工業

恋愛偏差値 56　平均年収（万円） 736

- 平均年収 ♥♥♥♥
- 華やかさ ♥♥♥
- 性格ポイント ♥♥♥
- 合コン満足度 ♥♥♥

日本航空電子工業株式会社は、ＮＥＣグループの部品メーカーで、コネクタなどの電子機器製品を製造・販売している会社である。

会社全体はよくも悪くもまったりホワイト。給料もまったり高給だったらいいのに、そこは電機業界と横並びらしい。なんやねん。ただ、若い時は寝てても順調に上がるそうで「今時そんな会社あるんですね〜」という感じ。

と言うわけで、企業文化はいわゆる古い「ザ・日本企業」。年功序列で、トップダウンで……。超絶ホワイトということもあり堅実でくそ真面目な男性が多く、正直合コンにいて盛り上がるタイプではない。ただＮＥＣグループというだけあって、めちゃくちゃ安定しているので、うん、結婚を前提にお付き合いをお願いしまーす！

RANK A ＮＥＣネッツエスアイ

恋愛偏差値 56　平均年収（万円） 741

- 平均年収 ♥♥♥♥
- 華やかさ ♥♥♥
- 性格ポイント ♥♥♥
- 合コン満足度 ♥♥♥

ＮＥＣネッツエスアイ株式会社は、文京区に本社を置く通信工事会社である。その名の通りＮＥＣの子会社で、ネットワーク通信インフラの工事や保守を行っている。大企業のグループ企業だけあって安定した収入、福利厚生が得られる会社だが、反対にバリバリ働いて成長する！ といった環境でもないため、技術職もゴリゴリのオタクというより普通寄りの男が多い（むしろいいのか？ｗｗ）。

知っているお店もそこそこ、飲み会やデートでの盛り上がりもそこそこ、服装、趣味もそこそこ……ってもうそこそこのオンパレード。だってしょうがないわよ、適度な収入を得て適度にルーチンワークをこなして、適度な生活を送ってる人がほとんどの会社なんだもの。

RANK A キッセイ薬品工業

恋愛偏差値 56　平均年収（万円） 774

- 平均年収 ♥♥♥♥
- 華やかさ ♥♥♥
- 性格ポイント ♥♥♥
- 合コン満足度 ♥♥♥

キッセイ薬品工業株式会社は、長野県の医薬品メーカーである。

純国産の内資企業で、体質は古いが人に優しく、大規模なリストラなどはあまり聞かない。社員の多くは長野県出身で、社員の半数以上が海の存在を知らない……というのは冗談だが、社員の多くが長野県の、しかも会社のある松本市民。長野県愛が強すぎる。

手当なども特別良いというわけではないが、営業マンは直行直帰ＯＫ！ そのためアフター５は融通の利くことが多く、合コン遭遇率は高め（ただし長野県松本市内に限る）。

RANK A インフォコム

恋愛偏差値 56　平均年収（万円） 787

- 平均年収 ♥♥♥♥
- 華やかさ ♥♥♥
- 性格ポイント ♥♥♥
- 合コン満足度 ♥♥♥

インフォコム株式会社は、渋谷を本社に置くシステムインテグレーターである。コールセンターの構築や医療系システムにおいて、業界で高いシェアを誇っている。

担当する部署にもよるかもしれないが、インフォコムはシステムインテグレーターにしては週末休日出勤も見られず、週末の飲みニケーションなどもあまりないため会社員同士の関係性はいたってドライ。週末はワークライフバランスの取れたインフォコム社員が千駄ヶ谷や外苑前あたりで飲み歩いている。

このインフォコム、実はＩＴ業界の中では羽振りが良いようで、なんと２０１０年のボーナス支給額はベスト7位に選ばれていた（２０１９年はランク外だったけどｗｗ）。システム系なのにちょっとチャラついている男が多いのはそういうことなのだ。しかし、パッとしない男に年収だけでオラつかれてもねえ。

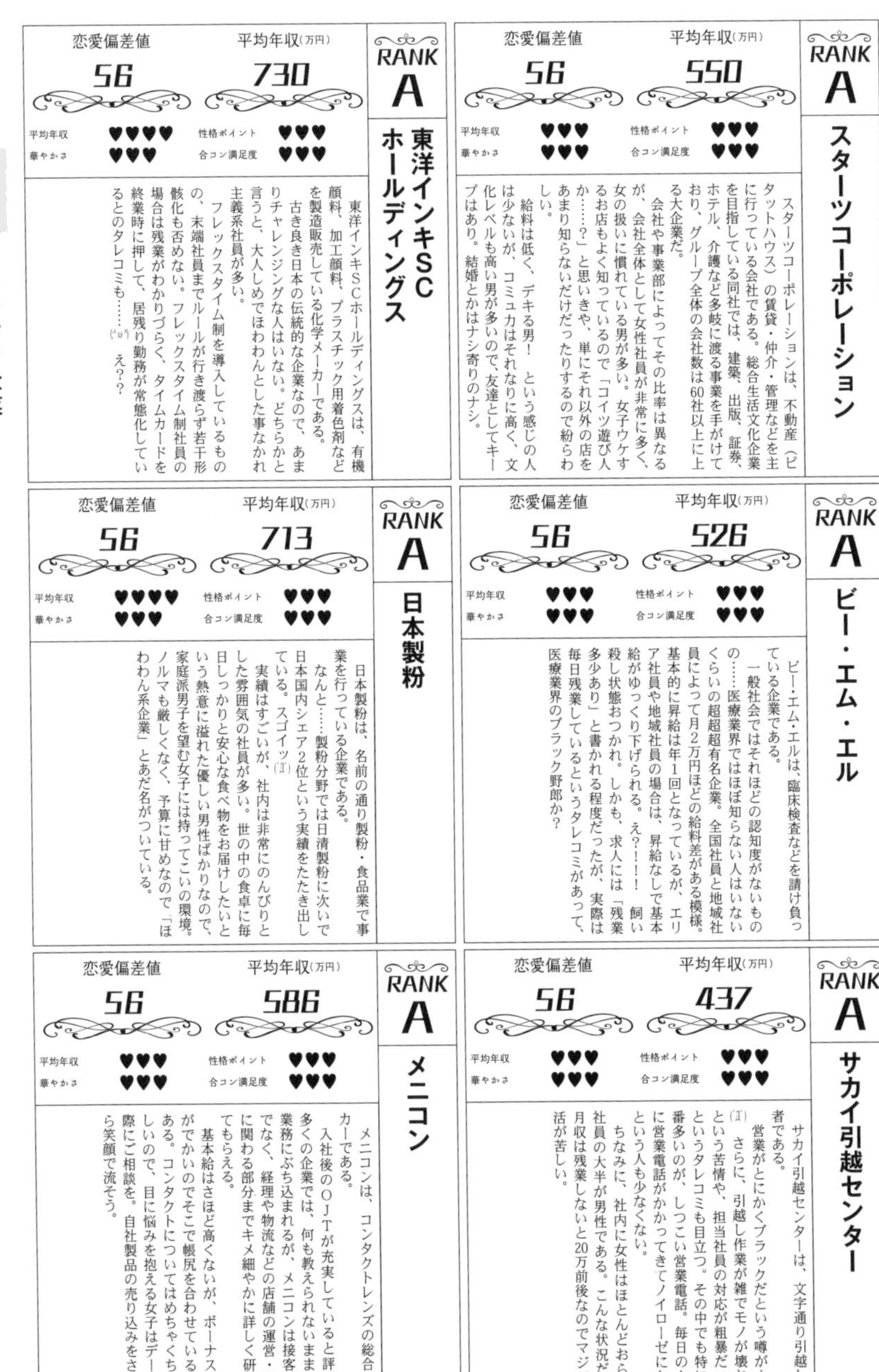

スターツコーポレーション

RANK A

恋愛偏差値	平均年収（万円）
56	550

平均年収	♥♥♥	性格ポイント	♥♥♥
華やかさ	♥♥♥	合コン満足度	♥♥♥

スターツコーポレーションは、不動産（ピタットハウス）の賃貸・仲介・管理などを主に行っている会社である。総合生活文化企業を目指している同社では、建築、出版、証券、ホテル、介護など多岐に渡る事業を手がけており、グループ全体の会社数は60社以上に上る大企業だ。

会社や事業部によってその比率は異なるが、会社全体として女性社員が非常に多く、女の扱いに慣れている男が多い。女子ウケするお店もよく知っているので「コイツ遊び人か……？」と思いきや、単にそれ以外の店をあまり知らないだけだったりするので紛らわしい。

給料は低く、デキる男！　という感じの人は少ないが、コミュ力はそれなりに高く、文化レベルも高い男が多いので、友達としてキープはあり。結婚とかはナシ寄りのナシ。

東洋インキSCホールディングス

RANK A

恋愛偏差値	平均年収（万円）
56	730

平均年収	♥♥♥♥	性格ポイント	♥♥♥
華やかさ	♥♥♥	合コン満足度	♥♥♥

東洋インキSCホールディングスは、有機顔料、加工顔料、プラスチック用着色剤などを製造販売している化学メーカーである。

古き良き日本の伝統的な企業なので、あまりチャレンジングな人はいない。どちらかと言うと、大人しめでほわわんとした事なかれ主義系社員が多い。

フレックスタイム制を導入しているものの、末端社員までルールが行き渡らず若干形骸化も否めない。フレックスタイム制社員の場合は残業がわかりづらく、タイムカードを終業時に押して、居残り勤務が常態化しているとのタレコミも……(^ω^)　え？？

ビー・エム・エル

RANK A

恋愛偏差値	平均年収（万円）
56	526

平均年収	♥♥♥	性格ポイント	♥♥♥
華やかさ	♥♥♥	合コン満足度	♥♥♥

ビー・エム・エルは、臨床検査などを請け負っている企業である。

一般社会ではそれほどの認知度がないものの……医療業界ではほぼ知らない人はいないくらいの超超超有名企業。全国社員と地域社員によって月2万円ほどの給料差がある模様。基本的に昇給は年1回となっているが、エリア社員や地域社員の場合は、昇給なしで基本給がゆっくり下げられる。え?！！　飼い殺し状態おつかれ。しかも、求人には「残業多少あり」と書かれる程度だったが、実際は毎日残業しているというタレコミがあって、医療業界のブラック野郎か？

日本製粉

RANK A

恋愛偏差値	平均年収（万円）
56	713

平均年収	♥♥♥♥	性格ポイント	♥♥♥
華やかさ	♥♥♥	合コン満足度	♥♥♥

日本製粉は、名前の通り製粉・食品業で事業を行っている企業である。

なんと……製粉分野では日清製粉に次いで日本国内シェア2位という実績をたたき出している。スゴイッ(ﾟДﾟ)

実績はすごいが、社内は非常にのんびりとした雰囲気の社員が多い。世の中の食卓に毎日しっかりと安心な食べ物をお届けしたいという熱意に溢れた優しい男性ばかりなので、家庭派男子を望む女子には持ってこいの環境。ノルマも厳しくなく、予算に甘めなので「ほわわん系企業」とあだ名がついている。

サカイ引越センター

RANK A

恋愛偏差値	平均年収（万円）
56	437

平均年収	♥♥♥	性格ポイント	♥♥♥
華やかさ	♥♥♥	合コン満足度	♥♥♥

サカイ引越センターは、文字通り引越し業者である。

営業がとにかくブラックだという噂が……(ﾟДﾟ)

さらに、引越し作業が雑でモノが壊れたという苦情や、担当社員の対応が粗暴だったというタレコミも目立つ。その中でも特に一番多いのが、しつこい営業電話。毎日のように営業電話がかかってきてノイローゼになるという人も少なくない。

ちなみに、社内に女性はほとんどおらず、社員の大半が男性である。こんな状況だが、月収は残業しないと20万前後なのでマジで生活が苦しい。

メニコン

RANK A

恋愛偏差値	平均年収（万円）
56	586

平均年収	♥♥♥	性格ポイント	♥♥♥
華やかさ	♥♥♥	合コン満足度	♥♥♥

メニコンは、コンタクトレンズの総合メーカーである。

入社後のOJTが充実していると評判！　多くの企業では、何も教えられないまま通常業務にぶち込まれるが、メニコンは接客だけでなく、経理や物流などの店舗の運営・管理に関わる部分までキメ細やかに詳しく研修してもらえる。

基本給はさほど高くないが、ボーナスの額がでかいのでそこで帳尻を合わせている感がある。コンタクトについてはめちゃくちゃ詳しいので、目に悩みを抱える女子はデートの際にご相談を。自社製品の売り込みをされたら笑顔で流そう。

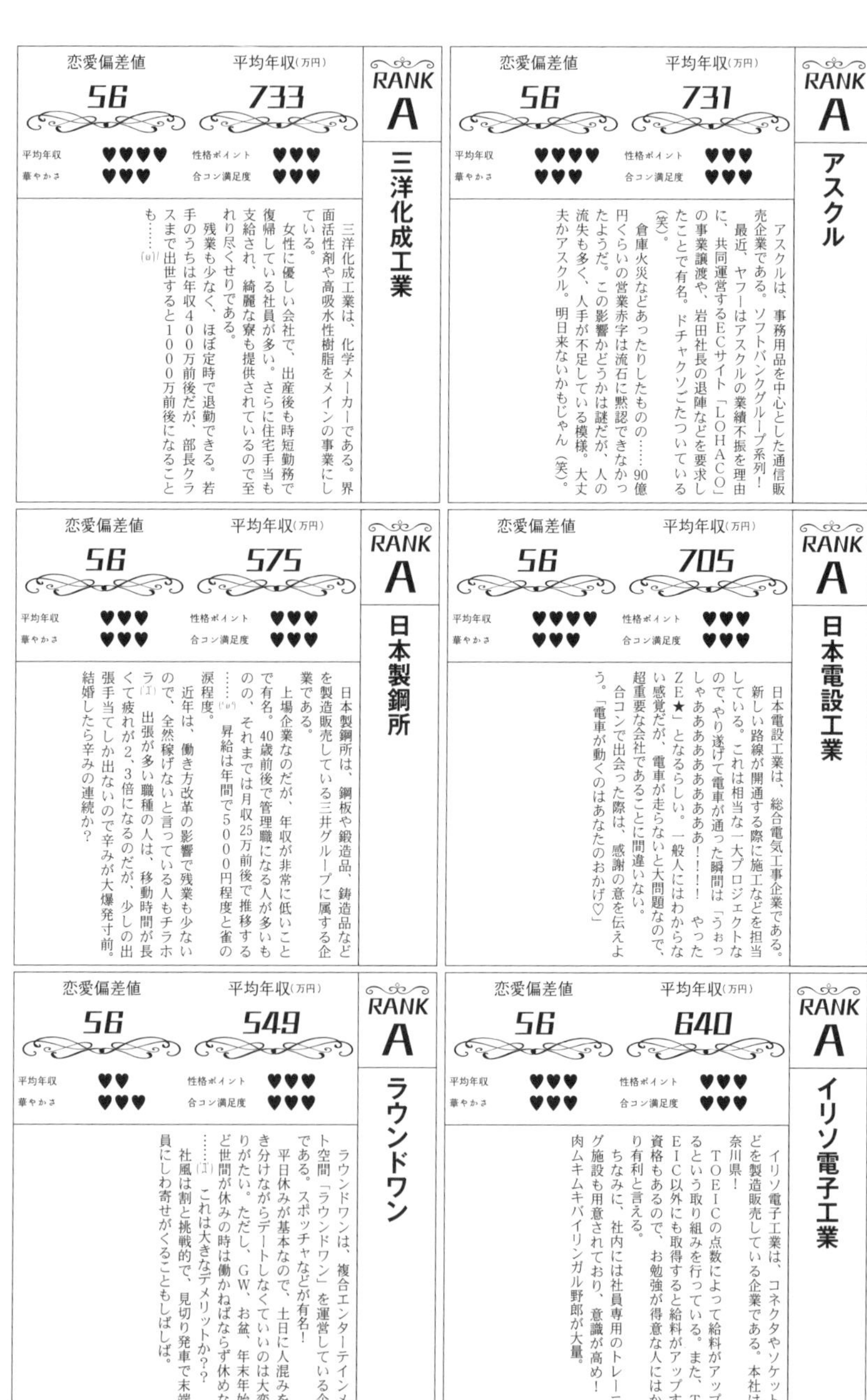

RANK A

アスクル

恋愛偏差値	平均年収(万円)
56	731

項目	評価	項目	評価
平均年収	♥♥♥♥	性格ポイント	♥♥♥
華やかさ	♥♥♥	合コン満足度	♥♥♥

アスクルは、事務用品を中心とした通信販売企業である。ソフトバンクグループ系列！

最近、ヤフーはアスクルの業績不振を理由に、共同運営するECサイト「LOHACO」の事業譲渡や、岩田社長の退陣などを要求したことで有名。ドチャクソごたついている(笑)。

倉庫火災などあったりしたものの……90億円くらいの営業赤字は流石に黙認できなかったようだ。この影響かどうかは謎だが、人の流失も多く、人手が不足している模様。大丈夫かアスクル。明日来ないかもじゃん(笑)。

RANK A

三洋化成工業

恋愛偏差値	平均年収(万円)
56	733

項目	評価	項目	評価
平均年収	♥♥♥♥	性格ポイント	♥♥♥
華やかさ	♥♥♥	合コン満足度	♥♥♥

三洋化成工業は、化学メーカーである。界面活性剤や高吸水性樹脂をメインの事業にしている。

女性に優しい会社で、出産後も時短勤務で復帰している社員が多い。さらに住宅手当も支給され、綺麗な寮も提供されているので至れり尽くせりである。

残業も少なく、ほぼ定時で退勤できる。若手のうちは年収400万前後だが、部長クラスまで出世すると1000万前後になることも……(ω)

RANK A

日本電設工業

恋愛偏差値	平均年収(万円)
56	705

項目	評価	項目	評価
平均年収	♥♥♥♥	性格ポイント	♥♥♥
華やかさ	♥♥♥	合コン満足度	♥♥♥

日本電設工業は、総合電気工事企業である。新しい路線が開通する際に施工などを担当している。これは相当な一大プロジェクトなので、やり遂げて電車が通った瞬間は「うおっしゃあああああああ！！！　やったZE★」となるらしい。一般人にはわからない感覚だが、電車が走らないと大問題なので、超重要な会社であることに間違いない。

合コンで出会った際は、感謝の意を伝えよう。「電車が動くのはあなたのおかげ♡」

RANK A

日本製鋼所

恋愛偏差値	平均年収(万円)
56	575

項目	評価	項目	評価
平均年収	♥♥♥	性格ポイント	♥♥♥
華やかさ	♥♥♥	合コン満足度	♥♥♥

日本製鋼所は、鋼板や鍛造品、鋳造品などを製造販売している三井グループに属する企業である。

上場企業なのだが、年収が非常に低いことで有名。40歳前後で管理職になる人が多いものの、それまでは月収25万前後で推移する……(ﾟωﾟ)　昇給は年間で5000円程度と雀の涙程度。

近年は、働き方改革の影響で残業も少ないので、全然稼げないと言っている人もチラホラ(T)　出張が多い職種の人は、移動時間が長くて疲れが2、3倍になるのだが、少しの出張手当てしか出ないので辛みが大爆発寸前。結婚したら辛みの連続か？

RANK A

イリソ電子工業

恋愛偏差値	平均年収(万円)
56	640

項目	評価	項目	評価
平均年収	♥♥♥	性格ポイント	♥♥♥
華やかさ	♥♥♥	合コン満足度	♥♥♥

イリソ電子工業は、コネクタやソケットなどを製造販売している企業である。本社は神奈川県！

TOEICの点数によって給料がアップするという取り組みを行っている。また、TOEIC以外にも取得すると給料がアップする資格もあるので、お勉強が得意な人にはかなり有利と言える。

ちなみに、社内には社員専用のトレーニング施設も用意されており、意識が高め！　筋肉ムキムキバイリンガル野郎が大量。

RANK A

ラウンドワン

恋愛偏差値	平均年収(万円)
56	549

項目	評価	項目	評価
平均年収	♥♥	性格ポイント	♥♥♥
華やかさ	♥♥♥	合コン満足度	♥♥♥

ラウンドワンは、複合エンターテインメント空間「ラウンドワン」を運営している企業である。スポッチャなどが有名！

平日休みが基本なので、土日に人混みを掻き分けながらデートしなくていいのは大変ありがたい。ただし、GW、お盆、年末年始など世間が休みの時は働かねばならず休めない……(T)　これは大きなデメリットか？？

社風は割と挑戦的で、見切り発車で末端社員にしわ寄せがくることもしばしば。

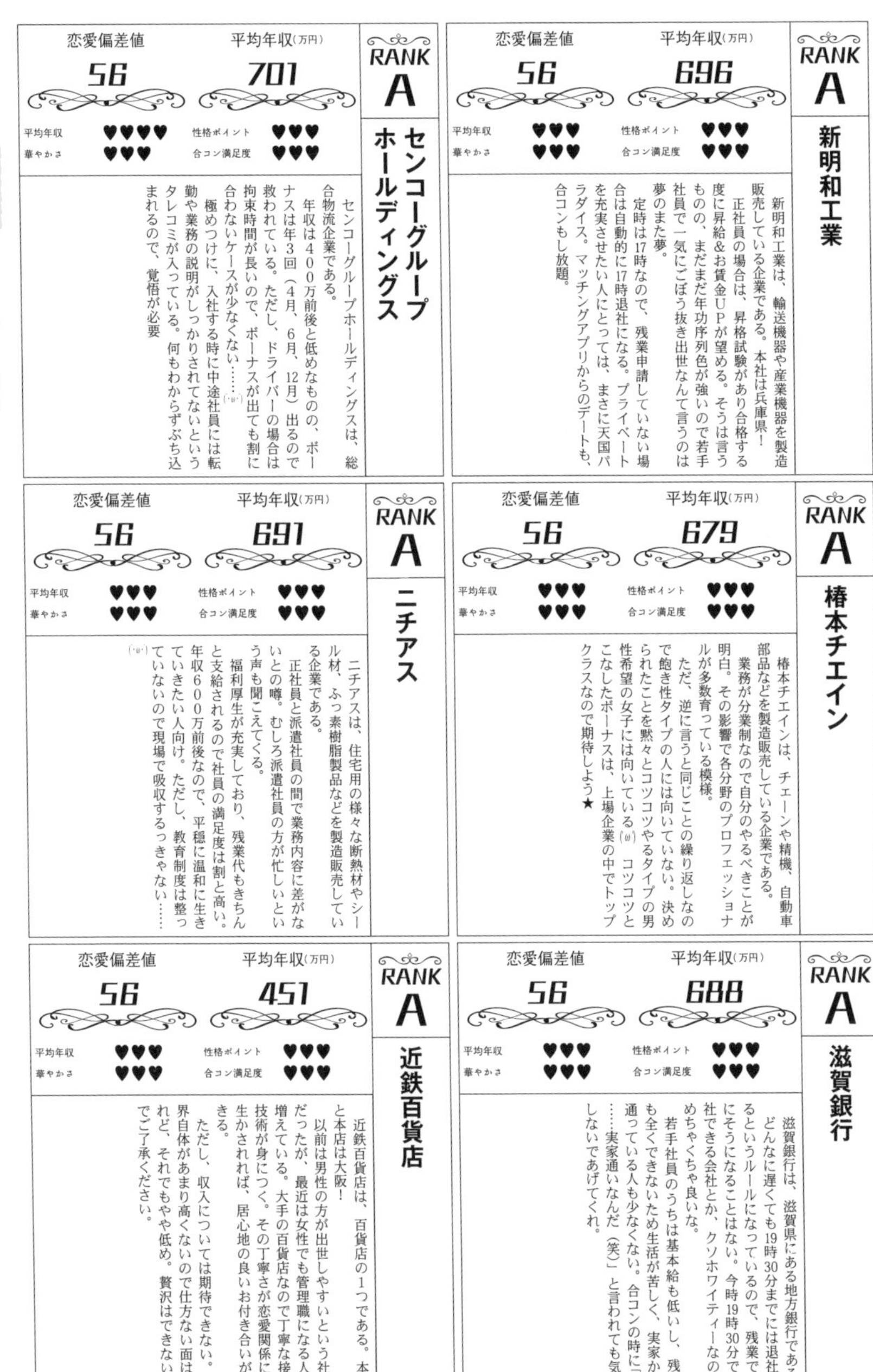

Aランク企業

RANK A　新明和工業

恋愛偏差値 56　平均年収（万円） 696

平均年収 ♥♥♥　性格ポイント ♥♥♥
華やかさ ♥♥♥　合コン満足度 ♥♥♥

新明和工業は、輸送機器や産業機器を製造販売している企業である。本社は兵庫県！

　正社員の場合は、昇格試験があり合格する度に昇給&お賃金UPが望める。そうは言うものの、まだまだ年功序列色が強いので若手社員で一気にごぼう抜き出世なんて言うのは夢のまた夢。

　定時は17時なので、残業申請していない場合は自動的に17時退社になる。プライベートを充実させたい人にとっては、まさに天国パラダイス。マッチングアプリからのデートも、合コンもし放題。

RANK A　センコーグループホールディングス

恋愛偏差値 56　平均年収（万円） 701

平均年収 ♥♥♥♥　性格ポイント ♥♥♥
華やかさ ♥♥♥　合コン満足度 ♥♥♥

センコーグループホールディングスは、総合物流企業である。
　年収は400万前後と低めなものの、ボーナスは年3回（4月、6月、12月）出るので救われている。ただし、ドライバーの場合は拘束時間が長いので、ボーナスが出ても割に合わないケースが少なくない……(･ω･)
　極めつけに、入社する時に中途社員には転勤や業務の説明がしっかりされてないというタレコミが入っている。何もわからずぶち込まれるので、覚悟が必要

RANK A　椿本チエイン

恋愛偏差値 56　平均年収（万円） 679

平均年収 ♥♥♥　性格ポイント ♥♥♥
華やかさ ♥♥♥　合コン満足度 ♥♥♥

椿本チエインは、チェーンや精機、自動車部品などを製造販売している企業である。

　業務が分業制なので自分のやるべきことが明白。その影響で各分野のプロフェッショナルが多数育っている模様。

　ただ、逆に言うと同じことの繰り返しなので飽き性タイプの人には向いていない。決められたことを黙々とコツコツやるタイプの男性希望の女子には向いている(ω) コツコツとこなしたボーナスは、上場企業の中でトップクラスなので期待しよう★

RANK A　ニチアス

恋愛偏差値 56　平均年収（万円） 691

平均年収 ♥♥♥　性格ポイント ♥♥♥
華やかさ ♥♥♥　合コン満足度 ♥♥♥

ニチアスは、住宅用の様々な断熱材やシール材、ふっ素樹脂製品などを製造販売している企業である。

　正社員と派遣社員の間で業務内容に差がないとの噂。むしろ派遣社員の方が忙しいという声も聞こえてくる。

　福利厚生が充実しており、残業代もきちんと支給されるので社員の満足度は割と高い。年収600万前後なので、平穏に温和に生きていきたい人向け。ただし、教育制度は整っていないので現場で吸収するっきゃない……(･ω･)

RANK A　滋賀銀行

恋愛偏差値 56　平均年収（万円） 688

平均年収 ♥♥♥　性格ポイント ♥♥♥
華やかさ ♥♥♥　合コン満足度 ♥♥♥

滋賀銀行は、滋賀県にある地方銀行である。

　どんなに遅くても19時30分までには退社するというルールになっているので、残業で死にそうになることはない。今時19時30分で退社できる会社とか、クソホワイティーなのでめちゃくちゃ良いな。

　若手社員のうちは基本給も低いし、残業も全くできないため生活が苦しく、実家から通っている人も少なくない。合コンの時に「俺……実家通いなんだ（笑）」と言われても気にしないであげてくれ。

RANK A　近鉄百貨店

恋愛偏差値 56　平均年収（万円） 451

平均年収 ♥♥♥　性格ポイント ♥♥♥
華やかさ ♥♥♥　合コン満足度 ♥♥♥

近鉄百貨店は、百貨店の1つである。本社と本店は大阪！

　以前は男性の方が出世しやすいという社風だったが、最近は女性でも管理職になる人が増えている。大手の百貨店なので丁寧な接客技術が身につく。その丁寧さが恋愛関係にも生かされれば、居心地の良いお付き合いができる。

　ただし、収入については期待できない。業界自体があまり高くないので仕方ない面はあれど、それでもやや低め。贅沢はできないのでご了承ください。

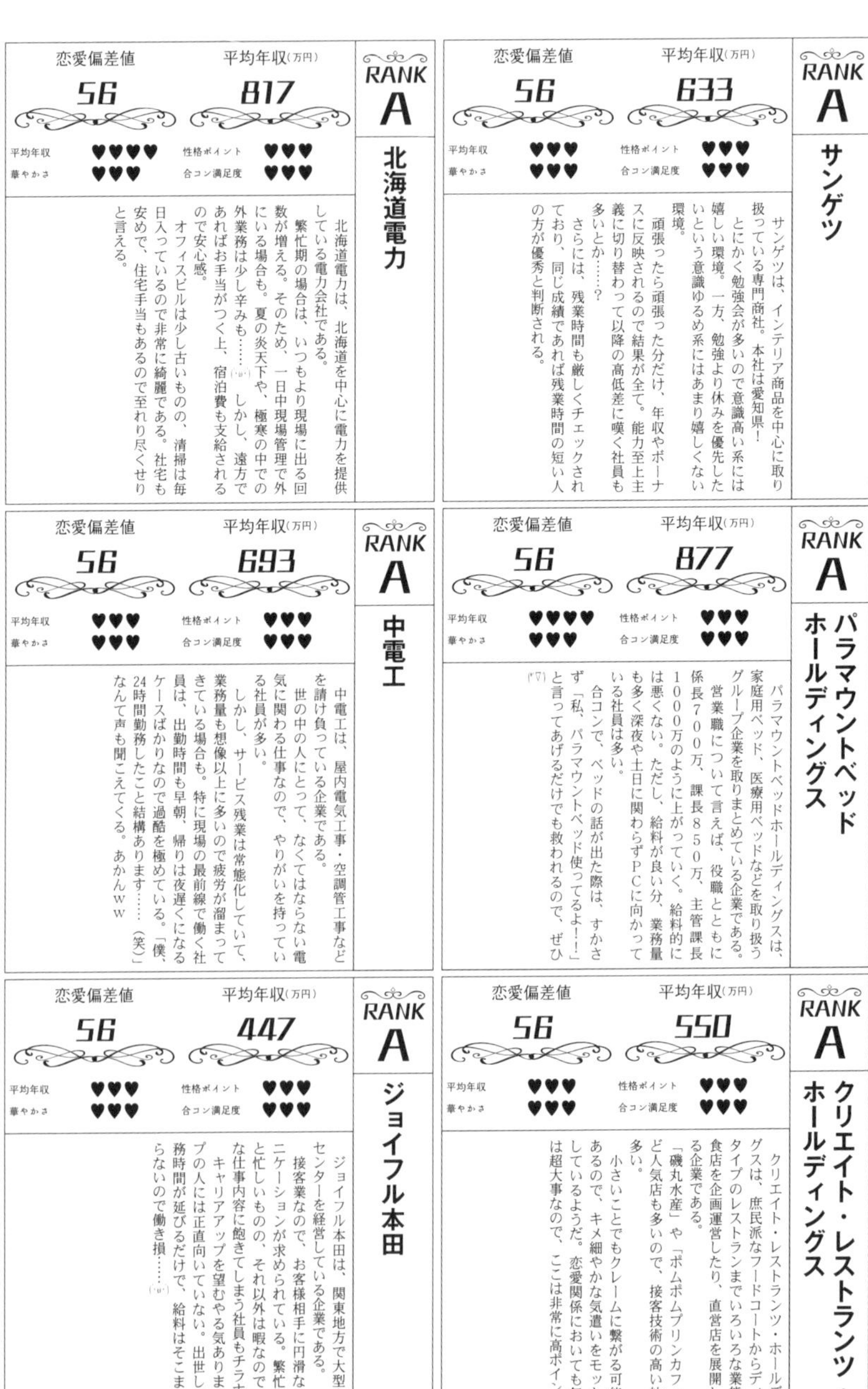

RANK A　サンゲツ

恋愛偏差値 56　平均年収（万円）633

平均年収	♥♥♥	性格ポイント	♥♥♥
華やかさ	♥♥♥	合コン満足度	♥♥♥

サンゲツは、インテリア商品を中心に取り扱っている専門商社。本社は愛知県！

とにかく勉強会が多いので意識高い系には嬉しい環境。一方、勉強より休みを優先したいという意識ゆるめ系にはあまり嬉しくない環境。

頑張ったら頑張った分だけ、年収やボーナスに反映されるので結果が全て。能力至上主義に切り替わって以降の高低差に嘆く社員も多いとか……？

さらには、残業時間も厳しくチェックされており、同じ成績であれば残業時間の短い人の方が優秀と判断される。

RANK A　北海道電力

恋愛偏差値 56　平均年収（万円）817

平均年収	♥♥♥♥	性格ポイント	♥♥♥
華やかさ	♥♥♥	合コン満足度	♥♥♥

北海道電力は、北海道を中心に電力を提供している電力会社である。

繁忙期の場合は、いつもより現場に出る回数が増える。そのため、一日中現場管理で外にいる場合も。夏の炎天下や、極寒の中での外業務は少し辛みも……(;ω;) しかし、遠方であればお手当がつく上、宿泊費も支給されるので安心感。

オフィスビルは少し古いものの、清掃は毎日入っているので非常に綺麗である。社宅も安めで、住宅手当もあるので至れり尽くせりと言える。

RANK A　パラマウントベッドホールディングス

恋愛偏差値 56　平均年収（万円）877

平均年収	♥♥♥♥	性格ポイント	♥♥♥
華やかさ	♥♥♥	合コン満足度	♥♥♥

パラマウントベッドホールディングスは、家庭用ベッド、医療用ベッドなどを取り扱うグループ企業を取りまとめている企業である。

営業職について言えば、役職とともに係長７００万、課長８５０万、主管課長１０００万のように上がっていく。給料的には悪くない。ただし、給料が良い分、業務量も多く深夜や土日に関わらずＰＣに向かっている社員は多い。

合コンで、ベッドの話が出た際は、すかさず「私、パラマウントベッド使ってるよ！」と言ってあげるだけでも救われるので、ぜひ(ﾟ∇ﾟ)

RANK A　中電工

恋愛偏差値 56　平均年収（万円）693

平均年収	♥♥♥	性格ポイント	♥♥♥
華やかさ	♥♥♥	合コン満足度	♥♥♥

中電工は、屋内電気工事・空調管工事などを請け負っている企業である。

世の中の人にとって、なくてはならない電気に関わる仕事なので、やりがいを持っている社員が多い。

しかし、サービス残業は常態化していて、業務量も想像以上に多いので疲労が溜まってきている場合も。特に現場の最前線で働く社員は、出勤時間も早朝、帰りは夜遅くになるケースばかりなので過酷を極めている。「僕、24時間勤務したこと結構あります……（笑）」なんて声も聞こえてくる。あかんｗｗ

RANK A　クリエイト・レストランツ・ホールディングス

恋愛偏差値 56　平均年収（万円）550

平均年収	♥♥♥	性格ポイント	♥♥♥
華やかさ	♥♥♥	合コン満足度	♥♥♥

クリエイト・レストランツ・ホールディングスは、庶民派なフードコートからディナータイプのレストランまでいろいろな業態の飲食店を企画運営したり、直営店を展開している企業である。

「磯丸水産」や「ポムポムプリンカフェ」など人気店も多いので、接客技術の高い社員が多い。

小さいことでもクレームに繋がる可能性があるので、キメ細やかな気遣いをモットーにしているようだ。恋愛関係においても気遣いは超大事なので、ここは非常に高ポイント★

RANK A　ジョイフル本田

恋愛偏差値 56　平均年収（万円）447

平均年収	♥♥♥	性格ポイント	♥♥♥
華やかさ	♥♥♥	合コン満足度	♥♥♥

ジョイフル本田は、関東地方で大型ホームセンターを経営している企業である。

接客業なので、お客様相手に円滑なコミュニケーションが求められている。繁忙期は割と忙しいものの、それ以外は暇なので、単調な仕事内容に飽きてしまう社員もチラホラ。

キャリアアップを望むやる気ありますタイプの人には正向いていない。出世しても勤務時間が延びるだけで、給料はそこまで上がらないので働き損……(;ω;)

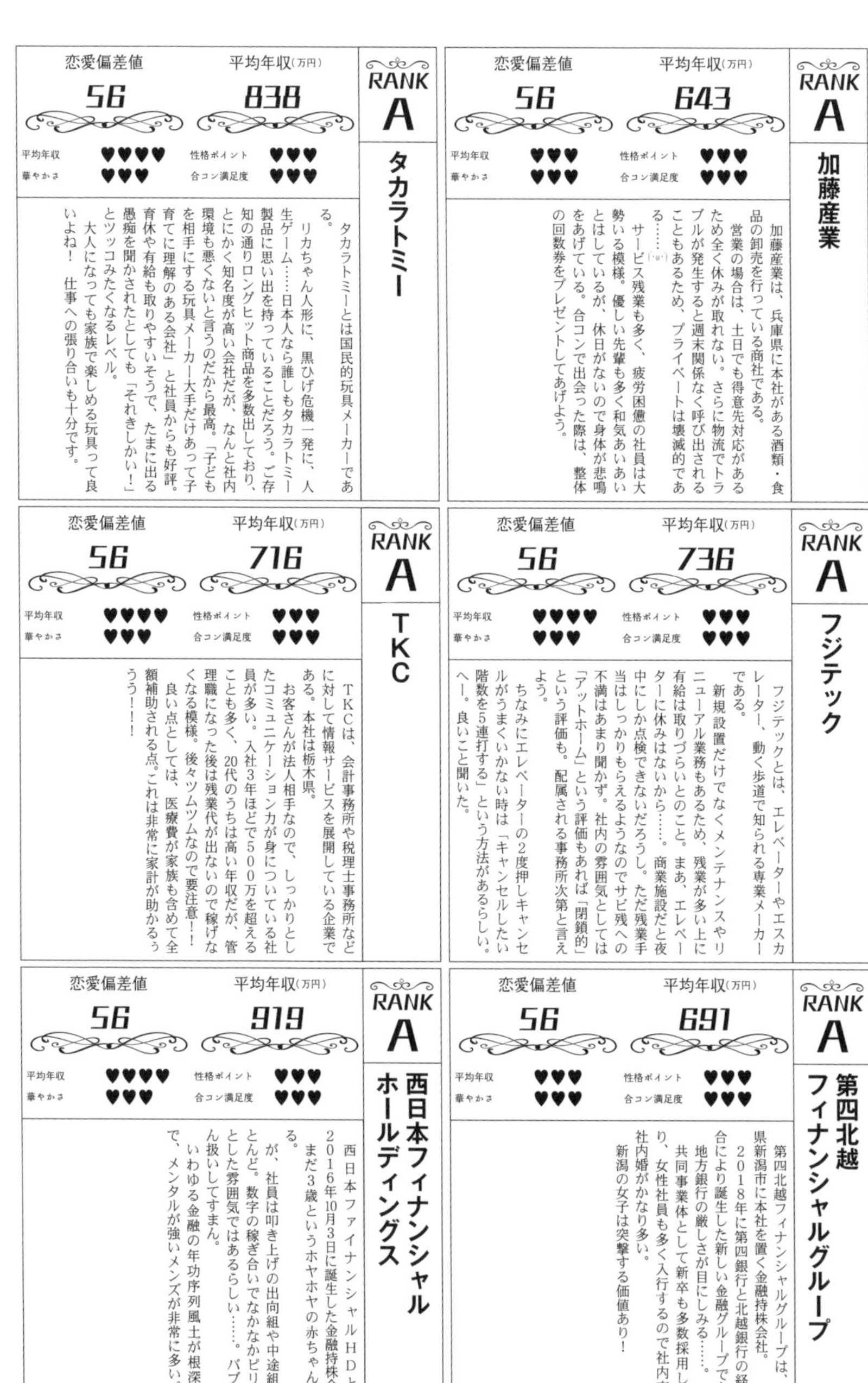

加藤産業

RANK A

恋愛偏差値 56 / 平均年収(万円) 643

平均年収 ♥♥♥ / 性格ポイント ♥♥♥
華やかさ ♥♥♥ / 合コン満足度 ♥♥♥

加藤産業は、兵庫県に本社がある酒類・食品の卸売を行っている商社である。

営業の場合は、土日でも得意先対応があるため全く休みが取れない。さらに物流でトラブルが発生すると週末関係なく呼び出されることもあるため、プライベートは壊滅的である……(´・ω・`)

サービス残業も多く、疲労困憊の社員は大勢いる模様。優しい先輩も多く和気あいあいとはしているが、休日がないので身体が悲鳴をあげている。合コンで出会った際は、整体の回数券をプレゼントしてあげよう。

タカラトミー

RANK A

恋愛偏差値 56 / 平均年収(万円) 838

平均年収 ♥♥♥♥ / 性格ポイント ♥♥♥
華やかさ ♥♥♥ / 合コン満足度 ♥♥♥

タカラトミーとは国民的玩具メーカーである。

リカちゃん人形に、黒ひげ危機一発に、人生ゲーム……日本人なら誰しもタカラトミー製品に思い出を持っていることだろう。ご存知の通りロングヒット商品を多数出しており、とにかく知名度が高い会社だが、なんと社内環境も悪くないと言うのだから最高。「子どもを相手にする玩具メーカー大手だけあって子育てに理解のある会社」と社員からも好評。育休や有給も取りやすいそうで、たまに出る愚痴を聞かされたとしても「それきしかい!」とツッコみたくなるレベル。

大人になっても家族で楽しめる玩具って良いよね! 仕事への張り合いも十分です。

フジテック

RANK A

恋愛偏差値 56 / 平均年収(万円) 736

平均年収 ♥♥♥♥ / 性格ポイント ♥♥♥
華やかさ ♥♥♥ / 合コン満足度 ♥♥♥

フジテックとは、エレベーターやエスカレーター、動く歩道で知られる専業メーカーである。

新規設置だけでなくメンテナンスやリニューアル業務もあるため、残業が多い上に有給は取りづらいとのこと。まあ、エレベーターに休みはないから……。商業施設だと夜中にしか点検できないだろうし。ただ残業手当はしっかりもらえるようなのでサビ残への不満はあまり聞かず。社内の雰囲気としては「アットホーム」という評価もあれば「閉鎖的」という評価も。配属される事務所次第と言えよう。

ちなみにエレベーターの2度押しキャンセルがうまくいかない時は「キャンセルしたい階数を5連打する」という方法があるらしい。へー。良いこと聞いた。

TKC

RANK A

恋愛偏差値 56 / 平均年収(万円) 716

平均年収 ♥♥♥♥ / 性格ポイント ♥♥♥
華やかさ ♥♥♥ / 合コン満足度 ♥♥♥

TKCは、会計事務所や税理士事務所などに対して情報サービスを展開している企業である。本社は栃木県。

お客さんが法人相手なので、しっかりとしたコミュニケーション力が身についている社員が多い。入社3年ほどで５００万を超えることも多く、20代のうちは高い年収だが、管理職になった後は残業代が出ないので稼げなくなる模様。後々ツムツムなので要注意!!

良い点としては、医療費が家族も含めて全額補助される点。これは非常に家計が助かるぅう!!!

第四北越フィナンシャルグループ

RANK A

恋愛偏差値 56 / 平均年収(万円) 691

平均年収 ♥♥♥ / 性格ポイント ♥♥♥
華やかさ ♥♥♥ / 合コン満足度 ♥♥♥

第四北越フィナンシャルグループは、新潟県新潟市に本社を置く金融持株会社。

２０１８年に第四銀行と北越銀行の経営統合により誕生した新しい金融グループである。

地方銀行の厳しさが目にしみる……。

共同事業体として新卒も多数採用しており、女性社員も多く入行するので社内恋愛、社内婚がかなり多い。

新潟の女子は突撃する価値あり!

西日本フィナンシャルホールディングス

RANK A

恋愛偏差値 56 / 平均年収(万円) 919

平均年収 ♥♥♥♥ / 性格ポイント ♥♥♥
華やかさ ♥♥♥ / 合コン満足度 ♥♥♥

西日本ファイナンシャルHDとは、２０１６年10月3日に誕生した金融持株会社。まだ3歳というホヤホヤの赤ちゃんである。

が、社員は叩き上げの出向組や中途組がほとんど。数字の稼ぎ合いでなかなかピリピリとした雰囲気ではあるらしい……。バブちゃん扱いしてすまん。

いわゆる金融の年功序列風土が根深いので、メンタルが強いメンズが非常に多い。

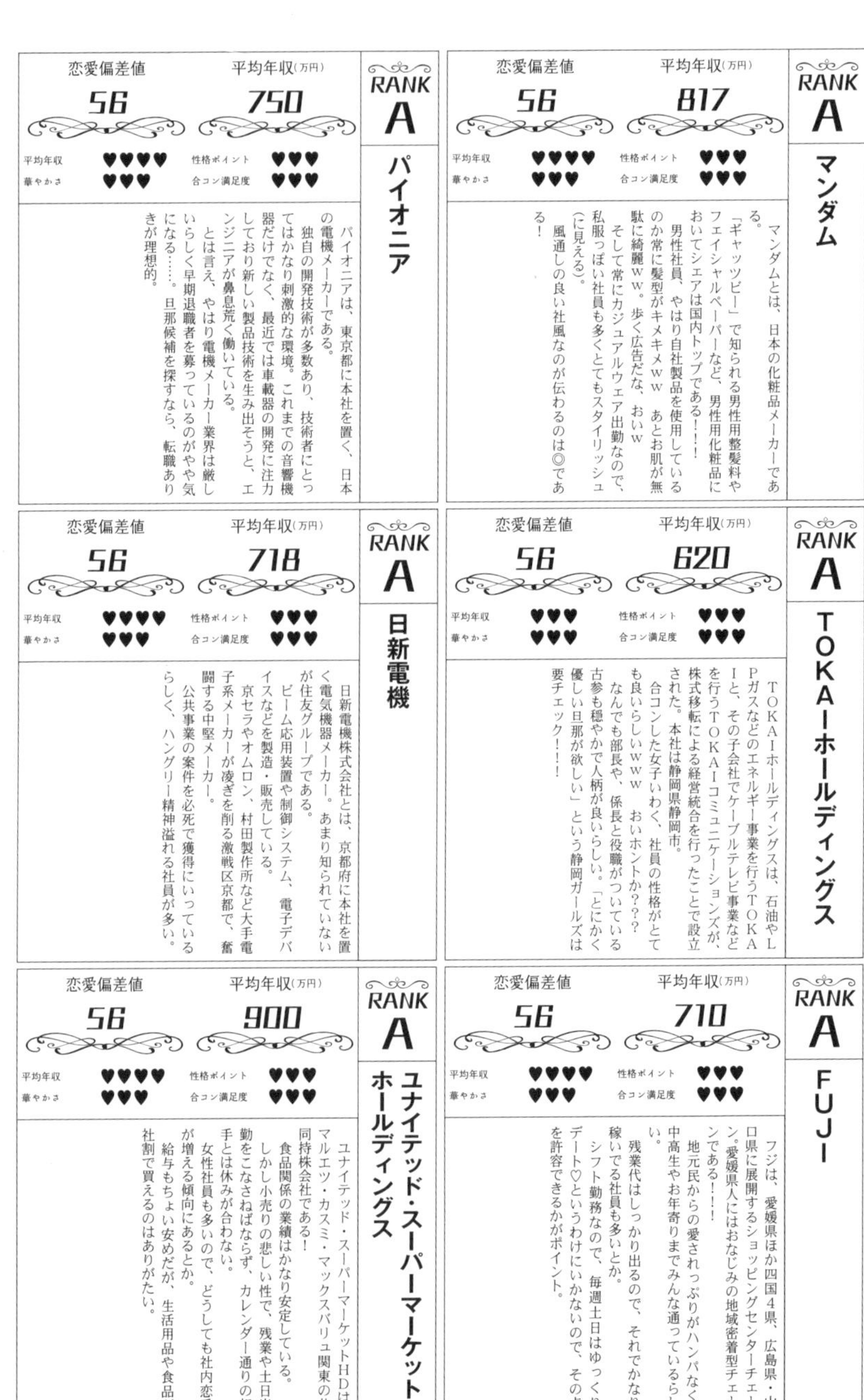

RANK A　マンダム

恋愛偏差値	平均年収（万円）
56	817

項目	評価	項目	評価
平均年収	♥♥♥♥	性格ポイント	♥♥♥
華やかさ	♥♥♥	合コン満足度	♥♥♥

マンダムとは、日本の化粧品メーカーである。

「ギャッツビー」で知られる男性用整髪料やフェイシャルペーパーなど、男性用化粧品においてシェアは国内トップである！！！

男性社員、やはり自社製品を使用しているのか常に髪型がキメキメｗｗ　あとお肌が無駄に綺麗ｗｗ。歩く広告だな、おいｗ

そして常にカジュアルウェア出勤なので、私服っぽい社員も多くとてもスタイリッシュ（に見える）。

風通しの良い社風なのが伝わるのは◎である！

RANK A　パイオニア

恋愛偏差値	平均年収（万円）
56	750

項目	評価	項目	評価
平均年収	♥♥♥♥	性格ポイント	♥♥♥
華やかさ	♥♥♥	合コン満足度	♥♥♥

パイオニアは、東京都に本社を置く、日本の電機メーカーである。

独自の開発技術が多数あり、技術者にとってはかなり刺激的な環境。これまでの音響機器だけでなく、最近では車載器の開発に注力しており新しい製品技術を生み出そうと、エンジニアが鼻息荒く働いている。

とは言え、やはり電機メーカー業界は厳しいらしく早期退職者を募っているのがやや気になる……。旦那候補を探すなら、転職ありきが理想的。

RANK A　ＴＯＫＡＩホールディングス

恋愛偏差値	平均年収（万円）
56	620

項目	評価	項目	評価
平均年収	♥♥♥	性格ポイント	♥♥♥
華やかさ	♥♥♥	合コン満足度	♥♥♥

ＴＯＫＡＩホールディングスは、石油やＬＰガスなどのエネルギー事業を行うＴＯＫＡＩと、その子会社でケーブルテレビ事業などを行うＴＯＫＡＩコミュニケーションズが、株式移転による経営統合を行ったことで設立された。本社は静岡県静岡市。

合コンした女子いわく、社員の性格がとても良いらしいｗｗｗ　おいホントか？？？

なんでも部長や、係長と役職がついている古参も穏やかで人柄が良いらしい。「とにかく優しい旦那が欲しい」という静岡ガールズは要チェック！！！

RANK A　日新電機

恋愛偏差値	平均年収（万円）
56	718

項目	評価	項目	評価
平均年収	♥♥♥♥	性格ポイント	♥♥♥
華やかさ	♥♥♥	合コン満足度	♥♥♥

日新電機株式会社とは、京都府に本社を置く電気機器メーカー。あまり知られていないが住友グループである。

ビーム応用装置や制御システム、電子デバイスなどを製造・販売している。

京セラやオムロン、村田製作所など大手電子系メーカーが凌ぎを削る激戦区京都で、奮闘する中堅メーカー。

公共事業の案件を必死で獲得にいっているらしく、ハングリー精神溢れる社員が多い。

RANK A　ＦＵＪＩ

恋愛偏差値	平均年収（万円）
56	710

項目	評価	項目	評価
平均年収	♥♥♥♥	性格ポイント	♥♥♥
華やかさ	♥♥♥	合コン満足度	♥♥♥

フジは、愛媛県ほか四国４県、広島県・山口県に展開するショッピングセンターチェーン。愛媛県人にはおなじみの地域密着型チェーンである！！！

地元民からの愛されっぷりがハンパなく、中高生やお年寄りまでみんな通っているらしい。

残業代はしっかり出るので、それでかなり稼いでる社員も多いとか。

シフト勤務なので、毎週土日はゆっくりデート♡というわけにいかないので、その点を許容できるかがポイント。

RANK A　ユナイテッド・スーパーマーケット・ホールディングス

恋愛偏差値	平均年収（万円）
56	900

項目	評価	項目	評価
平均年収	♥♥♥♥	性格ポイント	♥♥♥
華やかさ	♥♥♥	合コン満足度	♥♥♥

ユナイテッド・スーパーマーケットＨＤは、マルエツ・カスミ・マックスバリュ関東の共同持株会社である！

食品関係の業績はかなり安定している。

しかし小売りの悲しい性で、残業や土日出勤をこなさねばならず、カレンダー通りの相手とは休みが合わない。

女性社員も多いので、どうしても社内恋愛が増える傾向にあるとか。

給与もちょい安めだが、生活用品や食品が社割で買えるのはありがたい。

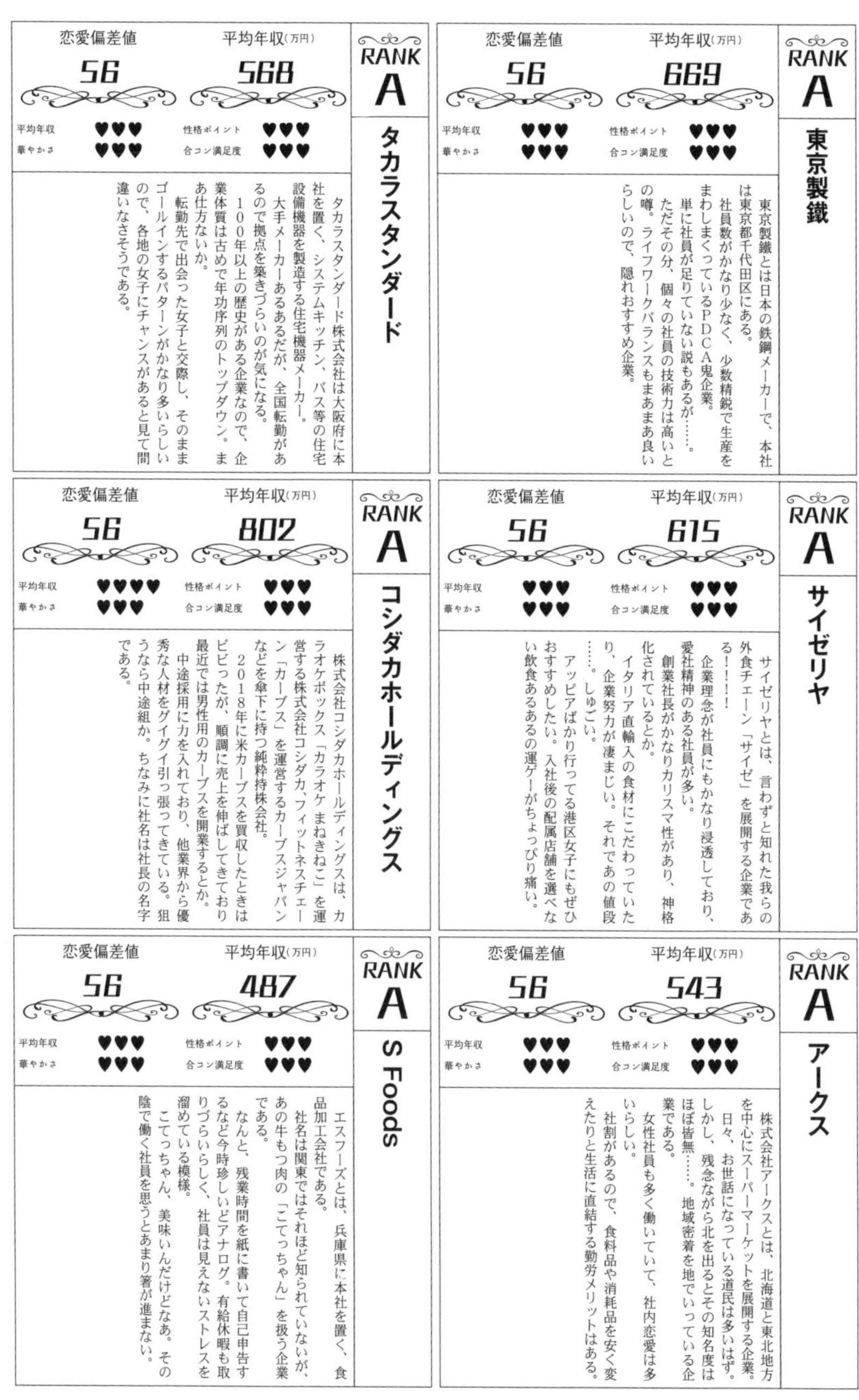

RANK A　東京製鐵

恋愛偏差値 56　平均年収（万円）669

平均年収	♥♥♥	性格ポイント	♥♥♥
華やかさ	♥♥♥	合コン満足度	♥♥♥

東京製鐵とは日本の鉄鋼メーカーで、本社は東京都千代田区にある。

社員数がかなり少なく、少数精鋭で生産をまわしまくっているPDCA鬼企業。

単に社員が足りていない説もあるが……。

ただその分、個々の社員の技術力は高いとの噂。ライフワークバランスもまあまあ良いらしいので、隠れおすすめ企業。

RANK A　タカラスタンダード

恋愛偏差値 56　平均年収（万円）568

平均年収	♥♥♥	性格ポイント	♥♥♥
華やかさ	♥♥♥	合コン満足度	♥♥♥

タカラスタンダード株式会社は大阪府に本社を置く、システムキッチン、バス等の住宅設備機器を製造する住宅機器メーカー。

大手メーカーあるあるだが、全国転勤があるので拠点を築きづらいのが気になる。

100年以上の歴史がある企業なので、企業体質は古めで年功序列のトップダウン。まあ仕方ないか。

転勤先で出会った女子と交際し、そのままゴールインするパターンがかなり多いらしいので、各地の女子にチャンスがあると見て間違いなさそうである。

RANK A　サイゼリヤ

恋愛偏差値 56　平均年収（万円）615

平均年収	♥♥♥	性格ポイント	♥♥♥
華やかさ	♥♥♥	合コン満足度	♥♥♥

サイゼリヤとは、言わずと知れた我らの外食チェーン「サイゼ」を展開する企業である！！！

企業理念が社員にもかなり浸透しており、愛社精神のある社員が多い。

創業社長がかなりカリスマ性があり、神格化されているとか。

イタリア直輸入の食材にこだわっていたり、企業努力が凄まじい。それであの値段……。しゅごい。

アッピアばかり行ってる港区女子にもぜひおすすめしたい。入社後の配属店舗を選べない飲食あるあるの運ゲーがちょっぴり痛い。

RANK A　コシダカホールディングス

恋愛偏差値 56　平均年収（万円）802

平均年収	♥♥♥♥	性格ポイント	♥♥♥
華やかさ	♥♥♥	合コン満足度	♥♥♥

株式会社コシダカホールディングスは、カラオケボックス「カラオケ まねきねこ」を運営する株式会社コシダカ、フィットネスチェーン「カーブス」を運営するカーブスジャパンなどを傘下に持つ純粋持株会社。

2018年に米カーブスを買収したときはビビったが、順調に売上を伸ばしてきており最近では男性用のカーブスを開業するとか。

中途採用に力を入れており、他業界から優秀な人材をグイグイ引っ張ってきている。狙うなら中途組か。ちなみに社名は社長の名字である。

RANK A　アークス

恋愛偏差値 56　平均年収（万円）543

平均年収	♥♥♥	性格ポイント	♥♥♥
華やかさ	♥♥♥	合コン満足度	♥♥♥

株式会社アークスとは、北海道と東北地方を中心にスーパーマーケットを展開する企業。

日々、お世話になっている道民は多いはず。しかし、残念ながら北を出るとその知名度はほぼ皆無……。地域密着を地でいっている企業である。

女性社員も多く働いていて、社内恋愛は多いらしい。

社割があるので、食料品や消耗品を安く変えたりと生活に直結する勤労メリットはある。

RANK A　S Foods

恋愛偏差値 56　平均年収（万円）487

平均年収	♥♥♥	性格ポイント	♥♥♥
華やかさ	♥♥♥	合コン満足度	♥♥♥

エスフーズとは、兵庫県に本社を置く、食品加工会社である。

社名は関東ではそれほど知られていないが、あの牛もつ肉の「こてっちゃん」を扱う企業である。

なんと、残業時間を紙に書いて自己申告するなど今時珍しいどアナログ。有給休暇も取りづらいらしく、社員は見えないストレスを溜めている模様。

こてっちゃん、美味いんだけどなあ。その陰で働く社員を思うとあまり箸が進まない。

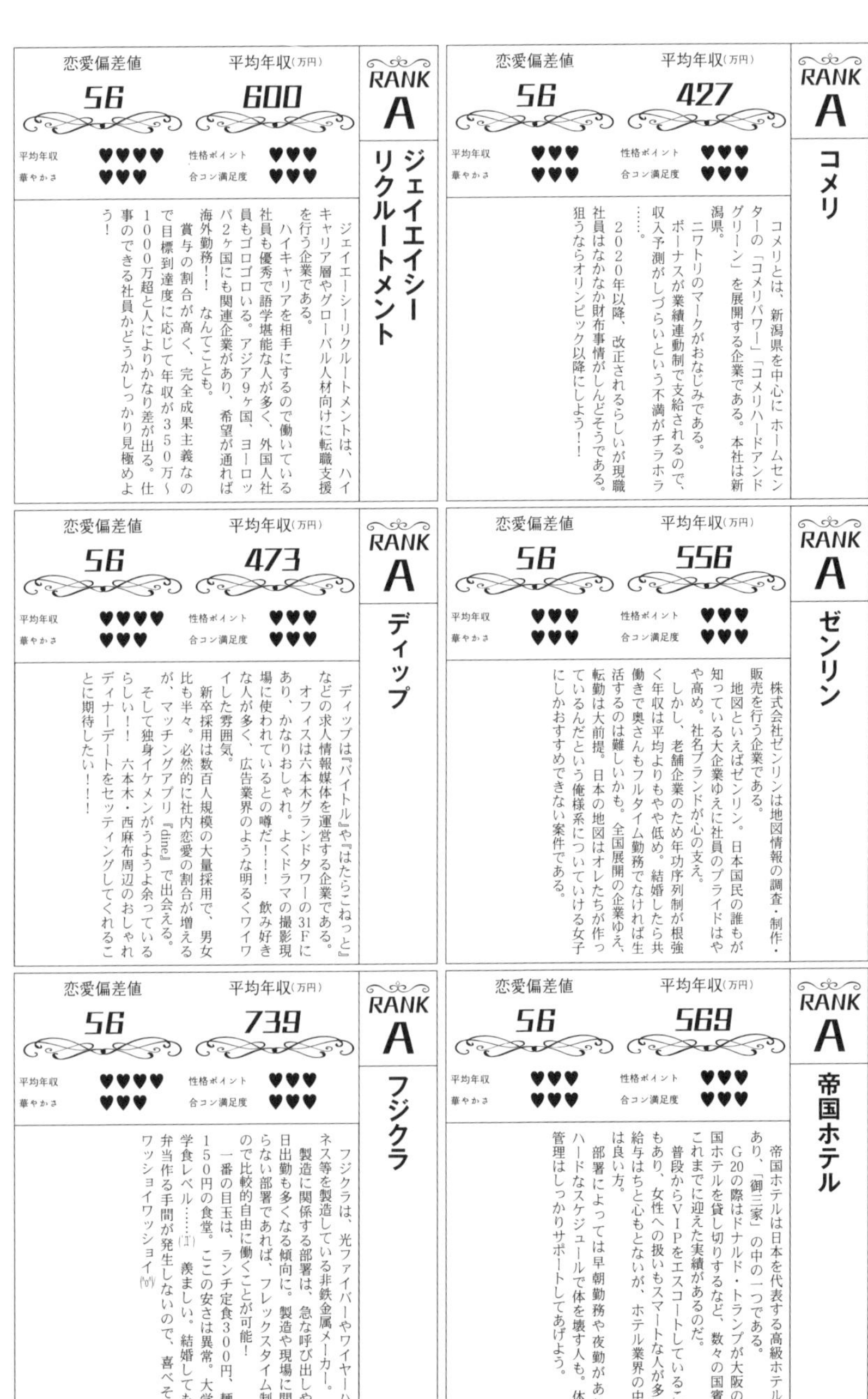

コメリ

RANK A

恋愛偏差値	平均年収(万円)
56	427

平均年収 ♥♥♥　性格ポイント ♥♥♥
華やかさ ♥♥♥　合コン満足度 ♥♥♥

コメリとは、新潟県を中心にホームセンターの「コメリパワー」「コメリハードアンドグリーン」を展開する企業である。本社は新潟県。

ニワトリのマークがおなじみである。

ボーナスが業績連動制で支給されるので、収入予測がしづらいという不満がチラホラ……。

2020年以降、改正されるらしいが現職社員はなかなか財布事情がしんどそうである。狙うならオリンピック以降にしよう！！

ジェイエイシーリクルートメント

RANK A

恋愛偏差値	平均年収(万円)
56	600

平均年収 ♥♥♥♥　性格ポイント ♥♥♥
華やかさ ♥♥♥　合コン満足度 ♥♥♥

ジェイエーシーリクルートメントは、ハイキャリア層やグローバル人材向けに転職支援を行う企業である。

ハイキャリアを相手にするので働いている社員も優秀で語学堪能な人が多く、外国人社員もゴロゴロいる。アジア9ヶ国、ヨーロッパ2ヶ国にも関連企業があり、希望が通れば海外勤務！！　なんてことも。

賞与の割合が高く、完全成果主義なので目標到達度に応じて年収が350万～1000万超と人によりかなり差が出る。仕事のできる社員かどうかしっかり見極めよう！

ゼンリン

RANK A

恋愛偏差値	平均年収(万円)
56	556

平均年収 ♥♥♥　性格ポイント ♥♥♥
華やかさ ♥♥♥　合コン満足度 ♥♥♥

株式会社ゼンリンは地図情報の調査・制作・販売を行う企業である。

地図といえばゼンリン。日本国民の誰もが知っている大企業ゆえに社員のプライドはやや高め。社名ブランドが心の支え。

しかし、老舗企業のため年功序列制が根強く年収は平均よりもやや低め。結婚したら共働きで奥さんもフルタイム勤務でなければ生活するのは難しいかも。全国展開の企業ゆえ、転勤は大前提。日本の地図はオレたちが作っているんだという俺様系についていける女子にしかおすすめできない案件である。

ディップ

RANK A

恋愛偏差値	平均年収(万円)
56	473

平均年収 ♥♥♥♥　性格ポイント ♥♥♥
華やかさ ♥♥♥　合コン満足度 ♥♥♥

ディップは『バイトル』や『はたらこねっと』などの求人情報媒体を運営する企業である。

オフィスは六本木グランドタワーの31Fにあり、かなりおしゃれ。よくドラマの撮影現場に使われているとの噂だ！！　飲み好きな人が多く、広告業界のような明るくワイワイした雰囲気。

新卒採用は数百人規模の大量採用で、男女比も半々。必然的に社内恋愛の割合が増えるが、マッチングアプリ『dine』で出会える。

そして独身イケメンがうようよ余っているらしい！！　六本木・西麻布周辺のおしゃれディナーデートをセッティングしてくれることに期待したい！！

帝国ホテル

RANK A

恋愛偏差値	平均年収(万円)
56	569

平均年収 ♥♥♥　性格ポイント ♥♥♥
華やかさ ♥♥♥　合コン満足度 ♥♥♥

帝国ホテルは日本を代表する高級ホテルであり、「御三家」の中の一つである。

G20の際はドナルド・トランプが大阪の帝国ホテルを貸し切りするなど、数々の国賓をこれまでに迎えた実績があるのだ。

普段からVIPをエスコートしていることもあり、女性への扱いもスマートな人が多い。給与はちと心もとないが、ホテル業界の中では良い方。

部署によっては早朝勤務や夜勤があり、ハードなスケジュールで体を壊す人も。体調管理はしっかりサポートしてあげよう。

フジクラ

RANK A

恋愛偏差値	平均年収(万円)
56	739

平均年収 ♥♥♥♥　性格ポイント ♥♥♥
華やかさ ♥♥♥　合コン満足度 ♥♥♥

フジクラは、光ファイバーやワイヤーハーネス等を製造している非鉄金属メーカー。

製造に関係する部署は、急な呼び出しや休日出勤も多くなる傾向に。製造や現場に関わらない部署であれば、フレックスタイム制なので比較的自由に働くことが可能！

一番の目玉は、ランチ定食300円、麺類150円の食堂。ここの安さは異常。大学の学食レベル……(´エ`)　羨ましい。結婚してもお弁当作る手間が発生しないので、喜べそう。ワッショイワッショイ(^o^)/

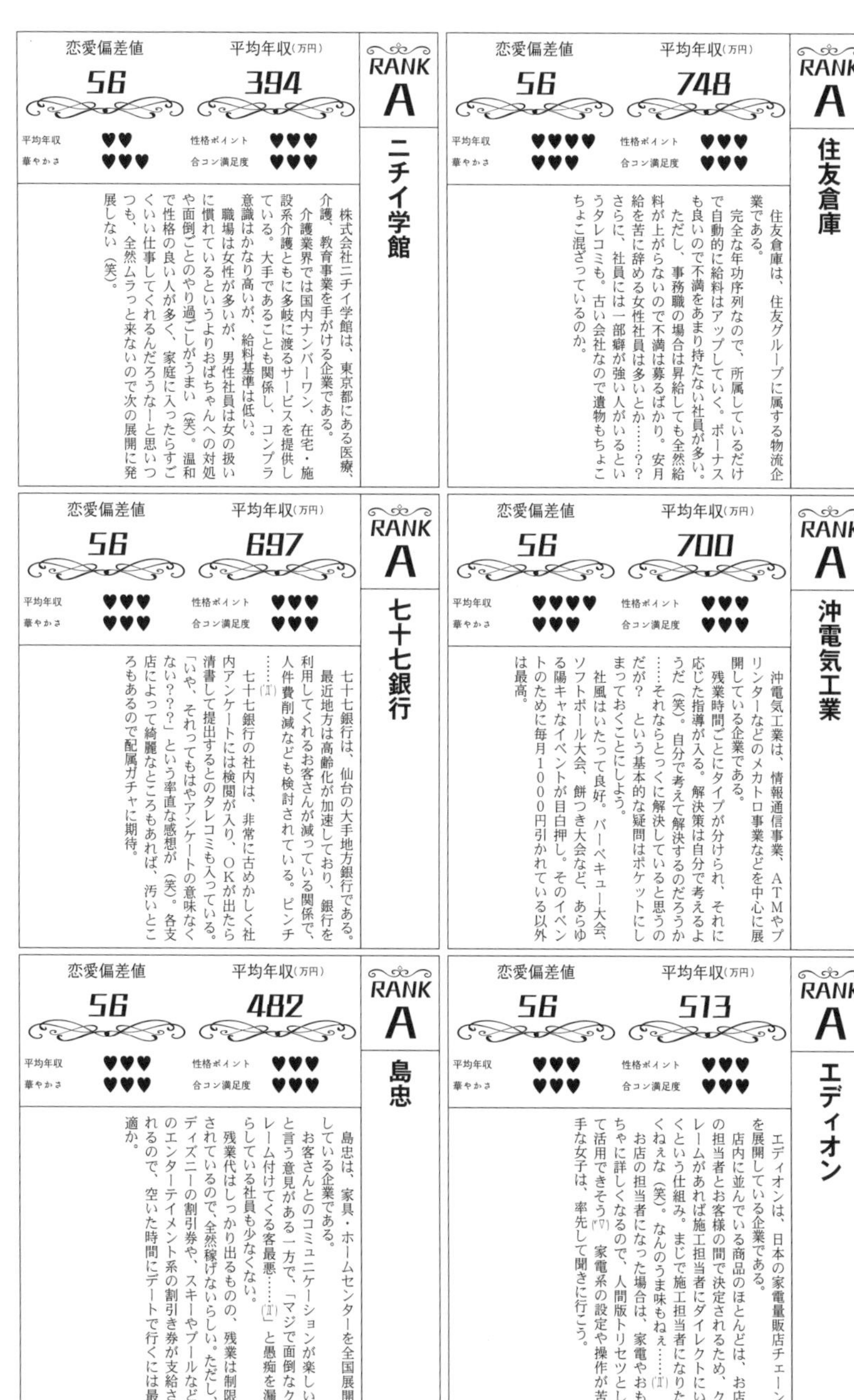

RANK A　住友倉庫

恋愛偏差値 56　平均年収（万円）748

平均年収 ♥♥♥♥　性格ポイント ♥♥♥
華やかさ ♥♥♥　合コン満足度 ♥♥♥

住友倉庫は、住友グループに属する物流企業である。

完全な年功序列なので、所属しているだけで自動的に給料はアップしていく。ボーナスも良いので不満をあまり持たない社員が多い。

ただし、事務職の場合は昇給しても全然給料が上がらないので不満は募るばかり。安月給を苦に辞める女性社員は多いとか……？？

さらに、社員には一部癖が強い人がいるというタレコミも。古い会社なので遺物もちょこちょこ混ざっているのか。

RANK A　ニチイ学館

恋愛偏差値 56　平均年収（万円）394

平均年収 ♥♥　性格ポイント ♥♥♥
華やかさ ♥♥♥　合コン満足度 ♥♥♥

株式会社ニチイ学館は、東京都にある医療、介護、教育事業を手がける企業である。

介護業界では国内ナンバーワン、在宅・施設系介護ともに多岐に渡るサービスを提供している。大手であることも関係し、コンプラ意識はかなり高いが、給料基準は低い。

職場は女性が多いが、男性社員は女の扱いに慣れているというよりおばちゃんへの対処や面倒ごとのやり過ごしがうまい（笑）。温和で性格の良い人が多く、家庭に入ったらすごくいい仕事してくれるんだろうなーと思いつつも、全然ムラっと来ないので次の展開に発展しない（笑）。

RANK A　沖電気工業

恋愛偏差値 56　平均年収（万円）700

平均年収 ♥♥♥♥　性格ポイント ♥♥♥
華やかさ ♥♥♥　合コン満足度 ♥♥♥

沖電気工業は、情報通信事業、ＡＴＭやプリンターなどのメカトロ事業などを中心に展開している企業である。

残業時間ごとにタイプが分けられ、それに応じた指導が入る。解決策は自分で考えるようだ（笑）。自分で考えて解決するのだろうか……それならとっくに解決していると思うのだが？　という基本的な疑問はポケットにしまっておくことにしよう。

社風はいたって良好。バーベキュー大会、ソフトボール大会、餅つき大会など、あらゆる陽キャなイベントが目白押し。そのイベントのために毎月１０００円引かれている以外は最高。

RANK A　七十七銀行

恋愛偏差値 56　平均年収（万円）697

平均年収 ♥♥♥　性格ポイント ♥♥♥
華やかさ ♥♥♥　合コン満足度 ♥♥♥

七十七銀行は、仙台の大手地方銀行である。最近地方は高齢化が加速しており、銀行を利用してくれるお客さんが減っている関係で、人件費削減なども検討されている。ピンチ……(´Д`)
七十七銀行の社内は、非常に古めかしく社内アンケートには検閲が入り、ＯＫが出たら清書して提出するとのタレコミも入っている。「いや、それってもはやアンケートの意味なくない？？」という率直な感想が（笑）。各支店によって綺麗なところもあれば、汚いところもあるので配属ガチャに期待。

RANK A　エディオン

恋愛偏差値 56　平均年収（万円）513

平均年収 ♥♥♥　性格ポイント ♥♥♥
華やかさ ♥♥♥　合コン満足度 ♥♥♥

エディオンは、日本の家電量販店チェーンを展開している企業である。
店内に並んでいる商品のほとんどは、お店の担当者とお客様の間で決定されるため、クレームがあれば施工担当者にダイレクトにいくという仕組み。まじで施工担当者になりたくねぇな（笑）。なんのうま味もねぇ……(´Д`)
お店の担当者になった場合は、家電やおもちゃに詳しくなるので、人間版トリセツとして活用できそう(*´▽`)　家電系の設定や操作が苦手な女子は、率先して聞きに行こう。

RANK A　島忠

恋愛偏差値 56　平均年収（万円）482

平均年収 ♥♥♥　性格ポイント ♥♥♥
華やかさ ♥♥♥　合コン満足度 ♥♥♥

島忠は、家具・ホームセンターを全国展開している企業である。

お客さんとのコミュニケーションが楽しいと言う意見がある一方で、「マジで面倒なクレーム付けてくる客最悪……(´Д`)」と愚痴を漏らしている社員も少なくない。

残業代はしっかり出るものの、残業は制限されているので、全然稼げないらしい。ただし、ディズニーの割引券や、スキーやプールなどのエンターテイメント系の割引き券が支給されるので、空いた時間にデートで行くには最適か。

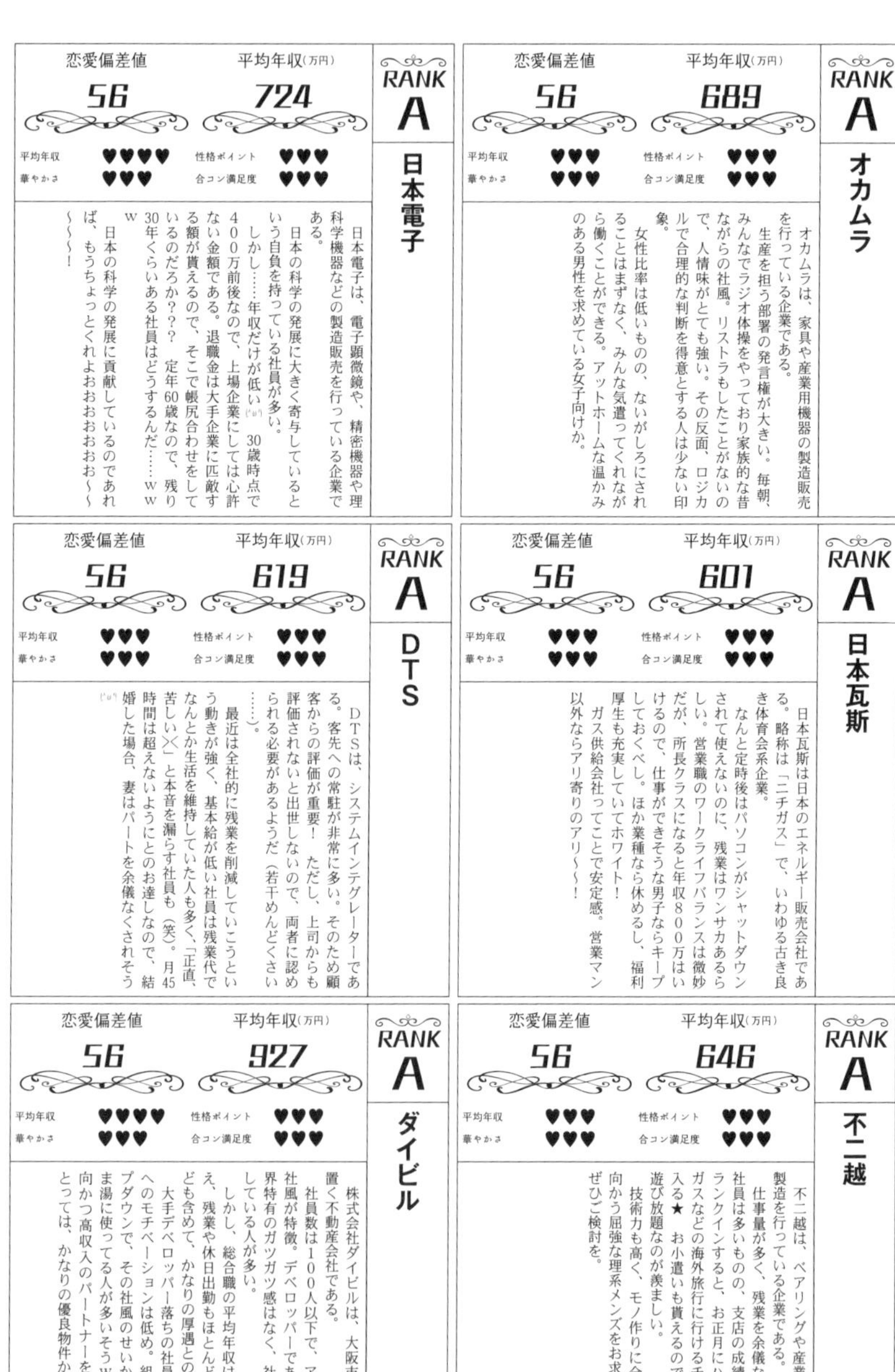

オカムラ

RANK A

恋愛偏差値	平均年収(万円)
56	689

平均年収	♥♥♥	性格ポイント	♥♥♥
華やかさ	♥♥♥	合コン満足度	♥♥♥

オカムラは、家具や産業用機器の製造販売を行っている企業である。

生産を担う部署の発言権が大きい。毎朝、みんなでラジオ体操をやっており家族的な昔ながらの社風。リストラもしたことがないので、人情味がとても強い。その反面、ロジカルで合理的な判断を得意とする人は少ない印象。

女性比率は低いものの、ないがしろにされることはまずなく、みんな気遣ってくれながら働くことができる。アットホームな温かみのある男性を求めている女子向けか。

日本電子

RANK A

恋愛偏差値	平均年収(万円)
56	724

平均年収	♥♥♥♥	性格ポイント	♥♥♥
華やかさ	♥♥♥	合コン満足度	♥♥♥

日本電子は、電子顕微鏡や、精密機器や理科学機器などの製造販売を行っている企業である。

日本の科学の発展に大きく寄与しているという自負を持っている社員が多い。

しかし……年収だけが低い(´ω`) 30歳時点で400万前後なので、上場企業にしては心許ない金額である。退職金は大手企業に匹敵する額が貰えるので、そこで帳尻合わせをしているのだろうか？？ 定年60歳なので、残り30年くらいある社員はどうするんだ……www

日本の科学の発展に貢献しているのであれば、もうちょっとくれよおおおおお〜〜〜〜〜！

日本瓦斯

RANK A

恋愛偏差値	平均年収(万円)
56	601

平均年収	♥♥♥	性格ポイント	♥♥♥
華やかさ	♥♥♥	合コン満足度	♥♥♥

日本瓦斯は日本のエネルギー販売会社である。略称は「ニチガス」で、いわゆる古き良き体育会系企業。

なんと定時後はパソコンがシャットダウンされて使えないのに、残業はワンサカあるらしい。営業職のワークライフバランスは微妙だが、所長クラスになると年収800万はいけるので、仕事ができそうな男子ならキープしておくべし。ほか業種なら休めるし、福利厚生も充実していてホワイト！

ガス供給会社ってことで安定感。営業マン以外ならアリ寄りのアリ〜〜！

DTS

RANK A

恋愛偏差値	平均年収(万円)
56	619

平均年収	♥♥♥	性格ポイント	♥♥♥
華やかさ	♥♥♥	合コン満足度	♥♥♥

DTSは、システムインテグレーターである。客先への常駐が非常に多い。そのため顧客からの評価が重要！ ただし、上司からも評価されないと出世しないので、両者に認められる必要があるようだ（若干めんどくさい……）。

最近は全社的に残業を削減していこうという動きが強く、基本給が低い社員は残業代でなんとか生活を維持していた人も多く、「正直、苦しい＞＜」と本音を漏らす社員も（笑）。月45時間は超えないようにとのお達しなので、結婚した場合、妻はパートを余儀なくされそう(´ω`)

不二越

RANK A

恋愛偏差値	平均年収(万円)
56	646

平均年収	♥♥♥	性格ポイント	♥♥♥
華やかさ	♥♥♥	合コン満足度	♥♥♥

不二越は、ベアリングや産業用ロボットの製造を行っている企業である。

仕事量が多く、残業を余儀なくされている社員は多いものの、支店の成績が全国上位にランクインすると、お正月にハワイやラスベガスなどの海外旅行に行けるチャンスが手に入る★ お小遣いも貰えるので、会社の金で遊び放題なのが羨ましい。

技術力も高く、モノ作りに全身全霊で立ち向かう屈強な理系メンズをお求めの女性陣は、ぜひご検討を。

ダイビル

RANK A

恋愛偏差値	平均年収(万円)
56	927

平均年収	♥♥♥♥	性格ポイント	♥♥♥
華やかさ	♥♥♥	合コン満足度	♥♥♥

株式会社ダイビルは、大阪市北区に本社を置く不動産会社である。

社員数は100人以下で、アットホームな社風が特徴。デベロッパーでありながら、業界特有のガツガツ感はなく、社員はおっとりしている人が多い。

しかし、総合職の平均年収は900万を越え、残業や休日出勤もほとんどなく、手当なども含めて、かなりの厚遇との話も。

大手デベロッパー落ちの社員が多く、仕事へのモチベーションは低め。組織自体もトップダウンで、その社風のせいか、社員はぬるま湯に使ってる人が多いそうwww 安定志向かつ高収入のパートナーを求める女性にとっては、かなりの優良物件かも！

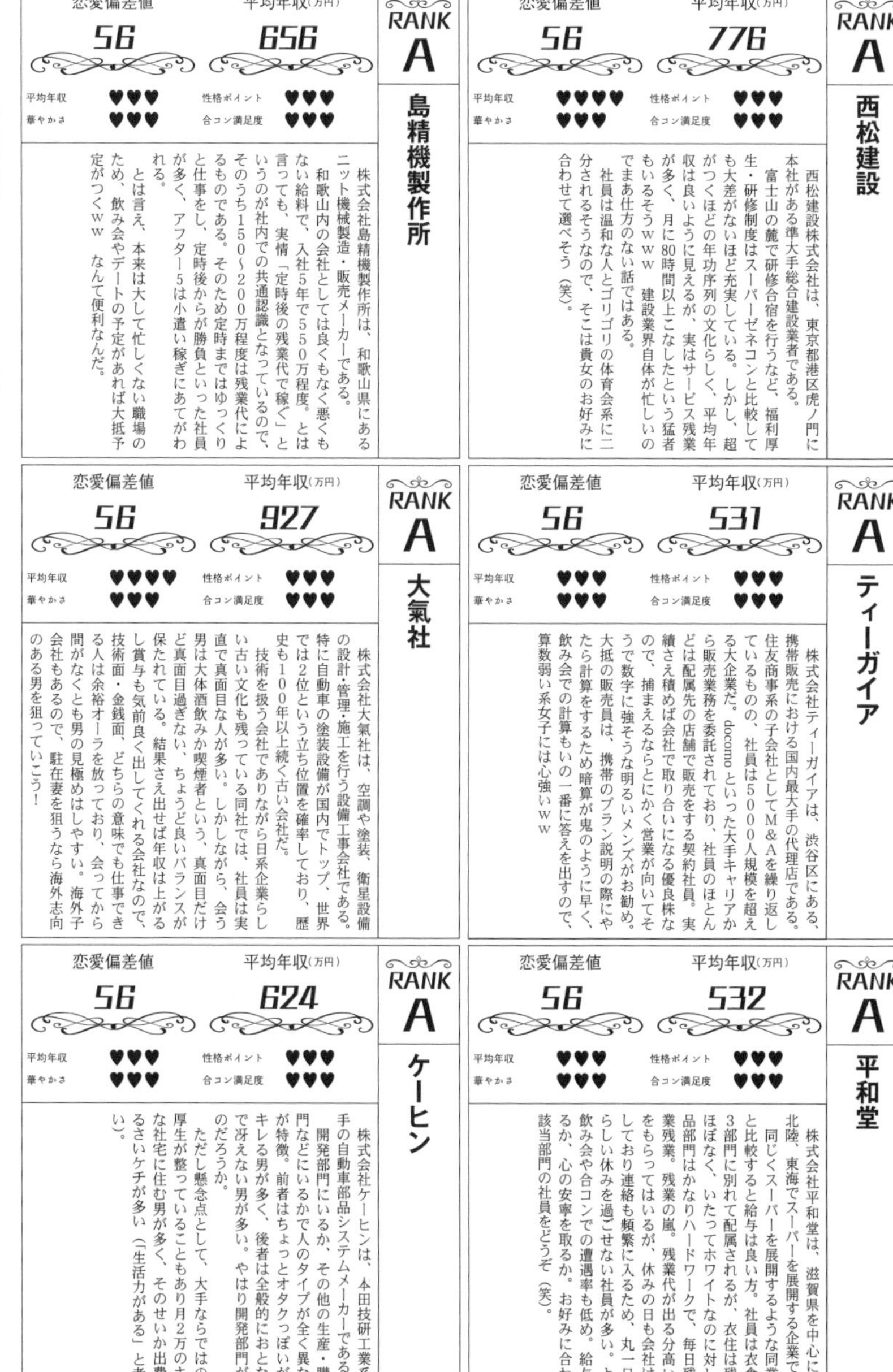

西松建設

RANK A

恋愛偏差値	平均年収（万円）
56	776

項目	評価	項目	評価
平均年収	♥♥♥♥	性格ポイント	♥♥♥
華やかさ	♥♥♥	合コン満足度	♥♥♥

西松建設株式会社は、東京都港区虎ノ門に本社がある準大手総合建設業者である。

富士山の麓で研修合宿を行うなど、福利厚生・研修制度はスーパーゼネコンと比較しても大差がないほど充実している。しかし、超がつくほどの年功序列の文化らしく、平均年収は良いように見えるが、実はサービス残業が多く、月に80時間以上こなしたという猛者もいるそうwww　建設業界自体が忙しいのでまあ仕方のない話ではある。

社員は温和な人とゴリゴリの体育会系に二分されるそうなので、そこは貴女のお好みに合わせて選べそう（笑）。

島精機製作所

RANK A

恋愛偏差値	平均年収（万円）
56	656

項目	評価	項目	評価
平均年収	♥♥♥	性格ポイント	♥♥♥
華やかさ	♥♥♥	合コン満足度	♥♥♥

株式会社島精機製作所は、和歌山県にあるニット機械製造・販売メーカーである。

和歌山内の会社としては良くもなく悪くもない給料で、入社5年で550万程度。とは言っても、実情「定時後の残業代で稼ぐ」というのが社内での共通認識となっているので、そのうち150〜200万程度は残業代によるものである。そのため定時まではゆっくりと仕事をし、定時後からが勝負といった社員が多く、アフター5は小遣い稼ぎにあてがわれる。

とは言え、本来は大して忙しくない職場のため、飲み会やデートの予定があれば大抵予定がつくww　なんて便利なんだ。

ティーガイア

RANK A

恋愛偏差値	平均年収（万円）
56	531

項目	評価	項目	評価
平均年収	♥♥♥	性格ポイント	♥♥♥
華やかさ	♥♥♥	合コン満足度	♥♥♥

株式会社ティーガイアは、渋谷区にある、携帯販売における国内最大手の代理店である。住友商事系の子会社としてM&Aを繰り返しているものの、社員は5000人規模を超える大企業だ。docomoといった大手キャリアから販売業務を委託されており、社員のほとんどは配属先の店舗で販売をする契約社員。実績さえ積めば会社で取り合いになる優良株なので、捕まえるならとにかく営業が向いてそうで数字に強そうな明るいメンズがお勧め。大抵の販売員は、携帯のプラン説明の際にやたら計算をするため暗算が鬼のように早く、飲み会での計算もいの一番に答えを出すので、算数弱い系女子には心強いww

大氣社

RANK A

恋愛偏差値	平均年収（万円）
56	927

項目	評価	項目	評価
平均年収	♥♥♥♥	性格ポイント	♥♥♥
華やかさ	♥♥♥	合コン満足度	♥♥♥

株式会社大氣社は、空調や塗装、衛星設備の設計・管理・施工を行う設備工事会社である。特に自動車の塗装設備が国内でトップ、世界では2位という立ち位置を確率しており、歴史も100年以上続く古い会社だ。

技術を扱う会社でありながら日系企業らしい古い文化も残っている同社では、社員は実直で真面目な人が多い。しかしながら、会う男は大体酒飲みか喫煙者という、真面目だけど真面目過ぎない、ちょうど良いバランスが保たれている。結果さえ出せば年収は上がるし賞与も気前良く出してくれる会社なので、技術面・金銭面、どちらの意味でも仕事できる人は余裕オーラを放っており、会ってから間がなくとも男の見極めはしやすい。海外子会社もあるので、駐在妻を狙うなら海外志向のある男を狙っていこう！

平和堂

RANK A

恋愛偏差値	平均年収（万円）
56	532

項目	評価	項目	評価
平均年収	♥♥♥	性格ポイント	♥♥♥
華やかさ	♥♥♥	合コン満足度	♥♥♥

株式会社平和堂は、滋賀県を中心に近畿、北陸、東海でスーパーを展開する企業である。

同じくスーパーを展開するような同業他社と比較すると給与は良い方。社員は衣食住の3部門に別れて配属されるが、衣住は残業もほぼなく、いたってホワイトなのに対し、食品部門はかなりハードワークで、毎日残業残業残業。残業の嵐。残業代が出る分高い給与をもらってはいるが、休みの日も会社は営業しており連絡も頻繁に入るため、丸一日休みらしい休みを過ごせない社員が多い。よって飲み会や合コンでの遭遇率も低め。給与を取るか、心の安寧を取るか。お好みに合わせて該当部門の社員をどうぞ（笑）。

ケーヒン

RANK A

恋愛偏差値	平均年収（万円）
56	624

項目	評価	項目	評価
平均年収	♥♥♥	性格ポイント	♥♥♥
華やかさ	♥♥♥	合コン満足度	♥♥♥

株式会社ケーヒンは、本田技研工業系最大手の自動車部品システムメーカーである。

開発部門にいるか、その他の生産・購買部門などにいるかで人のタイプが全く異なるのが特徴。前者はちょっとオタクっぽいが頭のキレる男が多く、後者は全般的におとなしめで冴えない男が多い。やはり開発部門が華なのだろうか。

ただし懸念点として、大手ならではの福利厚生が整っていることもあり月2万のキレイな社宅に住む男が多く、そのせいか出費にうるさいケチが多い（「生活力がある」と考えたい）。

RANK A ミロク情報サービス

恋愛偏差値 56　平均年収(万円) 606

平均年収 ♥♥♥　性格ポイント ♥♥♥
華やかさ ♥♥♥　合コン満足度 ♥♥♥

株式会社ミロク情報サービスは、東京にある、企業向けコンピュータ管理とシステム開発を行う企業である。

いわゆるSIerだが、1度導入されると長く利用されるサービスのため業績は比較的安定しており、基本給は多くなくとも長く勤めていれば自然と昇進できる会社だ。どのSIerにも共通して言えるが転職者がアホほど多く、1カ月ごとに中途（未経験）の社員が入社してくる（し、誰かが辞めているｗｗ）。あまり冒険をしないタイプの、なんでもソツなくこなす優等生タイプが長く勤める傾向にあり、飲み会などで「この人ちょっと面白いな」なんて思われるような人は大体数カ月後に転職している。真面目でかどがない人が好きな女子にお勧めしたい物件。

RANK A ベルシステム24ホールディングス

恋愛偏差値 56　平均年収(万円) 638

平均年収 ♥♥♥　性格ポイント ♥♥♥
華やかさ ♥♥♥　合コン満足度 ♥♥♥

株式会社ベルシステム24ホールディングスは、東京に本社を置くコールセンター企業である。

業界内では最大手の同社だが、コールセンターの現場は派遣やバイトの人数が多く、正社員は少ない。また、そんな数少ない正社員も多くは現場上がりであり、そのため「えっ、この人これで社会人なの……？」的なマナーに欠ける人も散見される。社内はマネージャー＞その他役職者＞センター長＞コールセンター部門の順にカースト制度のようなピラミッドが出来上がっており、自分も現場上がりのくせに、現場の派遣やバイトの文句を垂れている男が多いあたり、闇の深さを感じずにはいられない。

RANK A ニチハ

恋愛偏差値 56　平均年収(万円) 692

平均年収 ♥♥♥　性格ポイント ♥♥♥
華やかさ ♥♥♥　合コン満足度 ♥♥♥

ニチハ株式会社は、住宅用建材の大手メーカーである。

外壁メーカーとしては最大手であり、シェアは50％近くになるため会社はかなり安定のホワイト企業。景気に左右されないため、リーマンショック級の不況が来てもあまり影響を受けないのが心強い。

業界柄、体育会系で男社会なのだが、会社に若手が少なく、どことなくみんなおっさん臭さを漂わせている。20代で若々しさを奪われた悲しき性よ……。しかし一方で営業は飲みなどが少なく、飲み会で仕事を取りに行くタイプの男は少ない。どちらかというとスマートタイプ。というかのらりくらりタイプ？　飲み会ではあちらの雰囲気に飲まれないように！

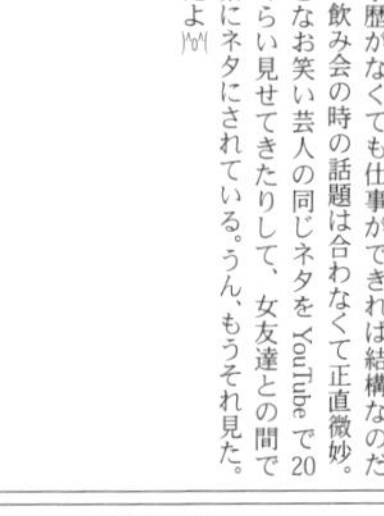

RANK A エクセディ

恋愛偏差値 56　平均年収(万円) 538

平均年収 ♥♥♥　性格ポイント ♥♥♥
華やかさ ♥♥♥　合コン満足度 ♥♥♥

株式会社エクセディは大阪に本社を置く自動車メーカーである。

社内のクラブ活動が盛んで、元気な若手社員が多くてよろしい！　……のだが、某有名ＩＴ企業ばりに学歴が不問な会社なので、結構な確率で高卒が混じっている。

学歴がなくても仕事ができれば結構なのだが、飲み会の時の話題は合わなくて正直微妙。好きなお笑い芸人の同じネタをYouTubeで20回くらい見せてきたりして、女友達との間で頻繁にネタにされている。うん、もうそれ見た。見たよ(^o^)

RANK A 亀田製菓

恋愛偏差値 56　平均年収(万円) 537

平均年収 ♥♥♥　性格ポイント ♥♥♥
華やかさ ♥♥♥　合コン満足度 ♥♥♥

亀田製菓株式会社は、ハッピーターンや柿の種で有名な新潟県の米菓・お菓子メーカーである。

勤めている本人たちは会社名よりもこれらのお菓子の方が有名であることを自覚しているらしく、飲み会の自己紹介などでは必ず「ハッピーターン」か「柿の種」のワードを盛り込んでくる。誘い文句は「柿の種つまみに宅飲みしない？」

そして彼らのカバンには大抵柿の種の小分けパックが入っており、常日頃、仲良くなった人に配布している。柿の種をもらったら脈あり判断してＯＫ。

RANK A トランス・コスモス

恋愛偏差値 56　平均年収(万円) 456

平均年収 ♥♥♥　性格ポイント ♥♥♥
華やかさ ♥♥♥　合コン満足度 ♥♥♥

トランスコスモス株式会社は、ネット広告やＷｅｂサイトなど、ＩＴ関連のアウトソーシングを展開する企業である。略称はトラコス。

大学ではそこそこイケてたタイプの人が就活で大手広告代理店に落とされて入る人が多いｗｗ　みんな今ドキのＩＴベンチャーっぽい、若くて明るい人が多いが何と言ってもここは給料が低くて転職率が鬼のように高い。3年以上いる人は奇跡ｗｗ　ただし意外かもしれないが、10年以上いるような等級の高い人だと案外年収は高く、男性社員は30代後半になって余裕もでき、いい感じに脂がのる。そんでもってずっと付き合ってきた彼女とかじゃなくてその時の気分で出会って数ヶ月とかの若い女と結婚する。地獄かよ！

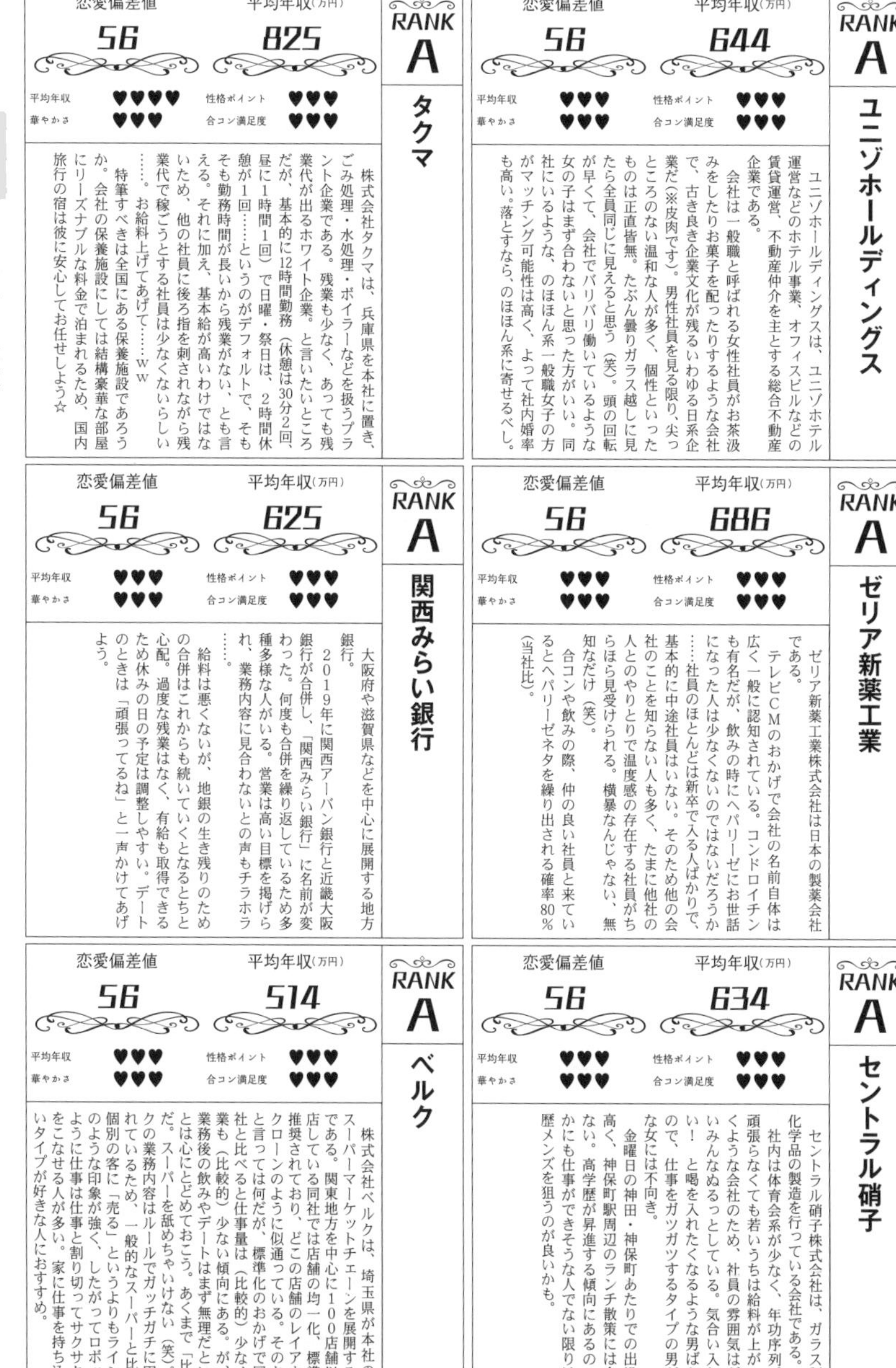

RANK A ユニゾホールディングス

恋愛偏差値	平均年収(万円)
56	644

項目	評価	項目	評価
平均年収	♥♥♥	性格ポイント	♥♥♥
華やかさ	♥♥♥	合コン満足度	♥♥♥

ユニゾホールディングスは、ユニゾホテル運営などのホテル事業、オフィスビルなどの賃貸運営、不動産仲介を主とする総合不動産企業である。

会社は一般職と呼ばれる女性社員がお茶汲みをしたりお菓子を配ったりするような会社で、古き良き企業文化が残るいわゆる日系企業だ（※皮肉です）。男性社員を見る限り、尖っところのない温和な人が多く、個性といったものは正直皆無。たぶん曇りガラス越しに見たら全員同じに見えると思う（笑）。頭の回転が早くて、会社でバリバリ働いているような女の子はまず合わないと思った方がいい。同社にいるような、のほほん系一般職女子の方がマッチング可能性は高く、よって社内婚率も高い。落とすなら、のほほん系に寄せるべし。

RANK A タクマ

恋愛偏差値	平均年収(万円)
56	825

項目	評価	項目	評価
平均年収	♥♥♥♥	性格ポイント	♥♥♥
華やかさ	♥♥♥	合コン満足度	♥♥♥

株式会社タクマは、兵庫県を本社に置き、ごみ処理・水処理・ボイラーなどを扱うプラント企業である。残業も少なく、あっても残業代が出るホワイト企業。と言いたいところだが、基本的に12時間勤務（休憩は30分2回、昼に1時間1回）で日曜・祭日は、2時間休憩が1回……というのがデフォルトで、そもそも勤務時間が長いから残業がない、とも言える。それに加え、基本給が高いわけではないため、他の社員に後ろ指を刺されながら残業代で稼ごうとする社員は少なくないらしい……。お給料上げてあげて……ｗｗ

特筆すべきは全国にある保養施設であろうか。会社の保養施設にしては結構豪華な部屋にリーズナブルな料金で泊まれるため、国内旅行の宿は彼に安心してお任せしよう☆

RANK A ゼリア新薬工業

恋愛偏差値	平均年収(万円)
56	686

項目	評価	項目	評価
平均年収	♥♥♥	性格ポイント	♥♥♥
華やかさ	♥♥♥	合コン満足度	♥♥♥

ゼリア新薬工業株式会社は日本の製薬会社である。

テレビＣＭのおかげで会社の名前自体は広く一般に認知されている。コンドロイチンも有名だが、飲みの時にヘパリーゼにお世話になった人は少なくないのではないだろうか……社員のほとんどは新卒で入る人ばかりで、基本的に中途社員はいない。そのため他の会社のことを知らない人も多く、たまに他社の人とのやりとりで温度感の存在する社員がちらほら見受けられる。横暴なんじゃない、無知なだけ（笑）。

合コンや飲みの際、仲の良い社員と来ているとヘパリーゼネタを繰り出される確率80％（当社比）。

RANK A 関西みらい銀行

恋愛偏差値	平均年収(万円)
56	625

項目	評価	項目	評価
平均年収	♥♥♥	性格ポイント	♥♥♥
華やかさ	♥♥♥	合コン満足度	♥♥♥

大阪府や滋賀県などを中心に展開する地方銀行。

２０１９年に関西アーバン銀行と近畿大阪銀行が合併し、「関西みらい銀行」に名前が変わった。何度も合併を繰り返しているため多種多様な人がいる。営業は高い目標を掲げられ、業務内容に見合わないとの声もチラホラ……。

給料は悪くないが、地銀の生き残りのための合併はこれからも続いていくとなるとちと心配。過度な残業はなく、有給も取得できるため休みの日の予定は調整しやすい。デートのときは「頑張ってるね」と一声かけてあげよう。

RANK A セントラル硝子

恋愛偏差値	平均年収(万円)
56	634

項目	評価	項目	評価
平均年収	♥♥♥	性格ポイント	♥♥♥
華やかさ	♥♥♥	合コン満足度	♥♥♥

セントラル硝子株式会社は、ガラス製品や化学品の製造を行っている会社である。

社内は体育会系が少なく、年功序列。特に頑張らなくても若いうちは給料が上がっていくような会社のため、社員の雰囲気はだいたいみんなぬるっとしている。気合い入れんかい！と喝を入れたくなるような男ばかりなので、仕事をガツガツするタイプの男が好きな女には不向き。

金曜日の神田・神保町あたりでの出没率が高く、神保町駅周辺のランチ散策には余念がない。高学歴が昇進する傾向にあるので、いかにも仕事ができそうな人でない限りは高学歴メンズを狙うのが良いかも。

RANK A ベルク

恋愛偏差値	平均年収(万円)
56	514

項目	評価	項目	評価
平均年収	♥♥♥	性格ポイント	♥♥♥
華やかさ	♥♥♥	合コン満足度	♥♥♥

株式会社ベルクは、埼玉県が本社の食品スーパーマーケットチェーンを展開する企業である。関東地方を中心に１００店舗以上出店している同社では店舗の均一化、標準化が推奨されており、どこの店舗のレイアウトもクローンのように似通っている。そのおかげと言っては何だが、標準化のおかげで同業他社と比べると仕事量は（比較的）少なく、残業も（比較的）少ない傾向にある。が、平日業務後の飲みやデートはまず無理だということは心にとどめておこう。あくまで「比較的」だ。スーパーを舐めちゃいけない（笑）。ベルクの業務内容はルールでガッチガチに固められているため、一般的なスーパーと比べて、個別の客に「売る」というよりもライン作業のような印象が強く、したがってロボットのように仕事は仕事と割り切ってサクサク仕事をこなせる人が多い。家に仕事を持ち込まないタイプが好きな人におすすめ。

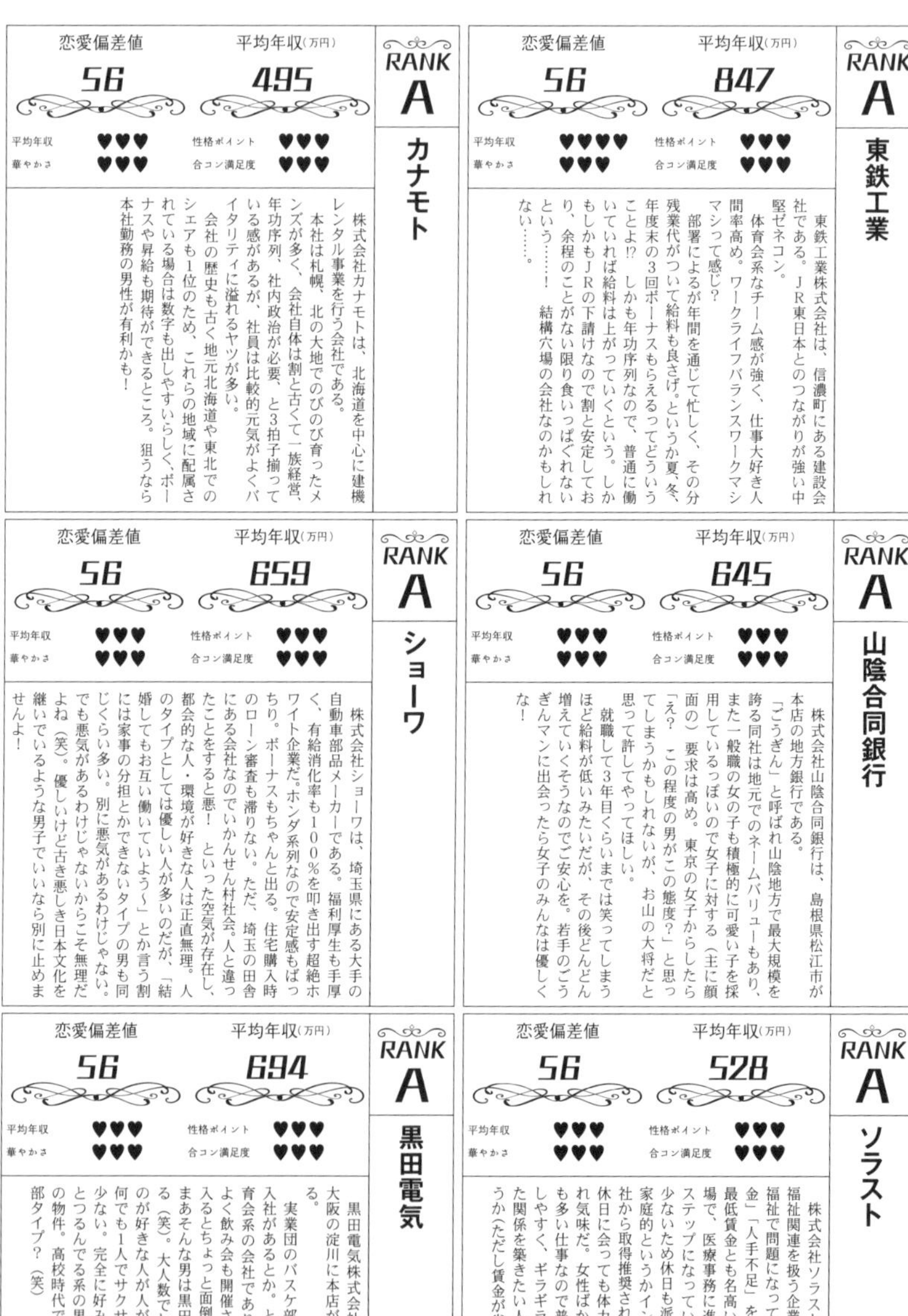

RANK A 東鉄工業

恋愛偏差値 56　平均年収（万円）847

平均年収 ♥♥♥♥　性格ポイント ♥♥♥
華やかさ ♥♥♥　合コン満足度 ♥♥♥

東鉄工業株式会社は、信濃町にある建設会社である。JR東日本とのつながりが強い中堅ゼネコン。

体育会系なチーム感が強く、仕事大好き人間率高め。ワークライフバランスワークマシマシって感じ？

部署によるが年間を通じて忙しく、その分残業代がついて給料も良さげ。というか夏、冬、年度末の3回ボーナスもらえるってどういうことよ⁉ しかも年功序列なので、普通に働いていれば給料は上がっていくという。しかもしかもJRの下請けなので割と安定しており、余程のことがない限り食いっぱぐれないという……！ 結構穴場の会社なのかもしれない……。

RANK A カナモト

恋愛偏差値 56　平均年収（万円）495

平均年収 ♥♥♥　性格ポイント ♥♥♥
華やかさ ♥♥♥　合コン満足度 ♥♥♥

株式会社カナモトは、北海道を中心に建機レンタル事業を行う会社である。

本社は札幌、北の大地でのびのび育ったメンズが多く、会社自体は割と古くて一族経営、年功序列、社内政治が必要、と3拍子揃っている感があるが、社員は比較的元気がよくバイタリティに溢れるヤツが多い。

会社の歴史も古く地元北海道や東北でのシェアも1位のため、これらの地域に配属されている場合は数字も出しやすいらしく、ボーナスや昇給も期待ができるところ。狙うなら本社勤務の男性が有利かも！

RANK A 山陰合同銀行

恋愛偏差値 56　平均年収（万円）645

平均年収 ♥♥♥　性格ポイント ♥♥♥
華やかさ ♥♥♥　合コン満足度 ♥♥♥

株式会社山陰合同銀行は、島根県松江市が本店の地方銀行である。

「ごうぎん」と呼ばれ山陰地方で最大規模を誇る同社は地元でのネームバリューもあり、また一般職の女の子も積極的に可愛い子を採用しているっぽいので女子に対する（主に顔面の）要求は高め。東京の女子からしたら「え？ この程度の男がこの態度？」と思ってしまうかもしれないが、お山の大将だと思って許してやってほしい。

就職して3年目くらいまでは笑ってしまうほど給料が低いみたいだが、その後どんどん増えていくそうなのでご安心を。若手のごうぎんマンに出会ったら女子のみんなは優しくな！

RANK A ショーワ

恋愛偏差値 56　平均年収（万円）659

平均年収 ♥♥♥　性格ポイント ♥♥♥
華やかさ ♥♥♥　合コン満足度 ♥♥♥

株式会社ショーワは、埼玉県にある大手の自動車部品メーカーである。福利厚生も手厚く、有給消化率も100%を叩き出す超絶ホワイト企業だ。ホンダ系列なので安定感もばっちり。ボーナスもちゃんと出る。住宅購入時のローン審査も滞りない。ただ、埼玉の田舎にある会社なのでいかんせん村社会。人と違ったことをすると悪！ といった空気が存在し、都会的な人・環境が好きな人は正直無理。人のタイプとしては優しい人が多いのだが、「結婚してもお互い働いていようよ～」とか言う割には家事の分担とかできないタイプの男も同じくらい多い。別に悪気があるわけじゃない。でも悪気があるわけじゃないからこそ無理だよね（笑）。優しいけど古き悪しき日本文化を継いでいるような男子でいいなら別に止めませんよ！

RANK A ソラスト

恋愛偏差値 56　平均年収（万円）528

平均年収 ♥♥♥　性格ポイント ♥♥♥
華やかさ ♥♥♥　合コン満足度 ♥♥♥

株式会社ソラストは、東京都港区の医療、福祉関連を扱う企業である。いわゆる医療と福祉で問題になっている「長時間勤務」「低賃金」「人手不足」を体現しており、業界では最低賃金とも名高い。男性はかなり少ない職場で、医療事務に進みたい女性のファーストステップになっている感は否めない。給与も少ないため休日も派手に遊べるわけではなく、家庭的というかインドア系が多い。その上会社から取得推奨される資格や勉強が多いため、休日に会っても体力的にというか精神的に疲れ気味だ。女性ばかりの職場で、人との会話も多い仕事なので普通に話している分には話しやすく、ギラギラしてない、リラックスした関係を築きたい人にはいいのではないだろうか（ただし賃金が雀の涙なのはお忘れなく）。

RANK A 黒田電気

恋愛偏差値 56　平均年収（万円）694

平均年収 ♥♥♥　性格ポイント ♥♥♥
華やかさ ♥♥♥　合コン満足度 ♥♥♥

黒田電気株式会社は電子部品商社である。大阪の淀川に本店があり、品川区に本社がある。

実業団のバスケ部があり、バスケ部枠での入社があるとか。というわけで社内文化は体育会系の会社であり、社員同士は仲が良く、よく飲み会も開催されている。その分、酒が入るとちょっと面倒臭いタイプの男もいるが、まあそんな男は黒田電気でなくともたまにいる（笑）。大人数でわいわいウェイウェイするのが好きな人が人が多く、自分に芯があって何でも1人でサクサクこなせるタイプの人は少ない。完全に好みの問題だが、いつも誰かとつるんでる系の男子が好きな方におすすめの物件。高校時代でいうと、やっぱりバスケ部タイプ？（笑）

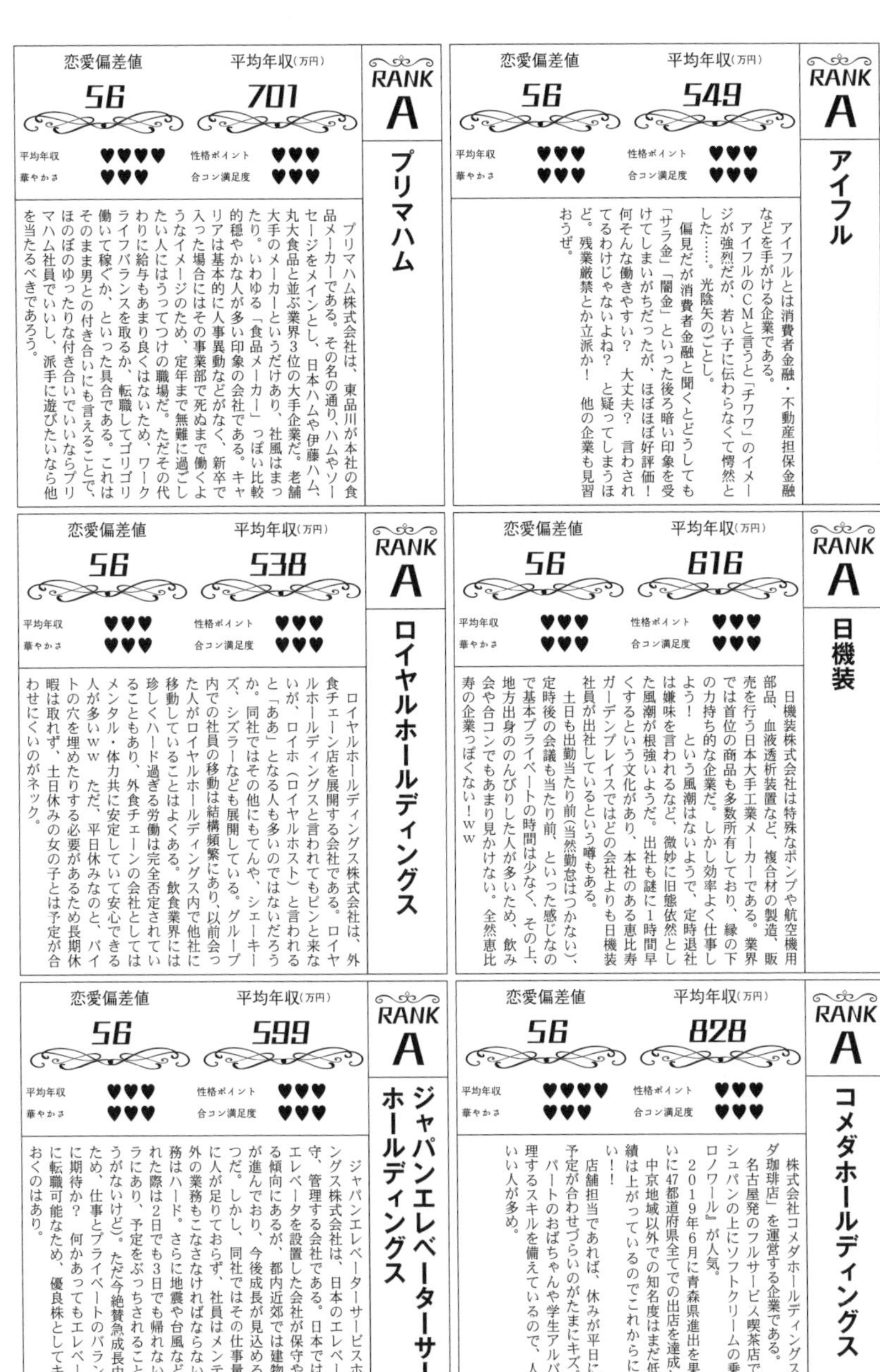

アイフル

RANK A

恋愛偏差値	平均年収(万円)
56	549

項目	評価	項目	評価
平均年収	♥♥♥	性格ポイント	♥♥♥
華やかさ	♥♥♥	合コン満足度	♥♥♥

アイフルとは消費者金融・不動産担保金融などを手がける企業である。

アイフルのCMと言うと「チワワ」のイメージが強烈だが、若い子に伝わらなくて愕然とした……。光陰矢のごとし。

偏見だが消費者金融と聞くとどうしても「サラ金」「闇金」といった後ろ暗い印象を受けてしまいがちだったが、ほぼほぼ好評価！　何そんな働きやすい？　大丈夫？　言わされてるわけじゃないよね？　と疑ってしまうほど。残業厳禁とか立派か！　他の企業も見習おうぜ。

プリマハム

RANK A

恋愛偏差値	平均年収(万円)
56	701

項目	評価	項目	評価
平均年収	♥♥♥♥	性格ポイント	♥♥♥
華やかさ	♥♥♥	合コン満足度	♥♥♥

プリマハム株式会社は、東品川が本社の食品メーカーである。その名の通り、ハムやソーセージをメインとし、日本ハムや伊藤ハム、丸大食品と並ぶ業界3位の大手企業だ。老舗大手のメーカーというだけあり、社風はまったり。いわゆる「食品メーカー」っぽい比較的穏やかな人が多い印象の会社である。キャリアは基本的に人事異動などがなく、新卒で入った場合にはその事業部で死ぬまで働くようなイメージのため、定年まで無難に過ごしたい人にはうってつけの職場だ。ただその代わりに給与もあまり良くはないため、ワークライフバランスを取るか、転職してゴリゴリ働いて稼ぐか、といった具合である。これはそのまま男との付き合いにも言えることで、ほのぼのゆったりな付き合いでいいならプリマハム社員でいいし、派手に遊びたいなら他を当たるべきであろう。

日機装

RANK A

恋愛偏差値	平均年収(万円)
56	616

項目	評価	項目	評価
平均年収	♥♥♥	性格ポイント	♥♥♥
華やかさ	♥♥♥	合コン満足度	♥♥♥

日機装株式会社は特殊なポンプや航空機用部品、血液透析装置など、複合材の製造、販売を行う日本大手工業メーカーである。業界では首位の商品も多数所有しており、縁の下の力持ち的な企業だ。しかし効率よく仕事しよう！　という風潮はないようで、定時退社は嫌味を言われるなど、微妙に旧態依然とした風潮が根強いようだ。出社も謎に1時間早くするという文化があり、本社のある恵比寿ガーデンプレイスではどの会社よりも日機装社員が出社しているという噂もある。

土日も出勤当たり前(当然勤怠はつかない)、定時後の会議も当たり前、といった感じなので基本プライベートの時間は少なく、その上、地方出身ののんびりした人が多いため、飲み会や合コンでもあまり見かけない。全然恵比寿の企業っぽくない！ｗｗ

ロイヤルホールディングス

RANK A

恋愛偏差値	平均年収(万円)
56	538

項目	評価	項目	評価
平均年収	♥♥♥	性格ポイント	♥♥♥
華やかさ	♥♥♥	合コン満足度	♥♥♥

ロイヤルホールディングス株式会社は、外食チェーン店を展開する会社である。ロイヤルホールディングスと言われてもピンと来ないが、ロイホ（ロイヤルホスト）と言われると「ああ」となる人も多いのではないだろうか。同社ではその他にもてんや、シェーキーズ、シズラーなども展開している。グループ内での社員の移動は結構頻繁にあり、以前会った人がロイヤルホールディングス内で他社に移動していることはよくある。飲食業界には珍しくハード過ぎる労働は完全否定されていることもあり、外食チェーンの会社としてはメンタル・体力共に安定していて安心できる人が多いｗｗ　ただ、平日休みなのと、バイトの穴を埋めたりする必要があるため長期休暇は取れず、土日休みの女の子とは予定が合わせにくいのがネック。

コメダホールディングス

RANK A

恋愛偏差値	平均年収(万円)
56	828

項目	評価	項目	評価
平均年収	♥♥♥♥	性格ポイント	♥♥♥
華やかさ	♥♥♥	合コン満足度	♥♥♥

株式会社コメダホールディングスは「コメダ珈琲店」を運営する企業である。

名古屋発のフルサービス喫茶店で、デニッシュパンの上にソフトクリームの乗った『シロノワール』が人気。

２０１９年６月に青森県進出を果たし、ついに47都道府県全てでの出店を達成した。

中京地域以外での知名度はまだ低いが、業績は上がっているのでこれからに期待したい！

店舗担当であれば、休みが平日になるため予定が合わせづらいのがたまにキズ。

パートのおばちゃんや学生アルバイトを管理するスキルを備えているので、人当たりのいい人が多め。

ジャパンエレベーターサービスホールディングス

RANK A

恋愛偏差値	平均年収(万円)
56	599

項目	評価	項目	評価
平均年収	♥♥♥	性格ポイント	♥♥♥
華やかさ	♥♥♥	合コン満足度	♥♥♥

ジャパンエレベーターサービスホールディングス株式会社は、日本のエレベーターを保守、管理する会社である。日本では基本的にエレベータを設置した会社が保守や管理をする傾向にあるが、都内近郊では建物の高層化が進んでおり、今後成長が見込める企業の1つだ。しかし、同社ではその仕事量とは裏腹に人が足りておらず、社員はメンテナンス以外の業務もこなさなければならないため、業務はハード。さらに地震や台風などに見舞われた際は2日でも3日でも帰れないことはザラにあり、予定をぶっちされることも（しょうがないけど）。ただ今絶賛急成長中の会社のため、仕事とプライベートのバランスは今後に期待か？　何かあってもエレベーター会社に転職可能なため、優良株としてキープしておくのはあり。

トッパン・フォームズ

RANK A

恋愛偏差値	平均年収(万円)
56	686

平均年収	♥♥♥♥	性格ポイント	♥♥♥
華やかさ	♥♥♥	合コン満足度	♥♥♥

トッパン・フォームズ株式会社は、凸版印刷の連結子会社で、帳票類などのビジネスフォームを主力製品とする日本のメーカー企業である。印刷業界第3位、無借金経営による各方面からの信頼が厚く、純日本企業といった社風の会社だ。全体的には「人がいい」人が多く、おっとりとした社風の会社だが(スピード感がないとも言えるｗｗ)、営業と技術者でかなりカラーが異なり、営業は割と体育会系。いわゆる日系企業でまともな教育を受けている人たちばかりなので、男性の文化度も比較的高く、民度を重視する女子の第一関門は突破できると言えよう。ただ、技術者の中にはたまに隠れ印刷オタクがおり、手に持った印刷物を人に語りたがるタイプのめんどくさい男がいるので注意が必要。レストランのメニューの印刷方法とかどうでもいいから！ｗｗ

アダストリア

RANK A

恋愛偏差値	平均年収(万円)
56	420

平均年収	♥♥♥	性格ポイント	♥♥♥
華やかさ	♥♥♥	合コン満足度	♥♥♥

株式会社アダストリアは、渋谷ヒカリエに本社を置くアパレル企業である。有名どころで言うとグローバルワーク、ニコアンド、ローリーズファームなどを展開しており、男女共にファッション好きが働いている会社だ。社内には可愛くておしゃれな女子がたくさんおり、本社にも樹齢1年か！　という細さを誇るようなモデル並のルックス・スタイルを誇る女性社員も。よってここの男性社員が女に求める容姿のレベルは一定以上である。給料も特段良いわけではなく、本当にファッションが好きで仕事をしている人が多いため、ファッションに理解のある人でないとなかなか付き合うのは難しいかもしれない。ノリもどちらかというと、スクールカースト上位層という感じで、学生時代下層だったような人にはちょっととっつきにくい印象も。

トリドールホールディングス

RANK A

恋愛偏差値	平均年収(万円)
56	673

平均年収	♥♥♥	性格ポイント	♥♥♥
華やかさ	♥♥♥	合コン満足度	♥♥♥

株式会社トリドールホールディングスは、レストランやショッピングセンターなどの飲食店開発・運営を行う企業である。有名どころでは丸亀製麺やコナズ珈琲など。

「声が大きい」＝「本気」と捉える風習があるらしく、えｗｗ　ちょｗｗｗ　21世紀ｗｗｗｗ　大草原不可避。それでも関東と関西でかなりカラーが異なるらしく、関西はより体育会系の色が濃いが、関東は落ち着いていて無駄なことを省こうという文化がかろうじてある。正直関西勢は遠慮したい。ただ暑苦しい分、成長意欲の高い人も多く、「そういう人」が好きならいいんじゃない？　という感じ。飲食あるあるで長時間労働は避けられないので、お付き合いの際はそのあたりも覚悟しておきましょう。

近鉄エクスプレス

RANK A

恋愛偏差値	平均年収(万円)
56	750

平均年収	♥♥♥♥	性格ポイント	♥♥♥
華やかさ	♥♥♥	合コン満足度	♥♥♥

株式会社近鉄エクスプレスは、航空・海上貨物輸送、ロジスティクスなどをワンストップで提供する国際総合物流企業である。少数先鋭のため新卒からガッツがあり仕事をバリバリこなす体育会系が多く、生命力の強そう(笑)な人をよく見かける。海外46カ国に拠点を持つ日本大手の物流企業で、新卒総合職限定にはなるが20代半ばごろに1年間の海外研修があるため、みんな何かしらの経験値が高く、会話も多様性があって面白い。営業の場合は特に飲みからのカラオケ文化が強く、コミュ力があって大勢でわいわいしているような、明るいタイプが好きな女子には結構たまらない物件だと思う。1人あたりの仕事量は同業他社の2倍とまで言われており、見ている分には頼もしい。※ただし輸出部門に限る。輸入は比較的文化系。

兼松

RANK A

恋愛偏差値	平均年収(万円)
56	706

平均年収	♥♥♥♥	性格ポイント	♥♥♥
華やかさ	♥♥♥	合コン満足度	♥♥♥

兼松株式会社は、電子・ＩＴをはじめ、食品・食糧、鉄鋼・機械プラント、環境・素材などを幅広く扱う日本の商社である。１００年以上の歴史がある会社で、会社は朝早く出社し、夜は接待で連日飲み、といった泥臭い営業がたくさんいる。他の商社と比べると多少は大人しい人が多いが、基本は明るくてサービス精神旺盛な商社らしい商社マンがほとんど。社内の風通しも良いことで定評のある同社だが、評価制度は未だ年功序列の傾向が強く、いかに仕事ができても給与や賞与に反映されないのがバッドポイント。給与も商社としてはそこそこといったところか。

オフには部活動も盛んで、社内恋愛・社内婚も多い兼松。ここの商社マンを狙うなら、社内の女子に取られる前に、先手を打つことがポイントだ。

青山商事

RANK A

恋愛偏差値	平均年収(万円)
56	471

平均年収	♥♥♥	性格ポイント	♥♥♥
華やかさ	♥♥♥	合コン満足度	♥♥♥

青山商事株式会社は、広島県が本社の紳士服製造・販売を行う会社である。「洋服の青山」は業界でも唯一、47都道府県全てに店舗を展開しており、紳士服のチェーンとしては業界最大だ。最近は女性社員も増えたが、それまでは男性社員ばかりで体育会系・男社会の企業という感じは今でも否めない。毎朝朝礼時には大声で企業理念を唱和するなどの風習もあるようで、いわゆる普通の会社勤めをしている女子からすると若干複雑な気分だ。アパレルの会社にはよくあることだが、基本給が非常に低く、残業で稼がなければ生きていけないとの声多数。(しかも制服自腹だってよ！ｗｗ)店舗の販売も20時までの営業なので、飲みなどに参加できるのは基本的に21時以降となる。ハキハキとしていて愛想のいい人が多い印象だが、営業時のスーツはまあいいとして私服とのギャップが(悪い方に)激しいと超絶萎える。青山とは言え、スーツマジックあるよな～。

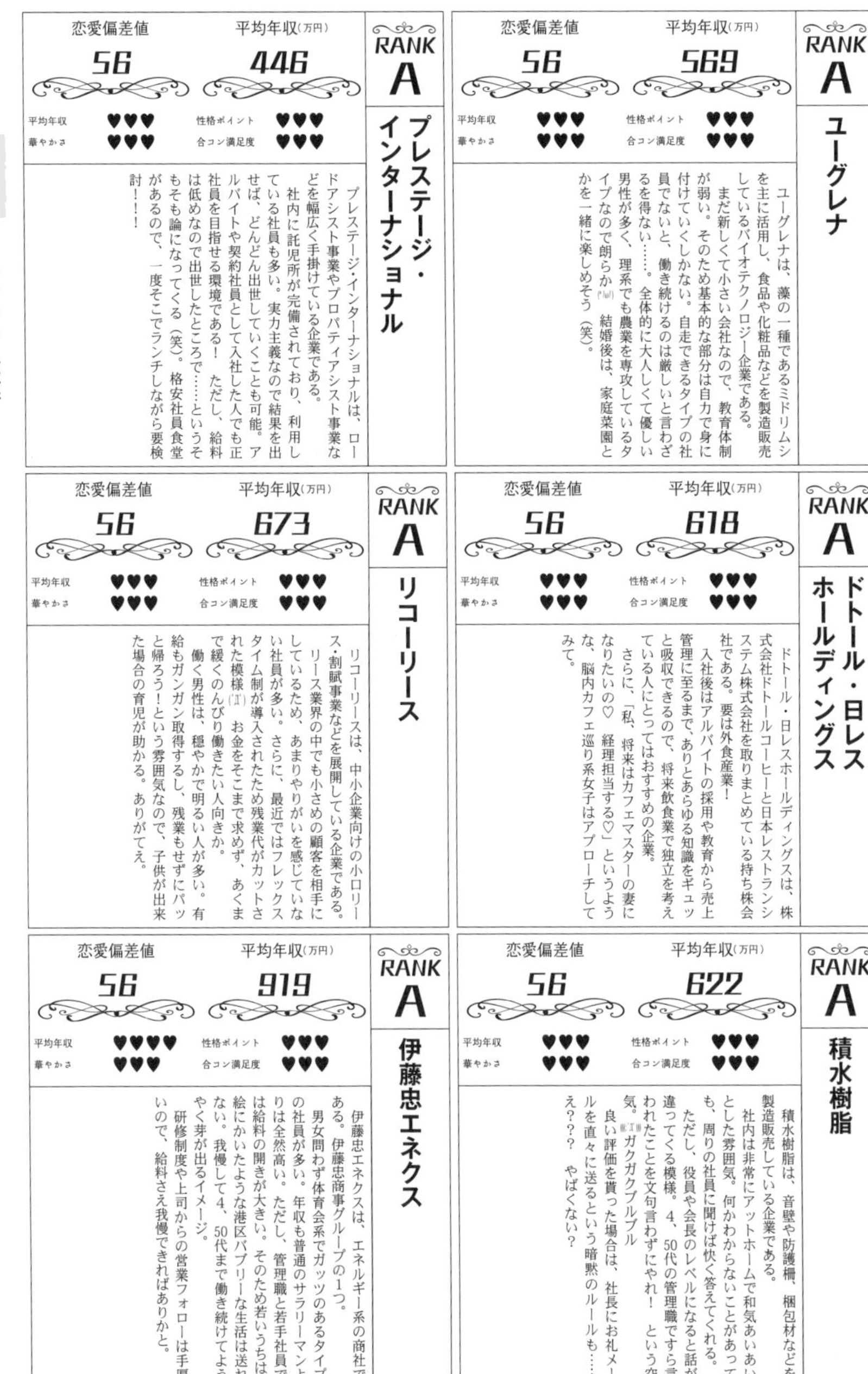

RANK A ユーグレナ

恋愛偏差値 56　平均年収（万円） 569

平均年収	♥♥♥	性格ポイント	♥♥♥
華やかさ	♥♥♥	合コン満足度	♥♥♥

ユーグレナは、藻の一種であるミドリムシを主に活用し、食品や化粧品などを製造販売しているバイオテクノロジー企業である。

まだ新しくて小さい会社なので、教育体制が弱い。そのため基本的な部分は自力で身に付けていくしかない。自走できるタイプの社員でないと、働き続けるのは厳しいと言わざるを得ない……。全体的に大人しくて優しい男性が多く、理系でも農業を専攻しているタイプなので朗らか(*´ω`)結婚後は、家庭菜園とかを一緒に楽しめそう（笑）。

RANK A プレステージ・インターナショナル

恋愛偏差値 56　平均年収（万円） 446

平均年収	♥♥♥	性格ポイント	♥♥♥
華やかさ	♥♥♥	合コン満足度	♥♥♥

プレステージ・インターナショナルは、ロードアシスト事業やプロパティアシスト事業などを幅広く手掛けている企業である。

社内に託児所が完備されており、利用している社員も多い。実力主義なので結果を出せば、どんどん出世していくことも可能。アルバイトや契約社員として入社した人でも正社員を目指せる環境である！　ただし、給料は低めなので出世したところで……というそもそも論になってくる（笑）。格安社員食堂があるので、一度そこでランチしながら要検討！！！

RANK A ドトール・日レスホールディングス

恋愛偏差値 56　平均年収（万円） 618

平均年収	♥♥♥	性格ポイント	♥♥♥
華やかさ	♥♥♥	合コン満足度	♥♥♥

ドトール・日レスホールディングスは、株式会社ドトールコーヒーと日本レストランシステム株式会社を取りまとめている持ち株会社である。要は外食産業！

入社後はアルバイトの採用や教育から売上管理に至るまで、ありとあらゆる知識をギュッと吸収できるので、将来飲食業で独立を考えている人にとってはおすすめの企業。

さらに、「私、将来はカフェマスターの妻になりたいの♡　経理担当する♡」というような、脳内カフェ巡り系女子はアプローチしてみて。

RANK A リコーリース

恋愛偏差値 56　平均年収（万円） 673

平均年収	♥♥♥	性格ポイント	♥♥♥
華やかさ	♥♥♥	合コン満足度	♥♥♥

リコーリースは、中小企業向けの小口リース・割賦事業などを展開している企業である。

リース業界の中でも小さめの顧客を相手にしているため、あまりやりがいを感じていない社員が多い。さらに、最近ではフレックスタイム制が導入されたため残業代がカットされた模様(´Д`)　お金をそこまで求めず、あくまで緩くのんびり働きたい人向きか。

働く男性は、穏やかで明るい人が多い。有給もガンガン取得するし、残業もせずにパッと帰ろう！という雰囲気なので、子供が出来た場合の育児が助かる。ありがてえ。

RANK A 積水樹脂

恋愛偏差値 56　平均年収（万円） 622

平均年収	♥♥♥	性格ポイント	♥♥♥
華やかさ	♥♥♥	合コン満足度	♥♥♥

積水樹脂は、音壁や防護柵、梱包材などを製造販売している企業である。

社内は非常にアットホームで和気あいあいとした雰囲気。何かわからないことがあっても、周りの社員に聞けば快く答えてくれる。ただし、役員や会長のレベルになると話が違ってくる模様。4、50代の管理職ですら言われたことを文句言わずにやれ！　という空気。(((´Д`)))ガクガクブルブル

良い評価を貰った場合は、社長にお礼メールを直々に送るという暗黙のルールも……え？？？　やばくない？

RANK A 伊藤忠エネクス

恋愛偏差値 56　平均年収（万円） 919

平均年収	♥♥♥♥	性格ポイント	♥♥♥
華やかさ	♥♥♥	合コン満足度	♥♥♥

伊藤忠エネクスは、エネルギー系の商社である。伊藤忠商事グループの1つ。

男女問わず体育会系でガッツのあるタイプの社員が多い。年収も普通のサラリーマンよりは全然高い。ただし、管理職と若手社員では給料の開きが大きい。そのため若いうちは、絵にかいたような港区バブリーな生活は送れない。我慢して4、50代まで働き続けてようやく芽が出るイメージ。

研修制度や上司からの営業フォローは手厚いので、給料さえ我慢できればありかと。

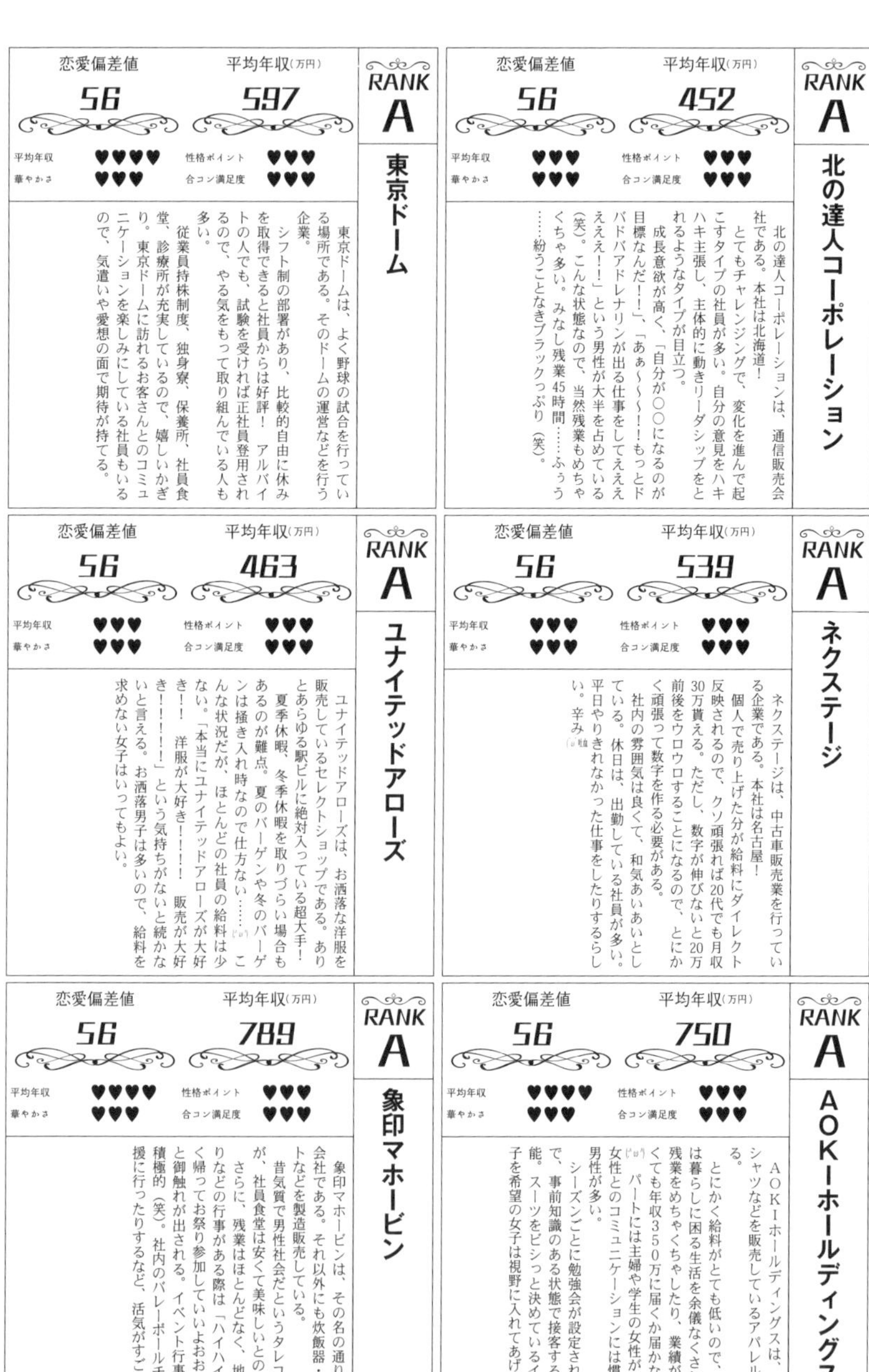

北の達人コーポレーション

RANK A

恋愛偏差値	平均年収（万円）
56	452

項目	評価	項目	評価
平均年収	♥♥♥	性格ポイント	♥♥♥
華やかさ	♥♥♥	合コン満足度	♥♥♥

北の達人コーポレーションは、通信販売会社である。本社は北海道！

とてもチャレンジングで、変化を進んで起こすタイプの社員が多い。自分の意見をハキハキ主張し、主体的に動きリーダシップをとれるようなタイプが目立つ。

成長意欲が高く、「自分が〇〇になるのが目標なんだ！」、「あぁ〜〜！もっとドバドバアドレナリンが出る仕事をしてえええええええ！！」という男性が大半を占めている（笑）。こんな状態なので、当然残業もめちゃくちゃ多い。みなし残業45時間……ふぅ……紛うことなきブラックっぷり（笑）。

東京ドーム

RANK A

恋愛偏差値	平均年収（万円）
56	597

項目	評価	項目	評価
平均年収	♥♥♥♥	性格ポイント	♥♥♥
華やかさ	♥♥♥	合コン満足度	♥♥♥

東京ドームは、よく野球の試合を行っている場所である。そのドームの運営などを行う企業。

シフト制の部署があり、比較的自由に休みを取得できると社員からは好評！アルバイトの人でも、試験を受ければ正社員登用されるので、やる気をもって取り組んでいる人も多い。

従業員持株制度、独身寮、保養所、社員食堂、診療所が充実しているので、嬉しいかぎり。東京ドームに訪れるお客さんとのコミュニケーションを楽しみにしている社員もいるので、気遣いや愛想の面で期待が持てる。

ネクステージ

RANK A

恋愛偏差値	平均年収（万円）
56	539

項目	評価	項目	評価
平均年収	♥♥♥	性格ポイント	♥♥♥
華やかさ	♥♥♥	合コン満足度	♥♥♥

ネクステージは、中古車販売業を行っている企業である。本社は名古屋！

個人で売り上げた分が給料にダイレクト反映されるので、クソ頑張れば20代でも月収30万貰える。ただし、数字が伸びないと20万前後をウロウロすることになるので、とにかく頑張って数字を作る必要がある。

社内の雰囲気は良くて、和気あいあいとしている。休日は、出勤している社員が多い。平日やりきれなかった仕事をしたりするらしい。辛み

ユナイテッドアローズ

RANK A

恋愛偏差値	平均年収（万円）
56	463

項目	評価	項目	評価
平均年収	♥♥♥	性格ポイント	♥♥♥
華やかさ	♥♥♥	合コン満足度	♥♥♥

ユナイテッドアローズは、お洒落な洋服を販売しているセレクトショップである。ありとあらゆる駅ビルに絶対入っている超大手！

夏季休暇、冬季休暇を取りづらい場合もあるのが難点。夏のバーゲンや冬のバーゲンは掻き入れ時なので仕方ない……こんな状況だが、ほとんどの社員の給料は少ない。「本当にユナイテッドアローズが大好き！！洋服が大好き！！！！」という気持ちがないと続かないと言える。お洒落男子は多いので、給料を求めない女子はいってもよい。

AOKIホールディングス

RANK A

恋愛偏差値	平均年収（万円）
56	750

項目	評価	項目	評価
平均年収	♥♥♥♥	性格ポイント	♥♥♥
華やかさ	♥♥♥	合コン満足度	♥♥♥

AOKIホールディングスは、スーツやシャツなどを販売しているアパレル企業である。

とにかく給料がとても低いので、店長以下は暮らしに困る生活を余儀なくされている。残業をめちゃくちゃしたり、業績が非常に良くても年収350万に届くか届かないか……

パートには主婦や学生の女性が多いので、女性とのコミュニケーションには慣れている男性が多い。

シーズンごとに勉強会が設定されているので、事前知識のある状態で接客することが可能。スーツをビシっと決めているイケメン男子を希望の女子は視野に入れてあげて♡

象印マホービン

RANK A

恋愛偏差値	平均年収（万円）
56	789

項目	評価	項目	評価
平均年収	♥♥♥♥	性格ポイント	♥♥♥
華やかさ	♥♥♥	合コン満足度	♥♥♥

象印マホービンは、その名の通り魔法瓶会社である。それ以外にも炊飯器・電気ポットなどを製造販売している。

昔気質で男性社会だというタレコミがあるが、社員食堂は安くて美味しいとのこと。

さらに、残業はほとんどなく、地域でお祭りなどの行事がある際は「ハイハイ！早く帰ってお祭り参加していいよお！！！！」と御触れが出される。イベント行事に無駄に積極的（笑）。社内のバレーボールチームの応援に行ったりするなど、活気がすごい。

Aランク企業

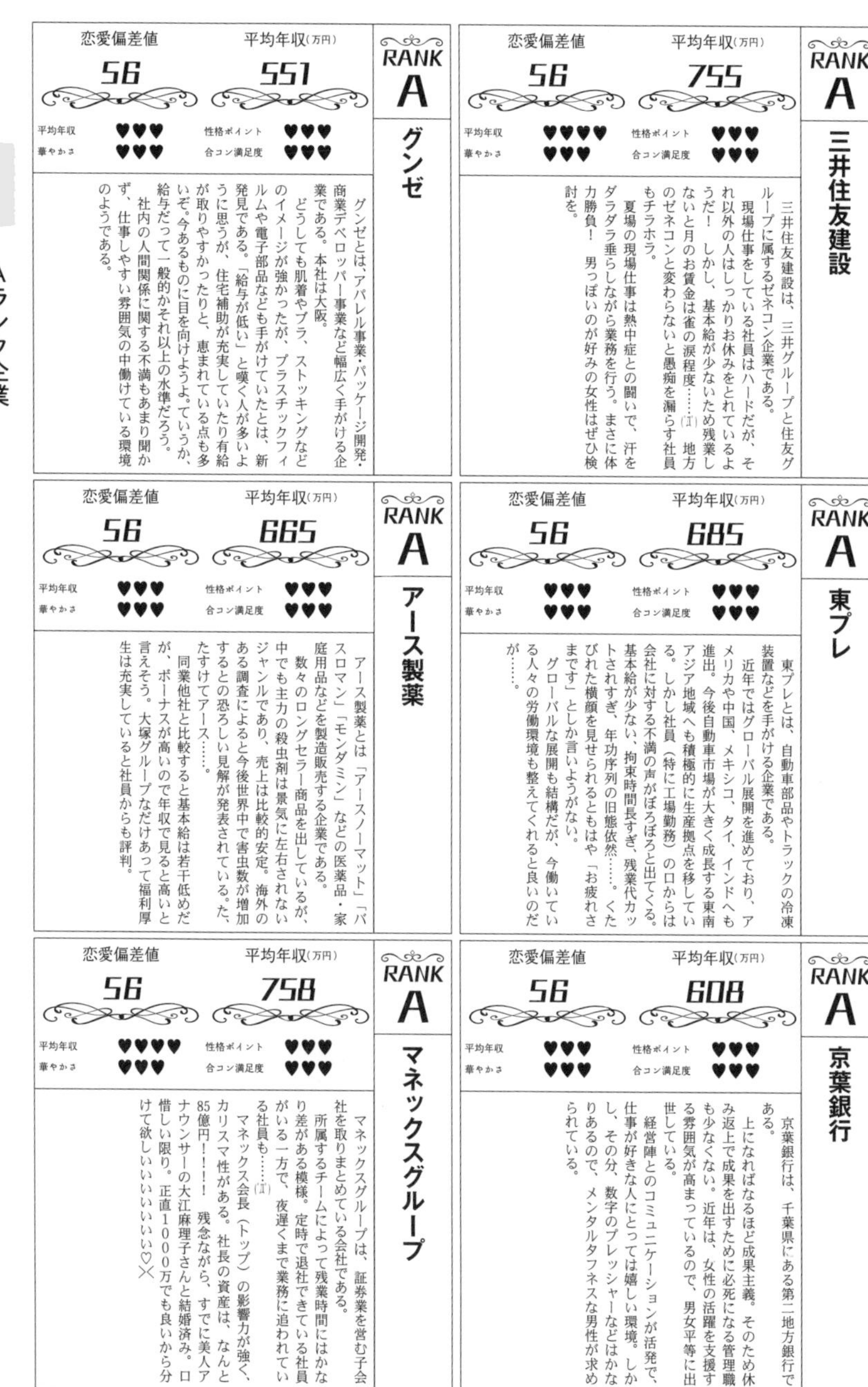

RANK A

三井住友建設

恋愛偏差値 56　平均年収（万円） 755

平均年収 ♥♥♥♥　性格ポイント ♥♥♥
華やかさ ♥♥♥　合コン満足度 ♥♥♥

三井住友建設は、三井グループと住友グループに属するゼネコン企業である。

現場仕事をしている社員はハードだが、それ以外の人はしっかりお休みをとれているようだ！　しかし、基本給が少ないため残業しないと月のお賃金は雀の涙程度……(ﾟДﾟ)　地方のゼネコンと変わらないと愚痴を漏らす社員もチラホラ。

夏場の現場仕事は熱中症との闘いで、汗をダラダラ垂らしながら業務を行う。まさに体力勝負！　男っぽいのが好みの女性はぜひ検討を。

RANK A

グンゼ

恋愛偏差値 56　平均年収（万円） 551

平均年収 ♥♥♥　性格ポイント ♥♥♥
華やかさ ♥♥♥　合コン満足度 ♥♥♥

グンゼとは、アパレル事業・パッケージ開発・商業デベロッパー事業など幅広く手がける企業である。本社は大阪。

どうしても肌着やブラ、ストッキングなどのイメージが強かったが、プラスチックフィルムや電子部品なども手がけていたとは、新発見である。「給与が低い」と嘆く人が多いように思うが、住宅補助が充実していたり有給が取りやすかったりと、恵まれている点も多いぞ。今あるものに目を向けようよ。ていうか、給与だって一般的かそれ以上の水準だろう。

社内の人間関係に関する不満もあまり聞かず、仕事しやすい雰囲気の中働けている環境のようである。

RANK A

東プレ

恋愛偏差値 56　平均年収（万円） 685

平均年収 ♥♥♥　性格ポイント ♥♥♥
華やかさ ♥♥♥　合コン満足度 ♥♥♥

東プレとは、自動車部品やトラックの冷凍装置などを手がける企業である。

近年ではグローバル展開を進めており、アメリカや中国、メキシコ、タイ、インドへも進出。今後自動車市場が大きく成長する東南アジア地域へも積極的に生産拠点を移している。しかし社員（特に工場勤務）の口からは会社に対する不満の声がぼろぼろと出てくる。基本給が少ない、拘束時間長すぎ、残業代カットされすぎ、年功序列の旧態依然……。くたびれた横顔を見せられるともはや「お疲れさまです」としか言いようがない。

グローバルな展開も結構だが、今働いている人々の労働環境も整えてくれると良いのだが……。

RANK A

アース製薬

恋愛偏差値 56　平均年収（万円） 665

平均年収 ♥♥♥　性格ポイント ♥♥♥
華やかさ ♥♥♥　合コン満足度 ♥♥♥

アース製薬とは「アースノーマット」「バスロマン」「モンダミン」などの医薬品・家庭用品などを製造販売する企業である。

数々のロングセラー商品を出しているが、中でも主力の殺虫剤は景気に左右されないジャンルであり、売上は比較的安定。海外のある調査によると今後世界中で害虫数が増加するとの恐ろしい見解が発表されている。たたすけてアース……。

同業他社と比較すると基本給は若干低めだが、ボーナスが高いので年収で見ると高いと言えそう。大塚グループなだけあって福利厚生は充実していると社員からも評判。

RANK A

京葉銀行

恋愛偏差値 56　平均年収（万円） 608

平均年収 ♥♥♥　性格ポイント ♥♥♥
華やかさ ♥♥♥　合コン満足度 ♥♥♥

京葉銀行は、千葉県にある第二地方銀行である。

上になればなるほど成果主義。そのため休み返上で成果を出すために必死になる管理職も少なくない。近年は、女性の活躍を支援する雰囲気が高まっているので、男女平等に出世している。

経営陣とのコミュニケーションが活発で、仕事が好きな人にとっては嬉しい環境。しかし、その分、数字のプレッシャーなどはかなりあるので、メンタルタフネスな男性が求められている。

RANK A

マネックスグループ

恋愛偏差値 56　平均年収（万円） 758

平均年収 ♥♥♥♥　性格ポイント ♥♥♥
華やかさ ♥♥♥　合コン満足度 ♥♥♥

マネックスグループは、証券業を営む子会社を取りまとめている会社である。
所属するチームによって残業時間にはかなり差がある模様。定時で退社できている社員がいる一方で、夜遅くまで業務に追われている社員も……(ﾟДﾟ)
マネックス会長（トップ）の影響力が強く、カリスマ性がある。社長の資産は、なんと85億円！！！　残念ながら、すでに美人アナウンサーの大江麻理子さんと結婚済み。口惜しい限り。正直1000万でも良いから分けて欲しいいいいいい♡✕

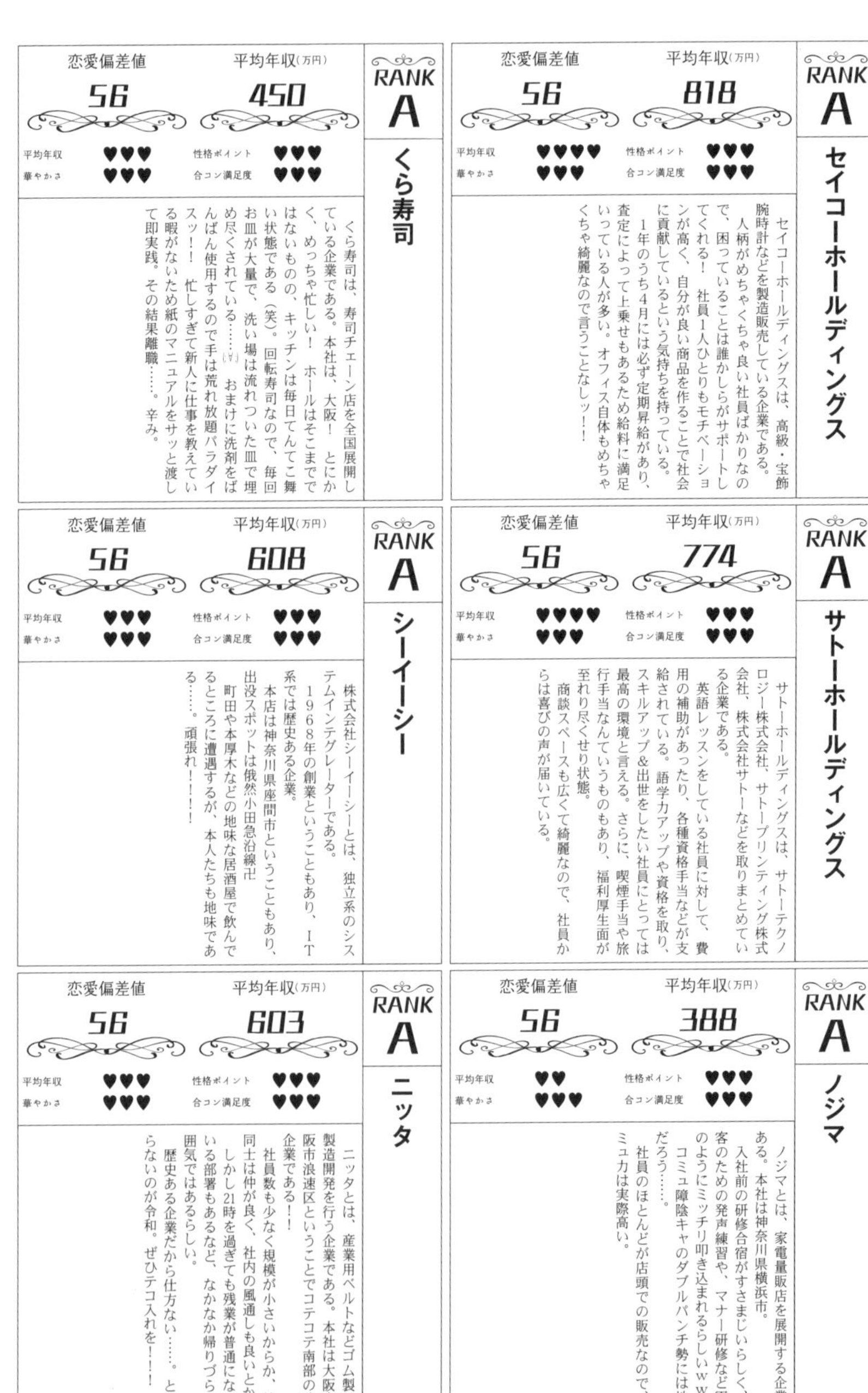

RANK A

セイコーホールディングス

恋愛偏差値	平均年収(万円)
56	818

平均年収	♥♥♥♥	性格ポイント	♥♥♥
華やかさ	♥♥♥	合コン満足度	♥♥♥

セイコーホールディングスは、高級・宝飾腕時計などを製造販売している企業である。

人柄がめちゃくちゃ良い社員ばかりなので、困っていることは誰かしらがサポートしてくれる！　社員1人ひとりもモチベーションが高く、自分が良い商品を作ることで社会に貢献しているという気持ちを持っている。

1年のうち4月には必ず定期昇給があり、査定によって上乗せもあるため給料に満足いっている人が多い。オフィス自体もめちゃくちゃ綺麗なので言うことなしッ！

RANK A

くら寿司

恋愛偏差値	平均年収(万円)
56	450

平均年収	♥♥♥	性格ポイント	♥♥♥
華やかさ	♥♥♥	合コン満足度	♥♥♥

くら寿司は、寿司チェーン店を全国展開している企業である。本社は、大阪！　とにかく、めっちゃ忙しい！　ホールはそこまではないものの、キッチンは毎日てんてこ舞い状態である（笑）。回転寿司なので、毎回お皿が大量で、洗い場は流れついた皿で埋め尽くされている……(;∀;)　おまけに洗剤をばんばん使用するので手は荒れ放題パラダイスッ！　忙しすぎて新人に仕事を教えている暇がないため紙のマニュアルをサッと渡して即実践。その結果離職……。辛み。

RANK A

サトーホールディングス

恋愛偏差値	平均年収(万円)
56	774

平均年収	♥♥♥♥	性格ポイント	♥♥♥
華やかさ	♥♥♥	合コン満足度	♥♥♥

サトーホールディングスは、サトーテクノロジー株式会社、サトープリンティング株式会社、株式会社サトーなどを取りまとめている企業である。

英語レッスンをしている社員に対して、費用の補助があったり、各種資格手当などが支給されている。語学力アップや資格を取り、スキルアップ&出世をしたい社員にとっては最高の環境と言える。さらに、喫煙手当や旅行手当なんていうものもあり、福利厚生面が至れり尽くせり状態。

商談スペースも広くて綺麗なので、社員からは喜びの声が届いている。

RANK A

シーイーシー

恋愛偏差値	平均年収(万円)
56	608

平均年収	♥♥♥	性格ポイント	♥♥♥
華やかさ	♥♥♥	合コン満足度	♥♥♥

株式会社シーイーシーとは、独立系のシステムインテグレーターである。

1968年の創業ということもあり、IT系では歴史ある企業。

本店は神奈川県座間市ということもあり、出没スポットは俄然小田急沿線卍

町田や本厚木などの地味な居酒屋で飲んでるところに遭遇するが、本人たちも地味である……。頑張れ！！！

RANK A

ノジマ

恋愛偏差値	平均年収(万円)
56	388

平均年収	♥♥	性格ポイント	♥♥♥
華やかさ	♥♥♥	合コン満足度	♥♥♥

ノジマとは、家電量販店を展開する企業である。本社は神奈川県横浜市。

入社前の研修合宿がすさまじいらしく、接客のための発声練習や、マナー研修など軍隊のようにミッチリ叩き込まれるらしいｗｗｗ

コミュ障陰キャのダブルパンチ勢には地獄だろう……。

社員のほとんどが店頭での販売なので、コミュ力は実際高い。

RANK A

ニッタ

恋愛偏差値	平均年収(万円)
56	603

平均年収	♥♥♥	性格ポイント	♥♥♥
華やかさ	♥♥♥	合コン満足度	♥♥♥

ニッタとは、産業用ベルトなどゴム製品の製造開発を行う企業である。本社は大阪府大阪市浪速区ということでコテコテ南部の浪速企業である！！

社員数も少なく規模が小さいからか、社員同士は仲が良く、社内の風通しも良いとか。

しかし21時を過ぎても残業が普通になっている部署もあるなど、なかなか帰りづらい雰囲気ではあるらしい。

歴史ある企業だから仕方ない……。とはならないのが令和。ぜひテコ入れを！！

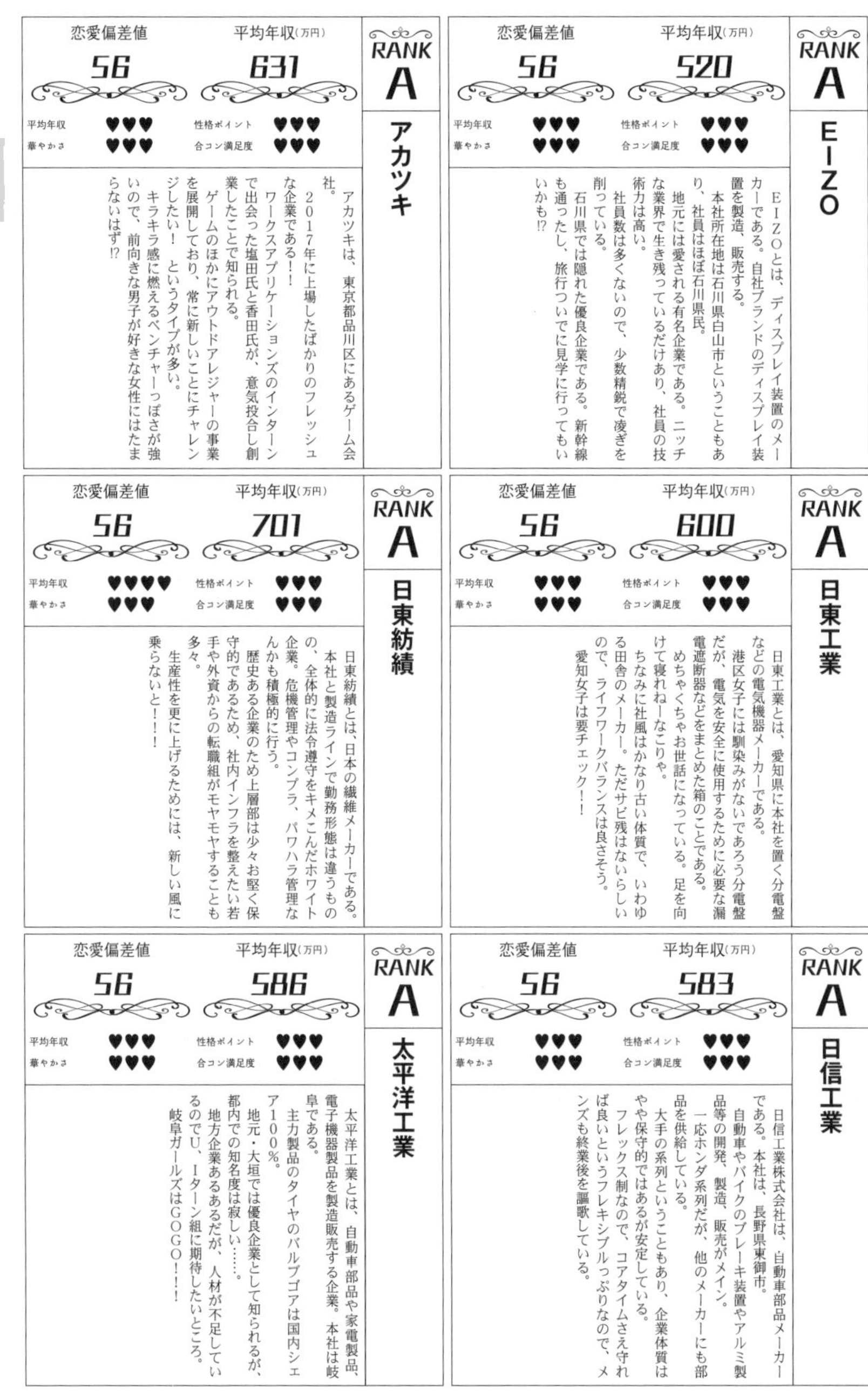

EIZO

RANK A

恋愛偏差値	平均年収(万円)
56	520

平均年収	♥♥♥	性格ポイント	♥♥♥
華やかさ	♥♥♥	合コン満足度	♥♥♥

ＥＩＺＯとは、ディスプレイ装置のメーカーである。自社ブランドのディスプレイ装置を製造、販売する。

本社所在地は石川県白山市ということもあり、社員はほぼ石川県民。

地元には愛される有名企業である。ニッチな業界で生き残っているだけあり、社員の技術力は高い。

社員数は多くないので、少数精鋭で凌ぎを削っている。

石川県では隠れた優良企業である。新幹線も通ったし、旅行ついでに見学に行ってもいいかも⁉

アカツキ

RANK A

恋愛偏差値	平均年収(万円)
56	631

平均年収	♥♥♥	性格ポイント	♥♥♥
華やかさ	♥♥♥	合コン満足度	♥♥♥

アカツキは、東京都品川区にあるゲーム会社。

２０１７年に上場したばかりのフレッシュな企業である！

ワークスアプリケーションズのインターンで出会った塩田氏と香田氏が、意気投合し創業したことで知られる。

ゲームのほかにアウトドアレジャーの事業を展開しており、常に新しいことにチャレンジしたい！　というタイプが多い。

キラキラ感に燃えるベンチャーっぽさが強いので、前向きな男子が好きな女性にはたまらないはず⁉

日東工業

RANK A

恋愛偏差値	平均年収(万円)
56	600

平均年収	♥♥♥	性格ポイント	♥♥♥
華やかさ	♥♥♥	合コン満足度	♥♥♥

日東工業とは、愛知県に本社を置く分電盤などの電気機器メーカーである。

港区女子には馴染みがないであろう分電盤だが、電気を安全に使用するために必要な漏電遮断器などをまとめた箱のことである。めちゃくちゃお世話になっている。足を向けて寝れねーなこりゃ。

ちなみに社風はかなり古い体質で、いわゆる田舎のメーカー。ただサビ残はないらしいので、ライフワークバランスは良さそう。

愛知女子は要チェック！！

日東紡績

RANK A

恋愛偏差値	平均年収(万円)
56	701

平均年収	♥♥♥♥	性格ポイント	♥♥♥
華やかさ	♥♥♥	合コン満足度	♥♥♥

日東紡績とは、日本の繊維メーカーである。

本社と製造ラインで勤務形態は違うものの、全体的に法令遵守をキメこんだホワイト企業。危機管理やコンプラ、パワハラ管理なんかも積極的に行う。

歴史ある企業のため上層部は少々お堅く保守的であるため、社内インフラを整えたい若手や外資からの転職組がモヤモヤすることも多々。

生産性を更に上げるためには、新しい風に乗らないと！！

日信工業

RANK A

恋愛偏差値	平均年収(万円)
56	583

平均年収	♥♥♥	性格ポイント	♥♥♥
華やかさ	♥♥♥	合コン満足度	♥♥♥

日信工業株式会社は、自動車部品メーカーである。本社は、長野県東御市。

自動車やバイクのブレーキ装置やアルミ製品等の開発、製造、販売がメイン。

一応ホンダ系列だが、他のメーカーにも部品を供給している。

大手の系列ということもあり、企業体質はやや保守的ではあるが安定している。

フレックス制なので、コアタイムさえ守れば良いというフレキシブルっぷりなので、メンズも終業後を謳歌している。

太平洋工業

RANK A

恋愛偏差値	平均年収(万円)
56	586

平均年収	♥♥♥	性格ポイント	♥♥♥
華やかさ	♥♥♥	合コン満足度	♥♥♥

太平洋工業とは、自動車部品や家電製品、電子機器製品を製造販売する企業。本社は岐阜である。

主力製品のタイヤのバルブゴアは国内シェア１００％。

地元・大垣では優良企業として知られるが、都内での知名度は寂しい……。

地方企業あるあるだが、人材が不足しているのでＵ、Ｉターン組に期待したいところ。

岐阜ガールズはＧＯＧＯ！！！

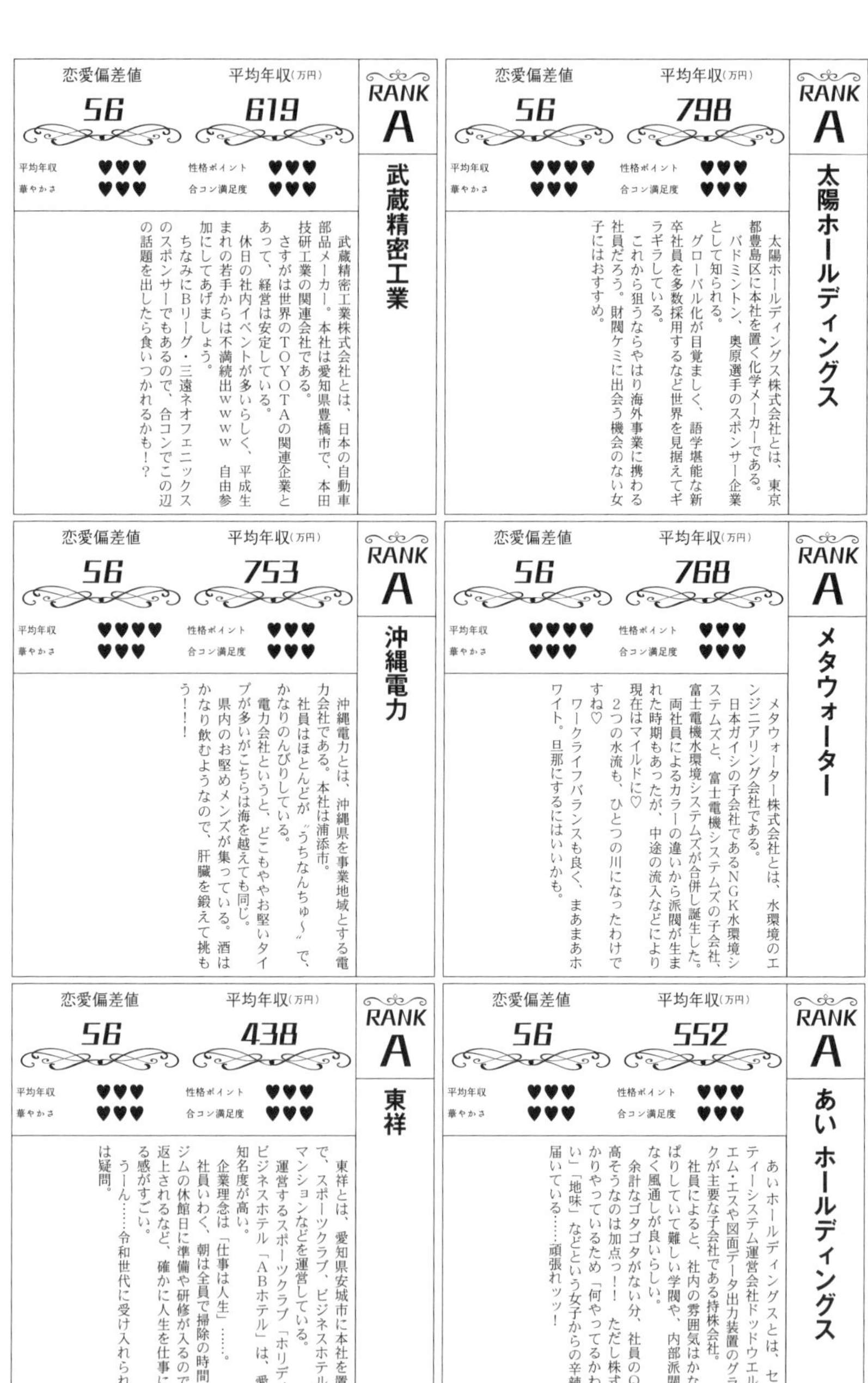

RANK A　太陽ホールディングス

恋愛偏差値	平均年収（万円）
56	798

平均年収	♥♥♥♥	性格ポイント	♥♥♥
華やかさ	♥♥♥	合コン満足度	♥♥♥

太陽ホールディングス株式会社とは、東京都豊島区に本社を置く化学メーカーである。

　バドミントン、奥原選手のスポンサー企業として知られる。

　グローバル化が目覚ましく、語学堪能な新卒社員を多数採用するなど世界を見据えてギラギラしている。

　これから狙うならやはり海外事業に携わる社員だろう。財閥ケミに出会う機会のない女子にはおすすめ。

RANK A　武蔵精密工業

恋愛偏差値	平均年収（万円）
56	619

平均年収	♥♥♥	性格ポイント	♥♥♥
華やかさ	♥♥♥	合コン満足度	♥♥♥

武蔵精密工業株式会社とは、日本の自動車部品メーカー。本社は愛知県豊橋市で、本田技研工業の関連会社である。

　さすがは世界のＴＯＹＯＴＡの関連企業とあって、経営は安定している。

　休日の社内イベントが多いらしく、平成生まれの若手からは不満続出ｗｗｗ　自由参加にしてあげましょう。

　ちなみにＢリーグ・三遠ネオフェニックスのスポンサーでもあるので、合コンでこの辺の話題を出したら食いつかれるかも！？

RANK A　メタウォーター

恋愛偏差値	平均年収（万円）
56	768

平均年収	♥♥♥♥	性格ポイント	♥♥♥
華やかさ	♥♥♥	合コン満足度	♥♥♥

メタウォーター株式会社とは、水環境のエンジニアリング会社である。
　日本ガイシの子会社であるＮＧＫ水環境システムズと、富士電機システムズの子会社、富士電機水環境システムズが合併し誕生した。
　両社員によるカラーの違いから派閥が生まれた時期もあったが、中途の流入などにより現在はマイルドに♡
　２つの水流も、ひとつの川になったわけですね♡
　ワークライフバランスも良く、まあまあホワイト。旦那にするにはいいかも。

RANK A　沖縄電力

恋愛偏差値	平均年収（万円）
56	753

平均年収	♥♥♥♥	性格ポイント	♥♥♥
華やかさ	♥♥♥	合コン満足度	♥♥♥

沖縄電力とは、沖縄県を事業地域とする電力会社である。本社は浦添市。

社員はほとんどが〝うちなんちゅ〜〟で、かなりのんびりしている。

電力会社というと、どこもややお堅いタイプが多いがこちらは海を越えても同じ。

県内のお堅めメンズが集っている。酒はかなり飲むようなので、肝臓を鍛えて挑もう！！

RANK A　あいホールディングス

恋愛偏差値	平均年収（万円）
56	552

平均年収	♥♥♥	性格ポイント	♥♥♥
華やかさ	♥♥♥	合コン満足度	♥♥♥

あいホールディングスとは、セキュリティーシステム運営会社ドッドウエル ビー・エム・エスや図面データ出力装置のグラフテックが主要な子会社である持株会社。

　社員によると、社内の雰囲気はかなりさっぱりしていて難しい学閥や、内部派閥も特になく風通しが良いらしい。

　余計なゴタゴタがない分、社員のＱＯＬは高そうなのは加点っ！！　ただし株式取得ばかりやっているため「何やってるかわからない」「地味」などという女子からの辛辣な声も届いている……頑張れッッ！

RANK A　東祥

恋愛偏差値	平均年収（万円）
56	438

平均年収	♥♥♥	性格ポイント	♥♥♥
華やかさ	♥♥♥	合コン満足度	♥♥♥

東祥とは、愛知県安城市に本社を置く企業で、スポーツクラブ、ビジネスホテル、賃貸マンションなどを運営している。

　運営するスポーツクラブ「ホリデイ」や、ビジネスホテル「ＡＢホテル」は、愛知では知名度が高い。

　企業理念は「仕事は人生」……。

　社員いわく、朝は全員で掃除の時間がある、ジムの休館日に準備や研修が入るので休みが返上されるなど、確かに人生を仕事に捧げてる感がすごい。

　うーん……令和世代に受け入れられるのかは疑問。

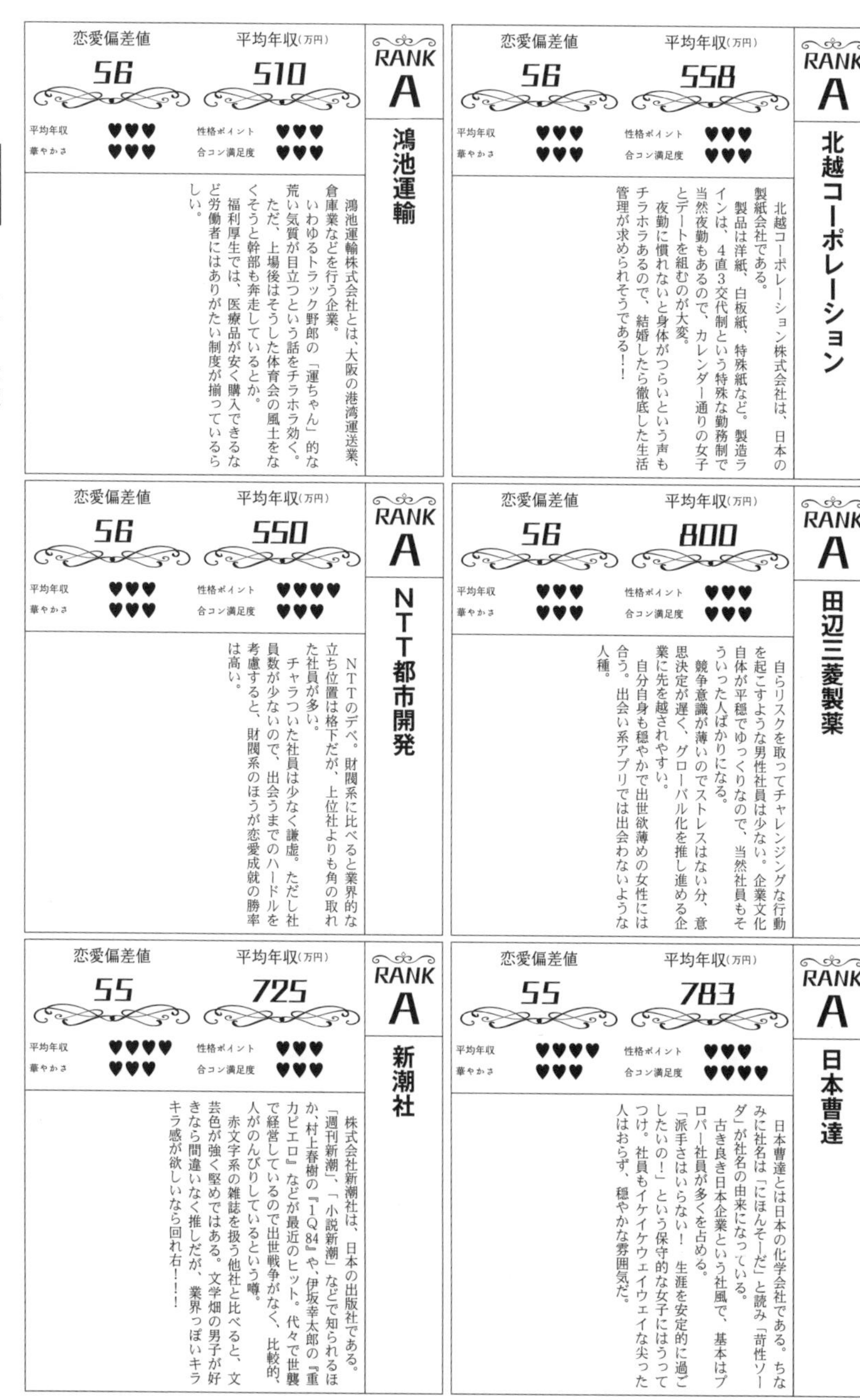

北越コーポレーション

RANK A

恋愛偏差値	平均年収（万円）
56	558

平均年収	♥♥♥	性格ポイント	♥♥♥
華やかさ	♥♥♥	合コン満足度	♥♥♥

北越コーポレーション株式会社は、日本の製紙会社である。

製品は洋紙、白板紙、特殊紙など。製造ラインは、4直3交代制という特殊な勤務制で当然夜勤もあるので、カレンダー通りの女子とデートを組むのが大変。

夜勤に慣れないと身体がつらいという声もチラホラあるので、結婚したら徹底した生活管理が求められそうである！！

鴻池運輸

RANK A

恋愛偏差値	平均年収（万円）
56	510

平均年収	♥♥♥	性格ポイント	♥♥♥
華やかさ	♥♥♥	合コン満足度	♥♥♥

鴻池運輸株式会社とは、大阪の港湾運送業、倉庫業などを行う企業。

いわゆるトラック野郎の「運ちゃん」的な荒い気質が目立つという話をチラホラ効く。ただ、上場後はそうした体育会の風土をなくそうと幹部も奔走しているとか。

福利厚生では、医療品が安く購入できるなど労働者にはありがたい制度が揃っているらしい。

田辺三菱製薬

RANK A

恋愛偏差値	平均年収（万円）
56	800

平均年収	♥♥♥	性格ポイント	♥♥♥
華やかさ	♥♥♥	合コン満足度	♥♥♥

自らリスクを取ってチャレンジングな行動を起こすような男性社員は少ない。企業文化自体が平穏でゆっくりなので、当然社員もそういった人ばかりになる。

競争意識が薄いのでストレスはない分、意思決定が遅く、グローバル化を推し進める企業に先を越されやすい。

自分自身も穏やかで出世欲薄めの女性には合う。出会い系アプリでは出会わないような人種。

NTT都市開発

RANK A

恋愛偏差値	平均年収（万円）
56	550

平均年収	♥♥♥	性格ポイント	♥♥♥♥
華やかさ	♥♥♥	合コン満足度	♥♥♥

NTTのデベ。財閥系に比べると業界的な立ち位置は格下だが、上位社よりも角の取れた社員が多い。

チャラついた社員は少なく謙虚。ただし社員数が少ないので、出会うまでのハードルを考慮すると、財閥系のほうが恋愛成就の勝率は高い。

日本曹達

RANK A

恋愛偏差値	平均年収（万円）
55	783

平均年収	♥♥♥♥	性格ポイント	♥♥♥
華やかさ	♥♥♥	合コン満足度	♥♥♥♥

日本曹達とは日本の化学会社である。ちなみに社名は「にほんそーだ」と読み「苛性ソーダ」が社名の由来になっている。

古き良き日本企業という社風で、基本はプロパー社員が多くを占める。

「派手さはいらない！生涯を安定的に過ごしたいの！」という保守的な女子にはうってつけ。社員もイケイケウェイウェイな尖った人はおらず、穏やかな雰囲気だ。

新潮社

RANK A

恋愛偏差値	平均年収（万円）
55	725

平均年収	♥♥♥♥	性格ポイント	♥♥♥
華やかさ	♥♥♥	合コン満足度	♥♥♥

株式会社新潮社は、日本の出版社である。「週刊新潮」、「小説新潮」などで知られるほか、村上春樹の『1Q84』や、伊坂幸太郎の『重力ピエロ』などが最近のヒット。代々で世襲で経営しているので出世戦争がなく、比較的人がのんびりしているという噂。

赤文字系の雑誌を扱う他社と比べると、文芸色が強く堅めではある。文学畑の男子が好きなら間違いなく推しだが、業界っぽいキラキラ感が欲しいなら回れ右！！！

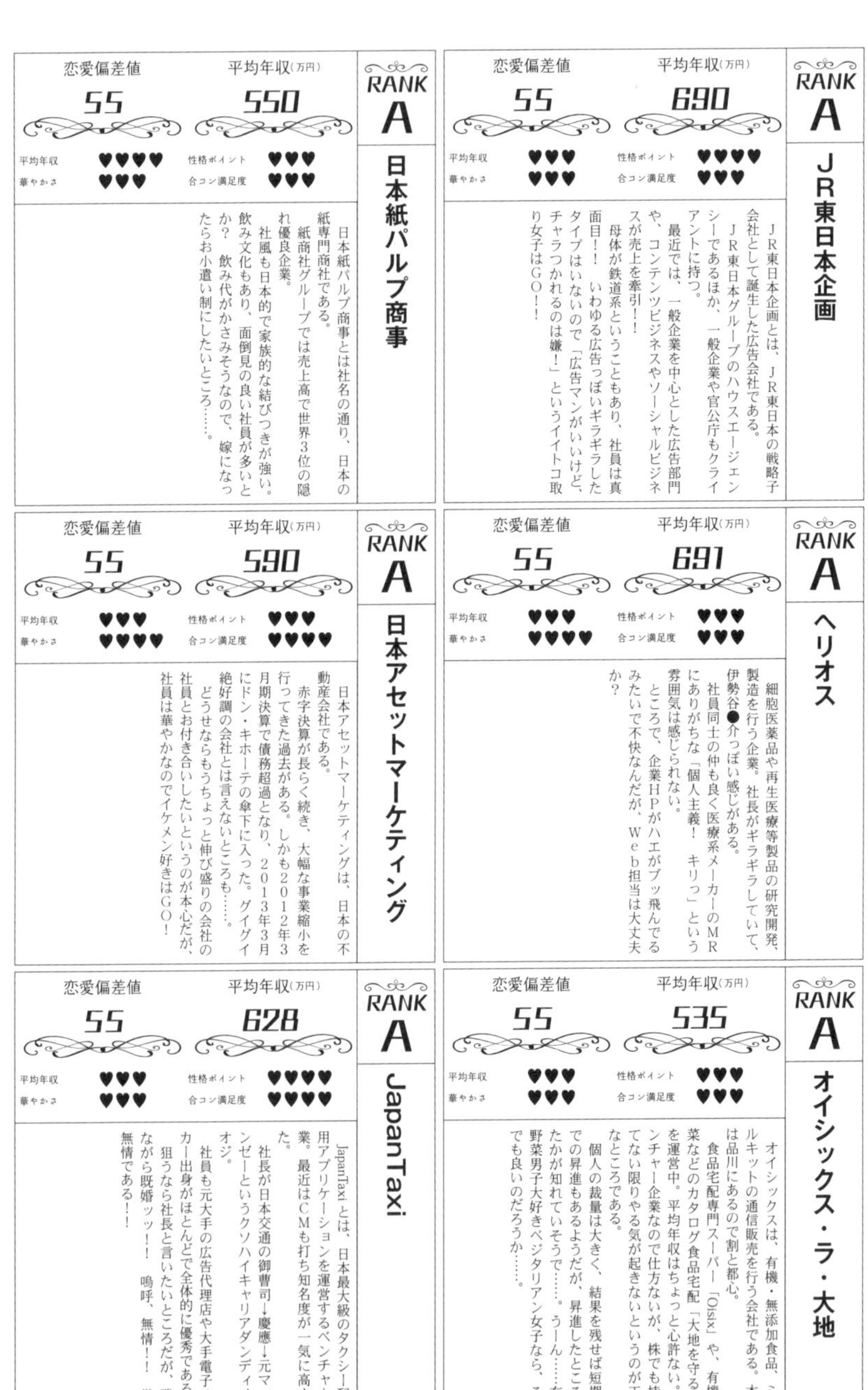

RANK A

JR東日本企画

恋愛偏差値	平均年収(万円)
55	690

平均年収	♥♥♥	性格ポイント	♥♥♥♥
華やかさ	♥♥♥	合コン満足度	♥♥♥

JR東日本企画とは、JR東日本の戦略子会社として誕生した広告会社である。

JR東日本グループのハウスエージェンシーであるほか、一般企業や官公庁もクライアントに持つ。

最近では、一般企業を中心とした広告部門や、コンテンツビジネスやソーシャルビジネスが売上を牽引！！

母体が鉄道系ということもあり、社員は真面目！！　いわゆる広告っぽいギラギラしたタイプはいないので「広告マンがいいけど、チャラつかれるのは嫌！」というイイトコ取り女子はGO！！

RANK A

日本紙パルプ商事

恋愛偏差値	平均年収(万円)
55	550

平均年収	♥♥♥♥	性格ポイント	♥♥♥
華やかさ	♥♥♥	合コン満足度	♥♥♥

日本紙パルプ商事とは社名の通り、日本の紙専門商社である。

紙商社グループでは売上高で世界3位の隠れ優良企業。

社風も日本的で家族的な結びつきが強い。飲み文化もあり、面倒見の良い社員が多いとか？　飲み代がかさみそうなので、嫁になったらお小遣い制にしたいところ……。

RANK A

ヘリオス

恋愛偏差値	平均年収(万円)
55	691

平均年収	♥♥♥	性格ポイント	♥♥♥
華やかさ	♥♥♥♥	合コン満足度	♥♥♥

細胞医薬品や再生医療等製品の研究開発、製造を行う企業。社長がギラギラしていて、伊勢谷●介っぽい感じがある。

社員同士の仲も良く医療系メーカーのMRにありがちな「個人主義！　キリっ」という雰囲気は感じられない。

ところで、企業HPがハエがブッ飛んでるみたいで不快なんだが、Web担当は大丈夫か？

RANK A

日本アセットマーケティング

恋愛偏差値	平均年収(万円)
55	590

平均年収	♥♥♥	性格ポイント	♥♥♥
華やかさ	♥♥♥♥	合コン満足度	♥♥♥♥

日本アセットマーケティングは、日本の不動産会社である。

赤字決算が長らく続き、大幅な事業縮小を行ってきた過去がある。しかも2012年3月期決算で債務超過となり、2013年3月にドン・キホーテの傘下に入った。グイグイ絶好調の会社とは言えないところも……。

どうせならもうちょっと伸び盛りの会社の社員とお付き合いしたいというのが本心だが、社員は華やかなのでイケメン好きはGO！

RANK A

オイシックス・ラ・大地

恋愛偏差値	平均年収(万円)
55	535

平均年収	♥♥♥	性格ポイント	♥♥♥
華やかさ	♥♥♥	合コン満足度	♥♥♥

オイシックスは、有機・無添加食品、ミールキットの通信販売を行う会社である。本社は品川にあるので割と都心。

食品宅配専門スーパー「Oisix」や、有機野菜などのカタログ食品宅配「大地を守る会」を運営中。平均年収はちょっと心許ない。ベンチャー企業なので仕方ないが、株でも持ってない限りやる気が起きないというのが正直なところである。

個人の裁量は大きく、結果を残せば短期間での昇進もあるようだが、昇進したところでたかが知れていそうで……。うーん……有機野菜男子大好きベジタリアン女子なら、それでも良いのだろうか……。

RANK A

JapanTaxi

恋愛偏差値	平均年収(万円)
55	628

平均年収	♥♥♥	性格ポイント	♥♥♥♥
華やかさ	♥♥♥	合コン満足度	♥♥♥♥

JapanTaxiとは、日本最大級のタクシー配車用アプリケーションを運営するベンチャー企業。最近はCMも打ち知名度が一気に高まった。

社長が日本交通の御曹司→慶應→元マッキンゼーというクソハイキャリアダンディイケオジ。

社員も元大手の広告代理店や大手電子メーカー出身がほとんどで全体的に優秀である。

狙うなら社長と言いたいところだが、残念ながら既婚ッッ！！　嗚呼、無情！！　世は無情である！！

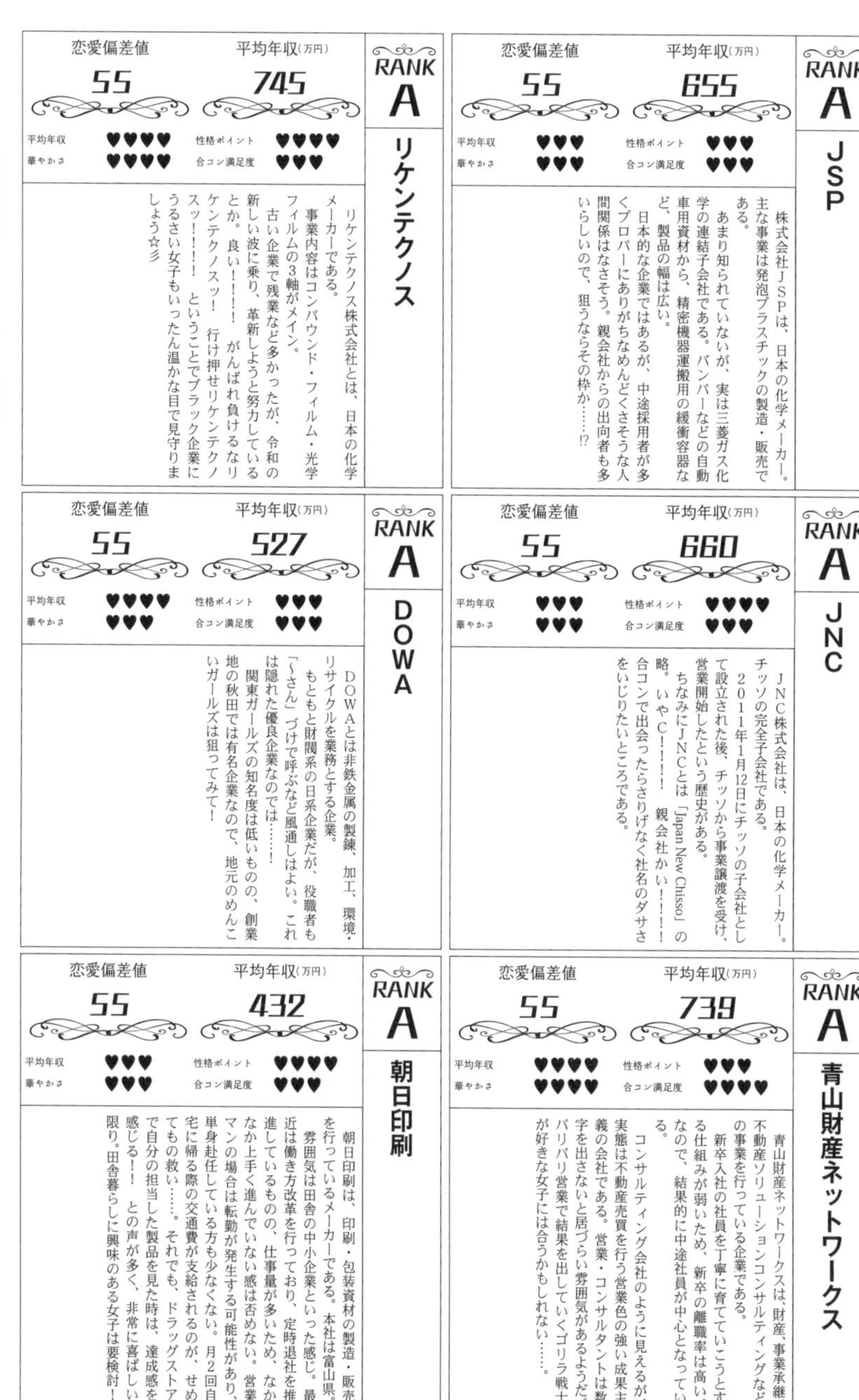

RANK A　ＪＳＰ

恋愛偏差値 55　平均年収（万円） 655

平均年収 ♥♥♥　性格ポイント ♥♥♥
華やかさ ♥♥♥　合コン満足度 ♥♥♥

株式会社ＪＳＰは、日本の化学メーカー。主な事業は発泡プラスチックの製造・販売である。

あまり知られていないが、実は三菱ガス化学の連結子会社である。バンパーなどの自動車用資材から、精密機器運搬用の緩衝容器など、製品の幅は広い。

日本的な企業ではあるが、中途採用者が多くプロパーにありがちなめんどくさそうな人間関係はなさそう。親会社からの出向者も多いらしいので、狙うならその枠か……!?

RANK A　リケンテクノス

恋愛偏差値 55　平均年収（万円） 745

平均年収 ♥♥♥♥　性格ポイント ♥♥♥♥
華やかさ ♥♥♥♥　合コン満足度 ♥♥♥

リケンテクノス株式会社とは、日本の化学メーカーである。

事業内容はコンパウンド・フィルム・光学フィルムの3軸がメイン。

古い企業で残業など多かったが、令和の新しい波に乗り、革新しようと努力しているとか。良い!!!!　がんばれ負けるなリケンテクノスッ!　行け押せリケンテクノスッ!!!　ということでブラック企業にうるさい女子もいったん温かな目で見守りましょう☆彡

RANK A　ＪＮＣ

恋愛偏差値 55　平均年収（万円） 660

平均年収 ♥♥♥　性格ポイント ♥♥♥♥
華やかさ ♥♥♥　合コン満足度 ♥♥♥

ＪＮＣ株式会社は、日本の化学メーカー。チッソの完全子会社である。

２０１１年1月12日にチッソの子会社として設立された後、チッソから事業譲渡を受け、営業開始したという歴史がある。

ちなみにＪＮＣとは「Japan New Chisso」の略。いやＣ!!!　親会社かい!!!　合コンで出会ったらさりげなく社名のダサさをいじりたいところである。

RANK A　ＤＯＷＡ

恋愛偏差値 55　平均年収（万円） 527

平均年収 ♥♥♥♥　性格ポイント ♥♥♥
華やかさ ♥♥♥　合コン満足度 ♥♥♥

ＤＯＷＡとは非鉄金属の製錬、加工、環境・リサイクルを業務とする企業。

もともと財閥系の日系企業だが、役職者も「～さん」づけで呼ぶなど風通しはよい。これは隠れた優良企業なのでは……!

関東ガールズの知名度は低いものの、創業地の秋田では有名企業なので、地元のめんこいガールズは狙ってみて!

RANK A　青山財産ネットワークス

恋愛偏差値 55　平均年収（万円） 739

平均年収 ♥♥♥♥　性格ポイント ♥♥♥
華やかさ ♥♥♥♥　合コン満足度 ♥♥♥♥

青山財産ネットワークスは、財産、事業承継、不動産ソリューションコンサルティングなどの事業を行っている企業である。

新卒入社の社員を丁寧に育てていこうとする仕組みが弱いため、新卒の離職率は高い。なので、結果的に中途社員が中心となっている。

コンサルティング会社のように見えるが、実態は不動産売買を行う営業色の強い成果主義の会社である。営業・コンサルタントは数字を出さないと居づらい雰囲気があるようだ。バリバリ営業で結果を出していくゴリラ戦士が好きな女子には合うかもしれない……。

RANK A　朝日印刷

恋愛偏差値 55　平均年収（万円） 432

平均年収 ♥♥♥　性格ポイント ♥♥♥♥
華やかさ ♥♥♥　合コン満足度 ♥♥♥

朝日印刷は、印刷・包装資材の製造・販売を行っているメーカーである。本社は富山県。

雰囲気は田舎の中小企業といった感じ。最近は働き方改革を行っており、定時退社を推進しているものの、仕事量が多いため、なかなか上手く進んでいない感は否めない。営業マンの場合は転勤が発生する可能性があり、単身赴任している方も少なくない。月2回自宅に帰る際の交通費が支給されるのが、せめてもの救い……。それでも、ドラッグストアで自分の担当した製品を見た時は、達成感を感じる!　との声が多く、非常に喜ばしい限り。田舎暮らしに興味のある女子は要検討!

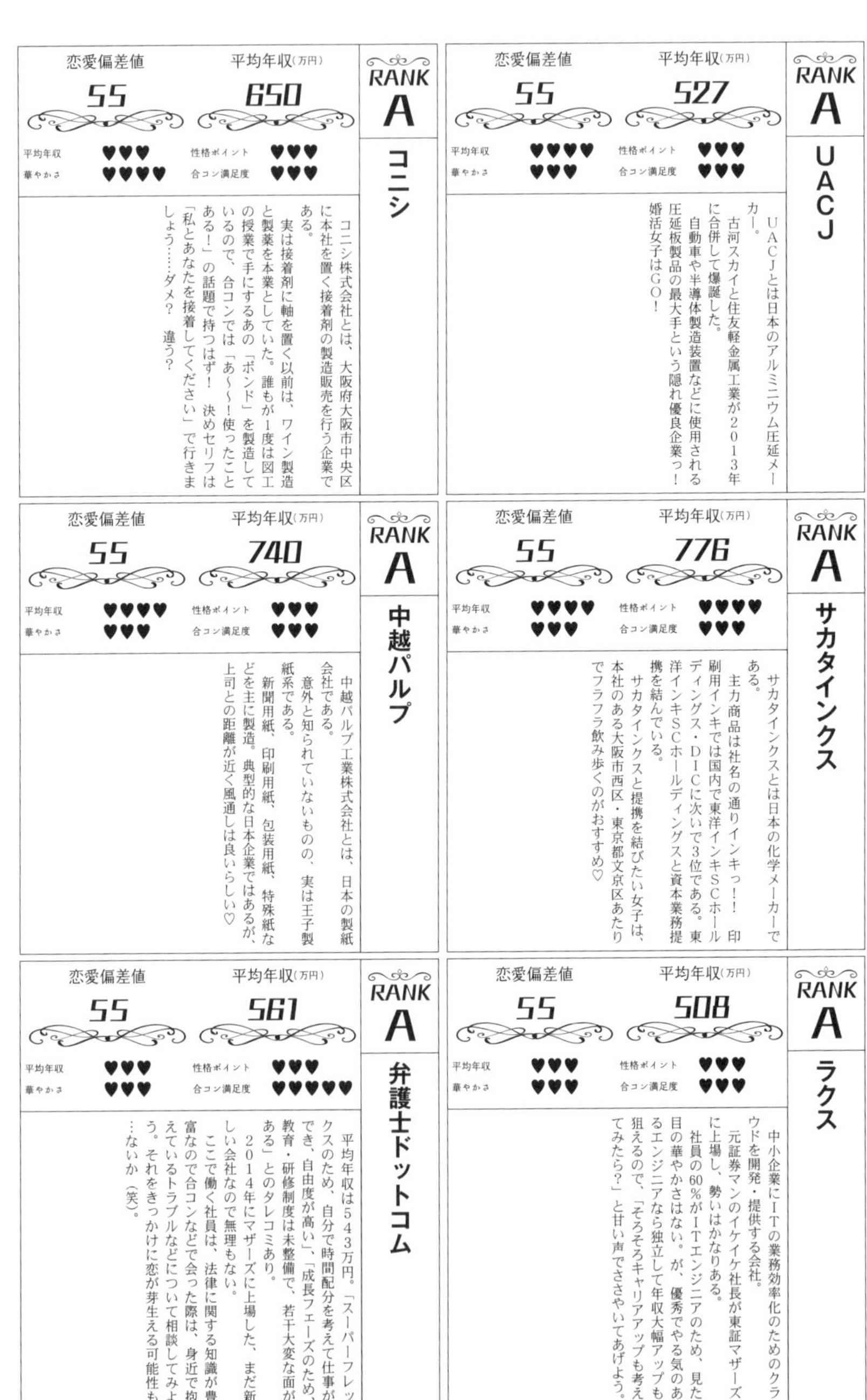

RANK A　UACJ

恋愛偏差値	平均年収（万円）
55	527

平均年収	♥♥♥♥	性格ポイント	♥♥♥
華やかさ	♥♥♥	合コン満足度	♥♥♥

UACJとは日本のアルミニウム圧延メーカー。

古河スカイと住友軽金属工業が2013年に合併して爆誕した。

自動車や半導体製造装置などに使用される圧延板製品の最大手という隠れ優良企業っ！　婚活女子はGO！

RANK A　コニシ

恋愛偏差値	平均年収（万円）
55	650

平均年収	♥♥♥	性格ポイント	♥♥♥
華やかさ	♥♥♥♥	合コン満足度	♥♥♥

コニシ株式会社とは、大阪府大阪市中央区に本社を置く接着剤の製造販売を行う企業である。

実は接着剤に軸を置く以前は、ワイン製造と製薬を本業としていた。誰もが1度は図工の授業で手にするあの「ボンド」を製造しているので、合コンでは「あ〜！使ったことある！」の話題で持つはず！　決めセリフは「私とあなたを接着してください」で行きましょう……ダメ？　違う？

RANK A　サカタインクス

恋愛偏差値	平均年収（万円）
55	776

平均年収	♥♥♥♥	性格ポイント	♥♥♥♥
華やかさ	♥♥♥	合コン満足度	♥♥♥

サカタインクスとは日本の化学メーカーである。

主力商品は社名の通りインキっ！　印刷用インキでは国内で東洋インキSCホールディングス・DICに次いで3位である。東洋インキSCホールディングスと資本業務提携を結んでいる。

サカタインクスと提携を結びたい女子は、本社のある大阪市西区・東京都文京区あたりでフラフラ飲み歩くのがおすすめ♡

RANK A　中越パルプ

恋愛偏差値	平均年収（万円）
55	740

平均年収	♥♥♥♥	性格ポイント	♥♥♥
華やかさ	♥♥♥	合コン満足度	♥♥♥

中越パルプ工業株式会社とは、日本の製紙会社である。

意外と知られていないものの、実は王子製紙系である。

新聞用紙、印刷用紙、包装用紙、特殊紙などを主に製造。典型的な日本企業ではあるが、上司との距離が近く風通しは良いらしい♡

RANK A　ラクス

恋愛偏差値	平均年収（万円）
55	508

平均年収	♥♥♥	性格ポイント	♥♥♥
華やかさ	♥♥♥	合コン満足度	♥♥♥

中小企業にITの業務効率化のためのクラウドを開発・提供する会社。

元証券マンのイケイケ社長が東証マザーズに上場し、勢いはかなりある。

社員の60％がITエンジニアのため、見た目の華やかさはない。が、優秀でやる気のあるエンジニアなら独立して年収大幅アップも狙えるので、「そろそろキャリアアップも考えてみたら？」と甘い声でささやいてあげよう。

RANK A　弁護士ドットコム

恋愛偏差値	平均年収（万円）
55	561

平均年収	♥♥♥	性格ポイント	♥♥♥
華やかさ	♥♥♥	合コン満足度	♥♥♥♥♥

平均年収は543万円。「スーパーフレックスのため、自分で時間配分を考えて仕事ができ、自由度が高い」「成長フェーズのため、教育・研修制度は未整備で、若干大変な面がある」とのタレコミあり。

2014年にマザーズに上場した、まだ新しい会社なので無理もない。

ここで働く社員は、法律に関する知識が豊富なので合コンなどで会った際は、身近で抱えているトラブルなどについて相談してみよう。それをきっかけに恋が芽生える可能性も…ないか（笑）。

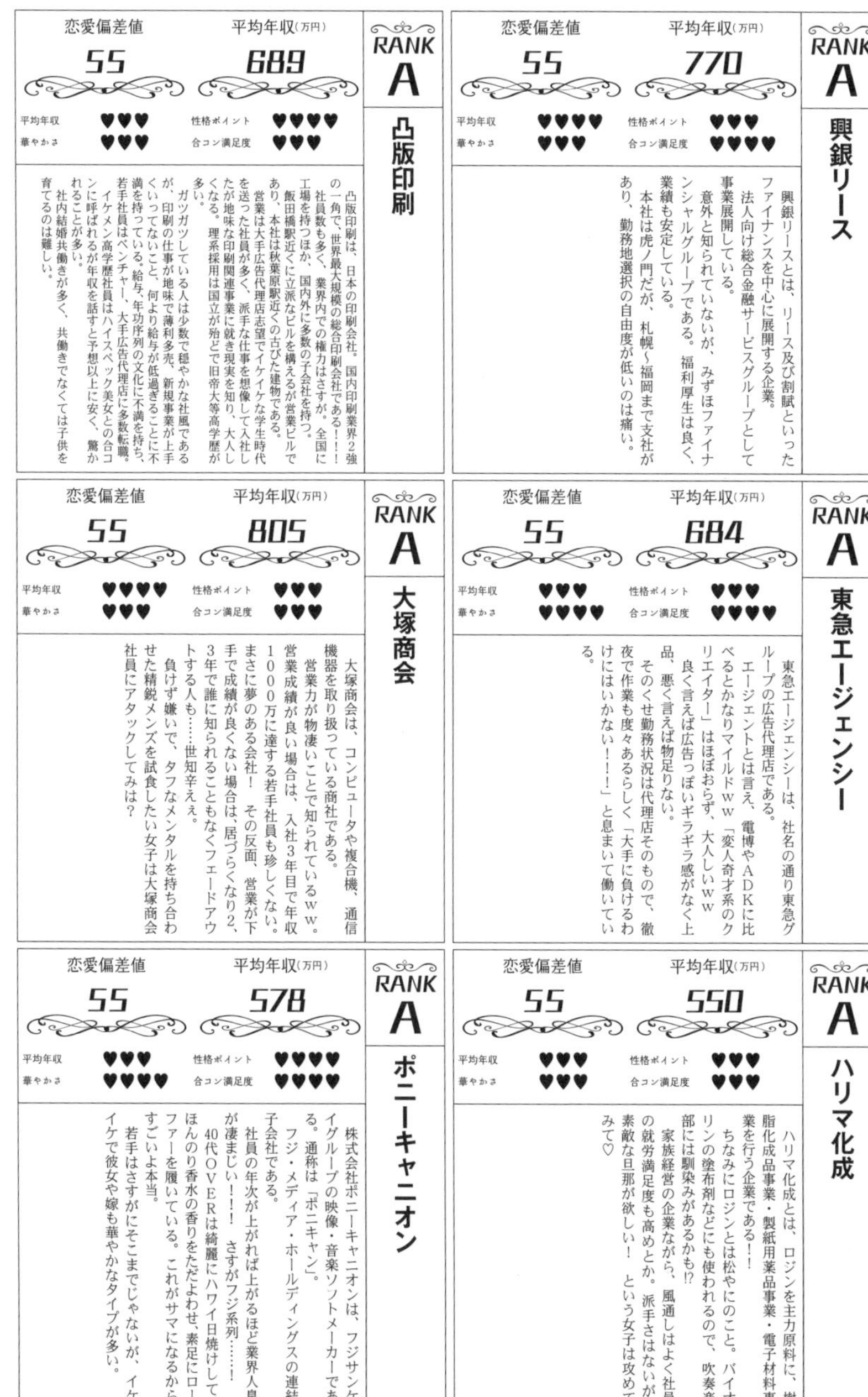

RANK A 興銀リース

恋愛偏差値	平均年収(万円)
55	770

平均年収	♥♥♥♥	性格ポイント	♥♥♥
華やかさ	♥♥♥	合コン満足度	♥♥♥♥

興銀リースとは、リース及び割賦といったファイナンスを中心に展開する企業。法人向け総合金融サービスグループとして事業展開している。

意外と知られていないが、みずほファイナンシャルグループである。福利厚生は良く、業績も安定している。

本社は虎ノ門だが、札幌～福岡まで支社があり、勤務地選択の自由度が低いのは痛い。

RANK A 凸版印刷

恋愛偏差値	平均年収(万円)
55	689

平均年収	♥♥♥	性格ポイント	♥♥♥♥
華やかさ	♥♥♥	合コン満足度	♥♥♥

凸版印刷は、日本の印刷会社。国内印刷業界2強の一角で、世界最大規模の総合印刷会社である！！社員数も多く、業界内での権力はさすが。全国に工場を持つほか、国内外に多数の子会社を持つ。

飯田橋駅近くに立派なビルを構えるが営業ビルであり、本社は秋葉原駅近くの古びた建物である。

営業は大手広告代理店志望でイケイケな学生時代を送った社員が多く、派手な仕事を想像して入社したが地味な印刷関連事業に就き現実を知り、大人しくなる。理系採用は国立が殆どで旧帝大等高学歴が多い。

ガツガツしている人は少数で穏やかな社風であるが、印刷の仕事が地味で薄利多売、新規事業が上手くいってないこと、何より給与が低過ぎることに不満を持っている。給与、年功序列の文化に不満を持ち、若手社員はベンチャー、大手広告代理店に多数転職。

イケメン高学歴社員はハイスペック美女との合コンに呼ばれるが年収を話すと予想以上に安く、驚かれることが多い。

社内結婚共働きが多く、共働きでなくては子供を育てるのは難しい。

RANK A 東急エージェンシー

恋愛偏差値	平均年収(万円)
55	684

平均年収	♥♥♥	性格ポイント	♥♥♥
華やかさ	♥♥♥♥	合コン満足度	♥♥♥♥

東急エージェンシーは、社名の通り東急グループの広告代理店である。

エージェントとは言え、電博やＡＤＫに比べるとかなりマイルドｗｗ「変人奇才系のクリエイター」はほぼおらず、大人しいｗｗ

良く言えば広告っぽいギラギラ感がなく上品、悪く言えば物足りない。

そのくせ勤務状況は代理店そのもので、徹夜で作業も度々あるらしく「大手に負けるわけにはいかない！！」と息まいて働いている。

RANK A 大塚商会

恋愛偏差値	平均年収(万円)
55	805

平均年収	♥♥♥♥	性格ポイント	♥♥♥
華やかさ	♥♥♥	合コン満足度	♥♥♥

大塚商会は、コンピュータや複合機、通信機器を取り扱っている商社である。

営業力が物凄いことで知られているｗｗ。営業成績が良い場合は、入社3年目で年収１０００万に達する若手社員も珍しくない。まさに夢のある会社！　その反面、営業が下手で成績が良くない場合は、居づらくなり2、3年で誰に知られることもなくフェードアウトする人も……世知辛ええ。

負けず嫌いで、タフなメンタルを持ち合わせた精鋭メンズを試食したい女子は大塚商会社員にアタックしてみは？

RANK A ハリマ化成

恋愛偏差値	平均年収(万円)
55	550

平均年収	♥♥♥	性格ポイント	♥♥♥
華やかさ	♥♥♥	合コン満足度	♥♥♥

ハリマ化成とは、ロジンを主力原料に、樹脂化成品事業・製紙用薬品事業・電子材料事業を行う企業である！！

ちなみにロジンとは松やにのこと。バイオリンの塗布剤などにも使われるので、吹奏楽部には馴染みがあるかも⁉

家族経営の企業ながら、風通しはよく社員の就労満足度も高めとか。派手さはないが、素敵な旦那が欲しい！　という女子は攻めてみて♡

RANK A ポニーキャニオン

恋愛偏差値	平均年収(万円)
55	578

平均年収	♥♥♥	性格ポイント	♥♥♥♥
華やかさ	♥♥♥♥	合コン満足度	♥♥♥♥

株式会社ポニーキャニオンは、フジサンケイグループの映像・音楽ソフトメーカーである。通称は「ポニキャン」。

フジ・メディア・ホールディングスの連結子会社である。

社員の年次が上がれば上がるほど業界人臭が凄まじい！！　さすがフジ系列……！40代ＯＶＥＲは綺麗にハワイ日焼けして、ほんのり香水の香りをただよわせ、素足にローファーを履いている。これがサマになるからすごいよ本当。

若手はさすがにそこまでじゃないが、イケイケで彼女や嫁も華やかなタイプが多い。

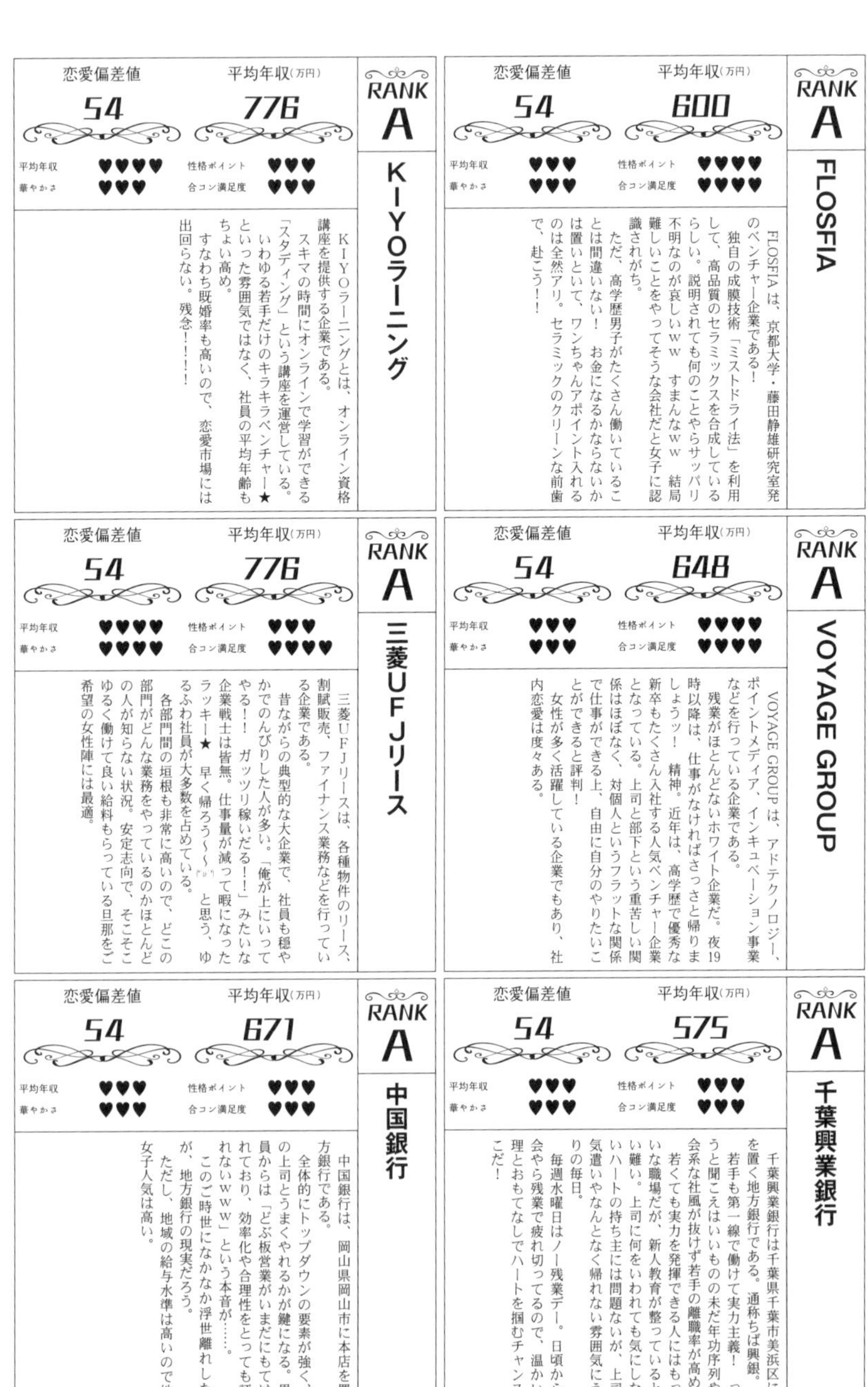

FLOSFIA

RANK A

恋愛偏差値	平均年収（万円）
54	600

項目	評価	項目	評価
平均年収	♥♥♥	性格ポイント	♥♥♥♥
華やかさ	♥♥♥	合コン満足度	♥♥♥♥

FLOSFIAは、京都大学・藤田静雄研究室発のベンチャー企業である！

独自の成膜技術「ミストドライ法」を利用して、高品質のセラミックスを合成しているらしい。説明されても何のことやらサッパリ不明なのが哀しいｗｗ　すまんなｗｗ　結局難しいことをやってそうな会社だと女子に認識されがち。

ただ、高学歴男子がたくさん働いていることは間違いない！　お金になるかならないかは置いといて、ワンちゃんアポイント入れるのは全然アリ。セラミックのクリーンな前歯で、赴こう！

ＫＩＹＯラーニング

RANK A

恋愛偏差値	平均年収（万円）
54	776

項目	評価	項目	評価
平均年収	♥♥♥♥	性格ポイント	♥♥♥
華やかさ	♥♥♥	合コン満足度	♥♥♥

ＫＩＹＯラーニングとは、オンライン資格講座を提供する企業である。

スキマの時間にオンラインで学習ができる「スタディング」という講座を運営している。

いわゆる若手だけのキラキラベンチャー★といった雰囲気ではなく、社員の平均年齢もちょい高め。

すなわち既婚率も高いので、恋愛市場には出回らない。残念！！！

VOYAGE GROUP

RANK A

恋愛偏差値	平均年収（万円）
54	648

項目	評価	項目	評価
平均年収	♥♥♥	性格ポイント	♥♥♥♥
華やかさ	♥♥♥	合コン満足度	♥♥♥♥

VOYAGE GROUPは、アドテクノロジー、ポイントメディア、インキュベーション事業などを行っている企業である。

残業がほとんどないホワイト企業だ。夜19時以降は、仕事がなければさっさと帰りましょうッ！　精神。近年は、高学歴で優秀な新卒もたくさん入社する人気ベンチャー企業となっている。上司と部下という重苦しい関係はほぼなく、対個人というフラットな関係で仕事ができる上、自由に自分のやりたいことができると評判！

女性が多く活躍している企業でもあり、社内恋愛は度々ある。

三菱ＵＦＪリース

RANK A

恋愛偏差値	平均年収（万円）
54	776

項目	評価	項目	評価
平均年収	♥♥♥♥	性格ポイント	♥♥♥
華やかさ	♥♥♥♥	合コン満足度	♥♥♥♥

三菱ＵＦＪリースは、各種物件のリース、割賦販売、ファイナンス業務などを行っている企業である。

昔ながらの典型的な大企業で、社員も穏やかでのんびりした人が多い。「俺が上にいってやる！　ガッツリ稼いだる！」みたいな企業戦士は皆無。仕事量が減って暇になったラッキー★　早く帰ろう〜〜　と思う、ゆるふわ社員が大多数を占めている。

各部門間の垣根も非常に高いので、どこの部門がどんな業務をやっているのかほとんどの人が知らない状況。安定志向で、そこそこゆるく働けて良い給料もらっている旦那をご希望の女性陣には最適。

千葉興業銀行

RANK A

恋愛偏差値	平均年収（万円）
54	575

項目	評価	項目	評価
平均年収	♥♥♥	性格ポイント	♥♥♥
華やかさ	♥♥♥	合コン満足度	♥♥♥

千葉興業銀行は千葉県千葉市美浜区に本店を置く地方銀行である。通称ちば興銀。

若手も第一線で働けて実力主義！　っていうと聞こえはいいものの未だ年功序列や体育会系な社風が抜けず若手の離職率が高め。

若くても実力を発揮できる人にはもってこいな職場だが、新人教育が整っているとは言い難い。上司に何をいわれても気にしない強いハートの持ち主には問題ないが、上司への気遣いやなんとなく帰れない雰囲気にうんざりの毎日。

毎週水曜日はノー残業デー。日頃から飲み会やら残業で疲れ切ってるので、温かい手料理とおもてなしでハートを掴むチャンスはここだ！

中国銀行

RANK A

恋愛偏差値	平均年収（万円）
54	671

項目	評価	項目	評価
平均年収	♥♥♥	性格ポイント	♥♥♥
華やかさ	♥♥♥	合コン満足度	♥♥♥

中国銀行は、岡山県岡山市に本店を置く地方銀行である。

全体的にトップダウンの要素が強く、支店の上司とうまくやれるかが鍵になる。男性行員からは「どぶ板営業がいまだにもてはやされており、効率化や合理性をとっても評価されないｗｗｗ」という本音が……。

このご時世になかなか浮世離れした話だが、地方銀行の現実だろう。

ただし、地域の給与水準は高いので地元の女子人気は高い。

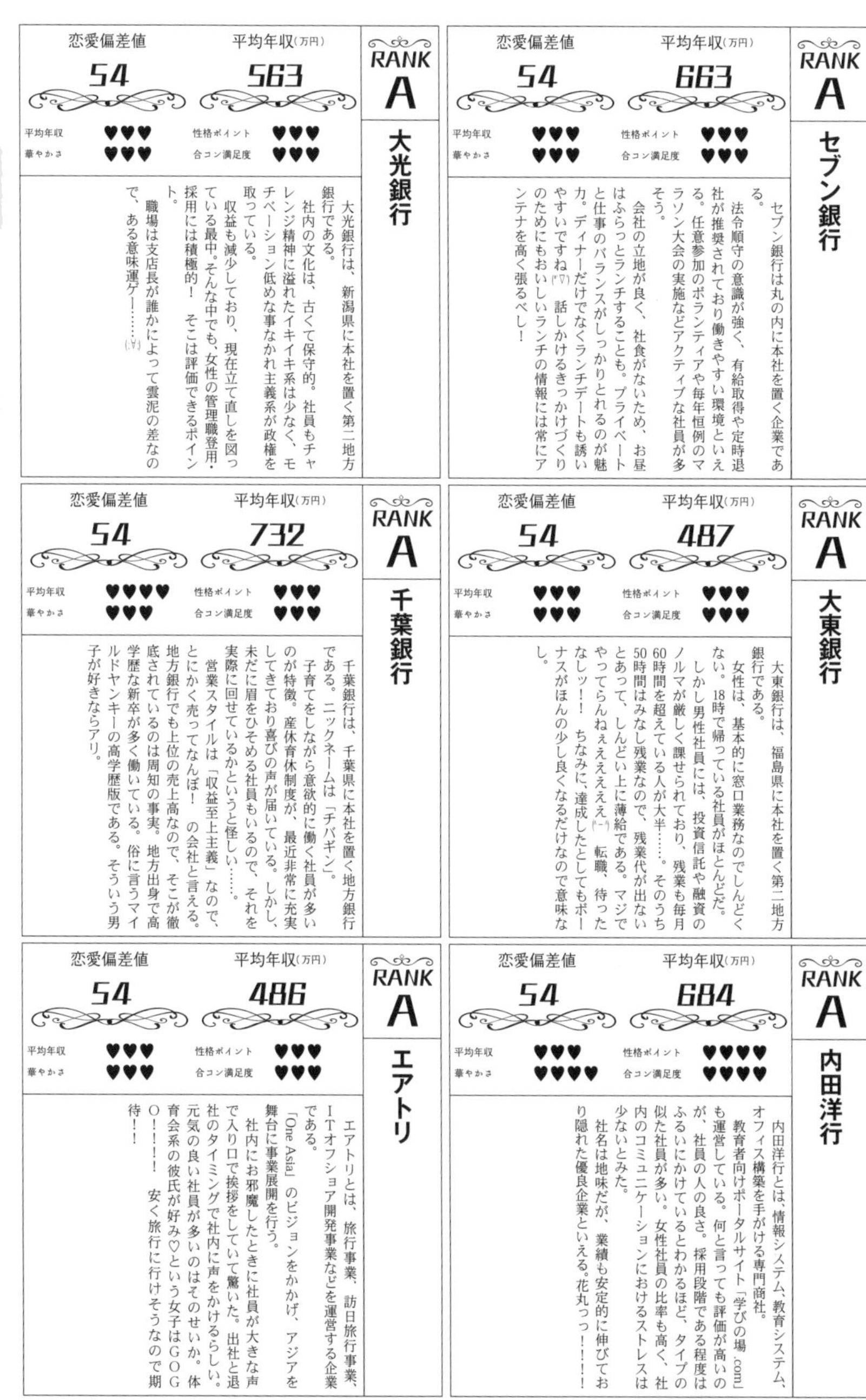

RANK A

セブン銀行

恋愛偏差値 54　平均年収(万円) 663

平均年収 ♥♥♥　性格ポイント ♥♥♥
華やかさ ♥♥♥　合コン満足度 ♥♥♥

セブン銀行は丸の内に本社を置く企業である。

法令順守の意識が強く、有給取得や定時退社が推奨されており働きやすい環境といえる。任意参加のボランティアや毎年恒例のマラソン大会の実施などアクティブな社員が多そう。

会社の立地が良く、社食がないため、お昼はふらっとランチすることも。プライベートと仕事のバランスがしっかりとれるのが魅力。ディナーだけでなくランチデートも誘いやすいですね(*´▽`) 話しかけるきっかけづくりのためにもおいしいランチの情報には常にアンテナを高く張るべし！

RANK A

大光銀行

恋愛偏差値 54　平均年収(万円) 563

平均年収 ♥♥♥　性格ポイント ♥♥♥
華やかさ ♥♥♥　合コン満足度 ♥♥♥

大光銀行は、新潟県に本社を置く第二地方銀行である。

社内の文化は、古くて保守的。社員もチャレンジ精神に溢れたイキイキ系は少なく、モチベーション低めな事なかれ主義系が政権を取っている。

収益も減少しており、現在立て直しを図っている最中。そんな中でも、女性の管理職登用・採用には積極的！ そこは評価できるポイント。

職場は支店長が誰かによって雲泥の差なので、ある意味運ゲー……(;∀;)

RANK A

大東銀行

恋愛偏差値 54　平均年収(万円) 487

平均年収 ♥♥♥　性格ポイント ♥♥♥
華やかさ ♥♥♥　合コン満足度 ♥♥♥

大東銀行は、福島県に本社を置く第二地方銀行である。

女性は、基本的に窓口業務なのでしんどくない。18時で帰っている社員がほとんどだ。

しかし男性社員には、投資信託や融資のノルマが厳しく課せられており、残業も毎月60時間を超えている人が大半……。そのうち50時間はみなし残業なので、残業代が出ないとあって、しんどい上に薄給である。マジでやってらんねぇえええええ(^-^) 転職、待ったなしッ！！ ちなみに、達成したとしてもボーナスがほんの少し良くなるだけなので意味なし。

RANK A

千葉銀行

恋愛偏差値 54　平均年収(万円) 732

平均年収 ♥♥♥♥　性格ポイント ♥♥♥
華やかさ ♥♥♥　合コン満足度 ♥♥♥

千葉銀行は、千葉県に本社を置く地方銀行である。ニックネームは「チバギン」。

子育てをしながら意欲的に働く社員が多いのが特徴。産休育休制度が、最近非常に充実してきており喜びの声が届いている。しかし、未だに眉をひそめる社員もいるので、それを実際に回せているかというと怪しい……。

営業スタイルは「収益至上主義」なので、とにかく売ってなんぼ！ の会社と言える。地方銀行でも上位の売上高なので、そこが徹底されているのは周知の事実。地方出身で高学歴な新卒が多く働いている。俗に言うマイルドヤンキーの高学歴版である。そういう男子が好きならアリ。

RANK A

内田洋行

恋愛偏差値 54　平均年収(万円) 684

平均年収 ♥♥♥　性格ポイント ♥♥♥♥
華やかさ ♥♥♥♥　合コン満足度 ♥♥♥♥

内田洋行とは、情報システム、教育システム、オフィス構築を手がける専門商社。

教育者向けポータルサイト「学びの場.com」も運営している。何と言っても評価が高いのが、社員の人の良さ。採用段階である程度はふるいにかけているとわかるほど、タイプの似た社員が多い。女性社員の比率も高く、社内のコミュニケーションにおけるストレスは少ないとみた。

社名は地味だが、業績も安定的に伸びており隠れた優良企業といえる。花丸っっ！！！！

RANK A

エアトリ

恋愛偏差値 54　平均年収(万円) 486

平均年収 ♥♥♥　性格ポイント ♥♥♥
華やかさ ♥♥♥　合コン満足度 ♥♥♥

エアトリとは、旅行事業、訪日旅行事業、ITオフショア開発事業などを運営する企業である。

「One Asia」のビジョンをかかげ、アジアを舞台に事業展開を行う。

社内にお邪魔したときに社員が大きな声で入り口で挨拶をしていて驚いた。出社と退社のタイミングで社内に声をかけるらしい。元気の良い社員が多いのはそのせいか。体育会系の彼氏が好み♡という女子はGOGO！！！！ 安く旅行に行けそうなので期待！！

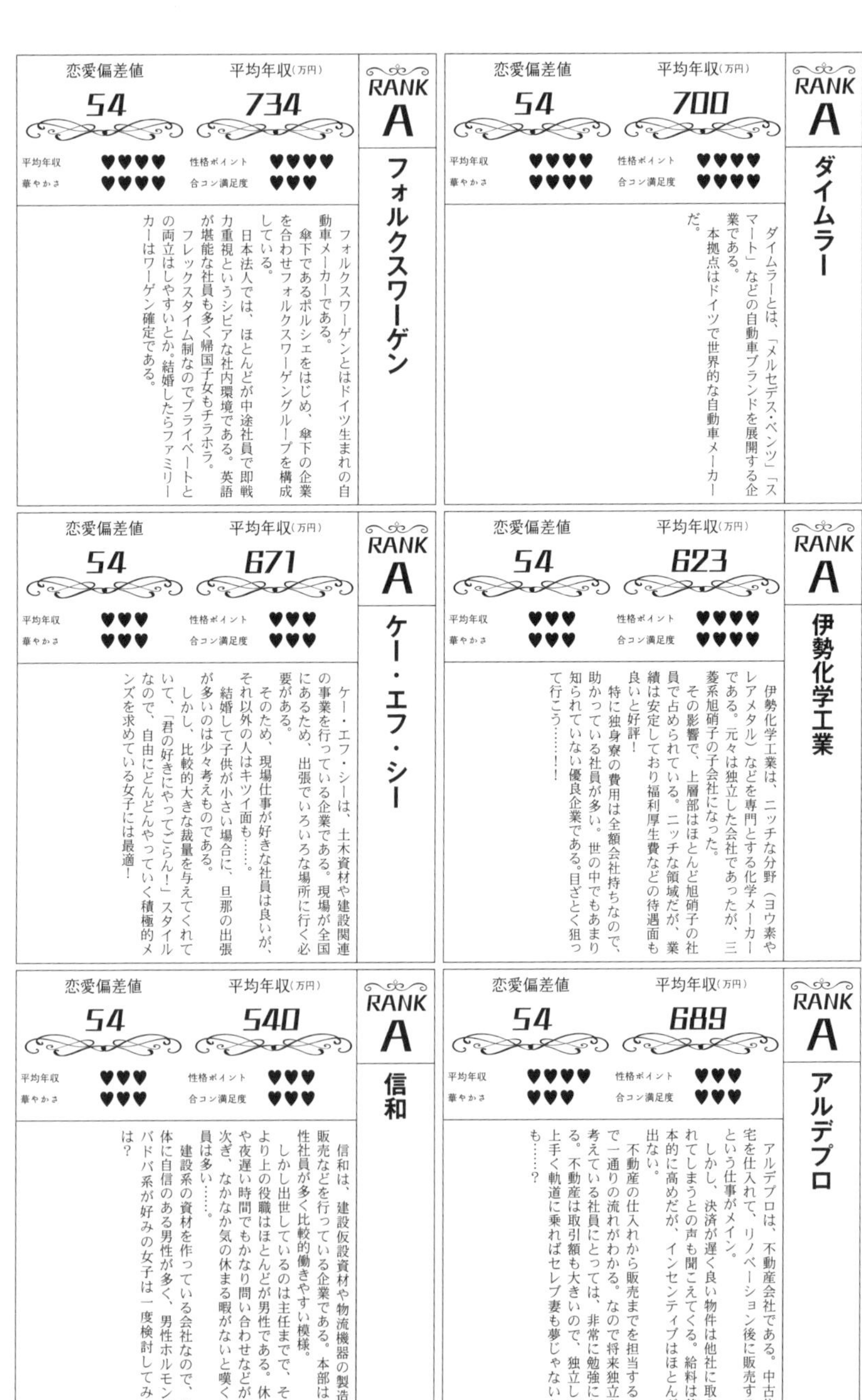

RANK A

フォルクスワーゲン

恋愛偏差値 54　平均年収(万円) 734

平均年収 ♥♥♥♥　性格ポイント ♥♥♥♥
華やかさ ♥♥♥♥　合コン満足度 ♥♥♥

フォルクスワーゲンとはドイツ生まれの自動車メーカーである。

傘下であるポルシェをはじめ、傘下の企業を合わせフォルクスワーゲングループを構成している。

日本法人では、ほとんどが中途社員で即戦力重視というシビアな社内環境である。英語が堪能な社員も多く帰国子女もチラホラ。

フレックスタイム制なのでプライベートとの両立はしやすいとか。結婚したらファミリーカーはワーゲン確定である。

RANK A

ダイムラー

恋愛偏差値 54　平均年収(万円) 700

平均年収 ♥♥♥♥　性格ポイント ♥♥♥♥
華やかさ ♥♥♥♥　合コン満足度 ♥♥♥♥

ダイムラーとは、「メルセデス・ベンツ」「スマート」などの自動車ブランドを展開する企業である。

本拠点はドイツで世界的な自動車メーカーだ。

RANK A

ケー・エフ・シー

恋愛偏差値 54　平均年収(万円) 671

平均年収 ♥♥♥　性格ポイント ♥♥♥
華やかさ ♥♥♥　合コン満足度 ♥♥♥

ケー・エフ・シーは、土木資材や建設関連の事業を行っている企業である。現場が全国にあるため、出張でいろいろな場所に行く必要がある。

そのため、現場仕事が好きな社員は良いが、それ以外の人はキツイ面も……。

結婚して子供が小さい場合に、旦那の出張が多いのは少々考えものである。

しかし、比較的大きな裁量を与えてくれていて、「君の好きにやってごらん！」スタイルなので、自由にどんどんやっていく積極的メンズを求めている女子には最適！

RANK A

伊勢化学工業

恋愛偏差値 54　平均年収(万円) 623

平均年収 ♥♥♥　性格ポイント ♥♥♥♥
華やかさ ♥♥♥　合コン満足度 ♥♥♥♥

伊勢化学工業は、ニッチな分野（ヨウ素やレアメタル）などを専門とする化学メーカーである。元々は独立した会社であったが、三菱系旭硝子の子会社になった。

その影響で、上層部はほとんど旭硝子の社員で占められている。ニッチな領域だが、業績は安定しており福利厚生費などの待遇面も良いと好評！

特に独身寮の費用は全額会社持ちなので、助かっている社員が多い。世の中でもあまり知られていない優良企業である。目ざとく狙って行こう……！

RANK A

信和

恋愛偏差値 54　平均年収(万円) 540

平均年収 ♥♥♥　性格ポイント ♥♥♥
華やかさ ♥♥♥　合コン満足度 ♥♥♥

信和は、建設仮設資材や物流機器の製造・販売などを行っている企業である。本部は女性社員が多く比較的働きやすい模様。

しかし出世しているのは主任までで、それより上の役職はほとんどが男性である。休日や夜遅い時間でもかなり問い合わせなどが相次ぎ、なかなか気の休まる暇がないと嘆く社員は多い……。

建設系の資材を作っている会社なので、肉体に自信のある男性が多く、男性ホルモンドバドバ系が好みの女子は一度検討してみては？

RANK A

アルデプロ

恋愛偏差値 54　平均年収(万円) 689

平均年収 ♥♥♥♥　性格ポイント ♥♥♥
華やかさ ♥♥♥　合コン満足度 ♥♥♥

アルデプロは、不動産会社である。中古住宅を仕入れて、リノベーション後に販売するという仕事がメイン。

しかし、決済が遅く良い物件は他社に取られてしまうとの声も聞こえてくる。給料は基本的に高めだが、インセンティブはほとんど出ない。

不動産の仕入れから販売までを担当するので一通りの流れがわかる。なので将来独立を考えている社員にとっては、非常に勉強になる。不動産は取引額も大きいので、独立して上手く軌道に乗れればセレブ妻も夢じゃないかも……？

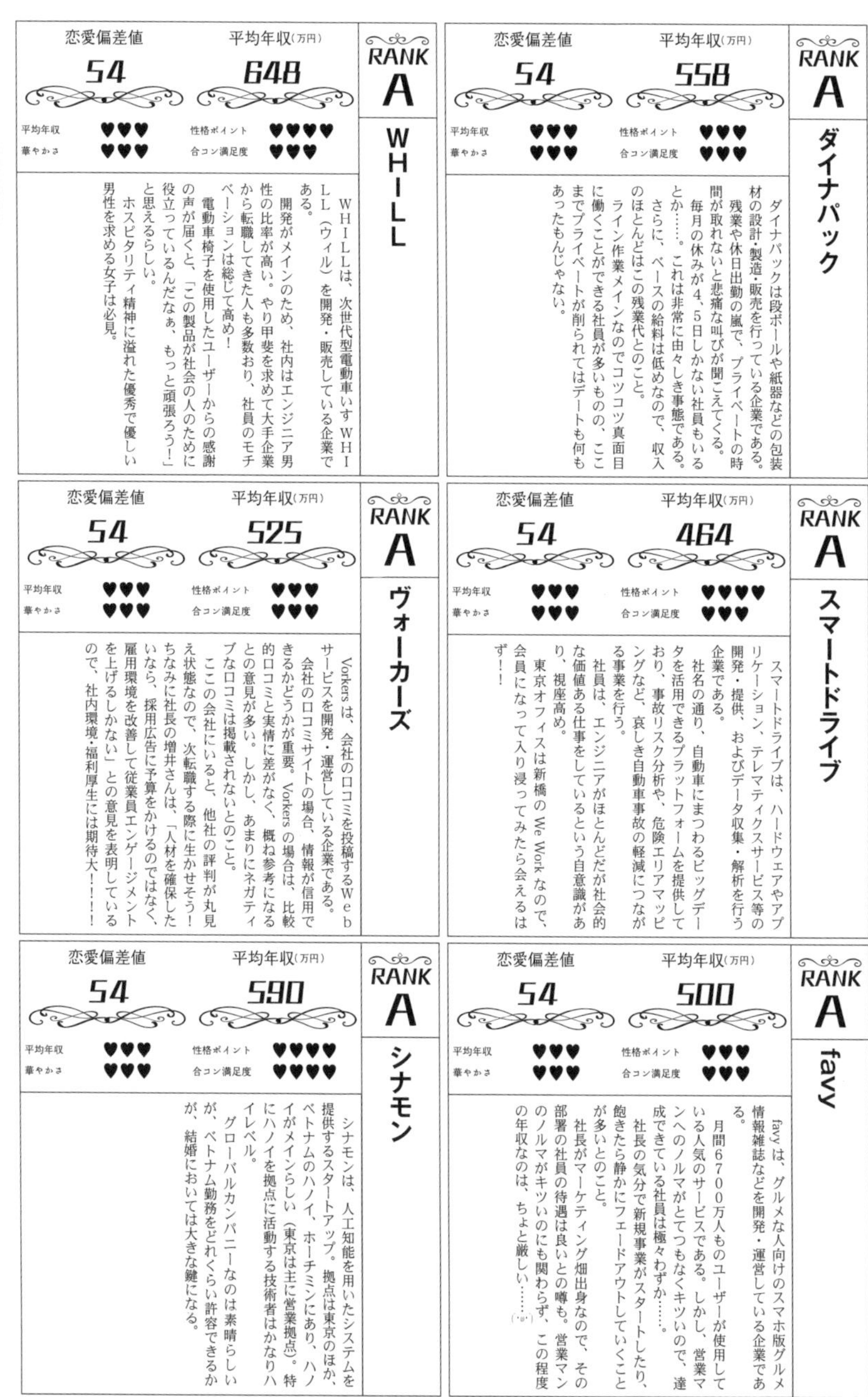

RANK A　ダイナパック

恋愛偏差値	平均年収(万円)
54	558

平均年収	♥♥♥	性格ポイント	♥♥♥
華やかさ	♥♥♥	合コン満足度	♥♥♥

ダイナパックは段ボールや紙器などの包装材の設計・製造・販売を行っている企業である。

残業や休日出勤の嵐で、プライベートの時間が取れないと悲痛な叫びが聞こえてくる。

毎月の休みが4、5日しかない社員もいるとか……。これは非常に由々しき事態である。

さらに、ベースの給料は低めなので、収入のほとんどはこの残業代とのこと。

ライン作業メインなのでコツコツ真面目に働くことができる社員が多いものの、ここまでプライベートが削られてはデートも何もあったもんじゃない。

RANK A　WHILL

恋愛偏差値	平均年収(万円)
54	648

平均年収	♥♥♥	性格ポイント	♥♥♥♥
華やかさ	♥♥♥	合コン満足度	♥♥♥

WHILLは、次世代型電動車いすWHILL（ウィル）を開発・販売している企業である。

開発がメインのため、社内はエンジニア男性の比率が高い。やり甲斐を求めて大手企業から転職してきた人も多数おり、社員のモチベーションは総じて高め！

電動車椅子を使用したユーザーからの感謝の声が届くと、「この製品が社会の人のために役立っているんだなぁ、もっと頑張ろう！」と思えるらしい。

ホスピタリティ精神に溢れた優秀で優しい男性を求める女子は必見。

RANK A　スマートドライブ

恋愛偏差値	平均年収(万円)
54	464

平均年収	♥♥♥	性格ポイント	♥♥♥♥
華やかさ	♥♥♥	合コン満足度	♥♥♥

スマートドライブは、ハードウェアやアプリケーション、テレマティクスサービス等の開発・提供、およびデータ収集・解析を行う企業である。

社名の通り、自動車にまつわるビッグデータを活用できるプラットフォームを提供しており、事故リスク分析や、危険エリアマッピングなど、哀しき自動車事故の軽減につながる事業を行う。

社員は、エンジニアがほとんどだが社会的な価値ある仕事をしているという自意識があり、視座高め。

東京オフィスは新橋のWe Workなので、会員になって入り浸ってみたら会えるはず！

RANK A　ヴォーカーズ

恋愛偏差値	平均年収(万円)
54	525

平均年収	♥♥♥	性格ポイント	♥♥♥
華やかさ	♥♥♥	合コン満足度	♥♥♥

Vorkersは、会社の口コミを投稿するWebサービスを開発・運営している企業である。

会社の口コミサイトの場合、情報が信用できるかどうかが重要。Vorkersの場合は、比較的口コミと実情に差がなく、概ね参考になるとの意見が多い。しかし、あまりにネガティブな口コミは掲載されないとのこと。

ここの会社にいると、他社の評判が丸見え状態なので、次転職する際に生かせそう！

ちなみに社長の増井さんは、「人材を確保したいなら、採用広告に予算をかけるのではなく、雇用環境を改善して従業員エンゲージメントを上げるしかない」との意見を表明しているので、社内環境・福利厚生には期待大！！！

RANK A　favy

恋愛偏差値	平均年収(万円)
54	500

平均年収	♥♥♥	性格ポイント	♥♥♥
華やかさ	♥♥♥	合コン満足度	♥♥♥

favyは、グルメな人向けのスマホ版グルメ情報雑誌などを開発・運営している企業である。

月間6700万人ものユーザーが使用している人気のサービスである。しかし、営業マンへのノルマがとてつもなくキツいので、達成できている社員は極々わずか……。

社長の気分で新規事業がスタートしたり、飽きたら静かにフェードアウトしていくことが多いとのこと。

社長がマーケティング畑出身なので、その部署の社員の待遇は良いとの噂も。営業マンのノルマがキツいのにも関わらず、この程度の年収なのは、ちょと厳しい……(・ω・)

RANK A　シナモン

恋愛偏差値	平均年収(万円)
54	590

平均年収	♥♥♥	性格ポイント	♥♥♥♥
華やかさ	♥♥♥	合コン満足度	♥♥♥♥

シナモンは、人工知能を用いたシステムを提供するスタートアップ。拠点は東京のほか、ベトナムのハノイ、ホーチミンにあり、ハノイがメインらしい（東京は主に営業拠点）。特にハノイを拠点に活動する技術者はかなりハイレベル。

グローバルカンパニーなのは素晴らしいが、ベトナム勤務をどれくらい許容できるかが、結婚においては大きな鍵になる。

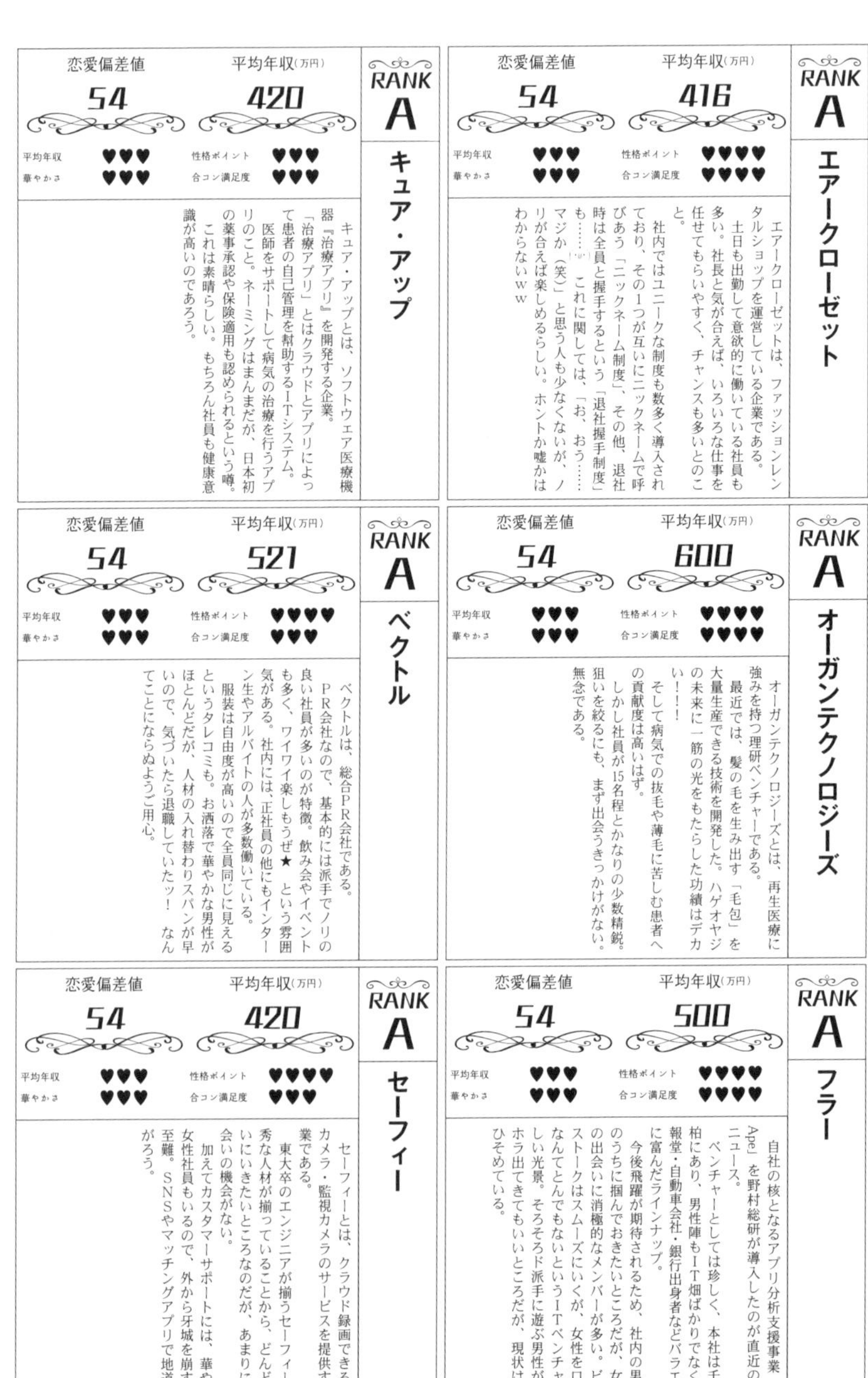

エアークローゼット

RANK A

恋愛偏差値	平均年収(万円)
54	416

平均年収	♥♥♥	性格ポイント	♥♥♥♥
華やかさ	♥♥♥	合コン満足度	♥♥♥♥

エアークローゼットは、ファッションレンタルショップを運営している企業である。

土日も出勤して意欲的に働いている社員も多い。社長と気が合えば、いろいろな仕事を任せてもらいやすく、チャンスも多いとのこと。

社内ではユニークな制度も数多く導入されており、その1つが互いにニックネームで呼びあう「ニックネーム制度」、その他、退社時は全員と握手するという「退社握手制度」も……(・ω・) これに関しては、「お、おう……マジか（笑）」と思う人も少なくないが、ノリが合えば楽しめるらしい。ホントか嘘かはわからないｗｗ

キュア・アップ

RANK A

恋愛偏差値	平均年収(万円)
54	420

平均年収	♥♥♥	性格ポイント	♥♥♥
華やかさ	♥♥♥	合コン満足度	♥♥♥

キュア・アップとは、ソフトウェア医療機器『治療アプリ』を開発する企業。

「治療アプリ」とはクラウドとアプリによって患者の自己管理を幇助するITシステム。

医師をサポートして病気の治療を行うアプリのこと。ネーミングはまんまだが、日本初の薬事承認や保険適用も認められるという噂。

これは素晴らしい。もちろん社員も健康意識が高いのであろう。

オーガンテクノロジーズ

RANK A

恋愛偏差値	平均年収(万円)
54	600

平均年収	♥♥♥	性格ポイント	♥♥♥♥
華やかさ	♥♥♥	合コン満足度	♥♥♥♥

オーガンテクノロジーズとは、再生医療に強みを持つ理研ベンチャーである。

最近では、髪の毛を生み出す「毛包」を大量生産できる技術を開発した。ハゲオヤジの未来に一筋の光をもたらした功績はデカい！！

そして病気での抜毛や薄毛に苦しむ患者への貢献度は高いはず。

しかし社員が15名程とかなりの少数精鋭。狙いを絞るにも、まず出会うきっかけがない。無念である。

ベクトル

RANK A

恋愛偏差値	平均年収(万円)
54	521

平均年収	♥♥♥	性格ポイント	♥♥♥♥
華やかさ	♥♥♥	合コン満足度	♥♥♥

ベクトルは、総合PR会社である。

PR会社なので、基本的には派手でノリの良い社員が多いのが特徴。飲み会やイベントも多く、ワイワイ楽しもうぜ★ という雰囲気がある。社内には、正社員の他にもインターン生やアルバイトの人が多数働いている。

服装は自由度が高いので全員同じに見えるというタレコミも。お洒落で華やかな男性がほとんどだが、人材の入れ替わりスパンが早いので、気づいたら退職していたッ！ なんてことにならぬようご用心。

フラー

RANK A

恋愛偏差値	平均年収(万円)
54	500

平均年収	♥♥♥	性格ポイント	♥♥♥♥
華やかさ	♥♥♥	合コン満足度	♥♥♥♥

自社の核となるアプリ分析支援事業「App Ape」を野村総研が導入したのが直近の最大ニュース。

ベンチャーとしては珍しく、本社は千葉県柏にあり、男性陣もIT畑ばかりでなく、博報堂・自動車会社・銀行出身者などバラエティに富んだラインナップ。

今後飛躍が期待されるため、社内の男を今のうちに掴んでおきたいところだが、女性との出会いに消極的なメンバーが多い。ビジネストークはスムーズにいくが、女性を口説くなんてとんでもないというITベンチャーらしい光景。そろそろド派手に遊ぶ男性がチラホラ出てきてもいいところだが、現状は息をひそめている。

セーフィー

RANK A

恋愛偏差値	平均年収(万円)
54	420

平均年収	♥♥♥	性格ポイント	♥♥♥♥
華やかさ	♥♥♥	合コン満足度	♥♥♥

セーフィーとは、クラウド録画できる防犯カメラ・監視カメラのサービスを提供する企業である。

東大卒のエンジニアが揃うセーフィー。優秀な人材が揃っていることから、どんどん狙いにいきたいところなのだが、あまりにも出会いの機会がない。

加えてカスタマーサポートには、華やかな女性社員もいるので、外から牙城を崩すのは至難。SNSやマッチングアプリで地道に繋がろう。

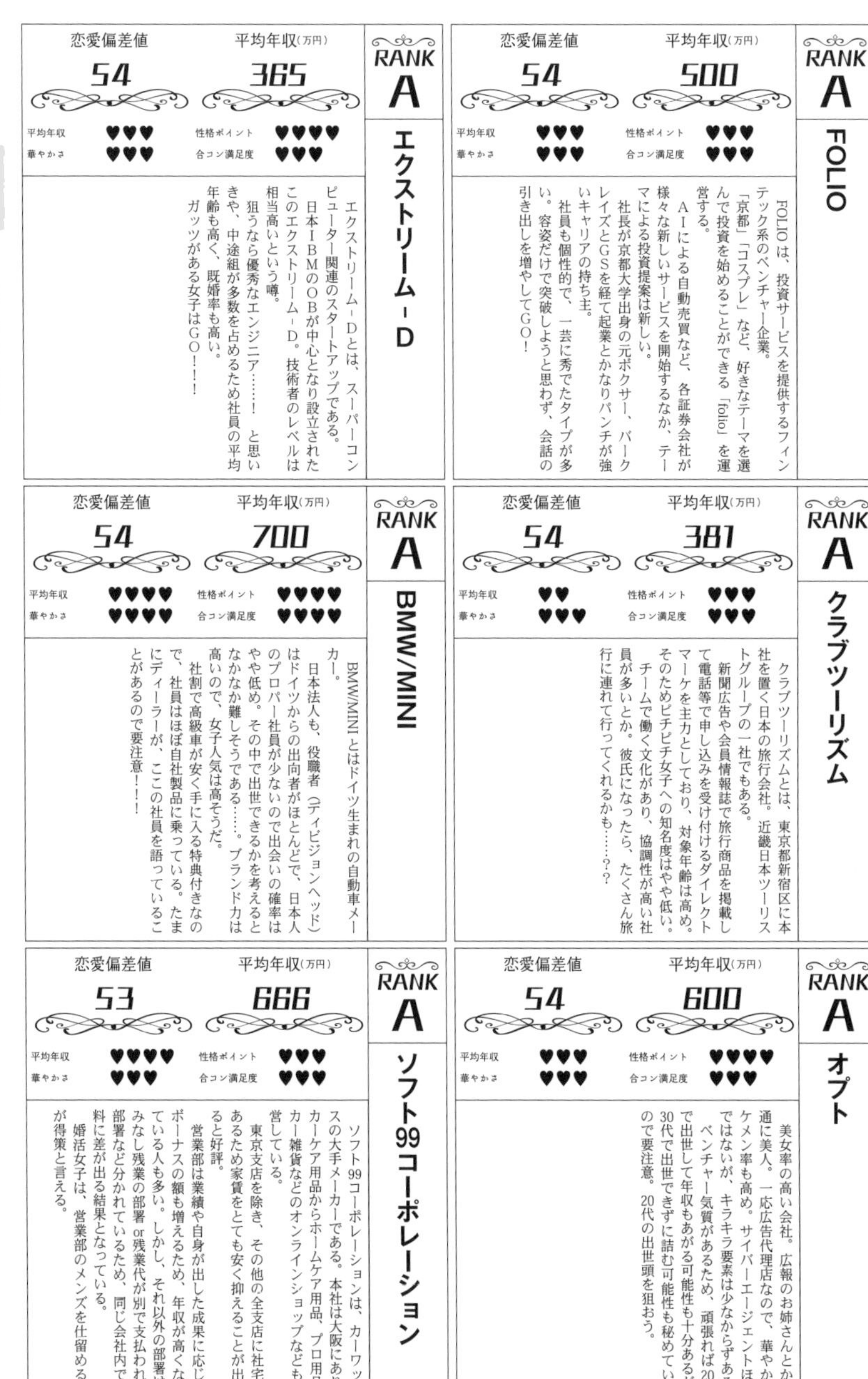

RANK A FOLIO

恋愛偏差値	平均年収（万円）
54	500

平均年収	♥♥♥	性格ポイント	♥♥♥
華やかさ	♥♥♥	合コン満足度	♥♥♥

FOLIOは、投資サービスを提供するフィンテック系のベンチャー企業。

「京都」「コスプレ」など、好きなテーマを選んで投資を始めることができる「folio」を運営する。

ＡＩによる自動売買など、各証券会社が様々な新しいサービスを開始するなか、テーマによる投資提案は新しい。

社長が京都大学出身の元ボクサー、バークレイズとＧＳを経て起業とかなりパンチが強いキャリアの持ち主。

社員も個性的で、一芸に秀でたタイプが多い。容姿だけで突破しようと思わず、会話の引き出しを増やしてＧＯ！

RANK A エクストリーム-D

恋愛偏差値	平均年収（万円）
54	365

平均年収	♥♥♥	性格ポイント	♥♥♥♥
華やかさ	♥♥♥	合コン満足度	♥♥♥

エクストリーム-Dとは、スーパーコンピューター関連のスタートアップである。

日本ＩＢＭのＯＢが中心となり設立されたこのエクストリーム-D。技術者のレベルは相当高いという噂。

狙うなら優秀なエンジニア……！　と思いきや、中途組が多数を占めるため社員の平均年齢も高く、既婚率も高い。

ガッツがある女子はＧＯ！！！

RANK A クラブツーリズム

恋愛偏差値	平均年収（万円）
54	381

平均年収	♥♥	性格ポイント	♥♥♥
華やかさ	♥♥♥	合コン満足度	♥♥♥

クラブツーリズムとは、東京都新宿区に本社を置く日本の旅行会社。近畿日本ツーリストグループの一社でもある。

新聞広告や会員情報誌で旅行商品を掲載して電話等で申し込みを受け付けるダイレクトマーケを主力としており、対象年齢は高め。そのためピチピチ女子への知名度はやや低い。

チームで働く文化があり、協調性が高い社員が多いとか。彼氏になったら、たくさん旅行に連れて行ってくれるかも……？？

RANK A BMW/MINI

恋愛偏差値	平均年収（万円）
54	700

平均年収	♥♥♥♥	性格ポイント	♥♥♥♥
華やかさ	♥♥♥♥	合コン満足度	♥♥♥♥

BMW/MINIとはドイツ生まれの自動車メーカー。

日本法人も、役職者（ティピジョンヘッド）はドイツからの出向者がほとんどで、日本人のプロパー社員が少ないので出会いの確率はやや低め。その中で出世できるかを考えるとなかなか難しそうである……。ブランド力は高いので、女子人気は高そうだ。

社割で高級車が安く手に入る特典付きなので、社員はほぼ自社製品に乗っている。たまにディーラーが、ここの社員を語っていることがあるので要注意！！！

RANK A オプト

恋愛偏差値	平均年収（万円）
54	600

平均年収	♥♥♥	性格ポイント	♥♥♥♥
華やかさ	♥♥♥	合コン満足度	♥♥♥

美女率の高い会社。広報のお姉さんとか普通に美人。一応広告代理店なので、華やかイケメン率も高め。サイバーエージェントほどではないが、キラキラ要素は少なからずある。

ベンチャー気質があるため、頑張れば20代で出世して年収もあがる可能性も十分あるが、30代で出世できずに詰む可能性も秘めているので要注意。20代の出世頭を狙おう。

RANK A ソフト99コーポレーション

恋愛偏差値	平均年収（万円）
53	666

平均年収	♥♥♥♥	性格ポイント	♥♥♥
華やかさ	♥♥♥	合コン満足度	♥♥♥

ソフト99コーポレーションは、カーワックスの大手メーカーである。本社は大阪にあり、カーケア用品からホームケア用品、プロ用品、カー雑貨などのオンラインショップなども運営している。

東京支店を除き、その他の全支店に社宅があるため家賃をとても安く抑えることが出来ると好評。

営業部は業績や自身が出した成果に応じてボーナスの額も増えるため、年収が高くなっている人も多い。しかし、それ以外の部署は、みなし残業の部署or残業代が別で支払われる部署など分かれているため、同じ会社内で給料に差が出る結果となっている。

婚活女子は、営業部のメンズを仕留めるのが得策と言える。

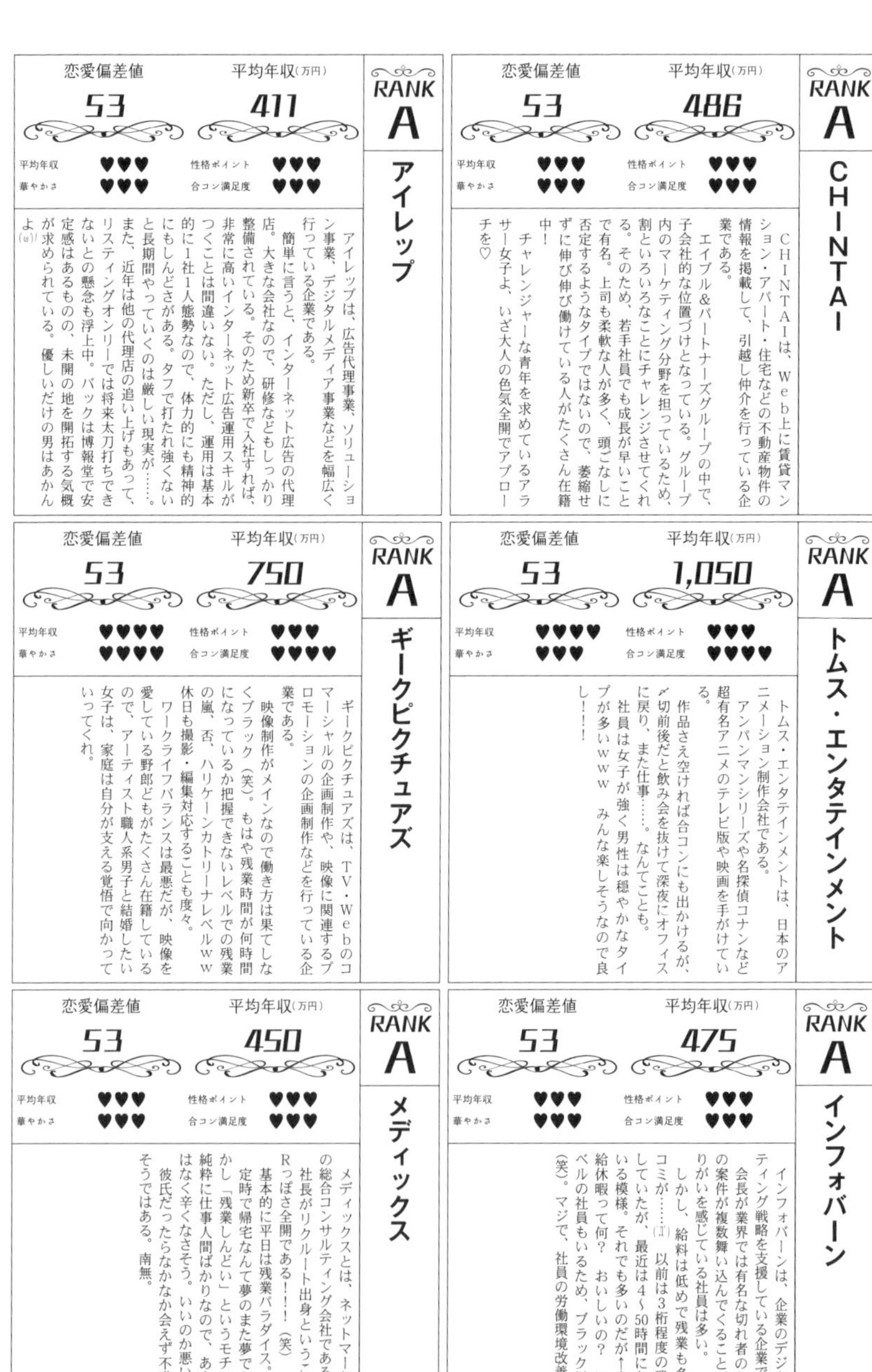

CHINTAI

RANK A

恋愛偏差値 53　平均年収(万円) 486

平均年収 ♥♥♥　性格ポイント ♥♥♥
華やかさ ♥♥♥　合コン満足度 ♥♥♥

CHINTAIは、Web上に賃貸マンション・アパート・住宅などの不動産物件の情報を掲載して、引越し仲介を行っている企業である。

エイブル&パートナーズグループの中で、子会社的な位置づけとなっている。グループ内のマーケティング分野を担っているため、割といろいろなことにチャレンジさせてくれる。そのため、若手社員でも成長が早いことで有名。上司も柔軟な人が多く、頭ごなしに否定するようなタイプではないので、萎縮せずに伸び伸び働けている人がたくさん在籍中！

チャレンジャーな青年を求めているアラサー女子よ、いざ大人の色気全開でアプローチを♡

アイレップ

RANK A

恋愛偏差値 53　平均年収(万円) 411

平均年収 ♥♥♥　性格ポイント ♥♥♥
華やかさ ♥♥♥　合コン満足度 ♥♥♥

アイレップは、広告代理事業、ソリューション事業、デジタルメディア事業などを幅広く行っている企業である。

簡単に言うと、インターネット広告の代理店。大きな会社なので、研修などもしっかり整備されている。そのため新卒で入社すれば、非常に高いインターネット広告運用スキルがつくことは間違いない。ただし、運用は基本的に1社1人態勢なので、体力的にも精神的にもしんどさがある。タフで打たれ強くないと長期間やっていくのは厳しい現実が……。また、近年は他の代理店の追い上げもあって、リスティングオンリーでは将来太刀打ちできないとの懸念も浮上中。バックは博報堂で安定感はあるものの、未開の地を開拓する気概が求められている。優しいだけの男はあかんよ(ω)/

トムス・エンタテインメント

RANK A

恋愛偏差値 53　平均年収(万円) 1,050

平均年収 ♥♥♥♥　性格ポイント ♥♥♥
華やかさ ♥♥♥　合コン満足度 ♥♥♥♥

トムス・エンタテインメントは、日本のアニメーション制作会社である。

アンパンマンシリーズや名探偵コナンなど超有名アニメのテレビ版や映画を手がけている。

作品さえ空ければ合コンにも出かけるが、〆切前後だと飲み会を抜けて深夜にオフィスに戻り、また仕事……。なんてことも。

社員は女子が強く男性は穏やかなタイプが多いwww　みんな楽しそうなので良し！！！

ギークピクチュアズ

RANK A

恋愛偏差値 53　平均年収(万円) 750

平均年収 ♥♥♥♥　性格ポイント ♥♥♥
華やかさ ♥♥♥♥　合コン満足度 ♥♥♥♥

ギークピクチュアズは、TV・Webのコマーシャルの企画制作や、映像に関連するプロモーションの企画制作などを行っている企業である。

映像制作がメインなので働き方は果てしなくブラック（笑）。もはや残業時間が何時間になっているか把握できないレベルでの残業の嵐、否、ハリケーンカトリーナレベルwww休日も撮影・編集対応することも度々。

ワークライフバランスは最悪だが、映像を愛している野郎どもがたくさん在籍しているので、アーティスト職人系男子と結婚したい女子は、家庭は自分が支える覚悟で向かっていってくれ。

インフォバーン

RANK A

恋愛偏差値 53　平均年収(万円) 475

平均年収 ♥♥♥　性格ポイント ♥♥♥
華やかさ ♥♥♥　合コン満足度 ♥♥♥

インフォバーンは、企業のデジタルマーケティング戦略を支援している企業である。

会長が業界では有名な切れ者のため、上流の案件が複数舞い込んでくることが多く、やりがいを感じている社員は多い。

しかし、給料は低めで残業も多いとタレコミが……(Ⅱ) 以前は3桁程度の残業が発生していたが、最近は4～50時間になってきている模様。それでも多いのだが↑中には、有給休暇って何？ おいしいの？ ほへ？ レベルの社員もいるため、ブラック以前の問題（笑）。マジで、社員の労働環境改善頼む。

メディックス

RANK A

恋愛偏差値 53　平均年収(万円) 450

平均年収 ♥♥♥　性格ポイント ♥♥♥
華やかさ ♥♥♥　合コン満足度 ♥♥♥

メディックスとは、ネットマーケティングの総合コンサルティング会社である。

社長がリクルート出身ということもあり、Rっぽさ全開である！！（笑）

基本的に平日は残業パラダイス。

定時で帰宅なんて夢のまた夢である……しかし「残業しんどい」というモチベではなく純粋に仕事人間ばかりなので、あまり危機感はなく辛くなさそう。いいのか悪いのか？

彼氏だったらなかなか会えず不満がたまりそうではある。南無。

RANK A　三井ダイレクト損保

恋愛偏差値	平均年収（万円）
53	480

平均年収	♥♥♥	性格ポイント	♥♥♥♥
華やかさ	♥♥♥	合コン満足度	♥♥♥♥

2000年に営業開始した企業で、個人向け自動車保険メインの通販専門損保。ネットと電話でのみ契約を受け付けるのが特徴。

グループ内では若干立場が弱めな傾向にあるが、三井住友海上の後ろ盾もあり着実に業績を伸ばす。

社員はゴリラ系がチラホラいるものの、性格が良いタイプが多い。

RANK A　インテリジェントウェイブ

恋愛偏差値	平均年収（万円）
53	691

平均年収	♥♥♥♥	性格ポイント	♥♥♥
華やかさ	♥♥♥	合コン満足度	♥♥♥

インテリジェントウェイブは、金融機関や証券会社などの業務システムや、サイバー攻撃対策用の情報セキュリティを強化するサービスを提供している企業である。

人手が不足しているため、新卒2、3年目でも上流工程の業務（PM）などを任されることがある。また、かなり大型の案件が多いので、エンジニアとしてその後のキャリアを築きたい人にはもってこいの職場環境。最近はテレワークなども導入し始めており、柔軟な働き方が可能！　年収も高めなので、嬉しい限りである。

ただし、人手不足なので手厚い教育はなく、実践で覚えていくしかない。自力で這い上がる系根性エンジニア男子を求めている女子向けと言える。

RANK A　テクノアソシエ

恋愛偏差値	平均年収（万円）
53	632

平均年収	♥♥♥	性格ポイント	♥♥♥
華やかさ	♥♥♥	合コン満足度	♥♥♥

テクノアソシエは、金属・化成品部材などを扱っている商社である。ちなみに、本社は大阪府で住友グループに属している。

事務職の場合はそうでもないが、営業の場合は膨大な資料作成がありサービス残業をしている社員も多くいたようだ。そのため、改善していこうという動きが活発になり一週間のうち3日ほどはノー残業デーアナウンスが開始された。

福利厚生については、住宅手当や昼食手当などが、充実しているとのタレコミが多い。しかし、給料が安いので合わせてトントンとのこと……哀しみの極み（笑）。

RANK A　岩谷産業

恋愛偏差値	平均年収（万円）
53	900

平均年収	♥♥♥	性格ポイント	♥♥♥♥
華やかさ	♥♥♥	合コン満足度	♥♥

関西勢にはおなじみ岩谷産業。関東勢には馴染みがないですが、産業ガスやエネルギー事業の会社です。

ゴリラ系のマッチョが多く、体育会系の縦社会。

給与は良いですが、女子的な知名度を加味してこのランクに。

RANK A　日本経済広告社

恋愛偏差値	平均年収（万円）
53	621

平均年収	♥♥♥♥	性格ポイント	♥♥♥
華やかさ	♥♥♥	合コン満足度	♥♥♥♥

日本経済広告社は、日本の広告代理店である。ニックネームは「ADEX」！

社員の自主性が鬼高いので、自ら攻め込んでいくタイプの肉食野郎が群雄割拠している。ボケっとしている草食ブタ野郎は淘汰される運命にある（笑）。特に、若手社員は新規のクライアントを受け持っているので、「これは俺のクライアント！　誠心誠意全力で結果を出しに行くZE★」という気概で戦っている。素晴らしい。

デートのプランは丸投げして、当日その場所に行くだけスタイルをご希望のお姫様上等の女ども集合！！！！！

RANK A　PR TIMES

恋愛偏差値	平均年収（万円）
53	450

平均年収	♥♥♥	性格ポイント	♥♥♥
華やかさ	♥♥♥	合コン満足度	♥♥♥

PR TIMESは、東京都に本社を置くPR会社。

プレスリリース配信サイトの運営や、企業などの広報活動の支援を主な事業とする。オフィスが綺麗で、TシャツGパンといったラフなファッションでのびのび働く社員が多い。

給与が低いことを除けば、特段悪い点は見当たらない。

リリース配信のプロなので、今後独立を狙う起業家女子は仲良くなってみては……。

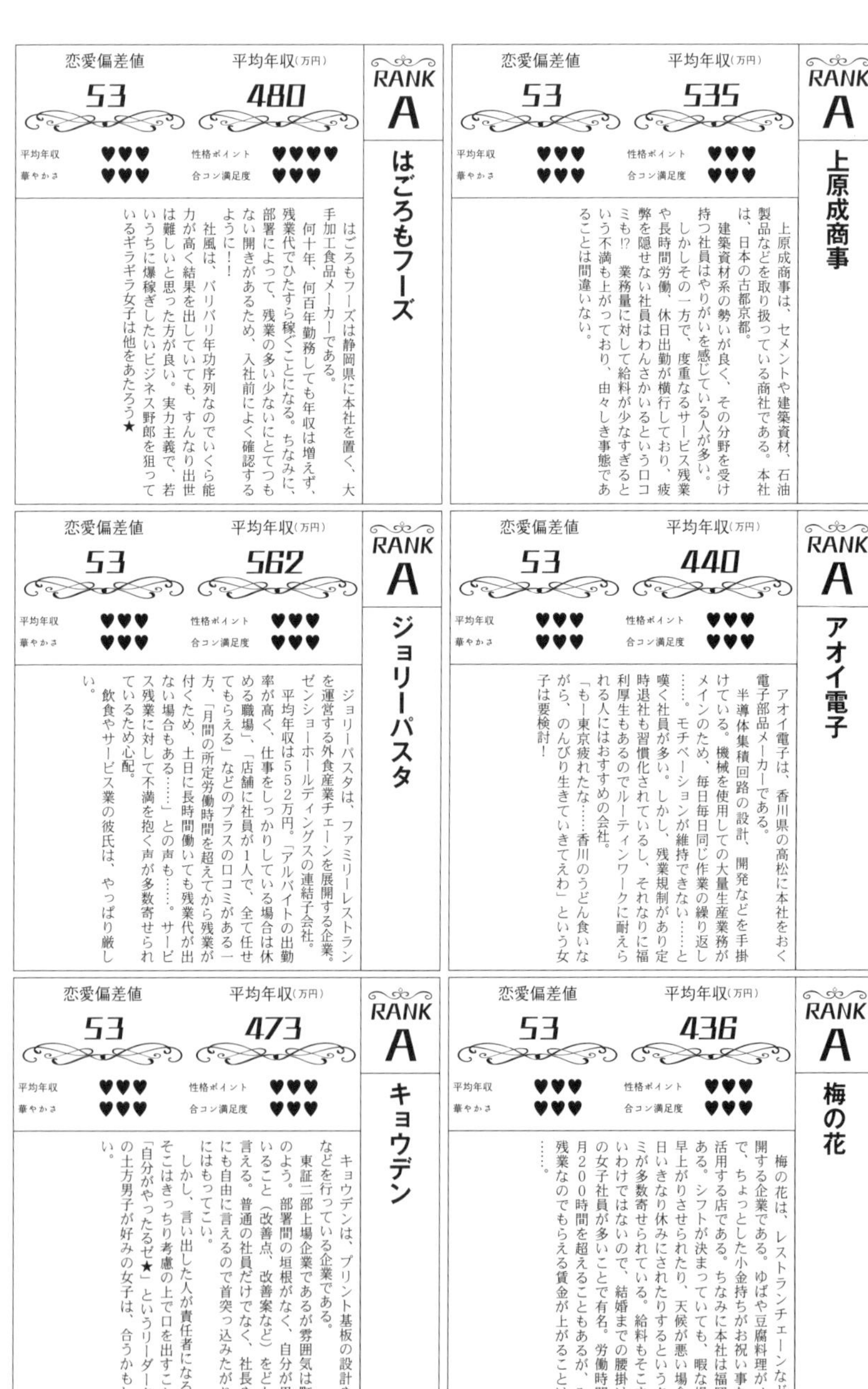

RANK A 上原成商事

恋愛偏差値 53　平均年収(万円) 535

平均年収 ♥♥♥　性格ポイント ♥♥♥
華やかさ ♥♥♥　合コン満足度 ♥♥♥

上原成商事は、セメントや建築資材、石油製品などを取り扱っている商社である。本社は、日本の古都京都。

建築資材系の勢いが良く、その分野を受け持つ社員はやりがいを感じている人が多い。

しかしその一方で、度重なるサービス残業や長時間労働、休日出勤が横行しており、疲弊を隠せない社員はわんさかいるという口コミも!? 業務量に対して給料が少なすぎるという不満も上がっており、由々しき事態であることは間違いない。

RANK A はごろもフーズ

恋愛偏差値 53　平均年収(万円) 480

平均年収 ♥♥♥　性格ポイント ♥♥♥♥
華やかさ ♥♥♥　合コン満足度 ♥♥♥

はごろもフーズは静岡県に本社を置く、大手加工食品メーカーである。

何十年、何百年勤務しても年収は増えず、残業代でひたすら稼ぐことになる。ちなみに、部署によって、残業の多い少ないにとてつもない開きがあるため、入社前によく確認するように!!

社風は、バリバリ年功序列なのでいくら能力が高く結果を出していても、すんなり出世は難しいと思った方が良い。実力主義で、若いうちに爆稼ぎしたいビジネス野郎を狙っているギラギラ女子は他をあたろう★

RANK A アオイ電子

恋愛偏差値 53　平均年収(万円) 440

平均年収 ♥♥♥　性格ポイント ♥♥♥
華やかさ ♥♥♥　合コン満足度 ♥♥♥

アオイ電子は、香川県の高松に本社をおく電子部品メーカーである。

半導体集積回路の設計、開発などを手掛けている。機械を使用しての大量生産業務がメインのため、毎日毎日同じ作業の繰り返し……。モチベーションが維持できない……と嘆く社員が多い。しかし、残業規制があり定時退社も習慣化されているし、それなりに福利厚生もあるのでルーティンワークに耐えられる人にはおすすめの会社。

「もー東京疲れたな……香川のうどん食いながら、のんびり生きていきてえわ」という女子は要検討!

RANK A ジョリーパスタ

恋愛偏差値 53　平均年収(万円) 562

平均年収 ♥♥♥　性格ポイント ♥♥♥
華やかさ ♥♥♥　合コン満足度 ♥♥♥

ジョリーパスタは、ファミリーレストランを運営する外食産業チェーンを展開する企業。ゼンショーホールディングスの連結子会社。

平均年収は552万円。「アルバイトの出勤率が高く、仕事をしっかりしている場合は休める職場」、「店舗に社員が1人で、全て任せてもらえる」などのプラスの口コミがある一方、「月間の所定労働時間を超えてから残業が付くため、土日に長時間働いても残業代が出ない場合もある……」との声も……。サービス残業に対して不満を抱く声が多数寄せられているため心配。

飲食やサービス業の彼氏は、やっぱり厳しい。

RANK A 梅の花

恋愛偏差値 53　平均年収(万円) 436

平均年収 ♥♥♥　性格ポイント ♥♥♥
華やかさ ♥♥♥　合コン満足度 ♥♥♥

梅の花は、レストランチェーンなどを展開する企業である。ゆばや豆腐料理がメインで、ちょっとした小金持ちがお祝い事などに活用する店である。ちなみに本社は福岡県にある。シフトが決まっていても、暇な場合は早上がりさせられたり、天候が悪い場合は当日いきなり休みにされたりするというタレコミが多数寄せられている。給料もそこまで高いわけではないので、結婚までの腰掛け程度の女子社員が多いことで有名。労働時間は毎月200時間を超えることもあるが、みなし残業なのでもらえる賃金が上がることはない……。

RANK A キョウデン

恋愛偏差値 53　平均年収(万円) 473

平均年収 ♥♥♥　性格ポイント ♥♥♥
華やかさ ♥♥♥　合コン満足度 ♥♥♥

キョウデンは、プリント基板の設計や製造などを行っている企業である。

東証二部上場企業であるが雰囲気は町工場のよう。部署間の垣根がなく、自分が思っていること(改善点、改善案など)をどんどん言える。普通の社員だけでなく、社長や役員にも自由に言えるので首突っ込みたがりの人にはもってこい。

しかし、言い出した人が責任者になるため、そこはきっちり考慮の上で口を出すこと!「自分がやったるぜ★」というリーダータイプの土方男子が好みの女子は、合うかもしれない。

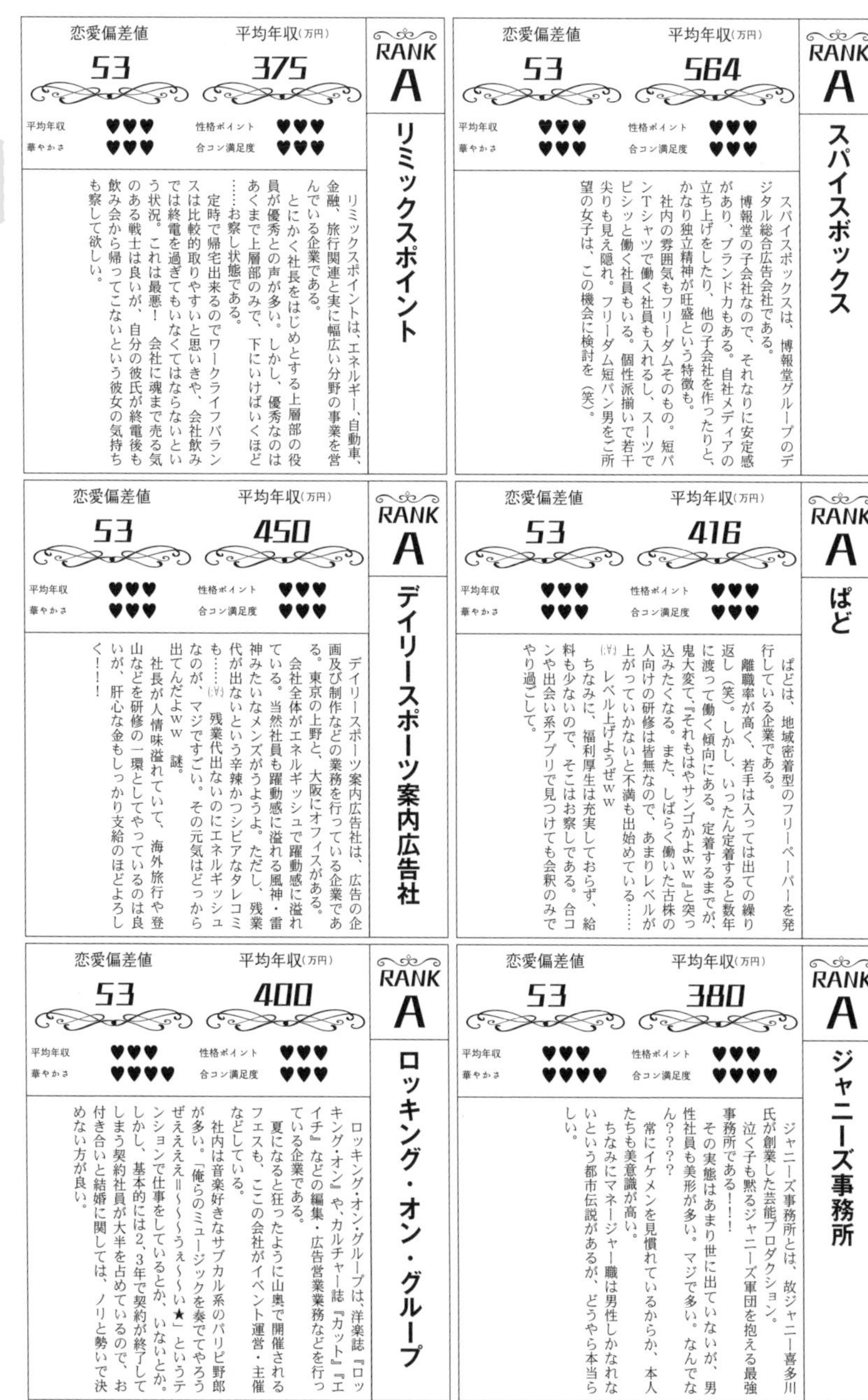

RANK A スパイスボックス

恋愛偏差値	平均年収（万円）
53	564

平均年収	♥♥♥	性格ポイント	♥♥♥
華やかさ	♥♥♥	合コン満足度	♥♥♥

スパイスボックスは、博報堂グループのデジタル総合広告会社である。

博報堂の子会社なので、それなりに安定感があり、ブランド力もある。自社メディアの立ち上げをしたり、他の子会社を作ったりと、かなり独立精神が旺盛という特徴も。

社内の雰囲気もフリーダムそのもの。短パンTシャツで働く社員も入れるし、スーツでピシッと働く社員もいる。個性派揃いで若干尖りも見え隠れ。フリーダム短パン男をご所望の女子は、この機会に検討を（笑）。

RANK A リミックスポイント

恋愛偏差値	平均年収（万円）
53	375

平均年収	♥♥♥	性格ポイント	♥♥♥
華やかさ	♥♥♥	合コン満足度	♥♥♥

リミックスポイントは、エネルギー、自動車、金融、旅行関連と実に幅広い分野の事業を営んでいる企業である。

とにかく社長をはじめとする上層部の役員が優秀との声が多い。しかし、優秀なのはあくまで上層部のみで、下にいけばいくほど……お察し状態である。

定時で帰宅出来るのでワークライフバランスは比較的取りやすいと思いきや、会社飲みでは終電を過ぎてもいなくてはならないという状況。これは最悪！ 会社に魂まで売る気のある戦士は良いが、自分の彼氏が終電後も飲み会から帰ってこないという彼女の気持ちも察して欲しい。

RANK A ぱど

恋愛偏差値	平均年収（万円）
53	416

平均年収	♥♥♥	性格ポイント	♥♥♥
華やかさ	♥♥♥	合コン満足度	♥♥♥

ぱどは、地域密着型のフリーペーパーを発行している企業である。

離職率が高く、若手は入っては出ての繰り返し（笑）。しかし、いったん定着すると数年に渡って働く傾向にある。定着するまでが、鬼大変で、『それもはやサンゴかよｗｗ』と突っ込みたくなる。また、しばらく働いた古株の人向けの研修は皆無なので、あまりレベルが上がっていかないと不満も出始めている……(;∀;) レベル上げようぜｗｗ

ちなみに、福利厚生は充実しておらず、給料も少ないので、そこはお察しである。合コンや出会い系アプリで見つけても会釈のみでやり過ごして。

RANK A デイリースポーツ案内広告社

恋愛偏差値	平均年収（万円）
53	450

平均年収	♥♥♥	性格ポイント	♥♥♥
華やかさ	♥♥♥	合コン満足度	♥♥♥

デイリースポーツ案内広告社は、広告の企画及び制作などの業務を行っている企業である。東京の上野と、大阪にオフィスがある。

会社全体がエネルギッシュで躍動感に溢れている。当然社員も躍動感に溢れる風神・雷神みたいなメンズがうようよ。ただし、残業代が出ないという辛辣かつシビアなタレコミも……(;∀;) 残業代出ないのにエネルギッシュなのが、マジですごい。その元気はどっから出てんだよｗｗ 謎。

社長が人情味溢れていて、海外旅行や登山などを研修の一環としてやっているのは良いが、肝心な金もしっかり支給のほどよろしく！！！

RANK A ジャニーズ事務所

恋愛偏差値	平均年収（万円）
53	380

平均年収	♥♥♥	性格ポイント	♥♥♥
華やかさ	♥♥♥♥	合コン満足度	♥♥♥♥

ジャニーズ事務所とは、故ジャニー喜多川氏が創業した芸能プロダクション。

泣く子も黙るジャニーズ軍団を抱える最強事務所である！！！

その実態はあまり世に出ていないが、男性社員も美形が多い。マジで多い。なんでなん？？？

常にイケメンを見慣れているからか、本人たちも美意識が高い。

ちなみにマネージャー職は男性しかなれないという都市伝説があるが、どうやら本当らしい。

RANK A ロッキング・オン・グループ

恋愛偏差値	平均年収（万円）
53	400

平均年収	♥♥♥	性格ポイント	♥♥♥
華やかさ	♥♥♥♥	合コン満足度	♥♥♥

ロッキング・オン・グループは、洋楽誌『ロッキング・オン』や、カルチャー誌『カット』『エイチ』などの編集・広告営業業務などを行っている企業である。

夏になると狂ったように山奥で開催されるフェスも、ここの会社がイベント運営・主催などしている。

社内は音楽好きなサブカル系のパリピ野郎が多い。「俺らのミュージックを奏でてやろうぜええええ＝〜〜〜うぇ〜〜い★」というテンションで仕事をしているとか、いないとか。しかし、基本的には2、3年で契約が終了してしまう契約社員が大半を占めているので、お付き合いと結婚に関しては、ノリと勢いで決めない方が良い。

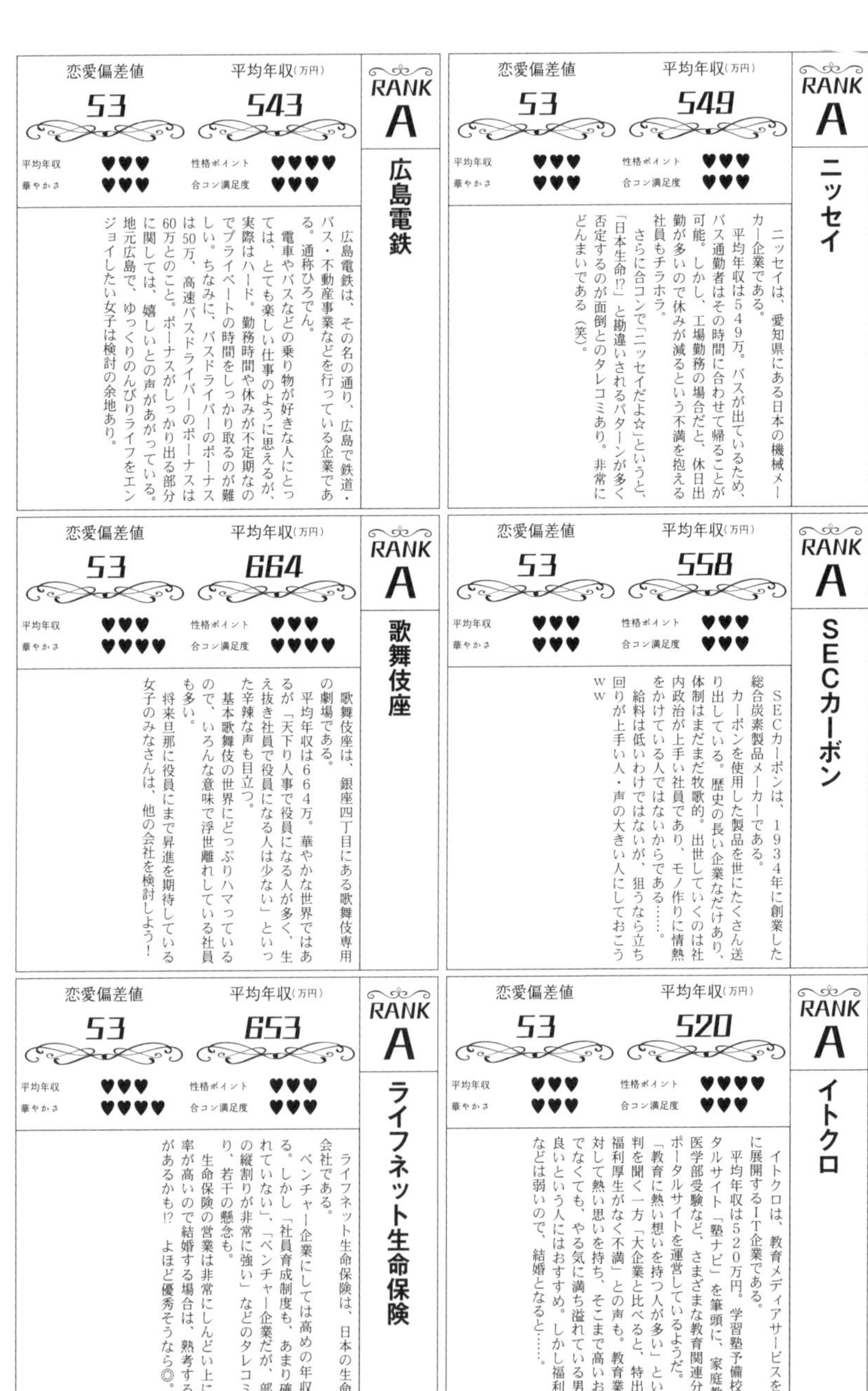

ニッセイ

RANK A

恋愛偏差値	平均年収（万円）
53	549

平均年収	♥♥♥	性格ポイント	♥♥♥
華やかさ	♥♥♥	合コン満足度	♥♥♥

ニッセイは、愛知県にある日本の機械メーカー企業である。

平均年収は549万。バスが出ているため、バス通勤者はその時間に合わせて帰ることが可能。しかし、工場勤務の場合だと、休日出勤が多いので休みが減るという不満を抱える社員もチラホラ。

さらに合コンで「ニッセイだよ☆」というと、「日本生命!?」と勘違いされるパターンが多く否定するのが面倒とのタレコミあり。非常にどんまいである（笑）。

広島電鉄

RANK A

恋愛偏差値	平均年収（万円）
53	543

平均年収	♥♥♥	性格ポイント	♥♥♥♥
華やかさ	♥♥♥	合コン満足度	♥♥♥

広島電鉄は、その名の通り、広島で鉄道・バス・不動産事業などを行っている企業である。通称ひろでん。

電車やバスなどの乗り物が好きな人にとっては、とても楽しい仕事のように思えるが、実際はハード。勤務時間や休みが不定期なのでプライベートの時間をしっかり取るのが難しい。ちなみに、バスドライバーのボーナスは50万、高速バスドライバーのボーナスは60万とのこと。ボーナスがしっかり出る部分に関しては、嬉しいとの声があがっている。

地元広島で、ゆっくりのんびりライフをエンジョイしたい女子は検討の余地あり。

SECカーボン

RANK A

恋愛偏差値	平均年収（万円）
53	558

平均年収	♥♥♥	性格ポイント	♥♥♥
華やかさ	♥♥♥	合コン満足度	♥♥♥

SECカーボンは、1934年に創業した総合炭素製品メーカーである。

カーボンを使用した製品を世にたくさん送り出している。歴史の長い企業なだけあり、体制はまだまだ牧歌的。出世していくのは社内政治が上手い社員であり、モノ作りに情熱をかけている人ではないからである……。

給料は低いわけではないが、狙うなら立ち回りが上手い人・声の大きい人にしておこうｗｗ

歌舞伎座

RANK A

恋愛偏差値	平均年収（万円）
53	664

平均年収	♥♥♥	性格ポイント	♥♥♥
華やかさ	♥♥♥♥	合コン満足度	♥♥♥♥

歌舞伎座は、銀座四丁目にある歌舞伎専用の劇場である。

平均年収は664万。華やかな世界ではあるが「天下り人事で役員になる人が多く、生え抜き社員で役員になる人は少ない」といった辛辣な声も目立つ。

基本歌舞伎の世界にどっぷりハマっているので、いろんな意味で浮世離れしている社員も多い。

将来旦那に役員にまで昇進を期待している女子のみなさんは、他の会社を検討しよう！

イトクロ

RANK A

恋愛偏差値	平均年収（万円）
53	520

平均年収	♥♥♥	性格ポイント	♥♥♥♥
華やかさ	♥♥♥	合コン満足度	♥♥♥

イトクロは、教育メディアサービスを中心に展開するIT企業である。

平均年収は520万円。学習塾予備校ポータルサイト「塾ナビ」を筆頭に、家庭教師、医学部受験など、さまざまな教育関連分野のポータルサイトを運営しているようだ。

「教育に熱い想いを持つ人が多い」という評判を聞く一方「大企業と比べると、特出した福利厚生がなく不満」との声も。教育業界に対して熱い思いを持ち、そこまで高いお賃金でなくても、やる気に満ち溢れている男性が良いという人にはおすすめ。しかし福利厚生などは弱いので、結婚となると……。

ライフネット生命保険

RANK A

恋愛偏差値	平均年収（万円）
53	653

平均年収	♥♥♥	性格ポイント	♥♥♥
華やかさ	♥♥♥♥	合コン満足度	♥♥♥

ライフネット生命保険は、日本の生命保険会社である。

ベンチャー企業にしては高めの年収である。しかし「社員育成制度も、あまり確立されていない」、「ベンチャー企業だが、部門間の縦割りが非常に強い」などのタレコミがあり、若干の懸念も。

生命保険の営業は非常にしんどい上に離職率が高いので結婚する場合は、熟考する必要があるかも!? よほど優秀そうなら◎。

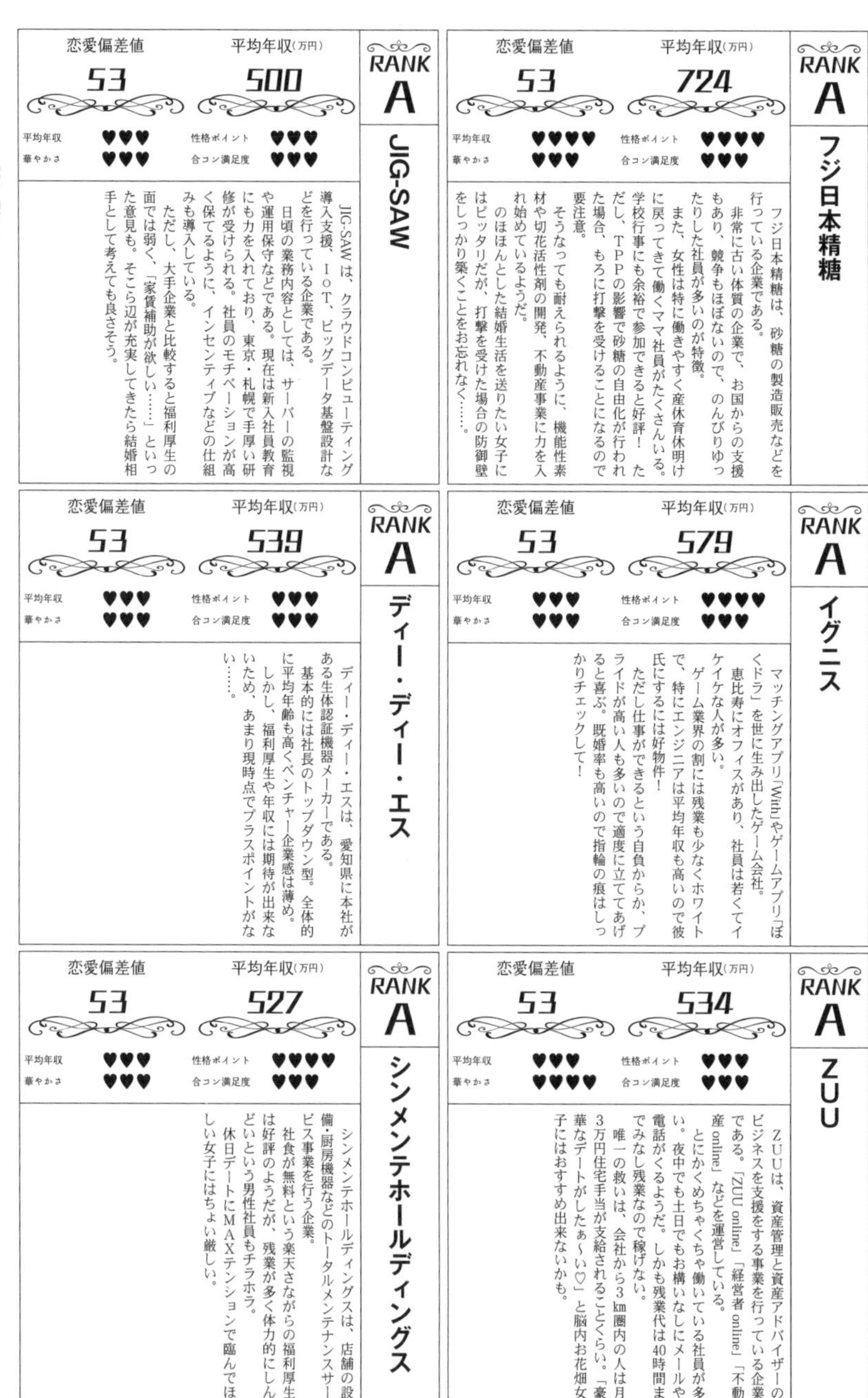

フジ日本精糖

RANK A

恋愛偏差値	平均年収(万円)
53	724

項目	評価	項目	評価
平均年収	♥♥♥♥	性格ポイント	♥♥♥♥
華やかさ	♥♥♥	合コン満足度	♥♥♥

フジ日本精糖は、砂糖の製造販売などを行っている企業である。

非常に古い体質の企業で、お国からの支援もあり、競争もほぼないので、のんびりゆったりした社員が多いのが特徴。

また、女性は特に働きやすく産休育休明けに戻ってきて働くママ社員がたくさんいる。学校行事にも余裕で参加できると好評！ただし、TPPの影響で砂糖の自由化が行われた場合、もろに打撃を受けることになるので要注意。

そうなっても耐えられるように、機能性素材や切花活性剤の開発、不動産事業に力を入れ始めているようだ。

のほほんとした結婚生活を送りたい女子にはピッタリだが、打撃を受けた場合の防御壁をしっかり築くことをお忘れなく……。

JIG-SAW

RANK A

恋愛偏差値	平均年収(万円)
53	500

項目	評価	項目	評価
平均年収	♥♥♥	性格ポイント	♥♥♥
華やかさ	♥♥♥	合コン満足度	♥♥♥

JIG-SAWは、クラウドコンピューティング導入支援、IoT、ビッグデータ基盤設計などを行っている企業である。

日頃の業務内容としては、サーバーの監視や運用保守などである。現在は新入社員教育にも力を入れており、東京・札幌で手厚い研修が受けられる。社員のモチベーションが高く保てるように、インセンティブなどの仕組みも導入している。

ただし、大手企業と比較すると福利厚生の面では弱く、「家賃補助が欲しい……」といった意見も。そこら辺が充実してきたら結婚相手として考えても良さそう。

イグニス

RANK A

恋愛偏差値	平均年収(万円)
53	579

項目	評価	項目	評価
平均年収	♥♥♥	性格ポイント	♥♥♥♥
華やかさ	♥♥♥	合コン満足度	♥♥♥

マッチングアプリ「With」やゲームアプリ「ぼくドラ」を世に生み出したゲーム会社。

恵比寿にオフィスがあり、社員は若くてイケイケな人が多い。

ゲーム業界の割には残業も少なくホワイトで、特にエンジニアは平均年収も高いので彼氏にするには好物件！

ただし仕事ができるという自負からか、プライドが高い人も多いので適度に立ててあげると喜ぶ。既婚率も高いので指輪の痕はしっかりチェックして！

ディー・ディー・エス

RANK A

恋愛偏差値	平均年収(万円)
53	539

項目	評価	項目	評価
平均年収	♥♥♥	性格ポイント	♥♥♥
華やかさ	♥♥♥	合コン満足度	♥♥♥

ディー・ディー・エスは、愛知県に本社がある生体認証機器メーカーである。

基本的には社長のトップダウン型。全体的に平均年齢も高くベンチャー企業感は薄め。

しかし、福利厚生や年収には期待が出来ないため、あまり現時点でプラスポイントがない……。

ZUU

RANK A

恋愛偏差値	平均年収(万円)
53	534

項目	評価	項目	評価
平均年収	♥♥♥	性格ポイント	♥♥♥
華やかさ	♥♥♥♥	合コン満足度	♥♥♥

ZUUは、資産管理と資産アドバイザーのビジネスを支援をする事業を行っている企業である。「ZUU online」「経営者online」「不動産online」などを運営している。

とにかくめちゃくちゃ働いている社員が多い。夜中でも土日でもお構いなしにメールや電話がくるようだ。しかも残業代は40時間までみなし残業なので稼げない。

唯一の救いは、会社から3km圏内の人は月3万円住宅手当が支給されることくらい。「豪華なデートがしたぁ〜い♡」と脳内お花畑女子にはおすすめ出来ないかも。

シンメンテホールディングス

RANK A

恋愛偏差値	平均年収(万円)
53	527

項目	評価	項目	評価
平均年収	♥♥♥	性格ポイント	♥♥♥♥
華やかさ	♥♥♥	合コン満足度	♥♥♥

シンメンテホールディングスは、店舗の設備・厨房機器などのトータルメンテナンスサービス事業を行う企業。

社食が無料という楽天さながらの福利厚生は好評のようだが、残業が多く体力的にしんどいという男性社員もチラホラ。

休日デートにMAXテンションで臨んでほしい女子にはちょい厳しい。

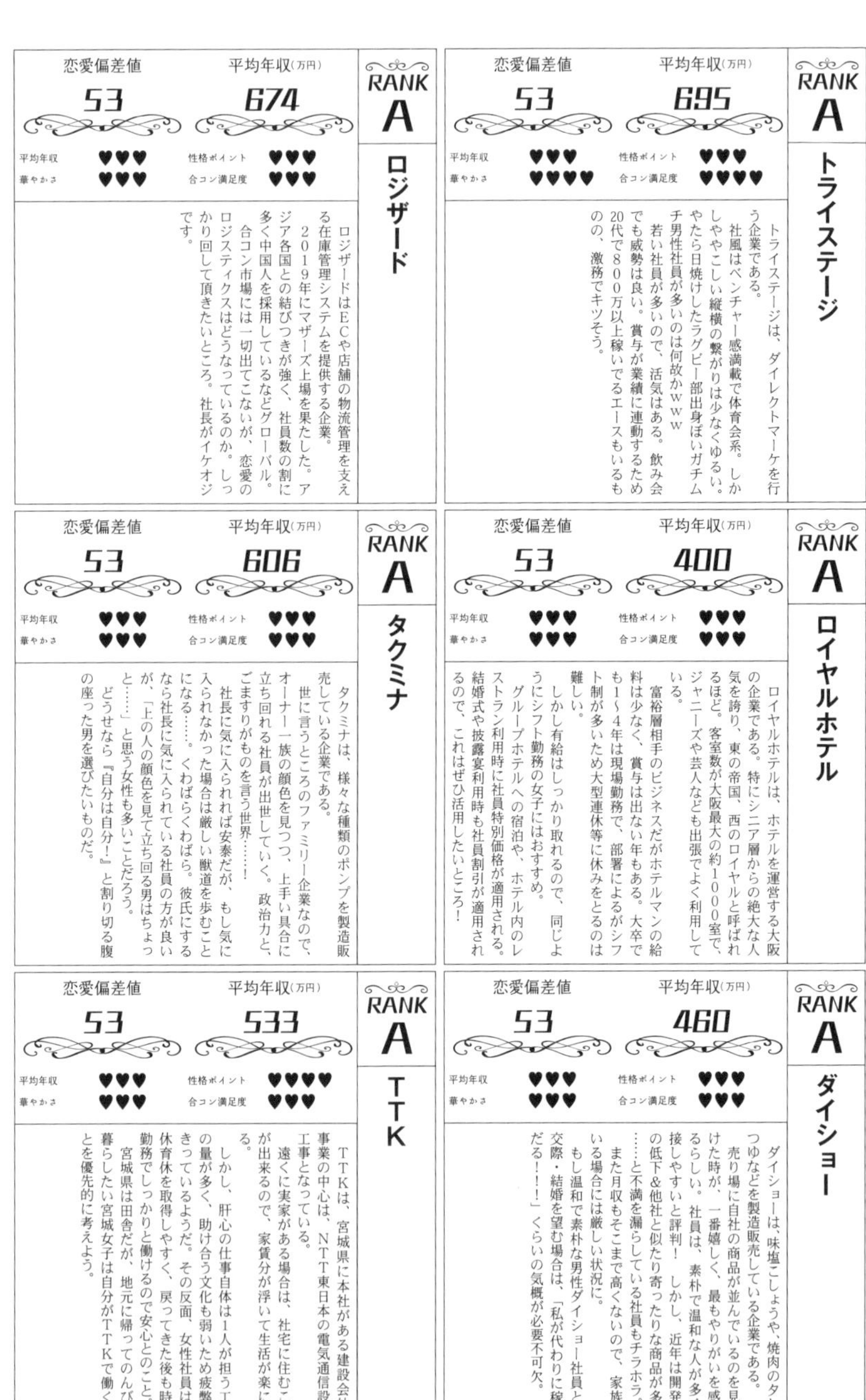

RANK A トライステージ

恋愛偏差値	平均年収(万円)
53	695

項目	評価	項目	評価
平均年収	♥♥♥	性格ポイント	♥♥♥
華やかさ	♥♥♥♥	合コン満足度	♥♥♥♥

トライステージは、ダイレクトマーケを行う企業である。

社風はベンチャー感満載で体育会系。しかしややこしい縦横の繋がりは少なくゆるい。やたら日焼けしたラグビー部出身ぽいガチムチ男性社員が多いのは何故かｗｗｗ

若い社員が多いので、活気はある。飲み会でも威勢は良い。賞与が業績に連動するため20代で８００万以上稼いでるエースもいるものの、激務でキツそう。

RANK A ロジザード

恋愛偏差値	平均年収(万円)
53	674

項目	評価	項目	評価
平均年収	♥♥♥	性格ポイント	♥♥♥
華やかさ	♥♥♥	合コン満足度	♥♥♥

ロジザードはＥＣや店舗の物流管理を支える在庫管理システムを提供する企業。

２０１９年にマザーズ上場を果たした。アジア各国との結びつきが強く、社員数の割に多く中国人を採用しているなどグローバル。

合コン市場には一切出てこないが、恋愛のロジスティクスはどうなっているのか。しっかり回して頂きたいところ。社長がイケオジです。

RANK A ロイヤルホテル

恋愛偏差値	平均年収(万円)
53	400

項目	評価	項目	評価
平均年収	♥♥♥	性格ポイント	♥♥♥
華やかさ	♥♥♥	合コン満足度	♥♥♥

ロイヤルホテルは、ホテルを運営する大阪の企業である。特にシニア層からの絶大な人気を誇り、東の帝国、西のロイヤルと呼ばれるほど。客室数が大阪最大の約１０００室で、ジャニーズや芸人なども出張でよく利用している。

富裕層相手のビジネスだがホテルマンの給料は少なく、賞与は出ない年もある。大卒でも1〜4年は現場勤務で、部署によるがシフト制が多いため大型連休等に休みをとるのは難しい。

しかし有給はしっかり取れるので、同じようにシフト勤務の女子にはおすすめ。

グループホテルへの宿泊や、ホテル内のレストラン利用時に社員特別価格が適用される。結婚式や披露宴利用時も社員割引が適用されるので、これはぜひ活用したいところ！

RANK A タクミナ

恋愛偏差値	平均年収(万円)
53	606

項目	評価	項目	評価
平均年収	♥♥♥	性格ポイント	♥♥♥
華やかさ	♥♥♥	合コン満足度	♥♥♥

タクミナは、様々な種類のポンプを製造販売している企業である。

世に言うところのファミリー企業なので、オーナー一族の顔色を見つつ、上手い具合に立ち回れる社員が出世していく。政治力と、ごますりがものを言う世界……！

社長に気に入られれば安泰だが、もし気に入られなかった場合は厳しい獣道を歩むことになる……。くわばらくわばら。彼氏にするなら社長に気に入られている社員の方が良いが、「上の人の顔色を見て立ち回る男はちょっと……」と思う女性も多いことだろう。

どうせなら『自分は自分！』と割り切る腹の座った男を選びたいものだ。

RANK A ダイショー

恋愛偏差値	平均年収(万円)
53	460

項目	評価	項目	評価
平均年収	♥♥♥	性格ポイント	♥♥♥
華やかさ	♥♥♥	合コン満足度	♥♥♥

ダイショーは、味塩こしょうや、焼肉のタレ、つゆなどを製造販売している企業である。

売り場に自社の商品が並んでいるのを見かけた時が、一番嬉しく、最もやりがいを感じるらしい。社員は、素朴で温和な人が多く、接しやすいと評判！　しかし、近年は開発力の低下＆他社と似たり寄ったりな商品が多い……と不満を漏らしている社員もチラホラ。

また月収もそこまで高くないので、家族がいる場合には厳しい状況に。

もし温和で素朴な男性ダイショー社員との交際・結婚を望む場合は、「私が代わりに稼いだる！！」くらいの気概が必要不可欠。

RANK A ＴＴＫ

恋愛偏差値	平均年収(万円)
53	533

項目	評価	項目	評価
平均年収	♥♥♥	性格ポイント	♥♥♥♥
華やかさ	♥♥♥	合コン満足度	♥♥♥

ＴＴＫは、宮城県に本社がある建設会社。事業の中心は、ＮＴＴ東日本の電気通信設備工事となっている。

遠くに実家がある場合は、社宅に住むことが出来るので、家賃分が浮いて生活が楽になる。

しかし、肝心の仕事自体は1人が担う工事の量が多く、助け合う文化も弱いため疲弊しきっているようだ。その反面、女性社員は産休育休を取得しやすく、戻ってきた後も時短勤務でしっかりと働けるので安心とのこと。

宮城県は田舎だが、地元に帰ってのんびり暮らしたい宮城女子は自分がＴＴＫで働くことを優先的に考えよう。

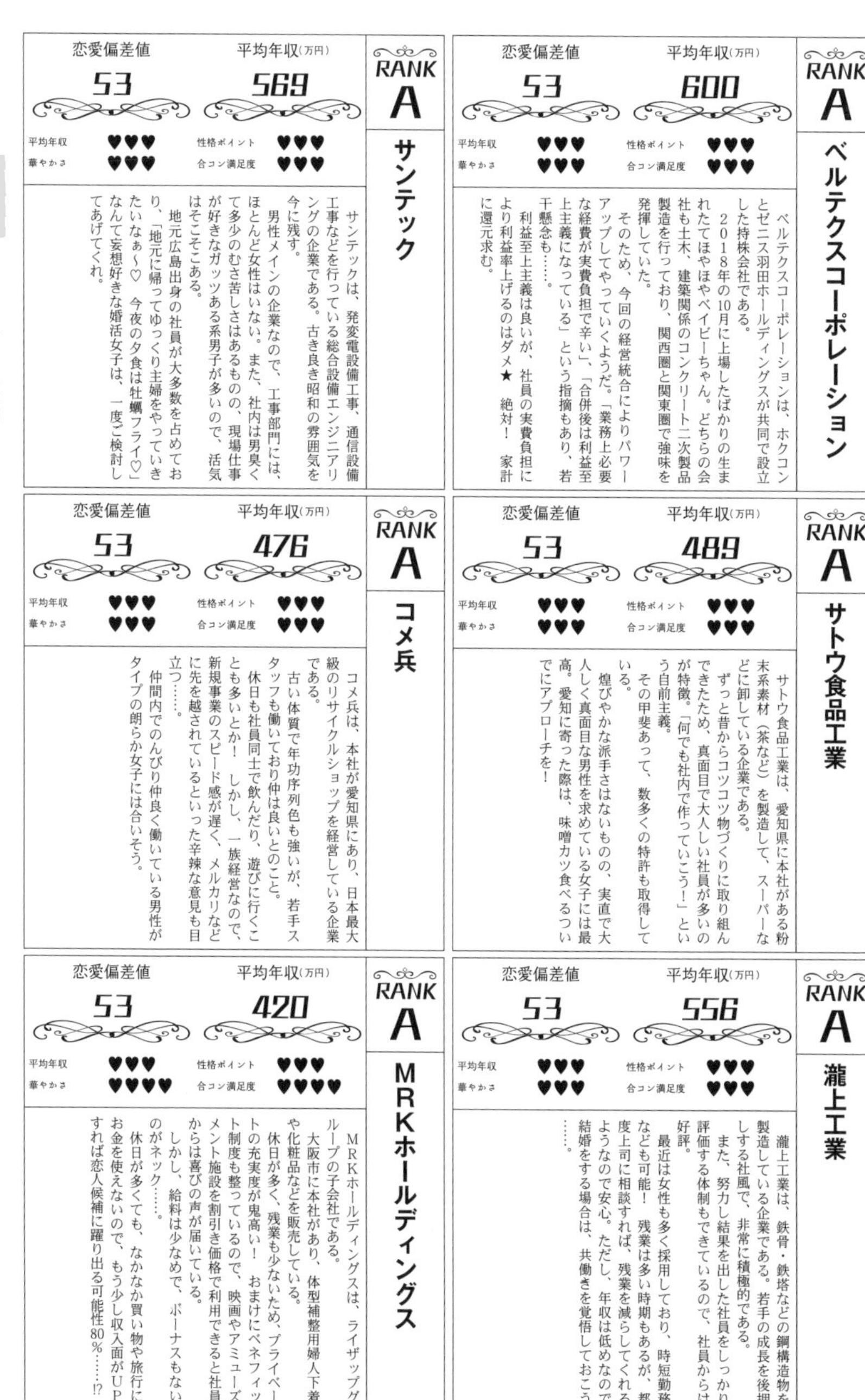

RANK A　ベルテクスコーポレーション

恋愛偏差値	平均年収（万円）
53	600

項目	評価	項目	評価
平均年収	♥♥♥	性格ポイント	♥♥♥
華やかさ	♥♥♥	合コン満足度	♥♥♥

ベルテクスコーポレーションは、ホクコンとゼニス羽田ホールディングスが共同で設立した持株会社である。

２０１８年の10月に上場したばかりの生まれたてほやほやベイビーちゃん。どちらの会社も土木、建築関係のコンクリート二次製品製造を行っており、関西圏と関東圏で強味を発揮していた。

そのため、今回の経営統合によりパワーアップしてやっていくようだ。「業務上必要な経費が実費負担で辛い」、「合併後は利益至上主義になっている」という指摘もあり、若干懸念も……。

利益至上主義は良いが、社員の実費負担により利益率上げるのはダメ★　絶対！　家計に還元求む。

RANK A　サンテック

恋愛偏差値	平均年収（万円）
53	569

項目	評価	項目	評価
平均年収	♥♥♥	性格ポイント	♥♥♥
華やかさ	♥♥♥	合コン満足度	♥♥♥

サンテックは、発変電設備工事、通信設備工事などを行っている総合設備エンジニアリングの企業である。古き良き昭和の雰囲気を今に残す。

男性メインの企業なので、工事部門には、ほとんど女性はいない。また、社内は男臭くて多少のむさ苦しさはあるものの、現場仕事が好きなガッツある系男子が多いので、活気はそこそこある。

地元広島出身の社員が大多数を占めており、「地元に帰ってゆっくり主婦をやっていきたいなぁ～♡　今夜の夕食は牡蠣フライ♡」なんて妄想好きな婚活女子は、一度ご検討してあげてくれ。

RANK A　サトウ食品工業

恋愛偏差値	平均年収（万円）
53	489

項目	評価	項目	評価
平均年収	♥♥♥	性格ポイント	♥♥♥
華やかさ	♥♥♥	合コン満足度	♥♥♥

サトウ食品工業は、愛知県に本社がある粉末系素材（茶など）を製造して、スーパーなどに卸している企業である。

ずっと昔からコツコツ物づくりに取り組んできたため、真面目で大人しい社員が多いのが特徴。「何でも社内で作っていこう！」という自前主義。

その甲斐あって、数多くの特許も取得している。

煌びやかな派手さはないものの、実直で大人しく真面目な男性を求めている女子には最高。愛知に寄った際は、味噌カツ食べるついでにアプローチを！

RANK A　コメ兵

恋愛偏差値	平均年収（万円）
53	476

項目	評価	項目	評価
平均年収	♥♥♥	性格ポイント	♥♥♥
華やかさ	♥♥♥	合コン満足度	♥♥♥

コメ兵は、本社が愛知県にあり、日本最大級のリサイクルショップを経営している企業である。

古い体質で年功序列色も強いが、若手スタッフも働いており仲は良いとのこと。

休日も社員同士で飲んだり、遊びに行くことも多いとか！　しかし、一族経営なので、新規事業のスピード感が遅く、メルカリなどに先を越されているといった辛辣な意見も目立つ……。

仲間内でのんびり仲良く働いている男性がタイプの朗らか女子には合いそう。

RANK A　瀧上工業

恋愛偏差値	平均年収（万円）
53	556

項目	評価	項目	評価
平均年収	♥♥♥	性格ポイント	♥♥♥
華やかさ	♥♥♥	合コン満足度	♥♥♥

瀧上工業は、鉄骨・鉄塔などの鋼構造物を製造している企業である。若手の成長を後押しする社風で、非常に積極的である。

また、努力し結果を出した社員をしっかり評価する体制もできているので、社員からは好評。

最近は女性も多く採用しており、時短勤務なども可能！　残業は多い時期もあるが、都度上司に相談すれば、残業を減らしてくれるようなので安心。ただし、年収は低めなので結婚をする場合は、共働きを覚悟しておこう……。

RANK A　MRKホールディングス

恋愛偏差値	平均年収（万円）
53	420

項目	評価	項目	評価
平均年収	♥♥♥	性格ポイント	♥♥♥
華やかさ	♥♥♥♥	合コン満足度	♥♥♥♥

MRKホールディングスは、ライザップグループの子会社である。

大阪市に本社があり、体型補整用婦人下着や化粧品などを販売している。

休日が多く、残業も少ないため、プライベートの充実度が鬼高い！　おまけにベネフィット制度も整っているので、映画やアミューズメント施設を割引き価格で利用できると社員からは喜びの声が届いている。

しかし、給料は少なめで、ボーナスもないのがネック……。

休日が多くても、なかなか買い物や旅行にお金を使えないので、もう少し収入面がUPすれば恋人候補に躍り出る可能性80％……!?

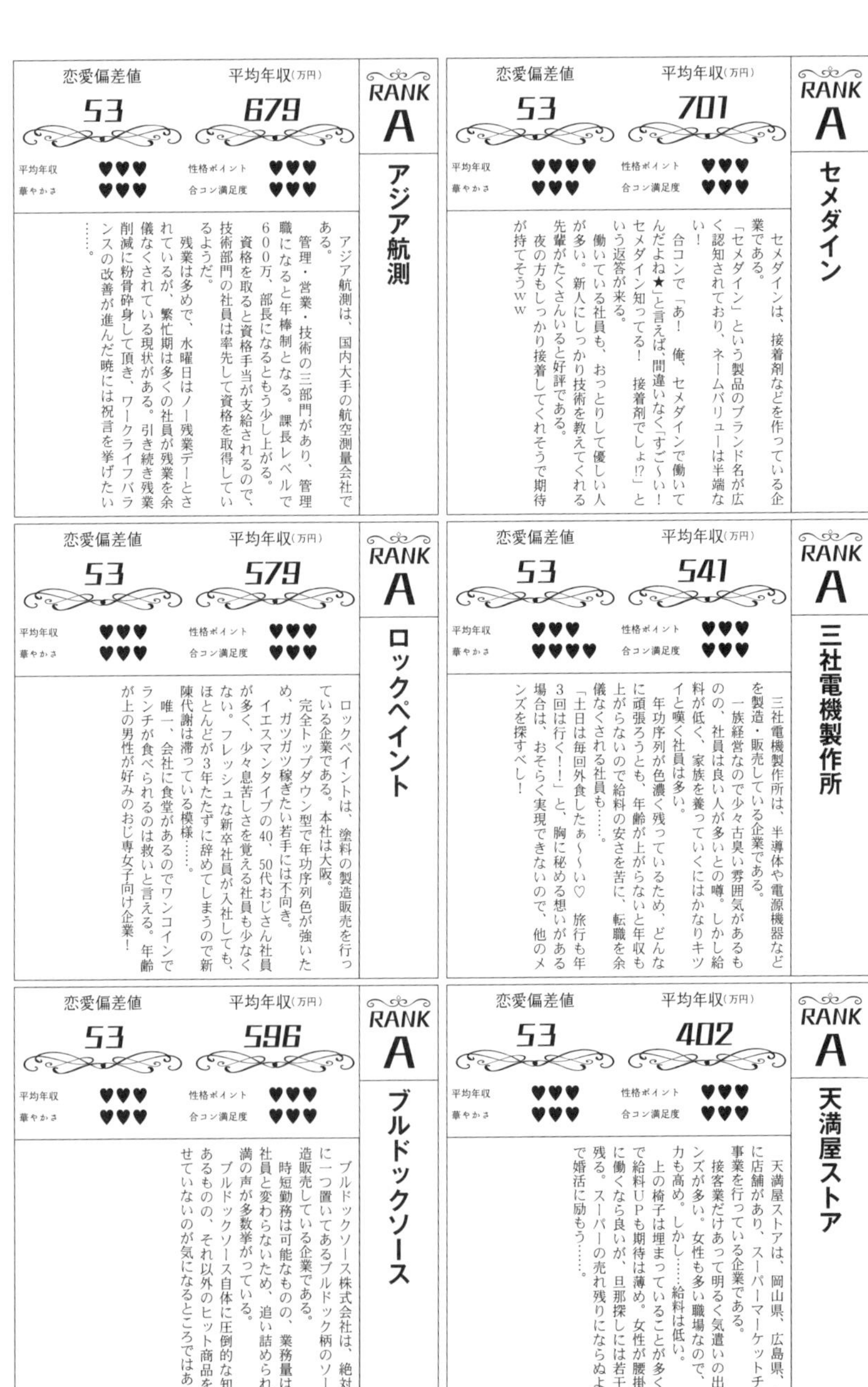

セメダイン

RANK A

恋愛偏差値	平均年収（万円）
53	701

平均年収	♥♥♥♥	性格ポイント	♥♥♥
華やかさ	♥♥♥	合コン満足度	♥♥♥

セメダインは、接着剤などを作っている企業である。

「セメダイン」という製品のブランド名が広く認知されており、ネームバリューは半端ない！

合コンで「あ！ 俺、セメダインで働いてんだよね★」と言えば、間違いなく「すご〜い！ セメダイン知ってる！ 接着剤でしょ!?」という返答が来る。

働いている社員も、おっとりして優しい人が多い。新人にしっかり技術を教えてくれる先輩がたくさんいると好評である。

夜の方もしっかり接着してくれそうで期待が持てそうｗｗ

アジア航測

RANK A

恋愛偏差値	平均年収（万円）
53	679

平均年収	♥♥♥	性格ポイント	♥♥♥
華やかさ	♥♥♥	合コン満足度	♥♥♥

アジア航測は、国内大手の航空測量会社である。

管理・営業・技術の三部門があり、管理職になると年棒制となる。課長レベルで６００万、部長になるともう少し上がる。

資格を取ると資格手当が支給されるので、技術部門の社員は率先して資格を取得しているようだ。

残業は多めで、水曜日はノー残業デーとされているが、繁忙期は多くの社員が残業を余儀なくされている現状がある。引き続き残業削減に粉骨砕身して頂き、ワークライフバランスの改善が進んだ暁には祝言を挙げたい……。

三社電機製作所

RANK A

恋愛偏差値	平均年収（万円）
53	541

平均年収	♥♥♥	性格ポイント	♥♥♥
華やかさ	♥♥♥♥	合コン満足度	♥♥♥

三社電機製作所は、半導体や電源機器などを製造・販売している企業である。

一族経営なので少々古臭い雰囲気があるものの、社員は良い人が多いとの噂。しかし給料が低く、家族を養っていくにはかなりキツイと嘆く社員は多い。

年功序列が色濃く残っているため、どんなに頑張ろうとも、年齢が上がらないと年収も上がらないので給料の安さを苦に、転職を余儀なくされる社員も……。

「土日は毎回外食したぁ〜〜い♡ 旅行も年3回は行く！！」と、胸に秘める想いがある場合は、おそらく実現できないので、他のメンズを探すべし！

ロックペイント

RANK A

恋愛偏差値	平均年収（万円）
53	579

平均年収	♥♥♥	性格ポイント	♥♥♥
華やかさ	♥♥♥	合コン満足度	♥♥♥

ロックペイントは、塗料の製造販売を行っている企業である。本社は大阪。

完全トップダウン型で年功序列色が強いため、ガツガツ稼ぎたい若手には不向き。

イエスマンタイプの40、50代おじさん社員が多く、少々息苦しさを覚える社員も少なくない。フレッシュな新卒社員が入社しても、ほとんどが3年たたずに辞めてしまうので新陳代謝は滞っている模様……。

唯一、会社に食堂があるのでワンコインでランチが食べられるのは救いと言える。年齢が上の男性が好みのおじ専女子向け企業！

天満屋ストア

RANK A

恋愛偏差値	平均年収（万円）
53	402

平均年収	♥♥♥	性格ポイント	♥♥♥
華やかさ	♥♥♥	合コン満足度	♥♥♥

天満屋ストアは、岡山県、広島県、鳥取県に店舗があり、スーパーマーケットチェーン事業を行っている企業である。

接客業だけあって明るく気遣いの出来るメンズが多い。女性も多い職場なので、コミュ力も高め。しかし……給料は低い。

上の椅子は埋まっていることが多く、出世で給料ＵＰも期待は薄め。女性が腰掛け程度に働くなら良いが、旦那探しには若干不安が残る。スーパーの売れ残りにならぬよう他社で婚活に励もう……。

ブルドックソース

RANK A

恋愛偏差値	平均年収（万円）
53	596

平均年収	♥♥♥	性格ポイント	♥♥♥
華やかさ	♥♥♥	合コン満足度	♥♥♥

ブルドックソース株式会社は、絶対に一家に一つ置いてあるブルドック柄のソースを製造販売している企業である。

時短勤務は可能なものの、業務量は通常の社員と変わらないため、追い詰められると不満の声が多数挙がっている。

ブルドックソース自体に圧倒的な知名度があるものの、それ以外のヒット商品を生み出せていないのが気になるところではある！

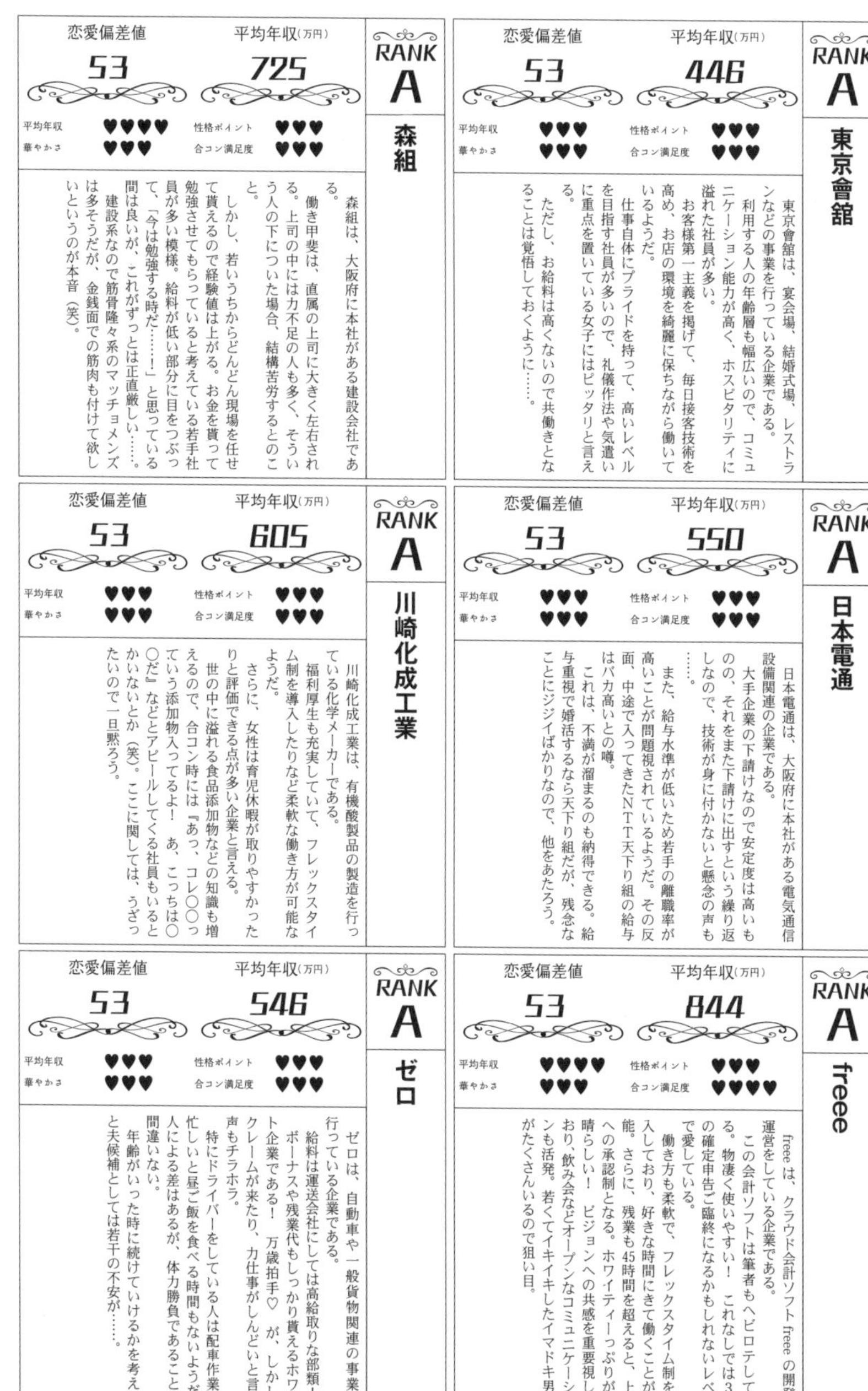

RANK A 東京會館

恋愛偏差値 53　平均年収(万円) 446

平均年収 ♥♥♥　性格ポイント ♥♥♥
華やかさ ♥♥♥　合コン満足度 ♥♥♥

東京會館は、宴会場、結婚式場、レストランなどの事業を行っている企業である。

利用する人の年齢層も幅広いので、コミュニケーション能力が高く、ホスピタリティに溢れた社員が多い。

お客様第一主義を掲げて、毎日接客技術を高め、お店の環境を綺麗に保ちながら働いているようだ。

仕事自体にプライドを持って、高いレベルを目指す社員が多いので、礼儀作法や気遣いに重点を置いている女子にはピッタリと言える。

ただし、お給料は高くないので共働きとなることは覚悟しておくように……。

RANK A 森組

恋愛偏差値 53　平均年収(万円) 725

平均年収 ♥♥♥♥　性格ポイント ♥♥♥
華やかさ ♥♥♥　合コン満足度 ♥♥♥

森組は、大阪府に本社がある建設会社である。

働き甲斐は、直属の上司に大きく左右される。上司の中には力不足の人も多く、そういう人の下についた場合、結構苦労するとのこと。

しかし、若いうちからどんどん現場を任せて貰えるので経験値は上がる。お金を貰って勉強させてもらっていると考えている若手社員が多い模様。給料が低い部分に目をつぶって、「今は勉強する時だ……!」と思っている間は良いが、これがずっとは正直厳しい……。

建設系なので筋骨隆々系のマッチョメンズは多そうだが、金銭面での筋肉も付けて欲しいというのが本音（笑）。

RANK A 日本電通

恋愛偏差値 53　平均年収(万円) 550

平均年収 ♥♥♥　性格ポイント ♥♥♥
華やかさ ♥♥♥　合コン満足度 ♥♥♥

日本電通は、大阪府に本社がある電気通信設備関連の企業である。

大手企業の下請けなので安定度は高いものの、それをまた下請けに出すという繰り返しなので、技術が身に付かないと懸念の声も……。

また、給与水準が低いため若手の離職率が高いことが問題視されているようだ。その反面、中途で入ってきたNTT天下り組の給与はバカ高いとの噂。

これは、不満が溜まるのも納得できる。給与重視で婚活するなら天下り組だが、残念なことにジジイばかりなので、他をあたろう。

RANK A 川崎化成工業

恋愛偏差値 53　平均年収(万円) 605

平均年収 ♥♥♥　性格ポイント ♥♥♥
華やかさ ♥♥♥　合コン満足度 ♥♥♥

川崎化成工業は、有機酸製品の製造を行っている化学メーカーである。

福利厚生も充実していて、フレックスタイム制を導入したりなど柔軟な働き方が可能なようだ。

さらに、女性は育児休暇が取りやすかったりと評価できる点が多い企業と言える。

世の中に溢れる食品添加物などの知識も増えるので、合コン時には『あっ、コレ〇〇っていう添加物入ってるよ！　あ、こっちは〇〇だ』などとアピールしてくる社員もいるとかいないとか（笑）。ここに関しては、うざったいので一旦黙ろう。

RANK A freee

恋愛偏差値 53　平均年収(万円) 844

平均年収 ♥♥♥♥　性格ポイント ♥♥♥
華やかさ ♥♥♥　合コン満足度 ♥♥♥♥

freeeは、クラウド会計ソフトfreeeの開発・運営をしている企業である。

この会計ソフトは筆者もヘビロテしている。物凄く使いやすい！　これなしでは3月の確定申告ご臨終になるかもしれないレベルで愛している。

働き方も柔軟で、フレックスタイム制を導入しており、好きな時間にきて働くことが可能。さらに、残業も45時間を超えると、上司への承認制となる。ホワイティーっぷりが素晴らしい！　ビジョンへの共感を重要視しており、飲み会などオープンなコミュニケーションも活発。若くてイキイキしたイマドキ男子がたくさんいるので狙い目。

RANK A ゼロ

恋愛偏差値 53　平均年収(万円) 546

平均年収 ♥♥♥　性格ポイント ♥♥♥
華やかさ ♥♥♥　合コン満足度 ♥♥♥

ゼロは、自動車や一般貨物関連の事業を行っている企業である。

給料は運送会社にしては高給取りな部類！　ボーナスや残業代もしっかり貰えるホワイト企業である！　万歳拍手♡　が、しかし、クレームが来たり、力仕事がしんどいと言う声もチラホラ。

特にドライバーをしている人は配車作業が忙しいと昼ご飯を食べる時間もないようだ。人による差はあるが、体力勝負であることは間違いない。

年齢がいった時に続けていけるかを考えると夫候補としては若干の不安が……。

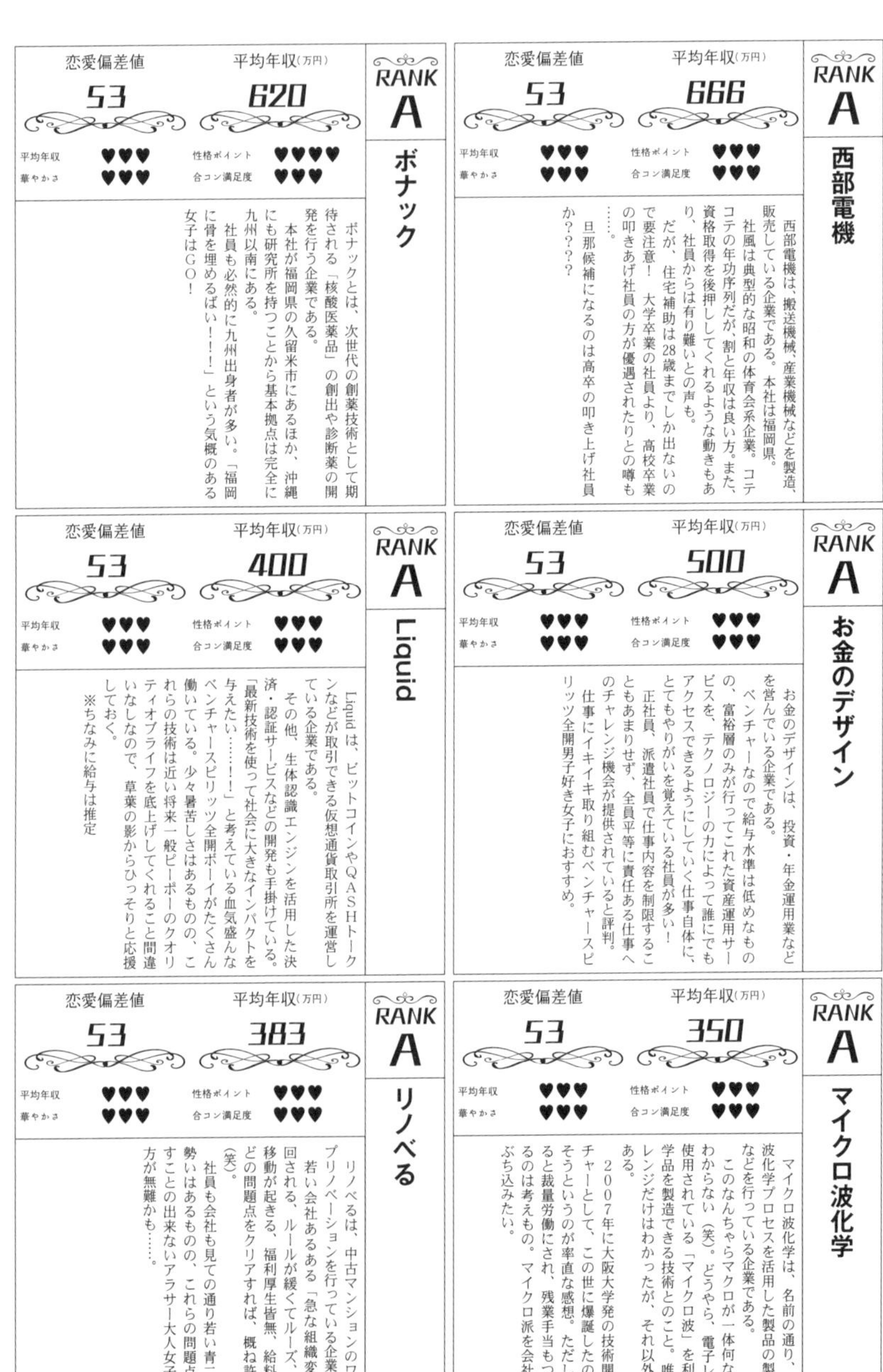

RANK A　西部電機

恋愛偏差値	平均年収（万円）
53	666

平均年収	♥♥♥	性格ポイント	♥♥♥
華やかさ	♥♥♥	合コン満足度	♥♥♥

西部電機は、搬送機械、産業機械などを製造、販売している企業である。本社は福岡県。

社風は典型的な昭和の体育会系企業。コテコテの年功序列だが、割と年収は良い方。また、資格取得を後押ししてくれるような動きもあり、社員からは有り難いとの声も。

だが、住宅補助は28歳までしか出ないので要注意！　大学卒業の社員より、高校卒業の叩きあげ社員の方が優遇されたりとの噂も……。

旦那候補になるのは高卒の叩き上げ社員か？？？

RANK A　ボナック

恋愛偏差値	平均年収（万円）
53	620

平均年収	♥♥♥	性格ポイント	♥♥♥♥
華やかさ	♥♥♥	合コン満足度	♥♥♥

ボナックとは、次世代の創薬技術として期待される「核酸医薬品」の創出や診断薬の開発を行う企業である。

本社が福岡県の久留米市にあるほか、沖縄にも研究所を持つことから基本拠点は完全に九州以南にある。

社員も必然的に九州出身者が多い。「福岡に骨を埋めるばい！！！」という気概のある女子はＧＯ！

RANK A　お金のデザイン

恋愛偏差値	平均年収（万円）
53	500

平均年収	♥♥♥	性格ポイント	♥♥♥
華やかさ	♥♥♥	合コン満足度	♥♥♥

お金のデザインは、投資・年金運用業などを営んでいる企業である。

ベンチャーなので給与水準は低めなものの、富裕層のみが行ってこれた資産運用サービスを、テクノロジーの力によって誰にでもアクセスできるようにしていく仕事自体に、とてもやりがいを覚えている社員が多い！

正社員、派遣社員で仕事内容を制限することもあまりせず、全員平等に責任ある仕事へのチャレンジ機会が提供されていると評判。

仕事にイキイキ取り組むベンチャースピリッツ全開男子好き女子におすすめ。

RANK A　Liquid

恋愛偏差値	平均年収（万円）
53	400

平均年収	♥♥♥	性格ポイント	♥♥♥
華やかさ	♥♥♥	合コン満足度	♥♥♥

Liquidは、ビットコインやＱＡＳＨトークンなどが取引できる仮想通貨取引所を運営している企業である。

その他、生体認識エンジンを活用した決済・認証サービスなどの開発も手掛けている。「最新技術を使って社会に大きなインパクトを与えたい……！」と考えている血気盛んなベンチャースピリッツ全開ボーイがたくさん働いている。少々暑苦しさはあるものの、これらの技術は近い将来一般ピーポーのクオリティオブライフを底上げしてくれること間違いなしなので、草葉の影からひっそりと応援しておく。

※ちなみに給与は推定

RANK A　マイクロ波化学

恋愛偏差値	平均年収（万円）
53	350

平均年収	♥♥♥	性格ポイント	♥♥♥
華やかさ	♥♥♥	合コン満足度	♥♥♥

マイクロ波化学は、名前の通り、マイクロ波化学プロセスを活用した製品の製造・販売などを行っている企業である。

このなんちゃらマクロが一体何なのか全くわからない（笑）。どうやら、電子レンジにも使用されている「マイクロ波」を利用して化学品を製造できる技術とのこと。唯一、電子レンジだけはわかったが、それ以外は未知である。

２００７年に大阪大学発の技術開発型ベンチャーとして、この世に爆誕したので、優秀そうというのが率直な感想。ただし、出世すると裁量労働にされ、残業手当もつかなくなるのは考えもの。マイクロ派を会社に向けてぶち込みたい。

RANK A　リノべる

恋愛偏差値	平均年収（万円）
53	383

平均年収	♥♥♥	性格ポイント	♥♥♥
華やかさ	♥♥♥	合コン満足度	♥♥♥

リノベるは、中古マンションのワンストップリノベーションを行っている企業である。

若い会社あるある「急な組織変更で振り回される、ルールが緩くてルーズ、突然部署移動が起きる、福利厚生皆無、給料低め」などの問題点をクリアすれば、概ね許容できる（笑）。

社員も会社も見ての通り若い青二才なので勢いはあるものの、これらの問題点を見過ごすことの出来ないアラサー大人女子は避けた方が無難かも……。

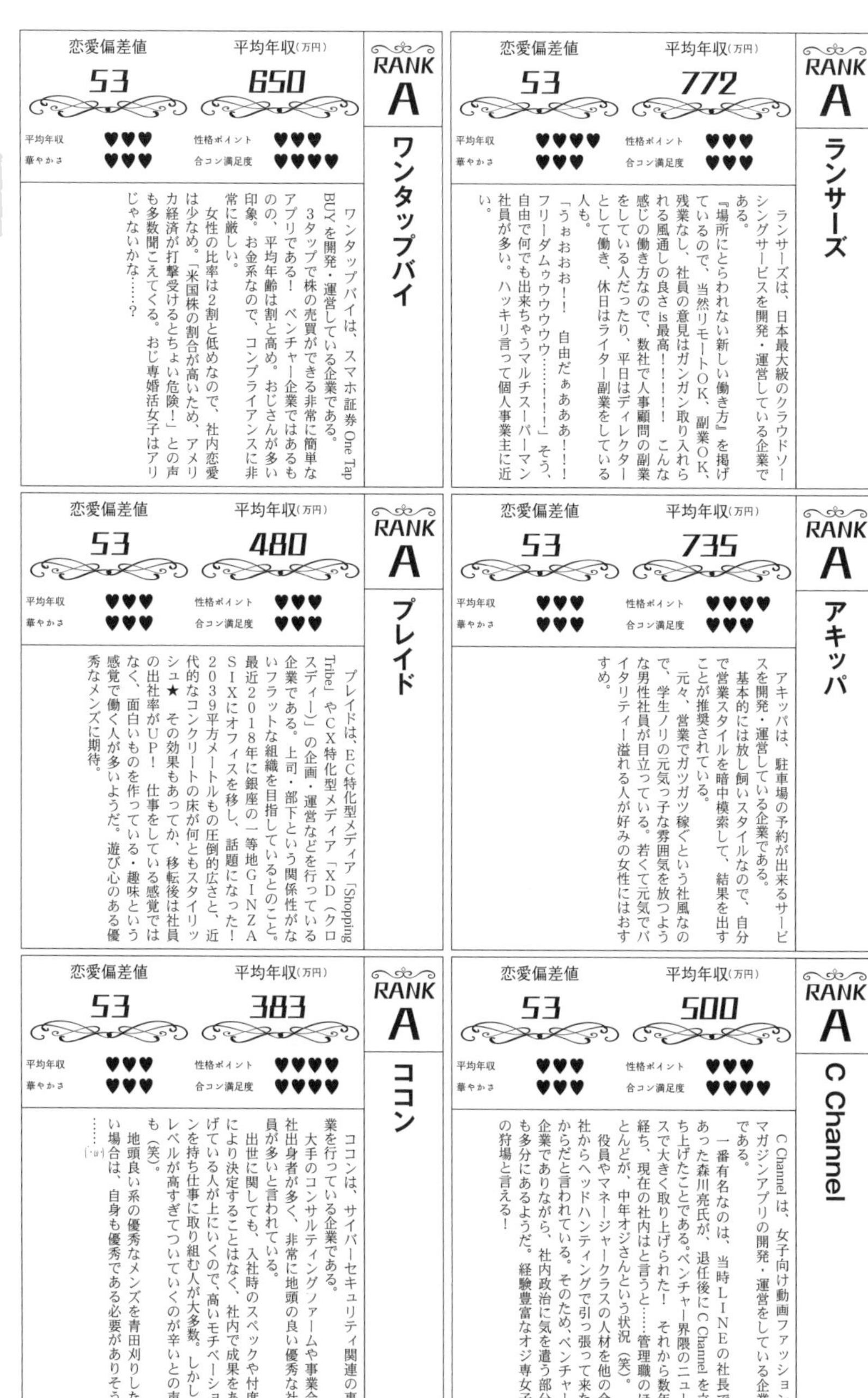

RANK A　ランサーズ

恋愛偏差値　53　　平均年収（万円）　772

平均年収 ♥♥♥♥　性格ポイント ♥♥♥
華やかさ ♥♥♥　合コン満足度 ♥♥♥

ランサーズは、日本最大級のクラウドソーシングサービスを開発・運営している企業である。

『場所にとらわれない新しい働き方』を掲げているので、当然リモートOK、副業OK、残業なし、社員の意見はガンガン取り入れられる風通しの良さis最高！！！！　こんな感じの働き方なので、数社で人事顧問の副業をしている人だったり、平日はディレクターとして働き、休日はライター副業をしている人も。

「うぉおおお！！　自由だぁあああ！！！フリーダムゥウウウウ……！！」そう、自由で何でも出来ちゃうマルチスーパーマン社員が多い。ハッキリ言って個人事業主に近い。

RANK A　ワンタップバイ

恋愛偏差値　53　　平均年収（万円）　650

平均年収 ♥♥♥　性格ポイント ♥♥♥
華やかさ ♥♥♥　合コン満足度 ♥♥♥♥

ワンタップバイは、スマホ証券One Tap BUYを開発・運営している企業である。

3タップで株の売買ができる非常に簡単なアプリである！　ベンチャー企業ではあるものの、平均年齢は割と高め。おじさんが多い印象。お金系なので、コンプライアンスに非常に厳しい。

女性の比率は2割と低めなので、社内恋愛は少なめ。「米国株の割合が高いため、アメリカ経済が打撃受けるとちょい危険！」との声も多数聞こえてくる。おじ専婚活女子はアリじゃないかな……？

RANK A　アキッパ

恋愛偏差値　53　　平均年収（万円）　735

平均年収 ♥♥♥　性格ポイント ♥♥♥♥
華やかさ ♥♥♥　合コン満足度 ♥♥♥

アキッパは、駐車場の予約が出来るサービスを開発・運営している企業である。

基本的には放し飼いスタイルなので、自分で営業スタイルを暗中模索して、結果を出すことが推奨されている。

元々、営業でガツガツ稼ぐという社風なので、学生ノリの元気っ子な雰囲気を放つような男性社員が目立っている。若くて元気でバイタリティー溢れる人が好みの女性にはおすすめ。

RANK A　プレイド

恋愛偏差値　53　　平均年収（万円）　480

平均年収 ♥♥♥　性格ポイント ♥♥♥
華やかさ ♥♥♥　合コン満足度 ♥♥♥

プレイドは、EC特化型メディア「Shopping Tribe」やCX特化型メディア「XD（クロスディー）」の企画・運営などを行っている企業である。上司・部下という関係性がないフラットな組織を目指しているとのこと。

最近2018年に銀座の一等地GINZA SIXにオフィスを移し、話題になった！2039平方メートルもの圧倒的広さと、近代的なコンクリートの床が何ともスタイリッシュ★　その効果もあってか、移転後は社員の出社率がUP！　仕事をしている感覚ではなく、面白いものを作っている・趣味という感覚で働く人が多いようだ。遊び心のある優秀なメンズに期待。

RANK A　C Channel

恋愛偏差値　53　　平均年収（万円）　500

平均年収 ♥♥♥　性格ポイント ♥♥♥
華やかさ ♥♥♥　合コン満足度 ♥♥♥♥

C Channelは、女子向け動画ファッションマガジンアプリの開発・運営をしている企業である。

一番有名なのは、当時LINEの社長であった森川亮氏が、退任後にC Channelを立ち上げたことである。ベンチャー界隈のニュースで大きく取り上げられた！　それから数年経ち、現在の社内はと言うと……管理職のほとんどが、中年オジさんという状況（笑）。

役員やマネージャークラスの人材を他の会社からヘッドハンティングで引っ張って来たからだと言われている。そのため、ベンチャー企業でありながら、社内政治に気を遣う部分も多分にあるようだ。経験豊富なオジ専女子の狩場と言える！

RANK A　ココン

恋愛偏差値　53　　平均年収（万円）　383

平均年収 ♥♥♥　性格ポイント ♥♥♥♥
華やかさ ♥♥♥　合コン満足度 ♥♥♥♥

ココンは、サイバーセキュリティ関連の事業を行っている企業である。

大手のコンサルティングファームや事業会社出身者が多く、非常に地頭の良い優秀な社員が多いと言われている。

出世に関しても、入社時のスペックや忖度により決定することはなく、社内で成果をあげている人が上にいくので、高いモチベーションを持ち仕事に取り組む人が大多数。しかし、レベルが高すぎてついていくのが辛いとの声も（笑）。

地頭良い系の優秀なメンズを青田刈りしたい場合は、自身も優秀である必要がありそう……（・ω・）

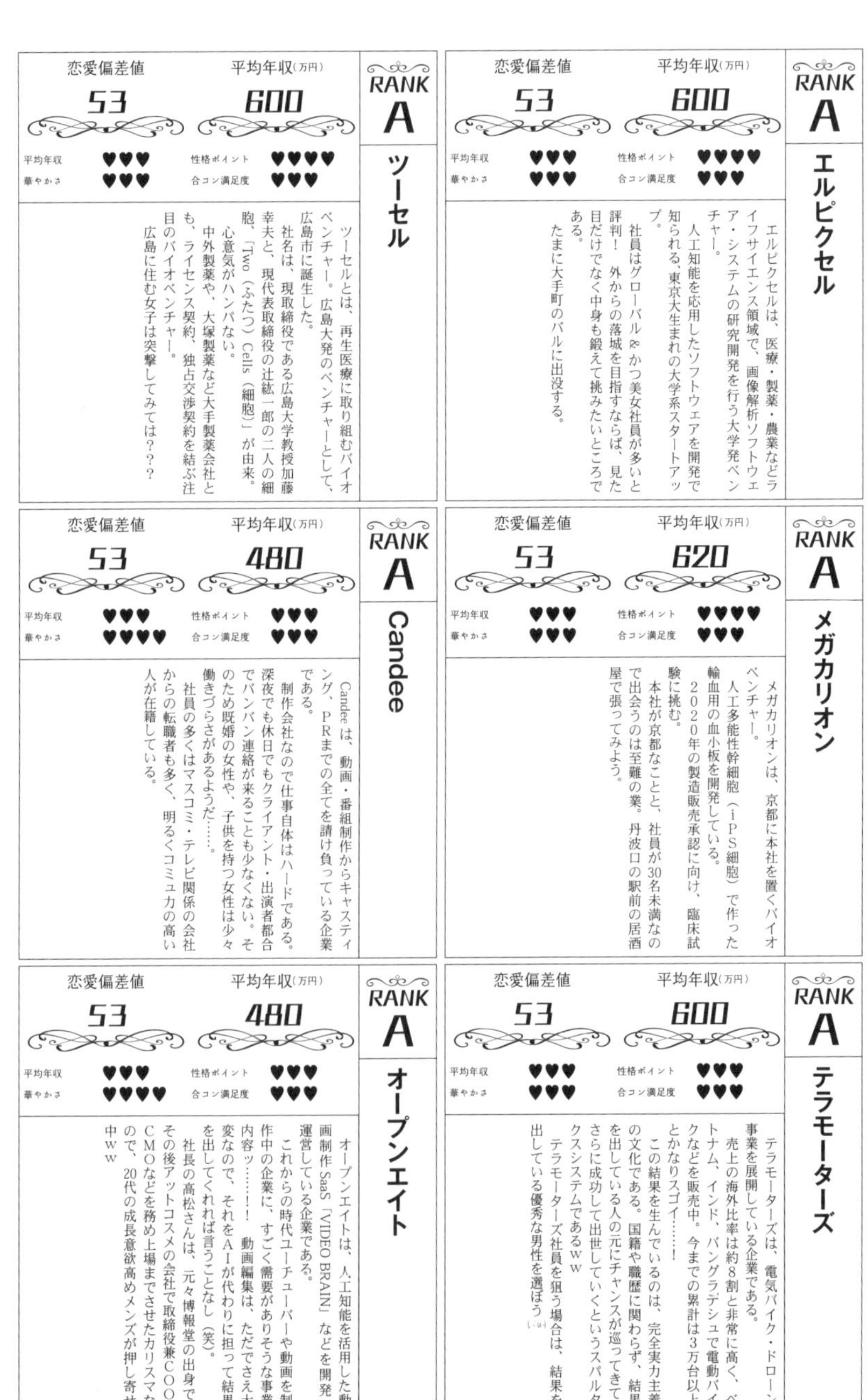

RANK A　エルピクセル

恋愛偏差値 53　平均年収（万円） 600

平均年収 ♥♥♥　性格ポイント ♥♥♥♥
華やかさ ♥♥♥　合コン満足度 ♥♥♥

エルピクセルは、医療・製薬・農業などライフサイエンス領域で、画像解析ソフトウェア・システムの研究開発を行う大学発ベンチャー。

人工知能を応用したソフトウェアを開発で知られる、東京大生まれの大学系スタートアップ。

社員はグローバル＆かつ美女社員が多いと評判！ 外からの落城を目指すならば、見た目だけでなく中身も鍛えて挑みたいところである。

たまに大手町のバルに出没する。

RANK A　ツーセル

恋愛偏差値 53　平均年収（万円） 600

平均年収 ♥♥♥　性格ポイント ♥♥♥♥
華やかさ ♥♥♥　合コン満足度 ♥♥♥

ツーセルとは、再生医療に取り組むバイオベンチャー。広島大発のベンチャーとして、広島市に誕生した。

社名は、現取締役である広島大学教授加藤幸夫と、現代表取締役の辻紘一郎の二人の細胞、「Two（ふたつ）Cells（細胞）」が由来。

心意気がハンパない。

中外製薬や、大塚製薬など大手製薬会社とも、ライセンス契約、独占交渉契約を結ぶ注目のバイオベンチャー。

広島に住む女子は突撃してみては？？

RANK A　メガカリオン

恋愛偏差値 53　平均年収（万円） 620

平均年収 ♥♥♥　性格ポイント ♥♥♥♥
華やかさ ♥♥♥　合コン満足度 ♥♥♥

メガカリオンは、京都に本社を置くバイオベンチャー。

人工多能性幹細胞（iPS細胞）で作った輸血用の血小板を開発している。

2020年の製造販売承認に向け、臨床試験に挑む。

本社が京都なことと、社員が30名未満なので出会うのは至難の業。丹波口の駅前の居酒屋で張ってみよう。

RANK A　Candee

恋愛偏差値 53　平均年収（万円） 480

平均年収 ♥♥♥　性格ポイント ♥♥♥
華やかさ ♥♥♥♥　合コン満足度 ♥♥♥

Candeeは、動画・番組制作からキャスティング、PRまでの全てを請け負っている企業である。

制作会社なので仕事自体はハードである。深夜でも休日でもクライアント・出演者都合でバンバン連絡が来ることも少なくない。そのため既婚の女性や、子供を持つ女性は少々働きづらさがあるようだ……。

社員の多くはマスコミ・テレビ関係の会社からの転職者も多く、明るくコミュ力の高い人が在籍している。

RANK A　テラモーターズ

恋愛偏差値 53　平均年収（万円） 600

平均年収 ♥♥♥　性格ポイント ♥♥♥
華やかさ ♥♥♥　合コン満足度 ♥♥♥

テラモーターズは、電気バイク・ドローン事業を展開している企業である。
売上の海外比率は約8割と非常に高く、ベトナム、インド、バングラデシュで電動バイクなどを販売中。今までの累計は3万台以上とかなりスゴイ……！
この結果を生んでいるのは、完全実力主義の文化である。国籍や職歴に関わらず、結果を出している人の元にチャンスが巡ってきて、さらに成功して出世していくというスパルタクスシステムであるｗｗ
テラモーターズ社員を狙う場合は、結果を出している優秀な男性を選ぼう（・ω・）

RANK A　オープンエイト

恋愛偏差値 53　平均年収（万円） 480

平均年収 ♥♥♥　性格ポイント ♥♥♥
華やかさ ♥♥♥♥　合コン満足度 ♥♥♥

オープンエイトは、人工知能を活用した動画制作SaaS「VIDEO BRAIN」などを開発・運営している企業である。

これからの時代ユーチューバーや動画を制作中の企業に、すごく需要がありそうな事業内容ッ……！！ 動画編集は、ただでさえ大変なので、それをAIが代わりに担って結果を出してくれれば言うことなし（笑）。

社長の高松さんは、元々博報堂の出身で、その後アットコスメの会社で取締役兼COO、CMOなどを務め上場までさせたカリスマなので、20代の成長意欲高めメンズが押し寄せ中ｗｗ

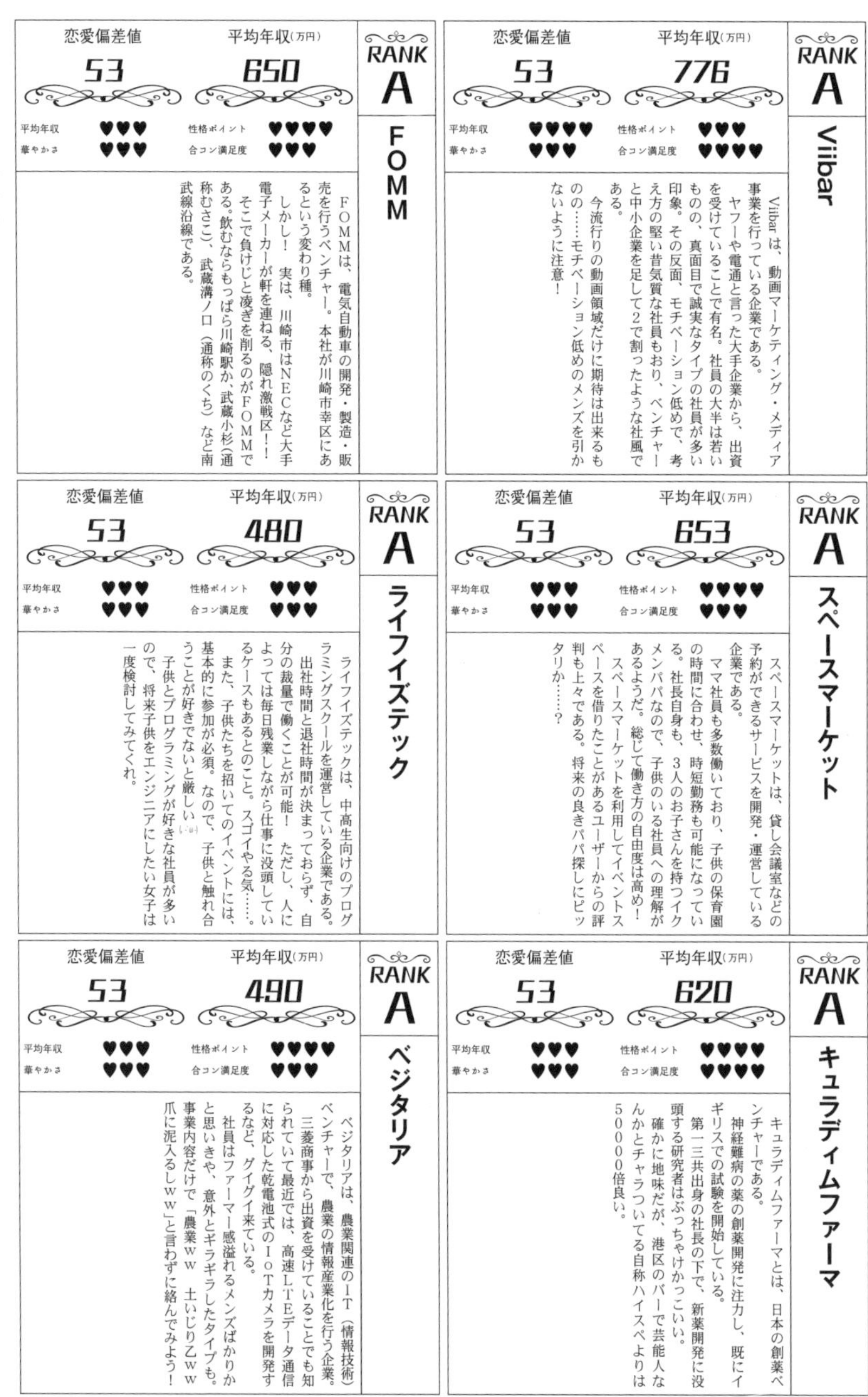

RANK A Viibar

恋愛偏差値	平均年収(万円)
53	776

平均年収	♥♥♥♥	性格ポイント	♥♥♥
華やかさ	♥♥♥	合コン満足度	♥♥♥♥

Viibarは、動画マーケティング・メディア事業を行っている企業である。

ヤフーや電通と言った大手企業から、出資を受けていることで有名。社員の大半は若いものの、真面目で誠実なタイプの社員が多い印象。その反面、モチベーション低めで、考え方の堅い昔気質な社員もおり、ベンチャーと中小企業を足して2で割ったような社風である。

今流行りの動画領域だけに期待は出来るものの……モチベーション低めのメンズを引かないように注意！

RANK A FOMM

恋愛偏差値	平均年収(万円)
53	650

平均年収	♥♥♥	性格ポイント	♥♥♥♥
華やかさ	♥♥♥	合コン満足度	♥♥♥

ＦＯＭＭは、電気自動車の開発・製造・販売を行うベンチャー。本社が川崎市幸区にあるという変わり種。

しかし！　実は、川崎市はＮＥＣなど大手電子メーカーが軒を連ねる、隠れ激戦区！！

そこで負けじと凌ぎを削るのがＦＯＭＭである。飲むならもっぱら川崎駅か、武蔵小杉(通称むさこ)、武蔵溝ノ口（通称のくち）など南武線沿線である。

RANK A スペースマーケット

恋愛偏差値	平均年収(万円)
53	653

平均年収	♥♥♥	性格ポイント	♥♥♥♥
華やかさ	♥♥♥	合コン満足度	♥♥♥

スペースマーケットは、貸し会議室などの予約ができるサービスを開発・運営している企業である。

ママ社員も多数働いており、子供の保育園の時間に合わせ、時短勤務も可能になっている。社長自身も、3人のお子さんを持つイクメンパパなので、子供のいる社員への理解があるようだ。総じて働き方の自由度は高め！

スペースマーケットを利用してイベントスペースを借りたことがあるユーザーからの評判も上々である。将来の良きパパ探しにピッタリか……？

RANK A ライフイズテック

恋愛偏差値	平均年収(万円)
53	480

平均年収	♥♥♥	性格ポイント	♥♥♥
華やかさ	♥♥♥	合コン満足度	♥♥♥

ライフイズテックは、中高生向けのプログラミングスクールを運営している企業である。

出社時間と退社時間が決まっておらず、自分の裁量で働くことが可能！　ただし、人によっては毎日残業しながら仕事に没頭しているケースもあるとのこと。スゴイやる気……。

また、子供たちを招いてのイベントには、基本的に参加が必須。なので、子供と触れ合うことが好きでないと厳しい(・ω・)

子供とプログラミングが好きな社員が多いので、将来子供をエンジニアにしたい女子は一度検討してみてくれ。

RANK A キュラディムファーマ

恋愛偏差値	平均年収(万円)
53	620

平均年収	♥♥♥	性格ポイント	♥♥♥♥
華やかさ	♥♥♥	合コン満足度	♥♥♥♥

キュラディムファーマとは、日本の創薬ベンチャーである。

神経難病の薬の創薬開発に注力し、既にイギリスでの試験を開始している。

第一三共出身の社長の下で、新薬開発に没頭する研究者はぶっちゃけかっこいい。

確かに地味だが、港区のバーで芸能人なんかとチャラついてる自称ハイスペよりは５０００倍良い。

RANK A ベジタリア

恋愛偏差値	平均年収(万円)
53	490

平均年収	♥♥♥	性格ポイント	♥♥♥♥
華やかさ	♥♥♥	合コン満足度	♥♥♥

ベジタリアは、農業関連のＩＴ（情報技術）ベンチャーで、農業の情報産業化を行う企業。

三菱商事から出資を受けていることでも知られていて最近では、高速ＬＴＥデータ通信に対応した乾電池式のＩｏＴカメラを開発するなど、グイグイ来ている。

社員はファーマー感溢れるメンズばかりかと思いきや、意外とギラギラしたタイプも。事業内容だけで「農業ｗｗ　土いじり乙ｗｗ　爪に泥入るしｗｗ」と言わずに絡んでみよう！

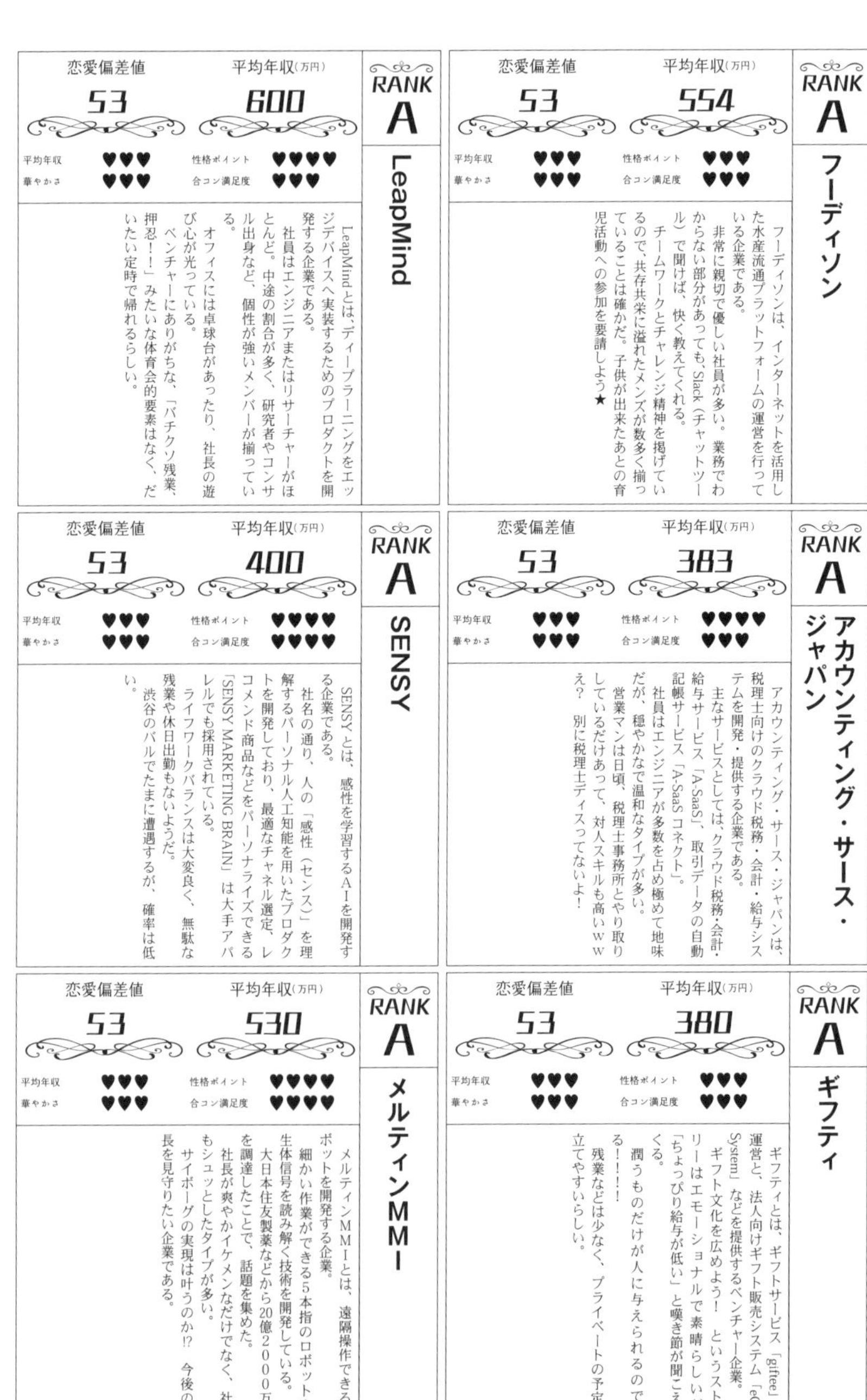

RANK A フーディソン

恋愛偏差値 53　平均年収（万円） 554

平均年収 ♥♥♥　性格ポイント ♥♥♥
華やかさ ♥♥♥　合コン満足度 ♥♥♥

フーディソンは、インターネットを活用した水産流通プラットフォームの運営を行っている企業である。

非常に親切で優しい社員が多い。業務でわからない部分があっても、Slack（チャットツール）で聞けば、快く教えてくれる。

チームワークとチャレンジ精神を掲げているので、共存共栄に溢れたメンズが数多く揃っていることは確かだ。子供が出来たあとの育児活動への参加を要請しよう★

RANK A LeapMind

恋愛偏差値 53　平均年収（万円） 600

平均年収 ♥♥♥　性格ポイント ♥♥♥♥
華やかさ ♥♥♥　合コン満足度 ♥♥♥

LeapMindとは、ディープラーニングをエッジデバイスへ実装するためのプロダクトを開発する企業である。

社員はエンジニアまたはリサーチャーがほとんど。中途の割合が多く、研究者やコンサル出身など、個性が強いメンバーが揃っている。

オフィスには卓球台があったり、社長の遊び心が光っている。

ベンチャーにありがちな、「パチクソ残業、押忍！！」みたいな体育会的要素はなく、だいたい定時で帰れるらしい。

RANK A アカウンティング・サース・ジャパン

恋愛偏差値 53　平均年収（万円） 383

平均年収 ♥♥♥　性格ポイント ♥♥♥♥
華やかさ ♥♥♥　合コン満足度 ♥♥♥

アカウンティング・サース・ジャパンは、税理士向けのクラウド税務・会計・給与システムを開発・提供する企業である。

主なサービスとしては、クラウド税務・会計・給与サービス「A-SaaS」、取引データの自動記帳サービス「A-SaaS コネクト」。

社員はエンジニアが多数を占め極めて地味だが、穏やかなで温和なタイプが多い。

営業マンは日頃、税理士事務所とやり取りしているだけあって、対人スキルも高いｗｗえ？　別に税理士ディスってないよ！

RANK A SENSY

恋愛偏差値 53　平均年収（万円） 400

平均年収 ♥♥♥　性格ポイント ♥♥♥♥
華やかさ ♥♥♥　合コン満足度 ♥♥♥♥

SENSYとは、感性を学習するAIを開発する企業である。

社名の通り、人の「感性（センス）」を理解するパーソナル人工知能を用いたプロダクトを開発しており、最適なチャネル選定、レコメンド商品などをパーソナライズできる「SENSY MARKETING BRAIN」は大手アパレルでも採用されている。

ライフワークバランスは大変良く、無駄な残業や休日出勤もないようだ。

渋谷のバルでたまに遭遇するが、確率は低い。

RANK A ギフティ

恋愛偏差値 53　平均年収（万円） 380

平均年収 ♥♥♥　性格ポイント ♥♥♥
華やかさ ♥♥♥　合コン満足度 ♥♥♥

ギフティとは、ギフトサービス「giftee」の運営と、法人向けギフト販売システム「eGift System」などを提供するベンチャー企業。

ギフト文化を広めよう！　というストーリーはエモーショナルで素晴らしいが、「ちょっぴり給与が低い」と嘆き節が聞こえてくる。

潤うものだけが人に与えられるのである！！！

残業などは少なく、プライベートの予定は立てやすいらしい。

RANK A メルティンMMI

恋愛偏差値 53　平均年収（万円） 530

平均年収 ♥♥♥　性格ポイント ♥♥♥♥
華やかさ ♥♥♥　合コン満足度 ♥♥♥♥

メルティンMMIとは、遠隔操作できるロボットを開発する企業。

細かい作業ができる5本指のロボットや、生体信号を読み解く技術を開発している。

大日本住友製薬などから20億2000万円を調達したことで、話題を集めた。

社長が爽やかイケメンなだけでなく、社員もシュッとしたタイプが多い。

サイボーグの実現は叶うのか!?　今後の成長を見守りたい企業である。

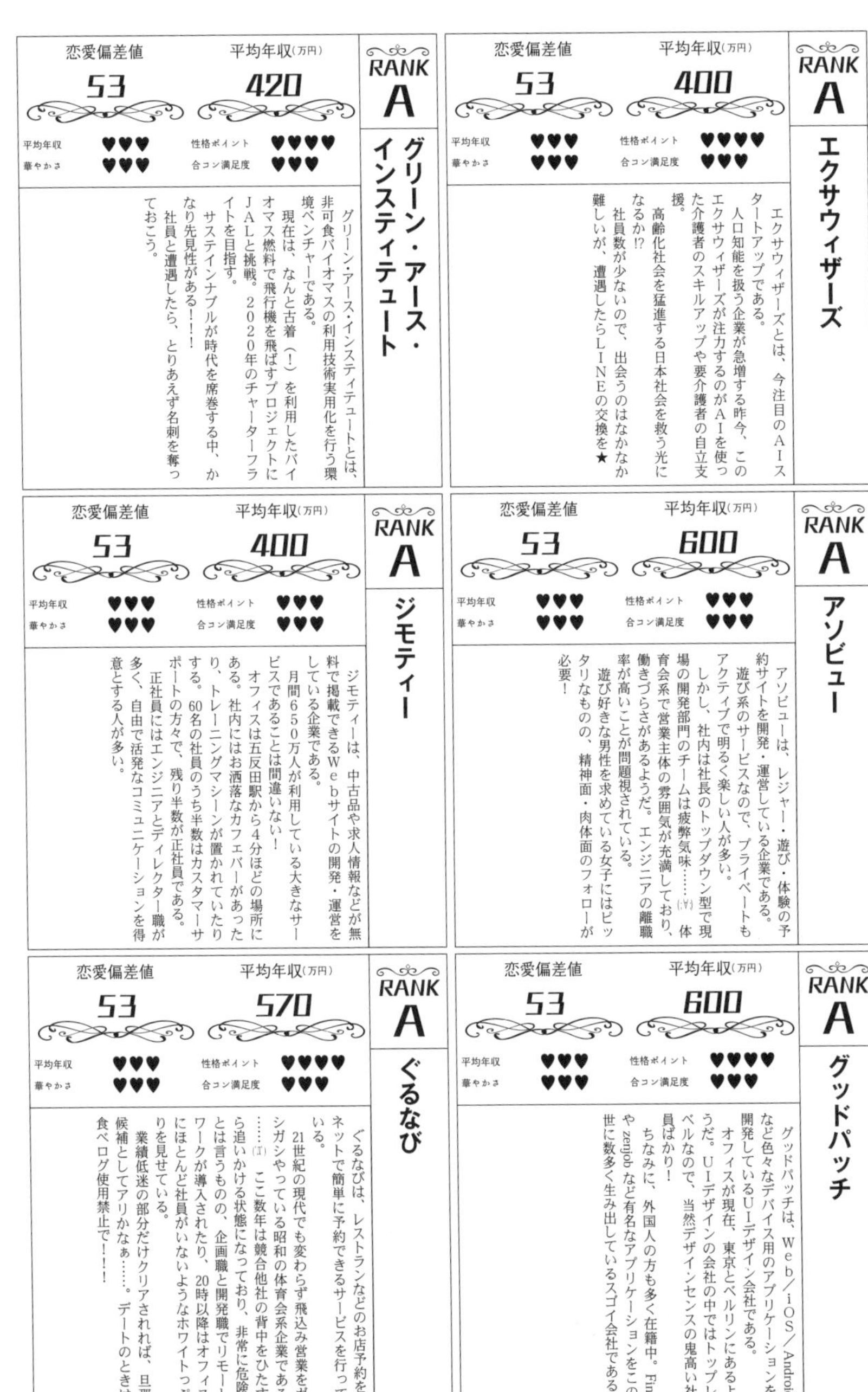

エクサウィザーズ

RANK A

恋愛偏差値	平均年収(万円)
53	400

平均年収	♥♥♥	性格ポイント	♥♥♥♥
華やかさ	♥♥♥	合コン満足度	♥♥♥

エクサウィザーズとは、今注目のAIスタートアップである。

人口知能を扱う企業が急増する昨今、このエクサウィザーズが注力するのがAIを使った介護者のスキルアップや要介護者の自立支援。

高齢化社会を猛進する日本社会を救う光になるか!?

社員数が少ないので、出会うのはなかなか難しいが、遭遇したらLINEの交換を★

グリーン・アース・インスティテュート

RANK A

恋愛偏差値	平均年収(万円)
53	420

平均年収	♥♥♥	性格ポイント	♥♥♥♥
華やかさ	♥♥♥	合コン満足度	♥♥♥

グリーン・アース・インスティテュートとは、非可食バイオマスの利用技術実用化を行う環境ベンチャーである。

現在は、なんと古着（!）を利用したバイオマス燃料で飛行機を飛ばすプロジェクトにJALと挑戦。2020年のチャーターフライトを目指す。

サステインナブルが時代を席巻する中、かなり先見性がある!!!

社員と遭遇したら、とりあえず名刺を奪っておこう。

アソビュー

RANK A

恋愛偏差値	平均年収(万円)
53	600

平均年収	♥♥♥	性格ポイント	♥♥♥
華やかさ	♥♥♥	合コン満足度	♥♥♥

アソビューは、レジャー・遊び・体験の予約サイトを開発・運営している企業である。

遊び系のサービスなので、プライベートもアクティブで明るく楽しい人が多い。

しかし、社内は社長のトップダウン型で現場の開発部門のチームは疲弊気味……(;∀;) 体育会系で営業主体の雰囲気が充満しており、働きづらさがあるようだ。エンジニアの離職率が高いことが問題視されている。

遊び好きな男性を求めている女子にはピッタリなものの、精神面・肉体面のフォローが必要!

ジモティー

RANK A

恋愛偏差値	平均年収(万円)
53	400

平均年収	♥♥♥	性格ポイント	♥♥♥
華やかさ	♥♥♥	合コン満足度	♥♥♥

ジモティーは、中古品や求人情報などが無料で掲載できるWebサイトの開発・運営をしている企業である。

月間650万人が利用している大きなサービスであることは間違いない!

オフィスは五反田駅から4分ほどの場所にある。社内にはお洒落なカフェバーがあったり、トレーニングマシーンが置かれていたりする。60名の社員のうち半数はカスタマーサポートの方々で、残り半数が正社員である。

正社員にはエンジニアとディレクター職が多く、自由で活発なコミュニケーションを得意とする人が多い。

グッドパッチ

RANK A

恋愛偏差値	平均年収(万円)
53	600

平均年収	♥♥♥	性格ポイント	♥♥♥♥
華やかさ	♥♥♥	合コン満足度	♥♥♥

グッドパッチは、Web／iOS／Androidなど色々なデバイス用のアプリケーションを開発しているUIデザイン会社である。

オフィスが現在、東京とベルリンにあるようだ。UIデザインの会社の中ではトップレベルなので、当然デザインセンスの鬼高い社員ばかり!

ちなみに、外国人の方も多く在籍中。Fincや zenjob など有名なアプリケーションをこの世に数多く生み出しているスゴイ会社である。

ぐるなび

RANK A

恋愛偏差値	平均年収(万円)
53	570

平均年収	♥♥♥	性格ポイント	♥♥♥♥
華やかさ	♥♥♥	合コン満足度	♥♥♥

ぐるなびは、レストランなどのお店予約を、ネットで簡単に予約できるサービスを行っている。

21世紀の現代でも変わらず飛込み営業をガシガシやっている昭和の体育会系企業である……(汗) ここ数年は競合他社の背中をひたすら追いかける状態になっており、非常に危険。

とは言うものの、企画職と開発職でリモートワークが導入されたり、20時以降はオフィスにほとんど社員がいないようなホワイトっぷりを見せている。

業績低迷の部分だけクリアされれば、旦那候補としてアリかなぁ……。デートのときは食べログ使用禁止で!!!

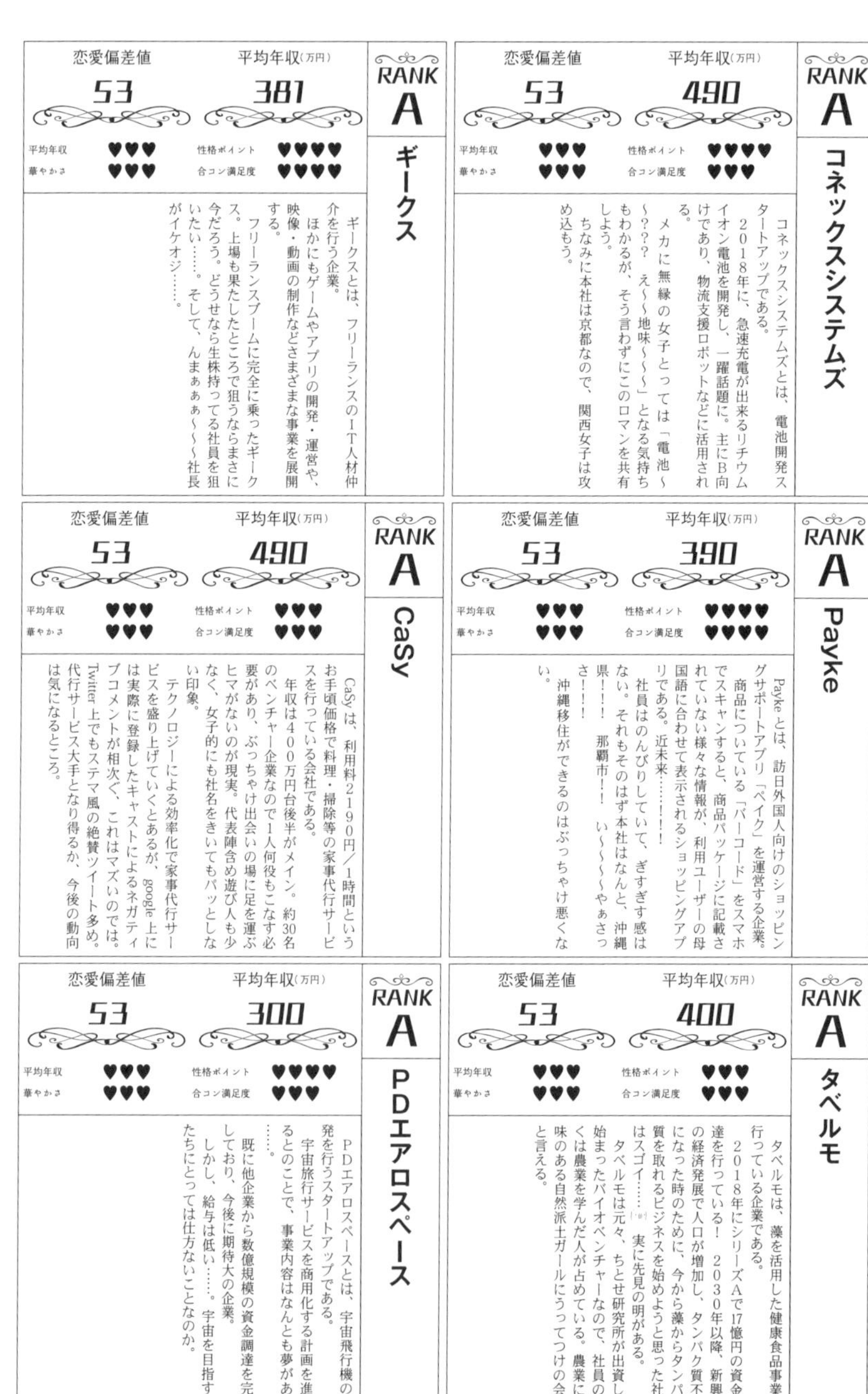

コネックスシステムズ

RANK A

恋愛偏差値 53　平均年収（万円） 490

平均年収 ♥♥♥　性格ポイント ♥♥♥♥
華やかさ ♥♥♥　合コン満足度 ♥♥♥

コネックスシステムズとは、電池開発スタートアップである。

2018年に、急速充電が出来るリチウムイオン電池を開発し、一躍話題に。主にB向けであり、物流支援ロボットなどに活用される。

メカに無縁の女子とっては「電池～～？？ え～地味～～～」となる気持ちもわかるが、そう言わずにこのロマンを共有しよう。

ちなみに本社は京都なので、関西女子は攻め込もう。

ギークス

RANK A

恋愛偏差値 53　平均年収（万円） 381

平均年収 ♥♥♥　性格ポイント ♥♥♥♥
華やかさ ♥♥♥　合コン満足度 ♥♥♥♥

ギークスとは、フリーランスのIT人材仲介を行う企業。

ほかにもゲームやアプリの開発・運営や、映像・動画の制作などさまざまな事業を展開する。

フリーランスブームに完全に乗ったギークス。上場も果たしたところで狙うならまさに今だろう。どうせなら生株持ってる社員を狙いたい……。そして、んまぁぁぁ～～社長がイケオジ……。

Payke

RANK A

恋愛偏差値 53　平均年収（万円） 390

平均年収 ♥♥♥　性格ポイント ♥♥♥♥
華やかさ ♥♥♥　合コン満足度 ♥♥♥♥

Paykeとは、訪日外国人向けのショッピングサポートアプリ「ペイク」を運営する企業。

商品についている「バーコード」をスマホでスキャンすると、商品パッケージに記載されていない様々な情報が、利用ユーザーの母国語に合わせて表示されるショッピングアプリである。近未来……！！

社員はのんびりしていて、ぎすぎす感はない。それもそのはず本社はなんと、沖縄県！！！ 那覇市！！ い～～～やぁさっさ！！！

沖縄移住ができるのはぶっちゃけ悪くない。

CaSy

RANK A

恋愛偏差値 53　平均年収（万円） 490

平均年収 ♥♥♥　性格ポイント ♥♥♥
華やかさ ♥♥♥　合コン満足度 ♥♥♥

CaSyは、利用料2190円／1時間というお手頃価格で料理・掃除等の家事代行サービスを行っている会社である。

年収は400万円台後半がメイン。約30名のベンチャー企業なので1人何役もこなす必要があり、ぶっちゃけ出会いの場に足を運ぶヒマがないのが現実。代表陣含め遊び人も少なく、女子的にも社名をきいてもパッとしない印象。

テクノロジーによる効率化で家事代行サービスを盛り上げていくとあるが、google上には実際に登録したキャストによるネガティブコメントが相次ぐ。これはマズいのでは。Twitter上でもステマ風の絶賛ツイート多め。代行サービス大手となり得るか、今後の動向は気になるところ。

タベルモ

RANK A

恋愛偏差値 53　平均年収（万円） 400

平均年収 ♥♥♥　性格ポイント ♥♥♥
華やかさ ♥♥♥　合コン満足度 ♥♥♥

タベルモは、藻を活用した健康食品事業を行っている企業である。

2018年にシリーズAで17億円の資金調達を行っている！ 2030年以降、新興国の経済発展で人口が増加し、タンパク質不足になった時のために、今から藻からタンパク質を取れるビジネスを始めようと思った社長はスゴイ……（･ω･） 実に先見の明がある。

タベルモは元々、ちとせ研究所が出資して始まったバイオベンチャーなので、社員の多くは農業を学んだ人が占めている。農業に興味のある自然派土ガールにうってつけの会社と言える。

PDエアロスペース

RANK A

恋愛偏差値 53　平均年収（万円） 300

平均年収 ♥♥♥　性格ポイント ♥♥♥♥
華やかさ ♥♥♥　合コン満足度 ♥♥♥

PDエアロスペースとは、宇宙飛行機の開発を行うスタートアップである。

宇宙旅行サービスを商用化する計画を進めるとのことで、事業内容はなんとも夢がある……。

既に他企業から数億規模の資金調達を完了しており、今後に期待大の企業。

しかし、給与は低い……。宇宙を目指す男たちにとっては仕方ないことなのか。

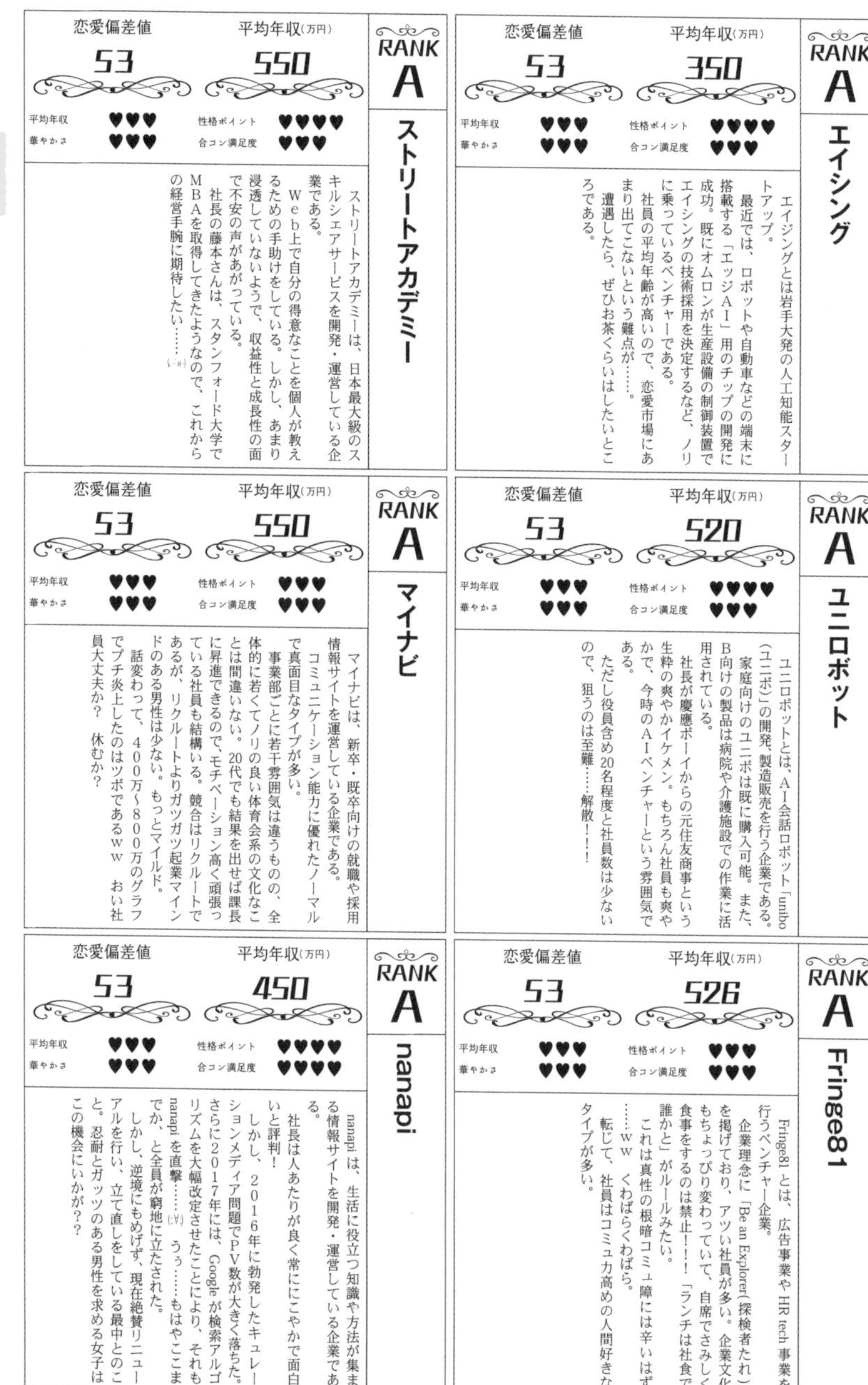

エイシング

RANK A

恋愛偏差値	平均年収（万円）
53	350

平均年収	♥♥♥	性格ポイント	♥♥♥♥
華やかさ	♥♥♥	合コン満足度	♥♥♥

エイジングとは岩手大発の人工知能スタートアップ。

最近では、ロボットや自動車などの端末に搭載する「エッジAI」用のチップの開発に成功。既にオムロンが生産設備の制御装置でエイシングの技術採用を決定するなど、ノリに乗っているベンチャーである。

社員の平均年齢が高いので、恋愛市場にあまり出てこないという難点が……。

遭遇したら、ぜひお茶くらいはしたいところである。

ストリートアカデミー

RANK A

恋愛偏差値	平均年収（万円）
53	550

平均年収	♥♥♥	性格ポイント	♥♥♥♥
華やかさ	♥♥♥	合コン満足度	♥♥♥

ストリートアカデミーは、日本最大級のスキルシェアサービスを開発・運営している企業である。

Web上で自分の得意なことを個人が教えるための手助けをしている。しかし、あまり浸透していないようで、収益性と成長性の面で不安の声があがっている。

社長の藤本さんは、スタンフォード大学でMBAを取得してきたようなので、これからの経営手腕に期待したい……(;・ω・)

ユニロボット

RANK A

恋愛偏差値	平均年収（万円）
53	520

平均年収	♥♥♥	性格ポイント	♥♥♥♥
華やかさ	♥♥♥	合コン満足度	♥♥♥

ユニロボットとは、AI会話ロボット「unibo（ユニボ）」の開発、製造販売を行う企業である。

家庭向けのユニボは既に購入可能。また、B向けの製品は病院や介護施設での作業に活用されている。

社長が慶應ボーイからの元住友商事という生粋の爽やかイケメン。もちろん社員も爽やかで、今時のAIベンチャーという雰囲気である。

ただし役員含め20名程度と社員数は少ないので、狙うのは至難……解散！！！

マイナビ

RANK A

恋愛偏差値	平均年収（万円）
53	550

平均年収	♥♥♥	性格ポイント	♥♥♥
華やかさ	♥♥♥	合コン満足度	♥♥♥

マイナビは、新卒・既卒向けの就職や採用情報サイトを運営している企業である。

コミュニケーション能力に優れたノーマルで真面目なタイプが多い。

事業部ごとに若干雰囲気は違うものの、全体的に若くてノリの良い体育会系の文化なことは間違いない。20代でも結果を出せば課長に昇進できるので、モチベーション高く頑張っている社員も結構いる。競合はリクルートであるが、リクルートよりガツガツ起業マインドのある男性は少ない。もっとマイルド。

話変わって、400万~800万のグラフでプチ炎上したのはツボであるｗｗ　おい社員大丈夫か？　休むか？

Fringe81

RANK A

恋愛偏差値	平均年収（万円）
53	526

平均年収	♥♥♥	性格ポイント	♥♥♥
華やかさ	♥♥♥	合コン満足度	♥♥♥

Fringe81とは、広告事業やHR tech事業を行うベンチャー企業。

企業理念に「Be an Explorer（探検者たれ）」を掲げており、アツい社員が多い。企業文化もちょっぴり変わっていて、自席でさみしく食事をするのは禁止！！！「ランチは社食で誰かと」がルールみたい。

これは真性の根暗コミュ障には辛いはず……ｗｗ　くわばらくわばら。

転じて、社員はコミュ力高めの人間好きなタイプが多い。

nanapi

RANK A

恋愛偏差値	平均年収（万円）
53	450

平均年収	♥♥♥	性格ポイント	♥♥♥♥
華やかさ	♥♥♥	合コン満足度	♥♥♥♥

nanapiは、生活に役立つ知識や方法が集まる情報サイトを開発・運営している企業である。

社長は人あたりが良く常ににこやかで面白いと評判！

しかし、2016年に勃発したキュレーションメディア問題でPV数が大きく落ちた。さらに2017年には、Googleが検索アルゴリズムを大幅改定させたことにより、それもnanapiを直撃……(;∀;)　うぅ……もはやここまでか、と全員が窮地に立たされた。

しかし、逆境にもめげず、立て直しをしている最中とのこと。忍耐とガッツのある男性を求める女子はこの機会にいかが？？

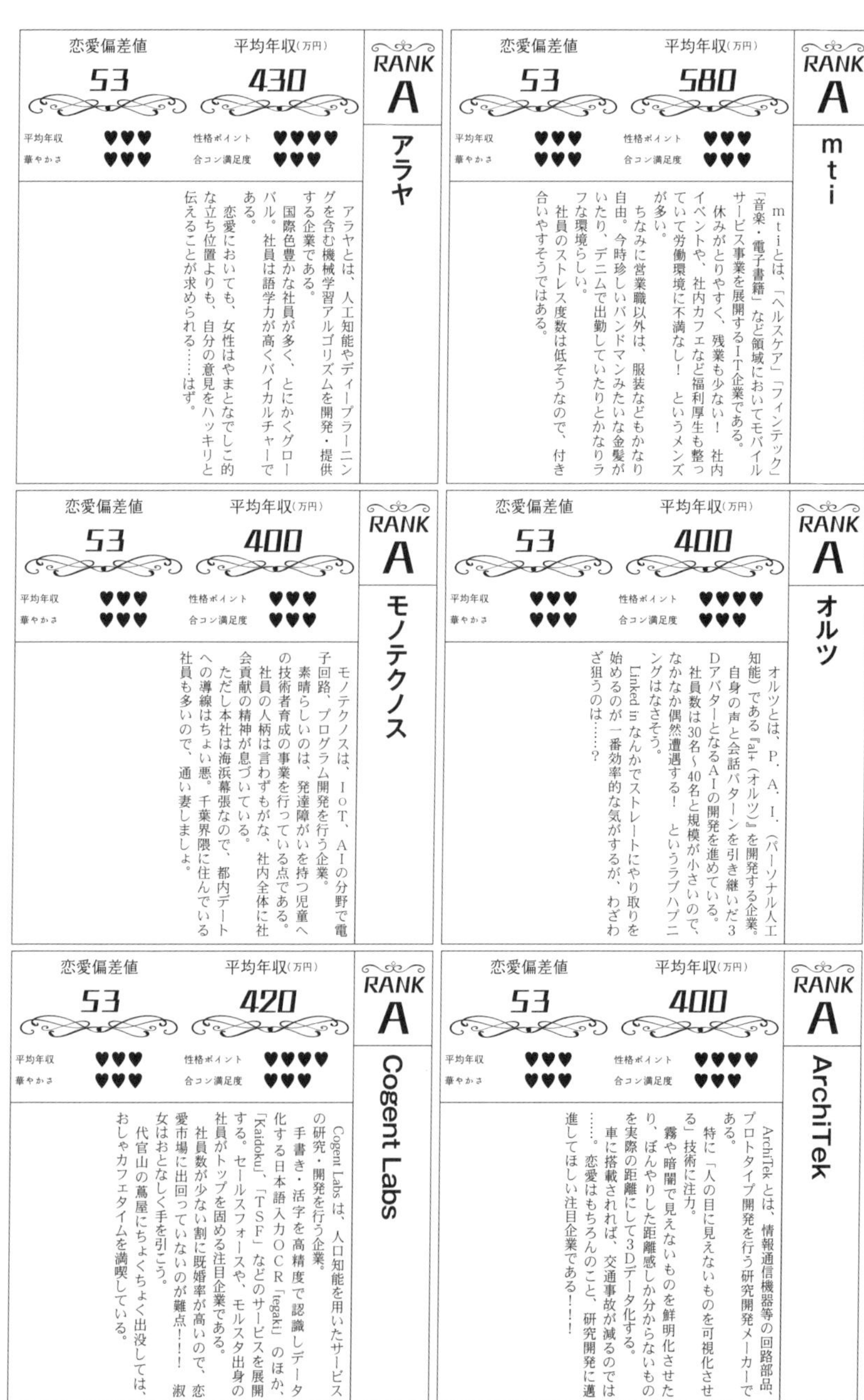

mti

RANK A

恋愛偏差値	平均年収（万円）
53	580

項目	評価	項目	評価
平均年収	♥♥♥	性格ポイント	♥♥♥
華やかさ	♥♥♥	合コン満足度	♥♥♥

ｍｔｉとは、「ヘルスケア」「フィンテック」「音楽・電子書籍」など領域においてモバイルサービス事業を展開するＩＴ企業である。

休みがとりやすく、残業も少ない！　社内イベントや、社内カフェなど福利厚生も整っていて労働環境に不満なし！　というメンズが多い。

ちなみに営業職以外は、服装などもかなり自由。今時珍しいバンドマンみたいな金髪がいたり、デニムで出勤していたりとかなりラフな環境らしい。

社員のストレス度数は低そうなので、付き合いやすそうではある。

アラヤ

RANK A

恋愛偏差値	平均年収（万円）
53	430

項目	評価	項目	評価
平均年収	♥♥♥	性格ポイント	♥♥♥♥
華やかさ	♥♥♥	合コン満足度	♥♥♥

アラヤとは、人工知能やディープラーニングを含む機械学習アルゴリズムを開発・提供する企業である。

国際色豊かな社員が多く、とにかくグローバル。社員は語学力が高くバイカルチャーである。

恋愛においても、女性はやまとなでしこ的な立ち位置よりも、自分の意見をハッキリと伝えることが求められる……はず。

オルツ

RANK A

恋愛偏差値	平均年収（万円）
53	400

項目	評価	項目	評価
平均年収	♥♥♥	性格ポイント	♥♥♥♥
華やかさ	♥♥♥	合コン満足度	♥♥♥

オルツとは、Ｐ．Ａ．Ｉ．（パーソナル人工知能）である『al+（オルツ）』を開発する企業。

自身の声と会話パターンを引き継いだ３ＤアバターとなるＡＩの開発を進めている。

社員数は30名～40名と規模が小さいので、なかなか偶然遭遇する！　というラブハプニングはなさそう。

Linked in なんかでストレートにやり取りを始めるのが一番効率的な気がするが、わざわざ狙うのは……？

モノテクノス

RANK A

恋愛偏差値	平均年収（万円）
53	400

項目	評価	項目	評価
平均年収	♥♥♥	性格ポイント	♥♥♥
華やかさ	♥♥♥	合コン満足度	♥♥♥

モノテクノスは、ＩｏＴ、ＡＩの分野で電子回路、プログラム開発を行う企業。

素晴らしいのは、発達障がいを持つ児童への技術者育成の事業を行っている点である。

社員の人柄は言わずもがな、社内全体に社会貢献の精神が息づいている。

ただし本社は海浜幕張なので、都内デートへの導線はちょい悪。千葉界隈に住んでいる社員も多いので、通い妻しましょ。

ArchiTek

RANK A

恋愛偏差値	平均年収（万円）
53	400

項目	評価	項目	評価
平均年収	♥♥♥	性格ポイント	♥♥♥♥
華やかさ	♥♥♥	合コン満足度	♥♥♥

ArchiTekとは、情報通信機器等の回路部品、プロトタイプ開発を行う研究開発メーカーである。

特に「人の目に見えないものを可視化させる」技術に注力。

霧や暗闇で見えないものを鮮明化させたり、ぼんやりした距離感しか分からないものを実際の距離にして３Ｄデータ化する。

車に搭載されれば、交通事故が減るのでは……。恋愛はもちろんのこと、研究開発に邁進してほしい注目企業である！！

Cogent Labs

RANK A

恋愛偏差値	平均年収（万円）
53	420

項目	評価	項目	評価
平均年収	♥♥♥	性格ポイント	♥♥♥♥
華やかさ	♥♥♥	合コン満足度	♥♥♥

Cogent Labsは、人口知能を用いたサービスの研究・開発を行う企業。

手書き・活字を高精度で認識しデータ化する日本語入力ＯＣＲ「tegaki」のほか、「Kaidoku」、「ＴＳＦ」などのサービスを展開する。セールスフォースや、モルスタ出身の社員がトップを固める注目企業である。

社員数が少ない割に既婚率が高いので、恋愛市場に出回っていないのが難点！！　淑女はおとなしく手を引こう。

代官山の蔦屋にちょくちょく出没しては、おしゃカフェタイムを満喫している。

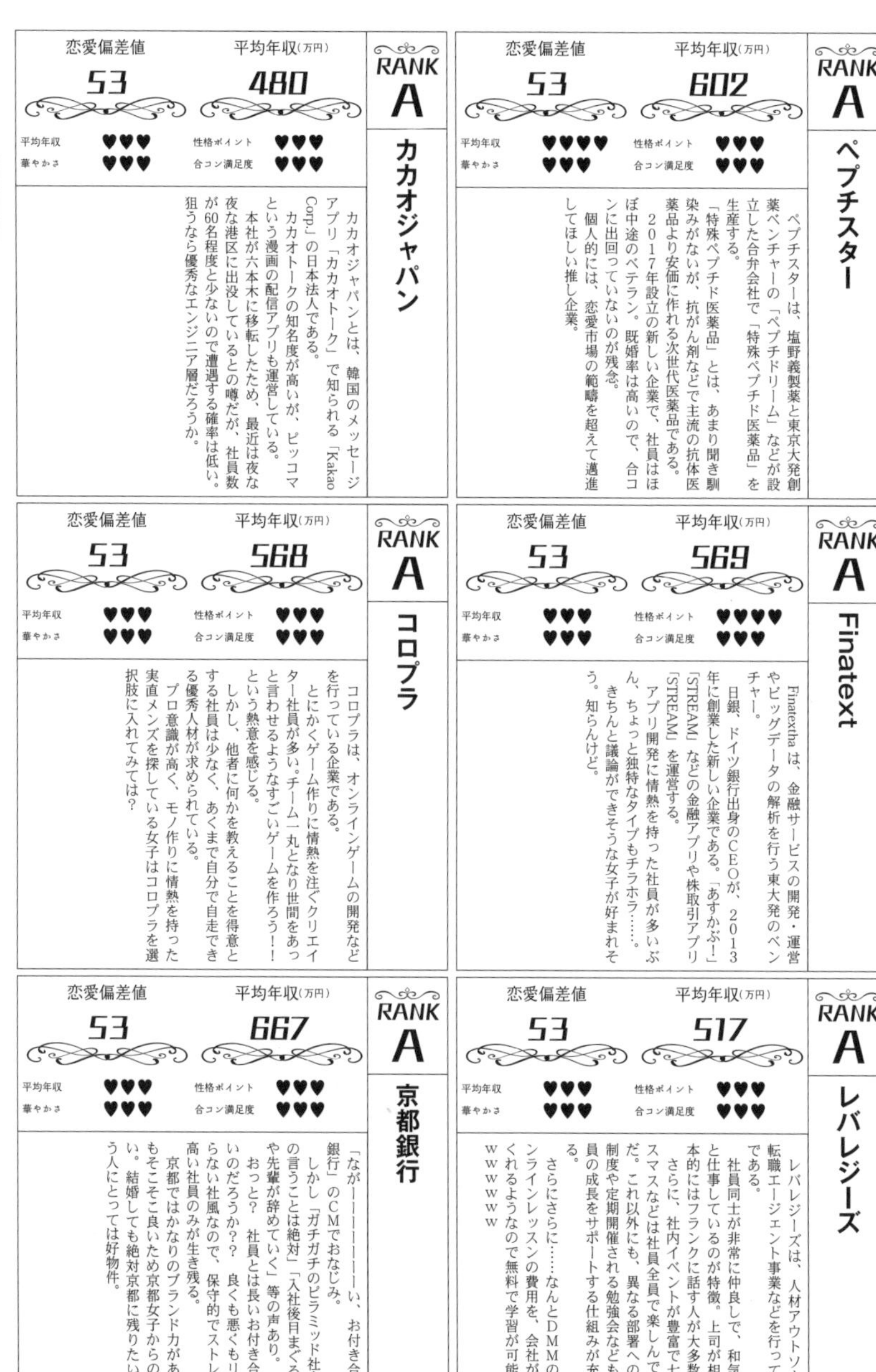

ペプチスター

RANK A

恋愛偏差値 53 / 平均年収(万円) 602

平均年収 ♥♥♥♥ / 華やかさ ♥♥♥ / 性格ポイント ♥♥♥ / 合コン満足度 ♥♥♥

ペプチスターは、塩野義製薬と東京大発創薬ベンチャーの「ペプチドリーム」などが設立した合弁会社で「特殊ペプチド医薬品」を生産する。

「特殊ペプチド医薬品」とは、あまり聞き馴染みがないが、抗がん剤などで主流の抗体医薬品より安価に作れる次世代医薬品である。

2017年設立の新しい企業で、社員はほぼ中途のベテラン。既婚率は高いので、合コンに出回っていないのが残念。

個人的には、恋愛市場の範疇を超えて邁進してほしい推し企業。

カカオジャパン

RANK A

恋愛偏差値 53 / 平均年収(万円) 480

平均年収 ♥♥♥ / 華やかさ ♥♥♥ / 性格ポイント ♥♥♥ / 合コン満足度 ♥♥♥

カカオジャパンとは、韓国のメッセージアプリ「カカオトーク」で知られる「Kakao Corp.」の日本法人である。

カカオトークの知名度が高いが、ピッコマという漫画の配信アプリも運営している。

本社が六本木に移転したため、最近は夜な夜な港区に出没しているとの噂だが、社員数が60名程度と少ないので遭遇する確率は低い。狙うなら優秀なエンジニア層だろうか。

Finatext

RANK A

恋愛偏差値 53 / 平均年収(万円) 569

平均年収 ♥♥♥ / 華やかさ ♥♥♥ / 性格ポイント ♥♥♥♥ / 合コン満足度 ♥♥♥

Finatexthaは、金融サービスの開発・運営やビッグデータの解析を行う東大発のベンチャー。

日銀、ドイツ銀行出身のCEOが、2013年に創業した新しい企業である。「あすかぶ！」「STREAM」などの金融アプリや株取引アプリ「STREAM」を運営する。

アプリ開発に情熱を持った社員が多いぶん、ちょっと独特なタイプもチラホラ……。

きちんと議論ができそうな女子が好まれそう。知らんけど。

コロプラ

RANK A

恋愛偏差値 53 / 平均年収(万円) 568

平均年収 ♥♥♥ / 華やかさ ♥♥♥ / 性格ポイント ♥♥♥ / 合コン満足度 ♥♥♥

コロプラは、オンラインゲームの開発などを行っている企業である。

とにかくゲーム作りに情熱を注ぐクリエイター社員が多い。チーム一丸となり世間をあっと言わせるようなすごいゲームを作ろう！という熱意を感じる。

しかし、他者に何かを教えることを得意とする社員は少なく、あくまで自分で自走できる優秀人材が求められている。

プロ意識が高く、モノ作りに情熱を持った実直メンズを探している女子はコロプラを選択肢に入れてみては？

レバレジーズ

RANK A

恋愛偏差値 53 / 平均年収(万円) 517

平均年収 ♥♥♥ / 華やかさ ♥♥♥ / 性格ポイント ♥♥♥ / 合コン満足度 ♥♥♥

レバレジーズは、人材アウトソーシング、転職エージェント事業などを行っている企業である。

社員同士が非常に仲良しで、和気あいあいと仕事しているのが特徴。上司が相手でも基本的にはフランクに話す人が大多数！

さらに、社内イベントが豊富で七夕やクリスマスなどは社員全員で楽しんでいるようだ。これ以外にも、異なる部署への交換留学制度や定期開催される勉強会などもあり、社員の成長をサポートする仕組みが充実している。

さらにさらに……なんとDMMの英会話オンラインレッスンの費用を、会社が負担してくれるようなので無料で学習が可能！　最高ｗｗｗｗｗｗ

京都銀行

RANK A

恋愛偏差値 53 / 平均年収(万円) 667

平均年収 ♥♥♥ / 華やかさ ♥♥♥ / 性格ポイント ♥♥♥ / 合コン満足度 ♥♥♥

「ながーーーーーーい、お付き合い。京都銀行」のCMでおなじみ。

しかし「ガチガチのピラミッド社会」「上司の言うことは絶対」「入社後目まぐるしく同期や先輩が辞めていく」等の声あり。

おっと？　社員とは長いお付き合いをしないのだろうか？？　良くも悪くもリスクを取らない社風なので、保守的でストレス耐性の高い社員のみが生き残る。

京都ではかなりのブランド力があり、給料もそこそこ良いため京都女子からの人気は高い。結婚しても絶対京都に残りたい！　という人にとっては好物件。

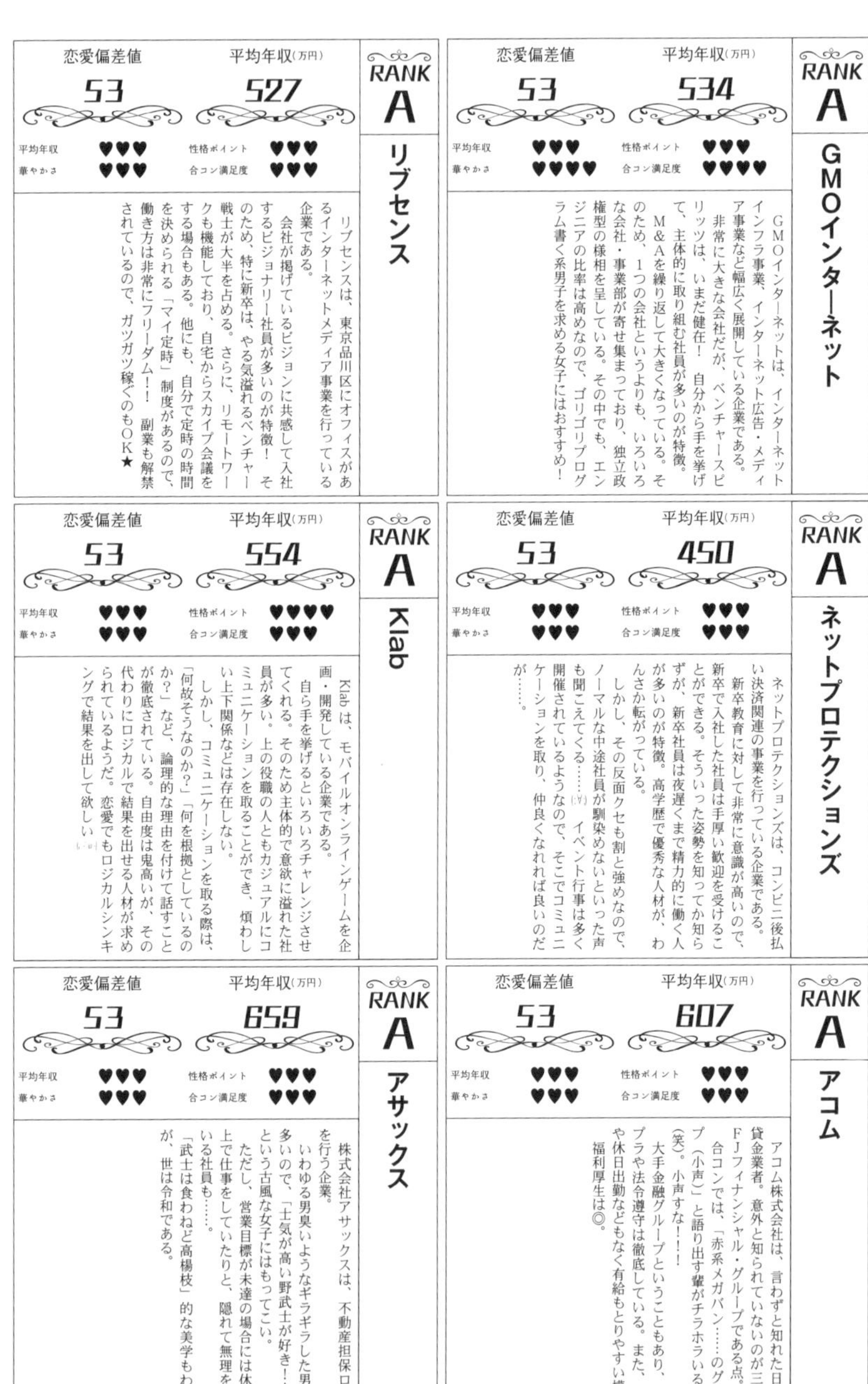

RANK A　GMOインターネット

恋愛偏差値	平均年収（万円）
53	534

項目	評価	項目	評価
平均年収	♥♥♥	性格ポイント	♥♥♥
華やかさ	♥♥♥♥	合コン満足度	♥♥♥♥

GMOインターネットは、インターネットインフラ事業、インターネット広告・メディア事業など幅広く展開している企業である。

非常に大きな会社だが、ベンチャースピリッツは、いまだ健在！　自分から手を挙げて、主体的に取り組む社員が多いのが特徴。

M&Aを繰り返して大きくなっている。そのため、1つの会社というよりも、いろいろな会社・事業部が寄せ集まっており、独立政権型の様相を呈している。その中でも、エンジニアの比率は高めなので、ゴリゴリプログラム書く系男子を求める女子にはおすすめ！

RANK A　リブセンス

恋愛偏差値	平均年収（万円）
53	527

項目	評価	項目	評価
平均年収	♥♥♥	性格ポイント	♥♥♥
華やかさ	♥♥♥	合コン満足度	♥♥♥

リブセンスは、東京品川区にオフィスがあるインターネットメディア事業を行っている企業である。

会社が掲げているビジョンに共感して入社するビジョナリー社員が多いのが特徴！　そのため、特に新卒は、やる気溢れるベンチャー戦士が大半を占める。さらに、リモートワークも機能しており、自宅からスカイプ会議をする場合もある。他にも、自分で定時の時間を決められる「マイ定時」制度があるので、働き方は非常にフリーダム！！　副業も解禁されているので、ガツガツ稼ぐのもOK★

RANK A　ネットプロテクションズ

恋愛偏差値	平均年収（万円）
53	450

項目	評価	項目	評価
平均年収	♥♥♥	性格ポイント	♥♥♥
華やかさ	♥♥♥	合コン満足度	♥♥♥

ネットプロテクションズは、コンビニ後払い決済関連の事業を行っている企業である。

新卒教育に対して非常に意識が高いので、新卒で入社した社員は手厚い歓迎を受けることができる。そういった姿勢を知ってか知らずか、新卒社員は夜遅くまで精力的に働く人が多いのが特徴。高学歴で優秀な人材が、わんさか転がっている。

しかし、その反面クセも割と強めなので、ノーマルな中途社員が馴染めないといった声も聞こえてくる……(;∀;)　イベント行事は多く開催されているようなので、そこでコミュニケーションを取り、仲良くなれれば良いのだが……。

RANK A　Klab

恋愛偏差値	平均年収（万円）
53	554

項目	評価	項目	評価
平均年収	♥♥♥	性格ポイント	♥♥♥♥
華やかさ	♥♥♥	合コン満足度	♥♥♥

Klabは、モバイルオンラインゲームを企画・開発している企業である。

自ら手を挙げるといろいろチャレンジさせてくれる。そのため主体的で意欲に溢れた社員が多い。上の役職の人ともカジュアルにコミュニケーションを取ることができ、煩わしい上下関係などは存在しない。

しかし、コミュニケーションを取る際は、「何故そうなのか？」「何を根拠としているのか？」など、論理的な理由を付けて話すことが徹底されている。自由度は鬼高いが、その代わりにロジカルで結果を出せる人材が求められているようだ。恋愛でもロジカルシンキングで結果を出して欲しい(´・ω・｀)

RANK A　アコム

恋愛偏差値	平均年収（万円）
53	607

項目	評価	項目	評価
平均年収	♥♥♥	性格ポイント	♥♥♥
華やかさ	♥♥♥	合コン満足度	♥♥♥

アコム株式会社は、言わずと知れた日本の貸金業者。意外と知られていないのが三菱UFJフィナンシャル・グループである点。

合コンでは、「赤系メガバン……のグループ（小声）」と語り出す輩がチラホラいるとか（笑）。小声すな！！！

大手金融グループということもあり、コンプラや法令遵守は徹底している。また、残業や休日出勤などもなく有給もとりやすい模様。福利厚生は◎。

RANK A　アサックス

恋愛偏差値	平均年収（万円）
53	659

項目	評価	項目	評価
平均年収	♥♥♥	性格ポイント	♥♥♥
華やかさ	♥♥♥	合コン満足度	♥♥♥

株式会社アサックスは、不動産担保ローンを行う企業。

いわゆる男臭いようなギラギラした男性が多いので、「士気が高い野武士が好き！！！」という古風な女子にはもってこい。

ただし、営業目標が未達の場合には休日返上で仕事をしていたりと、隠れて無理をしている社員も……。

「武士は食わねど高楊枝」的な美学もわかるが、世は令和である。

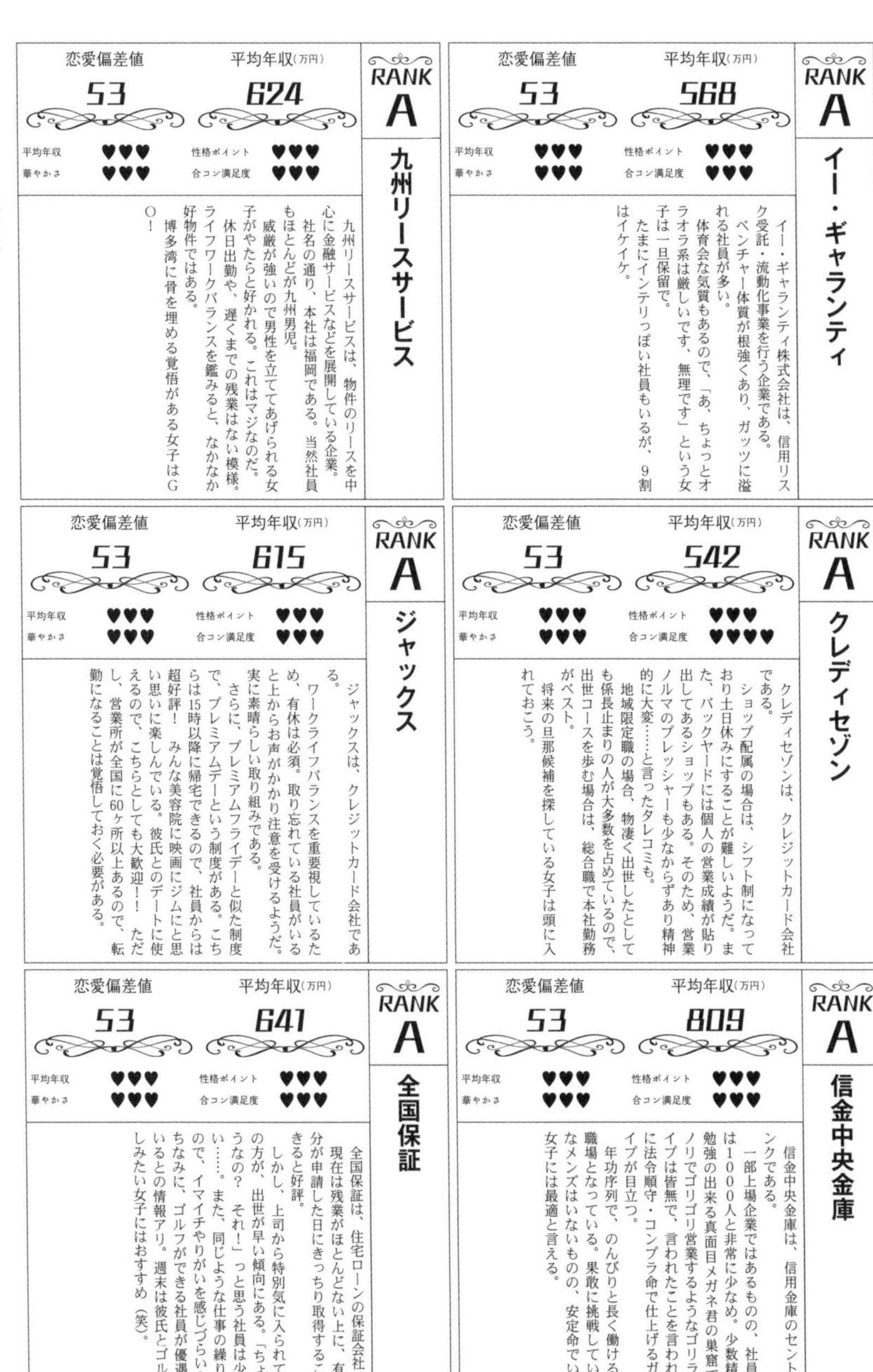

RANK A イー・ギャランティ

恋愛偏差値	平均年収（万円）
53	568

平均年収	♥♥♥	性格ポイント	♥♥♥
華やかさ	♥♥♥	合コン満足度	♥♥♥

イー・ギャランティ株式会社は、信用リスク受託・流動化事業を行う企業である。

ベンチャー体質が根強くあり、ガッツに溢れる社員が多い。

体育会な気質もあるので、「あ、ちょっとオラオラ系は厳しいです、無理です」という女子は一旦保留で。

たまにインテリっぽい社員もいるが、9割はイケイケ。

RANK A 九州リースサービス

恋愛偏差値	平均年収（万円）
53	624

平均年収	♥♥♥	性格ポイント	♥♥♥
華やかさ	♥♥♥	合コン満足度	♥♥♥

九州リースサービスは、物件のリースを中心に金融サービスなどを展開している企業。

社名の通り、本社は福岡である。当然社員もほとんどが九州男児。

威厳が強いので男性を立ててあげられる女子がやたらと好かれる。これはマジなのだ。

休日出勤や、遅くまでの残業はない模様。ライフワークバランスを鑑みると、なかなか好物件ではある。

博多湾に骨を埋める覚悟がある女子はGO！

RANK A クレディセゾン

恋愛偏差値	平均年収（万円）
53	542

平均年収	♥♥♥	性格ポイント	♥♥♥
華やかさ	♥♥♥	合コン満足度	♥♥♥♥

クレディセゾンは、クレジットカード会社である。

ショップ配属の場合は、シフト制になっており土日休みにすることが難しいようだ。また、バックヤードには個人の営業成績が貼り出してあるショップもある。そのため、営業ノルマのプレッシャーも少なからずあり精神的に大変……と言ったタレコミも。

地域限定職の場合、物凄く出世したとしても係長止まりの人が大多数を占めているので、出世コースを歩む場合は、総合職で本社勤務がベスト。

将来の旦那候補を探している女子は頭に入れておこう。

RANK A ジャックス

恋愛偏差値	平均年収（万円）
53	615

平均年収	♥♥♥	性格ポイント	♥♥♥
華やかさ	♥♥♥	合コン満足度	♥♥♥

ジャックスは、クレジットカード会社である。

ワークライフバランスを重要視しているため、有休は必須。取り忘れている社員がいると上からお声がかかり注意を受けるようだ。実に素晴らしい取り組みである。

さらに、プレミアムフライデーと似た制度で、プレミアムデーという制度がある。こちらは15時以降に帰宅できるので、社員からは超好評！　みんな美容院に映画にジムにと思い思いに楽しんでいる。彼氏とのデートに使えるので、こちらとしても大歓迎！！　ただし、営業所が全国に60ヶ所以上あるので、転勤になることは覚悟しておく必要がある。

RANK A 信金中央金庫

恋愛偏差値	平均年収（万円）
53	809

平均年収	♥♥♥	性格ポイント	♥♥♥
華やかさ	♥♥♥	合コン満足度	♥♥♥

信金中央金庫は、信用金庫のセントラルバンクである。

一部上場企業ではあるものの、社員の人数は１０００人と非常に少なめ。少数精鋭でお勉強の出来る真面目メガネ君の巣窟である。ノリでゴリゴリ営業するようなゴリラ戦士タイプは皆無で、言われたことを言われた通りに法令順守・コンプラ命で仕上げるガリ勉タイプが目立つ。

年功序列で、のんびりと長く働けるような職場となっている。果敢に挑戦していくようなメンズはいないものの、安定命でいきたい女子には最適と言える。

RANK A 全国保証

恋愛偏差値	平均年収（万円）
53	641

平均年収	♥♥♥	性格ポイント	♥♥♥
華やかさ	♥♥♥	合コン満足度	♥♥♥

全国保証は、住宅ローンの保証会社である。現在は残業がほとんどない上に、有休も自分が申請した日にきっちり取得することができると好評。

しかし、上司から特別気に入られている人の方が、出世が早い傾向にある。「ちょっとどうなの？　それ！」っと思う社員は少なくない……。また、同じような仕事の繰り返しなので、イマイチやりがいを感じづらいようだ。

ちなみに、ゴルフができる社員が優遇されているとの情報アリ。週末は彼氏とゴルフを楽しみたい女子にはおすすめ（笑）。

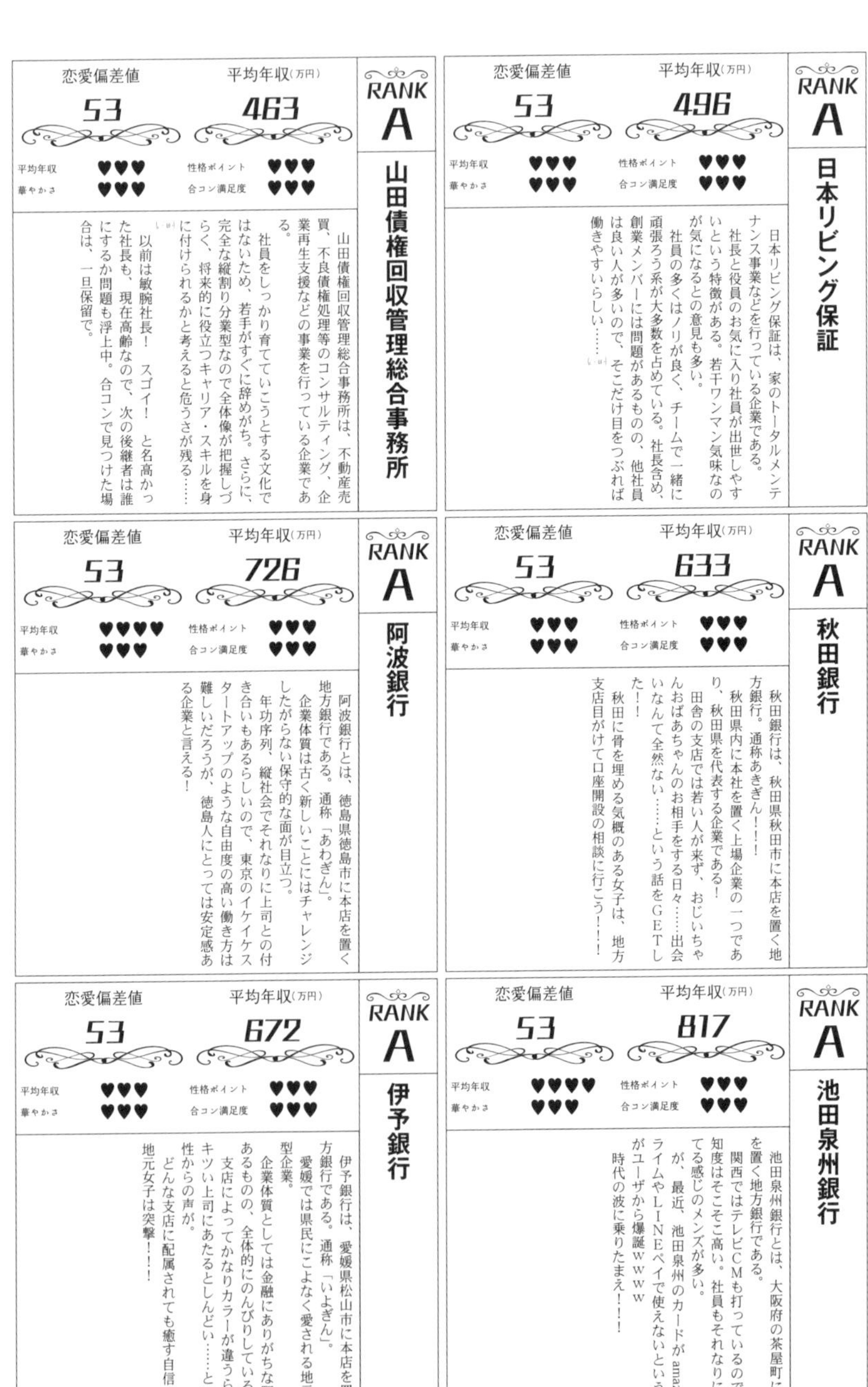

RANK A 日本リビング保証

恋愛偏差値 53 / 平均年収（万円） 496

平均年収 ♥♥♥ / 性格ポイント ♥♥♥
華やかさ ♥♥♥ / 合コン満足度 ♥♥♥

日本リビング保証は、家のトータルメンテナンス事業などを行っている企業である。

社長と役員のお気に入り社員が出世しやすいという特徴がある。若干ワンマン気味なのが気になるとの意見も多い。

社員の多くはノリが良く、チームで一緒に頑張ろう系が大多数を占めている。社長含め、創業メンバーには問題があるものの、他社員は良い人が多いので、そこだけ目をつぶれば働きやすいらしい……。

RANK A 山田債権回収管理総合事務所

恋愛偏差値 53 / 平均年収（万円） 463

平均年収 ♥♥♥ / 性格ポイント ♥♥♥
華やかさ ♥♥♥ / 合コン満足度 ♥♥♥

山田債権回収管理総合事務所は、不動産売買、不良債権処理等のコンサルティング、企業再生支援などの事業を行っている企業である。

社員をしっかり育てていこうとする文化はないため、若手がすぐに辞めがち。さらに、完全な縦割り分業型なので全体像が把握しづらく、将来的に役立つキャリア・スキルを身に付けられるかと考えると危うさが残る……。

以前は敏腕社長！　スゴイ！　と名高かった社長も、現在高齢なので、次の後継者は誰にするか問題も浮上中。合コンで見つけた場合は、一旦保留で。

RANK A 秋田銀行

恋愛偏差値 53 / 平均年収（万円） 633

平均年収 ♥♥♥ / 性格ポイント ♥♥♥
華やかさ ♥♥♥ / 合コン満足度 ♥♥♥

秋田銀行は、秋田県秋田市に本店を置く地方銀行。通称あきぎん！！！

秋田県内に本社を置く上場企業の一つであり、秋田県を代表する企業である！

田舎の支店では若い人が来ず、おじいちゃんおばあちゃんのお相手をする日々……出会いなんて全然ない……という話をＧＥＴした！！

秋田に骨を埋める気概のある女子は、地方支店目がけて口座開設の相談に行こう！！！

RANK A 阿波銀行

恋愛偏差値 53 / 平均年収（万円） 726

平均年収 ♥♥♥♥ / 性格ポイント ♥♥♥
華やかさ ♥♥♥ / 合コン満足度 ♥♥♥

阿波銀行とは、徳島県徳島市に本店を置く地方銀行である。通称「あわぎん」。

企業体質は古く新しいことにはチャレンジしたがらない保守的な面が目立つ。

年功序列、縦社会でそれなりに上司との付き合いもあるらしいので、東京のイケイケスタートアップのような自由度の高い働き方は難しいだろうが、徳島人にとっては安定感ある企業と言える！

RANK A 池田泉州銀行

恋愛偏差値 53 / 平均年収（万円） 817

平均年収 ♥♥♥♥ / 性格ポイント ♥♥♥
華やかさ ♥♥♥ / 合コン満足度 ♥♥♥

池田泉州銀行とは、大阪府の茶屋町に本店を置く地方銀行である。

関西ではテレビＣＭも打っているので、認知度はそこそこ高い。社員もそれなりにイケてる感じのメンズが多い。

が、最近、池田泉州のカードがamazonプライムやＬＩＮＥペイで使えないという不満がユーザから爆誕ｗｗｗ

時代の波に乗りたまえ！！！

RANK A 伊予銀行

恋愛偏差値 53 / 平均年収（万円） 672

平均年収 ♥♥♥ / 性格ポイント ♥♥♥
華やかさ ♥♥♥ / 合コン満足度 ♥♥♥

伊予銀行は、愛媛県松山市に本店を置く地方銀行である。通称「いよぎん」。

愛媛では県民によく愛される地元密着型企業。

企業体質としては金融にありがちな堅さはあるものの、全体的にのんびりしている。

支店によってかなりカラーが違うらしく、キツい上司にあたるとしんどい……という男性からの声が。

どんな支店に配属されても癒す自信のある地元女子は突撃！！！

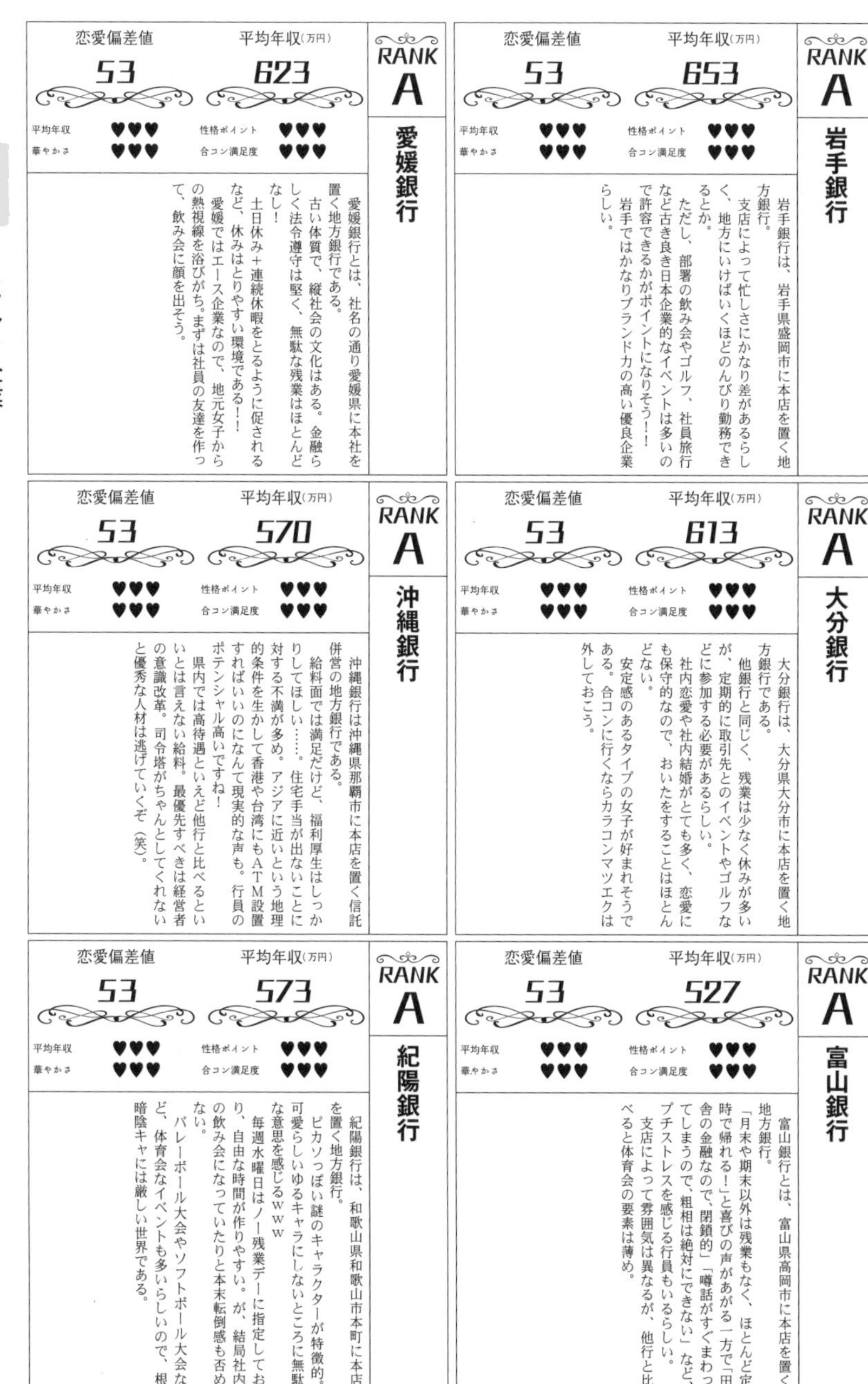

RANK A

岩手銀行

恋愛偏差値	平均年収（万円）
53	653

平均年収	♥♥♥	性格ポイント	♥♥♥
華やかさ	♥♥♥	合コン満足度	♥♥♥

岩手銀行は、岩手県盛岡市に本店を置く地方銀行。

支店によって忙しさにかなり差があるらしく、地方にいけばいくほどのんびり勤務できるとか。

ただし、部署の飲み会やゴルフ、社員旅行など古き良き日本企業的なイベントは多いので許容できるかがポイントになりそう！！

岩手ではかなりブランド力の高い優良企業らしい。

RANK A

愛媛銀行

恋愛偏差値	平均年収（万円）
53	623

平均年収	♥♥♥	性格ポイント	♥♥♥
華やかさ	♥♥♥	合コン満足度	♥♥♥

愛媛銀行とは、社名の通り愛媛県に本社を置く地方銀行である。

古い体質で、縦社会の文化はある。金融らしく法令遵守は堅く、無駄な残業はほとんどなし！

土日休み＋連続休暇をとるように促されるなど、休みはとりやすい環境である！！

愛媛ではエース企業なので、地元女子からの熱視線を浴びがち。まずは社員の友達を作って、飲み会に顔を出そう。

RANK A

大分銀行

恋愛偏差値	平均年収（万円）
53	613

平均年収	♥♥♥	性格ポイント	♥♥♥
華やかさ	♥♥♥	合コン満足度	♥♥♥

大分銀行は、大分県大分市に本店を置く地方銀行である。

他銀行と同じく、残業は少なく休みが多いが、定期的に取引先とのイベントやゴルフなどに参加する必要があるらしい。

社内恋愛や社内結婚がとても多く、恋愛にも保守的なので、おいたをすることはほとんどない。

安定感のあるタイプの女子が好まれそうである。合コンに行くならカラコンマツエクは外しておこう。

RANK A

沖縄銀行

恋愛偏差値	平均年収（万円）
53	570

平均年収	♥♥♥	性格ポイント	♥♥♥
華やかさ	♥♥♥	合コン満足度	♥♥♥

沖縄銀行は沖縄県那覇市に本店を置く信託併営の地方銀行である。

給料面では満足だけど、福利厚生はしっかりしてほしい……。住宅手当が出ないことに対する不満が多め。アジアに近いという地理的条件を生かして香港や台湾にもＡＴＭ設置すればいいのになんて現実的な声も。行員のポテンシャル高いですね！

県内では高待遇といえど他行と比べるといいとは言えない給料。最優先すべきは経営者の意識改革。司令塔がちゃんとしてくれないと優秀な人材は逃げていくぞ（笑）。

RANK A

富山銀行

恋愛偏差値	平均年収（万円）
53	527

平均年収	♥♥♥	性格ポイント	♥♥♥
華やかさ	♥♥♥	合コン満足度	♥♥♥

富山銀行とは、富山県高岡市に本店を置く地方銀行。

「月末や期末以外は残業もなく、ほとんど定時で帰れる！」と喜びの声があがる一方で「田舎の金融なので、閉鎖的」「噂話がすぐまわってしまうので、粗相は絶対にできない」など、プチストレスを感じる行員もいるらしい。

支店によって雰囲気は異なるが、他行と比べると体育会の要素は薄め。

RANK A

紀陽銀行

恋愛偏差値	平均年収（万円）
53	573

平均年収	♥♥♥	性格ポイント	♥♥♥
華やかさ	♥♥♥	合コン満足度	♥♥♥

紀陽銀行は、和歌山県和歌山市本町に本店を置く地方銀行。

ピカソっぽい謎のキャラクターが特徴的。可愛らしいゆるキャラにしないところに無駄な意思を感じるｗｗｗ

毎週水曜日はノー残業デーに指定しており、自由な時間が作りやすい。が、結局社内の飲み会になっていたりと本末転倒感も否めない。

バレーボール大会やソフトボール大会など、体育会なイベントも多いらしいので、根暗陰キャには厳しい世界である。

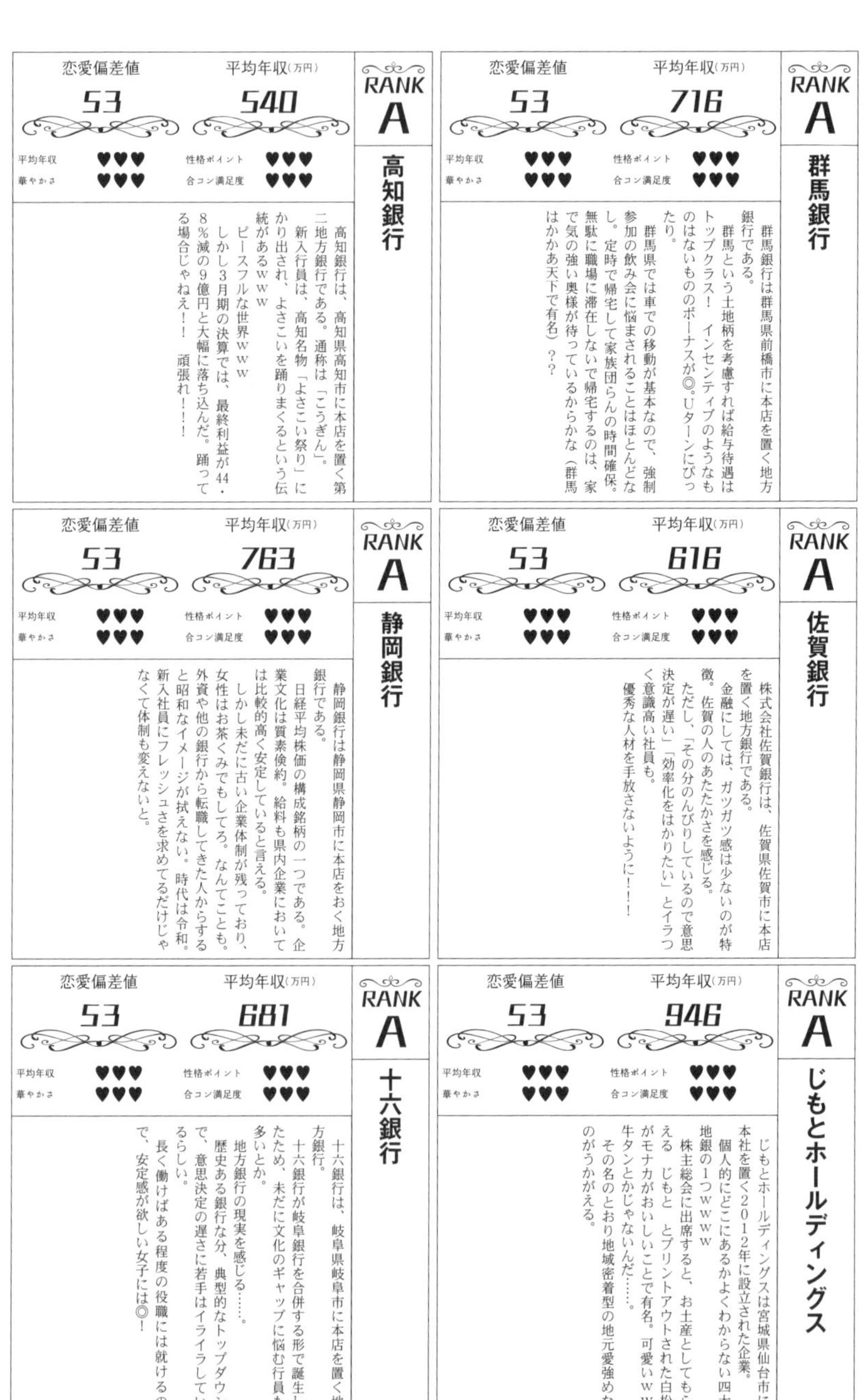

群馬銀行

RANK A

恋愛偏差値	平均年収（万円）
53	716

平均年収	♥♥♥	性格ポイント	♥♥♥
華やかさ	♥♥♥	合コン満足度	♥♥♥

群馬銀行は群馬県前橋市に本店を置く地方銀行である。

群馬という土地柄を考慮すれば給与待遇はトップクラス！ インセンティブのようなものはないもののボーナスが◎。Uターンにぴったり。

群馬県では車での移動が基本なので、強制参加の飲み会に悩まされることはほとんどなし。定時で帰宅して家族団らんの時間確保。無駄に職場に滞在しないで帰宅するのは、家で気の強い奥様が待っているからかな（群馬はかかあ天下で有名）？？

高知銀行

RANK A

恋愛偏差値	平均年収（万円）
53	540

平均年収	♥♥♥	性格ポイント	♥♥♥
華やかさ	♥♥♥	合コン満足度	♥♥♥

高知銀行は、高知県高知市に本店を置く第二地方銀行である。通称は「こうぎん」。

新入行員は、高知名物「よさこい祭り」にかり出され、よさこいを踊りまくるという伝統があるwww

ピースフルな世界www

しかし3月期の決算では、最終利益が44・8％減の9億円と大幅に落ち込んだ。踊ってる場合じゃねえ！！ 頑張れ！！！

佐賀銀行

RANK A

恋愛偏差値	平均年収（万円）
53	616

平均年収	♥♥♥	性格ポイント	♥♥♥
華やかさ	♥♥♥	合コン満足度	♥♥♥

株式会社佐賀銀行は、佐賀県佐賀市に本店を置く地方銀行である。

金融にしては、ガツガツ感は少ないのが特徴。佐賀の人のあたたかさを感じる。

ただし、「その分のんびりしているので意思決定が遅い」「効率化をはかりたい」とイラつく意識高い社員も。

優秀な人材を手放さないように！！！

静岡銀行

RANK A

恋愛偏差値	平均年収（万円）
53	763

平均年収	♥♥♥	性格ポイント	♥♥♥
華やかさ	♥♥♥	合コン満足度	♥♥♥

静岡銀行は静岡県静岡市に本店をおく地方銀行である。

日経平均株価の構成銘柄の一つである。企業文化は質素倹約。給料も県内企業においては比較的高く安定していると言える。

しかし未だに古い企業体制が残っており、女性はお茶くみでもしてろ。なんてことも。外資や他の銀行から転職してきた人からすると昭和なイメージが拭えない。時代は令和。新入社員にフレッシュさを求めてるだけじゃなくて体制も変えないと。

じもとホールディングス

RANK A

恋愛偏差値	平均年収（万円）
53	946

平均年収	♥♥♥	性格ポイント	♥♥♥
華やかさ	♥♥♥	合コン満足度	♥♥♥

じもとホールディングスは宮城県仙台市に本社を置く2012年に設立された企業。

個人的にどこにあるかよくわからない四大地銀の1つwww

株主総会に出席すると、お土産としてもらえる じもと とプリントアウトされた白松がモナカがおいしいことで有名。可愛いww牛タンとかじゃないんだ……。

その名のとおり地域密着型の地元愛強めのがうかがえる。

十六銀行

RANK A

恋愛偏差値	平均年収（万円）
53	681

平均年収	♥♥♥	性格ポイント	♥♥♥
華やかさ	♥♥♥	合コン満足度	♥♥♥

十六銀行は、岐阜県岐阜市に本店を置く地方銀行。

十六銀行が岐阜銀行を合併する形で誕生したため、未だに文化のギャップに悩む行員も多いとか。

地方銀行の現実を感じる……。

歴史ある銀行な分、典型的なトップダウンで、意思決定の遅さに若手はイライラしているらしい。

長く働けばある程度の役職には就けるので、安定感が欲しい女子には◎！

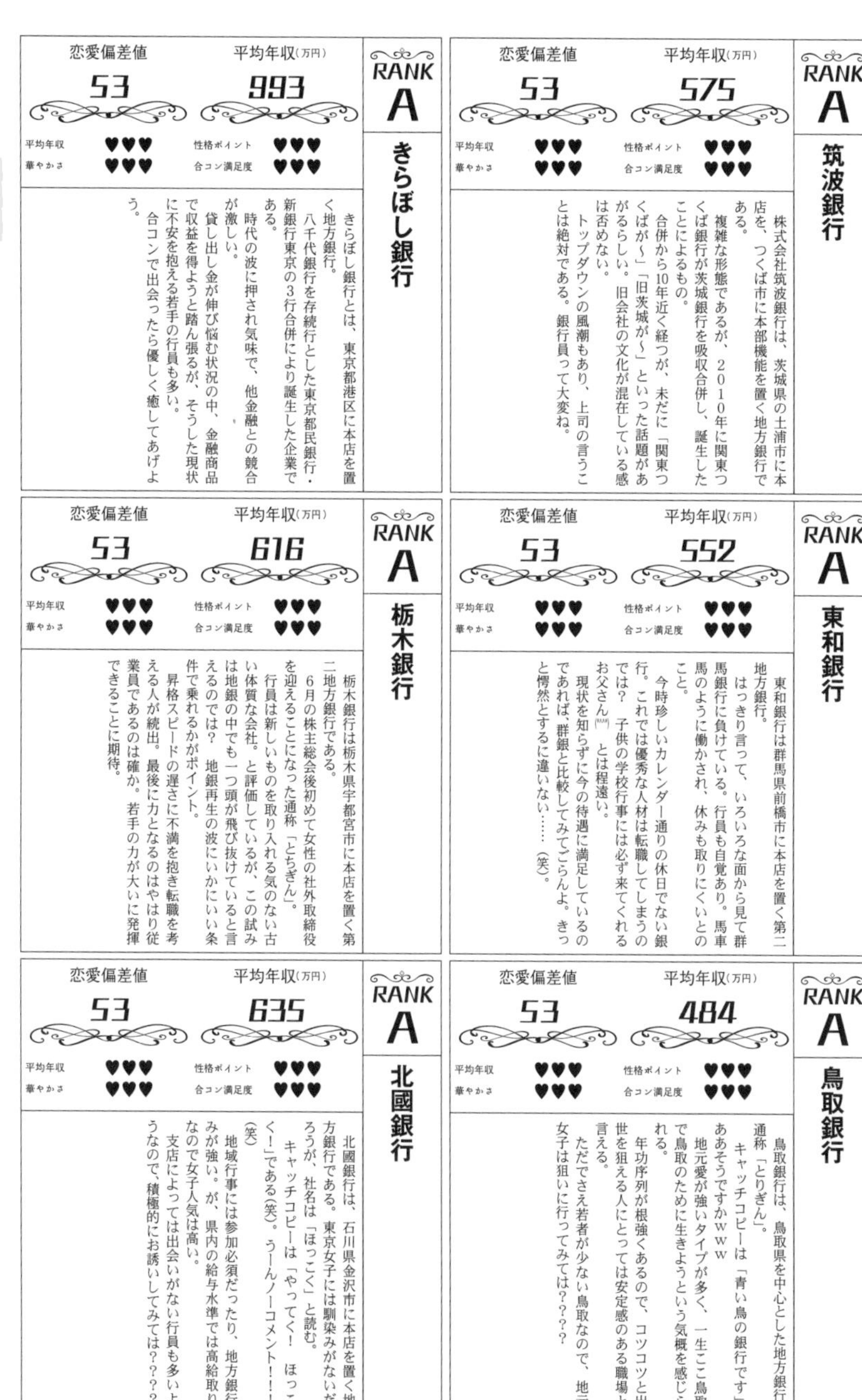

RANK A

筑波銀行

恋愛偏差値 53　平均年収（万円） 575

平均年収 ♥♥♥　性格ポイント ♥♥♥
華やかさ ♥♥♥　合コン満足度 ♥♥♥

株式会社筑波銀行は、茨城県の土浦市に本店を、つくば市に本部機能を置く地方銀行である。

複雑な形態であるが、2010年に関東つくば銀行が茨城銀行を吸収合併し、誕生したことによるもの。

合併から10年近く経つが、未だに「関東つくばが〜」「旧茨城が〜」といった話題があがるらしい。旧会社の文化が混在している感は否めない。

トップダウンの風潮もあり、上司の言うことは絶対である。銀行員って大変ね。

RANK A

きらぼし銀行

恋愛偏差値 53　平均年収（万円） 993

平均年収 ♥♥♥　性格ポイント ♥♥♥
華やかさ ♥♥♥　合コン満足度 ♥♥♥

きらぼし銀行とは、東京都港区に本店を置く地方銀行。

八千代銀行を存続行とした東京都民銀行・新銀行東京の3行合併により誕生した企業である。

時代の波に押され気味で、他金融との競合が激しい。

貸し出し金が伸び悩む状況の中、金融商品で収益を得ようと踏ん張るが、そうした現状に不安を抱える若手の行員も多い。

合コンで出会ったら優しく癒してあげよう。

RANK A

東和銀行

恋愛偏差値 53　平均年収（万円） 552

平均年収 ♥♥♥　性格ポイント ♥♥♥
華やかさ ♥♥♥　合コン満足度 ♥♥♥

東和銀行は群馬県前橋市に本店を置く第二地方銀行。

はっきり言って、いろいろな面から見て群馬銀行に負けている。行員も自覚あり。馬車馬のように働かされ、休みも取りにくいとのこと。

今時珍しいカレンダー通りの休日でない銀行。これでは優秀な人材は転職してしまうのでは？ 子供の学校行事には必ず来てくれるお父さん[illegible]とは程遠い。

現状を知らずに今の待遇に満足しているのであれば、群銀と比較してみてごらんよ。きっと愕然とするに違いない……（笑）。

RANK A

栃木銀行

恋愛偏差値 53　平均年収（万円） 616

平均年収 ♥♥♥　性格ポイント ♥♥♥
華やかさ ♥♥♥　合コン満足度 ♥♥♥

栃木銀行は栃木県宇都宮市に本店を置く第二地方銀行である。

6月の株主総会後初めて女性の社外取締役を迎えることになった通称「とちぎん」。

行員は新しいものを取り入れる気のない古い体質な会社。と評価しているが、この試みは地銀の中でも一つ頭が飛び抜けていると言えるのでは？ 地銀再生の波にいかにいい条件で乗れるかがポイント。

昇格スピードの遅さに不満を抱き転職を考える人が続出。最後に力となるのはやはり従業員であるのは確か。若手の力が大いに発揮できることに期待。

RANK A

鳥取銀行

恋愛偏差値 53　平均年収（万円） 484

平均年収 ♥♥♥　性格ポイント ♥♥♥
華やかさ ♥♥♥　合コン満足度 ♥♥♥

鳥取銀行は、鳥取県を中心とした地方銀行。通称「とりぎん」。

キャッチコピーは「青い鳥の銀行です」。ああそうですかｗｗｗ

地元愛が強いタイプが多く、一生ここ鳥取で鳥取のために生きようという気概を感じられる。

年功序列が根強くあるので、コツコツと出世を狙える人にとっては安定感のある職場と言える。

ただでさえ若者が少ない鳥取なので、地元女子は狙いに行ってみては？？？

RANK A

北國銀行

恋愛偏差値 53　平均年収（万円） 635

平均年収 ♥♥♥　性格ポイント ♥♥♥
華やかさ ♥♥♥　合コン満足度 ♥♥♥

北國銀行は、石川県金沢市に本店を置く地方銀行である。東京女子には馴染みがないだろうが、社名は「ほっこく」と読む。

キャッチコピーは「やってく！ ほっこく！」である（笑）。うーんノーコメント！！（笑）

地域行事には参加必須だったり、地方銀行みが強い。が、県内の給与水準では高給取りなので女子人気は高い。

支店によっては出会いがない行員も多いようなので、積極的にお誘いしてみては？？？

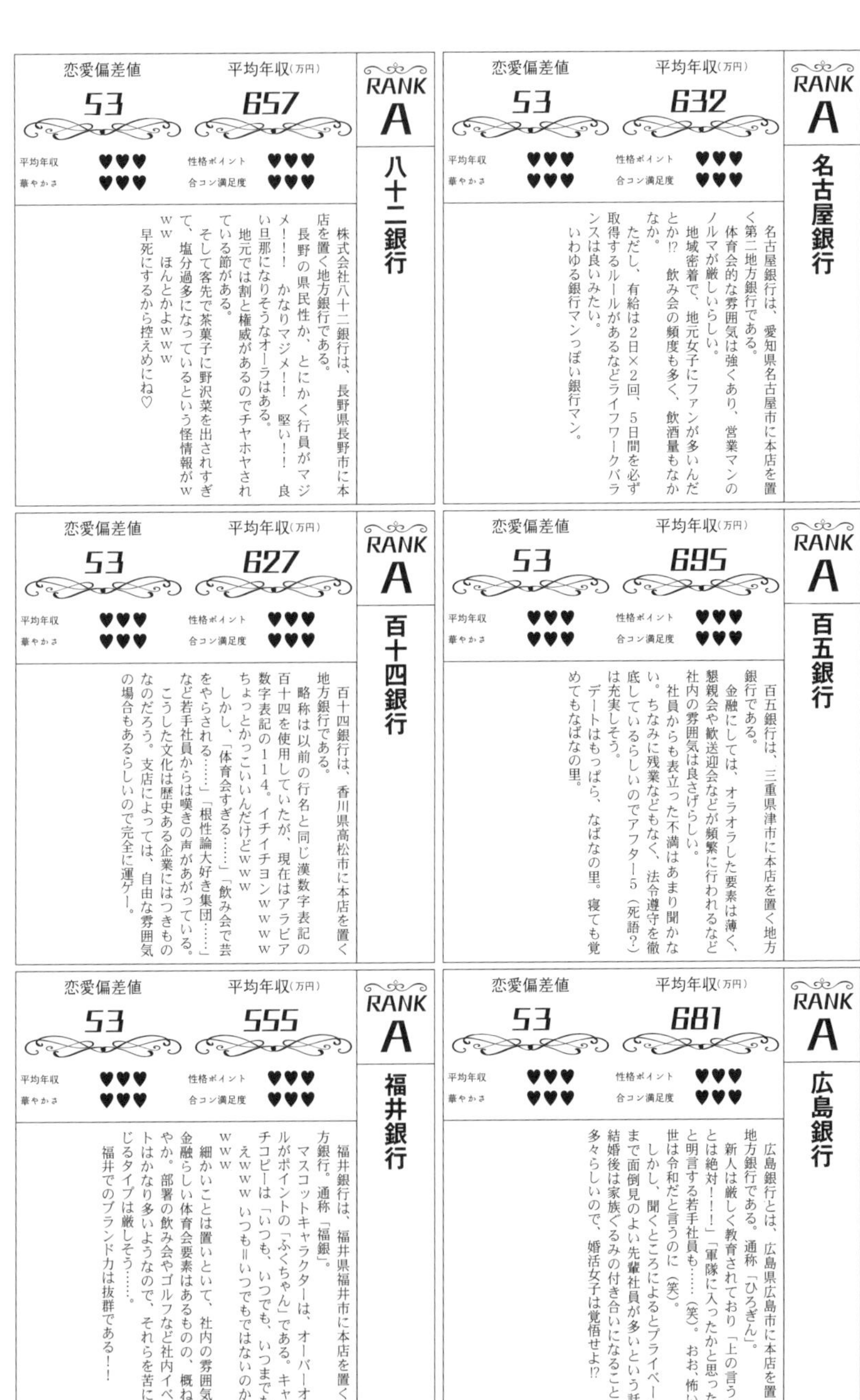

RANK A 名古屋銀行

恋愛偏差値 53　平均年収(万円) 632

平均年収 ♥♥♥　性格ポイント ♥♥♥
華やかさ ♥♥♥　合コン満足度 ♥♥♥

名古屋銀行は、愛知県名古屋市に本店を置く第二地方銀行である。

体育会的な雰囲気は強くあり、営業マンのノルマが厳しいらしい。

地域密着で、地元女子にファンが多いんだとか!? 飲み会の頻度も多く、飲酒量もなかなか。

ただし、有給は2日×2回、5日間を必ず取得するルールがあるなどライフワークバランスは良いみたい。

いわゆる銀行マンっぽい銀行マン。

RANK A 八十二銀行

恋愛偏差値 53　平均年収(万円) 657

平均年収 ♥♥♥　性格ポイント ♥♥♥
華やかさ ♥♥♥　合コン満足度 ♥♥♥

株式会社八十二銀行は、長野県長野市に本店を置く地方銀行である。

長野の県民性か、とにかく行員がマジメ!! かなりマジメ!! 堅い!! 良い旦那になりそうなオーラはある。

地元では割と権威があるのでチヤホヤされている節がある。

そして客先で茶菓子に野沢菜を出されすぎて、塩分過多になっているという怪情報がwww ほんとかよwww

早死にするから控えめにね♡

RANK A 百五銀行

恋愛偏差値 53　平均年収(万円) 695

平均年収 ♥♥♥　性格ポイント ♥♥♥
華やかさ ♥♥♥　合コン満足度 ♥♥♥

百五銀行は、三重県津市に本店を置く地方銀行である。

金融にしては、オラオラした要素は薄く、懇親会や歓送迎会などが頻繁に行われるなど社内の雰囲気は良さげらしい。

社員からも表立った不満はあまり聞かない。ちなみに残業などもなく、法令遵守を徹底しているらしいのでアフター5(死語?)は充実しそう。

デートはもっぱら、なばなの里。寝ても覚めてもなばなの里。

RANK A 百十四銀行

恋愛偏差値 53　平均年収(万円) 627

平均年収 ♥♥♥　性格ポイント ♥♥♥
華やかさ ♥♥♥　合コン満足度 ♥♥♥

百十四銀行は、香川県高松市に本店を置く地方銀行である。

略称は以前の行名と同じ漢数字表記の百十四を使用していたが、現在はアラビア数字表記の114。イチイチヨンwwwちょっとかっこいいんだけどwww

しかし、「体育会すぎる……」「飲み会で芸をやらされる……」「根性論大好き集団……」など若手社員からは嘆きの声があがっている。

こうした文化は歴史ある企業にはつきものなのだろう。支店によっては、自由な雰囲気の場合もあるらしいので完全に運ゲー。

RANK A 広島銀行

恋愛偏差値 53　平均年収(万円) 681

平均年収 ♥♥♥　性格ポイント ♥♥♥
華やかさ ♥♥♥　合コン満足度 ♥♥♥

広島銀行とは、広島県広島市に本店を置く地方銀行である。通称「ひろぎん」。

新人は厳しく教育されており「上の言うことは絶対!!」「軍隊に入ったかと思った」と明言する若手社員も……(笑)。おお、怖い。世は令和だと言うのに(笑)。

しかし、聞くところによるとプライベートまで面倒見のよい先輩社員が多いという話。結婚後は家族ぐるみの付き合いになることも多々らしいので、婚活女子は覚悟せよ!?

RANK A 福井銀行

恋愛偏差値 53　平均年収(万円) 555

平均年収 ♥♥♥　性格ポイント ♥♥♥
華やかさ ♥♥♥　合コン満足度 ♥♥♥

福井銀行は、福井県福井市に本店を置く地方銀行。通称「福銀」。

マスコットキャラクターは、オーバーオールがポイントの「ふくちゃん」である。キャッチコピーは「いつも、いつでも、いつまでも」えwww いつも≠いつでもではないのかwww

細かいことは置いといて、社内の雰囲気は金融らしい体育会要素はあるものの、概ね穏やか。部署の飲み会やゴルフなど社内イベントはかなり多いようなので、それらを苦に感じるタイプは厳しそう……。

福井でのブランド力は抜群である!!

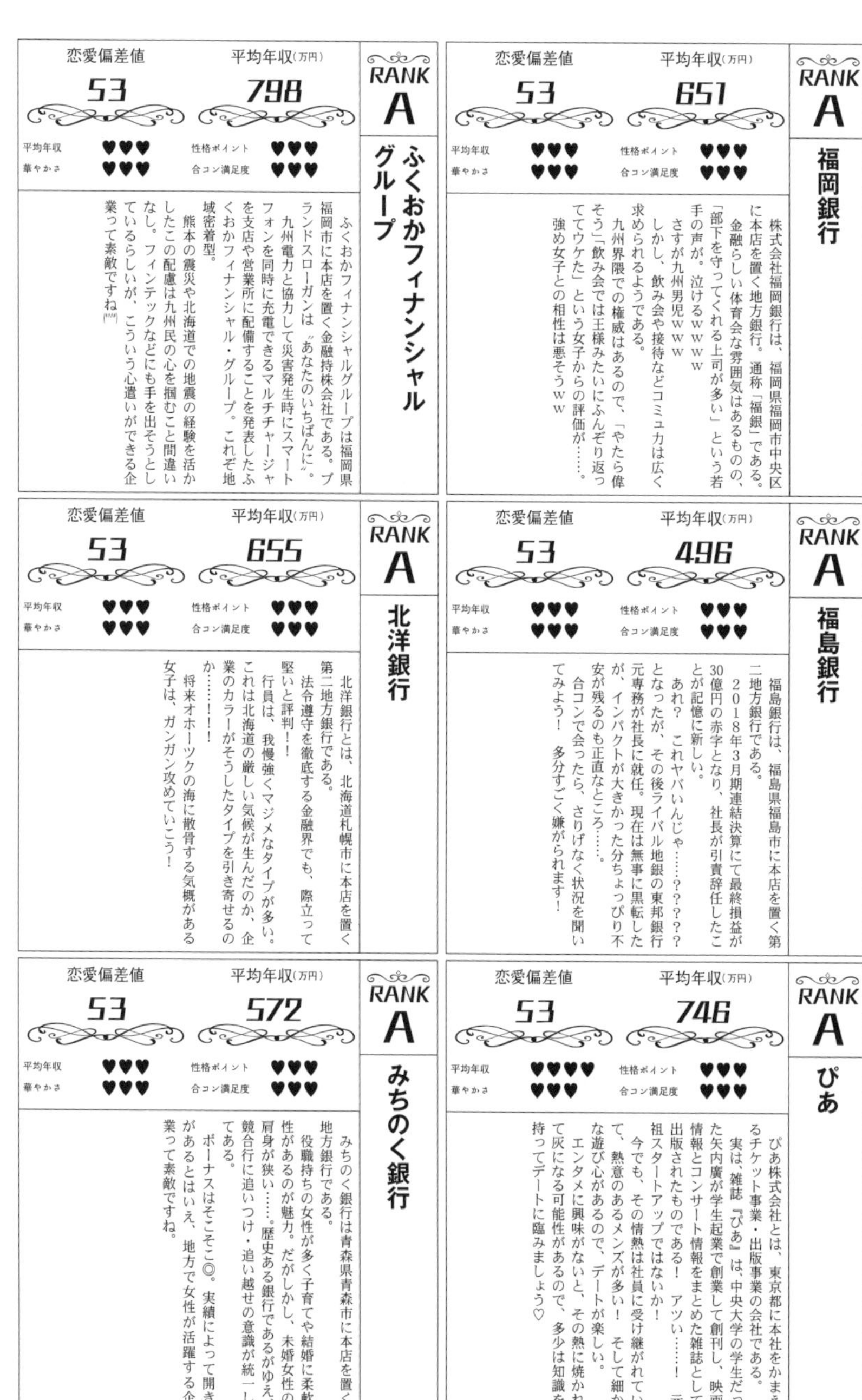

RANK A 福岡銀行

恋愛偏差値 53　平均年収（万円） 651

平均年収 ♥♥♥　性格ポイント ♥♥♥
華やかさ ♥♥♥　合コン満足度 ♥♥♥

株式会社福岡銀行は、福岡県福岡市中央区に本店を置く地方銀行。通称「福銀」である。

金融らしい体育会な雰囲気はあるものの、「部下を守ってくれる上司が多い」という若手の声が。泣けるｗｗｗｗ

さすが九州男児ｗｗｗ

しかし、飲み会や接待などコミュ力は広く求められるようである。

九州界隈での権威はあるので、「やたら偉そう」「飲み会では王様みたいにふんぞり返ってウケた」という女子からの評価が……。

強め女子との相性は悪そうｗｗ

RANK A ふくおかフィナンシャルグループ

恋愛偏差値 53　平均年収（万円） 798

平均年収 ♥♥♥　性格ポイント ♥♥♥
華やかさ ♥♥♥　合コン満足度 ♥♥♥

ふくおかフィナンシャルグループは福岡県福岡市に本店を置く金融持株会社である。ブランドスローガンは〝あなたのいちばんに。〟

九州電力と協力して災害発生時にスマートフォンを同時に充電できるマルチチャージャを支店や営業所に配備することを発表したふくおかフィナンシャル・グループ。これぞ地域密着型。

熊本の震災や北海道での地震の経験を活かしたこの配慮は九州民の心を掴むこと間違いなし。フィンテックなどにも手を出そうとしているらしいが、こういう心遣いができる企業って素敵ですね(笑)

RANK A 福島銀行

恋愛偏差値 53　平均年収（万円） 496

平均年収 ♥♥♥　性格ポイント ♥♥♥
華やかさ ♥♥♥　合コン満足度 ♥♥♥

福島銀行は、福島県福島市に本店を置く第二地方銀行である。

２０１８年３月期連結決算にて最終損益が30億円の赤字となり、社長が引責辞任したことが記憶に新しい。

あれ？　これヤバいんじゃ……？？？？となったが、その後ライバル地銀の東邦銀行元専務が社長に就任。現在は無事に黒転したが、インパクトが大きかった分ちょっぴり不安が残るのも正直なところ……。

合コンで会ったら、さりげなく状況を聞いてみよう！　多分すごく嫌がられます！

RANK A 北洋銀行

恋愛偏差値 53　平均年収（万円） 655

平均年収 ♥♥♥　性格ポイント ♥♥♥
華やかさ ♥♥♥　合コン満足度 ♥♥♥

北洋銀行とは、北海道札幌市に本店を置く第二地方銀行である。

法令遵守を徹底する金融界でも、際立って堅いと評判！

行員は、我慢強くマジメなタイプが多い。これは北海道の厳しい気候が生んだのか、企業のカラーがそうしたタイプを引き寄せるのか……！！

将来オホーツクの海に散骨する気概がある女子は、ガンガン攻めていこう！

RANK A ぴあ

恋愛偏差値 53　平均年収（万円） 746

平均年収 ♥♥♥♥　性格ポイント ♥♥♥
華やかさ ♥♥♥　合コン満足度 ♥♥♥

ぴあ株式会社とは、東京都に本社をかまえるチケット事業・出版事業の会社である。

実は、雑誌『ぴあ』は、中央大学の学生だった矢内廣が学生起業で創業して創刊し、映画情報とコンサート情報をまとめた雑誌として出版されたものである！　アツい……！　元祖スタートアップではないか！

今でも、その情熱は社員に受け継がれていて、熱意のあるメンズが多い！　そして細かな遊び心があるので、デートが楽しい。

エンタメに興味がないと、その熱に焼かれて灰になる可能性があるので、多少は知識を持ってデートに臨みましょう♡

RANK A みちのく銀行

恋愛偏差値 53　平均年収（万円） 572

平均年収 ♥♥♥　性格ポイント ♥♥♥
華やかさ ♥♥♥　合コン満足度 ♥♥♥

みちのく銀行は青森県青森市に本店を置く地方銀行である。

役職持ちの女性が多く子育てや結婚に柔軟性があるのが魅力。だがしかし、未婚女性の肩身が狭い……。歴史ある銀行であるがゆえ、競合行に追いつけ・追い越せの意識が統一してある。

ボーナスはそこそこ◎。実績によって開きがあるとはいえ、地方で女性が活躍する企業って素敵ですね。

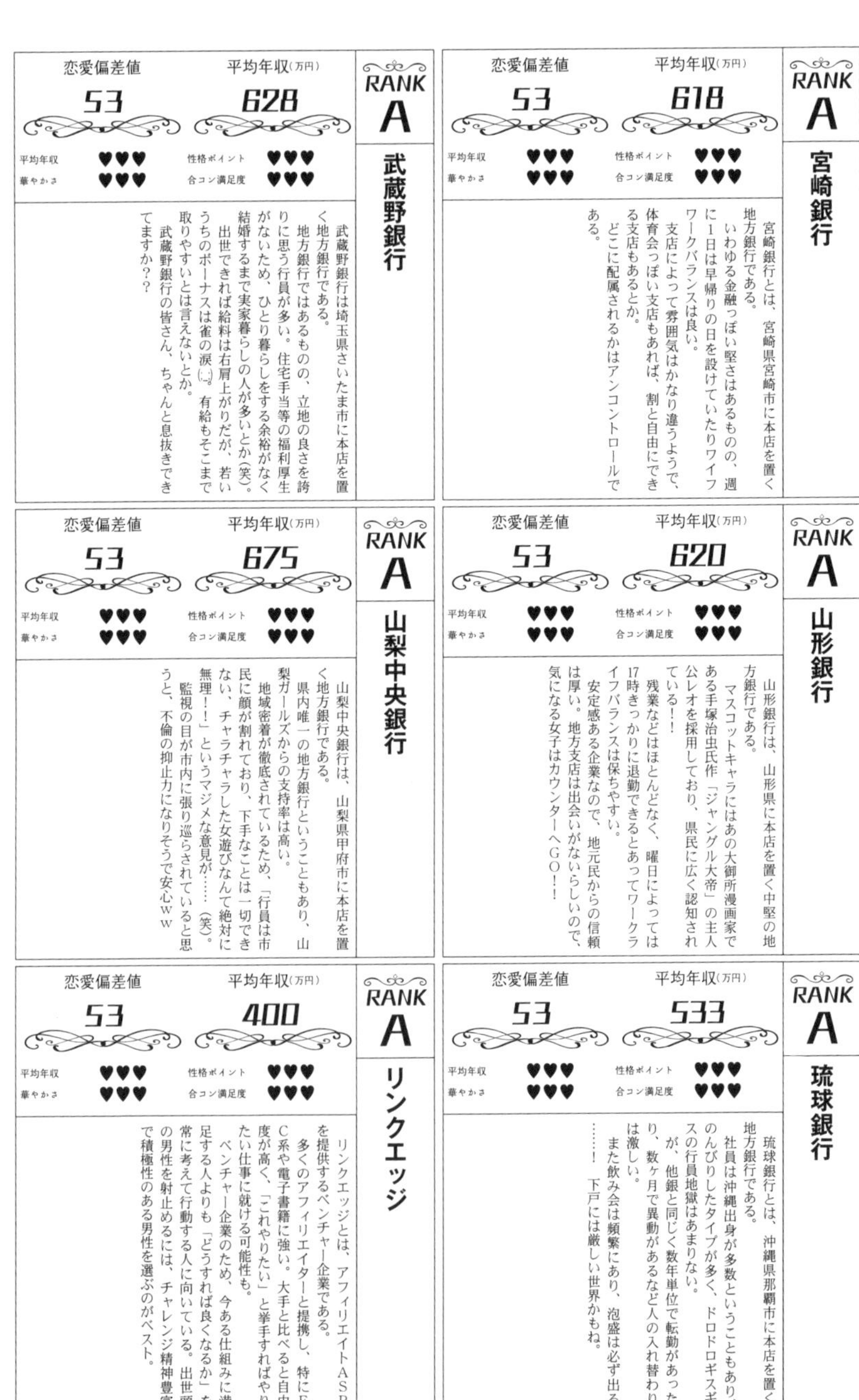

宮崎銀行

RANK A

恋愛偏差値	平均年収(万円)
53	618

平均年収	♥♥♥	性格ポイント	♥♥♥
華やかさ	♥♥♥	合コン満足度	♥♥♥

宮崎銀行とは、宮崎県宮崎市に本店を置く地方銀行である。

いわゆる金融っぽい堅さはあるものの、週に1日は早帰りの日を設けていたりワイフワークバランスは良い。

支店によって雰囲気はかなり違うようで、体育会っぽい支店もあれば、割と自由にできる支店もあるとか。

どこに配属されるかはアンコントロールである。

武蔵野銀行

RANK A

恋愛偏差値	平均年収(万円)
53	628

平均年収	♥♥♥	性格ポイント	♥♥♥
華やかさ	♥♥♥	合コン満足度	♥♥♥

武蔵野銀行は埼玉県さいたま市に本店を置く地方銀行である。

地方銀行ではあるものの、立地の良さを誇りに思う行員が多い。住宅手当等の福利厚生がないため、ひとり暮らしをする余裕がなく結婚するまで実家暮らしの人が多いとか(笑)。

出世できれば給料は右肩上がりだが、若いうちのボーナスは雀の涙(;_;)有給もそこまで取りやすいとは言えないとか。

武蔵野銀行の皆さん、ちゃんと息抜きできてますか??

山形銀行

RANK A

恋愛偏差値	平均年収(万円)
53	620

平均年収	♥♥♥	性格ポイント	♥♥♥
華やかさ	♥♥♥	合コン満足度	♥♥♥

山形銀行は、山形県に本店を置く中堅の地方銀行である。

マスコットキャラにはあの大御所漫画家である手塚治虫氏作「ジャングル大帝」の主人公レオを採用しており、県民に広く認知されている！

残業などはほとんどなく、曜日によっては17時きっかりに退勤できるとあってワークライフバランスは保ちやすい。

安定感ある企業なので、地元民からの信頼は厚い。地方支店は出会いがないらしいので、気になる女子はカウンターへＧＯ！！

山梨中央銀行

RANK A

恋愛偏差値	平均年収(万円)
53	675

平均年収	♥♥♥	性格ポイント	♥♥♥
華やかさ	♥♥♥	合コン満足度	♥♥♥

山梨中央銀行は、山梨県甲府市に本店を置く地方銀行である。

県内唯一の地方銀行ということもあり、山梨ガールズからの支持率は高い。

地域密着が徹底されているため、「行員は市民に顔が割れており、下手なことは一切できない、チャラチャラした女遊びなんて絶対に無理！！」というマジな意見が……(笑)。

監視の目が市内に張り巡らされていると思うと、不倫の抑止力になりそうで安心ｗｗ

琉球銀行

RANK A

恋愛偏差値	平均年収(万円)
53	533

平均年収	♥♥♥	性格ポイント	♥♥♥
華やかさ	♥♥♥	合コン満足度	♥♥♥

琉球銀行とは、沖縄県那覇市に本店を置く地方銀行である。

社員は沖縄出身が多数ということもあり、のんびりしたタイプが多く、ドロドロギスギスの行員地獄はあまりない。

が、他銀と同じく数年単位で転勤があったり、数ヶ月で異動があるなど人の入れ替わりは激しい。

また飲み会は頻繁にあり、泡盛は必ず出る……！　下戸には厳しい世界かもね。

リンクエッジ

RANK A

恋愛偏差値	平均年収(万円)
53	400

平均年収	♥♥♥	性格ポイント	♥♥♥
華やかさ	♥♥♥	合コン満足度	♥♥♥

リンクエッジとは、アフィリエイトＡＳＰを提供するベンチャー企業である。

多くのアフィリエイターと提携し、特にＥＣ系や電子書籍に強い。大手と比べると自由度が高く、「これやりたい」と挙手すればやりたい仕事に就ける可能性も。

ベンチャー企業のため、今ある仕組みに満足する人よりも「どうすれば良くなるか」を常に考えて行動する人に向いている。出世頭の男性を射止めるには、チャレンジ精神豊富で積極性のある男性を選ぶのがベスト。

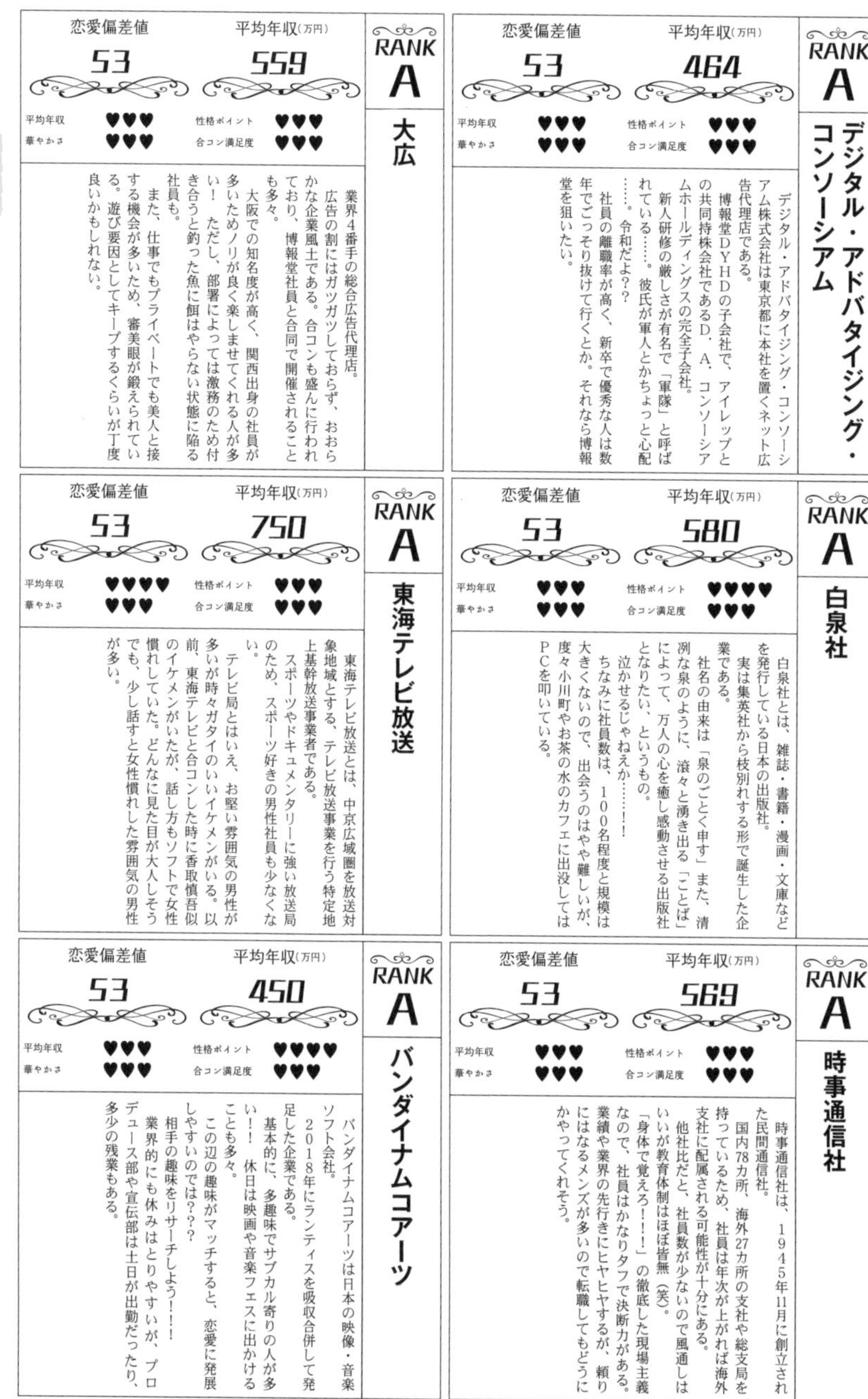

RANK A　デジタル・アドバタイジング・コンソーシアム

恋愛偏差値 53　平均年収（万円） 464

平均年収 ♥♥♥　性格ポイント ♥♥♥
華やかさ ♥♥♥　合コン満足度 ♥♥♥

デジタル・アドバタイジング・コンソーシアム株式会社は東京都に本社を置くネット広告代理店である。

博報堂ＤＹＨＤの子会社で、アイレップとの共同持株会社であるＤ．Ａ．コンソーシアムホールディングスの完全子会社。

新人研修の厳しさが有名で「軍隊」と呼ばれている……。彼氏が軍人とかちょっと心配……。令和だよ？？

社員の離職率が高く、新卒で優秀な人は数年でごっそり抜けて行くとか。それなら博報堂を狙いたい。

RANK A　大広

恋愛偏差値 53　平均年収（万円） 559

平均年収 ♥♥♥　性格ポイント ♥♥♥
華やかさ ♥♥♥　合コン満足度 ♥♥♥

業界4番手の総合広告代理店。

広告の割にはガツガツしておらず、おおらかな企業風土である。合コンも盛んに行われており、博報堂社員と合同で開催されることも多々。

大阪での知名度が高く、関西出身の社員が多いためノリが良く楽しませてくれる人が多い！　ただし、部署によっては激務のため付き合うと釣った魚に餌はやらない状態に陥る社員も。

また、仕事でもプライベートでも美人と接する機会が多いため、審美眼が鍛えられている。遊び要因としてキープするくらいが丁度良いかもしれない。

RANK A　白泉社

恋愛偏差値 53　平均年収（万円） 580

平均年収 ♥♥♥　性格ポイント ♥♥♥♥
華やかさ ♥♥♥　合コン満足度 ♥♥♥

白泉社とは、雑誌・書籍・漫画・文庫などを発行している日本の出版社。

実は集英社から枝別れする形で誕生した企業である。

社名の由来は「泉のごとく申す」また、清冽な泉のように、滾々と湧き出る「ことば」によって、万人の心を癒し感動させる出版社となりたい、というもの。

泣かせるじゃねえか……！！

ちなみに社員数は、１００名程度と規模は大きくないので、出会うのはやや難しいが、度々小川町やお茶の水のカフェに出没してはＰＣを叩いている。

RANK A　東海テレビ放送

恋愛偏差値 53　平均年収（万円） 750

平均年収 ♥♥♥♥　性格ポイント ♥♥♥
華やかさ ♥♥♥　合コン満足度 ♥♥♥

東海テレビ放送とは、中京広域圏を放送対象地域とする、テレビ放送事業を行う特定地上基幹放送事業者である。

スポーツやドキュメンタリーに強い放送局のため、スポーツ好きの男性社員も少なくない。

テレビ局とはいえ、お堅い雰囲気の男性が多いが時々ガタイのいいイケメンがいる。以前、東海テレビと合コンした時に香取慎吾似のイケメンがいたが、話し方もソフトで女性慣れしていた。どんなに見た目が大人しそうでも、少し話すと女性慣れした雰囲気の男性が多い。

RANK A　時事通信社

恋愛偏差値 53　平均年収（万円） 569

平均年収 ♥♥♥　性格ポイント ♥♥♥
華やかさ ♥♥♥　合コン満足度 ♥♥♥

時事通信社は、１９４５年11月に創立された民間通信社。

国内78カ所、海外27カ所の支社や総支局を持っているため、社員は年次が上がれば海外支社に配属される可能性が十分にある。

他社比だと、社員数が少ないので風通しはいいが教育体制はほぼ皆無（笑）。

「身体で覚えろ！！！」の徹底した現場主義なので、社員はかなりタフで決断力がある。業績や業界の先行きにヒヤヒヤするが、頼りにはなるメンズが多いので転職してもどうにかやってくれそう。

RANK A　バンダイナムコアーツ

恋愛偏差値 53　平均年収（万円） 450

平均年収 ♥♥♥　性格ポイント ♥♥♥♥
華やかさ ♥♥♥　合コン満足度 ♥♥♥

バンダイナムコアーツは日本の映像・音楽ソフト会社。

２０１８年にランティスを吸収合併して発足した企業である。

基本的に、多趣味でサブカル寄りの人が多い！　休日は映画や音楽フェスに出かけることも多々。

この辺の趣味がマッチすると、恋愛に発展しやすいのでは？？？

相手の趣味をリサーチしよう！！！

業界的にも休みはとりやすいが、プロデュース部や宣伝部は土日が出勤だったり、多少の残業もある。

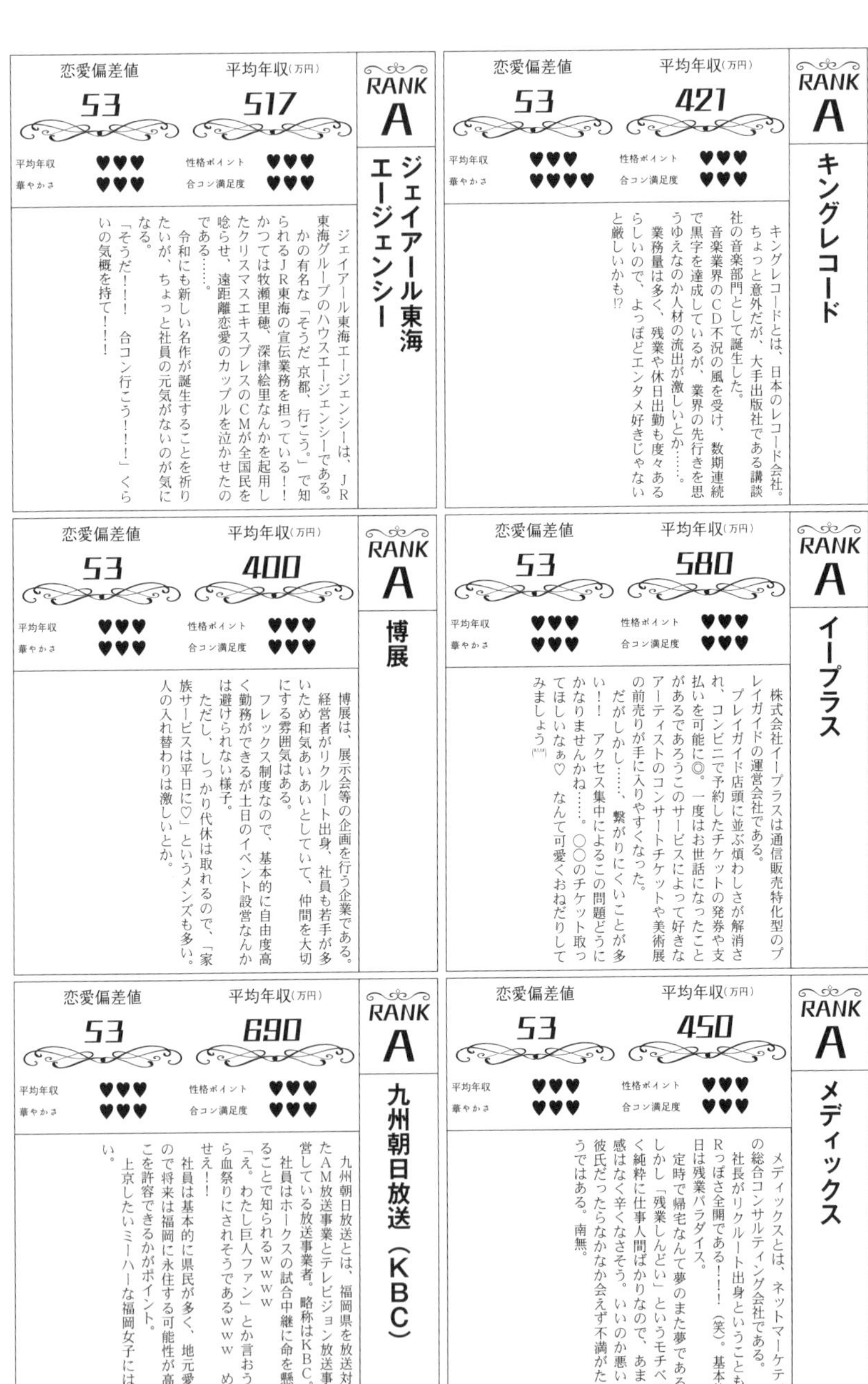

RANK A

キングレコード

恋愛偏差値 53

平均年収（万円） 421

平均年収 ♥♥♥
華やかさ ♥♥♥♥
性格ポイント ♥♥♥
合コン満足度 ♥♥♥

キングレコードとは、日本のレコード会社。ちょっと意外だが、大手出版社である講談社の音楽部門として誕生した。

音楽業界のCD不況の風を受け、数期連続で黒字を達成しているが、業界の先行きを思うゆえなのか人材の流出が激しいとか……。

業務量は多く、残業や休日出勤も度々あるらしいので、よっぽどエンタメ好きじゃないと厳しいかも⁉

RANK A

ジェイアール東海エージェンシー

恋愛偏差値 53

平均年収（万円） 517

平均年収 ♥♥♥
華やかさ ♥♥♥
性格ポイント ♥♥♥
合コン満足度 ♥♥♥

ジェイアール東海エージェンシーは、JR東海グループのハウスエージェンシーである。かの有名な「そうだ 京都、行こう。」で知られるJR東海の宣伝業務を担っている！かつては牧瀬里穂、深津絵里なんかを起用したクリスマスエキスプレスのCMが全国民を唸らせ、遠距離恋愛のカップルを泣かせたのである……。

令和にも新しい名作が誕生することを祈りたいが、ちょっと社員の元気がないのが気になる。

「そうだ！！　合コン行こう！！！」くらいの気概を持て！！！

RANK A

イープラス

恋愛偏差値 53

平均年収（万円） 580

平均年収 ♥♥♥
華やかさ ♥♥♥
性格ポイント ♥♥♥
合コン満足度 ♥♥♥

株式会社イープラスは通信販売特化型のプレイガイドの運営会社である。

プレイガイド店頭に並ぶ煩わしさが解消され、コンビニで予約したチケットの発券や支払いを可能に◎。一度はお世話になったことがあるであろうこのサービスによって好きなアーティストのコンサートチケットや美術展の前売りが手に入りやすくなった。

だがしかし……、繋がりにくいことが多い！　アクセス集中によるこの問題どうにかなりませんかね……。〇〇のチケット取ってほしいなぁ♡　なんて可愛くおねだりしてみましょう(KIM)

RANK A

博展

恋愛偏差値 53

平均年収（万円） 400

平均年収 ♥♥♥
華やかさ ♥♥♥
性格ポイント ♥♥♥
合コン満足度 ♥♥♥

博展は、展示会等の企画を行う企業である。

経営者がリクルート出身、社員も若手が多いため和気あいあいとしていて、仲間を大切にする雰囲気はある。

フレックス制度なので、基本的に自由度高く勤務ができるが土日のイベント設営なんかは避けられない様子。

ただし、しっかり代休は取れるので、「家族サービスは平日に♡」というメンズも多い。人の入れ替わりは激しいとか。

RANK A

メディックス

恋愛偏差値 53

平均年収（万円） 450

平均年収 ♥♥♥
華やかさ ♥♥♥
性格ポイント ♥♥♥
合コン満足度 ♥♥♥

メディックスとは、ネットマーケティングの総合コンサルティング会社である。

社長がリクルート出身ということもあり、Rっぽさ全開である！！（笑）。基本的に平日は残業パラダイス。

定時で帰宅なんて夢のまた夢である……。しかし「残業しんどい」というモチベではなく純粋に仕事人間ばかりなので、あまり危機感はなく辛くなさそう。いいのか悪いのか？彼氏だったらなかなか会えず不満がたまりそうではある。南無。

RANK A

九州朝日放送（KBC）

恋愛偏差値 53

平均年収（万円） 690

平均年収 ♥♥♥
華やかさ ♥♥♥
性格ポイント ♥♥♥
合コン満足度 ♥♥♥

九州朝日放送とは、福岡県を放送対象にしたAM放送事業とテレビジョン放送事業を兼営している放送事業者。略称はKBC。

社員はホークスの試合中継に命を懸けていることで知られるwww「え。わたし巨人ファン」とか言おうもんなら血祭りにされそうであるwww　めんどくせえ！！

社員は基本的に県民が多く、地元愛が強いので将来は福岡に永住する可能性が高い。そこを許容できるかがポイント。

上京したいミーハーな福岡女子には向かない。

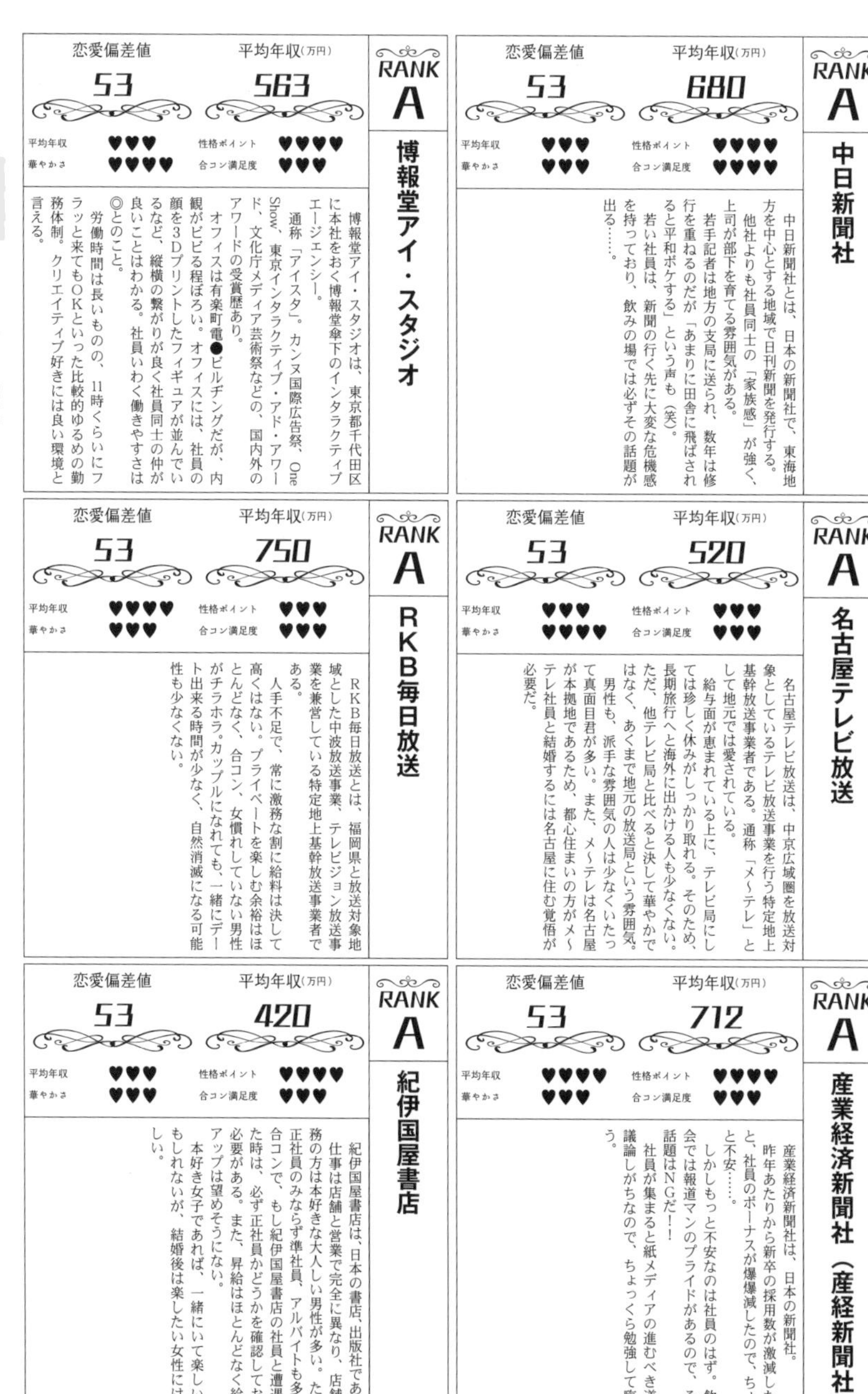

RANK A 中日新聞社

恋愛偏差値	平均年収(万円)
53	680

平均年収	♥♥♥	性格ポイント	♥♥♥♥
華やかさ	♥♥♥	合コン満足度	♥♥♥♥

中日新聞社とは、日本の新聞社で、東海地方を中心とする地域で日刊新聞を発行する。

他社よりも社員同士の「家族感」が強く、上司が部下を育てる雰囲気がある。

若手記者は地方の支局に送られ、数年は修行を重ねるのだが「あまりに田舎に飛ばされると平和ボケする」という声も(笑)。

若い社員は、新聞の行く先に大変な危機感を持っており、飲みの場では必ずその話題が出る……。

RANK A 博報堂アイ・スタジオ

恋愛偏差値	平均年収(万円)
53	563

平均年収	♥♥♥	性格ポイント	♥♥♥♥
華やかさ	♥♥♥♥	合コン満足度	♥♥♥

博報堂アイ・スタジオは、東京都千代田区に本社をおく博報堂傘下のインタラクティブエージェンシー。

通称「アイスタ」。カンヌ国際広告祭、One Show、東京インタラクティブ・アド・アワード、文化庁メディア芸術祭などの、国内外のアワードの受賞歴あり。

オフィスは有楽町電●ビルヂングだが、内観がビビる程ぼろい。オフィスには、社員の顔を3Dプリントしたフィギュアが並んでいるなど、縦横の繋がりが良く社員同士の仲が良いことはわかる。社員いわく働きやすさは◎とのこと。

労働時間は長いものの、11時くらいにフラッと来てもOKといった比較的ゆるめの勤務体制。クリエイティブ好きには良い環境と言える。

RANK A 名古屋テレビ放送

恋愛偏差値	平均年収(万円)
53	520

平均年収	♥♥♥	性格ポイント	♥♥♥
華やかさ	♥♥♥♥	合コン満足度	♥♥♥

名古屋テレビ放送は、中京広域圏を放送対象としているテレビ放送事業を行う特定地上基幹放送事業者である。通称「メ〜テレ」として地元では愛されている。

給与面が恵まれている上に、テレビ局にしては珍しく休みがしっかり取れる。そのため、長期旅行へと海外に出かける人も少なくない。ただ、他テレビ局と比べると決して華やかではなく、あくまで地元の放送局という雰囲気。

男性も、派手な雰囲気の人は少なくいたって真面目君が多い。また、メ〜テレは名古屋が本拠地であるため、都心住まいの方がメ〜テレ社員と結婚するには名古屋に住む覚悟が必要だ。

RANK A RKB毎日放送

恋愛偏差値	平均年収(万円)
53	750

平均年収	♥♥♥♥	性格ポイント	♥♥♥
華やかさ	♥♥♥	合コン満足度	♥♥♥

RKB毎日放送とは、福岡県と放送対象地域とした中波放送事業、テレビジョン放送事業を兼営している特定地上基幹放送事業者である。

人手不足で、常に激務な割に給料は決して高くはない。プライベートを楽しむ余裕はほとんどなく、合コン、女慣れしていない男性がチラホラ。カップルになれても、一緒にデート出来る時間が少なく、自然消滅になる可能性も少なくない。

RANK A 産業経済新聞社（産経新聞社）

恋愛偏差値	平均年収(万円)
53	712

平均年収	♥♥♥♥	性格ポイント	♥♥♥♥
華やかさ	♥♥♥	合コン満足度	♥♥♥

産業経済新聞社は、日本の新聞社。

昨年あたりから新卒の採用数が激減したのと、社員のボーナスが爆爆減したので、ちょっと不安……。

しかしもっと不安なのは社員のはず。飲み会では報道マンのプライドがあるので、その話題はNGだ！

社員が集まると紙メディアの進むべき道を議論しがちなので、ちょっくら勉強して臨もう。

RANK A 紀伊国屋書店

恋愛偏差値	平均年収(万円)
53	420

平均年収	♥♥♥	性格ポイント	♥♥♥♥
華やかさ	♥♥♥	合コン満足度	♥♥♥

紀伊国屋書店は、日本の書店、出版社である。

仕事は店舗と営業で完全に異なり、店舗勤務の方は本好きな大人しい男性が多い。ただ、正社員のみならず準社員、アルバイトも多い。合コンで、もし紀伊国屋書店の社員と遭遇した時は、必ず正社員かどうかを確認しておく必要がある。また、昇給はほとんどなく給与アップは望めそうにない。

本好き女子であれば、一緒にいて楽しいかもしれないが、結婚後は楽したい女性には厳しい。

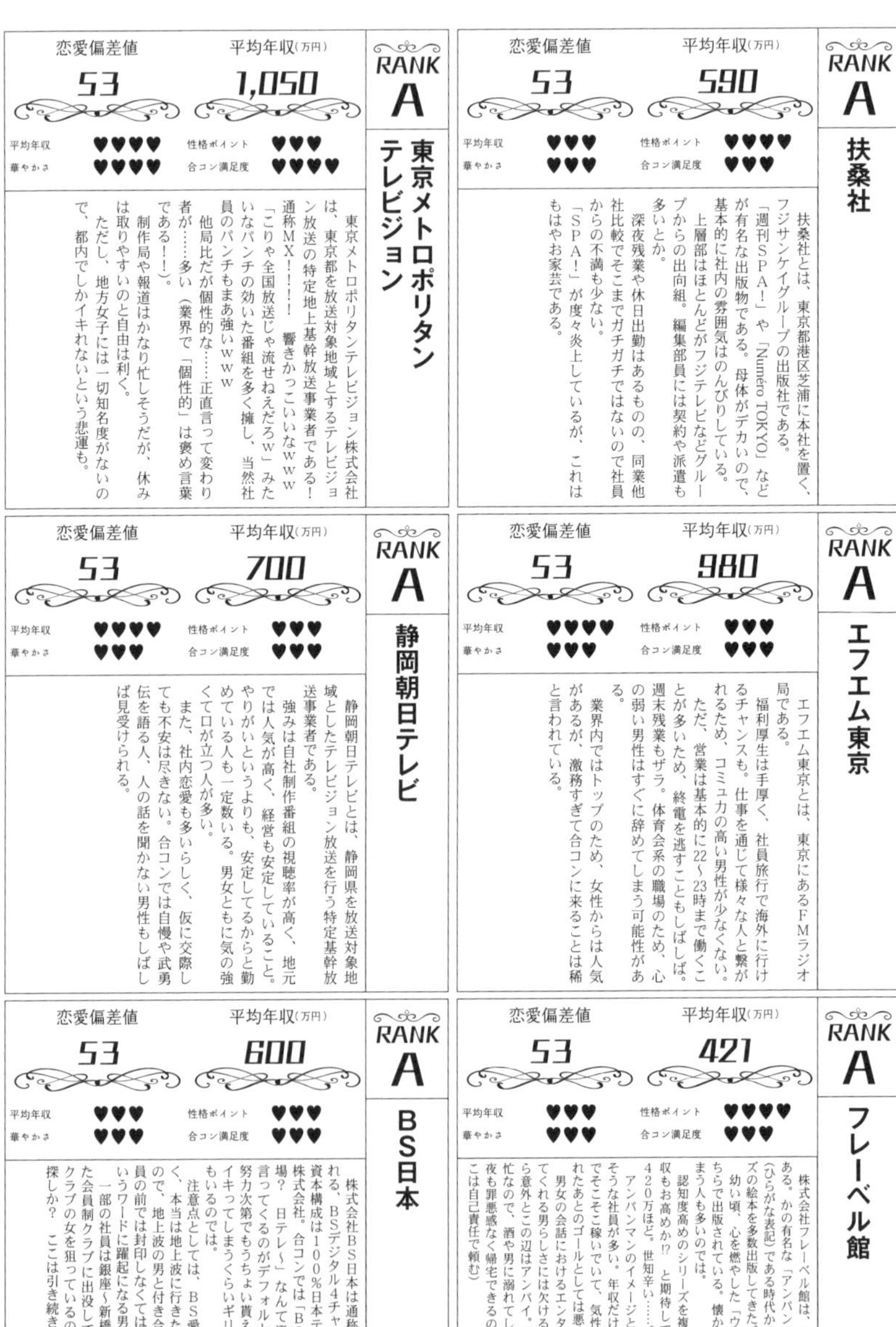

扶桑社

RANK A

恋愛偏差値 53　平均年収（万円）590

平均年収 ♥♥♥　性格ポイント ♥♥♥♥
華やかさ ♥♥♥　合コン満足度 ♥♥♥

扶桑社とは、東京都港区芝浦に本社を置く、フジサンケイグループの出版社である。「週刊ＳＰＡ！」や「Numéro TOKYO」などが有名な出版物である。母体がデカいので、基本的に社内の雰囲気はのんびりしている。

上層部はほとんどがフジテレビなどグループからの出向組。編集部員には契約や派遣も多いとか。

深夜残業や休日出勤はあるものの、同業他社比較でそこまでガチガチではないので社員からの不満も少ない。

「ＳＰＡ！」が度々炎上しているが、これはもはやお家芸である。

東京メトロポリタンテレビジョン

RANK A

恋愛偏差値 53　平均年収（万円）1,050

平均年収 ♥♥♥♥　性格ポイント ♥♥♥
華やかさ ♥♥♥♥　合コン満足度 ♥♥♥♥

東京メトロポリタンテレビジョン株式会社は、東京都を放送対象地域とするテレビジョン放送の特定地上基幹放送事業者である！　通称ＭＸ！！！！　響きかっこいいなｗｗｗ「こりゃ全国放送じゃ流せねえだろｗ」みたいなパンチの効いた番組を多く擁し、当然社員のパンチもまあ強いｗｗｗ

他局比だが個性的な……正直言って変わり者が……多い（業界で「個性的」は褒め言葉である！！）。

制作局や報道はかなり忙しそうだが、休みは取りやすいのと自由は利く。

ただし、地方女子には一切知名度がないので、都内でしかイキれないという悲運も。

エフエム東京

RANK A

恋愛偏差値 53　平均年収（万円）980

平均年収 ♥♥♥♥　性格ポイント ♥♥♥
華やかさ ♥♥♥　合コン満足度 ♥♥♥

エフエム東京とは、東京にあるＦＭラジオ局である。

福利厚生は手厚く、社員旅行で海外に行けるチャンスも。仕事を通じて様々な人と繋がれるため、コミュ力の高い男性が少なくない。

ただ、営業は基本的に22～23時まで働くことが多いため、終電を逃すこともしばしば。週末残業もザラ。体育会系の職場のため、心の弱い男性はすぐに辞めてしまう可能性がある。

業界内ではトップのため、女性からは人気があるが、激務すぎて合コンに来ることは稀と言われている。

静岡朝日テレビ

RANK A

恋愛偏差値 53　平均年収（万円）700

平均年収 ♥♥♥♥　性格ポイント ♥♥♥
華やかさ ♥♥♥　合コン満足度 ♥♥♥

静岡朝日テレビとは、静岡県を放送対象地域としたテレビジョン放送を行う特定基幹放送事業者である。

強みは自社制作番組の視聴率が高く、地元では人気が高く、経営も安定していること。やりがいというよりも、安定してるからと勤めている人も一定数いる。男女ともに気の強くて口が立つ人が多い。

また、社内恋愛も多いらしく、仮に交際しても不安は尽きない。合コンでは自慢や武勇伝を語る人、人の話を聞かない男性もしばしば見受けられる。

フレーベル館

RANK A

恋愛偏差値 53　平均年収（万円）421

平均年収 ♥♥♥　性格ポイント ♥♥♥♥
華やかさ ♥♥♥　合コン満足度 ♥♥♥

株式会社フレーベル館は、児童書メインの出版社である。かの有名な「アンパンマン」が「あんぱんまん」（ひらがな表記）である時代からタッグを組み、当シリーズの絵本を多数出版してきた。

幼い頃、心を燃やした「ウォーリーをさがせ」もこちらで出版されている。懐かしい……とつぶやいてしまう人も多いのでは。

認知度高めのシリーズを複数刊行しているため、年収もお高めか⁉　と期待してしまうが、実際は平均４２０万ほど。世知辛い……。

アンパンマンのイメージと乖離ない、ＴＨＥイイ人そうな社員が多い。年収だけ見ると心許ないが、自分でそこそこ稼いでいて、気性の荒い男との大恋愛に疲れたあとのゴールとしては悪くない。

男女の会話におけるエンタメ性・ぐいぐい引っ張ってくれる男らしさには欠けるが、自立している女性なら意外とこの辺はアンパイ。出版社といえばどこも多忙なので、酒や男に溺れてしまって「ヤバッ」という夜も罪悪感なく帰宅できるのも有難い☆（ただし、ここは自己責任で頼む）

ＢＳ日本

RANK A

恋愛偏差値 53　平均年収（万円）600

平均年収 ♥♥♥　性格ポイント ♥♥♥
華やかさ ♥♥♥　合コン満足度 ♥♥♥

株式会社ＢＳ日本は通称「ＢＳ日テレ」と表される、ＢＳデジタル4チャンネルの放送局である。資本構成は１００％日本テレビホールディングス株式会社。合コンでは「ＢＳ」の部分を省略し、「職場？　日テレ～」なんて澄ました顔をしながら言ってくるのがデフォルト。平均年収６００万、努力次第でもうちょい貰えるので、酒の席で軽くイキってしまうくらいギリ許せるわ♡　という層もいるのでは。

注意点としては、ＢＳ愛が強い社員ばかりでなく、本当は地上波に行きたい願望を持つ者が多いので、地上波の男と付き合っていた過去はこの社員の前では封印しなくてはならない。「地上波」というワードに躍起になる男が多すぎるｗｗ

一部の社員は銀座～新橋あたりのひっそりとした会員制クラブに出没しているとのタレコミが。クラブの女を狙っているのか？　単なる一夜の女探しか？　ここは引き続き調査を進めたい。

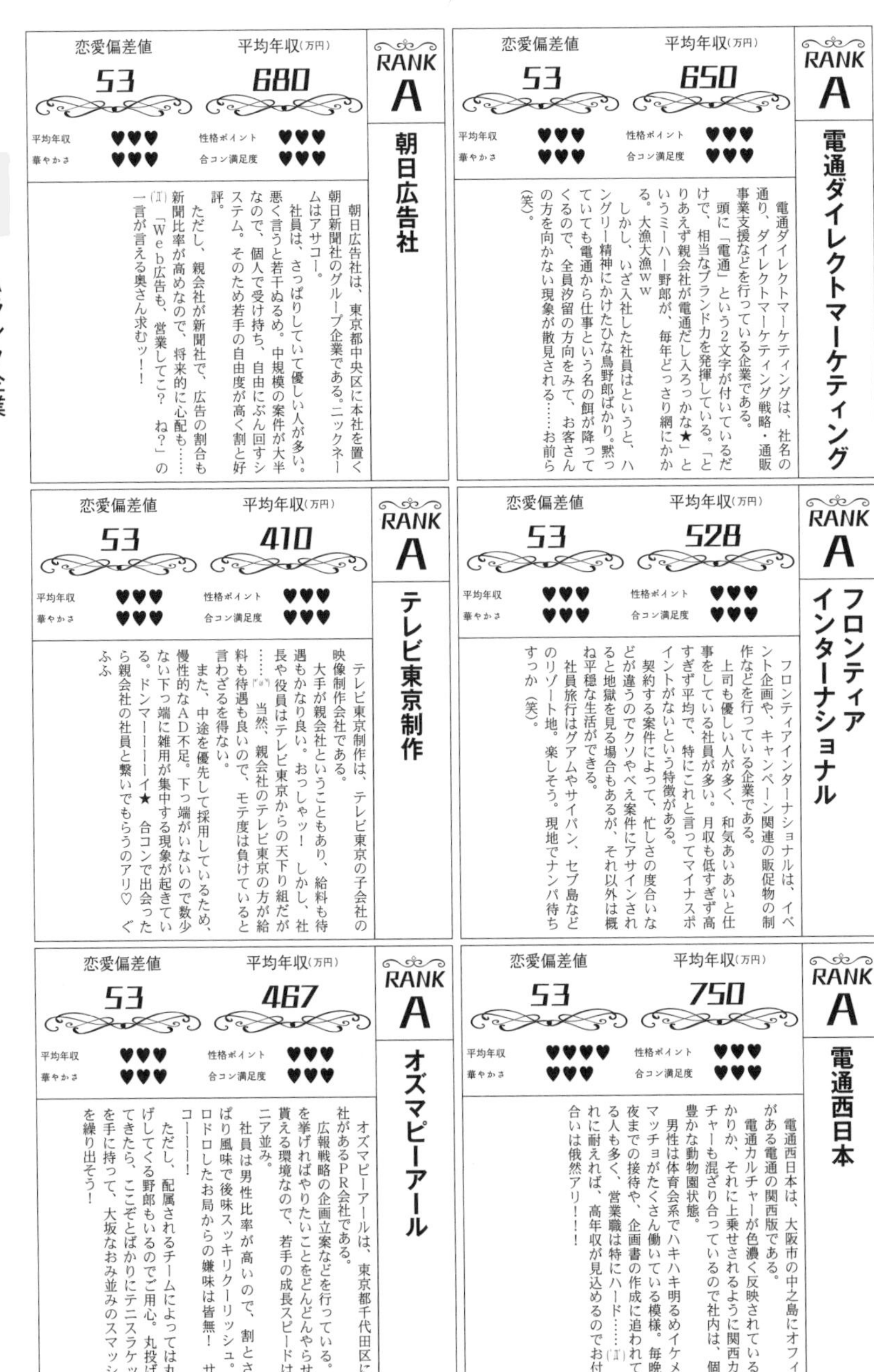

電通ダイレクトマーケティング

RANK A

恋愛偏差値 53　平均年収（万円） 650

平均年収 ♥♥♥　性格ポイント ♥♥♥
華やかさ ♥♥♥　合コン満足度 ♥♥♥

電通ダイレクトマーケティングは、社名の通り、ダイレクトマーケティング戦略・通販事業支援などを行っている企業である。
頭に「電通」という2文字が付いているだけで、相当なブランド力を発揮している。「とりあえず親会社が電通だし入ろっかな★」というミーハー野郎が、毎年どっさり網にかかる。大漁大漁ｗｗ
しかし、いざ入社した社員はというと、ハングリー精神にかけたひな鳥野郎ばかり。黙っていても電通から仕事という名の餌が降ってくるので、全員汐留の方向をみて、お客さんの方を向かない現象が散見される……お前ら（笑）。

朝日広告社

RANK A

恋愛偏差値 53　平均年収（万円） 680

平均年収 ♥♥♥　性格ポイント ♥♥♥
華やかさ ♥♥♥　合コン満足度 ♥♥♥

朝日広告社は、東京都中央区に本社を置く朝日新聞社のグループ企業である。ニックネームはアサコー。

社員は、さっぱりしていて優しい人が多い。悪く言うと若干ぬるめ。中規模の案件が大半なので、個人で受け持ち、自由にぶん回すシステム。そのため若手の自由度が高く割と好評。

ただし、親会社が新聞社で、広告の割合も新聞比率が高めなので、将来的に心配も……(´Д`)「Ｗｅｂ広告も、営業してこ？　ね？」の一言が言える奥さん求むッ！！

フロンティアインターナショナル

RANK A

恋愛偏差値 53　平均年収（万円） 528

平均年収 ♥♥♥　性格ポイント ♥♥♥
華やかさ ♥♥♥　合コン満足度 ♥♥♥

フロンティアインターナショナルは、イベント企画や、キャンペーン関連の販促物の制作などを行っている企業である。

上司も優しい人が多く、和気あいあいと仕事をしている社員が多い。月収も低すぎず高すぎず平均で、特にこれと言ってマイナスポイントがないという特徴がある。

契約する案件によって、忙しさの度合いなどが違うのでクソやべえ案件にアサインされると地獄を見る場合もあるが、それ以外は概ね平穏な生活ができる。

社員旅行はグアムやサイパン、セブ島などのリゾート地。楽しそう。現地でナンパ待ちすっか（笑）。

テレビ東京制作

RANK A

恋愛偏差値 53　平均年収（万円） 410

平均年収 ♥♥♥　性格ポイント ♥♥♥
華やかさ ♥♥♥　合コン満足度 ♥♥♥

テレビ東京制作は、テレビ東京の子会社の映像制作会社である。

大手が親会社ということもあり、給料も待遇もかなり良い。おっしゃッ！　しかし、社長や役員はテレビ東京からの天下り組だが……(ﾟωﾟ) 当然、親会社のテレビ東京の方が給料も待遇も良いので、モテ度は負けていると言わざるを得ない。

また、中途を優先して採用しているため、慢性的なＡＤ不足。下っ端がいないので数少ない下っ端に雑用が集中する現象が起きている。ドンマーーーーイ★　合コンで出会ったら親会社の社員と繋いでもらうのアリ♡　ぐふふ

電通西日本

RANK A

恋愛偏差値 53　平均年収（万円） 750

平均年収 ♥♥♥♥　性格ポイント ♥♥♥
華やかさ ♥♥♥　合コン満足度 ♥♥♥

電通西日本は、大阪市の中之島にオフィスがある電通の関西版である。

電通カルチャーが色濃く反映されているばかりか、それに上乗せされるように関西カルチャーも混ざり合っているので社内は、個性豊かな動物園状態。

男性は体育会系でハキハキ明るめイケメンマッチョがたくさん働いている模様。毎晩深夜までの接待や、企画書の作成に追われている人も多く、営業職は特にハード……(´Д`) これに耐えれば、高年収が見込めるのでお付き合いは俄然アリ！！

オズマピーアール

RANK A

恋愛偏差値 53　平均年収（万円） 467

平均年収 ♥♥♥　性格ポイント ♥♥♥
華やかさ ♥♥♥　合コン満足度 ♥♥♥

オズマピーアールは、東京都千代田区に本社があるＰＲ会社である。

広報戦略の企画立案などを行っている。手を挙げればやりたいことをどんどんやらせて貰える環境なので、若手の成長スピードはリニア並み。

社員は男性比率が高いので、割とさっぱり風味で後味スッキリクーリッシュ。ドロドロしたお局からの嫌味は皆無！　サイコーーー！

ただし、配属されるチームによっては丸投げしてくる野郎もいるのでご用心。丸投げしてきたら、ここぞとばかりにテニスラケットを手に持って、大坂なおみ並みのスマッシュを繰り出そう！

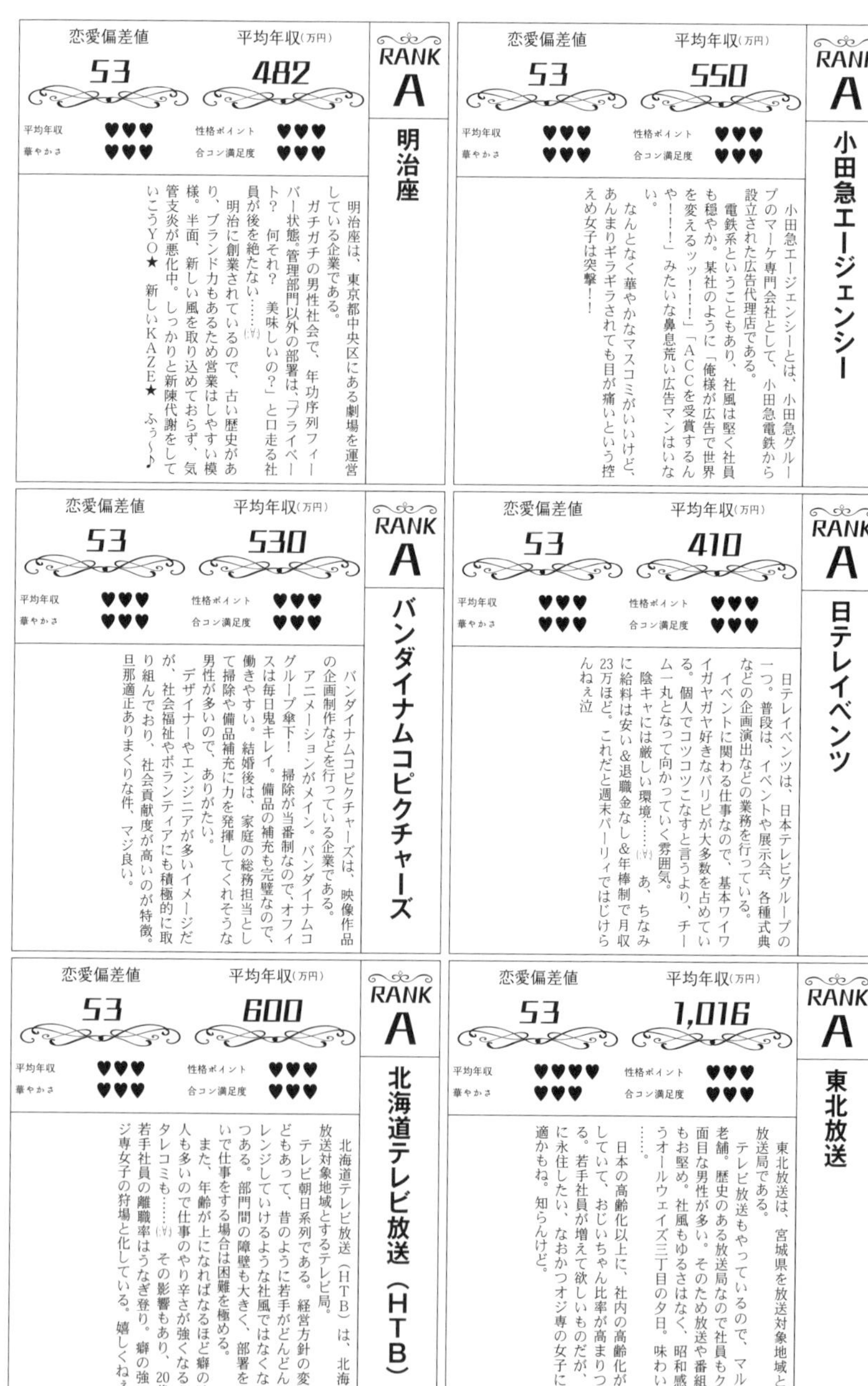

小田急エージェンシー

RANK A

恋愛偏差値	平均年収(万円)
53	550

項目	評価	項目	評価
平均年収	♥♥♥	性格ポイント	♥♥♥
華やかさ	♥♥♥	合コン満足度	♥♥♥

小田急エージェンシーとは、小田急グループのマーケ専門会社として、小田急電鉄から設立された広告代理店である。

電鉄系ということもあり、社風は堅く社員も穏やか。某社のように「俺様が広告で世界を変えるッ!!!」「ACCを受賞するんや!!!」みたいな鼻息荒い広告マンはいない。

なんとなく華やかなマスコミがいいけど、あんまりギラギラされても目が痛いという控えめ女子は突撃!

明治座

RANK A

恋愛偏差値	平均年収(万円)
53	482

項目	評価	項目	評価
平均年収	♥♥♥	性格ポイント	♥♥♥
華やかさ	♥♥♥	合コン満足度	♥♥♥

明治座は、東京都中央区にある劇場を運営している企業である。

ガチガチの男性社会で、年功序列フィーバー状態。管理部門以外の部署は、「プライベート? 何それ? 美味しいの?」と口走る社員が後を絶たない……(;∀;)

明治に創業されているので、古い歴史があり、ブランド力もあるため営業はしやすい模様。半面、新しい風を取り込めておらず、気管支炎が悪化中。しっかりと新陳代謝をしていこうYO★ 新しいKAZE★ ふぅ〜♪

日テレイベンツ

RANK A

恋愛偏差値	平均年収(万円)
53	410

項目	評価	項目	評価
平均年収	♥♥♥	性格ポイント	♥♥♥
華やかさ	♥♥♥	合コン満足度	♥♥♥

日テレイベンツは、日本テレビグループの一つ。普段は、イベントや展示会、各種式典などの企画演出などの業務を行っている。

イベントに関わる仕事なので、基本ワイワイガヤガヤ好きなパリピが大多数を占めている。個人でコツコツこなすと言うより、チーム一丸となって向かっていく雰囲気。

陰キャには厳しい環境……(;∀;) あ、ちなみに給料は安い&退職金なし&年俸制で月収23万ほど。これだと週末パーリィではじけらんねぇ泣

バンダイナムコピクチャーズ

RANK A

恋愛偏差値	平均年収(万円)
53	530

項目	評価	項目	評価
平均年収	♥♥♥	性格ポイント	♥♥♥
華やかさ	♥♥♥	合コン満足度	♥♥♥

バンダイナムコピクチャーズは、映像作品の企画制作などを行っている企業である。

アニメーションがメイン。バンダイナムコグループ傘下! 掃除が当番制なので、オフィスは毎日鬼キレイ。備品の補充も完璧なので、働きやすい。結婚後は、家庭の総務担当として掃除や備品補充に力を発揮してくれそうな男性が多いので、ありがたい。

デザイナーやエンジニアが多いイメージだが、社会福祉やボランティアにも積極的に取り組んでおり、社会貢献度が高いのが特徴。旦那適正ありまくりな件、マジ良い。

東北放送

RANK A

恋愛偏差値	平均年収(万円)
53	1,016

項目	評価	項目	評価
平均年収	♥♥♥♥	性格ポイント	♥♥♥
華やかさ	♥♥♥	合コン満足度	♥♥♥

東北放送は、宮城県を放送対象地域とする放送局である。

テレビ放送もやっているので、マルチな老舗。歴史のある放送局なので社員もクソ真面目な男性が多い。そのため放送や番組内容もお堅め。社風もゆるさはなく、昭和感が漂うオールウェイズ三丁目の夕日。味わい深い……。

日本の高齢化以上に、社内の高齢化が加速していて、おじいちゃん比率が高まりつつある。若手社員が増えて欲しいものだが、東北に永住したい、なおかつオジ専の女子には最適かもね。知らんけど。

北海道テレビ放送(HTB)

RANK A

恋愛偏差値	平均年収(万円)
53	600

項目	評価	項目	評価
平均年収	♥♥♥	性格ポイント	♥♥♥
華やかさ	♥♥♥	合コン満足度	♥♥♥

北海道テレビ放送(HTB)は、北海道を放送対象地域とするテレビ局。

テレビ朝日系列である。経営方針の変更などもあって、昔のように若手がどんどんチャレンジしていけるような社風ではなくなりつつある。部門間の障壁も大きく、部署をまたいで仕事をする場合は困難を極める。

また、年齢が上になればなるほど癖の強い人も多いので仕事のやり辛さが強くなるとのタレコミも……(;∀;) その影響もあり、20代の若手社員の離職率はうなぎ登り。癖の強いオジ専女子の狩場と化している。嬉しくねぇ。

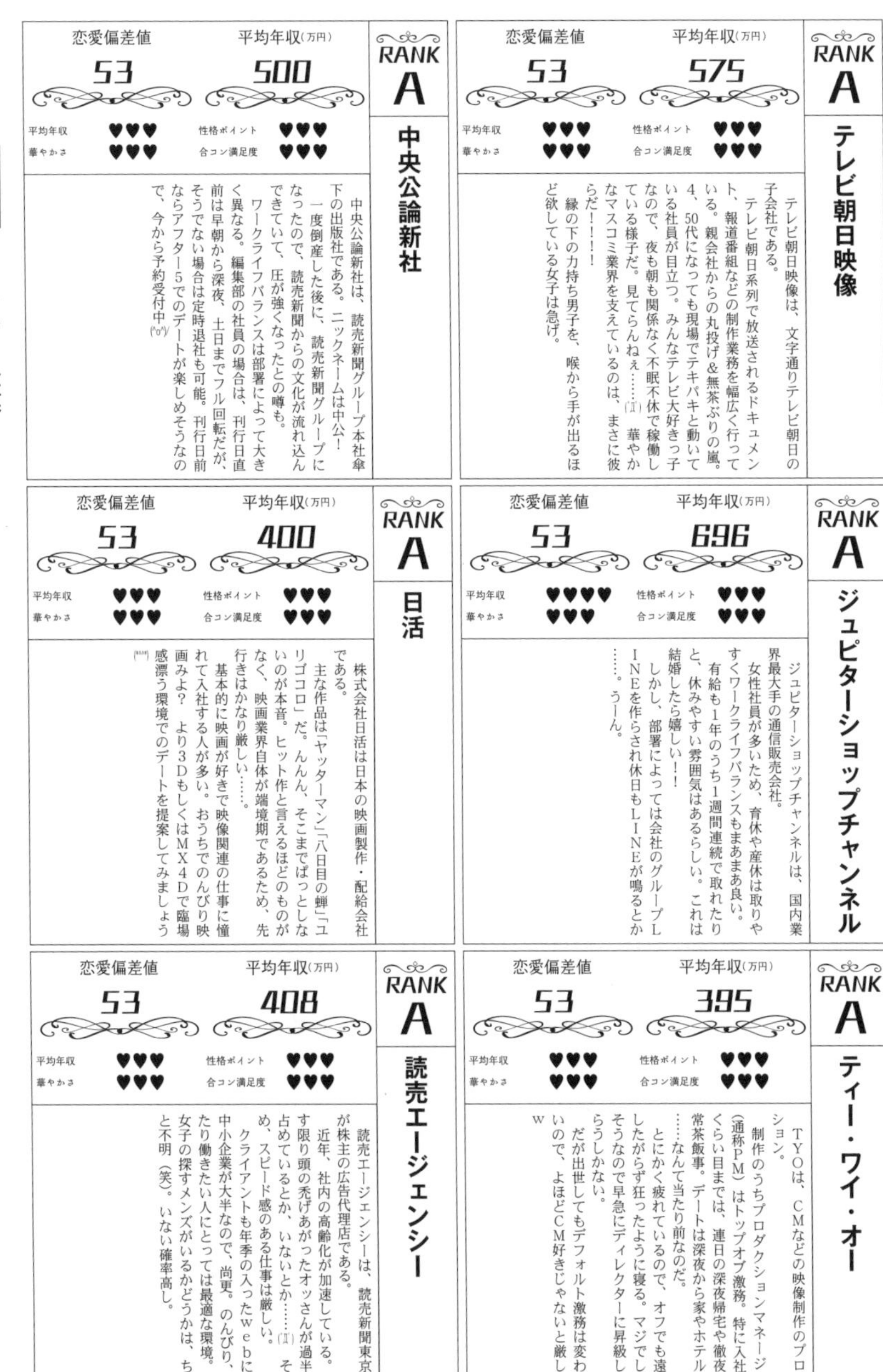

RANK A テレビ朝日映像

恋愛偏差値	平均年収（万円）
53	575

平均年収	♥♥♥	性格ポイント	♥♥♥
華やかさ	♥♥♥	合コン満足度	♥♥♥

テレビ朝日映像は、文字通りテレビ朝日の子会社である。

テレビ朝日系列で放送されるドキュメント、報道番組などの制作業務を幅広く行っている。親会社からの丸投げ＆無茶ぶりの嵐。4、50代になっても現場でテキパキと動いている社員が目立つ。みんなテレビ大好きっ子なので、夜も朝も関係なく不眠不休で稼働している様子だ。見てらんねぇ……(TT) 華やかなマスコミ業界を支えているのは、まさに彼らだ！！！

縁の下の力持ち男子を、喉から手が出るほど欲している女子は急げ。

RANK A 中央公論新社

恋愛偏差値	平均年収（万円）
53	500

平均年収	♥♥♥	性格ポイント	♥♥♥
華やかさ	♥♥♥	合コン満足度	♥♥♥

中央公論新社は、読売新聞グループ本社傘下の出版社である。ニックネームは中公！

一度倒産した後に、読売新聞グループになったので、読売新聞からの文化が流れ込んできていて、圧が強くなったとの噂も。

ワークライフバランスは部署によって大きく異なる。編集部の社員の場合は、刊行日直前は早朝から深夜、土日までフル回転だが、そうでない場合は定時退社も可能。刊行日前ならアフター5でのデートが楽しめそうなので、今から予約受付中(^o^)/

RANK A ジュピターショップチャンネル

恋愛偏差値	平均年収（万円）
53	696

平均年収	♥♥♥♥	性格ポイント	♥♥♥
華やかさ	♥♥♥	合コン満足度	♥♥♥

ジュピターショップチャンネルは、国内業界最大手の通信販売会社。

女性社員が多いため、育休や産休は取りやすくワークライフバランスもまあまあ良い。

有給も1年のうち1週間連続で取れたりと、休みやすい雰囲気はあるらしい。これは結婚したら嬉しい！！

しかし、部署によっては会社のグループLINEを作らされ休日もLINEが鳴るとか……。うーん。

RANK A 日活

恋愛偏差値	平均年収（万円）
53	400

平均年収	♥♥♥	性格ポイント	♥♥♥
華やかさ	♥♥♥	合コン満足度	♥♥♥

株式会社日活は日本の映画製作・配給会社である。

主な作品は「ヤッターマン」「八日目の蝉」「ユリゴコロ」だ。んんん、そこまでぱっとしないのが本音。ヒット作と言えるほどのものがなく、映画業界自体が端境期であるため、先行きはかなり厳しい……。

基本的に映画が好きで映像関連の仕事に憧れて入社する人が多い。おうちでのんびり映画みよ？　より3DもしくはMX4Dで臨場感漂う環境でのデートを提案してみましょう

RANK A ティー・ワイ・オー

恋愛偏差値	平均年収（万円）
53	395

平均年収	♥♥♥	性格ポイント	♥♥♥
華やかさ	♥♥♥	合コン満足度	♥♥♥

TYOは、CMなどの映像制作のプロダクション。

制作のうちプロダクションマネージャー（通称PM）はトップオブ激務。特に入社3年くらい目までは、連日の深夜帰宅や徹夜は日常茶飯事。デートは深夜から家やホテル集合……なんて当たり前なのだ。

とにかく疲れているので、オフでも遠出したがらず狂ったように寝る。マジでしんどそうなので早急にディレクターに昇級してもらうしかない。

だが出世してもデフォルト激務は変わらないので、よほどCM好きじゃないと厳しいwww

RANK A 読売エージェンシー

恋愛偏差値	平均年収（万円）
53	408

平均年収	♥♥♥	性格ポイント	♥♥♥
華やかさ	♥♥♥	合コン満足度	♥♥♥

読売エージェンシーは、読売新聞東京本社が株主の広告代理店である。

近年、社内の高齢化が加速している。見渡す限り頭の禿げあがったオッさんが過半数を占めているとか、いないとか……(TT) そのため、スピード感のある仕事は厳しい。

クライアントも年季の入ったwebに疎い中小企業が大半なので、尚更。のんびり、ゆったり働きたい人にとっては最適な環境。婚活女子の探すメンズがいるかどうかは、ちょっと不明（笑）。いない確率高し。

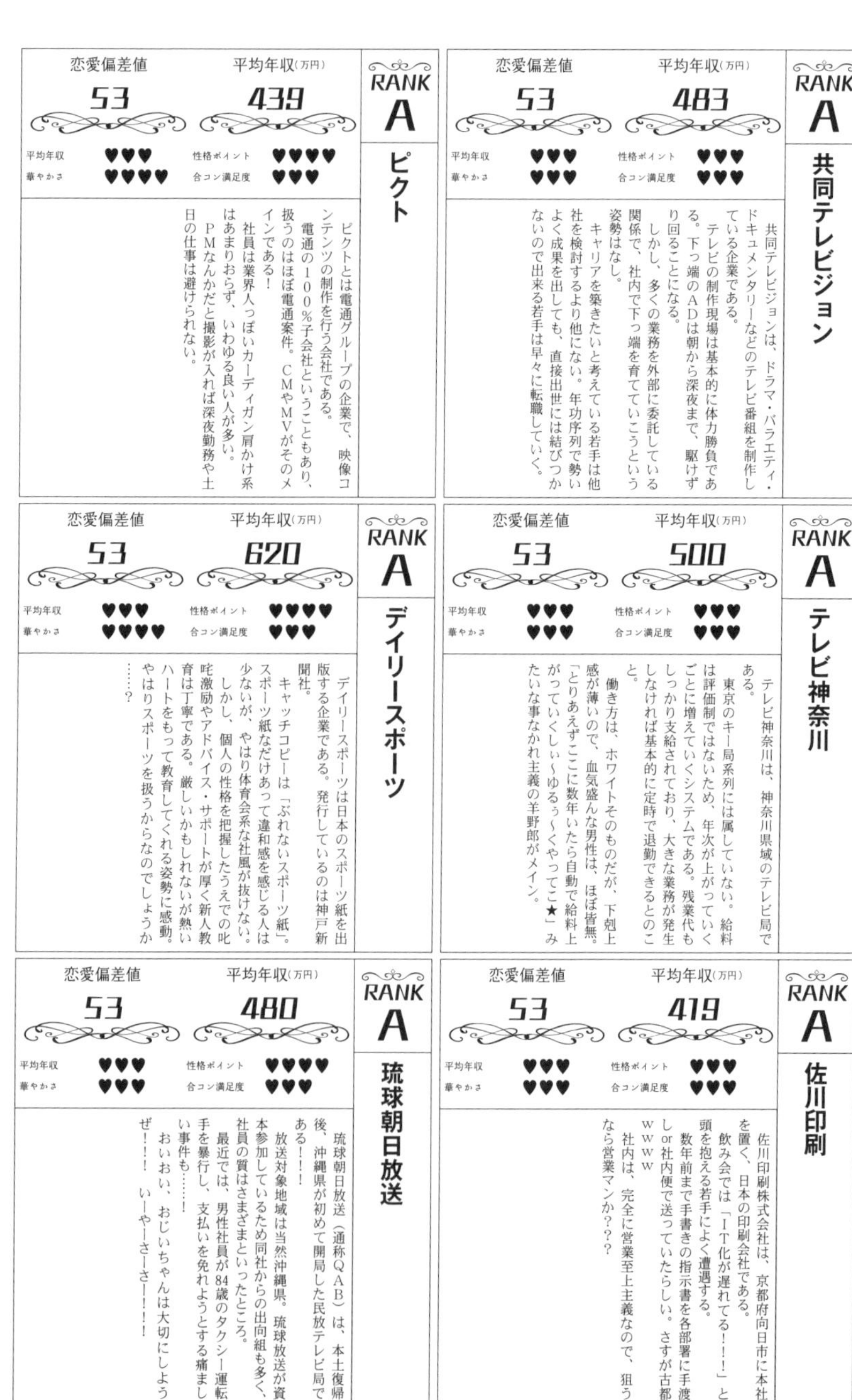

RANK A 共同テレビジョン

恋愛偏差値	平均年収（万円）
53	483

平均年収	♥♥♥	性格ポイント	♥♥♥
華やかさ	♥♥♥	合コン満足度	♥♥♥

共同テレビジョンは、ドラマ・バラエティ・ドキュメンタリーなどのテレビ番組を制作している企業である。

テレビの制作現場は基本的に体力勝負である。下っ端のADは朝から深夜まで、駆けずり回ることになる。

しかし、多くの業務を外部に委託している関係で、社内で下っ端を育てていこうという姿勢はなし。

キャリアを築きたいと考えている若手は他社を検討するより他にない。年功序列で勢いよく成果を出しても、直接出世には結びつかないので出来る若手は早々に転職していく。

RANK A ピクト

恋愛偏差値	平均年収（万円）
53	439

平均年収	♥♥♥	性格ポイント	♥♥♥♥
華やかさ	♥♥♥♥	合コン満足度	♥♥♥

ピクトとは電通グループの企業で、映像コンテンツの制作を行う会社である。

電通の１００％子会社ということもあり、扱うのはほぼ電通案件。ＣＭやＭＶがそのメインである！

社員は業界人っぽいカーディガン肩かけ系はあまりおらず、いわゆる良い人が多い。

ＰＭなんかだと撮影が入れば深夜勤務や土日の仕事は避けられない。

RANK A テレビ神奈川

恋愛偏差値	平均年収（万円）
53	500

平均年収	♥♥♥	性格ポイント	♥♥♥
華やかさ	♥♥♥	合コン満足度	♥♥♥

テレビ神奈川は、神奈川県域のテレビ局である。

東京のキー局系列には属していない。給料は評価制ではないため、年次が上がっていくごとに増えていくシステムである。残業代もしっかり支給されており、大きな業務が発生しなければ基本的に定時で退勤できるとのこと。

働き方は、ホワイトそのものだが、下剋上感が薄いので、血気盛んな男性は、ほぼ皆無。「とりあえずここに数年いたら自動で給料上がっていくしぃ～ゆるぅ～くやってこ★」みたいな事なかれ主義の羊野郎がメイン。

RANK A デイリースポーツ

恋愛偏差値	平均年収（万円）
53	620

平均年収	♥♥♥	性格ポイント	♥♥♥♥
華やかさ	♥♥♥♥	合コン満足度	♥♥♥

デイリースポーツは日本のスポーツ紙を出版する企業である。発行しているのは神戸新聞社。

キャッチコピーは「ぶれないスポーツ紙」。スポーツ紙なだけあって違和感を感じる人は少ないが、やはり体育会系な社風が抜けない。

しかし、個人の性格を把握したうえでの叱咤激励やアドバイス・サポートが厚く新人教育は丁寧である。厳しいかもしれないが熱いハートをもって教育してくれる姿勢に感動。やはりスポーツを扱うからなのでしょうか……？

RANK A 佐川印刷

恋愛偏差値	平均年収（万円）
53	419

平均年収	♥♥♥	性格ポイント	♥♥♥
華やかさ	♥♥♥	合コン満足度	♥♥♥

佐川印刷株式会社は、京都府向日市に本社を置く、日本の印刷会社である。

飲み会では「ＩＴ化が遅れてる！！」と頭を抱える若手によく遭遇する。

数年前まで手書きの指示書を各部署に手渡しor社内便で送っていたらしい。さすが古都ｗｗｗ

社内は、完全に営業至上主義なので、狙うなら営業マンか？？？

RANK A 琉球朝日放送

恋愛偏差値	平均年収（万円）
53	480

平均年収	♥♥♥	性格ポイント	♥♥♥♥
華やかさ	♥♥♥	合コン満足度	♥♥♥

琉球朝日放送（通称ＱＡＢ）は、本土復帰後、沖縄県が初めて開局した民放テレビ局である！！

放送対象地域は当然沖縄県。琉球放送が資本参加しているため同社からの出向組も多く、社員の質はさまざまといったところ。

最近では、男性社員が84歳のタクシー運転手を暴行し、支払いを免れようとする痛ましい事件も……！

おいおい、おじいちゃんは大切にしようぜ！！　いーやーさーさー！！！

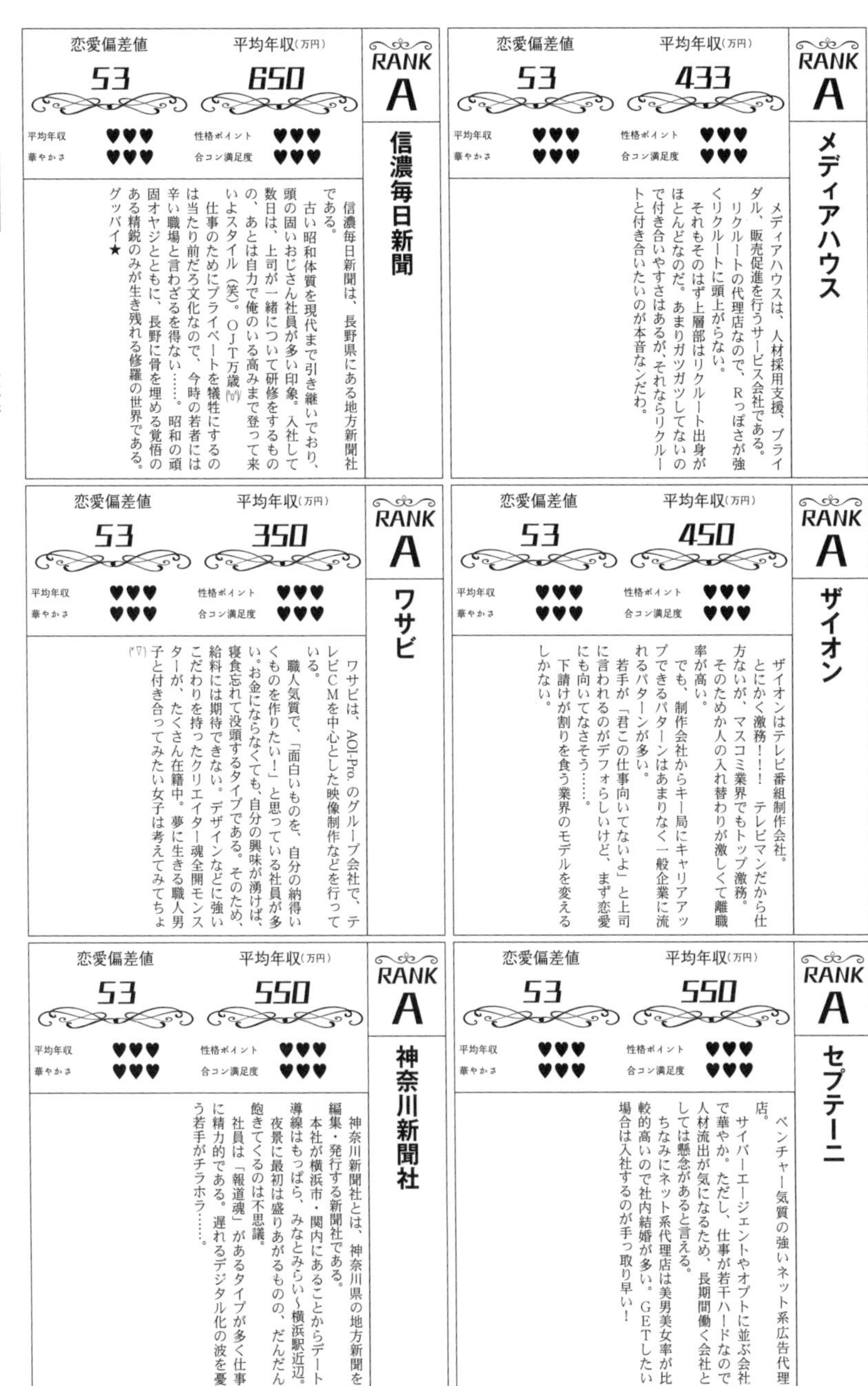

RANK A　メディアハウス

恋愛偏差値	平均年収（万円）
53	433

平均年収	♥♥♥	性格ポイント	♥♥♥
華やかさ	♥♥♥	合コン満足度	♥♥♥

メディアハウスは、人材採用支援、ブライダル、販売促進を行うサービス会社である。リクルートの代理店なので、Rっぽさが強くリクルートに頭上がらない。

それもそのはず上層部はリクルート出身がほとんどなのだ。あまりガツガツしてないので付き合いやすさはあるが、それならリクルートと付き合いたいのが本音なんだわ。

RANK A　信濃毎日新聞

恋愛偏差値	平均年収（万円）
53	650

平均年収	♥♥♥	性格ポイント	♥♥♥
華やかさ	♥♥♥	合コン満足度	♥♥♥

信濃毎日新聞は、長野県にある地方新聞社である。

古い昭和体質を現代まで引き継いでおり、頭の固いおじさん社員が多い印象。入社して数日は、上司が一緒について研修をするものの、あとは自力で俺のいる高みまで登って来いよスタイル（笑）。OJT万歳(^o^)/

仕事のためにプライベートを犠牲にするのは当たり前だろ文化なので、今時の若者には辛い職場と言わざるを得ない……。昭和の頑固オヤジとともに、長野に骨を埋める覚悟のある精鋭のみが生き残れる修羅の世界である。グッバイ★

RANK A　ザイオン

恋愛偏差値	平均年収（万円）
53	450

平均年収	♥♥♥	性格ポイント	♥♥♥
華やかさ	♥♥♥	合コン満足度	♥♥♥

ザイオンはテレビ番組制作会社。

とにかく激務！！　テレビマンだから仕方ないが、マスコミ業界でもトップ激務。そのためか人の入れ替わりが激しくて離職率が高い。

でも、制作会社からキー局にキャリアアップできるパターンはあまりなく一般企業に流れるパターンが多い。

若手が「君この仕事向いてないよ」と上司に言われるのがデフォらしいけど、まず恋愛にも向いてなさそう……。

下請けが割りを食う業界のモデルを変えるしかない。

RANK A　ワサビ

恋愛偏差値	平均年収（万円）
53	350

平均年収	♥♥♥	性格ポイント	♥♥♥
華やかさ	♥♥♥	合コン満足度	♥♥♥

ワサビは、AOI-Pro.のグループ会社で、テレビCMを中心とした映像制作などを行っている。

職人気質で、「面白いものを、自分の納得いくものを作りたい！」と思っている社員が多い。お金にならなくても、自分の興味が湧けば、寝食忘れて没頭するタイプである。そのため、給料には期待できない。デザインなどに強いこだわりを持ったクリエイター魂全開モンスターが、たくさん在籍中。夢に生きる職人男子と付き合ってみたい女子は考えてみてちょ(*ﾟ▽ﾟ)

RANK A　セプテーニ

恋愛偏差値	平均年収（万円）
53	550

平均年収	♥♥♥	性格ポイント	♥♥♥
華やかさ	♥♥♥	合コン満足度	♥♥♥

ベンチャー気質の強いネット系広告代理店。

サイバーエージェントやオプトに並ぶ会社で華やか。ただし、仕事が若干ハードなので人材流出が気になるため、長期間働く会社としては懸念があると言える。

ちなみにネット系代理店は美男美女率が比較的高いので社内結婚が多い。GETしたい場合は入社するのが手っ取り早い！

RANK A　神奈川新聞社

恋愛偏差値	平均年収（万円）
53	550

平均年収	♥♥♥	性格ポイント	♥♥♥
華やかさ	♥♥♥	合コン満足度	♥♥♥

神奈川新聞社とは、神奈川県の地方新聞を編集・発行する新聞社である。

本社が横浜市・関内にあることからデート導線はもっぱら、みなとみらい〜横浜駅近辺。夜景に最初は盛りあがるものの、だんだん飽きてくるのは不思議。

社員は「報道魂」があるタイプが多く仕事に精力的である。遅れるデジタル化の波を憂う若手がチラホラ……。

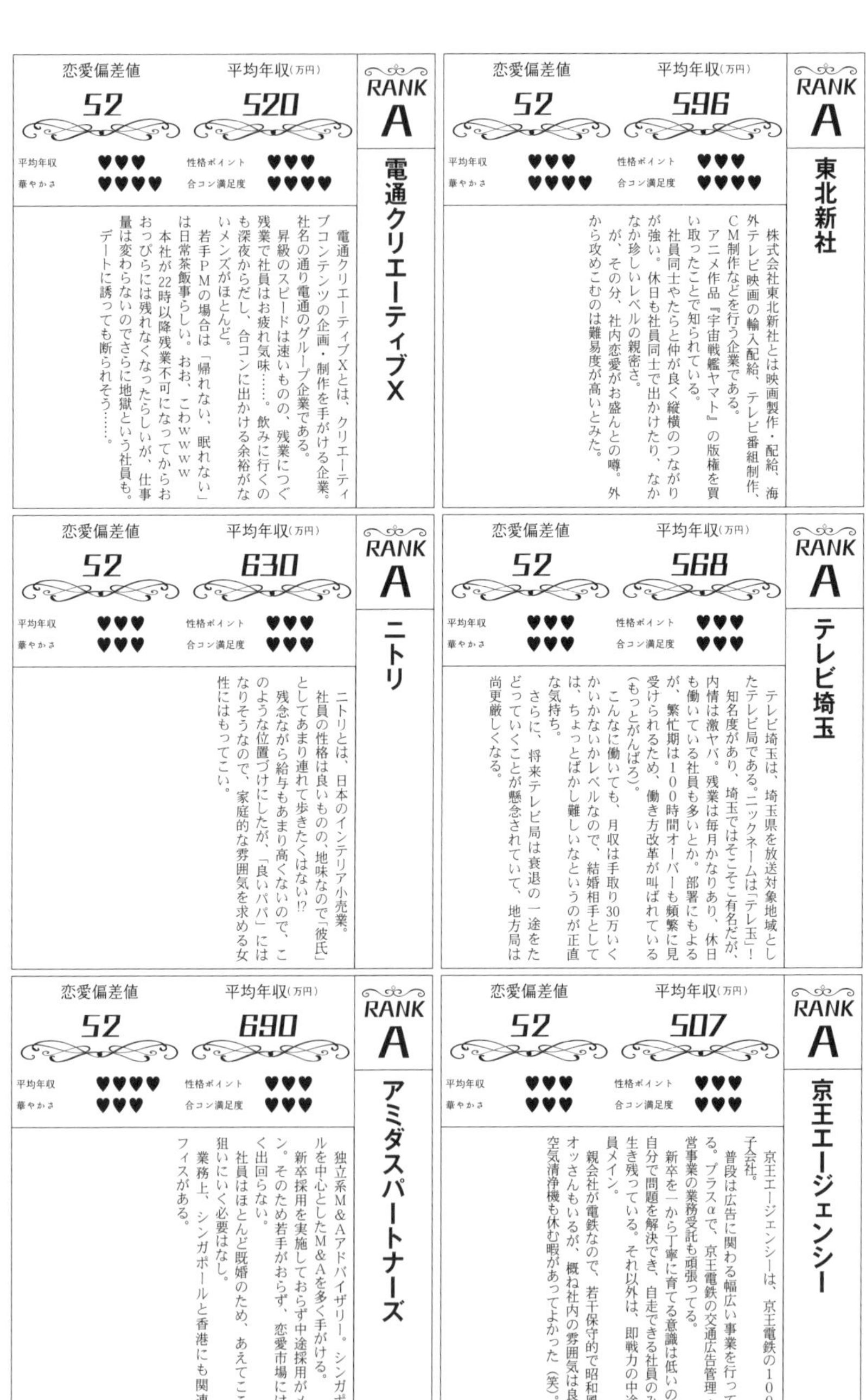

RANK A 東北新社

恋愛偏差値 52　平均年収(万円) 596

平均年収 ♥♥♥　性格ポイント ♥♥♥
華やかさ ♥♥♥♥　合コン満足度 ♥♥♥♥

株式会社東北新社とは映画製作・配給、海外テレビ映画の輸入配給、テレビ番組制作、CM制作などを行う企業である。

アニメ作品『宇宙戦艦ヤマト』の版権を買い取ったことで知られている。

社員同士やたらと仲が良く縦横のつながりが強い。休日も社員同士で出かけたり、なかなか珍しいレベルの親密さ。

が、その分、社内恋愛がお盛んとの噂。外から攻めこむのは難易度が高いとみた。

RANK A 電通クリエーティブX

恋愛偏差値 52　平均年収(万円) 520

平均年収 ♥♥♥　性格ポイント ♥♥♥
華やかさ ♥♥♥♥　合コン満足度 ♥♥♥♥

電通クリエーティブXとは、クリエーティブコンテンツの企画・制作を手がける企業。社名の通り電通のグループ企業である。
昇級のスピードは速いものの、残業につぐ残業で社員はお疲れ気味……。飲みに行くのも深夜からだし、合コンに出かける余裕がないメンズがほとんど。
若手PMの場合は「帰れない、眠れない」は日常茶飯事らしい。おお、こわwww
本社が22時以降残業不可になってからおおっぴらには残れなくなったらしいが、仕事量は変わらないのでさらに地獄という社員も。デートに誘っても断られそう……。

RANK A テレビ埼玉

恋愛偏差値 52　平均年収(万円) 568

平均年収 ♥♥♥　性格ポイント ♥♥♥
華やかさ ♥♥♥　合コン満足度 ♥♥♥

テレビ埼玉は、埼玉県を放送対象地域としたテレビ局である。ニックネームは「テレ玉」！

知名度があり、埼玉ではそこそこ有名だが、内情は激ヤバ。残業は毎月かなりあり、休日も働いている社員も多いとか。部署にもよるが、繁忙期は100時間オーバーも頻繁に見受けられるため、働き方改革が叫ばれている(もっとがんばろ)。

こんなに働いても、月収は手取り30万いくかいかないかレベルなので、結婚相手としては、ちょっとばかし難しいなというのが正直な気持ち。

さらに、将来テレビ局は衰退の一途をたどっていくことが懸念されていて、地方局は尚更厳しくなる。

RANK A ニトリ

恋愛偏差値 52　平均年収(万円) 630

平均年収 ♥♥♥　性格ポイント ♥♥♥
華やかさ ♥♥♥　合コン満足度 ♥♥♥

ニトリとは、日本のインテリア小売業。社員の性格は良いものの、地味なので「彼氏」としてあまり連れて歩きたくはない!?

残念ながら給与もあまり高くないので、このような位置づけにしたが、「良いパパ」にはなりそうなので、家庭的な雰囲気を求める女性にはもってこい。

RANK A 京王エージェンシー

恋愛偏差値 52　平均年収(万円) 507

平均年収 ♥♥♥　性格ポイント ♥♥♥
華やかさ ♥♥♥　合コン満足度 ♥♥♥

京王エージェンシーは、京王電鉄の100%子会社。

普段は広告に関わる幅広い事業を行っている。プラスαで、京王電鉄の交通広告管理・運営事業の業務受託も頑張ってる。

新卒を一から丁寧に育てる意識は低いので、自分で問題を解決でき、自走できる社員のみが生き残っている。それ以外は、即戦力の中途社員メイン。

親会社が電鉄なので、若干保守的で昭和風のオッサンもいるが、概ね社内の雰囲気は良好。空気清浄機も休む暇があってよかった(笑)。

RANK A アミダスパートナーズ

恋愛偏差値 52　平均年収(万円) 690

平均年収 ♥♥♥♥　性格ポイント ♥♥♥
華やかさ ♥♥♥　合コン満足度 ♥♥♥

独立系M&Aアドバイザリー。シンガポールを中心としたM&Aを多く手がける。

新卒採用を実施しておらず中途採用がメイン。そのため若手がおらず、恋愛市場には全く出回らない。

社員はほとんど既婚のため、あえてここを狙いにいく必要はなし。

業務上、シンガポールと香港にも関連オフィスがある。

ワークスアプリケーションズ

RANK A

恋愛偏差値 52　平均年収(万円) 596

平均年収 ♥♥♥　性格ポイント ♥♥♥
華やかさ ♥♥♥　合コン満足度 ♥♥♥

ワークスアプリケーションズは、大手企業向けのソフトウエアメーカーである。

しかし、どうも近年雲行きが怪しくなっている。というのも、利益剰余金-149億円、当期純損失-179億円と完全に事業が立ち行かなくなっていることが要因。うえええ!!! ワークスアプリケーションズだめじゃん!!!!

非上場化における目的であった「システム開発投資・人財投資」は両方失敗。新システムHUE(ヒュー)などの売れ行きもいまいちで下り坂である。どうやらこの後、身売りされるらしい……。

どんまいすぎるので、もし合コンで出会っても一旦スルーで!!

スカイライト・コンサルティング

RANK A

恋愛偏差値 52　平均年収(万円) 580

平均年収 ♥♥♥　性格ポイント ♥♥♥
華やかさ ♥♥♥　合コン満足度 ♥♥♥

アクセンチュア戦士が6名で創業した新しいコンサルティングファーム。

元アクセンということもあり、領域はとことんIT。社風もアクセンチュアそのものだという声もチラホラ。

社員はSEからの転身組も多く、コンサル未経験で奮闘する者もいるが、「俺コンサルタントどやぁ」みたいな鼻にかけたメンズがいないのが逆に好感。アクセンには多いからね……。

電通九州

RANK A

恋愛偏差値 53　平均年収(万円) 750

平均年収 ♥♥♥♥　性格ポイント ♥♥♥
華やかさ ♥♥♥　合コン満足度 ♥♥♥♥

電通九州は、簡単に言うと電通の九州版である(笑)。そのまんまww
働き方改革によって、夜22時以降の残業は皆無。業務時間内で成果を残そうという効率化が推し進められている。社内は、電通マインドが染みついているので、当然ガッツのある体育会系。チームワーク重視で、みんなで助け合いながら仕事をする文化がある。
性格の良い明るい九州男児が多いのが特徴なので、そういう人がタイプなら九州に嫁入りするつもりで接近してみるのはアリ。「あんたんこと好いとうよ!」という可愛い博多弁で落としにいくべし! 成功を祈る。

ジーエヌアイグループ

RANK A

恋愛偏差値 52　平均年収(万円) 873

平均年収 ♥♥♥♥　性格ポイント ♥♥♥
華やかさ ♥♥♥　合コン満足度 ♥♥♥

ジーエヌアイグループは、マザーズ市場に上場している創薬企業である。

日本ではなく、中国を拠点に新薬・臨床開発から製造、販売までをトータルで行っている。

「年収はあまり上がらず、福利厚生は皆無」とのタレコミも。一応、年収は800万前後で平均年齢は45歳とのこと。

従業員数は10名前後と非常に少ない。婚活市場では、ほぼ出くわす確率0と言える。

中京テレビ放送

RANK A

恋愛偏差値 52　平均年収(万円) 480

平均年収 ♥♥♥　性格ポイント ♥♥♥
華やかさ ♥♥♥　合コン満足度 ♥♥♥

中京テレビ放送とは、中京広域圏を放送対象地域とする、テレビ放送事業を行う特定地上基幹放送事業者である。

大きなイベントに関われるなど、芸能人と仕事で会えるチャンスも多い。

残業は部署によって異なるため、全くない人もいれば、毎日会社に寝泊まりしている男性もいる。

ただ、正社員の大半が年配のオヤジばかり。正社員よりも非正規雇用、契約社員、派遣社員、関連会社から出向している人が多いので、結婚相手を見つける場合は、本当に中京テレビの正社員かどうかを確認しておくこと。

日本コロンビア

RANK A

恋愛偏差値 52　平均年収(万円) 500

平均年収 ♥♥♥　性格ポイント ♥♥♥
華やかさ ♥♥♥　合コン満足度 ♥♥♥

日本コロンビアは、オーディオ、ビデオ、ゲームソフト等の制作、宣伝、販売などを行っている企業である。

音楽アーティストのマネジメントなども、業務内容に含まれている。新卒入社のプロパー社員を大事にする傾向が強く、手塩にかけて育てているものの、中途社員に関しては完全に野放し状態(笑)。「勝手にやってねー★即戦力採用だからね!」と言わんばかりに放置プレイをぶちかましている。

また、職種によってはプライベートが犠牲になる場合も。イベントなどで早朝、深夜の勤務もあるし、カレンダー通りの休みが取りにくいといったタレコミも届いている……(;A;)デート時間くれえええええ!!!

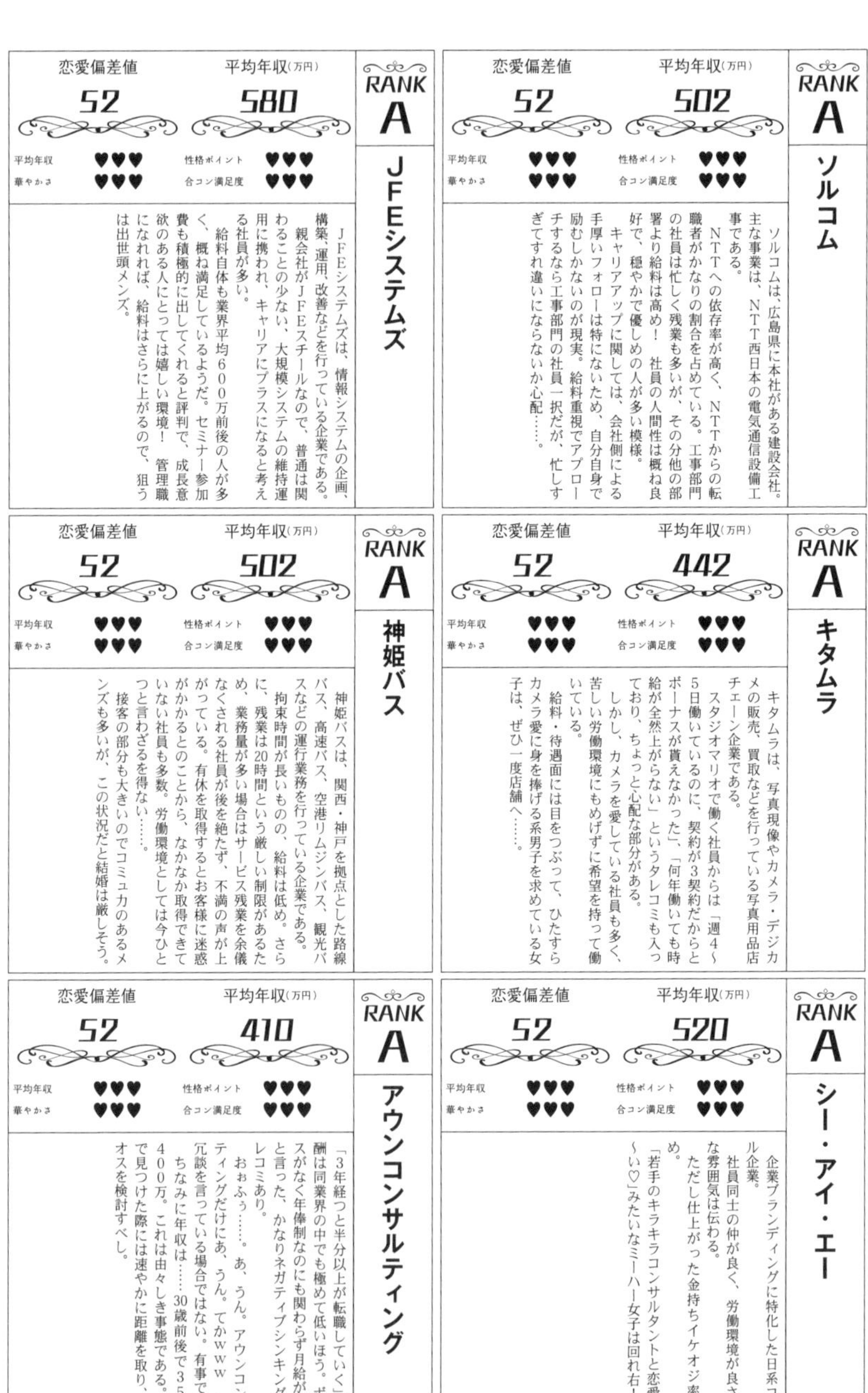

RANK A ソルコム

恋愛偏差値	平均年収(万円)
52	502

平均年収	♥♥♥	性格ポイント	♥♥♥
華やかさ	♥♥♥	合コン満足度	♥♥♥

ソルコムは、広島県に本社がある建設会社。主な事業は、NTT西日本の電気通信設備工事である。

NTTへの依存率が高く、NTTからの転職者がかなりの割合を占めている。工事部門の社員は忙しく残業も多いが、その分他の部署より給料は高め！　社員の人間性は概ね良好で、穏やかで優しめの人が多い模様。

キャリアアップに関しては、会社側による手厚いフォローは特にないため、自分自身で励むしかないのが現実。給料重視でアプローチするなら工事部門の社員一択だが、忙しすぎてすれ違いにならないか心配……。

RANK A JFEシステムズ

恋愛偏差値	平均年収(万円)
52	580

平均年収	♥♥♥	性格ポイント	♥♥♥
華やかさ	♥♥♥	合コン満足度	♥♥♥

JFEシステムズは、情報システムの企画、構築、運用、改善などを行っている企業である。

親会社がJFEスチールなので、普通は関わることの少ない、大規模システムの維持運用に携われ、キャリアにプラスになると考える社員が多い。

給料自体も業界平均600万前後の人が多く、概ね満足しているようだ。セミナー参加費も積極的に出してくれると評判で、成長意欲のある人にとっては嬉しい環境！　管理職になれれば、給料はさらに上がるので、狙うは出世頭メンズ。

RANK A キタムラ

恋愛偏差値	平均年収(万円)
52	442

平均年収	♥♥♥	性格ポイント	♥♥♥
華やかさ	♥♥♥	合コン満足度	♥♥♥

キタムラは、写真現像やカメラ・デジカメの販売、買取などを行っている写真用品店チェーン企業である。

スタジオマリオで働く社員からは「週4～5日働いているのに、契約が3契約だからとボーナスが貰えなかった」「何年働いても時給が全然上がらない」というタレコミも入っており、ちょっと心配な部分がある。

しかし、カメラを愛している社員も多く、苦しい労働環境にもめげずに希望を持って働いている。

給料・待遇面には目をつぶって、ひたすらカメラ愛に身を捧げる系男子を求めている女子は、ぜひ一度店舗へ……。

RANK A 神姫バス

恋愛偏差値	平均年収(万円)
52	502

平均年収	♥♥♥	性格ポイント	♥♥♥
華やかさ	♥♥♥	合コン満足度	♥♥♥

神姫バスは、関西・神戸を拠点とした路線バス、高速バス、空港リムジンバス、観光バスなどの運行業務を行っている企業である。

拘束時間が長いものの、給料は低め。さらに、残業は20時間という厳しい制限があるため、業務量が多い場合はサービス残業を余儀なくされる社員が後を絶たず、不満の声が上がっている。有休を取得するとお客様に迷惑がかかるとのことから、なかなか取得できていない社員も多数。労働環境としては今ひとつと言わざるを得ない……。

接客の部分も大きいのでコミュ力のあるメンズも多いが、この状況だと結婚は厳しそう。

RANK A シー・アイ・エー

恋愛偏差値	平均年収(万円)
52	520

平均年収	♥♥♥	性格ポイント	♥♥♥
華やかさ	♥♥♥	合コン満足度	♥♥♥

企業ブランディングに特化した日系コンサル企業。

社員同士の仲が良く、労働環境が良さそうな雰囲気は伝わる。

ただし仕上がった金持ちイケオジ率が高め。

「若手のキラキラコンサルタントと恋愛した～い♡」みたいなミーハー女子は回れ右！！！

RANK A アウンコンサルティング

恋愛偏差値	平均年収(万円)
52	410

平均年収	♥♥♥	性格ポイント	♥♥♥
華やかさ	♥♥♥	合コン満足度	♥♥♥

「3年経つと半分以上が転職していく」、「報酬は同業界の中でも極めて低いほう。ボーナスがなく年俸制なのにも関わらず月給が安い」と言った、かなりネガティブシンキングなタレコミあり。

おぉふぅ……。あ、うん。アウンコンサルティングだけにあ、うん。てかwww　いや、冗談を言っている場合ではない。有事である。

ちなみに年収は……30歳前後で350～400万。これは由々しき事態である。婚活で見つけた際には速やかに距離を取り、他のオスを検討すべし。

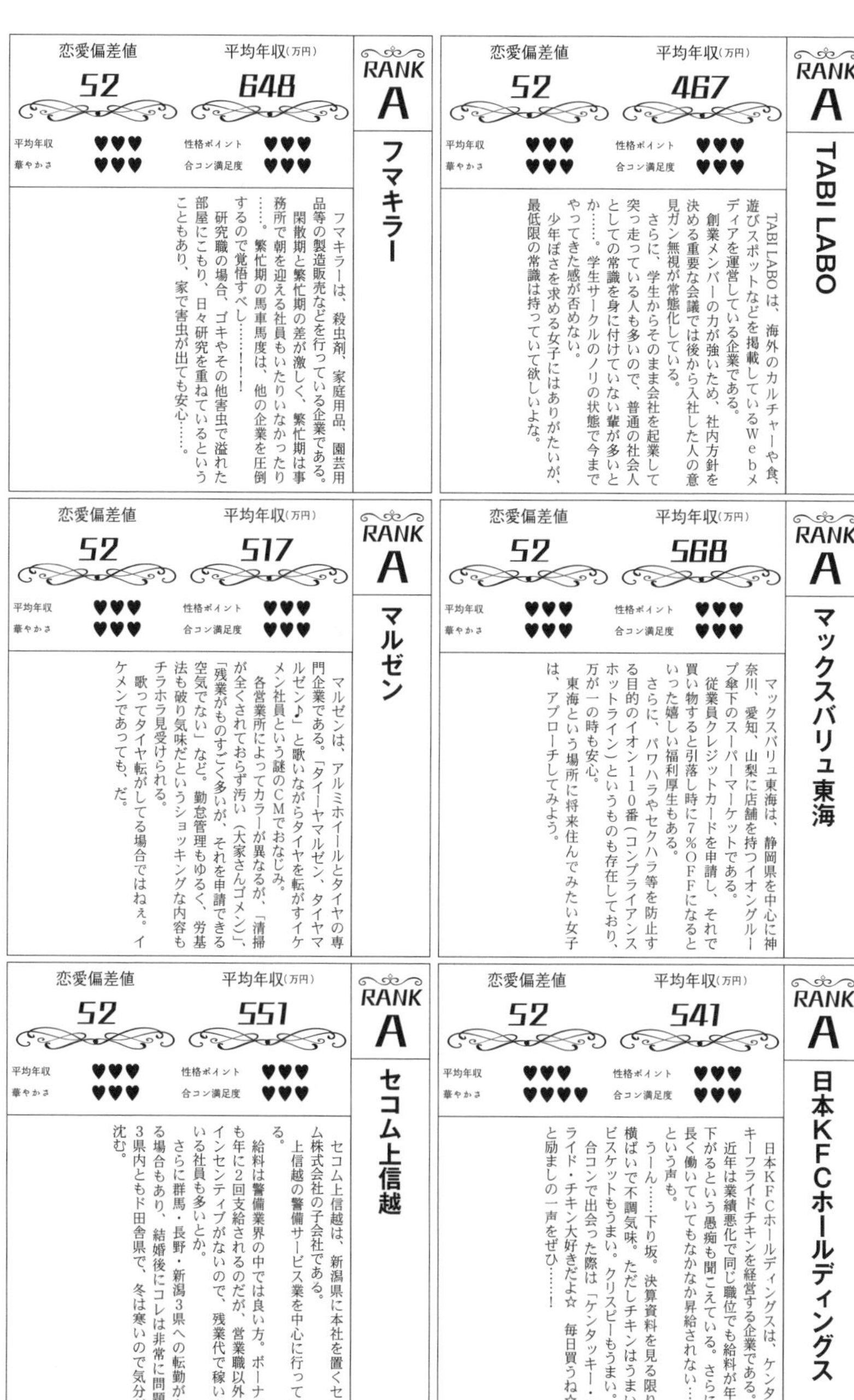

RANK A　TABI LABO

恋愛偏差値	平均年収(万円)
52	467

項目	評価	項目	評価
平均年収	♥♥♥	性格ポイント	♥♥♥
華やかさ	♥♥♥	合コン満足度	♥♥♥

TABI LABOは、海外のカルチャーや食、遊びスポットなどを掲載しているWebメディアを運営している企業である。

創業メンバーの力が強いため、社内方針を決める重要な会議では後から入社した人の意見ガン無視が常態化している。

さらに、学生からそのまま会社を起業して突っ走っている人も多いので、普通の社会人としての常識を身に付けていない輩が多いとか……。学生サークルのノリの状態で今までやってきた感が否めない。

少年ぽさを求める女子にはありがたいが、最低限の常識は持っていて欲しいよな。

RANK A　フマキラー

恋愛偏差値	平均年収(万円)
52	648

項目	評価	項目	評価
平均年収	♥♥♥	性格ポイント	♥♥♥
華やかさ	♥♥♥	合コン満足度	♥♥♥

フマキラーは、殺虫剤、家庭用品、園芸用品等の製造販売などを行っている企業である。

閑散期と繁忙期の差が激しく、繁忙期は事務所で朝を迎える社員もいたりいなかったり……。繁忙期の馬車馬度は、他の企業を圧倒するので覚悟すべし……!!

研究職の場合、ゴキやその他害虫で溢れた部屋にこもり、日々研究を重ねているということもあり、家で害虫が出ても安心……。

RANK A　マックスバリュ東海

恋愛偏差値	平均年収(万円)
52	568

項目	評価	項目	評価
平均年収	♥♥♥	性格ポイント	♥♥♥
華やかさ	♥♥♥	合コン満足度	♥♥♥

マックスバリュ東海は、静岡県を中心に神奈川、愛知、山梨に店舗を持つイオングループ傘下のスーパーマーケットである。

従業員クレジットカードを申請し、それで買い物すると引落し時に7%OFFになるといった嬉しい福利厚生もある。

さらに、パワハラやセクハラ等を防止する目的の「イオン110番（コンプライアンスホットライン）」というものも存在しており、万が一の時も安心。

東海という場所に将来住んでみたい女子は、アプローチしてみよう。

RANK A　マルゼン

恋愛偏差値	平均年収(万円)
52	517

項目	評価	項目	評価
平均年収	♥♥♥	性格ポイント	♥♥♥
華やかさ	♥♥♥	合コン満足度	♥♥♥

マルゼンは、アルミホイールとタイヤの専門企業である。「タイーヤマルゼン、タイヤマルゼン♪」と歌いながらタイヤを転がすイケメン社員という謎のCMでおなじみ。

各営業所によってカラーが異なるが、「清掃が全くされておらず汚い（大家さんゴメン）」、「残業がものすごく多いが、それを申請できる空気でない」など。勤怠管理もゆるく、労基法も破り気味だというショッキングな内容もチラホラ見受けられる。

歌ってタイヤ転がしてる場合ではねぇ。イケメンであっても、だ。

RANK A　日本KFCホールディングス

恋愛偏差値	平均年収(万円)
52	541

項目	評価	項目	評価
平均年収	♥♥♥	性格ポイント	♥♥♥
華やかさ	♥♥♥♥	合コン満足度	♥♥♥

日本KFCホールディングスは、ケンタッキーフライドチキンを経営する企業である。

近年は業績悪化で同じ職位でも給料が年々下がるという愚痴も聞こえている。さらに、長く働いていてもなかなか昇給されない……という声も。

うーん……下り坂。決算資料を見る限り、横ばいで不調気味。ただしチキンはうまい。ビスケットもうまい。クリスピーもうまい。

合コンで出会った際は「ケンタッキー・フライド・チキン大好きだよ☆　毎日買うね☆」と励ましの一声をぜひ……!

RANK A　セコム上信越

恋愛偏差値	平均年収(万円)
52	551

項目	評価	項目	評価
平均年収	♥♥♥	性格ポイント	♥♥♥
華やかさ	♥♥♥	合コン満足度	♥♥♥

セコム上信越は、新潟県に本社を置くセコム株式会社の子会社である。

上信越の警備サービス業を中心に行っている。

給料は警備業界の中では良い方。ボーナスも年に2回支給されるのだが、営業職以外にインセンティブがないので、残業代で稼いでいる社員も多いとか。

さらに群馬・長野・新潟3県への転勤がある場合もあり、結婚後にコレは非常に問題。3県内ともド田舎県で、冬は寒いので気分が沈む。

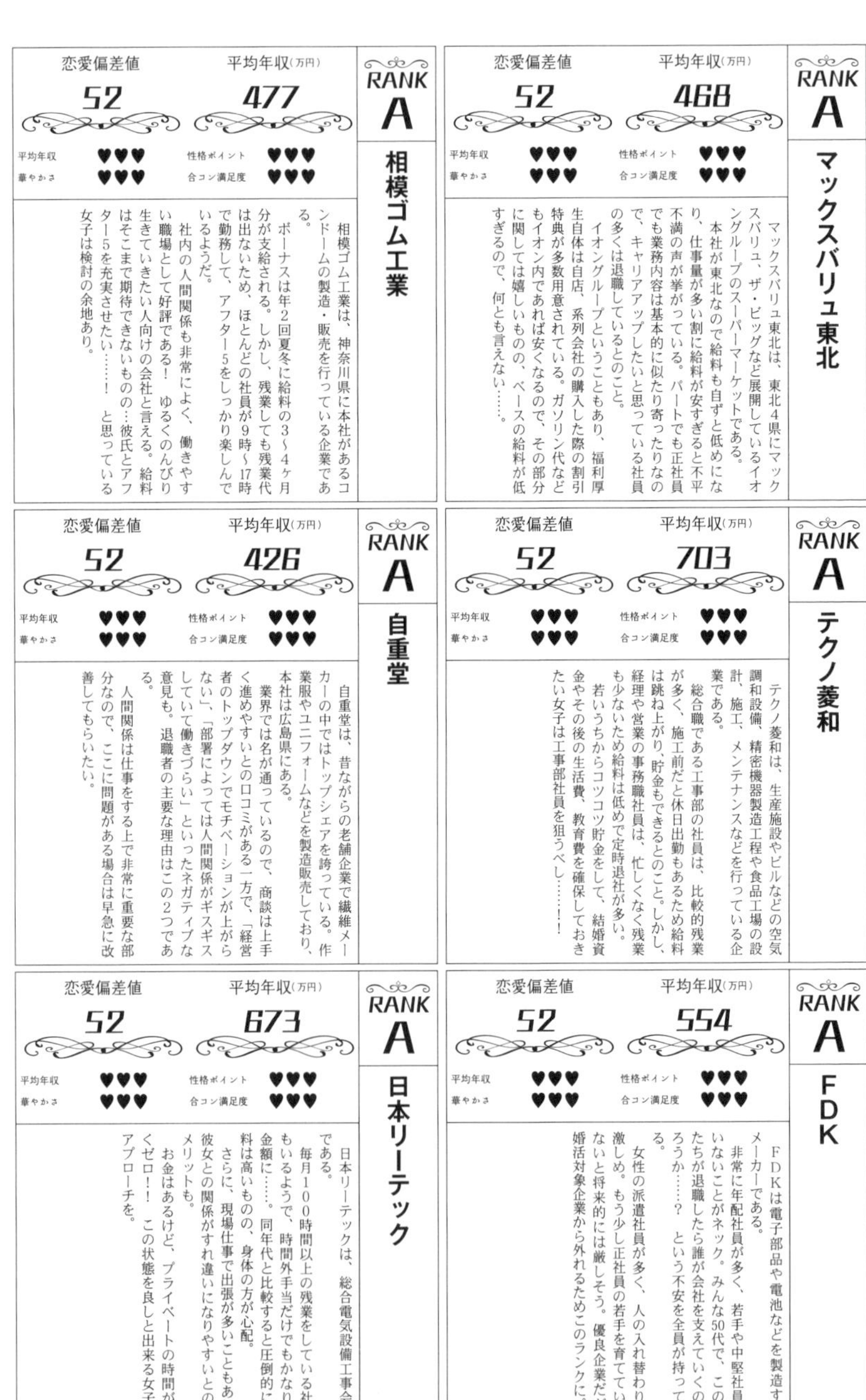

マックスバリュ東北

RANK A

恋愛偏差値	平均年収(万円)
52	468

項目	評価	項目	評価
平均年収	♥♥♥	性格ポイント	♥♥♥
華やかさ	♥♥♥	合コン満足度	♥♥♥

マックスバリュ東北は、東北4県にマックスバリュ、ザ・ビッグなど展開しているイオングループのスーパーマーケットである。

本社が東北なので給料も自ずと低めになり、仕事量が多い割に給料が安すぎると不平不満の声が挙がっている。パートでも正社員でも業務内容は基本的に似たり寄ったりなので、キャリアアップしたいと思っている社員の多くは退職しているとのこと。

イオングループということもあり、福利厚生自体は自店、系列会社の購入した際の割引特典が多数用意されている。ガソリン代などもイオン内であれば安くなるので、その部分に関しては嬉しいものの、ベースの給料が低すぎるので、何とも言えない……。

相模ゴム工業

RANK A

恋愛偏差値	平均年収(万円)
52	477

項目	評価	項目	評価
平均年収	♥♥♥	性格ポイント	♥♥♥
華やかさ	♥♥♥	合コン満足度	♥♥♥

相模ゴム工業は、神奈川県に本社があるコンドームの製造・販売を行っている企業である。

ボーナスは年2回夏冬に給料の3～4ケ月分が支給される。しかし、残業しても残業代は出ないため、ほとんどの社員が9時～17時で勤務して、アフター5をしっかり楽しんでいるようだ。

社内の人間関係も非常によく、働きやすい職場として好評である！　ゆるくのんびり生きていきたい人向けの会社と言える。給料はそこまで期待できないものの…彼氏とアフター5を充実させたい……！　と思っている女子は検討の余地あり。

テクノ菱和

RANK A

恋愛偏差値	平均年収(万円)
52	703

項目	評価	項目	評価
平均年収	♥♥♥	性格ポイント	♥♥♥
華やかさ	♥♥♥	合コン満足度	♥♥♥

テクノ菱和は、生産施設やビルなどの空気調和設備、精密機器製造工程や食品工場の設計、施工、メンテナンスなどを行っている企業である。

総合職である工事部の社員は、比較的残業が多く、施工前だと休日出勤もあるため給料は跳ね上がり、貯金もできるとのこと。しかし、経理や営業の事務職社員は、忙しくなく残業も少ないため給料は低めで定時退社が多い。

若いうちからコツコツ貯金をして、結婚資金やその後の生活費、教育費を確保しておきたい女子は工事部社員を狙うべし……！

自重堂

RANK A

恋愛偏差値	平均年収(万円)
52	426

項目	評価	項目	評価
平均年収	♥♥♥	性格ポイント	♥♥♥
華やかさ	♥♥♥	合コン満足度	♥♥♥

自重堂は、昔ながらの老舗企業で繊維メーカーの中ではトップシェアを誇っている。作業服やユニフォームなどを製造販売しており、本社は広島県にある。

業界では名が通っているので、商談は上手く進めやすいとの口コミがある一方で、「経営者のトップダウンでモチベーションが上がらない」、「部署によっては人間関係がギスギスしていて働きづらい」といったネガティブな意見も。退職者の主要な理由はこの2つである。

人間関係は仕事をする上で非常に重要な部分なので、ここに問題がある場合は早急に改善してもらいたい。

ＦＤＫ

RANK A

恋愛偏差値	平均年収(万円)
52	554

項目	評価	項目	評価
平均年収	♥♥♥	性格ポイント	♥♥♥
華やかさ	♥♥♥	合コン満足度	♥♥♥

ＦＤＫは電子部品や電池などを製造するメーカーである。

非常に年配社員が多く、若手や中堅社員がいないことがネック。みんな50代で、この人たちが退職したら誰が会社を支えていくのだろうか……？　という不安を全員が持っている。

女性の派遣社員が多く、人の入れ替わりは激しめ。もう少し正社員の若手を育てていかないと将来的には厳しそう。優良企業だが、婚活対象企業から外れるためこのランクに。

日本リーテック

RANK A

恋愛偏差値	平均年収(万円)
52	673

項目	評価	項目	評価
平均年収	♥♥♥	性格ポイント	♥♥♥
華やかさ	♥♥♥	合コン満足度	♥♥♥

日本リーテックは、総合電気設備工事会社である。

毎月１００時間以上の残業をしている社員もいるようで、時間外手当だけでもかなりの金額に……。同年代と比較すると圧倒的に給料は高いものの、身体の方が心配。

さらに、現場仕事で出張が多いこともあり、彼女との関係がすれ違いになりやすいとのデメリットも。

お金はあるけど、プライベートの時間が全くゼロ！　この状態を良しと出来る女子はアプローチを。

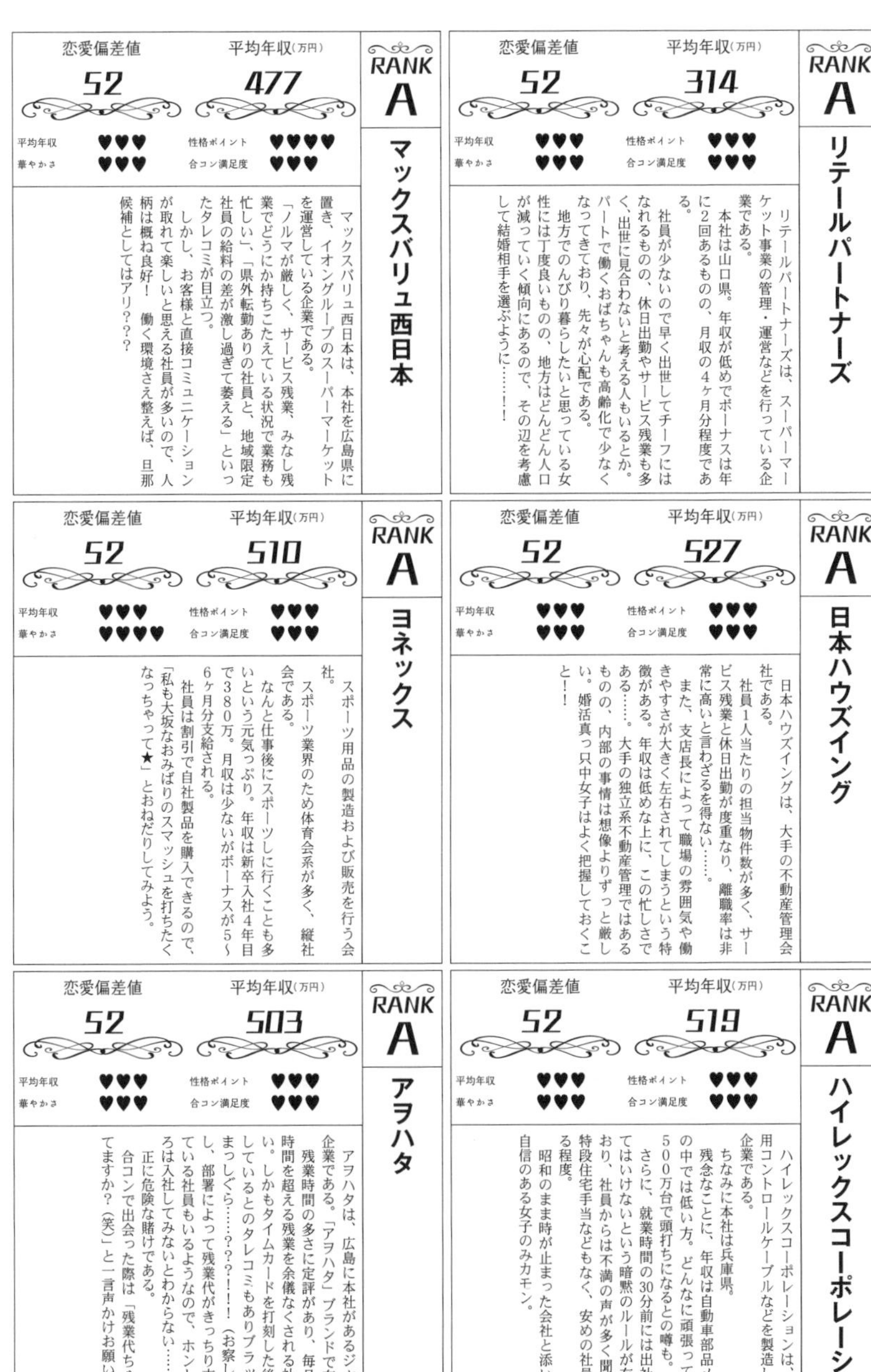

RANK A リテールパートナーズ

恋愛偏差値	平均年収（万円）
52	314

平均年収	♥♥♥	性格ポイント	♥♥♥
華やかさ	♥♥♥	合コン満足度	♥♥♥

リテールパートナーズは、スーパーマーケット事業の管理・運営などを行っている企業である。

本社は山口県。年収が低めでボーナスは年に2回あるものの、月収の4ヶ月分程度である。

社員が少ないので早く出世してチーフにはなれるものの、休日出勤やサービス残業も多く、出世に見合わないと考える人もいるとか。パートで働くおばちゃんも高齢化で少なくなってきており、先々が心配である。

地方でのんびり暮らしたいと思っている女性には丁度良いものの、地方はどんどん人口が減っていく傾向にあるので、その辺を考慮して結婚相手を選ぶように……！

RANK A マックスバリュ西日本

恋愛偏差値	平均年収（万円）
52	477

平均年収	♥♥♥	性格ポイント	♥♥♥♥
華やかさ	♥♥♥	合コン満足度	♥♥♥

マックスバリュ西日本は、本社を広島県に置き、イオングループのスーパーマーケットを運営している企業である。

「ノルマが厳しく、サービス残業、みなし残業でどうにか持ちこたえている状況で業務も忙しい」「県外転勤ありの社員と、地域限定社員の給料の差が激し過ぎて萎える」といったタレコミが目立つ。

しかし、お客様と直接コミュニケーションが取れて楽しいと思える社員が多いので、人柄は概ね良好！　働く環境さえ整えば、旦那候補としてはアリ？？？

RANK A 日本ハウズイング

恋愛偏差値	平均年収（万円）
52	527

平均年収	♥♥♥	性格ポイント	♥♥♥
華やかさ	♥♥♥	合コン満足度	♥♥♥

日本ハウズイングは、大手の不動産管理会社である。

社員1人当たりの担当物件数が多く、サービス残業と休日出勤が度重なり、離職率は非常に高いと言わざるを得ない……。

また、支店長によって職場の雰囲気や働きやすさが大きく左右されてしまうという特徴がある。年収は低めな上に、この忙しさである……。大手の独立系不動産管理ではあるものの、内部の事情は想像よりずっと厳しい。婚活真っ只中女子はよく把握しておくこと！！

RANK A ヨネックス

恋愛偏差値	平均年収（万円）
52	510

平均年収	♥♥♥	性格ポイント	♥♥♥
華やかさ	♥♥♥♥	合コン満足度	♥♥♥

スポーツ用品の製造および販売を行う会社。

スポーツ業界のため体育会系が多く、縦社会である。

なんと仕事後にスポーツしに行くことも多いという元気っぷり。年収は新卒入社4年目で380万。月収は少ないがボーナスが5～6ヶ月分支給される。

社員は割引で自社製品を購入できるので、「私も大坂なおみばりのスマッシュを打ちたくなっちゃって★」とおねだりしてみよう。

RANK A ハイレックスコーポレーション

恋愛偏差値	平均年収（万円）
52	519

平均年収	♥♥♥	性格ポイント	♥♥♥
華やかさ	♥♥♥	合コン満足度	♥♥♥

ハイレックスコーポレーションは、自動車用コントロールケーブルなどを製造している企業である。

ちなみに本社は兵庫県。

残念なことに、年収は自動車部品メーカーの中では低い方。どんなに頑張っても年収500万台で頭打ちになるとの噂も。

さらに、就業時間の30分前には出社しなくてはいけないという暗黙のルールが存在しており、社員からは不満の声が多く聞かれる。特段住宅手当などもなく、安めの社員寮がある程度。

昭和のまま時が止まった会社と添い遂げる自信のある女子のみカモン。

RANK A アヲハタ

恋愛偏差値	平均年収（万円）
52	503

平均年収	♥♥♥	性格ポイント	♥♥♥
華やかさ	♥♥♥	合コン満足度	♥♥♥

アヲハタは、広島に本社があるジャム製造企業である。「アヲハタ」ブランドで有名！

残業時間の多さに定評があり、毎月40、50時間を超える残業を余儀なくされる社員が多い。しかもタイムカードを打刻した後に残業しているとのタレコミもありブラック企業まっしぐら……？？？！！（お察し）。ただし、部署によって残業代がきっちり支払われている社員もいるようなので、ホントのところは入社してみないとわからない……。

正に危険な賭けである。

合コンで出会った際は「残業代ちゃんと出てますか？（笑）」と一言声かけお願いします。

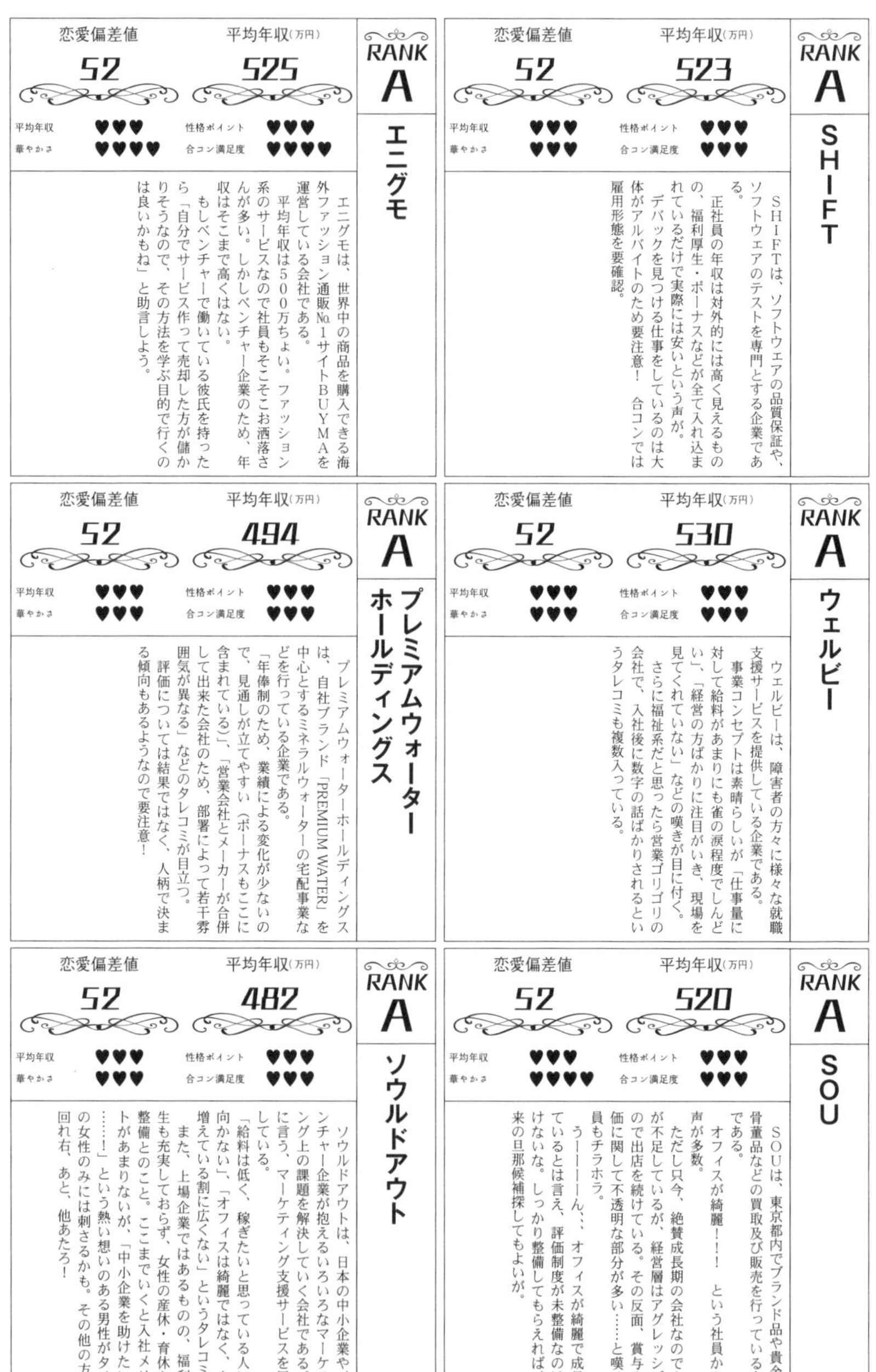

RANK A　SHIFT

恋愛偏差値	平均年収（万円）
52	523

平均年収	♥♥♥	性格ポイント	♥♥♥
華やかさ	♥♥♥	合コン満足度	♥♥♥

SHIFTは、ソフトウエアの品質保証や、ソフトウエアのテストを専門とする企業である。

正社員の年収は対外的には高く見えるものの、福利厚生・ボーナスなどが全て入れ込まれているだけで実際には安いという声が。

デバックを見つける仕事をしているのは大体がアルバイトのため要注意！ 合コンでは雇用形態を要確認。

RANK A　エニグモ

恋愛偏差値	平均年収（万円）
52	525

平均年収	♥♥♥	性格ポイント	♥♥♥
華やかさ	♥♥♥♥	合コン満足度	♥♥♥♥

エニグモは、世界中の商品を購入できる海外ファッション通販№1サイトBUYMAを運営している会社である。

平均年収は500万ちょい。ファッション系のサービスなので社員もそこそこお洒落さんが多い。しかしベンチャー企業のため、年収はそこまで高くはない。

もしベンチャーで働いている彼氏を持ったら「自分でサービス作って売却した方が儲かりそうなので、その方法を学ぶ目的で行くのは良いかもね」と助言しよう。

RANK A　ウェルビー

恋愛偏差値	平均年収（万円）
52	530

平均年収	♥♥♥	性格ポイント	♥♥♥
華やかさ	♥♥♥	合コン満足度	♥♥♥

ウェルビーは、障害者の方々に様々な就職支援サービスを提供している企業である。

事業コンセプトは素晴らしいが「仕事量に対して給料があまりにも雀の涙程度でしんどい」、「経営の方ばかりに注目がいき、現場を見てくれていない」などの嘆きが目に付く。

さらに福祉系だと思ったら営業ゴリゴリの会社で、入社後に数字の話ばかりされるというタレコミも複数入っている。

RANK A　プレミアムウォーターホールディングス

恋愛偏差値	平均年収（万円）
52	494

平均年収	♥♥♥	性格ポイント	♥♥♥
華やかさ	♥♥♥	合コン満足度	♥♥♥

プレミアムウォーターホールディングスは、自社ブランド「PREMIUM WATER」を中心とするミネラルウォーターの宅配事業などを行っている企業である。

「年俸制のため、業績による変化が少ないので、見通しが立てやすい（ボーナスもここに含まれている）」、「営業会社とメーカーが合併して出来た会社のため、部署によって若干雰囲気が異なる」などのタレコミが目立つ。

評価については結果ではなく、人柄で決まる傾向もあるようなので要注意！

RANK A　SOU

恋愛偏差値	平均年収（万円）
52	520

平均年収	♥♥♥	性格ポイント	♥♥♥
華やかさ	♥♥♥♥	合コン満足度	♥♥♥

SOUは、東京都内でブランド品や貴金属・骨董品などの買取及び販売を行っている企業である。

オフィスが綺麗！！ という社員からの声が多数。

ただし只今、絶賛成長期の会社なので人手が不足しているが、経営層はアグレッシブなので出店を続けている。その反面、賞与や評価に関して不透明な部分が多い……と嘆く社員もチラホラ。

うーーーん…。オフィスが綺麗で成長しているとは言え、評価制度が未整備なのは頂けないな。しっかり整備してもらえれば、将来の旦那候補探してもよいが。

RANK A　ソウルドアウト

恋愛偏差値	平均年収（万円）
52	482

平均年収	♥♥♥	性格ポイント	♥♥♥
華やかさ	♥♥♥	合コン満足度	♥♥♥

ソウルドアウトは、日本の中小企業や、ベンチャー企業が抱えるいろいろなマーケティング上の課題を解決していく会社である。俗に言う、マーケティング支援サービスを展開している。

「給料は低く、稼ぎたいと思っている人には向かない」、「オフィスは綺麗ではなく、人が増えている割に広くない」というタレコミも。

また、上場企業ではあるものの、福利厚生も充実しておらず、女性の産休・育休も未整備とのこと。ここまでいくと入社メリットがあまりないが、「中小企業を助けたいッ……！」という熱い想いのある男性がタイプの女性のみには刺さるかも。その他の方は、回れ右、あと、他あたろ！

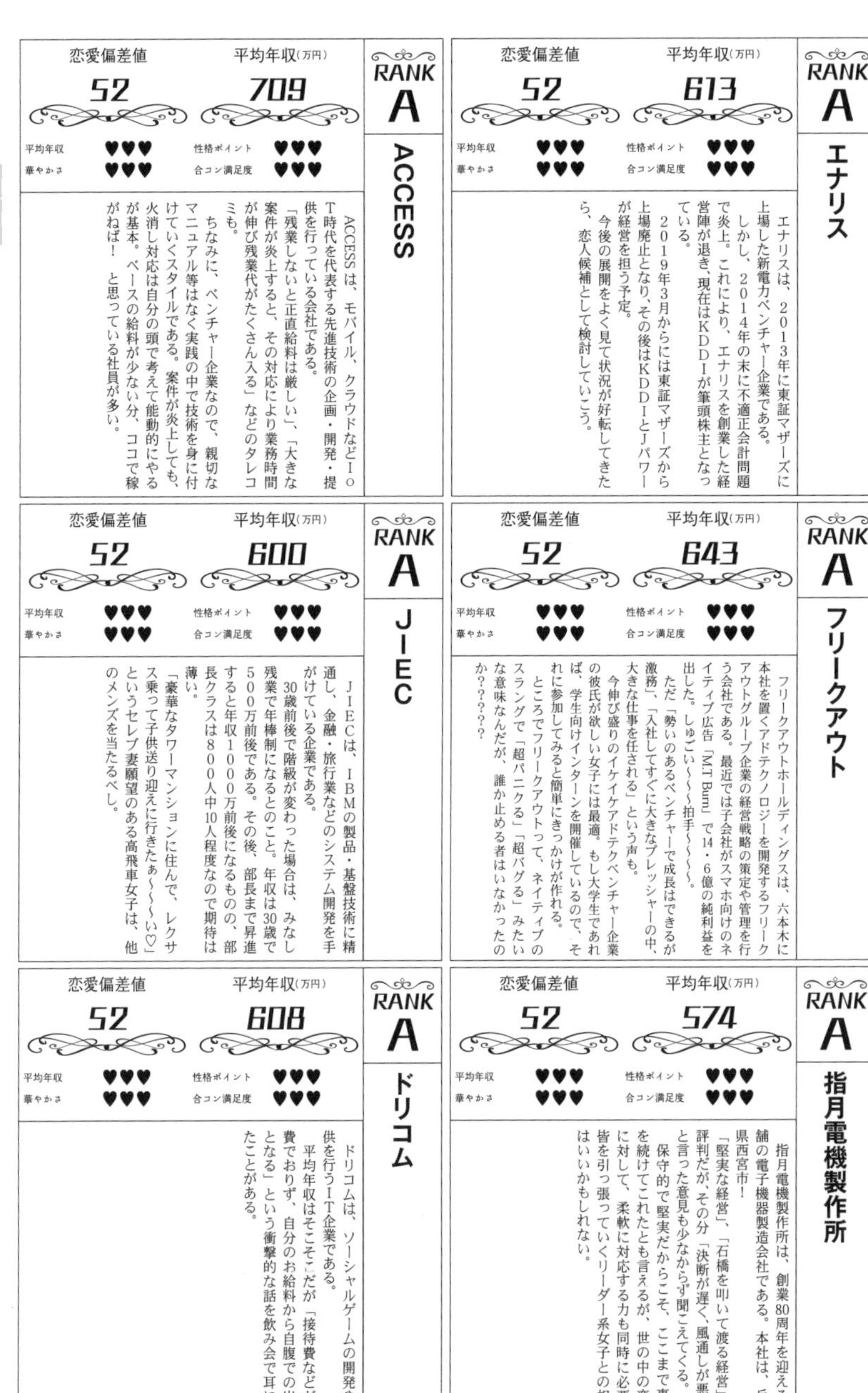

RANK A　エナリス

恋愛偏差値	平均年収（万円）
52	613

平均年収	♥♥♥	性格ポイント	♥♥♥
華やかさ	♥♥♥	合コン満足度	♥♥♥

エナリスは、２０１３年に東証マザーズに上場した新電力ベンチャー企業である。

しかし、２０１４年の末に不適正会計問題で炎上。これにより、エナリスを創業した経営陣が退き、現在はＫＤＤＩが筆頭株主となっている。

２０１９年３月からには東証マザーズから上場廃止となり、その後はＫＤＤＩとＪパワーが経営を担う予定。

今後の展開をよく見て状況が好転してきたら、恋人候補として検討していこう。

RANK A　ACCESS

恋愛偏差値	平均年収（万円）
52	709

平均年収	♥♥♥	性格ポイント	♥♥♥
華やかさ	♥♥♥	合コン満足度	♥♥♥

ACCESSは、モバイル、クラウドなどＩｏＴ時代を代表する先進技術の企画・開発・提供を行っている会社である。

「残業しないと正直給料は厳しい」、「大きな案件が炎上すると、その対応により業務時間が伸び残業代がたくさん入る」などのタレコミも。

ちなみに、ベンチャー企業なので、親切なマニュアル等はなく実践の中で技術を身に付けていくスタイルである。案件が炎上しても、火消し対応は自分の頭で考えて能動的にやるが基本。ベースの給料が少ない分、ココで稼がねば！　と思っている社員が多い。

RANK A　フリークアウト

恋愛偏差値	平均年収（万円）
52	643

平均年収	♥♥♥	性格ポイント	♥♥♥
華やかさ	♥♥♥	合コン満足度	♥♥♥

フリークアウトホールディングスは、六本木に本社を置くアドテクノロジーを開発するフリークアウトグループ企業の経営戦略の策定や管理を行う会社である。最近では子会社がスマホ向けのネイティブ広告「M.T Burn」で14・6億の純利益を出した。しゅごい〜〜拍手〜〜〜。

ただ「勢いのあるベンチャーで成長はできるが激務」、「入社してすぐに大きなプレッシャーの中、大きな仕事を任される」という声も。

今伸び盛りのイケイケアドテクベンチャー企業の彼氏が欲しい女子には最適。もし大学生であれば、学生向けインターンを開催しているので、それに参加してみると簡単にきっかけが作れる。

ところでフリークアウトって、ネイティブのスラングで「超パニクる」「超バグる」みたいな意味なんだが、誰か止める者はいなかったのか？？？？

RANK A　J-IEC

恋愛偏差値	平均年収（万円）
52	600

平均年収	♥♥♥	性格ポイント	♥♥♥
華やかさ	♥♥♥	合コン満足度	♥♥♥

ＪＩＥＣは、ＩＢＭの製品・基盤技術に精通し、金融・旅行業などのシステム開発を手がけている企業である。

30歳前後で階級が変わった場合は、みなし残業で年棒制になるとのこと。年収は30歳で５００万前後である。その後、部長まで昇進すると年収１０００万前後になるものの、部長クラスは８００人中10人程度なので期待は薄い。

「豪華なタワーマンションに住んで、レクサス乗って子供送り迎えに行きたぁ〜〜い♡」というセレブ妻願望のある高飛車女子は、他のメンズを当たるべし。

RANK A　指月電機製作所

恋愛偏差値	平均年収（万円）
52	574

平均年収	♥♥♥	性格ポイント	♥♥♥
華やかさ	♥♥♥	合コン満足度	♥♥♥

指月電機製作所は、創業80周年を迎える老舗の電子機器製造会社である。本社は、兵庫県西宮市！

「堅実な経営」、「石橋を叩いて渡る経営」と評判だが、その分「決断が遅く、風通しが悪い」と言った意見も少なからず聞こえてくる。

保守的で堅実だからこそ、ここまで事業を続けてこれたとも言えるが、世の中の変化に対して、柔軟に対応する力も同時に必要！　皆を引っ張っていくリーダー系女子との相性はいいかもしれない。

RANK A　ドリコム

恋愛偏差値	平均年収（万円）
52	608

平均年収	♥♥♥	性格ポイント	♥♥♥
華やかさ	♥♥♥	合コン満足度	♥♥♥

ドリコムは、ソーシャルゲームの開発や提供を行うＩＴ企業である。

平均年収はそこそこだが「接待費などが経費でおりず、自分のお給料から自腹での出費となる」という衝撃的な話を飲み会で耳にしたことがある。

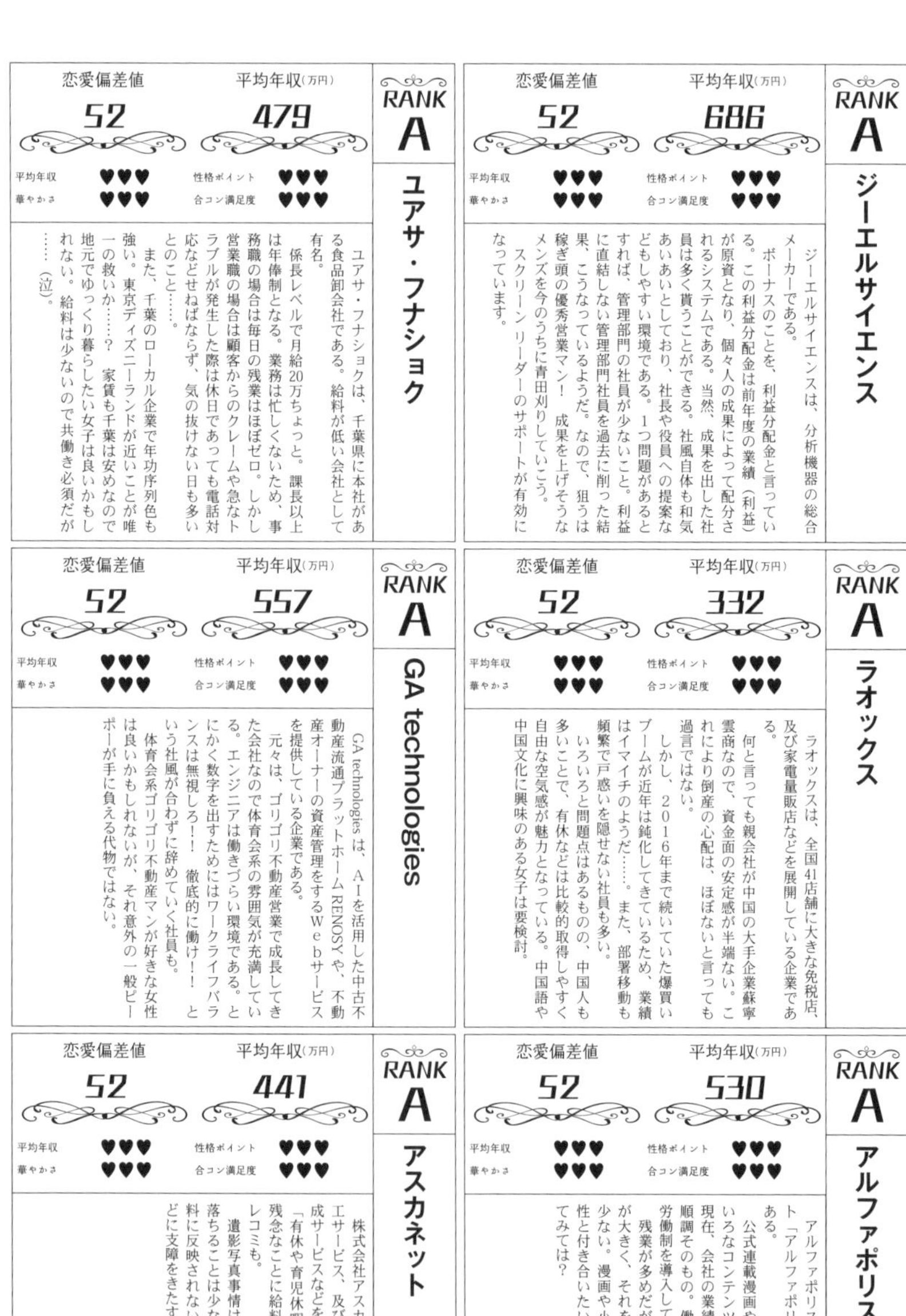

RANK A ジーエルサイエンス

恋愛偏差値 52　平均年収（万円） 686

平均年収 ♥♥♥　性格ポイント ♥♥♥
華やかさ ♥♥♥　合コン満足度 ♥♥♥

ジーエルサイエンスは、分析機器の総合メーカーである。

ボーナスのことを、利益分配金と言っている。この利益分配金は前年度の業績（利益）が原資となり、個々人の成果によって配分されるシステムである。当然、成果を出した社員は多く貰うことができる。社風自体も和気あいあいとしており、社長や役員への提案などもしやすい環境である。1つ問題があるとすれば、管理部門の社員が少ないこと。利益に直結しない管理部門社員を過去に削った結果、こうなっているようだ。なので、狙うは稼ぎ頭の優秀営業マン！　成果を上げそうなメンズを今のうちに青田刈りしていこう。

スクリーン リーダーのサポートが有効になっています。

RANK A ユアサ・フナショク

恋愛偏差値 52　平均年収（万円） 479

平均年収 ♥♥♥　性格ポイント ♥♥♥
華やかさ ♥♥♥　合コン満足度 ♥♥♥

ユアサ・フナショクは、千葉県に本社がある食品卸会社である。給料が低い会社として有名。

係長レベルで月給20万ちょっと。課長以上は年俸制となる。業務は忙しくないため、事務職の場合は毎日の残業はほぼゼロ。しかし営業職の場合は顧客からのクレームや急なトラブルが発生した際は休日であっても電話対応などせねばならず、気の抜けない日も多いとのこと……。

また、千葉のローカル企業で年功序列色も強い。東京ディズニーランドが近いことが唯一の救いか……？　家賃も千葉は安めなので地元でゆっくり暮らしたい女子は良いかもしれない。給料は少ないので共働き必須だが……（泣）。

RANK A ラオックス

恋愛偏差値 52　平均年収（万円） 332

平均年収 ♥♥♥　性格ポイント ♥♥♥
華やかさ ♥♥♥　合コン満足度 ♥♥♥

ラオックスは、全国41店舗に大きな免税店、及び家電量販店などを展開している企業である。

何と言っても親会社が中国の大手企業蘇寧雲商なので、資金面の安定感が半端ない。これにより倒産の心配は、ほぼないと言っても過言ではない。

しかし、2016年まで続いていた爆買いブームが近年は鈍化してきているため、業績はイマイチのようだ……。また、部署移動も頻繁で戸惑いを隠せない社員も多い。

いろいろと問題点はあるものの、中国人も多いことで、有休などは比較的取得しやすく自由な空気感が魅力となっている。中国語や中国文化に興味のある女子は要検討。

RANK A GA technologies

恋愛偏差値 52　平均年収（万円） 557

平均年収 ♥♥♥　性格ポイント ♥♥♥
華やかさ ♥♥♥　合コン満足度 ♥♥♥

GA technologiesは、AIを活用した中古不動産流通プラットホームRENOSYや、不動産オーナーの資産管理をするWebサービスを提供している企業である。

元々は、ゴリゴリ不動産営業で成長してきた会社なので体育会系の雰囲気が充満している。エンジニアは働きづらい環境である。とにかく数字を出すためにはワークライフバランスは無視しろ！　徹底的に働け！　という社風が合わずに辞めていく社員も。

体育会系ゴリゴリ不動産マンが好きな女性は良いかもしれないが、それ意外の一般ピーポーが手に負える代物ではない。

RANK A アルファポリス

恋愛偏差値 52　平均年収（万円） 530

平均年収 ♥♥♥　性格ポイント ♥♥♥
華やかさ ♥♥♥　合コン満足度 ♥♥♥

アルファポリスは、小説・漫画の投稿サイト「アルファポリス」を運営している企業である。

公式連載漫画やビジネス、ブログなどいろいろなコンテンツを楽しむことができる。今現在、会社の業績は右肩上がりに伸びており順調そのもの。働き方も自由度が高く、裁量労働制を導入している。

残業が多めだが、自分の裁量で出来る部分が大きく、それを苦痛だと思っている社員は少ない。漫画や小説などに興味関心のある男性と付き合いたい女子は一度オファーを出してみては？

RANK A アスカネット

恋愛偏差値 52　平均年収（万円） 441

平均年収 ♥♥♥　性格ポイント ♥♥♥
華やかさ ♥♥♥　合コン満足度 ♥♥♥

株式会社アスカネットは、デジタル写真加工サービス、及びフォトブックデザイン・作成サービスなどを提供している企業である。

「有休や育児休暇は非常に取得しやすいが、残念なことに給料は低すぎる……」などのタレコミも。

遺影写真事情は国内トップシェアで需要が落ちることは少ないものの、それが社員の給料に反映されないとなると、子供の養育費などに支障をきたすので結婚を考えると……。

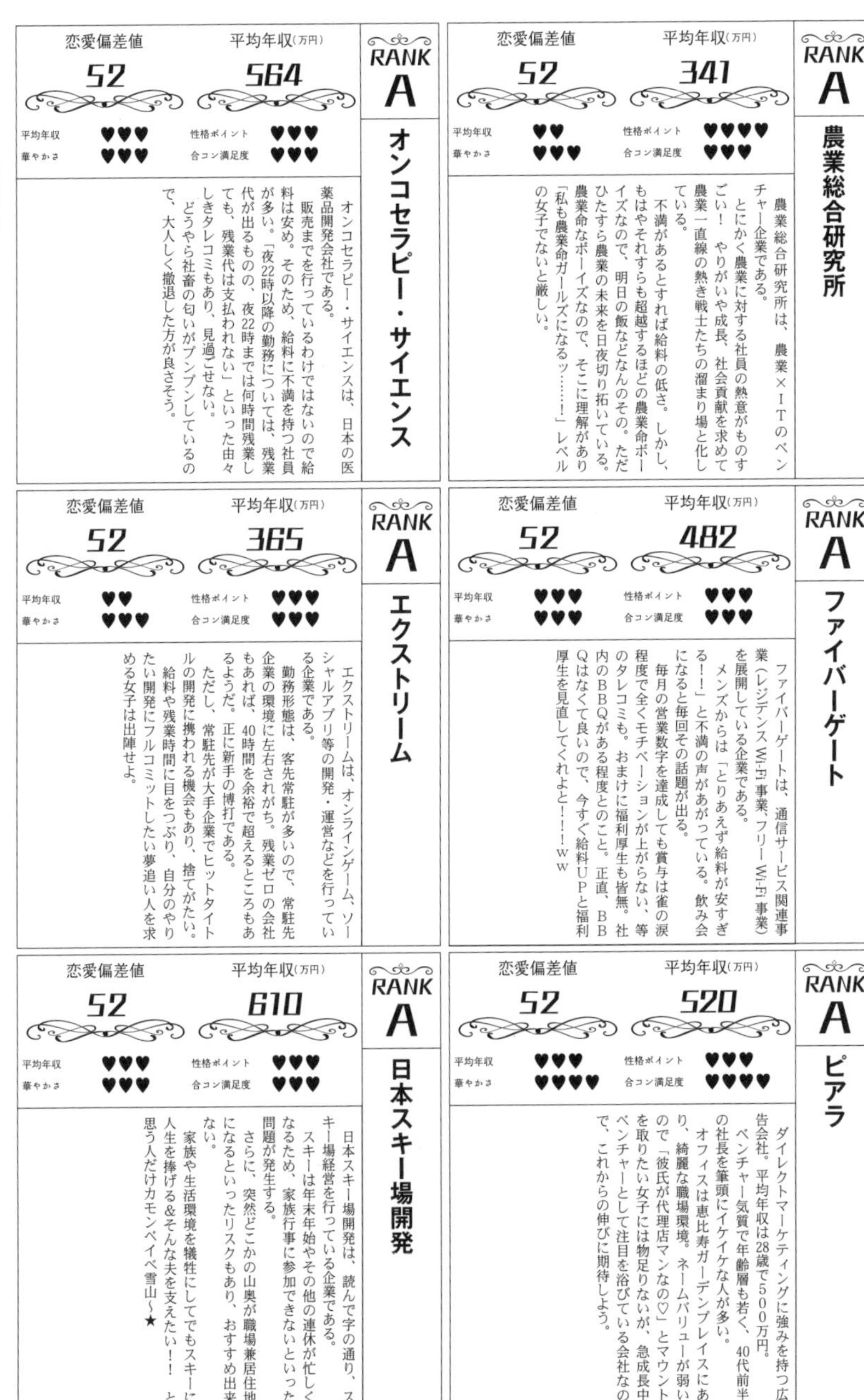

RANK A

農業総合研究所

恋愛偏差値 52　平均年収（万円） 341

平均年収 ♥♥　性格ポイント ♥♥♥♥
華やかさ ♥♥♥　合コン満足度 ♥♥♥

農業総合研究所は、農業×ＩＴのベンチャー企業である。

とにかく農業に対する社員の熱意がものすごい！ やりがいや成長、社会貢献を求めて農業一直線の熱き戦士たちの溜まり場と化している。

不満があるとすれば給料の低さ。しかし、もはやそれすらも超越するほどの農業命ボーイズなので、明日の飯などなんのその。ただひたすら農業の未来を日夜切り拓いている。農業命なボーイズなので、そこに理解があり「私も農業命ガールズになるッ……！」レベルの女子でないと厳しい。

RANK A

オンコセラピー・サイエンス

恋愛偏差値 52　平均年収（万円） 564

平均年収 ♥♥♥　性格ポイント ♥♥♥
華やかさ ♥♥♥　合コン満足度 ♥♥♥

オンコセラピー・サイエンスは、日本の医薬品開発会社である。

販売までを行っているわけではないので給料は安め。そのため、給料に不満を持つ社員が多い。「夜22時以降の勤務については、残業代が出るものの、夜22時までは何時間残業しても、残業代は支払われない」といった由々しきタレコミもあり、見過ごせない。

どうやら社畜の匂いがプンプンしているので、大人しく撤退した方が良さそう。

RANK A

ファイバーゲート

恋愛偏差値 52　平均年収（万円） 482

平均年収 ♥♥♥　性格ポイント ♥♥♥
華やかさ ♥♥♥　合コン満足度 ♥♥♥

ファイバーゲートは、通信サービス関連事業（レジデンスWi-Fi事業、フリーWi-Fi事業）を展開している企業である。

メンズからは「とりあえず給料が安すぎる！！」と不満の声があがっている。飲み会になると毎回その話題が出る。

毎月の営業数字を達成しても賞与は雀の涙程度で全くモチベーションが上がらない、等のタレコミも。おまけに福利厚生も皆無。社内のＢＢＱがある程度とのこと。正直、ＢＢＱはなくて良いので、今すぐ給料ＵＰと福利厚生を見直してくれよと！！ｗｗ

RANK A

エクストリーム

恋愛偏差値 52　平均年収（万円） 365

平均年収 ♥♥　性格ポイント ♥♥♥
華やかさ ♥♥♥　合コン満足度 ♥♥♥

エクストリームは、オンラインゲーム、ソーシャルアプリ等の開発・運営などを行っている企業である。

勤務形態は、客先常駐が多いので、常駐先企業の環境に左右されがち。残業ゼロの会社もあれば、40時間を余裕で超えるところもあるようだ。正に新手の博打である。

ただし、常駐先が大手企業でヒットタイトルの開発に携われる機会もあり、捨てがたい。

給料や残業時間に目をつぶり、自分のやりたい開発にフルコミットしたい夢追い人を求める女子は出陣せよ。

RANK A

ピアラ

恋愛偏差値 52　平均年収（万円） 520

平均年収 ♥♥♥　性格ポイント ♥♥♥
華やかさ ♥♥♥♥　合コン満足度 ♥♥♥♥

ダイレクトマーケティングに強みを持つ広告会社。平均年収は28歳で５００万円。

ベンチャー気質で年齢層も若く、40代前半の社長を筆頭にイケイケな人が多い。

オフィスは恵比寿ガーデンプレイスにあり、綺麗な職場環境。ネームバリューが弱いので「彼氏が代理店マンなの♡」とマウントを取りたい女子には物足りないが、急成長中ベンチャーとして注目を浴びている会社なので、これからの伸びに期待しよう。

RANK A

日本スキー場開発

恋愛偏差値 52　平均年収（万円） 610

平均年収 ♥♥♥　性格ポイント ♥♥♥
華やかさ ♥♥♥　合コン満足度 ♥♥♥

日本スキー場開発は、読んで字の通り、スキー場経営を行っている企業である。

スキーは年末年始やその他の連休が忙しくなるため、家族行事に参加できないといった問題が発生する。

さらに、突然どこかの山奥が職場兼居住地になるといったリスクもあり、おすすめ出来ない。

家族や生活環境を犠牲にしてでもスキーに人生を捧げる＆そんな夫を支えたい！ と思う人だけカモンペイベ雪山～★

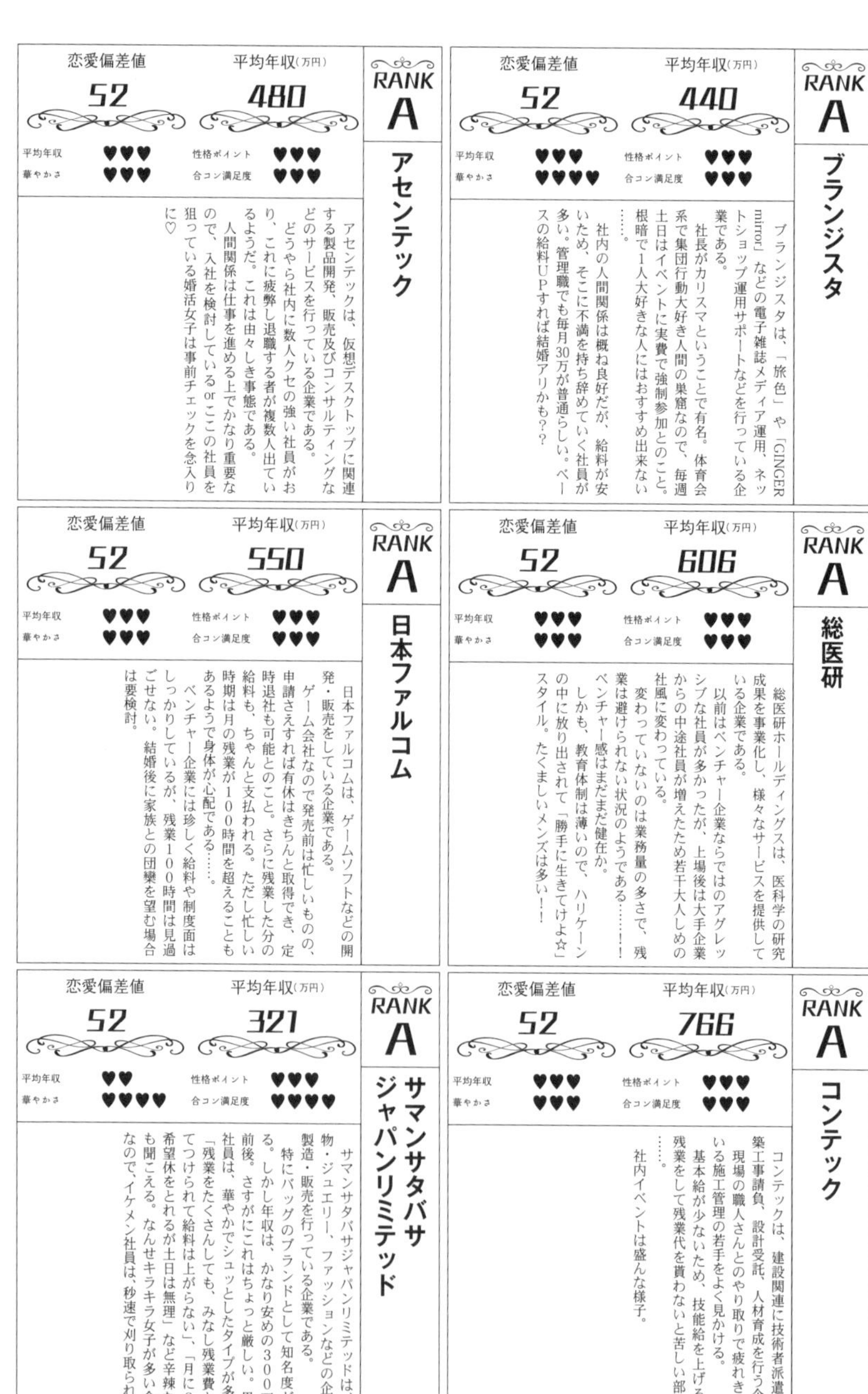

RANK A ブランジスタ

恋愛偏差値 52　平均年収(万円) 440

平均年収 ♥♥♥　性格ポイント ♥♥♥
華やかさ ♥♥♥♥　合コン満足度 ♥♥♥

ブランジスタは、「旅色」や「GINGER mirror」などの電子雑誌メディア運用、ネットショップ運用サポートなどを行っている企業である。

社長がカリスマということで有名。体育会系で集団行動大好き人間の巣窟なので、毎週土日はイベントに実費で強制参加とのこと。根暗で1人大好きな人にはおすすめ出来ない……。

社内の人間関係は概ね良好だが、給料が安いため、そこに不満を持ち辞めていく社員が多い。管理職でも毎月30万が普通らしい。ベースの給料UPすれば結婚アリかも?？

RANK A アセンテック

恋愛偏差値 52　平均年収(万円) 480

平均年収 ♥♥♥　性格ポイント ♥♥♥
華やかさ ♥♥♥　合コン満足度 ♥♥♥

アセンテックは、仮想デスクトップに関連する製品開発、販売及びコンサルティングなどのサービスを行っている企業である。

どうやら社内に数人クセの強い社員がおり、これに疲弊し退職する者が複数人出ているようだ。これは由々しき事態である。

人間関係は仕事を進める上でかなり重要なので、入社を検討している or ここの社員を狙っている婚活女子は事前チェックを念入りに♡

RANK A 総医研

恋愛偏差値 52　平均年収(万円) 606

平均年収 ♥♥♥　性格ポイント ♥♥♥
華やかさ ♥♥♥　合コン満足度 ♥♥♥

総医研ホールディングスは、医科学の研究成果を事業化し、様々なサービスを提供している企業である。

以前はベンチャー企業ならではのアグレッシブな社員が多かったが、上場後は大手企業からの中途社員が増えたため若干大人しめの社風に変わっている。

変わっていないのは業務量の多さで、残業は避けられない状況のようである……！ベンチャー感はまだまだ健在か。

しかも、教育体制は薄いので、ハリケーンの中に放り出されて「勝手に生きてけよ☆」スタイル。たくましいメンズは多い！！

RANK A 日本ファルコム

恋愛偏差値 52　平均年収(万円) 550

平均年収 ♥♥♥　性格ポイント ♥♥♥
華やかさ ♥♥♥　合コン満足度 ♥♥♥

日本ファルコムは、ゲームソフトなどの開発・販売をしている企業である。

ゲーム会社なので発売前は忙しいものの、申請さえすれば有休はきちんと取得でき、定時退社も可能とのこと。さらに残業した分の給料も、ちゃんと支払われる。ただし忙しい時期は月の残業が100時間を超えることもあるようで身体が心配である……。

ベンチャー企業には珍しく給料や制度面はしっかりしているが、残業100時間は見過ごせない。結婚後に家族との団欒を望む場合は要検討。

RANK A コンテック

恋愛偏差値 52　平均年収(万円) 766

平均年収 ♥♥♥　性格ポイント ♥♥♥
華やかさ ♥♥♥　合コン満足度 ♥♥♥

コンテックは、建設関連に技術者派遣や建築工事請負、設計受託、人材育成を行う企業。

現場の職人さんとのやり取りで疲れきっている施工管理の若手をよく見かける。

基本給が少ないため、技能給を上げるか、残業をして残業代を貰わないと苦しい部分も……。

社内イベントは盛んな様子。

RANK A サマンサタバサジャパンリミテッド

恋愛偏差値 52　平均年収(万円) 321

平均年収 ♥♥　性格ポイント ♥♥♥
華やかさ ♥♥♥♥　合コン満足度 ♥♥♥♥

サマンサタバサジャパンリミテッドは、小物・ジュエリー、ファッションなどの企画・製造・販売を行っている企業である。

特にバッグのブランドとして知名度がある。しかし年収は、かなり安めの300万円前後。さすがにこれはちょっと厳しい。男性社員は、華やかでシュッとしたタイプが多い。

「残業をたくさんしても、みなし残業費としてつけられて給料は上がらない」、「月に2回希望休をとれるが土日は無理」など辛辣な声も聞こえる。なんせキラキラ女子が多い会社なので、イケメン社員は、秒速で刈り取られる。

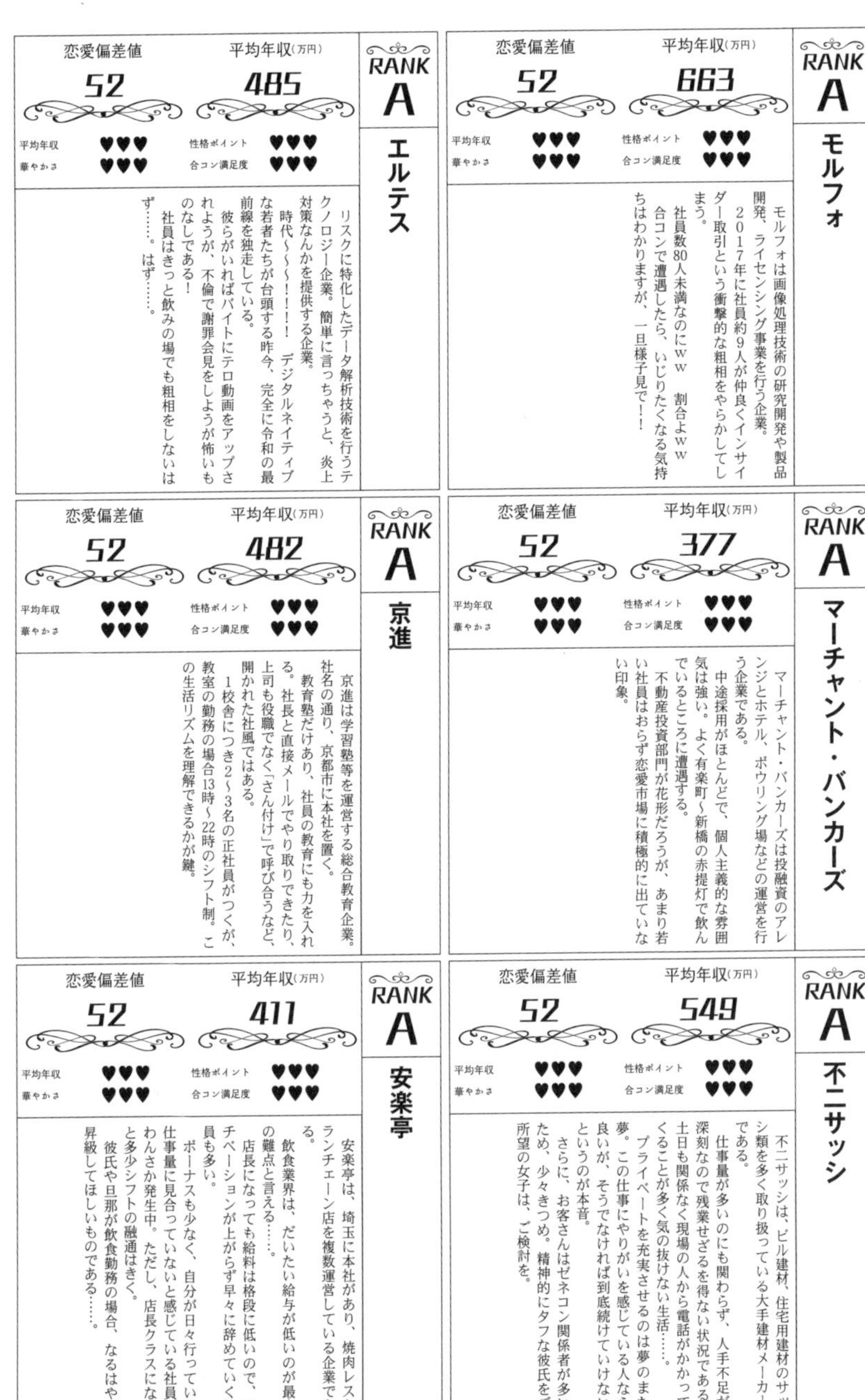

RANK A モルフォ

恋愛偏差値	平均年収(万円)
52	663

平均年収	♥♥♥	性格ポイント	♥♥♥
華やかさ	♥♥♥	合コン満足度	♥♥♥

モルフォは画像処理技術の研究開発や製品開発、ライセンシング事業を行う企業。

２０１７年に社員約９人が仲良くインサイダー取引という衝撃的な粗相をやらかしてしまう。

社員数80人未満なのにｗｗ　割合よｗｗ

合コンで遭遇したら、いじりたくなる気持ちはわかりますが、一旦様子見で！！

RANK A エルテス

恋愛偏差値	平均年収(万円)
52	485

平均年収	♥♥♥	性格ポイント	♥♥♥
華やかさ	♥♥♥	合コン満足度	♥♥♥

リスクに特化したデータ解析技術を行うテクノロジー企業。簡単に言っちゃうと、炎上対策なんかを提供する企業。

時代〜〜〜！！！　デジタルネイティブな若者たちが台頭する昨今、完全に令和の最前線を独走している。

彼らがいればバイトにテロ動画をアップされようが、不倫で謝罪会見をしようが怖いものなしである！

社員はきっと飲みの場でも粗相をしないはず……。はず……。

RANK A マーチャント・バンカーズ

恋愛偏差値	平均年収(万円)
52	377

平均年収	♥♥♥	性格ポイント	♥♥♥
華やかさ	♥♥♥	合コン満足度	♥♥♥

マーチャント・バンカーズは投融資のアレンジとホテル、ボウリング場などの運営を行う企業である。

中途採用がほとんどで、個人主義的な雰囲気は強い。よく有楽町〜新橋の赤提灯で飲んでいるところに遭遇する。

不動産投資部門が花形だろうが、あまり若い社員はおらず恋愛市場に積極的に出ていない印象。

RANK A 京進

恋愛偏差値	平均年収(万円)
52	482

平均年収	♥♥♥	性格ポイント	♥♥♥
華やかさ	♥♥♥	合コン満足度	♥♥♥

京進は学習塾等を運営する総合教育企業。社名の通り、京都市に本社を置く。

教育塾だけあり、社員の教育にも力を入れる。社長と直接メールでやり取りできたり、上司も役職でなく「さん付け」で呼び合うなど、開かれた社風ではある。

１校舎につき2〜3名の正社員がつくが、教室の勤務の場合13時〜22時のシフト制。この生活リズムを理解できるかが鍵。

RANK A 不二サッシ

恋愛偏差値	平均年収(万円)
52	549

平均年収	♥♥♥	性格ポイント	♥♥♥
華やかさ	♥♥♥	合コン満足度	♥♥♥

不二サッシは、ビル建材、住宅用建材のサッシ類を多く取り扱っている大手建材メーカーである。

仕事量が多いのにも関わらず、人手不足が深刻なので残業せざるを得ない状況である。土日も関係なく現場の人から電話がかかってくることが多く気の抜けない生活……。

プライベートを充実させるのは夢のまた夢。この仕事にやりがいを感じている人なら良いが、そうでなければ到底続けていけないというのが本音。

さらに、お客さんはゼネコン関係者が多いため、少々きつめ。精神的にタフな彼氏をご所望の女子は、ご検討を。

RANK A 安楽亭

恋愛偏差値	平均年収(万円)
52	411

平均年収	♥♥♥	性格ポイント	♥♥♥
華やかさ	♥♥♥	合コン満足度	♥♥♥

安楽亭は、埼玉に本社があり、焼肉レストランチェーン店を複数運営している企業である。

飲食業界は、だいたい給与が低いのが最大の難点と言える……。

店長になっても給料は格段に低いので、モチベーションが上がらず早々に辞めていく社員も多い。

ボーナスも少なく、自分が日々行っている仕事量に見合っていないと感じている社員がわんさか発生中。ただし、店長クラスになると多少シフトの融通はきく。

彼氏や旦那が飲食勤務の場合、なるはやで昇級してほしいものである……。

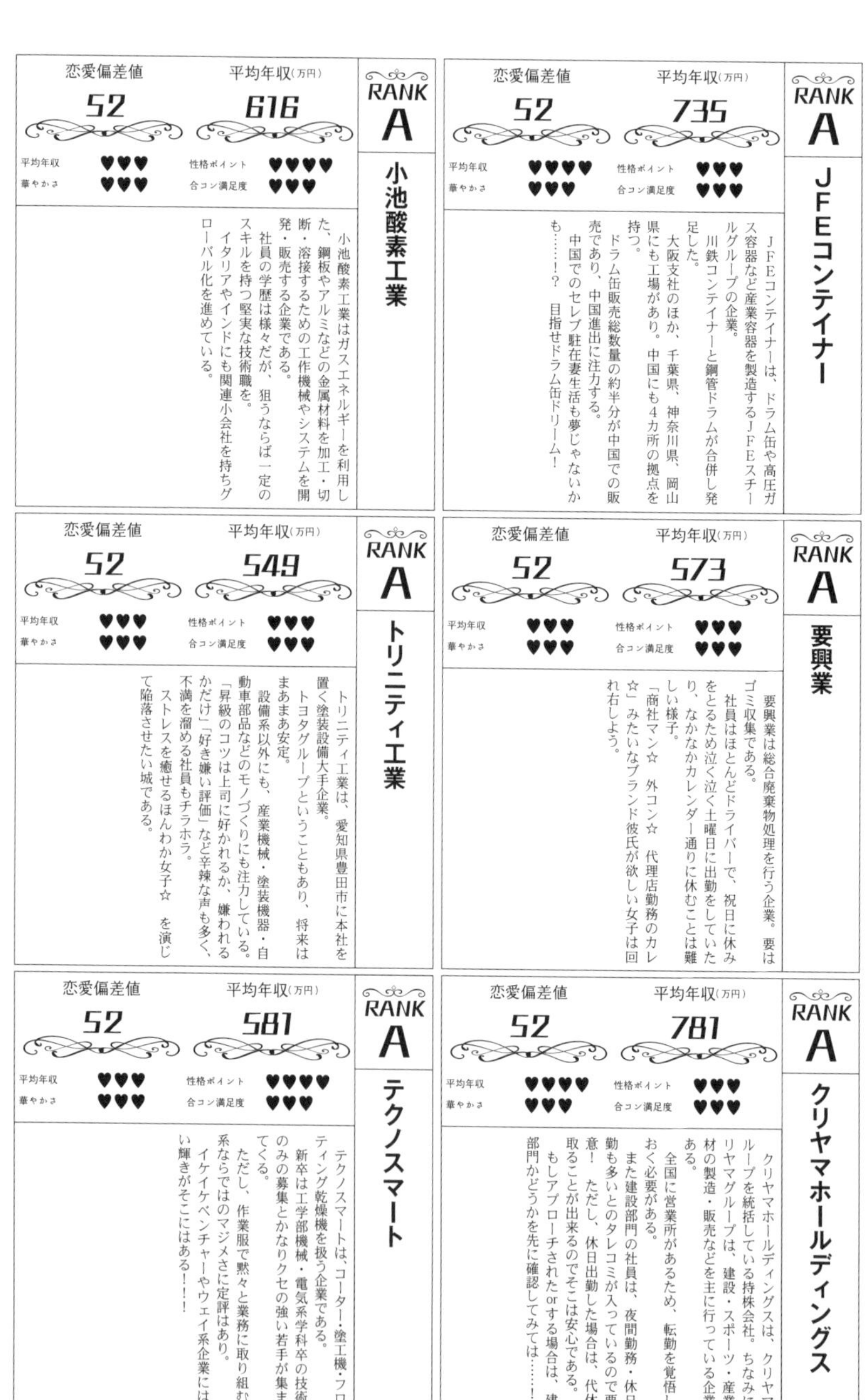

RANK A JFEコンテイナー

恋愛偏差値 52　平均年収(万円) 735

平均年収 ♥♥♥♥　性格ポイント ♥♥♥
華やかさ ♥♥♥　合コン満足度 ♥♥♥

JFEコンテイナーは、ドラム缶や高圧ガス容器など産業容器を製造するJFEスチールグループの企業。

川鉄コンテイナーと鋼管ドラムが合併し発足した。

大阪支社のほか、千葉県、神奈川県、岡山県にも工場があり。中国にも4カ所の拠点を持つ。

ドラム缶販売総数量の約半分が中国での販売であり、中国進出に注力する。

中国でのセレブ駐在妻生活も夢じゃないかも……!? 目指せドラム缶ドリーム!

RANK A 小池酸素工業

恋愛偏差値 52　平均年収(万円) 616

平均年収 ♥♥♥　性格ポイント ♥♥♥♥
華やかさ ♥♥♥　合コン満足度 ♥♥♥

小池酸素工業はガスエネルギーを利用した、鋼板やアルミなどの金属材料を加工・切断・溶接するための工作機械やシステムを開発・販売する企業である。

社員の学歴は様々だが、狙うならば一定のスキルを持つ堅実な技術職を。

イタリアやインドにも関連小会社を持ちグローバル化を進めている。

RANK A 要興業

恋愛偏差値 52　平均年収(万円) 573

平均年収 ♥♥♥　性格ポイント ♥♥♥
華やかさ ♥♥♥　合コン満足度 ♥♥♥

要興業は総合廃棄物処理を行う企業。要はゴミ収集である。

社員はほとんどドライバーで、祝日に休みをとるため泣く泣く土曜日に出勤をしていたり、なかなかカレンダー通りに休むことは難しい様子。

「商社マン☆ 外コン☆ 代理店勤務のカレ☆」みたいなブランド彼氏が欲しい女子は回れ右しよう。

RANK A トリニティ工業

恋愛偏差値 52　平均年収(万円) 549

平均年収 ♥♥♥　性格ポイント ♥♥♥
華やかさ ♥♥♥　合コン満足度 ♥♥♥

トリニティ工業は、愛知県豊田市に本社を置く塗装設備大手企業。

トヨタグループということもあり、将来はまあまあ安定。

設備系以外にも、産業機械・塗装機器・自動車部品などのモノづくりにも注力している。

「昇級のコツは上司に好かれるか、嫌われるかだけ」「好き嫌い評価」など辛辣な声も多く、不満を溜める社員もチラホラ。

ストレスを癒せるほんわか女子☆ を演じて陥落させたい城である。

RANK A クリヤマホールディングス

恋愛偏差値 52　平均年収(万円) 781

平均年収 ♥♥♥♥　性格ポイント ♥♥♥
華やかさ ♥♥♥　合コン満足度 ♥♥♥

クリヤマホールディングスは、クリヤマグループを統括している持株会社。ちなみにクリヤマグループは、建設・スポーツ・産業資材の製造・販売などを主に行っている企業である。

全国に営業所があるため、転勤を覚悟しておく必要がある。

また建設部門の社員は、夜間勤務・休日出勤も多いとのタレコミが入っているので要注意! ただし、休日出勤した場合は、代休を取ることが出来るのでそこは安心である。

もしアプローチされたorする場合は、建設部門かどうかを先に確認してみては……!

RANK A テクノスマート

恋愛偏差値 52　平均年収(万円) 581

平均年収 ♥♥♥　性格ポイント ♥♥♥♥
華やかさ ♥♥♥　合コン満足度 ♥♥♥

テクノスマートは、コーター・塗工機・フローティング乾燥機を扱う企業である。

新卒は工学部機械・電気系学科卒の技術職のみの募集とかなりクセの強い若手が集まってくる。

ただし、作業服で黙々と業務に取り組む理系ならではのマジメさに定評はあり。

イケイケベンチャーやウェイ系企業にはない輝きがそこにはある!!!

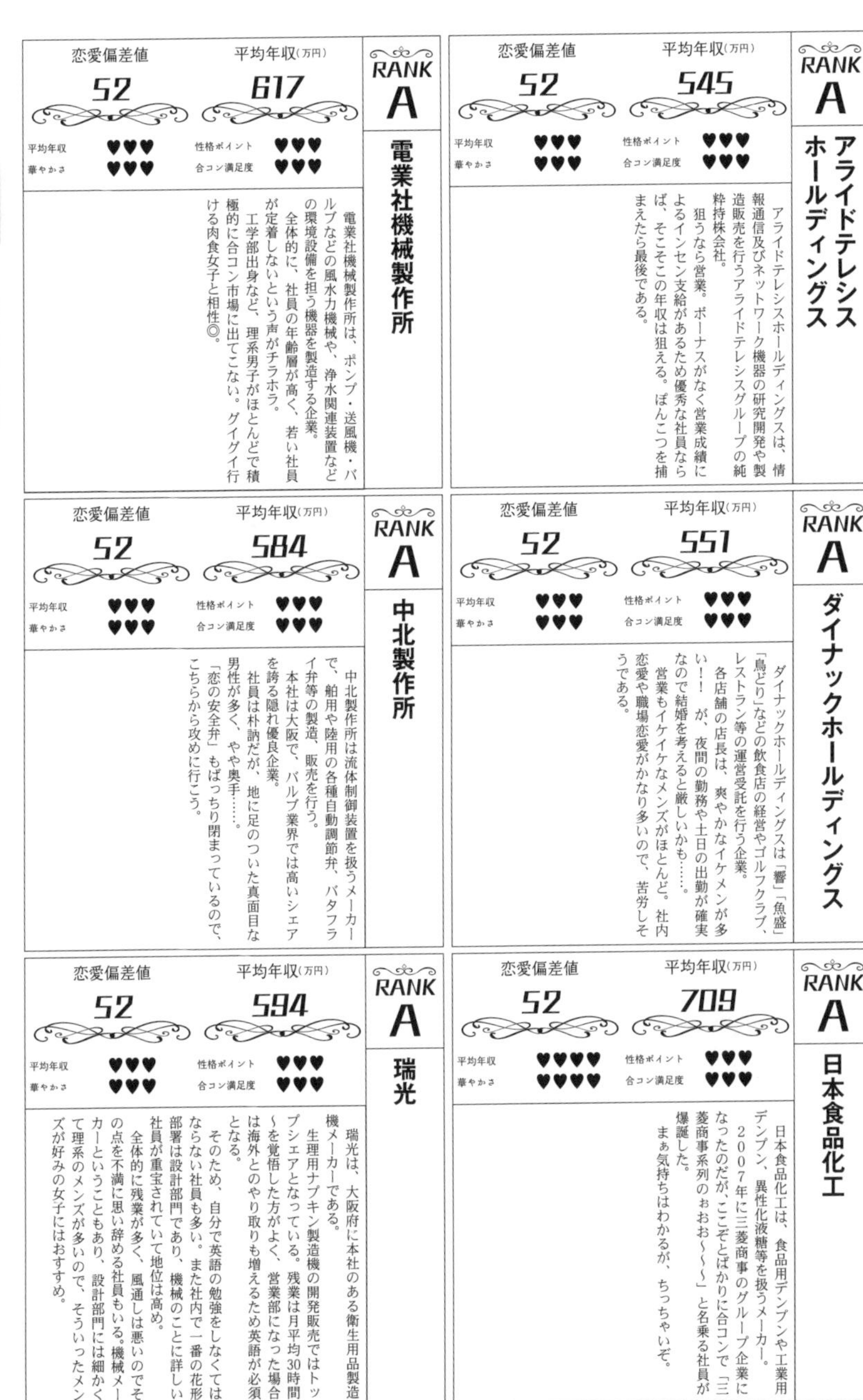

RANK A

アライドテレシスホールディングス

恋愛偏差値	平均年収(万円)
52	545

平均年収	♥♥♥	性格ポイント	♥♥♥
華やかさ	♥♥♥	合コン満足度	♥♥♥

アライドテレシスホールディングスは、情報通信及びネットワーク機器の研究開発や製造販売を行うアライドテレシスグループの純粋持株会社。

狙うなら営業。ボーナスがなく営業成績によるインセン支給があるため優秀な社員ならば、そこそこの年収は狙える。ぽんこつを捕まえたら最後である。

RANK A

電業社機械製作所

恋愛偏差値	平均年収(万円)
52	617

平均年収	♥♥♥	性格ポイント	♥♥♥
華やかさ	♥♥♥	合コン満足度	♥♥♥

電業社機械製作所は、ポンプ・送風機・バルブなどの風水力機械や、浄水関連装置などの環境設備を担う機器を製造する企業。

全体的に、社員の年齢層が高く、若い社員が定着しないという声がチラホラ。

工学部出身など、理系男子がほとんどで積極的に合コン市場に出てこない。グイグイ行ける肉食女子と相性◎。

RANK A

ダイナックホールディングス

恋愛偏差値	平均年収(万円)
52	551

平均年収	♥♥♥	性格ポイント	♥♥♥
華やかさ	♥♥♥	合コン満足度	♥♥♥

ダイナックホールディングスは「響」「魚盛」「鳥どり」などの飲食店の経営やゴルフクラブ、レストラン等の運営受託を行う企業。

各店舗の店長は、爽やかなイケメンが多い！　が、夜間の勤務や土日の出勤が確実なので結婚を考えると厳しいかも……。

営業もイケイケなメンズがほとんど。社内恋愛や職場恋愛がかなり多いので、苦労しそうである。

RANK A

中北製作所

恋愛偏差値	平均年収(万円)
52	584

平均年収	♥♥♥	性格ポイント	♥♥♥
華やかさ	♥♥♥	合コン満足度	♥♥♥

中北製作所は流体制御装置を扱うメーカーで、舶用や陸用の各種自動調節弁、バタフライ弁等の製造、販売を行う。

本社は大阪で、バルブ業界では高いシェアを誇る隠れ優良企業。

社員は朴訥だが、地に足のついた真面目な男性が多く、やや奥手……。

「恋の安全弁」もばっちり閉まっているので、こちらから攻めに行こう。

RANK A

日本食品化工

恋愛偏差値	平均年収(万円)
52	709

平均年収	♥♥♥♥	性格ポイント	♥♥♥
華やかさ	♥♥♥♥	合コン満足度	♥♥♥

日本食品化工は、食品用デンプンや工業用デンプン、異性化液糖等を扱うメーカー。

2007年に三菱商事のグループ企業になったのだが、ここぞとばかりに合コンで「三菱商事系列のぉおお〜〜」と名乗る社員が爆誕した。

まぁ気持ちはわかるが、ちっちゃいぞ。

RANK A

瑞光

恋愛偏差値	平均年収(万円)
52	594

平均年収	♥♥♥	性格ポイント	♥♥♥
華やかさ	♥♥♥	合コン満足度	♥♥♥

瑞光は、大阪府に本社のある衛生用品製造機メーカーである。

生理用ナプキン製造機の開発販売ではトップシェアとなっている。残業は月平均30時間〜を覚悟した方がよく、営業部になった場合は海外とのやり取りも増えるため英語が必須となる。

そのため、自分で英語の勉強をしなくてはならない社員も多い。また社内で一番の花形部署は設計部門であり、機械のことに詳しい社員が重宝されていて地位は高め。

全体的に残業が多く、風通しは悪いのでその点を不満に思い辞める社員もいる。機械メーカーということもあり、設計部門には細かくて理系のメンズが多いので、そういったメンズが好みの女子にはおすすめ。

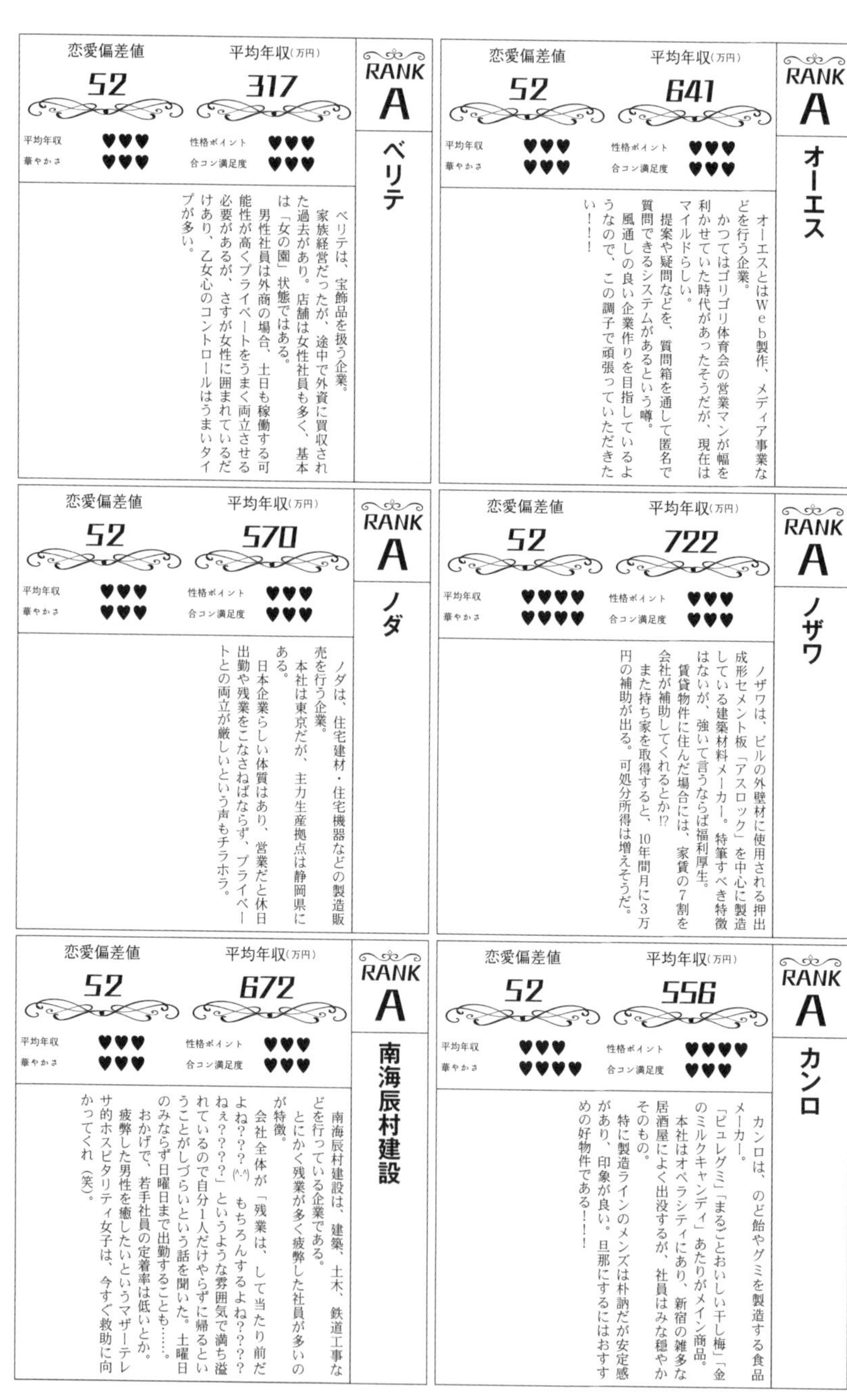

RANK A

オーエス

恋愛偏差値	平均年収(万円)
52	641

項目	評価	項目	評価
平均年収	♥♥♥	性格ポイント	♥♥♥
華やかさ	♥♥♥	合コン満足度	♥♥♥

オーエスとはWeb製作、メディア事業などを行う企業。

かつてはゴリゴリ体育会の営業マンが幅を利かせていた時代があったそうだが、現在はマイルドらしい。

提案や疑問などを、質問箱を通して匿名で質問できるシステムがあるという噂。

風通しの良い企業作りを目指しているようなので、この調子で頑張っていただきたい！！

RANK A

ベリテ

恋愛偏差値	平均年収(万円)
52	317

項目	評価	項目	評価
平均年収	♥♥♥	性格ポイント	♥♥♥
華やかさ	♥♥♥	合コン満足度	♥♥♥

ベリテは、宝飾品を扱う企業。

家族経営だったが、途中で外資に買収された過去があり。店舗は女性社員も多く、基本は「女の園」状態ではある。

男性社員は外商の場合、土日も稼働する可能性が高くプライベートをうまく両立させる必要があるが、さすが女性に囲まれているだけあり、乙女心のコントロールはうまいタイプが多い。

RANK A

ノザワ

恋愛偏差値	平均年収(万円)
52	722

項目	評価	項目	評価
平均年収	♥♥♥♥	性格ポイント	♥♥♥
華やかさ	♥♥♥♥	合コン満足度	♥♥♥

ノザワは、ビルの外壁材に使用される押出成形セメント板「アスロック」を中心に製造している建築材料メーカー。特筆すべき特徴はないが、強いて言うならば福利厚生。

賃貸物件に住んだ場合には、家賃の7割を会社が補助してくれるとか!?

また持ち家を取得すると、10年間月に3万円の補助が出る。可処分所得は増えそうだ。

RANK A

ノダ

恋愛偏差値	平均年収(万円)
52	570

項目	評価	項目	評価
平均年収	♥♥♥	性格ポイント	♥♥♥
華やかさ	♥♥♥	合コン満足度	♥♥♥

ノダは、住宅建材・住宅機器などの製造販売を行う企業。

本社は東京だが、主力生産拠点は静岡県にある。

日本企業らしい体質はあり、営業だと休日出勤や残業をこなさねばならず、プライベートとの両立が厳しいという声もチラホラ。

RANK A

カンロ

恋愛偏差値	平均年収(万円)
52	556

項目	評価	項目	評価
平均年収	♥♥♥	性格ポイント	♥♥♥♥
華やかさ	♥♥♥♥	合コン満足度	♥♥♥

カンロは、のど飴やグミを製造する食品メーカー。

「ピュレグミ」「まるごとおいしい干し梅」「金のミルクキャンディ」あたりがメイン商品。

本社はオペラシティにあり、新宿の雑多な居酒屋によく出没するが、社員はみな穏やかそのもの。

特に製造ラインのメンズは朴訥だが安定感があり、印象が良い。旦那にするにはおすすめの好物件である！！

RANK A

南海辰村建設

恋愛偏差値	平均年収(万円)
52	672

項目	評価	項目	評価
平均年収	♥♥♥	性格ポイント	♥♥♥
華やかさ	♥♥♥	合コン満足度	♥♥♥

南海辰村建設は、建築、土木、鉄道工事などを行っている企業である。

とにかく残業が多く疲弊した社員が多いのが特徴。

会社全体が「残業は、して当たり前だよね？？(^-^) もちろんするよね？？？ねぇ？？？」というような雰囲気で満ち溢れているので自分1人だけやらずに帰るということがしづらいという話を聞いた。土曜日のみならず日曜日まで出勤することも……。

おかげで、若手社員の定着率は低いとか。

疲弊した男性を癒したいというマザーテレサ的ホスピタリティ女子は、今すぐ救助に向かってくれ（笑）。

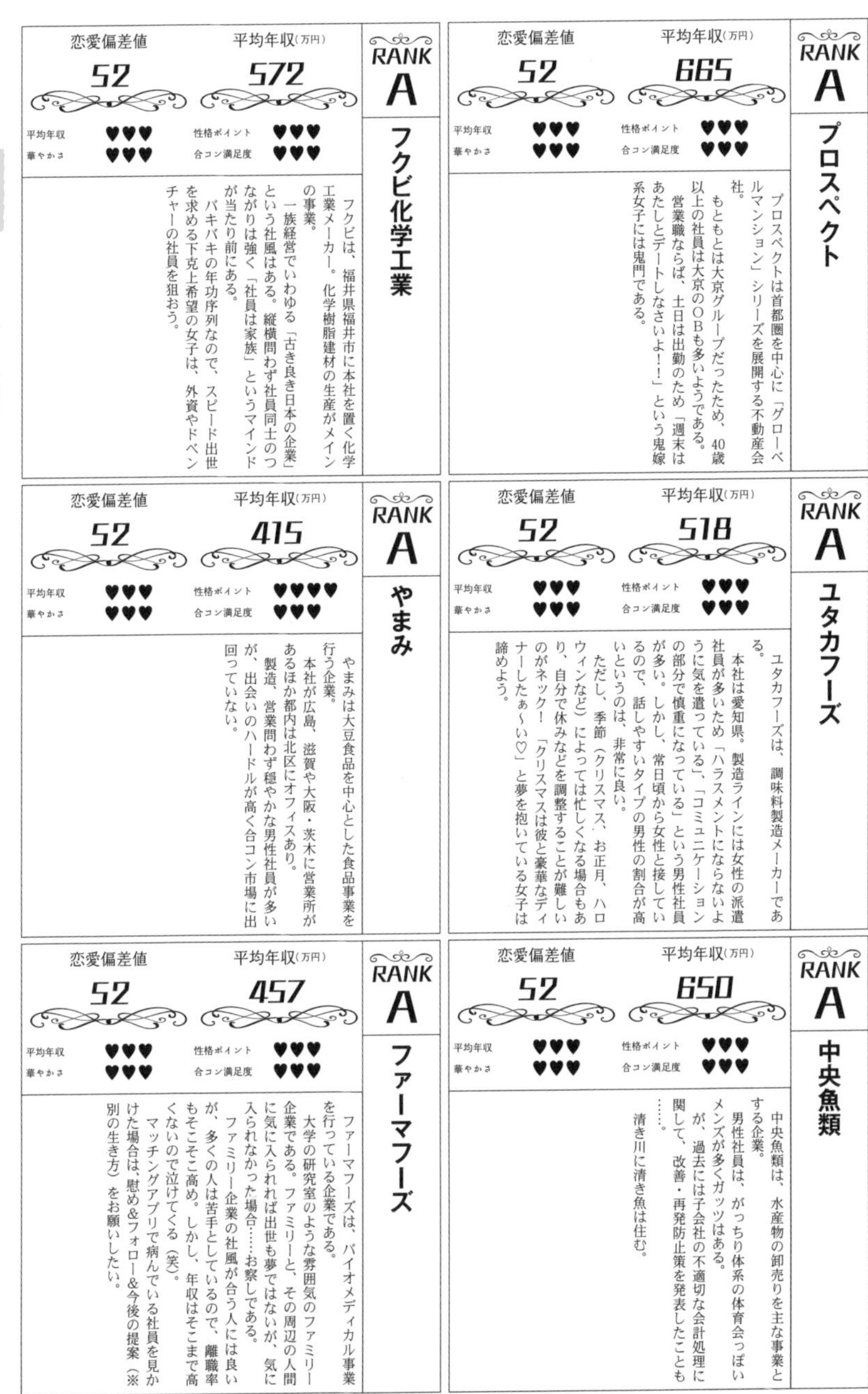

RANK A プロスペクト

恋愛偏差値	平均年収(万円)
52	665

平均年収	♥♥♥	性格ポイント	♥♥♥
華やかさ	♥♥♥	合コン満足度	♥♥♥

プロスペクトは首都圏を中心に「グローベルマンション」シリーズを展開する不動産会社。

もともとは大京グループだったため、40歳以上の社員は大京のOBも多いようである。

営業職ならば、土日は出勤のため「週末はあたしとデートしなさいよ！」という鬼嫁系女子には鬼門である。

RANK A フクビ化学工業

恋愛偏差値	平均年収(万円)
52	572

平均年収	♥♥♥	性格ポイント	♥♥♥
華やかさ	♥♥♥	合コン満足度	♥♥♥

フクビは、福井県福井市に本社を置く化学工業メーカー。化学樹脂建材の生産がメインの事業。

一族経営でいわゆる「古き良き日本の企業」という社風はある。縦横問わず社員同士のつながりは強く「社員は家族」というマインドが当たり前にある。

バキバキの年功序列なので、スピード出世を求める下克上希望の女子は、外資やドベンチャーの社員を狙おう。

RANK A ユタカフーズ

恋愛偏差値	平均年収(万円)
52	518

平均年収	♥♥♥	性格ポイント	♥♥♥
華やかさ	♥♥♥	合コン満足度	♥♥♥

ユタカフーズは、調味料製造メーカーである。

本社は愛知県。製造ラインには女性の派遣社員が多いため「ハラスメントにならないように気を遣っている」、「コミュニケーションの部分で慎重になっている」という男性社員が多い。しかし、常日頃から女性と接しているので、話しやすいタイプの男性の割合が高いというのは、非常に良い。

ただし、季節（クリスマス、お正月、ハロウィンなど）によっては忙しくなる場合もあり、自分で休みなどを調整することが難しいのがネック！「クリスマスは彼と豪華なディナーしたぁ～い♡」と夢を抱いている女子は諦めよう。

RANK A やまみ

恋愛偏差値	平均年収(万円)
52	415

平均年収	♥♥♥	性格ポイント	♥♥♥♥
華やかさ	♥♥♥	合コン満足度	♥♥♥

やまみは大豆食品を中心とした食品事業を行う企業。

本社が広島、滋賀や大阪・茨木に営業所があるほか都内は北区にオフィスあり。

製造、営業問わず穏やかな男性社員が多いが、出会いのハードルが高く合コン市場に出回っていない。

RANK A 中央魚類

恋愛偏差値	平均年収(万円)
52	650

平均年収	♥♥♥	性格ポイント	♥♥♥
華やかさ	♥♥♥	合コン満足度	♥♥♥

中央魚類は、水産物の卸売りを主な事業とする企業。

男性社員は、がっちり体系の体育会っぽいメンズが多くガッツはある。

が、過去には子会社の不適切な会計処理に関して、改善・再発防止策を発表したことも……。

清き川に清き魚は住む。

RANK A ファーマフーズ

恋愛偏差値	平均年収(万円)
52	457

平均年収	♥♥♥	性格ポイント	♥♥♥
華やかさ	♥♥♥	合コン満足度	♥♥♥

ファーマフーズは、バイオメディカル事業を行っている企業である。

大学の研究室のような雰囲気のファミリー企業である。ファミリーと、その周辺の人間に気に入られれば出世も夢ではないが、気に入られなかった場合……お察しである。

ファミリー企業の社風が合う人には良いが、多くの人は苦手としているので、離職率もそこそこ高め。しかし、年収はそこまで高くないので泣けてくる（笑）。

マッチングアプリで病んでいる社員を見かけた場合は、慰め&フォロー&今後の提案（※別の生き方）をお願いしたい。

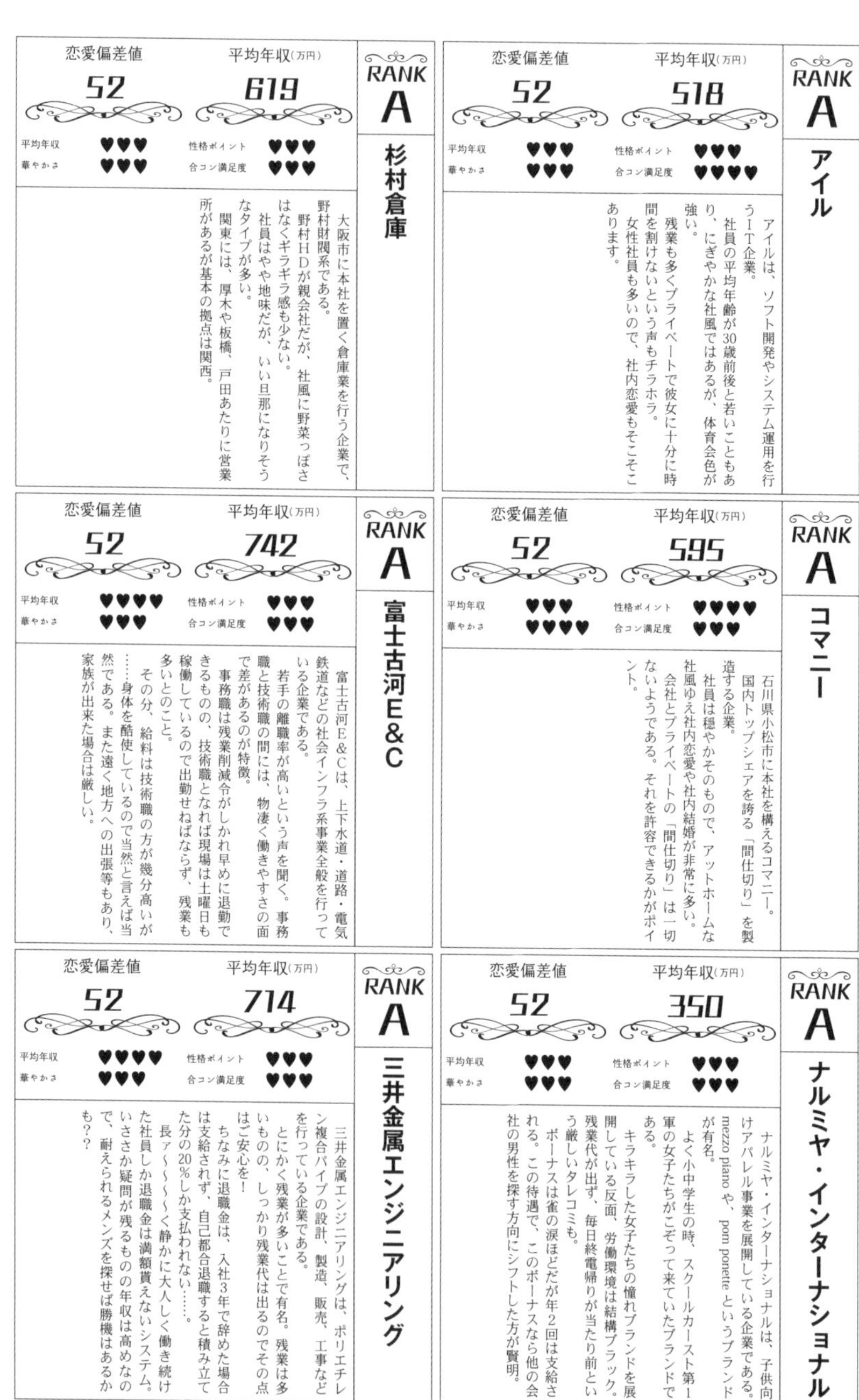

RANK A アイル

恋愛偏差値 52　平均年収(万円) 518

項目	評価	項目	評価
平均年収	♥♥♥	性格ポイント	♥♥♥
華やかさ	♥♥♥	合コン満足度	♥♥♥♥

アイルは、ソフト開発やシステム運用を行うIT企業。

社員の平均年齢が30歳前後と若いこともあり、にぎやかな社風ではあるが、体育会色が強い。

残業も多くプライベートで彼女に十分に時間を割けないという声もチラホラ。

女性社員も多いので、社内恋愛もそこそこあります。

RANK A 杉村倉庫

恋愛偏差値 52　平均年収(万円) 619

項目	評価	項目	評価
平均年収	♥♥♥	性格ポイント	♥♥♥
華やかさ	♥♥♥	合コン満足度	♥♥♥

大阪市に本社を置く倉庫業を行う企業で、野村財閥系である。

野村HDが親会社だが、社風に野菜っぽさはなくギラギラ感も少ない。

社員はやや地味だが、いい旦那になりそうなタイプが多い。

関東には、厚木や板橋、戸田あたりに営業所があるが基本の拠点は関西。

RANK A コマニー

恋愛偏差値 52　平均年収(万円) 595

項目	評価	項目	評価
平均年収	♥♥♥	性格ポイント	♥♥♥♥
華やかさ	♥♥♥♥	合コン満足度	♥♥♥

石川県小松市に本社を構えるコマニー。国内トップシェアを誇る「間仕切り」を製造する企業。

社員は穏やかそのもので、アットホームな社風ゆえ社内恋愛や社内結婚が非常に多い。

会社とプライベートの「間仕切り」は一切ないようである。それを許容できるかがポイント。

RANK A 富士古河E&C

恋愛偏差値 52　平均年収(万円) 742

項目	評価	項目	評価
平均年収	♥♥♥♥	性格ポイント	♥♥♥
華やかさ	♥♥♥	合コン満足度	♥♥♥

富士古河E&Cは、上下水道・道路・電気鉄道などの社会インフラ系事業全般を行っている企業である。

若手の離職率が高いという声を聞く。事務職と技術職の間には、物凄く働きやすさの面で差があるのが特徴。

事務職は残業削減令がしかれ早めに退勤できるものの、技術職となれば現場は土曜日も稼働しているので出勤せねばならず、残業も多いとのこと。

その分、給料は技術職の方が幾分高いが……身体を酷使しているので当然と言えば当然である。また遠く地方への出張等もあり、家族が出来た場合は厳しい。

RANK A ナルミヤ・インターナショナル

恋愛偏差値 52　平均年収(万円) 350

項目	評価	項目	評価
平均年収	♥♥♥	性格ポイント	♥♥♥
華やかさ	♥♥♥	合コン満足度	♥♥♥

ナルミヤ・インターナショナルは、子供向けアパレル事業を展開している企業である。mezzo pianoや、pom ponetteというブランドが有名。

よく小中学生の時、スクールカースト第1軍の女子たちがこぞって来ていたブランドである。

キラキラした女子たちの憧れブランドを展開している反面、労働環境は結構ブラック。残業代が出ず、毎日終電帰りが当たり前という厳しいタレコミも。

ボーナスは雀の涙ほどだが年2回は支給される。この待遇で、このボーナスなら他の会社の男性を探す方向にシフトした方が賢明。

RANK A 三井金属エンジニアリング

恋愛偏差値 52　平均年収(万円) 714

項目	評価	項目	評価
平均年収	♥♥♥♥	性格ポイント	♥♥♥
華やかさ	♥♥♥	合コン満足度	♥♥♥

三井金属エンジニアリングは、ポリエチレン複合パイプの設計、製造、販売、工事などを行っている企業である。

とにかく残業が多いことで有名。残業は多いものの、しっかり残業代は出るのでその点はご安心を！

ちなみに退職金は、入社3年で辞めた場合は支給されず、自己都合退職すると積み立てた分の20％しか支払われない……。

長ァ〜〜〜く静かに大人しく働き続けた社員しか退職金は満額貰えないシステム。いささか疑問が残るものの年収は高めなので、耐えられるメンズを探せば勝機はあるかも？？

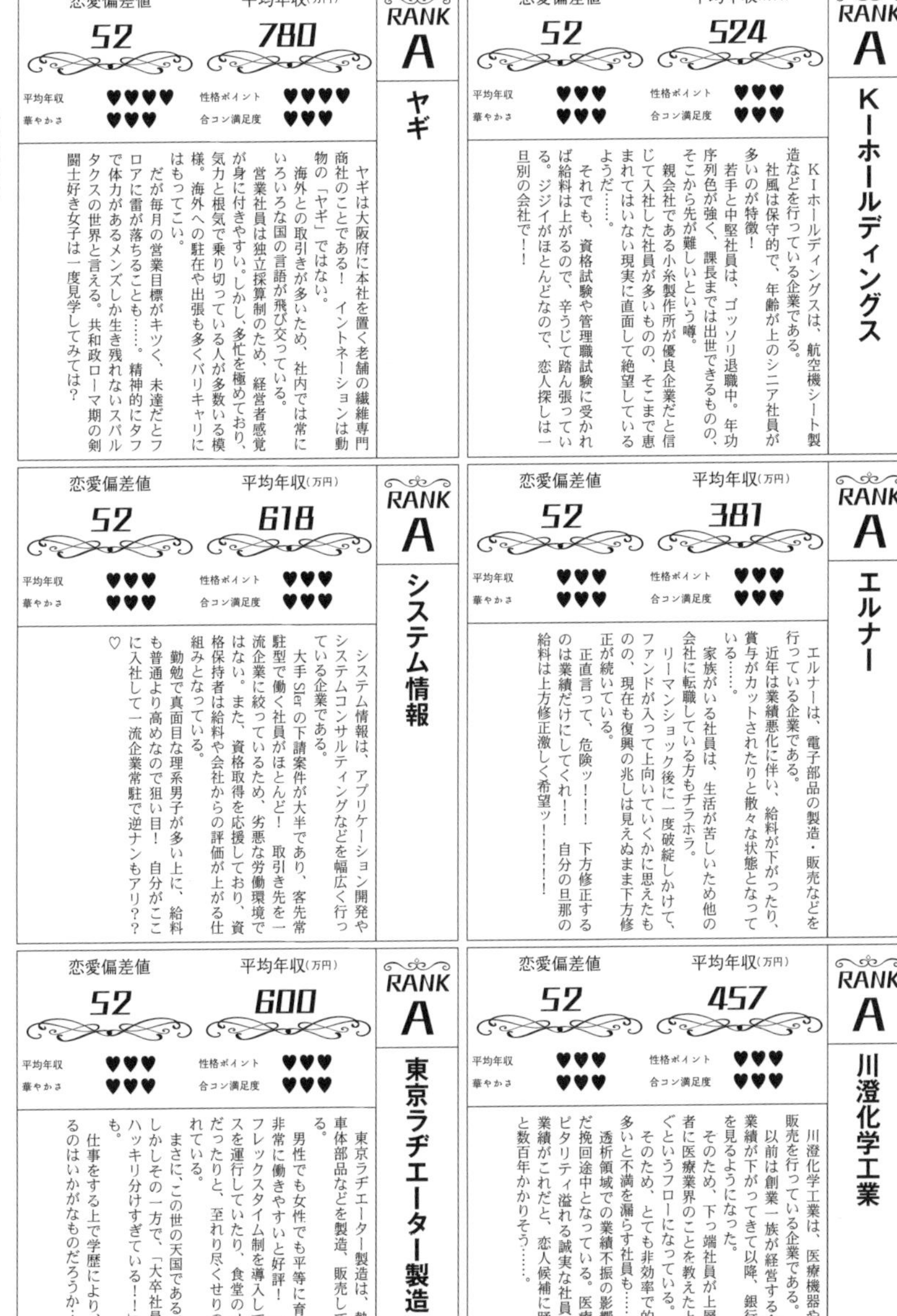

RANK A　K-ホールディングス

恋愛偏差値	平均年収（万円）
52	524

平均年収	♥♥♥	性格ポイント	♥♥♥
華やかさ	♥♥♥	合コン満足度	♥♥♥

KIホールディングスは、航空機シート製造などを行っている企業である。

社風は保守的で、年齢が上のシニア社員が多いのが特徴！

若手と中堅社員は、ゴッソリ退職中。年功序列色が強く、課長までは出世できるものの、そこから先が難しいという噂。

親会社である小糸製作所が優良企業だと信じて入社した社員が多いものの、そこまで恵まれてはいない現実に直面して絶望しているようだ……。

それでも、資格試験や管理職試験に受かれば給料は上がるので、辛うじて踏ん張っている。ジジイがほとんどなので、恋人探しは一旦別の会社で！！

RANK A　ヤギ

恋愛偏差値	平均年収（万円）
52	780

平均年収	♥♥♥♥	性格ポイント	♥♥♥♥
華やかさ	♥♥♥	合コン満足度	♥♥♥

ヤギは大阪府に本社を置く老舗の繊維専門商社のことである！　イントネーションは動物の「ヤギ」ではない。

海外との取引きが多いため、社内では常にいろいろな国の言語が飛び交っている。

営業社員は独立採算制のため、経営者感覚が身に付きやすい。しかし、多忙を極めており、気力と根気で乗り切っている人が多数いる模様。海外への駐在や出張も多くバリキャリにはもってこい。

だが毎月の営業目標がキツく、未達だとフロアに雷が落ちることも……。精神的にタフで体力があるメンズしか生き残れないスパルタクスの世界と言える。共和政ローマ期の剣闘士好き女子は一度見学してみては？

RANK A　エルナー

恋愛偏差値	平均年収（万円）
52	381

平均年収	♥♥♥	性格ポイント	♥♥♥
華やかさ	♥♥♥	合コン満足度	♥♥♥

エルナーは、電子部品の製造・販売などを行っている企業である。

近年は業績悪化に伴い、給料が下がったり、賞与がカットされたりと散々な状態となっている……。

家族がいる社員は、生活が苦しいため他会社に転職している方もチラホラ。

リーマンショック後に一度破綻しかけて、ファンドが入って上向いていくかに思えたものの、現在も復興の兆しは見えぬまま下方修正が続いている。

正直言って、危険ッ！！　下方修正するのは業績だけにしてくれ！！　自分の旦那の給料は上方修正激しく希望ッ！！！！

RANK A　システム情報

恋愛偏差値	平均年収（万円）
52	618

平均年収	♥♥♥	性格ポイント	♥♥♥
華やかさ	♥♥♥	合コン満足度	♥♥♥

システム情報は、アプリケーション開発やシステムコンサルティングなどを幅広く行っている企業である。

大手SIerの下請案件が大半であり、客先常駐型で働く社員がほとんど！　取引き先を一流企業に絞っているため、劣悪な労働環境ではない。また、資格取得を応援しており、資格保持者は給料や会社からの評価が上がる仕組みとなっている。

勤勉で真面目な理系男子が多い上に、給料も普通より高めなので狙い目！　自分がここに入社して一流企業常駐で逆ナンもアリ？？♡

RANK A　川澄化学工業

恋愛偏差値	平均年収（万円）
52	457

平均年収	♥♥♥	性格ポイント	♥♥♥
華やかさ	♥♥♥	合コン満足度	♥♥♥

川澄化学工業は、医療機器や医薬品の製造販売を行っている企業である。

以前は創業一族が経営する会社だったが、業績が下がってきて以降、銀行出身者が経営を見るようになった。

そのため、下っ端社員が上層部の銀行出身者に医療業界のことを教えた上で、決裁を仰ぐというフローになっている。

そのため、とても非効率で的外れなものが多いと不満を漏らす社員も……。

透析領域での業績不振の影響は大きく、未だ挽回途中となっている。医療系なのでホスピタリティ溢れる誠実な社員は多いものの、業績がこれだと、恋人候補に踊り出るにはあと数百年かかりそう……。

RANK A　東京ラヂエーター製造

恋愛偏差値	平均年収（万円）
52	600

平均年収	♥♥♥	性格ポイント	♥♥♥
華やかさ	♥♥♥	合コン満足度	♥♥♥

東京ラヂエーター製造は、熱交換器部品や車体部品などを製造、販売している企業である。

男性でも女性でも平等に育児休暇が取れ、非常に働きやすいと好評！　それ以外にも、フレックスタイム制を導入していたり、社バスを運行していたり、食堂のメニューが格安だったりと、至れり尽くせりの環境が用意されている。

まさに、この世の天国である。あゝ嬉しやぁ。しかしその一方で、「大卒社員と高卒社員をハッキリ分けすぎている！！」といった意見も。

仕事をする上で学歴により、社員を区別するのはいかがなものだろうか……？

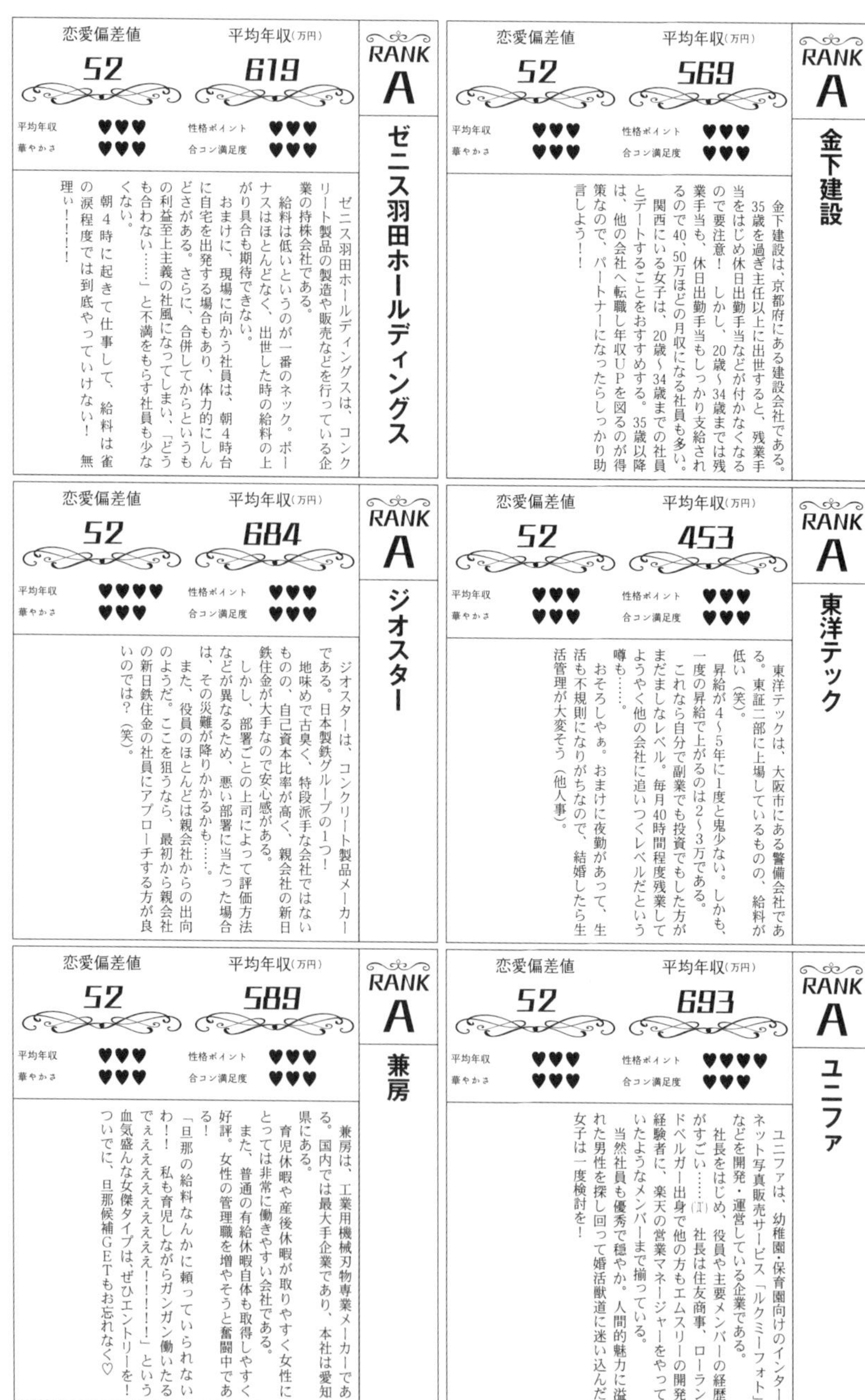

RANK A　金下建設

恋愛偏差値	平均年収(万円)
52	569

項目	評価	項目	評価
平均年収	♥♥♥	性格ポイント	♥♥♥
華やかさ	♥♥♥	合コン満足度	♥♥♥

金下建設は、京都府にある建設会社である。35歳を過ぎ主任以上に出世すると、残業手当をはじめ休日出勤手当などが付かなくなるので要注意！　しかし、20歳～34歳までは残業手当も、休日出勤手当もしっかり支給されるので40、50万ほどの月収になる社員も多い。

関西にいる女子は、20歳～34歳までの社員とデートすることをおすすめする。35歳以降は、他の会社へ転職し年収UPを図るのが得策なので、パートナーになったらしっかり助言しよう！！

RANK A　ゼニス羽田ホールディングス

恋愛偏差値	平均年収(万円)
52	619

項目	評価	項目	評価
平均年収	♥♥♥	性格ポイント	♥♥♥
華やかさ	♥♥♥	合コン満足度	♥♥♥

ゼニス羽田ホールディングスは、コンクリート製品の製造や販売などを行っている企業の持株会社である。

給料は低いというのが一番のネック。ボーナスはほとんどなく、出世した時の給料の上がり具合も期待できない。

おまけに、現場に向かう社員は、朝4時台に自宅を出発する場合もあり、体力的にしんどさがある。さらに、合併してからというもの利益至上主義の社風になってしまい、「どうも合わない……」と不満をもらす社員も少なくない。

朝4時に起きて仕事して、給料は雀の涙程度では到底やっていけない！　無理い！！！！

RANK A　東洋テック

恋愛偏差値	平均年収(万円)
52	453

項目	評価	項目	評価
平均年収	♥♥♥	性格ポイント	♥♥♥
華やかさ	♥♥♥	合コン満足度	♥♥♥

東洋テックは、大阪市にある警備会社である。東証二部に上場しているものの、給料が低い（笑）。

昇給が4～5年に1度と鬼少ない。しかも、一度の昇給で上がるのは2～3万である。

これなら自分で副業でも投資でもした方がまだましなレベル。毎月40時間程度残業してようやく他の会社に追いつくレベルだという噂も……。

おそろしやぁ。おまけに夜勤があって、生活も不規則になりがちなので、結婚したら生活管理が大変そう（他人事）。

RANK A　ジオスター

恋愛偏差値	平均年収(万円)
52	684

項目	評価	項目	評価
平均年収	♥♥♥♥	性格ポイント	♥♥♥
華やかさ	♥♥♥	合コン満足度	♥♥♥

ジオスターは、コンクリート製品メーカーである。日本製鉄グループの1つ！

地味めで古臭く、特段派手な会社ではないものの、自己資本比率が高く、親会社の新日鉄住金が大手なので安心感がある。

しかし、部署ごとの上司によって評価方法などが異なるため、悪い部署に当たった場合は、その災難が降りかかるかも……。

また、役員のほとんどは親会社からの出向のようだ。ここを狙うなら、最初から親会社の新日鉄住金の社員にアプローチする方が良いのでは？（笑）。

RANK A　ユニファ

恋愛偏差値	平均年収(万円)
52	693

項目	評価	項目	評価
平均年収	♥♥♥	性格ポイント	♥♥♥♥
華やかさ	♥♥♥	合コン満足度	♥♥♥

ユニファは、幼稚園・保育園向けのインターネット写真販売サービス「ルクミーフォト」などを開発・運営している企業である。

社長をはじめ、役員や主要メンバーの経歴がすごい……(汗)　社長は住友商事、ローランドベルガー出身で他の方もエムスリーの開発経験者に、楽天の営業マネージャーをやっていたようなメンバーまで揃っている。

当然社員も優秀で穏やか。人間的魅力に溢れた男性を探し回って婚活獣道に迷い込んだ女子は一度検討を！

RANK A　兼房

恋愛偏差値	平均年収(万円)
52	589

項目	評価	項目	評価
平均年収	♥♥♥	性格ポイント	♥♥♥
華やかさ	♥♥♥	合コン満足度	♥♥♥

兼房は、工業用機械刃物専業メーカーである。国内では最大手企業であり、本社は愛知県にある。

育児休暇や産後休暇が取りやすく女性にとっては非常に働きやすい会社である。

また、普通の有給休暇自体も取得しやすく好評。女性の管理職を増やそうと奮闘中である！

「旦那の給料なんかに頼っていられないわ！　私も育児しながらガンガン働いたるでぇええええええ！！！！」という血気盛んな女傑タイプは、ぜひエントリーを！

ついでに、旦那候補GETもお忘れなく♡

フジマック

RANK A

恋愛偏差値	平均年収(万円)
52	541

平均年収	♥♥♥	性格ポイント	♥♥♥
華やかさ	♥♥♥	合コン満足度	♥♥♥

フジマックは、全国69カ所に営業拠点を持っている総合厨房大手メーカーである。

中国、東南アジアにグループ企業も展開している。

が、圧倒的に残業が多い上に、給料は鬼低い……。「ボーナスは良くて月収の2ヶ月分」とこぼしていた社員がいた。

大丈夫か！！　全国に69の営業拠点持っていてこの状態は見過ごせない。

合コンで出会ったら、よしよししてあげよう。

パーカーコーポレーション

RANK A

恋愛偏差値	平均年収(万円)
52	647

平均年収	♥♥♥	性格ポイント	♥♥♥
華やかさ	♥♥♥	合コン満足度	♥♥♥

パーカーコーポレーションは、自動車・鉄鋼・機械設備に関する製品の製造・販売などを行っている企業である。

年収が600万を超えるのは35歳以降である。

それまでの平社員レベルでは400万前後しかいかない模様。噂によると、課長代理レベルから徐々に生活が楽になるとのこと。

結婚後は転勤が増える。その理由は、年収の不足分を転勤手当で補っているからとのこと。

いや、待てよww　転勤なくして、普通にお賃金あげてくれ！！　転勤は百害あって一利なし……(･ω･)

TBM

RANK A

恋愛偏差値	平均年収(万円)
52	693

平均年収	♥♥♥	性格ポイント	♥♥♥
華やかさ	♥♥♥	合コン満足度	♥♥♥

ＴＢＭは、紙やプラスチックの代替となる新素材ＬＩＭＥＸ製造販売などを手掛けている企業である。

非常に志の高い社員が多く、自主的に夜遅くまで働く人も少なくない。「これが未来の地球環境を救う……！！　そのために俺がガンバル！」なんて精神を持っている社員もいるとか。最近では多数のメディアに取り上げられる機会も多く、だいぶ認知され始めているが、まだまだベンチャー企業なので「仕事に魂捧げたるＺＥ★　ド根性万歳礼賛！」くらいの人じゃないと厳しいかも……？

グライダーアソシエイツ

RANK A

恋愛偏差値	平均年収(万円)
52	400

平均年収	♥♥♥	性格ポイント	♥♥♥
華やかさ	♥♥♥	合コン満足度	♥♥♥

グライダーアソシエイツは、キュレーションアプリ antenna を開発・運営している企業である。

社長がマクロミルで、社員もマクロミル系の人が多いので若干幅を利かせているというタレコミが多い。

他社が制作したコンテンツを無償で引っ張って来ているだけ……といった辛辣な声も聞かれ、今後の事業展開への懸念が拭いきれない。

イマイチパッとしないので、もう少し力の入った自社サービス開発に期待したい。

スターフェスティバル

RANK A

恋愛偏差値	平均年収(万円)
52	400

平均年収	♥♥♥	性格ポイント	♥♥♥
華やかさ	♥♥♥	合コン満足度	♥♥♥

スターフェスティバルは、食事の宅配サービスを行っている企業である。

六本木ヒルズや愛宕ヒルズと言った高層ビル群に毎日お弁当を宅配しているため、かなり社畜の皆様に貢献していると言える。「15時回って、もうどこもランチやってねぇ～～～！！！　うぉおおお！！！！」と叫びまくるランチ難民たちを救っているので非常に徳が高い。

その割には給料も低く、残業も多いのでご奉仕損になっているようだ。彼氏として迎え入れる際は、手作り弁当でせめてもの慰めとして欲しい……。

ちなみにボーナス額がお小遣いレベルという不満が大噴火している。

フィナテキスト

RANK A

恋愛偏差値	平均年収(万円)
52	400

平均年収	♥♥♥	性格ポイント	♥♥♥
華やかさ	♥♥♥	合コン満足度	♥♥♥

フィナテキストは、２０１３年に創業された若いベンチャー企業である。

株のコミュニティーアプリ「あすかぶ！」やＦＸアプリ「かるＦＸ」などが有名！　現在のアプリの利用者数は２００万人を超えており、総額60億円も調達済み。恐るべし……！！　林社長は、東京大学経済学部卒業後、英ブリストル大学の Computer Science を経て、日本人初の現地新卒でドイツ銀行ロンドンに入社という物凄い経歴の持ち主である。恐るべし……！！（本日2回目）。こういう方が日本を変えてくれると信じている。ちなみにフィナテキスト社員は、この物凄いカリスマ天才社長と息が合うか？　で選ばれる傾向にあるようだ。カリスマを支える縁の下の力持ち人材に期待大！

RANK A インアゴーラ

恋愛偏差値 **52**　平均年収(万円) **525**

平均年収	♥♥♥	性格ポイント	♥♥♥♥
華やかさ	♥♥♥	合コン満足度	♥♥♥

インアゴーラは、中国向けの越境ECショッピングアプリを開発・運営している企業である。

会社がまだまだ若く、ベンチャー特有の「ガッツで乗り切るぜえ★　残業ヤフゥーーーーー」的な雰囲気は否めない。

中国人社員の大半はバイリンガルで非常に優秀。中国BOYを味見したい女子にはうってつけ。社長のトップダウンが強く、休日前にいきなり業務を無茶ぶりされたりされなかったり……(T_T) ガチンコベンチャーメンには良いが、普通の一般人類はご遠慮したいかもね。

RANK A Looop

恋愛偏差値 **52**　平均年収(万円) **650**

平均年収	♥♥♥	性格ポイント	♥♥♥♥
華やかさ	♥♥♥	合コン満足度	♥♥♥

Looopは、電力小売事業や太陽光発電所システムの販売を行っている企業である。

5億円の売上があり、新規ビジネスもいろいろと成功しているのだが、社員の手取りが安すぎるとの声が……。しかし、営業の社員はインセンティブ込みで年収600万以上になっているパターンもあり、人によって貰える額に大きな差があるようだ。ちなみに退職金はないので、個人で積立などを行い老後に備える必要がある。

自由に発言して、自分のやりたいことをやる若手が多い中、中途の40代の社員にはそのスピード感についていけないとの声も上がっており、心配。

RANK A ABEJA

恋愛偏差値 **52**　平均年収(万円) **400**

平均年収	♥♥♥	性格ポイント	♥♥♥♥
華やかさ	♥♥♥	合コン満足度	♥♥♥

ABEJAは、AIプラットフォームを提供している企業である。

2018年に42億5000万円の資金調達を行っている！　スゴイ……。

Google Cloud Japan 代表の阿部さんも、ABEJAの技術力と導入実績を評価しているので、非常に期待できる。TOPの経営陣は未来を見据えており、常に一歩先の施策を行っている。エンジニアのレベルも高く、優秀な社員が多い。しかしその分ストイックに働くので、できる人でないとやっていくのは厳しい環境。

スパルタクス的ハードワーク耐性があるメンズご希望の女子にはおすすめ。

RANK A モンスター・ラボ

恋愛偏差値 **52**　平均年収(万円) **300**

平均年収	♥♥♥	性格ポイント	♥♥♥
華やかさ	♥♥♥	合コン満足度	♥♥♥

モンスター・ラボは、国内最大級のインディーズ音楽配信サービス「monstar.fm」などを開発・運営している企業である。

しかし入社してみると、意外に受託開発の仕事の方が多く、モチベーションが下がってしまう社員も多い。さらに、収益を一番担っているのが、受託のシステム開発なので、残念ながら給料は上がりづらい……(･ω･) 新規事業への投資などもあり、給料が低いことが最大のネックとなっているようだ。

受託開発が好きな人なら問題ないものの、そうじゃない場合は結構辛い。

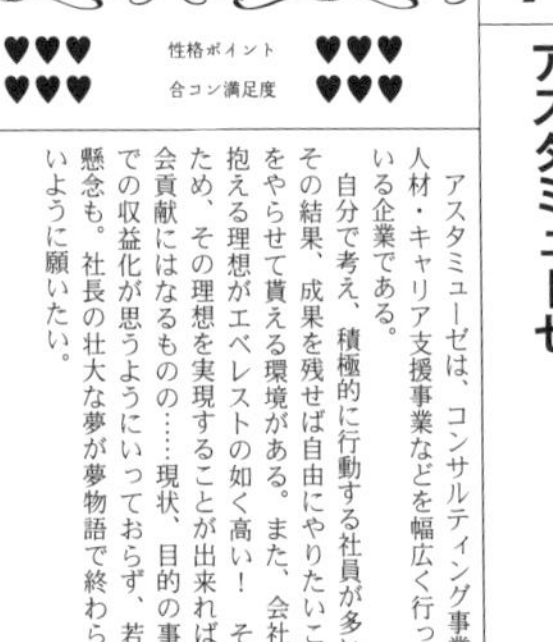

RANK A アスタミューゼ

恋愛偏差値 **52**　平均年収(万円) **550**

平均年収	♥♥♥	性格ポイント	♥♥♥
華やかさ	♥♥♥	合コン満足度	♥♥♥

アスタミューゼは、コンサルティング事業、人材・キャリア支援事業などを幅広く行っている企業である。

自分で考え、積極的に行動する社員が多い。その結果、成果を残せば自由にやりたいことをやらせて貰える環境がある。また、会社の抱える理想がエベレストの如く高い！　そのため、その理想を実現することが出来れば社会貢献にはなるものの……現状、目的の事業での収益化が思うようにいっておらず、若干懸念も。社長の壮大な夢が夢物語で終わらないように願いたい。

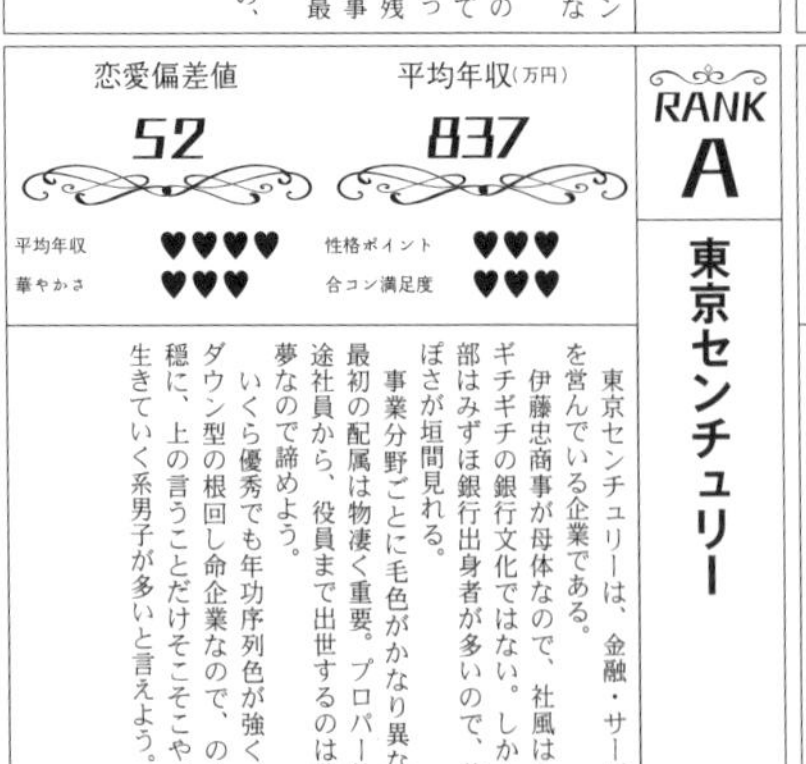

RANK A 東京センチュリー

恋愛偏差値 **52**　平均年収(万円) **837**

平均年収	♥♥♥♥	性格ポイント	♥♥♥
華やかさ	♥♥♥	合コン満足度	♥♥♥

東京センチュリーは、金融・サービス事業を営んでいる企業である。

伊藤忠商事が母体なので、社風はそこまでギチギチの銀行文化ではない。しかし、上層部はみずほ銀行出身者が多いので、若干銀行ぽさが垣間見れる。

事業分野ごとに毛色がかなり異なるので、最初の配属は物凄く重要。プロパー社員や中途社員から、役員まで出世するのは夢のまた夢なので諦めよう。

いくら優秀でも年功序列色が強く、トップダウン型の根回し命企業なので、のんびり平穏に、上の言うことだけそこそこやりながら生きていく系男子が多いと言えよう。

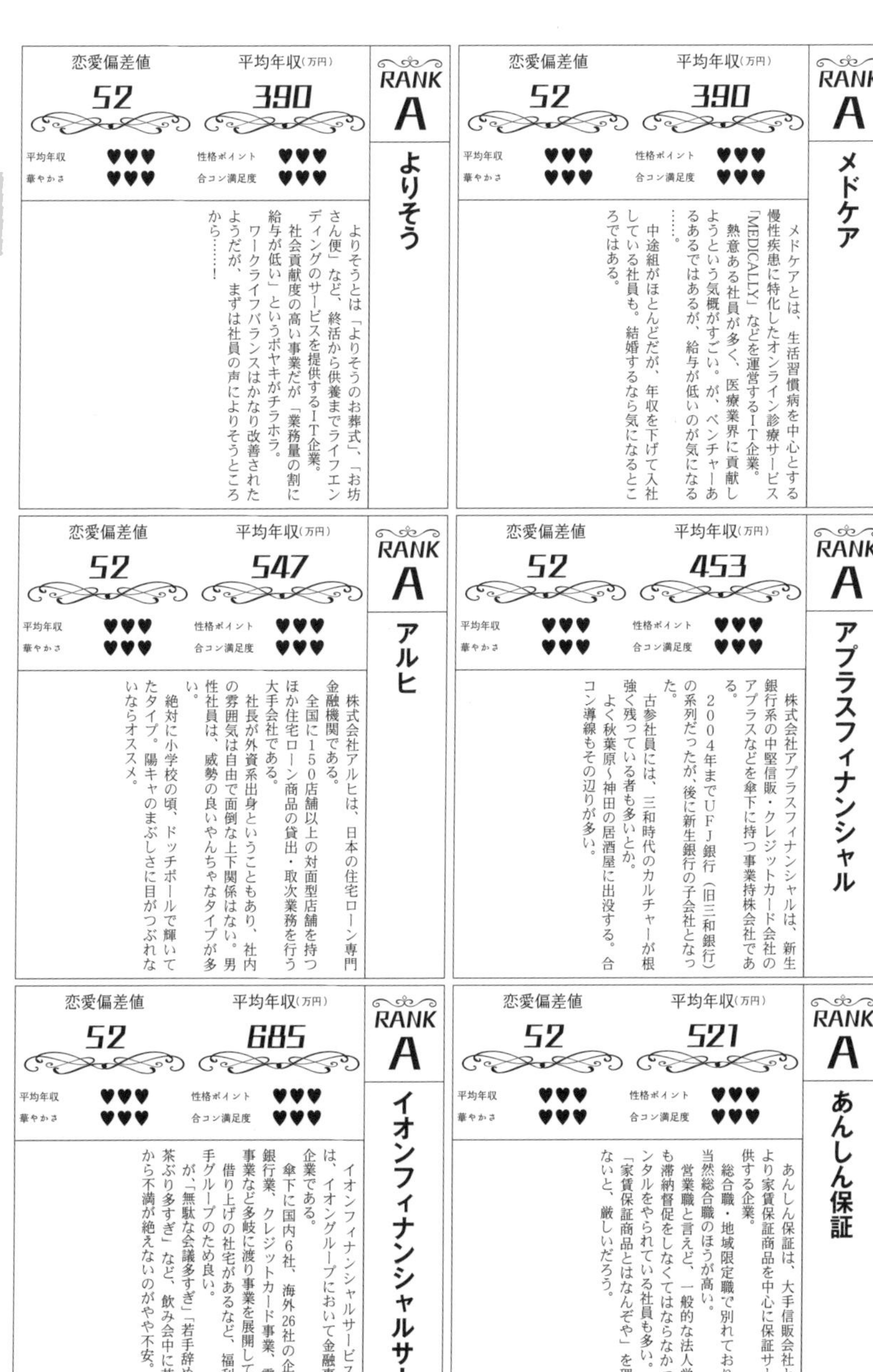

メドケア

RANK A

恋愛偏差値	平均年収（万円）
52	390

項目	評価	項目	評価
平均年収	♥♥♥	性格ポイント	♥♥♥
華やかさ	♥♥♥	合コン満足度	♥♥♥

メドケアとは、生活習慣病を中心とする慢性疾患に特化したオンライン診療サービス「MEDICALLY」などを運営するIT企業。

熱意ある社員が多く、医療業界に貢献しようという気概がすごい。が、ベンチャーあるあるではあるが、給与が低いのが気になる……。

中途組がほとんどだが、年収を下げて入社している社員も。結婚するなら気になるところではある。

よりそう

RANK A

恋愛偏差値	平均年収（万円）
52	390

項目	評価	項目	評価
平均年収	♥♥♥	性格ポイント	♥♥♥
華やかさ	♥♥♥	合コン満足度	♥♥♥

よりそうとは「よりそうのお葬式」、「お坊さん便」など、終活から供養までライフエンディングのサービスを提供するIT企業。

社会貢献度の高い事業だが「業務量の割に給与が低い」というボヤキがチラホラ。

ワークライフバランスはかなり改善されたようだが、まずは社員の声によりそうところから……！

アプラスフィナンシャル

RANK A

恋愛偏差値	平均年収（万円）
52	453

項目	評価	項目	評価
平均年収	♥♥♥	性格ポイント	♥♥♥
華やかさ	♥♥♥	合コン満足度	♥♥♥

株式会社アプラスフィナンシャルは、新生銀行系の中堅信販・クレジットカード会社のアプラスなどを傘下に持つ事業持株会社である。

2004年までUFJ銀行（旧三和銀行）の系列だったが、後に新生銀行の子会社となった。

古参社員には、三和時代のカルチャーが根強く残っている者も多いとか。

よく秋葉原～神田の居酒屋に出没する。合コン導線もその辺りが多い。

アルヒ

RANK A

恋愛偏差値	平均年収（万円）
52	547

項目	評価	項目	評価
平均年収	♥♥♥	性格ポイント	♥♥♥
華やかさ	♥♥♥	合コン満足度	♥♥♥

株式会社アルヒは、日本の住宅ローン専門金融機関である。

全国に150店舗以上の対面型店舗を持つほか住宅ローン商品の貸出・取次業務を行う大手会社である。

社長が外資系出身ということもあり、社内の雰囲気は自由で面倒な上下関係はない。男性社員は、威勢の良いやんちゃなタイプが多い。

絶対に小学校の頃、ドッチボールで輝いていたタイプ。陽キャのまぶしさに目がつぶれないならオススメ。

あんしん保証

RANK A

恋愛偏差値	平均年収（万円）
52	521

項目	評価	項目	評価
平均年収	♥♥♥	性格ポイント	♥♥♥
華やかさ	♥♥♥	合コン満足度	♥♥♥

あんしん保証は、大手信販会社との提携により家賃保証商品を中心に保証サービスを提供する企業。

総合職・地域限定職で別れており、給与は当然総合職のほうが高い。

営業職と言えど、一般的な法人営業以外にも滞納督促をしなくてはならなかったり、メンタルをやられている社員も多い。

「家賃保証商品とはなんぞや」を理解していないと、厳しいだろう。

イオンフィナンシャルサービス

RANK A

恋愛偏差値	平均年収（万円）
52	685

項目	評価	項目	評価
平均年収	♥♥♥	性格ポイント	♥♥♥
華やかさ	♥♥♥	合コン満足度	♥♥♥

イオンフィナ・ンシャルサービス株式会社は、イオングループにおいて金融事業を営む企業である。

傘下に国内6社、海外26社の企業を擁し、銀行業、クレジットカード事業、電子マネー事業など多岐に渡り事業を展開している。

借り上げの社宅があるなど、福利厚生は大手グループのため良い。

が、「無駄な会議多すぎ」「若手辞めすぎ」「無茶ぶり多すぎ」など、飲み会中に若手の社員から不満が絶えないのがやや不安。

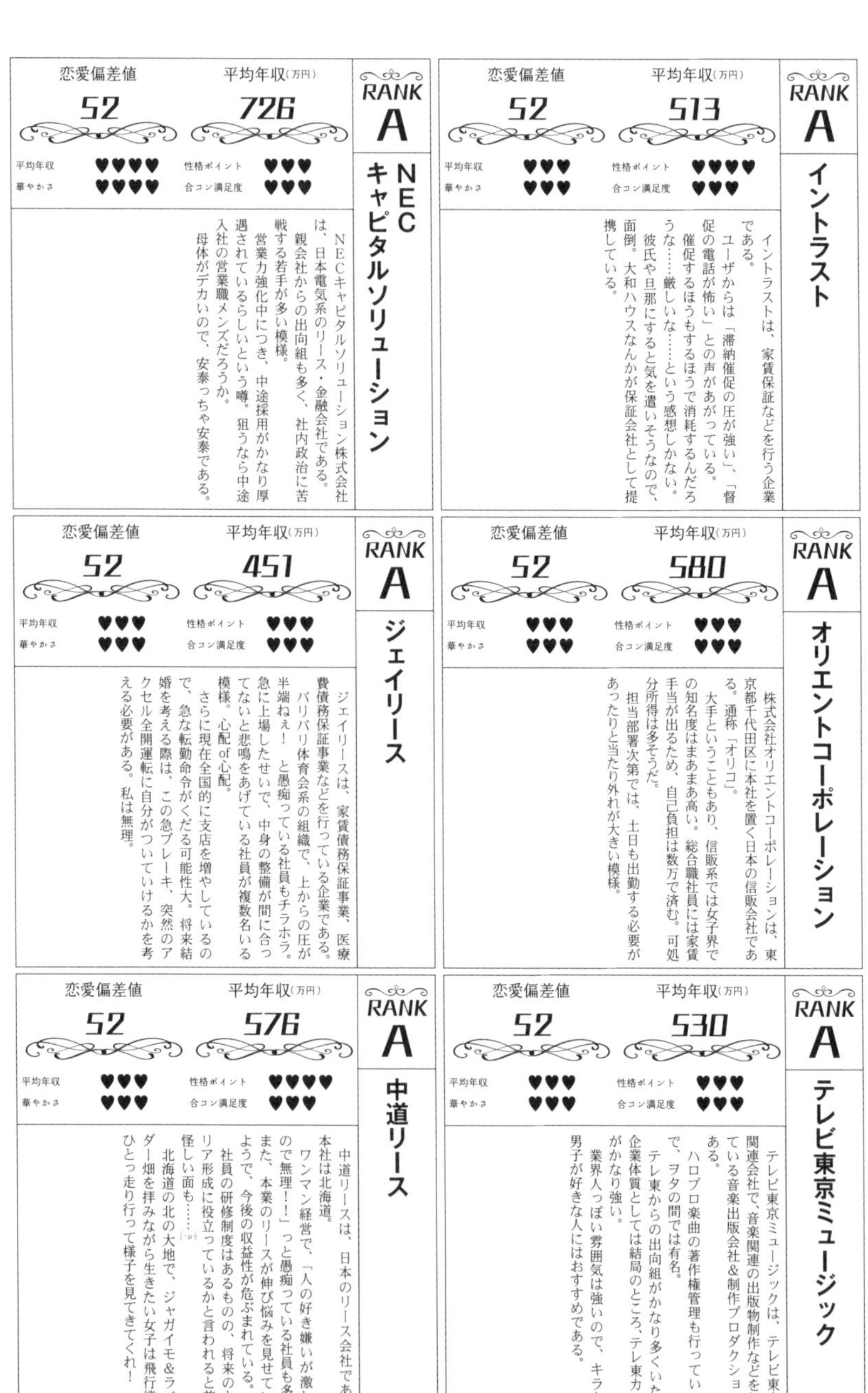

イントラスト

RANK A

恋愛偏差値	平均年収(万円)
52	513

平均年収	♥♥♥	性格ポイント	♥♥♥♥
華やかさ	♥♥♥	合コン満足度	♥♥♥

イントラストは、家賃保証などを行う企業である。

ユーザからは「滞納催促の圧が強い」、「督促の電話が怖い」との声があがっている。催促するほうもするほうで消耗するんだろうな……厳しいな……という感想しかない。

彼氏や旦那にすると気を遣いそうなので、面倒。大和ハウスなんかが保証会社として提携している。

NECキャピタルソリューション

RANK A

恋愛偏差値	平均年収(万円)
52	726

平均年収	♥♥♥♥	性格ポイント	♥♥♥
華やかさ	♥♥♥♥	合コン満足度	♥♥♥

NECキャピタルソリューション株式会社は、日本電気系のリース・金融会社である。

親会社からの出向組も多く、社内政治に苦戦する若手が多い模様。

営業力強化中につき、中途採用がかなり厚遇されているらしいという噂。狙うなら中途入社の営業職メンズだろうか。

母体がデカいので、安泰っちゃ安泰である。

オリエントコーポレーション

RANK A

恋愛偏差値	平均年収(万円)
52	580

平均年収	♥♥♥	性格ポイント	♥♥♥
華やかさ	♥♥♥	合コン満足度	♥♥♥

株式会社オリエントコーポレーションは、東京都千代田区に本社を置く日本の信販会社である。通称「オリコ」。

大手ということもあり、信販系では女子界の知名度はまあまあ高い。総合職社員には家賃手当が出るため、自己負担は数万で済む。可処分所得は多そうだ。

担当部署次第では、土日も出勤する必要があったりと当たり外れが大きい模様。

ジェイリース

RANK A

恋愛偏差値	平均年収(万円)
52	451

平均年収	♥♥♥	性格ポイント	♥♥♥
華やかさ	♥♥♥	合コン満足度	♥♥♥

ジェイリースは、家賃債務保証事業、医療費債務保証事業などを行っている企業である。

バリバリ体育会系の組織で、上からの圧が半端ねぇ！ と愚痴っている社員もチラホラ。急に上場したせいで、中身の整備が間に合ってないと悲鳴をあげている社員が複数名いる模様。心配of心配。

さらに現在全国的に支店を増やしているので、急な転勤命令がくだる可能性大。将来結婚を考える際は、この急ブレーキ、突然のアクセル全開運転に自分がついていけるかを考える必要がある。私は無理。

テレビ東京ミュージック

RANK A

恋愛偏差値	平均年収(万円)
52	530

平均年収	♥♥♥	性格ポイント	♥♥♥
華やかさ	♥♥♥	合コン満足度	♥♥♥

テレビ東京ミュージックは、テレビ東京の関連会社で、音楽関連の出版物制作などを行っている音楽出版会社&制作プロダクションである。

ハロプロ楽曲の著作権管理も行っているので、ヲタの間では有名。

テレ東からの出向組がかなり多くいたり、企業体質としては結局のところ、テレ東カラーがかなり強い。

業界人っぽい雰囲気は強いので、キラキラ男子が好きな人にはおすすめである。

中道リース

RANK A

恋愛偏差値	平均年収(万円)
52	576

平均年収	♥♥♥	性格ポイント	♥♥♥♥
華やかさ	♥♥♥	合コン満足度	♥♥♥

中道リースは、日本のリース会社である。本社は北海道。

ワンマン経営で、「人の好き嫌いが激しいので無理！！」っと愚痴っている社員も多い。また、本業のリースが伸び悩みを見せているようで、今後の収益性が危ぶまれている。

社員の研修制度はあるものの、将来のキャリア形成に役立っているかと言われると若干怪しい面も……(・ω・)

北海道の北の大地で、ジャガイモ&ラベンダー畑を拝みながら生きたい女子は飛行機でひとっ走り行って様子を見てきてくれ！

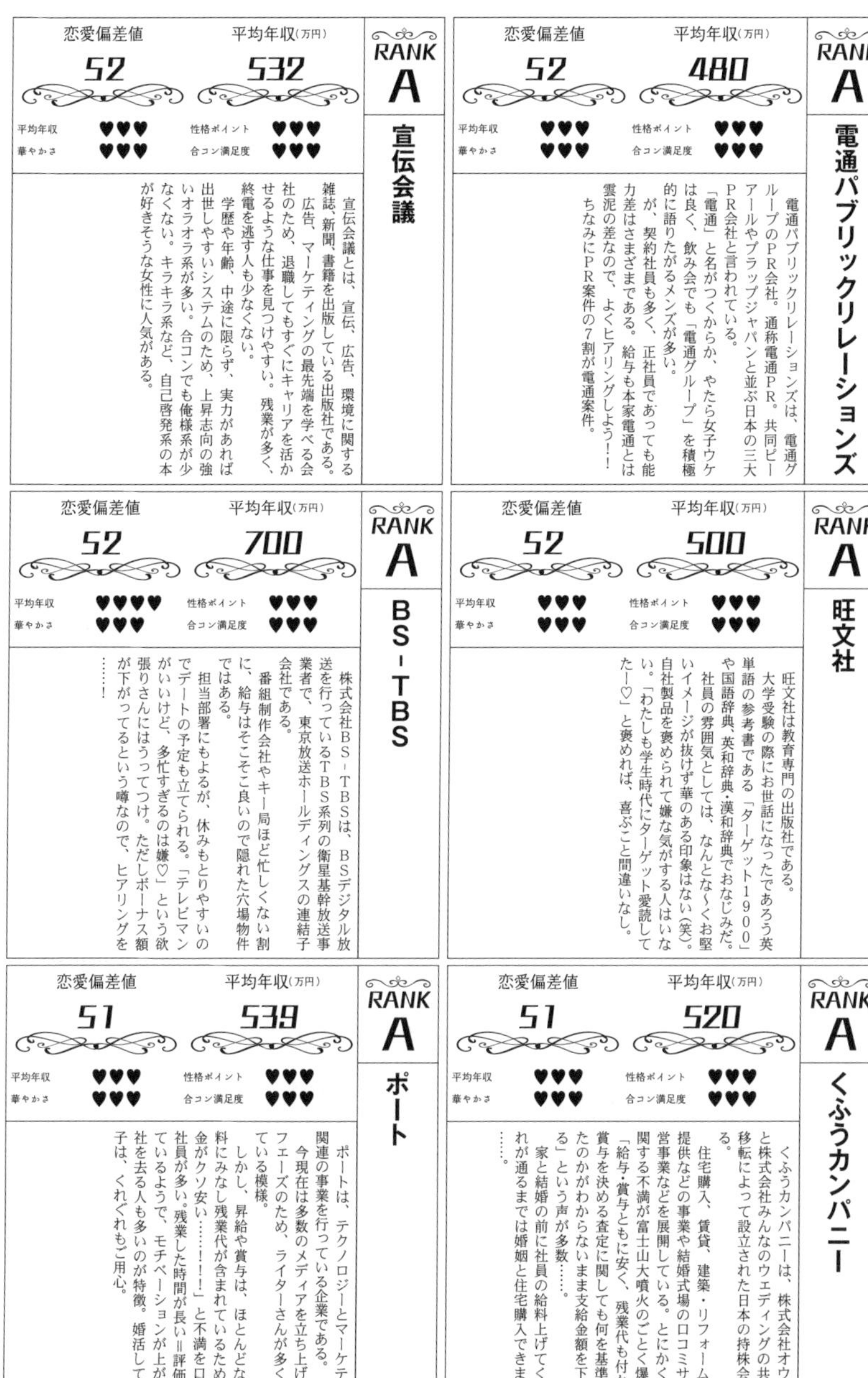

RANK A 電通パブリックリレーションズ

恋愛偏差値	平均年収(万円)
52	480

平均年収	♥♥♥	性格ポイント	♥♥♥
華やかさ	♥♥♥	合コン満足度	♥♥♥

電通パブリックリレーションズは、電通グループのPR会社。通称電通PR。共同ピーアールやプラップジャパンと並ぶ日本の三大PR会社と言われている。

「電通」と名がつくからか、やたら女子ウケは良く、飲み会でも「電通グループ」を積極的に語りたがるメンズが多い。

が、契約社員も多く、正社員であっても能力差はさまざまである。給与も本家電通とは雲泥の差なので、よくヒアリングしよう！！

ちなみにPR案件の7割が電通案件。

RANK A 宣伝会議

恋愛偏差値	平均年収(万円)
52	532

平均年収	♥♥♥	性格ポイント	♥♥♥
華やかさ	♥♥♥	合コン満足度	♥♥♥

宣伝会議とは、宣伝、広告、環境に関する雑誌、新聞、書籍を出版している出版社である。

広告、マーケティングの最先端を学べる会社のため、退職してもすぐにキャリアを活かせるような仕事を見つけやすい。残業が多く、終電を逃す人も少なくない。

学歴や年齢、中途に限らず、実力があれば出世しやすいシステムのため、上昇志向の強いオラオラ系が多い。合コンでも俺様系が少なくない。キラキラ系など、自己啓発系の本が好きそうな女性に人気がある。

RANK A 旺文社

恋愛偏差値	平均年収(万円)
52	500

平均年収	♥♥♥	性格ポイント	♥♥♥
華やかさ	♥♥♥	合コン満足度	♥♥♥

旺文社は教育専門の出版社である。

大学受験の際にお世話になったであろう英単語の参考書である「ターゲット1900」や国語辞典、英和辞典・漢和辞典でおなじみだ。

社員の雰囲気としては、なんとな〜くお堅いイメージが抜けず華のある印象はない(笑)。

自社製品を褒められて嫌な気がする人はいない。「わたしも学生時代にターゲット愛読してたー♡」と褒めれば、喜ぶこと間違いなし。

RANK A BS-TBS

恋愛偏差値	平均年収(万円)
52	700

平均年収	♥♥♥♥	性格ポイント	♥♥♥
華やかさ	♥♥♥	合コン満足度	♥♥♥

株式会社BS-TBSは、BSデジタル放送を行っているTBS系列の衛星基幹放送事業者で、東京放送ホールディングスの連結子会社である。

番組制作会社やキー局ほど忙しくない割に、給与はそこそこ良いので隠れた穴場物件ではある。

担当部署にもよるが、休みもとりやすいのでデートの予定も立てられる。「テレビマンがいいけど、多忙すぎるのは嫌♡」という欲張りさんにはうってつけ。ただしボーナス額が下がってるという噂なので、ヒアリングを……！

RANK A くふうカンパニー

恋愛偏差値	平均年収(万円)
51	520

平均年収	♥♥♥	性格ポイント	♥♥♥
華やかさ	♥♥♥	合コン満足度	♥♥♥

くふうカンパニーは、株式会社オウチーノと株式会社みんなのウエディングの共同株式移転によって設立された日本の持株会社である。

住宅購入、賃貸、建築・リフォームの情報提供などの事業や結婚式場の口コミサイト運営事業などを展開している。とにかく給料に関する不満が富士山大噴火のごとく爆発中。

「給与・賞与ともに安く、残業代も付かない。賞与を決める査定に関しても何を基準に決めたのかがわからないまま支給金額を下げられる」という声が多数……。

家と結婚の前に社員の給料上げてくれ。それが通るまでは婚姻と住宅購入できましぇん……。

RANK A ポート

恋愛偏差値	平均年収(万円)
51	539

平均年収	♥♥♥	性格ポイント	♥♥♥
華やかさ	♥♥♥	合コン満足度	♥♥♥

ポートは、テクノロジーとマーケティング関連の事業を行っている企業である。

今現在は多数のメディアを立ち上げているフェーズのため、ライターさんが多く在籍している模様。

しかし、昇給や賞与は、ほとんどなく、給料にみなし残業代が含まれているため「お賃金がクソ安い……！！」と不満を口にする社員が多い。残業した時間が長い＝評価となっているようで、モチベーションが上がらず会社を去る人も多いのが特徴。婚活している女子は、くれぐれもご用心。

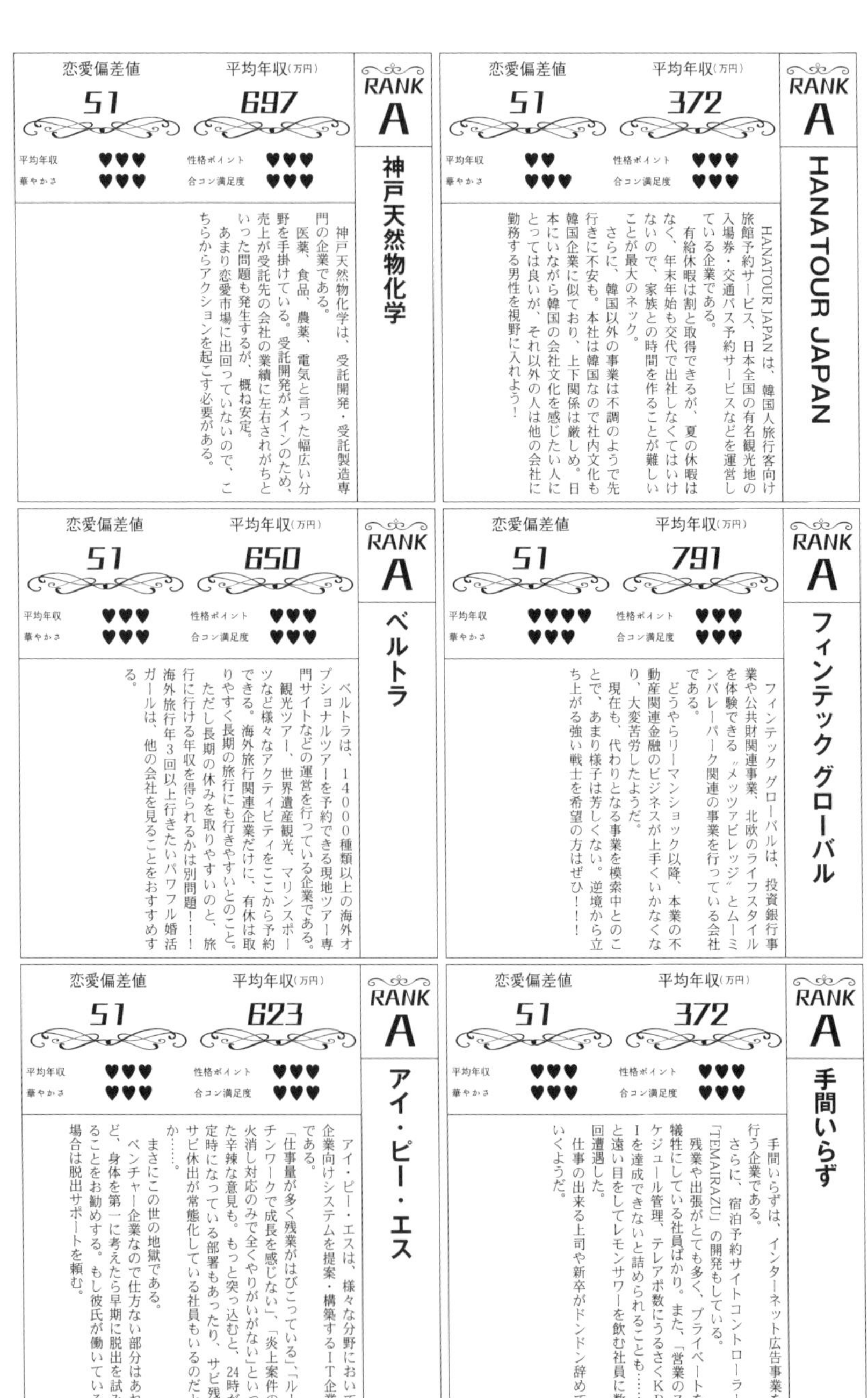

RANK A

HANATOUR JAPAN

恋愛偏差値 **51**　平均年収（万円） **372**

平均年収	♥♥	性格ポイント	♥♥♥
華やかさ	♥♥♥	合コン満足度	♥♥♥

HANATOUR JAPANは、韓国人旅行客向け旅館予約サービス、日本全国の有名観光地の入場券・交通パス予約サービスなどを運営している企業である。

有給休暇は割と取得できるが、夏の休暇はなく、年末年始も交代で出社しなくてはいけないので、家族との時間を作ることが難しいことが最大のネック。

さらに、韓国以外の事業は不調のようで先行きに不安も。本社は韓国なので社内文化も韓国企業に似ており、上下関係は厳しめ。日本にいながら韓国の会社文化を感じたい人にとっては良いが、それ以外の人は他の会社に勤務する男性を視野に入れよう！

RANK A

神戸天然物化学

恋愛偏差値 **51**　平均年収（万円） **697**

平均年収	♥♥♥	性格ポイント	♥♥♥
華やかさ	♥♥♥	合コン満足度	♥♥♥

神戸天然物化学は、受託開発・受託製造専門の企業である。

医薬、食品、農薬、電気と言った幅広い分野を手掛けている。受託開発がメインのため、売上が受託先の会社の業績に左右されがちといった問題も発生するが、概ね安定。

あまり恋愛市場に出回っていないので、こちらからアクションを起こす必要がある。

RANK A

フィンテック グローバル

恋愛偏差値 **51**　平均年収（万円） **791**

平均年収	♥♥♥♥	性格ポイント	♥♥♥
華やかさ	♥♥♥	合コン満足度	♥♥♥

フィンテック グローバルは、投資銀行事業や公共財関連事業、北欧のライフスタイルを体験できる〝メッツァビレッジ〟とムーミンバレーパーク関連の事業を行っている会社である。

どうやらリーマンショック以降、本業の不動産関連金融のビジネスが上手くいかなくなり、大変苦労したようだ。

現在も、代わりとなる事業を模索中とのことで、あまり様子は芳しくない。逆境から立ち上がる強い戦士を希望の方はぜひ！！

RANK A

ベルトラ

恋愛偏差値 **51**　平均年収（万円） **650**

平均年収	♥♥♥	性格ポイント	♥♥♥
華やかさ	♥♥♥	合コン満足度	♥♥♥

ベルトラは、14000種類以上の海外オプショナルツアーを予約できる現地ツアー専門サイトなどの運営を行っている企業である。

観光ツアー、世界遺産観光、マリンスポーツなど様々なアクティビティをここから予約できる。海外旅行関連企業だけに、有休は取りやすく長期の旅行にも行きやすいとのこと。

ただし長期の休みを取りやすいのと、旅行に行ける年収を得られるかは別問題！！海外旅行年3回以上行きたいパワフル婚活ガールは、他の会社を見ることをおすすめする。

RANK A

手間いらず

恋愛偏差値 **51**　平均年収（万円） **372**

平均年収	♥♥♥	性格ポイント	♥♥♥
華やかさ	♥♥♥	合コン満足度	♥♥♥

手間いらずは、インターネット広告事業を行う企業である。

さらに、宿泊予約サイトコントローラー「TEMAIRAZU」の開発もしている。

残業や出張がとても多く、プライベートを犠牲にしている社員ばかり。また、「営業のスケジュール管理、テレアポ数にうるさくKPIを達成できないと詰められることも……」と遠い目をしてレモンサワーを飲む社員に数回遭遇した。

仕事の出来る上司や新卒がドンドン辞めていくようだ。

RANK A

アイ・ピー・エス

恋愛偏差値 **51**　平均年収（万円） **623**

平均年収	♥♥♥	性格ポイント	♥♥♥
華やかさ	♥♥♥	合コン満足度	♥♥♥

アイ・ピー・エスは、様々な分野において企業向けシステムを提案・構築するIT企業である。

「仕事量が多く残業がはびこっている」「ルーチンワークで成長を感じない」「炎上案件の火消し対応のみで全くやりがいがない」といった辛辣な意見も。もっと突っ込むと、24時が定時になっている部署もあったり、サビ残、サビ休出が常態化している社員もいるのだとか……。

まさにこの世の地獄である。

ベンチャー企業なので仕方ない部分はあれど、身体を第一に考えたら早期に脱出を試みることをお勧めする。もし彼氏が働いている場合は脱出サポートを頼む。

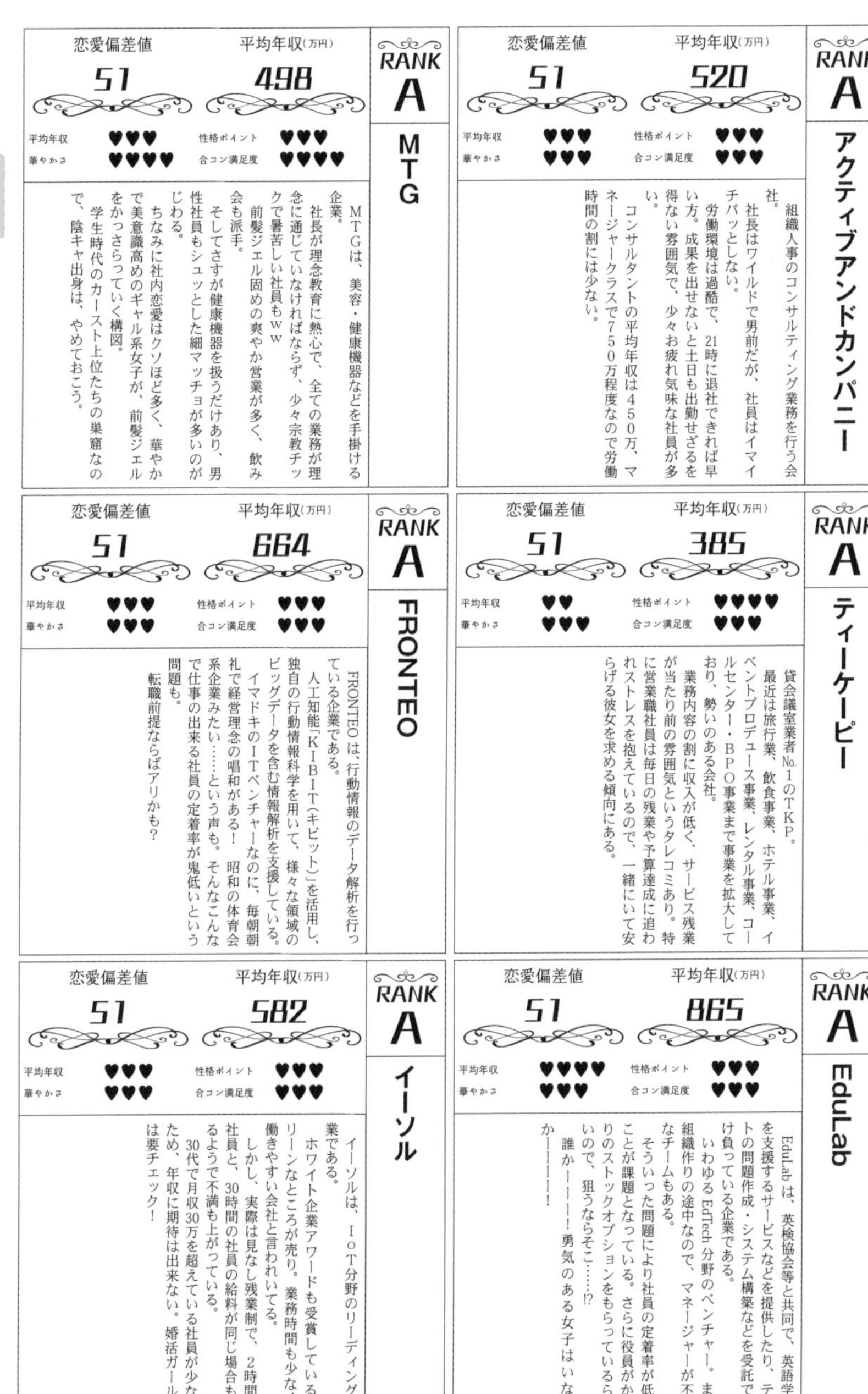

RANK A アクティブアンドカンパニー

恋愛偏差値	平均年収(万円)
51	520

平均年収	♥♥♥	性格ポイント	♥♥♥
華やかさ	♥♥♥	合コン満足度	♥♥♥

組織人事のコンサルティング業務を行う会社。

社長はワイルドで男前だが、社員はイマイチパッとしない。

労働環境は過酷で、21時に退社できれば早い方。成果を出せないと土日も出勤せざるを得ない雰囲気で、少々お疲れ気味な社員が多い。

コンサルタントの平均年収は450万、マネージャークラスで750万程度なので労働時間の割には少ない。

RANK A MTG

恋愛偏差値	平均年収(万円)
51	498

平均年収	♥♥♥	性格ポイント	♥♥♥
華やかさ	♥♥♥♥	合コン満足度	♥♥♥♥

MTGは、美容・健康機器などを手掛ける企業。

社長が理念教育に熱心で、全ての業務が理念に通じていなければならず、少々宗教チックで暑苦しい社員もｗｗ

前髪ジェル固めの爽やか営業が多く、飲み会も派手。

そしてさすが健康機器を扱うだけあり、男性社員もシュッとした細マッチョが多いのがじわる。

ちなみに社内恋愛はクソほど多く、華やかで美意識高めのギャル系女子が、前髪ジェルをかっさらっていく構図。

学生時代のカースト上位たちの巣窟なので、陰キャ出身は、やめておこう。

RANK A ティーケーピー

恋愛偏差値	平均年収(万円)
51	385

平均年収	♥♥	性格ポイント	♥♥♥♥
華やかさ	♥♥♥	合コン満足度	♥♥♥

貸会議室業者No.1のTKP。

最近は旅行業、飲食事業、ホテル事業、イベントプロデュース事業、レンタル事業、コールセンター・BPO事業まで事業を拡大しており、勢いのある会社。

業務内容の割に収入が低く、サービス残業が当たり前の雰囲気というタレコミあり。特に営業職社員は毎日の残業や予算達成に追われストレスを抱えているので、一緒にいて安らげる彼女を求める傾向にある。

RANK A FRONTEO

恋愛偏差値	平均年収(万円)
51	664

平均年収	♥♥♥	性格ポイント	♥♥♥
華やかさ	♥♥♥	合コン満足度	♥♥♥

FRONTEOは、行動情報のデータ解析を行っている企業である。

人工知能「KIBIT（キビット）」を活用し、独自の行動情報科学を用いて、様々な領域のビッグデータを含む情報解析を支援している。

イマドキのITベンチャーなのに、毎朝朝礼で経営理念の唱和がある！ 昭和の体育会系企業みたい……という声も。そんなこんなで仕事の出来る社員の定着率が鬼低いという問題も。

転職前提ならばアリかも？

RANK A EduLab

恋愛偏差値	平均年収(万円)
51	865

平均年収	♥♥♥♥	性格ポイント	♥♥♥
華やかさ	♥♥♥	合コン満足度	♥♥♥

EduLabは、英検協会等と共同で、英語学習を支援するサービスなどを提供したり、テストの問題作成・システム構築などを受託で請け負っている企業である。

いわゆるEdTech分野のベンチャー。まだ組織作りの途中なので、マネージャーが不在なチームもある。

そういった問題により社員の定着率が低いことが課題となっている。さらに役員がかなりのストックオプションをもらっているらしいので、狙うならそこ……!?

誰かーーーー！勇気のある女子はいないかーーーー！

RANK A イーソル

恋愛偏差値	平均年収(万円)
51	582

平均年収	♥♥♥	性格ポイント	♥♥♥
華やかさ	♥♥♥	合コン満足度	♥♥♥

イーソルは、IoT分野のリーディング企業である。

ホワイト企業アワードも受賞しているクリーンなところが売り。業務時間も少なく、働きやすい会社と言われいてる。

しかし、実際は見なし残業制で、2時間の社員と、30時間の社員の給料が同じ場合もあるようで不満も上がっている。

30代で月収30万を超えている社員が少ないため、年収に期待は出来ない。婚活ガールズは要チェック！

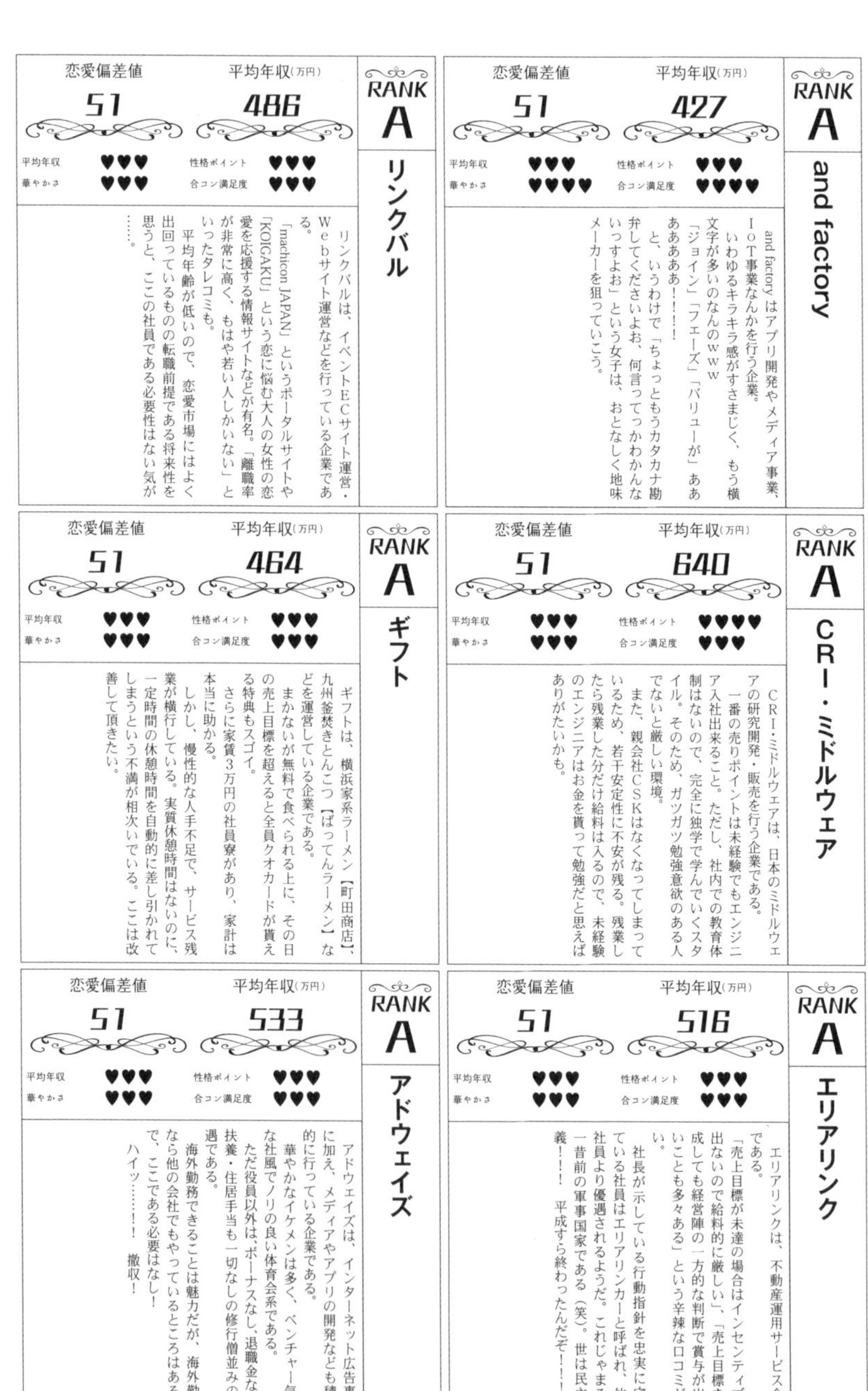

RANK A　and factory

恋愛偏差値	平均年収（万円）
51	427

平均年収	♥♥♥	性格ポイント	♥♥♥
華やかさ	♥♥♥♥	合コン満足度	♥♥♥♥

and factory はアプリ開発やメディア事業、IoT事業なんかを行う企業。

いわゆるキラキラ感がすさまじく、もう横文字が多いのなんのｗｗｗ

「ジョイン」「フェーズ」「バリューが」ああああああ！！！

と、いうわけで「ちょっともうカタカナ勘弁してくださいよお、何言ってっかわかんないっすよお」という女子は、おとなしく地味メーカーを狙っていこう。

RANK A　リンクバル

恋愛偏差値	平均年収（万円）
51	486

平均年収	♥♥♥	性格ポイント	♥♥♥
華やかさ	♥♥♥	合コン満足度	♥♥♥

リンクバルは、イベントECサイト運営・Webサイト運営などを行っている企業である。

「machicon JAPAN」というポータルサイトや「KOIGAKU」という恋に悩む大人の女性の恋愛を応援する情報サイトなどが有名。「離職率が非常に高く、もはや若い人しかいない」といったタレコミも。

平均年齢が低いので、恋愛市場にはよく出回っているものの転職前提である将来性を思うと、ここの社員である必要性はない気が……。

RANK A　CRI・ミドルウェア

恋愛偏差値	平均年収（万円）
51	640

平均年収	♥♥♥	性格ポイント	♥♥♥♥
華やかさ	♥♥♥	合コン満足度	♥♥♥

CRI・ミドルウェアは、日本のミドルウェアの研究開発・販売を行う企業である。

一番の売りポイントは未経験でもエンジニア入社出来ること。ただし、社内での教育体制はないので、完全に独学で学んでいくスタイル。そのため、ガツガツ勉強意欲のある人でないと厳しい環境。

また、親会社CSKはなくなってしまっているため、若干安定性に不安が残る。残業したら残業した分だけ給料は入るので、未経験のエンジニアはお金を貰って勉強だと思えばありがたいかも。

RANK A　ギフト

恋愛偏差値	平均年収（万円）
51	464

平均年収	♥♥♥	性格ポイント	♥♥♥
華やかさ	♥♥♥	合コン満足度	♥♥♥

ギフトは、横浜家系ラーメン【町田商店】、九州釜焚きとんこつ【ばってんラーメン】などを運営している企業である。

まかないが無料で食べられる上に、その日の売上目標を超えると全員クオカードが貰える特典もスゴイ。

さらに家賃3万円の社員寮があり、家計は本当に助かる。

しかし、慢性的な人手不足で、サービス残業が横行している。実質休憩時間はないのに、一定時間の休憩時間を自動的に差し引かれてしまうという不満が相次いでいる。ここは改善して頂きたい。

RANK A　エリアリンク

恋愛偏差値	平均年収（万円）
51	516

平均年収	♥♥♥	性格ポイント	♥♥♥
華やかさ	♥♥♥	合コン満足度	♥♥♥

エリアリンクは、不動産運用サービス会社である。

「売上目標が未達の場合はインセンティブが出ないので給料的に厳しい」、「売上目標を達成しても経営陣の一方的な判断で賞与が出ないことも多々ある」という辛辣な口コミが多い。

社長が示している行動指針を忠実に守っている社員はエリアリンカーと呼ばれ、他の社員より優遇されるようだ。これじゃまるで一昔前の軍事国家である（笑）。世は民主主義！！！　平成すら終わったんだぞ！！！

RANK A　アドウェイズ

恋愛偏差値	平均年収（万円）
51	533

平均年収	♥♥♥	性格ポイント	♥♥♥
華やかさ	♥♥♥	合コン満足度	♥♥♥

アドウェイズは、インターネット広告事業に加え、メディアやアプリの開発なども積極的に行っている企業である。

華やかなイケメンは多く、ベンチャー気質な社風でノリの良い体育会系である。

ただ役員以外は、ボーナスなし、退職金なし、扶養・住居手当も一切なしの修行僧並みの待遇である。

海外勤務できることは魅力だが、海外勤務なら他の会社でもやっているところはあるので、ここである必要はなし！

ハイッ……！！　撤収！

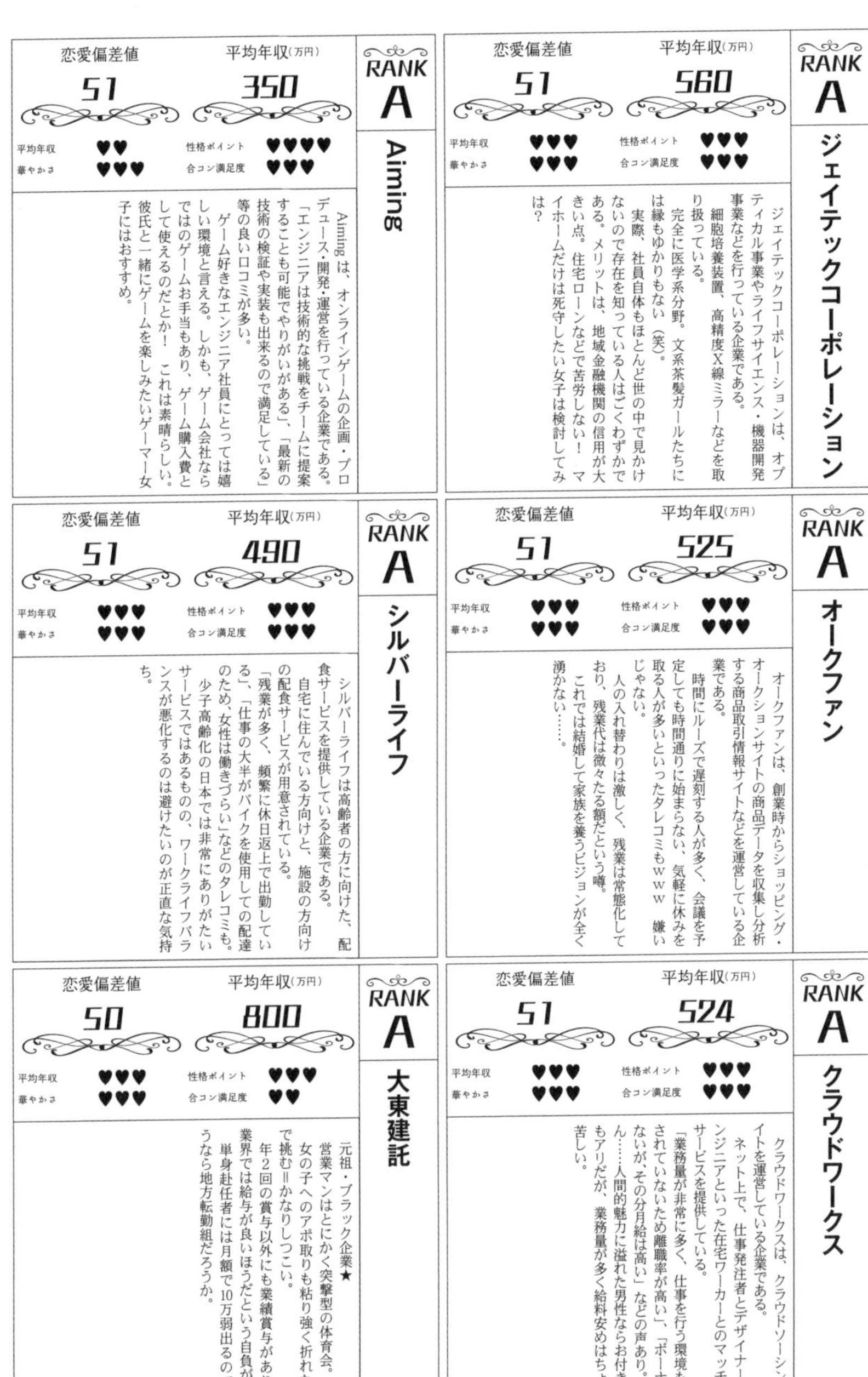

RANK A ジェイテックコーポレーション

恋愛偏差値	平均年収（万円）
51	560

平均年収	♥♥♥	性格ポイント	♥♥♥
華やかさ	♥♥♥	合コン満足度	♥♥♥

ジェイテックコーポレーションは、オプティカル事業やライフサイエンス・機器開発事業などを行っている企業である。

細胞培養装置、高精度X線ミラーなどを取り扱っている。

完全に医学系分野。文系茶髪ガールたちには縁もゆかりもない（笑）。

実際、社員自体もほとんど世の中で見かけないので存在を知っている人はごくわずかである。メリットは、地域金融機関の信用が大きい点。住宅ローンなどで苦労しない！　マイホームだけは死守したい女子は検討してみは？

RANK A Aiming

恋愛偏差値	平均年収（万円）
51	350

平均年収	♥♥	性格ポイント	♥♥♥♥
華やかさ	♥♥♥	合コン満足度	♥♥♥

Aimingは、オンラインゲームの企画・プロデュース・開発・運営を行っている企業である。

「エンジニアは技術的な挑戦をチームに提案することも可能でやりがいがある」、「最新の技術の検証や実装も出来るので満足している」等の良い口コミが多い。

ゲーム好きなエンジニア社員にとっては嬉しい環境と言える。しかも、ゲーム会社ならではのゲームお手当もあり、ゲーム購入費として使えるのだとか！　これは素晴らしい。彼氏と一緒にゲームを楽しみたいゲーマー女子にはおすすめ。

RANK A オークファン

恋愛偏差値	平均年収（万円）
51	525

平均年収	♥♥♥	性格ポイント	♥♥♥
華やかさ	♥♥♥	合コン満足度	♥♥♥

オークファンは、創業時からショッピング・オークションサイトの商品データを収集し分析する商品取引情報サイトなどを運営している企業である。

時間にルーズで遅刻する人が多く、会議を予定しても時間通りに始まらない、気軽に休みを取る人が多いといったタレコミもｗｗｗ　嫌いじゃない。

人の入れ替わりは激しく、残業は常態化しており、残業代は微々たる額だという噂。

これでは結婚して家族を養うビジョンが全く湧かない……。

RANK A シルバーライフ

恋愛偏差値	平均年収（万円）
51	490

平均年収	♥♥♥	性格ポイント	♥♥♥
華やかさ	♥♥♥	合コン満足度	♥♥♥

シルバーライフは高齢者の方に向けた、配食サービスを提供している企業である。

自宅に住んでいる方向けと、施設の方向けの配食サービスが用意されている。

「残業が多く、頻繁に休日返上で出勤している」、「仕事の大半がバイクを使用しての配達のため、女性は働きづらい」などのタレコミも。

少子高齢化の日本では非常にありがたいサービスではあるものの、ワークライフバランスが悪化するのは避けたいのが正直な気持ち。

RANK A クラウドワークス

恋愛偏差値	平均年収（万円）
51	524

平均年収	♥♥♥	性格ポイント	♥♥♥
華やかさ	♥♥♥	合コン満足度	♥♥♥

クラウドワークスは、クラウドソーシングサイトを運営している企業である。

ネット上で、仕事発注者とデザイナーやエンジニアといった在宅ワーカーとのマッチングサービスを提供している。

「業務量が非常に多く、仕事を行う環境も改善されていないため離職率が高い」、「ボーナスはないが、その分月給は高い」などの声あり。うーん……人間的魅力に溢れた男性ならお付き合いもアリだが、業務量が多く給料安めはちょっと苦しい。

RANK A 大東建託

恋愛偏差値	平均年収（万円）
50	800

平均年収	♥♥♥	性格ポイント	♥♥♥
華やかさ	♥♥♥	合コン満足度	♥♥

元祖・ブラック企業★
営業マンはとにかく突撃型の体育会。女の子へのアポ取りも粘り強く折れない心で挑む＝かなりしつこい。
年2回の賞与以外にも業績賞与があり、同業界では給与が良いほうだという自負がある。
単身赴任者には月額で10万弱出るので、狙うなら地方転勤組だろうか。

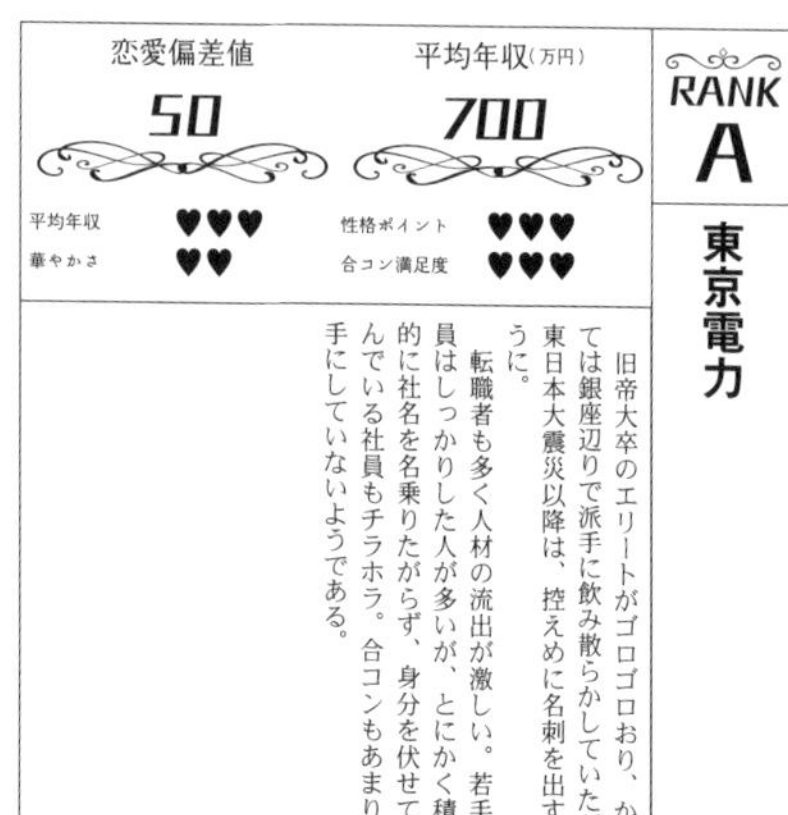

東京電力

RANK A

恋愛偏差値	平均年収（万円）
50	700

項目	評価	項目	評価
平均年収	♥♥♥	性格ポイント	♥♥♥
華やかさ	♥♥	合コン満足度	♥♥♥

旧帝大卒のエリートがゴロゴロおり、かつては銀座辺りで派手に飲み散らかしていたが、東日本大震災以降は、控えめに名刺を出すように。

転職者も多く人材の流出が激しい。若手社員はしっかりした人が多いが、とにかく積極的に社名を名乗りたがらず、身分を伏せて飲んでいる社員もチラホラ。合コンもあまり派手にしていないようである。

【コラム】

CAさんの結婚相手って？ CAの出会いや合コン事情を大暴露！

みなさんこんにちは！
Twitterで美容垢を運営しているもえです♡
今回、私がコソコソやってるツイッターをきっかけに書くお仕事をもらいました！ ありがてえっす。
私の経歴ですが新卒で日系のCAになり、3年ちょっとお空を飛んでいました。
それから、結婚して今はのんび〜りOLやってます♡
TwitterでCA希望の女子大生から毎月20通以上のDMをもらいながら就活の相談なんかをやってますが、中でも一番多いのが「CAってモテますか？」です（笑）。
そこで今回は、「CAは一体どんな恋愛をするのか？」を教えていきたいと思います。

CAになると どういう人に出会えるのか？

まず、モテるかモテないか？

結論は、モテます。

CAになってみて、合コンする機会が一番多かったのは**会社員だと商社、金融**あたりです。

同期の結婚相手で一番多かったのも商社マンですね。

5大商社はもちろん、専門商社まで幅広く出会えます。

私の感想としては商社マンは海外出張や転勤が多いので、土日休みでもなくフレキシブルに対応できるCAが好まれるんじゃないかな～と思ってました。

あとは、英語も多少は話せるのもあるのかも！

なんとな～く社会的な恋愛市場での地位も同じくらいな気がします。

CAブランドが通用しない相手は？

しかし。

CAになってみて、ある傾向があることに気がつきました。

外銀、外コン、経営者に遊ばれてるCAめっちゃ多い！！！

その疑いが確信に変わった出来事があります。

一度、とある外銀マンとの飲み会で、自分がCAだということを隠して話を聞いたとき。

「CAはね～、呼べばすぐ来る枠だねｗ」と言われたのです。

なんでも、CAからのラブコールがありすぎて飽和状態なんだそう。

CAは女性の地位的に上位にいるんじゃないか？
CAになればエリートに好かれるんじゃないか？

という不純な思惑を持って就活していた私にとって、かなりショックでした（笑）。

恋愛では、誰でも**自分よりちょい上のステータスにいる人**に惹かれるものですよね。

恋愛工学でも「この人魅力的だな、頑張って追いかけよう」と思うのって〝自分より上にいる〟と感じる相手なんだそう。

つまり男性でいう外資コンサル、外資銀行、有名経営者みたいなトップエリートから見るとＣＡは、だいぶ格下なんですよ。

だからわざわざ追ってくれない！

こっちから頑張って追いかけなきゃいけないから、向こうに余裕ができて遊ばれちゃうんです。

採用数が多いので、ＣＡであふれていることもあるかもしれませんが。

経営者についても同じ感じですね。

多分、社内や社外でもっと綺麗で頭の良い女性に囲まれているからでしょう。

ぶっちゃけ、ＣＡは肉体労働でしかないですから、やってることはただの保安業務です。

これは就職してから気がついたことでした。

エリートとの結婚を狙ってＣＡになろうとしている大学生は、ちょっと思いとどまったほうがよいかもしれません。

適度なハイスペとは出会えるけど、超ハイスペックと結ばれるのは難しい。

ってイメージです。

語学に抵抗がなく、容姿も綺麗、学歴もあるなら、わざわざＣＡにならず外銀か外コンのバックオフィスにいたほうが出会いは全然あると思う。

あとは恋愛関係としては、社内（パイロットなど）も多いです。

このへんはあまり表に出てないですが、不倫や浮気なんかもすっごく多いです。

グランドスタッフも巻き込んで三角関係とか普通にあります。

このあたりを微塵も表に出さないコンプライアンスの徹底っぷりや、ブランディングのうまさはさすがです（日系の航空会社は）。

ＣＡの中にもランクがある

え？　俺の友達のハイスペはＣＡと結婚したけど？　なんて声が聞こえてきそうなので補足をします。

まず、ＣＡには2種類がいます。

1　良家のお嬢様が腰かけで就職

2　地方の女子が命がけで就職

同じCAでも1、2それぞれで仲良しグループが構成されています。

正直言って、全然違います。

1のグループは青学や慶應、聖心あたりを幼稚園からエスカレーターで来た組で、CAという職業に特に憧れもなければ、執着もないです。

実家がお金持ちだから、頑張って働かなくてもよいし、腰かけくらいに思ってる感じです。

この子たちはたいてい学生時代の同級生と早めにさくっと結婚します。

生まれつき上昇しきっているので、上昇志向も特になく、合コンに張り切っていくわけでもないです。

機内での仕事にやる気がない人が多いですね（笑）。

結婚相手の職業もさまざまで、同級生が偶然ハイスペになってる、とかのパターンです。

相手の実家も太いです。

2は、地方で育って、理想的なビジネスモデルが身近におらず、とりあえず都会的に見えるCAに憧れてきたグループです。

白百合とか大妻、フェリスなどの女子大に頑張って進学して東京に来た感じですね。

この子たちはだいたいドラマの「やまとなでしこ」を観てますw

CAになってから、合コンに励んだり婚活パーティに出かけて「CAブランド」を使いまくり、モテを楽しむのはこのグループです。

周りを見てると、結婚してから、お金を使ったり派手な生活を好むのは2のグループが多いです。

男性のみなさん、ちゃんと見極めてくださいね。

ちなみにCAの労働状況はだいたい4勤2休です。

土日や祝日も関係ないので、彼氏や結婚相手と時間を合わせるのはなかなか大変。

普通のサラリーマンだと、会う時間が減るので浮気はされやすいし、しやすいかもww

ＣＡのイメージは虚像？

実務としては完全に肉体労働です。

制服でさっそうと空港を歩いてるのでかっこいいイメージがありますが、完全に航空会社のブランディングが上手なだけ。

離職率が高く、辞めてから古巣の愚痴をいう人が多いのはそういうところでしょうね。

実際はドロドロしていますし、お局に口を聞いてもらえずに心を病んじゃう子とかたくさんいました。

毎回違う女性メンバーのチームで仕事をするので、「人見知りで〜」とかは言ってられないです。

仕事ができない子はすぐ有名になりますし、怖い先輩の注意リストみたいなのもありました。

イメージと中身は全然違うみたいな話は、どの仕事でもきっとあると思うんですが、ＣＡにおいては企業のＰＲが上手すぎて、他社よりも顕著です。

多分。

なぜこんなにチヤホヤされているのか？

とは言え、ＣＡをやたらと崇拝してくれる人もいます。

それは50歳代〜のおじさんです。

なぜかというと、航空会社の歴史に関係があって、彼らが小さい頃に高度経済成長期に各航空会社が一気にブランディングを仕掛けました。

当時は、富裕層しか行けなった海外旅行に飛行機を使って行ってもらうために、美しいＣＡを採用して、お金を払う価値のある素晴らしい乗り物だと宣伝しました。

当時のＣＡの採用基準に「容姿端麗」があったくらいです（笑）

それが刷り込まれてる世代なので、いまだに「ＣＡ＝すごい、綺麗、選ばれし女性」と思ってくれています。

でも、今や誰でもなれますよね。本当に誰でもなれます。

40歳くらいから、ＣＡへの食いつきが悪くなるのは経営破綻した会社があったり、エアドリームが崩れたことを知っている世代だからじゃないかと思います。

『職業別・女性のレベルランキング 今夜落としたい女性は!?』をみて他の職業とも比較してみましょう。

CAと遊びたい！という男性にアドバイス

入社してすぐは、本当に詰め込むことが多すぎて遊ぶ余裕がないので、相手にしてもらえないです。

ただ、「エマ訓」という訓練を空けたらちょっぴり余裕が出るので遊び出す子が多かったです。

私の時は（笑）。

入社したての子を狙うなら、訓練がどの段階か随時確認していきましょう。

ちなみに**蒲田や穴守稲荷近辺の飲食店、あとは品川付近**によく出没します。

クラブなら**六本木のMUSEかV2**です。

都内のラウンジ系なら、この**相席ラウンジ**あたりを狙って遊んでいたら出会えるかも。

基本的にキラキラした場所には出没すると思っていいと思います（笑）。

CAかどうかの見分け方としては、髪色が暗い、髪をまとめているか、とかですかね。

仕事終わりだと、20デニール以下の激薄ストッキングをはいています。

冬はとりあえずロングコートで、その下に適当な服を着こんでます（笑）。

空港の付近ならば、この風貌ならほとんどCAだと思います。

機内でナンパされることはある？

これも女子大生にたくさん質問をもらったのでお答えします。

国際線になるとあります。

でも突然名刺をもらうわけではなく、何かの用事のついでに渡してきたり、ペンを貸したら名刺付きで返ってきたとか、そんな感じです。

名刺を渡したくてわざわざ用事を作るのかもしれないですが！

ちなみにお客様との出会いを狙うなら日系ではなく、SQ（シンガポール航空）なんかがおすすめです。

石油系の仕事だったり、金融系だったり、とんでもないお金持ち

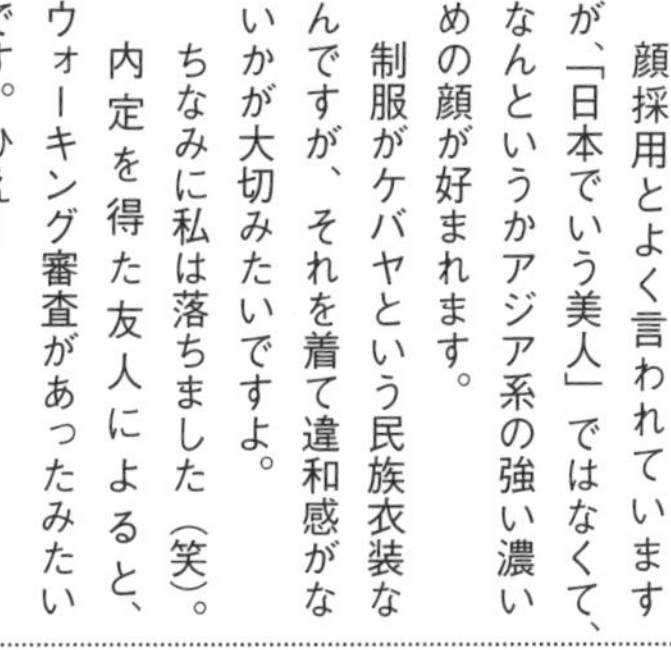

と現地でご飯を食べたり、なんて話を聞きます。

顔採用とよく言われていますが、「日本でいう美人」ではなくて、なんというかアジア系の強い濃いめの顔が好まれます。

制服がケバヤという民族衣装なんですが、それを着て違和感がないかが大切みたいですよ。

ちなみに私は落ちました（笑）。

内定を得た友人によると、ウォーキング審査があったみたいです。ひえ〜

エミレーツもおすすめですが、語学に自信がある人向きですね。これはブスでも通ります。

ってか、ＣＡの採用にどこも受からないってなかなかないと思います。

外資、ＬＣＣ、日系とひととおり受ければ、必ずどこかは引っ掛かりますよ。

本当に、ここ数年はそれくらいの難易度だと思います！

まとめ

さまざまな意見があると思いますが、私が3年ちょっと航空会社にいて出した結論です。

ずっと空の仕事に憧れていた、ＣＡになりたい！という方はぜひなるべきですし、その夢は素晴らしいものです。

ただし、私のように出会い目的でＣＡになろうかな〜と思ってるゲスな学生さん（笑）は、ぜひ「どのレベルの出会いを求めるか」を考えてみてください。

もしくは、社会的地位の下剋上を狙ってＣＡになろうとしている皆さん。

きっと、より良い道があるはず。

ちなみに、彼女にしたいと思われる職業ランキングは『彼女にしたいと思われるタイプは？職業ランキングも紹介！』からチェックしてみて下さい！

B RANK企業

属人的な魅力はあるものの、企業としての女性人気が今ひとつなところ。平均収入の低さや社風、労働環境の悪さなどが要因か。また飲食系や政府系は勤務形態がハードで、結婚生活を成立させるにはハードルが高い点も挙げられる。

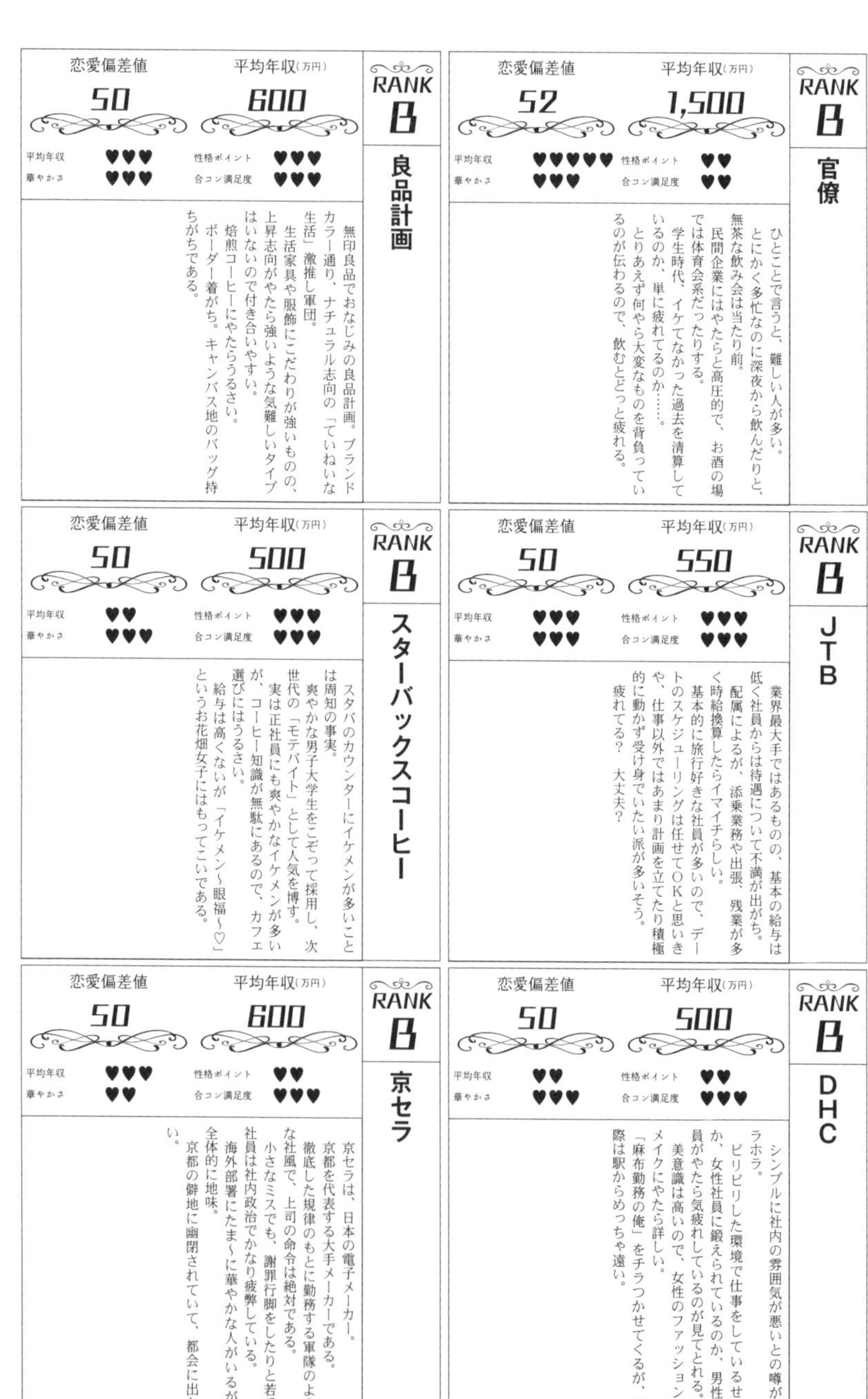

官僚

RANK B

恋愛偏差値	平均年収(万円)
52	1,500

項目	評価	項目	評価
平均年収	♥♥♥♥♥	性格ポイント	♥♥
華やかさ	♥♥♥	合コン満足度	♥♥

ひとことで言うと、難しい人が多い。

とにかく多忙なのに深夜から飲んだりと、無茶な飲み会は当たり前。

民間企業にはやたらと高圧的で、お酒の場では体育会系だったりする。

学生時代、イケてなかった過去を清算しているのか、単に疲れてるのか……。

とりあえず何やら大変なものを背負っているのが伝わるので、飲むとどっと疲れる。

良品計画

RANK B

恋愛偏差値	平均年収(万円)
50	600

項目	評価	項目	評価
平均年収	♥♥♥	性格ポイント	♥♥♥
華やかさ	♥♥♥	合コン満足度	♥♥♥

無印良品でおなじみの良品計画。ブランドカラー通り、ナチュラル志向の「ていねいな生活」激推し軍団。

生活家具や服飾にこだわりが強いものの、上昇志向がやたら強いような気難しいタイプはいないので付き合いやすい。

焙煎コーヒーにやたらうるさい。

ボーダー着がち。キャンバス地のバッグ持ちがちである。

JTB

RANK B

恋愛偏差値	平均年収(万円)
50	550

項目	評価	項目	評価
平均年収	♥♥♥	性格ポイント	♥♥♥
華やかさ	♥♥♥	合コン満足度	♥♥♥

業界最大手ではあるものの、基本の給与は低く社員からは待遇について不満が出がち。

配属によるが、添乗業務や出張、残業が多く時給換算したらイマイチらしい。

基本的に旅行好きな社員が多いので、デートのスケジューリングは任せてOKと思いきや、仕事以外ではあまり計画を立てたり積極的に動かず受け身でいたい派が多いそう。

疲れてる？　大丈夫？

スターバックスコーヒー

RANK B

恋愛偏差値	平均年収(万円)
50	500

項目	評価	項目	評価
平均年収	♥♥	性格ポイント	♥♥♥
華やかさ	♥♥♥	合コン満足度	♥♥♥

スタバのカウンターにイケメンが多いことは周知の事実。

爽やかな男子大学生をこぞって採用し、次世代の「モテバイト」として人気を博す。

実は正社員にも爽やかなイケメンが多いが、コーヒー知識が無駄にあるので、カフェ選びにはうるさい。

給与は高くないが「イケメン〜眼福〜♡」というお花畑女子にはもってこいである。

DHC

RANK B

恋愛偏差値	平均年収(万円)
50	500

項目	評価	項目	評価
平均年収	♥♥	性格ポイント	♥♥
華やかさ	♥♥♥	合コン満足度	♥♥♥

シンプルに社内の雰囲気が悪いとの噂がチラホラ。

ピリピリした環境で仕事をしているせいか、女性社員に鍛えられているのか、男性社員がやたら気疲れしているのが見てとれる。

美意識は高いので、女性のファッションやメイクにやたら詳しい。

「麻布勤務の俺」をチラつかせてくるが、実際は駅からめっちゃ遠い。

京セラ

RANK B

恋愛偏差値	平均年収(万円)
50	600

項目	評価	項目	評価
平均年収	♥♥♥	性格ポイント	♥♥
華やかさ	♥♥	合コン満足度	♥♥♥

京セラは、日本の電子メーカー。

京都を代表する大手メーカーである。

徹底した規律のもとに勤務する軍隊のような社風で、上司の命令は絶対である。

小さなミスでも、謝罪行脚をしたりと若手社員は社内政治でかなり疲弊している。

海外部署にたま〜に華やかな人がいるが、全体的に地味。

京都の僻地に幽閉されていて、都会に出ない。

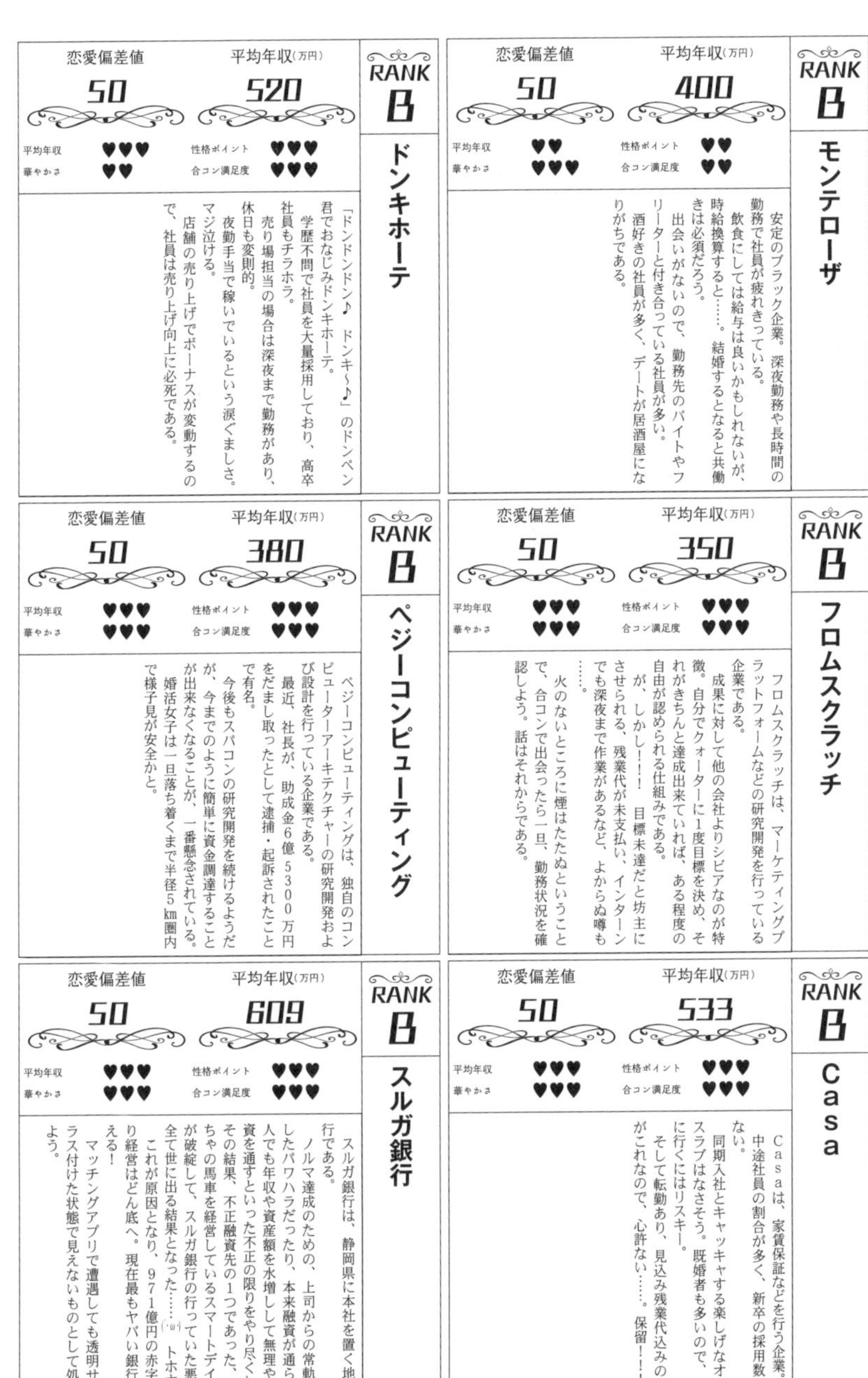

Bランク企業

RANK B モンテローザ

恋愛偏差値	平均年収（万円）
50	400

平均年収	♥♥	性格ポイント	♥♥
華やかさ	♥♥♥	合コン満足度	♥♥

安定のブラック企業。深夜勤務や長時間の勤務で社員が疲れきっている。

飲食にしては給与は良いかもしれないが、時給換算すると……。結婚するとなると共働きは必須だろう。

出会いがないので、勤務先のバイトやフリーターと付き合っている社員が多い。

酒好きの社員が多く、デートが居酒屋になりがちである。

RANK B ドンキホーテ

恋愛偏差値	平均年収（万円）
50	520

平均年収	♥♥♥	性格ポイント	♥♥♥
華やかさ	♥♥	合コン満足度	♥♥♥

「ドンドンドン♪　ドンキ～♪」のドンペン君でおなじみドンキホーテ。

学歴不問で社員を大量採用しており、高卒社員もチラホラ。

売り場担当の場合は深夜まで勤務があり、休日も変則的。

夜勤手当で稼いでいるという涙ぐましさ。マジ泣ける。

店舗の売り上げでボーナスが変動するので、社員は売り上げ向上に必死である。

RANK B フロムスクラッチ

恋愛偏差値	平均年収（万円）
50	350

平均年収	♥♥♥	性格ポイント	♥♥♥
華やかさ	♥♥♥	合コン満足度	♥♥♥

フロムスクラッチは、マーケティングプラットフォームなどの研究開発を行っている企業である。

成果に対して他の会社よりシビアなのが特徴。自分でクォーターに1度目標を決め、それがきちんと達成出来ていれば、ある程度の自由が認められる仕組みである。

が、しかし！！　目標未達だと坊主にさせられる、残業代が未支払い、インターンでも深夜まで作業があるなど、よからぬ噂も……。

火のないところに煙はたたぬということで、合コンで出会ったら一旦、勤務状況を確認しよう。話はそれからである。

RANK B ペジーコンピューティング

恋愛偏差値	平均年収（万円）
50	380

平均年収	♥♥♥	性格ポイント	♥♥♥
華やかさ	♥♥♥	合コン満足度	♥♥♥

ペジーコンピューティングは、独自のコンピューターアーキテクチャーの研究開発および設計を行っている企業である。

最近、社長が、助成金6億5300万円をだまし取ったとして逮捕・起訴されたことで有名。

今後もスパコンの研究開発を続けるようだが、今までのように簡単に資金調達することが出来なくなることが、一番懸念されている。

婚活女子は一旦落ち着くまで半径5km圏内で様子見が安全かと。

RANK B Ｃａｓａ

恋愛偏差値	平均年収（万円）
50	533

平均年収	♥♥♥	性格ポイント	♥♥♥
華やかさ	♥♥♥	合コン満足度	♥♥♥

Ｃａｓａは、家賃保証などを行う企業。中途社員の割合が多く、新卒の採用数も少ない。

同期入社とキャッキャする楽しげなオフィスラブはなさそう。既婚者も多いので、狙いに行くにはリスキー。

そして転勤あり、見込み残業代込みの給与がこれなので、心許ない……。保留！！！

RANK B スルガ銀行

恋愛偏差値	平均年収（万円）
50	609

平均年収	♥♥♥	性格ポイント	♥♥♥
華やかさ	♥♥♥	合コン満足度	♥♥♥

スルガ銀行は、静岡県に本社を置く地方銀行である。

ノルマ達成のための、上司からの常軌を逸したパワハラだったり、本来融資が通らない人でも年収や資産額を水増しして無理やり融資を通すといった不正の限りをやり尽くした。その結果、不正融資先の1つであった、かぼちゃの馬車を経営しているスマートデイズ社が破綻して、スルガ銀行の行っていた悪事が全て世に出る結果となった……(´ω`)トホホ。

これが原因となり、971億円の赤字になり経営はどん底へ。現在最もヤバい銀行と言える！

マッチングアプリで遭遇しても透明サングラス付けた状態で見えないものとして処理しよう。

RANK B

ミズホメディー

ミズホメディーは、妊娠検査薬や排卵日検査薬、その他インフルエンザウイルスキットなどを製造、販売している医薬品メーカーである。

福利厚生はそれなりに充実していたり、ボーナスも結果が良いとたくさん貰えるというタレコミがある一方、上席からのパワハラに苦しむ社員が多数いる模様。同行の際は車のドアを先に開けないといけないなどの暗黙のルールがあるようで……時代は令和である！！

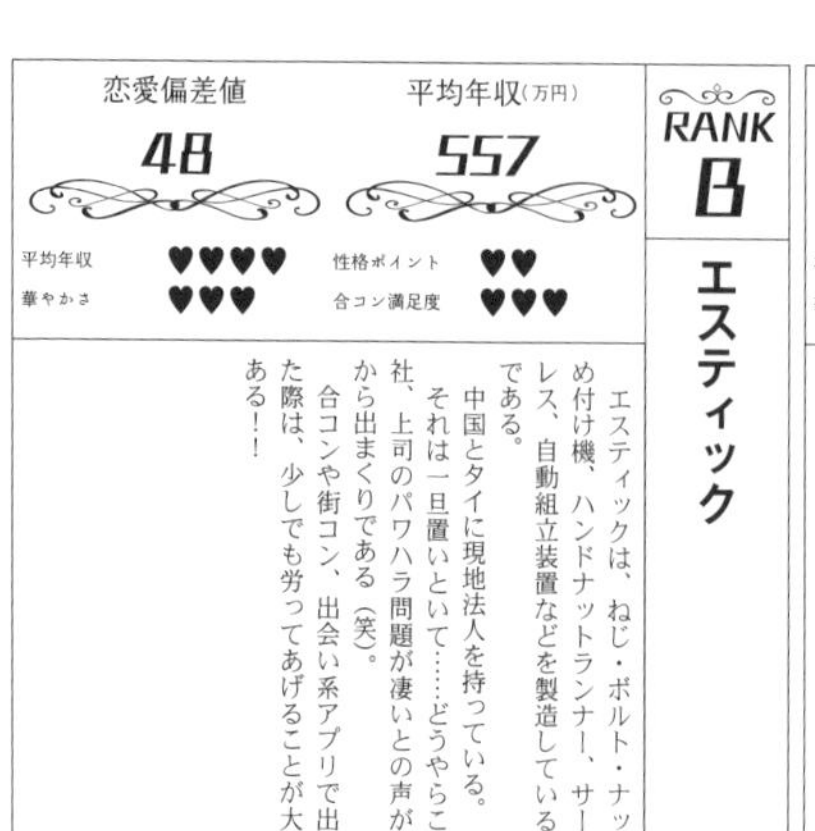

RANK B

エスティック

エスティックは、ねじ・ボルト・ナット締め付け機、ハンドナットランナー、サーボプレス、自動組立装置などを製造している企業である。

中国とタイに現地法人を持っている。

それは一旦置いといて……どうやらこの会社、上司のパワハラ問題が凄いとの声が社員から出まくりである（笑）。

合コンや街コン、出会い系アプリで出会った際は、少しでも労ってあげることが大事である！！

あとがき

と、言うわけで『恋愛四季報 書籍版』お楽しみ頂けましたでしょうか？
上場企業を中心に約1500社を掲載しました。

就活で気になる企業を探したり、合コンの前にチェックしたり……。
『新時代の出会いのバイブル』として役立てていただけたら嬉しいです！

しかし2018年にメディアが誕生してから書籍化できるようなコンテンツに成長するとは…！（涙）

いつも見て頂いている読者の皆様、ありがとうございます！

どこよりも面白いメディアを作っていくのでこれからの「フェリーチェ」もどうぞよろしくお願いします‼

伊藤のの子

著者プロフィール

伊藤のの子

1990年東京都生まれ
記者職、編集職を経て独立。
2018年にStockSun株式会社に参画後、恋愛メディア「フェリーチェ」を立ち上げる。
現在メインコンテンツ「恋愛四季報」やYouTubeチャンネル「フェリーチェチャンネル」を運営中。

●「恋愛四季報」
https://www.motesetu.com/matchmaking-guidebook/
●恋愛メディア「フェリーチェ」
https://www.motesetu.com
●「フェリーチェチャンネル」
https://www.youtube.com/channel/UC0-Q8LcXk1LnBUqVr9bhI5Q

恋愛四季報

2021年2月10日　初版第1刷発行

著　　者／伊藤のの子
発 行 者／赤井　仁
発 行 所／ゴマブックス株式会社
〒106-0032
東京都港区六本木三丁目16番26号
ハリファックスビル8階
印刷・製本／日本ハイコム株式会社
D　T　P／平林隆一郎

ISBN978-4-8149-2239-0